# Ihre Arbeitshilfen zum Download:

Neben zahlreichen weiteren Arbeitshilfen stehen z. B. diese Muster für Sie zum Download bereit:

Übersichten und Checklisten:
- Altvereinbarung: Verhältnis des WEMoG zu bestehenden Vereinbarungen
- Grundbucheintragung: Prüfungsreihenfolge und Vorgehen für die Eintragung von Öffnungsklausel-Beschlüssen in das Grundbuch

Musterverträge, Musterschreiben und Anträge:
- Vermögensbericht gem. § 28 Abs. 3 WEG
- Verwaltervertrag für Wohnungseigentum
- Verwaltervertrag für Sondereigentum
- Versammlungsniederschrift (Protokoll)
- Anträge auf Eintragung von Altbeschlüssen, Beschlussersetzung und Erwerberhaftung
- Ankündigungs- und Genehmigungsschreiben des Vermieters über bauliche Maßnahmen, Erhaltungs- und Modernisierungsmaßnahmen u. v. m.

Musterbeschlüsse für die Eigentümerversammlung:
- Bauliche Veränderung: Einzelgestattungen privilegierter und nicht privilegierter Maßnahmen durch einzelnen Wohnungseigentümer bzw. die Gemeinschaft der Wohnungseigentümer
- Eigentümerversammlung: Teilnahme an Wohnungseigentümerversammlungen in elektronischer Form
- Erwerberhaftung: Wiederholungsbeschluss aufgrund Öffnungsklausel zwecks Eintragung in das Grundbuch
- u. v. m. – insgesamt über 50 Beschlussvorlagen

Den Link sowie Ihren Zugangscode finden Sie am Buchende.

# WEG-Reform 2020

Alexander C. Blankenstein

# WEG-Reform 2020

## Auswirkungen auf die Miet- und Wohnungseigentumsverwaltung

Haufe Group
Freiburg · München · Stuttgart

**Bibliografische Information der Deutschen Nationalbibliothek**
Die Deutsche Nationalbibliothek verzeichnet diese Publikation in der Deutschen Nationalbibliografie; detaillierte bibliografische Daten sind im Internet über http://dnb.dnb.de abrufbar.

ISBN 978-3-648-14462-6
Bestell-Nr. 16077-0100

Alexander C. Blankenstein
**WEG-Reform 2020**

© 2020 Haufe-Lexware GmbH & Co. KG, Freiburg
www.haufe.de
info@haufe.de

Lektorat: Rechtsanwältin Sonja Friedrich, Freiburg
Assistenz: Christa Gleichauf und Petra Krauß, Freiburg

Die in den Kapiteln 20 bis 22 u. a. abgedruckten und dort namentlich ausgewiesenen Vereinbarungen und Verträge wurden von Herrn Rechtsanwalt Stascha Straub, Freiburg, erstellt und mit dessen freundlicher Genehmigung zum Abdruck freigegeben.

Dieses Werk einschließlich aller seiner Teile ist urheberrechtlich geschützt. Alle Rechte, insbesondere die der Vervielfältigung, des auszugsweisen Nachdrucks, der Übersetzung und der Einspeicherung und Verarbeitung in elektronischen Systemen, vorbehalten. Alle Angaben/Daten nach bestem Wissen, jedoch ohne Gewähr für Vollständigkeit und Richtigkeit.

# Inhaltsverzeichnis

| Inhalt | | |
|---|---|---|
| | | **Seite** |
| A | Das neue WEG – Die Änderungen im Überblick | 23 |
| 1 | Das neue WEG – Die Änderungen im Überblick | 25 |
| 1.1 | Stärkung: Die Gemeinschaft der Wohnungseigentümer | 25 |
| 1.1.1 | Der Begriff „Gemeinschaft der Wohnungseigentümer" | 25 |
| 1.1.2 | Weitgehende Vertragsautonomie | 25 |
| 1.1.2.1 | Lockerung der Vereinbarungskompetenz | 25 |
| 1.1.2.2 | Weiterhin unabdingbare gesetzliche Regelungen | 26 |
| 1.1.3 | Konkretisierung der Beschlusskompetenz | 29 |
| 1.1.4 | Keine „Sanktionierungs"-Beschlusskompetenz | 31 |
| 1.2 | Widerspruch: WEMoG und Altvereinbarungen | 32 |
| 1.3 | Übergangszeit: WEMoG und laufende Verwaltung | 41 |
| 1.3.1 | Laufende Gerichtsverfahren | 41 |
| 1.3.2 | Eintragung von Öffnungsklausel-Beschlüssen in das Grundbuch | 42 |
| 1.3.3 | Eintragung vereinbarter Erwerberhaftung in das Grundbuch | 42 |
| 1.3.4 | Beschlüsse, die nicht mehr gelten werden | 43 |
| 1.3.4.1 | Verzugssanktionen | 43 |
| 1.3.4.2 | Umzugskostenpauschalen | 43 |
| 1.3.4.3 | Vertreter der Gemeinschaft | 44 |
| 1.3.4.4 | Ersatzzustellungsvertreter nebst Stellvertreter | 45 |
| 1.3.4.5 | „Gekorene" Ausübungsbefugnis der Gemeinschaft | 45 |
| 1.3.5 | Vorschriften, die nicht mehr gelten werden | 46 |
| 2 | **Glossar: Die Themen im Überblick** | **51** |
| 3 | **Gegenstand von Sonder- und Gemeinschaftseigentum** | **93** |
| 3.1 | Gemeinschaftseigentum | 93 |
| 3.2 | Sondereigentum | 93 |
| 3.2.1 | Raumfiktion von (Außen)Stellplätzen | 95 |
| 3.2.1.1 | Alte Rechtslage | 95 |
| 3.2.1.2 | Neue Rechtslage | 95 |
| 3.2.2 | Sondereigentum an Außenbereichen | 97 |
| 3.2.3 | Wesentliche Bestandteile | 102 |

| | | |
|---|---|---|
| 3.2.4 | Anforderungen an den Aufteilungsplan | 104 |
| 3.2.5 | Sondernutzungsrechte | 105 |
| 3.2.5.1 | Weiterhin möglich | 105 |
| 3.2.5.2 | „Umwandlung" von Sondernutzungsrechten zu Sondereigentum | 106 |
| | | |
| **4** | **Grundbucheintragung von Beschlüssen aufgrund einer Öffnungsklausel** | **107** |
| 4.1 | Alte Rechtslage | 107 |
| 4.2 | Neue Rechtslage | 107 |
| 4.3 | Beschlüsse aufgrund gesetzlicher Öffnungsklauseln | 109 |
| 4.4 | Beschlüsse aufgrund vereinbarter Öffnungsklausel | 110 |
| 4.4.1 | Spezifizierte Öffnungsklausel | 112 |
| 4.4.2 | Allgemeine Öffnungsklausel | 113 |
| 4.4.3 | Eintragungsbewilligung | 117 |
| 4.4.4 | Zustimmung Drittberechtigter | 118 |
| 4.4.5 | Eintragung von Altbeschlüssen | 120 |
| | | |
| **5** | **Die Wohnungseigentümergemeinschaft** | **131** |
| 5.1 | Entstehung der Wohnungseigentümergemeinschaft | 131 |
| 5.1.1 | Alte Rechtslage | 132 |
| 5.1.2 | Neue Rechtslage | 134 |
| 5.1.2.1 | „Werdender Eigentümer" = „Fingierter Eigentümer" | 134 |
| 5.1.2.1.1 | Anspruch gegen den teilenden Eigentümer | 136 |
| 5.1.2.1.2 | Vormerkung | 137 |
| 5.1.2.1.3 | Übergabe | 137 |
| 5.1.2.2 | „Ein-Personen-Gemeinschaft" | 137 |
| 5.2 | Erweiterte Kompetenzen der Gemeinschaft der Wohnungseigentümer | 141 |
| 5.2.1 | Verwaltung des Gemeinschaftseigentums | 141 |
| 5.2.2 | Verwaltungsorgane | 142 |
| 5.2.3 | Ausübungskompetenzen | 143 |
| 5.2.3.1 | Grundsätze | 143 |
| 5.2.3.2 | Gemeinschaftsbezogenheit | 146 |
| 5.2.3.2.1 | Schutzwürdige Belange der Wohnungseigentümer | 146 |
| 5.2.3.2.2 | Schutzwürdige Belange des Schuldners | 147 |
| 5.2.3.2.3 | Neue Befugnisse der Gemeinschaft | 148 |
| 5.3 | Vertretung der Wohnungseigentümergemeinschaft | 149 |
| 5.3.1 | Vertretung durch den Verwalter | 149 |
| 5.3.2 | Vertretung durch die Wohnungseigentümer | 152 |
| 5.3.3 | Vertretung gegenüber dem Verwalter | 153 |

| | | |
|---|---|---|
| 5.4 | Verhältnis der Wohnungseigentümer zu der Gemeinschaft der Wohnungseigentümer | 154 |
| 5.4.1 | Anspruch auf ordnungsmäßige Verwaltung | 155 |
| 5.4.2 | Sonstige Individualansprüche der Wohnungseigentümer | 155 |
| 5.4.2.1 | Beseitigungsanspruch bei baulicher Veränderung | 157 |
| 5.4.2.2 | Unterlassungsanspruch bei zweckbestimmungswidriger Nutzung | 159 |
| 5.4.2.3 | Ansprüche gegen den Verwalter | 159 |
| 5.4.2.4 | Recht zur Einsichtnahme in die Verwaltungsunterlagen | 159 |
| 5.4.3 | Notmaßnahmen | 161 |
| 5.4.4 | Verpflichtung zur Beschlussfassung | 161 |
| 5.5 | Verhältnis der Wohnungseigentümer zum Verwalter | 162 |
| 5.6 | Gemeinschaftsvermögen | 164 |
| 5.6.1 | Grundsätze | 164 |
| 5.6.2 | Bestandteile des Gemeinschaftsvermögens | 164 |
| 5.6.2.1 | Positive Komponenten | 164 |
| 5.6.2.2 | Negative Komponenten | 167 |
| 5.7 | Modifiziertes Haftungssystem | 167 |
| 5.7.1 | Haftung der Gemeinschaft der Wohnungseigentümer | 168 |
| 5.7.1.1 | Erhaltungsmaßnahmen | 168 |
| 5.7.1.1.1 | Alte Rechtslage | 168 |
| 5.7.1.1.2 | Neue Rechtslage | 169 |
| 5.7.1.1.3 | Vertiefung: Vertrag mit Schutzwirkung zugunsten Dritter | 170 |
| 5.7.1.1.4 | Weitere Falllösung | 172 |
| 5.7.1.2 | Verletzung der Verkehrssicherungspflicht | 174 |
| 5.7.1.2.1 | Alte Rechtslage | 174 |
| 5.7.1.2.2 | Neue Rechtslage | 174 |
| 5.7.1.2.3 | Falllösung | 174 |
| 5.7.2 | Außenhaftung der Wohnungseigentümer | 175 |
| 5.7.2.1 | Alte Rechtslage | 176 |
| 5.7.2.2 | Neue Rechtslage | 177 |
| 5.7.2.3 | Erhebliche Brisanz mit Blick auf bauliche Veränderungen! | 177 |
| **6** | **Der Verwalter** | **179** |
| 6.1 | Überblick | 179 |
| 6.2 | Qualifikation des Verwalters | 180 |
| 6.2.1 | Grundsätze | 181 |

## Inhaltsverzeichnis

| | | |
|---|---|---|
| 6.2.2 | Betroffener Personenkreis | 182 |
| 6.2.3 | Prüfungsinhalte | 184 |
| 6.2.4 | Zeitschiene | 184 |
| 6.2.5 | Zertifizierung und Verwaltungserfahrung | 186 |
| 6.3 | Exkurs: Weiterbildungspflicht des Verwalters | 188 |
| 6.3.1 | Betroffene | 188 |
| 6.3.2 | Beginn der Weiterbildungspflicht | 190 |
| 6.3.3 | Umfang | 191 |
| 6.3.4 | Immobilienkaufleute/Geprüfte Immobilienfachwirte | 192 |
| 6.3.5 | Ausnahmen von der Weiterbildungspflicht | 193 |
| 6.3.6 | Art der Weiterbildungsmaßnahme | 194 |
| 6.3.6.1 | Präsenzform | 195 |
| 6.3.6.2 | Begleitetes Selbststudium | 195 |
| 6.3.6.3 | Betriebsinterne Maßnahmen | 196 |
| 6.3.6.4 | Weiterbildungsinhalte | 199 |
| 6.3.6.5 | Nachweis/Kontrolle der Weiterbildung | 200 |
| 6.3.6.6 | Informationspflicht | 204 |
| 6.4 | Bestellung und Abberufung des Verwalters | 205 |
| 6.4.1 | Bestellung des Verwalters | 206 |
| 6.4.2 | Abberufung des Verwalters | 208 |
| 6.4.3 | Anfechtungsrecht des Verwalters | 211 |
| 6.5 | Aufgaben des Verwalters | 213 |
| 6.5.1 | Maßnahmen untergeordneter Bedeutung | 214 |
| 6.5.2 | Nachteilsabwendung | 217 |
| 6.5.2.1 | Grundsätze | 217 |
| 6.5.2.2 | Insbesondere Notmaßnahmen | 218 |
| 6.5.3 | Weitere Pflichten | 220 |
| 6.5.4 | Einschränkung und Erweiterung der Aufgaben | 221 |
| 6.6 | Der Verwaltervertrag | 225 |
| 6.6.1 | Typologie des Verwaltervertrags | 225 |
| 6.6.2 | Inhalte des Verwaltervertrags | 227 |
| 6.6.2.1 | Grundsätze | 227 |
| 6.6.2.2 | AGB-Kontrolle | 228 |
| 6.6.2.3 | Vergütungsregelungen | 228 |
| 6.6.2.4 | Klar definierte Inhalte | 231 |
| 6.6.2.5 | Musterverwalterverträge | 232 |
| 6.6.2.5.1 | Verwaltervertrag für Wohnungseigentum | 232 |
| 6.6.2.5.2 | Verwaltervertrag für Sondereigentum | 248 |
| 6.7 | Verfahrenskostenbelastung des Verwalters | 262 |

| | | |
|---|---|---|
| **7** | **Nutzung, Gebrauch und bauliche Veränderung des Sondereigentums**............................................. | **265** |
| 7.1 | Nutzung und Gebrauch .......................................... | 265 |
| 7.2 | Baumaßnahmen ................................................... | 266 |
| | | |
| **8** | **Pflichten der Wohnungseigentümer** ...................... | **273** |
| 8.1 | Pflichten gegenüber der Gemeinschaft der Wohnungseigentümer ............................................ | 274 |
| 8.1.1 | Unterlassungspflicht.............................................. | 274 |
| 8.1.1.1 | Zweckbestimmungswidrige Nutzung ........................ | 275 |
| 8.1.1.2 | Vermietetes Sondereigentum .................................. | 277 |
| 8.1.2 | Duldungspflicht .................................................... | 278 |
| 8.2 | Pflichten gegenüber anderen Wohnungseigentümern ..... | 281 |
| 8.2.1 | Unterlassungspflicht.............................................. | 281 |
| 8.2.2 | Duldungspflicht .................................................... | 281 |
| 8.3 | Aufopferungsanspruch........................................... | 282 |
| 8.3.1 | Alte Rechtslage..................................................... | 283 |
| 8.3.2 | Weiter geltende Grundsätze auch nach WEMoG .......... | 284 |
| 8.3.3 | Modifizierungen durch das WEMoG ....................... | 285 |
| | | |
| **9** | **Nutzung und Verwaltung des Gemeinschaftseigentums** .............................................................. | **287** |
| 9.1 | Nutzung............................................................... | 287 |
| 9.2 | Verwaltung........................................................... | 287 |
| 9.2.1 | Grundsätze .......................................................... | 289 |
| 9.2.2 | Bestellung eines zertifizierten Verwalters ................. | 290 |
| 9.2.2.1 | Grundsätze .......................................................... | 290 |
| 9.2.2.2 | Anspruch auf Bestellung eines zertifizierten Verwalters........................................................... | 291 |
| 9.2.2.3 | Ausnahme von der Regel ....................................... | 293 |
| 9.2.3 | Weitere Maßnahmen ordnungsmäßiger Verwaltung....... | 295 |
| 9.2.3.1 | Weitere Rücklagen ................................................ | 295 |
| 9.2.3.2 | Kreditaufnahme ................................................... | 296 |
| 9.2.3.2.1 | Kurzfristige Kreditaufnahme .................................. | 296 |
| 9.2.3.2.2 | Langfristige Kreditaufnahme .................................. | 298 |
| 9.2.4 | „Wohnungseigentümer beschließen" ........................ | 301 |
| | | |
| **10** | **Nutzungen und Kosten**........................................ | **305** |
| 10.1 | Nutzungen........................................................... | 305 |
| 10.2 | Kosten................................................................. | 305 |
| 10.2.1 | Grundsätze .......................................................... | 306 |
| 10.2.2 | Änderung der Kostenverteilung............................... | 307 |

## Inhaltsverzeichnis

| | | |
|---|---|---|
| 10.2.2.1 | Anwendungsbereich | 307 |
| 10.2.2.2 | Vergleich alter mit neuer Rechtslage | 308 |
| 10.2.2.2.1 | Betriebskosten | 308 |
| 10.2.2.2.2 | Verwaltungskosten | 312 |
| 10.2.2.2.3 | Kosten der Instandhaltung und Instandsetzung bzw. der Erhaltung | 314 |
| 10.2.2.2.4 | Anpassung des Gemeinschaftseigentums an öffentlich-rechtliche Vorgaben | 320 |
| 10.2.2.2.5 | Erstmalige ordnungsmäßige Herstellung | 321 |
| 10.2.2.3 | Im Übrigen weiter geltende Grundsätze | 322 |
| 10.2.2.3.1 | Kein sachlicher Grund erforderlich | 322 |
| 10.2.2.3.2 | Zukunftsgerichtete Änderung der Kostenverteilung | 322 |
| 10.2.2.3.3 | Zweitbeschlussfassung | 323 |
| 10.2.2.3.4 | Ankündigung der Änderungsbeschlussfassung | 324 |
| **11** | **Beschlussfassung** | **327** |
| 11.1 | Beschlussfassung in der Eigentümerversammlung | 327 |
| 11.1.1 | Grundsätzlich einfache Mehrheit ausreichend | 327 |
| 11.1.2 | Beschlussfähigkeit der Eigentümerversammlung | 329 |
| 11.2 | Beschlussfassung im Umlaufverfahren | 331 |
| 11.2.1 | Textform | 332 |
| 11.2.2 | Beschlussfassung mit einfacher Mehrheit | 333 |
| 11.2.2.1 | Alte Rechtslage | 333 |
| 11.2.2.2 | Neue Rechtslage | 333 |
| 11.3 | Dokumentation der Beschlussfassung | 339 |
| 11.3.1 | Versammlungsniederschrift | 339 |
| 11.3.2 | Beschluss-Sammlung | 346 |
| 11.3.2.1 | Grundsätze | 346 |
| 11.3.2.2 | Einsichtnahme | 347 |
| 11.3.2.3 | Form | 348 |
| 11.3.2.4 | Inhalt | 348 |
| 11.3.2.4.1 | Versammlungsbeschlüsse | 348 |
| 11.3.2.4.2 | Umlaufbeschlüsse des § 23 Abs. 3 WEG n. F. | 351 |
| 11.3.2.4.3 | Urteilsformeln gerichtlicher Entscheidungen | 351 |
| 11.3.2.5 | Zeitpunkt der Eintragung | 353 |
| 11.3.2.6 | Fortlaufende Nummerierung/Reihenfolge der Einträge | 353 |
| 11.3.2.7 | Löschung | 355 |
| **12** | **Eigentümerversammlung** | **357** |
| 12.1 | Zur Einberufung Berechtigte | 357 |
| 12.1.1 | Grundsätze | 358 |

| | | |
|---|---|---|
| 12.1.2 | Anspruchsdurchsetzung | 359 |
| 12.1.2.1 | Verwalterlose Gemeinschaft | 360 |
| 12.1.2.2 | Gemeinschaft mit Verwalter | 362 |
| 12.2 | Minderheitenquorum | 363 |
| 12.3 | Ladungsfrist | 369 |
| 12.4 | Teilnahme im Wege elektronischer Kommunikation | 374 |
| 12.4.1 | Grundsätze | 374 |
| 12.4.2 | (Teil)Virtuelle Versammlung | 375 |
| 12.4.3 | Rechte müssen wahrnehmbar sein | 375 |
| 12.4.4 | Problem der Nichtöffentlichkeit der Versammlungen | 378 |
| 12.4.4.1 | Grundsätze | 378 |
| 12.4.4.2 | Teilnahme Dritter | 379 |
| 12.4.4.2.1 | Gäste | 379 |
| 12.4.4.2.2 | Berater | 380 |
| 12.4.5 | Beschlussanfechtung wegen technischer Störung | 384 |
| 12.5 | Vollmacht in Textform | 384 |
| 12.5.1 | Grundsätze | 385 |
| 12.5.2 | Vereinbarte Formvorschriften | 387 |
| | | |
| **13** | **Wirtschaftsplan, Jahresabrechnung und Vermögensbericht** | **389** |
| 13.1 | Wirtschaftsplan | 390 |
| 13.1.1 | Gesetzgeberisches Ziel | 390 |
| 13.1.2 | Gegenstand künftiger Beschlussfassung | 392 |
| 13.1.3 | Fortgeltung | 398 |
| 13.2 | Jahresabrechnung | 400 |
| 13.2.1 | Abrechnungsspitze (§ 28 Abs. 2 Satz 1 WEG n. F.) | 401 |
| 13.2.2 | Abrechnungswerk (§ 28 Abs. 2 Satz 2 WEG n. F.) | 402 |
| 13.2.3 | Beschlusswirkung | 406 |
| 13.2.4 | Praktische Auswirkungen | 410 |
| 13.2.5 | Problem: Verwalterwechsel zum 1. Januar des Folgejahres | 420 |
| 13.3 | Vermögensbericht | 421 |
| 13.3.1 | Grundsätze | 422 |
| 13.3.2 | Wer muss den Vermögensbericht erstellen? | 422 |
| 13.3.3 | Wann ist der Vermögensbericht zu erstellen? | 423 |
| 13.3.4 | Welchen Inhalt hat der Vermögensbericht? | 423 |
| 13.3.4.1 | Erhaltungsrücklage | 423 |
| 13.3.4.2 | Weiter gebildete Rücklagen | 425 |
| 13.3.4.3 | Tatsächlich vorhandenes Vermögen | 426 |
| 13.3.4.4 | Muster eines Vermögensberichts | 428 |

# Inhaltsverzeichnis

| | | |
|---|---|---|
| 13.3.5 | Wie wird der Vermögensbericht bekannt gemacht? | 429 |
| 13.4 | Rechnungslegung | 430 |
| | | |
| **14** | **Fälligkeits- und Zahlungsregelungen** | **433** |
| 14.1 | Fälligkeitsregelungen | 433 |
| 14.1.1 | Fälligkeit der Zahlungen nach dem Wirtschaftsplan | 433 |
| 14.1.2 | Fortgeltung des Wirtschaftsplans | 434 |
| 14.1.3 | Fälligkeit von Beiträgen zu Sonderumlagen | 435 |
| 14.1.4 | Fälligkeit von Nachzahlungsansprüchen | 436 |
| 14.1.5 | Fälligkeit von Guthaben/Verrechnung | 437 |
| 14.1.6 | Vorfälligkeits-/Verfallsregelungen | 439 |
| 14.1.7 | Ratenzahlungs-/Stundungsregelungen | 441 |
| 14.1.8 | Exkurs: Versorgungssperre | 444 |
| 14.2 | Zahlungsmodalitäten | 448 |
| 14.2.1 | Unbarer Zahlungsverkehr | 448 |
| 14.2.2 | Verpflichtung zur Teilnahme am Lastschriftverfahren | 449 |
| 14.2.3 | Verbot von Sammelüberweisungen | 451 |
| 14.2.4 | Exkurs: Keine erweiterten Aufrechnungsmöglichkeiten | 451 |
| | | |
| **15** | **Der Verwaltungsbeirat** | **453** |
| 15.1 | Anzahl der Mitglieder | 454 |
| 15.2 | Mitgliederstruktur | 454 |
| 15.3 | Interne Organisation | 456 |
| 15.4 | Aufgabenbereich | 456 |
| 15.4.1 | Grundsätze | 456 |
| 15.4.2 | Vertretung gegenüber dem Verwalter | 457 |
| 15.4.3 | Überwachung des Verwalters | 458 |
| 15.5 | Haftungsbeschränkung | 459 |
| 15.5.1 | Grundsätze | 459 |
| 15.5.2 | Neuregelung | 460 |
| 15.5.3 | Auswirkung auf Entlastung | 462 |
| | | |
| **16** | **Bauliche Veränderung** | **465** |
| 16.1 | Was sind bauliche Veränderungen? | 466 |
| 16.2 | Beschlussfassung | 468 |
| 16.3 | Systematik der baulichen Veränderungen | 470 |
| 16.4 | Gemeinschaftliche Maßnahme | 471 |
| 16.4.1 | Grundsätze | 471 |
| 16.4.2 | Kostenamortisation | 473 |
| 16.4.2.1 | Modernisierende Erhaltung | 473 |
| 16.4.2.2 | „Modernisierende" bauliche Veränderung | 474 |

# Inhaltsverzeichnis

| | | |
|---|---|---|
| 16.4.2.2.1 | Grundsätze | 474 |
| 16.4.2.2.2 | Maßnahmen mit Amortisationspotenzial | 474 |
| 16.4.3 | Sonstige/Privilegierte Maßnahme | 477 |
| 16.5 | Gestattungsbeschluss | 478 |
| 16.5.1 | Privilegierte Maßnahme | 480 |
| 16.5.2 | Die Maßnahmen im Einzelnen | 481 |
| 16.5.2.1 | Barrierefreiheit | 481 |
| 16.5.2.2 | Lademöglichkeit | 483 |
| 16.5.2.2.1 | Grundätze | 483 |
| 16.5.2.2.2 | Recht zum Gebrauch | 484 |
| 16.5.2.2.3 | Nachzügler | 486 |
| 16.5.2.3 | Einbruchschutz | 489 |
| 16.5.2.3.1 | Fenstergitter | 490 |
| 16.5.2.3.2 | Videoüberwachung | 490 |
| 16.5.2.3.3 | Alarmanlage | 491 |
| 16.5.2.3.4 | Türspion | 492 |
| 16.5.2.4 | Erweiterung des Telekommunikationsnetzes | 492 |
| 16.5.3 | Nicht privilegierte Maßnahme | 493 |
| 16.5.3.1 | Kriterien einer Beeinträchtigung | 493 |
| 16.5.3.2 | Beeinträchtigung liegt nicht vor | 495 |
| 16.5.3.3 | Beeinträchtigung liegt vor | 496 |
| 16.5.3.3.1 | Einverständnis liegt vor | 496 |
| 16.5.3.3.2 | Einverständnis liegt nicht vor | 497 |
| 16.6 | Grenzen baulicher Veränderung | 498 |
| 16.6.1 | Grundlegende Umgestaltung | 499 |
| 16.6.2 | Unbillige Benachteiligung | 501 |
| 16.6.2.1 | Benachteiligung durch die Maßnahme selbst | 501 |
| 16.6.2.2 | Benachteiligung durch die Kosten der Maßnahme | 502 |
| 16.7 | Beschlussanfechtung | 502 |
| 16.8 | Kosten baulicher Veränderungen | 504 |
| 16.8.1 | Gestattungsmaßnahmen | 505 |
| 16.8.1.1 | Nicht privilegierte Gestattungsmaßnahme | 505 |
| 16.8.1.2 | Privilegierte Gestattungsmaßnahme | 505 |
| 16.8.2 | Gemeinschaftliche Maßnahmen | 506 |
| 16.8.2.1 | „Klassische" bauliche Veränderung | 506 |
| 16.8.2.1.1 | Einfacher Mehrheitsbeschluss | 506 |
| 16.8.2.1.2 | Qualifizierter Mehrheitsbeschluss | 511 |
| 16.8.2.2 | Maßnahme mit Kostenamortisation oder der „Modernisierung" | 516 |
| 16.8.3 | Änderung der Kostenverteilung | 519 |
| 16.8.3.1 | Kostenverteilungsänderung | 519 |

## Inhaltsverzeichnis

| | | |
|---|---|---|
| 16.8.3.2 | Keine Kostenbelastung | 520 |
| 16.9 | Verwalterpflichten | 521 |
| 16.9.1 | Eigentümerversammlungen vorbereiten | 521 |
| 16.9.1.1 | Mindestens 2 Versammlungen planen/Möglichkeit des § 23 Abs. 3 Satz 2 WEG n.F. | 521 |
| 16.9.1.2 | Fördermittel prüfen | 522 |
| 16.9.1.3 | Angebote einholen | 523 |
| 16.9.1.4 | Finanzierung klären | 525 |
| 16.9.1.4.1 | Laufende Hausgelder | 525 |
| 16.9.1.4.2 | Erhaltungs- bzw. Instandhaltungsrücklage | 525 |
| 16.9.1.4.3 | Sonderumlage | 527 |
| 16.9.1.4.4 | Kreditaufnahme | 528 |
| 16.9.2 | Beschlussfassung herbeiführen | 530 |
| 16.9.2.1 | Jede Baumaßnahme erfordert Beschlussfassung | 530 |
| 16.9.2.2 | Dokumentation der Abstimmungsergebnisse | 531 |
| 16.9.3 | Kostenverteilung vornehmen | 531 |
| 16.9.3.1 | Kostenverteilung unter allen | 531 |
| 16.9.3.2 | Kostenverteilung nur unter den Zustimmenden | 531 |
| 16.9.3.3 | Nachzügler berücksichtigen | 532 |
| 16.10 | Beschlussmuster zu baulichen Veränderungen | 533 |
| 16.10.1 | Gemeinschaftliche Erhaltungsmaßnahme | 533 |
| 16.10.2 | Nicht privilegierte Maßnahmen | 534 |
| 16.10.3 | Privilegierte Maßnahmen | 537 |
| **17** | **Gerichtliches Verfahren** | **541** |
| 17.1 | Zuständigkeit | 541 |
| 17.1.1 | Gerichtsstand (§ 43 Abs. 1 WEG n.F.) | 543 |
| 17.1.1.1 | Grundsätze | 543 |
| 17.1.1.2 | Anwendungsbereich | 544 |
| 17.1.1.2.1 | Klagen gegen die Gemeinschaft der Wohnungseigentümer | 544 |
| 17.1.1.2.2 | Klagen gegen die Wohnungseigentümer | 544 |
| 17.1.2 | Streitigkeiten der Wohnungseigentümer untereinander (§ 43 Abs. 2 Nr. 1 WEG n.F.) | 545 |
| 17.1.2.1 | Grundsätze | 545 |
| 17.1.2.2 | Anwendungsbereich | 546 |
| 17.1.3 | Streitigkeiten zwischen Gemeinschaft und Wohnungseigentümern (§ 43 Abs. 2 Nr. 2 WEG n.F.) | 549 |
| 17.1.3.1 | Grundsätze | 549 |
| 17.1.3.2 | Anwendungsbereich | 549 |
| 17.1.3.2.1 | Klagen der Gemeinschaft der Wohnungseigentümer | 549 |

# Inhaltsverzeichnis

| | | |
|---|---|---|
| 17.1.3.2.2 | Klagen der Wohnungseigentümer | 550 |
| 17.1.4 | Streitigkeiten mit dem Verwalter (§ 43 Abs. 2 Nr. 3 WEG n.F.) | 551 |
| 17.1.4.1 | Grundsätze | 551 |
| 17.1.4.2 | Anwendungsbereich | 552 |
| 17.1.5 | Beschlussklagen (§ 43 Abs. 2 Nr. 4 WEG n.F.) | 556 |
| 17.1.5.1 | Grundsätze | 557 |
| 17.1.5.2 | Anwendungsbereich | 557 |
| 17.1.6 | Duldungsklagen (§ 15 WEG n.F.) | 557 |
| 17.2 | Prozesskostenhilfe | 557 |
| 17.3 | Rechtskrafterstreckung (Verfahren nach § 43 Abs. 2 Nr. 1 bis 3 WEG n. F.) | 559 |
| 17.4 | Stellung und Pflichten des Verwalters | 560 |
| 17.5 | Beschlussklagen | 561 |
| 17.5.1 | Grundsätze | 562 |
| 17.5.2 | Passivlegitimation | 563 |
| 17.5.3 | Verwalterpflichten | 565 |
| 17.5.4 | Vor- und Nachteile der Neuregelung | 567 |
| 17.5.5 | Prozessverbindung | 569 |
| 17.5.6 | Nebenintervention | 570 |
| 17.5.6.1 | Grundsätze | 570 |
| 17.5.6.2 | Insbesondere verwalterlose Gemeinschaften | 574 |
| 17.5.6.3 | Berufungsverfahren | 576 |
| 17.5.6.4 | Nebenintervention auf Klägerseite | 576 |
| 17.5.7 | Rechtskrafterstreckung bei Beschlussklagen | 579 |
| 17.5.7.1 | Wohnungseigentümer | 579 |
| 17.5.7.2 | Verwalter | 580 |
| 17.5.7.2.1 | Grundsätze | 580 |
| 17.5.7.2.2 | Streitverkündung | 580 |
| 17.5.8 | Verfahrenskosten | 581 |
| 17.5.9 | Streitwert | 584 |
| 17.5.10 | Anfechtungsklage | 587 |
| 17.5.10.1 | Kläger | 587 |
| 17.5.10.2 | Frist | 588 |
| 17.5.10.3 | Teilanfechtung | 589 |
| 17.5.11 | Nichtigkeitsklage | 590 |
| 17.5.12 | Verhältnis der Anfechtungs- zur Nichtigkeitsklage | 594 |
| 17.5.12.1 | Alte Rechtslage | 594 |
| 17.5.12.2 | Neue Rechtslage | 596 |
| 17.5.13 | Beschlussersetzungsklage | 599 |

Inhaltsverzeichnis

| | | |
|---|---|---|
| 17.5.14 | Verhältnis der Anfechtungs- zur Beschlussersetzungsklage | 602 |
| 17.5.15 | Exkurs: Vereinbarungsklage gemäß § 10 Abs. 2 WEG n. F. | 603 |
| 17.6 | Rechtsmittel | 604 |
| 17.6.1 | Berufung | 604 |
| 17.6.2 | Revision | 611 |
| 17.6.3 | Nichtzulassungsbeschwerde | 612 |
| 17.6.4 | Verfassungsbeschwerde | 612 |
| **18** | **Nebenschauplätze: Weitere Änderungen durch das WEMoG** | **615** |
| 18.1 | Entziehung des Wohnungseigentums | 615 |
| 18.1.1 | Grundsätze | 616 |
| 18.1.2 | Materiell-rechtliche Änderungen | 616 |
| 18.1.3 | Beschlussfassung | 620 |
| 18.2 | Veräußerungsbeschränkungen | 621 |
| 18.2.1 | Aufhebung vereinbarter Veräußerungszustimmung | 621 |
| 18.2.2 | Publizität des Grundbuchs | 624 |
| 18.3 | Erwerberhaftung | 626 |
| 18.4 | Schließung der Wohnungsgrundbücher | 628 |
| 18.5 | Insolvenz und Aufhebung der Gemeinschaft | 629 |
| 18.6 | Wiederaufbau | 630 |
| **19** | **Duldungspflichten von Mietern und sonstigen Drittnutzern** | **631** |
| 19.1 | Adressatenkreis: Wer hat Maßnahmen zu dulden? | 631 |
| 19.1.1 | Nutzer von Wohnungs- und Teileigentum (Drittnutzer) | 631 |
| 19.1.2 | Duldungspflicht „anderen" gegenüber | 633 |
| 19.2 | Wer muss ankündigen? | 633 |
| 19.3 | Anspruchsinhalt: Was muss geduldet werden? | 633 |
| 19.3.1 | Erhaltungsmaßnahmen | 634 |
| 19.3.1.1 | Ankündigung ist nicht erforderlich | 635 |
| 19.3.1.1.1 | Unerhebliche Einwirkungen | 635 |
| 19.3.1.1.2 | Sofortige Durchführung wegen Dringlichkeit erforderlich | 635 |
| 19.3.1.2 | Ankündigung ist erforderlich | 635 |
| 19.3.1.2.1 | Frist und Form der Ankündigung | 635 |
| 19.3.1.2.2 | Inhalt der Ankündigung | 636 |
| 19.3.2 | Bauliche Maßnahmen | 639 |
| 19.4 | Verhältnis zum Vermieter | 643 |

| | | |
|---|---|---|
| **20** | **Anspruch des Mieters auf bauliche Veränderung der Mietsache** | **651** |
| 20.1 | Anspruchsberechtigte | 652 |
| 20.2 | Anspruch auf bauliche Veränderung | 653 |
| 20.2.1 | Zum Mitgebrauch überlassen? | 653 |
| 20.2.2 | Privilegierte Maßnahme | 653 |
| 20.2.2.1 | Maßnahmen der Barrierereduzierung | 653 |
| 20.2.2.2 | Laden elektrisch betriebener Fahrzeuge | 655 |
| 20.2.2.3 | Einbruchschutz | 656 |
| 20.3 | Erlaubnisvorbehalt des Vermieters | 656 |
| 20.3.1 | Interessenabwägung | 657 |
| 20.3.1.1 | Interessen des vermietenden Wohnungseigentümers | 658 |
| 20.3.1.2 | Mieterinteressen | 659 |
| 20.3.2 | Sicherheitsleistung des Mieters | 660 |
| 20.3.3 | Genehmigungsbeschlussfassung erforderlich | 666 |
| 20.4 | Mitwirkungspflichten des Vermieters | 668 |
| 20.5 | Keine abweichende Vereinbarung zulasten des Mieters | 668 |
| | | |
| **21** | **Betriebskostenabrechnung bei vermietetem Wohnungseigentum** | **671** |
| 21.1 | Grundsätze | 671 |
| 21.2 | Änderung des Kostenverteilungsschlüssels nach Abschluss des Mietvertrags | 672 |
| 21.3 | Keine unbillige Benachteiligung | 674 |
| 21.4 | Bestandsverträge | 675 |
| 21.4.1 | Keine Änderungsvereinbarung notwendig | 675 |
| 21.4.2 | Änderungsvereinbarung notwendig | 676 |
| | | |
| **22** | **Problemfelder der Vermietung von Wohnungseigentum** | **681** |
| 22.1 | Einschränkungen der Vermietungsbefugnis | 681 |
| 22.2 | Mitgebrauch des gemeinschaftlichen Eigentums | 684 |
| 22.3 | Schlüsselverlust | 686 |
| 22.4 | Gebrauchsregelungen im Mietvertrag | 686 |
| 22.5 | Betriebskostenabrechnung | 688 |
| 22.6 | Unterlassungsansprüche | 688 |
| 22.6.1 | Anspruch gegen den Mieter | 688 |
| 22.6.2 | Anspruch gegen den vermietenden Wohnungseigentümer | 689 |
| 22.7 | Muster-Mietvertrag über eine Eigentumswohnung | 691 |

Inhaltsverzeichnis

**B Neue Fassung: Wohnungseigentumsgesetz – WEG** ............ 725

**C Synopsen** ............ 749

**D Verzeichnisse** ............ 823

| | | |
|---|---|---|
| **1** | **Mustervorlagen** ............ | 823 |
| 1.1 | Übersichten und Checklisten ............ | 823 |
| 1.2 | Musterschreiben und Schriftsätze ............ | 823 |
| 1.3 | Musterverträge und -vereinbarungen ............ | 825 |
| 1.4 | Musterbeschlüsse ............ | 825 |
| 1.5 | Abrechnungen und rechnerische Darstellungen ............ | 828 |
| **2** | **Literaturverzeichnis** ............ | 829 |
| **3** | **Abkürzungsverzeichnis** ............ | 831 |

**Stichwortregister** ............ 835

## Vorwort

Im ursprünglichen „Entwurf eines Gesetzes zur Änderung des Wohnungseigentumsgesetzes und des Bürgerlichen Gesetzbuchs zur Förderung der Barrierefreiheit und Elektromobilität" (BT-Drs. 19/401) waren Anfang 2018 die vorrangigen Ziele einer neuerlichen Reform des Wohnungseigentumsgesetzes die Barrierefreiheit und E-Mobilität. Was nunmehr herausgekommen ist, stellt die umfassendste Änderung bzw. Modifizierung des WEG seit seinem Inkrafttreten im Jahr 1951 dar.

Der BGH hatte bereits vor 40 Jahren von den Wohnungseigentümergemeinschaften als „komplizierten Gebilden" gesprochen. Ob das WEMoG hier für ein einfacheres Verwalten und insbesondere ein gedeihlicheres Zusammenleben der Wohnungseigentümer sowie deren Zusammenarbeit mit dem Verwalter sorgen wird, bleibt abzuwarten. Die Stellung des Verwalters ist angesichts der jederzeitigen Möglichkeit seiner Abberufung geschwächt. Daneben wird es künftig den zertifizierten Verwalter geben, der durch entsprechende Prüfung vor der IHK über einen Sachkundenachweis verfügen wird.

Der Markt dürfte sich insoweit bereinigen, als nach einer Übergangsfrist nur noch die Bestellung eines zertifizierten Verwalters ordnungsmäßiger Verwaltung entsprechen wird. Die Aufgaben des Verwalters werden sich nicht ändern. Das Postulat der „Maßnahmen untergeordneter Bedeutung ordnungsmäßiger Verwaltung mit keinen erheblichen Verpflichtungen" für die Gemeinschaften der Wohnungseigentümer, sollte Verwalter in Zweifelsfällen stets motivieren, für eine Beschlussfassung der Wohnungseigentümer zu sorgen. Die Stellung des Verwaltungsbeirats wird erheblich aufgewertet, da ihm künftig die Überwachung des Verwalters obliegen wird. Mögliche Haftungsrisiken werden durch eine Begrenzung der Haftung auf Vorsatz und grobe Fahrlässigkeit für unentgeltlich tätige Beiratsmitglieder abgefedert.

Mit Blick auf den derzeit ansteigenden Verlauf mit COVID-19-Infektionen, sollte alsbald für eine Beschlussfassung über die Ermöglichung der Teilnahme an Eigentümerversammlungen in elektronischer Form gesorgt werden. Im Übrigen wird die Willensbildung innerhalb der Eigentümergemeinschaft erheblich vereinfacht. Grundsätzlich erfolgt die Beschlussfassung mit einfacher Mehrheit der abgegebenen Stimmen. Einzige Ausnahme bilden bestimmte Beschlüsse über bauliche Veränderungen des Gemeinschaftseigentums. Künftig wird jede Eigentümerversammlung beschlussfähig sein, auch wenn nur ein Wohnungseigentümer anwesend oder vertreten ist. Für die Zustimmung zu Beschlussanträgen im Umlaufverfahren des § 23 Abs. 3 WEG genügt künftig die Textform. Unter bestimmten Voraussetzungen kann die Willensbildung sogar mehrheitlich erfolgen.

Das Gesetz wurde durch Einsetzung einer hochkarätig besetzten Bund-Länder-Arbeitsgruppe (ZWE 2019, 429) in Ergänzung eines ebenso hochkarätigen Sachverständigen-Teams im Rahmen des Gesetzgebungsverfahrens (BT-

## Vorwort

Drs. 19/18791) in überragender Qualität vorbereitet und begleitet. Dass zwar stets neue unbestimmte Rechtsbegriffe für Verdruss sorgen, weil mit Klärung auf Kosten der Wohnungseigentümer verbunden, sei an dieser Stelle nicht weiter kommentiert. Mit Blick auf letzte Änderungen durch den Rechtsausschuss (BT-Drs. 19/22634), sei allerdings ergänzend angemerkt, dass sich die dann doch wohl unverändert belassene Thematik des Verwaltervertrags als einem mit Schutzwirkung für die Wohnungseigentümer, etwas unrund in das neue Gefüge einpasst.

Herzlich bedanke ich mich für das Vertrauen der Haufe Group, mir im Nachgang des Titels „WEG-Reform 2007" auch die Bearbeitung der „WEG-Reform 2020" übertragen zu haben und somit quasi ein „WEG-Reform-Reloaded" zu ermöglichen. Allerdings ist das nur die eine Seite der Medaille. Die andere Seite ist die der zuständigen Cheflektorin dieses Buches, Frau Rechtsanwältin Sonja Friedrich aus Freiburg. Nicht nur war die unverändert vertrauensvolle Zusammenarbeit mit ihr eine ganz besondere Freude, es waren gerade ihre wertvollen und maßgeblichen Anregungen, insbesondere auch ihre Kritik, die aus meiner Sicht nur als Gewinn zu bezeichnen sind.

Wiederum war die Haufe Group bestrebt, möglichst vor Inkrafttreten des WEMoG für eine frühzeitige Information interessierter Leser zu sorgen. Zum Zeitpunkt der Drucklegung stand allerdings noch nicht fest, ob das Gesetz bereits am 1. Dezember 2020 in Kraft treten kann oder erst zum 1. Januar 2021. Diese Unsicherheit hat aber keine Auswirkungen auf den Inhalt dieses Buches.

Düsseldorf, im Oktober 2020                    Alexander C. Blankenstein

# A  Das neue WEG – Die Änderungen im Überblick

# 1 Das neue WEG – Die Änderungen im Überblick

## 1.1 Stärkung: Die Gemeinschaft der Wohnungseigentümer

Der Gemeinschaft der Wohnungseigentümer wird in Zukunft eine erheblich größere Bedeutung zukommen. So werden z. B. neben der Verwaltung des Gemeinschaftseigentums, die ihr obliegen wird[1], Anfechtungs-, Nichtigkeits- und Beschlussersetzungsklagen gegen die Gemeinschaft der Wohnungseigentümer zu erheben sein.[2] Die Bruchteilsgemeinschaft der Wohnungseigentümer wird nur noch eine untergeordnete Rolle spielen.

### 1.1.1 Der Begriff „Gemeinschaft der Wohnungseigentümer"

Während Rechtsprechung und Literatur auch die Begriffe

- „Wohnungseigentümergemeinschaft",
- „Verband" oder
- „(teil)rechtsfähige Gemeinschaft"

verwenden, wird in den hier vorliegenden Ausführungen ausschließlich der Begriff „Gemeinschaft der Wohnungseigentümer" verwendet, wenn es um die Rechte und Pflichten sowie die Bezeichnung der nunmehr uneingeschränkt rechtsfähigen Wohnungseigentümergemeinschaft – mithin der Gemeinschaft der Wohnungseigentümer – geht. Nach § 9a Abs. 1 Satz 3 WEG n. F. führt sie im Außenverhältnis entweder die Bezeichnung „Gemeinschaft der Wohnungseigentümer" oder „Wohnungseigentümergemeinschaft". Soweit hingegen das Innenverhältnis – insbesondere mit Blick auf die Beschlussfassung – betroffen ist, wird hier die Rede von der „Wohnungseigentümergemeinschaft" sein.

### 1.1.2 Weitgehende Vertragsautonomie

#### 1.1.2.1 Lockerung der Vereinbarungskompetenz

Im Zuge der WEG-Reform 2007[3] waren Einzelregelungen in den §§ 12 Abs. 4 Satz 2, 16 Abs. 5 und 22 Abs. 2 Satz 2 WEG a. F. in das Gesetz aufgenommen worden. Mit diesen Regelungen sollte sichergestellt werden, dass die entsprechend geschaffenen Beschlusskompetenzen der Vorschriften

- § 12 Abs. 4 Satz 1 WEG a. F. – Aufhebung vereinbarter Veräußerungsbeschränkung,

---

[1] Siehe Kap. 5.2.1 Verwaltung des Gemeinschaftseigentums.
[2] Siehe Kap. 17.1.1.2.1 Klagen gegen die Gemeinschaft der Wohnungseigentümer.
[3] Gesetz zur Änderung des Wohnungseigentumsgesetzes und anderer Gesetze v. 26.3.2007, BGBl I S. 370, seit 1.7.2007 in Kraft.

**Das neue WEG – Die Änderungen im Überblick**
**Seite 26**

- § 16 Abs. 3 WEG a.F. – einfach-mehrheitliche Abänderung des für Betriebs- und Verwaltungskosten geltenden Kostenverteilungsschlüssels,
- § 16 Abs. 4 WEG a.F. – qualifizierte Beschlussfassung über die Änderung der Kostenverteilung von Instandhaltungs-, Instandsetzungs- und Modernisierungsmaßnahmen sowie Maßnahmen der baulichen Veränderung und
- § 22 Abs. 2 WEG a.F. – qualifizierte Beschlussfassung über Modernisierungen des Gemeinschaftseigentums

nicht durch Vereinbarung der Wohnungseigentümer eingeschränkt bzw. abbedungen werden können.

Im Gegensatz zur Anordnung der Unabdingbarkeit vorerwähnter Regelungen, geht der Gesetzgeber im Rahmen des WEMoG mit § 47 WEG n.F. einen moderateren Weg. Zwar sollen die durch das WEMoG neu geschaffenen gesetzlichen Regelungen nicht durch bestehende Vereinbarungen verdrängt werden[4], allerdings will der Gesetzgeber den Wohnungseigentümern eine erweiterte Vereinbarungskompetenz einräumen, indem er gerade von einer Anordnung der Unabdingbarkeit, insbesondere von Bestimmungen über die Möglichkeit einer Kostenverteilungsänderung, absieht und so die Gestaltungsfreiheit der Wohnungseigentümer nicht einschränkt.

In diesem Zusammenhang ist auch die mit der bisherigen Rechtslage korrespondierende Vorschrift des § 10 Abs. 1 Satz 2 WEG n.F. in den Blick zu nehmen, die es den Wohnungseigentümern grundsätzlich gestattet, vom Gesetz abweichende Vereinbarungen zu treffen, soweit sich nicht etwas anderes ausdrücklich aus dem Gesetz ergibt. Zwar werden die durch das WEMoG geschaffenen inhaltlichen Änderungen vielfach auch in den Wohnungseigentümergemeinschaften gelten, in deren Gemeinschaftsordnungen Abweichendes vereinbart ist. Allerdings haben diese Wohnungseigentümer durchaus die Kompetenz, die Rechtslage innerhalb ihrer Gemeinschaft aufgrund der durch das WEMoG angeordneten neuen gesetzlichen Bestimmungen individuell zu gestalten und anzupassen. Würde hingegen entsprechend der bisherigen §§ 12 Abs. 4 Satz 2, 16 Abs. 5 und 22 Abs. 2 Satz 2 WEG a.F. die Unabdingbarkeit bestimmter gesetzlicher Regelungen angeordnet, wäre dies gerade nicht mehr möglich. Insoweit sieht das WEMoG auch keine mit den vorerwähnten Bestimmungen korrespondierenden Regelungen mehr vor.

### 1.1.2.2 Weiterhin unabdingbare gesetzliche Regelungen

Zwar findet eine allgemeine Inhaltskontrolle der Teilungserklärung mit Gemeinschaftsordnung regelmäßig nicht statt. Zwingende gesetzliche Regelungen können allerdings nach wie vor auch durch Vereinbarung nicht ersetzt bzw. geändert werden. Grenzen setzen hier zunächst §§ 134, 138 und 242

---

[4] Siehe Kap. 1.2 Widerspruch: WEMoG und Altvereinbarungen.

BGB.[5] Auch spezialgesetzlich sind den Wohnungseigentümern Grenzen ihrer Vereinbarungskompetenz gesetzt.

**Spezialgesetzliche Regelungen**
So kann gemäß § 56 Satz 2 ZVG keine Haftung des Erstehers in der Zwangsversteigerung für Hausgeldrückstände des Wohnungseigentümers vereinbart werden.

Bei der Verteilung der Heiz- und Warmwasserkosten sind nach § 3 HeizkostenV stets die Vorschriften der Heizkostenverordnung zu beachten.

Die allgemein-zivilrechtlichen Regelungen des BGB über die Voraussetzungen des Verzugs nach den §§ 286 ff. BGB stehen nicht zur Disposition der Wohnungseigentümer.

Das sachenrechtliche Grundverhältnis kann nicht Gegenstand einer Vereinbarung sein.

**Kein Eingriff in unentziehbare und unverzichtbare Rechte/Grundprinzipien des WEG**
Durch Vereinbarung kann nicht in die unentziehbaren und unverzichtbaren Rechte der Wohnungseigentümer eingegriffen werden. Auch die elementaren Grundprinzipien des WEG unterliegen nicht der Disposition der Wohnungseigentümer. In diesem Zusammenhang ist verbreitet vom „Kernbereich" des Wohnungseigentums die Rede. Die Reichweite dieses „Kernbereichs" ist nicht abschließend festgelegt, sondern wird von der Rechtsprechung im Einzelfall konkretisiert. Er ergibt sich jedenfalls nicht aus dem Gesetz. Die Wohnungseigentümer können also auch durch Vereinbarung nicht in die Gebrauchsmöglichkeit des Sondereigentums eingreifen, elementare Mitverwaltungsrechte beschneiden und die zwingenden Verwaltungskompetenzen abändern.

- **Gebrauch des Sondereigentums**
  Zwar kann durch Vereinbarung ein bestimmter Gebrauch des Sondereigentums geregelt werden. Darüber hinaus aber kann dem einzelnen Wohnungseigentümer durch Vereinbarung nicht die Gebrauchs- bzw. Nutzungsmöglichkeit seiner Sondereigentumseinheit überhaupt genommen werden. Hierzu gehört auch ein ungehinderter Zugang zur Sondereigentumseinheit.[6]
- **Elementare Mitverwaltungsrechte**
  Auch durch Vereinbarung können dem einzelnen Wohnungseigentümer nicht seine elementaren Mitverwaltungsrechte genommen werden. Umfasst hiervon sind das Recht zur Teilnahme an Eigentümerversammlungen, das Rederecht und vor allem das Stimmrecht. Insoweit ist eine Regelung

---
[5] AG Berlin-Mitte, Urteil v. 6.2.2018, 22 C 41/17, GuG-aktuell 2018 S. 47.
[6] LG München I, Urteil v. 1.6.2015, 1 S 13261/14 WEG, GE 2015 S. 1106.

in der Gemeinschaftsordnung per se nichtig, die etwa den Inhabern von Tiefgaragenplätzen kein Stimmrecht gewährt.[7] Seine elementaren Mitverwaltungsrechte können dem Wohnungseigentümer auch dann nicht genommen werden, wenn er sich erhebliche Pflichtverletzungen zum Vorwurf machen lassen muss, wie z.B. massive Hausgeldrückstände.[8]

**Allgemeine Grenzen nach dem WEG**
Darüber hinaus setzt das WEG der Vereinbarungskompetenz der Wohnungseigentümer weitere Grenzen:

- So können gemäß § 5 Abs. 2 WEG dem Gemeinschaftseigentum zugeordnete Bestandteile des Gemeinschaftseigentums nicht durch Vereinbarung zu Sondereigentum erklärt werden.[9]

- Gemäß § 6 WEG kann es kein isoliertes Sondereigentum ohne Miteigentumsanteil geben.[10]

- Die Wohnungseigentümer können nicht zulasten potenzieller Gläubiger ihre in in § 9a Abs. 4 WEG n.F. (§ 10 Abs. 8 WEG a.F.) angeordnete und auf ihren Miteigentumsanteil beschränkte Außenhaftung beschränken.

- § 11 WEG verbietet eine Vereinbarung über die Aufhebung der Gemeinschaft, wenn nicht ein Fall der ganzen oder teilweisen Zerstörung des Gebäudes vorliegt und eine Verpflichtung zum Wiederaufbau nicht besteht.

- Eine etwa nach § 12 Abs. 1 WEG erforderliche Zustimmung darf nur aus wichtigem Grund versagt werden. Insoweit können die Wohnungseigentümer auch durch Vereinbarung keine nicht wichtigen Gründe zur Versagung der Veräußerungszustimmung regeln.

- Gemäß § 17 Abs. 3 WEG n.F. (§ 18 Abs. 4 WEG a.F.) kann das Recht zur Entziehung des Wohnungseigentums auch durch Vereinbarung nicht eingeschränkt oder ausgeschlossen werden.

- Umstritten ist, ob § 23 Abs. 3 WEG dahingehend abbedungen werden kann, dass generell auch Mehrheitsentscheidungen im schriftlichen Verfahren durch Umlaufbeschluss herbeigeführt werden können.[11] Allerdings verleiht das WEMoG den Wohnungseigentümern künftig in § 23 Abs. 3 Satz 2 WEG n.F. die Kompetenz, im konkreten Einzelfall zu beschließen,

---

[7] LG München I, Urteil v. 7.2.2019, 36 S 5357/18, ZMR 2019, S. 87.
[8] BGH, Urteil v. 10.12.2010, V ZR 60/10, ZWE 2011 S. 122.
[9] Z.B. Wohnungseingangstüren: BGH, Urteil v. 25.10.2013, V ZR 212/12, WuM 2013 S. 756; Versorgungsleitungen: BGH, Urteil v. 26.10.2012, V ZR 57/12, ZMR 2013 S. 454.
[10] OLG München, Beschluss v. 6.7.2010, 34 Wx 043/10, NJW-RR 2010 S. 1525.
[11] Für Abdingbarkeit durch Vereinbarung: OLG Schleswig v. 20.1.2006, 2 W 24/05, ZMR 2006 S. 803; dagegen: KG Berlin v. 18.8.1993, 24 W 1386/93, ZMR 1993 S. 532; OLG Hamm v. 6.4.1978, 15 W 117/76, MDR 1978 S. 759.

dass für eine Maßnahme auch die Mehrheit der abgegebenen Stimmen genügt.

- Ebenso umstritten ist, ob das Minderheitenquorum des § 24 Abs. 2 WEG durch Vereinbarung „verschärft" werden kann, also eine größere Anzahl von Wohnungseigentümern erforderlich wäre.
- Auch durch Vereinbarung können gemäß § 26 Abs. 1 Satz 5 WEG a.F. und künftig § 26 Abs. 5 WEG n.F. keine Beschränkungen der Bestellung oder Abberufung des Verwalters geregelt werden.
- Schließlich können keine abweichenden Vereinbarungen hinsichtlich der Bestimmungen über das gerichtliche Verfahren der §§ 43 ff. WEG getroffen werden. Enthält die Gemeinschaftsordnung etwa eine Vereinbarung, wonach bei Streitigkeiten unter den Wohnungseigentümern vor Klageerhebung ein Schlichtungsversuch mithilfe des Verwalters und/oder des Verwaltungsbeirats durchzuführen ist, entfaltet eine solche Regelung jedenfalls bei Anfechtungsklagen keine Wirkung.[12] Der Grund ist plausibel: Zum einen würde die Anfechtungsfrist unzumutbar verkürzt, zum anderen können weder Verwalter noch Verwaltungsbeirat den streitgegenständlichen Beschluss aufheben. Selbstverständlich können jedoch Schiedsabreden entsprechend §§ 1025 ff. ZPO vereinbart werden.

### 1.1.3 Konkretisierung der Beschlusskompetenz

Bekanntlich richtet sich die Antwort auf die Frage nach der Anfechtbarkeit oder Nichtigkeit eines Beschlusses, der auf Grundlage des Gesetzes gefasst werden soll, danach, ob den Wohnungseigentümern eine entsprechende Beschlusskompetenz eingeräumt ist und wie weit diese Kompetenz reicht. Werden die Grenzen der eingeräumten Beschlusskompetenz eingehalten, ist ein auf Grundlage der entsprechenden gesetzlichen Norm gefasster Beschluss grundsätzlich nur anfechtbar (so freilich der Beschluss nicht an Nichtigkeitsgründen leidet, die nichts mit der Frage der Beschlusskompetenz zu tun haben, wie beispielsweise die bewusste Nichteinladung von Wohnungseigentümern, ein unbestimmter Beschlussinhalt oder ein in sich widersprüchlicher Beschlusswortlaut).

Wie aber erkennt der Leser des Gesetzestextes, wie weit die den Wohnungseigentümern eingeräumte Kompetenz zur Beschlussfassung tatsächlich reicht und ein darüber hinaus gehender Beschluss mangels Beschlusskompetenz nichtig wäre? Zu unterscheiden sind insoweit die Wörter „dürfen" und „können".[13]

---

[12] LG München I, Urteil v. 14.6.2012, 36 S 19228/11 WEG.
[13] Vgl. BT-Drs. 19/18791, S. 66, 71 und 74.

**Das neue WEG – Die Änderungen im Überblick**

### Beispiel: Beschlusskompetenz eingeräumt

Die Neuregelung in § 20 Abs. 4 WEG n.F. sieht auszugsweise Folgendes vor: *„Bauliche Veränderungen, die die Wohnanlage grundlegend umgestalten oder einen Wohnungseigentümer ohne sein Einverständnis gegenüber anderen unbillig benachteiligen, dürfen nicht beschlossen ... werden ..."*

Das Wort „dürfen" verdeutlicht, dass den Wohnungseigentümern eine Beschlusskompetenz eingeräumt ist, auch wenn die weiteren Einschränkungen überschritten bzw. missachtet werden, die letztlich die Grenzen billigen Ermessens oder auch ordnungsmäßiger Verwaltung im Rahmen einer Beschlussanfechtung aufzeigen. Auch dann, wenn also ein Beschluss über eine Maßnahme der baulichen Veränderung einzelne Wohnungseigentümer unbillig benachteiligt, ist er lediglich anfechtbar.

### Beispiel: Keine Beschlusskompetenz eingeräumt

Gemäß § 16 Abs. 2 Satz 2 WEG n.F. *„können"* die Wohnungseigentümer *„für einzelne Kosten oder bestimmte Arten von Kosten eine von § 16 Abs. 2 Satz 1 WEG n.F. oder von einer Vereinbarung abweichende Verteilung beschließen"*.

Mit dem Wort „können" wird die Grenze der Beschlusskompetenz definiert. Übertragen auf eine Kostenverteilungsänderung, kann also nur eine solche beschlossen werden, die sich auf einzelne Kosten oder bestimmte Arten von Kosten bezieht. Eine darüber hinausgehende Änderung des Kostenverteilungsschlüssels hätte die Beschlussnichtigkeit zur Folge. Würden die Wohnungseigentümer also den geltenden Kostenverteilungsschlüssel grundsätzlich abändern, wäre der Beschluss nichtig.

Den Wohnungseigentümern ist zwar in beiden Fällen eine Beschlusskompetenz eingeräumt, wird diese aber überschritten, führt dies im Fall des „Könnens" zur Beschlussnichtigkeit und im Fall des „Dürfens" nur zur Anfechtbarkeit des Beschlusses.

### Beispiel: Verwalterbestellung

Ein weiteres anschauliches Beispiel stellt die Modifizierung in § 26 Abs. 2 Satz 1 WEG n.F. bezüglich der Verwalterbestellung dar. Durch Ersetzen des Wortes „dürfen" im bisherigen Gesetzestext durch das Wort „können", trägt der Gesetzgeber dem Umstand Rechnung, dass eine Verwalterbestellung über die jeweilige gesetzlich mögliche Höchstdauer der Bestellung zur Teilnichtigkeit des Bestellungsbeschlusses führt, was längst gefestigter Rechtsprechung entspricht.

## Das neue WEG – Die Änderungen im Überblick

 **Teilnichtigkeit auch bei Beiratsbestellung**
Da in § 29 Abs. 1 Satz 1 WEG n.F. Wohnungseigentümer zu Mitgliedern des Verwaltungsbeirats bestellt werden „können", führt die Wahl und Bestellung eines Nichteigentümers nicht mehr nur zur Anfechtbarkeit des Beschlusses, sondern unter Geltung des WEMoG zur Beschlussnichtigkeit. Insoweit wird sich die Rechtslage ändern, da bislang lediglich von einer Anfechtbarkeit des Beschlusses über die Bestellung eines Nichtwohnungseigentümers zum Verwaltungsbeirat ausgegangen wurde.

### 1.1.4 Keine „Sanktionierungs"-Beschlusskompetenz

Eines der großen Missverständnisse der WEG-Reform des Jahres 2007[14] war die Gesetzesbegründung zu der Möglichkeit von Vertragsstrafenregelungen. Ob Vertragsstrafen bei Verstößen gegen Vereinbarungen auf Grundlage des § 21 Abs. 7 WEG a.F. beschlossen werden können, erschien zwar stets zweifelhaft, hätte sich jedoch anhand der Gesetzesbegründung aufdrängen können.[15] Hier ist nämlich von der Möglichkeit die Rede, gemäß § 21 Abs. 7 WEG a.F. eine Vertragsstrafe für Verstöße gegen vereinbarte Vermietungsbeschränkungen mehrheitlich beschließen zu können. Es mag jedoch unterstellt werden, dass es sich hierbei um ein Versehen gehandelt hat, da Entsprechendes als „Verzugsfolge" beschlossen werden könnte. Aus dem Gesetzeswortlaut des derzeit noch geltenden § 21 Abs. 7 WEG a.F. ergibt sich eine Beschlusskompetenz zur Beschlussfassung über Vertragsstrafen jedenfalls nicht. Insoweit wurde zwischenzeitlich auch in der Rechtsprechung klargestellt, dass den Wohnungseigentümern die Kompetenz fehlt, Ausgleichszahlungen bei Verstößen gegen eine vereinbarte Vermietungsbeschränkung durch Beschluss festzulegen.[16]

Der Gesetzgeber hatte nun das Thema „Vertragsstrafen" erneut aufgenommen. In § 19 Abs. 3 Satz 2 WEG-E war den Wohnungseigentümern auf Grundlage des Regierungsentwurfs[17] noch die Kompetenz zur Beschlussfassung über Regelungen für den Fall eingeräumt, dass ein Wohnungseigentümer seine Pflichten verletzt. Da die Pflichten der Wohnungseigentümer in § 14 WEG n.F. geregelt werden und nach Absatz 1 dieser Vorschrift die Wohnungseigentümer insbesondere verpflichtet sind, die gesetzlichen Regelungen, Vereinbarungen und Beschlüsse einzuhalten, hätte der Wortlaut der geplanten Vorschrift allgemein Pflichtverletzungen erfasst. Er wäre somit nicht lediglich auf den Verzug mit einer Geldforderung beschränkt, sondern

---
[14] Gesetz zur Änderung des Wohnungseigentumsgesetzes und anderer Gesetze v. 26.3.2007, BGBl I S. 370, seit 1. Juli 2007 in Kraft.
[15] Vgl. BT-Drs. 16/887 S. 27.
[16] BGH, Urteil v. 22.3.2019, V ZR 105/18, ZMR 2019 S. 516; LG Köln, Urteil v. 26.4.2018, 29 S 239/17, ZWE 2018 S. 327.
[17] BT-Drs. 19/18791.

hätte vielmehr auch andere Pflichtverletzungen umfasst, insbesondere die Verletzung von Unterlassungspflichten oder Verstöße gegen die Hausordnung. Diese Vorschrift war wegen ihres weitgehenden und auch unbestimmten Regelungsgehalts allseits auf Kritik gestoßen. Der Bundesrat hatte hier in seiner Stellungnahme entsprechende Konkretisierung gewünscht.[18] Dieser war man dann seitens des Rechtsausschusses in überobligatorischer Weise dergestalt nachgekommen, dass § 19 Abs. 3 WEG-E, nunmehr in § 28 Abs. 3 WEG n. F. verortet, nur noch eine Beschlusskompetenz zur Regelung der Fälligkeit und der Art und Weise von Zahlungen eröffnet. Auch künftig wird den Wohnungseigentümern also nicht die Beschlusskompetenz eingeräumt, Vertragsstrafen durch Beschluss zu regeln. Freilich können sie Entsprechendes vereinbaren.

Im Rahmen entsprechender Beschlussfassung auf Grundlage vereinbarter Öffnungsklauseln wird insoweit das Belastungsverbot zu beachten sein, wonach den Wohnungseigentümern außerhalb der Verpflichtung zur Tragung der gemeinschaftlichen Kosten keine weiteren Verpflichtungen auferlegt werden können, die sich nicht bereits aus dem Gesetz oder einer Vereinbarung ergeben.[19] Anderes dürfte allerdings im Fall einer spezifizierten Öffnungsklausel gelten, die den Rahmen einer Beschlussfassung bereits vorgibt.[20]

### 1.2 Widerspruch: WEMoG und Altvereinbarungen

Das WEMoG wird im Hinblick auf bestehende Vereinbarungen der Wohnungseigentümer, insbesondere solche in Teilungserklärungen/Gemeinschaftsordnungen, vielfach zu Widersprüchen zwischen Gesetz und Vereinbarung führen. Zu differenzieren sind insoweit 2 Ausgangssituationen:

1. Besteht die Vereinbarung aus der schlichten Wiederholung des Gesetzeswortlauts oder

2. handelt es sich um eine vom Gesetz abweichende Vereinbarung?

**Wiederholung des Gesetzeswortlauts**

In der Vergangenheit haben die Verfasser von Gemeinschaftsordnungen[21] den bestehenden Gesetzestext häufig – mehr oder weniger unreflektiert – abgeschrieben bzw. übernommen. Der Gesetzgeber unterstellt hier großzügig, dass man den ergänzenden Blick in das Gesetz zu vermeiden geholfen habe, indem man es abgeschrieben hat.[22] Jedenfalls finden sich in vielen Gemeinschafts-

---

[18] BR-Drs. 168/1/20, S. 4 f.
[19] Vgl. BGH, Urteil v. 10.10.2014, V ZR 315/13, ZMR 2015 S. 12.
[20] BGH, Urteil v. 12.4.2019, V ZR 112/18, NJW 2019 S. 2083.
[21] Oft bezeichnet als „Teil 2" oder „Abschnitt B" in Teilungserklärungen.
[22] BT-Drs. 19/18791, S. 82.

ordnungen Regelungen, die nahezu identisch die Vorschriften des noch geltenden Wohnungseigentumsgesetzes widergeben.

| Beispiel: Beschlussfähigkeit der Wohnungseigentümerversammlung ||
|---|---|
| **Regelung in Gemeinschaftsordnung** | **§ 25 Abs. 3 und 4 WEG a.F.** |
| „Die Wohnungseigentümerversammlung ist nur beschlussfähig, wenn die erschienenen stimmberechtigten Wohnungseigentümer mehr als die Hälfte der Miteigentumsanteile, berechnet nach der im Grundbuch eingetragenen Größe dieser Anteile, vertreten. Ist eine Versammlung nicht nach diesen Vorgaben beschlussfähig, beruft der Verwalter eine neue Versammlung mit dem gleichen Gegenstand ein. Diese Versammlung ist ohne Rücksicht auf die Höhe der vertretenen Anteile beschlussfähig. Hierauf ist bei der Einberufung hinzuweisen." | (3) Die Versammlung ist nur beschlußfähig, wenn die erschienenen stimmberechtigten Wohnungseigentümer mehr als die Hälfte der Miteigentumsanteile, berechnet nach der im Grundbuch eingetragenen Größe dieser Anteile, vertreten.<br><br>(4) [1]Ist eine Versammlung nicht gemäß Absatz 3 beschlußfähig, so beruft der Verwalter eine neue Versammlung mit dem gleichen Gegenstand ein. [2]Diese Versammlung ist ohne Rücksicht auf die Höhe der vertretenen Anteile beschlußfähig; hierauf ist bei der Einberufung hinzuweisen. |

Eine solche Vereinbarungsregelung, die mehr oder weniger exakt dem bisherigen Gesetzestext in § 25 Abs. 3 und 4 WEG a.F. entspricht, findet sich in mindestens jeder 2. Gemeinschaftsordnung. Das WEMoG sieht jedoch unter Streichung vorerwähnter Bestimmungen in § 25 Abs. 3 und 4 WEG a.F. vor, dass eine Wohnungseigentümerversammlung stets beschlussfähig sein wird, auch wenn nur ein einziger Wohnungseigentümer in der Versammlung anwesend bzw. vertreten ist.[23]

### Vom Gesetz abweichende Vereinbarungen

Vielfach enthalten Gemeinschaftsordnungen Regelungen, die vom Gesetz abweichen. So existieren vereinzelt Regelungen über ein Zustimmungserfordernis des Verwalters zu baulichen Veränderungen, Schriftformerfordernisse für Vollmachten, bestimmte Beschlussquoren auch für Beschlüsse über Verwaltungsmaßnahmen, Gebrauchs- und Nutzungsregelungen sowie eine Änderung der Kostenverteilung.

---

[23] Siehe Kap. 11.1.2 Beschlussfähigkeit der Eigentümerversammlung.

## Das neue WEG – Die Änderungen im Überblick
Seite 34

**Widersprüche müssen gelöst werden**
Sowohl im einen als auch im anderen Fall werden sich mit Inkrafttreten des WEMoG Widersprüche zwischen Gesetz und Vereinbarung ergeben. Diese müssen von den betroffenen Wohnungseigentümergemeinschaften gelöst werden. An dieser Stelle ist die „Ergänzende Bestimmung" des § 47 WEG n. F. aus Teil 4 des Gesetzentwurfs heranzuziehen.

**WEG n. F.**

**§ 47 Auslegung von Altvereinbarungen**

[1]Vereinbarungen, die vor dem ... [einsetzen: Datum des Inkrafttretens nach Artikel 18 Satz 1 dieses Gesetzes] getroffen wurden und die von solchen Vorschriften dieses Gesetzes abweichen, die durch das Wohnungseigentumsmodernisierungsgesetz vom ... [einsetzen: Datum und Fundstelle dieses Gesetzes] geändert wurden, stehen der Anwendung dieser Vorschriften in der vom ... [einsetzen: Datum des Inkrafttretens nach Artikel 18 Satz 1 dieses Gesetzes] an geltenden Fassung nicht entgegen, soweit sich aus der Vereinbarung nicht ein anderer Wille ergibt. [2]Ein solcher Wille ist in der Regel nicht anzunehmen.

§ 47 WEG n. F. regelt zunächst, dass Vereinbarungen, die vor Inkrafttreten des WEMoG getroffen worden sind und nunmehr von den durch das WEMoG geänderten Vorschriften abweichen, der Geltung der Neuregelungen nicht entgegenstehen, *„soweit sich aus der Vereinbarung nicht ein anderer Wille ergibt"*. Satz 2 stellt insoweit klar, dass *„ein solcher Wille in der Regel nicht anzunehmen ist"*. Mit anderen Worten:

**Neue Vorschriften haben Vorrang vor Altvereinbarungen**

Die Neuregelungen sind auch dann anzuwenden, wenn eine Gemeinschaftsordnung eine von diesen Neuregelungen abweichende Vorschrift enthält.

Eine Altvereinbarung, die der Anwendung der durch das WEMoG geänderten Vorschriften entgegensteht, soll nach § 47 Satz 1 WEG n. F. nur dann weiter gelten, wenn sich aus der Vereinbarung der Wille ergibt, dass diese auch gegenüber künftigen Gesetzesänderungen Vorrang genießen soll. Das wird allenfalls ausnahmsweise der Fall sein. Aufgrund der negativen gesetzlichen Formulierung hat auch derjenige, der einen solchen Willen behauptet, diesen Willen zu beweisen. Der Wille muss sich dabei aus der Vereinbarung selbst ergeben, was nach § 47 Satz 2 WEG n. F. im Regelfall nicht anzunehmen ist. Zwar ist es im Einzelfall nicht ausgeschlossen, dass sich ein solcher Wille aus einer Vereinbarung und ihrem Kontext ergibt. Wenn, muss sich dies aber mit hinreichender Deutlichkeit ergeben.

Bezogen auf die im o.g. Beispiel erwähnte Regelung zur Beschlussfähigkeit der Wohnungseigentümerversammlung, könnte ein entgegenstehender Wille nur dann angenommen werden, wenn die Gemeinschaftsordnung beispielsweise ergänzend regeln würde, dass „*angesichts der überragenden Bedeutung der Wohnungseigentümerversammlung als zentralem Organ der Wohnungseigentümergemeinschaft, stets und unabdingbar ein gewisses Mindestquorum von Wohnungseigentümern anwesend sein müsse*". Ggf. könnte sich ein entgegenstehender Wille auch aus einer Präambel einer Gemeinschaftsordnung ergeben. Allerdings sind dies eher theoretische Denkmodelle mit keinerlei Praxisrelevanz.

 **Restliche Unklarheit**

Dem eindeutigen Wortlaut von § 47 WEG n.F. ist zwar zu entnehmen, dass alle Vereinbarungen, die von den durch das WEMoG eingeführten Änderungen abweichen, keine Geltung mehr haben sollen, so sich eben nicht aus der Vereinbarung selbst ein entgegenstehender Wille ergibt. Allerdings kapriziert sich die Entwurfsbegründung allein auf solche Vereinbarungen, die den Gesetzestext des früheren WEG wiederholen.

- Mit Blick auf die Einführung eines Erfordernisses der Textform für Stimmrechtsvollmachten in § 25 Abs. 3 WEG n.F.[24], könnten hier Unsicherheiten entstehen, wenn die Gemeinschaftsordnung z.B. die Schriftform vorschreibt. Insoweit würde nämlich nicht eine gesetzliche Regelung wiederholt, da das WEG bislang keine Formvorschriften für Vollmachten kennt. Lediglich auf Grundlage des § 147 BGB können Vollmachten, die nicht der Schriftform genügen, zurückgewiesen werden.

- Entsprechendes gilt aber auch für vereinbarte Mehrheitsquoren, die seit jeher von den Vorschriften des WEG abgewichen waren. So sehen, wenn auch in seltenen Fällen, Gemeinschaftsordnungen auch für die bislang „normalen" Verwaltungsbeschlüsse bestimmte Mehrheitsquoren in Abweichung von der gesetzlichen Möglichkeit der einfach-mehrheitlichen Beschlussfassung vor.

---

[24] Siehe Kap. 12.5 Vollmacht in Textform.

Teilweise dürfte sich eine Lösung der Problematik auch mithilfe eines Blicks auf die Gesetzgebungshistorie anbieten – so zumindest, was derzeitige Schriftformerfordernisse für Stimmrechtsvollmachten anbelangt. Die Textform nach § 126b BGB wurde zusammen mit der elektronischen Form durch das „Gesetz zur Anpassung der Formvorschriften des Privatrechts und anderer Vorschriften an den modernen Rechtsgeschäftsverkehr" vom 13. Juli 2001[25] in das BGB eingeführt. Wurde die Gemeinschaftsordnung im Vorfeld dieser gesetzlichen Neuregelung erstellt, dürfte davon auszugehen sein, dass insoweit durchaus auch dynamische Formerleichterungen dem Willen des Verfassers entsprachen, soweit nur gewisse Formvorschriften gewahrt werden. Anders dürfte aber der Fall zu beurteilen sein, in dem die Vereinbarung nach vorgenanntem Zeitpunkt getroffen wurde und insoweit bewusst strengere Formvorschriften gelten sollten.

Jedenfalls auf Grundlage der Gesetzesbegründung könnte entgegen des Wortlauts von § 47 WEG n. F. der Eindruck entstehen, lediglich gesetzeswiederholende Vereinbarungen würden von den Neuregelungen überlagert. Dies wäre aber die wohl auch korrekte Folge. Grundsätzlich sind Vereinbarungen, die im Grundbuch eingetragen sind, auch wie eine Grundbucheintragung auszulegen, nämlich objektiv. Insoweit ist auf Wortlaut und Sinn abzustellen, wie der sich aus neutraler Sicht als nächstliegende Bedeutung der Eintragung ergibt. Umstände außerhalb der Eintragung können nur herangezogen werden, wenn sie nach den besonderen Verhältnissen des Einzelfalls für jedermann ohne Weiteres erkennbar sind.[26] Der Wille der damals an der Vereinbarung Beteiligten, so er sich den Regelungen der Vereinbarung nicht unmittelbar entnehmen lässt, ist gerade nicht für jedermann ohne Weiteres erkennbar. Insoweit wird vereinzelt in der Literatur bereits für gesetzeswiederholende Vereinbarungen nicht lediglich eine dynamische Geltung angenommen, vielmehr auf den Einzelfall abgestellt, die Rechtsprechung geht allerdings lediglich von einer dynamischen Geltung aus,[27] was der Lesart der Gesetzesbegründung entspricht.

---

[25] BGBl. I S. 1542.
[26] BGH, Urteil v. 13.5.2016, V ZR 152/15, ZMR 2016 S. 713.
[27] OLG Frankfurt a. M., Beschluss v. 17.3.1983, 20 W 847/82, OLGZ 1983 S. 180; BayObLG, Beschluss v. 21.4.1972, BReg. 2 Z 125/71, NJW 1972 S. 1376.

## Das neue WEG – Die Änderungen im Überblick

 **Übersicht: Verhältnis des WEMoG zu bestehenden Vereinbarungen**

| Bestehende Vereinbarung | Auswirkungen durch WEMoG |
|---|---|
| Bauliche Veränderung: Bestimmte Beschlussquoren | In aller Regel dürfte das Erfordernis möglicher Allstimmigkeit nach § 14 Nr. 1 WEG a.F. abgefedert werden. Die Neuregelungen werden derartige Vereinbarungen aber auch deshalb überlagern, weil bauliche Veränderungen künftig nicht nur die „klassischen" Maßnahmen der baulichen Veränderung, sondern auch die Modernisierung nach bisheriger Lesart des § 22 Abs. 2 WEG a.F. und sogar solche der modernisierenden Instandsetzung umfassen werden. |
| Bauliche Veränderung: Zustimmungserfordernis des Verwalters | Keine Geltung mehr, da Beschlüsse über bauliche Veränderungen des Gemeinschaftseigentums künftig stets einer Beschlussfassung bedürfen und das vereinbarte Zustimmungserfordernis auch nach bisheriger Rechtslage nur ein Vorschalterfordernis darstellt. |
| Beirat: Festlegung der Zahl der Verwaltungsbeiratsmitglieder (in Übereinstimmung) mit § 29 Abs. 1 Satz 2 WEG a.F. | Keine Geltung mehr; die Wohnungseigentümer sind nach § 29 Abs. 1 WEG n.F. frei in der Festlegung der Anzahl von Verwaltungsbeiratsmitgliedern. |
| Beirat: Festlegung der Zahl der Verwaltungsbeiratsmitglieder entgegen § 29 Abs. 1 WEG a.F. | Hier dürfte zugunsten der Neuregelung durch das WEMoG zu unterstellen sein, dass die Vereinbarung nicht fortgilt. In der Praxis finden sich entsprechende Regelung auch so gut wie nicht. |

## Das neue WEG – Die Änderungen im Überblick

| Bestehende Vereinbarung | Auswirkungen durch WEMoG |
|---|---|
| Beschlussfähigkeit der Eigentümerversammlung: Regelungen nebst solcher mit Blick auf Wiederholungsversammlungen bei Beschlussunfähigkeit der Erstversammlung | Wurde der Gesetzestext des § 25 Abs. 3 und 4 WEG a.F. (mehr oder weniger) wiederholt, keine Geltung mehr; künftig ist jede Versammlung beschlussfähig, soweit nur ein einziger Wohnungseigentümer in der Versammlung anwesend oder durch den Versammlungsleiter vertreten ist. |
| Beschluss auf Grundlage vereinbarter Öffnungsklausel | Vereinbarte qualifizierte Beschlussquoren gelten weiter; im Übrigen zur Wirkung gegen Sondernachfolger für Eintragung in das Grundbuch bis spätestens 31.12.2025 sorgen. |
| Beschlussmehrheiten: Besondere Beschlussquoren mit Blick auf die Beschlussfassung allgemein (insbesondere „normale" Maßnahmen ordnungsmäßiger Verwaltung) | Weitergeltung dürfte zu bejahen sein, da derartige Maßnahmen stets einfach-mehrheitlich beschlossen werden konnten. |
| Betretungsrecht des Verwalters: Recht zum Betreten von Sondereigentum zwecks Überprüfung eines Bedarfs an Erhaltungsmaßnahmen des Gemeinschaftseigentums | Solche Vereinbarungen werden auch künftig unwirksam sein, da auch das WEMoG nicht in den Kernbereich des Sondereigentums eingreifen will (einschlägige Norm: § 14 Abs. 1 Nr. 2 WEG n.F.). |
| Eigentümerversammlung: Kreis der Einberufungsermächtigten zu einer Wohnungseigentümerversammlung in (mehr oder weniger) vorgenommener Wiederholung des Gesetzestextes des § 24 Abs. 3 WEG a.F. | Keine Geltung mehr; künftig können auch Wohnungseigentümer durch Beschluss zur Einberufung von Eigentümerversammlungen ermächtigt werden. |

| Bestehende Vereinbarung | Auswirkungen durch WEMoG |
|---|---|
| Eigentümerversammlung: Regelungen über den Zeitraum der Erstellung von Niederschriften über Eigentümerversammlungen | Die Rechtslage ist hier ungeklärt, da das WEMoG weiterhin zwar an der Beschluss-Sammlung des § 24 Abs. 7 und 8 WEG festhält, zusätzlich allerdings in § 24 Abs. 6 Satz 1 WEG n.F. anordnet, dass die Versammlungsniederschrift ebenso unverzüglich zu erstellen sein wird. |
| Entziehung des Wohnungseigentums: Konkretisierung der Entziehungsgründe | Das WEMoG wird hier keine Auswirkungen haben. |
| Entziehung des Wohnungseigentums: Wiederholung des ehemaligen Regelbeispiels des § 18 Abs. 2 Nr. 2 WEG a.F. | Keine Geltung mehr. |
| Kostenverteilung | Änderung auf Grundlage von § 16 Abs. 2 Satz 2 WEG n.F. möglich. |
| Schriftform: angeordnet für Beschlüsse im Umlaufverfahren des § 23 Abs. 3 WEG in (mehr oder weniger) vorgenommener Wiederholung des Gesetzestextes des § 23 Abs. 3 WEG a.F. | Keine Geltung mehr; künftig Textform ausreichend. |
| Schriftform: angeordnet für Einberufungsverlangen zu einer Wohnungseigentümerversammlung aufgrund des Minderheitenquorums in (mehr oder weniger) vorgenommener Wiederholung des Gesetzestextes des § 24 Abs. 2 WEG a.F. | Keine Geltung mehr; künftig Textform ausreichend. |
| Schriftform angeordnet: für Stimmrechts-(Vertretungs-)Vollmachten | Wohl keine Geltung mehr; ggf. dürfte anderes für Vereinbarungen gelten, die aus einer Zeit nach dem 31.7.2001 stammen, also dem Zeitpunkt des Inkrafttretens des |

| Bestehende Vereinbarung | Auswirkungen durch WEMoG |
|---|---|
|  | „Gesetzes zur Anpassung der Formvorschriften des Privatrechts und anderer Vorschriften an den modernen Rechtsgeschäftsverkehr". |
| Sondernutzungsrechte | Keine; durch Ausweitung der Möglichkeit der Begründung von Sondereigentum werden bestehende Sondernutzungsrechte nicht eingeschränkt – auch künftig wird es möglich sein, Sondernutzungsrechte zu begründen. |
| Umzugspauschalen | Sind sie ausnahmsweise einmal Gegenstand einer Vereinbarung, werden sie fortgelten; es besteht lediglich keine Beschlusskompetenz mehr. |
| Verwalter: Konkretisierung der Rechte und Pflichten | Da § 27 Abs. 2 WEG n.F. beschlussweise Erweiterungen und Beschränkungen der Verwalterbefugnisse zulässt, gelten vereinbarte zwar zunächst weiter. Allerdings werden die Wohnungseigentümer nicht gehindert sein, vereinbarte Befugnisse auf Grundlage vorerwähnter Norm zu beschneiden; sie steht nicht unter einem Vereinbarungsvorbehalt. |
| Verwalter: Pflicht zur Rechnungslegung | Keine, werden grundsätzlich auch vor dem Hintergrund des entfallenen § 28 Abs. 4 WEG a.F. wegen §§ 675, 662, 666 BGB fortgelten. |
| Verwalterabberufung: Beschränkung auf das Vorliegen eines wichtigen Grundes | Keine Geltung mehr; nach § 26 Abs. 3 und Abs. 5 WEG n.F. kann die Möglichkeit der jederzeitigen Abberufung des Verwalters auch nicht durch Vereinbarung eingeschränkt werden. |

| Bestehende Vereinbarung | Auswirkungen durch WEMoG |
|---|---|
| Wirtschaftsplan und Jahresabrechnung (mehr oder weniger) in Übereinstimmung mit § 28 Abs. 1 bis 3 WEG a.F. | Das WEMoG überlagert derartige Vereinbarungen insoweit, als klargestellt wird, was Gegenstand der Beschlussfassung auf Grundlage von § 28 Abs. 1 Satz 1 und § 28 Abs. 2 Satz 1 WEG n. F. sein wird, nämlich Vorschüsse und Abrechnungsspitzen. Auch Vereinbarungen über inhaltliche Vorgaben werden jedenfalls insoweit nicht mehr gelten, als sich hieraus ein abweichender Beschlussgegenstand ergeben würde. |

## 1.3 Übergangszeit: WEMoG und laufende Verwaltung

### 1.3.1 Laufende Gerichtsverfahren

Nach der Überleitungsvorschrift des § 48 Abs. 5 WEG n.F. gelten für Gerichtsverfahren, die vor dem Datum des Inkrafttretens bei Gericht anhängig sind, die derzeit noch geltenden Regelungen der §§ 43 ff. WEG a.F. Da das Gesetz auf die „Anhängigkeit" abstellt und nicht auf die „Rechtshängigkeit", kommt es also allein darauf an, dass die Klage vor dem Datum des Inkrafttretens bei Gericht eingereicht wird. Nicht maßgeblich ist zunächst, wann sie dem Gegner zugestellt wird.

**Beispiel: Anhängigkeit der Klage**

Unterstellt, das Gesetz würde am 1.12.2020 in Kraft treten, würden Klagen, die bis zum 30.11.2020 um 23.59 Uhr bei Gericht eingehen, noch nach derzeit geltendem Recht behandelt, insbesondere wären Anfechtungsklagen noch gegen die übrigen Wohnungseigentümer zu erheben und nicht gegen die Gemeinschaft der Wohnungseigentümer.

Wann die Klage zugestellt wird, ist zunächst deshalb unerheblich, weil die Zustellung der Klage nach § 167 ZPO auf den Zeitpunkt ihrer Erhebung rückfingiert wird, wenn sie dem Gegner „demnächst" zugestellt wird.

### Beispiel: Zustellung „demnächst"

Der Wohnungseigentümer erhebt am 30.11.2020 Anfechtungsklage gegen die übrigen Wohnungseigentümer. Wegen der Einzahlung des Gerichtskostenvorschusses wartet er die Aufforderung der Gerichtskasse ab. Diese sendet 10 Tage später eine entsprechende Kostenrechnung an den Wohnungseigentümer, die dieser in den folgenden Tagen bezahlt, sodass die Klage dem Verwalter, als noch fungierendem Zustellungsvertreter der übrigen Wohnungseigentümer, am 20.12.2020 zugestellt wird. Da die Zustellung „demnächst" erfolgt ist, wird das Verfahren noch nach derzeit geltendem Recht geführt.

Für sämtliche Verfahren, die am Tag des Inkrafttretens des WEMoG – voraussichtlich frühestens am 1.12.2020 und mutmaßlich spätestens am 1.1.2021 – bei Gericht eingehen, gelten die neuen Verfahrensvorschriften der §§ 43 ff. WEG n.F.

### 1.3.2 Eintragung von Öffnungsklausel-Beschlüssen in das Grundbuch

 **Neu: Öffnungsklausel-Beschlüsse müssen eingetragen werden**

Beschlüsse auf Grundlage einer vereinbarten Öffnungsklausel bedürfen unter Geltung des WEMoG der Eintragung in das Grundbuch. Dies gilt insbesondere auch für Altbeschlüsse, die vor Inkrafttreten des WEMoG gefasst worden sind. Damit diese Beschlüsse auch gegen Sondernachfolger von Wohnungseigentümern Wirkung entfalten, müssen sie unter Beachtung der in §§ 7 Abs. 2, 48 Abs. 1 WEG n.F. geregelten Eintragungsvoraussetzungen in das Grundbuch eingetragen werden. Allerdings sieht das Gesetz hier eine großzügige **Frist bis 31.12.2025** vor. Beschlüsse auf Grundlage einer vereinbarten Öffnungsklausel wirken also auch noch bis zum 31.12.2025 gegen Sondernachfolger, die bis zu diesem Zeitpunkt eintreten. Für eine Wirkung gegen Sondernachfolger, die nach diesem Zeitpunkt in die Gemeinschaft eintreten, bedarf es dann der Grundbucheintragung.[28]

### 1.3.3 Eintragung vereinbarter Erwerberhaftung in das Grundbuch

Haben die Wohnungseigentümer die Haftung des Erwerbers für Hausgeldrückstände des veräußernden Wohnungseigentümers vereinbart, muss sich diese Erwerberhaftung ausdrücklich aus dem Grundbuch ergeben. Eine Bezugnahme auf die Eintragungsbewilligung genügt insoweit nicht mehr. In

---

[28] Siehe Kap. 4 Grundbucheintragung von Beschlüssen aufgrund einer Öffnungsklausel.

aller Regel finden sich entsprechende Regelungen über eine Erwerberhaftung bereits in der Gemeinschaftsordnung, die längst im Grundbuch eingetragen ist. Für die Eintragung solcher Altvereinbarungen ist nun ebenfalls bis zum 31.12.2025 zu sorgen, sodass auch Erwerber, die nach diesem Zeitpunkt in die Gemeinschaft eintreten, an die Haftung gebunden werden.[29]

### 1.3.4 Beschlüsse, die nicht mehr gelten werden

Mit dem Zeitpunkt des Inkrafttretens des WEMoG werden solche Beschlüsse ihre Geltung verlieren, deren Fassung das WEMoG nicht mehr vorsieht. Die betroffenen Bereiche sind überschaubar, allerdings beschränkt das WEMoG die Beschlusskompetenzen der Wohnungseigentümer in einigen Bereichen.

#### 1.3.4.1 Verzugssanktionen

Bekanntlich verleiht § 21 Abs. 7 WEG a.F. den Wohnungseigentümern u.a. die Kompetenz, eine Regelung der Art und Weise von Zahlungen, der Fälligkeit und der Folgen des Verzugs zu beschließen. Der Gesetzentwurf zum WEMoG sah insoweit noch in § 19 Abs. 3 WEG-E die allgemeine Möglichkeit einer Beschlussfassung über die Sanktionierung von Pflichtverletzungen der Wohnungseigentümer vor. Auf Anregung des Bundesrats, diese Bestimmung zu konkretisieren, hat der Rechtsausschuss sie nunmehr gestrichen und sieht nur noch im Rahmen der Vorschriften über den Wirtschaftsplan und die Jahresabrechnung in § 28 Abs. 3 WEG n.F. die Möglichkeit vor, durch Beschluss Regelungen der Art und Weise von Zahlungen sowie deren Fälligkeit zu regeln.

Das WEG sieht künftig also nicht mehr vor, dass die Wohnungseigentümer Regelungen zur Sanktionierung des Verzugs von Wohnungseigentümern durch Beschluss treffen können. Insoweit werden Beschlüsse ihre Geltung verlieren, die etwa als Verzugsfolge einen höheren Zinssatz als das gesetzliche Niveau des § 288 Abs. 1 Satz 2 BGB von 5 Prozentpunkten über dem Basiszinssatz regeln. Auch Vorfälligkeitsbeschlüsse werden nicht mehr gelten, da am Verzug des Wohnungseigentümers anknüpfend.

#### 1.3.4.2 Umzugskostenpauschalen

Das WEMoG sieht keine Beschlusskompetenz mehr für Regelungen der Kosten eines besonderen Gebrauchs des Gemeinschaftseigentums vor. Zurecht ist hier der Gesetzgeber der Auffassung, dass die Kosten eines besonderen Gebrauchs bereits über die Regelungen der bisherigen § 16 Abs. 3 und Abs. 4 WEG a.F. berücksichtigt werden konnten und dies künftig ohnehin auf Grundlage von § 16 Abs. 2 Satz 2 WEG n.F. der Fall sein wird.

---

[29] Siehe Kap. 18.3 Erwerberhaftung.

## Das neue WEG – Die Änderungen im Überblick

Nicht mehr möglich wird es insoweit jedoch sein, besondere Kostenpauschalen hinsichtlich einer (angeblich) besonderen Nutzung des Gemeinschaftseigentums zu regeln, wie z.B. für den Ein- und Auszug von Wohnungseigentümern. Ein- und Auszüge stellen einen elementaren Gebrauch des Gemeinschaftseigentums dar, was ebenso für den Ein- und Auszug von Mietern gilt, mögen diese auch hochfrequentiert wechseln. Insoweit werden Beschlüsse über Umzugskostenpauschalen ihre Geltung verlieren. Im Übrigen wird in diesen Fällen eine Pauschale ohne Vorliegen eines konkreten Schadens erhoben, was der Gesetzgeber nicht mehr toleriert. Haben also die Wohnungseigentümer in der Vergangenheit beschlossen, dass im Fall eines Ein- bzw. Auszugs eine Pauschale in Höhe von beispielsweise 50 EUR an die Gemeinschaft zu zahlen ist, gilt diese Regelung nach Inkrafttreten des WEMoG nicht mehr. Freilich aber sind in der Vergangenheit gezahlte Umzugskostenpauschalen nun nicht an die jeweiligen Wohnungseigentümer zurückzuzahlen. Lediglich für die Zukunft besteht keine Zahlungspflicht mehr.

### 1.3.4.3 Vertreter der Gemeinschaft

**Alte Rechtslage**

Gemäß § 27 Abs. 3 Satz 2 WEG a.F. vertreten alle Wohnungseigentümer die Gemeinschaft der Wohnungseigentümer, wenn ein Verwalter fehlt oder er zur Vertretung nicht berechtigt ist. Nach § 27 Abs. 3 Satz 3 WEG a.F. können die Wohnungseigentümer durch Beschluss mit Stimmenmehrheit einen oder mehrere Wohnungseigentümer zur Vertretung ermächtigen. Haben die Wohnungseigentümer auf Grundlage vorerwähnter Bestimmung einen oder mehrere Wohnungseigentümer zu Vertretern der Eigentümergemeinschaft bestellt, verlieren entsprechende Beschlüsse ihre Geltung.

**Neue Rechtslage**

Das WEMoG sieht in § 9b Abs. 1 Satz 2 WEG n.F. zwar korrespondierend mit § 27 Abs. 3 Satz 2 WEG a.F. ebenfalls eine Gesamtvertretung durch die Wohnungseigentümer vor, wenn die Gemeinschaft keinen Verwalter hat. Allerdings ist die Gesamtvertretung mit Wirkung für das Außenverhältnis zwingend, wie § 9b Abs. 1 Satz 3 WEG n.F. zum Ausdruck bringt. Das WEMoG sieht insoweit nicht mehr die Möglichkeit vor, einen Vertreter der Gemeinschaft der Wohnungseigentümer mehrheitlich aufgrund entsprechender Beschlussfassung zu bestimmen. Soll die Gemeinschaft der Wohnungseigentümer von einer Person vertreten werden, müssen die Wohnungseigentümer einen Verwalter bestellen.[30]

Zwar können die Wohnungseigentümer in dem Fall, dass der Verwalter wegen eines Interessenkonflikts oder eines Verstoßes gegen § 181 BGB nicht zur Vertretung der Gemeinschaft der Wohnungseigentümer berechtigt ist,

---

[30] BT-Drs. 19/18791, S. 46.

durch Mehrheitsbeschluss einen Vertreter der Gemeinschaft der Wohnungseigentümer gegenüber dem Verwalter bestellen. Bislang gefasste Beschlüsse über eine Vertretung der Gemeinschaft der Wohnungseigentümer dürften insoweit nicht geltungserhaltend dergestalt umzudeuten sein, dass sie den Fall der Vertretung der Gemeinschaft gegenüber dem Verwalter umfassen. Allerdings fungiert der Vorsitzende des Verwaltungsbeirats mit Inkrafttreten des WEMoG nach § 9b Abs. 2 WEG n.F. als gesetzlicher Vertreter der Gemeinschaft der Wohnungseigentümer gegenüber dem Verwalter. Die Wohnungseigentümer können nach vorerwähnter Bestimmung aber auch einen anderen Wohnungseigentümer zum Vertreter der Gemeinschaft der Wohnungseigentümer gegenüber dem Verwalter bestimmen.

### 1.3.4.4 Ersatzzustellungsvertreter nebst Stellvertreter

Beschlüsse über Ersatzzustellungsvertreter und deren Stellvertreter auf Grundlage des § 45 Abs. 2 WEG a.F. werden angesichts der Regelungen in § 9b Abs. 1 Sätze 2 und 3 WEG n.F. ihre Wirkung verlieren. Da künftig Beschlussklagen nicht mehr gegen die „übrigen Wohnungseigentümer" zu richten sind, sondern gegen die Gemeinschaft der Wohnungseigentümer, ist der Verwalter bereits über seine Organstellung als Vertreter der Gemeinschaft der Wohnungseigentümer auch deren Zustellungsadressat. Konsequenterweise wird die Bestimmung des § 45 WEG im Rahmen des WEMoG aufgehoben.

Allerdings ist insoweit zu berücksichtigen, dass es gerade bei Klagen der Gemeinschaft der Wohnungseigentümer gegen den Verwalter nicht nur zu einem Interessenkonflikt beim Verwalter kommt, sondern sogar ein unzulässiger „In-Sich-Prozess" vorliegen würde. Niemand kann gegen sich selbst klagen. Es kann auch niemand als gesetzlicher Vertreter eines anderen gegen sich selbst klagen. Und der Verwalter fungiert gemäß § 9b Abs. 1 Satz 1 WEG n.F. als gesetzlicher Vertreter der Gemeinschaft der Wohnungseigentümer. Insoweit gilt das im vorstehenden Kapitel Ausgeführte zur gesetzlichen Vertretung des Vorsitzenden des Verwaltungsbeirats als Vertreter der Gemeinschaft der Wohnungseigentümer gegenüber dem Verwalter und zur alternativen Vertreterbeschlussfassung entsprechend.

### 1.3.4.5 „Gekorene" Ausübungsbefugnis der Gemeinschaft

Unter Geltung des WEMoG differenziert das Gesetz bezüglich der Ausübungskompetenzen der Gemeinschaft der Wohnungseigentümer nicht mehr zwischen den sog. „geborenen" und „gekorenen" Ausübungsbefugnissen.[31] Sollten also in der Eigentümergemeinschaft Beschlüsse gefasst, aber noch nicht umgesetzt worden sein, die ihre Grundlage in § 10 Abs. 6 Satz 3 HS 2 WEG a.F. haben, verlieren diese mit Inkrafttreten des Gesetzes ihre Wirkung.

---

[31] Siehe Kap. 5.4.2 Sonstige Individualansprüche der Wohnungseigentümer.

## Beispiel: Rauchwarnmelder

Zwar sind die Fristen der einzelnen Bundesländer für die Nachrüstung mit Rauchwarnmeldern in Bestandsimmobilien bereits überwiegend abgelaufen, allerdings ist dies gemäß § 48 Abs. 4 BauO Bln in Berlin und gemäß § 48 Abs. 4 BbgBO in Brandenburg noch nicht der Fall. Hier sind die Nachrüstpflichten bis 31.12.2020 zu erfüllen.

Besteht eine Wohnungseigentumsanlage sowohl aus Wohnungseigentumseinheiten als auch aus Teileigentumseinheiten und trifft die Verpflichtung zum Einbau somit nicht sämtliche Sondereigentümer gleichermaßen, so kann die Einbauverpflichtung in den Wohnungseigentumseinheiten als „gekorene" Ausübungsbefugnis auf die Gemeinschaft der Wohnungseigentümer gemäß § 10 Abs. 6 Satz 3 HS 2 WEG a.F. übertragen werden.[32] Da das WEMoG eine „gekorene" Ausübungsbefugnis der Gemeinschaft der Wohnungseigentümer nicht mehr kennt, würden entsprechende Beschlüsse ihre Wirkung verlieren. Die Wohnungseigentümer müssen ihren Pflichten dann selbst nachkommen.

 **Rechtsunsicherheiten verbleiben**

Gerade in Fällen, die insbesondere dem Schutz der Wohnungseigentümer oder der Allgemeinheit dienen (z.B. öffentlich-rechtlich angeordnete Maßnahmen), die aber nicht alle Sondereigentümer gleichermaßen betreffen, bestehen nun gewisse Unklarheiten, ob diese aufgrund zwingender Gemeinschaftsinteressen nicht doch originär der Gemeinschaft der Wohnungseigentümer obliegen. Dies dürfte zumindest nicht fernliegend sein.[33]

### 1.3.5 Vorschriften, die nicht mehr gelten werden

Unabhängig von der grundlegenden Neustrukturierung des Wohnungseigentumsgesetzes, in dem sich bereits bislang geltende Regelungen unter neuer Paragrafierung finden werden, gelten insbesondere folgende Bestimmungen nicht mehr:

- § 7 Abs. 4 Sätze 3 bis 6 WEG a.F.: Da keines der Bundesländer von der bisher in § 7 Abs. 4 WEG geschaffenen Kompetenz zur Bestimmung von Sachverständigen bezüglich Aufteilungsplan und Abgeschlossenheitsbescheinigung Gebrauch gemacht hat, wird die Bestimmung aufgehoben.[34]

---

[32] BGH, Urteil v. 8.2.2013, V ZR 238/11, NJW 2013 S. 3092; siehe auch Kap. 5.2.3 Ausübungskompetenzen.
[33] Siehe Kap. 5.2.3 Ausübungskompetenzen.
[34] Siehe hierzu Kap. 3.2.4 Anforderungen an den Aufteilungsplan.

**Das neue WEG – Die Änderungen im Überblick**

- § 10 Abs. 6 Satz 3 WEG a. F.: Die Differenzierung zwischen einer „geborenen" und einer „gekorenen" Ausübungsbefugnis der Gemeinschaft der Wohnungseigentümer wird es nicht mehr geben.[35]
- § 10 Abs. 8 Satz 4 WEG a. F.: Der Gleichlauf der Binnenhaftung des Wohnungseigentümers mit der weitergeltenden Außenhaftung wird aufgehoben.[36]
- § 12 Abs. 4 Satz 2 WEG a. F.: Die Wohnungseigentümer werden künftig die Möglichkeit der einfach-mehrheitlichen Aufhebung einer vereinbarten Veräußerungszustimmung durch Vereinbarung abbedingen können.[37]
- § 16 Abs. 4 WEG a. F.: Über den konkreten Einzelfall hinaus, können die Wohnungseigentümer künftig einfach-mehrheitlich insbesondere die Kosten von Erhaltungsmaßnahmen entgegen dem geltenden Kostenverteilungsschlüssel umlegen und dies auch dauerhaft.[38]
- § 16 Abs. 5 WEG a. F.: Die Wohnungseigentümer können die gesetzlichen Beschlusskompetenzen über eine einfach-mehrheitliche Abänderung des Kostenverteilungsschlüssels durch Vereinbarung abbedingen.[39]
- § 18 Abs. 2 Nr. 2 WEG a. F.: Das Regelbeispiel des Zahlungsverzugs entfällt, da aufgrund entsprechender Folgeänderung des ZVG jeder titulierte Anspruch die Zwangsversteigerung des Wohnungseigentums rechtfertigen wird.[40]
- § 18 Abs. 3 WEG a. F.: Die Beschlussfassung über die Entziehung des Wohnungseigentums bedarf lediglich der einfachen Mehrheit der in der Eigentümerversammlung anwesenden bzw. vertretenen Wohnungseigentümer.[41]
- § 19 Abs. 1 WEG a. F.: Auch in einer Zweiergemeinschaft wird das Entziehungsrecht von der Gemeinschaft der Wohnungseigentümer ausgeübt.[42]
- § 19 Abs. 2 WEG a. F.: Da es keiner Abwendungsbefugnis des Wohnungseigentümers mehr im Fall von titulierten Zahlungsrückständen bedarf, wird eine analoge Anwendung der Norm auf Fälle des Miteigentums nicht mehr erfolgen können. Die Rechtsprechung kann sich künftig aber über § 242 BGB retten.[43]

---

[35] Siehe hierzu Kap. 5.2.3 Ausübungskompetenzen.
[36] Siehe hierzu Kap. 5.7.2 Außenhaftung der Wohnungseigentümer.
[37] Siehe hierzu Kap. 18.2.1 Aufhebung vereinbarter Veräußerungszustimmung.
[38] Siehe hierzu Kap. 10.2.2.2.3 Kosten der Instandhaltung und Instandsetzung bzw. der Erhaltung.
[39] Siehe hierzu Kap. 4.4.1 Spezifizierte Öffnungsklausel.
[40] Siehe hierzu Kap. 18.1.2 Materiell-rechtliche Änderungen.
[41] Siehe hierzu Kap. 18.1.3 Beschlussfassung.
[42] Siehe hierzu Kap. 18.1 Entziehung des Wohnungseigentums.
[43] Siehe hierzu Kap. 18.1.2 Materiell-rechtliche Änderungen.

## Das neue WEG – Die Änderungen im Überblick

- § 20 Abs. 1 WEG a.F.: Da die Verwaltung des Gemeinschaftseigentums künftig der Gemeinschaft der Wohnungseigentümer obliegen wird, entfällt die gegenteilige Anordnung einer Verwaltung durch die Wohnungseigentümer.[44]
- § 21 Abs. 7 WEG a.F.: Die Möglichkeit der Regelung von Verzugssanktionen und der Kosten einer besonderen Nutzung des Gemeinschaftseigentums in Form abstrakt-genereller Regelungen, etwa in Form von Umzugskostenpauschalen, wird nicht mehr möglich sein.[45]
- § 21 Abs. 8 WEG a.F.: Die Möglichkeit der Ermessensentscheidung des Gerichts wird künftig in § 44 Abs. 1 Satz 2 WEG n.F. in Form der Beschlussersetzungsklage geregelt sein.[46]
- § 25 Abs. 3 und 4 WEG a.F.: Das Beschlussfähigkeitsquorum wird aufgehoben, künftig ist die Wohnungseigentümerversammlung unabhängig von der Anzahl erschienener oder vertretener Wohnungseigentümer beschlussfähig.[47]
- § 26 Abs. 1 Satz 3 und 4 WEG a.F.: Die Abberufung des Verwalters kann nicht mehr auf einen wichtigen Grund beschränkt werden[48].
- § 27 WEG a.F.: Der komplette Pflichten-Kanon des Verwalters entfällt.[49]
- § 28 Abs. 4 WEG a.F.: Das WEG sieht keine Rechnungslegungspflicht mehr vor.[50]
- §§ 44 und 45 WEG a.F.: Da Beschlussklagen künftig gegen die Gemeinschaft der Wohnungseigentümer zu richten sind, bedarf es keiner Regelungen mehr über die Bezeichnung der Wohnungseigentümer und die Zustellungsmodalitäten.[51]
- § 48 Abs. 1 und 2 WEG a.F.: Das Rechtsinstitut der Beiladung entfällt mit Blick auf den künftigen Verbandsprozess.[52]
- § 48 Abs. 4 WEG a.F.: In Einzelfällen wird es künftig wohl möglich sein, die Beschlussnichtigkeit feststellen zu lassen, auch wenn zuvor eine Anfechtungsklage als unbegründet abgewiesen wurde.[53]
- § 49 Abs. 1 WEG a.F.: Da Kostengrundentscheidungen bei richterlichen Ermessensentscheidungen bereits nach § 92 Abs. 2 Nr. ZPO sachgerecht

---

[44] Siehe hierzu u.a. Kap. 7.2 Baumaßnahmen.
[45] Siehe hierzu Kap. 1.3.4.2 Umzugskostenpauschalen.
[46] Siehe hierzu Kap. 17.5.13 Beschlussersetzungsklage.
[47] Siehe hierzu Kap. 11.1.2 Beschlussfähigkeit der Eigentümerversammlung.
[48] Siehe hierzu Kap. 6.4.2 Abberufung des Verwalters.
[49] Siehe hierzu Kap. 6.5 Aufgaben des Verwalters.
[50] Siehe hierzu Kap. 13.4 Rechnungslegung.
[51] Siehe hierzu Kap. 17.5.2 Passivlegitimation.
[52] Siehe hierzu Kap. 17.5 Beschlussklagen.
[53] Siehe hierzu Kap. 17.5.12 Verhältnis der Anfechtungs- zur Nichtigkeitsklage.

## Das neue WEG – Die Änderungen im Überblick

getroffen werden können, entfällt die Spezialnorm bezüglich der Kostenentscheidung im Rahmen einer Beschlussersetzungsklage.[54]

- § 49 Abs. 2 WEG a.F.: Die Möglichkeit, dem Verwalter die Verfahrenskosten aufzuerlegen, wird es nicht mehr geben. Der Verwalter haftet vielmehr nach allgemein-zivilrechtlichen Grundsätzen.[55]

- § 50 WEG a.F.: Eine Begrenzung der Erstattungsfähigkeit von Anwaltskosten auf in der Regel einen Anwalt entfällt, weil die Beschlussklagen des § 44 Abs. 1 WEG n.F. gegen die Gemeinschaft der Wohnungseigentümer zu richten sein werden.[56]

---

[54] Siehe hierzu Kap. 17.5.13 Beschlussersetzungsklage.
[55] Siehe hierzu Kap. 6.7 Verfahrenskostenbelastung des Verwalters.
[56] Siehe hierzu Kap. 17.5.6.1 Grundsätze.

## 2 Glossar: Die Themen im Überblick

| Thema | Inhalt | Norm | Fundstelle |
|---|---|---|---|
| Abberufung des Verwalters | Die Abberufung des Verwalters ist künftig jederzeit möglich; sie kann nicht mehr auf einen wichtigen Grund beschränkt werden. | § 26 Abs. 3 und 5 WEG n. F. | Kap. 6.4.2 Abberufung des Verwalters |
| Abgeschlossenheit | Die Fiktion der Raumeigenschaft von Stellplätzen und deren Verkehrsfähigkeit sowie die Sondereigentumsfähigkeit von Außenbereichen stellen neue und modifizierte Anforderungen an den Aufteilungsplan. | § 3 Abs. 2 und 3 WEG n. F. § 7 Abs. 4 WEG n. F. | Kap. 3.2.4 Anforderungen an den Aufteilungsplan |
| Abstimmung in der Eigentümerversammlung | Grundsätzlich erfolgt die Beschlussfassung nach dem gesetzlichen Kopfprinzip einfach-mehrheitlich. Das WEMoG sieht mit Ausnahme von § 21 Abs. 2 Satz 1 Nr. 1 WEG n. F. keine qualifizierten Beschlussquoren mehr vor. | § 25 Abs. 1 WEG n. F. | Kap. 11.1.1 Grundsätzlich einfache Mehrheit ausreichend |
| Allstimmigkeit | Selbst bei der Beschlussfassung über Maßnahmen der baulichen Veränderung des Sonder- und Gemeinschaftseigentums wird es keiner Allstimmigkeit mehr bedürfen; Beschlüsse auch über Maßnahmen, die über die Instandhaltung und Instandsetzung des Gemeinschafts- und Sondereigentums hinaus- | § 20 Abs. 1 WEG n. F. § 23 Abs. 3 WEG n. F. | Kap. 11.1 Beschlussfassung in der Eigentümerversammlung Kap. 16.2 Beschlussfassung Kap. 11.2 Beschlussfassung im Umlaufverfahren |

## Glossar: Die Themen im Überblick

| Thema | Inhalt | Norm | Fundstelle |
|---|---|---|---|
| | gehen, bedürfen nur noch der einfachen Mehrheit; Beschlüsse im Umlaufverfahren des § 23 Abs. 3 WEG bedürfen nach wie vor der Allstimmigkeit. Allerdings besteht Beschlusskompetenz zur Ermöglichung einer Mehrheitsentscheidung im konkreten Einzelfall. | | |
| Änderung der Kostenverteilung | Künftig wird auch die Änderung der Kostenverteilung von Erhaltungsmaßnahmen (Instandhaltung und Instandsetzung) uneingeschränkt durch einfachen Mehrheitsbeschluss möglich sein; insoweit sieht das WEMoG keine Beschränkung mehr auf den konkreten Einzelfall vor; die Abänderung des Kostenverteilungsschlüssels wird im Übrigen allerdings nur für einzelne Kosten oder Kostenarten möglich sein; eine pauschale Abänderung des geltenden Kostenverteilungsschlüssels soll nicht mehr möglich sein; die Änderung der Kostenverteilung bezüglich der Kosten von baulichen Veränderungen folgt eigenen Maßstäben. | § 16 Abs. 2 Satz 2 WEG n.F. § 21 Abs. 5 WEG n.F. | Kap. 4.3 Beschlüsse aufgrund gesetzlicher Öffnungsklauseln Kap. 10.2.2 Änderung der Kostenverteilung Kap. 16.8.3.1 Kostenverteilungsänderung |

## Glossar: Die Themen im Überblick

| Thema | Inhalt | Norm | Fundstelle |
|---|---|---|---|
| **Anfechtung von Beschlüssen, Anfechtungsklage** | Künftig werden Beschlussklagen, also insbesondere Anfechtungsklagen, gegen die Gemeinschaft der Wohnungseigentümer und nicht mehr gegen die übrigen Wohnungseigentümer zu richten sein; der Verwalter hat keine Klagebefugnis mehr. | § 44 WEG n. F. | Kap. 17.5 Beschlussklagen |
| **Aufteilung und Aufteilungsplan** | Aufgrund der Fiktion der Raumeigenschaft von Stellplätzen und der Möglichkeit der Begründung von Sondereigentum auch an Außenflächen, kommt dem Aufteilungsplan mit exakten Maßangaben künftig erhebliche Bedeutung zu. | § 7 Abs. 4 WEG n. F. | Kap. 3.2.4 Anforderungen an den Aufteilungsplan |
| **Ausgeschiedener Eigentümer** | Den ausgeschiedenen Wohnungseigentümer wird nach wie vor die auf seinen Miteigentumsanteil beschränkte Nachhaftung des § 9a Abs. 4 WEG n. F. (früher § 10 Abs. 8 WEG) treffen; da ein Beschluss nach § 28 Abs. 2 WEG n. F. lediglich die Abrechnungsspitze zum Gegenstand haben wird, haftet der ausgeschiedene Wohnungseigentümer nach wie vor auf Beitragsrückstände nach dem Wirtschaftsplan. | § 9a Abs. 4 WEG n. F.<br>§ 28 Abs. 2 WEG n. F. | Kap. 13.2.3 Beschlusswirkung (Eigentümerwechsel)<br><br>Kap. 17.1.1.2.2 Klagen gegen die Wohnungseigentümer |

## Glossar: Die Themen im Überblick

| Thema | Inhalt | Norm | Fundstelle |
|---|---|---|---|
| Auskunftsanspruch gegenüber Verwalter | Das WEMoG verleiht den Wohnungseigentümern keinerlei Ansprüche mehr gegen den Verwalter; Auskunftsansprüche sind gegenüber der Gemeinschaft der Wohnungseigentümer geltend zu machen; das Einsichtsrecht in die Verwaltungsunterlagen besteht insoweit auch gegenüber der Gemeinschaft der Wohnungseigentümer; der Verwalter hat allerdings jährlich einen Vermögensbericht zu erstellen und den Wohnungseigentümern zur Verfügung zu stellen. | § 18 Abs. 4 WEG n. F. § 28 Abs. 4 WEG n. F. | Kap. 5.5 Verhältnis der Wohnungseigentümer zum Verwalter |
| Außenanlage | Außenanlagen können künftig zu Sondereigentum erklärt werden, wenn die mit ihnen verbundene Sondereigentumseinheit den wirtschaftlichen Schwerpunkt bildet. | § 3 Abs. 2 WEG n. F. | Kap. 3.2.2 Sondereigentum an Außenbereichen |
| Außenstellplatz | An Außenstellplätzen kann künftig Sondereigentum begründet werden; die Stellplätze werden somit auch verkehrsfähig werden. | § 3 Abs. 1 Satz 2 WEG n. F. | Kap. 3.2.1 Raumfiktion von Außenstellplätzen |

Glossar: Die Themen im Überblick

Seite 55

| Thema | Inhalt | Norm | Fundstelle |
|---|---|---|---|
| Barrierefreiheit | Bauliche Veränderungen, die der Barrierefreiheit dienen, müssen Wohnungseigentümern in aller Regel gestattet werden; auch Mietern wird ein entsprechender Anspruch eingeräumt. | § 20 Abs. 2 WEG n. F. § 554 BGB n. F. | Kap. 16.5.2.1 Barrierefreiheit Kap. 20.2.2.1 Maßnahmen der Barrierereduzierung |
| Bauliche Veränderung: Anspruch auf | Jeder Wohnungseigentümer wird künftig einen Anspruch auf bauliche Veränderung insbesondere im Hinblick auf Maßnahmen der Barrierefreiheit, der Elektromobilität und des Einbruchschutzes sowie des Anschlusses an das Glasfasernetz haben. | § 20 Abs. 2 WEG n. F. | Kap. 16.4.3 Privilegierte Maßnahme |
| Bauliche Veränderung: Beseitigung | Der Beseitigungsanspruch ist künftig nicht mehr als Individualanspruch der Wohnungseigentümer ausgestaltet, sondern stellt einen originären („geborenen") Anspruch der Gemeinschaft der Wohnungseigentümer dar. | § 9a Abs. 2 WEG n. F. | Kap. 5.4.2 Sonstige Individualansprüche der Wohnungseigentümer |
| Bauliche Veränderungen im Sondereigentum | Auch bauliche Veränderungen im Sondereigentum können zustimmungspflichtig sein, wenn sie andere Wohnungseigentümer beeinträchtigen. | § 13 Abs. 2 WEG n. F. | Kap. 7 Nutzung, Gebrauch und bauliche Veränderung des Sondereigentums |

## Glossar: Die Themen im Überblick
### Seite 56

| Thema | Inhalt | Norm | Fundstelle |
|---|---|---|---|
| Bauträger | Der Bauträger kann künftig als teilender Eigentümer eine „Ein-Personen-Gemeinschaft" bilden, da die Wohnungseigentümergemeinschaft bereits mit dem Anlegen der Grundbücher entsteht. | § 9a Abs. 1 Satz 2 WEG n.F. | Kap. 5.1 Entstehung der Wohnungseigentümergemeinschaft |
| Behinderter Wohnungseigentümer | Künftig besteht ein Anspruch auf Genehmigung von Maßnahmen der Barrierefreiheit. | § 20 Abs. 2 WEG n.F. | Kap. 16.5.2.1 Barrierefreiheit |
| Beiladung im WE-Verfahren | Die Beiladung regelt das WEG n.F. nicht mehr. | | Kap. 17 Gerichtliches Verfahren |
| Beirat | Künftig ist die Bestellung einer flexiblen Anzahl von Beiratsmitgliedern möglich; soweit das Amt unentgeltlich ausgeübt wird, ordnet das WEMoG eine Haftungsbeschränkung auf Vorsatz und grobe Fahrlässigkeit an. Der Beirat unterstützt den Verwalter künftig nicht nur, sondern überwacht ihn auch. Der Vorsitzende fungiert als gesetzlicher Vertreter der Gemeinschaft der Wohnungseigentümer gegenüber dem Verwalter. | § 9b Abs. 2 WEG n.F. § 29 Abs 1 Satz 1 WEG n.F. § 29 Abs. 3 WEG n.F. | Kap. 15.1 Anzahl Mitglieder  Kap. 15.4.2 Vertretung gegenüber dem Verwalter  Kap. 15.4.3 Überwachung des Verwalters  Kap. 15.5 Haftungsbeschränkung |

## Glossar: Die Themen im Überblick

| Thema | Inhalt | Norm | Fundstelle |
|---|---|---|---|
| **Berufung im WE-Verfahren** | Nach wie vor werden die zentralen Berufungsgerichte des § 72 Abs. 2 Satz 1 GVG in den Verfahren des § 43 Abs. 2 Nr. 1 bis 4 WEG n.F. zuständig sein. | § 44 WEG n.F. | Kap. 17.6.1 Berufung |
| **Beschluss** | Künftig erfolgt die Beschlussfassung grundsätzlich einfach-mehrheitlich; das WEMoG kennt mit einer Ausnahme keine qualifizierten Mehrheitsquoren mehr. Ausnahme: § 21 Abs. 2 Satz 1 Nr. 1 WEG n.F. | § 25 Abs. 1 WEG n.F. | Kap. 11.1.1 Grundsätzlich einfache Mehrheit ausreichend |
| **Beschlussanfechtungsverfahren** | Künftig sind Anfechtungsklagen gegen die Gemeinschaft der Wohnungseigentümer zu richten und nicht mehr gegen die übrigen Wohnungseigentümer. | § 44 WEG n.F. | Kap. 17.5 Beschlussklagen |
| **Beschlussersetzung** | Die Möglichkeit der gerichtlichen Beschlussersetzung wird sich nicht mehr aus § 21 Abs. 8 WEG ergeben, das WEMoG stellt dafür die Beschlussersetzungsklage zur Verfügung. | § 44 Abs. 2 WEG n.F. | Kap. 17.5.13 Beschlussersetzungsklage |

## Glossar: Die Themen im Überblick

| Thema | Inhalt | Norm | Fundstelle |
|---|---|---|---|
| Beschluss-Sammlung | Die Beschluss-Sammlung wird es auch weiterhin geben. | § 24 Abs. 7 und 8 WEG | Kap. 11.3.2 Beschluss-Sammlung |
| Beseitigung baulicher Veränderungen | Die bisherigen Individualansprüche werden künftig von der Gemeinschaft der Wohnungseigentümer geltend gemacht. | § 9a Abs. 2 WEG n.F. | Kap. 5.4.2 Sonstige Individualansprüche der Wohnungseigentümer |
| Betreten des Sondereigentums | Gem. § 14 Abs. 1 Nr. 2 WEG n.F. ist unter bestimmten Voraussetzungen aufgrund eines Beschlusses oder einer Vereinbarung das Betreten des Sondereigentums möglich. | § 14 Abs. 1 Nr. 2 WEG n.F. | Kap. 8.1.2 Duldungspflicht |
| Betriebskosten im Wohnungseigentum | Das Gesetz unterscheidet einzelne Kostenarten nur noch insoweit, als für die Kosten baulicher Veränderung Besonderheiten gelten. | § 16 Abs. 2 Satz 2 WEG n.F. § 21 WEG n.F. | Kap. 10.2 Kosten |
| Duldungspflichten Dritter | Das WEMoG verpflichtet erstmals Drittnutzer von Wohnungseigentum zur Duldung von Erhaltungs- und Modernisierungsmaßnahmen. | § 15 WEG n.F. | Kap. 19 Duldungspflichten von Mietern und sonstigen Drittnutzern |
| Duldungspflichten des Wohnungseigentümers | Bauliche Veränderungen werden künftig grundsätzlich durch Mehrheitsbeschluss geregelt; Duldungspflichten regelt § 14 Abs. 1 Nr. 2 WEG n.F. gegenüber der Gemeinschaft der Wohnungseigentümer und | § 14 Abs. 1 Nr. 2, Abs. 2 Nr. 2 WEG n.F. § 20 WEG n.F. | Kap. 8.1.2 Duldungspflicht Kap. 16 Bauliche Veränderungen |

## Glossar: Die Themen im Überblick

| Thema | Inhalt | Norm | Fundstelle |
|---|---|---|---|
| | § 14 Abs. 2 Nr. 2 WEG n.F. gegenüber den übrigen Wohnungseigentümern. | | |
| Eigentümerliste | Da die Beschlussklagen gegen die Gemeinschaft der Wohnungseigentümer zu richten sein werden, wird die Eigentümerliste bedeutungslos; allerdings bleibt sie von Bedeutung für Vereinbarungsklagen. | § 44 Abs. 2 Satz 1 WEG n.F. <br> § 10 Abs. 2 WEG n.F. | Kap. 17.5.4 Vor- und Nachteile der Neuregelung <br> Kap. 17.5.15 Exkurs: Vereinbarungsklage gemäß § 10 Abs. 2 WEG n.F. |
| Eigentümerversammlung | Infolge der Abschaffung des Beschlussfähigkeitsquorums ist die Eigentümerversammlung künftig stets beschlussfähig; durch Beschluss kann den Wohnungseigentümern die Teilnahme in elektronischer Form ermöglicht werden. | § 25 WEG n.F. <br> § 23 Abs. 1 Satz 2 WEG n.F. | Kap. 11.1.2 Beschlussfähigkeit der Eigentümerversammlung <br> Kap. 12.4 Teilnahme im Wege elektronischer Kommunikation |
| Einberufungsfrist für Eigentümerversammlung | Künftig soll die Ladungsfrist 3 Wochen betragen. | § 24 Abs. 4 Satz 2 WEG n.F. | Kap. 12.3 Ladungsfrist |
| Einbruchschutz | Bauliche Veränderungen, die dem Einbruchschutz dienen, müssen Wohnungseigentümern in aller Regel gestattet werden; auch Mietern wird ein entsprechender Anspruch gegen ihre Vermieter eingeräumt. | § 20 Abs. 2 WEG n.F. <br> § 554 BGB n.F. | Kap. 16.5.2.3 Einbruchschutz (Wohnungseigentum) <br> Kap. 20.2.2.3 Einbruchschutz (Miete) |

## Glossar: Die Themen im Überblick

| Thema | Inhalt | Norm | Fundstelle |
|---|---|---|---|
| Einsichtnahme in Verwaltungsunterlagen | Künftig gesetzlicher Anspruch auf Einsicht in die Verwaltungsunterlagen. | § 18 Abs. 4 WEG n. F. | Kap. 5.4.2.4 Recht zur Einsichtnahme in die Verwaltungsunterlagen<br><br>Kap. 11.3.2.2 Einsichtnahme (in Beschluss-Sammlung) |
| Einzugsermächtigung im Wohnungseigentum | Künftig wird § 21 Abs. 7 WEG zwar nicht mehr gelten; nach wie vor besteht aber die Möglichkeit, die Wohnungseigentümer zur Teilnahme am Lastschriftverfahren zu verpflichten. | § 28 Abs. 3 WEG n. F. | Kap. 14.2.2 Verpflichtung zur Teilnahme am Lastschriftverfahren |
| Elektronische Kommunikation | Wohnungseigentümern kann die Teilnahme an Eigentümerversammlungen in elektronischer Form gestattet werden; für die Beschlussfassung im Umlaufverfahren genügt die Textform, also insbesondere E-Mail; Entsprechendes gilt für den Nachweis von Stimmrechtsvollmachten. | § 23 Abs. 1 Satz 2 WEG n. F.<br><br>§ 23 Abs. 3 WEG n. F.<br><br>§ 25 Abs. 3 WEG n. F. | Kap. 12.4 Teilnahme im Wege elektronischer Kommunikation<br><br>Kap. 11.2 Beschlussfassung im Umlaufverfahren |

## Glossar: Die Themen im Überblick

| Thema | Inhalt | Norm | Fundstelle |
|---|---|---|---|
| E-Mobilität | Bauliche Veränderungen, die dem Laden von Batterien im Rahmen der E-Mobilität dienen, müssen Wohnungseigentümern gestattet werden; auch Mietern wird ein entsprechender Anspruch gegen ihren Vermieter eingeräumt. | § 20 Abs. 2 WEG n.F. § 554 BGB n.F. | Kap. 16.5.2.2 Lademöglichkeit (Wohnungseigentum) Kap. 20.2.2.2 Laden elektrisch betriebener Fahrzeuge (Miete) |
| Energetische Modernisierung | Als bauliche Veränderung werden entsprechende Maßnahmen künftig einfach-mehrheitlich zu beschließen sein. Die Kostenverteilung erfolgt unter allen Wohnungseigentümern, wenn sie sich in einem angemessenen Zeitraum amortisieren oder mit einer Mehrheit von mehr als 2/3 der abgegebenen Stimmen beschlossen werden, die dabei die Hälfte der Miteigentumsanteile repräsentieren. | § 21 Nr. 2 WEG n.F. | Kap. 16.2 Beschlussfassung |
| Entziehung des Wohnungseigentums | Das WEMoG sieht kein besonderes Beschlussquorum mehr vor; das Ausübungsrecht steht auch in Zweiergemeinschaften der Gemeinschaft der Wohnungseigentümer zu. | § 17 WEG n.F. | Kap. 18.1 Entziehung des Wohnungseigentums |

## Glossar: Die Themen im Überblick

| Thema | Inhalt | Norm | Fundstelle |
|---|---|---|---|
| Erhaltung | Das WEMoG definiert Maßnahmen der Instandhaltung und Instandsetzung als solche der Erhaltung, weshalb das Gesetz künftig auch eine Erhaltungsrücklage vorsieht. | § 13 Abs. 2 WEG n.F. § 19 Abs. 2 Nr. 2 und 4 WEG n.F. | Kap. 16.1 Was sind bauliche Veränderungen? |
| Erhaltungsrücklage | Die Instandhaltungsrücklage wird künftig als „Erhaltungsrücklage" bezeichnet; grundsätzlich haben die Wohnungseigentümer die Möglichkeit, auch weitere Rücklagen neben der Erhaltungsrücklage zu bilden. | § 19 Ab. 2 Nr. 4 WEG n.F. § 28 Abs. 1 Satz 1 WEG n.F. | Kap. 16.9.1.4.2 Instandhaltungsrücklage/Erhaltungsrücklage |
| Ersatzzustellungsvertreter | Da Beschlussklagen künftig gegen die Gemeinschaft der Wohnungseigentümer zu richten sind, bedarf es keines Ersatzzustellungsvertreters mehr. | § 44 WEG n.F. | Kap. 1.3.4.4 Ersatzzustellungsvertreter nebst Stellvertreter |
| Erwerberhaftung | Zur Wirkung gegen Sondernachfolger von Wohnungseigentümern, bedürfen Beschlüsse auf Grundlage einer vereinbarten Öffnungsklausel der Eintragung ins Grundbuch; dies gilt auch für Altbeschlüsse; eine vereinbarte Erwerberhaftung wirkt nur dann gegen den Sondernachfolger, wenn diese ausdrücklich im Grundbuch eingetragen ist. | § 10 Abs. 3 WEG n.F. § 7 Abs. 3 WEG n.F. § 48 Abs. 1 und 3 WEG n.F. | Kap. 18.3 Erwerberhaftung Kap. 1.3.2 Eintragung von Öffnungsklausel-Beschlüssen in das Grundbuch Kap. 4 Grundbucheintragung von Beschlüssen aufgrund einer Öffnungsklausel |

## Glossar: Die Themen im Überblick

| Thema | Inhalt | Norm | Fundstelle |
|---|---|---|---|
| | | | Kap. 18.2.2 Publizität des Grundbuchs |
| Eventualeinberufung | Da Wohnungseigentümerversammlungen künftig stets beschlussfähig sein werden, bedarf es keiner Eventualeinberufung mehr. | § 25 WEG n.F. | Kap. 11.1.2 Beschlussfähigkeit der Eigentümerversammlung |
| Faktische Wohnungseigentümergemeinschaft | Da die Gemeinschaft der Wohnungseigentümer künftig mit dem Anlegen der Grundbücher auch im Fall der Teilung gemäß § 8 WEG entsteht ("Ein-Personen-Gesellschaft", bestehend aus dem teilenden Eigentümer), bedarf es des Rechtsinstituts der faktischen Eigentümergemeinschaft nicht mehr. | § 9a Abs. 1 WEG n.F. | Kap. 5.1 Entstehung der Wohnungseigentümergemeinschaft |
| Garten, gemeinschaftlicher | Gemeinschaftliche Gartenflächen sind künftig sondereigentumsfähig, soweit die mit ihnen verbundenen Räume wirtschaftlich die Hauptsache darstellen. | § 3 Abs. 2 WEG n.F. | Kap. 3.2.2 Sondereigentum an Außenbereichen |
| Gebrauch und Nutzung von Sonder- und Gemeinschaftseigentum | Hinsichtlich des Gebrauchs und der Nutzung von Sonder- und Gemeinschaftseigentum, wird es keine materiell-rechtlichen Änderungen geben; lediglich die entsprechenden Bestimmungen finden sich an anderer Stelle. | § 13 Abs. 1 WEG n.F. § 16 Abs. 1 WEG n.F. | Kap. 7 Nutzung, Gebrauch und bauliche Veränderung des Sondereigentums |

## Glossar: Die Themen im Überblick

| Thema | Inhalt | Norm | Fundstelle |
|---|---|---|---|
| Gemeinschaftseigentum | Die Verwaltung des Gemeinschaftseigentums obliegt künftig nicht mehr den Wohnungseigentümern, sondern der Gemeinschaft der Wohnungseigentümer. | § 18 Abs. 1 WEG n.F. | Kap. 5.2.1 Verwaltung des Gemeinschaftseigentums |
| Gerichtsbarkeit im WE-Verfahren | Nach wie vor richtet sich die Zuständigkeit in den wohnungseigentumsrechtlichen Verfahren nach dem Belegenheitsort der Wohnanlage. | § 43 WEG n.F. | Kap. 17.1.1 Gerichtsstand (§ 43 Abs. 1 WEG n.F.) |
| Glasfasernetz | Bauliche Veränderungen, die der Anbindung an ein Telekommunikationsnetz mit sehr hoher Kapazität dienen, müssen Wohnungseigentümern künftig gestattet werden. | § 20 Abs. 2 WEG n.F. | Kap. 16.5.2.4 Erweiterung des Telekommunikationsnetzes |
| Grundbuchpublizität | Nicht nur geltende Regelungen über eine Veräußerungszustimmung nach § 12 WEG, sondern auch solche über eine Erwerberhaftung müssen sich künftig ausdrücklich aus dem Grundbuch ergeben. Lediglich die Bezugnahme auf die Bewilligung reicht nicht mehr aus. | § 7 Abs. 3 Satz 2 WEG n.F. | Kap. 18.2.2 Publizität des Grundbuchs<br>Kap. 18.3 Erwerberhaftung |

## Glossar: Die Themen im Überblick

| Thema | Inhalt | Norm | Fundstelle |
|---|---|---|---|
| **Haftung der Wohnungseigentümer** | Nach wie vor trifft die Wohnungseigentümer die auf ihren Miteigentumsanteil beschränkte Außenhaftung gegenüber Gläubigern der Gemeinschaft der Wohnungseigentümer. | § 9a Abs. 4 WEG n. F. | Kap. 5.7.2 Außenhaftung der Wohnungseigentümer |
| **Haftung der Wohnungseigentümergemeinschaft** | Primäres Haftungssubjekt wird die Gemeinschaft der Wohnungseigentümer auch im Innenverhältnis sein, da ihr die Verwaltung des Gemeinschaftseigentums obliegt, allerdings wird der Verwaltervertrag weiter Schutzwirkung für die Wohnungseigentümer entfalten. | § 18 Abs. 1 WEG n. F. | Kap. 5.7.1 Haftung der Gemeinschaft der Wohnungseigentümer |
| **Haftung des Beirats** | Ist der Verwaltungsbeirat unentgeltlich tätig, haftet er nur noch bei Vorsatz oder grober Fahrlässigkeit. | § 29 Abs. 3 WEG n. F. | Kap. 15.5 Haftungsbeschränkung |
| **Haftung des Erwerbers** | Zur Wirkung gegen Sondernachfolger von Wohnungseigentümern, bedürfen Beschlüsse auf Grundlage einer vereinbarten Öffnungsklausel der Eintragung ins Grundbuch; dies gilt auch für Altbeschlüsse; eine vereinbarte Erwerberhaftung wirkt nur dann gegen den Sondernachfolger, wenn diese ausdrücklich im Grundbuch eingetragen ist. | § 10 Abs. 3 WEG n. F. § 7 Abs. 3 WEG n. F. § 48 Abs. 1 und 3 WEG n. F. | Kap. 18.3 Erwerberhaftung Kap. 1.3.2 Eintragung von Öffnungsklausel-Beschlüssen in das Grundbuch Kap. 4 Grundbucheintragung von Beschlüssen aufgrund einer Öffnungsklausel |

## Glossar: Die Themen im Überblick

| Thema | Inhalt | Norm | Fundstelle |
|---|---|---|---|
| | | | Kap. 18.2.2 Publizität des Grundbuchs |
| **Haftung des Verwalters** | Eine unmittelbare Haftung des Verwalters gegenüber den einzelnen Wohnungseigentümern wird es weiterhin geben; selbstverständlich haftet der Verwalter gegenüber der Gemeinschaft der Wohnungseigentümer als deren Organ. | § 27 WEG n.F. | Kap. 6.6.1 Typologie des Verwaltervertrags<br><br>Kap. 6.7 Verfahrenskostenbelastung des Verwalters<br><br>Kap. 17.4 Stellung und Pflichten des Verwalters |
| **Hausordnung der Wohnungseigentümergemeinschaft** | Da die Wohnungseigentümer gemäß § 14 Abs. 1 Nr. 1 WEG n.F. gegenüber der Gemeinschaft der Wohnungseigentümer verpflichtet sind, insbesondere Vereinbarungen und Beschlüsse einzuhalten, können einzelne Wohnungseigentümer nicht mehr gegen den Störer vorgehen, dies wird Aufgabe der Gemeinschaft der Wohnungseigentümer sein. | § 14 Abs. 1 Nr. 1 WEG n.F. | Kap. 8.1.1 Unterlassungspflicht |
| **Informationspflichten des Verwalters** | Der Verwalter hat die Wohnungseigentümer über Beschlussklagen zu informieren; über weitere Verfahren ordnet das WEMoG keine Informationspflichten mehr an. | § 44 Abs. 2 Satz 2 WEG n.F. | Kap. 17.4 Stellung und Pflichten des Verwalters |

## Glossar: Die Themen im Überblick

| Thema | Inhalt | Norm | Fundstelle |
|---|---|---|---|
| Insolvenz der Wohnungseigentümergemeinschaft | Nach wie vor wird ein Insolvenzverfahren über das Vermögen der Gemeinschaft der Wohnungseigentümer nicht stattfinden. | § 9a Abs. 5 WEG n.F. | Kap. 18.5 Insolvenz und Aufhebung der Gemeinschaft |
| Instandhaltung und Instandsetzung des Gemeinschaftseigentums | Künftig prägt § 13 Abs. 2 WEG n.F. den Begriff der „Erhaltung" und ersetzt somit das Begriffspaar „Instandhaltung und Instandsetzung". | § 13 Abs. 2 WEG n.F. § 19 Abs. 2 Nr. 2 WEG n.F. | Kap. 16.1 Was sind bauliche Veränderungen? |
| Instandhaltungsrücklage | Die Instandhaltungsrücklage wird künftig als „Erhaltungsrücklage" bezeichnet; in der Sache selbst sind hiermit keine Änderungen verbunden. | § 19 Abs. 2 Nr. 4 WEG n.F. | Kap. 16.9.1.4.2 Instandhaltungsrücklage/Erhaltungsrücklage |
| Jahresabrechnung | Beschlussgegenstand wird allein die Abrechnungsspitze sein; dem Abrechnungswerk selbst kommt zwar insoweit nur noch untergeordnete Bedeutung zu, allerdings ist es weiter zu erstellen. | § 28 Abs. 2 WEG n.F. | Kap. 13.2.1 Abrechnungsspitze (§ 28 Abs. 2 Satz 1 WEG n.F.) |
| Kaufvertrag über Wohnungseigentum | Sobald der Erwerber einen Anspruch auf Übertragung von Wohnungseigentum gegen den teilenden Eigentümer hat – insbesondere aufgrund eines Kaufvertrags –, er durch Vormerkung im Grundbuch gesichert ist und ihm die Einheit übergeben wurde, gilt er gegenüber der Gemeinschaft der Wohnungs- | § 8 Abs. 3 WEG n.F. | Kap. 5.1.2.1 „Werdender Eigentümer" = Eigentümer |

## Glossar: Die Themen im Überblick

| Thema | Inhalt | Norm | Fundstelle |
|---|---|---|---|
| | eigentümer und den anderen Wohnungseigentümern als Wohnungseigentümer. | | |
| Kfz-Stellplätze | An Außenstellplätzen kann künftig Sondereigentum begründet werden; die Stellplätze werden somit auch verkehrsfähig werden. | § 3 Abs. 1 Satz 2 WEG n.F. | Kap. 3.2.1 Raumfiktion von (Außen)Stellplätzen |
| Klagebefugnis des Verwalters | Der Verwalter wird kein Recht mehr zur Beschlussanfechtung haben. | § 44 Abs. 1 WEG n.F. | Kap. 6.4.3 Anfechtungsrecht des Verwalters |
| Kopfprinzip | Das Kopfprinzip gilt unverändert weiter. | § 25 Abs. 1 WEG n.F. | Kap. 11.1 Beschlussfassung in der Eigentümerversammlung |
| Kostenerstattungsbegrenzung gemäß § 50 WEG | § 50 WEG wird es nicht mehr geben, weil die Anfechtungsklage zum Verbandsprozess wird. Nach Vorbild des § 50 WEG a.F. regelt § 44 Abs. 4 WEG n.F. für den Fall der Nebenintervention aufseiten der Wohnungseigentümergemeinschaft eine entsprechende Kostenerstattungsbegrenzung. | § 44 Abs. 4 WEG n.F. | Kap. 17.5.6 Nebenintervention |
| Kostenverteilung | Zentrale Norm der Kostenverteilung bleibt § 16 Abs. 2 WEG; für Maßnahmen der baulichen Veränderung gilt § 21 WEG n.F. | § 16 Abs. 2 Satz 1 WEG n.F. § 21 WEG n.F. | Kap. 10.2 Kosten Kap. 16.8 Kosten baulicher Veränderungen |

## Glossar: Die Themen im Überblick

Seite 69

| Thema | Inhalt | Norm | Fundstelle |
|---|---|---|---|
| Kostenverteilung: Bauliche Veränderung | Die Kostenverteilung bei Maßnahmen der baulichen Veränderung regelt künftig § 21 WEG n.F. | § 21 WEG n.F. | Kap. 16.8 Kosten baulicher Veränderungen |
| Kostenverteilung: Betriebs- und Verwaltungskosten | Ohne Unterscheidung von Betriebs- und Verwaltungskosten, wird die Kostenverteilung künftig in § 16 Abs. 2 Satz 1 WEG n.F. geregelt; § 21 WEG n.F. gilt für die Kostenverteilung bei baulichen Veränderungen. | § 16 Abs. 2 Satz 1 WEG n.F. § 21 WEG n.F. | Kap. 10.2 Kosten |
| Kostenverteilung: Instandhaltung und Instandsetzung | Die Kostenverteilung von Erhaltungsmaßnahmen regelt § 16 Abs. 2 Satz 1 WEG n.F. | § 16 Abs. 2 Satz 1 WEG n.F. | Kap. 11.2.2.2.3 Kosten der Instandhaltung und Instandsetzung bzw. der Erhaltung |
| Kostenverteilung: Modernisierung | Maßnahmen der Modernisierung stellen künftig solche der baulichen Veränderung dar; insoweit regelt § 21 WEG n.F. auch die Verteilung der Kosten von Modernisierungsmaßnahmen. | § 21 WEG n.F. | Kap. 16.8 Kosten baulicher Veränderungen |
| Kostenverteilungsänderung | Die Möglichkeiten einer Kostenverteilungsänderung werden unter Geltung des WEMoG insoweit erweitert, als auch der Verteilungsschlüssel für Maßnahmen der Erhaltung des Gemeinschaftseigentums dauerhaft einfach-mehrheitlich abgeändert werden kann. | § 16 Abs. 2 Satz 2 WEG n.F. | Kap. 10.2.2 Änderung der Kostenverteilung |

## Glossar: Die Themen im Überblick
### Seite 70

| Thema | Inhalt | Norm | Fundstelle |
|---|---|---|---|
| Ladungsfrist zur Eigentümerversammlung | Künftig soll die Ladungsfrist 3 Wochen betragen. | § 24 Abs. 4 Satz 2 WEG n.F. | Kap. 12.3 Ladungsfrist |
| Lastschriftverfahren | Auch unter Geltung des WEMoG können die Wohnungseigentümer die Teilnahme am Lastschriftverfahren regeln; sie können auch weiterhin über Gebühren bei Nichtteilnahme am Lastschriftverfahren beschließen. | § 28 Abs. 3 WEG n.F. | Kap. 14.2.2 Verpflichtung zur Teilnahme am Lastschriftverfahren |
| Mehrheitsbeschluss | Das WEMoG kennt nur noch den einfachen Mehrheitsbeschluss; besondere Mehrheitsquoren wird es mit Ausnahme von § 21 Abs. 2 Satz 1 Nr. 1 WEG n.f. für die Kostentragung baulicher Veränderungen nicht mehr geben. | § 25 WEG n.F. | Kap. 11.1.1 Grundsätzlich einfache Mehrheit ausreichend |
| Mehrkosten der Verwaltung | § 21 Abs. 7 WEG a.F., der u.a. die Kosten für einen besonderen Verwaltungsaufwand zum Gegenstand hat, wird es nicht mehr geben; allerdings wird es nach wie vor möglich sein, dem Verwalter entstehenden Mehraufwand zu ersetzen. | § 27 WEG n.F. | Kap. 6.6.2.3 Vergütungsregelungen |

## Glossar: Die Themen im Überblick

| Thema | Inhalt | Norm | Fundstelle |
|---|---|---|---|
| **Modernisierung des Gemeinschaftseigentums** | Maßnahmen der Modernisierung des Gemeinschaftseigentums werden künftig unter den Begriff der baulichen Veränderung subsumiert und können grundsätzlich einfach-mehrheitlich beschlossen werden. | § 20 WEG n. F. | Kap. 16.1 Was sind bauliche Veränderungen? |
| **Nebenintervention** | Wohnungseigentümer können sowohl dem Kläger als auch der Gemeinschaft der Wohnungseigentümer im Fall von Beschlussklagen als Nebenintervenienten bzw. Streithelfer beitreten; die Kosten der Nebenintervention aufseiten der Gemeinschaft der Wohnungseigentümer werden in § 44 Abs. 4 WEG n. F. geregelt. | §§ 66 ff. ZPO<br>§ 44 Abs. 4 WEG n. F. | Kap. 17.5.6 Nebenintervention |
| **Negativbeschluss** | Möchte ein Wohnungseigentümer eine durch Negativbeschluss abgelehnte Verwaltungsmaßnahme durchsetzen, sieht das WEMoG ausdrücklich die Beschlussersetzungsklage vor. | § 44 Abs. 2 WEG n. F. | Kap. 17.5.13 Beschlussersetzungsklage |
| **Nichtiger Beschluss** | Die Nichtigkeit eines Beschlusses kann auch künftig – dann ausdrücklich – mit der Nichtigkeitsklage geltend gemacht werden. | § 44 Abs. 1 WEG n. F. | Kap. 17.5.11 Nichtigkeitsklage |

## Glossar: Die Themen im Überblick

| Thema | Inhalt | Norm | Fundstelle |
|---|---|---|---|
| Nichtöffentlichkeit | Nach entsprechender Beschlussfassung können Wohnungseigentümer künftig an Eigentümerversammlungen auf elektronischem Weg teilnehmen; damit kann die Nichtöffentlichkeit der Versammlung nicht mehr vollständig sichergestellt werden. | § 23 Abs. 1 Satz 2 WEG n.F. | Kap. 12.4 Teilnahme im Wege elektronischer Kommunikation<br><br>Kap. 12.4.4 Problem der Nichtöffentlichkeit der Versammlungen |
| Niederschrift | Der Verwalter ist in Zukunft verpflichtet, die Niederschrift über die Eigentümerversammlung unverzüglich zu erstellen. | § 24 Abs. 6 Satz 1 WEG n.F. | Kap. 11.3.1 Versammlungsniederschrift |
| Nießbraucher | Neben sonstigen Drittnutzern wird künftig der Nießbraucher eines Sondereigentums gegenüber der Gemeinschaft der Wohnungseigentümer und anderen Wohnungseigentümern zur Duldung von Erhaltungsmaßnahmen und darüber hinaus gehenden Baumaßnahmen verpflichtet sein. | § 15 WEG n.F. | Kap. 19 Duldungspflichten von Mietern und Drittnutzern |
| Notgeschäftsführung | Jeder einzelne Wohnungseigentümer ist zur Notgeschäftsführung berechtigt; auch der Verwalter ist weiterhin zur Notgeschäftsführung befugt. | § 18 Abs. 3 WEG n.F.<br>§ 27 Abs. 1 Nr. 2 WEG n.F. | Kap. 5.4.3 Notmaßnahmen |

## Glossar: Die Themen im Überblick

| Thema | Inhalt | Norm | Fundstelle |
|---|---|---|---|
| Öffnungsklausel | Zur Wirkung gegen Sondernachfolger von Wohnungseigentümern bedürfen Beschlüsse auf Grundlage einer vereinbarten Öffnungsklausel der Eintragung ins Grundbuch; dies gilt auch für Altbeschlüsse; Beschlüsse auf Grundlage einer gesetzlichen Öffnungsklausel bedürfen hingegen nicht der Eintragung ins Grundbuch. | § 10 Abs. 3 WEG n. F. <br><br> § 48 Abs. 1 WEG n. F. | Kap. 1.3.2 Eintragung von Öffnungsklausel-Beschlüssen in das Grundbuch <br><br> Kap. 4 Grundbucheintragung von Beschlüssen aufgrund einer Öffnungsklausel |
| Ordnungsmäßige Verwaltung | Dem unbestimmten Rechtsbegriff der ordnungsmäßigen Verwaltung wird unter Geltung des WEMoG erhebliche Bedeutung zukommen, da der Verwalter ermächtigt sein wird, sämtliche Verwaltungsmaßnahmen eigenständig zu ergreifen, soweit sie ordnungsmäßiger Verwaltung entsprechen. Der Verwalter ist künftig ohne Beschluss der Wohnungseigentümer nur berechtigt, untergeordnete Maßnahmen der ordnungsmäßigen Verwaltung zu treffen, die nicht mit erheblichen Verpflichtungen verbunden sind. § 19 Abs. 2 Nr. 6 WEG n. F. regelt ein neues gesetzliches Beispiel ordnungsmäßi- | § 19 Abs. 2 Nr. 6 WEG n. F. <br><br> § 27 Abs. 1 Nr. 1 WEG n. F. | Kap. 5.4.1 Anspruch auf ordnungsmäßige Verwaltung <br><br> Kap. 6.3.1 Nicht gebotene Beschlussfassung durch die Wohnungseigentümer <br><br> Kap. 9.2.2 Bestellung eines zertifizierten Verwalters |

## Glossar: Die Themen im Überblick

| Thema | Inhalt | Norm | Fundstelle |
|---|---|---|---|
| | ger Verwaltung, nämlich die Bestellung eines zertifizierten Verwalters nach § 26a WEG n.F. | | |
| **Protokoll der Eigentümerversammlung** | Der Verwalter ist in Zukunft verpflichtet, die Niederschrift über die Eigentümerversammlung unverzüglich zu erstellen. | § 24 Abs. 6 Satz 1 WEG n.F. | Kap. 11.3.1 Versammlungsniederschrift |
| **Prozessführungsbefugnis des Verwalters** | In Klageverfahren, in denen die Gemeinschaft der Wohnungseigentümer verfahrensbeteiligt ist, fungiert der Verwalter als ihr Vertreter; eine eigene Prozessführungsbefugnis wird dem Verwalter nicht verliehen, vielmehr richtet sich die Frage, ob der Verwalter aus eigenem Recht berechtigt ist, etwa Hausgeldverfahren einzuleiten, im Einzelfall danach, ob die Klageerhebung ordnungsmäßiger Verwaltung entspricht. | § 27 Abs. 1 Nr. 1 WEG n.F. | Kap. 5.3.1 Vertretung durch den Verwalter<br><br>Kap. 17.4 Stellung und Pflichten des Verwalters |
| **Prozesskosten im WE-Verfahren** | Da Beschlussklagen künftig gegen die Gemeinschaft der Wohnungseigentümer zu richten sind, wird der klagende Wohnungseigentümer stets über seinen Anteil mit den Verfahrenskosten der Gemeinschaft belastet | § 44 WEG n.F. | Kap. 17.5.8 Verfahrenskosten |

## Glossar: Die Themen im Überblick

| Thema | Inhalt | Norm | Fundstelle |
|---|---|---|---|
| | werden, wenn er im Verfahren obsiegt. | | |
| Prozesskostenhilfe | Die Gemeinschaft der Wohnungseigentümer bleibt weiterhin prozesskostenhilfefähig, soweit eine Finanzierung der Verfahrenskosten auch durch einzelne Wohnungseigentümer nicht möglich ist. | § 9a WEG n. F. | Kap. 17.2 Prozesskostenhilfe |
| Prozessverbindung | Nach wie vor werden Beschlussklagen, die denselben Streitgegenstand haben, prozessual verbunden. | § 44 Abs. 2 Satz 3 WEG n. F. | Kap. 17.5.5 Prozessverbindung |
| Qualifizierte Mehrheit | Das WEMoG kennt (mit Ausnahme von § 21 Abs. 2 Satz 1 Nr. 1 WEG n. F.) keine qualifizierten Mehrheiten mehr; Beschlüsse werden stets einfach-mehrheitlich gefasst. | § 25 Abs. 1 WEG n. F. | Kap. 11.1.1 Grundsätzlich einfache Mehrheit ausreichend |
| Rasen im Wohnungseigentum | An gemeinschaftlichen Rasenflächen kann Sondereigentum begründet werden, wenn diese Flächen Räumen zugeschrieben werden können, die wirtschaftlich als Hauptsache anzusehen sind. | § 3 Abs. 2 WEG n. F. | Kap. 3.2.2 Sondereigentum an Außenbereichen |

## Glossar: Die Themen im Überblick

| Thema | Inhalt | Norm | Fundstelle |
|---|---|---|---|
| Rechnungslegung | Das WEMoG kennt die Rechnungslegung nicht mehr, § 28 Abs. 4 WEG wird nicht mehr gelten; im Zuge der Beendigung des Verwalteramts können die Wohnungseigentümer aber nach Auftragsrecht vom Verwalter Rechnungslegung verlangen. | §§ 675, 666 BGB | Kap. 13.4 Rechnungslegung |
| Rechtsanwalt, Gebührenvereinbarung | Die Sondernormen des § 27 Abs. 2 Nr. 4 und Abs. 3 Nr. 6 WEG a.F. gelten im WEMoG nicht mehr; ob der Verwalter eigenständig eine Gebührenvereinbarung mit einem Rechtsanwalt wird treffen können, richtet sich danach, ob eine solche noch ordnungsmäßiger Verwaltung entspricht. | § 27 Abs. 1 Nr. 1 WEG n.F. | Kap. 17.5.3 Verwalterpflichten |
| Rechtsanwaltsbeauftragung | Nach wie vor wird es ordnungsmäßiger Verwaltung entsprechen, dass der Verwalter einen Rechtsanwalt beauftragt, wenn die Gemeinschaft der Wohnungseigentümer Klägerin oder Beklagte ist; ist die Zuständigkeit des Landgerichts gegeben, muss zwingend ein Rechtsanwalt beauftragt werden. | §§ 27 Abs. 1 WEG n.F.; 78 Abs. 1 ZPO | Kap. 17.1.1 Gerichtsstand (§ 43 Abs. 1 WEG n.F.) Kap. 17.5.3 Verwalterpflichten Kap. 17.5.8 Verfahrenskosten |

## Glossar: Die Themen im Überblick

| Thema | Inhalt | Norm | Fundstelle |
|---|---|---|---|
| Rechtsfähigkeit der Eigentümergemeinschaft | Die Rechtsfähigkeit der Gemeinschaft der Wohnungseigentümer ist künftig allumfassend, da ihr auch die Verwaltung des Gemeinschaftseigentums obliegt. | § 18 Abs. 1 WEG n.F. | Kap. 5.2.1 Verwaltung des Gemeinschaftseigentums |
| Rechtskrafterstreckung | Das WEMoG regelt die Rechtskrafterstreckung lediglich in den Fällen der Beschlussklagen. | § 44 Abs. 3 WEG n.F. | Kap. 17.3 Rechtskrafterstreckung |
| Rechtsmittel im WE-Verfahren | Bei Berufungen in den WE-Sachen des § 43 Abs. 2 Nr. 1 bis 4 WEG n.F. gilt nach wie vor die Sonderregelung im Gerichtsverfassungsgesetz über die zentralen Berufungsgerichte. | § 72 Abs. 2 GVG n.F. | Kap. 17.6 Rechtsmittel |
| Rechtsschutzbedürfnis | Bevor ein Wohnungseigentümer eine Beschlussersetzungsklage erheben kann, muss er die übrigen Wohnungseigentümer mit seinem Begehren konfrontieren und eine entsprechende Beschlussfassung initiieren, ansonsten fehlt seiner Klage das Rechtsschutzbedürfnis. | § 44 Abs. 2 WEG n.F. | Kap. 17.5.13 Beschlussersetzungsklage |
| Rücklage | Die „Instandhaltungsrücklage" wird künftig als „Erhaltungsrücklage" bezeichnet; grundsätzlich haben die Wohnungseigentümer die Möglichkeit, auch weitere Rücklagen neben der | § 19 Ab. 2 Nr. 4 WEG n.F. § 28 Abs. 1 Satz 1 WEG n.F. | Kap. 16.9.1.4.2 Instandhaltungsrücklage/Erhaltungsrücklage |

## Glossar: Die Themen im Überblick

| Thema | Inhalt | Norm | Fundstelle |
|---|---|---|---|
| | Instandhaltungsrücklage zu bilden. | | |
| Sachkundenachweis | Künftig wird die Bestellung eines zertifizierten Verwalters ordnungsmäßiger Verwaltung entsprechen. Insoweit sind die allseitigen Forderungen nach einem Sachkundenachweis befolgt worden. | § 19 Abs. 2 Nr. 6 WEG n.F. § 26a WEG n.F. | Kap. 6.2 Qualifikation des Verwalters Kap. 9.2.2. Bestellung eines zertifizierten Verwalters |
| Schadensersatz im Wohnungseigentum | Schadensersatzansprüche hinsichtlich des Gemeinschaftseigentums kann ausschließlich nur noch die Gemeinschaft der Wohnungseigentümer geltend machen. | § 9a Abs. 2 WEG n.F. | Kap. 5.2.3 Ausübungskompetenzen Kap. 5.2.3.2.3 Neue Befugnisse der Gemeinschaft Kap. 17.1.3.2.1 Klagen der Gemeinschaft der Wohnungseigentümer |
| Schriftform | Beschlüsse im Umlaufverfahren bedürfen nicht mehr der Schriftform, ausreichend ist Textform; Stimmrechtsvollmachten können nicht mehr gem. § 174 BGB wegen eines Schriftformmangels zurückgewiesen werden, allerdings müssen sie in Textform vorliegen. | § 23 Abs. 3 WEG n.F. § 25 Abs. 3 WEG n.F. | Kap. 11.2 Beschlussfassung im Umlaufverfahren Kap. 12.5 Vollmacht in Textform |

Glossar: Die Themen im Überblick

Seite 79

| Thema | Inhalt | Norm | Fundstelle |
|---|---|---|---|
| Selbstkontrahierungsverbot | Für den Fall, dass der Verwalter wegen eines unzulässigen Insichgeschäfts nicht zur Vertretung der Gemeinschaft der Wohnungseigentümer berechtigt ist oder gegen ihn Ansprüche geltend zu machen sind, ist der Vorsitzende des Verwaltungsbeirats gesetzlicher Vertreter der Gemeinschaft der Wohnungseigentümer gegenüber dem Verwalter; die Wohnungseigentümer haben aber auch die Möglichkeit, einen anderen Wohnungseigentümer als Vertreter der Gemeinschaft der Wohnungseigentümer gegenüber dem Verwalter zu bestellen. | § 9b Abs. 2 WEG n.F. | Kap. 5.3.3 Vertretung gegenüber dem Verwalter |
| Sondereigentum | Sondereigentum kann künftig auch an Außenstellplätzen und unter bestimmten Voraussetzungen auch an sonstigen Außenflächen begründet werden. | § 3 Abs. 1 Satz 3, Abs. 2 WEG n.F. | Kap. 3.2 Sondereigentum |
| Sondernachfolger | Zur Wirkung gegen Sondernachfolger von Wohnungseigentümern, bedürfen Beschlüsse auf Grundlage einer vereinbarten Öffnungsklausel der Eintragung ins Grundbuch; dies gilt auch für Altbeschlüsse; | § 10 Abs. 3 WEG n.F. § 7 Abs. 3 WEG n.F. § 48 Abs. 1 und 3 WEG n.F. | Kap. 1.3.2 Eintragung von Öffnungsklausel-Beschlüssen in das Grundbuch Kap. 4 Grundbucheintragung von Beschlüssen |

## Glossar: Die Themen im Überblick

| Thema | Inhalt | Norm | Fundstelle |
|---|---|---|---|
| | eine vereinbarte Erwerberhaftung wirkt nur dann gegen den Sondernachfolger, wenn diese ausdrücklich im Grundbuch eingetragen ist. | | aufgrund einer Öffnungsklausel Kap. 18.2.2 Publizität des Grundbuchs |
| Sondernutzungsrechte | Sondernutzungsrechte können weiterhin vereinbart werden; anstatt der Sondernutzungsrechte kann in Zukunft allerdings auch insbesondere an Kfz-Stellplätzen oder Garten- bzw. Terrassenflächen Sondereigentum begründet werden. | § 3 Abs. 1 Satz 3, Abs. 2 WEG n.F. | Kap. 3.2.5 Sondernutzungsrechte |
| Sonderumlage | Der Sonderumlage wird künftig besondere Bedeutung im Hinblick auf die Finanzierung gemeinschaftlicher baulicher Veränderungen zukommen, denen nicht alle Wohnungseigentümer zugestimmt haben und die auch nicht aus anderen Gründen zur Kostentragung verpflichtet sind. | § 21 Abs. 3 WEG n.F. | Kap. 16.9.1.4 Finanzierung klären  16.9.1.4.3 Sonderumlage |
| Sondervergütung des Verwalters | Regelungen über Sondervergütungen des Verwalters bleiben nach derzeitigen Maßstäben weiter möglich. | § 27 WEG n.F. | Kap. 6.6.2.3 Vergütungsregelungen |
| Status in der Jahresabrechnung | Künftig hat der Verwalter jährlich einen Vermögensbericht zu erstellen und den Wohnungseigentümern | § 28 Abs. 4 WEG n.F. | Kap. 13.3 Vermögensbericht |

## Glossar: Die Themen im Überblick

| Thema | Inhalt | Norm | Fundstelle |
|---|---|---|---|
| | zur Verfügung zu stellen; der Vermögensbericht muss eine Aufstellung der Rücklage sowie der Forderungen und Verbindlichkeiten der Gemeinschaft der Wohnungseigentümer enthalten. | | |
| Stellplatz | An Außenstellplätzen kann künftig Sondereigentum begründet werden; die Stellplätze werden somit auch verkehrsfähig werden. | § 3 Abs. 1 Satz 2 WEG n. F. | Kap. 3.2.1 Raumfiktion von (Außen)Stellplätzen |
| Stimmrechte in der Eigentümerversammlung | Auch unter Geltung des WEMoG wird sich das Stimmrecht nach Köpfen richten; abweichende Vereinbarungen sind nach wie vor zulässig. | § 25 Abs. 1 WEG n. F. | Kap. 11.1 Beschlussfassung in der Eigentümerversammlung |
| Stimmrechtsverbot | Die Stimmrechtsverbote regelt unverändert § 25 WEG. | § 25 Abs. 4 WEG n. F. | Kap. 17.5.4 Vor- und Nachteile der Neuregelung |
| Streitverkündung | Der Möglichkeit der Streitverkündung wird künftig im wohnungseigentumsrechtlichen Verfahren größere Bedeutung zukommen, da nur noch die Rechtskrafterstreckung in Beschlussklagen gegenüber den Wohnungseigentümern geregelt ist, gegen den Verwalter ist sie gar nicht mehr geregelt. | § 72 ff. ZPO | Kap. 17.3 Rechtskrafterstreckung  Kap. 17.5.7 Rechtskrafterstreckung  Kap. 17.5.7.2.2 Streitverkündung |

## Glossar: Die Themen im Überblick
Seite 82

| Thema | Inhalt | Norm | Fundstelle |
|---|---|---|---|
| Streitwert | Die Streitwertermittlung wird sich künftig etwas einfacher gestalten, da nur noch auf das 7,5-fache klägerische Interesse abgestellt und keine Begrenzung mehr auf 50 % des Gesamtinteresses erfolgen wird. | § 49 GKG n.F. | Kap. 17.5.9 Streitwert |
| Teilungserklärung | Ist die Teilungserklärung beim Grundbuchamt eingereicht und wurden dort die Wohnungsgrundbücher angelegt, ist die Gemeinschaft der Wohnungseigentümer in Zukunft entstanden. | § 9a Abs. 1 Satz 2 WEG n.F. | Kap. 5.1 Entstehung der Wohnungseigentümergemeinschaft |
| Telekommunikation | Bauliche Veränderungen, die der Anbindung an ein Telekommunikationsnetz mit sehr hoher Kapazität dienen, müssen Wohnungseigentümern in aller Regel gestattet werden. | § 20 Abs. 2 WEG n.F. | Kap. 16.5.1 Privilegierte Maßnahme<br><br>Kap. 16.5.2.4 Erweiterung des Telekommunikationsnetzes |
| Terrasse | Terrassenflächen sind künftig sondereigentumsfähig, allerdings nicht selbstständig verkehrsfähig. | § 3 Abs. 2 WEG n.F. | Kap. 3.2.2 Sondereigentum an Außenbereichen |
| Textform | Im Rahmen der Abstimmung per Umlaufbeschluss wird die Textform genügen; Stimmrechtsvollmachten werden in Textform nachzuweisen sein. | § 23 Abs. 3 WEG n.F.<br>§ 25 Abs. 3 WEG n.F. | Kap. 11.2.1 Vollmacht in Textform (Umlaufverfahren)<br><br>Kap. 12.5 Vollmacht in Textform (Vertretungsvollmacht) |

## Glossar: Die Themen im Überblick

| Thema | Inhalt | Norm | Fundstelle |
|---|---|---|---|
| Treppenlift | Künftig hat jeder Wohnungseigentümer in aller Regel einen Anspruch, Maßnahmen der Barrierefreiheit durchführen zu können, insbesondere also auch Treppenlifte zu installieren. | § 20 Abs. 2 WEG n. F. | Kap. 16.5.2.1 Barrierefreiheit<br><br>Kap. 16.8.1 Gestattungsmaßnahmen<br><br>Kap. 17.5. 13 Beschlussersetzungsklage<br><br>Kap. 20.2 Anspruch auf bauliche Veränderung |
| Umlaufbeschluss | Umlaufbeschlüsse sind nach wie vor in § 23 Abs. 3 WEG geregelt; auch künftig müssen sämtliche Wohnungseigentümer zustimmen, allerdings ist unter den Voraussetzungen des § 23 Abs. 3 Satz 2 WEG n. F. im Einzelfall auch eine Mehrheitsentscheidung möglich. Die Stimmabgabe kann in Textform erfolgen. | § 23 Abs. 3 WEG n. F. | Kap. 11.2 Beschlussfassung im Umlaufverfahren |
| Umzugskostenpauschale | Beschlüsse über Umzugskostenpauschalen verlieren im Rahmen des WEMoG ihre Gültigkeit; das WEMoG erlaubt keine Beschlüsse mehr über abstrakte Kostenpauschalen für eine Nutzung des Gemeinschaftseigentums. | | Kap. 1.3.4 Beschlüsse, die nicht mehr gelten werden |

## Glossar: Die Themen im Überblick

| Thema | Inhalt | Norm | Fundstelle |
|---|---|---|---|
| Unterlassungsansprüche im Wohnungseigentum | Unterlassungsansprüche, insbesondere wegen einer zweckbestimmungswidrigen Nutzung des Sondereigentums, können künftig von den Wohnungseigentümern nur noch geltend gemacht werden, wenn ihre Sondereigentumseinheit konkret beeinträchtigt ist; im Übrigen sind sie von der Gemeinschaft der Wohnungseigentümer geltend zu machen. | § 9a Abs. 2 WEG n. F. | Kap. 5.4.2.2 Unterlassungsanspruch bei zweckbestimmungswidriger Nutzung |
| Veräußerungszustimmung | Nach wie vor kann eine vereinbarte Veräußerungszustimmung beschlussweise aufgehoben werden; künftig haben die Wohnungseigentümer aber die Möglichkeit, diese Befugnis durch Vereinbarung auszuschließen. | § 12 Abs. 4 WEG n. F. | Kap. 18.2 Veräußerungsbeschränkungen |
| Vereinbarung im Wohnungseigentum | Die Neuregelungen des WEMoG werden die Bestimmungen bestehender Vereinbarungen überlagern, soweit sich nicht aus der Vereinbarung ein entgegenstehender Wille ergibt. | § 47 WEG n. F. | Kap. 1.2 Widerspruch: WEMoG und Altvereinbarungen |
| Vereinbarungsklage | Nach wie vor kann die Abänderung oder Anpassung einer Vereinbarung verlangt werden, wenn die bisherige Regelung unbillig ist. | § 10 Abs. 2 WEG n. F. | Kap. 17.5.15 Exkurs: Vereinbarungsklage gemäß § 10 Abs. 2 WEG n. F. |

## Glossar: Die Themen im Überblick

| Thema | Inhalt | Norm | Fundstelle |
|---|---|---|---|
| Verfahren in Wohnungseigentumssachen | Die Generalklausel des wohnungseigentumsrechtlichen Verfahrens bleibt § 43 WEG, wenn auch in modifizierter Fassung. | § 43 WEG n.F. | Kap. 17 Gerichtliches Verfahren |
| Verfahrenskosten: Begrenzung der Kostenerstattung | § 50 WEG wird es nicht mehr geben; das WEMoG regelt insoweit aber korrespondierend die Kosten der Nebenintervention eines Wohnungseigentümers aufseiten der Gemeinschaft der Wohnungseigentümer als Beklagte einer Beschlussklage. | § 44 Abs. 4 WEG n.F. | Kap. 17.5.6 Nebenintervention |
| Verkehrssicherung im Wohnungseigentum | Da der Gemeinschaft der Wohnungseigentümer künftig die Verwaltung des Gemeinschaftseigentums obliegt, ist sie auch für die Verkehrssicherheit verantwortlich. | § 18 Abs. 1 WEG n.F. | Kap. 5.7.1 Haftung der Gemeinschaft der Wohnungseigentümer |
| Vermietete Eigentumswohnung | Wohnungseigentumsrecht und Mietrecht werden insoweit harmonisiert, als Mieter einerseits zur Duldung von Erhaltungsmaßnahmen und bestimmter Maßnahmen der baulichen Veränderung verpflichtet werden, ihnen aber andererseits entsprechende Ansprüche gegen ihre Vermieter – also auch vermietende Wohnungseigentümer – eingeräumt werden, die der Barrierefreiheit, der | § 15 WEG n.F. § 554 BGB n.F. § 556a Abs. 3 BGB n.F. | Kap. 19 Duldungspflichten von Mietern und sonstigen Drittnutzern Kap. 20 Anspruch des Mieters auf bauliche Veränderung der Mietsache Kap. 21 Betriebskostenabrechnung bei vermietetem |

## Glossar: Die Themen im Überblick

| Thema | Inhalt | Norm | Fundstelle |
|---|---|---|---|
| | Elektromobilität und dem Einbruchschutz dienen; weiter können Wohnungseigentümer und Mieter als Umlageschlüssel den in der Wohnungseigentümergemeinschaft geltenden Kostenverteilungsschlüssel vereinbaren. | | Wohnungseigentum |
| Vermögensbericht/Vermögensstatus | Künftig hat der Verwalter jährlich einen Vermögensbericht zu erstellen und den Wohnungseigentümern zur Verfügung zu stellen; der Vermögensbericht muss eine Aufstellung der Rücklagen sowie der Forderungen und Verbindlichkeiten der Gemeinschaft der Wohnungseigentümer enthalten. | § 28 Abs. 4 WEG n. F. | Kap. 13.3 Vermögensbericht |
| Verteilungsschlüssel | Gesetzlicher Verteilungsschlüssel bleibt § 16 Abs. 2 WEG nach Miteigentumsanteilen; abweichende Vereinbarungen sind nach wie vor möglich. | § 16 Abs. 2 Satz 1 WEG n. F. | Kap. 10.2 Kosten |
| Vertragsstrafe im Wohnungseigentum | Vertragsstrafen können nicht durch Beschluss geregelt werden, hierfür bedarf es einer Vereinbarung. | | 1.1.4 Keine „Sanktionierungs"-Beschlusskompetenz |

## Glossar: Die Themen im Überblick

| Thema | Inhalt | Norm | Fundstelle |
|---|---|---|---|
| **Vertretung in der Eigentümerversammlung** | Zum Nachweis der Vertretung in der Eigentümerversammlung ist künftig eine Vollmacht in Textform erforderlich. | § 25 Abs. 3 WEG n. F. | Kap. 12.5 Vollmacht in Textform |
| **Verwalter als Verfahrenskostenschuldner** | Zwar wird es die Regelung des § 49 Abs. 2 WEG unter Geltung des WEMoG nicht mehr geben, allerdings haftet der Verwalter nach allgemeinen zivilrechtlichen Grundsätzen auf Schadensersatz, wenn er ein Verfahren verschuldet hat. | § 27 WEG n. F. § 280 BGB | Kap. 6.7 Verfahrenskostenbelastung des Verwalters |
| **Verwalterabberufung** | Die Abberufung des Verwalters ist jederzeit möglich und kann nicht mehr auf einen wichtigen Grund beschränkt werden. | § 26 Abs. 3 und 5 WEG n. F. | Kap. 6.4.2 Abberufung des Verwalters |
| **Verwalterhaftung** | Eine unmittelbare Haftung des Verwalters gegenüber den einzelnen Wohnungseigentümern soll es weiterhin geben; selbstverständlich haftet der Verwalter gegenüber der Gemeinschaft der Wohnungseigentümer als deren Organ. | § 27 WEG n. F. | Kap. 6.6.1 Typologie des Verwaltervertrags<br><br>Kap. 6.7 Verfahrenskostenbelastung des Verwalters |
| **Verwaltervertrag** | Das Vertragsverhältnis besteht weiterhin mit der Gemeinschaft der Wohnungseigentümer; er soll weiterhin Schutzwirkung für die Wohnungseigentümer entfalten. | § 27 WEG n. F. | Kap. 6.6 Der Verwaltervertrag |

## Glossar: Die Themen im Überblick

| Thema | Inhalt | Norm | Fundstelle |
|---|---|---|---|
| Verwaltungsbeirat | Künftig ist eine flexible Anzahl von Beiratsmitgliedern möglich; soweit das Amt unentgeltlich ausgeübt wird, ist die Haftung auf Vorsatz und grobe Fahrlässigkeit beschränkt. Der Vorsitzende des Beirats fungiert nach § 9b Abs. 2 WEG n.F. als Vertreter der Gemeinschaft der Wohnungseigentümer gegenüber dem Verwalter. Der Beirat hat künftig auch den Verwalter zu überwachen. | § 9b Abs. 2 WEG n.F. § 29 Abs 1 Satz 1 WEG n.F. § 29 Abs. 3 WEG n.F. | Kap. 15.1 Anzahl Mitglieder Kap. 15.4.2 Vertretung gegenüber dem Verwalter Kap. 15.4.3 Überwachung des Verwalters Kap. 15.5 Haftungsbeschränkung |
| Verwaltungsunterlagen (Einsicht und Aufbewahrung) | Die Verwaltungsunterlagen hat auch künftig der Verwalter zu führen und aufzubewahren; ein Einsichtsrecht verleiht den Wohnungseigentümern § 18 Abs. 4 WEG n.F. | § 27 Abs. 1 Nr. 1 WEG n.F. § 18 Abs. 4 WEG n.F. | Kap. 5.4.2 Sonstige Individualansprüche der Wohnungseigentümer Kap. 5.4.2.4 Recht zur Einsichtnahme in die Verwaltungsunterlagen Kap. 17.1.4 Streitigkeiten mit dem Verwalter |
| Verzug und Verzugszinsen im Wohnungseigentum | Verzugssanktionen und Verzugszinsen über das gesetzliche Niveau hinaus, können künftig nicht mehr beschlossen werden. | § 288 Abs. 1 Satz 2 BGB | 1.3.4.1 Verzugssanktionen |

## Glossar: Die Themen im Überblick

| Thema | Inhalt | Norm | Fundstelle |
|---|---|---|---|
| Vollmachten im Wohnungseigentum | Für die Vertretung in der Eigentümerversammlung ist künftig eine Vollmacht in Textform erforderlich. | § 25 Abs. 3 WEG n.F. | Kap. 12.5 Vollmacht in Textform |
| Wartung/Wartungsvertrag | Der Verwalter wird künftig ohne Ermächtigungsbeschlussfassung in der Lage sein, Wartungsverträge abzuschließen, da dies regelmäßig ordnungsmäßiger Verwaltung entspricht. | § 27 Abs. 1 Nr. 1 WEG n.F. | Kap. 6.5 Aufgaben des Verwalters |
| Werdende Wohnungseigentümergemeinschaft | Das Rechtsinstitut der „werdenden Wohnungseigentümergemeinschaft" wird es nicht mehr geben, da einerseits die Gemeinschaft der Wohnungseigentümer mit Anlegung der Grundbücher entsteht und andererseits jeder Erwerber unter den Voraussetzungen des § 8 Abs. 3 WEG n.F. als Eigentümer gilt. | § 8 Abs. 4 WEG n.F.<br>§ 9a Abs. 1 Satz 2 WEG n.F. | Kap. 5.1 Entstehung der Wohnungseigentümergemeinschaft |
| Wichtiger Grund für Abberufung des Verwalters | Die Abberufung des Verwalters kann nicht mehr auf einen wichtigen Grund beschränkt werden. | § 26 Abs. 1 Satz 3 WEG n.F. | Kap. 6.4.2 Abberufung des Verwalters |
| Wiederbestellung des Verwalters | Nach wie vor ist die Wiederbestellung des Verwalters möglich. | § 26 Abs. 2 Satz 2 WEG n.F. | Kap. 6.4.1 Bestellung des Verwalters |

## Glossar: Die Themen im Überblick
### Seite 90

| Thema | Inhalt | Norm | Fundstelle |
|---|---|---|---|
| Wiedereinsetzung in den vorigen Stand | Auch bei Versäumen der Frist zur Erhebung der Anfechtungsklage und ihrer Begründung räumt des WEMoG dem klagenden Wohnungseigentümer die Möglichkeit der Wiedereinsetzung ein. | § 45 Satz 2 WEG n. F. | Kap. 17.5.10.2 Frist der Anfechtungsklage<br><br>Kap. 17.6.1 Berufung |
| Wiederholungsversammlung | Da Eigentümerversammlungen künftig unabhängig vom Erreichen eines bestimmten Quorums beschlussfähig sein werden, bedarf es keiner Wiederholungsversammlungen mehr. | § 25 WEG n. F. | Kap. 11.1.2 Beschlussfähigkeit der Eigentümerversammlung |
| Wirtschaftsjahr | Nach wie vor stellt das Gesetz bezüglich der für Wirtschaftsplan, Jahresabrechnung und Vermögensbericht maßgeblichen Wirtschaftsperiode auf das Kalenderjahr ab. | § 28 WEG n. F. | Kap. 13.1 Wirtschaftsplan<br><br>Kap. 13.2 Jahresabrechnung |
| Wirtschaftsplan | Gegenstand des Beschlusses über den Wirtschaftsplan werden nur noch die sich daraus ergebenden Beiträge sein und nicht mehr der Plan selbst. | § 28 Abs. 1 WEG n. F. | Kap. 13.1 Wirtschaftsplan |

## Glossar: Die Themen im Überblick

| Thema | Inhalt | Norm | Fundstelle |
|---|---|---|---|
| Wohnungseigentümergemeinschaft | Der Gemeinschaft der Wohnungseigentümer kommt künftig zentrale Bedeutung auch im Innenverhältnis zu, weil ihr die Verwaltung des Gemeinschaftseigentums obliegt. | § 9a WEG n.F. § 18 Abs. 1 WEG n.F. | Kap. 5.2 Erweiterte Kompetenzen der Gemeinschaft der Wohnungseigentümer |
| Wohnungseigentümerversammlung | Infolge Abschaffung des Beschlussfähigkeitsquorums ist die Eigentümerversammlung künftig stets beschlussfähig; durch Beschluss kann den Wohnungseigentümern die Teilnahme in elektronischer Form ermöglicht werden. | § 25 WEG n.F. § 23 Abs. 1 Satz 2 WEG n.F. | Kap. 12 Eigentümerversammlung Kap. 11.1.2 Beschlussfähigkeit der Eigentümerversammlung Kap. 12.4 Teilnahme im Wege elektronischer Kommunikation |
| Zertifizierter Verwalter | Künftig wird die Bestellung eines zertifizierten Verwalters ordnungsmäßiger Verwaltung entsprechen. Insoweit sind die allseitigen Forderungen nach einem Sachkundenachweis befolgt worden. | § 19 Abs. 2 Nr. 6 WEG n.F. § 26a WEG n.F. | Kap. 6.2 Qualifikation des Verwalters Kap. 9.2.2. Bestellung eines zertifizierten Verwalters |
| Zivilprozessordnung (ZPO), Verfahrensgrundsätze | Nach wie vor stellt das wohnungseigentumsrechtliche Verfahren ein Verfahren nach der Zivilprozessordnung dar, für das in Zukunft aber nur noch 3 Spezialvorschriften gelten werden. | §§ 43 ff. WEG n.F. | Kap. 17 Gerichtliches Verfahren |

## Glossar: Die Themen im Überblick

| Thema | Inhalt | Norm | Fundstelle |
|---|---|---|---|
| Zustellungsvertreter | Nach wie vor fungiert der Verwalter als Zustellungsvertreter der Gemeinschaft der Wohnungseigentümer. Eine Zustellungsbefugnis gegenüber den Wohnungseigentümern besteht indes nicht mehr; der Verwalter wird künftig unter Geltung des WEMoG nur noch für die Gemeinschaft der Wohnungseigentümer tätig werden und nicht mehr für die Wohnungseigentümer bzw. einzelne von ihnen. | § 27 WEG n.F. § 44 WEG n.F. | Kap. 1.3.4.3 Ersatzzustellungsvertreter nebst Stellvertreter Kap. 6.5 Aufgaben des Verwalters Kap. 17.4 Stellung und Pflichten des Verwalters |
| Zwangsversteigerung | Die Zwangsversteigerung einer Sondereigentumseinheit ist nicht mehr an eine bestimmte Forderungshöhe geknüpft. | § 10 Abs. 3 ZVG n.F. | Kap. 18.1.2 Materiell-rechtliche Änderungen der Entziehung des Wohnungseigentums |
| Zweitversammlung | Zweitversammlungen wird es nicht mehr geben, denn § 25 WEG n.F. sieht kein besonderes Quorum mehr für die Beschlussfähigkeit vor. | § 25 WEG n.F. | Kap. 11.1.2 Beschlussfähigkeit der Eigentümerversammlung |

## 3 Gegenstand von Sonder- und Gemeinschaftseigentum

Mit Blick auf die sachenrechtlichen Grundlagen des Wohnungseigentumsrechts wird das WEMoG zu einer Verkehrsfähigkeit von Außenstellplätzen führen, des Weiteren kann an Außenbereichen der Wohnanlage unter bestimmten Voraussetzungen Sondereigentum begründet werden.

### 3.1 Gemeinschaftseigentum

Bezüglich der Definition und Reichweite des Gemeinschaftseigentums erfolgt in § 1 Abs. 5 WEG n.F. lediglich eine sprachliche Anpassung aufgrund weiterer durch das WEMoG geplanter Änderungen bezüglich des Sondereigentums.

| WEG a.F. | WEG n.F. |
|---|---|
| § 1 Begriffsbestimmungen | § 1 Begriffsbestimmungen |
| (5) Gemeinschaftliches Eigentum im Sinne dieses Gesetzes sind das Grundstück sowie die Teile, Anlagen und Einrichtungen des Gebäudes, die nicht im Sondereigentum oder im Eigentum eines Dritten stehen. | (5) Gemeinschaftliches Eigentum im Sinne dieses Gesetzes sind das Grundstück **und das Gebäude, soweit sie** nicht im Sondereigentum oder im Eigentum eines Dritten stehen. |

Im Wesentlichen ist mit der Modifizierung des § 1 Abs. 5 WEG n.F. keine Änderung der Rechtslage verbunden, vielmehr erfolgt nur eine inhaltliche Anpassung an die in § 3 WEG n.F. erfolgten Änderungen.

So fingiert § 3 Abs. 1 Satz 2 WEG n.F. zum einen die Raumeigenschaft von Stellplätzen, auch wenn sie sich außerhalb des Gebäudes befinden. Zum anderen erlaubt § 3 Abs. 2 WEG n.F., das Sondereigentum auch auf außerhalb des Gebäudes liegende Teile des Grundstücks zu erstrecken. Das Grundstück selbst ist demnach also nicht mehr zwingend vollständig gemeinschaftliches Eigentum. Dass im Übrigen „*die Teile, Anlagen und Einrichtungen des Gebäudes*" im Wortlaut nicht mehr vorhanden sein sollen, dient lediglich einer Straffung, ohne dass damit eine inhaltliche Änderung bezweckt wäre.

### 3.2 Sondereigentum

Zunächst stellt § 3 Abs. 1 Satz 1 WEG n.F. klar, dass es sich bei Sondereigentum schlicht um Eigentum im Sinne der Vorschriften des Bürgerlichen Gesetzbuchs handelt, ohne dass hiermit eine tatsächliche rechtliche Änderung verbunden wäre.

## Gegenstand von Sonder- und Gemeinschaftseigentum

Durch Ergänzung der bestehenden Regelung des § 3 Abs. 1 WEG um einen weiteren Satz 2, werden im Zuge des WEMoG zunächst Stellplätze durch eine Raumfiktion verkehrsfähig werden. Durch Neufassung des bestehenden § 3 Abs. 2 WEG wird ermöglicht, unselbstständiges Sondereigentum auch an Außenflächen begründen zu können. § 3 Abs. 3 WEG n.F. konkretisiert die Anforderungen an die Abgeschlossenheit und den Aufteilungsplan.

| WEG a.F. | WEG n.F. |
|---|---|
| **§ 3 Vertragliche Einräumung von Sondereigentum** | **§ 3 Vertragliche Einräumung von Sondereigentum** |
| (1) Das Miteigentum (§ 1008 des Bürgerlichen Gesetzbuches) an einem Grundstück kann durch Vertrag der Miteigentümer in der Weise beschränkt werden, daß jedem der Miteigentümer abweichend von § 93 des Bürgerlichen Gesetzbuches das Sondereigentum an einer bestimmten Wohnung oder an nicht zu Wohnzwecken dienenden bestimmten Räumen in einem auf dem Grundstück errichteten oder zu errichtenden Gebäude eingeräumt wird. | (1) ¹Das Miteigentum (§ 1008 des Bürgerlichen Gesetzbuches) an einem Grundstück kann durch Vertrag der Miteigentümer in der Weise beschränkt werden, dass jedem der Miteigentümer abweichend von § 93 des Bürgerlichen Gesetzbuches das **Eigentum** an einer bestimmten Wohnung oder an nicht zu Wohnzwecken dienenden bestimmten Räumen in einem auf dem Grundstück errichteten oder zu errichtenden Gebäude **(Sondereigentum)** eingeräumt wird. ²**Stellplätze gelten als Räume im Sinne des Satzes 1.** |
| | **(2) Das Sondereigentum kann auf einen außerhalb des Gebäudes liegenden Teil des Grundstücks erstreckt werden, sofern die Wohnung oder die nicht zu Wohnzwecken dienenden Räume wirtschaftlich die Hauptsache bleiben.** |

## Gegenstand von Sonder- und Gemeinschaftseigentum

(2) ¹Sondereigentum soll nur eingeräumt werden, wenn die Wohnungen oder sonstigen Räume in sich abgeschlossen sind. ²Garagenstellplätze gelten als abgeschlossene Räume, wenn ihre Flächen durch dauerhafte Markierungen ersichtlich sind.

(3) (weggefallen)

(3) Sondereigentum soll nur eingeräumt werden, wenn die Wohnungen oder sonstigen Räume in sich abgeschlossen sind **und Stellplätze sowie außerhalb des Gebäudes liegende Teile des Grundstücks durch Maßangaben im Aufteilungsplan bestimmt sind.**

### 3.2.1 Raumfiktion von (Außen)Stellplätzen

#### 3.2.1.1 Alte Rechtslage

Bislang knüpft die Sondereigentumsfähigkeit an den Gebäudebegriff an, weshalb an Außenstellplätzen Sondereigentum nicht begründet werden kann. Stellplätze, die sich außerhalb eines Gebäudes oder ebenerdig auf dem Dach einer Tiefgarage befinden, stehen nach bisheriger Rechtslage zwingend im Gemeinschaftseigentum. An solchen Stellplätzen kann kein Sondereigentum begründet werden, da sie sich auf den gemeinschaftlichen Grundstücksflächen befinden.⁵⁷ An den entsprechenden Flächen können allerdings Sondernutzungsrechte zugunsten der Wohnungseigentümer begründet werden. Soweit dies noch nicht in der Teilungserklärung/Gemeinschaftsordnung geschehen ist, können Sondernutzungsrechte an Gemeinschaftsflächen problemlos nachträglich begründet werden.

#### 3.2.1.2 Neue Rechtslage

**Neu: (Außen)Stellplätze sind sondereigentumsfähig**

Mit Inkrafttreten des WEMoG werden auch Außenstellplätze sondereigentumsfähig. Zwar definiert § 3 Abs. 1 Satz 2 WEG n.F. den Begriff des „Stellplatzes" nicht näher, das war aber auch in der bisherigen Regelung des § 3 Abs. 2 Satz 1 WEG a.F. bezüglich der „Garagenstellplätze" nicht der Fall. Dem allgemeinen Sprachgebrauch nach sind also Kfz-Stellplätze gemeint. Von der Neuregelung umfasst sind alle Arten von Stellplätzen, also insbesondere Stellplätze

---

⁵⁷ OLG Hamm, Beschluss v. 26.1.1998, 15 W 502/97, ZMR 1998 S. 456.

## Gegenstand von Sonder- und Gemeinschaftseigentum

- in einem Gebäude, wobei Stellplätze in einer Tiefgarage bereits seit der „kleinen" WEG-Reform des Jahres 1973 sondereigentumsfähig sind,

- im Freien,

- in einer Mehrfachparkanlage, also Duplex- oder Quadruplexparker, wobei hier zu beachten ist, dass zwar an den Einzelstellplätzen Sondereigentum gebildet werden kann, die Hydraulik- und Hebeanlage allerdings nicht sondereigentumsfähig ist, da sie noch den weiteren Stellplätzen zu dienen bestimmt ist. Sie verbleibt also im Gemeinschaftseigentum. Die Verfasser von Teilungserklärungen/Gemeinschaftsordnungen sollten dies im Auge behalten und für entsprechende Kostentragungsregelungen sorgen. Im Übrigen aber könnte eine exklusive Kostenbelastung der Stellplatzeigentümer auch über die Bestimmung des § 16 Abs. 2 Satz 2 WEG n.F. einfach-mehrheitlich auch dauerhaft herbeigeführt werden.

§ 3 Abs. 1 Satz 2 WEG n.F. fingiert insoweit die Raumeigenschaft von Stellplätzen, auch wenn sich diese außerhalb des Gebäudes befinden. Durch die Raumfiktion werden (Außen)Stellplätze künftig auch verkehrsfähig und können als eigenständige Sondereigentumseinheiten veräußert werden.

**Stellplätze künftig frei veräußerbar**

Im Gegensatz zu sonstigen gemeinschaftlichen Außenflächen, an denen ebenfalls Sondereigentum begründet werden kann, stellen die zu Sondereigentum erklärten Stellplätze auch ohne zugehörige – weitere – Sondereigentumseinheit eigenständige Teileigentumseinheiten dar, die frei veräußerbar sein werden.

Dies ist bezüglich weiterer Außenflächen, an denen künftig Sondereigentum begründet werden kann, nicht der Fall.[58] Wird an Außenstellplätzen Sondereigentum begründet, kann der einzelne Stellplatz mit einer Sondereigentumseinheit nach § 890 Abs. 1 BGB vereinigt, einer Wohnungs- oder Teileigentumseinheit nach § 890 Abs. 2 BGB zugeschrieben werden oder es wird für den Stellplatz ein gesondertes Teileigentumsgrundbuch angelegt. Gerade im Hinblick auf die Verkehrsfähigkeit dürften Vereinigung oder Zuschreibung wohl der Ausnahmefall sein. Grundbuchrechtlich wäre jedoch das eine wie das andere möglich. Unbedenklich ist zunächst die Vereinigung von Wohnungseigentum und Teileigentum, da beide Formen des Raumeigentums inhaltsgleiche und nur aus begrifflichen Gründen, nämlich zur Kennzeich-

---

[58] Siehe Kap. 3.2.2 Sondereigentum an Außenbereichen.

## Gegenstand von Sonder- und Gemeinschaftseigentum

nung der Nutzungsart, unterschiedene Rechte darstellen.[59] Eine Vereinigung ist auch möglich, wenn die Wohnungs- bzw. Teileigentumseinheiten nicht aneinandergrenzen. Es reicht aus, dass die von der Vereinigung bzw. Zuschreibung erfassten Einheiten je für sich abgeschlossen sind.[60]

### 3.2.2 Sondereigentum an Außenbereichen

 **Neu: Sondereigentum kann sich auf Außenbereiche erstrecken**

Gemäß § 3 Abs. 2 WEG n.F. kann sich künftig das Sondereigentum auch auf einen außerhalb des Gebäudes liegenden Teil des Grundstücks erstrecken, sofern die Wohnung oder die nicht zu Wohnzwecken dienenden Räume wirtschaftlich die Hauptsache bleiben. Dies allerdings unter der Bedingung, dass kein isoliertes Sondereigentum an Außenflächen begründet werden kann. Stets muss es sich bei dem Sondereigentum an der Außenfläche um einen Annex eines Sondereigentums an einer Raumeinheit handeln.

Nach bisheriger Rechtslage ist es nicht möglich, Sondereigentum auf außerhalb des Gebäudes liegende Teile des Grundstücks zu erstrecken, etwa auf Terrassen oder Gartenflächen. Deshalb werden in der Praxis an solchen Flächen häufig Sondernutzungsrechte begründet. Angesichts der Tatsache, dass Sondernutzungsrechte gesetzlich nicht geregelt sind und nach Auffassung des Gesetzgebers deshalb gewisse rechtliche Unsicherheiten bergen, wird es künftig möglich sein, das Sondereigentum insbesondere auf Terrassen und/oder Gartenflächen erstrecken zu können. Dies allerdings unter 2 einschränkenden Voraussetzungen:

1. Außenflächen können nicht alleiniger Gegenstand von Sondereigentum sein.
2. Die Räume müssen wirtschaftlich die Hauptsache des Sondereigentums darstellen.

**Reihenhausanlage**

Von besonderer Bedeutung ist die Möglichkeit der Begründung von Sondereigentum auch an Außenflächen insbesondere für alle Reihenhausanlagen, die mangels Realteilung der einzelnen Grundstücke Eigentümergemeinschaften sind. Insoweit wird es künftig möglich sein, sowohl an Vorgärten als auch den übrigen Gartenbereichen Sondereigentum zu begründen.

---

[59] OLG Düsseldorf, Beschluss v. 30.11.2015, I-3 Wx 272/15, ZWE 2016 S. 165.
[60] OLG Düsseldorf, Beschluss v. 30.11.2015, a.a.O.

## Gegenstand von Sonder- und Gemeinschaftseigentum

 **Nach wie vor kein Sondereigentum an konstruktiven Gebäudeteilen**

Nach wie vor ist es allerdings nicht zulässig, an Bestandteilen, die nach § 5 Abs. 2 WEG zwingendes Gemeinschaftseigentum sind, Sondereigentum zu begründen. Gerade dieser Aspekt ist mit Blick auf Grundstücke relevant, die mit Doppel- oder Reihenhäusern bebaut sind und die nicht real, sondern nach WEG geteilt werden. Auch wenn in den Teilungserklärungen/Gemeinschaftsordnungen im Ergebnis möglichst weitgehende wirtschaftliche Autarkie der Häuser angeordnet ist und fingiert wird, es handele sich um Grundstückseigentum, ist dies aber nicht dergestalt möglich, dass jeder Wohnungseigentümer auch Sondereigentümer „seines Hauses" wird. Auch in diesen Fällen kann kein Sondereigentum an den konstruktiven Gebäudeteilen begründet werden.[61]

**Kein alleiniger Gegenstand von Sondereigentum**

Außenflächen können nicht isoliert zu Sondereigentum erklärt werden. Es kann also nicht allein an einer Terrasse oder einer Gartenfläche Sondereigentum begründet werden. Stets kann Sondereigentum an diesen Außenflächen nur als Bestandteil des Sondereigentums an Räumen begründet werden.

 **Ausnahme: Stellplätze**

Wie bereits ausgeführt[62], gilt anderes für Stellplätze im Außenbereich. An diesen kann selbstständiges bzw. eigenständiges Sondereigentum begründet werden, und zwar unabhängig vom Sondereigentum einer Wohnungs- oder Teileigentumseinheit. Bereits bislang war dies mit Blick auf Tiefgaragenstellplätze möglich.

**„Erstreckung des Sondereigentums"**

Weder das WEMoG noch seine Begründung befassen sich damit, was mit einer „Erstreckung des Sondereigentums" gemeint ist und in welchem Ausmaß sich das Sondereigentum an den Außenflächen erstrecken kann. Fraglich ist daher, ob Sondereigentum an Außenflächen nur insoweit begründet werden kann, als die Außenflächen an das bestehende Sondereigentum angrenzen. Unproblematisch ist dies sicherlich bezüglich Terrassen, die sich unmittelbar an die jeweilige Sondereigentumseinheit anschließen oder auch Gartenflächen, die sich ebenfalls an die jeweilige Sondereigentumseinheit anschließen.

---

[61] BGH, Beschluss v. 3.4.1968, V ZB 14/67, NJW 1968, 1230.
[62] Siehe Kap. 3.2.1 Raumfiktion von (Außen)Stellplätzen.

Mit Blick auf die Möglichkeit der Begründung von Sondernutzungsrechten wird man allerdings nach künftiger Rechtslage auch hierüber hinausgehen können. Bislang unproblematisch möglich war und ist es, etwa im Fall einer im 2. Obergeschoss gelegenen Wohnung zugunsten des betreffenden Wohnungseigentümers das Sondernutzungsrecht an einer bestimmten Gartenfläche zu begründen. Bereits zwangsläufig grenzt der Sondernutzungsbereich nicht an die im Obergeschoss gelegene Wohnung an. Hieran dürfte sich mit an Sicherheit grenzender Wahrscheinlichkeit auch mit Blick auf die Erstreckung des Sondereigentums eben auf einen Teil des gemeinschaftlichen Gartens unter Geltung des WEMoG nichts ändern. Maßgeblich wird insoweit der Aufteilungsplan sein, dem künftig eine zentrale Rolle zukommen wird. Jedenfalls dürfte auch in grundbuchrechtlicher Hinsicht kein Problem bestehen, da auch eine Vereinigung bzw. Zuschreibung nach § 890 BGB von Sondereigentumseinheiten erfolgen kann, die nicht aneinander grenzen.[63]

In welchem Ausmaß sich das Sondereigentum auf Außenflächen erstrecken kann, ist weder geregelt noch finden sich Anhaltspunkte hierzu in der Gesetzesbegründung – außer dem Postulat, dass die Räume die wirtschaftliche Hauptsache darstellen müssen. Gemäß § 1 Abs. 5 WEG n. F. sind das Grundstück und das Gebäude gemeinschaftliches Eigentum, *„soweit sie nicht im Sondereigentum oder im Eigentum eines Dritten stehen"*. Diese Festsetzung könnte suggerieren, das Sondereigentum könnte sich auf das gesamte Grundstück erstrecken. Dies aber würde nicht nur dem Akzessionsgrundsatz der §§ 93, 94 BGB widersprechen[64], sondern auch dem im Übrigen eindeutigen Wortlaut von § 3 Abs. 2 WEG n. F., wonach sich das Sondereigentum auf einen „Teil des Grundstücks" erstrecken kann. Im Einzelnen wird das Grundbuchamt zu prüfen haben, ob die in der Teilungserklärung mit Aufteilungsplan vorgesehene Erstreckung des Sondereigentums noch eintragungsfähig ist oder nicht.

**Räume als wirtschaftliche Hauptsache**

Sondereigentum an Außenflächen kann weiter nur dann begründet werden, wenn die im Sondereigentum stehenden Räume wirtschaftlich als Hauptsache anzusehen sind. Der Begriff der „wirtschaftlichen Hauptsache" findet sich zum einen in § 1 Abs. 2 Erbbaurechtsgesetz und zum anderen im Wohnungseigentumsgesetz in § 31 Abs. 1 Satz 2 WEG im Zusammenhang mit der Definition des Dauerwohnrechts: *„Das Dauerwohnrecht kann auf einen außerhalb des Gebäudes liegenden Teil des Grundstücks erstreckt werden, sofern die Wohnung wirtschaftlich die Hauptsache bleibt."* Insbesondere Terrassen und Gartenflächen sind in aller Regel nicht als wirtschaftliche Hauptsache anzusehen. Wie sich weiter aus der negativen Formulierung ergibt, wird gesetzlich vermutet, dass die Räume wirtschaftlich die Hauptsache bleiben. Es bedarf deshalb im Grundbuchverfahren einer Prüfung nur

---
[63] OLG Düsseldorf, Beschluss v. 30.11.2015, I-3 Wx 272/15, ZWE 2016 S. 165.
[64] Becker/Schneider ZfIR 2020 S. 282.

## Gegenstand von Sonder- und Gemeinschaftseigentum

dann, wenn konkrete Anhaltspunkte für das Gegenteil sprechen. Nur im Ausnahmefall dürften tatsächlich die Außenflächen gegenüber dem Raum als wirtschaftliche Hauptsache anzusehen sein.

### Beispiel: Die Gärtnerei

Nach der Teilungserklärung und dem Aufteilungsplan ist die Nutzung einer Teileigentumseinheit als Gärtnerei zulässig. Des Weiteren ist an den Kellerräumen der Wohnanlage jeweils Sondereigentum begründet. Auch der die Gärtnerei betreibende Eigentümer ist Eigentümer eines Kellerraums. Diesem Kellerraum ist eine Außenfläche von 250 m² zugeordnet, die der Gärtnerei als Pflanz- und Beetfläche dient, im Kellerraum selbst werden lediglich Gartengeräte gelagert.

Die Außenfläche, mithin die Pflanz- und Beetfläche, dürfte gegenüber dem Kellerraum eindeutig die wirtschaftliche Hauptsache darstellen, weshalb diese Art der Begründung von Sondereigentum an der Außenfläche nicht möglich wäre. Anders aber dann, wenn diese Außenfläche nicht dem Kellerraum, sondern der Teileigentumseinheit „Gärtnerei" zugeordnet wäre. Diese Teileigentumseinheit wäre als wirtschaftliche Hauptsache anzusehen, da die Erzeugnisse der Außenfläche in der Teileigentumseinheit veräußert werden.

### Keine „Narrenfreiheit" bezüglich der Außenflächen

Auch wenn es künftig möglich sein wird, an Außenflächen – insbesondere an Gartenbereichen – Sondereigentum zu begründen, verleiht dies dem jeweiligen Wohnungseigentümer keine Narrenfreiheit. Stets ist insoweit nämlich zu berücksichtigen, dass es nach § 13 Abs. 2 WEG n.F. für Erhaltungsmaßnahmen, die über die ordnungsmäßige Instandhaltung und Instandsetzung des Sondereigentums hinausgehen, dann eines Gestattungsbeschlusses der übrigen Wohnungseigentümer nach § 20 Abs. 1 WEG n.F. bedarf, wenn durch die Gestaltung der Außenanlage andere Wohnungseigentümer über das bei einem geordneten Zusammenleben unvermeidbare Maß hinaus beeinträchtigt werden. Dies wird im Fall der Gestattungsbeschlussfassung auf Grundlage von §§ 13 Abs. 2, 20 Abs. 3 WEG n.F. nicht nur der Fall sein, wenn durch die konkrete Gestaltung der Außenanlage die Wohnanlage grundlegend umgestaltet würde.[65]

---

[65] Siehe Kap. 7.2 Baumaßnahmen.

## Gegenstand von Sonder- und Gemeinschaftseigentum

Wird Sondereigentum an Außenflächen begründet, kann für die entsprechende Fläche kein eigenes Grundbuchblatt angelegt werden, da insoweit kein isoliertes Sondereigentum begründet werden kann. Vielmehr wird die betreffende Außenfläche der entsprechenden Wohnungs- oder Teileigentumseinheit nach § 890 Abs. 2 BGB zugeschrieben.

**Sonderfall: Balkone**

Zunächst stehen Balkone nach herrschender Meinung im Gemeinschaftseigentum, wenn sie in der Teilungserklärung nicht zu Sondereigentum erklärt sind.[66] Soweit Balkone also Gemeinschaftseigentum sind, ist mit Blick auf ihre Sondereigentumsfähigkeit zu konstatieren, dass Balkone weder Stellplätze darstellen noch sich auf einem außerhalb des Gebäudes liegenden Teil des Grundstücks befinden. Eine unmittelbare Anwendung sowohl des § 3 Abs. 1 Satz 2 WEG n. F. als auch des § 3 Abs. 2 WEG n. F. scheidet also aus.

Auch wenn es seit jeher gekünstelt schien, Balkonen eine originäre Sondereigentumseigenschaft als Bestandteil des Sondereigentums der Wohnung abzusprechen – zumindest als wesentlicher Bestandteil der Wohnung nach § 94 BGB – hilft das WEMoG hier nur indirekt weiter. Fakt ist jedenfalls, dass einem Wohnungseigentümer bis auf letzte bzw. oberste Schichten, wie z. B. Fußbodenbelag und Tapete, an seiner Sondereigentumseinheit auch nur die Luft zwischen den (tragenden) Wänden gehört. Nicht anders bei Balkonen. Auch hier stehen sämtliche konstruktiven Bestandteile zwingend im Gemeinschaftseigentum. Da das WEMoG jedenfalls die Erstreckung des Sondereigentums auch auf außerhalb des Gebäudes liegende Grundstücksteile ermöglicht, könnte vorsichtig geschlossen werden, dass der Gesetzgeber Balkone bereits als Sondereigentum ansieht, da diese sich am und im Fall von Loggien sogar im Gebäude befinden.

Ggf. werden sich die Gerichte mit dieser Frage nochmals auseinanderzusetzen haben und sich der Auffassung des OLG München anschließen.[67] Bis zu diesem Zeitpunkt sollten Balkone in der Teilungserklärung ausdrücklich zu Sondereigentum erklärt werden.

---

[66] BGH, Urteil v. 15.1.2010, V ZR 114/09, NZM 2010 S. 205; KG Berlin, Beschluss v. 8.11.2016, 1 W 493/16, RNotZ 2017 S. 95; a. A. OLG München, Beschluss v. 23.9.2011, 34 Wx 247/11, FGPrax 2011 S. 281.
[67] OLG München, Beschluss v. 23.9.2011, a. a. O.

## Gegenstand von Sonder- und Gemeinschaftseigentum

### 3.2.3 Wesentliche Bestandteile

| WEG a.F. | WEG n.F. |
|---|---|
| **§ 5 Gegenstand und Inhalt des Sondereigentums** | **§ 5 Gegenstand und Inhalt des Sondereigentums** |
| (1) Gegenstand des Sondereigentums sind die gemäß § 3 Abs. 1 bestimmten Räume sowie die zu diesen Räumen gehörenden Bestandteile des Gebäudes, die verändert, beseitigt oder eingefügt werden können, ohne daß dadurch das gemeinschaftliche Eigentum oder ein auf Sondereigentum beruhendes Recht eines anderen Wohnungseigentümers über das nach § 14 zulässige Maß hinaus beeinträchtigt oder die äußere Gestaltung des Gebäudes verändert wird. | (1) ¹Gegenstand des Sondereigentums sind die gemäß **§ 3 Absatz 1 Satz 1** bestimmten Räume sowie die zu diesen Räumen gehörenden Bestandteile des Gebäudes, die verändert, beseitigt oder eingefügt werden können, ohne dass dadurch das gemeinschaftliche Eigentum oder ein auf Sondereigentum beruhendes Recht eines anderen Wohnungseigentümers über das **bei einem geordneten Zusammenleben unvermeidliche** Maß hinaus beeinträchtigt oder die äußere Gestaltung des Gebäudes verändert wird. ²**Soweit sich das Sondereigentum auf außerhalb des Gebäudes liegende Teile des Grundstücks erstreckt, gilt § 94 des Bürgerlichen Gesetzbuchs entsprechend.** |

**Neu: Wesentliche Bestandteile von außerhalb des Gebäudes liegenden Teilen des Grundstücks werden Gegenstand des Sondereigentums**

§ 5 Abs. 1 Satz 2 WEG n.F. ordnet die entsprechende Anwendung von § 94 BGB auf Sondereigentum an, das sich auf außerhalb des Gebäudes liegende Teile des Grundstücks erstreckt. Vorerwähnte Bestimmung regelt das Schicksal wesentlicher Bestandteile von Grundstücken und Gebäuden. Insoweit regelt § 94 Abs. 1 BGB maßgeblich, dass zu den wesentlichen Bestandteilen eines Grundstücks die mit dem Grund und Boden fest verbundenen Sachen gehören, also insbesondere Gebäude, aber auch die Erzeugnisse des Grundstücks, solange sie mit dem Boden zusammenhängen. Samen wird mit dem Aussäen, eine Pflanze wird mit dem Einpflanzen wesentlicher Bestandteil des Grundstücks. Letztlich sind also auch die Sachen Gegenstand des Sondereigentums als dessen wesentliche Bestandteile, die mit dem Teil des Grundstücks fest verbunden

## Gegenstand von Sonder- und Gemeinschaftseigentum

sind, auf die sich das Sondereigentum erstreckt, was in erster Linie für dort errichtete Gebäude gilt.

### Beispiel: Geräteschuppen im Garten

Das Sondereigentum der Erdgeschosswohnung erstreckt sich auch auf einen Teil des dahinter liegenden Gartens. Der Wohnungseigentümer errichtet im Bereich seines „Außen-Sondereigentums" einen Geräteschuppen.

Dieser Geräteschuppen ist nun ebenso (Sonder)Eigentum des Erdgeschosseigentümers, wie die Gartenfläche selbst, da er sich auf dieser Gartenfläche befindet und mit dieser fest verbunden ist. So steht auch das Obst eines Baumes, der bereits vor Begründung des Sondereigentums auf der Gartenfläche vorhanden war, im Eigentum des Erdgeschosseigentümers, weil auch der Baum wesentlicher Bestandteil der Gartenfläche ist.

 **Vorsicht bei baulicher Veränderung**

Die sachenrechtliche Zuordnung des Geräteschuppens hat nichts mit der Frage zu tun, ob der Wohnungseigentümer im Bereich seines Sondereigentums eigenmächtig bauliche Veränderungen vornehmen darf. Die Zulässigkeit baulicher Veränderungen des Sondereigentums regelt künftig § 13 Abs. 2 WEG n.F.[68]

Zu beachten ist, dass die Verwaltung der Gebäude, die auf der Sondereigentumsfläche im Außenbereich errichtet werden, dem jeweiligen Sondereigentümer obliegt. Wird etwa eine Garage errichtet, so ist diese nicht nur in Gänze – einschließlich ihrer konstruktiven Bestandteile – zwingend wesentlicher Bestandteil des Sondereigentums, der jeweilige Eigentümer hat sich auch um erforderliche Erhaltungsmaßnahmen zu kümmern.

**Notwendiges Gemeinschaftseigentum**
Bekanntlich regelt § 5 Abs. 2 WEG, dass u.a. Anlagen und Einrichtungen, die dem gemeinschaftlichen Gebrauch der Wohnungseigentümer dienen, nicht Gegenstand des Sondereigentums sein können, auch wenn sie sich im Bereich der im Sondereigentum stehenden Räume befinden. Auch diese Bestimmung ist nun insoweit modifiziert, als sie sich nicht mehr nur auf Räume bezieht, sondern auch auf die Teile des Grundstücks, die künftig Sondereigentum sein können.

---
[68] Siehe Kap. 7.2 Baumaßnahmen.

## Gegenstand von Sonder- und Gemeinschaftseigentum

### Beispiel: Die Abwasserleitung

Verläuft eine Abwasserleitung unter einer Gartenfläche, die im Sondereigentum eines Wohnungseigentümers steht, verbleibt sie auch in diesem Bereich im Gemeinschaftseigentum.

Für den Fall, dass Erhaltungsmaßnahmen an der Leitung (auch) im Bereich des Sondereigentums des Wohnungseigentümers erforderlich werden, wäre dieser nach § 14 Abs. 1 Nr. 2 WEG n.F. verpflichtet, Einwirkungen auf das Sondereigentum, insbesondere das Betreten der Gartenfläche und entsprechende Ausgrabungen, zu dulden.

#### 3.2.4 Anforderungen an den Aufteilungsplan

Nach § 3 Abs. 3 WEG n.F. sind Stellplätze, an denen Sondereigentum begründet werden soll, und außerhalb des Gebäudes liegende Teile des Grundstücks, auf die sich Sondereigentum erstrecken soll, durch Maßangaben im Aufteilungsplan zu bestimmen. Die entsprechenden Maßangaben im Aufteilungsplan treten an die Stelle des Abgeschlossenheitserfordernisses, das für Räume gilt. Die Maßangaben müssen so genau sein, dass sie es im Streitfall ermöglichen, den räumlichen Bereich des Sondereigentums eindeutig zu bestimmen. Dafür muss sich aus dem Plan in der Regel

- die Länge und Breite der Fläche sowie
- ihr Abstand zu den Grundstücksgrenzen ergeben.

Eine Markierungspflicht auf dem Grundstück ist dagegen nicht vorgesehen. Dies gilt insbesondere auch für Stellplätze.

 **Auch keine Markierung mehr von Tiefgaragenstellplätzen**

Die bislang noch geltende Regelung des § 3 Abs. 2 WEG a.F. sieht vor, dass Sondereigentum nur eingeräumt werden soll, wenn die Wohnungen oder sonstigen Räume in sich abgeschlossen sind. Bezüglich der Stellplätze ergänzt Satz 2 diese Regelung dahingehend, dass Garagenstellplätze dann als abgeschlossene Räume gelten, wenn ihre Flächen durch dauerhafte Markierung ersichtlich sind. Im Zuge des WEMoG entfällt insoweit auch die Verpflichtung zur Markierung von Tiefgaragenstellplätzen. Auch hier sollen lediglich die Angaben im Aufteilungsplan maßgeblich sein. Dies ist allerdings vor dem Hintergrund sachlogisch, als es bereits keiner Markierung von Außenstellplätzen bedürfen soll. Eine Markierung auf dem Grundstück führt auch nicht dazu, dass der räumliche Umfang des Sondereigentums genauer bestimmt wird, als dies bereits durch die Maßangaben im Aufteilungsplan der Fall ist.

## Gegenstand von Sonder- und Gemeinschaftseigentum

Selbstverständlich aber bleibt es den Wohnungseigentümern unbenommen, die Sondereigentumsbereiche auf dem Grundstück dennoch zu markieren. Das bietet sich schon alleine zur Streitvermeidung unter den Wohnungseigentümern an. Auf den Umfang des Sondereigentums wirkt sich dies aber nicht aus, da insoweit allein die Maßangaben im Aufteilungsplan entscheidend bzw. maßgeblich sind. Dieser wird künftig jedenfalls zentimetergenau sein müssen, ansonsten wird das Sondereigentum nicht wirksam begründet werden können.

### Keine Länderdelegation mehr

Bislang sieht § 7 Abs. 4 Sätze 3 bis 6 WEG a.F. noch vor, dass die Landesregierungen durch Rechtsverordnung bestimmen können, dass und in welchen Fällen der Aufteilungsplan und die Abgeschlossenheit von einem öffentlich bestellten oder anerkannten Sachverständigen für das Bauwesen anstelle der Baubehörde ausgefertigt und bescheinigt werden. Von dieser Möglichkeit hat kein Bundesland Gebrauch gemacht. Nach dem WEMoG werden auch die Anforderungen an den Aufteilungsplan und die Abgeschlossenheitsbescheinigung steigen, was nach § 3 Abs. 3 WEG n.F. für zu Sondereigentum erklärte Außenstellplätze und nach § 7 Abs. 4 Satz 1 Nr. 1 WEG n.F. für Außenbereiche gilt, auf die sich Sondereigentum erstrecken kann. Daher werden Aufteilungsplan und Abgeschlossenheitsbescheinigung künftig stets der Mitwirkung der Baubehörden bedürfen. Die Delegationsmöglichkeit wird deshalb gestrichen.

### 3.2.5 Sondernutzungsrechte

### 3.2.5.1 Weiterhin möglich

Auch wenn es künftig möglich sein wird, Sondereigentum an Stellplätzen zu begründen und Sondereigentum auf Außenbereiche der Wohnanlage zu erstrecken, bedeutet dies im Umkehrschluss nicht, dass es nicht mehr möglich wäre, Sondernutzungsrechte auch an Außenflächen begründen zu können. Dieser Gedanke könnte sich auf Grundlage der Gesetzesbegründung aufdrängen, weil der Gesetzgeber wegen der bislang fehlenden gesetzlichen Regelung und Ausgestaltung der Sondernutzungsrechte auch mit Blick auf das WEMoG keine Regelung über Sondernutzungsrechte im Gesetz schaffen möchte. Er hält das Thema „Sondernutzungsrecht" schlicht für zu kompliziert, um es kurz und bündig im Gesetz regeln zu wollen.[69] Das verstehe wer will. Auch unter Geltung des WEMoG bleibt jedenfalls die Begründung von Sondernutzungsrechten an Bereichen und Teilen des Gemeinschaftseigentums unverändert möglich. Das WEMoG wird weiterhin auch die Sondernutzungsrechte in § 5 Abs. 4 Satz 2 WEG n.F. in Bezug auf das Zustimmungsbedürfnis Drittberechtigter für Vereinbarungen und Beschlüsse auf Grundlage ver-

---

[69] BT-Drs. 19/18791, S. 30.

## Gegenstand von Sonder- und Gemeinschaftseigentum

einbarter Öffnungsklauseln erwähnen. Die Sondernutzungsrechte werden auch in § 2 Abs. 2 Nr. 3 GrEStG erwähnt bleiben.

Mit Blick auf die Begründung, Aufhebung, Änderung oder Übertragung von Sondernutzungsrechten regelt § 5 Abs. 4 Satz 2 WEG n.F. nach wie vor ein Zustimmungserfordernis der dinglich Berechtigten. Durch Aufhebung von Satz 3 dieser Bestimmung besteht dieses Zustimmungserfordernis künftig auch dann, wenn gleichzeitig durch Vereinbarung zugunsten des belasteten Wohnungseigentums ein Sondernutzungsrecht begründet werden soll. Mit der nunmehr aufgehobenen Regelung wollte der Gesetzgeber ursprünglich im Zuge der WEG-Reform 2007 die vormals erforderlichen ausufernden Zustimmungserfordernisse verhindern.

### 3.2.5.2 „Umwandlung" von Sondernutzungsrechten zu Sondereigentum

Das Inkrafttreten des WEMoG dürfte in vielen Eigentümergemeinschaften Begehrlichkeiten dahingehend wecken, dass Bereiche, an denen bislang Sondernutzungsrechte zugunsten einzelner Sondereigentumseinheiten begründet waren, in Sondereigentum umgewandelt werden.

So bereits Sondernutzungsrechte nicht durch Beschluss begründet werden können, gilt dies erst recht für Sondereigentum. Die Umwandlung von Gemeinschaftseigentum in Sondereigentum kann weder im Beschlussweg noch durch Vereinbarung der Wohnungseigentümer herbeigeführt werden. Hierfür ist vielmehr eine Einigung der Wohnungseigentümer in Form der Auflassung nach den Vorschriften des BGB (§ 925 Abs. 1 BGB) erforderlich. Ein Eigentümerbeschluss, durch den eine Ermächtigung oder Vollmacht zur Umwandlung von Gemeinschaftseigentum in Sondereigentum erteilt wird, wäre wegen der Unzuständigkeit der Eigentümerversammlung mangels Beschlusskompetenz nichtig.

Eine Zuständigkeit der Eigentümergemeinschaft zur Umwandlung von Gemeinschaftseigentum in Sondereigentum ist deshalb nicht gegeben, weil sich derartige Maßnahmen nicht mehr im Rahmen der Verwaltung des gemeinschaftlichen Eigentums halten. Zum einen ist bei der entsprechenden Umwandlung nicht nur Gemeinschaftseigentum betroffen, sondern auch Sondereigentum, sodass sich bereits hieraus keine Verwaltungsbefugnis der Eigentümergemeinschaft ergibt, zum anderen wird die sachenrechtliche Zuordnung der Flächen des Sonder- wie des gemeinschaftlichen Eigentums geändert.

# 4 Grundbucheintragung von Beschlüssen aufgrund einer Öffnungsklausel

## 4.1 Alte Rechtslage

Im Rahmen der WEG-Reform 2007[70] wurde bekanntlich mit § 24 Abs. 7 und 8 WEG die Beschluss-Sammlung aus der Taufe gehoben. Intention des Gesetzgebers war es, die innerhalb der Wohnungseigentümergemeinschaften geltende Rechtslage, die nicht selten auch durch Beschlüsse auf Grundlage vereinbarter Öffnungsklauseln geprägt war, transparent zu machen. Insbesondere zum Schutz der Rechtsnachfolger sollte sich die u. a. auch durch Öffnungsklausel-Beschlüsse geprägte Rechtslage durch ein gesondertes Medium erschließen. Denn § 10 Abs. 4 Satz 2 WEG a. F. sieht nach geltendem Recht noch vor, dass auch Beschlüsse auf Grundlage einer Öffnungsklausel nicht der Eintragung in das Grundbuch bedürfen.

## 4.2 Neue Rechtslage

**WEG a. F.**

**§ 10 Allgemeine Grundsätze**

(3) Vereinbarungen, durch die die Wohnungseigentümer ihr Verhältnis untereinander in Ergänzung oder Abweichung von Vorschriften dieses Gesetzes regeln, sowie die Abänderung oder Aufhebung solcher Vereinbarungen wirken gegen den Sondernachfolger eines Wohnungseigentümers nur, wenn sie als Inhalt des Sondereigentums im Grundbuch eingetragen sind.

(4) ¹Beschlüsse der Wohnungseigentümer gemäß § 23 und gerichtliche Entscheidungen in einem Rechtsstreit gemäß § 43 bedürfen zu ihrer Wirksamkeit gegen den Sondernachfolger eines Wohnungseigentümers nicht der Eintragung in das Grundbuch. ²Dies gilt

**WEG n. F.**

**§ 10 Allgemeine Grundsätze**

(3) ¹Vereinbarungen, durch die die Wohnungseigentümer ihr Verhältnis untereinander in Ergänzung oder Abweichung von Vorschriften dieses Gesetzes regeln, **die Abänderung oder Aufhebung solcher Vereinbarungen sowie Beschlüsse, die aufgrund einer Vereinbarung gefasst werden,** wirken gegen den Sondernachfolger eines Wohnungseigentümers nur, wenn sie als Inhalt des Sondereigentums im Grundbuch eingetragen sind. ²**Im Übrigen bedürfen Beschlüsse zu ihrer Wirksamkeit gegen den Sondernachfolger eines Wohnungseigentümers nicht der Eintragung in das Grundbuch.**

---

[70] Gesetz zur Änderung des Wohnungseigentumsgesetzes und anderer Gesetze v. 26.3.2007, BGBl I S. 370, seit 1. Juli 2007 in Kraft.

## Grundbucheintragung von Beschlüssen aufgrund einer Öffnungsklausel

auch für die gemäß § 23 Abs. 1 aufgrund einer Vereinbarung gefassten Beschlüsse, die vom Gesetz abweichen oder eine Vereinbarung ändern.

 **Neu: Öffnungsklausel-Beschlüsse müssen ins Grundbuch eingetragen werden**

Beschlüsse, die auf Grundlage einer vereinbarten Öffnungsklausel gefasst worden sind, bedürfen der Eintragung ins Grundbuch, sollen sie Wirkung auch gegen Sondernachfolger entfalten. Die entsprechende Regelung sieht § 10 Abs. 3 Satz 1 WEG n.F. vor. Die Verpflichtung zum Führen der Beschluss-Sammlung nach heutiger Maßgabe des § 24 Abs. 7 und 8 WEG besteht daneben weiter fort.

Nach ursprünglicher Auffassung des WEMoG-Gesetzgebers hatte sich die Konzeption der Beschluss-Sammlung in der Praxis nicht bewährt, da Erwerber die Beschluss-Sammlung vergleichsweise selten einsehen würden. Zudem wirke ein Beschluss auch dann gegen den Erwerber, wenn er nicht in die Beschluss-Sammlung aufgenommen würde. Hinzu komme, dass viele Beschluss-Sammlungen zwischenzeitlich einen so großen Umfang angenommen hätten, dass die Gefahr bestehe, bedeutsame Beschlüsse auch bei einer Einsichtnahme zu übersehen. Diese Gefahr steige kontinuierlich mit der wachsenden Zahl von Beschlüssen, die in die Beschluss-Sammlung aufzunehmen seien.[71] Diese Auffassung war in Gänze nicht nachvollziehbar, weil gerade die Beschluss-Sammlung in Form des § 24 Abs. 7 WEG ein wertvolles Informationsmedium darstellt und durchaus auch von Wohnungseigentümern und Erwerbern von Wohnungseigentum als solches herangezogen wird. Jedenfalls hat sich dann der Rechtsausschuss eines anderen besonnen, sodass es die Beschluss-Sammlung nach § 24 Abs. 7 und 8 WEG nach wie vor geben wird, zukünftig daneben aber Beschlüsse auf Grundlage einer vereinbarten Öffnungsklausel zu Wirkung gegen Sondernachfolger auch noch der Eintragung in das Grundbuch bedürfen.

Keiner Grundbucheintragung bedürfen nach wie vor sonstige Beschlüsse der Wohnungseigentümer, wie § 10 Abs. 3 Satz 2 WEG n.F. klarstellt. Dies gilt nach wie vor auch für Beschlüsse, die etwa auf Grundlage der gesetzlichen Öffnungsklausel des § 16 Abs. 2 Satz 2 WEG n.F. den gesetzlichen oder abweichend hiervon vereinbarten Kostenverteilungsschlüssel abändern. Im Zusammenhang mit der Neuregelung in § 10 Abs. 3 Satz 1 WEG n.F. über

---

[71] BT-Drs. 19/18791, S. 38 f.

## Grundbucheintragung von Beschlüssen aufgrund einer Öffnungsklausel

die Eintragungsbedürftigkeit von Öffnungsklausel-Beschlüssen, regelt § 5 Abs. 4 WEG n.F. die Zustimmungsbedürftigkeit bestimmter dinglich Berechtigter sowie § 7 Abs. 2 WEG n.F. die formellen Voraussetzungen der Grundbucheintragung.

**Vereinbarungen bedürfen unverändert einer Grundbucheintragung**

Für ihre Wirkung gegen Sondernachfolger der Wohnungseigentümer müssen Vereinbarungen nach wie vor verdinglicht, also im Grundbuch eingetragen werden. Lediglich schuldrechtliche Vereinbarungen werden auch künftige Sondernachfolger nicht binden. Entsprechendes gilt freilich für Änderungen oder Ergänzungen bestehender Vereinbarungen, was insoweit in Übereinstimmung mit der derzeitigen Rechtslage in § 10 Abs. 3 Satz 1 WEG n.F. zum Ausdruck kommt.

### 4.3 Beschlüsse aufgrund gesetzlicher Öffnungsklauseln

Nach künftiger Rechtslage unter Geltung des WEMoG werden folgende Vorschriften gesetzliche Öffnungsklauseln darstellen:

- § 12 Abs. 4 Satz 1 WEG n.F. – Aufhebung vereinbarter Veräußerungsbeschränkung
- § 16 Abs. 2 Satz 2 WEG n.F. – Änderung der Kostenverteilung bezüglich einzelner Kosten oder Kostenarten
- § 21 Abs. 5 Satz 1 WEG n.F. – Änderung der Kostenverteilung bezüglich Maßnahmen der baulichen Veränderung
- § 28 Abs. 3 WEG n.F. – Beschlussfassung über Art und Weise von Zahlungen sowie der Fälligkeit

**Beschlüsse auf Grundlage einer gesetzlichen Öffnungsklausel werden nicht in das Grundbuch eingetragen**

Beschlüsse, die aufgrund einer gesetzlichen Öffnungsklausel gefasst werden, werden also nach wie vor auch ohne Grundbucheintragung gegen Sondernachfolger wirken.[72] Die Differenzierung rechtfertigt sich nach Auffassung des Gesetzgebers damit, dass gesetzliche Öffnungsklauseln für jeden Erwerber unmittelbar aus dem Gesetz ersichtlich seien und vom Gesetzgeber gebilligte Zwecke verfolgten. Ihr Anwendungsbereich sei zudem auf konkrete Beschlussgegenstände beschränkt. Ein Erwerber könne daher dem

---

[72] Zur Aufhebung einer vereinbarten Veräußerungsbeschränkung siehe Kasten am Ende dieses Abschnitts.

## Grundbucheintragung von Beschlüssen aufgrund einer Öffnungsklausel

Gesetz entnehmen, in welchen Bereichen er mit einer Änderung der Vereinbarung durch einen Beschluss rechnen müsse.

Auch diese Auffassung ist wenig nachvollziehbar, weil ein Wohnungserwerber oder ein Wohnungseigentümer in aller Regel gerade nicht das Gesetz, sondern vorrangig die Teilungserklärung mit Gemeinschaftsordnung liest. Gerade wenn nun aber eine Gemeinschaftsordnung etwa die Kostenverteilung von Erhaltungsmaßnahmen unter Wiederholung bzw. Wiedergabe des Gesetzeswortlauts unter sämtlichen Wohnungseigentümern regelt oder ggf. gar keine entsprechende Regelung enthält und die Wohnungseigentümer auf Grundlage der gesetzlichen Öffnungsklausel des § 16 Abs. 2 Satz 2 WEG n.F. beschließen, dass Wohnungseigentümer exklusiv mit den Kosten beispielsweise der Erhaltung der Fenster oder Eingangstüren belastet werden – und dies nicht beschränkt auf einen konkreten Einzelfall –, stellt ein derartiger Beschluss einen so gravierenden Eingriff in das bislang durch Vereinbarung der Wohnungseigentümer geprägte Binnenrecht der jeweiligen Wohnungseigentümergemeinschaft dar, dass durchaus auch für derartige Beschlüsse eine Grundbucheintragung nicht nur sinnvoll, sondern dringend erforderlich scheint, so man dieser Auffassung im Fall vereinbarter Öffnungsklauseln ist. Nach diesseits vertretener Auffassung ist aber weder das eine noch das andere erforderlich. Das Erfordernis der Eintragung von Beschlüssen auf Grundlage vereinbarter Öffnungsklauseln birgt überflüssigen Verwaltungsaufwand in den Eigentümergemeinschaften und Haftungsrisiken für den Verwalter.

> **Aufhebung vereinbarter Veräußerungsbeschränkung**
> Gemäß § 12 Abs. 4 WEG können die Wohnungseigentümer die Aufhebung einer vereinbarten Veräußerungsbeschränkung beschließen. Seit jeher sind vereinbarte Veräußerungsbeschränkungen gemäß § 3 Abs. 2 Wohnungsgrundbuchverfügung (WGV) ausdrücklich in das Grundbuch einzutragen. Wird eine solche aufgehoben, wird das Grundbuch unrichtig. Die Löschung im Grundbuch kann erfolgen, muss aber nicht – wobei dies dennoch ratsam ist. Die Löschung erfolgt im Wege der Grundbuchberichtigung gemäß § 22 GBO. Der Nachweis der Unrichtigkeit kann nach § 12 Abs. 4 Satz 3 WEG n.F. insbesondere durch die Vorlage der Niederschrift über den Aufhebungsbeschluss mit öffentlicher Beglaubigung der erforderlichen Unterschriften geführt werden.

### 4.4 Beschlüsse aufgrund vereinbarter Öffnungsklausel

*„Was zu vereinbaren ist, kann nicht beschlossen werden, solange nicht vereinbart ist, dass dies auch beschlossen werden darf."* Das vom BGH am 20.9.2000 proklamierte Ende der Zitterbeschlüsse[73] hatte die Bedeutung

---
[73] BGH, Beschluss v. 20.9.2000, V ZB 58/99, NJW 2000 S. 3500.

# Grundbucheintragung von Beschlüssen aufgrund einer Öffnungsklausel

vereinbarter Öffnungsklauseln in ein ganz besonderes Licht gerückt. Vielfach falsch verstandene „Narrenfreiheit" in entsprechender Beschlussfassung hat den BGH[74] später dann zu der Klarstellung genötigt, dass vereinbarte Öffnungsklauseln lediglich eine formelle Legitimation für Mehrheitsentscheidungen darstellen und ihre materiell-rechtliche Reichweite eingegrenzt. Zunächst sind Beschlüsse, die auf der Grundlage einer allgemeinen Öffnungsklausel gefasst werden, grundsätzlich nur insoweit materiell überprüfbar, als das „Ob" und das „Wie" der Änderung nicht willkürlich sein dürfen. Anders ist es allerdings bei Beschlüssen, die unverzichtbare oder unentziehbare, aber verzichtbare („mehrheitsfeste") Rechte betreffen. Diese unterliegen einer weiterreichenden Kontrolle.[75]

Öffnungsklauseln selbst können wirksam nur vereinbart werden. Um Wirkung gegenüber Rechtsnachfolgern von Wohnungseigentümern zu entfalten, bedürfen sie der Eintragung ins Grundbuch. Dies ist insbesondere bei nachträglich vereinbarten Öffnungsklauseln zu beachten. Ist die Öffnungsklausel im Grundbuch nicht eingetragen, entfalten auch auf Grundlage der Öffnungsklausel gefasste Beschlüsse keine Wirkung gegenüber Rechtsnachfolgern. Nach derzeitiger Rechtslage werden solche Beschlüsse im Fall eines Eigentümerwechsels dann gegenüber allen Wohnungseigentümern wirkungslos. Nach künftiger Rechtslage dürfte der Beschluss im Grundbuch nicht eintragungsfähig sein.

Die materielle Regelungsreichweite ist abhängig vom Wesen der Öffnungsklausel. Verbreitet und zulässig[76] sind einerseits allgemeine Öffnungsklauseln, die eine unbeschränkte Beschlusskompetenz verleihen.

**Musterklausel: Allgemeine Öffnungsklausel**

„Die Bestimmungen dieser Gemeinschaftsordnung können mit einer Mehrheit von 2/3 der Wohnungseigentümer geändert werden."

Zulässig sind insbesondere aber auch konkrete bzw. spezifizierte Öffnungsklauseln, die lediglich eine beschränkte Beschlusskompetenz verleihen.

**Musterklausel: Spezifizierte Öffnungsklausel**

„Die Bestimmungen dieser Gemeinschaftsordnung zur Kostenverteilung können mit einer Mehrheit von 2/3 der Wohnungseigentümer geändert werden."

---

[74] BGH, Urteil v. 10.10.2014, V ZR 315/13, ZMR 2015 S. 239.
[75] BGH, Urteil v. 12.4.2019, V ZR 112/18, NZM 2019 S. 476.
[76] BGH, Urteil v. 12.4.2019, a.a.O.; LG Berlin, Urteil v. 23.9.2014, 55 S 89/13 WEG.

**Grundbucheintragung von Beschlüssen aufgrund einer Öffnungsklausel**

### 4.4.1 Spezifizierte Öffnungsklausel

Mit Blick auf spezifizierte Öffnungsklauseln ist zunächst von erheblicher Bedeutung, dass Beschlüsse nichtig sind, wenn sie sich nicht mehr im Rahmen der vorgegebenen Konkretisierung halten.

> **Beispiel: Kein Beschluss zur Erwerberhaftung**
>
> Erlaubt die Öffnungsklausel die mehrheitliche Beschlussfassung über eine Abänderung des vereinbarten Kostenverteilungsschlüssels, können die Wohnungseigentümer eine Haftung des Erwerbers für Hausgeldrückstände des veräußernden Wohnungseigentümers nicht beschließen.

Auch Beschlüsse auf Grundlage einer spezifizierten Öffnungsklausel werden unter Geltung des WEMoG der Eintragung ins Grundbuch bedürfen, um gegen Rechtsnachfolger von Wohnungseigentümern zu wirken. Nach Auffassung des Gesetzgebers kommt es ausschließlich darauf an, ob ein Beschluss aufgrund einer Vereinbarung gefasst wurde, allein dieses formale Merkmal sei entscheidend.[77] Dies ist wenig nachvollziehbar, da die spezifizierte Öffnungsklausel gerade mehr oder weniger exakt umreißt, was Gegenstand einer potenziellen Beschlussfassung sein kann und sich insoweit in nichts von gesetzlichen Öffnungsklauseln unterscheidet.

Mit Blick auf Beschlussgegenstände, die sich im Rahmen der gesetzlichen Öffnungsklauseln halten, wird allerdings klargestellt, dass Beschlüsse aufgrund einer vereinbarten Öffnungsklausel, die eine gesetzliche Öffnungsklausel wiederholen oder sich mit dieser inhaltlich decken, nicht eintragungsfähig seien.[78]

Von ganz erheblicher praktischer Relevanz ist in diesem Zusammenhang freilich die Rangfolge von Gesetz und Vereinbarung. Das derzeit noch geltende WEG-Änderungsgesetz hat gerade im Fall der besonders praxisrelevanten Kostenverteilungsänderung die zwingende gesetzliche Geltung der Öffnungsklauseln von § 16 Abs. 3 und 4 WEG a. F. angeordnet. Insoweit regelt Absatz 5 dieser Vorschrift, dass die insoweit eingeräumten gesetzlichen Beschlusskompetenzen auch durch Vereinbarung nicht einschränkbar sind.

> **Beispiel: Änderung der Kostenverteilung**
>
> Die Gemeinschaftsordnung regelt die Kostenverteilung nach Miteigentumsanteilen und enthält weiter eine Bestimmung, nach der dieser Kostenverteilungsschlüssel mit einer Mehrheit von 2/3 der Wohnungseigentümer durch Beschluss abgeändert werden kann.

---

[77] Vgl. BT-Drs. 19/18791, S. 39.
[78] Vgl. BT-Drs. 19/18791, wie vor.

## Grundbucheintragung von Beschlüssen aufgrund einer Öffnungsklausel

Da § 16 Abs. 3 WEG a.F. eine einfach-mehrheitliche Änderung des Verteilungsschlüssels für die Betriebs- und Verwaltungskosten vorsieht und die Regelungsreichweite dieser Vorschrift auch durch Vereinbarung der Wohnungseigentümer nicht eingeschränkt werden kann, ist die vereinbarte Öffnungsklausel gegenstandslos, soweit die Wohnungseigentümer den Kostenverteilungsschlüssel für Betriebs- und/oder Verwaltungskosten ändern wollen. Die gesetzliche Regelung geht vor.

Eine vergleichbare Beschränkung der Vereinbarungskompetenz der Wohnungseigentümer sieht das WEMoG zwar nicht mehr vor. Allerdings regelt § 47 WEG n.F., dass die durch das WEMoG geänderte Rechtslage Regelungen in bestehenden Gemeinschaftsordnungen überlagern bzw. verdrängen soll. Das WEMoG will künftig aber die Vereinbarungskompetenz der Wohnungseigentümer nicht beschneiden, weshalb unter Geltung des WEMoG dann durchaus vereinbart werden könnte, dass Kostenverteilungsänderungen eines bestimmten Mehrheitsquorums genügen müssen. Im Ergebnis würde es zunächst so verbleiben, dass das in der Gemeinschaftsordnung vorgeschriebene Mehrheitsquorum zwar nicht mehr gelten würde, die Wohnungseigentümer aber nach Inkrafttreten des WEMoG nicht gehindert wären, eine entsprechende Beschränkung der Beschlussfassung zu vereinbaren.

**Grundbucheintragung kein Erfordernis der Beschlussgültigkeit**

Am Scheidepunkt zur Darstellung der allgemeinen Öffnungsklauseln sei deutlich klargestellt, dass sowohl Beschlüsse auf Grundlage einer spezifizierten Öffnungsklausel als auch solche auf Grundlage einer allgemeinen Öffnungsklausel zu ihrer Wirksamkeit nicht der Grundbucheintragung bedürfen. Nach künftiger Rechtslage ist die Grundbucheintragung allein erforderlich, damit die Beschlüsse auch gegen Rechtsnachfolger von Wohnungseigentümern wirken. Auch ohne Grundbucheintragung sind sie gültig und prägen das Recht innerhalb der Gemeinschaften, bis es zu einem Eigentümerwechsel kommt. Freilich wird eine Bindung des Rechtsnachfolgers stets beabsichtigt sein, da die Beschlusswirkung im Fall des Eigentümerwechsels entfällt, weil es nicht 2 Rechtslagen innerhalb einer Gemeinschaft geben kann.

### 4.4.2 Allgemeine Öffnungsklausel

Bedürfen nach dem WEMoG bereits Beschlüsse auf Grundlage einer spezifizierten Öffnungsklausel der Eintragung ins Grundbuch, um gegen Rechtsnachfolger zu wirken, gilt dies erst recht für Beschlüsse auf Grundlage einer allgemeinen Öffnungsklausel.

Allgemeine Öffnungsklauseln verleihen den Wohnungseigentümern lediglich eine Kompetenz zur Änderungsregelung, ohne deren materiell-rechtliche Reichweite zu definieren. Materiell-rechtlich sind vereinbarte Öffnungsklauseln jedenfalls u.a. durch unentziehbare, aber verzichtbare Mitgliedschaftsrechte begrenzt. Zu den unentziehbaren, aber verzichtbaren („mehrheitsfesten") Rechten gehört die „Zweckbestimmung" eines Wohnungs- oder Teileigentums. Diese Zweckbestimmung darf durch einen auf Grundlage einer allgemeinen Öffnungsklausel gefassten Beschluss nur mit Zustimmung des Sondereigentümers geändert oder eingeschränkt werden. Ein auf Grundlage einer allgemeinen Öffnungsklausel gefasster Beschluss, durch den etwa die kurzzeitige Vermietung des Wohnungseigentums (z.B. an Feriengäste) verboten wird, ist nur dann rechtmäßig, wenn alle Wohnungseigentümer ihre Zustimmung erteilt haben.[79]

Beschlüsse auf Grundlage einer vereinbarten Öffnungsklausel dürfen insbesondere auch nicht gegen das Belastungsverbot verstoßen. Auch ein Beschluss aufgrund vereinbarter Öffnungsklausel darf einzelnen Wohnungseigentümern also keine Leistungspflichten auferlegen, die sich nicht bereits aus dem Gesetz oder der bisherigen Gemeinschaftsordnung ergeben. Hiergegen verstoßende Beschlüsse aufgrund vereinbarter Öffnungsklausel sind ohne Zustimmung der nachteilig betroffenen Wohnungseigentümer schwebend unwirksam.[80] Die endgültige Zustimmungsverweigerung führt zur Beschlussnichtigkeit.

In diesem Zusammenhang ist neben dem Belastungsverbot ein besonderes Augenmerk auch auf die weiteren unentziehbaren, aber verzichtbaren Mitgliedschaftsrechte zu richten, deren Einschränkung ebenfalls zur schwebenden Beschlussunwirksamkeit führt. Allerdings zieht der BGH[81] das von ihm selbst geschaffene Rechtsinstitut der schwebenden Beschlussunwirksamkeit mittlerweile in Zweifel, da das Wohnungseigentumsgesetz lediglich nur den anfechtbaren und den nichtigen Beschluss kennt. Es ist davon auszugehen, dass entsprechende Beschlüsse nichtig sind, da das Zustimmungserfordernis überhaupt kompetenzbegründend sein dürfte. Gesichert ist dies allerdings noch nicht.

 **Grenzen der Vereinbarungskompetenz beachten**

Keiner vertiefenden Diskussion bedarf die Tatsache, dass die Wohnungseigentümer auf Grundlage einer vereinbarten Öffnungsklausel nichts beschließen können, wofür ihnen bereits die Vereinbarungskompetenz fehlt.[82]

**Sachlicher Grund erforderlich?**
Der BGH[83] hat für die gesetzliche Öffnungsklausel des § 16 Abs. 3 WEG a.F. klargestellt, dass die Wohnungseigentümer im Rahmen ordnungsmäßiger

---

[79] BGH, Urteil v. 12.4.2019, V ZR 112/18, NZM 2019 S. 476.
[80] BGH, Urteil v. 10.10.2014, V ZR 315/13, ZMR 2015 S. 239.
[81] BGH, Urteil v. 12.4.2019, V ZR 112/18, NZM 2019 S. 476.
[82] Siehe insoweit Kap. 1.1.2.2 Weiterhin unabdingbare gesetzliche Regelungen.
[83] BGH, Urteil v. 1.4.2011, V ZR 162/10, ZMR 2011 S. 652

Verwaltung einen weiten Ermessensspielraum haben, der erst dann überschritten ist, wenn gegen das Willkürverbot verstoßen wird. Diese Rechtsprechung hat er auf eine Kostenverteilungsänderung hinsichtlich Maßnahmen der Instandhaltung und Instandsetzung aufgrund vereinbarter Öffnungsklausel übertragen.[84] Allgemein räumt der BGH[85] den Wohnungseigentümern aufgrund ihres Selbstorganisationsrechts einen weiten, lediglich durch das Willkürverbot beschränkten, Gestaltungsspielraum bei einer Beschlussfassung aufgrund vereinbarter Öffnungsklausel ein – und zwar ohne dass es eines sachlichen Grundes bedarf. Hieran wird sich künftig nichts ändern.

Für den Fall, dass die Öffnungsklausel selbst das Vorliegen eines sachlichen Grundes als Rechtmäßigkeitsvoraussetzung postuliert, ist umstritten, ob das Fehlen des sachlichen Grundes lediglich zur Anfechtbarkeit oder zur Beschlussnichtigkeit führt. Richtigerweise wird man wohl im Hinblick auf den unbestimmten Rechtsbegriff des „sachlichen Grundes" nicht von einer Voraussetzung für die Beschlusskompetenz ausgehen können, sondern von einem Rechtmäßigkeitsmaßstab, anhand dessen der Beschlussinhalt zu überprüfen ist.[86] Insoweit sei die außer Kraft tretende gesetzliche Öffnungsklausel des § 16 Abs. 4 WEG a.F. in den Blick genommen. Wird hier in materiellrechtlicher Hinsicht auf die Gebrauchsmöglichkeit im Hinblick auf eine Kostenbelastung einzelner Wohnungseigentümer abgestellt, war/ist auch dieses Kriterium nicht etwa kompetenzbegründend, sondern konkretisiert die Grundsätze ordnungsmäßiger Verwaltung.

**Formelle Voraussetzungen ordnungsmäßiger Beschlussfassung**
Die formellen Voraussetzungen einer ordnungsmäßigen Beschlussfassung hängen maßgeblich vom Wortlaut der vereinbarten Öffnungsklausel ab. Wesen einer Öffnungsklausel – egal, ob vereinbart oder gesetzlich – ist die Einräumung einer Beschlusskompetenz zur Änderung von Gesetz und Vereinbarung. In der Regel sind zwar bestimmte qualifizierte Mehrheiten („qualifizierte" Öffnungsklausel) für eine Änderungsbeschlussfassung vorgesehen, durchaus zulässig und verbreitet sind aber auch Öffnungsklauseln, die Änderungen mit einfacher Mehrheit zulassen („einfache" Öffnungsklausel).

**Ermittlung des Quorums**
Problematischer ist hier eher der Modus zur Ermittlung erforderlicher Mehrheiten. Regelt die Gemeinschaftsordnung etwa: *„Die Bestimmungen dieser Gemeinschaftsordnung können mit 2/3-Mehrheit geändert werden"*, stellt sich die Frage, ob Berechnungsbasis alle Wohnungseigentümer oder nur die in der Versammlung anwesenden bzw. vertretenen Wohnungseigentümer sind. Da der Bezugspunkt der qualifizierten Mehrheit nicht konkretisiert wird, ist die

---
[84] BGH, Urteil v. 10.6.2011, V ZR 2/10, ZMR 2011 S. 808
[85] Vgl. BGH, Urteil v. 12.4.2019, V ZR 112/18, NZM 2019 S. 476 und Urteil v. 10.10.2014, V ZR 315/13, ZMR 2015 S. 239.
[86] LG Berlin, Urteil v. 19.4.2013, 55 S 170/12 WEG, ZMR 2013 S. 735; a.A. AG Lichtenberg, Urteil v. 14.5.2012, 12 C 33/11.

## Grundbucheintragung von Beschlüssen aufgrund einer Öffnungsklausel

Klausel nächstliegend dahingehend auszulegen, dass die Abänderung eine 2/3-Mehrheit aller und nicht nur der in der Versammlung anwesenden Wohnungseigentümer erfordert.[87] Entsprechendes gilt für eine Klausel folgenden Wortlauts: *„Der von der Teilungserklärung vorgegebene Verteilungsschlüssel kann von der Wohnungseigentümerversammlung mit ¾-Mehrheit geändert werden."*[88] In aller Regel bilden also alle im Grundbuch eingetragenen und stimmberechtigten Wohnungseigentümer die Grundlage zur Ermittlung des erforderlichen Quorums. Lediglich dann, wenn die Öffnungsklausel Abweichendes ausdrücklich regelt oder ihre Auslegung nur ein solches Ergebnis zulässt, ist eine Änderungsbeschlussfassung lediglich durch die in der Eigentümerversammlung anwesenden bzw. vertretenen Wohnungseigentümer möglich. Letzteres ist insbesondere dann der Fall, wenn die Gemeinschaftsordnung ihre Änderung durch einstimmigen Beschluss zulässt[89], weil ansonsten der Zweck der Öffnungsklausel verfehlt würde.

**Nichterreichen des erforderlichen Quorums**

Wird das nach der vereinbarten Öffnungsklausel erforderliche Quorum nicht erreicht und verkündet der Versammlungsleiter dennoch einen positiven Beschluss, stellt sich die Frage, ob dieser lediglich anfechtbar oder nichtig ist.[90] Die Instanz-Rechtsprechung geht von bloßer Anfechtbarkeit aus.[91]

Verkündet der Verwalter als Versammlungsleiter einen positiven Beschluss, obwohl das nach der Öffnungsklausel erforderliche Quorum nicht erreicht ist, können ihm nach derzeit noch geltender Rechtslage die Kosten des Verfahrens gemäß § 49 Abs. 2 WEG a.F. auferlegt werden.[92] Dies gilt allerdings dann nicht, wenn der Verwalter im Rahmen der Beschlussfassung einen entsprechenden Bedenkenhinweis äußert und hierbei auf Anfechtungsrisiken hinweist.[93]

**Auf Bedenkenhinweis sollte nicht verzichtet werden**

Zwar soll § 49 Abs. 2 WEG a.F. durch das WEMoG aufgehoben werden, allerdings besteht nach allgemein zivilrechtlichen Grundsätzen stets ein materiell-rechtlicher Schadensersatzanspruch gegen den Verwalter – weshalb u.a. § 49 Abs. 2 WEG a.F. künftig nicht mehr gelten wird. Insoweit ist also ein entsprechender Bedenkenhinweis nach wie vor dringend angeraten. Dieser Bedenkenhinweis ist im Übrigen nicht etwa nur in Fällen eines etwaigen Verfehlens

---

[87] BGH, Urteil v. 10.6.2011, V ZR 2/10, ZMR 2011 S. 808.
[88] BGH, Urteil v. 1.4.2011, V ZR 162/10, ZMR 2011 S. 652.
[89] BayObLG, Beschluss v. 10.3.2004, 2Z BR 238/03, NZM 2004 S. 659.
[90] Offengelassen: BGH, Urteil v. 10.10.2014, V ZR 315/13, ZMR 2015 S. 239.
[91] LG Berlin, Urteil v. 23.9.2014, 55 S 89/13 WEG; LG München I, Urteil v. 13.1.2014, 1 S 1817/13 WEG, ZWE 2014 S. 186; LG Köln, Urteil v. 15.10.2009, 29 S 102/09, ZMR 2010, S. 13.
[92] LG Bamberg, Beschluss v. 16.4.2015, 11 T 8/15 WEG, ZMR 2015 S. 395.
[93] BGH, Urteil v. 29.5.2020, V ZR 141/19, WuM 2020 S. 522; LG Karlsruhe, Urteil v. 9.1.2012, 11 S 61/09.

## Grundbucheintragung von Beschlüssen aufgrund einer Öffnungsklausel

vereinbarter besonderer Beschlussquoren von erheblicher Bedeutung, sondern auch im Rahmen einer Beschlussfassung über eine Kreditaufnahme der Gemeinschaft der Wohnungseigentümer.[94] Im Rahmen entsprechender Beschlussfassung hat der Verwalter die Wohnungseigentümer wegen des in die Zukunft verlagerten Risikos der Zahlungsunfähigkeit einzelner Wohnungseigentümer über die im Innenverhältnis bestehende Nachschusspflicht der Wohnungseigentümer aufzuklären. Die entsprechende Unterrichtung ist in der Versammlungsniederschrift gerade zur Information der in der Versammlung nicht anwesenden Wohnungseigentümer zu dokumentieren.

### 4.4.3 Eintragungsbewilligung

Da Beschlüsse aufgrund vereinbarter Öffnungsklauseln unter Geltung des WEMoG der Eintragung ins Grundbuch bedürfen, damit ihr Regelungsgehalt auch gegen Rechtsnachfolger von Wohnungseigentümern wirkt, sind auch die grundbuchrechtlichen Voraussetzungen einer Grundbucheintragung zu beachten.

Eine Eintragung ins Grundbuch setzt einen Eintragungsantrag nach § 13 Abs. 1 GBO und eine Bewilligung nach § 19 GBO voraus. Unter einer Bewilligung versteht man schlicht die vor der Eintragung in das Grundbuch ausgesprochene Einwilligung des von dieser Eintragung Betroffenen.

Während der Antrag als solcher keiner besonderen Form bedarf, muss die Bewilligung nach § 29 Abs. 1 GBO öffentlich beglaubigt sein. Soweit das Recht, mit dem ein Grundstück belastet wird, in der Eintragungsbewilligung näher bezeichnet wird, kann nach Maßgabe des § 874 BGB bei der Eintragung auf die Eintragungsbewilligung Bezug genommen werden. In diesem Fall wird im Grundbuch selbst das Recht nur seinem wesentlichen Kern nach kurz bezeichnet. Die Einzelheiten ergeben sich dann aus der in Bezug genommenen Eintragungsbewilligung.

§ 7 Abs 2 WEG n. F. regelt mit Blick auf die Eintragung von Beschlüssen auf Grundlage einer vereinbarten Öffnungsklausel, dass es zu deren Eintragung dann keiner Bewilligungen der Wohnungseigentümer bedarf, wenn der Beschluss durch die Niederschrift, bei der die Unterschriften der in § 24 Abs. 6 Satz 2 WEG bezeichneten Personen öffentlich beglaubigt sind, oder durch ein Urteil in einem Verfahren nach § 44 Abs. 1 Satz 2 WEG n. F. nachgewiesen ist. Antragsberechtigt ist auch die Gemeinschaft der Wohnungseigentümer.

Die durch § 7 Abs. 2 WEG n. F. in Bezug genommene Vorschrift des § 24 Abs. 6 Satz 2 WEG wird ihrem Inhalt und Wortlaut unverändert auch nach dem Inkrafttreten des WEMoG weitergelten, was das Unterschriftenerforder-

---

[94] Vgl. BGH, Urteil v. 25.9.2015, V ZR 244/14, NZM 2015 S. 821.

nis von Versammlungsniederschriften betrifft. Hiernach ist die Versammlungsniederschrift vom Vorsitzenden der Versammlung, in aller Regel also dem Verwalter, von einem Wohnungseigentümer und, falls ein Verwaltungsbeirat bestellt ist, auch von dessen Vorsitzendem oder seinem Vertreter zu unterzeichnen. Einer Bewilligung der einzelnen Wohnungseigentümer bedarf es also zur Eintragung von Beschlüssen auf Grundlage einer vereinbarten Öffnungsklausel nicht, wenn die Unterschriften der Vorbezeichneten öffentlich beglaubigt sind. Da die Gemeinschaft der Wohnungseigentümer selbst antragsbefugt ist, würde der Verwalter namens, Auftrags und auf Kosten der Gemeinschaft der Wohnungseigentümer einen Notar beauftragen, nach Beglaubigung der Unterschriften den Eintragungsantrag zu stellen.

### 4.4.4 Zustimmung Drittberechtigter

Sowohl nach derzeit geltender als auch nach künftiger Rechtslage ist zur Eintragung einer vereinbarten Öffnungsklausel in das Grundbuch – egal, ob als Bestandteil der Gemeinschaftsordnung oder auf Grundlage einer späteren Vereinbarung der Wohnungseigentümer – die Zustimmung Drittberechtigter nicht erforderlich[95], denn eine rechtliche Beeinträchtigung ist bei bloßer abstrakter Begründung einer Änderungskompetenz nicht gegeben.

Nach derzeit noch geltender Rechtslage ist allerdings umstritten, ob die Zustimmung der Drittberechtigten auch zu einer konkreten Änderungsregelung entbehrlich ist. Vereinzelt wird allein auf die Form der Regelung abgestellt, da Drittberechtigte Beschlüssen niemals zustimmen müssten.[96] Andere stellen auf den Inhalt des Regelungsgegenstands ab und bejahen daher ein Zustimmungserfordernis analog §§ 877, 876 BGB.[97] Der BGH bejaht ohne weitere Begründung das Zustimmungserfordernis Drittberechtigter auch bei einer Beschlussfassung auf Grundlage einer vereinbarten Öffnungsklausel.[98]

Zunächst einmal stellt sich die Problematik der Zustimmung Drittberechtigter nur dann, wenn sie von der entsprechenden Regelung rechtlich und nicht nur wirtschaftlich beeinträchtigt sind. Drittberechtigte sind die in Abteilung III eingetragenen Grundpfandrechtsgläubiger. Drittberechtigte sind daneben auch die in Abteilung II eingetragenen Inhaber u. a. von

- Grunddienstbarkeiten,
- Auflassungsvormerkungen (Ausnahme: § 8 Abs. 3 WEG n. F., wenn bereits Besitz übergegangen, da dann bereits als Wohnungseigentümer fingiert),
- Nießbrauch.

---

[95] OLG Düsseldorf, Beschluss v. 30.1.2004, I-3 Wx 329/03, NJW 2004 S. 1394.
[96] Hügel/Elzer, WEG, 2. Aufl. 2018, § 10 Rn. 147.
[97] Suilmann in Bärmann, § 10 Rn. 149; Dötsch in Timme, § 10 Rn. 267.
[98] BGH, Beschluss v. 16.9.1994, V ZB 2/93, NJW 1994 S. 3230.

## Grundbucheintragung von Beschlüssen aufgrund einer Öffnungsklausel

Ausgangspunkt der Betrachtung stellt § 5 Abs. 4 Satz 2 WEG dar. Danach ist die Zustimmung der in Abteilung III eingetragenen Grundpfandrechtsgläubiger sowie der in Abteilung II eingetragenen Inhaber einer Reallast zu einer Vereinbarung und Beschlüssen aufgrund einer Vereinbarung lediglich dann erforderlich, wenn ein Sondernutzungsrecht begründet, aufgehoben, übertragen oder geändert wird. § 5 Abs. 4 Satz 2 WEG ist auch durch Vereinbarung nicht abdingbar. Vereinbarungen regeln nämlich das Rechtsverhältnis unter den Wohnungseigentümern und können nicht belastend in Rechte Dritter eingreifen. Insoweit ist also die Zustimmung der in § 5 Abs. 4 Satz 2 WEG Genannten für Regelungen, die ein Sondernutzungsrecht betreffen, erforderlich, so man überhaupt der Auffassung ist, diese könnten auf Grundlage einer vereinbarten Öffnungsklausel begründet werden. Keiner besonderen Problematisierung bedarf es, dass Sondernutzungsrechte selbstverständlich auf Grundlage einer spezifizierten Öffnungsklausel begründet werden können. Streitig ist dies für Sondernutzungsrechte, die auf Grundlage einer allgemeinen Öffnungsklausel begründet werden sollen. Allerdings legt die aktuelle Rechtsprechung des BGH und selbstverständlich die neue Regelung in § 5 Abs. 4 Satz 1 WEG n. F. nahe, dass dies wohl möglich ist.[99] Im Übrigen aber bedarf es ihrer Zustimmung zu sämtlichen anderen auf Grundlage einer vereinbarten Öffnungsklausel möglichen Beschlüsse nicht.

Daneben erforderlich wäre aber auch die Zustimmung der Vormerkungsberechtigten, der Dauerwohnberechtigten und der Nießbraucher. Diese leiten ihr Nutzungsrecht nämlich vom Eigentümer ab. Ihr Nutzungsrecht wird bei der Begründung von Sondernutzungsrechten daher ebenfalls eingeschränkt. Letztgenannte Drittberechtigte müssen Beschlüssen auf Grundlage vereinbarter Öffnungsklauseln auch dann zustimmen, wenn ihre rechtliche Beeinträchtigung nicht ausgeschlossen ist. Dies ist insbesondere dann der Fall, wenn etwa die Zweckbestimmung der Sondereigentumseinheit beschlussweise geändert wird. War etwa ursprünglich auch eine gewerbliche Nutzung der Sondereigentumseinheiten möglich und beschließen die Wohnungseigentümer nunmehr lediglich und ausschließlich eine Wohnnutzung, sind auch die (Nutzungs- und Gebrauchs)Rechte des Nießbrauchers, des Dauerwohnberechtigten und des Vormerkungsinhabers (hier aber nur dann, wenn er nicht ohnehin bereits infolge Übergabe des Sondereigentums nach § 8 Abs. 3 WEG n. F. an der Beschlussfassung teilgenommen hat) beeinträchtigt.

Ist die Zustimmung Drittberechtigter erforderlich, ist ein entsprechender Beschluss auf Grundlage einer vereinbarten Öffnungsklausel im Übrigen schwebend unwirksam, so lange seine Zustimmung nicht vorliegt. Aus dem Zustimmungserfordernis ergibt sich weiter, dass die Drittberechtigten die Eintragung nach § 29 GBO bewilligen müssen.

---

[99] BGH, Urteil v. 12.4.2019, V ZR 112/18, NZM 2019 S. 476.

**Grundbucheintragung von Beschlüssen aufgrund einer Öffnungsklausel**

### 4.4.5 Eintragung von Altbeschlüssen

Da Beschlüsse auf Grundlage einer vereinbarten Öffnungsklausel zur Wirkung gegen Sonderrechtsnachfolger von Wohnungseigentümern nach Maßgabe des WEMoG der Eintragung in das Grundbuch bedürfen, bedarf es einer Regelung, wie mit bereits auf Grundlage einer vereinbarten Öffnungsklausel gefassten Beschlüssen vor Inkrafttreten des WEMoG umzugehen ist.

 **Neu: Eintragung von Altbeschlüssen, die auf Grundlage einer vereinbarten Öffnungsklausel gefasst worden sind**

§ 48 Abs. 1 Satz 1 WEG n.F. ordnet an, dass für die Wirkung gegen Sonderrechtsnachfolger grundsätzlich auch die Eintragung solcher Beschlüsse notwendig ist, die vor Inkrafttreten der Neuregelung gefasst oder durch gerichtliche Entscheidung ersetzt worden sind. Es bedarf also zur Wirkung gegen Rechtsnachfolger von Wohnungseigentümern auch der Eintragung von „Altbeschlüssen" auf Grundlage von vereinbarten Öffnungsklauseln in das Grundbuch.

§ 48 Abs. 1 Satz 2 WEG n.F. sieht insoweit eine Übergangsfrist bis zum 31. Dezember 2025 vor. Hierdurch soll verhindert werden, dass Altbeschlüsse gegen Sonderrechtsnachfolger deshalb nicht wirken, weil die Sonderrechtsnachfolge eintritt, bevor der Beschluss im Grundbuch eingetragen ist. Altbeschlüsse wirken deshalb nach dem derzeit noch geltenden § 10 Abs. 4 WEG a.F. auch ohne Eintragung im Grundbuch gegen Sonderrechtsnachfolger, wenn die Sonderrechtsnachfolge bis zum 31. Dezember 2025 eintritt. Insoweit soll ausreichend Zeit eingeräumt werden, um die Eintragung von Altbeschlüssen in das Grundbuch zu bewirken.

**Eintragungsverfahren: Vorlage einer Niederschrift mit öffentlich-beglaubigten Unterschriften**

Für das Eintragungsverfahren wird die Vorschrift des § 7 Abs. 2 WEG n.F. gelten. Demnach genügt eine Niederschrift über den Altbeschluss in der dort vorgeschriebenen Form. Wie bereits ausgeführt[100], müssen die gemäß § 24 Abs. 6 Satz 2 WEG erforderlichen Unterschriften unter der Versammlungsniederschrift des Versammlungsleiters, eines Wohnungseigentümers und – soweit bestellt – des Beiratsvorsitzenden oder seines Stellvertreters öffentlich beglaubigt sein. Wurde nicht in derselben Versammlung zufällig der Verwalter neu bestellt oder wiederbestellt, war eine öffentliche Beglaubigung der Unterschriften der Zeichnungsverpflichteten in der Vergangenheit i.d.R. unterblieben. Wurde beispielsweise ein Öffnungsklausel-Beschluss vor 10 Jahren gefasst, dürfte der damalige Verwalter in vielen Fällen heute nicht mehr im Amt sein. Häufig dürfte es auch zu Eigentümerwechseln gekommen

---
[100] Siehe Kap. 4.4.3 Eintragungsbewilligung.

## Grundbucheintragung von Beschlüssen aufgrund einer Öffnungsklausel

sein, weshalb der ursprünglich zeichnende Wohnungseigentümer – ggf. auch in seiner Funktion als Vorsitzender des Beirats oder dessen Stellvertreter – der Gemeinschaft heute gar nicht mehr angehört. Das allein wäre zwar nicht weiter problematisch, da seine Unterschrift auch dann beglaubigungsfähig wäre, wenn er der Gemeinschaft nicht mehr angehören würde. Allerdings muss er bzw. sein Aufenthalt ermittelt und aufgefordert werden, seine Unterschrift notariell beglaubigen zu lassen – freilich auf Kosten der Gemeinschaft der Wohnungseigentümer.

Das Grundbuchamt prüft im Rahmen des Eintragungsverfahrens im Übrigen nicht, ob der einzutragende Beschluss anfechtbar oder gar nichtig ist. Dies hat 2 Konsequenzen:

1. Die Erhebung einer Beschlussklage nach § 44 WEG n.F. stellt kein Eintragungshindernis dar.

2. Auch nichtige Beschlüsse könnten ins Grundbuch eingetragen werden.

Soll ein angefochtener Beschluss ins Grundbuch eingetragen werden, empfiehlt es sich, den Antrag mit einem Vermerk über die Rechtshängigkeit zu verbinden. Zwar kennt das Zivilrecht keinen Rechtshängigkeitsvermerk, allerdings ist seine Zulässigkeit mit Blick auf § 325 Abs. 2 ZPO i.V.m. § 892 Abs. 1 BGB allgemein anerkannt.[101] Allerdings sollte wiederum seine Löschung beantragt werden, wenn das Verfahren beendet ist und die Klage erfolglos war. Im Fall ihres Erfolgs muss ohnehin wiederum die Löschung des eingetragenen Beschlusses beantragt werden.

Ist ein Beschluss auf Grundlage einer vereinbarten Öffnungsklausel Gegenstand einer Beschlussklage nach § 44 WEG n.F. gewesen, ist dies nach § 29 GBO in einer Ausfertigung oder beglaubigten Abschrift zusammen mit dem Eintragungsantrag beim Grundbuchamt einzureichen. Tatsächlich wird dieser Fall dann praxisrelevant werden, wenn die Eintragungsvoraussetzungen des § 7 Abs. 2 WEG n.F. nicht erfüllt werden können und es daher einer erneuten Beschlussfassung bedarf, der die erforderliche Mehrheit fehlt und daher eine entsprechende Beschlussersetzungsklage zu erheben ist.

Wurde ein auf Grundlage einer vereinbarten Öffnungsklausel gefasster, aber angefochtener Beschluss im Grundbuch eingetragen und anschließend durch Anfechtungs- oder Nichtigkeitsklage rechtskräftig für ungültig erklärt, ist der Beschluss im Grundbuch wieder zu löschen. Insoweit dürfte dann wohl ein Rechtskraftzeugnis mit der entsprechenden Urteilsausfertigung beim Grundbuchamt einzureichen sein.

Freilich stellt sich in all den Fällen, in denen etwa ein nichtiger Beschluss ins Grundbuch eingetragen wurde, die Frage eines „gutgläubigen Erwerbs" etwa hierdurch geregelter Rechtspositionen. Der Gesetzgeber überlässt die Beantwortung dieser Frage der Rechtsprechung. Im Hinblick darauf, dass der

---

[101] Vgl. nur BGH, Beschluss v. 7.3.2013, V ZB 83/12, NJW 2013 S. 2357.

## Grundbucheintragung von Beschlüssen aufgrund einer Öffnungsklausel
Seite 122

Gesetzgeber das Erfordernis der Grundbucheintragung überhaupt geschaffen hat und mit Blick auf eben erörterte Frage Rechtsunsicherheit schafft, vermag es durchaus als „Ohrfeige" zu bezeichnen sein, derart neu geschaffene Rechtsprobleme auf Kosten der Wohnungseigentümer klären zu lassen.

**Alternative: Erneute Beschlussfassung**
Ist der Weg einer „Vergangenheitsbewältigung" der vorbeschriebenen Art im Einzelfall nicht gangbar, kann alternativ neu beschlossen werden. Ist also eine Person, die das Protokoll der ursprünglichen Beschlussfassung unterzeichnet hat, zwecks Unterschriftsbeglaubigung nicht mehr zu ermitteln – sei es als Verwalter oder als Wohnungseigentümer –, verleiht § 48 Abs. 1 Satz 3 WEG n. F. einem jeden Wohnungseigentümer einen Anspruch auf Wiederholungsbeschlussfassung, sodass dann den Vorgaben des § 7 Abs. 2 WEG n. F. Folge geleistet werden kann.

**Beschlussmuster: Erwerberhaftung – Wiederholungsbeschluss aufgrund Öffnungsklausel zwecks Eintragung in das Grundbuch**

**TOP XX: Erwerberhaftung**
Auf Grundlage der in der Teilungserklärung mit Gemeinschaftsordnung vom _____ zur Urkundenrollen-Nummer vor dem Notar _____ in Abschnitt II Ziffer 15 vereinbarten Öffnungsklausel, beschließen die Wohnungseigentümer die Haftung des Erwerbers von Sondereigentum für Zahlungsrückstände des veräußernden Wohnungseigentümers wie folgt:

Erwerber von Sondereigentum haften gesamtschuldnerisch neben dem veräußernden Wohnungseigentümer für sämtliche Hausgeldrückstände des veräußernden Wohnungseigentümers, also für rückständige Beitragszahlungen auf Grundlage der jeweils nach § 28 Abs. 1 Satz WEG geregelten Beitragshöhe, Nachzahlungen auf Grundlage durch Beschluss nach § 28 Abs. 2 Satz 1 WEG beschlossener negativer Abrechnungsspitzen, rückständige Beiträge zur Erhaltungsrücklage sowie weitere auf Grundlage von §§ 28 Abs. 1 Satz 1 i. V.m. 19 Abs. 2 WEG gebildeten Rücklagen sowie rückständigen Beiträgen zu beschlossenen Sonderumlagen.

Der Verwalter wird ermächtigt, die Eintragung des Beschlusses im Grundbuch bei dem Grundbuchamt namens der Gemeinschaft der Wohnungseigentümer zu beantragen.

**Abstimmungsergebnis**:

Ja-Stimmen: _____

Nein-Stimmen: _____

Enthaltungen: _____

## Grundbucheintragung von Beschlüssen aufgrund einer Öffnungsklausel

Der Versammlungsleiter verkündete folgendes Beschlussergebnis:

_____

Der Beschluss wurde angenommen/abgelehnt.

**Was bedeutet die Neuregelung für Verwalter?**
Verwalter werden hinsichtlich einer „Vergangenheitsbewältigung" einstmals gefasster Beschlüsse auf Grundlage einer vereinbarten Öffnungsklausel zunächst mit einem gewissen Mehraufwand konfrontiert:

- Sind diese Beschlüsse nicht während ihrer Amtszeit gefasst worden, sind sie zunächst gezwungen, die innerhalb der Gemeinschaft geltende Beschlusslage zu analysieren und die Beschluss-Sammlung bzw. Alt-Versammlungsniederschriften danach zu durchforsten, ob ggf. Öffnungsklausel-Beschlüsse gefasst wurden. Freilich bietet es sich hier an, langjährige Wohnungseigentümer entsprechend zu befragen.

- Es sind Vorverwalter ausfindig zu machen und diese zu bewegen, ihre Unterschriften notariell beglaubigen zu lassen. Entsprechendes gilt für ehemalige Wohnungseigentümer, die der Eigentümergemeinschaft gar nicht mehr angehören. Die Kosten der öffentlichen Beglaubigung, die in aller Regel vor einem Notar erfolgt, müssen diese Personen zwar nicht tragen, weil diese die Gemeinschaft der Wohnungseigentümer zu tragen hat. Allerdings müssen sie bereit sein, sich bei einem Notar einzufinden, was zumindest Zeit kostet – diese Bereitschaft wird alles andere als vorhanden sein.

- Sollten die Beschlüsse im Laufe der Amtszeit des Verwalters gefasst worden sein, erübrigt sich zwar die Recherche nach dem Verwalter, allerdings kann es zu Eigentümerwechseln gekommen sein, weshalb die weiteren Personen, die die entsprechende Niederschrift gezeichnet haben, zu ermitteln sind.

**Was bedeutet die Neuregelung für Wohnungseigentümer?**
Kann es nicht zur Eintragung der Altbeschlüsse kommen, weil die Unterschriften der in § 24 Abs. 6 Satz 2 WEG aufgeführten Personen – aus welchen Gründen auch immer – nachträglich nicht mehr beglaubigt werden können, verleiht § 48 Abs. 1 Satz 3 WEG n.F. jedem einzelnen Wohnungseigentümer einen Anspruch auf erneute Beschlussfassung.

**Problem: Unwirksame oder ggf. nichtige Altbeschlüsse**
Voraussetzung für eine erneute Beschlussfassung ist zunächst nicht, dass der Ursprungs- bzw. Altbeschluss wirksam gefasst worden ist. Das Grundbuchamt prüft nicht, ob der Beschluss schwebend unwirksam oder nach naheliegender Lesart der Rechtsprechung des BGH nichtig ist. Allerdings stellt der wirksam gefasste Altbeschluss die Voraussetzung für eine erfolgreiche Beschlussersetzungsklage dar. Wurde bereits der Altbeschluss nicht wirksam gefasst und kommt auch nicht ein inhaltsgleicher Beschluss aufgrund erneuter Beschlussfassung zustande, wäre eine entsprechende Beschlussersetzungsklage per se aussichtslos. An dieser Stelle wird die Rechtsprechung des BGH zur Reichweite der Beschlusskompetenzen von Öffnungsklausel-Beschlüssen virulent, die den Wohnungseigentümern etwa Leistungspflichten auferlegen oder in unentziehbare, aber verzichtbare Rechte der Wohnungseigentümer eingreifen und die zwar nicht allstimmig, zumindest aber nicht von den vom Regelungsgehalt betroffenen Wohnungseigentümern gefasst worden sind. Nach derzeit geltender Rechtslage sind solche Beschlüsse schwebend unwirksam und nach der vom BGH bereits angedeuteten Tendenz wohl sogar nichtig.[102]

**Beispiel: Verbot der Kurzzeitvermietung (Medizintouristen)**
Die Wohnungseigentümer einer reinen Wohnanlage hatten im Jahr 2010 auf Grundlage einer vereinbarten Öffnungsklausel beschlossen, dass die Vermietung der Wohnungen an täglich wechselnde Feriengäste und an Medizintouristen untersagt sei. Der Beschluss war mit dem erforderlichen Mehrheitsquorum gefasst worden, bei dem auch alle vermietenden Wohnungseigentümer für das Verbot gestimmt hatten. Der Verwalter hatte ein positives Beschlussergebnis verkündet. Der Beschluss ist allerdings mindestens schwebend unwirksam, wenn nicht sogar nichtig, weil nicht sämtliche Wohnungseigentümer zugestimmt haben. Auch wenn zum Zeitpunkt der Beschlussfassung nicht zustimmende Wohnungseigentümer noch gar nicht vermietet hatten, wären diese von der Einschränkung der Zweckbestimmung ihrer Sondereigentumseinheit betroffen.[103]

**Erneute Beschlussfassung**
Sind die damals zeichnungsberechtigten Personen nicht mehr auffindbar, müsste ein Wohnungseigentümer eine erneute Beschlussfassung initiieren. Keiner der übrigen Wohnungseigentümer könnte aber gezwungen werden, dem entsprechenden Beschlussantrag zuzustimmen. Dem beschlussbegehrenden Wohnungseigentümer

---
[102] BGH, Urteil v. 12.4.2019, V ZR 112/18, NZM 2019 S. 476.
[103] BGH, Urteil v. 12.4.2019, a.a.O.

## Grundbucheintragung von Beschlüssen aufgrund einer Öffnungsklausel

steht zwar die Möglichkeit offen, eine Beschlussersetzungsklage zu erheben. Er würde aber aufgrund der aktuellen BGH-Rechtsprechung scheitern, wenn nicht alle Wohnungseigentümer zustimmen.

Anders verhält es sich freilich dann, wenn der ursprüngliche Beschluss wirksam gefasst worden ist. Scheitert hier eine Grundbucheintragung daran, dass Personen, die das Protokoll der ursprünglichen Beschlussfassung unterzeichnet haben, zwecks Unterschriftsbeglaubigung nicht mehr zu ermitteln sind, und auch eine Bewilligung sämtlicher Wohnungseigentümer ausscheidet, was ohnehin einen theoretischen Ausnahmefall darstellen dürfte, wäre eine Beschlussersetzungsklage erfolgreich.

### Beispiel: Erhaltungslast bei Sondernutzungsberechtigten

Ebenfalls im Jahr 2010 hatten die Wohnungseigentümer auf Grundlage einer vereinbarten Öffnungsklausel beschlossen, dass die Erhaltungslast der dem Sondernutzungsrecht der Wohnungseigentümer W 5, W 12 und W 18 unterliegenden Gemeinschaftsflächen eben diesen Wohnungseigentümern auf deren Kosten obliegt. Der Beschluss war mit dem erforderlichen Quorum gefasst worden; die Wohnungseigentümer W 5, W 12 und W 18 hatten dem Beschlussantrag zugestimmt. Der Verwalter hatte den Beschluss als zustande gekommen verkündet.

Der Beschluss ist wirksam und gültig.[104] Scheidet eine Bewilligung sämtlicher Wohnungseigentümer hinsichtlich einer Grundbucheintragung aus, können die damals zeichnungsberechtigten Personen nicht mehr ausfindig gemacht werden oder weigern sie sich, ihre Unterschriften öffentlich beglaubigen zu lassen, hat jeder Wohnungseigentümer Anspruch auf erneute Beschlussfassung. Kommt der Beschluss dann mit dem erforderlichen Quorum nicht mehr zustande, etwa weil sich die Sondernutzungsberechtigten zwischenzeitlich eines anderen besonnen haben, wird die Beschlussersetzungsklage erfolgreich sein.

Die Möglichkeit der Erhebung der Beschlussersetzungsklage bestünde bis 31. Dezember 2025. Sollte zu diesem Zeitpunkt eine Beschlussersetzungsklage rechtshängig sein, bestünde der Anspruch bis zum Abschluss des Verfahrens weiter, weil § 48 Abs. 1 Satz 2 HS 2 WEG n.F. die entsprechende Anwendung der zivilrechtlichen Bestimmung des § 204 Abs. 1 Nr. 1 BGB anordnet. Der klagende Wohnungseigentümer wird insoweit berücksichtigen müssen, dass eine Klage erst dann rechtshängig ist, wenn sie dem Gegner zugestellt worden ist. Gegner wäre die Gemeinschaft der Wohnungseigentümer, vertreten durch den Verwalter. Für den Fall einer verwalterlosen Gemeinschaft wäre die Zustellung erfolgt, wenn die Klage einem der übrigen Wohnungs-

---

[104] Vgl. BGH, Urteil v. 10.10.2014, V ZR 315/13, ZMR 2015 S. 239.

## Grundbucheintragung von Beschlüssen aufgrund einer Öffnungsklausel

eigentümer zugestellt würde. Dies ist Folge der gesetzlich angeordneten Gesamtvertretung, die in § 9b Abs. 1 Satz 2 WEG n.F. geregelt wird. Ausreichend kann es insoweit sein, dass der eine Beschlussersetzung begehrende Wohnungseigentümer seine Klage auch noch am 31. Dezember 2025 bei Gericht einreicht, wenn deren Zustellung noch „demnächst" im Sinne von § 167 ZPO erfolgt.

> **Checkliste: Prüfungsreihenfolge und Vorgehen für die Eintragung von Öffnungsklausel-Beschlüssen in das Grundbuch**
>
> ☐ Ist der Beschluss in der Vergangenheit ggf. durch Beschlussfassung der Wohnungseigentümer aufgehoben oder rechtskräftig für ungültig erklärt worden?
>
> ☐ Ist eine Bindung von Sondernachfolgern der Wohnungseigentümer an den Beschluss überhaupt gewollt?
>
> ☐ Ist oder war Gegenstand der Beschlussfassung eine Regelung, für die den Wohnungseigentümern nach den Neuregelungen des WEMoG eine Beschlusskompetenz eingeräumt ist?
>
> Beispiel: Beschluss über eine exklusive Kostenbelastung des jeweiligen Wohnungseigentümers für Erhaltungsmaßnahmen, die die in seinem Sondereigentumsbereich vorhandenen Außenfenster betreffen; § 16 Abs. 2 Satz 2 WEG n.F. eröffnet eine solche Beschlusskompetenz.
>
> Wenn ja: Keine Eintragung erforderlich
>
> Wenn nein: Eintragung erforderlich
>
> ☐ Ist mit dem Regelungsbereich des Beschlusses ein Eingriff in die unentziehbaren aber verzichtbaren Rechte verbunden oder verstößt er gegen das Belastungsverbot?
>
> Beispiele: Den Sondernutzungsberechtigten sind die Erhaltungspflichten bezüglich der ihrem jeweiligen Sondernutzungsrecht unterliegenden Bereiche des Gemeinschaftseigentums auferlegt; eine Vermietungsbeschränkung sieht vor, dass Wohnungen nicht mehr als Ferienwohnungen an wechselnde Personen vermietet werden dürfen.

## Grundbucheintragung von Beschlüssen aufgrund einer Öffnungsklausel

☐ Haben entsprechend belastete Wohnungseigentümer dem Beschlussantrag zugestimmt (also die Sondernutzungsberechtigten bzw. sämtliche Wohnungseigentümer)? Haben auch Drittberechtigte (hier: insbesondere Nießbraucher) zugestimmt?

Wenn ja: Eintragung möglich und erforderlich

Wenn nein: Eintragung zwar möglich, da das Grundbuchamt keine rechtliche Prüfung vornimmt; allerdings ist der Beschluss mindestens schwebend unwirksam. Nach Lesart der aktuellen BGH-Rechtsprechung[105] dürfte von einer Beschlussnichtigkeit auszugehen sein, da die Zustimmung der betroffenen Wohnungseigentümer wohl als Wirksamkeitsvoraussetzung des aufgrund einer Öffnungsklausel gefassten Beschlusses anzusehen ist. Dann stellt sich das Problem eines gutgläubigen Erwerbs, das der Gesetzgeber auf Kosten der Gemeinschaften der Wohnungseigentümer geklärt wissen möchte.

☐ Sind (ausnahmsweise) die Unterschriften der in § 24 Abs. 6 Satz 2 WEG Bezeichneten unter der Niederschrift öffentlich beglaubigt, in der der Öffnungsklausel-Beschluss protokolliert ist?

Wenn ja: Eintragung kann erfolgen

Wenn nein: Beglaubigung der Unterschriften nachholen

☐ Sind die in § 24 Abs. 6 Satz 2 WEG Bezeichneten nicht mehr Mitglieder der Wohnungseigentümergemeinschaft bzw. ist der zum Zeitpunkt der Beschlussfassung amtierende Verwalter zwischenzeitlich aus dem Amt ausgeschieden?

Wenn ja, kann versucht werden, diese Personen ausfindig zu machen und sie ggf. um öffentliche Beglaubigung ihrer Unterschriften auf Kosten der Gemeinschaft der Wohnungseigentümer zu bitten.

☐ Ist eine Eintragung mangels beglaubigter Unterschriften der Versammlungsniederschrift nicht möglich?

Wenn nein, müssen entweder

  ☐ alle Wohnungseigentümer die Eintragung bewilligen oder

  ☐ es wird auf die Bindung der Sondernachfolger verzichtet und zur Klarstellung der Beschluss aufgehoben oder

  ☐ der Beschluss wird neu gefasst.

---

[105] Vgl. BGH, Urteil v. 12.4.2019, V ZR 112/18, NJW 2019 S. 2083.

## Grundbucheintragung von Beschlüssen aufgrund einer Öffnungsklausel

☐ Ist der Beschluss neu zu fassen und wird er nicht mit der in der Öffnungsklausel vorgesehenen Mehrheit gefasst?
Wenn ja: Der Beschluss ist als nicht zustande gekommen zu verkünden (also als Negativbeschluss).

☐ Erfolgt eine erfolgreiche Beschlussersetzungsklage?
Wenn ja: Eintragung kann unter Vorlage der beglaubigten Urteilsabschrift erfolgen

### Musterschreiben: Antrag auf Eintragung von Altbeschlüssen in das Grundbuch

An das
Amtsgericht ___
– Grundbuchamt –

_____

_____

Liegenschaft _____ (Straße, Ort)

**Eintragungsantrag nach § 10 Abs. 3 Satz 1 i. V. m §§ 5 Abs. 4 Satz 1, 7 Abs. 2 Satz 1 WEG**

Unter Vorlage der auf uns lautenden Vollmacht und Abschrift der Niederschrift über unsere Verwalterbestellung, weisen wir uns als Verwalterin der Gemeinschaft der Wohnungseigentümer _____-Straße in _____-Stadt aus.

Gemäß § 10 Abs. 3 Satz 1 i. V. m §§ 5 Abs. 4 Satz 1, 7 Abs. 2 Satz 1 WEG beantragen wir die Eintragung des in der Wohnungseigentümerversammlung vom _____ zu TOP __ gefassten Beschlusses auf Grundlage der in der Teilungserklärung mit Gemeinschaftsordnung vom _____ in Ziffer __ vereinbarten Öffnungsklausel in den jeweiligen Wohnungsgrundbüchern der Wohnungseigentümer der Gemeinschaft der Wohnungseigentümer _____-Straße in _____-Stadt.

Insoweit fügen wir die Versammlungsniederschrift vom _____ mit Beglaubigungsvermerk des Notariats _____ in

# Grundbucheintragung von Beschlüssen aufgrund einer Öffnungsklausel

_____-Stadt vom _____ mit Blick auf § 7 Abs. 2 Satz 1 WEG in der Anlage bei.

Kosten bitten wir über uns gegenüber der Gemeinschaft der Wohnungseigentümer _____-Straße in _____-Stadt geltend zu machen.

Verwalter/Verwalterin

**Musterschreiben: Antrag auf Eintragung einer Beschlussersetzung in das Grundbuch**

An das

Amtsgericht \_\_\_

– Grundbuchamt –

_____

_____

**Liegenschaft _____ (Straße, Ort)**

**Eintragungsantrag nach § 10 Abs. 3 Satz 1 i. V. m §§ 5 Abs. 4 Satz 1, 7 Abs. 2 Satz 1 WEG**

Unter Vorlage der auf uns lautenden Vollmacht und Abschrift der Niederschrift über unsere Verwalterbestellung, weisen wir uns als Verwalterin der Gemeinschaft der Wohnungseigentümer _____-Straße in _____-Stadt aus.

Gemäß §§ 5 Abs. 4 Satz 1 und 7 Abs. 2 Satz 1 WEG beantragen wir die Eintragung des aufgrund Urteils des Amtsgerichts _____ vom _____ zur Geschäftsnummer _____ auf Grundlage der in der Teilungserklärung mit Gemeinschaftsordnung vom _____ in Ziffer \_\_\_ vereinbarten Öffnungsklausel ersetzten Beschlusses in den jeweiligen Wohnungsgrundbüchern der Wohnungseigentümer der Gemeinschaft der Wohnungseigentümer _____-Straße in _____-Stadt.

Insoweit fügen wir die beglaubigte Abschrift des Urteils vom _____ nebst Rechtskraftzeugnis vom _____ in der Anlage bei.

# Grundbucheintragung von Beschlüssen aufgrund einer Öffnungsklausel

Kosten bitten wir über uns gegenüber der Gemeinschaft der Wohnungseigentümer _____-Straße in _____-Stadt geltend zu machen.

Verwalter/Verwalterin

**Musterschreiben: Antrag auf Eintragung der Erwerberhaftung in das Grundbuch**

An das

Amtsgericht ___

– Grundbuchamt –

_____

_____

Liegenschaft _____ (Straße, Ort)

Eintragungsantrag nach § 7 Abs. 3 Satz 2 WEG i. V. m. § 3 Abs. 2 WGV

Unter Vorlage der auf uns lautenden Vollmacht und Abschrift der Niederschrift über unsere Verwalterbestellung, weisen wir uns als Verwalterin der Gemeinschaft der Wohnungseigentümer _____-Straße in _____-Stadt aus.

Gemäß § 7 Abs. 3 Satz 2 WEG in Verbindung mit § 3 Abs. 2 WGV beantragen wir die Eintragung der in der Teilungserklärung mit Gemeinschaftsordnung vom _____ in Ziffer ____ vereinbarten Regelung über die Haftung des Erwerbers für Verbindlichkeiten des veräußernden Wohnungseigentümers im Bestandsverzeichnis der einzelnen Wohnungsgrundbücher der Wohnungseigentümer der Gemeinschaft der Wohnungseigentümer _____-Straße in _____-Stadt.

Kosten bitten wir über uns gegenüber der Gemeinschaft der Wohnungseigentümer _____-Straße in _____-Stadt geltend zu machen.

Verwalter/Verwalterin

## 5 Die Wohnungseigentümergemeinschaft

*„Die Erfüllung der auf das Gemeinschaftseigentum bezogenen Verkehrssicherungspflichten gehört zu einer ordnungsmäßigen Verwaltung; für diese ist der Verband im Innenverhältnis zu den Wohnungseigentümern nicht zuständig. Deshalb ist ein Dritter, auf den Verkehrssicherungspflichten übertragen werden, im Verhältnis zu den einzelnen Wohnungseigentümern nicht Erfüllungsgehilfe des Verbandes. Verletzt der Dritte schuldhaft die Verkehrssicherungspflicht, begründet dies keine Schadensersatzansprüche einzelner Wohnungseigentümer gemäß § 280 Abs. 1 BGB gegen den Verband."*[106]

Diese aktuelle Entscheidung des BGH in Fortführung seiner Rechtsprechung[107] wird mit Inkrafttreten des WEMoG zur Makulatur. Die Verwaltung des gemeinschaftlichen Eigentums wird nicht mehr den Wohnungseigentümern obliegen, sondern der Gemeinschaft der Wohnungseigentümer mit all den hiermit verbundenen Konsequenzen.

### 5.1 Entstehung der Wohnungseigentümergemeinschaft

Mit einem entscheidenden Satz in § 9a Abs. 1 Satz 2 WEG n.F. sorgt der Gesetzgeber zunächst einmal für eine kleine Revolution hinsichtlich der Gründungsphase einer Wohnungseigentümergemeinschaft und damit für eine äußerst willkommene Rechtssicherheit:

**WEG n.F.**

**§ 9a Gemeinschaft der Wohnungseigentümer**

(1) ¹(...) ²Die Gemeinschaft der Wohnungseigentümer entsteht mit Anlegung der Wohnungsgrundbücher; dies gilt auch im Fall des § 8. ³(...)

**Neu: „Ein-Personen-Gemeinschaft"**

Mit § 9a Abs. 1 Satz 2 WEG n.F. wird das über die letzten Jahrzehnte von Literatur und Rechtsprechung geschaffene Rechtsinstitut der „werdenden Eigentümergemeinschaft" obsolet, gleichzeitig wird die „Ein-Personen-Gemeinschaft" aus der Taufe gehoben.

Für die Erwerber vom teilenden Eigentümer regelt § 8 Abs. 3 WEG n.F. ergänzend:

---

[106] BGH, Urteil v. 13.12.2019, V ZR 43/19.
[107] Vgl. BGH, Urteil v. 8.6.2018, V ZR 125/17, NJW 2018 S. 3305.

### Die Wohnungseigentümergemeinschaft

*„Wer einen Anspruch auf Übertragung von Wohnungseigentum gegen den teilenden Eigentümer hat, der durch Vormerkung im Grundbuch gesichert ist, gilt gegenüber der Gemeinschaft der Wohnungseigentümer und den anderen Wohnungseigentümern anstelle des teilenden Eigentümers als Wohnungseigentümer, sobald ihm der Besitz an den zum Sondereigentum gehörenden Räumen übergeben wurde."*

Beide Normen bringen ganz erhebliche Erleichterungen für die Anfangsphase nach Begründung des Wohnungseigentums, weil nicht nur die Rechtsfigur der „werdenden Wohnungseigentümergemeinschaft" obsolet wird, sondern auch der „werdende Wohnungseigentümer" zumindest im Innenverhältnis als Wohnungseigentümer gilt. Künftig wird die Gemeinschaft der Wohnungseigentümer jedenfalls mit Anlegen der Wohnungsgrundbücher entstehen und dies auch im praxisrelevanten Fall des § 8 WEG, also bei der Begründung durch Teilung.

#### 5.1.1 Alte Rechtslage

Bislang entsteht eine Wohnungseigentümergemeinschaft nicht mit Aufteilung und Anlegung der Grundbücher, sondern erst durch die Umschreibung mindestens eines Wohnungs- oder Teileigentumsgrundbuchs vom aufteilenden Eigentümer auf einen der Erwerber. Das ist – zumindest nach bisheriger Lesart – darauf zurückzuführen, dass eine einzelne Person begrifflich keine Gemeinschaft darstellen kann, sondern hierfür mindestens 2 Personen erforderlich sind. Die Wohnungseigentümergemeinschaft entsteht also erst zu diesem Zeitpunkt.

Dies erweist sich als wenig praxisgerecht. Denn kommt eine solche Eigentumsumschreibung nicht kurzfristig nach dem Abschluss der Erwerbsverträge zustande, so könnte sich die Rechtsbeziehung der Erwerber zunächst nur aus dem Verhältnis zu dem Veräußerer ergeben. Zwischen den einzelnen Erwerbern bestünde kein unmittelbares Rechtsverhältnis. Allenfalls ließe sich ein solches als Gemeinschaft im Sinne der §§ 741 ff. BGB charakterisieren. Die Abwicklung des als Wohnungseigentümergemeinschaft gedachten Gebildes wäre insoweit gegebenenfalls längere Zeit gefährdet gewesen, weil nach den Grundlagen der häufig geschlossenen Bauträgerverträge eine vollständige Zahlung der Kaufpreise bis zum Übergang von Besitz, Nutzen und Lasten nicht erfolgte. Vielmehr soll dies nach den Vorgaben des § 3 Abs. 2 MaBV erst zum Zeitpunkt der vollständigen Fertigstellung vorgenommen werden. Dies ist jedoch wegen der noch vorzunehmenden Restarbeiten und der durchzuführenden Mängelbeseitigung oftmals um einen wesentlichen Zeitraum verzögert. Eine weitere Verzögerung tritt mitunter aufgrund langer Bearbeitungsstände des Grundbuchamts auf. Dennoch leben die Erwerber in der Zwischenzeit gleichsam wie Wohnungseigentümer zusammen und sind regelmäßig nach den Erwerbsverträgen bereits ab dem Zeitpunkt des Gefahrübergangs gegenüber dem Bauträger zur Lasten- und Kostentragung verpflichtet.

## Die Wohnungseigentümergemeinschaft

Nach gefestigter Rechtsprechung des BGH[108] finden deshalb die Vorschriften der §§ 10 ff. WEG a.F. antizipiert auf einen Ersterwerber, also einen Erwerber vom teilenden Eigentümer, Anwendung, wenn kumulativ folgende Voraussetzungen erfüllt sind:

- Zwischen teilendem Alleineigentümer und Ersterwerber wurde ein wirksamer Erwerbsvertrag geschlossen.
- Zugunsten des Ersterwerbers wurde eine Auflassungsvormerkung im Grundbuch eingetragen.
- Dem Ersterwerber wurde der Besitz am Sondereigentum eingeräumt.

Mit Erfüllung der vorgenannten Voraussetzungen in der Person eines Ersterwerbers entsteht die sog. „werdende" oder „faktische Wohnungseigentümergemeinschaft".

Nach Auffassung des BGH ist es nicht erforderlich, dass die Wohnungsgrundbücher bereits angelegt sind, da eine Auflassungsvormerkung für den Erwerber bereits im Grundbuch des ungeteilten Grundstücks eingetragen werden kann.[109] Mit Abschluss des wirksamen Erwerbsvertrags und Eintragung der Vormerkung erlangt der Erwerber eine gesicherte Rechtsposition und ist gegen beeinträchtigende Verfügungen des teilenden Eigentümers auch gegenüber Dritten nach § 883 Abs. 2 BGB geschützt. Nach der Insolvenz des Bauträgers und Freigabe des Grundstücks durch den Insolvenzverwalter ist von einer werdenden Gemeinschaft der Wohnungseigentümer bei Existenz wirksamer Erwerbsverträge und Eintragung von Auflassungsvormerkungen auszugehen. Der „freiwilligen" Besitzübergabe entspricht die Freigabe durch den Insolvenzverwalter.[110]

Alle Ersterwerber, die die Voraussetzungen eines werdenden Wohnungseigentümers bis zur ersten Eigentumsumschreibung, d.h. der Eintragung des ersten Erwerbers als Eigentümer im Wohnungsgrundbuch, erfüllen, werden Mitglied der werdenden Gemeinschaft. Dies bedeutet, dass ein Ersterwerber, sobald er die oben genannten Voraussetzungen erfüllt, wie ein Wohnungseigentümer zu behandeln ist. Da die Vorschriften der §§ 10 ff. WEG a.F. entsprechende Anwendung finden, ist dieser an Beschlüssen oder dem Abschluss von Vereinbarungen zu beteiligen. Ferner kann der werdende Wohnungseigentümer durch Beschlussfassung zu Wohngeldzahlungen verpflichtet werden, wenngleich bei Rückständen die Anordnung der Zwangsverwaltung nach § 147 ZVG mangels Eigentumsumschreibung noch nicht möglich ist.[111] Ein werdender Wohnungseigentümer behält seinen Status auch nach Entstehen der Wohnungseigentümergemeinschaft durch Eintragung des ersten Er-

---

[108] Vgl. BGH, Urteil v. 14.2.2020, V ZR 159/19, juris; Urteil v. 11.5.2012, V ZR 196/11, NJW 2012 S. 2650 sowie Beschluss v. 5.6.2008, V ZB 85/07, ZfIR 2008 S. 866.
[109] BGH, Beschluss v. 5.6.2008, a.a.O.
[110] LG Düsseldorf, Urteil v. 26.10.2018, 18a O 7/18, ZMR 2019 S. 58.
[111] BGH, Beschluss v. 23.9.2009, V ZB 19/09, NZM 2009 S. 912.

werbers als Eigentümer im Grundbuch neben dem teilenden Alleineigentümer. Dieser wird also weiterhin wie ein Wohnungseigentümer behandelt.[112] Die rechtlich in Vollzug gesetzte Wohnungseigentümergemeinschaft besteht somit aus den im Grundbuch eingetragenen Wohnungseigentümern und den werdenden Wohnungseigentümern.

Ein Erwerber von Wohnungseigentum, der den Erwerbsvertrag vor Entstehen der Wohnungseigentümergemeinschaft abschließt und zu dessen Gunsten eine Auflassungsvormerkung eingetragen wird, ist auch dann als werdender Wohnungseigentümer anzusehen, wenn er den Besitz an der Wohnung erst nach dem Entstehen der Wohnungseigentümergemeinschaft erlangt. Der im Grundbuch als Eigentümer eingetragene Veräußerer haftet nicht gesamtschuldnerisch für die Lasten der Wohnung, wenn der Erwerber als werdender Wohnungseigentümer anzusehen ist.[113]

**Begründung durch Vertrag**
Für die Begründung von Wohnungseigentum nach § 3 WEG durch die Miteigentümer eines Grundstücks gelten die Grundsätze über die sog. „werdende Wohnungseigentümergemeinschaft" nicht. Nach Vorlage des Teilungsvertrags beim Grundbuchamt und Stellung des Eintragungsantrags werden sämtliche Miteigentümer sogleich als Wohnungseigentümer ins Grundbuch eingetragen. Ein Bedürfnis für eine analoge Anwendung der §§ 10 ff. WEG vor dem grundbuchlichen Vollzug des Teilungsvertrags besteht grundsätzlich nicht, da die Miteigentümer des Grundstücks bis zu diesem Zeitpunkt ihr Verhältnis untereinander nach §§ 744 ff. BGB regeln können.

### 5.1.2 Neue Rechtslage

#### 5.1.2.1 „Werdender Eigentümer" = „Fingierter Eigentümer"

Wie § 9a Abs. 1 Satz 2 WEG n.F. klarstellt, entsteht die Gemeinschaft der Wohnungseigentümer mit der Anlegung der Wohnungsgrundbücher. Die weitere Klarstellung, dass dies auch im Fall des § 8 WEG gilt, hat den Hintergrund, dass die Wohnungseigentümergemeinschaft nach derzeit noch geltender Rechtslage im recht seltenen Fall der Begründung von Wohnungseigentum durch Vertrag nach § 3 WEG i.d.R. bereits mit der Anlegung der Wohnungsgrundbücher entsteht, da die Vertragsparteien sogleich als Eigentümer im Grundbuch eingetragen werden können. Im Fall der Begründung von Wohnungseigentum durch Vertrag nach § 3 WEG bedarf es einer notariell beurkundeten Teilungsvereinbarung, im Fall der Begründung des Wohnungseigentums durch Teilung nach § 8 WEG bedarf es einer notariell beglaubigten Teilungserklärung. Das Grundbuchamt legt sodann die Wohnungsgrundbücher an. In beiden Fällen, also sowohl im Fall der Begründung durch Teilungsvertrag, als auch im Fall der Begründung durch Teilungs-

---
[112] OLG Düsseldorf, Beschluss v. 13.9.2006, I-3 Wx 81/06, ZMR 2007 S. 126.
[113] BGH, Urteil v. 11.5.2012, V ZR 196/11, ZMR 2012 S. 711.

## Die Wohnungseigentümergemeinschaft

erklärung, wird die Gemeinschaft der Wohnungseigentümer also mit dem Anlegen der Grundbücher entstehen. Im Fall der vertraglichen Teilung nach § 3 WEG ist eine Gemeinschaft aus mehreren Personen bereits vorhanden. Dies ist bereits sachlogisch vor dem Hintergrund der Fall, dass die Begründung des Wohnungseigentums hier gerade durch Vertrag erfolgt, der bereits begriffsnotwendig das Vorhandensein von mindestens 2 Personen voraussetzt.

**Voraussetzungen**
§ 8 Abs. 3 WEG n. F., der zugunsten des Erwerbers die Rechtsqualität eines Eigentümers im Innenverhältnis fingiert, setzt voraus, dass

1. der Erwerber einen **Anspruch** auf Übertragung von Wohnungseigentum **gegen den teilenden Eigentümer** hat,
2. dieser Anspruch durch **Vormerkung** im Grundbuch gesichert ist und
3. ihm der **Besitz** an den zum Sondereigentum gehörenden Räumen **übergeben** wurde.

Sind diese Voraussetzungen erfüllt, gilt der Erwerber gegenüber dem teilenden Eigentümer und der Gemeinschaft der Wohnungseigentümer als Eigentümer. Im Außenverhältnis bleibt er allerdings „werdender" Eigentümer.

Die Vorschrift des § 8 Abs. 3 WEG n.F. gilt (entsprechend derzeit noch geltender Rechtlage) nur für den erstmaligen Erwerb von Wohnungseigentum vom teilenden Eigentümer. Denn nur insoweit besteht aufgrund der Besonderheiten des Bauträgervertragsrechts die Gefahr, dass ein erheblicher Zeitraum zwischen dem Zeitpunkt des Übergangs von Lasten und Nutzen und dem des Eigentumsübergangs liegt.

### Beispiel: Ersterwerb und Zweiterwerb

Der Erwerber kauft vom Bauträger eine Eigentumswohnung. Zu seinen Gunsten ist im Grundbuch eine Auflassungsvormerkung eingetragen, die Wohnung wurde ihm übergeben. Der Erwerber wird im Verhältnis zur Gemeinschaft der Wohnungseigentümer als Wohnungseigentümer angesehen, obwohl er noch nicht als solcher im Grundbuch eingetragen ist. Nach Grundbucheintragung als Eigentümer veräußert er die Wohnung weiter. Der Zweiterwerber wird nun bis zu seiner Eintragung als Eigentümer im Grundbuch nicht als Eigentümer angesehen, da er die Wohnung nicht vom teilenden Eigentümer erworben hat.

Der Erwerber tritt hinsichtlich seiner Rechte und Pflichten nach dem WEG an die Stelle des aufteilenden Eigentümers. Die Vorschrift betrifft allerdings lediglich das Innenverhältnis, also das Rechtsverhältnis des Erwerbers gegenüber der Gemeinschaft der Wohnungseigentümer und den anderen Wohnungseigentümern neben dem teilenden Eigentümer. Das Verhältnis gegen-

## Die Wohnungseigentümergemeinschaft

über Dritten bleibt von § 8 Abs. 3 WEG n.F. unberührt. Entsprechendes gilt für Rechte und Pflichten nach anderen Vorschriften als denen des WEG, wie etwa Ansprüchen wegen Beeinträchtigung des Sondereigentums nach § 1004 BGB.

> **Beispiel: Außenhaftung nach § 9a Abs. 4 WEG n.F.**
> Der Erstverwalter schließt einen Vertrag namens der Gemeinschaft der Wohnungseigentümer, leistet allerdings keine Zahlungen. Grundsätzlich haften die Wohnungseigentümer für Verbindlichkeiten der Gemeinschaft der Wohnungseigentümer Dritten gegenüber unmittelbar beschränkt auf ihren Miteigentumsanteil. Dies regelt § 10 Abs. 8 WEG a.F. und wird insoweit unverändert auf Grundlage von § 9a Abs. 4 WEG n.F. weitergelten. Da das Mitglied der Eigentümergemeinschaft, das noch nicht als Eigentümer im Grundbuch eingetragen ist, lediglich im Innenverhältnis zu den anderen Wohnungseigentümern und der Gemeinschaft der Wohnungseigentümer als Eigentümer gilt, nicht aber Dritten gegenüber, kann er von Dritten auch nicht im Wege der beschränkten Außenhaftung in Anspruch genommen werden.

**Rechtslage bei „Paketerwerb"**
Die Rechtsprechung wird klären müssen, ob die Vorschrift des § 8 Abs. 3 WEG n.F. auch dann zur Anwendung kommt, wenn ein Erwerber sämtliche Sondereigentumseinheiten vom teilenden Eigentümer erwirbt und diese dann seinerseits an weitere Erwerber veräußert. Wegen der identischen Interessenlage spricht jedenfalls vieles dafür, die Erwerber auch als „vollwertige" Eigentümer im Sinne vorerwähnter Norm zu fingieren und nicht als Zweiterwerber zu behandeln. Allerdings sieht dies die Rechtsprechung nach derzeit noch geltender Rechtslage anders.[114]

### 5.1.2.1.1 Anspruch gegen den teilenden Eigentümer

Zunächst muss der Erwerber einen Anspruch auf Übertragung von Wohnungseigentum gegen den teilenden Eigentümer haben. Rechtsgrund für diesen Anspruch muss nicht ausschließlich ein Kaufvertrag sein. Erfasst sind vielmehr sämtliche Verträge mit dem teilenden Eigentümer, die einen Anspruch auf Übertragung verleihen können, wie beispielsweise auch ein Schenkungsvertrag.

Entsprechend der aktuell vom BGH[115] geklärten und derzeit noch geltenden Rechtslage, existiert auch künftig keine zeitliche Grenze dergestalt, dass die

---
[114] OLG München, Beschluss v. 9.1.2006, 34 Wx 89/05, FGPrax 2006 S. 63.
[115] BGH, Urteil v. 14.2.2020, V ZR 159/19, NZM 2020 S. 715.

Wirkungen des § 8 Abs. 3 WEG n.F. nach einem bestimmten Zeitablauf keine Wirkung mehr entfalten würden. Jedenfalls hatte der BGH lange offen gelassen, ob die Eigenschaft als sog. „werdender Wohnungseigentümer" nur innerhalb eines bestimmten zeitlichen Zusammenhangs zur Entstehung der Gemeinschaft der Wohnungseigentümer erworben werden kann.[116] Die hiermit verbundene Rechtsunsicherheit hat er nunmehr beseitigt und in Übereinstimmung mit § 8 Abs. 3 WEG n.F. klargestellt, dass jeder Erwerb vom teilenden Eigentümer erfasst ist, unabhängig davon, wie viel Zeit seit der Anlegung der Wohnungsgrundbücher oder dem Eigentumserwerb anderer Erwerber vergangen ist.

### 5.1.2.1.2 Vormerkung

Weitere Voraussetzung nach § 8 Abs. 3 WEG n.F. ist, dass der Anspruch auf Übertragung des Wohnungseigentums durch Vormerkung im Grundbuch gesichert ist. Selbstverständlich müssen zunächst die Wohnungsgrundbücher überhaupt angelegt sein, wie sich aus § 9a Abs. 1 Satz 2 WEG n.F. ergibt. Denn ohne Teilung kann Wohnungseigentum nicht entstehen. Solange also das Wohnungseigentum als sachenrechtliches Zuordnungsobjekt nicht existiert, können auch die Vorschriften des WEG nicht zur Anwendung kommen. Hier wird nun in wichtiger und praxisrelevanter Hinsicht von der derzeit geltenden Rechtslage der „werdenden Wohnungseigentümergemeinschaft" insoweit abgewichen werden, als derzeit eine Vormerkung auch an dem noch ungeteilten Grundstück genügt, was künftig nicht mehr der Fall ist.[117]

### 5.1.2.1.3 Übergabe

Für den von § 8 Abs. 3 WEG n.F. vorausgesetzten Besitz an den Räumen genügt es, wenn dem Erwerber die zum Sondereigentum gehörenden Räume übergeben wurden. Es kommt also weder auf die Übergabe, noch auf die Fertigstellung des gemeinschaftlichen Eigentums an. Weiter spielt auch die Übergabe von außerhalb des Gebäudes liegenden Teilen des Grundstücks, auf die sich das Sondereigentum ggf. nach § 3 Abs. 2 WEG n.F. erstreckt, keine Rolle. Die Übergabe setzt voraus, dass dem Erwerber der Besitz an den Räumen eingeräumt ist, ihm also die Schlüssel zum Objekt übergeben wurden.

### 5.1.2.2 „Ein-Personen-Gemeinschaft"

Im Fall der Begründung durch Teilung nach § 8 WEG wird auf Grundlage der Neuregelung in § 9a Abs. 1 Satz 2 WEG im Zuge der Anlegung der Wohnungsgrundbücher zunächst eine „Ein-Personen-Gemeinschaft" entstehen, bestehend aus dem teilenden Eigentümer, bei dem es sich vielfach um einen Bauträger handeln wird. Die künftig geltende Rechtslage hat klare Vorteile

---

[116] BGH, Urteil v. 11.5.2012, a.a.O.
[117] BGH, Beschluss v. 5.6.2008, V ZB 85/07, ZMR 2008 S. 805.

## Die Wohnungseigentümergemeinschaft

gegenüber der bisher geltenden, da die Gemeinschaft der Wohnungseigentümer voll handlungsfähig ist und vor allem bereits in diesem Stadium Verträge, insbesondere Versorgungsverträge für die Gemeinschaft, abgeschlossen werden können. Freilich sind hiermit auch gewisse Gefahren für die Gemeinschaften verbunden.

### Erstverwalterbestellung

Allgemein anerkannt ist, dass der erste Verwalter bereits in der Teilungserklärung bestellt werden kann.[118] Zwar ist die Natur der Rechtsmacht des teilenden Eigentümers hierzu umstritten. Allerdings dürfte diese Diskussion unter Geltung des WEMoG neu befeuert werden. So jedenfalls die Gemeinschaft der Wohnungseigentümer mit der Anlegung der Wohnungsgrundbücher entsteht und die Verwaltung des Gemeinschaftseigentums der Gemeinschaft der Wohnungseigentümer obliegt, mithin aber die Vorschriften des Wohnungseigentumsrechts in vollem Umfang mit dem Entstehen der Gemeinschaft der Wohnungseigentümer anwendbar sind, wird es neben der „Ein-Personen-Gesellschaft" auch den „Ein-Personen-Beschluss" geben. Der teilende Eigentümer hat demnach unproblematisch die Möglichkeit, den Verwalter im Sinne von § 26 Abs. 1 WEG durch Beschluss zu bestellen.

Zu berücksichtigen ist auch, dass die Bestellung des Verwalters in der Teilungserklärung zumindest nach derzeit noch geltender Rechtslage gegen Sondernachfolger des teilenden Eigentümers nur wirkt, wenn sie als Inhalt des Sondereigentums im Grundbuch eingetragen ist oder ihr sämtliche Sondernachfolger beigetreten sind.[119] Diese Rechtslage dürfte weiter gelten. So eine Erstverwalterbestellung bereits in der Teilungserklärung/Gemeinschaftsordnung erfolgt sein sollte, sollte der teilende Eigentümer einen entsprechenden Bestätigungsbeschluss fassen. Mittlerweile anerkannt ist jedenfalls, dass derart deklaratorische Beschlüsse wirksam gefasst werden können.[120]

 **Schutz der Wohnungseigentümer**

Die Wohnungseigentümer bzw. die Erwerber werden ausreichend durch die geplanten Neuregelungen in § 26 Abs. 1 WEG n.F. vor einer ggf. unsachgemäßen Verwalterbestellung durch den teilenden Eigentümer geschützt. Hiernach beschließen die Wohnungseigentümer nach wie vor über die Abberufung des Verwalters durch Mehrheitsbeschluss. Von besonderer Bedeutung ist künftig, dass die Abberufung nicht mehr auf das Vorliegen eines wichtigen Grundes beschränkt werden kann, sondern der Verwalter vielmehr auch dann von seinem Amt abberufen werden kann, wenn gerade kein wichtiger Grund für die Abberufung vorliegt. Da gemäß § 26 Abs. 5 WEG n.F. Beschränkungen der Abberufung des Verwalters

---
[118] AG Pinneberg, Urteil v. 6.3.2018, 60 C 34/17, ZMR 2018 S. 636.
[119] KG Berlin, Beschluss v. 3.5.2018, 1 W 370/17, ZMR 2018 S. 692.
[120] BGH, Urteil v. 28.10.2016, V ZR 91/16, NJW 2017 S. 1167.

unzulässig sind, kann die Abberufung des Verwalters auch nicht durch Vereinbarung auf das Vorliegen eines wichtigen Grundes beschränkt werden.

**Verwaltervertrag**

Erfolgt die Verwalterbestellung in der Teilungserklärung/Gemeinschaftsordnung, bleibt in der Praxis häufig ein mit dem Verwalter zu schließender Verwaltervertrag in der Teilungserklärung unerwähnt. Der Verwaltervertrag bedarf keiner Schriftform, sodass er grundsätzlich auch stillschweigend, also konkludent, zustande kommen kann. Ein konkludent zustande gekommener Verwaltervertrag liegt vor, wenn die Bestellung des ersten Verwalters bereits in der Teilungserklärung erfolgt, dieser mindestens über eine Wirtschaftsperiode hinweg tätig wird und die Wohnungseigentümer billigen, dass er seine Vergütung in Jahresabrechnung und Wirtschaftsplan ansetzt.[121]

Freilich wird künftig in aller Regel der teilende Eigentümer nach Entstehen der Gemeinschaft der Wohnungseigentümer auch einen Beschluss über den Verwaltervertrag fassen und diesen mit dem von ihm eingesetzten Verwalter abschließen.

**Risiken**

So die Gemeinschaft der Wohnungseigentümer bereits mit dem Anlegen der Wohnungsgrundbücher entsteht, kann der teilende Eigentümer namens der Gemeinschaft der Wohnungseigentümer zunächst frei schalten und walten. Er ist in der Lage, Beschlüsse zu fassen und Verträge für die Gemeinschaft der Wohnungseigentümer zu schließen. Beides muss nicht im Sinne der (späteren) Wohnungseigentümer und der Gemeinschaft der Wohnungseigentümer sein. Ob die Erwerber bis zur zeitlichen Grenze des § 234 Abs. 3 ZPO die Möglichkeit haben werden, sich von ihnen nachteilig scheinenden Beschlüssen durch Anfechtungsklage zu lösen, dürfte zu verneinen sein. Zu berücksichtigen ist nämlich, dass der teilende Eigentümer die Beschlüsse gefasst hat und die Anfechtungsfrist des § 45 Satz 2 WEG n. F. konsequenterweise ihm gegenüber läuft. Erwerber, die erst nach Fristablauf in die Gemeinschaft der Wohnungseigentümer eintreten, können daher auch keine Wiedereinsetzung begehren.

Der Weg dürfte vielmehr über eine abändernde oder aufhebende Zweitbeschlussfassung gangbar sein, um letztlich zum Ziel kommen zu können. Auch wenn neben dem teilenden Eigentümer zunächst nur ein Erwerber Mitglied der Gemeinschaft der Wohnungseigentümer wäre und insoweit auf Grundlage des nach wie vor geltenden Kopfprinzips in § 25 Abs. 2 Satz 1 WEG ein Beschluss nicht zustande käme, hätte der Erwerber grundsätzlich

---

[121] AG Pinneberg, Urteil v. 6.3.2018, a.a.O.

## Die Wohnungseigentümergemeinschaft

die Möglichkeit der Erhebung einer Beschlussersetzungsklage nach § 44 Abs. 1 Satz 2 WEG n. F.

Problematisch können insbesondere vom teilenden Eigentümer begründete Dauerschuldverhältnisse sein. Zwar stellt die Gesetzesbegründung[122] zutreffend darauf ab, dass nach der Rechtsprechung des BGH die Gemeinschaft der Wohnungseigentümer dann als Verbraucherin anzusehen ist, wenn dieser mindestens eine natürliche Person als Verbraucher angehört.[123] Allerdings stellt sich die Problematik dann, wenn der teilende Eigentümer als Bauträger die Verträge abschließt und in seiner Person nicht als Verbraucher angesehen werden kann. Zum Zeitpunkt des Vertragsschlusses würde der Schutzmechanismus des § 309 Nr. 9 BGB einer zeitlichen Begrenzung von Dauerschuldverhältnissen nicht wirken.

Maßgeblich zu berücksichtigen ist aber, dass der Bauträger zur Bindung der Gemeinschaft der Wohnungseigentümer die entsprechenden Verträge eben für die Gemeinschaft der Wohnungseigentümer abschließen muss. Besteht diese zumindest auch – ggf. neben Teileigentumseinheiten – aus einer Wohnungseinheit, ergeben sich keine Probleme, da die Gemeinschaft der Wohnungseigentümer dann als Verbraucherin gemäß § 13 BGB anzusehen ist und sämtliche Schutzmechanismen der §§ 305 ff. BGB greifen.

Würde der teilende Eigentümer andererseits als Bauträger und somit als Unternehmer nach § 14 BGB in Person etwa Versorgungsverträge für die Wohnanlage abschließen, wäre auch nur er in Person gebunden. Zur Bindung der Gemeinschaft der Wohnungseigentümer käme man dann nur über eine Vertragsübernahme seitens der Gemeinschaft der Wohnungseigentümer. Der teilende Eigentümer müsste dann für eine entsprechende Beschlussfassung der weiter hinzu gekommenen Eigentümer und für ein Einverständnis bzw. die Zustimmung seines ursprünglichen Vertragspartners mit der Vertragsübernahme sorgen.

Zusammenfassend bleibt jedenfalls festzuhalten, dass die Gemeinschaft der Wohnungseigentümer in den Fällen Verbraucherschutz genießen wird, in denen die Ein-Personen-Gemeinschaft auch auf den Eintritt von Verbrauchern gerichtet ist.

 **Dokumentation der „Ein-Personen-Beschlüsse"**

Zwar ist der teilende Eigentümer berechtigt, Beschlüsse zu fassen, allerdings ist nicht geregelt, wie diese zu dokumentieren sind. § 24 Abs. 6 Satz 1 WEG regelt die Niederschrift über Versammlungsbeschlüsse. Eine Versammlung findet aber nicht statt. Allerdings dürfte man den teilenden Eigentümer durchaus als verpflichtet ansehen, entweder eine Niederschrift entsprechend vorerwähnter Bestimmung anzufertigen oder zumindest die von ihm gefassten

---
[122] BT-Drs. 19/18791, S. 45.
[123] BGH, Urteil v. 25.3.2015, VIII ZR 243/13, NJW 2015 S. 3228.

Beschlüsse in der Textform entsprechend § 23 Abs. 3 WEG n.F. zu dokumentieren und bereits eine Beschluss-Sammlung nach § 24 Abs. 7 WEG anzulegen.

## 5.2 Erweiterte Kompetenzen der Gemeinschaft der Wohnungseigentümer

### 5.2.1 Verwaltung des Gemeinschaftseigentums

**Neu: Verwaltung obliegt der Gemeinschaft der Wohnungseigentümer**

Künftig obliegt die Verwaltung des gemeinschaftlichen Eigentums nicht mehr den Wohnungseigentümern, sondern der Gemeinschaft der Wohnungseigentümer. Praktische Auswirkungen hat dieser Systemwechsel in erster Linie für das Haftungssystem und Individualansprüche der Wohnungseigentümer.

**WEG a.F.**

**§ 20 Gliederung der Verwaltung**

(1) Die Verwaltung des gemeinschaftlichen Eigentums obliegt den Wohnungseigentümern nach Maßgabe der §§ 21 bis 25 und dem Verwalter nach Maßgabe der §§ 26 bis 28, im Fall der Bestellung eines Verwaltungsbeirats auch diesem nach Maßgabe des § 29.

**WEG n.F.**

**§ 18 Verwaltung und Benutzung**

(1) Die Verwaltung des gemeinschaftlichen Eigentums obliegt **der Gemeinschaft der Wohnungseigentümer**.

Die Gemeinschaft ist ein Schuldverhältnis der Wohnungseigentümer untereinander. Die im Innenverhältnis bestehenden gegenseitigen Rechte und Pflichten ergeben sich aus den gesetzlichen Vorschriften der §§ 10 ff. WEG, aus Vereinbarungen und Beschlüssen. Von der Gemeinschaft als Schuldverhältnis (Innenverhältnis) zu unterscheiden ist die Gemeinschaft als Rechtssubjekt, d.h. ihrer Fähigkeit, selbst Trägerin von Rechten und Pflichten im Verhältnis zu außenstehenden Dritten oder Wohnungseigentümern sein zu können (Rechtsfähigkeit), die in § 9a f. WEG n.F. geregelt ist.

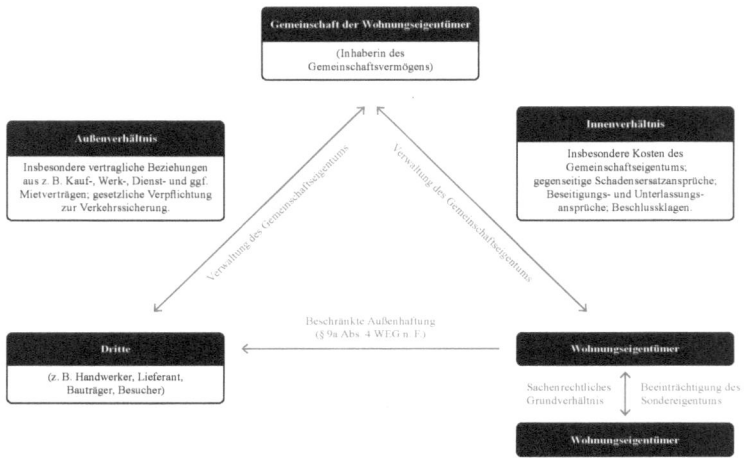

Der BGH hatte bereits im Jahr 1980 die Komplexität des Wohnungseigentumsrechts beklagt („Ach so komplexes Gebilde").[124] Durch die Anerkennung der (Teil)Rechtsfähigkeit der Wohnungseigentümergemeinschaft, zunächst seitens der Rechtsprechung und schließlich des Gesetzgebers im Rahmen der WEG-Novelle 2007[125], hat sich hieran nichts geändert. Wenn zunächst auch neue Probleme entstanden waren, wurden doch einige praxisgerecht gelöst. Ist die Rechtsfähigkeit derzeit noch beschränkt auf das Außenverhältnis und obliegt insbesondere die Verwaltung des Gemeinschaftseigentums noch den Wohnungseigentümern, wird sich die Rechtsfähigkeit der Gemeinschaft künftig auch auf diesen Bereich erstrecken und die Verwaltung des Gemeinschaftseigentums der Gemeinschaft der Wohnungseigentümer obliegen. Die Gemeinschaft der Wohnungseigentümer wird unbeschränkt rechtsfähig sein.

### 5.2.2 Verwaltungsorgane

Die beiden wichtigsten Organe der Gemeinschaft der Wohnungseigentümer sind der Verwalter sowie die Wohnungseigentümer in ihrer Gesamtheit. Die Funktion des Verwaltungsbeirats wird sich nicht mehr nur in der Unterstützung des Verwalters erschöpfen, er hat den Verwalter vielmehr auch zu überwachen, womit ihm durchaus ebenfalls eine Organstellung zukommen dürfte.

---

[124] Vgl. BGH, Urteil v. 25.9.1980, VII ZR 276/79, NJW 1981 S. 282.
[125] Gesetz zur Änderung des Wohnungseigentumsgesetzes und anderer Gesetze v. 26.3.2007, BGBl I S. 370, seit 1.7.2007 in Kraft.

## Die Wohnungseigentümergemeinschaft

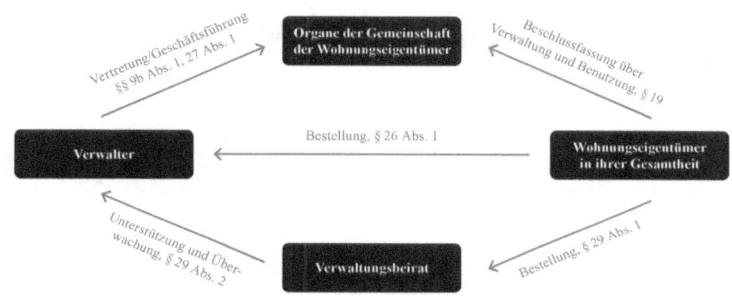

Die Stellung des Verwalters als Organ der Gemeinschaft der Wohnungseigentümer wird insoweit gestärkt, als ihm im Außenverhältnis durch § 9b Abs. 1 WEG n.F. eine umfassende Vertretungsmacht für die Gemeinschaft der Wohnungseigentümer eingeräumt wird, die sich lediglich nicht auf Grundstückskauf- und Darlehensverträge erstreckt. Weiter obliegt ihm die eigenverantwortliche Durchführung sämtlicher Verwaltungsmaßnahmen, die untergeordnete Bedeutung haben und nicht zu erheblichen Verpflichtungen der Wohnungseigentümer führen, also eine Beschlussfassung der Wohnungseigentümer nicht erfordern. Nach wie vor soll ihn der Verwaltungsbeirat dabei unterstützen, wobei diesem durch das WEMoG auch eine Überwachungsfunktion verliehen wird. Die Wohnungseigentümer bestellen nach wie vor sowohl den Verwalter als auch den Verwaltungsbeirat durch einfachmehrheitliche Beschlussfassung. Im Übrigen prägen sie die grundlegende Rechtslage innerhalb der Gemeinschaft der Wohnungseigentümer durch Beschlüsse und Vereinbarungen.

### 5.2.3 Ausübungskompetenzen

#### 5.2.3.1 Grundsätze

Nach derzeit noch geltendem § 10 Abs. 6 Satz 3 WEG a.F. übt die Gemeinschaft der Wohnungseigentümer die gemeinschaftsbezogenen Rechte der Wohnungseigentümer aus und nimmt die gemeinschaftsbezogenen Pflichten der Wohnungseigentümer wahr, ebenso sonstige Rechte und Pflichten der Wohnungseigentümer, soweit diese gemeinschaftlich geltend gemacht werden können oder zu erfüllen sind. Das Gesetz differenziert also zwischen den sog. „geborenen" Rechten der Gemeinschaft der Wohnungseigentümer und der sog. „gekorenen" Ausübungsbefugnis der Gemeinschaft aufgrund entsprechender Beschlussfassung der Wohnungseigentümer.

Nach § 9a Abs. 2 WEG n.F. übt die Gemeinschaft der Wohnungseigentümer die sich aus dem gemeinschaftlichen Eigentum ergebenden Rechte sowie

## Die Wohnungseigentümergemeinschaft

solche Pflichten aus, die eine einheitliche Rechtsverfolgung erfordern und nimmt die entsprechenden Pflichten der Wohnungseigentümer wahr. Die Differenzierung nach „geborener" und „gekorener" Ausübungsbefugnis kennt das WEMoG also nicht mehr.

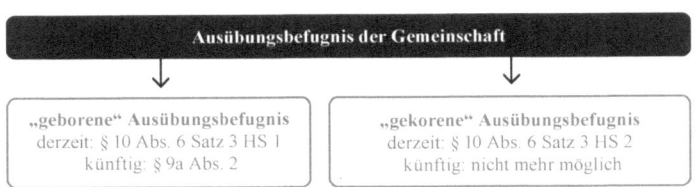

### Beispiel: Abgrenzungsbeispiel Rauchwarnmelder

Bekanntlich besteht nach den jeweiligen Landesbauordnungen eine Pflicht zur Ausstattung von Wohnungen mit Rauchwarnmeldern.[126] Insoweit ist zu unterscheiden, ob Wohnungseigentumsanlagen nur aus Wohnungseigentumseinheiten bestehen oder ob daneben auch Teileigentumseinheiten vorhanden sind, für die keine Pflicht zur Ausstattung mit Rauchwarnmeldern besteht. Im 1. Fall handelt es sich um eine originäre, sog. „geborene" Verpflichtung der Gemeinschaft der Wohnungseigentümer nach § 10 Abs. 6 Satz 3 HS 1 WEG a.F., da die Pflicht zur Ausstattung mit Rauchwarnmeldern gleichgerichtet sämtliche Wohnungseigentümer trifft. Die Einbauverpflichtung obliegt also der Gemeinschaft der Wohnungseigentümer und die Wohnungseigentümer müssen das „Ob" nicht durch Beschluss auf die Eigentümergemeinschaft übertragen. Geregelt werden kann nur das „Wie", also welche Rauchwarnmelder verbaut werden sollen und ob diese gekauft oder angemietet werden.

Hieran wird sich auch durch das WEMoG nichts ändern. Es handelt sich um eine gleichgerichtete, alle Wohnungseigentümer gleichermaßen treffende Pflicht.

Sind neben Wohnungseigentumseinheiten auch Teileigentumseinheiten vorhanden, handelt es sich nicht mehr um eine originäre Verpflichtung der Gemeinschaft, da nicht gleichgerichtet alle Sondereigentümer verpflichtet

---

[126] Allerdings sind die Nachrüstfristen in der überwiegenden Zahl der Bundesländer bereits abgelaufen. Lediglich in Berlin und Brandenburg sind Bestandswohnungen noch bis 31.12.2020 mit Rauchmeldern nachzurüsten.

sind. Allerdings können die Wohnungseigentümer nach bislang noch geltender Rechtslage die ihnen obliegende Pflicht zum Einbau der Rauchwarnmelder durch entsprechenden Mehrheitsbeschluss als sog. „gekorene" Ausübungsbefugnis gemäß § 10 Abs. 6 Satz 3 HS 2 WEG a.F. auf die Wohnungseigentümergemeinschaft übertragen.[127]

**Problem: Gesetzliche Handlungspflichten, die nicht alle gleichgerichtet treffen**

Ob die Gemeinschaft der Wohnungseigentümer nach künftiger Rechtslage noch die Möglichkeit haben wird, eine Verpflichtung der Wohnungseigentümer (wie z.B. zum Einbau von Rauchwarnmeldern) zu übernehmen, wenn es sich im Fall des Vorhandenseins von Teileigentumseinheiten nicht mehr um eine gleichgerichtete Verpflichtung handelt, die sämtliche Wohnungseigentümer trifft, beantwortet das Gesetz nicht. Der Entwurfsbegründung ist insoweit zu entnehmen, dass *„dem Rechtsanwender weiterhin die Möglichkeit"* bleibe, *„der Gemeinschaft der Wohnungseigentümer aufgrund einer Abwägungsentscheidung ein Recht zur Ausübung zuzuordnen, um in besonders gelagerten Ausnahmefällen sachgerechte Ergebnisse zu erzielen."*[128]

Insbesondere bei Vorliegen öffentlich-rechtlich angeordneter Schutzmaßnahmen – vermögen sie auch nur eine Gruppe von Wohnungseigentümern betreffen –, wie dies z.B. bei Rauchwarnmeldern in Wohnungseigentumseinheiten der Fall ist, oder aber auch bei besonderen Gefahrverhütungsvorschriften, wie dies insbesondere bei Brandschutzbestimmungen z.B. für Garagen der Fall ist, ist stets zu berücksichtigen, dass die Befolgung solcher Vorschriften nicht nur dem Schutz der Allgemeinheit, sondern gerade dem Schutz der Wohnungseigentümer dient. Es kann auch nicht vom Zufall abhängen, eine Ausübungsbefugnis der Gemeinschaft der Wohnungseigentümer daran zu knüpfen, ob öffentlich-rechtliche Vorschriften nur einen bestimmten Kreis von Sondereigentümern treffen. Es muss stets sichergestellt sein, dass die Pflichten auch tatsächlich erfüllt werden. In derartigen Fällen dürfte eine entsprechende „Abwägungsentscheidung" tatsächlich zugunsten der Gemeinschaft der Wohnungseigentümer ausfallen, um *„sachgerechte Ergebnisse ... erzielen"* zu können. Hier bleibt die Rechtsprechung der nächsten Jahre abzuwarten.

Ggf. besteht für derartige Fälle auch die Möglichkeit der Beschlussfassung auf Grundlage von § 19 Abs. 1 WEG n.F. Hier besteht zwar eine Beschlusskompetenz nur hinsichtlich von Regelungen, die auf die „Benutzung" des Sondereigentums abzielen. Allerdings könnte in diesem Fall an eine entsprechende Anwendung der Norm gedacht werden. Soweit Gemeinschaftseigentum betroffen wäre, ergäbe sich die Beschlusskompetenz unmittelbar aus § 19 Abs. 1 WEG n.F.

---

[127] BGH, Urteil v. 8.2.2013, V ZR 238/11, ZMR 2013 S. 642.
[128] BT-Drs. 19/18791, S. 44 f.

### 5.2.3.2 Gemeinschaftsbezogenheit

Nach der maßgeblichen Rechtsprechung des BGH[129], auf die die Entwurfsbegründung ausdrücklich Bezug nimmt[130], liegt eine Gemeinschaftsbezogenheit dann vor, wenn schutzwürdige Belange

- der Wohnungseigentümer **oder**
- des Schuldners

an einer einheitlichen Rechtsverfolgung das grundsätzlich vorrangige Interesse des Rechtsinhabers, seine Rechte selbst und eigenverantwortlich auszuüben und prozessual durchzusetzen, deutlich überwiegen. Dabei ist eine typisierende Betrachtung geboten.

#### 5.2.3.2.1 Schutzwürdige Belange der Wohnungseigentümer

**Kommunales Abgabenrecht**

Insbesondere im kommunalen Abgabenrecht finden sich in aller Regel Bestimmungen über eine gesamtschuldnerische Haftung der Wohnungseigentümer. Hieran ändern auch die Neuregelungen des WEMoG nichts. Spezialgesetzlich können auch weiterhin Besonderheiten geregelt werden, die eine unmittelbare Betroffenheit der einzelnen Wohnungseigentümer ergeben. Ist nach einer kommunalen Satzung die gesamtschuldnerische Haftung der Wohnungseigentümer für Abgaben geregelt, kann einer der Wohnungseigentümer alleine als Schuldner in Anspruch genommen werden.

Eine von den Wohnungseigentümern als Miteigentümer des gemeinschaftlichen Grundstücks gesamtschuldnerisch zu tragende Abgabenschuld stellt eine gemeinschaftsbezogene Pflicht im Sinne des § 10 Abs. 6 Satz 3 HS 1 WEG a.F. dar.[131] Hieran wird sich auch in Zukunft nichts ändern und es wird sich auch nach § 9a Abs. 2 WEG n.F. weiterhin um eine originäre Pflicht der Gemeinschaft der Wohnungseigentümer handeln.

Wird also einer der Wohnungseigentümer von der Kommune auf Zahlung in Anspruch genommen, ist die Gemeinschaft der Wohnungseigentümer im Innenverhältnis verpflichtet, den durch Leistungsbescheid in Anspruch genommenen Wohnungseigentümer von der Abgabenschuld freizustellen. Erfüllt der Wohnungseigentümer die Abgabenforderung aus eigenen Mitteln, steht ihm gegen die Gemeinschaft ein Erstattungsanspruch zu.[132]

---

[129] BGH, Urteil v. 24.7.2015, V ZR 167/14, NJW 2015 S. 2874.
[130] BT-Drs. 19/18791, S. 44 f.
[131] BGH, Urteil v. 14.2.2014, V ZR 100/13, ZWE 2014 S. 165.
[132] BGH, Urteil v. 14.2.2014, a.a.O.

**Verpflichtung auch bei Einwendungen gegen den Bescheid**
Ein Erstattungsanspruch besteht grundsätzlich auch dann, wenn der Wohnungseigentümer die Forderung aus dem Leistungsbescheid begleicht, ohne dies mit der Gemeinschaft der Wohnungseigentümer zuvor abzustimmen. Einwendungen gegen die Rechtmäßigkeit des Bescheids berechtigen die Gemeinschaft grundsätzlich nicht zu einer Zahlungsverweigerung, wenn der Wohnungseigentümer die Möglichkeit offen gehalten hat, die Rechtmäßigkeit des Bescheids verwaltungsgerichtlich überprüfen zu lassen.

Im Übrigen handelt die kommunale Behörde auch ermessensfehlerhaft, wenn sie einen Leistungsbescheid, der eine Beitragspflicht sämtlicher Wohnungseigentümer zum Gegenstand hat, nur gegen einen oder einzelne Wohnungseigentümer richtet und nicht an die Gemeinschaft der Wohnungseigentümer.[133]

**Weitere gemeinschaftsbezogene Pflichten**
Eine klassische gemeinschaftsbezogene Pflicht der Wohnungseigentümer, die unmittelbar aus dem Gemeinschaftseigentum resultiert, ist die der Verkehrssicherung. Diese obliegt künftig der Gemeinschaft der Wohnungseigentümer – auch im Verhältnis zu den Wohnungseigentümern.

Weitere originäre Verpflichtung der Gemeinschaft der Wohnungseigentümer ist die Einhaltung der Pflichten nach der Trinkwasserverordnung und der EnEV.

Originäre Rechte der Gemeinschaft, die nur durch sie ausgeübt werden können, stellen weiter auch

- Schadensersatzansprüche wegen einer Verletzung des Gemeinschaftseigentums dar,
- Vermietung des Gemeinschaftseigentums nebst Erzielung der Mieteinnahmen und
- Ausübung des Rechts auf Entziehung des Wohnungseigentums nach § 17 WEG n.F. dar.

### 5.2.3.2.2 Schutzwürdige Belange des Schuldners

Paradebeispiel für die Erhaltung schutzwürdiger Belange ist das Erfordernis eines Vorgehens der Gemeinschaft der Wohnungseigentümer zur Geltendmachung von Mängelrechten aus einem Bauträgerkaufvertrag. Dies hat zwar nur indirekt etwas mit der Rechtsfähigkeit der Gemeinschaft der Wohnungseigen-

---

[133] VG Gera, Urteil v. 14.11.2019, 2 K 2248/18, MietRB 2020 S. 49.

tümer zu tun, als der BGH bereits im Jahr 1979 klargestellt hat, dass bestimmte Rechte lediglich durch die Wohnungseigentümer in ihrer Gesamtheit gegenüber dem Bauträger ausgeübt werden können.[134]

Zur Erhaltung der schutzwürdigen Belange des Bauträgers kann jedenfalls der Anspruch auf den „kleinen" Schadensersatz sowie die Ausübung der Minderung lediglich durch die Gemeinschaft der Wohnungseigentümer geltend gemacht werden. Andernfalls wäre es für Bauträger unzumutbar, wenn sie sich uneinheitlich mit einzelnen Eigentümern wegen Minderungsansprüchen in unterschiedlicher Höhe und anderen Eigentümern wegen der Geltendmachung von Schadensersatzansprüchen auseinandersetzen müssten. Die Rechtsprechung geht daher auch von einer „geborenen" Ausübungsbefugnis nach § 10 Abs. 6 Satz 3 HS 1 WEG a.F. aus[135], die sich künftig aus § 9a Abs. 2 WEG n.F. ergibt.

Allerdings fehlt es mit Blick auf die primären Mängelrechte der Erwerber an einer Gemeinschaftsbezogenheit. Hierbei handelt es sich um die Nacherfüllung, Selbstvornahme und das Verlangen eines Kostenvorschusses. Bereits nach bisheriger Rechtslage handelt es sich diesbezüglich also nicht um eine „geborene" Ausübungskompetenz der Gemeinschaft der Wohnungseigentümer. Für sie besteht aber eine „gekorene" Ausübungsbefugnis.[136] Mit Blick auf die Neuregelungen durch das WEMoG ist in diesem Zusammenhang zu berücksichtigen, dass bereits auf Grundlage der bisherigen Rechtslage die Grundsätze ordnungsmäßiger Verwaltung in aller Regel sogar erfordern, die auf das Gemeinschaftseigentum bezogenen Erfüllungs- und Nacherfüllungsansprüche zur Ausübung auf die Gemeinschaft der Wohnungseigentümer zu übertragen, da es hierbei einer gemeinschaftlichen Willensbildung bedarf. Nur bei Vorliegen besonderer Gründe kann von einer Rechtsverfolgung durch die Gemeinschaft der Wohnungseigentümer abgesehen werden.[137] Insoweit dürfte sich die Ausübungskompetenz der Gemeinschaft der Wohnungseigentümer künftig ebenfalls aus § 9a Abs. 2 WEG n.F. ergeben. Sähe man dies anders, wäre jedenfalls der Rechtskreis des § 19 WEG betroffen und hier die Vergemeinschaftung nach § 19 Abs. 2 Nr. 2 WEG n.F. als Erhaltungsmaßnahme möglich.

### 5.2.3.2.3 Neue Befugnisse der Gemeinschaft

Gegenüber der bislang noch geltenden Rechtslage werden sich die originären Ausübungsbefugnisse der Gemeinschaft der Wohnungseigentümer in Zukunft erweitern. Wenn z.B. § 14 Abs. 1 Nr. 1 WEG n.F. die Wohnungseigentümer gegenüber der Gemeinschaft der Wohnungseigentümer verpflichtet, die gesetzlichen Regelungen, Vereinbarungen und Beschlüsse einzuhalten, werden die entsprechenden Rechte aus einer Verletzung dieser Pflichten automatisch

---
[134] BGH, Urteil v. 10.5.1979, VII ZR 30/78, BGHZ 74 S. 258.
[135] OLG Hamm, Beschluss v. 11.7.2019, I-21 U 110/17, BeckRS 2019, 44482.
[136] BGH, Urteil v. 6.3.2014, VII ZR 266/13, NJW 2014 S. 1378.
[137] BGH, Urteil v. 15.1.2010, V ZR 80/09, NJW 2010 S. 933.

der Gemeinschaft der Wohnungseigentümer zugeordnet mit der Folge, dass nur sie entsprechende Rechte gemäß § 9a Abs. 2 WEG n.F. geltend machen kann, soweit sich der Pflichtenverstoß auf das gemeinschaftliche Eigentum bezieht. Abgrenzungskonflikte werden dann entstehen, wenn der Pflichtenverstoß nicht nur Auswirkungen auf das Gemeinschaftseigentum, sondern auch auf das Sondereigentum hat. Dies kann insbesondere den praxisrelevanten Bereich der zweckbestimmungswidrigen Nutzung des Sondereigentums betreffen. Die Zweckbestimmung hat zwar Vereinbarungscharakter, weshalb über § 14 Abs. 1 Nr. 1 WEG n.F. die Ausübungskompetenz der Gemeinschaft der Wohnungseigentümer unmittelbar gegeben ist. Allerdings verbleibt dem einzelnen Wohnungseigentümer, dessen Sondereigentum unmittelbar von der zweckbestimmungswidrigen Nutzung betroffen bzw. beeinträchtigt ist, die Befugnis, gegen den zweckbestimmungswidrig nutzenden Wohnungseigentümer auch individuell vorgehen zu können. Denn insoweit sind die Wohnungseigentümer nach § 14 Abs. 2 Nr. 1 WEG n.F. gegenüber den anderen Wohnungseigentümern verpflichtet, deren Sondereigentum nicht über das bei einem geordneten Zusammenleben unvermeidliche Maß hinaus zu beeinträchtigen. Für die Geltendmachung von Beseitigungsansprüchen wegen baulicher Veränderungen des Gemeinschaftseigentums, ist allein die Gemeinschaft der Wohnungseigentümer bereits gemäß § 9a Abs. 2 WEG n.F. unmittelbar ermächtigt, da sie sich aus dem gemeinschaftlichen Eigentum ergebenden Rechte der Wohnungseigentümer wahrnimmt, also jegliche Abwehrrechte nach § 1004 BGB.

## 5.3 Vertretung der Wohnungseigentümergemeinschaft

### 5.3.1 Vertretung durch den Verwalter

WEG n.F.

**§ 9b Vertretung**

(1) ¹Die Gemeinschaft der Wohnungseigentümer wird durch den Verwalter gerichtlich und außergerichtlich vertreten, beim Abschluss eines Grundstückskauf- oder Darlehensvertrags aber nur aufgrund eines Beschlusses der Wohnungseigentümer. ²Hat die Gemeinschaft der Wohnungseigentümer keinen Verwalter, wird sie durch die Wohnungseigentümer gemeinschaftlich vertreten. ³Eine Beschränkung des Umfangs der Vertretungsmacht ist Dritten gegenüber unwirksam.

(2) Dem Verwalter gegenüber vertritt der Vorsitzende des Verwaltungsbeirats oder ein durch Beschluss dazu ermächtigter Wohnungseigentümer die Gemeinschaft der Wohnungseigentümer.

## Die Wohnungseigentümergemeinschaft

 **Neu: Fast uneingeschränkte Vertretung der Gemeinschaft der Wohnungseigentümer durch den Verwalter**

Gemäß § 9b Abs. 1 Satz 1 WEG n.F. wird die Gemeinschaft der Wohnungseigentümer zunächst unumschränkt durch den Verwalter gerichtlich und außergerichtlich vertreten. Ausnahme stellen allerdings Grundstückskauf- oder Darlehensverträge dar. Hier besteht eine Vertretungsmacht des Verwalters lediglich dann, wenn diese durch Beschluss der Wohnungseigentümer legitimiert ist.[138] Die Wohnungseigentümer können insoweit Ermächtigungsbeschlüsse für einzelne zu schließende Verträge fassen. Sie können den Verwalter aber auch in bestimmten Grenzen oder umfassend zum Abschluss solcher Verträge ermächtigen – entsprechendes Vertrauen vorausgesetzt.

Die Einschränkung der Vertretungsmacht gilt, wie sich aus dem Wortlaut ergibt, nur für den Abschluss von Grundstückskauf- und Darlehensverträgen, nicht aber für Erklärungen im Rahmen der Vertragsabwicklung. Auch dingliche Rechtsgeschäfte sind von der Beschränkung nicht erfasst. Hierbei handelt es sich insbesondere um die Einigung i.S.d. § 873 Abs. 1 BGB. Sie enthält beispielsweise die Einigung über eine Eigentumsübertragung oder eine Grundstücksbelastung. Das dingliche Rechtsgeschäft dient regelmäßig der Erfüllung des Grundgeschäfts, also etwa dem Grundstückskaufvertrag. Über diese Einschränkung hinaus ist eine Beschränkung des Umfangs der Vertretungsmacht Dritten gegenüber unwirksam. Die Wohnungseigentümer können also eine Beschränkung der Vertretungsmacht des Verwalters mit Wirkung für das Außenverhältnis weder vereinbaren noch beschließen. Eine entsprechende Vereinbarung wäre unwirksam, ein entsprechender Beschluss nichtig.[139] Zwar können die Wohnungseigentümer nach § 27 Abs. 2 WEG n.F. die Befugnisse des Verwalters im Innenverhältnis zur Gemeinschaft der Wohnungseigentümer beschränken, entsprechende Beschränkungen hätten im Außenverhältnis allerdings keine Auswirkungen.

---

[138] Diese Einschränkung wurde auf Initiative des Rechtsausschusses in das Gesetz aufgenommen; BT-Drs. 19/22634, S. 43.
[139] Siehe hierzu Kap. 6.5.4 Einschränkung und Erweiterung der Aufgaben.

**Die Wohnungseigentümergemeinschaft**

### Beispiel: Begrenztes Budget für Erhaltungsmaßnahmen

Im Innenverhältnis zur Gemeinschaft der Wohnungseigentümer ist der Verwalter zur eigenständigen Auftragsvergabe im Rahmen erforderlicher Maßnahmen der Instandhaltung und Instandsetzung des Gemeinschaftseigentums – künftig gemäß § 13 Abs. 2 WEG n.F.: „Erhaltung" – zur eigenständigen Auftragsvergabe bis zu 2.000 EUR im Einzelfall berechtigt. Vergibt nun der Verwalter ohne vorherige Beschlussfassung der Wohnungseigentümer einen Auftrag mit einem Volumen von 3.500 EUR, berührt dies die Rechtswirksamkeit des mit dem Fachunternehmen geschlossenen Vertrags nicht, da die Budgetbeschränkung lediglich im Innenverhältnis zwischen Verwalter und Gemeinschaft der Wohnungseigentümer Wirkung entfaltet, nicht aber im Außenverhältnis. Die Gemeinschaft der Wohnungseigentümer ist an diesen Vertrag gebunden. Etwas anderes gilt nur dann, wenn der Unternehmer positive Kenntnis von der beschränkten Vertretungsmacht des Verwalters hat und mit diesem kollusiv zum Nachteil der Wohnungseigentümer handelt.

Die im Außenverhältnis unbeschränkbare Vertretungsmacht des Verwalters wird aus 2 Gesichtspunkten erforderlich:

1. Ein zentrales Verwaltungsregister existiert nicht;
2. einseitige Rechtsgeschäfte des Verwalters als Vertreter der Gemeinschaft der Wohnungseigentümer können dann nach § 174 BGB zurückgewiesen werden, wenn der Verwalter gerade für dieses Rechtsgeschäft keine Vollmacht vorlegen kann.

### Beispiel: Kündigung des Hausmeister-Services

Die Wohnungseigentümer beschließen, dass das mit dem Hausmeister-Service bestehende Vertragsverhältnis wegen Schlechtleistung durch den Verwalter gekündigt werden soll. Der Verwalter schickt an den Service ein entsprechendes Kündigungsschreiben. Dieses weist in seinem Antwortschreiben darauf hin, dass die Kündigung zurückgewiesen werde, weil der Verwalter dem Schreiben keine Vollmacht beigefügt habe.

Die Kündigung ist nach der derzeit noch geltenden Rechtslage tatsächlich unwirksam.[140] Zwar handelt der Verwalter bei einer Ermächtigungsbeschlussfassung nach § 27 Abs. 3 Satz 1 Nr. 7 WEG a.F. als gesetzlicher Vertreter der Wohnungseigentümer, allerdings ist § 174 Satz 1 BGB gleichwohl anwendbar. Der Gesetzgeber hat mit § 27 Abs. 3 Satz 1 Nr. 7 WEG a.F. den Wohnungseigentümern zwar die Kompetenz eingeräumt, dem Verwalter durch Mehrheitsbeschluss eine weitergehende Vertretungsmacht als die be-

---

[140] Vgl. BGH, Urteil v. 20.2.2014, III ZR 443/13, NJW 2014 S. 1587.

## Die Wohnungseigentümergemeinschaft

reits gesetzlich vorgesehene zu erteilen.[141] Ob einem Verwalter nach § 27 Abs. 3 Satz 1 Nr. 7 WEG a.F. eine über die gesetzlichen Vorgaben hinausgehende Vertretungsmacht eingeräumt ist, ist aber weder in einem Register vermerkt noch sonst für den Geschäftsverkehr überprüfbar.[142] Soweit das Gesetz allerdings nicht nur die (weitergehende) gesetzliche Vertretung ermöglicht, sondern diese unabdingbar und unbeschränkbar statuiert, verbleibt für § 174 Satz 1 BGB kein Raum mehr, wie dies eben im Rahmen des WEMoG mit gesetzlich klar festgelegten Ausnahmen der Fall ist.

### 5.3.2 Vertretung durch die Wohnungseigentümer

| WEG a.F. | WEG n.F. |
|---|---|
| **§ 27 Aufgaben und Befugnisse des Verwalters** | **§ 9b Vertretung** |
| (3) [1] (...) ²Fehlt ein Verwalter oder ist er zur Vertretung nicht berechtigt, so vertreten alle Wohnungseigentümer die Gemeinschaft. ³Die Wohnungseigentümer können durch Beschluss mit Stimmenmehrheit einen oder mehrere Wohnungseigentümer zur Vertretung ermächtigen. | (1) ¹Die Gemeinschaft der Wohnungseigentümer wird durch den Verwalter gerichtlich und außergerichtlich vertreten, beim Abschluss eines Grundstückskauf- oder Darlehensvertrags aber nur aufgrund eines Beschlusses der Wohnungseigentümer. ²Hat die Gemeinschaft der Wohnungseigentümer keinen Verwalter, wird sie durch die Wohnungseigentümer gemeinschaftlich vertreten. ³Eine Beschränkung des Umfangs der Vertretungsmacht ist Dritten gegenüber unwirksam. (2) Dem Verwalter gegenüber vertritt der Vorsitzende des Verwaltungsbeirats oder ein durch Beschluss dazu ermächtigter Wohnungseigentümer die Gemeinschaft der Wohnungseigentümer. |

---

[141] BT-Drs. 16/887, S. 71.
[142] BGH, Urteil v. 20.2.2014, a.a.O.

## Die Wohnungseigentümergemeinschaft

Für den Fall, dass die Gemeinschaft der Wohnungseigentümer keinen Verwalter hat, ordnet § 9b Abs. 1 Satz 2 WEG n. F. Gesamtvertretung durch sämtliche Wohnungseigentümer an. Diese Regelung korrespondiert mit der derzeit noch geltenden Vorschrift in § 27 Abs. 3 Satz 2 WEG a. F.

Allerdings sieht Satz 3 dieser Vorschrift bislang noch vor, dass die Wohnungseigentümer durch Beschluss mit einfacher Mehrheit einen oder mehrere Wohnungseigentümer zur Vertretung der Eigentümergemeinschaft ermächtigen können. Diese Möglichkeit sieht das WEMoG nicht mehr vor. Sind sich alle Wohnungseigentümer einig, können sie nach den allgemeinen Grundsätzen der Gesamtvertretung auch einen oder mehrere von ihnen durch Vereinbarung ermächtigen. Eine Ermächtigung durch Mehrheitsbeschluss wird dagegen ausscheiden. Ist eine Willenserklärung gegenüber der verwalterlosen Gemeinschaft der Wohnungseigentümer abzugeben, so genügt nach allgemeinen Grundsätzen die Abgabe gegenüber einem Wohnungseigentümer.

### 5.3.3 Vertretung gegenüber dem Verwalter

Nach § 9b Abs. 2 WEG n. F. vertritt der Vorsitzende des Verwaltungsbeirats oder ein durch Beschluss hierzu ermächtigter Wohnungseigentümer die Gemeinschaft der Wohnungseigentümer gegenüber dem Verwalter.

**Beispiel: Regress gegen den Verwalter**

Infolge fehlerhafter Beschlussdurchführung ist der Gemeinschaft der Wohnungseigentümer ein Schaden entstanden. Diesen möchte sie nun vom Verwalter ersetzt bekommen und entsprechend Klage erheben.

Da der Verwalter Vertretungsorgan der Gemeinschaft der Wohnungseigentümer ist, müsste er als Vertreter der Gemeinschaft gegen sich selbst klagen. Dies ist allerdings nicht möglich. Auch bei Rechtsgeschäften mit dem Verwalter würde die Gemeinschaft der Wohnungseigentümer vom Verwalter vertreten werden. Hierin würde ein Verstoß gegen § 181 BGB liegen, der Insichgeschäfte des Vertreters mit sich selbst verbietet. Für diese Fälle muss die Gemeinschaft der Wohnungseigentümer also durch einen anderen als den Verwalter vertreten werden.

Nach § 9b Abs. 2 WEG n. F. handelt es sich beim Vorsitzenden des Verwaltungsbeirats um den gesetzlichen Vertreter der Gemeinschaft der Wohnungseigentümer gegenüber dem Verwalter. Allerdings verleiht § 9b Abs. 2 WEG n. F. den Wohnungseigentümern auch die Beschlusskompetenz, einen anderen Wohnungseigentümer als Vertreter der Gemeinschaft der Wohnungseigentümer gegenüber dem Verwalter zu bestellen.

## Die Wohnungseigentümergemeinschaft

> **Beschlussmuster: Bestellung eines Vertreters gegenüber dem Verwalter**
>
> **TOP XX: Bestellung eines Vertreters gegenüber dem Verwalter**
> Die Wohnungseigentümer bestellen Frau/Herrn _____ zum Vertreter der Gemeinschaft der Wohnungseigentümer gegenüber dem Verwalter.
> **Abstimmungsergebnis:**
> Ja-Stimmen: _____
> Nein-Stimmen: _____
> Enthaltungen: _____
> Der Versammlungsleiter verkündete folgendes Beschlussergebnis:
> _____
> Der Beschluss wurde angenommen/abgelehnt.

Im Übrigen aber können die Wohnungseigentümer keinen allgemeinen Vertreter des Verwalters oder einen Vertreter der Gemeinschaft neben dem Verwalter oder an seiner statt bestellen. Wollen sie durch Beschluss einen Vertreter der Gemeinschaft der Wohnungseigentümer bestellen, können sie nur einen Verwalter bestellen. Freilich kann dieser auch aus dem Kreis der Wohnungseigentümergemeinschaft stammen. Allerdings hat er dann auch sämtliche Verwalterpflichten.

> **Bestehende Vertreterregelungen verlieren Wirkung**
>
> Mit Inkrafttreten des WEMoG verlieren auf Grundlage des derzeit noch geltenden § 27 Abs. 3 Satz 3 WEG a.F. gewählte Vertreter ihre Legitimation. Die entsprechenden Ermächtigungsbeschlüsse verlieren ihre Wirkung.

### 5.4 Verhältnis der Wohnungseigentümer zu der Gemeinschaft der Wohnungseigentümer

§ 18 Abs. 1 WEG n.F. stellt zunächst klar, dass die Verwaltung des Gemeinschaftseigentums der Gemeinschaft der Wohnungseigentümer obliegt und nicht mehr den Wohnungseigentümern. Durch die grundlegende Neuordnung der Kompetenzen der Gemeinschaft der Wohnungseigentümer ändert sich allerdings nichts daran, dass die Wohnungseigentümer die Geschicke der Gemeinschaft der Wohnungseigentümer nach wie vor durch Beschlüsse und Vereinbarungen lenken werden. Dem Verwalter werden Kompetenzen dahingehend eingeräumt, als er nach § 27 Abs. 1 Nr. 1 WEG n.F. auch ohne Beschluss ermächtigt ist, die Maßnahmen ordnungsmäßiger Verwaltung zu treffen, die lediglich untergeordnete Bedeutung haben und nicht zu erheblichen Verpflichtungen der Gemeinschaft der Wohnungseigentümer führen. Grundsätzlich bleiben also die Wohnungseigentümer die „Herren der Verwaltung". Bezüglich der konturenlosen Neuregelung der Verwalterkompetenzen, kann es im Einzelfall zu Abgrenzungsstreitigkeiten führen, welche eigenständig vom Verwalter durchgeführte Maßnahme noch von untergeordneter Bedeutung ist und welche nicht.

### 5.4.1 Anspruch auf ordnungsmäßige Verwaltung

Nach wie vor ist den Wohnungseigentümern in § 18 Abs. 2 Nr. 1 WEG n.F. ein Anspruch auf ordnungsmäßige Verwaltung eingeräumt. Dieser besteht künftig nicht mehr gegenüber den übrigen Wohnungseigentümern, sondern gegenüber der Gemeinschaft der Wohnungseigentümer. Nach wie vor muss der Wohnungseigentümer insoweit eine entsprechende Beschlussfassung initiieren, da den übrigen Wohnungseigentümern die Möglichkeit der Vorbefassung mit der begehrten Maßnahme bleiben muss. Es hat also eine Beschlussfassung entweder in einer Eigentümerversammlung zu erfolgen oder aber im Verfahren des § 23 Abs. 3 WEG n.F., wobei die Schriftform nach § 23 Abs. 3 WEG n.F. durch die Textform abgelöst wird.[143]

Für den Fall, dass die vom einzelnen Wohnungseigentümer begehrte Maßnahme in der Eigentümerversammlung keine Mehrheit findet, hat der Wohnungseigentümer die Möglichkeit, nach § 44 Abs. 1 Satz 2 WEG n.F. eine Beschlussersetzungsklage zu erheben. Rechtsgrundlage dieser Klage ist derzeit noch § 21 Abs. 8 WEG a.F. Bislang ist die Klage noch gegen die übrigen Wohnungseigentümer zu erheben. Da die Verwaltung des Gemeinschaftseigentums allerdings der Gemeinschaft der Wohnungseigentümer obliegen wird, sind auch sämtliche Beschlussklagen, also Anfechtungs-, Nichtigkeits- und Beschlussersetzungsklagen künftig gegen die Gemeinschaft der Wohnungseigentümer zu richten.[144]

### 5.4.2 Sonstige Individualansprüche der Wohnungseigentümer

Wie ausgeführt, obliegt die gesamte Verwaltung des Gemeinschaftseigentums künftig der Gemeinschaft der Wohnungseigentümer. Das WEMoG stärkt die Stellung der Gemeinschaft der Wohnungseigentümer auch insoweit, als es mit Blick auf die Ausübungsbefugnis der Rechte der Wohnungseigentümer nicht mehr nach sog. „geborenen" und „gekorenen" Ansprüchen trennt – letztere werden gar nicht mehr existieren.[145] Vielmehr werden diese künftig überwiegend als Teil der „geborenen" Anspruchskompetenzen der Gemeinschaft der Wohnungseigentümer übertragen sein, was daraus folgt, dass die Ver-

---

[143] Siehe Kap. 11.2 Beschlussfassung im Umlaufverfahren.
[144] Siehe Kap. 17 Gerichtliches Verfahren.
[145] Siehe Kap. 5.2.3 Ausübungskompetenzen.

## Die Wohnungseigentümergemeinschaft

waltung des Gemeinschaftseigentums der Gemeinschaft der Wohnungseigentümer obliegen wird.

 **Neu: Verlust des Individualanspruchs bei Verwaltungsmaßnahmen, die das Gemeinschaftseigentum betreffen**

Einzelne Wohnungseigentümer werden gegen andere Wohnungseigentümer und den Verwalter bezüglich der Verwaltungsmaßnahmen, die das Gemeinschaftseigentum betreffen, keine Individualansprüche mehr haben, die sie nach derzeit geltender Rechtslage noch ohne Beteiligung der übrigen Wohnungseigentümer bzw. der Gemeinschaft der Wohnungseigentümer geltend machen können.

Folgende Individualansprüche sind hiervon betroffen:

| Anspruchsinhalt | Anspruchsgegner |
| --- | --- |
| Anspruch auf ordnungsmäßige Verwaltung | übrige Wohnungseigentümer |
| Anspruch auf Beschlussdurchführung | Verwalter |
| Anspruch auf Beseitigung einer baulichen Veränderung | Wohnungseigentümer, der bauliche Veränderung durchgeführt hat |
| Anspruch auf Unterlassen einer zweckbestimmungswidrigen Nutzung | Wohnungseigentümer, der zweckbestimmungswidrig nutzt |
| Einberufung einer Wohnungseigentümerversammlung | Verwalter |
| Erstellen von Jahresabrechnung und Wirtschaftsplan | Verwalter |
| Einsicht in die Verwaltungsunterlagen | Verwalter |
| Erteilung der Veräußerungszustimmung | Verwalter, wenn er als Zustimmungsberechtigter fungiert |

Freilich verliert der einzelne Wohnungseigentümer vorgenannte Ansprüche nicht. Diese sind jedoch unter Geltung des WEMoG stets gegen die Gemeinschaft der Wohnungseigentümer geltend zu machen.

## 5.4.2.1 Beseitigungsanspruch bei baulicher Veränderung

**Beispiel: Beseitigung einer baulichen Veränderung**

Hat ein Wohnungseigentümer eine ungenehmigte bauliche Veränderung vorgenommen, kann nach derzeit noch geltender Rechtslage ein jeder Wohnungseigentümer den Beseitigungsanspruch unmittelbar allein gegen den Wohnungseigentümer geltend machen, der die bauliche Veränderung durchgeführt hat. Zwar kann die Gemeinschaft der Wohnungseigentümer diesen Individualanspruch durch entsprechende Beschlussfassung nach § 10 Abs. 6 Satz 3 HS 2 WEG a.F. an sich ziehen und als Prozessstandschafterin ausüben. Dies ändert aber nichts daran, dass jeder Wohnungseigentümer zunächst einmal selbst ermächtigt ist, diesen Anspruch alleine geltend zu machen.

Künftig wird die Gemeinschaft der Wohnungseigentümer alleinige Anspruchsinhaberin sein. Konkret bedarf es also nicht mehr eines entsprechenden Vergemeinschaftungsbeschlusses. Einer Beschlussfassung der Wohnungseigentümer bedarf es lediglich insoweit, den Rückbauanspruch durchzusetzen. Möchte sich also ein einzelner Wohnungseigentümer gegen eine ungenehmigte bauliche Veränderung zur Wehr setzen, muss er einen entsprechenden Beschlussantrag initiieren. Würde der Antrag von den übrigen Wohnungseigentümern mehrheitlich abgelehnt, müsste der Wohnungseigentümer zunächst eine Beschlussersetzungsklage erheben und sodann eine Beschlussausführungsklage anschließen. Diese Klage muss er gegen die Gemeinschaft der Wohnungseigentümer erheben und somit indirekt gegen sich selbst.

**Alte Rechtslage**

Nach derzeit noch geltender Rechtslage ist die Aktivlegitimation des einzelnen Wohnungseigentümers beispielsweise dann gegeben, wenn ein anderer Wohnungseigentümer im Bereich seines Balkons eine Parabolantenne errichtet oder im Bereich des Gemeinschaftseigentums Pflanztröge aufstellt. Auf Beseitigung dieser Gegenstände kann der einzelne Wohnungseigentümer den anderen in Anspruch nehmen. Hat der Wohnungseigentümer mehrere Dübellöcher in der gemeinschaftlichen Fassade zur Befestigung der Parabolantenne gebohrt, kann der einzelne Wohnungseigentümer auch die Herstellung des ursprünglichen Zustands, also eine Fassadenreparatur begehren. Dieser Anspruch steht nicht allein der Gemeinschaft der Wohnungseigentümer als „geborene" Ausübungskompetenz zu, nur weil es sich insoweit um einen Schadensersatzanspruch handelt. Der Anspruch auf Beseitigung einer baulichen Veränderung umfasst vom Grundsatz her nämlich auch die Wiederherstellung des ursprünglichen Zustands.

Zwar besteht insoweit Anspruchskonkurrenz zwischen dem einzelnen Wohnungseigentümer und der Eigentümergemeinschaft, die durch Beschlussfas-

## Die Wohnungseigentümergemeinschaft

sung den dem Wohnungseigentümer zustehenden Individualanspruch nach § 10 Abs. 6 Satz 3 HS 2 WEG a.F. an sich ziehen kann. So aber die Gemeinschaft den Individualanspruch des einzelnen Wohnungseigentümers nicht an sich zieht, verbleibt es bei der Aktivlegitimation des Wohnungseigentümers.[146]

Zieht die Eigentümergemeinschaft den dem einzelnen Wohnungseigentümer zustehenden Individualanspruch zur Ausübung an sich, ist der Wohnungseigentümer nicht mehr berechtigt, seinen Individualanspruch geltend zu machen. Die Anspruchsverfolgung muss dann durch die Gemeinschaft erfolgen. In Ausnahmefällen kann ein Vergemeinschaftungsbeschluss aber auch als rechtsmissbräuchlich und deshalb als nichtig anzusehen sein. Dies kommt insbesondere dann in Betracht, wenn

- ein einzelner Wohnungseigentümer seinen Individualanspruch bereits gerichtlich geltend macht,
- eine Rechtsverfolgung durch die Gemeinschaft der Wohnungseigentümer nicht beabsichtigt ist und
- die Beschlussfassung allein dazu dient, den laufenden Individualprozess zu beenden.[147]

**Neue Rechtslage**

Dieses System wird es nicht mehr geben. Nicht nur die Ausübung des Anspruchs auf Beseitigung einer baulichen Veränderung, sondern der Anspruch selbst wird der Gemeinschaft der Wohnungseigentümer zustehen. Gerade in dem Fall, dass die Gemeinschaft der Eigentümer nicht tätig werden will, kann der Weg für den einzelnen Wohnungseigentümer steinig werden, der die Beseitigung begehrt:

- Zunächst muss er einen entsprechenden Antrag beim Verwalter zur Beschlussfassung in der nächsten Wohnungseigentümerversammlung stellen.
- Kommt ein Mehrheitsbeschluss nicht zustande, muss der Wohnungseigentümer Beschlussersetzungsklage und sodann eine Beschlussausführungsklage gegen die Gemeinschaft der Wohnungseigentümer erheben.

Auch wenn dieser Weg für den Wohnungseigentümer von Erfolg gekrönt sein würde, besteht freilich immer noch die Möglichkeit, dass die beklagte Gemeinschaft der Wohnungseigentümer in Berufung geht. Dies ist freilich Risiko eines jeden Klägers. Das WEMoG erschwert jedenfalls dem einzelnen Wohnungseigentümer, Ansprüche bezüglich des Gemeinschaftseigentums durchzusetzen.

---

[146] BGH, Urteil v. 26.10.2018, V ZR 328/17, NZM 2019 S. 256.
[147] BGH, Urteil v. 26.10.2018, a.a.O.

## Die Wohnungseigentümergemeinschaft

### 5.4.2.2 Unterlassungsanspruch bei zweckbestimmungswidriger Nutzung

Entsprechende Grundsätze gelten im Fall der zweckbestimmungswidrigen Nutzung. Nach bislang noch geltender Rechtslage kann der zweckbestimmungswidrig nutzende Wohnungseigentümer von einem anderen Wohnungseigentümer direkt auf Unterlassung in Anspruch genommen werden. Auch diesen Anspruch kann die Gemeinschaft der Wohnungseigentümer durch entsprechende Beschlussfassung nach § 10 Abs. 6 Satz 3 HS 2 WEG a.F. an sich ziehen. Nach künftiger Rechtslage muss der Unterlassungsanspruch aber auch hier zwingend durch die Gemeinschaft der Wohnungseigentümer geltend gemacht werden. Allerdings verbleiben denjenigen Wohnungseigentümern, deren Sondereigentum konkret durch die zweckbestimmungswidrige Nutzung beeinträchtigt ist, entsprechende individuelle Abwehransprüche nach § 14 Abs. 2 Nr. 1 WEG n.F. i.V.m. § 1004 BGB.

### 5.4.2.3 Ansprüche gegen den Verwalter

Hat ein Wohnungseigentümer nach derzeitiger Rechtslage noch einen unmittelbaren Anspruch gegen den Verwalter auf Einberufung einer Wohnungseigentümerversammlung, Erstellung von Wirtschaftsplan und Jahresabrechnung oder auf Beschlussdurchführung, sind derartige Ansprüche künftig gegen die Gemeinschaft der Wohnungseigentümer zu richten und notfalls gerichtlich durchzusetzen.[148]

### 5.4.2.4 Recht zur Einsichtnahme in die Verwaltungsunterlagen

 **Neu: Einsichtsrecht in Verwaltungsunterlagen**
Gemäß § 18 Abs. 4 WEG n.F. kann jeder Wohnungseigentümer von der Gemeinschaft der Wohnungseigentümer Einsicht in die Verwaltungsunterlagen verlangen.

Obwohl gesetzlich nicht ausdrücklich geregelt, war längst anerkannt, dass es sich bei dem Recht der Wohnungseigentümer auf Einsichtnahme in die Verwaltungsunterlagen um einen Individualanspruch handelt, den jeder Wohnungseigentümer ohne Ermächtigung der übrigen und ohne vorherige Beschlussfassung geltend machen kann.[149] Dieses Recht ist nunmehr in § 18 Abs. 4 WEG n.F. kodifiziert. Ein Einsichtsrecht hat auch der ausgeschiedene Wohnungseigentümer[150], was sich ebenfalls unter Geltung des WEMoG nicht ändern wird. Wohnungseigentümer werden auch künftig kein berechtigtes Interesse an der Einsicht darlegen müssen.[151]

---

[148] Siehe Kap. 5.5 Verhältnis der Wohnungseigentümer zum Verwalter.
[149] BGH, Urteil v. 11.2.2011, V ZR 66/10, NJW 2011 S. 1137.
[150] KG Berlin, Beschluss v. 31.1.2000, 24 W 601/99, ZMR 2000 S. 401.
[151] LG Hamburg, Beschluss v. 18.1.2016, 318 T 65/15, ZMR 2016 S. 561 zur alten Rechtslage.

Wie der Wortlaut des § 18 Abs. 4 WEG n.F. unmissverständlich zum Ausdruck bringt, besteht das Recht gegenüber der Gemeinschaft der Wohnungseigentümer und nicht gegenüber dem Verwalter. So sich der Verwalter also weigern sollte, entsprechende Einsicht zu gewähren, müsste der Einsicht begehrende Wohnungseigentümer die Gemeinschaft der Wohnungseigentümer gerichtlich in Anspruch nehmen.

Einsichtsberechtigt wird nach wie vor zunächst jeder Wohnungseigentümer sein. Neben dem Wohnungseigentümer werden auch weiterhin der

- Insolvenzverwalter,
- Zwangsverwalter und der
- Testamentsvollstrecker

ein eigenständiges Einsichtsrecht haben.

**Einsichtsrecht des Vorverwalters**

Auch dem Vorverwalter wird sein Einsichtsrecht bleiben, obwohl er in § 18 Abs. 4 WEG n.F. ausdrücklich nicht erwähnt ist. Bedeutung hat das Einsichtsrecht des Vorverwalters weiterhin bezüglich einer von ihm noch zu erstellenden Jahresabrechnung. Dem Verwalter wird durch das Ausscheiden aus dem Amt die Erstellung der Jahresabrechnung für das abgelaufene Wirtschaftsjahr jedenfalls nicht unmöglich. Soweit er die Verwaltungsunterlagen inzwischen an den neuen Verwalter herausgegeben hat, steht ihm auch weiterhin ein Einsichtsrecht zu. Dieses umfasst auch die für die Abrechnung erforderlichen Unterlagen und Belege, die im Zeitpunkt des Ausscheidens aus dem Verwalteramt noch nicht vorlagen, sondern dem neuen Verwalter erst später zur Verfügung stehen, wie z.B. die auf einen Dienstleister übertragene Heizkostenabrechnung.[152]

**Vom Wohnungseigentümer autorisierte Dritte**

Von dem Recht des Wohnungseigentümers, Einsicht in die Verwaltungsunterlagen zu nehmen, wird auch weiterhin gedeckt bleiben, sich der Unterstützung und Hilfe eines weiteren Eigentümers aus der Gemeinschaft und/oder eines Rechtsanwalts zu bedienen.[153] Der Anspruch auf Einsichtsgewährung umfasst demnach auch die Möglichkeit, weitere Personen zur Vornahme der Einsicht hinzuziehen zu dürfen.[154] Lediglich im rein theoretischen Ausnahmefall, dass durch die Teilnahme von Begleitpersonen konkrete Gefahren für den störungsfreien Geschäftsbetrieb ausgehen, wird ihnen die Einsichtnahme verwehrt werden können.

Nach derzeit noch geltender Rechtslage kann der Wohnungseigentümer auch durch Dritte Einsicht in die Verwaltungsunterlagen nehmen, wenn er hieran

---

[152] BGH, Urteil v. 16.2.2018, V ZR 89/17, NJW 2018 S. 1969.
[153] LG Frankfurt a.M., Beschluss v. 20.6.2016, 2-13 S 13/14, ZMR 2016 S. 982.
[154] LG Hamburg, Urteil v. 5.10.2011, 318 S 7/11, ZMR 2012 S. 292.

ein nachvollziehbares und berechtigtes Interesse hat. Ein berechtigtes Interesse des Wohnungseigentümers an einer Einsichtnahme durch Dritte kann grundsätzlich die fehlende Sachkunde des Wohnungseigentümers oder aber auch die Stellung des Bevollmächtigten als Vertrauter und insbesondere als Mieter des Wohnungseigentümers begründen.[155] Auch diese bislang geltende Rechtslage wird sich durch das WEMoG nicht ändern.

 **Einsicht ermächtigter Dritter in die Beschluss-Sammlung**

Gemäß § 24 Abs. 7 Satz 8 WEG können Wohnungseigentümer aufgrund unveränderter Rechtslage einen Dritten ermächtigen, Einsicht in die Beschluss-Sammlung zu nehmen.

Das Führen der Beschluss-Sammlung liegt nämlich nicht lediglich im Interesse der aktuellen Wohnungseigentümer, sondern auch deren Rechtsnachfolger. Die Wohnungseigentümer sind also auch weiterhin berechtigt, einem potenziellen Rechtsnachfolger durch entsprechende Ermächtigung die Befugnis zu verleihen, Einsicht in die Beschluss-Sammlung nehmen zu können. Nach wie vor wird jedenfalls auch einem potenziellen Erwerber – wie jedem anderen Dritten auch – in § 24 Abs. 7 Satz 8 WEG kein eigenständiges Einsichtsrecht eingeräumt. Stets bedarf es der Ermächtigung seitens des Wohnungseigentümers.

### 5.4.3 Notmaßnahmen

Derzeit sind die Wohnungseigentümer noch gemäß § 21 Abs. 2 WEG a.F. berechtigt, ohne Zustimmung der anderen Wohnungseigentümer die Maßnahmen zu treffen, die zur Abwendung eines dem gemeinschaftlichen Eigentum unmittelbar drohenden Schadens notwendig sind. Die hiermit korrespondierende Bestimmung des § 18 Abs. 3 WEG n.F. übernimmt wortwörtlich den Regelungsgehalt des § 21 Abs. 2 WEG a.F., weshalb sich mit Blick auf die Befugnis zur Durchführung von Notmaßnahmen der einzelnen Wohnungseigentümer keine Änderung der Rechtslage ergeben wird.

### 5.4.4 Verpflichtung zur Beschlussfassung

§ 19 Abs. 1 WEG n.F. bringt es entgegen der bislang geltenden Rechtslage in § 21 Abs. 3 WEG a.F. deutlich zum Ausdruck: Die Wohnungseigentümer „können" nicht mehr nur über Maßnahmen ordnungsmäßiger Verwaltung beschließen, sie „beschließen" vielmehr. Der Gesetzgeber greift hier offensichtlich die Rechtsprechung des BGH[156] auf, wonach Wohnungseigentümer, die entweder an einer Beschlussfassung über erforderliche Verwaltungsmaßnahmen nicht teilnehmen oder gegen die Maßnahme stimmen, Schadens-

---

[155] LG Saarbrücken, Urteil v. 26.4.2019, 5 S 31/18, ZMR 2019 S. 798.
[156] BGH, Urteil v. 16.11.2018, V ZR 171/17.

## Die Wohnungseigentümergemeinschaft

ersatzpflichten treffen können. In erster Linie werden hiervon nach wie vor Beschlüsse über Erhaltungsmaßnahmen betroffen sein.

Wenn offensichtlich Bedarf an einer Beschlussfassung über bestimmte Verwaltungsmaßnahmen besteht und die Wohnungseigentümer in positiver Kenntnis der Notwendigkeit einer positiven Beschlussfassung über eine bestimmte Verwaltungsmaßnahme sind, können sie sich der Beschlussfassung nicht dadurch entziehen, dass sie

- der Eigentümerversammlung fernbleiben und auch keine Stimmrechtsvollmacht erteilen,
- gegen den Beschlussantrag stimmen oder
- sich ihrer Stimme enthalten.

Durch derart obstruktives Verhalten geschädigte Wohnungseigentümer haben zunächst (Schadens-)Ersatzansprüche gegen die Gemeinschaft der Wohnungseigentümer. Die Gemeinschaft der Wohnungseigentümer kann aber anschließend diejenigen Wohnungseigentümer in Regress nehmen, die pflichtwidrig eine positive Beschlussfassung verhindert haben.

 **Namentliche Dokumentation des Abstimmungsverhaltens**
Verwalter werden in entsprechenden Fällen stets zu dokumentieren haben, wer seiner Pflicht zur Mitwirkung an der Beschlussfassung über notwendige Verwaltungsmaßnahmen nicht nachgekommen ist. Andernfalls könnte sich ggf. sogar der Verwalter schadensersatzpflichtig machen.

### 5.5 Verhältnis der Wohnungseigentümer zum Verwalter

Unter Geltung des WEMoG wird der Verwalter gegenüber den einzelnen Wohnungseigentümern weder Rechte noch Pflichten haben. Eine mit dem derzeit noch geltenden § 27 Abs. 2 WEG a.F. korrespondierende Regelung wird es nicht mehr geben. Der Verwalter fungiert allein als Organ und Vertreter der Gemeinschaft der Wohnungseigentümer.

**Alte Rechtslage**
Nach derzeit noch geltender Rechtslage stehen jedem einzelnen Wohnungseigentümer neben dem Anspruch auf Beschlussdurchführung folgende Direktansprüche gegen den Verwalter zu:

- Erteilung der Veräußerungszustimmung, wenn der Verwalter als Zustimmungsberechtigter fungiert,
- Einberufung einer Wohnungseigentümerversammlung,
- Berichtigung der Versammlungsniederschrift,

- Erstellung von Wirtschaftsplan und Jahresabrechnung,
- Unterlageneinsicht.

**Neue Rechtslage**
Auch das WEMoG verpflichtet den Verwalter in

- § 12 Abs. 1 WEG im Rahmen vereinbarter Veräußerungsbeschränkung, wenn er als Zustimmungsberechtigter fungiert,
- § 24 Abs. 1 WEG zur Einberufung der Wohnungseigentümerversammlung,
- § 24 Abs. 6 WEG zur Erstellung der Versammlungsniederschrift, soweit die Wohnungseigentümer nicht ausnahmsweise eine andere Person hierzu bestimmt haben,
- § 24 Abs. 8 WEG zum Führen der Beschluss-Sammlung,
- § 27 Abs. 1 WEG zur Beschlussdurchführung, auch wenn dies nicht ausdrücklich geregelt ist,
- § 28 Abs. 1 Satz 2 WEG n.F. zur Erstellung des Wirtschaftsplans und in Abs. 2 Satz 2 WEG n.F. zur Erstellung der Jahresabrechnung,
- § 28 Abs. 4 WEG n.F. zur Erstellung des Vermögensberichts.

Das Recht auf Einsicht in die Verwaltungsunterlagen regelt § 18 Abs. 4 WEG n.F. dergestalt, dass es den einzelnen Wohnungseigentümern gegen die Gemeinschaft der Wohnungseigentümer zusteht. Insoweit ist klargestellt, dass der entsprechende Anspruch gegenüber der Gemeinschaft der Wohnungseigentümer geltend gemacht werden muss. Dies gilt aber auch für die übrigen vorerwähnten Ansprüche, bei denen das Gesetz den Verwalter unmittelbar verpflichtet. Auch dann, wenn das Gesetz einzelne Pflichten im Rahmen der Verwaltung des gemeinschaftlichen Eigentums bestimmten Organen (wie insbesondere dem Verwalter) zuordnet, handelt es sich stets um Pflichten der Gemeinschaft der Wohnungseigentümer. Insoweit wird lediglich die Organzuständigkeit zur Erfüllung dieser Aufgabe mitgeregelt.[157]

Daher ist etwa auch die Pflicht, eine Versammlung einzuberufen, in erster Linie eine Pflicht der Gemeinschaft der Wohnungseigentümer. § 24 Abs. 1 WEG n.F. weist die Erfüllung dieser Pflicht lediglich im Rahmen der internen Zuständigkeitsverteilung zwischen den Organen dem Verwalter zu. Wird pflichtwidrig keine Versammlung einberufen, richtet sich der Anspruch der Wohnungseigentümer auf Einberufung daher gegen die Gemeinschaft der Wohnungseigentümer. Konsequenterweise hat dann auch die Gemeinschaft der Wohnungseigentümer die aus etwaigen Pflichtverletzungen resultierenden

---

[157] BT-Drs. 19/18791, S. 58.

Schäden einzelner Wohnungseigentümer zu ersetzen – allerdings hätte sie dann auch einen entsprechenden Regressanspruch gegen den Verwalter.

Allerdings wird es sich beim Verwaltervertrag weiterhin um einen Vertrag mit Schutzwirkung zugunsten Dritter, der Wohnungseigentümer, handeln.[158] Geschädigte Wohnungseigentümer können also Schadensersatzansprüche direkt gegen den Verwalter geltend machen.[159]

## 5.6 Gemeinschaftsvermögen

### 5.6.1 Grundsätze

§ 9a Abs. 3 WEG n.F. ordnet bezüglich des Vermögens der Gemeinschaft der Wohnungseigentümer die entsprechende Geltung der §§ 18, 19 Abs. 1 und 27 WEG n.F. an. Insoweit obliegt die Verwaltung des Gemeinschaftsvermögens nach § 18 Abs. 1 WEG n.F. der Gemeinschaft der Wohnungseigentümer. Nach § 18 Abs. 2 Nr. 1 WEG n.F. kann ein jeder Wohnungseigentümer gegenüber der Gemeinschaft der Wohnungseigentümer eine ordnungsmäßige Verwaltung des Gemeinschaftsvermögens verlangen und ist nach § 18 Abs. 3 WEG n.F. auch berechtigt, Notmaßnahmen zu treffen. Gemäß § 19 Abs. 1 WEG n.F. regeln die Wohnungseigentümer die Verwaltung des Gemeinschaftsvermögens durch Beschlussfassung. Durch Verweis auf § 27 WEG n.F. ist der Verwalter auch zur Verwaltung des Gemeinschaftseigentums berufen.

### 5.6.2 Bestandteile des Gemeinschaftsvermögens

Das Vermögen der Gemeinschaft der Wohnungseigentümer besteht aus den im Rahmen der gesamten Verwaltung des gemeinschaftlichen Eigentums gesetzlich begründeten und rechtsgeschäftlich erworbenen Sachen und Rechte sowie den entstandenen Verbindlichkeiten.

#### 5.6.2.1 Positive Komponenten

Zum Gemeinschaftsvermögen gehören insbesondere die Ansprüche und Befugnisse aus Rechtsverhältnissen mit Dritten und Wohnungseigentümern sowie die eingenommenen Gelder. Im Einzelnen gehören zum Gemeinschaftsvermögen

- eingenommene Gelder,
- Bankguthaben,
- Rücklagen,
- Ansprüche auf Miet- und Pachtzahlungen,

---

[158] BT-Drs. 19/22634, S. 47; BGH, Urteil v. 8.2.2019, V ZR 153/18, NJW 2019 S. 3446.
[159] Siehe Kap. 17.1.4 Streitigkeiten mit dem Verwalter (§ 43 Abs. 2 Nr. 3 WEG n.F.).

**Die Wohnungseigentümergemeinschaft**

- Ansprüche auf Zahlung von Hausgeldern,
- Sonderumlagen,
- Ansprüche auf Schadensersatz,
- von der Gemeinschaft angeschaffte Immobilien,
- die Verwaltungsunterlagen,
- bevorratetes Heizöl,
- gemeinschaftliche Werkzeuge, Gartengeräte.

Daneben gehört aber auch eine zugunsten der Gemeinschaft der Wohnungseigentümer im Grundbuch eingetragene Zwangshypothek zur Sicherung einer Forderung zum Gemeinschaftsvermögen.

**Vom Gemeinschaftsvermögen zu trennen...**

**... ist das Gemeinschaftseigentum**

Das Gemeinschaftseigentum, also die Wohnanlage nebst Außenanlagen, ist den Wohnungseigentümern zu Bruchteilen zugeordnet. Insoweit bilden sie eine Bruchteilsgemeinschaft.[160]

Nicht in das Vermögen der Gemeinschaft der Wohnungseigentümer fällt auch eine Grunddienstbarkeit. Eine Grunddienstbarkeit steht nach § 1018 BGB dem jeweiligen Eigentümer des herrschenden Grundstücks zu, bei Aufteilung dieses Grundstücks in Miteigentumsanteile nach § 8 WEG also den Miteigentümern in Gemeinschaft und nicht der Gemeinschaft der Wohnungseigentümer.[161]

**... sind die Früchte des Gemeinschaftseigentums und des Gemeinschaftsvermögens**

Vom Gemeinschaftsvermögen strikt zu trennen sind die Früchte des Gemeinschaftseigentums und des Gemeinschaftsvermögens.

**Beispiel**: Im Untergeschoss der Wohnanlage befindet sich eine Tiefgarage. Daneben verfügt die Gemeinschaft auch über Außenstellplätze im Bereich des Gemeinschaftseigentums. Da diese Außenstellplätze von den Wohnungseigentümern nicht benötigt werden, sind sie aufgrund entsprechenden Mehrheitsbeschlusses an den Betreiber des im Erdgeschoss gelegenen Restaurants vermietet.

Die Außenstellplätze selbst sind nicht Eigentum der Gemeinschaft der Wohnungseigentümer. Eigentümer sind vielmehr die einzelnen

---
[160] BGH, Urteil v. 17.12.2010, V ZR 125/10, NJW 2011 S. 1351.
[161] LG Düsseldorf, Urteil v. 10.7.2018, 2b O 199/17, ZWE 2018 S. 406.

Wohnungseigentümer in ihrer Gesamtheit als Bruchteilsgemeinschaft. Die Mieteinnahmen resultieren aus der Verwaltung des Gemeinschaftseigentums, da die Vermietung von Gemeinschaftseigentum eine Verwaltungsmaßnahme darstellt. Insoweit sind die Mieteinnahmen der Gemeinschaft der Wohnungseigentümer als rechtsfähigem Verband zugeordnet. Da es sich bei diesen Mieteinnahmen um Früchte des gemeinschaftlichen Eigentums im Sinne von § 16 Abs. 1 Satz 2 WEG n.F. handelt, gebührt jedem Wohnungseigentümer ein Anteil entsprechend seines Miteigentumsanteils. Weitere Früchte des Gemeinschaftseigentums wären etwa natürliche Früchte wie das Obst des gemeinschaftlichen Gartens.

Früchte des Gemeinschaftsvermögens sind insbesondere Guthabenzinsen oder von Eigentümern gezahlte Zinsen auf Hausgeldrückstände.[162] Die Einziehung der Früchte stellt Verwaltung des gemeinschaftlichen Eigentums nach § 18 Abs. 1 WEG n.F. dar.

**Einzelner hat keinen Anteil**
Konsequenz der Zuordnung des Gemeinschaftsvermögens zur Gemeinschaft der Wohnungseigentümer ist, dass der einzelne Wohnungseigentümer grundsätzlich keinen Anteil an diesem Vermögen hat, mit Ausnahme seiner Früchte. Dies gilt insbesondere für die Instandhaltungsrücklage (künftig: Erhaltungsrücklage). Der einzelne Wohnungseigentümer hat keinen Anteil an der Instandhaltungsrücklage – auch keinen ideellen. Dies gilt selbstverständlich auch dann, wenn in der Jahresabrechnung entsprechende Anteile ausgewiesen werden. Grundsätzlich ist der Verwalter auch nicht verpflichtet, den – nicht vorhandenen – Anteil eines Wohnungseigentümers am Rücklagevermögen auszuweisen. Dennoch finden sich in der Praxis häufig entsprechende Angaben und sind auch im Sinne der Wohnungseigentümer. Im Fall der Veräußerung von Wohnungseigentum erfolgt regelmäßig die Angabe eines Anteils an der Instandhaltungsrücklage aus steuerlichen Zwecken. Allerdings ist vom BFH bislang noch nicht geklärt, ob der getrennte Ausweis eines Kaufpreisteils für die Instandhaltungsrücklage zu einer Reduzierung der Grunderwerbsteuer führt.[163]

---
[162] BGH, Urteil v. 11.10.2013, V ZR 271/12, NJW 2014 S. 145.
[163] Derzeit vor dem BFH anhängiges Verfahren, II R 49/17, aufgrund Urteil des FG Köln v. 17.10.2017, 5 K 2297/16, wonach die grunderwerbsteuerliche Bemessungsgrundlage beim Erwerb von Teileigentum nicht um ein übernommenes Guthaben aus einer Instandhaltungsrücklage gemindert werden darf, da die Instandhaltungsrücklage allein Gemeinschaftsvermögen darstellt.

**Kein Auseinandersetzungsanspruch einzelner Wohnungseigentümer**

Da das Gemeinschaftsvermögen zwingend der Gemeinschaft der Wohnungseigentümer zugeordnet ist, haben einzelne Wohnungseigentümer auch keinen Anspruch auf Auseinandersetzung dieses Vermögens, da die Wohnungseigentümergemeinschaft nach § 11 Abs. 1 WEG n.F. unauflöslich ist, wenn nicht der Ausnahmefall des § 11 Abs. 1 Satz 3 WEG n.F. einer Vereinbarung für den Fall der ganzen oder teilweisen Zerstörung der Wohnanlage existiert.

### 5.6.2.2 Negative Komponenten

Zum Gemeinschaftsvermögen gehören als negative Komponenten insbesondere die Verbindlichkeiten der Gemeinschaft der Wohnungseigentümer. Zu diesen Verbindlichkeiten gehören sämtliche Ansprüche gegen die Gemeinschaft der Wohnungseigentümer von außenstehenden Dritten, wie etwa der Werklohn des Handwerkers, Ansprüche von Versorgungsunternehmen oder aber auch das Verwalterhonorar. Daneben gehören zu den gemeinschaftlichen Verbindlichkeiten auch Ansprüche der einzelnen Wohnungseigentümer gegen die Gemeinschaft. Hierbei kann es sich um folgende Ansprüche handeln:

- Ansprüche aus einer Notgeschäftsführung,
- Schadensersatzansprüche wegen Schäden im Sondereigentum wegen unterlassener Beschlussfassung über erforderliche Erhaltungsmaßnahmen am Gemeinschaftseigentum und
- Rückzahlungsansprüche nach Beschlussfassung über die auf Grundlage der Jahresabrechnung beschlossenen Beitragsanpassungen, soweit eine positive Abrechnungsspitze besteht.

Nach der durch das WEMoG eingeführten Neuregelung in § 28 Abs. 4 WEG n.F., wird der Verwalter jährlich einen Vermögensbericht zu erstellen und den Wohnungseigentümern zur Verfügung zu stellen haben.[164]

### 5.7 Modifiziertes Haftungssystem

Das Haftungssystem innerhalb der Gemeinschaften der Wohnungseigentümer wird sich mit Inkrafttreten des WEMoG einschneidend ändern. Im Zuge der Überleitung der Verwaltungszuständigkeit von den Wohnungseigentümern auf die Gemeinschaft der Wohnungseigentümer, wird als Haftungssubjekt künftig in erster Linie die Gemeinschaft der Wohnungseigentümer eine zentrale Rolle spielen, freilich mit entsprechenden Regressmöglichkeiten insbesondere gegen den Verwalter. Da es sich bei dem Verwaltervertrag

---

[164] Siehe Kap. 13.3 Vermögensbericht.

## Die Wohnungseigentümergemeinschaft

aber nach wie vor um einen Vertrag mit Schutzwirkung zugunsten Dritter und hier insbesondere der Wohnungseigentümer handeln wird, ist weiterhin ein effektiver Rechtsschutz der Wohnungseigentümer gesichert.

### 5.7.1 Haftung der Gemeinschaft der Wohnungseigentümer

#### 5.7.1.1 Erhaltungsmaßnahmen

> **Beispiel: Fall 1: Unvollständige und verzögerte Instandsetzung**

Im Bereich einer vermieteten Wohnungseigentumseinheit kommt es zu Feuchtigkeitsschäden am Gemeinschaftseigentum. Die Wohnungseigentümer beschließen entsprechende Erhaltungs- bzw. Instandsetzungsmaßnahmen. Der Verwalter beauftragt einen Architekten bezüglich der Ausarbeitung eines geeigneten Sanierungskonzepts und anschließend ein Fachunternehmen mit der Durchführung der Maßnahmen. Nach Abschluss der Arbeiten teilt das Unternehmen mit, dass die Feuchtigkeit nicht vollständig beseitigt sei. Die betroffene Wohnungseigentümerin gibt ein Privatgutachten in Auftrag. Auch der Sachverständige bestätigt, dass Feuchtigkeit vorhanden ist. Das Gutachten wird dem Verwalter übergeben. Erstmals nach 2 1/2 Jahren setzt er die übrigen Wohnungseigentümer hierüber im Rahmen einer Eigentümerversammlung in Kenntnis. Die Wohnung ist mittlerweile unbewohnbar. Die Wohnungseigentümerin macht nun Schadensersatzansprüche wegen des Mietausfalls und der Kosten des Privatgutachters in Höhe von 15.000 EUR geltend.

#### 5.7.1.1.1 Alte Rechtslage

Durch die fehlerhafte Planung seitens des beauftragten Architekten, insbesondere aber infolge der verzögerten Bearbeitung der Angelegenheit durch den Verwalter, ist der vermietenden Wohnungseigentümerin ein Schaden entstanden. Wie der BGH[165] aktuell in Fortführung seiner Rechtsprechung[166] zur bislang noch geltenden Rechtslage klargestellt hat, trifft die Gemeinschaft der Wohnungseigentümer keine Haftung. Der mit dem Architekten abgeschlossene Vertrag ist ein solcher mit Schutzwirkung zugunsten Dritter, nämlich der Wohnungseigentümer. Aus diesem Grund bestehen keine Ansprüche etwa geschädigter Wohnungseigentümer gegen die Gemeinschaft der Wohnungseigentümer, sondern nur Ansprüche gegenüber dem beauftragten Sonderfachmann. Auch wegen der Pflichtverletzung des Verwalters bestehen keine Ansprüche gegen die Gemeinschaft der Wohnungseigentümer, sondern ausschließlich gegen den Verwalter. Dies wird sich in Zukunft ändern.

---

[165] BGH, Urteil v. 13.12.2019, V ZR 43/19, NJW 2020 S. 8.
[166] Vgl. BGH, Urteil v. 8.6.2018, V ZR 125/17, NJW 2018 S. 3305.

## 5.7.1.1.2 Neue Rechtslage

 **Neu: Auch die Gemeinschaft der Wohnungseigentümer haftet geschädigten Wohnungseigentümern**

Da die Verwaltung des Gemeinschaftseigentums nach § 18 Abs. 1 WEG n.F. der Gemeinschaft der Wohnungseigentümer obliegt, wird sie künftig auch als Anspruchsgegnerin für geschädigte Wohnungseigentümer infrage kommen, und zwar sowohl was Pflichtverletzungen des Verwalters betrifft, als auch Pflichtverletzungen seitens der Gemeinschaft der Wohnungseigentümer beauftragter Sonderfachleute oder Fachunternehmen. Letztere werden als deren Erfüllungsgehilfen tätig.

Auf Grundlage des Beispielfalls 1 ergibt sich Folgendes:

- Die Gemeinschaft der Wohnungseigentümer haftet den Wohnungseigentümern für Pflichtverletzungen des Verwalters entsprechend § 31 BGB. Die Bestimmung entstammt dem Vereinsrecht, wonach der Verein für Pflichtverletzungen u.a. seines Vorstands haftet und findet im Bereich des Wohnungseigentumsrechts entsprechende Anwendung. Freilich kann die Gemeinschaft der Wohnungseigentümer den Verwalter entsprechend in Regress nehmen. Anspruchsgrundlage für die geschädigten Wohnungseigentümer stellt die Bestimmung des § 280 Abs. 1 oder Abs. 2 BGB dar.[167] Hintergrund ist die gesetzliche Neuregelung, dass die Verwaltung des Gemeinschaftseigentums gemäß § 18 Abs. 1 WEG n.F. der Gemeinschaft der Wohnungseigentümer obliegt und der Verwalter insoweit als (Ausführungs-)Organ fungiert. Die Pflicht zur Durchführung der Beschlüsse obliegt also der Gemeinschaft der Wohnungseigentümer, auch wenn im Innenverhältnis der Verwalter hierzu verpflichtet ist. Die Gemeinschaft der Wohnungseigentümer ist also selbst verpflichtet, den Verwalter zur Erfüllung seiner Pflicht anzuhalten und haftet, wenn sie dem nicht nachkommt[168] nach § 280 BGB oder ihr wird das Verhalten des Verwalters in analoger Anwendung von § 31 BGB zugerechnet.[169]
Die Gemeinschaft der Wohnungseigentümer haftet daneben den Wohnungseigentümern für Pflichtverletzungen der von ihr beauftragten Handwerker, Fachunternehmen sowie Sonderfachleuten und anderen Dienstleistern, da diese als Erfüllungsgehilfen der Gemeinschaft der Wohnungseigentümer fungieren. Die Haftung folgt insoweit den §§ 280 Abs. 1, 241 Abs. 2 BGB i.V.m. § 278 BGB.

- Der Verwalter soll den Wohnungseigentümern im Fall von Schadensersatz begründenden Pflichtverletzungen nach den Grundsätzen des Vertrags mit

---
[167] BGH, Urteil v. 8.6.2018, a.a.O.
[168] BGH, Urteil v. 13.7.2012, V ZR 94/11, NJW 2012 S. 2955.
[169] BGH, Urteil v. 17.10.2014, V ZR 9/14, BGHZ 202 S. 375.

Schutzwirkung zugunsten Dritter weiterhin gegenüber haften. Dies passt sich zwar nicht schlüssig in das System des Vertrags mit Schutzwirkung ein, da den Wohnungseigentümern gegenüber die Gemeinschaft der Wohnungseigentümer als Haftungssubjekt zur Verfügung steht. Allerdings stellt die Gemeinschaft der Wohnungseigentümer immer noch einen Verband sui generis dar und die unmittelbare Haftung des Verwalters bietet mit Blick auf seine Versicherungspflicht selbstverständlich einen besonderen Vorteil.[170]

- Die von der Gemeinschaft der Wohnungseigentümer beauftragten Handwerker, Fachunternehmen sowie Sonderfachleute und anderen Dienstleister haften den Wohnungseigentümern gegenüber dann, wenn man weiterhin die Auffassung vertritt, den entsprechend bestehenden Vertragsverhältnissen käme ebenfalls eine Schutzwirkung zugunsten Dritter zu. Wie bereits ausgeführt, hat der BGH dies jedenfalls für die derzeit noch geltende Rechtslage bejaht. Zu berücksichtigen ist hier allerdings, dass die Verwaltung des Gemeinschaftseigentums derzeit noch Aufgabe der Wohnungseigentümer ist. Welche Auswirkungen es haben wird, dass diese Aufgabe nunmehr der Gemeinschaft der Wohnungseigentümer obliegt und diese eben als Haftungssubjekt zur Verfügung steht, wird die Rechtsprechung klären müssen. Die Gesetzesmaterialien verhalten sich hierzu nicht.

Als Anspruchsgegner stehen der geschädigten Wohnungseigentümerin zunächst einmal sowohl die Gemeinschaft der Wohnungseigentümer, der Verwalter als auch ggf. der Architekt zur Verfügung.

### 5.7.1.1.3 Vertiefung: Vertrag mit Schutzwirkung zugunsten Dritter

Eine Einbeziehung des Dritten ist nach der Rechtsprechung des Bundesgerichtshofs und der überwiegenden Meinung in der Literatur abzulehnen, wenn ein Schutzbedürfnis des Dritten nicht besteht. Sie ist im allgemeinen dann zu verneinen, wenn dem Dritten eigene vertragliche Ansprüche – gleich gegen wen – zustehen, die denselben oder zumindest einen gleichwertigen Inhalt haben wie diejenigen Ansprüche, die ihm über eine Einbeziehung in den Schutzbereich eines Vertrags zukämen. (BGH, Urteil v. 18.2.2014, VI ZR 383/12, NJW 2014 S. 2577 für öffentlich-rechtliches Verwahrungsverhältnis mit entsprechender Anwendung der §§ 688 ff. BGB) Allerdings entfällt der Drittschutz nicht, wenn der andere Anspruch andere Voraussetzungen hat oder nicht gleichwertig ist.[171]

Die Ansprüche wären tatsächlich auch nicht gleichwertig. Der geschädigte Wohnungseigentümer hat gegen den Verwalter, aber auch gegen den Architekten Anspruch auf vollen Schadensersatz, wohingegen er als Mitglied der Gemeinschaft der Wohnungseigentümer gegen diese im Innenverhältnis zwar

---

[170] BT-Drs 19/22634 S. 47; siehe Kap. 6.6.1 Typologie des Verwaltervertrags.
[171] BGH, Urteil v. 18.2.2014, a.a.O.; Urteil v. 8.6.2004, X ZR 283/02, BB 2004 S. 2180.

zunächst ebenfalls einen Anspruch auf Schadensersatz hat, der allerdings – entweder über die Jahresabrechnung oder eine zu erhebende Sonderumlage – um seinen Anteil gemindert ist, weil er sich als Mitglied der Gemeinschaft der Wohnungseigentümer ebenfalls an der Finanzierung seines Schadensersatzanspruchs beteiligen muss. Zwar kann er insoweit also zunächst vollen Schadensersatzanspruch gegenüber der Gemeinschaft der Wohnungseigentümer geltend machen, spätestens aber im Rahmen der Beschlussfassung über die Festsetzung der Hausgeldanpassung bzw. Hausgeldnachschüsse nach § 28 Abs. 2 Satz 1 WEG n.F. auf Grundlage der Jahresabrechnung, würde er im Innenverhältnis entsprechend mit dem auf ihn nach dem jeweils geltenden Kostenverteilungsschlüssel entfallenden Anteil belastet.

### Beispiel: Schadensersatz-Realisierung

Die Wohnungseigentümergemeinschaft besteht aus 10 Wohnungseigentümern, die jeweils Eigentümer einer Wohnung sind. Infolge verzögerter Beschlussdurchführung seitens des Verwalters ist einem Wohnungseigentümer an seinem Sondereigentum ein Schaden in Höhe von 15.000 EUR entstanden.

- Würde er die Gemeinschaft der Wohnungseigentümer entsprechend auf Schadensersatz in Anspruch nehmen, könnte er zwar zunächst seinen Anspruch in voller Höhe durchsetzen. Bereits dann aber, wenn ein Beschluss über die Erhebung einer entsprechenden Sonderumlage gefasst würde, wäre er entsprechend des geltenden Kostenverteilungsschlüssels anteilig mit Beitragszahlungen zu dieser Sonderumlage belastet, spätestens aber im Rahmen der Beschlussfassung nach § 28 Abs. 2 Satz 1 WEG n.F. Angenommen, die Kostenverteilung würde nach dem Objektprinzip erfolgen, würde sich im Ergebnis nur ein Ersatzanspruch in Höhe von 13.500 EUR realisieren lassen.

- Würde er den Verwalter direkt auf Schadensersatz in Anspruch nehmen, würde er in den Genuss des vollen Schadensersatzes in Höhe von 15.000 EUR kommen.

Zwar hätte die Gemeinschaft der Wohnungseigentümer bei ihrer Inanspruchnahme seitens des geschädigten Wohnungseigentümers einen Regressanspruch gegen den Verwalter in Höhe von 15.000 EUR, weshalb für den geschädigten Wohnungseigentümer dann tatsächlich vollständiger Schadensersatz in Höhe von 15.000 EUR realisierbar wäre. Zunächst aber sind die Ansprüche nicht gleichwertig.

### 5.7.1.1.4 Weitere Falllösung

Die Gemeinschaft der Wohnungseigentümer und der Verwalter müssten vorliegend als Gesamtschuldner nach § 421 BGB haften, berücksichtigt man, dass die Primärleistungspflicht bei der Gemeinschaft der Wohnungseigentümer liegt und die Haftung den primären Pflichten folgt.[172] Entsprechende Grundsätze würden mit Blick auf seitens der Gemeinschaft beauftragte Sonderfachleute, Handwerker, Fachunternehmen oder sonstige Dienstleister gelten, wollte man weiterhin annehmen, dass entsprechende Vertragsverhältnisse Drittwirkung für die Wohnungseigentümer entfalten. Im vorliegenden Fall besteht allerdings die Besonderheit, dass zwar dem Architekten der Vorwurf einer Schlechterfüllung des Architektenvertrags zum Vorwurf zu machen ist, allerdings maßgeblich zu berücksichtigen ist, dass die Wohnung der Wohnungseigentümerin insbesondere aufgrund der äußerst zögerlichen Behandlung der Angelegenheit durch den Verwalter unbewohnbar geworden ist. Zwecks Vereinfachung sei einmal unterstellt, dass bei zeitnaher Bearbeitung der Angelegenheit seitens des Verwalters gar kein Schaden eingetreten wäre.

**Mitverschulden**

Abhängig von den Maßgaben des konkreten Einzelfalls, ist stets ein Mitverschulden des Geschädigten zu berücksichtigen. Ein Mitverschulden im Sinne von § 254 Abs. 1 BGB liegt vor, wenn der Geschädigte diejenigen Sorgfaltspflichten missachtet, die ein ordentlicher und verständiger Mensch zur Vermeidung eines eigenen Schadens anzuwenden pflegt. Es handelt sich hierbei um ein Verschulden „gegen sich selbst".[173]

Mit Blick auf den Zeitablauf von 2,5 Jahren seit Gutachtenerstattung, wird es maßgeblich darauf ankommen, welche Initiativen die geschädigte Wohnungseigentümerin ergriffen hatte, um den Verwalter über die Gemeinschaft der Wohnungseigentümer zur zeitnahen weiteren Maßnahmenergreifung zu bewegen. Grundsätzlich steht vorliegend ein Mitverschulden der geschädigten Wohnungseigentümerin jedenfalls im Raum. Inwieweit sich dieses auf die Höhe ihres Schadensersatzanspruchs auswirken wird, obliegt der Beurteilung des Tatrichters.

**Vorrangige Inanspruchnahme des Verwalters?**

Ob die geschädigte Wohnungseigentümerin aus dem aus dem Gemeinschaftsverhältnis immanenten Treueverhältnis gehalten wäre, zunächst ihre Schadensersatzansprüche lediglich gegen den Verwalter geltend zu machen, vermag nicht fernliegen, da auch die übrigen über die Gemeinschaft der Wohnungseigentümer kostentragungsverpflichteten Wohnungseigentümer schlicht nichts dafür können, dass der Verwalter seine Hausaufgaben nicht gemacht hat und auch die geschädigte Wohnungseigentümerin offensichtlich

---

[172] BGH, Urteil v. 8.6.2018, V ZR 125/17, NJW 2018 S. 3305.
[173] BGH, Urteil v. 9.12.1997, VI ZR 229/96, ZMR 1998 S. 212.

nicht auf eine zeitnahe Schadensbeseitigung gedrängt hatte.[174] Dies ist nicht nur naheliegend, sondern sogar erforderlich. Dies gilt insbesondere im Hinblick auf den nach § 15 MaBV verpflichtenden Versicherungsschutz der Verwalter. Auch Wohnungseigentümer sind wegen den aus dem Gemeinschaftsverhältnis folgenden Treuepflichten verpflichtet, nicht den schädigenden Miteigentümer auf Schadensausgleich in Anspruch zu nehmen, wenn der geltend gemachte Schaden Bestandteil des versicherten Interesses ist, der Gebäudeversicherer nicht Regress nehmen könnte und nicht besondere Umstände vorliegen, die ausnahmsweise eine Inanspruchnahme des Schädigers durch den Geschädigten rechtfertigen. Aufgrund dieser Rechtslage dürfte auch einer Streitverkündung gegenüber der Gemeinschaft der Wohnungseigentümer nichts im Wege stehen, obwohl im Übrigen im Fall gesamtschuldnerischer Haftung nicht die Möglichkeit besteht, einen der beiden Gesamtschuldner in Anspruch zu nehmen und dem anderen den Streit zu verkünden.

Gemäß § 72 Abs. 1 ZPO ist eine Streitverkündung unter anderem dann zulässig, wenn die Partei im Zeitpunkt der Streitverkündung aus in diesem Augenblick naheliegenden Gründen für den Fall des ihr ungünstigen Ausgangs des Rechtsstreits einen Anspruch auf Schadloshaltung gegen einen Dritten erheben zu können glaubt. Die Streitverkündung ist ein in erster Linie den Interessen des Streitverkünders dienender prozessualer Behelf, der dazu bestimmt ist, verschiedene Beurteilungen desselben Tatbestands zu vermeiden, das heißt den Streitverkünder durch die Bindungswirkung gemäß §§ 74, 68 ZPO vor dem Risiko zu bewahren, dass er wegen der materiell-rechtlichen Verknüpfung der im Vor- und Folgeprozess geltend gemachten bzw. geltend zu machenden Ansprüche mehrere Prozesse führen muss, dabei aber Gefahr läuft, alle zu verlieren, obwohl er zumindest einen gewinnen müsste.

Unzulässig ist eine Streitverkündung seitens des Klägers des Vorprozesses wegen solcher Ansprüche, die nach Lage der Dinge von vornherein sowohl gegenüber dem Beklagten des Vorprozesses als auch gegenüber dem Dritten geltend gemacht werden können, für die also aus der Sicht des Streitverkünders schon im Zeitpunkt der Streitverkündung eine gesamtschuldnerische Haftung des Beklagten und des Dritten in Betracht kommt. In einem derartigen Fall kommt es auch im Zeitpunkt der Streitverkündung nicht mehr auf einen für den Streitverkünder ungünstigen Ausgang des Vorprozesses an.[175] Eben dieser Grundsatz dürfte im Fall der gesamtschuldnerischen Haftung der Gemeinschaft der Wohnungseigentümer und derjenigen des Verwalters nicht gelten.

---

[174] BGH, Urteil v. 10.11.2006, V ZR 62/06, NJW 2007, 292; LG Stuttgart, Urteil v. 11.5.2016, 10 S 2/16, ZMR 2016 S. 733.
[175] BGH, Urteil v. 7.5.2015, VII ZR 104/14, NJW-RR 2015 S. 1058.

### 5.7.1.2 Verletzung der Verkehrssicherungspflicht

> **Beispiel: Fall 2: Verletzung von Verkehrssicherungspflichten[176]**
>
> Das im Bereich des gemeinschaftlichen Eigentums abgestellte Auto einer Wohnungseigentümerin wird durch einen herabfallenden Ast beschädigt. Die Gemeinschaft der Wohnungseigentümer hat mit einem Fachunternehmen einen Vertrag über die Durchführung von „verkehrssicherheitsrelevanten und baumpflegerischen Schnittmaßnahmen" geschlossen. Das Unternehmen hatte gegenüber der Gemeinschaft der Wohnungseigentümer einen verkehrssicheren Zustand der Bäume bestätigt.

#### 5.7.1.2.1 Alte Rechtslage

Nach bisheriger unklarer und höchst streitiger Rechtslage scheidet eine Haftung der Gemeinschaft der Wohnungseigentümer aus. Die Erfüllung von Verkehrssicherungspflichten gehört zwar zur ordnungsmäßigen Verwaltung. Für diese ist die Gemeinschaft der Wohnungseigentümer im Verhältnis zu den Wohnungseigentümern jedoch nicht zuständig, da die Verwaltung des Gemeinschaftseigentums nach derzeit noch geltender Rechtslage den Wohnungseigentümern obliegt. Außenstehenden Dritten als Geschädigten haftete die Gemeinschaft der Wohnungseigentümer allerdings ohnehin bereits nach bislang noch geltender Rechtslage.

#### 5.7.1.2.2 Neue Rechtslage

Unter Geltung des WEMoG wird die Verwaltung des Gemeinschaftseigentums der Gemeinschaft der Wohnungseigentümer obliegen. Insoweit kommt ihre Haftung gegenüber der Wohnungseigentümerin wegen einer Verletzung der Verkehrssicherungspflicht durchaus in Betracht, da die Erfüllung der auf das Gemeinschaftseigentum bezogenen Verkehrssicherungspflichten gerade zu einer ordnungsmäßigen Verwaltung zählt.

#### 5.7.1.2.3 Falllösung

- **Anspruch gegen das beauftragte Fachunternehmen**
  Dieser besteht unzweifelhaft gemäß § 823 BGB, da es ja gerade einen verkehrssicheren Zustand der Bäume bescheinigt hatte.

- **Anspruch gegen den Verwalter**
  Mit Blick auf eine mögliche Haftung des Verwalters, wird es maßgeblich darauf ankommen, ob dieser das Unternehmen ausreichend überwacht und kontrolliert hatte. Allerdings ist dem Verwalter ein Verschulden nicht zum Vorwurf zu machen.

---

[176] Fall nach BGH, Urteil v. 13.12.2019, V ZR 43/19, WuM 2020 S. 233.

## Die Wohnungseigentümergemeinschaft

- **Anspruch gegen die Gemeinschaft der Wohnungseigentümer**
  Die Gemeinschaft der Wohnungseigentümer haftet gemäß §§ 280 Abs. 1, 241 Abs. 2 BGB i.V.m. § 278 BGB, da das Fachunternehmen als ihr Erfüllungsgehilfe tätig wurde. Die Gemeinschaft der Wohnungseigentümer würde aber auch für ein Verschulden des Verwalters bezüglich mangelhafter Überwachung und Kontrolle dieses Unternehmens entsprechend § 31 BGB haften, allerdings ist dem Verwalter nichts vorzuwerfen.

- **Mitverschulden**
  Die Frage eines Mitverschuldens der Wohnungseigentümerin stellt sich vorliegend nicht, da das beauftragte Unternehmen gerade einen verkehrssicheren Zustand der Bäume bestätigt hatte.

### 5.7.2 Außenhaftung der Wohnungseigentümer

| WEG a.F. | WEG n.F. |
|---|---|
| **§ 10 Allgemeine Grundsätze** | **§ 9a Gemeinschaft der Wohnungseigentümer** |
| (8) ¹Jeder Wohnungseigentümer haftet einem Gläubiger nach dem Verhältnis seines Miteigentumsanteils (§ 16 Abs. 1 Satz 2) für Verbindlichkeiten der Gemeinschaft der Wohnungseigentümer, die während seiner Zugehörigkeit zur Gemeinschaft entstanden oder während dieses Zeitraums fällig geworden sind; für die Haftung nach Veräußerung des Wohnungseigentums ist § 160 des Handelsgesetzbuches entsprechend anzuwenden. ²Er kann gegenüber einem Gläubiger neben den in seiner Person begründeten auch die der Gemeinschaft zustehenden Einwendungen und Einreden geltend machen, nicht aber seine Einwendungen und Einreden gegenüber der Gemeinschaft. ³Für die Einrede der Anfechtbarkeit und Aufrechenbarkeit ist § 770 des Bürgerlichen Gesetzbuches entsprechend anzuwenden. ⁴Die Haftung eines Wohnungseigentümers ge- | (4) ¹Jeder Wohnungseigentümer haftet einem Gläubiger nach dem Verhältnis seines Miteigentumsanteils (§ 16 Absatz 1 Satz 2) für Verbindlichkeiten der Gemeinschaft der Wohnungseigentümer, die während seiner Zugehörigkeit entstanden oder während dieses Zeitraums fällig geworden sind; für die Haftung nach Veräußerung des Wohnungseigentums ist § 160 des Handelsgesetzbuchs entsprechend anzuwenden. ²Er kann gegenüber einem Gläubiger neben den in seiner Person begründeten auch die der Gemeinschaft der Wohnungseigentümer zustehenden Einwendungen und Einreden geltend machen, nicht aber seine Einwendungen und Einreden gegenüber der Gemeinschaft **der Wohnungseigentümer**. ³Für die Einrede der Anfechtbarkeit und Aufrechenbarkeit ist § 770 des Bürgerlichen Gesetzbuchs entsprechend anzuwenden. |

## Die Wohnungseigentümergemeinschaft

> genüber der Gemeinschaft wegen nicht ordnungsmäßiger Verwaltung bestimmt sich nach Satz 1.

### 5.7.2.1 Alte Rechtslage

Die derzeit noch in § 10 Abs. 8 WEG a.F. geregelte unmittelbare Außenhaftung der Wohnungseigentümer wird künftig in § 9a Abs. 4 WEG n.F. geregelt sein. Ihr Regelungsgehalt bleibt bis auf § 10 Abs. 8 Satz 4 WEG a.F. unverändert, der durch das WEMoG aufgehoben wird. Derzeit regelt Satz 4 der Vorschrift noch, dass sich die Haftung eines Wohnungseigentümers gegenüber der Gemeinschaft wegen nicht ordnungsmäßiger Verwaltung ebenfalls nach seinem Miteigentumsanteil richtet.

Grundsätzlich trifft jeden Wohnungseigentümer die Pflicht, der Gemeinschaft der Wohnungseigentümer durch entsprechende Beschlussfassung die finanzielle Grundlage zur Begleichung der laufenden Verpflichtungen zu verschaffen. Die Gemeinschaft muss schlicht in der Lage sein, Rechnungen von Handwerkern, Dienstleistern und insbesondere Versorgungsunternehmen bezahlen zu können. Verstoßen die Eigentümer gegen diese Pflicht beispielsweise dadurch, dass sie nicht auf einen Beschluss über die Bereitstellung ausreichender finanzieller Mittel hinwirken, so haftet der einzelne Wohnungseigentümer gegenüber der Gemeinschaft insoweit anteilig beschränkt in Höhe seines Miteigentumsanteils.

> **Beispiel: Verweigerte Sonderumlage**
>
> Aufgrund von Liquiditätsengpässen initiiert der Verwalter eine Beschlussfassung über die Erhebung einer Sonderumlage. Der Beschlussantrag wird mehrheitlich abgelehnt. Die Handwerkerrechnung kann nicht ausgeglichen werden. Erst im Laufe des Rechtsstreits des Handwerkers gegen die Gemeinschaft wird auf erneute Initiative des Verwalters der Beschluss gefasst. Nachdem die Beiträge seitens der Wohnungseigentümer gezahlt wurden, leistet der Verwalter Zahlung an den Unternehmer einschließlich bis dato aufgelaufener Zinsen. Der Rechtsstreit wird in der Hauptsache für erledigt erklärt, die Kosten des Verfahrens werden der Gemeinschaft der Wohnungseigentümer auferlegt.

Durch das zunächst obstruktive Verhalten einiger Wohnungseigentümer konnte der ursprüngliche Beschluss über die Erhebung der Sonderumlage nicht gefasst werden. Durch dieses Verhalten ist der Gemeinschaft der Wohnungseigentümer ein Schaden in Form von Verzugszinsen und Verfahrenskosten entstanden. Für diese Schäden haften nun diejenigen Wohnungseigentümer gegenüber der Gemeinschaft der Wohnungseigentümer, die sich ihrer Stimme enthalten oder mit „Nein" gestimmt haben. Der Höhe nach ist ihre Haftung auf ihren Miteigentumsanteil beschränkt.

### 5.7.2.2 Neue Rechtslage

Diese Haftungsbeschränkung wird es künftig unter Geltung des WEMoG nicht mehr geben. Hat also beispielsweise ein Mehrheitseigentümer durch sein Stimmverhalten den bei der Gemeinschaft der Wohnungseigentümer entstandenen Schaden provoziert, soll er für diesen auch in voller Höhe in Anspruch genommen werden können. Haben mehrere Wohnungseigentümer durch ihr Stimmverhalten den Schaden provoziert, haften sie im Übrigen als Gesamtschuldner.

**Keine „Sozialansprüche"**

Im Übrigen ist bei der Außenhaftung der Wohnungseigentümer auf Grundlage des § 9a Abs. 4 WEG n. F. weiterhin zu beachten, dass die Haftung ausnahmsweise auch für Forderungen eines Wohnungseigentümers besteht, dem die Gemeinschaft der Wohnungseigentümer wie einem sonstigen Dritten gegenübersteht, etwa weil dieser für die Gemeinschaft als Handwerker oder als Rechtsanwalt tätig war.

Für Sozialansprüche der Wohnungseigentümer gegen die Gemeinschaft ist die Vorschrift nach wie vor nicht anwendbar. Dies gilt auch für Ansprüche aus einer Notgeschäftsführung des Wohnungseigentümers.[177] Und wichtig: Dies gilt unabhängig davon, ob eine Befriedigung aus dem Gemeinschaftsvermögen zu erwarten ist oder nicht!

### 5.7.2.3 Erhebliche Brisanz mit Blick auf bauliche Veränderungen!

§ 9a Abs. 4 WEG n. F. wird auf Grundlage der Änderungen des Rechts der baulichen Veränderung durch das WEMoG eine ganz erhebliche Brisanz zukommen. Für den Fall, dass die Wohnungseigentümer einem einzelnen oder einigen von ihnen auf Grundlage des § 20 Abs. 2 WEG n. F. zwar eine bauliche Veränderung des Gemeinschaftseigentums gestatten, diese aber aufgrund einer Ermessensentscheidung der Wohnungseigentümer nach § 20 Abs. 2 Satz 2 WEG n. F. durch die Gemeinschaft der Wohnungseigentümer auf Kosten der bauwilligen Wohnungseigentümer durchgeführt werden soll, ist sie auch im Namen der Gemeinschaft der Wohnungseigentümer in Auftrag zu geben. Das hat aber im Außenverhältnis unmittelbar zur Folge, dass sämtliche Wohnungseigentümer den mit der Umsetzung der Baumaßnahme beauftragten Unternehmen über ihren Miteigentumsanteil der Außenhaftung des § 9a Abs. 4 WEG n. F. ausgesetzt sind. Entsprechendes gilt auch für die

---

[177] BGH, Urteil v. 26.10.2018, V ZR 279/17, ZMR 2019 S. 419.

übrigen Baumaßnahmen, die zwar mit einfacher Mehrheit gefasst wurden, deren Kosten sich aber gerade nicht innerhalb eines angemessenen Zeitraums amortisieren und insoweit nicht mit einer Kostentragungspflicht sämtlicher Wohnungseigentümer verbunden sind.

Aus diesem Grund ist dringend darauf zu achten, dass die Durchführung derartiger Maßnahmen entweder von einer Vorschussleistung der entsprechend betroffenen Wohnungseigentümer abhängig gemacht wird bzw. von einer vollständigen Beitragsleistung sämtlicher betroffener Wohnungseigentümer auf Grundlage einer zur Finanzierung der Maßnahme beschlossenen Sonderumlage. Keinesfalls sollten Verwalter vor Erfüllung dieser Voraussetzungen die Maßnahme namens der Gemeinschaft der Wohnungseigentümer in Auftrag geben. Im Ernstfall könnten sie sich haftbar machen.

# 6 Der Verwalter

## 6.1 Überblick

Fungiert der Verwalter bislang noch als „Diener zweier Herren", nämlich der Gemeinschaft der Wohnungseigentümer auf der einen und der Wohnungseigentümer auf der anderen Seite, wird ihm das WEMoG gegenüber den Wohnungseigentümern keine Rechte und Pflichten mehr einräumen.

**Neu: Stellung des Verwalters wird im Außenverhältnis gestärkt und im Innenverhältnis geschwächt**

Die Stellung des Verwalters wird als wichtigstes Organ der Eigentümergemeinschaft festgeschrieben. Allein der Verwalter vertritt die Gemeinschaft der Wohnungseigentümer. Diese Vertretungsbefugnis kann weder durch Beschluss noch durch Vereinbarung eingeschränkt werden. Diese uneingeschränkte gesetzliche Vertretungsmacht des Verwalters dient in erster Linie dem Schutz des Rechtsverkehrs, der grundsätzlich darauf vertrauen kann, dass der Verwalter zur umfassenden Vertretung der Gemeinschaft der Wohnungseigentümer berechtigt ist. Zu beachten ist allerdings, dass § 9b Abs. 1 Satz 1 WEG n.F. dem Verwalter für den Abschluss eines Grundstückskauf- oder Darlehensvertrags nur dann eine Vertretungsmacht verleiht, wenn er hierzu durch Beschluss der Wohnungseigentümer legitimiert ist. Durch Beschluss können die Wohnungseigentümer die Rechte und Pflichten des Verwalters weiter beschränken, aber auch erweitern.

Die Wohnungseigentümer werden sich des Weiteren leichter von ihrem Verwalter trennen können, wenn sie mit dessen Tätigkeit nicht mehr zufrieden sind oder das erforderliche Vertrauensverhältnis, ohne dass es definitiv zerstört sein muss, zumindest nicht mehr in wünschenswertem Maß besteht. Die Abberufung des Verwalters wird jedenfalls nicht mehr auf das Vorliegen eines wichtigen Grundes beschränkbar sein, sodass der Verwalter letztlich grundlos durch einfachen Mehrheitsbeschluss von seinem Amt abberufen werden kann. Des Weiteren wird nach einer Übergangszeit das neue Regelbeispiel des § 19 Abs. 2 Nr. 6 WEG n.F. anwendbar sein, wonach die Bestellung eines zertifizierten Verwalters ordnungsmäßiger Verwaltung entspricht.

Lediglich in dem Fall, in dem ein Verwalter nicht bestellt ist, vertreten sämtliche Wohnungseigentümer die Gemeinschaft gemeinschaftlich. Auch diese Ersatzvertretungsbefugnis kann weder durch Beschluss noch durch Vereinbarung mit Wirkung für das Außenverhältnis eingeschränkt werden.[178]

---

[178] Siehe Kap. 5.3.2 Vertretung durch die Wohnungseigentümer.

**Der Verwalter**

**Seite 180**

Der Verwalter ist nicht mehr zur Vertretung der einzelnen Wohnungseigentümer berechtigt, wie dies § 27 Abs. 2 WEG a.F. noch vorsieht. In materieller Hinsicht ist sie allerdings auch nicht notwendig, weil die rechtsfähige Gemeinschaft der Wohnungseigentümer in Gemeinschaftsangelegenheiten am Rechtsverkehr teilnimmt und nicht die Wohnungseigentümer als solche. Freilich nicht unproblematisch kann insoweit die Inanspruchnahme einzelner Wohnungseigentümer als Gesamtschuldner für öffentlich-rechtliche Abgaben werden. Wie in Kap. 6.5 ausgeführt, handelt allerdings die Behörde ermessensfehlerhaft, wenn sie nicht entsprechend die Gemeinschaft der Wohnungseigentümer in Anspruch nimmt. Aufgrund der nach § 44 Abs. 2 WEG n.F. vorgesehenen Passivlegitimation der rechtsfähigen Gemeinschaft der Wohnungseigentümer in Beschlussklagen, ist eine Vertretung der einzelnen Wohnungseigentümer auch prozessual nicht mehr notwendig. Soweit die rechtsfähige Gemeinschaft der Wohnungseigentümer nach § 9a Abs. 2 WEG n.F. bestimmte Rechte und Pflichten der einzelnen Wohnungseigentümer wahrnimmt, bedarf es ohnehin keiner Vertretung der einzelnen Wohnungseigentümer. Alle anderen Rechte und Pflichten können und müssen die Wohnungseigentümer selbst ausüben und wahrnehmen.

Bislang regelt § 20 Abs. 2 WEG a.F., dass die Bestellung eines Verwalters nicht ausgeschlossen werden kann. § 20 WEG a.F. wird unter dem Geltungsbereich des WEMoG nicht mehr die Verwaltung des Gemeinschaftseigentums zum Inhalt haben, sondern Regelungen zu dessen baulicher Veränderung enthalten. Nach wie vor aber kann die Möglichkeit der Bestellung eines Verwalters auch durch Vereinbarung der Wohnungseigentümer nicht ausgeschlossen werden. Dies ordnet künftig § 26 Abs. 5 WEG n.F. an, wonach Beschränkungen der Bestellung oder Abberufung des Verwalters nicht zulässig sind.

Der Verwalter wird aufgrund seiner Stellung als Organ gegenüber der Gemeinschaft der Wohnungseigentümer verpflichtet sein, die ihn als Organ treffenden Pflichten zu erfüllen. Unterlässt er es etwa pflichtwidrig, eine Versammlung einzuberufen, wird er der Gemeinschaft der Wohnungseigentümer entsprechend haften.

## 6.2 Qualifikation des Verwalters

**WEG n.F.**

**§ 26a Zertifizierter Verwalter**

(1) Als zertifizierter Verwalter darf sich bezeichnen, wer vor einer Industrie- und Handelskammer durch eine Prüfung nachgewiesen hat, dass er über die für die

Tätigkeit als Verwalter notwendigen rechtlichen, kaufmännischen und technischen Kenntnisse verfügt.

(2) Das Bundesministerium der Justiz und für Verbraucherschutz wird ermächtigt, durch Rechtsverordnung nähere Bestimmungen über die Prüfung zum zertifizierten Verwalter zu erlassen. In der Rechtsverordnung nach Satz 1 können insbesondere festgelegt werden:

1. nähere Bestimmungen zu Inhalt und Verfahren der Prüfung;
2. Bestimmungen über das zu erteilende Zertifikat;
3. Voraussetzungen, unter denen sich juristische Personen und Personengesellschaften als zertifizierte Verwalter bezeichnen dürfen;
4. Bestimmungen, wonach Personen aufgrund anderweitiger Qualifikationen von der Prüfung befreit sind, insbesondere weil sie die Befähigung zum Richteramt, einen Hochschulabschluss mit immobilienwirtschaftlichem Schwerpunkt, eine abgeschlossene Berufsausbildung zum Immobilienkaufmann oder zur Immobilienkauffrau oder einen vergleichbaren Berufsabschluss besitzen.

Nach wie vor wird der Verwalter keine Ausbildung benötigen, um seinen Beruf ausüben zu können. Gravierende Änderungen ergeben sich jedoch insoweit zur früheren Rechtslage, als nach einer Übergangszeit die Bestellung eines nicht nach § 26a WEG n.F. zertifizierten Verwalters ordnungsmäßiger Verwaltung widerspricht und so nicht unerhebliche Anfechtungsrisiken drohen. Zwar ist bereits amtierenden Verwaltern von Gemeinschaften insoweit eine großzügige Frist bis Mitte des Jahres 2024 eingeräumt, danach kann es aber für diejenigen „eng" werden, die sich noch nicht um eine Zertifizierung gekümmert haben. Die Zertifizierungen werden durch eine einschlägige Prüfung vor den Industrie- und Handelskammern (IHK) zu erlangen sein und letztlich den Sachkundenachweis darstellen.

### 6.2.1 Grundsätze

Die materiell-rechtliche Zertifizierungsregelung im Rahmen des WEG stellt klar, dass eine Zertifizierung des Verwalters nichts mit gewerberechtlichen Voraussetzungen einer Tätigkeit als Wohnimmobilienverwalter im Sinne von § 34c Abs. 1 Nr. 4 Gewerbeordnung (GewO) zu tun hat. Wenn sich ein Verwalter nicht zertifizieren lässt, steht dies allein der Erteilung einer Gewerbeerlaubnis nicht entgegen. Zwar regelt § 34c Abs. 2 GewO Ausschlusskriterien, wann eine Gewerbeerlaubnis zu versagen ist und ein Indiz mangelhafter Zuverlässigkeit kann auch das Fehlen elementarer Sachkenntnisse für eine ordnungsgemäße Berufsausübung sein. Da der Wohnimmobilienverwalter aber gerade keinerlei Ausbildungsabschlüsse vorweisen oder eine Art

Aufnahmeprüfung zu absolvieren hat, kann die Erlaubnisbehörde auch nicht überprüfen, ob es dem Einzelnen tatsächlich an elementaren Grundkenntnissen für seine Berufsausübung fehlt. Dies offenbart sich zwangsläufig erst im Rahmen der Gewerbeausübung und kann im Extremfall zum Widerruf der Gewerbeerlaubnis bzw. zur Gewerbeuntersagung führen. Das ist im Rahmen ihrer Erteilung aber zunächst irrelevant.

Insbesondere den Immobilienverbänden war diese Tatsache seit Jahrzehnten ein Dorn im Auge. Diverse, bereits Ende der 1950er und während der 1960er Jahre angestoßene Initiativen vor allem des RDM, wurden vereinzelt bei Gesetzesinitiativen zwar berücksichtigt, allerdings nie Gesetz. Stets war die Bundesregierung der Auffassung, ein Sachkundenachweis sei nicht erforderlich. Der Markt reguliere sich mehr oder weniger selbst im Hinblick auf unqualifizierte Gewerbetreibende.

Im Koalitionsvertrag wurde dann im November 2013 angekündigt, entsprechende gesetzgeberische Aktivitäten anzustoßen. In der Folge war das „Gesetz zur Einführung einer Berufszulassungsregelung für gewerbliche Immobilienmakler und Verwalter von Wohnungseigentum" am 1. August 2018 in Kraft getreten. Ein Sachkundenachweis ist jedoch auch nicht Gegenstand dieses Gesetzes.

Befeuert wurde die Diskussion ein weiteres Mal nach Vorlage des Referentenentwurfs und erst recht des Gesetzentwurfs zum WEMoG, in dem die Rechtsstellung des Verwalters wesentlich weitgehender geregelt war als nunmehr Gesetz werden wird. Noch im Rahmen der 1. Anhörung am 6. Mai 2020 hatten die Koalitionsparteien und Bündnis 90/Die Grünen sich auf einen Sachkundenachweis geeinigt. Schlussendlich hat der Gesetzgeber nunmehr einen besonders eleganten Weg eingeschlagen, in dem er es den Wohnungseigentümern überlässt, ob sie nach § 19 Abs. 2 Nr. 6 WEG n.F. einen zertifizierten Verwalter als Maßnahme ordnungsmäßiger Verwaltung bestellen oder nicht.[179]

§ 26a Abs. 1 WEG n.F. definiert zwar den zertifizierten Verwalter, die inhaltliche Ausgestaltung des Verfahrens und der Prüfungsinhalte des zu erteilenden Zertifikats obliegt noch dem Bundesministerium der Justiz und für Verbraucherschutz. Es liegt nahe, dass sich die entsprechenden Bestimmungen in der Makler- und Bauträgerverordnung (MaBV) finden werden, weil dort schon die Regelungen über die Weiterbildungspflicht der Verwalter verortet sind.

### 6.2.2 Betroffener Personenkreis

Grundsätzlich sind von den Regelungen der Zertifizierung sämtliche Verwalter betroffen, egal in welcher Rechtsform das Verwaltungsunternehmen geführt wird. Allerdings kann der Verordnungsgeber auf Grundlage von

---
[179] Siehe Kap. 9.2.2 Die Bestellung eines zertifizierten Verwalters.

§ 26a Abs. 2 Nr. 4 WEG n.F. festlegen, welche Personen, die über anderweitige Qualifikationen verfügen, von der Prüfung befreit sind, aber dennoch einem zertifizierten Verwalter gleichgestellt werden. Da das Gesetz insoweit Regelbeispiele nennt, ist dem Verordnungsgeber zwar immer noch ein Ermessen eingeräumt. Allerdings dürften Verwalter mit der Befähigung zum Richteramt, also Volljuristen, vom Prüfungserfordernis ebenso wenig betroffen sein, wie Verwalter, die einen Hochschulabschluss mit immobilienwirtschaftlichem Schwerpunkt, eine abgeschlossene Berufsausbildung zum Immobilienkaufmann oder zur Immobilienkauffrau oder einen vergleichbaren Berufsabschluss besitzen. Einen insoweit vergleichbaren Berufsabschluss dürften durchaus auch die Geprüften Immobilienfachwirtinnen und Geprüften Immobilienfachwirte aufweisen.

**Zertifizierung aber erforderlich**

Auch wenn bestimmte Berufsgruppen vom Erfordernis einer Prüfung vor der IHK befreit sein werden, werden sie sich nicht automatisch als zertifizierte Verwalter bezeichnen können. Vielmehr werden die IHK überprüfen, ob die Voraussetzungen einer Befreiung vom Prüfungserfordernis erfüllt sind und die Zertifizierung dann eben ohne Prüfung vornehmen.

**„Alte-Hasen-Regelung"?**

In dem vom Ministerium für Wirtschaft und Energie 2015 vorgelegten Referentenentwurf eines „Gesetzes zur Einführung einer Berufszulassungsregelung für gewerbliche Immobilienmakler und Verwalter von Wohnungseigentum" war ursprünglich der Sachkundenachweis geregelt, der nicht Gesetz wurde. In diesem Entwurf war in § 161 Abs. 3 GewO-E eine „Alte-Hasen-Regelung" dergestalt vorgesehen, dass Wohnungseigentumsverwalter, die mindestens 6 Jahre vor Inkrafttreten des Gesetzes ununterbrochen selbstständig als Wohnungseigentumsverwalter tätig gewesen sind, keinen Sachkundenachweis erbringen müssen. Ob eine hiermit vergleichbare Regelung auch bezüglich der Zertifizierung des Verwalters kommen wird, lässt sich derzeit kaum abschätzen. Angesichts der in § 26a Abs. 2 Nr. 4 WEG n.F. aufgeführten Regelbeispiele erscheint dies auch eher fernliegend.

Der Verordnungsgeber wird nach § 26a Abs. 2 Nr. 3 WEG n.F. auch die Voraussetzungen regeln, unter denen sich juristische Personen und Personengesellschaften als zertifizierte Verwalter bezeichnen dürfen. Mit Blick auf die entsprechende Ausgestaltung geht der Gesetzgeber davon aus, dass insoweit inhaltlich an die entsprechende Regelung zur Fortbildungspflicht in § 34c Abs. 2a Satz 1 GewO angeknüpft werden kann.[180] Hiernach ist es ausreichend, wenn der Weiterbildungsnachweis durch eine angemessene Zahl von

---

[180] BT-Drs. 19/22634, S. 46.

beim Gewerbetreibenden beschäftigten natürlichen Personen erbracht wird.[181] Die Regelung stellt auf die Personen ab, die unmittelbar bei der Verwaltungstätigkeit mitwirken. Dementsprechend müssten sich Personen, die allein untergeordnete Tätigkeiten ausführen, wie etwa im Sekretariat oder als Hausmeister, keine Prüfung ablegen, damit sich die juristische Person oder Personengesellschaft, bei der sie beschäftigt sind, als zertifizierter Verwalter bezeichnen darf.

### 6.2.3 Prüfungsinhalte

Bereits § 26a Abs. 1 WEG n.F. umreißt die Prüfungsinhalte insoweit, als der Verwalter nachzuweisen hat, dass er über die für die Tätigkeit als Verwalter notwendigen rechtlichen, kaufmännischen und technischen Kenntnisse verfügt. Wie in § 26a Abs. 2 Nr. 1 WEG n.F. geregelt ist, wird Näheres in der noch auszuarbeitenden Rechtsverordnung festgelegt werden. Mutmaßlich werden sich die konkreten Inhalte an Anlage 1 Buchstabe B zu § 15b Abs. 1 MaBV orientieren, die für die Inhalte der Weiterbildungspflicht maßgeblich ist.[182]

### 6.2.4 Zeitschiene

Die Neuregelungen des WEG auf Grundlage des WEMoG werden frühestens am 1. Dezember 2020 und mutmaßlich spätestens am 1. Januar 2021 in Kraft treten. § 48 Abs. 4 WEG n.F. regelt 2 Übergangsvorschriften, wobei hier einerseits auf den Zeitpunkt des Inkrafttretens abgestellt wird, andererseits auch auf denjenigen der Verkündung des WEMoG im Bundesgesetzblatt:

- Zeitpunkt der Anwendbarkeit von § 19 Abs. 2 Nr. 6 WEG n.F.,
- Zeitspanne der Zertifizierungs-Fiktion.

**Anwendbarkeit von § 19 Abs. 2 Nr. 6 WEG n.F.**
Gemäß § 48 Abs. 4 Satz 1 WEG n.F. ist § 19 Abs. 2 Nr. 6 WEG n.F. erst ab dem 26. auf die Verkündung folgenden Kalendermonat anwendbar. Bis zu diesem Zeitpunkt steht sie zwar im Gesetz, kann aber ignoriert werden und verleiht insbesondere Wohnungseigentümern keine Rechte. Diese Übergangsregelung ist allein deshalb erforderlich, weil das Bundesministerium für Justiz und Verbraucherschutz die entsprechende Rechtsverordnung bezüglich Inhalt und Ausgestaltung der Zertifizierung erst noch erarbeiten muss.

---

[181] Siehe hierzu Kap. 6.3.1 Betroffene.
[182] Siehe hierzu Kap. 6.3.6.4 Weiterbildungsinhalte.

## Beispiel: Zeitpunkt der Anwendbarkeit

Unterstellt, das WEMoG wird am 23. Oktober 2020 verkündet, wird § 19 Abs. 2 Nr. 6 WEG n. F. ab 1. Dezember 2022 anwendbar sein.

**Zeitspanne der Zertifizierungs-Fiktion**
Hierauf folgt dann die weitere Übergangsregelung des § 48 Abs. 4 Satz 2 WEG n. F., die den Verwaltern dann auf Grundlage der ausgearbeiteten Rechtsverordnung ausreichend Zeit einräumen soll, eine Zertifizierung zu erlangen. Jedenfalls gilt eine Person, die zum Zeitpunkt des Inkrafttretens des WEMoG Verwalter einer Gemeinschaft der Wohnungseigentümer war, gegenüber den Wohnungseigentümern dieser Gemeinschaft der Wohnungseigentümer bis zum ersten Tag des 44. auf die Verkündung folgenden Monats als zertifizierter Verwalter.

## Beispiel: Zeitspanne

Wird das Gesetz zum 1. Dezember 2020 in Kraft treten und ist der Verwalter zu diesem Zeitpunkt bereits als Verwalter für eine Gemeinschaft der Wohnungseigentümer tätig, gilt er bei Verkündung des WEMoG im Oktober 2020 bis zum 1. Juni 2024 gegenüber den Wohnungseigentümern als zertifizierter Verwalter und hat somit ab dem 1. Dezember 2022 eineinhalb Jahre Zeit, für seine Zertifizierung zu sorgen.

Das Gesetz stellt auf die Tätigkeit als Verwalter ab und nicht auf den Zeitpunkt der Erlangung der Gewerbeerlaubnis nach § 34c Abs. 1 Nr. 4 GewO. Der Verwalter muss also am 1. Dezember 2020 bereits Verwaltertätigkeiten für eine Gemeinschaft der Wohnungseigentümer erbringen. Fraglich wird sein, wie ein faktischer Verwalter zu behandeln ist, der ohne gemäß § 26 Abs. 1 WEG bestellt zu sein, tatsächlich Verwaltertätigkeiten entfaltet. Da das Gesetz insoweit keine Vorgaben enthält, dürfte auch der faktische Verwalter privilegiert sein, da er für die Gemeinschaft der Wohnungseigentümer als Verwalter fungierte. Allerdings wird die Klärung dieser Frage der Rechtsprechung obliegen.

**Fiktion gilt nur gegenüber bereits verwalteten Gemeinschaften**
Von wesentlicher Bedeutung ist, dass die Fiktion des § 48 Abs. 4 Satz 2 WEG n. F. nur gegenüber denjenigen Gemeinschaften der Wohnungseigentümer gilt, die der Verwalter bereits zum Zeitpunkt des Inkrafttretens des WEMoG verwaltet.

### Beispiel: Verwalterbestellung zum 1. Januar 2021

Unterstellt, das WEMoG tritt am 1. Dezember 2020 in Kraft und der Verwalter wird mit Wirkung vom 1. Januar 2021 zum Verwalter bestellt, gilt für ihn nicht die Fiktion des § 48 Abs. 4 Satz 2 WEG n. F., da er zum Zeitpunkt des Inkrafttretens des Gesetzes noch nicht zum Verwalter bestellt war.

Dies hat zur Konsequenz, dass die Wohnungseigentümer ab dem 1. Dezember 2022 eine weitere Tätigkeit des Verwalters von seiner Zertifizierung abhängig machen können. Da der Verwalter ohnehin jederzeit grundlos abberufen werden kann und die Bestellung eines zertifizierten Verwalters ein Regelbeispiel ordnungsmäßiger Verwaltung darstellt, auf die gemäß § 18 Abs. 2 Nr. 1 WEG n. F. ein jeder Wohnungseigentümer Anspruch hat, kann es also entweder erforderlich werden, dass sich der Verwalter zertifizieren lassen muss oder aber mit der Beschlussinitiative auf Bestellung eines zertifizierten Verwalters konfrontiert wird.[183]

**Wiederbestellung des Verwalters**

Ist ein Verwalter bereits zum Zeitpunkt des Inkrafttretens des WEMoG – unterstellt am 1. Dezember 2020 – Verwalter einer Gemeinschaft der Wohnungseigentümer, gilt er gegenüber den Wohnungseigentümern dieser Gemeinschaft der Wohnungseigentümer bis zum 1. Juni 2024 als zertifizierter Verwalter. Da allerdings zwischenzeitlich wegen Ablaufs des Bestellungszeitraums seine Wiederbestellung erforderlich sein kann, stellt sich die Frage, ob nicht bei einer Wiederbestellung nach dem 1. Dezember 2022 – also dem Zeitpunkt der Anwendbarkeit von § 19 Abs. 2 Nr. 6 WEG n. F. – ein Anspruch auf Bestellung eines zertifizierten Verwalters besteht. Dies dürfte angesichts des Wortlauts von § 48 Abs. 4 Satz 2 WEG n. F. aber zu verneinen sein, da der Verwalter „*gegenüber den Wohnungseigentümern dieser Gemeinschaft der Wohnungseigentümer bis zum [einsetzen: Datum des ersten Tages des 44. auf die Verkündung folgenden Monats] als zertifizierter Verwalter*" gilt. Freilich aber sind die Wohnungseigentümer nicht gehindert, statt den bisher tätigen Verwalter wieder zu bestellen, einen neuen, ggf. bereits zertifizierten Verwalter zu bestellen.

### 6.2.5 Zertifizierung und Verwaltungserfahrung

Abzuwarten bleibt die Entwicklung der Rechtsprechung bezüglich zwar vorhandener Zertifizierung, aber noch nicht vorhandener Verwaltungserfahrung bei Branchenneulingen. Jedenfalls bis zum Zeitpunkt der Anwendung

---

[183] Siehe vertiefend Kap. 9.2.2.2 Anspruch auf Bestellung eines zertifizierten Verwalters.

**Der Verwalter**

von § 19 Abs. 2 Nr. 6 WEG n. F. ab 1. Dezember 2022 oder 1. Januar 2023 dürften folgende Maßstäbe weitergelten:

Nach Auffassung des BGH[184] stellt die Tatsache, dass der neue Wohnungseigentumsverwalter lediglich über Erfahrungen in der Verwaltung eigener Immobilien verfügt, für sich genommen noch keinen wichtigen Grund dar, der gegen seine Bestellung zum Verwalter spricht.

In der Instanzrechtsprechung stehen sich 2 Lager gegenüber:

- LG Dortmund[185]: Ein Verwalterkandidat selbst – nicht nur eine Mitarbeiterin – muss über ausreichende Verwaltererfahrung (Referenzobjekte) verfügen, wenn er eine größere Anlage (hier: 75 Einheiten) künftig verwalten soll.
  LG Düsseldorf[186]: Die Bestellung eines Verwalters widerspricht ordnungsmäßiger Verwaltung, wenn die Person, die das Verwalteramt ausüben soll, keine selbstständige berufliche Erfahrung als Verwalter von Wohnungseigentum hat. Nach Auffassung des Gerichts genügt es nicht, wenn die Person vor ihrer Bestellung 2 Jahre als weisungsgebundener Angestellter in einem Immobilienverwaltungsunternehmen beschäftigt war.

- LG Stuttgart[187]: Die Bestellung eines Kandidaten zum Verwalter kann auch dann ordnungsmäßiger Verwaltung entsprechen, wenn dieser weder über eine betriebswirtschaftliche noch über eine rechtliche Ausbildung verfügt. Er benötigt auch keine branchenspezifische Ausbildung, wenn die berufliche Stellung des Kandidaten Rückschlüsse auf seine Zuverlässigkeit zulässt. Im konkret zur Entscheidung stehenden Sachverhalt war aus dem Kreis der Wohnungseigentümer eine Polizeibeamtin zur Verwalterin bestellt worden, die zugesichert hatte, sich die für die Verwaltung erforderlichen Kenntnisse in ihrer Freizeit anzueignen.

Wie stets, kommt es auf den Einzelfall an. So dürfte in kleineren Gemeinschaften bis 20 Sondereigentumseinheiten nichts dagegen sprechen, einen Verwalter zu bestellen, der über keine branchenspezifische Erfahrung verfügt, weil er sich gerade erst als Immobilienverwalter selbstständig macht. Wichtig ist, dass ein zur Einberufung von Wohnungseigentümerversammlungen berechtigtes Organ existiert, sodass unproblematisch eine Willensbildung der Gemeinschaft der Wohnungseigentümer herbeigeführt werden kann und die Gemeinschaft der Wohnungseigentümer unproblematisch handlungsfähig ist.

---

[184] BGH, Urteil v. 9.3.2012, V ZR 170/11, NJW 2012 S. 2040.
[185] LG Dortmund, Beschluss v. 20.3.2020, 17 S 170/19 in Bestätigung von AG Dortmund, Urteil v. 15.8.2019, 514 C 43/19, ZMR 2019 S. 1006.
[186] LG Düsseldorf, Urteil v. 18.10.2013, 25 S 7/13, ZWE 2014 S. 219.
[187] LG Stuttgart, Urteil v. 29.7.2015, 10 S 68/14, ZMR 2015 S 884.

## 6.3 Exkurs: Weiterbildungspflicht des Verwalters

Das Erfordernis einer Zertifizierung des Verwalters wird grundsätzlich nichts an seiner Weiterbildungspflicht ändern. Seit 1. August 2018 besteht bekanntlich für Wohnimmobilienverwalter die Pflicht zur Weiterbildung. Rechtsgrundlagen sind § 34c Abs. 2a GewO, der die Weiterbildungspflicht statuiert sowie § 15b MaBV, der sie näher ausgestaltet. Anfang des Jahres 2021 werden die Behörden auf die Verwalter zukommen und diese zum Nachweis ihrer Fortbildung auffordern.

### 6.3.1 Betroffene

Nach § 34c Abs. 2a Satz 1 GewO sind die Wohnimmobilienverwalter verpflichtet, sich weiterzubilden. Das Gleiche gilt entsprechend für unmittelbar bei der erlaubnispflichtigen Tätigkeit mitwirkende beschäftigte Personen. Da die Weiterbildungspflicht in erster Linie den Gewerbetreibenden selbst trifft, ist zunächst der Verwalter fortbildungsverpflichtet. Bekanntlich werden die Verwalterunternehmen in unterschiedlichen Rechtsformen geführt. Weiterbildungsverpflichtet ist insoweit in erster Linie die vertretungsberechtigte Person – und zwar diejenige, die das Unternehmen gesetzlich vertritt:

| Rechtsform | Verpflichteter |
|---|---|
| Einzelunternehmen | Unternehmer |
| OHG | Gesellschafter |
| KG | Komplementäre |
| GmbH & Co. KG | Geschäftsführer der Komplementär-GmbH |
| GmbH | Geschäftsführer |
| UG (haftungsbeschränkt) | Geschäftsführer |
| AG | Vorstände |

Gemäß § 34c Abs. 2a Satz 2 GewO ist es insoweit ausreichend, wenn der Weiterbildungsnachweis durch eine angemessene Zahl von beim Gewerbetreibenden beschäftigten natürlichen Personen erbracht wird. Der Gesetzgeber hat hier also insbesondere die juristischen Personen im Auge, die durch natürliche Personen, nämlich die Geschäftsführer der GmbH bzw. die Vorstände der AG vertreten werden. Allerdings lässt sich weder der GewO noch der MaBV entnehmen, was insoweit als „angemessen" anzusehen ist.

## Beispiel: Geschäftsführer ohne Fortbildungspflicht

Die Verwaltungs-GmbH wird von 3 Geschäftsführern vertreten. 2 von ihnen führen das operative Geschäft. Der weitere Geschäftsführer ist nur für innerbetriebliche und organisatorische Aufgaben verantwortlich, also für Personal, internes Rechnungswesen und Datenverarbeitung.

Grundsätzlich sind zunächst alle 3 Geschäftsführer fortbildungsverpflichtet. Denjenigen Geschäftsführer, der lediglich für die innerbetrieblichen Belange verantwortlich ist, trifft aber dann keine Fortbildungspflicht, wenn

- die beiden anderen Geschäftsführer ihrer Weiterbildungspflicht nachkommen und
- er im Fall eines Auskunftsverlangens der Behörde durch Gesellschafterbeschluss oder Geschäftsführervertrag nachweisen kann, dass er nicht für das operative Geschäft verantwortlich ist.

### „Delegation" der Weiterbildungspflicht

Der Geschäftsführer der GmbH, der Gesellschafter der OHG oder der Komplementär der KG muss nicht unbedingt selbst zur Fortbildung verpflichtet sein. Unter bestimmten Voraussetzungen kann er diese Pflicht auf Mitarbeiter delegieren:

1. Unabdingbare Voraussetzung ist zunächst, dass der Delegierende selbst keine erlaubnispflichtige Tätigkeit entfaltet. Will also der Geschäftsführer der GmbH seine Weiterbildungspflicht auf einen Mitarbeiter delegieren, darf er selbst keine Verwaltertätigkeit entfalten. Er muss sich also ausschließlich auf Leitung und Organisation seines Unternehmens konzentrieren.

2. Weitere Voraussetzung ist, dass der nachgeordnete Mitarbeiter oder die nachgeordnete Mitarbeiterin gegenüber denjenigen Mitarbeitern, die die erlaubnispflichtige Tätigkeit entfalten, weisungsbefugt ist. Dies ist insbesondere bei Abteilungsleitern, Bereichsleitern oder Leitern von Zweigstellen in aller Regel der Fall. Nach Auffassung des Bund-Länder-Ausschusses „Gewerberecht" kommt es demnach nicht allein auf die gesetzliche Vertretungsmacht an, sondern auch auf eine rechtsgeschäftlich erteilte Vertretungsbefugnis.

### Beschäftigte

Bei den unmittelbar bei der erlaubnispflichtigen Tätigkeit mitwirkenden beschäftigten Personen handelt es sich um diejenigen Mitarbeiter, die Tätigkeiten entfalten, die typisch für die Wohnungseigentumsverwaltung sind. Betroffen sind also all diejenigen Mitarbeiter,

- die Wirtschaftspläne und Jahresabrechnungen erstellen,
- denen insoweit das Inkasso obliegt,
- die Eigentümerversammlungen einberufen und leiten,
- die Erhaltungsmaßnahmen und solche der baulichen Veränderung organisieren und durchführen.

Von der Weiterbildungspflicht sind all diejenigen Mitarbeiter nicht betroffen, die lediglich innerbetriebliche, administrative Tätigkeiten entfalten und nicht an der erlaubnispflichtigen Tätigkeit mitwirken. Hierbei handelt es sich also in erster Linie um Mitarbeiter

- im Sekretariat,
- in der Buchhaltung oder
- in der Personalabteilung.

**Tätigkeit ist entscheidend, nicht Verantwortlichkeit**

Weiterbildungsverpflichtet ist jeder Mitarbeiter, der unmittelbar bei der erlaubnispflichtigen Tätigkeit mitwirkt. Er muss für das Resultat seiner Arbeit nicht verantwortlich sein. Erstellt also eine Sachbearbeiterin zwar Entwürfe von Jahresabrechnungen, trägt die Verantwortung hierfür aber ihr Vorgesetzter, der die Entwürfe auch genehmigen muss, ist dennoch auch diese Mitarbeiterin weiterbildungsverpflichtet. Das Gesetz stellt nicht auf die Verantwortlichkeit ab.

### 6.3.2 Beginn der Weiterbildungspflicht

Die Weiterbildungspflicht hat mit Inkrafttreten der maßgeblichen Vorschriften der GewO und der MaBV begonnen und gilt somit seit dem 1.8.2018. Nach dem Gesetzeswortlaut sind innerhalb von 3 Jahren 20 Stunden Fortbildung zu absolvieren. Wie der Regelung in § 15b Abs. 3 MaBV zu entnehmen ist, wird insoweit auf Kalenderjahre abgestellt. Da der 3-jährige Fortbildungszyklus jeweils auf Kalenderjahre abstellt und insoweit bereits das gesamte Kalenderjahr 2018 umfasst hat, können Weiterbildungsmaßnahmen, die im Zeitraum 1.1. bis 31.7.2018 absolviert worden sind, grundsätzlich anerkannt werden, wenn diese den Anforderungen der MaBV entsprechen.

**Neueinstellung**

Der jeweilige 3-jährige Fortbildungszyklus beginnt stets am 1.1. des Jahres der Beschäftigungsaufnahme, und zwar unabhängig davon, wann konkret die Beschäftigungsaufnahme in diesem Kalenderjahr erfolgt ist.

> **Beispiel: Beschäftigungsaufnahme am 1.12.2019**

Wurde ein weiterbildungspflichtiger Mitarbeiter zum 1.12.2019 angestellt, fiel bereits das gesamte Jahr 2019 in den Weiterbildungszyklus. Dieser umfasst also die Jahre 2019, 2020 und 2021. Insoweit kann es dann auch zum Auseinanderfallen der Weiterbildungszyklen kommen, wenn der Verwalter bereits seit dem Jahr 2018 fortbildungsverpflichtet war.

### Arbeitgeberwechsel

Im Fall eines Arbeitgeberwechsels können die beim alten Arbeitgeber gesammelten Fortbildungsstunden zum neuen Arbeitgeber „mitgenommen" werden. Dies gilt entsprechend auch beim Geschäftsführerwechsel. Der ehemalige Arbeitgeber hat dem ausscheidenden Mitarbeiter die entsprechenden Teilnahmebestätigungen bzw. Weiterbildungszertifikate auszuhändigen. Der Mitarbeiter hat sie seinem neuen Arbeitgeber zu übergeben. Der ehemalige Arbeitgeber sollte die Teilnahmebestätigungen bzw. -zertifikate kopieren und archivieren. Der Arbeitgeber muss sich nämlich auch zu absolvierter Fortbildung bereits ausgeschiedener Mitarbeiter erklären.

### 6.3.3 Umfang

Bezüglich des Umfangs der Weiterbildung regelt § 34c Abs. 2a Satz 1 GewO eine Verpflichtung von 20 Stunden innerhalb eines Zeitraums von 3 Jahren. Zunächst handelt es sich um Zeitstunden, also volle Stunden und nicht etwa Weiterbildungsstunden, die ggf. nur mit 45 Minuten angesetzt werden. Letztlich müssen im Schnitt also etwas mehr als 6,5 Stunden Fortbildung jährlich absolviert werden. Da stets auf einen 3-Jahres-Zeitraum abgestellt wird, innerhalb dem die 20 Stunden absolviert werden müssen, entscheidet allein der Verwalter, wann er innerhalb dieses Zeitraums die 20 Stunden absolviert. Im laufenden ersten Fortbildungszeitraum (1.1.2018 bis 31.12.2020) genügt der Verwalter also seiner Weiterbildungspflicht, wenn er etwa im Dezember 2020 die erforderlichen 20 Stunden Weiterbildung absolviert.

> **Beispiel: 5 Jahre weiterbildungsfrei**

Hat der Verwalter im ersten Weiterbildungszyklus 2018 bis 2020 bereits im Jahr 2018 die erforderlichen 20 Stunden Fortbildung absolviert, genügt es grundsätzlich, wenn er am Ende des zweiten Weiterbildungszyklus 2021 bis 2023 im Dezember 2023 die auf diesen Zyklus entfallenden Fortbildungsstunden absolviert.

### Überstunden

Sollte der Verwalter mehr als 20 Stunden Fortbildung im 3-Jahres-Zyklus absolviert haben, kann er die „Überstunden" bzw. „Mehrstunden" nicht in den nächsten 3-Jahres-Zyklus „mitnehmen" bzw. übertragen. Stets wird auf den konkreten 3-Jahres-Zyklus abgestellt.

> **Beispiel: 10 Überstunden**

Der Verwalter hat bis Ende 2020 insgesamt 30 Stunden Fortbildung absolviert. Die 10 Stunden, die er nicht hätte absolvieren müssen, kann er nicht in den anschließenden Fortbildungszyklus 2021 bis 2023 übertragen. Er hat vielmehr auch in diesem Zeitraum mindestens 20 Stunden Fortbildung zu absolvieren.

**Verwalter als Makler**

Betätigt sich der Verwalter auch als Immobilienmakler, verdoppelt sich der Weiterbildungsumfang auf 40 Stunden innerhalb von 3 Kalenderjahren. Der Verwalter muss dann nämlich 20 Stunden verwalterspezifische Weiterbildung absolvieren und zusätzlich 20 Stunden maklerspezifische Weiterbildung. Allerdings überschneiden sich die Weiterbildungsthemen in vielen Bereichen.

### 6.3.4 Immobilienkaufleute/Geprüfte Immobilienfachwirte

Für Immobilienkaufleute und Geprüfte Immobilienfachwirte gelten gewisse Privilegien. Zunächst gilt nach § 15b Abs. 1 Satz 5 MaBV der Erwerb eines Ausbildungsabschlusses als Immobilienkaufmann oder Immobilienkauffrau oder eines Weiterbildungsabschlusses als Geprüfter Immobilienfachwirt oder Geprüfte Immobilienfachwirtin als Weiterbildung. Ergänzend regelt § 15b Abs. 4 MaBV, dass die Pflicht zur Weiterbildung 3 Jahre nach Erwerb des Ausbildungs- oder Weiterbildungsabschlusses beginnt. Wie sich dieser 3-Jahres-Zeitraum errechnet, lässt sich indirekt der MaBV entnehmen, wonach Fortbildung für Kalenderjahre zu erbringen ist.

> **Beispiel: Fernlehrgang Immobilienkauffrau/-mann**

Da der Verwalter ohnehin bereits seit 1.8.2018 fortbildungsverpflichtet war, hatte er am 1.10.2018 mittels entsprechenden Fernlehrgangs eine Ausbildung zum Immobilienkaufmann begonnen. Die Ausbildung endete mit dem Ablegen der Abschlussprüfung vor der IHK am 29.9.2020.

Da die Ausbildung als Weiterbildung gewertet wird, hat der Verwalter in den Kalenderjahren 2018, 2019 und 2020 seine Weiterbildungspflicht erfüllt. Die nächsten 3 Kalenderjahre 2021, 2022 und 2023 sind für ihn weiterbildungsfrei. Seine Weiterbildungspflicht beginnt also wieder ab dem Jahr 2024.

**Abbruch der Ausbildung**
Für den Fall des Ausbildungsabbruchs oder des Nichtbestehens der Abschlussprüfung gilt zunächst der Grundsatz, dass während der Ausbildung keine Pflicht zur Weiterbildung besteht. Allerdings kommt der Weiterbildungsverpflichtete im Fall des Abbruchs der Ausbildung oder des Nichtbestehens der Abschlussprüfung nicht in den Genuss des Privilegs einer Befreiung von der Weiterbildungspflicht.

> **Beispiel: Abbruch im Juli 2020**
>
> Die am 1.10.2019 begonnene Ausbildung zum Immobilienfachwirt bricht der Verwalter im Juli 2020 ab. Für die Kalenderjahre 2019 und 2020 hat er seiner Weiterbildungspflicht genügt. Er hat sich nunmehr ab dem Kalenderjahr 2021 und weiter in den kommenden beiden Kalenderjahren 2022 und 2023 in einem Umfang von 20 Zeitstunden weiterzubilden.

### 6.3.5 Ausnahmen von der Weiterbildungspflicht

Weder die GewO noch die MaBV sehen Ausnahmen von der Weiterbildungspflicht vor. Einzig denkbare Ausnahme von der Weiterbildungspflicht ist diejenige, dass der betreffende Mitarbeiter im gesamten Fortbildungszyklus keine erlaubnispflichtige Tätigkeit erbringt.

**Teilzeitkräfte/Mini-Jobber**
Grundsätzlich kommt es mit Blick auf die Weiterbildungspflicht nicht auf den Umfang der Tätigkeit des betroffenen Mitarbeiters an, sodass auch Teilzeitkräfte und Mini-Jobber der Weiterbildungspflicht unterliegen, so sie erlaubnispflichtige Tätigkeiten entfalten.

**Freie Mitarbeiter**
Nicht abschließend geklärt ist, ob freie Mitarbeiter der Weiterbildungspflicht unterliegen. Der Wortlaut des § 34c Abs. 2a GewO stellt insoweit auf „beschäftigte" Personen ab. Allgemein wird unter einem „Beschäftigungsverhältnis" eine nicht selbstständige Tätigkeit verstanden. Allerdings unterscheidet sich bereits der arbeitsrechtliche Begriff des Beschäftigungsverhältnisses von dem des sozialrechtlichen Beschäftigungsverhältnisses. Nach diesseitiger Auffassung unterliegen jedenfalls auch freie Mitarbeiter der Weiterbildungspflicht.

**Keine Tätigkeit im Fortbildungszyklus**
Letztlich existiert lediglich eine Ausnahme von der Weiterbildungspflicht in dem Fall, in dem der Beschäftigte im gesamten Fortbildungszyklus keine erlaubnispflichtige Tätigkeit entfaltet. Wohl einzig praxisrelevantes Beispiel dürfte hier die Elternzeit darstellen. Bekanntlich können Mitarbeiter gemäß

§ 15 Abs. 2 Bundeselterngeld- und Elternzeitgesetz Elternzeit bis 3 Jahre in Anspruch nehmen. Die Elternzeit kann auch aufgeteilt werden.

> **Beispiel: Elternzeit vom 1.1.2019 bis 30.6.2020**

Ein Verwaltungssachbearbeiter beansprucht im Zeitraum vom 1.1.2019 bis 30.6.2020 Elternzeit. Er ist verpflichtet, bis zum 31.12.2020 eine Weiterbildung im gesamten Umfang von 20 Stunden zu absolvieren. Da er nämlich im maßgeblichen Weiterbildungszyklus 2018 bis 2020 eine erlaubnispflichtige Tätigkeit entfaltet hat, bleibt er weiterbildungsverpflichtet.

> **Beispiel: Elternzeit vom 1.1.2018 bis 31.12.2019, Fortsetzung ab 1.7.2020 bis 30.6.2021**

Der Verwaltungssachbearbeiter ist bereits in Elternzeit und kehrt am 1.1.2020 in das Unternehmen zurück. Fortgesetzt werden soll die Elternzeit ab 1.7.2020 und bis 30.6.2021 dauern. Auch hier ist der Mitarbeiter verpflichtet, bis zum 31.12.2020 seiner Weiterbildungspflicht im Umfang von 20 Stunden nachzukommen. Tatsächlich nämlich entfaltet er im Zeitraum 2.1. bis 30.6.2020 eine erlaubnispflichtige Tätigkeit.

> **Beispiel: Elternzeit vom 1.1.2018 bis 31.12.2020**

Beansprucht der Mitarbeiter Elternzeit vom 1.1.2018 bis 31.12.2020 ist er von seiner Weiterbildungspflicht befreit, da er im gesamten 3-Jahres-Zyklus keine erlaubnispflichtige Tätigkeit entfaltet.

### 6.3.6 Art der Weiterbildungsmaßnahme

Als Regelbeispiele von Fortbildungsmaßnahmen sieht § 15b Abs. 1 Satz 3 MaBV Maßnahmen

- in Präsenzform,
- in Form begleiteten Selbststudiums und
- betriebsinterne Fortbildungsmaßnahmen

vor.

 **Keine Zertifizierung, keine staatliche Anerkennung**

Egal, welche Form der Weiterbildung gewählt wird – als Präsenzseminar, als Fortbildungsmaßnahme im begleiteten Selbststudium oder als betriebsinterne Fortbildungsmaßnahme –, eine Zertifizierung von Anbietern für die Verwalterfortbildung erfolgt nicht, auch eine entsprechende staatliche Anerkennung von Weiterbildungsanbietern war nicht geplant und ist bis heute auch nicht erfolgt. Ob eine Weiterbildungsmaßnahme als solche anerkannt wird, beurteilt der zuständige Sachbearbeiter der Prüfbehörde allein danach, ob die Vorgaben der Anlage 2 zur MaBV eingehalten wurden.

Sollte eine Weiterbildungsmaßnahme im Einzelfall einmal als solche nicht anerkannt werden, droht dem Verwalter allerdings dann kein Bußgeld, wenn er eine Teilnahmebescheinigung zwar vorlegen kann, die aber eben nicht anerkannt wird. Ob ihm dann die Auflage droht, im aktuellen Weiterbildungs-Zyklus eine entsprechende Mehrfortbildung zu absolvieren, ist derzeit ungeklärt. Ein Bußgeld kann vor dem Hintergrund nicht drohen, als sich der Verwalter ja um seine Weiterbildung bemüht hat.

### 6.3.6.1 Präsenzform

Als Maßnahmen in Präsenzform kommen Online-Seminare mit Präsenzkontrolle, Tagungsveranstaltungen, Seminare und Vorträge infrage.

### 6.3.6.2 Begleitetes Selbststudium

Als Maßnahmen des begleiteten Selbststudiums kommen insbesondere Webinare und Blended Learning – eine Kombination aus Präsenzveranstaltung und Webinar – infrage.

**Lernerfolgskontrolle unabdingbar**

Beim begleiteten Selbststudium ist elementar, dass eine Lernerfolgskontrolle durch den Veranstalter erfolgt. Ansonsten wird die Weiterbildung nicht anerkannt. Bloßes Lesen von Fachlektüre etwa würde niemals als Weiterbildung anerkannt werden.

Die wohl verbreitetste Form des begleiteten Selbststudiums dürften die Webinare darstellen. Hier erfolgt die Lernerfolgskontrolle wie folgt: Der Teilnehmer muss am Ende des Seminars am Bildschirm Fragen zu den Inhalten des Seminars beantworten. Die Antworten werden vom Seminaranbieter geprüft und im Fall erfolgreicher Prüfung erhält der Teilnehmer die erfolgreiche Teilnahme bestätigt. Ist die Lernerfolgskontrolle nicht erfolgreich absolviert, wird ein seriöser Anbieter zwar Buchung und Zahlung der Seminargebühr bescheinigen können, nicht aber eine erfolgreiche Teilnahme.

### 6.3.6.3 Betriebsinterne Maßnahmen

Betriebsinterne Maßnahmen können grundsätzlich mit externen Referenten bzw. Seminaranbietern durchgeführt werden, durchaus aber auch mit betriebsinternen Referenten. Von maßgeblicher Bedeutung ist stets, dass die Anforderungen der Anlage 2 zu § 15b MaBV erfüllt sind. Hiernach hat eine Planung und systematische Organisation zu erfolgen. Selbstverständlich muss die Qualität des jeweils Durchführenden der Weiterbildungsmaßnahme sichergestellt sein. Mehr ist allerdings den Verordnungsmaterialien nicht zu entnehmen.

**Planung**

Im Rahmen der Planung der betriebsinternen Maßnahme ist zu beachten, dass sie mit zeitlichem Vorlauf zu ihrer Durchführung zu konzipieren ist. Es dürfen also keine ad hoc Veranstaltungen durchgeführt werden frei nach dem Motto: „Heute bilden wir uns von 14 bis 16.30 Uhr fort." Die Weiterbildungsmaßnahme muss weiter in nachvollziehbarer Form für die Teilnehmer beschrieben sein. Es müssen also die Inhalte der Maßnahme dargestellt werden. Der Weiterbildungsmaßnahme muss schließlich eine Ablaufplanung zugrunde liegen. Letztlich müssen hier zumindest Beginn und Ende der Weiterbildung festgelegt sein sowie die Pausen.

**Systematische Organisation**

Im Rahmen der systematischen Organisation müssen die Teilnehmer im Vorfeld eine Information bzw. Einladung zur konkreten Weiterbildungsmaßnahme erhalten – und dies in Textform. Die Einladung kann also insbesondere per E-Mail erfolgen. Die Information bzw. Einladung muss eine Information über die Zeitstunden enthalten und eine Beschreibung der Weiterbildungsmaßnahme. Allein die Angabe des Themas der Weiterbildung genügt nicht. Es müssen auch die Inhalte beschrieben werden. Selbstverständlich muss die Anwesenheit der Teilnehmer dokumentiert und archiviert werden. Im Ergebnis darf jedenfalls bei der Prüfbehörde nicht der Eindruck entstehen, dass Gespräche beim Kaffeetrinken oder Mittagessen als Weiterbildung deklariert werden.

**Musterschreiben: Informations-/Einladungsschreiben zu betriebsinterner Fortbildungsmaßnahme**

_____-Verwaltungsgesellschaft mbH

München, den 22.2.2021

Sehr geehrte Frau _____,

auch im ersten Halbjahr dieses Jahres setzen wir unsere Serie von Inhouse-Seminaren im Rahmen der Weiterbildungspflicht unserer Mitarbeiter gemäß § 34c Abs. 2a GewO fort, um Sie bei Ihren Weiterbildungspflichten zu unterstützen. Vor diesem Hintergrund laden wir Sie zu unserem

**Inhouse-Seminar am 23.3.2021**

ein. Das Seminar wird in unserem Konferenzraum stattfinden. Beginn ist um 10 Uhr, enden wird das Seminar um 16.30 Uhr. Die Mittagspause haben wir von 12.45 Uhr bis 13.30 Uhr geplant. Insoweit laden wir Sie herzlich zu einem Büffet in unserer Kantine ein. Am Vormittag werden wir eine Kaffee-Pause zwischen 11.15 und 11.30 Uhr einlegen und am Nachmittag zwischen 14.45 und 15 Uhr.

Wir können Ihnen einen Weiterbildungsumfang von 5 Zeitstunden bescheinigen. Bitte beachten Sie insoweit, dass wir eine Anerkennung dieser Weiterbildungsmaßnahme seitens der zuständigen Behörde nicht garantieren können, da eine Kontrolle der bislang durchgeführten Weiterbildung durch die zuständige Behörde, mit der seit Beginn dieses Jahres zu rechnen ist, noch nicht erfolgt ist. Wir meinen aber, die maßgeblichen Vorgaben der Anlage 2 zu § 15b Makler- und Bauträgerverordnung eingehalten zu haben.

Seminarinhalte am Vormittag sind die Neuregelungen des Wohnungseigentumsmodernisierungsgesetzes (WEMoG) zum Wirtschaftsplan, der Jahresabrechnung und dem Vermögensbericht. Folgende Themen erwarten Sie:

Beschlussgegenstand bei Wirtschaftsplan und Jahresabrechnung, Bestandteile von Wirtschaftsplan und Jahresabrechnung, Möglichkeit der Bildung weiterer Rücklagen, Verteilung von Heizungs- und Wasserkosten, Umsatzsteuer in der WEG-Abrechnung, Behandlung von Verwalterzusatzgebühren, Darstellung rücklagenfinanzierter Erhaltungsmaßnahmen, Behandlung von periodenfremden Ausgaben und Einnahmen, Bestandteile des Vermögensberichts, Rücklagendarstellung im Vermögensbericht, Darstellung der Kontenentwicklung sowie der Forderungen und Verbindlichkeiten, Darstellungen sonstigen wesentlichen Verwaltungsvermögens.

Zu diesen Themen wird Frau Rechtsanwältin und Fachanwältin für Miet- und Wohnungseigentumsrecht _____ aus der Kanzlei _____ referieren.

Seminarinhalte am Nachmittag bilden ebenfalls die Neuregelungen durch das WEMoG. Folgende Themen erwarten Sie:

Abgrenzung von Erhaltungsmaßnahmen und baulichen Veränderungen, die einzelnen Formen einer baulichen Veränderung und die Voraussetzungen an eine ordnungsmäßige Beschlussfassung, Kostenverteilung und Kostenverteilungsänderung bei Maßnahmen der Erhaltung und baulichen Veränderung des Gemeinschaftseigentums, was bei baulichen Veränderungen des Sondereigentums zu beachten ist.

Zu diesen Themen wird unser Prokurist und Leiter Technische Verwaltung, Herr Ass. iur. _____ referieren, der zu Themen technischer Voraussetzungen und ihrer Umsetzung in den Gemeinschaften der Wohnungseigentümer regelmäßig Vorträge an der örtlichen IHK und für Verwalterverbände hält.

Wir hoffen, Sie am 23.3.2021 begrüßen zu dürfen und verbleiben

mit freundlichen Grüßen

Geschäftsführer

**Sicherstellung der Qualität der Durchführenden**

Insbesondere bei Weiterbildungsmaßnahmen in Form betriebsinterner Maßnahmen ist von größter Bedeutung, dass die Qualität der Durchführenden der Weiterbildung sichergestellt ist. Weder die GewO noch die MaBV enthalten insoweit konkrete Vorgaben. Allerdings müssen beim Anbieter der Fortbildungsmaßnahme, also auch beim Verwalter als Anbieter einer betriebsinternen Maßnahme mit eigenen Referenten, Anforderungsprofile bezüglich des Weiterbildenden vorliegen und es muss die Qualität der Durchführenden der Weiterbildungsmaßnahme sichergestellt sein – und zwar durch systematische Prozesse.

Hier empfiehlt es sich, zunächst überhaupt Anforderungsprofile zu erstellen. Im Rahmen der systematischen Prozesse sollten die Anforderungsprofile archiviert und aktualisiert werden. Mit Blick auf die systematischen Prozesse zur Sicherstellung der Qualität derjenigen, die die Weiterbildungsmaßnahme durchführen, sollten Seminarbeurteilungen durch Teilnehmer ermöglicht werden. Durchaus sollte der Verwalter als Veranstalter der innerbetrieblichen Fortbildungsmaßnahme diese auch selbst bewerten. Die entsprechenden Bewertungen sollten archiviert werden. Sollte es erforderlich werden, auf mäßige bzw. schlechte Bewertungen zu reagieren, sollte auch die entsprechende Reaktion dokumentiert und archiviert werden.

**Einsatz eigenen Personals als Referenten**

Soll insbesondere eigenes Personal des Verwalters als Referenten einer innerbetrieblichen Weiterbildungsmaßnahme zum Einsatz kommen, muss beim referierenden Mitarbeiter selbstverständlich das erforderliche Fachwissen zu den maßgeblichen Weiterbildungsthemen vorhanden sein. Nach Auffassung des Bund-Länder-Ausschusses „Gewerberecht" müssen einschlägige akademische oder berufliche Abschlüsse vorhanden sein. Daneben sollte auch eine praktische Dozentenerfahrung vorhanden sein, wobei dies wohl aber keine unbedingte Voraussetzung ist. Schließlich ist zu berücksichtigen, dass es um Weiterbildung geht. Insoweit muss sichergestellt sein, dass der jeweilige Dozent sich selbst fortbildet, schließlich ist der jeweils aktuelle Erkenntnis- und Entwicklungsstand zu vermitteln.

### 6.3.6.4 Weiterbildungsinhalte

Inhaltlich richtet sich die Fortbildungspflicht nach den Maßgaben der Anlage 1 Buchstabe B zu § 15b Abs. 1 MaBV. Für Wohnimmobilienverwalter sind insoweit folgende Inhalte vorgesehen:

- Grundlagen der Immobilienwirtschaft (u.a. Abgrenzung Facility Management/Gebäudemanagement, relevante Versicherungsarten im Immobilienbereich sowie Umwelt- und Energiethemen im Immobilienbereich)
- Rechtliche Grundlagen (u.a. allgemeines Vertragsrecht, Mietrecht, Werkvertragsrecht, Grundstücksrecht, Wohnungseigentumsgesetz, Makler- und Bauträgerverordnung, Betriebskostenverordnung, Heizkostenverordnung, Energieeinsparverordnung)
- Kaufmännische Grundlagen (u.a. allgemeine kaufmännische Grundlagen, Grundzüge ordnungsgemäßer Buchführung, externes und internes Rechnungswesen, spezielle kaufmännische Grundlagen des WEG-Verwalters, Sonderumlagen/Erhaltungsrücklage, Erstellung der Jahresabrechnung und des Wirtschaftsplans, Hausgeld, Mahnwesen)
- Verwaltung von Wohnungseigentumsobjekten (u.a. Begründung von Wohnungs- und Teileigentum, Teilungserklärung und Gemeinschaftsordnung, Rechte und Pflichten der Wohnungseigentümer, Pflichten des WEG-Verwalters, Durchführung von Eigentümerversammlungen und Beschlussfassung, Verwalterbestellung und Verwaltervertrag)
- Verwaltung von Mietobjekten (Objektmanagement, Konflikt-, Beschwerde- und Sozialmanagement, Vermietung, Ausgestaltung des Mietvertrags, Mieterhöhungen und Mietsicherheiten, Erstellung von Betriebskostenabrechnungen, Beendigung und Abwicklung von Mietverhältnissen)

- Technische Grundlagen der Immobilienverwaltung (u. a. Haustechnik, Verkehrssicherungspflichten, Instandhaltungs- und Instandsetzungsplanung; modernisierende Instandhaltung, energetische Gebäudesanierung und Modernisierung, Fördermitteleinsatz und Beantragung von Fördermitteln)
- Wettbewerbsrecht
- Grundlagen des Verbraucher- und Datenschutzes

Da die vom Verordnungsgeber vorgesehenen Fortbildungsinhalte äußerst umfangreich und niemals in einem Zeitraum von 20 Stunden zu bewältigen sind, genügt es, wenn sich Verwalter auf bestimmte Fortbildungsthemen konzentrieren, deren Auswahl allein ihnen obliegt.

### 6.3.6.5 Nachweis/Kontrolle der Weiterbildung

**Aufbewahrung/Archivierung**

Was den Nachweis bzw. die Kontrolle der Weiterbildung des Verwalters und seiner Mitarbeiter betrifft, trifft den Verwalter zunächst nur die Pflicht zum Sammeln und Archivieren von Teilnahmebestätigungen und Fortbildungszertifikaten. Der Behörde gegenüber muss er nicht aktiv werden. Ursprünglich war vorgesehen, dass die Fortbildungsverpflichteten von sich aus zu einem bestimmten Stichtag ihre Fortbildung nachweisen müssen. Hiervon war man schließlich abgerückt, weil die Behörden zum Stichtag mit Nachweisen überflutet würden.

Die Nachweise und Unterlagen über Weiterbildungsmaßnahmen müssen gemäß § 15b Abs. 2 Satz 3 MaBV 5 Jahre aufbewahrt werden. Die Frist beginnt stets am Ende des Kalenderjahrs, in dem die Weiterbildungsmaßnahme durchgeführt wurde.

**Beispiel: Aufbewahrungsfrist**

Der Verwalter absolviert am 14.5.2021 eine Weiterbildungsmaßnahme. Seine Teilnahmebestätigung muss er bis 31.12.2026 aufbewahren, da die Aufbewahrungsfrist mit dem 31.12.2021 zu laufen beginnt.

Aufbewahrt werden müssen die Unterlagen auf einem dauerhaftem Datenträger in den Geschäftsräumen des Verwalters. Relevante dauerhafte Datenträger sind insoweit

- Papier,
- USB-Sticks,
- CD-ROMs,
- DVDs,

- E-Mails,
- Speicherkarten und
- Computerfestplatten.

 **Bußgeld droht**

Ein Bußgeld von bis zu 5.000 EUR droht nach § 18 Abs. 1 Nr. 11 MaBV i.V.m. § 144 Abs. 2 Nr. 6 GewO dann, wenn die Aufbewahrungsfrist missachtet wird.

**Kontrolle**

Die Kontrolle selbst erfolgt dann auf Initiative der Behörde. Diese kann nach § 15 Abs. 3 Satz 1 MaBV anordnen, dass die Verwalter eine unentgeltliche Erklärung über die von ihnen und ihren weiterbildungsverpflichteten Mitarbeitern absolvierten Weiterbildungsmaßnahmen abgeben. Die Erklärung hat unentgeltlich zu erfolgen. Der Verwalter kann also für den hiermit verbundenen Arbeitsaufwand der Behörde nichts in Rechnung stellen. Der Verwalter wird allerdings auch nicht damit rechnen müssen, einen Gebührenbescheid bezüglich der von der Behörde vorgenommenen Überprüfung zu bekommen, obwohl das gesetzlich nicht ausdrücklich geregelt ist.

Die Erklärung muss den Inhalt nach dem Muster der Anlage 3 zur MaBV haben und die Erfüllung der Weiterbildungspflicht in den vorangegangenen 3 Kalenderjahren dokumentieren. Die Erklärung muss vom weiterbildungsverpflichteten Verwalter und seinen weiterbildungsverpflichteten Mitarbeitern abgegeben werden. Auch die weiterbildungsverpflichteten Mitarbeiter füllen also die Anlage 3 aus oder geben eine ihr inhaltlich entsprechende Erklärung ab. Da die Erklärung elektronisch erfolgen kann, genügt eine entsprechende E-Mail an die Behörde, der als Anhang das ausgefüllte Formular beigefügt wird.

**Musterschreiben: Erklärung über die Erfüllung der Weiterbildungsverpflichtung nach MaBV**[188]

Erklärung über die Erfüllung der Weiterbildungsverpflichtung nach § 34c Absatz 2a GewO i.V.m. § 15b Absatz 1 MaBV

**für den Zeitraum** _____

_____

Name, Vorname, ggf. Unternehmensbezeichnung des Gewerbetreibenden

_____

Bei juristischen Personen: Name, Vorname des gesetzlichen Vertreters

_____

Straße, Hausnummer

_____

PLZ, Ort

_____

Telefon\*), Fax\*), E-Mail\*)

**Weiterbildungsmaßnahme(n)**

| | |
|---|---|
| Bezeichnung der Weiterbildungsmaßnahme | _____ |
| Datum | _____ |
| Inhalt | _____ |
| Umfang (Zeitstunden) | _____ |
| Weiterbildungsanbieter | _____ |

---

[188] Anlage 3 (zu § 15b Abs. 3 MaBV).

Ich bestätige, dass die nach § 34c Abs. 2a GewO bestehende Verpflichtung zur Weiterbildung eingehalten worden ist.

_____     _____
Ort, Datum                                              Unterschrift des Gewerbetreibenden

\*) Angaben sind freiwillig.

 **Wichtig: Angaben der Teilnahmebestätigung prüfen**
Um den Nachweis der Teilnahme an einer Weiterbildungsmaßnahme führen zu können, müssen Teilnahmebestätigung bzw. Teilnahmezertifikat also folgende Angaben enthalten:

- Weiterbildungsumfang in Zeitstunden
- Vor- und Nachname des Teilnehmers
- Datum der Weiterbildungsmaßnahme
- Inhalte der Weiterbildungsmaßnahme
- Adresse und Kontaktdaten des Weiterbildungsanbieters

Diese Angaben sind deshalb erforderlich, weil der Erklärung nach § 15b Abs. 3 MaBV keine Nachweise und keine Zertifikate beigefügt werden. Die Kontrolle erfolgt seitens der Behörde über eine Auskunft gemäß § 29 Abs. 1 GewO. Hiernach sind der Behörde auf Anforderung weitere Auskünfte und insbesondere Nachweise zu erteilen, also auch Teilnahmebestätigungen oder Teilnehmerzertifikate zu übermitteln.

Die behördliche Anordnung über die Vorlage der Erklärung in der Form der Anlage 3 ist im Übrigen an keinen bestimmten Stichtag gebunden, kann also jederzeit nach Ablauf des ersten 3-Jahres-Zyklus' ab 2.1.2021 drohen. Wie bereits erwähnt, soll die Erklärung alle weiterbildungspflichtigen Beschäftigten umfassen, also auch mittlerweile bereits aus dem Unternehmen ausgeschiedene Mitarbeiter, so sie im betreffenden 3-Jahres-Zyklus der Fortbildungspflicht unterlagen.

**Bußgeld droht**

Ein Bußgeld bis zu 5.000 EUR droht nach § 18 Abs. 1 Nr. 11a MaBV i.V.m. § 144 Abs. 2 Nr. 6 GewO dann, wenn einer vollziehbaren Anordnung nach § 15b Abs. 3 MaBV zuwidergehandelt wird. Wer also auf Aufforderung der Behörde hin keine oder eine falsche Erklärung über absolvierte Weiterbildungsmaßnahmen abgibt, riskiert ein Bußgeld.

### 6.3.6.6 Informationspflicht

Gemäß § 11 Satz 1 Nr. 3 MaBV haben Verwalter auf Anfrage ihres Auftraggebers unverzüglich Angaben über berufsspezifische Qualifikationen und die in den letzten 3 Jahren absolvierten Weiterbildungsmaßnahmen sowie diejenigen ihrer unmittelbar bei der Verwaltertätigkeit mitwirkenden Beschäftigten zu machen.

Da die Verordnung auf den Auftraggeber abstellt, besteht die Pflicht im laufenden Vertragsverhältnis. Hier soll dem Auftraggeber in erster Linie die Möglichkeit zur Prüfung gegeben werden, ob der Verwalter seinen Fortbildungspflichten nachkommt.

Völlig ungeklärt ist für den äußerst praxisrelevanten Fall der Wohnungseigentumsverwaltung, wer hier überhaupt als Auftraggeber im gewerberechtlichen Sinne anzusehen ist. Vertragspartner des Verwalters ist jedenfalls die Gemeinschaft der Wohnungseigentümer. Diese wird aber gerade vom Verwalter vertreten. Die groteske Situation, dass der Verwalter sich selbst auffordert, die Informationen zu erteilen, dürfte der Verordnungsgeber wohl kaum im Auge gehabt haben. Dringend zu klären ist vom Gesetz- bzw. Verordnungsgeber in diesem Zusammenhang die Frage, ob der Verwalter in Großanlagen verpflichtet ist, ggf. 100 Anfragen von Wohnungseigentümern beantworten zu müssen. Auch dies dürfte der Verordnungsgeber wohl kaum im Blick gehabt haben.

**Tipp: Angaben auf Homepage**

Allen Verwaltern sei insoweit geraten, die entsprechenden Angaben über ihren Internetauftritt zu machen. Bei Gelegenheit, also anlässlich der Einladung zu einer Eigentümerversammlung, können die Wohnungseigentümer dann darauf hingewiesen werden, dass Angaben über Qualifikation und Fortbildung des Verwalters und seiner Mitarbeiter über seine Homepage abgerufen werden können.

## 6.4 Bestellung und Abberufung des Verwalters

**WEG a. F.**

**§ 26 Bestellung und Abberufung des Verwalters**

(1) ¹Über die Bestellung und Abberufung des Verwalters beschließen die Wohnungseigentümer mit Stimmenmehrheit.

²Die Bestellung darf auf höchstens fünf Jahre vorgenommen werden, im Fall der ersten Bestellung nach der Begründung von Wohnungseigentum aber auf höchstens drei Jahre. ³Die Abberufung des Verwalters kann auf das Vorliegen eines wichtigen Grundes beschränkt werden. ⁴Ein wichtiger Grund liegt regelmäßig vor, wenn der Verwalter die Beschluss-Sammlung nicht ordnungsmäßig führt. ⁵Andere Beschränkungen der Bestellung oder Abberufung des Verwalters sind nicht zulässig.

(2) Die wiederholte Bestellung ist zulässig; sie bedarf eines erneuten Beschlusses der Wohnungseigentümer, der frühestens ein Jahr vor Ablauf der Bestellungszeit gefaßt werden kann.

(3) Soweit die Verwaltereigenschaft durch eine öffentlich beglaubigte Urkunde nachgewiesen werden muß, genügt die Vorlage einer Niederschrift über den Bestellungsbeschluß, bei der die Unterschriften der in § 24 Abs. 6

**WEG n. F.**

**§ 26 Bestellung und Abberufung des Verwalters**

(1) Über die Bestellung und Abberufung des Verwalters beschließen die Wohnungseigentümer.

(2) ¹Die Bestellung <u>**kann**</u> auf höchstens fünf Jahre vorgenommen werden, im Fall der ersten Bestellung nach der Begründung von Wohnungseigentum aber auf höchstens drei Jahre. ²Die wiederholte Bestellung ist zulässig; sie bedarf eines erneuten Beschlusses der Wohnungseigentümer, der frühestens ein Jahr vor Ablauf der Bestellungszeit gefasst werden kann.

<u>(3) Der Verwalter kann jederzeit abberufen werden. Ein Vertrag mit dem Verwalter endet spätestens sechs Monate nach dessen Abberufung.</u>

(4) Soweit die Verwaltereigenschaft durch eine öffentlich beglaubigte Urkunde nachgewiesen werden muss, genügt die Vorlage einer Niederschrift über den Bestellungsbeschluss, bei der die Unterschriften der in § 24 Absatz 6

bezeichneten Personen öffentlich beglaubigt sind.

bezeichneten Personen öffentlich beglaubigt sind.

**(5) Abweichungen von den Absätzen 1 bis 3 sind nicht zulässig.**

### 6.4.1 Bestellung des Verwalters

Bezüglich der Bestellung des Verwalters werden sich keine Änderungen gegenüber der bislang geltenden Rechtslage ergeben:

- Nach wie vor gilt nach § 26 Abs. 2 WEG die Bestellungshöchstdauer von 5 Jahren sowie eine auf 3 Jahre verkürzte Höchstdauer im Fall der Verwalterbestellung nach Begründung von Wohnungseigentum. Wird der Höchstbestellungszeitraum von 5 bzw. 3 Jahren überschritten, führt dies zur Teilnichtigkeit des Bestellungsbeschlusses hinsichtlich des Überschreitungszeitraums.[189] Im Übrigen bleibt der Beschluss gültig.

**Beispiel: Überschreitung**

Da die Wohnungseigentümer allesamt äußerst zufrieden mit den Leistungen ihres derzeitigen Verwalters sind, bestellen sie diesen gleich für weitere 10 Jahre wieder – und zwar vom 1. April 2021 bis zum 31. März 2031. Der Verwalter ist letztlich für einen Zeitraum von 5 Jahren, also bis zum 31. März 2026 bestellt. Hinsichtlich des Überschreitungszeitraums bis 31. März 2031 ist der Beschluss nichtig.

- Unverändert ist die Wiederbestellung des Verwalters in beiden Fällen für jeweils wiederum maximal 5 Jahre möglich.

- Nach wie vor kann der Beschluss über die Wiederbestellung nach der inhaltlich unveränderten Regelung des § 26 Abs. 2 Satz 2 WEG n.F. maximal ein Jahr vor Ablauf des Bestellungszeitraums gefasst werden. Wird die Wiederbestellung des Verwalters entgegen den gesetzlichen Vorgaben länger als ein Jahr vor Ablauf des Bestellungszeitraums vorgenommen, so ist der entsprechende Beschluss nichtig.[190] Auch insoweit ändert das WEMoG die bislang geltende Rechtslage nicht.

---

[189] Siehe Kap. 1.1.3 Konkretisierung der Beschlusskompetenz.
[190] OLG Zweibrücken, Beschluss v. 23.6.2004, 3 W 64/04, ZMR 2005 S. 908.

## Beispiel: Berechnungsbeispiele für den Zeitpunkt der Wiederbestellung

### Beispiel 1: Nichtige Wiederbestellung

Der Verwalter wurde mit Wirkung vom 1.1.2017 bis einschließlich 31.12.2021 zum Verwalter bestellt. Die Wiederbestellung für 5 weitere Jahre erfolgt durch Beschlussfassung in einer Wohnungseigentümerversammlung am 30.9.2020. Der Wiederbestellungszeitraum soll mit dem 1.1.2022 beginnen.

Diese Wiederbestellung ist unwirksam, da hier § 26 Abs. 2 Satz 2 WEG n.F. umgangen wird. Wird der Beschluss über die Wiederbestellung des Verwalters mehr als ein Jahr vor dem Ende des Bestellungszeitraums gefasst, so ist der Beschluss insgesamt nichtig. Eine geltungserhaltende Reduktion dergestalt, dass sich der Wiederbestellungszeitraum entsprechend verkürzt, findet nicht statt.[191] Auch hieran wird sich nach Inkrafttreten des WEMoG nichts ändern.

### Beispiel 2: Mögliche Wiederbestellung

Wie Beispiel 1, allerdings soll der Wiederbestellungszeitraum mit dem 1.10.2020 beginnen. Eine Wiederbestellung mehr als ein Jahr vor Ende des Bestellungszeitraums ist dann unschädlich, wenn die weitere Amtszeit mit der Wiederbestellung beginnt.[192]

### Beschlussmuster: Verwalterbestellung und Abschluss des Verwaltervertrags

#### TOP XX: Verwalterbestellung/Abschluss des Verwaltervertrags

Frau/Herr/Firma _____ wird mit Wirkung ab dem 1. November 2020 für drei Jahre bis zum 31. Oktober 2023 zum Verwalter bestellt. Die Grundvergütung beträgt monatlich je verwalteter Wohnung 25 EUR, je verwalteter Teileigentumseinheit 27 EUR sowie je 5 EUR je verwalteter Garage bzw. Stellplatz. Die Vergütung versteht sich inklusive der gesetzlichen Umsatzsteuer. Zusätzlich erhält der Verwalter die vertraglich geregelte Sondervergütung für die im Verwaltervertrag geregelten Zusatzleistungen.

Die Verwaltungsbeiratsvorsitzende wird den Verwaltervertrag als Vertreter der Gemeinschaft der Wohnungseigentümer gegenüber dem Verwalter Frau/Herrn/Firma _____ und der Gemeinschaft der Wohnungseigentümer unterzeichnen.

---

[191] OLG Frankfurt a.M., Beschluss v. 15.3.2005, 20 W 153/03, MietRB 2006 S. 47.
[192] LG Itzehoe Urteil v. 25.10.2011, 11 S 9/11, NZM 2012 S. 569.

Abstimmungsergebnis:

Ja-Stimmen: _____

Nein-Stimmen: _____

Enthaltungen: _____

Der Versammlungsleiter verkündete folgendes Beschlussergebnis:

_____

Der Beschluss wurde angenommen/abgelehnt.

**Bestellung in der Teilungserklärung/Beschluss des teilenden Eigentümers**
Aufgrund der Tatsache, dass eine Wohnungseigentümergemeinschaft künftig nach § 9a Abs. 1 Satz 2 WEG n. F. auch im Fall der Teilung nach § 8 WEG mit dem Anlegen der Wohnungsgrundbücher und damit gleichzeitig die sog. „Ein-Personen-Gemeinschaft" entsteht[193], gelten ab diesem Zeitpunkt auch sämtliche Vorschriften des Wohnungseigentumsgesetzes. Insoweit kann der teilende Eigentümer bereits vor Vertrieb bzw. Abverkauf der Sondereigentumseinheiten durch Beschluss einen Verwalter bestellen. Einer Bestellung bereits in der Teilungserklärung bedarf es dabei nicht mehr. Ob eine solche weiterhin zulässig[194] sein wird, liegt zwar äußerst nahe, wird jedoch durch die Rechtsprechung zu klären sein. Definitiv besteht hierfür jedenfalls kein Bedürfnis mehr.[195]

### 6.4.2 Abberufung des Verwalters

 **Neu: Abberufung des Verwalters ist jederzeit möglich**

Einschneidende Änderungen wird es für die Abberufung des Verwalters geben. Die Abberufung kann nach § 26 Abs. 3 Satz 1 i. V. m. Abs. 5 WEG n. F. nicht mehr an das Vorliegen eines wichtigen Grundes geknüpft werden. Die Wohnungseigentümer sollen sich also leichter vom Verwalter trennen können, wenn sie mit seiner Tätigkeit nicht mehr zufrieden sind oder das erforderliche Vertrauensverhältnis zumindest nicht mehr in wünschenswertem Maß vorhanden ist, ohne dass es definitiv zerstört sein muss. Der Verwalter wird also letztlich jederzeit und grundlos durch einfachen Mehrheitsbeschluss von seinem Amt abberufen werden können. Bezüglich des Schicksals des Verwaltervertrags regelt § 26 Abs. 3 Satz 2 WEG n. F., dass dieser spätestens 6 Monate nach der Abberufung des Verwalters endet. Die Neuregelungen gelten

---

[193] Siehe Kap. 5.1 Entstehung der Wohnungseigentümergemeinschaft.
[194] AG Pinneberg, Urteil v. 6.3.2018, 60 C 34/17.
[195] Siehe Kap. 5.1 Entstehung der Wohnungseigentümergemeinschaft.

selbstverständlich auch für bestehende Bestellungs- und Vertragsverhältnisse.

**Keine Abbedingung durch Vereinbarung**
§ 26 Abs. 5 WEG n.F. sieht vor, dass Abweichungen von den Absätzen 1 bis 3 des § 26 WEG n.F. nicht zulässig sind. Weder durch Beschluss noch durch Vereinbarung kann also die Abberufung des Verwalters auf einen wichtigen Grund beschränkt werden. Freilich kann auch die Möglichkeit, überhaupt einen Verwalter zu bestellen, ebenfalls auch durch Vereinbarung der Wohnungseigentümer nicht ausgeschlossen werden. Von besonderer Bedeutung ist die Regelung in § 26 Abs. 5 WEG n.F. auch für vertragliche Regelungen zwischen dem Verwalter und der Gemeinschaft der Wohnungseigentümer, denn auch im Verwaltervertrag kann die Abberufung nicht auf das Vorliegen eines wichtigen Grundes beschränkt werden. Eine entsprechende Klausel im Vertrag wäre unwirksam. Freilich aber kann das Recht zur Kündigung des Verwaltervertrags auf das Vorliegen eines wichtigen Grundes beschränkt werden. Auch ohne Vorliegen eines wichtigen Grundes endet dieser allerdings 6 Monate nach der Abberufung automatisch, ohne dass es einer Kündigung bedarf.

**Trennungstheorie gilt nach wie vor**
Aufgrund der nach wie vor geltenden Trennungstheorie, ist von der jederzeitigen Möglichkeit der Abberufung des Verwalters das Schicksal des Verwaltervertrags zu trennen. Sind Bestellung und Vertragsdauer auf einen bestimmten Zeitraum befristet, kann der Verwalter zwar vorzeitig auch bei Fehlen eines wichtigen Grundes hierfür von seinem Amt abberufen werden. Der ebenfalls befristet abgeschlossene Verwaltervertrag kann allerdings regelmäßig nur bei Vorliegen eines wichtigen Grundes außerordentlich fristlos gekündigt werden.

Wird ein Verwalter also ohne Vorliegen eines wichtigen Grundes abberufen, verliert er zwar seine Organstellung, behält aber seine Vergütungsansprüche für die Restlaufzeit des Verwaltervertrags – allerdings höchstens 6 Monate lang. Freilich wird er sich insoweit ersparte Aufwendungen anrechnen lassen müssen. Die Höhe wird sich stets nach den Maßgaben des konkreten Einzelfalls richten. In mittleren Wohnanlagen spricht die Rechtsprechung dem Verwalter in diesen Fällen bislang eine Vergütung in Höhe von 80 % des vertraglich vereinbarten Verwalterentgelts bis zum Befristungsende des Vertrags zu.[196]

---

[196] OLG Hamburg, Beschluss v. 15.8.2005, 2 Wx 22/99, ZMR 2005 S. 974; OLG Köln, Beschluss v. 9.8.2000, 16 Wx 67/00, NZM 2001 S. 429.

**Koppelung der Vertragslaufzeit an den Bestellungszeitraum**
Von ganz erheblicher Bedeutung ist, dass die Ausführungen zur Trennungstheorie dann nicht gelten, wenn die Vertragslaufzeit an die Laufzeit der Bestellung gekoppelt ist. Nicht selten finden sich Regelungen in Verwalterverträgen folgenden Wortlauts: „*Der Verwalter ist durch Beschluss der Wohnungseigentümer für den Zeitraum von 3 Jahren bis zum 31. Oktober 2021 bestellt. Die Laufzeit dieses Verwaltervertrags ist an die Laufzeit der Bestellung des Verwalters gekoppelt.*" In diesem Fall endet der Vertrag automatisch auch bei vorzeitiger Abberufung des Verwalters. Wird dieser etwa zum 30. September 2020 von seinem Amt abberufen, endet zu diesem Zeitpunkt auch der Verwaltervertrag, da dessen Laufzeit ausdrücklich an den Bestellungszeitraum gekoppelt ist. Einer gesonderten Kündigung des Verwaltervertrags bedarf es dann nicht. Selbstverständlich gilt auch nicht der 6-Monats-Zeitraum des § 26 Abs. 3 Satz 2 WEG n.F.

**Befristete Bestellung weiterhin möglich und auch erforderlich**
Auch wenn die Abberufung des Verwalters nicht mehr auf das Vorliegen eines wichtigen Grundes beschränkt werden kann, ist es nach vor nicht nur möglich, sondern auch erforderlich, den Bestellungs- und Vertragszeitraum im Beschluss zu befristen. Auch ohne ausdrückliche Befristung würde der Bestellungszeitraum zwar nach Ablauf der Höchstbestellungsfristen des § 26 Abs. 2 Satz 1 WEG n. F enden. Allerdings wird auch künftig die Rechtsprechung maßgeblich sein, wonach im Bestellungsbeschluss die wesentlichen Eckpunkte des Bestellungsverhältnisses, also insbesondere dessen Dauer, geregelt sein müssen.[197] Dies ist auch allein aus Sicht des Verwalters sinnvoll, denn nicht selten hat auch er ein Interesse daran, sich von unliebsam gewordenen Wohnungseigentümergemeinschaften trennen zu können. Möchte er sich tatsächlich kurz vor Ablauf der Befristung von der verwalteten Gemeinschaft trennen, geht er in diesem Fall kein Risiko einer möglichen Schadensersatzpflicht ein, wie sie im Fall einer Amtsniederlegung zur Unzeit angenommen werden könnte. Hiermit korrespondierend kann zwar die jederzeitige Abberufung des Verwalters erfolgen – ein Recht des Verwalters zu einer jederzeitigen Amtsniederlegung sieht das Gesetz demgegenüber nicht vor. Dies kann ein Verwalter zwar jederzeit tun, erfolgt die Amtsniederlegung allerdings zur Unzeit, drohen eben Schadensersatzansprüche.

---

[197] Vgl. BGH, Urteil v. 27.2.2015, V ZR 114/14, ZMR 2015 S. 393.

**Beschlussmuster: Verwalterabberufung und Kündigung des Verwaltervertrags**

**Alternative 1: Wichtiger Grund liegt vor**
**TOP XX: Verwalterabberufung/Kündigung des Verwaltervertrags**
Die _____-GmbH wird mit sofortiger Wirkung als Verwalterin abberufen. Der Verwaltervertrag vom _____ wird aus wichtigem Grund außerordentlich fristlos gekündigt. Die Vorsitzende des Verwaltungsbeirats, Frau _____, wird die Kündigung als Vertreterin der Gemeinschaft der Wohnungseigentümer in Textform gegenüber der Verwalterin aussprechen und dieser mitteilen, dass sie von ihrem Amt abberufen wurde.

**Alternative 2: Wichtiger Grund liegt nicht vor**
**TOP XX: Verwalterabberufung**
Die _____-GmbH wird mit sofortiger Wirkung (*alternativ:* zum _____) als Verwalterin abberufen.

**Abstimmungsergebnis:**

Ja-Stimmen: _____

Nein-Stimmen: _____

Enthaltungen: _____

Der Versammlungsleiter verkündete folgendes Beschlussergebnis:

_____

Der Beschluss wurde angenommen/abgelehnt.

## 6.4.3 Anfechtungsrecht des Verwalters

**Neu: Verwalter haben kein Anfechtungsrecht mehr**

„*Das Gericht kann auf Klage eines Wohnungseigentümers einen Beschluss für ungültig erklären ...*" § 44 Abs. 1 WEG n.F. bringt damit deutlich zum Ausdruck: Ein Verwalter hat kein eigenes Recht mehr zu einer Beschlussanfechtung oder Erhebung einer Nichtigkeitsklage.

Bereits nach bisheriger Rechtslage hat ein Verwalter lediglich ein eingeschränktes Recht zur Beschlussanfechtung. So hat er jedenfalls kein altruistisches Recht, ihm rechtswidrig erscheinende Beschlüsse der Wohnungseigentümer anfechten zu können. Vielmehr ist er gemäß § 27 Abs. 1 Nr. 1 WEG a. F. grundsätzlich verpflichtet, auch anfechtbare Beschlüsse durchzuführen. Hieran wird auch das WEMoG nichts ändern. Obliegt dem Verwalter die Durchführung der Maßnahmen ordnungsmäßiger Verwaltung von untergeordneter Bedeutung nach § 27 Abs. 1 Nr. 1 WEG n. F. bereits per Gesetz, ist er erst recht verpflichtet, gefasste Beschlüsse der Wohnungseigentümer durchzuführen, die über den in § 27 Abs. 1 Nr. 1 WEG n. F. abgesteckten Rahmen hinausgehen.

Stets ist in diesem Zusammenhang auch zu berücksichtigen, dass die Wohnungseigentümer die „Herren der Verwaltung" sind und dies auch im Hinblick auf die modifizierte Stellung des Verwalters nach Inkrafttreten des WEMoG bleiben werden. Der Verwalter wird weiter überwiegend an die Weisungen der Wohnungseigentümer gebunden sein. Ihm kommt auch nicht etwa eine „Vormundfunktion" zu.

Nach herrschender Meinung hat ein Verwalter auch nach bisheriger Rechtslage nur dann das Recht zur Beschlussanfechtung, wenn der Beschluss seine eigene Rechtsposition berührt. Ein eigenständiges Anfechtungsrecht des Verwalters wird derzeit nur bei Beschlüssen über seine Abberufung bejaht[198], sowie hinsichtlich der Befugnis, gegen die gerichtlich ausgesprochene Ungültigkeitserklärung des Bestellungsbeschlusses Rechtsmittel einzulegen.[199]

Künftig wird der Verwalter kein Anfechtungsrecht mehr haben, was vor dem Hintergrund der bereits bislang geltenden Rechtslage insoweit nachvollziehbar ist, als der Verwalter künftig auch ohne Vorliegen eines wichtigen Grundes von seinem Amt abberufen werden kann. Insoweit besteht für ihn kein Bedürfnis mehr nach richterlicher Überprüfung des Vorliegens eines wichtigen Abberufungsgrundes. Aber auch dann, wenn die Wohnungseigentümer Beschlüsse fassen, die den Verwalter im Hinblick auf die Beschlussdurchführung einer Gefahr ordnungsbehördlichen Einschreitens oder gar strafrechtlich relevanten Verhaltens aussetzen würde, bedarf es keines Anfechtungsrechts des Verwalters, da er ohnehin schon nach derzeit geltender Rechtslage aus keinem Rechtsgrund verpflichtet ist, derartige Beschlüsse durchzuführen. Entsprechende Beschlüsse werden nämlich in aller Regel wegen eines Verstoßes gegen ein Verbotsgesetz (§ 134 BGB) oder eines Verstoßes gegen Treu und Glauben (§ 242 BGB) nichtig sein. Verwalter sind aus keinem Rechtsgrund verpflichtet, nichtige Beschlüsse durchzuführen – schon gar nicht, wenn sie im Rahmen der Beschlussdurchführung eine Ordnungswidrigkeit oder eine Straftat begehen würden.

---

[198] BGH, Beschluss v. 21.6.2007, V ZB 20/07, NJW 2007 S. 2776 Rn. 5; LG Frankfurt a. M., Urteil v. 30.11.2017, 2-13 S 135/15, ZWE 2018 S. 142.
[199] BGH, a. a. O.

**Der Verwalter**

## 6.5 Aufgaben des Verwalters

Zentrale Norm der Aufgaben und Pflichten des Verwalters bleibt § 27 WEG n.F. Allerdings regelt diese Vorschrift künftig konturenlos pauschal die Aufgaben des Verwalters unter vollständiger Aufgabe des in alter Fassung in den Absätzen 1 bis 3 geregelten Aufgabenkanons.

---

**WEG n.F.**

**§ 27 Aufgaben und Befugnisse des Verwalters**

(1) Der Verwalter ist gegenüber der Gemeinschaft der Wohnungseigentümer berechtigt und verpflichtet, die Maßnahmen ordnungsmäßiger Verwaltung zu treffen, die

1. untergeordnete Bedeutung haben und nicht zu erheblichen Verpflichtungen führen oder

2. zur Wahrung einer Frist oder zur Abwendung eines Nachteils erforderlich sind.

(2) Die Wohnungseigentümer können die Rechte und Pflichten nach Absatz 1 durch Beschluss einschränken oder erweitern.

---

Für die Praxis der Verwaltung wird sich nichts ändern, wenn auch dem Verwaltervertrag und seinen Regelungsinhalten künftig größere Bedeutung zukommen kann.[200]

 **Innenverhältnis und Außenverhältnis trennen**

§ 27 WEG n.F. regelt allein das Innenverhältnis zwischen Wohnungseigentümergemeinschaft und Verwalter. Auch wenn die Wohnungseigentümer die Verwalterbefugnisse nach § 27 Abs. 2 WEG n.F. im Innenverhältnis beschneiden bzw. begrenzen können, hat dies keine Auswirkungen auf die Vertretungsmacht des Verwalters im Außenverhältnis. Seine Vertretungsmacht im Außenverhältnis ist allumfassend und kann auch durch Beschluss oder Vereinbarung nicht beschränkt werden, wie § 9b WEG n.F. zum Ausdruck bringt.[201] Allerdings ist zu berücksichtigen, dass das Gesetz dem Verwalter nach § 9b Abs. 1 WEG n.F. keine Vertretungsmacht für Grundstückskaufverträge und Darlehensverträge verleiht. Hierzu bedarf es eines Beschlusses der Wohnungseigentümer.

---

[200] Siehe Kap. 6.6 Der Verwaltervertrag.
[201] Siehe Kap. 5.3.1 Vertretung durch den Verwalter.

Das Gesetz weist dem Verwalter keinerlei Aufgaben mehr in Bezug auf die Wohnungseigentümer zu, wie dies nach bisheriger Rechtslage in § 27 Abs. 2 WEG a.F. der Fall war. Allerdings hatte § 27 Abs. 2 WEG a.F. allenfalls Bedeutung für Beschlussanfechtungsklagen, die gegen die übrigen Wohnungseigentümer zu richten waren. Da es sich bei Anfechtungs-, Nichtigkeits- und Beschlussersetzungsklagen künftig aber um Verbandsprozesse handeln wird, die nach § 44 WEG n.F. gegen die Gemeinschaft der Wohnungseigentümer zu richten sind, käme der bisher geltenden Regelung in § 27 Abs. 2 WEG a.F. zwar noch insoweit praktische Bedeutung zu, als nach kommunalen Satzungen für Grundbesitzerabgaben vielfach eine gesamtschuldnerische Haftung der Wohnungseigentümer angeordnet ist und somit der Verwalter als Zustellungsvertreter der Wohnungseigentümer ausscheidet. Allerdings ist zu berücksichtigen, dass die Gemeinschaft der Wohnungseigentümer die Pflichten der Wohnungseigentümer zu erfüllen hat, denn die Erfüllung von Gebühren und Abgaben in Bezug auf das gemeinschaftliche Eigentum ist eine gemeinschaftsbezogene Pflicht i.S.v. § 10 Abs. 6 Satz 3 HS 1 WEG a.F. und künftig i.S.v. § 9a Abs. 2 WEG n.F. Die Gemeinschaft der Wohnungseigentümer hat danach eine ihr fremde Schuld zu erfüllen.[202] Die Behörde dürfte auch ermessensfehlerhaft handeln, wenn sie Gebührenbescheide nicht an die Gemeinschaft der Wohnungseigentümer richtet.[203]

### 6.5.1 Maßnahmen untergeordneter Bedeutung

In seiner Begründung zu § 27 Abs. 1 Nr. 1 WEG n.F. führt der Gesetzgeber aus, dass eine Beschlussfassung der Wohnungseigentümer dann nicht geboten sei, *„wenn aus Sicht eines durchschnittlichen Wohnungseigentümers eine Entscheidung durch die Wohnungseigentümerversammlung aufgrund ihrer geringen Bedeutung für die Gemeinschaft nicht erforderlich ist. Maßstab ist dabei stets die konkrete Wohnungseigentumsanlage. Mit der Größe der Anlage wächst demnach in der Regel der Kreis der Maßnahmen, die der Verwalter eigenverantwortlich treffen kann und muss."*[204]

Gemäß § 27 Abs. 1 Nr. 1 WEG n.F. ist der Verwalter gegenüber der Gemeinschaft der Wohnungseigentümer berechtigt und verpflichtet, die Maßnahmen ordnungsmäßiger Verwaltung zu treffen, die untergeordnete Bedeutung haben und nicht zu erheblichen Verpflichtungen führen. Insoweit wird sich gegenüber der noch geltenden Rechtslage nichts an den Aufgaben des Verwalters ändern. Nach wie vor hat er die Beschlüsse und Vereinbarungen der Wohnungseigentümer durchzuführen und für die Durchführung der Hausordnung zu sorgen.

---

[202] BGH, Urteil v. 14.2.2014, V ZR 100/13, NJW 2014 S. 1093.
[203] Vgl. VG Gera, Urteil v. 14.11.2019, 2 K 2248/18, MietRB 2020 S. 49.
[204] BT-Drs. 19/22634, S. 47.

**Der Verwalter**

## Begründung der neuen Fassung enthält Regelbeispiele der alten Fassung

Als Regelbeispiele erforderlicher Verwaltermaßnahmen greift der Gesetzgeber in seiner Begründung zu § 27 WEG n.F. die Regelungen der derzeit in § 27 Abs. 1 Nr. 2, 4, 5 und 6 WEG a.F. statuierten Verwalterpflichten auf:

- Nr. 2: Der Verwalter hat die für die ordnungsmäßige Instandhaltung und Instandsetzung des gemeinschaftlichen Eigentums erforderlichen Maßnahmen zu treffen;
- Nr. 4: Der Verwalter hat Lasten- und Kostenbeiträge, Tilgungsbeträge und Hypothekenzinsen anzufordern, in Empfang zu nehmen und abzuführen, soweit es sich um gemeinschaftliche Angelegenheiten der Wohnungseigentümer handelt;
- Nr. 5: Der Verwalter hat alle Zahlungen und Leistungen zu bewirken und entgegenzunehmen, die mit der laufenden Verwaltung des gemeinschaftlichen Eigentums zusammenhängen;
- Nr. 6: Der Verwalter hat eingenommene Gelder zu verwalten.

## Größe der Wohnanlage

Nach Auffassung des Gesetzgebers kann je nach Größe der Wohnanlage und Art der regelmäßig anfallenden Maßnahmen auch die Erledigung von kleineren Reparaturen oder der Abschluss von Versorgungs- oder Dienstleistungsverträgen zum Kreis der Maßnahmen nach § 27 Abs. 1 Nr. 1 WEG n.F. gehören. Entsprechendes gelte für die gerichtliche Durchsetzung von Hausgeldforderungen.

Gerade der letzte Aspekt dürfte allerdings nicht kritiklos bleiben. Es kann sicherlich nicht von der Größe der Eigentümergemeinschaft abhängen, ob der Verwalter – dann zufällig – gesetzlich ermächtigt ist, etwa Hausgeldrückstände gerichtlich geltend machen zu können oder nicht. Hier hätte es einer klaren gesetzgeberischen Vorgabe bedurft.

Gerade in kleineren Wohnungseigentümergemeinschaften kommt es nicht selten zu einer Majorisierung durch den Mehrheitseigentümer, der nach insoweit äußerst großzügiger BGH-Rechtsprechung[205] bis jenseits der Zumutbarkeitsgrenzen Handlungsmöglichkeiten der Gemeinschaften und ihrer Verwalter beschneiden kann. Die übrigen Wohnungseigentümer hier stets auf den langwierigen und teuren Klageweg zu schicken, dürfte wenig zielführend sein. Sollte es jedenfalls nach wie vor – dann wohl vor allem in Kleinanlagen – erforderlich sein, den Verwalter zur Erhebung von Hausgeldklagen für die Gemeinschaft der Wohnungseigentümer gesondert zu ermächtigen, müsste ein Wohnungseigentümer im Fall der mehrheitlichen Ablehnung eines entsprechenden Beschlussantrags, eine Beschlussersetzungsklage erheben, was gerade in Kleinanlagen belastend ist – insoweit seien nur einmal die Zweier-

---

[205] Vgl. BGH, Urteil v. 14.7.2017, V ZR 290/16, ZMR 2017 S. 906.

gemeinschaften ins Auge gefasst. Gerade in Kleinanlagen können jedenfalls Zahlungsausfälle einzelner Wohnungseigentümer gravierende Folgen für die Gemeinschaft der Wohnungseigentümer haben.

Auch mit Blick auf den Abschluss von Dienstleistungs- und Versorgungsverträgen dürften die Grenzen wohl als fließend anzusehen sein, was die Größe von Wohnungseigentümergemeinschaften angeht. So wird man dem Verwalter bei Gemeinschaften mit 100 oder mehr Sondereigentumseinheiten wohl sicherlich die Kompetenz zu einer eigenständigen Auswahl und Beauftragung eines Hausmeisters bzw. Hausmeisterdienstes einräumen können. Gilt dies aber auch bei Eigentümergemeinschaften mit 50 Sondereigentumseinheiten?

Im Übrigen ist freilich der gesetzgeberische Ansatz nachvollziehbar, dass die Beantwortung der Frage, ob eine Verpflichtung erheblich ist, von der Sichtweise eines durchschnittlichen Wohnungseigentümers in der konkreten Anlage abhängt und deshalb nicht etwa die absolute Höhe der finanziellen Verpflichtung maßgeblich ist, sondern ob derjenige Teil der Verpflichtung, für den der einzelne Wohnungseigentümer nach § 9a Abs. 4 WEG n.F. einstehen muss, so bedeutsam ist, dass eine vorherige Beschlussfassung geboten ist. Wo diese Erheblichkeitsschwelle konkret liegt, hängt in der Tat von den Umständen des Einzelfalls ab. In der Regel wird es beispielsweise für den Austausch defekter Leuchtelemente im Bereich des Gemeinschaftseigentums oder für die Instandsetzung eines Fensterglases oder die Graffitientfernung keiner Beschlussfassung bedürfen. Anders ist das bei kostenträchtigen Sanierungsmaßnahmen, für die stets ein Beschluss der Wohnungseigentümer notwendig ist.[206] Der Gesetzgeber scheint insoweit auf die Maßnahmen der laufenden Instandhaltung und Instandsetzung des Gemeinschaftseigentums zu rekurrieren, die dem Verwalter auch bislang nach § 27 Abs. 1 Nr. 2 i.V.m. Abs. 3 Satz 1 WEG a.F. obliegen.

Allerdings sollte der Gesetzgeber gerade im Fall von Wohnungseigentümergemeinschaften und deren Rechtslage eindeutig Stellung beziehen, was u.a. auch die Rechte und Pflichten des Verwalters betrifft. Es kann keinesfalls angehen, die Klärung entsprechender Zweifelsfragen auf Kosten der Gemeinschaft der Wohnungseigentümer und somit der Wohnungseigentümer auszutragen bzw. auch auf Kosten des Verwalters.

---

[206] BT-Drs. 19/22634, S. 47.

**Der Verwalter**

 **Umsichtiger Verwalter wird stets für Beschlussfassung sorgen**
Die künftige Rechtslage sollte umsichtige Verwalter in Zweifelsfällen stets veranlassen, Beschlüsse der Wohnungseigentümer herbeizuführen. Zu beachten sind hier nämlich in jedem Fall die Aspekte der Haftung des Verwalters und der Möglichkeit seiner jederzeitigen Abberufung.

- Soweit das Gesetz im Übrigen die bisherige Regelung des § 27 Abs. 1 Nr. 1 WEG a.F. („*Beschlüsse der Wohnungseigentümer durchzuführen und für die Durchführung der Hausordnung zu sorgen*") nicht übernimmt, beruht dies auf dem Verständnis, dass der Verwalter als Vollzugsorgan der Eigentümergemeinschaft ohnehin verpflichtet ist, die Beschlüsse durchzuführen. Einer ausdrücklichen gesetzlichen Anordnung bedürfe es insoweit nicht, da der Verwalter auch nach geltendem Recht verpflichtet sei, Vereinbarungen der Wohnungseigentümer durchzuführen, obwohl dies gesetzlich nicht ausdrücklich geregelt sei.

- Soweit das Gesetz die bisherige Regelung des § 27 Abs. 1 Nr. 3 WEG a.F. („*in dringenden Fällen sonstige zur Erhaltung des gemeinschaftlichen Eigentums erforderliche Maßnahmen zu treffen*") nicht in Bezug nimmt, ist dies schlicht darin begründet, dass dieser Fall der Notgeschäftsführung ausdrücklich als ureigene Verwalteraufgabe in § 27 Abs. 1 Nr. 2 WEG n.F. geregelt ist.[207]

- Die derzeit in § 27 Abs. 1 Nr. 7 WEG a.F. geregelte Pflicht des Verwalters zur unverzüglichen Unterrichtung darüber, dass ein Rechtsstreit gemäß § 43 WEG a.F. anhängig ist, findet sich in stark abgeschwächter Form in § 44 Abs. 2 Satz 2 WEG n.F. wieder. Hiernach hat der Verwalter den Wohnungseigentümern unverzüglich die Erhebung einer Beschlussanfechtungsklage, einer Beschlussnichtigkeitsklage oder einer Beschlussersetzungsklage bekannt zu machen. Eine Informationspflicht über die weiteren wohnungseigentumsrechtlichen Verfahren des § 43 Abs. 1 Nr. 1 bis 3 WEG n.F. wird ihn allerdings bereits gemäß § 27 Abs. 1 Nr. 1 WEG n.F. treffen, wobei die Klärung dieser Problematik der Rechtsprechung überlassen bleibt.

### 6.5.2 Nachteilsabwendung

#### 6.5.2.1 Grundsätze

Gemäß § 27 Abs. 1 Nr. 2 WEG n.F. ist der Verwalter berechtigt, diejenigen Maßnahmen ordnungsmäßiger Verwaltung zu treffen, „*die zur Wahrung einer Frist oder zur Abwendung eines Nachteils erforderlich sind*". Aus dieser

---
[207] Siehe nachfolgend Kap. 6.5.2 Nachteilsabwendung.

Norm ergibt sich, dass es sich um Maßnahmen handelt, die zunächst einer Beschlussfassung der Wohnungseigentümer bedürfen und ein Beschluss nur deshalb nicht herbeizuführen ist, weil umgehendes Handeln des Verwalters erforderlich ist, um Nachteile abzuwenden. Der Nachteil kann ein rechtlicher oder ein tatsächlicher sein. Die Wahrung einer Frist ist deshalb ausdrücklich genannt, weil es sich wohl um den praktisch häufigsten Fall handeln dürfte, in dem ein Rechtsnachteil verhindert werden soll. § 27 Abs. 1 Nr. 2 WEG n.F. erfasst also mit Blick auf die derzeit in § 27 Abs. 3 Satz 1 Nr. 2 WEG a.F. korrespondierende Regelung insbesondere auch die Führung eines Prozesses für die Gemeinschaft der Wohnungseigentümer, soweit eine Befassung der Versammlung der Wohnungseigentümer aufgrund der einzuhaltenden Fristen oder sonstiger drohender Rechtsnachteile nicht möglich ist. Hier ist insbesondere an ein Herausgabeverlangen der Verwaltungsunterlagen gegenüber dem Vorverwalter zu denken. Hier kann der Verwalter einen Rechtsanwalt mit dem Ziel der Beantragung des Erlasses einer einstweiligen Verfügung beauftragen.[208]

### 6.5.2.2 Insbesondere Notmaßnahmen

Im Ergebnis entspricht § 27 Abs. 1 Nr. 2 WEG n.F. den bisherigen Befugnissen des Verwalters hinsichtlich einer Notgeschäftsführung, die derzeit noch in § 27 Abs. 1 Nr. 3 WEG a.F. geregelt ist und dem Verwalter ergänzend in § 27 Abs. 3 Satz 1 Nr. 4 WEG a.F. die Vertretungsbefugnis im Außenverhältnis verleiht sowie der derzeitigen Regelung in § 27 Abs. 3 Satz 1 Nr. 2 WEG a.F.

Jedenfalls ist der Verwalter berechtigt und verpflichtet, in dringenden Fällen sonstige zur Erhaltung des Gemeinschaftseigentums erforderliche Maßnahmen zu treffen. Die Verwalterbefugnisse bzw. -verpflichtungen im Rahmen des § 27 Abs. 1 Nr. 2 WEG n.F. korrespondieren mit denen der einzelnen Wohnungseigentümer bezüglich deren Befugnis zur Durchführung von Notmaßnahmen in § 18 Abs. 3 WEG n.F. Droht hier unmittelbar ein Schaden, ist der einzelne Wohnungseigentümer berechtigt, ohne Zustimmung der anderen Wohnungseigentümer entsprechende Maßnahmen einzuleiten. Die Rechte und Pflichten des Verwalters nach § 27 Abs. 1 Nr. 2 WEG a.F. gehen jedoch weiter. Voraussetzung für ein Handeln des Verwalters ist hier nicht der unmittelbar drohende Schaden, ausreichend ist, dass ein umgehendes Handeln erforderlich ist.

Grundsätzlich muss der Verwalter zwar auch in eilbedürftigen Fällen unter Verkürzung der gesetzlichen oder vereinbarten Ladungsfrist möglichst einen Beschluss der Wohnungseigentümer herbeiführen. Liegt jedoch ein Fall vor, der wegen seiner Dringlichkeit eine vorherige Einberufung einer Eigentümerversammlung nicht zulässt, kann der Verwalter ohne Beschluss handeln.[209]

---
[208] AG Wiesloch, Urteil v. 25.3.2011, 5 C 4/11 WEG, ZWE 2011 S. 290.
[209] LG Frankfurt/Oder, Urteil v. 2.10.2012, 16 S 11/12, ZWE 2013 S. 219.

Dies kann er zwar ohnehin, wenn die Eilmaßnahme nicht zu erheblichen Verpflichtungen führt. Allerdings kann dies im Einzelfall durchaus auch einmal anders sein. Dann sind folgende Grundsätze zu beachten:

### Eilbedürftigkeit

Im Sinne einer Nachteilsabwendung ist ein umgehendes Handeln des Verwalters dann erforderlich, wenn die Erhaltung des gemeinschaftlichen Eigentums gefährdet wäre, sollte nicht umgehend gehandelt werden.[210] Dringende Fälle entstehen in der Regel durch Zufall oder höhere Gewalt, etwa

- Brand,
- Explosion,
- Überschwemmung,
- Leck einer Gasleitung,
- Ausfall der Heizungsanlage,
- Bruch oder Verstopfung einer Versorgungs- oder Abwasserleitung.

Dringende Maßnahmen i.S.v. § 27 Abs. 1 Nr. 2 WEG n.F. sind auch solche, die nicht unmittelbar der Reparatur bzw. Erhaltung des gemeinschaftlichen Eigentums dienen, wie etwa auch der Abbruch einer Mauer wegen Einsturz- oder Brandgefahr.

Erfordert ein dringender Fall sofortiges Handeln des Verwalters, hat dieser alles Erforderliche zu unternehmen, um die drohende Gefahr abzuwenden. Er ist in diesem Zusammenhang insbesondere berechtigt, Handwerkeraufträge zu vergeben.[211] Die Befugnis des Verwalters erstreckt sich allerdings nur auf erforderliche Maßnahmen, d.h. in der Regel solche Notmaßnahmen, die zur Beseitigung einer Gefahrenlage oder zur Verhinderung von Folgeschäden notwendig erscheinen.[212]

Zwar kein dringender Fall im engeren Sinn, aber dennoch eine entsprechende Handlungsbefugnis und -verpflichtung besteht auch dann, wenn sich bei Durchführung einer beschlossenen Erhaltungsmaßnahme herausstellt, dass weitergehender Instandsetzungsbedarf besteht und wiederum die Durchführung einer Wohnungseigentümerversammlung nicht abgewartet werden kann.[213]

### Schadensersatzpflicht droht

Sind die Voraussetzungen einer Notgeschäftsführung nicht gegeben und setzt sich der Verwalter über die Beschlusskompetenz der Eigentümerversamm-

---

[210] BayObLG, Beschluss v. 27.3.1997, 2Z BR 11/97, ZMR 1997 S. 325.
[211] OLG Hamm, Beschluss v. 10.2.1997, 15 W 197/96, WE 1997 S. 314.
[212] LG Frankfurt/Oder, Urteil v. 2.10.2012, a.a.O.
[213] KG Berlin, Urteil v. 4.2.1998, 24 U 8280/96, ZWE 2001 S. 278.

lung hinweg, indem er Maßnahmen in Auftrag gibt, die im Einzelfall zu erheblichen Kosten führen, hat er der Gemeinschaft der Wohnungseigentümer den gesamten ihr daraus entstandenen Schaden zu ersetzen. Dazu gehört der gesamte Werklohn, den der Verwalter zu Unrecht aus Mitteln der Gemeinschaft der Wohnungseigentümer an den Unternehmer gezahlt hat.[214] Freilich muss sich die Gemeinschaft der Wohnungseigentümer dasjenige anspruchsmindernd anrechnen lassen, was ohnehin erforderlich war und aufgrund entsprechender Beschlussfassung durchgeführt worden wäre.

Beauftragt hingegen ein (Innen-)Architekt ohne Ermächtigung des Verwalters zur Abgabe von Erklärungen namens der Gemeinschaft der Wohnungseigentümer Werkunternehmer mit Instandsetzungsmaßnahmen, die keine Notmaßnahmen darstellen, haftet er dem Werkunternehmer auf Werklohn. Ansprüche des Werkunternehmers gegen die Gemeinschaft der Wohnungseigentümer wegen einer ungerechtfertigten Bereicherung bestehen in derartigen Fällen nicht.[215]

**Notmaßnahme im Sondereigentum**
Eilbedürftig ist auch ein Schaden in einem Sondereigentum, der zu einer konkreten Gefährdung des Gemeinschaftseigentums führen kann, wie beispielsweise ein Wasserschaden bzw. Wasserrohrbruch in einer Sondereigentumseinheit. In einem solchen Fall kann auch ohne entsprechenden Duldungstitel in das Sondereigentum eingegriffen werden, was sich aus § 14 Abs. 1 Nr. 2 WEG ergibt. Im Ernst- und dringenden Notfall ist der Verwalter berechtigt, sich in Abwesenheit des Wohnungseigentümers Zugang zur Wohnung zu verschaffen, um Maßnahmen der Schadensbeseitigung durchführen zu können.

Werden dem Verwalter seitens eines Wohnungseigentümers Feuchtigkeitsschäden im Bereich seines Sondereigentums angezeigt, hat der Verwalter die erforderlichen Maßnahmen zur Gefahrenabwehr zu ergreifen und dabei insbesondere die Ursache der Feuchtigkeitsschäden zu erforschen. Er kann hierzu ein Gutachten für die Gemeinschaft der Wohnungseigentümer in Auftrag geben. Ergibt dieses, dass Ursache der Feuchtigkeitsschäden ein Nutzungsfehlverhalten des Wohnungseigentümers ist, hat dieser die Kosten des Gutachtens zu tragen.[216]

### 6.5.3 Weitere Pflichten

- Nach wie vor wird der insoweit unveränderte § 24 Abs. 1 WEG den Verwalter zur Einberufung der Wohnungseigentümerversammlung mindestens einmal jährlich verpflichten.

---

[214] OLG Hamm, Beschluss v. 19.7.2011, 15 Wx 120/10, NZM 2012 S. 465.
[215] AG Düsseldorf, Urteil v. 13.12.2017, 232 C 99/17, ZMR 2018 S. 373.
[216] AG Waiblingen, Urteil v. 22.2.2016, 20 C 1896/15 WEG, ZWE 2016 S. 267.

**Der Verwalter**

- Nach wie vor wird der Verwalter auf Grundlage des § 24 Abs. 2 WEG zur Einberufung einer Wohnungseigentümerversammlung verpflichtet sein, wenn dies mehr als ein Viertel der Wohnungseigentümer verlangen.
- Auch den Vorsitz in der Eigentümerversammlung wird in aller Regel der Verwalter führen, so die Eigentümerversammlung nicht eine andere Person zum Versammlungsleiter bestimmt.
- Nach wie vor regelt § 24 Abs. 6 Satz 1 WEG zwar nicht ausdrücklich, dass der Verwalter die Versammlungsniederschrift zu erstellen hat. Regelt aber die Wohnungseigentümerversammlung hierüber nichts Abweichendes und obliegt dem Verwalter auch der Versammlungsvorsitz, hat er auch die Versammlungsniederschrift zu erstellen.
- Der Verwalter bleibt nach § 24 Abs. 8 WEG weiter verpflichtet, die Beschluss-Sammlung gemäß § 27 Abs. 7 WEG zu führen.
- Nach § 28 Abs. 1 Satz 2 WEG n. F. hat er den Wirtschaftsplan zu erstellen.
- Nach § 28 Abs. 2 Satz 2 WEG n. F. hat er die Jahresabrechnung zu erstellen.
- Nach § 28 Abs. 4 WEG n. F. hat er den Vermögensbericht zu erstellen.

**Ansprüche gegen Gemeinschaft richten**

Kommt der Verwalter seinen Pflichten nicht nach, kann der einzelne Wohnungseigentümer ihn jedoch nicht auf Erfüllung in Anspruch nehmen. Entsprechende Ansprüche sind vielmehr stets gegen die Gemeinschaft der Wohnungseigentümer zu richten.[217]

### 6.5.4 Einschränkung und Erweiterung der Aufgaben

**WEG n. F.**

**§ 27 Aufgaben und Befugnisse des Verwalters**

(2) Die Wohnungseigentümer können die Rechte und Pflichten nach Absatz 1 durch Beschluss einschränken oder erweitern.

---

[217] Siehe Kap. 5.5 Verhältnis der Wohnungseigentümer zum Verwalter.

### Beschränkung oder Ausschluss der Verwalteraufgaben durch Beschluss

Nach derzeit noch geltender Rechtslage können gemäß § 27 Abs. 4 WEG a.F. die dem Verwalter nach § 27 Abs. 1 bis 3 WEG a.F. zustehenden Aufgaben und Befugnisse auch nicht durch eine Vereinbarung der Wohnungseigentümer eingeschränkt oder ausgeschlossen werden. Künftig wird dies sogar durch Beschluss möglich sein. Es ist anzunehmen, dass eine Wohnungseigentümergemeinschaft damit überfordert sein kann, Rechte und Pflichten des Verwalters mit Augenmaß selbst zu regeln. Auch unter diesem Aspekt dürfte dem Verwaltervertrag künftig eine große Bedeutung zukommen. Insbesondere ist zu berücksichtigen, dass es im Regelfall der Verwalter ist, der die Tagesordnung aufstellt und die Beschlüsse der Wohnungseigentümer vorbereitet. In aller Regel dürfte er wohl keine Beschlussinitiative über eine Beschränkung seiner Rechte und Pflichten herbeiführen.

**Beschlussmuster: Einschränkung der Verwalterbefugnisse**

**TOP XX: Beschränkung der Befugnisse des Verwalters**

Die Wohnungseigentümer beschließen auf Grundlage des § 27 Abs. 2 WEG, dass der Verwalter auch dann, wenn es sich aus seiner oder auch aus objektiver Sicht um eine Maßnahme untergeordneter Bedeutung handelt, die nicht zu einer erheblichen Verpflichtung der Gemeinschaft der Wohnungseigentümer führt, vor Durchführung der Maßnahme der Zustimmung des Vorsitzenden des Verwaltungsbeirats in Textform bedarf, wenn diese mit einem Kostenvolumen in Höhe von über _____ EUR verbunden sein wird. Dieses Erfordernis gilt nicht für den Fall, dass die Maßnahme zur Abwendung eines Nachteils erforderlich ist.

Jeglicher Abschluss von Dienstleistungsverträgen bedarf der Zustimmung des Vorsitzenden des Verwaltungsbeirats, ab einem Kostenvolumen über _____ EUR einer Beschlussfassung der Gemeinschaft der Wohnungseigentümer. Dieses Erfordernis gilt ebenfalls nicht für den Fall der Nachteilsabwendung.

**Abstimmungsergebnis**:

Ja-Stimmen: _____

Nein-Stimmen: _____

Enthaltungen: _____

Der Versammlungsleiter verkündete folgendes Beschlussergebnis:

_____

Der Beschluss wurde angenommen/abgelehnt.

**Erweiterung der Verwalterbefugnisse**

Eine pauschale Erweiterung der Verwalterbefugnisse auf Grundlage von § 27 Abs. 2 WEG n.F. dürfte hingegen kaum den Interessen der Wohnungseigentümer entsprechen, ist aber grundsätzlich möglich. Zu beachten ist allerdings, dass eine Erweiterung der Befugnisse den Grundsätzen ordnungsmäßiger Verwaltung entsprechen muss. Dem Verwalter beschlussweise Pauschalermächtigungen zu verleihen, birgt Anfechtungsrisiken. Würden ihm allerdings auf seine Initiative hin bestimmte Befugnisse eingeräumt, die angesichts der Größe der verwalteten Gemeinschaft der Wohnungseigentümer die Grenzen ordnungsmäßiger Verwaltung sprengen würden, dürfte im Fall der Ungültigerklärung des Beschlusses kein materiell-rechtlicher Schadensersatzanspruch mit Blick auf die der Gemeinschaft der Wohnungseigentümer auferlegten Verfahrenskosten drohen. Denn weder ist der Verwalter Vormund noch Aufsichtsorgan der Wohnungseigentümer, die interne Willensbildung ist mithin Sache der Wohnungseigentümer, die auch die Verantwortung für den Inhalt des gefassten Beschlusses tragen.[218]

**Beschlussmuster: Erweiterung der Verwalterbefugnisse**

**TOP XX: Erweiterung der Befugnisse des Verwalters**

Die Wohnungseigentümer beschließen auf Grundlage des § 27 Abs. 2 WEG, dass der Verwalter grundsätzlich ermächtigt ist, Erhaltungsmaßnahmen mit einem Volumen von nicht mehr als _____ EUR eigenständig und ohne vorherige Beschlussfassung der Wohnungseigentümer für die Gemeinschaft der Wohnungseigentümer in Auftrag zu geben. Insgesamt ist das jährliche Gesamtvolumen auf _____ EUR beschränkt. Ebenfalls ist der Verwalter ermächtigt, eigenständig Dienstleistungsverträge für die Gemeinschaft der Wohnungseigentümer abzuschließen, die ein Volumen von _____ EUR nicht überschreiten. Insgesamt ist das jährliche Gesamtvolumen insoweit auf _____ EUR beschränkt.

Klarstellend beschließen die Wohnungseigentümer, dass die vorerwähnten Betragsgrenzen dann überschritten werden können, wenn dies zur Nachteilsabwendung für die Gemeinschaft der Wohnungseigentümer erforderlich ist.

---

[218] BGH, Urteil v. 29.5.2020, V ZR 141/19, WuM 2020 S. 522.

**Abstimmungsergebnis:**
Ja-Stimmen: \_\_\_\_\_
Nein-Stimmen: \_\_\_\_\_
Enthaltungen: \_\_\_\_\_
Der Versammlungsleiter verkündete folgendes Beschlussergebnis:

_____

Der Beschluss wurde angenommen/abgelehnt.

### Keine Beschränkung der Vertretungsmacht im Außenverhältnis

Auch an dieser Stelle sei angemerkt, dass eine Beschränkung der Befugnisse des Verwalters im Innenverhältnis zwischen Gemeinschaft und Verwalter, wie sie § 27 Abs. 2 WEG n.F. ermöglicht, keinerlei Auswirkungen auf die unbeschränkbare Vertretungsmacht des Verwalters im Außenverhältnis hat.[219] Auch wenn also der Verwalter im Innenverhältnis lediglich ermächtigt ist, Erhaltungsmaßnahmen eigenständig bis 2.000 EUR in Auftrag geben zu können, hat diese Beschränkung keine Wirkung im Außenverhältnis. Missachtet der Verwalter die ihm im Innenverhältnis auferlegte Beschränkung und vergibt er einen Instandsetzungsauftrag über 5.000 EUR, fingiert § 9b WEG n.F. eine entsprechende Vertretungsmacht im Außenverhältnis, an die die Gemeinschaft gebunden ist. Der in Höhe von 5.000 EUR geschlossene Werkvertrag ist gültig und für die Eigentümergemeinschaft bindend.

### Verhältnis eines Beschlusses nach 27 Abs. 2 WEG n.F. zu Beschluss über den Verwaltervertrag

Am Schnittpunkt zum Verwaltervertrag, der Gegenstand des nächsten Kapitels ist, stellt sich die Frage nach dem (Rang)Verhältnis eines Beschlusses nach § 27 Abs. 2 WEG n.F. und dem Beschluss über den Verwaltervertrag. Zur Beantwortung dieser Frage bietet das Gesetz zwar keinen Anhaltspunkt, allerdings aber dessen Begründung.[220] Insoweit sei wie folgt zitiert: *„Nach dieser Vorschrift haben die Wohnungseigentümer – etwa im Zusammenhang mit dem Abschluss des Verwaltervertrags – die Möglichkeit, diejenigen Maßnahmen selbst zu definieren, deren Erledigung sie in die Verantwortung des Verwalters legen wollen. Dazu können sie etwa Wertgrenzen oder Maßnahmenkataloge aufstellen. Möglich ist es auch, einzelne Handlungen des Verwalters (zum Beispiel Zahlungen ab einem bestimmten Betrag) von der Zustimmung eines Wohnungseigentümers, des Verwaltungsbeirats oder eines Dritten abhängig zu machen."*

---

[219] Siehe Kap. 5.3.1 Vertretung durch den Verwalter.
[220] Vgl. BT-Drs. 19/22634, S. 47.

Wünschenswerte Rechtssicherheit für den Verwalter ist hiermit aber nicht verbunden. Stets wird auch hier in erster Linie wiederum die Tatsache virulent werden, dass der Verwalter jederzeit von seinem Amt abberufen werden kann. Selbst wenn man im Hinblick auf im Verwaltervertrag geregelte Rechte, Ermächtigungen oder Befugnisse darauf abstellen wollte, dass diese Vorrang vor einer diese einschränkenden Beschlussfassung haben sollten, riskiert der Verwalter im Konfliktfall sein Amt. Entsprechendes gilt aber auch in den Fällen, in denen dem Verwalter weitergehende Ermächtigungen und Befugnisse eingeräumt werden, als dies das Gesetz und/oder der Verwaltervertrag vorsieht und der Verwalter etwa vertraglich geregelt haben sollte, derartiges von einer Erhöhung der Verwaltervergütung abhängig zu machen. Auch hier geht er das Risiko seiner Abberufung ein, weil ggf. ein Konkurrent all dies zu günstigeren Konditionen anbietet.

Einziger Trost für den Verwalter in diesen Fällen ist, dass der Verwaltervertrag im Fall seiner Abberufung erst nach 6 Monaten endet, wenn keine Kündigung aus wichtigem Grund eine sofortige Beendigung auch des Verwaltervertrags zur Folge und der Verwalter somit Anspruch auf die vertraglich vereinbarte Vergütung lediglich unter Abzug ersparter Aufwendungen hat.[221]

## 6.6 Der Verwaltervertrag

### 6.6.1 Typologie des Verwaltervertrags

Nach bislang geltender Rechtslage sind Partner des Verwaltervertrags der Verwalter und die Gemeinschaft der Wohnungseigentümer. Hieran wird sich auch in Zukunft nichts ändern. Nach herrschender Meinung handelt es sich beim Verwaltervertrag um einen Vertrag mit Schutzwirkung zugunsten Dritter, nämlich der Wohnungseigentümer.[222] Der „Vertrag mit Schutzwirkung zugunsten Dritter" ist gesetzlich nicht geregelt, längst aber von der Rechtsprechung als eigenständiger Vertragstyp anerkannt. Voraussetzung ist zunächst neben einem wirksamen Vertragsverhältnis zwischen Gläubiger und Schuldner eine unbedingte Leistungsnähe des Dritten. Der Dritte muss folglich mit der Leistung in Berührung kommen und den Gefahren einer Pflichtverletzung gleichermaßen ausgesetzt sein wie der direkte Vertragspartner. Übertragen auf den Verwaltervertrag, fungiert die Gemeinschaft der Wohnungseigentümer als Gläubigerin, der Verwalter als Schuldner. Da die Wohnungseigentümer der Leistung des Verwalters und den Gefahren einer Pflichtverletzung durch den Verwalter ebenso ausgesetzt sind wie die Gemeinschaft der Wohnungseigentümer, ist die erforderliche unbedingte Leistungsnähe gegeben. Auch nach dem künftig geltenden Haftungssystem besteht seitens

---

[221] Siehe Kap. 6.4.2 Abberufung des Verwalters.
[222] BGH, Urteil v. 8.6.2018, V ZR 125/17, ZMR 2018 S. 777; BGH, Beschluss v. 7.7.2016, V ZB 15/14, ZMR 2017 S. 406.

der Gemeinschaft der Wohnungseigentümer ein eigenes, berechtigtes Schutzinteresse gegenüber den Wohnungseigentümern.

> **Beispiel: Verzögerte Sanierung von Feuchtigkeitsschäden**
>
> In der Sondereigentumseinheit eines Wohnungseigentümers sind im Bereich des Gemeinschaftseigentums massive Feuchtigkeitsschäden vorhanden. Es ist sowohl der Sanierungsumfang geklärt, als auch ein Beschluss über die Sanierung gefasst. Mit seiner Umsetzung lässt sich der Verwalter allerdings 2 Jahre Zeit, sodass die Wohnung mittlerweile unbewohnbar ist und der Wohnungseigentümer Mietausfälle zu beklagen hat.

**Regressansprüche**
Würde man dem so geschädigten Wohnungseigentümer einen Schadensersatzanspruch gegen den Verwalter verwehren, müsste er die Gemeinschaft der Wohnungseigentümer in Anspruch nehmen. In diesem Fall sind 2 Aspekte zu betrachten:

1. Könnte nur die Gemeinschaft der Wohnungseigentümer in Anspruch genommen werden, müsste sich der geschädigte Wohnungseigentümer den auf ihn im Innenverhältnis entfallenden Schadensanteil anspruchsmindernd entgegenhalten lassen, obwohl ihn gar kein Verschulden trifft, er vielmehr der Geschädigte ist.

2. Könnte nur die Gemeinschaft der Wohnungseigentümer in Anspruch genommen werden, wären die übrigen Wohnungseigentümer im Innenverhältnis zum Schadensersatz verpflichtet, obwohl sie gar kein Verschulden an den eingetretenen Schäden trifft.

Freilich hätte die Gemeinschaft der Wohnungseigentümer bei einer Inanspruchnahme durch den geschädigten Wohnungseigentümer einen Regressanspruch gegen den Verwalter.

Diese derzeit noch geltende Rechtslage soll sich im Zuge des WEMoG nicht ändern. Zwar ist gemäß § 18 Abs. 1 WEG n. F. ausschließlich die Gemeinschaft der Wohnungseigentümer für die Verwaltung des gemeinschaftlichen Eigentums zuständig. Allerdings regelt § 43 Abs. 2 Nr. 3 WEG n. F. den ausschließlichen Gerichtsstand bezüglich (Schadensersatz-)Ansprüchen der Wohnungseigentümer gegen den Verwalter. Auch künftig handelt es sich zumindest nach den Plänen des Gesetzgebers beim Verwaltervertrag um einen solchen mit Schutzwirkung für die Wohnungseigentümer.[223] Auch wenn dies dogmatisch kaum herleitbar ist, hat der Gesetzgeber neben der entsprechenden Begründung seinen Willen auch in § 43 Abs. 2 Nr. 3 WEG n. F. zum Ausdruck gebracht.

---

[223] BT-Drs. 19/22634, S. 47; siehe auch Kap. 5.7.1.1.2 ff.

**Der Verwalter**

Grundsätzlich aber kann der Verwalter ausschließlich direkt geschädigten Wohnungseigentümern gegenüber haften. Dies können einzelne oder eine Gruppe von Wohnungseigentümern sein. Kein direkter bzw. individueller Schadensersatzanspruch besteht hingegen im Fall der Schädigung der Gemeinschaft der Wohnungseigentümer, sei es, dass der Verwalter durch sein Verschulden Verfahrenskosten provoziert, sei es, dass er unter Überschreitung seiner Befugnisse im Innenverhältnis seine Rechtsmacht im Außenverhältnis überschreitet und so das Gemeinschaftsvermögen geschädigt wird. Individualansprüche der Wohnungseigentümer bestehen insoweit nicht, weil primär Geschädigte die Gemeinschaft der Wohnungseigentümer als Inhaberin des Gemeinschaftsvermögens ist.

### 6.6.2 Inhalte des Verwaltervertrags

#### 6.6.2.1 Grundsätze

Wie bereits ausgeführt, verleiht § 9b Abs. 1 WEG n.F. dem Verwalter im Außenverhältnis – mit Ausnahme von Grundstückskauf- und Darlehensverträgen – unbeschränkbare Vertretungsbefugnisse.[224] Darüber hinaus wird dem Verwalter gem. § 27 Abs. 1 Nr. 1 WEG n.F. eine völlig konturenlose Geschäftsführungsbefugnis verliehen, die ihn im Rahmen ordnungsmäßiger Verwaltung ermächtigt, selbstständig Maßnahmen untergeordneter Bedeutung zu ergreifen, die nicht zu erheblichen Verpflichtungen der Gemeinschaft der Wohnungseigentümer führen.[225]

**Was Verwalter in Zukunft beachten sollten**

Da es nach Auffassung des Gesetzgebers letztendlich auf die Größe der verwalteten Gemeinschaft ankommt, was noch von untergeordneter Bedeutung ist und was nicht, sollte der Verwalter in seinem eigenen Interesse im Zweifel Beschlüsse der Wohnungseigentümer einholen und vor allem auch für einen entsprechenden Leistungskatalog im Verwaltervertrag sorgen.

Der Verwaltervertrag sollte insbesondere im Hinblick auf ein angemessenes Verwalterhonorar auch ein Verständnis der Wohnungseigentümer dafür wecken, dass dem Verwalter eine ganz erhebliche Aufgabenvielfalt obliegt – wo die Lektüre des Gesetzestextes doch ein ganz anderes Bild zu suggerieren scheint. Verwalter sollten sich nicht in die durch das WEMoG vorprogrammierten Auseinandersetzungen bzw. Unsicherheiten begeben, wann eine Verwaltungsmaßnahme zwar noch ordnungsmäßiger Verwaltung entspricht, aber mit einer erheblichen Verpflichtung für die Gemeinschaft der Wohnungseigentümer verbunden ist, und wenn

---

[224] Siehe Kap. 5.3.1 Vertretung durch den Verwalter.
[225] Siehe Kap. 6.5.1 Maßnahmen untergeordneter Bedeutung.

nicht. Insbesondere sollte für eindeutige Verhältnisse gesorgt werden, was die Legitimation zum Führen von Hausgeldklagen betrifft.

### 6.6.2.2 AGB-Kontrolle

Grundsätzlich unterliegt der Verwaltervertrag der Inhaltskontrolle Allgemeiner Geschäftsbedingungen. Allerdings findet eine entsprechende richterliche Überprüfung erst im laufenden Vertragsverhältnis, also bei Durchführung bzw. Anwendung des Vertrags statt. Ob der Beschluss über den Abschluss des Verwaltervertrags etwa wegen einer Vielzahl unwirksamer Klauseln ordnungsmäßiger Verwaltung widerspricht, wird nicht geprüft.[226]

> **Beispiel: Großzügiges Instandsetzungsbudget**
>
> In der aus 10 Wohnungseigentümern bestehenden Eigentümergemeinschaft ist der Verwalter nach dem Verwaltervertrag ermächtigt, eigenständig Erhaltungsmaßnahmen mit einem Kostenvolumen bis 5.000 EUR in Auftrag zu geben. Eine Begrenzung der Gesamtbudgetierung sieht der Vertrag nicht vor.

Angesichts der Größe der Eigentümergemeinschaft verstößt bereits die Ermächtigung im Einzelfall gegen die Grundsätze ordnungsmäßiger Verwaltung. Indem im Übrigen keine Jahreskostenbegrenzung festgesetzt ist, liegt ein weiterer Verstoß gegen die Grundsätze ordnungsmäßiger Verwaltung vor. Liegen Verstöße gegen die Grundsätze ordnungsmäßiger Verwaltung vor, verstößt dies regelmäßig auch gegen § 307 BGB, was zu einer Unwirksamkeit der jeweiligen Vertragsklausel führt, weshalb es insoweit keine Rolle spielt, dass der Beschluss über den Abschluss des Verwaltervertrags längst bestandskräftig ist. Ist eine Klausel nämlich unwirksam bzw. nichtig, entfaltet sie von vornherein keine Wirkung.

### 6.6.2.3 Vergütungsregelungen

Die Verwaltervergütung entspricht nach Höhe und Ausgestaltung dann den Grundsätzen ordnungsmäßiger Verwaltung, wenn sie dem Gebot der Wirtschaftlichkeit genügt. Nach aktueller BGH-Rechtsprechung[227] ist dieses Gebot nicht schon dann verletzt, wenn die vorgesehene Verwaltervergütung über den üblichen Sätzen liegt. Eine deutliche Überschreitung der üblichen Verwaltervergütung wird den Grundsätzen ordnungsmäßiger Verwaltung allerdings wiederum nur dann entsprechen, wenn sie auf Sachgründen beruht, deren Gewicht den Umfang der Überschreitung rechtfertigt. Grundsätzlich

---

[226] BGH, Urteil v. 5.7.2019, V ZR 278/17, NJW 2020 S. 988.
[227] BGH, Urteil v. 5.7.2019, a.a.O.

entspricht ein Verwalterhonorar von 25 EUR je Wohnungseinheit pro Monat ordnungsmäßiger Verwaltung.[228]

Der Verwalter hat mit Blick auf seine Vergütungsstruktur grundsätzlich die Wahl, ob er der Gemeinschaft einen Vertrag mit einer Pauschalvergütung anbietet oder einen Vertrag mit einer in Teilentgelte aufgespaltenen Vergütung. Unter dem Gesichtspunkt der ordnungsmäßigen Verwaltung erfordert letztere aber eine klare und transparente Abgrenzung der Aufgaben, die von einer vorgesehenen Grundvergütung erfasst sein sollen, von denen, die gesondert zu vergüten sind. Ferner muss bei den Aufgaben, die in jeder Wohnungseigentümergemeinschaft laufend anfallen, der tatsächliche Gesamtumfang der Vergütung erkennbar sein. Diese Grundsätze dürften weiterhin maßgeblich sein. Denn ganz unabhängig von der Beantwortung der Frage, was in der einen Gemeinschaft der Wohnungseigentümer noch unbedeutend ist und was nicht, kann der Verwalter nicht gehindert sein, periodisch wiederkehrende Leistungen mit einem Grundhonorar zu berechnen und aperiodische Leistungen gesondert.

 **Honorargestaltung**

**Pauschalhonorar für jährlich anfallende Pflichten**

Es bietet sich an, die periodisch jährlich anfallenden Verwalterpflichten zu listen und insoweit ein Pauschalhonorar zu erheben. So obliegt dem Verwalter jährlich stets

- die Erstellung eines Wirtschaftsplans,
- die Erstellung der Jahresabrechnung,
- die Erstellung des Vermögensberichts,
- die Einberufung der ordentlichen Wohnungseigentümerversammlung.

Gerade die periodisch wiederkehrenden Verwalterpflichten rund um das Finanzsystem der Wohnungseigentümer umfassen dabei auch

- die Abwicklung des Geldverkehrs,
- des Einzugs der von den Wohnungseigentümern zu leistenden Beiträge sowie
- Buchführung und Unterlagenarchivierung.

---

[228] LG Dortmund, Urteil v. 15.1.2016, 17 S 112/15, MietRB 2017 S. 260.

Weiter zählen zu den Maßnahmen ordnungsmäßiger Verwaltung von untergeordneter Bedeutung zweifellos auch solche der laufenden Erhaltung des Gemeinschaftseigentums und der technischen Verwaltung des Objekts. Für diese periodisch wiederkehrenden Aufgaben kann der Verwalter eine Pauschale festsetzen und für darüber hinausgehende Aufgaben mit Einzelfallbezug konkrete Honorarteile festlegen.

**Honorar im Einzelfall**
Hier ist etwa zu denken an Vergütungen für

- außerordentliche Wohnungseigentümerversammlungen,
- die Umsetzung von Beschlüssen über eine Darlehensaufnahme,
- die Umsetzung von Beschlüssen über Sonderumlagen,
- den entstehenden Aufwand bei vereinbarter Veräußerungszustimmung,
- die Bearbeitung größerer Erhaltungsmaßnahmen,
- die Bearbeitung baulicher Veränderungen des Gemeinschaftseigentums, die auf Grundlage von § 20 WEG n. F. insbesondere Modernisierungsmaßnahmen umfassen werden.[229]

**Mahngebühren/besonderer Verwaltungsaufwand**
Der BGH[230] hatte sich insbesondere mit dem Thema Mahngebühren befasst und hält entsprechende Sondervergütungsregelungen in Verwalterverträgen nicht für unwirksam. Insoweit ist auf Grundlage des WEMoG allerdings zu beachten, dass den Wohnungseigentümern keine Beschlusskompetenz mehr eingeräumt ist, die Folgen des Verzugs zu regeln. Mahngebühren setzen gerade am Verzug der Wohnungseigentümer an. Denkbar wäre zwar, dass die Wohnungseigentümer dem Verwalter die Befugnis zur Mahnung einräumen und zu seinen Gunsten auch eine Vergütung regeln. Eine exklusive Kostenbelastung des Hausgeldschuldners ist jedenfalls nicht beschließbar. Auch ein derartiger Beschluss dürfte aber zumindest ordnungsmäßiger Verwaltung widersprechen, da es schlicht keiner Mahnung bedarf, wenn die Fälligkeit kalendermäßig bestimmt ist. Der Verwalter wird auch für entsprechende Beschlüsse sorgen müssen, so derartige noch nicht gefasst sind oder

---

[229] Ein ausführliches Leistungsverzeichnis steht in dem über den Buch-Code zu erreichenden Download-Bereich zur Verfügung.
[230] BGH, Urteil v. 5.7.2019, a.a.O.

keine Regelung durch Vereinbarung besteht. Die Beschlusskompetenz verleiht § 28 Abs. 3 WEG n. F. Was im Übrigen Sonderhonorare wegen einer Nichtteilnahme am Lastschriftverfahren betrifft, die bislang noch als besonderer Verwaltungsaufwand nach § 21 Abs. 7 WEG a. F. beschließbar sind, dürften entsprechende Regelungen wohl tendenziell weiter gelten, was sich derzeit aber nicht abschließend prognostizieren lässt. In Ermangelung eines gesetzlichen Pflichtenkatalogs dürfte es allerdings möglich sein, einen besonderen Aufwand für den Verwalter auch weiterhin gesondert zu bepreisen.

### 6.6.2.4 Klar definierte Inhalte

Verwalter werden in ihrem eigenen Interesse für klar definierte Inhalte des Verwaltervertrags sorgen, insbesondere was ihre Kompetenzen zur eigenständigen Verwaltungsführung anbelangt. Auch wenn ihre Vertretungsbefugnis im Außenverhältnis mit Ausnahme von Grundstückskaufverträgen und Darlehensverträgen nicht beschränkbar ist, sollten die Grenzen im Innenverhältnis abgesteckt sein. Verwalter sollten sich jedenfalls stets vor Augen halten, dass es keines wichtigen Grundes mehr für ihre Abberufung bedarf. Insoweit sollten Unstimmigkeiten darüber vermieden werden, was sich einerseits im Hinblick auf die Größe der konkret verwalteten Wohnungseigentümergemeinschaft noch im Rahmen ordnungsmäßiger Verwaltung hält und was andererseits dem Verwalter an erforderlicher Flexibilität verbleibt. Insoweit sollte insbesondere an folgende Fälle gedacht werden:

- **Ermächtigung zu Hausgeldklagen**
  Der Verwaltervertrag sollte die ausdrückliche Regelung enthalten, dass der Verwalter im Fall von Hausgeldrückständen zur Erhebung entsprechender Zahlungsklagen gegen die Hausgeldschuldner befugt ist.
- **Ermächtigung und Budget für Erhaltungsmaßnahmen**
  Insbesondere mit Blick auf die konturenlose Norm des § 27 Abs. 1 Nr. 1 WEG n.F. sollte im Verwaltervertrag klar definiert werden, welche Erhaltungsmaßnahmen eigenständig vom Verwalter ergriffen und beauftragt werden können. Hier ist an eine Obergrenze je Einzelfall zu denken und auch eine Gesamtbegrenzung pro Wirtschaftsjahr vorzunehmen.
- **Ermächtigung und Budget für Einschaltung von Sonderfachleuten**
  Auch die Befugnis zur eigenständigen Beauftragung von Sonderfachleuten wie etwa Architekten und Rechtsanwälten zur Vorbereitung von Beschlüssen der Wohnungseigentümer, sollte mit entsprechender Höchstbudgetierung im Verwaltervertrag vorgesehen werden.

- **Ermächtigung zu Vertragsabschlüssen**
  Im Verwaltervertrag sollte auch die Ermächtigung des Verwalters zum eigenständigen Abschluss und der eigenständigen Kündigung von Lieferungs- und Entsorgungs-, Wartungs- und Versicherungsverträgen sowie von Verträgen zur verbrauchsabhängigen Abrechnung von Heiz-, Warmwasser und Kaltwasserkosten einschließlich der erforderlichen Geräteausstattung geregelt sein.

### 6.6.2.5 Musterverwalterverträge

Der nachfolgende Verwaltervertrag stellt ein Grundmuster dar. Ein ausführliches Leistungsverzeichnis nebst ausführlichem Verwaltervertrag steht in dem über den Buch-Code zu erreichenden Download-Bereich zur Verfügung.

### 6.6.2.5.1 Verwaltervertrag für Wohnungseigentum

 **Mustervertrag: Verwaltervertrag für Wohnungseigentum**

**Verwaltervertrag**

zwischen

der Wohnungseigentümergemeinschaft _____-Straße \_\_\_\_, \_\_\_\_\_ (PLZ), _____ (Ort)
– im Folgenden als Gemeinschaft der Wohnungseigentümer bezeichnet –

und

Frau/Herrn/Firma _____, vertreten durch den/die Geschäftsführer, Frau _____ und Herrn _____, _____ (Straße), \_\_\_\_\_ (PLZ), _____ (Ort)

– im Folgenden als Verwalter bezeichnet –

**Präambel**

(1) Gegenstand dieses Vertrags ist die Verwaltung des Gemeinschaftsvermögens der Gemeinschaft der Wohnungseigentümer sowie des Gemeinschaftseigentums der Wohnanlage _____-Straße

\_\_\_\_, \_\_\_\_\_ (PLZ), _____ (Ort). Die Wohnanlage besteht aus:

\_\_\_\_ Wohnungseigentumseinheiten

\_\_\_\_ Teileigentumseinheiten

\_\_\_\_ Kellern

\_\_\_\_ (Tiefgaragen-)Stellplätzen

\_\_\_\_ Hobbyräumen

\_\_\_\_ Gemeinschaftsräumen

(2) Herr/Frau/Firma _____ ist durch Beschluss zu TOP \_\_\_\_ der Eigentümerversammlung vom _____ für den Zeitraum vom _____ bis _____ zum Verwalter der Gemeinschaft der Wohnungseigentümer bestellt worden.

*Alternativ:* Herr/Frau/Firma _____ ist auf Grundlage der Regelung in §/Abschnitt/Ziffer \_\_\_\_ der Teilungserklärung vom _____ (UR-Nummer \_\_\_\_) zum ersten Verwalter der Gemeinschaft der Wohnungseigentümer bestellt worden. Der teilende Eigentümer hat durch Beschluss vom _____ diese Bestellung für die Gemeinschaft der Wohnungseigentümer bestätigt. Der Bestellungszeitraum beträgt drei Jahre ab Entstehen der Gemeinschaft der Wohnungseigentümer.

(3) Die Unterzeichnung dieses Verwaltervertrags erfolgt für die Gemeinschaft der Wohnungseigentümer durch den gemäß § 9b Abs. 2 WEG bestimmten Vertreter der Gemeinschaft der Wohnungseigentümer gegenüber dem Verwalter.

## Abschnitt I
**Laufzeit und Beendigung des Verwaltervertrags**

### § 1 Vertragslaufzeit

Die Laufzeit dieses Vertrags beginnt mit dem Bestellungszeitpunkt am _____. Der Vertrag endet mit dem Ablauf des Bestellungszeitraums am _____. Wird der Verwalter vorzeitig von seinem Amt abberufen, endet dieser Vertrag nach Ablauf von 6 Monaten seit dem Zeitpunkt der Abberufung automatisch, ohne dass es einer Kündigung der Gemeinschaft der Wohnungseigentümer bedarf.

## § 2 Kündigungserklärung

Eine Kündigung dieses Vertrags durch den Verwalter ist entweder gegenüber dem Vorsitzenden des Verwaltungsbeirats oder dem nach § 9b Abs. 2 WEG zur Vertretung der Gemeinschaft der Wohnungseigentümer gegenüber dem Verwalter ermächtigten Wohnungseigentümer zu erklären.

## § 3 Wiederbestellung

(1) Im Fall der Wiederbestellung des Verwalters gilt dieser Vertrag auch für den Wiederbestellungszeitraum.

(2) Mit der Beschlussfassung über die Wiederbestellung des Verwalters kann auch eine Änderung dieses Verwaltervertrags oder der Abschluss eines neuen Verwaltervertrags beschlossen werden.

**Abschnitt II**
**Aufgaben und Befugnisse des Verwalters**

## § 4 Grundsätze

Die Rechte und Pflichten des Verwalters bzw. seine Aufgaben und Befugnisse ergeben sich aus den gesetzlichen Bestimmungen des Wohnungseigentumsgesetzes (WEG), ergänzenden Bestimmungen des Bürgerlichen Gesetzbuchs (BGB), den Regelungen der Teilungserklärung mit Gemeinschaftsordnung sowie aus diesem Vertrag.

**Unterabschnitt I**
**Aufgaben des Verwalters**

## § 5 Eigentümerversammlung

(1) Der Verwalter hat mindestens einmal jährlich eine Wohnungseigentümerversammlung einzuberufen. Den Versammlungsvorsitz führt der Verwalter, soweit die Eigentümerversammlung nichts anderes beschließt. Die in der Eigentümerversammlung gefassten Beschlüsse sind vom Verwalter zu protokollieren, soweit die Eigentümerversammlung nichts anderes beschließt.

(2) Der Verwalter hat eine Niederschrift über die in der Versammlung verkündeten Beschlüsse zu fertigen. Diese ist den Wohnungseigentümern innerhalb von 5 Werktagen nach der Eigentümerversammlung zu übersenden, wobei Samstage nicht als Werktage

gelten. Eine Übermittlung in Textform, insbesondere durch E-Mail, ist ausreichend.

(3) Die Verpflichtung zur Erstellung von Versammlungsniederschriften besteht auch dann, wenn im Fall der Begründung des Wohnungseigentums Beschlüsse allein vom teilenden Eigentümer gefasst werden.

### § 6 Beschlüsse im Umlaufverfahren

Erfolgt die Beschlussfassung im Umlaufverfahren des § 23 Abs. 3 WEG, hat der Verwalter die Wohnungseigentümer unverzüglich nach Zugang der letzten Erklärung über das Ergebnis der Beschlussfassung zu informieren. Auch in diesem Fall genügt eine Mitteilung in Textform.

### § 7 Beschluss-Sammlung

Das Führen der Beschluss-Sammlung obliegt dem Verwalter nach Maßgabe des § 24 Abs. 7 WEG. Die Verpflichtung zum Führen der Beschluss-Sammlung entsteht mit dem Entstehen der Gemeinschaft der Wohnungseigentümer gemäß § 9a Abs. 1 Satz 2 WEG.

### § 8 Beschlussdurchführung/Hausordnung

Der Verwalter hat die Eigentümerbeschlüsse durchzuführen und für die Beachtung der Hausordnung zu sorgen. Bei Verstößen gegen die Hausordnung ist der Verwalter ermächtigt, entsprechende Abmahnungen auszusprechen.

### § 9 Erhaltung des Gemeinschaftseigentums

(1) Der Verwalter hat die für die ordnungsmäßige Erhaltung des gemeinschaftlichen Eigentums erforderlichen Maßnahmen zu treffen und die Wohnanlage regelmäßig zu begehen. Das Begehen der Wohnanlage hat mindestens einmal jährlich zu erfolgen. Festgestellte Mängel sind zu protokollieren.

(2) In dringenden Fällen, die wegen ihrer Eilbedürftigkeit die Durchführung einer Wohnungseigentümerversammlung nicht erlauben, ist der Verwalter berechtigt und verpflichtet, die erforderlichen Maßnahmen – soweit möglich, nach Rücksprache mit dem Verwaltungsbeirat – einzuleiten.

### § 10 Wirtschaftsplan, Jahresabrechnung, Vermögensbericht

(1) Der Verwalter ist verpflichtet, bis spätestens 30. Juni eines jeden Kalenderjahres auf Grundlage der von ihm erstellten Jahresgesamtabrechnung sowie der Jahreseinzelabrechnungen des Vorjahres eine Beschlussfassung der Wohnungseigentümer nach § 28

Abs. 2 Satz 1 WEG über eine Anpassung bzw. Nachforderung von Beitragsvorschüssen herbeizuführen.

(2) Ebenfalls bis zum 30. Juni eines jeden Kalenderjahres hat der Verwalter insoweit den Gesamtwirtschaftsplan sowie die auf ihm basierenden Einzelwirtschaftspläne für die laufende Wirtschaftsperiode zu erstellen und bis zum vorgenannten Zeitpunkt eine Beschlussfassung über die Festsetzung der Beiträge herbeizuführen, um auf Grundlage der tatsächlichen Kostenentwicklung eine Anpassung der Hausgeldbeträge zu ermöglichen.

(3) Der Verwalter ist weiter zum 30. Juni eines jeden Kalenderjahres verpflichtet, den Wohnungseigentümern den nach § 28 Abs. 4 WEG zu erstellenden Vermögensbericht zur Verfügung zu stellen. Der Verwalter hat den Vermögensbericht den Wohnungseigentümern zum vorgenannten Zeitpunkt in Textform zu übermitteln.

### § 11 Lasten und Kosten

(1) Der Verwalter ist verpflichtet, Lasten- und Kostenbeiträge bei den Wohnungseigentümern anzufordern, diese in Empfang zu nehmen und abzuführen, so es sich um Zahlungspflichten gegenüber der Gemeinschaft der Wohnungseigentümer handelt.

(2) Der Verwalter hat alle Zahlungen und Leistungen zu bewirken und entgegenzunehmen, die mit der laufenden Verwaltung des gemeinschaftlichen Eigentums und des Gemeinschaftsvermögens zusammenhängen.

### § 12 Vermögensverwaltung/Kontoführung

(1) Der Verwalter ist verpflichtet, das Vermögen der Gemeinschaft der Wohnungseigentümer getrennt von seinem eigenen Privat- und Geschäftsvermögen zu halten. Er ist weiter verpflichtet, das Vermögen der Gemeinschaft der Wohnungseigentümer getrennt von etwaigem Verwaltungsvermögen Dritter, wie etwa anderer Wohnungseigentümergemeinschaften, zu halten. Dies gilt entsprechend für Gelder eines etwa bereits bestehenden oder noch zu gründenden Mietpools, der ebenfalls von dem Verwalter verwaltet wird. Auch diese sind getrennt vom Vermögen der Gemeinschaft der Wohnungseigentümer zu halten.

(2) Der Verwalter hat ein gemeinschaftliches Girokonto zu führen. Daneben hat er ein weiteres Bankkonto bezüglich der Erhaltungsrücklage zu führen. Sollten die Wohnungseigentümer die Bildung weiterer Rücklagen nach §§ 19 Abs. 1, 28 Abs. 1 Satz 1 WEG beschließen, kann der Verwalter die entsprechend von den Wohnungseigentümern zu leistenden Beiträge ebenfalls der Erhaltungsrücklage zuführen oder aber auch gesonderte Konten eröffnen. Sämtliche gebildeten Rücklagen sind transparent in dem nach § 28 Abs. 4 WEG zu erstellenden Vermögensbericht darzustellen. Die Konten sind stets allein auf den Namen der Gemeinschaft der Wohnungseigentümer und für sie als Kontoinhaberin zu eröffnen und zu führen.

Derzeit besteht folgende Bankverbindung bezüglich des gemeinschaftlichen Girokontos:

Bankinstitut: _____,
IBAN: _____, BIC: _____.

Derzeit besteht folgende Bankverbindung bezüglich der Erhaltungsrücklage:

Bankinstitut: _____,
IBAN: _____, BIC: _____.

(3) Eine Auflösung vorgenannter Bankkonten unter Eröffnung neuer Bankkonten durch den Verwalter bedarf eines Beschlusses der Wohnungseigentümer.

## § 13 Unterlageneinsicht

(1) Der Verwalter ist nach § 18 Abs. 4 WEG als Organ der Gemeinschaft der Wohnungseigentümer verpflichtet, den Wohnungseigentümern Einsicht in die Verwaltungsunterlagen zu gewähren. Das Recht zur Einsichtnahme besteht nur während der Bürozeiten des Verwalters und bedarf vorheriger Terminvereinbarung. Die Einsichtnahme hat am Ort der Verwaltung zu erfolgen.

(2) Auf Wunsch des Wohnungseigentümers kann der Verwalter auch Kopien bestimmter Verwaltungsunterlagen gegen Sondervergütung fertigen.

## Unterabschnitt II
### Befugnisse des Verwalters

### § 14 Prozessführung

(1) Auch ohne gesonderte Ermächtigung ist der Verwalter berechtigt, rückständige Hausgelder namens, im Auftrag und auf Kosten der Gemeinschaft der Wohnungseigentümer außergerichtlich und gerichtlich geltend zu machen. Als Hausgelder gelten nach § 28 Abs. 1 Satz 1 WEG n. F. beschlossene Vorschüsse auf Grundlage des Wirtschaftsplans, sich aus Einzeljahresabrechnungen ergebende und nach § 28 Abs. 2 Satz 1 WEG beschlossene Nachschüsse sowie Beiträge zu beschlossenen Sonderumlagen.

(2) Zum Führen sonstiger Aktivverfahren bedarf der Verwalter gesonderter Ermächtigung durch Beschlussfassung der Wohnungseigentümer, es sei denn, das Aktivverfahren ist zur Nachteilsabwendung erforderlich.

(3) Im Rahmen seiner Ermächtigung zur Prozessführung ist der Verwalter ermächtigt, namens, im Auftrag und auf Kosten der Gemeinschaft der Wohnungseigentümer einen Rechtsanwalt mit der Vertretung der Gemeinschaft der Wohnungseigentümer zu beauftragen.

### § 15 Erhaltungsmaßnahmen

(1) Der Verwalter ist ohne entsprechende Beschlussfassung der Wohnungseigentümer ermächtigt, Maßnahmen der Erhaltung des Gemeinschaftseigentums namens und auf Kosten der Gemeinschaft der Wohnungseigentümer in Auftrag zu geben, soweit die Maßnahme im Einzelfall ein Kostenvolumen von _____ EUR nicht überschreitet. Die Maßnahmen dürfen insgesamt Kosten von _____ EUR im Wirtschaftsjahr nicht überschreiten. So der Verwalter von dieser Befugnis Gebrauch macht, ist der Verwaltungsbeirat unverzüglich und die Wohnungseigentümer anlässlich der Eigentümerversammlung entsprechend in Kenntnis zu setzen.

(2) Werden dem Verwalter Feuchteschäden im Bereich des Gemeinschaftseigentums von Wohnungseigentümern angezeigt oder erkennt der Verwalter selbst Feuchteschäden, ist er ermächtigt, namens der Gemeinschaft der Wohnungseigentümer einen geeigneten Sachverständigen zur Ermittlung der Schadensursache zu beauftragen. Die Kosten für die Beauftragung des Sachverständigen dürfen einen Betrag in Höhe von _____ EUR im Einzelfall und _____ EUR im Wirtschaftsjahr nicht übersteigen. Von der Beauftragung des Sachverständigen ist der Verwaltungsbeirat unverzüglich, die Wohnungseigentümer anlässlich der Wohnungseigentümerversammlung in Kenntnis zu setzen.

### § 16 Begründung und Kündigung von Vertragsverhältnissen
Der Verwalter ist zum eigenständigen Abschluss und der eigenständigen Kündigung von Liefer- und Entsorgungs-, Wartungs- und Versicherungsverträgen sowie von Verträgen zur verbrauchsabhängigen Abrechnung von Heiz-, Warmwasser- und Kaltwasserkosten einschließlich der erforderlichen Geräteausstattung ermächtigt.

**Abschnitt III**
**Vergütung**

### § 17 Grundvergütung
(1) Die Grundvergütung für die in §§ 5 bis 13 geregelten Aufgaben des Verwalters beträgt vom _____ bis zum _____ monatlich

_____ EUR zzgl. USt. in gesetzlicher Höhe (derzeit 19 %[231]), mithin _____ EUR brutto je Wohneigentumseinheit,

_____ EUR zzgl. USt. in gesetzlicher Höhe (derzeit 19 %), mithin _____ EUR brutto je Teileigentumseinheit,

_____ EUR zzgl. USt. in gesetzlicher Höhe (derzeit 19 %), mithin _____ EUR brutto je Garage,

---

[231] Die aufgrund des Zweiten Corona-Steuerhilfegesetzes beschlossene Mehrwertsteuersenkung legt für den Zeitraum vom 1.7.2020 bis 31.12.2020 einen Mehrwertsteuersatz von 16 % zugrunde. Wird der Verwaltervertrag in diesem Zeitraum abgeschlossen, ist bis 31.12.2020 der Steuersatz mit 16 %, ab 1.1.2021 mit 19 % aufzuführen. Dieser Mustervertrag berücksichtigt einen Mehrwertsteuersatz von durchgehend 19 %, was vom Verwender entsprechend anzupassen ist.
Formuliert werden kann: „Den Vertragsparteien ist bewusst, dass der allgemein geltende Umsatzsteuersatz in Höhe von 19 % aufgrund der zum Zeitpunkt des Vertragsabschlusses noch geltenden Sonderregelungen des Art. 3 des Zweiten Gesetzes zur Umsetzung steuerlicher Hilfsmaßnahmen zur Bewältigung der Corona-Krise vom 29. Juni 2020 (Zweites Corona-Steuerhilfegesetz, BGBl. I S. 1512) vorübergehend und mindestens bis 31.12.2020, ggf. auch über diesen Zeitpunkt hinaus, auf 16 % reduziert ist."

_____ EUR zzgl. USt. in gesetzlicher Höhe (derzeit 19 %), mithin _____ EUR brutto je Stellplatz.

(2) Der Verwalter ist berechtigt, diese Grundvergütung jeweils am dritten Werktag eines Kalendermonats dem gemeinschaftlichen Girokonto zu entnehmen.

(3) Mit der Grundvergütung sind sämtliche allgemeinen Bürokosten des Verwalters abgegolten. Für die Anfertigung erforderlicher Kopien zur Information der Wohnungseigentümer insbesondere über absolvierte Fortbildungsmaßnahmen gemäß § 11 Satz 1 Nr. 3 MaBV i.V.m. § 34c Abs. 2a GewO sowie über anhängige Beschlussklagen sind dem Verwalter die nachgewiesenen Portoaufwendungen sowie die Kopierkosten in Höhe von ___ EUR pro Kopie zzgl. USt. in gesetzlicher Höhe (derzeit 19 %), mithin ___ EUR brutto zu erstatten. Entsprechendes gilt für Einladungsschreiben zu Wohnungseigentümerversammlungen sowie den Versand von Niederschriften über die Wohnungseigentümerversammlungen.

(4) Für den Fall, dass aufgrund gesetzlicher Änderungen oder besonderer behördlicher Auflagen der Aufgabenkreis des Verwalters nicht unwesentlich erweitert wird, hat dieser Anspruch auf angemessene Anpassung der Grundvergütung.

### § 18 Gesonderte Vergütung

(1) Mit der Grundvergütung nicht abgegolten sind folgende Tätigkeiten:

1. **Wohnungseigentümerversammlung**
   **a) Versammlungsteilnahme von Wohnungseigentümern in elektronischer Form**
   Für den Fall, dass die Wohnungseigentümer gemäß § 23 Abs. 1 Satz 2 WEG beschließen sollten, dass Wohnungseigentümern die Teilnahme an Wohnungseigentümerversammlungen in elektronischer Form gestattet wird, erhält der Verwalter wegen des hiermit verbundenen Zusatzaufwands eine Honorarpauschale in Höhe von _____ EUR zzgl. USt in jeweils gesetzlicher Höhe (derzeit 19 %), mithin in Höhe von _____ EUR brutto.
   **b) Weitere Wohnungseigentümerversammlungen**
   Mit dem Verwaltergrundhonorar ist die Einberufung und Durchführung der jährlichen ordentlichen Wohnungseigentümerversammlung abgegolten. Für den Fall weiterer erforderlicher Wohnungseigentümerversammlungen erhält der Verwalter ein Sonderhonorar in Höhe von _____ EUR zzgl. USt in jeweils gesetzlicher Höhe (derzeit 19 %), mithin in Höhe von

_____ EUR brutto. Der Verwalter hat allerdings keinen Anspruch auf ein Sonderhonorar, wenn er das Erfordernis weiterer Wohnungseigentümerversammlungen zu vertreten hat.

2. **Klagepauschale**
Im Fall erforderlicher gerichtlicher Beitreibung von Hausgeldrückständen – Mahnverfahren oder Klageverfahren – erhält der Verwalter für die Einleitung und/oder Betreuung des Verfahrens für die Beauftragung und Information des Rechtsanwalts eine Sondervergütung in Höhe von _____ EUR netto zzgl. USt. in gesetzlicher Höhe (derzeit 19 %), mithin in Höhe von _____ EUR brutto.

3. **Nichtteilnahme am Lastschriftverfahren**
Für die Nichtteilnahme am Lastschriftverfahren erhält der Verwalter wegen des hiermit verbundenen Verwaltungszusatzaufwands eine Sondervergütung in Höhe von _____ EUR netto zzgl. USt. in gesetzlicher Höhe (derzeit 19 %), mithin in Höhe von _____ EUR brutto je Buchungsvorgang.

4. **Veräußerungszustimmung**
Ist nach der Bestimmung des § 12 Abs. 1 WEG die Zustimmung des Verwalters zur Veräußerung einer Sondereigentumseinheit erforderlich, erhält er für jede Zustimmungserklärung eine Vergütung in Höhe von _____ EUR netto zzgl. USt. in gesetzlicher Höhe (derzeit 19 %) mithin in Höhe von _____ EUR brutto.

5. **Führung von Lohnkonten**
Im Fall der Beschäftigung von Arbeitnehmern der Wohnungseigentümergemeinschaft, erhält der Verwalter für das Führen der Lohnkonten eine Vergütung von _____ EUR netto zzgl. USt. in gesetzlicher Höhe (derzeit 19 %) in Höhe von _____ EUR brutto pro Monat. Voraussetzung ist, dass der Verwalter die Lohnkonten führt und diese Aufgabe nicht seitens der Eigentümergemeinschaft auf einen externen Dritten, wie etwa einen Steuerberater übertragen ist.

6. **Bescheinigung haushaltsnaher Dienstleistungen**
Für die Erstellung einer einkommensteuerrelevanten Bescheinigung über haushaltsnahe Dienst- und Werkleistungen gemäß § 35a EStG erhält der Verwalter pro Bescheinigung eine Vergütung von _____ EUR netto zzgl. USt. in gesetzlicher Höhe (derzeit 19 %) mithin in Höhe von _____ EUR brutto.

7. **Erhaltungsmaßnahmen**
Für die Betreuung von Erhaltungsmaßnahmen bezüglich des gemeinschaftlichen Eigentums, die ein Volumen von _____ EUR überschreiten und Maßnahmen der Baubetreuung und Baubegleitung erfordern, die typischerweise von Architekten oder Ingenieuren erbracht werden, hat der Verwalter Anspruch auf eine Vergütung nach den Bestimmungen der HOAI, wenn mit diesen Maßnahmen nicht ein Sonderfachmann betraut ist. Auch wenn entsprechend ein Sonderfachmann mit der Bauleitung und Baubetreuung beauftragt ist, hat der Verwalter für die erforderliche Teilnahme an Vergabegesprächen, Baustellenbesprechungen und sonstiger erforderlicher Beteiligung an der Bauüberwachung Anspruch auf ein Sonderhonorar in Höhe von _____ EUR pro Stunde netto zzgl. USt. in gesetzlicher Höhe (derzeit 19 %) mithin in Höhe von _____ EUR brutto.

8. **Bauliche Veränderungen**
Für die Betreuung mehrheitlich beschlossener baulicher Veränderungen zur Durchführung durch die Gemeinschaft der Wohnungseigentümer, die ein Volumen von _____ EUR überschreiten und Maßnahmen der Baubetreuung und Baubegleitung erfordern, die typischerweise von Architekten oder Ingenieuren erbracht werden, hat der Verwalter Anspruch auf eine Vergütung nach den Bestimmungen der HOAI, wenn mit diesen Maßnahmen nicht ein Sonderfachmann betraut ist. Auch wenn entsprechend ein Sonderfachmann mit der Bauleitung und Baubetreuung beauftragt ist, hat der Verwalter für die erforderliche Teilnahme an Vergabegesprächen, Baustellenbesprechungen und sonstiger erforderlicher Beteiligung an der Bauüberwachung Anspruch auf ein Sonderhonorar in Höhe von _____ EUR pro Stunde netto zzgl. USt. in jeweils gesetzlicher Höhe (derzeit 19 %) mithin in Höhe von _____ EUR brutto.
Für den Fall, dass bauliche Veränderungen des Gemeinschaftseigentums einzelnen Wohnungseigentümern als privilegierte Maßnahme nach § 20 Abs. 2 WEG zur Durchführung durch und auf Kosten der Gemeinschaft der Wohnungseigentümer gestattet werden, erhält der Verwalter eine Zusatzvergütung von _____ EUR pro Stunde netto zzgl. USt. in jeweils gesetzlicher Höhe (derzeit 19 %) mithin in Höhe von _____ EUR brutto für den ihm entsprechend entstehenden Zusatzaufwand. Der Verwalter wird insoweit einen Beschluss zur verursacherbezogenen Kostentragung des bzw. der bauwilligen Wohnungseigentümer initiieren.

9. **Bearbeitung von Versicherungsschäden**
   Für die Abwicklung von Versicherungsschäden, soweit diese einen Zeitaufwand von mehr als 2 Arbeitsstunden erfordern, erhält der Verwalter eine Aufwandentschädigung von __ % der Entschädigungssumme zzgl. USt. in gesetzlicher Höhe (derzeit 19 %), mindestens aber 100 EUR, zzgl. USt. in gesetzlicher Höhe (derzeit 19 %) pro Schadensfall. Der Verwalter ist insoweit ermächtigt, direkt mit der Versicherung abzurechnen. Soweit diese entsprechende Ausgleichszahlung leistet, entfällt eine Weiterberechnung der Sondervergütung gegenüber der Gemeinschaft der Wohnungseigentümer.

10. **Zusatzaufwand Zensus 2022**
    Für den Mehraufwand der Verwaltung im Rahmen der gesetzlich nach dem Zensusgesetz 2021 verpflichtend vom Verwalter im Jahr 2022 geforderten Antworten zur „Gebäude- und Wohnungszählung", betreffend das Gemeinschaftseigentum, erhält der Verwalter einmalig eine pauschale Sondervergütung in Höhe von ___ EUR zzgl. gesetzlicher USt. gegen Rechnungs- und Fälligstellung in 2022.

(2) Der Verwalter ist berechtigt, die Sonderhonorare nach Rechnungsstellung gegenüber der Gemeinschaft der Wohnungseigentümer dem gemeinschaftlichen Girokonto zu entnehmen.

### § 19 Zusatzleistungen aufgrund Beschlussfassung

Werden dem Verwalter Zusatzaufgaben durch Beschluss der Wohnungseigentümer übertragen, die über die gesetzlichen Pflichten des Verwalters hinausgehen, und nimmt der Verwalter den beschlossenen Auftrag an, hat er Anspruch auf eine Zusatzvergütung von _____ EUR netto pro Stunde zzgl. USt. in gesetzlicher Höhe (derzeit 19 %) mithin in Höhe von _____ EUR brutto.

**Abschnitt IV**
**Haftung**

### § 20 Haftung des Verwalters

(1) Die Haftung des Verwalters für schuldhafte Pflichtverletzungen richtet sich nach den gesetzlichen Bestimmungen.

(2) Schadensersatzansprüche gegen den Verwalter aus einer fahrlässigen Pflichtverletzung verjähren spätestens in 3 Jahren, beginnend mit dem Schluss des Jahres, in dem der Anspruch entstanden

ist und in welchem die Wohnungseigentümer bzw. die Gemeinschaft der Wohnungseigentümer von den den Anspruch begründenden Umständen und der Person des Schuldners Kenntnis erlangt oder aufgrund grober Fahrlässigkeit keine Kenntnis erlangt haben. Unabhängig von der Kenntnis oder der grob fahrlässigen Unkenntnis verjähren derartige Schadensersatzansprüche gegen den Verwalter jedoch spätestens 3 Jahre nach Beendigung der Amts- und Vertragslaufzeit.

(3) Für Schadensersatzansprüche aus grob fahrlässiger oder vorsätzlicher Pflichtverletzung sowie derartige aus der Verletzung des Lebens, des Körpers oder der Gesundheit haftet der Verwalter auch im Hinblick auf die Verjährung unbeschränkt nach den gesetzlichen Bestimmungen. Entsprechendes gilt für Schadensersatzansprüche, die aus einer Verletzung wesentlicher Verwalterpflichten nach den §§ 24, 27 und 28 WEG, deren Erfüllung zu Erreichung des Vertragszwecks erforderlich ist, resultieren.

### § 21 Haftpflichtversicherung
Der Verwalter hat eine Berufshaftpflichtversicherung mit einer Deckungssumme von _____ EUR abgeschlossen. Bereits gesetzlich ist er verpflichtet, diese ständig mit einer Deckungssumme von mindestens 500.000 EUR für jeden Versicherungsfall und 1.000.000 EUR für alle Versicherungsfälle eines Jahres der von ihm verwalteten Gemeinschaften aufrecht zu erhalten.

**Abschnitt V
Ende des Verwalteramts**

### § 22 Herausgabepflichten
(1) Im Fall der Beendigung des Verwalteramts – unerheblich aus welchem Grund – ist der Verwalter verpflichtet, die Verwaltungsunterlagen unverzüglich dem Vorsitzenden des Verwaltungsbeirats, seinem Stellvertreter oder einem anderen Mitglied des Verwaltungsbeirats herauszugeben. Die Mitglieder des Verwaltungsbeirats können dem Verwalter als empfangsbevollmächtigte Person auch einen Dritten – insbesondere den Nachfolgeverwalter – benennen. Für den Fall, dass innerhalb der Gemeinschaft der Wohnungseigentümer ein Verwaltungsbeirat nicht bestellt sein sollte, sind die Unterlagen an den zur Vertretung der Gemeinschaft der Wohnungseigentümer gegenüber dem Verwalter ermächtigten Wohnungseigentümer herauszugeben.

(2) Die Herausgebepflicht bezieht sich auch auf elektronische Daten, die der Verwalter im Hinblick auf die Verwaltung der Eigentümergemeinschaft angelegt hat.

(3) Dem Verwalter steht aus keinem Grund ein Zurückbehaltungsrecht gegenüber diesen Herausgabepflichten zu.

### § 23 Rechnungslegung
Im Fall der Beendigung des Verwalteramts hat der Verwalter bis zum Stichtag seines Ausscheidens Rechnung gemäß §§ 675, 662, 666 BGB zu legen. Diese Pflicht ist nicht von einer vorherigen Beschlussfassung der Wohnungseigentümer abhängig.

**Abschnitt VI**
**Schlussbestimmungen**

### § 24 Vertragsänderungen/-ergänzungen
Änderungen und Ergänzungen dieses Vertrags bedürfen eines Beschlusses der Wohnungseigentümer und der Einverständniserklärung des Verwalters.

### § 25 Salvatorische Klausel
Sollte eine Regelung in diesem Vertrag ganz oder teilweise unwirksam sein, bleibt der Vertrag im Übrigen wirksam. An Stelle der unwirksamen Regelung tritt die gesetzliche Regelung. Entsprechendes gilt, wenn der Beschluss über den Abschluss dieses Vertrags auf Anfechtungsklage teilweise für ungültig erklärt werden sollte.

_____    _____
(Datum, Ort)                 (Datum, Ort)


_____    _____
(Unterschrift des/der Zeichnungs-   (Verwalter/Verwalterin)
berechtigten)

## Widerrufsbelehrung

Sie haben das Recht, binnen 14 Tagen ohne Angabe von Gründen diesen Vertrag zu widerrufen.

Die Widerrufsfrist beträgt 14 Tage ab dem Tag des Vertragsabschlusses.

Um Ihr Widerrufsrecht auszuüben, müssen Sie uns/mich _____ (Name des Verwalters), _____ (Anschrift), _____ (Telefonnummer), _____ (Telefaxnummer), _____ (E-Mail-Adresse), mit einer eindeutigen Erklärung (zum Beispiel ein mit der Post versandter Brief, Telefax oder E-Mail) über Ihren Entschluss, diesen Vertrag zu widerrufen, informieren.

Für Ihre Widerrufserklärung können Sie das beigefügte Widerrufsformular verwenden, das jedoch nicht vorgeschrieben ist.

Zur Wahrung der Widerrufsfrist reicht es aus, dass Sie die Mitteilung über die Ausübung des Widerrufsrechts vor Ablauf der Widerrufsfrist absenden.

### Folgen des Widerrufs

Wenn Sie diesen Vertrag widerrufen, haben wir/habe ich Ihnen alle Zahlungen, die wir/ich von Ihnen erhalten haben, unverzüglich und spätestens binnen 14 Tagen ab dem Tag zurückzuzahlen, an dem die Mitteilung über den Widerruf dieses Vertrags bei uns/mir eingegangen ist. Für diese Rückzahlung verwenden wir/verwende ich dasselbe Zahlungsmittel, das Sie bei der ursprünglichen Transaktion eingesetzt haben, es sei denn, mit Ihnen wurde ausdrücklich etwas anderes vereinbart. In keinem Fall werden Ihnen wegen dieser Rückzahlung Entgelte berechnet.

Haben Sie verlangt, dass unsere/meine Dienstleistung während der Widerrufsfrist beginnen soll, so haben Sie an uns/mich einen angemessenen Betrag zu zahlen, der dem Anteil der bis zu dem Zeitpunkt, zu dem Sie uns/mich von der Ausübung des Widerrufsrechts hinsichtlich dieses Vertrags unterrichten, bereits erbrachten Dienstleistungen im Vergleich zum Gesamtumfang der im Vertrag vorgesehenen Dienstleistungen entspricht.

### Zustimmung zur sofortigen Ausführung der Leistung

In Kenntnis der vorbeschriebenen Konsequenzen beauftragt der Auftraggeber den Verwalter ausdrücklich, seine Leistungen, die

Gegenstand dieses Vertrags sind, bereits während der Widerrufsfrist zu erbringen.

Der Auftraggeber erklärt ausdrücklich sein Einverständnis damit, dass der Verwalter vor Ende der Widerrufsfrist seine Dienstleistung erbringt. Dem Auftraggeber ist dabei bewusst, dass er bei vollständiger Vertragserfüllung sein Widerrufsrecht verliert.

_____

(Ort und Datum)

_____

(Unterschrift des/der Zeichnungsberechtigten)

**Widerrufsformular**

Wenn Sie den Vertrag widerrufen möchten, dann füllen Sie bitte dieses Formular aus und senden Sie es zurück.

An

_____ (Name bzw. Firmenbezeichnung des Verwalters)
_____ (Anschrift)
_____ (Telefon und Telefax)
_____ (E-Mail-Adresse)

Hiermit widerrufe(n) ich/wir[232] den von mir/uns*) abgeschlossenen Vertrag über den Kauf der folgenden Waren/die Erbringung der folgenden Dienstleistung*)

_____

Bestellt am/erhalten am*) _____ .

---

[232] *) = Unzutreffendes bitte streichen.

_____ Name des/der Verbraucher(s)
_____ Anschrift des/der Verbraucher(s)


_____
Unterschrift des/der Verbraucher(s) (nur bei Mitteilung auf Papier)


_____
(Datum)

### 6.6.2.5.2 Verwaltervertrag für Sondereigentum

**Mustervertrag: Verwaltervertrag für Sondereigentum mit Widerrufsbelehrung und Verwaltervollmacht**

**Verwaltervertrag**

zwischen

Frau/Herrn/Firma _____
– im Folgenden als Eigentümer bezeichnet –

und

Frau/Herrn/Firma _____, vertreten durch den/die Geschäftsführer, Frau _____ und Herrn _____, _____ (Straße), \_\_\_\_\_ (PLZ), _____ (Ort)
– im Folgenden als Verwalter bezeichnet –

**Präambel**

Gegenstand dieses Vertrags ist die Verwaltung der mit der Nr. \_\_\_\_ in der Teilungserklärung vom _____ nebst Aufteilungsplan bezeichneten Sondereigentumseinheit des Eigentümers in der Wohnungseigentumsanlage _____ (Straße, PLZ und Ort). Bei dieser Sondereigentumseinheit handelt es sich um eine Wohnungseigentumseinheit/Teileigentumseinheit.

Zu der Sondereigentumseinheit gehört:

Stellplatz/Garage mit der Nr. \_\_\_\_\_

\_\_\_\_ Keller mit der Nr. \_\_\_\_

\_\_\_\_ Hobbyraum mit der Nr. \_\_\_\_

**Abschnitt I**
**Laufzeit und Beendigung des Verwaltervertrags**

### § 1 Vertragslaufzeit

(1) Die Laufzeit dieses Vertrags beginnt am _____. Er wird für die Dauer von \_\_ Jahren geschlossen. Die Vertragslaufzeit verlängert sich jeweils um 1 Jahr, wenn der Vertrag nicht innerhalb einer Frist von 3 Monaten vor Ablauf gekündigt wird.

(2) Das Vertragsverhältnis kann von beiden Parteien aus wichtigem Grund außerordentlich fristlos gekündigt werden. Die Kündigung bedarf der Schriftform.

### § 2 Verwalterpflichten bei Vertragsbeendigung

(1) Im Zuge der Beendigung des Vertragsverhältnisses – unerheblich aus welchem Grund – hat der Verwalter dem Eigentümer unverzüglich sämtliche das jeweilige Mietverhältnis betreffenden Unterlagen sowie sämtliche vom Eigentümer erhaltenen Objektunterlagen an diesen herauszugeben. Entsprechendes gilt für Unterlagen, die der Verwalter in seiner Funktion als Sondereigentumsverwalter der Sondereigentumseinheit von Dritten erhalten hat.

(2) An den in Absatz 1 bezeichneten Unterlagen steht dem Verwalter aus keinem Rechtsgrund ein Zurückbehaltungsrecht zu.

Zu der Sondereigentumseinheit gehört:

Stellplatz/Garage mit der Nr. _____

\_\_\_\_ Keller mit der Nr. \_\_\_

\_\_\_\_ Hobbyraum mit der Nr. \_\_\_

**Abschnitt I**
**Laufzeit und Beendigung des Verwaltervertrags**

### § 1 Vertragslaufzeit

(1) Die Laufzeit dieses Vertrags beginnt am _____. Er wird für die Dauer von \_\_ Jahren geschlossen. Die Vertragslaufzeit verlängert sich jeweils um 1 Jahr, wenn der Vertrag nicht innerhalb einer Frist von 3 Monaten vor Ablauf gekündigt wird.

(2) Das Vertragsverhältnis kann von beiden Parteien aus wichtigem Grund außerordentlich fristlos gekündigt werden. Die Kündigung bedarf der Schriftform.

### § 2 Verwalterpflichten bei Vertragsbeendigung

(1) Im Zuge der Beendigung des Vertragsverhältnisses – unerheblich aus welchem Grund – hat der Verwalter dem Eigentümer unverzüglich sämtliche das jeweilige Mietverhältnis betreffenden Unterlagen sowie sämtliche vom Eigentümer erhaltenen Objektunterlagen an diesen herauszugeben. Entsprechendes gilt für Unterlagen, die der Verwalter in seiner Funktion als Sondereigentumsverwalter der Sondereigentumseinheit von Dritten erhalten hat.

(2) An den in Absatz 1 bezeichneten Unterlagen steht dem Verwalter aus keinem Rechtsgrund ein Zurückbehaltungsrecht zu.

**Abschnitt II**
**Aufgaben des Verwalters**

## § 3 Grundsätze
Dem Verwalter obliegt die Betreuung der vertragsgegenständlichen Sondereigentumseinheit im Namen und im Auftrag des Eigentümers. Er hat die nachfolgend geregelten Pflichten mit der Sorgfalt eines ordentlichen Kaufmanns in der Wohnungswirtschaft zu erfüllen.

## § 4 Vermietung
(1) Im Fall der Neuvermietung ist der Verwalter berechtigt, den Mietvertrag namens und im Auftrag des Eigentümers mit dem Mieter abzuschließen. Der Verwalter hat dabei das in Anlage I beigefügte Muster eines Mietvertrags zu verwenden, das Bestandteil dieses Vertrags ist.

(2) Im Fall der Neuvermietung obliegt dem Verwalter die Mieterakquise. Der Verwalter ist ohne entsprechenden Auftrag des Vermieters nicht berechtigt, bei der Mietersuche einen Makler zu beauftragen, es sei denn, den Eigentümer treffen insoweit keine Kosten.

(3) Der Verwalter hat sich von potenziellen Mietern eine Mieterselbstauskunft nach dem in Anlage II beigefügten Muster, das Bestandteil dieses Vertrags ist, sowie eine aktuelle Schufa-Auskunft aushändigen zu lassen.

(4) Anlässlich der Übergabe der Sondereigentumseinheit an einen Mieter, hat der Verwalter die Zählerstände abzulesen und ein schriftliches Übergabeprotokoll zu fertigen und nach Möglichkeit vom Mieter gegenzeichnen zu lassen. Der Verwalter soll den Zustand der Mieträume möglichst anhand digitaler Lichtbilder dokumentieren.

## § 5 Mietinkasso

(1) Dem Verwalter obliegt das Mietinkasso. Er hat insoweit auf den Namen des Eigentümers ein offenes Fremdkonto einzurichten. Die gesondert ausgestellte Verwaltervollmacht enthält die entsprechende Bevollmächtigung des Verwalters im Außenverhältnis. Der jeweilige Mieter ist zu verpflichten, Zahlungen auf dieses Konto zu leisten.

(2) Geleistete Barkautionen hat der Verwalter bei einem Kreditinstitut zu dem für Spareinlagen mit dreimonatiger Kündigungsfrist üblichen Zinssatz anzulegen und auf ein auf den Namen des Eigentümers lautendes Treuhandkonto einzuzahlen.

(3) Die vom Mieter geleisteten Zahlungen sind jeweils zum 10. Tag des Kalendermonats unter Abzug der Verwaltervergütung und sonstiger Kosten dem Vermieter auf folgendes Konto anzuweisen:

Bankinstitut: _____

IBAN: _____

BIC: _____

(4) Befindet sich der Mieter in Verzug mit einer Mietzahlung, hat ihn der Verwalter entsprechend schriftlich zu mahnen und zur Zahlung aufzufordern. Befindet sich der Mieter mit mehr als einer Monatsmiete in Verzug, ist der Eigentümer unverzüglich hiervon in Kenntnis zu setzen. Nach Entschließung des Eigentümers hat der Verwalter einen Rechtsanwalt mit der Durchsetzung der Rechte des Eigentümers zu beauftragen.

## § 6 Betriebskostenabrechnung

(1) Der Verwalter hat die jährliche Betriebskostenabrechnung innerhalb der Jahresfrist des § 556 Abs. 3 Satz 2 BGB zu erstellen und sicherzustellen, dass diese dem Mieter innerhalb dieser Frist beweisbar zugeht.

(2) Für den Fall, dass die wohnungseigentumsrechtliche Jahresabrechnung als Grundlage der Betriebskostenabrechnung nicht innerhalb angemessenen zeitlichen Zusammenhangs mit dem Ablauf der Frist zur Erstellung der Betriebskostenabrechnung erstellt worden sein sollte, hat der Verwalter die Daten der noch nicht beschlossenen Jahresabrechnung zugrunde zu legen. Für den Fall, dass die wohnungseigentumsrechtliche Jahresabrechnung noch nicht erstellt sein sollte, hat der Verwalter die Angaben im Wirtschaftsplan der Betriebskostenabrechnung zugrunde zu legen. In beiden Fällen hat der Verwalter den Mieter beweisbar darauf hinzuweisen, dass nach Beschlussfassung über die wohnungseigentumsrechtliche Jahresabrechnung Korrekturen der Betriebskostenabrechnung erforderlich werden können.

(3) Mit Blick auf die nach § 556 Abs. 3 Satz 3 HS 2 BGB mögliche Entlastung hinsichtlich der dann nicht fristgerecht korrekt erstellten Betriebskostenabrechnung und sich ggf. ergebender Nachforderungen gegenüber dem jeweiligen Mieter, hat der Verwalter mit angemessenem zeitlichen Vorlauf die Gemeinschaft der Wohnungseigentümer beweisbar aufzufordern, eine Beschlussfassung über die auf Grundlage der zu erstellenden Jahresabrechnung sich ergebenden Beitragsanpassungen bzw. -nachzahlungen herbeizuführen.

### § 7 Mieterhöhung

Der Verwalter hat im Laufe eines Mietverhältnisses stets die Möglichkeit einer Mieterhöhung zu prüfen. Liegen die Voraussetzungen einer Mieterhöhung vor, hat er diese nach den maßgeblichen gesetzlichen Bestimmungen gegenüber dem Mieter geltend zu machen. Für den Fall, dass der Mieter einem Mieterhöhungsverlangen nicht zustimmen sollte, hat er im Hinblick auf die gesetzliche Ausschlussfrist den Vermieter unverzüglich zu informieren. Entschließt sich der Eigentümer, die Mieterhöhung gerichtlich gegen den Mieter durchzusetzen, hat der Verwalter im Namen des Eigentümers einen Rechtsanwalt mit der Durchsetzung der Mieterhöhung zu beauftragen.

### § 8 Schönheitsreparaturen

Liegen Anhaltspunkte dafür vor, dass der jeweilige Mieter seiner vertraglichen Verpflichtung zur Durchführung von Schönheitsreparaturen nicht nachkommt, hat der Verwalter den Mieter entsprechend unter Fristsetzung zur Vornahme der Schönheitsreparaturen aufzufordern. Kommt der Mieter seiner Verpflichtung nicht fristgemäß nach, hat der Verwalter unverzüglich den Eigentümer hiervon in Kenntnis zu setzen. Nach Entschließung des Wohnungseigentümers hat der Verwalter sodann einen Rechtsanwalt mit der Durchsetzung zu beauftragen.

### § 9 Erhaltungsmaßnahmen (Instandhaltung und Instandsetzung)

Erhaltungsmaßnahmen kann der Verwalter bis zu einem Betrag von _____ EUR brutto eigenständig im Namen des Eigentümers durchführen lassen. Im Übrigen ist der Verwalter verpflichtet, dem Eigentümer unverzüglich bestehenden Erhaltungsbedarf mitzuteilen. Nach Weisung des Eigentümers hat er sodann Vergleichsangebote geeigneter Fachunternehmen einzuholen und diese dem Eigentümer zur Entscheidung weiterzuleiten. Der Verwalter hat sodann den Auftrag zu vergeben, die Maßnahmendurchführung zu überwachen und die Abnahme zu erklären. Mängelrechte des Eigentümers hat er außergerichtlich zu verfolgen.

### § 10 Bauliche Änderungen durch den Mieter

(1) Wendet sich der Mieter mit dem Verlangen an den Verwalter, ihm eine bauliche Veränderung gemäß § 554 BGB zu erlauben, hat der Verwalter den Eigentümer unverzüglich entsprechend zu informieren. Der Verwalter hat den Mieter anzuhalten, detaillierte Informationen über die Umsetzung der gewünschten Maßnahme zu erteilen.

(2) Für den Fall, dass der Eigentümer mit dem Mieter die Leistung einer Sicherheit nach § 554 Abs. 1 Satz 3 BGB vereinbart, hat der Verwalter diese nach Zahlung seitens des Mieters dem nach § 5 Abs. 2 dieses Vertrags zu führenden Kautionskonto anzuweisen.

## § 11 Einhaltung der Hausordnung

(1) Bei Verstößen gegen die Hausordnung hat der Verwalter den Mieter entsprechend abzumahnen. Der Eigentümer ist unverzüglich von Hausordnungsverstößen in Kenntnis zu setzen.

(2) Bei erheblichen Verstößen gegen die Hausordnung und Pflichtverletzungen des Mieters, die eine Kündigung rechtfertigen, ist der Verwalter zur unverzüglichen Unterrichtung des Eigentümers verpflichtet. Nach entsprechender Entschließung des Eigentümers hat der Verwalter das Mietverhältnis zu kündigen und erforderlichenfalls einen Rechtsanwalt mit der Durchsetzung des Räumungs- und Herausgabeanspruchs des Eigentümers zu beauftragen.

## § 12 Beendigung eines Mietverhältnisses

(1) Bei Beendigung eines Mietverhältnisses hat der Verwalter ein Übergabeprotokoll zu fertigen und nach Möglichkeit vom Mieter gegenzeichnen zu lassen. Der Verwalter soll den Zustand der Mieträume möglichst anhand digitaler Lichtbilder dokumentieren.

(2) Geleistete Mietsicherheiten sind dem Mieter lediglich dann ohne Rücksprache mit dem Eigentümer zurückzugewähren, wenn offensichtlich keine Ansprüche des Eigentümers gegen den Mieter aus dem beendeten Mietverhältnis bestehen.

(3) Im Übrigen hat der Verwalter über die geleisteten Kautionen abzurechnen. Guthaben des Mieters sind nach Rücksprache mit dem Eigentümer an den Mieter auszukehren. Restliche Zahlungsansprüche des Eigentümers sind gegenüber dem Mieter außergerichtlich geltend zu machen. Nach Rücksprache mit dem Eigentümer hat der Verwalter einen Rechtsanwalt mit der gerichtlichen Durchsetzung der restlichen Zahlungsansprüche zu beauftragen.

## § 13 Teilnahme an Wohnungseigentümerversammlungen

Nach der Teilungserklärung mit Gemeinschaftsordnung vom _____ besteht keine Beschränkung bezüglich der Teilnahme von Vertretern von Wohnungseigentümern in den Wohnungseigentümerversammlungen. Der Verwalter erklärt sich grundsätzlich bereit, den Wohnungseigentümer in Wohnungseigentümerversammlungen zu vertreten, soweit keine Terminkollision besteht.

Der Verwalter

## Abschnitt III
## Vergütung

### § 14 Grundvergütung

(1) Der Verwalter erhält eine monatliche Grundvergütung in Höhe von _____ EUR zzgl. USt. in gesetzlicher Höhe (derzeit 19 %[233]), mithin _____ EUR brutto. Diese Grundvergütung erhöht sich jährlich um monatlich _____ EUR zzgl. USt. in gesetzlicher Höhe (derzeit 19 %), mithin _____ EUR brutto, ohne dass es einer gesonderten Anzeige bedarf.

*Alternativ:* Der Verwalter erhält eine monatliche Grundvergütung in Höhe von \_\_\_\_ % der monatlichen Sollbruttomonatsmiete zzgl. USt. in gesetzlicher Höhe (derzeit 19 %), mithin _____ EUR brutto.

(2) Die Vergütung ist jeweils am 1. eines Kalendermonats im Voraus fällig. Der Verwalter ist berechtigt, die Grundvergütung aus den monatlichen Mietzahlungen zu entnehmen.

*Alternativ:* Die Vergütung ist auf das Konto des Verwalters bei _____ (Bankinstitut), IBAN: _____, BIC: _____, zu überweisen.

### § 15 Sondervergütung

(1) Mit der Grundvergütung nicht abgegolten sind folgende Leistungen des Verwalters:

1. Information und Zuarbeit eines Rechtsanwalts im Fall erforderlicher Geltendmachung von Rechten des Eigentümers;

2. Teilnahme an Wohnungseigentümerversammlungen;

---

[233] Die aufgrund des Zweiten Corona-Steuerhilfegesetzes beschlossene Mehrwertsteuersenkung legt für den Zeitraum vom 1.7.2020 bis 31.12.2020 einen Mehrwertsteuersatz von 16 % zugrunde. Wird der Verwaltervertrag in diesem Zeitraum abgeschlossen, ist bis 31.12.2020 der Steuersatz mit 16 %, ab 1.1.2021 mit 19 % aufzuführen. Dieser Mustervertrag berücksichtigt einen Mehrwertsteuersatz von 19 %, was vom Verwender entsprechend anzupassen ist.
Formuliert werden kann: „Den Vertragsparteien ist bewusst, dass der allgemein geltende Umsatzsteuersatz in Höhe von 19 % aufgrund der zum Zeitpunkt des Vertragsabschlusses noch geltenden Sonderregelungen des Art. 3 des Zweiten Gesetzes zur Umsetzung steuerlicher Hilfsmaßnahmen zur Bewältigung der Corona-Krise vom 29. Juni 2020 (Zweites Corona-Steuerhilfegesetz, BGBl. I S. 1512) vorübergehend und mindestens bis 31.12.2020, ggf. auch über diesen Zeitpunkt hinaus auf 16 % reduziert ist."

3. Bearbeitung und Begleitung von Instandsetzungs- und Modernisierungsmaßnahmen, die über das Einholen von Vergleichsangeboten, die Auftragsvergabe und Abnahme hinausgehende Tätigkeiten des Verwalters erfordern, wie insbesondere auch die außergerichtliche Durchsetzung von Mängelansprüchen des Eigentümers.

(2) Für die in Absatz 1 aufgeführten Zusatzleistungen hat der Verwalter einen Vergütungsanspruch in Höhe von ____ EUR netto pro Stunde zzgl. USt. in gesetzlicher Höhe (derzeit 19 %), mithin in Höhe von ____ EUR brutto. Bei angefangenen Stunden rechnet der Verwalter minutengenau ab.

(3) Über die Zusatzleistungen hat der Verwalter dem Eigentümer eine Rechnung auszustellen. Der Rechnungsbetrag ist binnen 10 Tagen nach Rechnungseingang vom Eigentümer dem Konto des Verwalters bei _____ (Bankinstitut), IBAN: _____, BIC: _____, anzuweisen.

**Abschnitt IV**
**Haftung**

### § 16 Haftung des Verwalters

(1) Die Haftung des Verwalters für schuldhafte Pflichtverletzungen richtet sich nach den gesetzlichen Bestimmungen.

(2) Schadensersatzansprüche gegen den Verwalter aus einer fahrlässigen Pflichtverletzung verjähren spätestens in 3 Jahren, beginnend mit dem Schluss des Jahres, in dem der Anspruch entstanden ist und in welchem der Eigentümer von den den Anspruch begründenden Umständen und der Person des Schuldners Kenntnis erlangt oder aufgrund grober Fahrlässigkeit keine Kenntnis erlangt hat. Unabhängig von der Kenntnis oder der grob fahrlässigen Unkenntnis verjähren derartige Schadensersatzansprüche gegen den Verwalter jedoch spätestens 3 Jahre nach Beendigung der Amts- und Vertragslaufzeit.

(3) Für Schadensersatzansprüche aus grob fahrlässiger oder vorsätzlicher Pflichtverletzung sowie derartige aus der Verletzung des Lebens, des Körpers oder der Gesundheit haftet der Verwalter auch im Hinblick auf die Verjährung unbeschränkt nach den gesetzlichen Bestimmungen. Entsprechendes gilt für Schadensersatzansprüche, die aus einer Verletzung wesentlicher Verwalterpflichten nach den §§ 675, 662 ff. BGB, deren Erfüllung zur Erreichung des Vertragszwecks erforderlich sind, resultieren.

### § 17 Haftpflichtversicherung
Der Verwalter hat eine Berufshaftpflichtversicherung mit einer Deckungssumme von _____ EUR abgeschlossen. Diese hält er ständig aufrecht. Auf Verlangen sind Abschluss und Bestehen der Versicherung dem Eigentümer nachzuweisen.

**Abschnitt V**
**Schlussbestimmungen**

### § 18 Vertragsänderungen/-ergänzungen
Änderungen und Ergänzungen dieses Vertrags bedürfen der Schriftform.

### § 19 Salvatorische Klausel
Sollte eine Regelung in diesem Vertrag ganz oder teilweise unwirksam sein, bleibt der Vertrag im Übrigen wirksam. An Stelle der unwirksamen Regelung tritt die gesetzliche Regelung.

### § 20 Widerrufsrecht
Für den Fall, dass es sich bei dem Eigentümer um einen Verbraucher im Sinne von § 13 BGB handeln sollte und dieser Vertrag außerhalb der Geschäftsräume des Verwalters oder im Wege des Fernabsatzes geschlossen werden sollte, gilt die nachfolgende Widerrufsbelehrung, die in diesem Fall zwingender Bestandteil dieses Vertrages ist.

_____     _____
(Datum, Ort)                                      (Datum, Ort)


_____     _____
(Eigentümer/in)                                 (Verwalter/in)

## Widerrufsbelehrung

Sie haben das Recht, binnen 14 Tagen ohne Angabe von Gründen diesen Vertrag zu widerrufen.

Die Widerrufsfrist beträgt 14 Tage ab dem Tag des Vertragsabschlusses.

Um Ihr Widerrufsrecht auszuüben, müssen Sie uns/mich _____ (Name des Verwalters), _____ (Anschrift), _____ (Telefonnummer), _____ (Telefaxnummer), _____ (E-Mail-Adresse), mit einer eindeutigen Erklärung (zum Beispiel ein mit der Post versandter Brief, Telefax oder E-Mail) über Ihren Entschluss, diesen Vertrag zu widerrufen, informieren.

Für Ihre Widerrufserklärung können Sie das beigefügte Muster-Widerrufsformular verwenden, das jedoch nicht vorgeschrieben ist.

Zur Wahrung der Widerrufsfrist reicht es aus, dass Sie die Mitteilung über die Ausübung des Widerrufsrechts vor Ablauf der Widerrufsfrist absenden.

**Folgen des Widerrufs**

Wenn Sie diesen Vertrag widerrufen, haben wir/habe ich Ihnen alle Zahlungen, die wir/ich von Ihnen erhalten haben, unverzüglich und spätestens binnen 14 Tagen ab dem Tag zurückzuzahlen, an dem die Mitteilung über den Widerruf dieses Vertrags bei uns/mir eingegangen ist. Für diese Rückzahlung verwenden wir/verwende ich dasselbe Zahlungsmittel, das Sie bei der ursprünglichen Transaktion eingesetzt haben, es sei denn, mit Ihnen wurde ausdrücklich etwas anderes vereinbart. In keinem Fall werden Ihnen wegen dieser Rückzahlung Entgelte berechnet.

Haben Sie verlangt, dass unsere/meine Dienstleistung während der Widerrufsfrist beginnen soll, so haben Sie an uns/mich einen angemessenen Betrag zu zahlen, der dem Anteil der bis zu dem Zeitpunkt, zu dem Sie uns/mich von der Ausübung des Widerrufsrechts hinsichtlich dieses Vertrags unterrichten, bereits erbrachten Dienstleistungen im Vergleich zum Gesamtumfang der im Vertrag vorgesehenen Dienstleistungen entspricht.

**Zustimmung zur sofortigen Ausführung der Leistung**

In Kenntnis der vorbeschriebenen Konsequenzen beauftragt der Eigentümer den Verwalter ausdrücklich, seine Leistungen, die Gegenstand dieses Vertrags sind, bereits während der Widerrufsfrist zu erbringen.

Der Eigentümer erklärt ausdrücklich sein Einverständnis damit, dass der Verwalter vor Ende der Widerrufsfrist seine Dienstleistung erbringt. Dem Eigentümer ist dabei bewusst, dass er bei vollständiger Vertragserfüllung sein Widerrufsrecht verliert.

_____
(Ort und Datum)

_____
(Unterschrift Eigentümer/in)

**Widerrufsformular**

Wenn Sie den Vertrag widerrufen möchten, dann füllen Sie bitte dieses Formular aus und senden Sie es zurück.

An

_____ (Name bzw. Firmenbezeichnung des Verwalters)
_____ (Anschrift)
_____ (Telefon und Telefax)
_____ (E-Mail-Adresse)

Hiermit widerrufe(n) ich/wir[234] den von mir/uns*) abgeschlossenen Vertrag über den Kauf der folgenden Waren/die Erbringung der folgenden Dienstleistung*)

_____

---

[234] *) = Unzutreffendes bitte streichen.

Bestellt am/erhalten am\*) _____.
_____Name des/der Verbraucher(s)
_____Anschrift des/der Verbraucher(s)


_____
Unterschrift des/der Verbraucher(s) (nur bei Mitteilung auf Papier)


_____
(Datum)

### Verwaltervollmacht

Der Eigentümer und Vermieter der Liegenschaft _____ (Anschrift) bevollmächtigt den Verwalter/die Verwalterin, Herrn/Frau _____, unter ausdrücklicher Befreiung von den Vorschriften des § 181 BGB, alle Rechtsgeschäfte vorzunehmen und verbindliche Erklärungen abzugeben, die das Verwaltungsobjekt betreffen.

Der Verwalter vertritt den Eigentümer gegenüber Mietern, Behörden und sonstigen Dritten, soweit geltend zu machende Ansprüche das Verwaltungsobjekt betreffen. Diese Vollmacht erstreckt sich auch auf die Vornahme einseitiger Rechtsgeschäfte nach §§ 174, 180 BGB, insbesondere auf die Anmahnung rückständiger Mieten und Umlagen, zu Abmahnungen des Mieters wegen sonstiger Vertragsverletzungen sowie die außerordentliche fristlose und die ordentliche fristgemäße Kündigung des Mietverhältnisses.

Der Verwalter ist befugt, Mieten, Nebenkosten oder sonstige Nutzungsentgelte im Namen und für Rechnung des Eigentümers geltend zu machen. Der Verwalter kann für entsprechende Rechtsstreitigkeiten Anwälte beauftragen.

Der Verwalter ist berechtigt, Einblick in alle das Verwaltungsobjekt betreffenden Akten, insbesondere in das Grundbuch und in Schuldurkunden, zu nehmen.

Der Verwalter kann geeigneten Dritten Verwaltungsaufgaben, die sich aus dem Verwaltungsvertrag ergeben, übertragen bzw. Untervollmachten erteilen. Seine Haftung für die Erfüllung des Verwaltungsvertrags wird jedoch hiervon nicht berührt.

Diese Vollmacht ist bei Beendigung des Verwaltungsvertrags unverzüglich dem Eigentümer und Vermieter zurückzugeben.

_____
(Ort und Datum)

_____
(Unterschrift des/der Eigentümers/in)

## 6.7 Verfahrenskostenbelastung des Verwalters

Im Zuge der großen WEG-Reform im Jahr 2007[235] wurde mit § 49 Abs. 2 WEG a.F. eine Neuregelung statuiert, die in den Folgejahren für viel Diskussionsstoff gesorgt hat: Dem Verwalter können die Kosten eines wohnungseigentumsrechtlichen Verfahrens auch dann auferlegt werden, wenn er nicht Partei des Rechtsstreits ist, diesen aber aufgrund groben Verschuldens veranlasst hat.

In der Folge hat sich eine umfangreiche Kasuistik entwickelt, wobei 2 maßgebliche Aspekte schnell hervortraten:

1. Das Gericht muss dem Verwalter die Verfahrenskosten nicht auferlegen;
2. das Gericht kann dem Verwalter keine Verfahrenskosten auferlegen, wenn er nicht zumindest grob fahrlässig gehandelt hat. Allerdings kommen materiell-rechtliche Schadensersatzansprüche nach den zivilrechtlichen Vorschriften des Bürgerlichen Gesetzbuchs infrage.

Auch wurde es als systemfremd angesehen, im Rahmen der vom Gericht zu treffenden Kostenentscheidung über die Kostenbelastung nicht beteiligter Dritter entscheiden zu müssen.

Für den Verwalter bedeutet die Streichung bzw. Aufhebung der Norm freilich keine Haftungserleichterung. Im Ergebnis bleibt allein zu konstatieren, dass die im Rahmen der letzten WEG-Reform geschaffene Bestimmung des § 49 Abs. 2 WEG a.F. schlicht überflüssig war.

Hat der Verwalter durch ein ihm zurechenbares Verschulden eine Anfechtungsklage provoziert und unterliegt die Gemeinschaft der Wohnungseigentümer im Verfahren, können die einzelnen Wohnungseigentümer die auf sie anteilig entfallenden Kosten in Zukunft nicht mehr allein und ohne Mitwir-

---

[235] Gesetz zur Änderung des Wohnungseigentumsgesetzes und anderer Gesetze v. 26.3.2007, BGBl I S. 370, seit 1.7.2007 in Kraft.

kung der übrigen Wohnungseigentümer geltend machen. Der Anspruch ist von der Gemeinschaft der Wohnungseigentümer geltend zu machen.

Möglich ist es bislang auch schon, die Ansprüche nach § 10 Abs. 6 Satz 3 HS 2 WEG a.F. zur Ausübung der Wohnungseigentümergemeinschaft zu übertragen.[236] Dieser Weg wird künftig zwar nicht mehr offenstehen, dies ist allerdings unproblematisch, da es sich bei der Inregressnahme des Verwalters schlicht um eine Verwaltungsmaßnahme der Gemeinschaft der Wohnungseigentümer handeln wird, weil die Wohnungseigentümer persönlich gerade nicht Verfahrensbeteiligte sind (mit Ausnahme des Falls einer Nebenintervention[237]). Freilich müssen aber die Wohnungseigentümer vor Inanspruchnahme des Verwalters und entsprechender Klageerhebung einen entsprechenden Beschluss fassen. Gerade für Fälle wie diese, wird es künftig wichtig werden, einen Vertreter der Gemeinschaft der Wohnungseigentümer gegenüber dem Verwalter gemäß § 9b Abs. 2 WEG n.F. durch Beschluss zu bestimmen, so ein Verwaltungsbeirat nicht bestellt ist.[238]

---

[236] BGH, Urteil v. 8.2.2019, V ZR 153/18, NJW 2019 S. 3446.
[237] Siehe Kap. 17.5.6 Nebenintervention.
[238] Siehe Kap. 5.3.2 Vertretung durch die Wohnungseigentümer.

Seite 264

# 7 Nutzung, Gebrauch und bauliche Veränderung des Sondereigentums

§ 13 WEG n.F. regelt zunächst in Absatz 1 Nutzung und Gebrauch des Sondereigentums, um in Absatz 2 die Zulässigkeit von Maßnahmen am und im Sondereigentum zu regeln, die über Erhaltungsmaßnahmen hinausgehen.

| WEG a.F. | WEG n.F. |
|---|---|
| **§ 13 Rechte des Wohnungseigentümers** | **§ 13 Rechte des Wohnungseigentümers aus dem Sondereigentum** |
| (1) Jeder Wohnungseigentümer kann, soweit nicht das Gesetz oder Rechte Dritter entgegenstehen, mit den im Sondereigentum stehenden Gebäudeteilen nach Belieben verfahren, insbesondere diese bewohnen, vermieten, verpachten oder in sonstiger Weise nutzen, und andere von Einwirkungen ausschließen. | (1) Jeder Wohnungseigentümer kann, soweit nicht das Gesetz **entgegensteht, mit seinem Sondereigentum** nach Belieben verfahren, insbesondere **dieses** bewohnen, vermieten, verpachten oder in sonstiger Weise nutzen, und andere von Einwirkungen ausschließen. |
| (2) ¹Jeder Wohnungseigentümer ist zum Mitgebrauch des gemeinschaftlichen Eigentums nach Maßgabe der §§ 14, 15 berechtigt. ²An den sonstigen Nutzungen des gemeinschaftlichen Eigentums gebührt jedem Wohnungseigentümer ein Anteil nach Maßgabe des § 16. | **(2) Für Maßnahmen, die über die ordnungsmäßige Instandhaltung und Instandsetzung (Erhaltung) des Sondereigentums hinausgehen, gilt § 20 mit der Maßgabe entsprechend, dass es keiner Gestattung bedarf, soweit keinem der anderen Wohnungseigentümer über das bei einem geordneten Zusammenleben unvermeidliche Maß hinaus ein Nachteil erwächst.** |

## 7.1 Nutzung und Gebrauch

Was Nutzung und Gebrauch des Sondereigentums betrifft, regelt § 13 Abs. 1 WEG n.F. – in Übereinstimmung mit der bisherigen Rechtslage – das Recht eines jeden Wohnungseigentümers, *„mit seinem Sondereigentum nach Belieben verfahren, insbesondere dieses bewohnen, vermieten, verpachten oder in sonstiger Weise nutzen, und andere von Einwirkungen ausschließen"* zu können.

## Nutzung, Gebrauch und bauliche Veränderung des Sondereigentums

Diese Regelung gilt also mit geringfügigen sprachlichen Modifikationen unverändert fort. Da sich das Sondereigentum künftig nicht mehr nur auf Gebäudeteile erstrecken kann, sondern auch auf Außenbereiche, wie insbesondere Kfz-Stellplätze, die sogar eigenständig verkehrsfähig sein können, oder Gartenflächen und Terrassen[239], stellt § 13 Abs. 1 WEG n.F. konsequenterweise allgemein auf das Sondereigentum ab. Die bisher in § 13 Abs. 2 WEG a.F. geregelte Berechtigung zum Mitgebrauch des Gemeinschaftseigentums wird sich künftig in § 16 Abs. 1 Satz 3 WEG n.F. finden.

Soweit § 13 Abs. 1 WEG n.F. keine Bezugnahme auf Reche Dritter mehr enthält, dient dies der Klarstellung, dass die Vorschrift lediglich die Rechte des Wohnungseigentümers gegenüber anderen Wohnungseigentümern regelt. Die Rechtsstellung des Wohnungseigentümers gegenüber Dritten ergibt sich dagegen bereits aus § 903 BGB.[240]

Im Übrigen bleibt § 13 Abs. 1 WEG n.F. wie bislang in gewissen Grenzen durch Vereinbarung abdingbar. Allerdings verleiht § 13 Abs. 1 WEG den einzelnen Wohnungseigentümern umfangreiche unentziehbare Rechte. Ohne Zustimmung des Wohnungseigentümers kann ihm nicht das Recht genommen werden, seine Wohnung selbst zu nutzen, diese zu vermieten oder auch leer stehen zu lassen. Wohl aber sind diese in § 13 Abs. 1 WEG verbrieften Rechte verzichtbar. Durch Vereinbarung können die Wohnungseigentümer regeln, dass eine Vermietung[241] oder auch eine Selbstnutzung[242] ausgeschlossen ist. Die Vermietung kann des Weiteren durch Vereinbarung der Wohnungseigentümer von der Zustimmung eines Dritten abhängig gemacht werden[243], soweit die Zustimmung nur aus wichtigem Grund versagt werden darf.[244]

Auch künftig werden also Beschlüsse nichtig sein, die Nutzungsmöglichkeiten des Sondereigentums einschränken. Weiterhin ist es insbesondere nicht möglich, Vermietungsbeschränkungen beschließen zu können. Dies gilt auch für entsprechende Einschränkungen auf Grundlage einer vereinbarten Öffnungsklausel dann, wenn nicht sämtliche Wohnungseigentümer dem Beschlussantrag zustimmen.[245]

### 7.2 Baumaßnahmen

Das WEMoG greift mit der Neuregelung in § 13 Abs. 2 WEG n.F. sinngemäß die Rechtsprechung des BGH[246] zur baulichen Veränderung des Sondereigentums auf: *(2) Für Maßnahmen, die über die ordnungsmäßige Instandhaltung*

---

[239] Siehe Kap. 3.2 Sondereigentum.
[240] BT-Drs. 19/18791, S. 51.
[241] BGH, Urteil v. 15.1.2010, V ZR 72/09, ZWE 2010 S. 130.
[242] BGH, Urteil v. 13.10.2006, V ZR 289/05, NJW 2007 S. 213.
[243] BGH, Urteil v. 15.6.1962, V ZB 2/62, NJW 1962 S. 1613.
[244] OLG Frankfurt a.M., Urteil v. 28.1.2004, 20 W 124/03, NZM 2004 S. 231.
[245] BGH, Urteil v. 12.4.2019, V ZR 112/18, NJW 2019 S. 2083.
[246] BGH, Urteil v. 18.11.2016, V ZR 49/16, ZMR 2017 S. 409.

# Nutzung, Gebrauch und bauliche Veränderung des Sondereigentums

*und Instandsetzung (Erhaltung) des Sondereigentums hinausgehen, gilt § 20 mit der Maßgabe entsprechend, dass es keiner Gestattung bedarf, soweit keinem der anderen Wohnungseigentümer über das bei einem geordneten Zusammenleben unvermeidliche Maß hinaus ein Nachteil erwächst.*

## § 20 WEG n.F. versus § 13 Abs. 2 WEG n.F.

§ 20 WEG n.F. regelt künftig das Recht der baulichen Veränderung des Gemeinschaftseigentums. In § 13 Abs. 2 WEG n.F. ist demgegenüber nur von über Erhaltungsmaßnahmen hinausgehenden Maßnahmen die Rede. Der Gesetzgeber reserviert insoweit den Begriff der „baulichen Veränderungen" für solche des Gemeinschaftseigentums. Für Maßnahmen im Bereich des Sondereigentums gilt indes nichts anderes, als bei den baulichen Veränderungen des § 20 WEG n.F.

Zum Verständnis des Regel-Ausnahmeverhältnisses von § 20 WEG n.F. und § 13 Abs. 2 WEG n.F. ist zu beachten, dass unter Geltung des WEMoG **jede** bauliche Veränderung des Gemeinschaftseigentums gemäß § 20 WEG n.F. eine Beschlussfassung erfordert, was nach § 13 Abs. 2 WEG n.F. bei baulichen Veränderungen des Sondereigentums nur eingeschränkt gilt.

Grundsätzlich kann der Wohnungseigentümer im Bereich seiner Sondereigentumseinheit frei schalten und walten. Grenzen bilden hier aber bauliche Maßnahmen, die insbesondere den optischen Gesamteindruck des Gebäudes verändern – und dies kann auch bei einer modernisierenden Instandsetzung des Sondereigentums der Fall sein, die nach künftiger Lesart ebenfalls über Erhaltungsmaßnahmen hinausgeht. Ein für die übrigen Wohnungseigentümer nicht hinzunehmender Nachteil liegt nämlich auch vor, wenn eine bauliche Maßnahme am Sondereigentum auf den optischen Gesamteindruck des Gebäudes ausstrahlt und diesen erheblich verändert.[247] Diese Feststellung erfordert einen Vorher-Nachher-Vergleich, bei dem der optische Gesamteindruck des Gebäudes vor der baulichen Maßnahme dem als Folge der baulichen Maßnahme entstandenen optischen Gesamteindruck gegenüberzustellen ist. Auf bauliche Maßnahmen am Sondereigentum, die nur wegen ihrer Ausstrahlung auf den optischen Gesamteindruck des Gebäudes für andere Wohnungseigentümer einen Nachteil darstellen, sind nach bisheriger Rechtslage die Vorschriften des § 22 Abs. 2 und 3 WEG a.F. entsprechend anzuwenden. Handelt es sich bei der Maßnahme am Sondereigentum um eine Modernisierung (§ 22 Abs. 2 WEG a.F.) oder modernisierende Instandsetzung (§ 22 Abs. 3 WEG a.F.), genügt es daher, wenn die in den genannten Vorschriften jeweils bestimmte Mehrheit der Wohnungseigentümer zustimmt.[248]

### Mehrheitsbeschluss genügt

Das WEMoG sieht mit Ausnahme von § 21 Abs. 2 Satz 1 Nr. 1 WEG n.F. keine besonderen Mehrheitsquoren mehr vor. Gemäß § 25 Abs. 1 WEG n.F.

---

[247] BGH, Urteil v. 18.11.2016, a.a.O.
[248] BGH, Urteil v. 18.11.2016, a.a.O.

## Nutzung, Gebrauch und bauliche Veränderung des Sondereigentums

können vielmehr sämtliche Beschlüsse mit einfacher Mehrheit gefasst werden. Dies gilt gemäß § 20 Abs. 1 WEG n.F. auch für Beschlüsse über bauliche Veränderungen, die insbesondere auch Modernisierungsmaßnahmen darstellen können. Insoweit verzichtet des WEMoG auch auf die Differenzierung zwischen baulicher Veränderung und Modernisierung des Gemeinschaftseigentums und – was § 13 Abs. 2 WEG n.F. betrifft – auch des Sondereigentums. Maßgeblich ist allein, dass die Maßnahme nicht mehr als Erhaltungsmaßnahme anzusehen ist, also über eine solche der Instandhaltung und Instandsetzung hinaus geht. Erhaltungsmaßnahmen am Sondereigentum können selbstverständlich grundsätzlich ohne (Gestattungs)Beschluss durchgeführt werden.

**Beschlussfassung erforderlich?**
Weiter ist zu beachten, dass gemäß § 20 WEG n.F. jede bauliche Veränderung des gemeinschaftlichen Eigentums einer Beschlussfassung der Wohnungseigentümer bedarf, auch wenn sie für keinen der Wohnungseigentümer mit Beeinträchtigungen oder Nachteilen verbunden ist – und von diesem Grundsatz weicht § 13 Abs. 2 WEG n.F. ab.

**System des § 13 Abs. 2 WEG n.F.**

- **Grundsatz**: Maßnahmen, die über die Erhaltung, also die Instandhaltung und Instandsetzung, hinausgehen, dürfen nur vorgenommen werden, wenn sie durch Beschluss gestattet wurden (§ 20 Abs. 1 WEG n.F.).

- **Ausnahme**: Abweichend von § 20 Abs. 3 WEG n.F. benötigt ein Wohnungseigentümer für eine (bauliche) Veränderung des Sondereigentums nach § 13 Abs. 2 WEG n.F. aber keine Gestattung, wenn keinem anderen Wohnungseigentümer ein über das bei einem geordneten Zusammenleben unvermeidliches Maß hinausgehender Nachteil erwächst. Das ist der wesentliche Unterschied zur baulichen Veränderung des Gemeinschaftseigentums. Denn hier bedürfen alle baulichen Veränderungen eines Mehrheitsbeschlusses. Im Gegensatz zum Gemeinschaftseigentum hält der Gesetzgeber bei baulichen Maßnahmen, die das Sondereigentum betreffen, eine Gestattungsbeschlussfassung für nicht angebracht, wenn keiner der übrigen Wohnungseigentümer beeinträchtigt ist. Denn in derartigen Fällen stelle die Pflicht, eine Gestattung einzuholen, eine unangemessene Beschränkung des Sondereigentums dar.

- **Rückausnahme**: Eines Gestattungsbeschlusses bedarf der Wohnungseigentümer bei einer baulichen Veränderung des Sondereigentums aber dann, wenn zwar nachteilig betroffene Wohnungseigentümer mit der Baumaßnahme einverstanden, aber eben doch nachteilig betroffen sind. In diesem Fall hat der Wohnungseigentümer einen Anspruch auf Gestattung der baulichen Veränderung. Entsprechendes gilt in den Fällen des § 20 Abs. 2 WEG n.F., der besonders privilegierte Baumaßnahmen, wie insbesondere solche zur Barrierefreiheit regelt. Auch hier besteht ein Anspruch auf Gestattung der baulichen Maßnahme.

Die Grenzen des § 20 Abs. 4 WEG n.F. gelten für Veränderungen des Sondereigentums ebenso. Hiernach können bauliche Veränderungen weder beschlossen noch gestattet oder verlangt werden, wenn sie die Wohnanlage grundlegend umgestalten oder einen Wohnungseigentümer ohne sein Einverständnis gegenüber anderen unbillig benachteiligen.

 **Prüfungsreihenfolge bei baulichen Veränderungen des Sondereigentums**

**1. Birgt die Baumaßnahme die konkrete Gefahr eines Nachteils für andere Wohnungseigentümer?**
Zunächst einmal muss eine Baumaßnahme am Sondereigentum die konkrete Gefahr eines Nachteils anderer Wohnungseigentümer bergen, der über das Maß dessen hinaus geht, was bei einem geordneten Zusammenleben unvermeidbar ist. Wie bei einer baulichen Veränderung des Gemeinschaftseigentums nach § 20 Abs. 3 WEG n.F. kann dies insbesondere der Fall sein bei

- Eingriffen in die Statik und Substanz des Gemeinschaftseigentums;
- Schäden am Gemeinschaftseigentum oder dem Sondereigentum anderer Wohnungseigentümer;
- nachteiliger Veränderung des optischen Gesamteindrucks;
- Gefährdung anderer Wohnungseigentümer;
- Immissionen;
- wirtschaftlicher Entwertung des Eigentums anderer Wohnungseigentümer.

Bei der entsprechenden Beurteilung sind – entgegen des bei baulichen Veränderungen des Gemeinschaftseigentums geltenden Grundsatzes „Keine Gleichheit im Unrecht" – sonstige bauliche Veränderungen am Gemeinschaftseigentum zu berücksichtigen.[249] Hieran wird sich auch im Zuge des WEMoG nichts ändern.

---

[249] BGH, Urteil v. 18.11.2016, a.a.O.

### 2. Handelt es sich um eine Erhaltungsmaßnahme?

Ergibt die Beurteilung, dass durch die Baumaßnahme insbesondere das optische Erscheinungsbild der Wohnanlage erheblich beeinträchtigt ist, ist zu prüfen, ob es sich ggf. nur um eine Erhaltungsmaßnahme handelt, etwa weil Instandhaltungs- oder Instandsetzungsbedarf bestanden hat und das entsprechende Bauteil nicht mehr in seiner ursprünglichen Form und Ausgestaltung am Markt geführt wird. Dann bedarf es nach derzeitiger und auch künftiger Rechtslage keiner Beschlussfassung der übrigen Wohnungseigentümer. Dies dürfte freilich den absoluten Ausnahmefall darstellen.

### 3. Führt die Baumaßnahme zu einem Nachteil bei anderen Wohnungseigentümern?

Handelt es sich um eine Maßnahme, die über die Erhaltung des Sondereigentums hinausgeht, muss der betreffende Wohnungseigentümer nur dann einen Beschluss der übrigen Wohnungseigentümer herbeiführen, wenn die Baumaßnahme zu einem Nachteil bei anderen Wohnungseigentümern führt, der über das bei einem geordneten Zusammenleben unvermeidbare Maß hinausgeht. Liegt ein solcher Nachteil tatsächlich vor, muss der Wohnungseigentümer eine Beschlussfassung auch dann initiieren, wenn die nachteilig betroffenen Wohnungseigentümer dennoch mit der Baumaßnahme einverstanden sind. In diesem Fall verleihen §§ 13 Abs. 2, 20 Abs. 3 WEG n.F. dem Wohnungseigentümer einen Anspruch auf Gestattungsbeschlussfassung.

---

**Beispiel: Die Garage mit Zufahrt**

Auf Grundlage der Neuregelung in § 3 Abs. 2 WEG n.F. erstreckt sich das Sondereigentum einer Reihenhausanlage nach der Teilungserklärung und dem Aufteilungsplan jeweils auch auf die hinterliegenden Gartenflächen der einzelnen Häuser. Einer der Wohnungseigentümer plant die Errichtung einer Garage nebst Zufahrt über den hinterliegenden befahrbaren Weg im Bereich seiner Gartenfläche. Tatsächlich werden insoweit nur die beiden rechts und links unmittelbar angrenzenden Sondereigentumseinheiten durch verstärkte Lärm- und Abgasimmissionen beeinträchtigt sein. Beide angrenzenden Wohnungseigentümer erklären gegenüber dem bauwilligen Wohnungseigentümer ihr Einverständnis mit der Baumaßnahme.

## Nutzung, Gebrauch und bauliche Veränderung des Sondereigentums

Obwohl die beiden angrenzenden Eigentümer ihr Einverständnis mit der Baumaßnahme erklärt haben, muss der bauwillige Wohnungseigentümer einen entsprechenden Gestattungsbeschluss herbeiführen, da die beiden angrenzenden Eigentümer tatsächlich einen Nachteil durch die Baumaßnahme erleiden.[250] Für den Fall, dass der Beschluss wegen der Gegenstimmen anderer Wohnungseigentümer nicht zustande kommen sollte, kann der bauwillige Wohnungseigentümer Beschlussersetzungsklage erheben. Sind nämlich tatsächlich nur die beiden angrenzenden Wohnungseigentümer durch die Baumaßnahme benachteiligt, deren Zustimmung bereits vorliegt, hat der bauwillige Wohnungseigentümer gegen die übrigen Wohnungseigentümer, die gerade nicht beeinträchtigt sind, einen Anspruch auf Gestattung der baulichen Veränderung.

Sollte einer der beiden beeinträchtigten angrenzenden Wohnungseigentümer allerdings mit der Baumaßnahme nicht einverstanden sein und dem Beschlussantrag nicht zustimmen und hat der Verwalter einen Negativbeschluss verkündet – auch wenn ansonsten die Mehrheit der Wohnungseigentümer zugestimmt hat –, kann der bauwillige Wohnungseigentümer im Rahmen einer Beschlussersetzungsklage klären lassen, ob seine Baumaßnahme tatsächlich mit einem über das Maß des § 13 Abs. 2 WEG n.F. hinausgehenden Nachteil für den Nachbareigentümer verbunden ist.

Hat ein beeinträchtigter Wohnungseigentümer sein Einverständnis mit der Baumaßnahme nicht geäußert, kann jedenfalls ein entsprechender Positivbeschluss nicht verkündet werden. Er könnte vom beeinträchtigten Wohnungseigentümer angefochten werden. Insoweit dürfte sich der Verwalter auch nicht durch entsprechenden Bedenkenhinweis schützen können, wie es nach derzeitiger Rechtslage aufgrund der aktuellen Rechtsprechung des BGH[251] möglich ist.

In seiner Ausgestaltung ist § 13 Abs. 2 WEG n.F. durchaus geeignet, Fehlvorstellungen bei einzelnen Wohnungseigentümern zu provozieren, dass ein Nachteil für andere Wohnungseigentümer mit ihrer baulichen Veränderung nicht verbunden sei. Sie setzen sich dann entsprechenden Rückbauverlangen einzelner Wohnungseigentümer aus, so diese tatsächlich über das unvermeidliche Maß hinaus beeinträchtigt sind. Da es sich insoweit nicht um bauliche Veränderungen des Gemeinschaftseigentums handelt, sind dann auch die einzelnen Wohnungseigentümer hinsichtlich eines Rückbauverlangens aktivlegitimiert – und sei es im Einzelfall auch nur wegen der Errichtung eines Geräteschuppens mit evtl. Beeinträchtigungen für einzelne Wohnungseigentümer.

---

[250] BT-Drs. 19/18791 S. 52.
[251] BGH, Urteil v. 29.5.2020, V ZR 141/19, ZMR 2020 S. 770; siehe zu diesem Problem auch Kap. 16.5.3.3.2 Einverständnis liegt nicht vor.

# 8 Pflichten der Wohnungseigentümer

**WEG a. F.**

**§ 14 Pflichten des Wohnungseigentümers**

Jeder Wohnungseigentümer ist verpflichtet:

1. die im Sondereigentum stehenden Gebäudeteile so instand zu halten und von diesen sowie von dem gemeinschaftlichen Eigentum nur in solcher Weise Gebrauch zu machen, daß dadurch keinem der anderen Wohnungseigentümer über das bei einem geordneten Zusammenleben unvermeidliche Maß hinaus ein Nachteil erwächst;

2. für die Einhaltung der in Nummer 1 bezeichneten Pflichten durch Personen zu sorgen, die seinem Hausstand oder Geschäftsbetrieb angehören oder denen er sonst die Benutzung der in Sonder- oder Miteigentum stehenden Grundstücks- oder Gebäudeteile überläßt;

3. Einwirkungen auf die im Sondereigentum stehenden Gebäudeteile und das gemeinschaftliche Eigentum zu dulden, soweit sie auf einem nach Nummer 1, 2 zulässigen Gebrauch beruhen;

4. das Betreten und die Benutzung der im Sondereigentum stehenden Gebäudeteile zu gestatten, soweit dies zur Instandhaltung und Instandsetzung des gemeinschaftlichen Eigen-

**WEG n. F.**

**§ 14 Pflichten des Wohnungseigentümers**

(1) Jeder Wohnungseigentümer ist gegenüber der Gemeinschaft der Wohnungseigentümer verpflichtet,

1. die gesetzlichen Regelungen, Vereinbarungen und Beschlüsse einzuhalten und

2. das Betreten seines Sondereigentums und andere Einwirkungen auf dieses und das gemeinschaftliche Eigentum zu dulden, die den Vereinbarungen oder Beschlüssen entsprechen oder, wenn keine entsprechenden Vereinbarungen oder Beschlüsse bestehen, aus denen ihm über das bei einem geordneten Zusammenleben unvermeidliche Maß hinaus kein Nachteil erwächst.

(2) Jeder Wohnungseigentümer ist gegenüber den übrigen Wohnungseigentümern verpflichtet,

1. deren Sondereigentum nicht über das in Absatz 1 Nummer 2 bestimmte Maß hinaus zu beeinträchtigen und

2. Einwirkungen nach Maßgabe des Absatz 1 Nummer 2 zu dulden.

## Pflichten der Wohnungseigentümer

tums erforderlich ist; der hierdurch entstehende Schaden ist zu ersetzen.

(3) Hat der Wohnungseigentümer eine Einwirkung zu dulden, die über das zumutbare Maß hinausgeht, kann er einen angemessenen Ausgleich in Geld verlangen.

Die Verwaltung des Gemeinschaftseigentums obliegt nach der Neuregelung des § 18 Abs. 1 WEG n. F. der Gemeinschaft der Wohnungseigentümer.

- § 14 Abs. 1 WEG n. F. regelt die Pflichten der Wohnungseigentümer gegenüber der Gemeinschaft der Wohnungseigentümer und
- § 14 Abs. 2 WEG n. F. die Pflichten der Wohnungseigentümer gegenüber den anderen Wohnungseigentümern.

### 8.1 Pflichten gegenüber der Gemeinschaft der Wohnungseigentümer

#### 8.1.1 Unterlassungspflicht

Gemäß § 14 Abs. 1 Nr. 1 WEG n. F. ist jeder Wohnungseigentümer der Gemeinschaft der Wohnungseigentümer gegenüber verpflichtet, die gesetzlichen Regelungen, Vereinbarungen und Beschlüsse einzuhalten – insbesondere beschlossene Hausordnungen.

Diese Bestimmung wird die derzeit geltende und modifiziert lautende Regelung in § 15 Abs. 3 WEG a. F. ablösen, wonach *„jeder Wohnungseigentümer ... einen Gebrauch der im Sondereigentum stehenden Gebäudeteile und des gemeinschaftlichen Eigentums verlangen"* kann, *„der dem Gesetz, den Vereinbarungen und Beschlüssen und, soweit sich die Regelung hieraus nicht ergibt, dem Interesse der Gesamtheit der Wohnungseigentümer nach billigem Ermessen entspricht"*. Sie nimmt weiter den Regelungsgehalt des bisherigen § 21 Abs. 4 WEG a. F. auf, wonach *„jeder Wohnungseigentümer ... eine Verwaltung verlangen"* kann, *„die den Vereinbarungen und Beschlüssen und, soweit solche nicht bestehen, dem Interesse der Gesamtheit der Wohnungseigentümer nach billigem Ermessen entspricht"*.

 **Neu: Pflichten bestehen nur noch gegenüber der Gemeinschaft der Wohnungseigentümer**

Im Gegensatz zu der bislang geltenden Rechtslage, wird der Anspruch künftig allein der Gemeinschaft der Wohnungseigentümer zugewiesen und steht nicht mehr den einzelnen Wohnungseigentümern zu. Bei Pflichtverstößen eines Wohnungseigentümers muss also die Gemeinschaft der Wohnungseigentümer handeln bzw. diese sanktionieren. Der einzelne Wohnungseigentümer hat keinen direkten Anspruch mehr gegen den Störer, soweit durch die Pflichtverletzung nicht auch sein Sondereigentum konkret beeinträchtigt wird. Ist dies nicht der Fall, wird dem einzelnen Wohnungseigentümer damit insbesondere die erforderliche Aktivlegitimation für entsprechende Klagen genommen. Als Klägerin einer erforderlich werdenden gerichtlichen Auseinandersetzung kann in Zukunft dann nur die Gemeinschaft der Wohnungseigentümer fungieren.

### 8.1.1.1 Zweckbestimmungswidrige Nutzung

Nach bisheriger Rechtslage hat jeder Wohnungseigentümer einen Individualanspruch gegen einen anderen Wohnungseigentümer auf Unterlassung einer zweckbestimmungswidrigen Nutzung des Sondereigentums. Dieser Anspruch resultiert bislang aus § 15 Abs. 3 WEG a.F. i.V.m. § 1004 Abs. 1 BGB.

Der Unterlassungsanspruch wird sich künftig aus § 14 Abs. 1 Nr. 1 WEG n.F. i.V.m. § 1004 Abs. 1 BGB ergeben und gemäß § 9a Abs. 2 WEG n.F. der alleinigen Ausübung der Gemeinschaft der Wohnungseigentümer unterliegen. Die Gemeinschaft der Wohnungseigentümer muss diesen Anspruch auch nicht mehr an sich ziehen, vielmehr steht er ihr qua Gesetz gemäß § 9a Abs. 2 WEG n.F. zu. Das Recht der Gemeinschaft der Wohnungseigentümer kennt insoweit künftig nur noch die „geborenen" und nicht mehr die „gekorenen" Ansprüche, welche bislang zunächst den Wohnungseigentümern zustanden und die der Gemeinschaft der Wohnungseigentümer durch entsprechende Beschlussfassung zur Ausübung übertragen werden konnten.[252] Freilich bedarf es aber dennoch zumindest einer Beschlussfassung über die tatsächliche Anspruchsdurchsetzung.

Anders aber dann, wenn das Sondereigentum eines Wohnungseigentümers konkret durch die zweckbestimmungswidrige Nutzung beeinträchtigt wird. Dann kann dieser den zweckbestimmungswidrig nutzenden Wohnungseigentümer auch direkt auf Unterlassung in Anspruch nehmen.

---

[252] Siehe Kap. 5.4.2 Sonstige Individualansprüche der Wohnungseigentümer.

## Pflichten der Wohnungseigentümer

> **Beispiel: Abgrenzungsbeispiel**[253]
>
> Die Wohnungseigentümergemeinschaft besteht insgesamt aus 10 Sondereigentumseinheiten. Das Erdgeschoss ist in der Teilungserklärung als „Büroetage" bezeichnet. Daneben befinden sich in den oberen Etagen ausschließlich Wohnungen. In der Gemeinschaftsordnung ist geregelt, dass die „Büroetage" zur Nutzung als Büro vorgesehen ist und die Wohnungen ausschließlich Wohnzwecken dienen. Die Teileigentümerin vermietet die Büroetage an den Betreiber von Intensivpflege- und Beatmungs-WGs. Auch in der Büroetage wird daher eine solche Einrichtung betrieben. Insgesamt werden dort 5 schwer kranke Personen von täglich mindestens 2 Pflegekräften versorgt. Daneben wird die Einrichtung ebenfalls täglich von medizinischen Fachkräften frequentiert und Besuchern der schwer kranken Patienten. Im Zuge des Abtransports verstorbener Patienten und der Einlieferung neuer, kam es bereits zu sichtbaren Beschädigungen im Eingangsbereich der Wohnanlage.
>
> Da die Patienten rund um die Uhr an Überwachungsgeräte zur Überprüfung ihres Gesundheitszustands angeschlossen sind, die akustische Alarmsignale senden, soweit sich der Gesundheitszustand temporär verschlechtert, kommt es häufig nachts zu Störungen in den beiden über der Büroeinheit gelegenen Wohnungen. In diesen sind diese Alarmsignale nämlich zu hören. In den höher gelegenen Etagen sind die Signaltöne nicht zu vernehmen.

**Gemeinschaft der Wohnungseigentümer**

Zunächst einmal wird durch die bestimmte Bezeichnung einer Sondereigentumseinheit in der Teilungserklärung, z.B. als „Büroetage", die zulässige Nutzung dieser Einheit beschränkt – wenn es sich (wie in aller Regel) um eine Zweckbestimmung mit Vereinbarungscharakter handelt. Eine solche dient der Regelung der Beziehungen der Wohnungseigentümer untereinander, ist also Teil der Gemeinschaftsordnung, die ähnlich einer Satzung die Grundlage für das Zusammenleben der Wohnungseigentümer bildet.[254]

Dies zugrunde gelegt, ist § 14 Abs. 1 Nr. WEG n.F. im Beispielsfall betroffen. Diese Vorschrift regelt gerade die Pflicht eines jeden Wohnungseigentümers, die gesetzlichen Regelungen, Vereinbarungen und Beschlüsse einzuhalten, wobei diese Pflicht der Gemeinschaft der Wohnungseigentümer gegenüber besteht. Zunächst ist also ihr Rechtskreis betroffen. Sowohl bei typisierender als auch bei konkreter Betrachtungsweise ist die Nutzung als Intensivpflege aufgrund der damit verbundenen stärkeren Inanspruchnahme des Teileigentums (hochfrequentierte Nutzung, Beschädigungen im Eingangsbereich) mit größeren Beeinträchtigungen verbunden, als dies bei einer

---

[253] Fall nach LG Bochum, Urteil v. 16.7.2018, I-1 O 318/17.
[254] BGH, Urteil v. 22.3.2019, V ZR 298/16, WuM 2019 S. 338.

zweckbestimmungsgemäßen Nutzung der Fall wäre; ein Unterlassungsanspruch besteht also. Die Gemeinschaft der Wohnungseigentümer muss nun diesen Anspruch nicht mehr an sich ziehen, die Ausübungsbefugnis verleiht ihr § 9a Abs. 2 WEG. Freilich muss aber dennoch ein Beschluss darüber gefasst werden, den Unterlassungsanspruch auch geltend zu machen.

**Beeinträchtigte Wohnungseigentümer**
Neben dem Rechtskreis der Gemeinschaft der Wohnungseigentümer ist allerdings auch der Rechtskreis der beiden Eigentümer der über der Büroeinheit gelegenen Wohnungen betroffen. Durch die dort vernehmbaren Signaltöne ist ihr Sondereigentum direkt beeinträchtigt. Insoweit regelt § 14 Abs. 2 Nr. 1 WEG n.F. die Verpflichtung eines jeden Wohnungseigentümers gegenüber den übrigen Wohnungseigentümern, deren Sondereigentum nicht über das bei einem geordneten Zusammenleben unvermeidbare Maß hinaus zu beeinträchtigen. Eine über dieses Maß hinaus gehende Beeinträchtigung liegt aber vor, da es bei zweckbestimmungsgemäßer Nutzung als Büro keiner Überwachungsmaschine bedarf. Auch diesen beiden Wohnungseigentümern steht also ein Unterlassungsanspruch zu, der sowohl aus § 14 Abs. 2 Nr. 1 WEG n.F. i.V.m. § 1004 BGB gegenüber der Teileigentümerin resultiert, als auch aus § 1004 BGB gegenüber dem Mieter.

Die beiden Eigentümer können nun entweder die Teileigentümerin oder deren Mieter direkt[255] auf Unterlassung in Anspruch nehmen. Ihr Unterlassungsanspruch ist allerdings auf die Störung durch die Überwachungsanlage beschränkt. Die Unterlassung der zweckbestimmungswidrigen Nutzung insgesamt können sie nicht begehren. Ist die Weiterführung der Intensivpflege- und Beatmungs-WG von dem Weiterbetrieb der störenden Anlage zwingend abhängig, würden die beiden Wohnungseigentümer quasi „automatisch" auch den der Gemeinschaft der Wohnungseigentümer zustehenden Anspruch durchsetzen. Dies hindert die beiden aber nicht an der Geltendmachung ihres Anspruchs.

**Übrige Wohnungseigentümer**
Individualansprüche anderer Wohnungseigentümer bestehen nicht, da ihr Sondereigentum nicht beeinträchtigt ist. Freilich aber können sie wegen der zweckbestimmungswidrigen Nutzung der Büroeinheit auf eine Anspruchsdurchsetzung durch die Gemeinschaft der Wohnungseigentümer hinwirken und entsprechende Beschlussinitiative ergreifen.

### 8.1.1.2 Vermietetes Sondereigentum

Nur eine scheinbare Unschärfe birgt das WEMoG im Hinblick auf vermietetes Sondereigentum. Nach bisheriger Rechtslage ist der Wohnungseigentümer gemäß § 14 Nr. 2 WEG a.F. verpflichtet, für die Einhaltung seiner in Nr. 1

---
[255] BGH, Urteil v. 22.3.2019, a.a.O. für die bisherige Rechtslage.

### Pflichten der Wohnungseigentümer

geregelten Pflichten auch für die Personen zu sorgen, die seinem Hausstand oder Geschäftsbetrieb angehören oder denen er sonst die Benutzung der im Sonder- oder Miteigentum stehenden Grundstücks- oder Gebäudeteile überlässt. Eine hiermit vergleichbare Regelung findet sich im WEMoG nicht.

Zwar wird hier mit § 15 WEG n.F. eine Bestimmung aufgenommen, die „Pflichten Dritter" regeln wird. Allerdings regelt diese Bestimmung lediglich Duldungspflichten Dritter hinsichtlich der Erhaltungs- und Bau-, also insbesondere auch der Modernisierungsmaßnahmen. Trotz Fehlens einer mit § 14 Nr. 2 WEG a.F. korrespondierenden Bestimmung, wird sich aber an der Verantwortlichkeit des Wohnungseigentümers für die Nutzer bzw. Bewohner seiner Sondereigentumseinheit nichts ändern, da diese ihr Besitzrecht lediglich vom Wohnungseigentümer ableiten. Der Eigentümer, von dem der Mieter seine Nutzungsbefugnis ableitet, kann diesem nicht mehr an Rechten übertragen, als er selbst im Verhältnis zu den anderen Wohnungseigentümern hat. Daher ist auch ein Mieter an eine bestehende Haus- und Gemeinschaftsordnung gebunden. Fehlt es an einer solchen oder ist sie nicht einschlägig, kann der beeinträchtigte Wohnungseigentümer von dem Mieter einer anderen Sondereigentumseinheit die Unterlassung von wesentlichen Beeinträchtigungen nach allgemeinen Grundsätzen verlangen.[256] Wird das Gemeinschaftseigentum beeinträchtigt, kann die Gemeinschaft der Wohnungseigentümer entsprechend Unterlassung verlangen.[257]

 **Mieter bzw. Drittnutzer können direkt in Anspruch genommen werden**

Auch unter Geltung des WEMoG wird die Gemeinschaft der Wohnungseigentümer gegen den Mieter einer Sondereigentumseinheit, der bei der Nutzung des Gemeinschaftseigentums gegen eine von den Eigentümern vereinbarte oder beschlossene Gebrauchsregelung verstößt, einen Unterlassungsanspruch aus § 1004 Abs. 1 BGB haben. Dies gilt auch im Fall der Nutzung einer Sondereigentumseinheit, die der in der Teilungserklärung für diese Einheit getroffenen Zweckbestimmung widerspricht.[258]

#### 8.1.2 Duldungspflicht

Nach § 14 Abs. 1 Nr. 2 WEG n.F. wird jeder Wohnungseigentümer gegenüber der Gemeinschaft der Wohnungseigentümer verpflichtet sein, „*das Betreten seines Sondereigentums und andere Einwirkungen auf dieses und das gemeinschaftliche Eigentum zu dulden, die den Vereinbarungen oder Beschlüssen entsprechen oder, wenn keine entsprechenden Vereinbarungen*

---

[256] BGH, Urteil v. 24.1.2020, V ZR 295/16, ZMR 2020 S. 675.
[257] BGH, Urteil v. 22.3.2019, V ZR 298/16, WuM 2019 S. 338.
[258] BGH, Urteil v. 25.10.2019, V ZR 271/18, NJW 2020 S. 921.

oder Beschlüsse bestehen, aus denen ihm über das bei einem geordneten Zusammenleben unvermeidliche Maß hinaus kein Nachteil erwächst".

**Alte Rechtslage**

Bislang macht § 14 Nr. 4 WEG a.F. das Recht zum Betreten und der Benutzung des Sondereigentums von einer Maßnahme der Instandhaltung und Instandsetzung des gemeinschaftlichen Eigentums abhängig und es könnte auch keine wirksame Vereinbarung über ein Betretungsrecht des Verwalters getroffen werden – auch nicht in der Gemeinschaftsordnung.[259]

Zumindest nach derzeitiger Rechtslage wäre auch ein Beschluss, der die Wohnungseigentümer verpflichtet, den Zutritt zum Sondereigentum zu gewährleisten, damit Ablese-, Überprüfungs-, Instandsetzungs-, Instandhaltungs- und Reparaturmaßnahmen durchgeführt werden können, mindestens anfechtbar, wenn nicht sogar nichtig. Eine solche generelle Zutrittsverpflichtung für das Sondereigentum ohne Erforderlichkeitsprüfung existiert für die Wohnungseigentümer nicht. Bloße Überprüfungsmaßnahmen stellen keinen ausreichenden Grund für ein Betretungsrecht des Verwalters dar. Der Wohnungseigentümer ist zwar verpflichtet, unter bestimmten Voraussetzungen den Zutritt zum Sondereigentum zu gewähren, allerdings nur in bestimmten Einzelfällen, in denen dies zur Instandhaltung- und Instandsetzung des gemeinschaftlichen Eigentums erforderlich ist. Zudem ist ein generelles Recht des Verwalters, das Sondereigentum zu bloßen Überprüfungszwecken zu betreten, unwirksam. Ein Zutrittsrecht zur Wohnung ist stets im Einzelfall zu prüfen und kann nicht generell festgelegt werden.[260]

**Neue Rechtslage**

Weder aus dem Gesetzentwurf noch aus seiner Begründung lässt sich entnehmen, wie weit ein Betretungsrecht in Zukunft durch Beschluss oder Vereinbarung zu regeln sein wird. Nach wie vor muss jedenfalls gelten, dass die Wohnung unverletzlich ist und dieses in Art. 13 GG verfassungsmäßig garantierte Grundrecht nicht durch abstrakte Betretungsregelungen unterlaufen werden kann. Inwieweit hier das WEMoG mit § 14 WEG n.F. eine neue Beurteilung erlaubt, wird im Zweifel die Gerichte beschäftigen.

Nach der Entwurfsbegründung folgt aus § 14 Abs. 1 Nr. 2 WEG n.F. zunächst die Pflicht, Erhaltungs- und andere Baumaßnahmen zu dulden, die durch die Gemeinschaft der Wohnungseigentümer durchgeführt werden. Weiter bezieht die Begründung in die Duldungspflicht aber auch alle Einwirkungen mit ein, die einer Vereinbarung oder einem Beschluss entsprechen, also durch deren Ausführung bedingt sind. Wenn sich die Begründung tatsächlich nur auf Beschlüsse und Vereinbarungen beziehen sollte, die Erhaltungs- oder beschlossene Baumaßnahmen betreffen, würde sich keine Erweiterung der Kompetenzen zum Betreten von Sondereigentum ergeben. Die Begründung

---

[259] OLG Zweibrücken, Beschluss v. 24.11.2000, 3 W 184/00, ZWE 2001 S. 171.
[260] AG Nürnberg, Urteil v. 23.1.2015, 14 C 4961/14, ZMR 2015 S. 635.

weist hier beispielhaft auf eine Duldungspflicht von Immissionen wie etwa Baulärm hin, der durch die Ausführung eines Beschlusses über die Erhaltung des gemeinschaftlichen Eigentums verursacht wird.

Allerdings kommt dies nicht mit der wünschenswerten Deutlichkeit zum Ausdruck, denn die Begründung stellt dies in ein Alternativverhältnis: *„Das Betreten ist genauso wie jede andere Einwirkung nur dann zulässig, wenn dies vereinbart oder beschlossen wurde **oder** bei einem geordneten Zusammenleben unvermeidlich ist, insbesondere im Zusammenhang mit einer Notmaßnahme."*[261]

Wenn ein Betretungsrecht nicht durch Vereinbarung oder Beschluss geregelt ist, kann also auch künftig das Sondereigentum nur in Notfällen oder zur Durchführung von Erhaltungs- und beschlossenen Baumaßnahmen betreten werden, was dem derzeit geltenden Maßstab des § 14 Nr. 1 WEG a.F. entspricht. Allerdings bleibt unklar, wie weit die durch das WEMoG verliehene Beschluss- und Vereinbarungskompetenz reichen wird. Nach wie vor dürfte allerdings gelten, dass auch durch Vereinbarung nicht geregelt werden kann, dem Verwalter ein periodisches Betretungsrecht von Sondereigentumseinheiten zu verleihen.

Das WEMoG greift auch die weitere Ausprägung des derzeit noch geltenden § 14 Nr. 4 WEG a.F. durch die Rechtsprechung auf, die in anderen Fällen als der Instandhaltung und Instandsetzung ein Betreten bzw. eine Benutzung von Sondereigentum in entsprechender Anwendung dieser Vorschrift erlaubt. Da sich der Wortlaut des § 14 Abs. 1 Nr. 2 WEG n.F. künftig nicht mehr nur auf die Maßnahmen der Instandhaltung und Instandsetzung beschränkt, bedarf es seiner analogen Anwendung nicht mehr in folgenden Fällen, in denen selbstverständlich ein Recht besteht, Sondereigentum zu betreten bzw. dieses zu nutzen:

- Maßnahmen zur Umsetzung der erstmaligen ordnungsmäßigen Herstellung des Gemeinschaftseigentums[262], nicht aber zur Ermittlung von Mängelansprüchen gegen den Bauträger[263];
- Betreten von Sondereigentum anderer Wohnungseigentümer, soweit dies für die Durchführung einer Erhaltungsmaßnahme in einer anderen Sondereigentumseinheit erforderlich ist[264] oder zur Durchführung einer beschlossenen Maßnahme der baulichen Veränderung, die nach § 20 WEG n.F. künftig auch Modernisierungen umfasst;
- Vollzug einer Versorgungssperre[265];

---

[261] BT-Drs. 19/18791, S. 50.
[262] BGH, Urteil v. 14.11.2014, V ZR 118/13, NJW 2015 S. 2027.
[263] BGH, Beschluss v. 16.5.2013, VII ZB 61/12, NJW 2013 S. 2687.
[264] OLG Frankfurt a.M., Beschluss v. 27.9.2004, 20 W 111/04, NJOZ 2005 S. 1441.
[265] OLG Frankfurt a.M., Beschluss v. 21.2.2006, 20 W 56/06, NZM 2006 S. 869.

- Ermittlung von Zählerständen durch Abrechnungsdienstleister[266];
- Einbau von Wärmemengen- oder Wasserzählern[267];
- zur Verwirklichung eines Dachgeschossausbaus.[268]

## 8.2 Pflichten gegenüber anderen Wohnungseigentümern

§ 14 Abs. 2 WEG n.F. regelt im Wesentlichen korrespondierend mit § 14 Abs. 2 Nr. 1 WEG n.F. die Pflichten der Wohnungseigentümer untereinander.

### 8.2.1 Unterlassungspflicht

Gemäß § 14 Abs. 2 Nr. 1 WEG n.F. sind die Wohnungseigentümer untereinander zunächst verpflichtet, das Sondereigentum nicht über das in § 14 Abs. 1 Nr. 2 WEG n.F. bestimmte Maß hinaus zu beeinträchtigten. Dieser Unterlassungsanspruch ergänzt die insoweit im allgemeinen Zivilrecht verankerte Vorschrift des § 1004 BGB. Allerdings ist ihr Anwendungsbereich nicht sehr groß, da zunächst die gesamte Verwaltung des Gemeinschaftseigentums der Gemeinschaft der Wohnungseigentümer obliegt. Zwar bezieht sich § 14 Abs. 2 Nr. 1 WEG n.F. gerade auf das Sondereigentum. Soweit aber auch gegen Regelungen einer Hausordnung verstoßen wird, stehen den einzelnen Wohnungseigentümer keine Individualansprüche auf Unterlassen zu, sondern wiederum nur der Gemeinschaft der Wohnungseigentümer. Ausnahmen gelten freilich dann, wenn der einzelne Wohnungseigentümer bzw. sein Sondereigentum durch das Verhalten eines anderen Wohnungseigentümers unmittelbar beeinträchtigt ist. Dann steht ihm auch ein Individualanspruch auf Unterlassung zu, den er notfalls gerichtlich im Verfahren des § 43 Abs. 2 Nr. 1 WEG n.F. gegen den störenden Wohnungseigentümer geltend machen kann.

### 8.2.2 Duldungspflicht

Nach § 14 Abs. 2 Nr. 2 WEG n.F. haben die Wohnungseigentümer Einwirkungen nach Maßgabe des Absatz 1 Nr. 2 zu dulden. Wiederum umfasst diese Pflicht vor allem Erhaltungs- und Baumaßnahmen einzelner Wohnungseigentümer. Allerdings soll sie auch hierauf nicht beschränkt sein. Insoweit bleibt wiederum offen, inwieweit die Duldungspflicht des einzelnen Wohnungseigentümers tatsächlich bestehen soll. Eindeutig ist die Rechtslage jedenfalls dann, wenn den Wohnungseigentümern in der Gemeinschaftsordnung die Verpflichtung auferlegt wurde, etwa die im Bereich ihrer Sondereigentumseinheit verlaufenden Rohrleitungen auf eigene Kosten instand zu setzen. Ist es dann im Rahmen einer entsprechenden Erhaltungsmaßnahme erforderlich, das

---

[266] LG Bad Kreuznach, Beschluss v. 8.9.1995, 2 T 64/95, NJWE-MietR 1996 S. 204.
[267] LG Frankfurt a.M., Beschluss v. 12.11.1996, 2/9 T 401/96, ZMR 1997 S. 156.
[268] KG Berlin, Beschluss v. 21.1.1998, 24 W 5061/97, ZMR 1998 S. 369.

## Pflichten der Wohnungseigentümer
### Seite 282

Sondereigentum des benachbarten Wohnungseigentümers in Anspruch zu nehmen, ist dieser entsprechend zur Duldung verpflichtet. Sollte sich der Wohnungseigentümer weigern, wäre gegen ihn eine Duldungsklage im Verfahren des § 43 Abs. 2 Nr. 1 WEG n. F. zu erheben. Sollte die Sondereigentumseinheit vermietet oder einem sonstigen Drittnutzer überlassen sein, verpflichtet diese § 15 WEG n. F. zur Duldung von Erhaltungs- und darüber hinausgehenden Maßnahmen. Zu beachten ist allerdings, dass insoweit die allgemeinen Zivilgerichte im Fall erforderlicher Duldungsklage zuständig sind, was insbesondere auch für vermieteten Wohnraum gilt.[269]

### 8.3 Aufopferungsanspruch

Die bisherige Bestimmung des § 14 Nr. 4 HS 2 WEG a. F. verleiht dem Wohnungseigentümer einen Aufopferungsanspruch, soweit ihm durch die Gestattung des Betretens und der Nutzung seines Sondereigentums zur Durchführung von Maßnahmen der Instandhaltung oder Instandsetzung ein Schaden entstanden ist. Die Regelung in § 14 Abs. 3 WEG n. F. greift diese Rechtslage auf und verleiht dem Wohnungseigentümer einen Anspruch auf Geldausgleich, wenn er Einwirkungen auf sein Sondereigentum dulden muss, die über das zumutbare Maß hinaus gehen. Nicht jede Einwirkung soll insoweit ausreichen, sondern nur solche, die über das zumutbare Maß im Sinne einer Sonderopfergrenze hinausgehen. Insoweit scheint die künftig geplante Regelung die Rechte der Wohnungseigentümer im Vergleich zur derzeitigen Rechtslage zu beschneiden, was aber tatsächlich nur marginal der Fall sein wird.

 **Anspruch auch gegen Wohnungseigentümer**

Ein Aufopferungsanspruch besteht insoweit nicht nur gegenüber der Gemeinschaft der Wohnungseigentümer, sondern auch gegenüber einzelnen Wohnungseigentümern, da § 14 Abs. 2 Nr. 2 WEG n. F. jeden Wohnungseigentümer auch gegenüber anderen Wohnungseigentümern verpflichtet, Einwirkungen zu dulden, die aufgrund Gesetz, Vereinbarung oder Beschluss bestehen. Ist also etwa den Wohnungseigentümern in der Gemeinschaftsordnung die Verpflichtung auferlegt worden, auf ihre Kosten die im Bereich ihrer Sondereigentumseinheit verlaufenden Rohrleitungen auf eigene Kosten instand zu setzen, und muss im konkreten Fall einer entsprechenden Maßnahmendurchführung etwa das benachbarte Sondereigentum in Anspruch genommen werden, trifft die Zahlungspflicht den erhaltungsverpflichteten Wohnungseigentümer.

---

[269] Siehe Kap. 19 Duldungspflichten von Mietern und sonstigen Drittnutzern.

**Pflichten der Wohnungseigentümer**

## 8.3.1 Alte Rechtslage

Erleidet ein Wohnungseigentümer im Zuge der Durchführung einer Erhaltungsmaßnahme einen Schaden, so ist er diesem zu ersetzen – unabhängig davon, ob der Schaden an seinem Sondereigentum entstanden ist oder im Bereich eines ihm zur Sondernutzung zugewiesenen Teils des Gemeinschaftseigentums.[270] Der Anspruch wird nach derzeit noch geltender Rechtslage dem § 904 Satz 2 BGB entlehnt.[271] Zum Ersatz etwaiger Schäden ist die Gemeinschaft der Wohnungseigentümer verpflichtet[272], wodurch sich der geschädigte Wohnungseigentümer seinen Anteil entsprechend des geltenden Kostenverteilungsschlüssels anrechnen lassen muss.[273] Der Verwalter ist im Übrigen nicht befugt, ohne Eigentümerbeschluss (vermeintliche) Ersatzansprüche einzelner Wohnungseigentümer zu erfüllen.[274]

Nach derzeit noch geltender Rechtslage ist jeder Schaden zu ersetzen, der infolge der Instandhaltungs- bzw. Instandsetzungsmaßnahme entstanden ist. Das sind in erster Linie Sach- und Substanzschäden.

**Besondere Ausstattung: Abzug „Neu-für-Alt"?**

Ist es im Zuge der Sanierung einer Versorgungsleitung erforderlich, eine Wand im Bereich des Sondereigentums eines Wohnungseigentümers aufzuschlagen und ist an dieser Wand eine besonders hochwertige Seidentapete aufgebracht, so ist ihm auch der insoweit entstandene Schaden in voller Höhe zu ersetzen. Grundsätzlich ist der Wohnungseigentümer nämlich in seiner Entscheidung frei, wie er seine Wohnung gestaltet bzw. ausstattet. Hinsichtlich seines Ersatzanspruchs muss sich der geschädigte Wohnungseigentümer jedoch einen Abzug „Neu-für-Alt" gefallen lassen.[275]

Über den Ersatz von Sach- und Substanzschäden hinaus sind dem Wohnungseigentümer nach bisheriger Rechtslage auch

- Mietausfallschäden[276],
- Kosten für Lagerung und Transport von Gegenständen,
- Reinigungskosten,

---

[270] OLG Düsseldorf, Beschluss v. 22.11.2005, I-3 Wx 140/05, ZMR 2006 S. 104.
[271] BGH, Urteil v. 11.12.2002, IV ZR 226/01, NJW 2003 S. 826.
[272] BGH, Urteil v. 16.11.2018, V ZR 171/17.
[273] OLG Düsseldorf, Beschluss v. 28.10.1994, 3 Wx 448/94, ZMR 1995 S. 86.
[274] LG München I, Urteil v. 16.9.2013, 1 S 21191/12, ZMR 2014 S. 145.
[275] LG Dortmund, Urteil v. 21.10.2014, 1 S 371/13, ZWE 2015 S. 182.
[276] OLG Schleswig, Beschluss v. 13.7.2006, 2 W 32/06, NZM 2007 S. 46.

- Kosten für Ersatzwohnraum[277] und
- Verdienstausfall[278]

zu ersetzen.

### 8.3.2 Weiter geltende Grundsätze auch nach WEMoG

**Sondereigentümer trägt nach Gemeinschaftsordnung die Instandhaltungspflicht**

Obliegt die Instandhaltung und Instandsetzung bestimmter Bereiche des gemeinschaftlichen Eigentums dem jeweiligen Wohnungseigentümer auf seine Kosten, hat er keinen Anspruch auf Ersatz der im Zuge der von ihm durchgeführten Sanierungsmaßnahmen entstandenen Schäden.

> **Beispiel: Fensteraustausch**
>
> Ist der jeweilige Wohnungseigentümer nach der Gemeinschaftsordnung zur Instandsetzung der im Bereich seiner Sondereigentumseinheit vorhandenen Außenfenster verpflichtet, hat er sämtliche Kosten, die im Zuge eines erforderlichen Fensteraustauschs entstehen, selbst zu tragen (neben den Kosten des eigentlichen Fensteraustauschs z. B. auch Putz-, Tapezier- und Maleraufwand). Etwas anderes gilt aber dann, wenn der Fensteraustausch durch anderweitige von den Wohnungseigentümern beschlossene Maßnahmen erforderlich wird. Müssen noch intakte Fenster etwa deshalb ausgetauscht werden, weil die Wohnungseigentümer eine Fassadendämmung beschließen, dann sind die Kosten für den Fensteraustausch von der Gemeinschaft zu tragen.[279]

**Ausschluss/Kürzung des Aufopferungsanspruchs**

Durch Beschluss kann der Ersatzanspruch des Wohnungseigentümers aus § 14 Nr. 4 WEG a.F. und § 14 Abs. 3 n.F. weder ausgeschlossen noch gekürzt werden.[280] Den Wohnungseigentümern fehlt die Beschlusskompetenz, dem einzelnen Wohnungseigentümer Leistungspflichten aufzuerlegen. Ihr fehlt aber auch die Beschlusskompetenz, dem Wohnungseigentümer Ansprüche gegen die übrigen Wohnungseigentümer oder die Gemeinschaft der Wohnungseigentümer zu nehmen.[281] Durch Vereinbarung soll der Anspruch jedoch auszuschließen sein.[282] Nach diesseits vertretener Auffassung ist dies im Lichte von Art. 14 GG äußerst zweifelhaft. Freilich gilt im Übrigen fort, dass der Anspruch gegen die Gemeinschaft der Wohnungseigentümer zu

---

[277] AG Hamburg, Urteil v. 30.6.2010, 102b C 20/09, ZMR 2011 S. 249.
[278] KG Berlin, Beschluss v. 28.7.1999, 24 W 9125/97, NZM 2000 S. 284.
[279] OLG Schleswig, Beschluss v. 13.7.2006, 2 W 32/06, NZM 2007 S. 46
[280] LG München I, Urteil v. 16.9.2013, 1 S 21191/12, ZMR 2014 S. 145.
[281] BGH, Urteil v. 2.10.2015, V ZR 5/15, NJW 2015 S. 3713.
[282] LG München I, Urteil v. 16.9.2013, a.a.O.

## 8.3.3 Modifizierungen durch das WEMoG

Ist dem Wohnungseigentümer nach derzeit noch geltender Rechtslage jeder Schaden zu ersetzen, den er durch die Inanspruchnahme seines Sondereigentums erleidet, wird dies künftig nicht mehr der Fall sein, denn der Gesetzgeber entlehnt den Aufopferungsanspruch nicht mehr wie bisher § 904 BGB, sondern künftig der Bestimmung des § 906 Abs. 2 Satz 2 BGB.[283] Nach wie vor ist zwar kein Verschulden erforderlich, allerdings muss der Schaden des betreffenden Wohnungseigentümers eine Sonderopfergrenze überschreiten. Es besteht also kein Anspruch mehr auf Ersatz jedes adäquat-kausal verursachten Schadens, sondern nur noch auf eine angemessene Entschädigung, die allerdings im Einzelfall durchaus das bislang geltende Niveau erreichen kann. Gemäß § 906 Abs. 2 Satz 2 BGB kann jedenfalls nicht Schadensersatz, sondern lediglich ein nach den Grundsätzen der Enteignungsentschädigung zu bestimmender Ausgleich verlangt werden, wonach nur der unzumutbare Teil der Beeinträchtigung auszugleichen ist.[284] Denn § 14 Abs. 3 WEG n.F. verleiht den Wohnungseigentümern einen Anspruch auf angemessenen Geldausgleich nur dann, wenn die zu duldende Einwirkung auf das Sondereigentum über das zumutbare Maß hinausgeht. Ob diese Voraussetzung vorliegt, bestimmt sich nicht nach der konkreten Nutzung der Sondereigentumseinheit. Vielmehr ist auf einen verständigen durchschnittlichen Wohnungseigentümer der Sondereigentumseinheit in ihrer konkreten Beschaffenheit, Ausgestaltung und Zweckbestimmung abzustellen. Auszugleichen ist die Einbuße, die bei durchschnittlicher Benutzung einer Sondereigentumseinheit typischerweise entsteht.[285] Hypothetische Benutzungsmöglichkeiten und andere Besonderheiten des Einzelfalls bleiben außer Betracht.

**Beispiel: Die hochwertige Seidentapete im „Plattenbau"**

Im Zuge der Sanierung einer Versorgungsleitung einer einfachen, Anfang der 1960er Jahre errichteten Wohnanlage ist es erforderlich, eine Wand im Bereich des Sondereigentums eines Wohnungseigentümers aufzuschlagen. Die Wohnungen waren ursprünglich allesamt mit Raufasertapete ausgestattet. Der von der Erhaltungsmaßnahme betroffene Wohnungseigentümer hat an dieser Wand eine besonders hochwertige Seidentapete aufgebracht. Diese Ausstattung stellt bei typisierender Betrachtungsweise kein durchschnittliches Ausstattungsmerkmal einer gleichartigen Wohnung dar. Der in Anspruch genommene Wohnungseigentümer wird daher

---

[283] BT-Drs. 19/18791, S. 51 f.
[284] BGH, Beschluss v. 22.10.2015, V ZR 146/14, NJW-RR 2016 S. 210; Urteil v. 25.10.2013, V ZR 230/12, NJW 2014 S. 458.
[285] Arg. BGH, Urteil v. 8.7.1988, V ZR 45/87, NJW-RR 1988 S. 1291.

nur einen Wertausgleich beanspruchen können, der den Kosten einer „normalen" Tapete entspricht. Anders wird dies wiederum in Luxus-Wohnanlagen aussehen, die u. U. bereits mit hochwertigen Seidentapeten ausgestattet sind.

Der Ausgleichsanspruch wird nur für den Teil der Beeinträchtigung gewährt, der unzumutbar ist.[286] Damit ist er betragsmäßig regelmäßig niedriger als ein Schadensersatzanspruch und als Billigkeitsentschädigung grundsätzlich nach den Grundsätzen der Enteignungsentschädigung zu bemessen.[287] Bei selbstgenutztem Wohneigentum ist der Anspruch an der Höhe einer hypothetischen Mietminderung auszurichten und nicht etwa am persönlichen Empfinden der Bewohner.[288]

Insbesondere aber bei Eingriffen in die Sachsubstanz kann der Ausgleichsanspruch die Höhe eines vollen Schadensersatzes erreichen.[289] So kann auch Ausgleich für die Folgenbeseitigung einschließlich der Planungskosten und der Kosten der Rechtsverfolgung[290], im Einzelfall auch für den entgangenen Gewinn oder für einen Minderwert beansprucht werden. Auch kann der Ersatz eines merkantilen Minderwerts, der bei Sondereigentumseinheiten nicht individuell für jedes Sondereigentum ermittelt werden muss, umfasst sein.[291] Wie nach derzeitiger Rechtslage auch, ist ein Abzug „neu für alt" zu berücksichtigen, was allerdings von den Umständen des Einzelfalls abhängt.[292]

---

[286] LG Dortmund, Urteil v. 28.2.2017, 17 S 74/14, ZfB 2018 S. 42.
[287] BGH, Urteil v. 23.2.2001, V ZR 389/99, NJW 2001 S. 1865.
[288] BGH, Urteil v. 19.9.2008, V ZR 28/08, NJW 2009 S. 762.
[289] BGH, Urteil v. 11.6.1999, V ZR 377/98, NJW 1999 S. 2896.
[290] BGH, Urteil v. 4.7.1997, V ZR 48/96, NJW-RR 1997 S. 1374.
[291] KG Berlin, Urteil v. 21.11.2016, 20 U 109/14, ZMR 2017 S. 495.
[292] KG Berlin, Urteil v. 21.11.2016, a.a.O.

# 9 Nutzung und Verwaltung des Gemeinschaftseigentums

Obwohl die Verwaltung des Gemeinschaftseigentums nach § 18 Abs. 1 WEG n. F. künftig der Gemeinschaft der Wohnungseigentümer obliegt und nicht mehr den Wohnungseigentümern, obliegen Ausgestaltung und konkrete Reichweite der Verwaltung der Beschlussfassung durch die Wohnungseigentümer. Da bereits sachlogisch nur die Wohnungseigentümer Regelungen über die Benutzung des gemeinschaftlichen Eigentums treffen können, ändert sich insoweit nichts an der derzeit geltenden Rechtslage.

## 9.1 Nutzung

Bislang in § 15 Abs. 2 WEG a. F. geregelt, findet sich eine sprachlich modifizierte, der bisherigen Regelung aber im Wesentlichen korrespondierende Bestimmung zur Nutzung in § 19 Abs. 1 WEG n. F.

| WEG a. F. | WEG n. F. |
|---|---|
| § 15 Gebrauchsregelung | § 19 Regelung der Verwaltung und Benutzung durch Beschluss |
| (2) Soweit nicht eine Vereinbarung nach Absatz 1 entgegensteht, können die Wohnungseigentümer durch Stimmenmehrheit einen der Beschaffenheit der im Sondereigentum stehenden Gebäudeteile und des gemeinschaftlichen Eigentums entsprechenden ordnungsmäßigen Gebrauch beschließen. | **(1) Soweit die Verwaltung des gemeinschaftlichen Eigentums und die Benutzung des gemeinschaftlichen Eigentums und des Sondereigentums nicht durch Vereinbarung der Wohnungseigentümer geregelt sind, beschließen die Wohnungseigentümer eine ordnungsmäßige Verwaltung und Benutzung.** |

Materiell-rechtlich ist hiermit keine Änderung der Rechtslage verbunden. Nach wie vor umfasst § 19 Abs. 1 WEG n. F. neben Nutzungsregelungen, die das Gemeinschaftseigentum betreffen, auch solche, die das Sondereigentum betreffen. Nach wie vor ist auch zu beachten, dass lediglich durch Beschluss nicht in die Rechte eines Wohnungseigentümers gemäß § 13 Abs. 1 WEG n. F. eingegriffen werden kann, welcher im Wesentlichen dem bisherigen § 13 Abs. 1 WEG entspricht.

## 9.2 Verwaltung

Auch der Katalog der Maßnahmen, die per Gesetz ordnungsmäßiger Verwaltung entsprechen und den Rahmen für ordnungsmäßige Verwaltungsmaß-

## Nutzung und Verwaltung des Gemeinschaftseigentums

nahmen vorgeben, findet sich lediglich sprachlich modifiziert nicht mehr in § 21 Abs. 2 WEG a.F., sondern künftig in § 19 Abs. 2 WEG n.F. Die gesetzliche Systematik wird hierdurch sicherlich transparenter. Eine bedeutsame Erweiterung erfährt diese Bestimmung durch ein neues Regelbeispiel ordnungsmäßiger Verwaltung, nämlich der Bestellung eines zertifizierten Verwalters.

**WEG a.F.**

**§ 21 Verwaltung durch die Wohnungseigentümer**

(5) Zu einer ordnungsmäßigen, dem Interesse der Gesamtheit der Wohnungseigentümer entsprechenden Verwaltung gehört insbesondere:

1. die Aufstellung einer Hausordnung,
2. die ordnungsmäßige Instandhaltung und Instandsetzung des gemeinschaftlichen Eigentums;
3. die Feuerversicherung des gemeinschaftlichen Eigentums zum Neuwert sowie die angemessene Versicherung der Wohnungseigentümer gegen Haus- und Grundbesitzerhaftpflicht;
4. die Ansammlung einer angemessenen Instandhaltungsrückstellung;
5. die Aufstellung eines Wirtschaftsplans (§ 28);
6. die Duldung aller Maßnahmen, die zur Herstellung einer Fernsprechteilnehmereinrichtung, einer Rundfunkempfangsanlage oder eines Energieversorgungsanschlusses zugunsten eines Wohnungseigentümers erforderlich sind.

**WEG n.F.**

**§ 19 Regelung der Verwaltung und Benutzung durch Beschluss**

**(2) Zur ordnungsmäßigen Verwaltung und Benutzung gehören insbesondere**

1. die Aufstellung einer Hausordnung,
2. die ordnungsmäßige **Erhaltung** des gemeinschaftlichen Eigentums,
3. **die angemessene Versicherung des gemeinschaftlichen Eigentums zum Neuwert sowie der Wohnungseigentümer gegen Haus- und Grundbesitzerhaftpflicht,**
4. die Ansammlung einer angemessenen **Erhaltungsrücklage,**
5. **die Festsetzung von Vorschüssen nach § 28 Absatz 1 Satz 1 sowie**
6. **die Bestellung eines zertifizierten Verwalters nach § 26a, es sei denn, es bestehen weniger als neun Sondereigentumsrechte, ein Wohnungseigentümer wurde zum Verwalter bestellt und weniger als ein Drittel der Wohnungseigentümer (§ 25 Absatz 2) verlangt die Bestellung eines zertifizierten Verwalters.**

## 9.2.1 Grundsätze

Gemäß § 19 Abs. 2 WEG n. F. gehören zur ordnungsmäßigen Verwaltung und Benutzung insbesondere

1. die Aufstellung einer Hausordnung,
2. die ordnungsmäßige Erhaltung des gemeinschaftlichen Eigentums,
3. die angemessene Versicherung des gemeinschaftlichen Eigentums zum Neuwert sowie der Wohnungseigentümer gegen Haus- und Grundbesitzerhaftpflicht,
4. die Ansammlung einer angemessenen Erhaltungsrücklage,
5. die Festsetzung von Vorschüssen nach § 28 Abs. 1 Satz 1 WEG n. F. sowie
6. die Bestellung eines zertifizierten Verwalters, so nicht die Ausnahmen von § 19 Abs. 2 Nr. 6 WEG n. F. vorliegen.

Eine – auch nur scheinbar – inhaltliche Änderung ergibt sich in Nr. 3, wenn nicht mehr auf die Feuerversicherung, sondern allgemein auf einen angemessenen Versicherungsschutz abgestellt wird. Selbstverständlich ist von einem angemessenen Versicherungsschutz stets auch eine Feuerversicherung umfasst.

Sprachlich modifiziert wurden lediglich Nr. 2 und Nr. 4, weil das Gesetz künftig die Maßnahmen der Instandhaltung und Instandsetzung unter dem Begriff der Erhaltungsmaßnahmen zusammenfasst.[293] Insoweit also betrifft Nr. 2 nach wie vor die Instandhaltung und Instandsetzung, Nr. 4 betrifft nach wie vor die Instandhaltungsrücklage, auch wenn diese künftig als Erhaltungsrücklage bezeichnet wird.

Nicht mehr übernommen wird die Regelung in § 21 Abs. 5 Nr. 6 WEG a. F., nach der die Duldung aller Maßnahmen ordnungsmäßiger Verwaltung entspricht, die zur Herstellung einer Fernsprechteilnehmereinrichtung, einer Rundfunkempfangsanlage oder eines Energieversorgungsanschlusses zugunsten eines Wohnungseigentümers erforderlich sind. Einer Problematisierung, ob die Auffassung des Gesetzgebers insoweit zutrifft, dass dieser Alternative heutzutage keine Relevanz mehr zukommt[294], bedarf es vor dem Hintergrund nicht, als die entsprechenden Maßnahmen ohnehin auf Grundlage von § 19 Abs. 1 WEG n. F. beschlossen werden können. Mit Blick auf einen Glasfaseranschluss hat sowieso jeder Wohnungseigentümer Anspruch auf einen entsprechenden Gestattungsbeschluss gegen die Gemeinschaft der Wohnungseigentümer gemäß § 20 Abs. 2 Nr. 4 WEG n. F. als Maßnahme der baulichen Veränderung.[295] Sollten entsprechend erwünschte Beschlussanträge nicht die erforderliche Mehrheit erreichen, steht dem Wohnungseigentümer die Erhe-

---
[293] Vgl. § 13 Abs. 2 WEG n. F.
[294] BT-Drs. 19/18791, S. 61.
[295] Siehe Kap. 16.5.2.4 Erweiterung des Telekommunikationsnetzes.

## Nutzung und Verwaltung des Gemeinschaftseigentums

bung einer Beschlussersetzungsklage nach § 44 Abs. 1 Satz 2 WEG n.F. zur Verfügung.

### 9.2.2 Bestellung eines zertifizierten Verwalters

Ein weiteres Regelbeispiel ordnungsmäßiger Verwaltung stellt nach der neuen Bestimmung des § 19 Abs. 2 Nr. 6 WEG n.F. die Bestellung eines zertifizierten Verwalters nach der ebenfalls neuen Regelung des § 26a WEG n.F. dar.[296] Die Rechtsprechung wird klären müssen, ob ein jeder Wohnungseigentümer einen Anspruch auf Bestellung eines Verwalters hat, der nach entsprechender Prüfung von der IHK zertifiziert ist, was nach der Gesetzesbegründung allerdings nahe liegt. Allerdings wird die Neuregelung frühestens am 1. Dezember 2022 anwendbar sein.

#### 9.2.2.1 Grundsätze

Im Zuge der ursprünglich vom Gesetzgeber angedachten Erweiterungen der Verwalterkompetenzen, die insbesondere bei den Wohnungseigentümerverbänden auf heftige Kritik gestoßen waren, waren im Gegenzug allseits Rufe nach einem Sachkundenachweis des Verwalters laut geworden. Im Rahmen des Gesetzgebungsverfahrens wurde entsprechendes dann auch von der Regierungskoalition angekündigt. Zwar müssen Verwalter künftig nicht zwingend über eine Zertifizierung verfügen, allerdings entspricht gerade die Bestellung eines zertifizierten Verwalters ordnungsmäßiger Verwaltung, wenn nicht die in nachfolgendem Kap. 9.2.2.3 dargestellte Ausnahmekonstellation der Verwaltung durch einen Wohnungseigentümer vorliegt.

**Neuregelung noch nicht mit Inkrafttreten des WEMoG anwendbar**

Gemäß § 48 Abs. 4 Satz 1 WEG n.F. ist § 19 Abs. 2 Nr. 6 WEG n.F. erst ab dem 26. auf die Verkündung folgenden Kalendermonat anwendbar. Bis zu diesem Zeitpunkt steht sie zwar im Gesetz, kann aber ignoriert werden und verleiht insbesondere Wohnungseigentümern keine Rechte. Diese Übergangsregelung ist allein vor dem Hintergrund erforderlich, dass das Bundesministerium für Justiz und Verbraucherschutz erst noch die entsprechende Rechtsverordnung gemäß § 26a Abs. 2 WEG n.F. hinsichtlich Inhalt und Ausgestaltung der Zertifizierung erarbeiten muss. Unterstellt, das WEMoG würde am 23. Oktober 2020 verkündet, würde § 19 Abs. 2 Nr. 6 WEG n.F. ab 1. Dezember 2022 anwendbar sein.

Zu beachten ist auch, dass gemäß § 48 Abs. 4 Satz 2 WEG n.F. diejenigen Verwalter, die zum Zeitpunkt des Inkrafttretens des WEMoG bereits Ver-

---

[296] Siehe Kap. 6.2 Qualifikation des Verwalters.

walter einer Gemeinschaft der Wohnungseigentümer waren, den Wohnungseigentümern dieser Gemeinschaft gegenüber bis zum 1. Tag des 44. auf die Verkündung folgenden Monats als zertifizierter Verwalter gelten, also bis 1. Juni 2024.[297]

### 9.2.2.2 Anspruch auf Bestellung eines zertifizierten Verwalters

Zunächst einmal steht es den Wohnungseigentümern völlig frei, auch ab dem 1. Dezember 2022 einen Verwalter zu bestellen, der nicht zertifiziert ist. Allerdings würde der Bestellungsbeschluss ordnungsmäßiger Verwaltung widersprechen. Etwas anderes würde nur im Fall der Wiederbestellung des Verwalters gelten, der bereits zum Zeitpunkt des Inkrafttretens des WEMoG als Verwalter bestellt war, da dieser ja bis 1. Juni 2024 den Wohnungseigentümern gegenüber als zertifizierter Verwalter gilt – bis zu diesem Zeitpunkt sollte allerdings auch er sich um seine Zertifizierung bemühen. Steht jedoch eine Verwalterneubestellung an, ist nicht vorgenannter Zeitpunkt maßgeblich, sondern der 1. Dezember 2022.

Würde also ab diesem Zeitpunkt ein nicht zertifizierter Verwalter bestellt werden, wäre der Beschluss auf Anfechtungsklage hin für ungültig zu erklären. Der Beschluss wäre nicht nichtig, weshalb auch der nicht zertifizierte Verwalter im Fall der Bestandskraft des Beschlusses nach Ablauf der Anfechtungsfrist des § 45 WEG n. F. durchatmen könnte. Selbstverständlich kann aber auch er, wie jeder zertifizierte Verwalter, gemäß § 26 Abs. 3 WEG n. F. jederzeit grundlos von seinem Amt abberufen werden. Bekanntlich bedarf es hierfür aber eines Mehrheitsbeschlusses der Gemeinschaft der Wohnungseigentümer.

Da die Bestellung eines zertifizierten Verwalters eine Maßnahme ordnungsmäßiger Verwaltung darstellt, stellt sich die praxisrelevante Frage, ob ggf. ein einzelner Wohnungseigentümer die Bestellung eines zertifizierten Verwalters verlangen kann.

**Beispiel: Verwalterbestellung ab 1.1.2021**

Die Wohnungseigentümer bestellen mit Wirkung vom 1. Januar 2021 bis 31. Dezember 2024 einen neuen Verwalter. Es handelt sich um ein renommiertes Verwalterunternehmen mit jahrzehntelanger Erfahrung und besten Referenzen. Unterstellt, das WEMoG tritt am 1. Dezember 2020 in Kraft, kommt dieses Unternehmen nicht in den Genuss der Privilegierung des § 48 Abs. 4 Satz 2 WEG n. F.

Der Verwalter lädt mit Schreiben vom 12. April 2023 zur Eigentümerversammlung am 14. Mai 2023. Am 16. April 2023 geht ihm die E-Mail eines Wohnungseigentümers zu, der eine Ergänzung der Tagesordnung

---
[297] Siehe vertiefend Kap. 6.2.4 Zeitschiene.

um die Punkte „Abberufung des Verwalters" und „Bestellung eines zertifizierten Verwalters" begehrt. Der Verwalter kommt diesem Begehren nach. In der Versammlung werden beide Beschlüsse mit großer Mehrheit abgelehnt, da die Verwaltung durchweg problemlos und vertrauensvoll erfolgt. Der Wohnungseigentümer erhebt Anfechtungsklage, verbunden mit einer Klage auf Beschlussersetzung.

Grundsätzlich kann jeder einzelne Wohnungseigentümer bislang gemäß § 21 Abs. 4 WEG a.F. *„eine Verwaltung verlangen, die den Vereinbarungen und Beschlüssen und, soweit solche nicht bestehen, dem Interesse der Gesamtheit der Wohnungseigentümer nach billigem Ermessen entspricht"*.

Die hiermit korrespondierende Norm findet sich künftig in § 18 Abs. 2 Nr. 1 WEG n.F. Danach kann *„jeder Wohnungseigentümer ... von der Gemeinschaft der Wohnungseigentümer eine Verwaltung des gemeinschaftlichen Eigentums verlangen, die dem Interesse der Gesamtheit der Wohnungseigentümer nach billigem Ermessen (ordnungsmäßige Verwaltung und Benutzung) und, soweit solche bestehen, den gesetzlichen Regelungen, Vereinbarungen und Beschlüssen entsprechen."* Zwar sprachlich modifiziert, aber inhaltlich unverändert, wird maßgeblich auf das Interesse der Gesamtheit der Wohnungseigentümer nach billigem Ermessen abgestellt. Der Klammerzusatz konkretisiert zwar den Wortlaut von § 18 Abs. 2 Nr. 1 WEG n.F., hiermit sollen aber keine Änderungen gegenüber der bisherigen Rechtslage verbunden sein.[298]

Im Rahmen seiner Entscheidung wird das Gericht prüfen müssen, ob das Ermessen der Wohnungseigentümer derart auf Null reduziert war, dass nur die Bestellung eines zertifizierten Verwalters ordnungsmäßiger Verwaltung entspricht. Mit Blick auf die übrigen Regelbeispiele stehen sich in der Literatur insoweit 2 Lager gegenüber. Das eine bejaht die Ermessensreduzierung[299], das andere nicht.[300] Der BGH[301] hatte sich mit dieser Problematik lediglich im Rahmen der Frage auseinanderzusetzen, ob den Wohnungseigentümern ein Ermessen dahingehend eingeräumt ist, eine Instandsetzungsmaßnahme wegen der Kosten und des Nutzens zurückzustellen. Diese Frage hat der BGH positiv beantwortet. Hieraus lässt sich aber nicht schließen, dass ein vollständiger Verzicht auf die Maßnahme möglich wäre. Wenn eine Erhaltungsmaßnahme nicht zeitnah durchzuführen ist, kann sie lediglich aufgeschoben werden.

Abhängig von der Frage, ob das Bundesministerium für Justiz und Verbraucherschutz in der von ihm nach § 26a Abs. 2 WEG n.F. noch auszuarbeitenden Verordnung eine „Alte-Hasen-Regelung" vorsehen wird[302], würde das Gericht die Klage abweisen, schließlich handelt es sich um ein Unternehmen

---

[298] BT-Drs. 19/18791, S. 59.
[299] Staudinger/Lehmann-Richter (2018) WEG § 21, m.w.N.
[300] Bärmann/Merle, 14. Aufl. 2018, WEG § 21 Rn. 77, 77a, m.w.N.
[301] BGH, Urteil v. 17.10.2014, V ZR 9/14, NJW 2015 S. 613.
[302] Siehe Kap. 6.2.2 Betroffener Personenkreis.

## Nutzung und Verwaltung des Gemeinschaftseigentums

mit jahrzehntelanger Erfahrung. Würde sich dieses im Laufe des Rechtsstreits zertifizieren lassen, hätte sich der Rechtsstreit in der Hauptsache erledigt. Im Rahmen der dann zu treffenden Kostenentscheidung und auch im Übrigen wird es berücksichtigen müssen, dass die von ihm zu treffende Entscheidung das Interesse der Gesamtheit der Wohnungseigentümer zum Gegenstand hat. Darüber hinaus wird es weiter berücksichtigen müssen, dass ein Verwalter ohnehin jederzeit von seinem Amt abberufen werden kann, wenn die Wohnungseigentümer ihn nicht mehr wollen. Auch wenn insoweit eine Ermessensreduzierung auf Null wohl nicht gegeben wäre, ist maßgeblich auch die Begründung des Gesetzgebers zu berücksichtigen: *„Zur ordnungsmäßigen Verwaltung soll deshalb künftig die Bestellung eines zertifizierten Verwalters nach § 26a gehören. Damit soll jedem Wohnungseigentümer ein Anspruch darauf eingeräumt werden, dass ein solcher Verwalter bestellt wird. Das lässt die Möglichkeit unberührt, dass mit einem Verwalter, der nicht über ein Zertifikat verfügt, aber das Vertrauen aller Wohnungseigentümer besitzt, weiterhin zusammengearbeitet wird."*[303] Nach Lesart dieser Begründung wird auf das Vertrauen **aller** Wohnungseigentümer abgestellt sowie auf den Anspruch **des einzelnen** Wohnungseigentümers auf Bestellung eines zertifizierten Verwalters. Auf dieser Grundlage ist das Ermessen tatsächlich auf Null reduziert und die Klage wäre erfolgreich.

### 9.2.2.3 Ausnahme von der Regel

Unabhängig vom Zeitpunkt der Anwendbarkeit der Neuregelung, besteht eine wichtige Ausnahme für Wohnungseigentümergemeinschaften, in denen

1. weniger als 9 Sondereigentumsrechte vorhanden sind,
2. einer der Wohnungseigentümer zum Verwalter bestellt ist und
3. weniger als ein Drittel der Wohnungseigentümer die Bestellung eines zertifizierten Verwalters verlangt.

Diese 3 Voraussetzungen müssen kumulativ erfüllt sein und nicht etwa lediglich alternativ.

### Zu 1: Weniger als 9 Sondereigentumsrechte

Den Begriff des Sondereigentumsrechts kannte das WEG bislang nicht. Allein kann es sich insoweit um Sondereigentumseinheiten handeln, und zwar ungeachtet dessen, ob es sich um Wohnungseigentumseinheiten oder Teileigentumseinheiten, bei Letzteren gar lediglich um Stellplätze handelt.

---

[303] BT-Drs. 19/22634, S. 44.

## Nutzung und Verwaltung des Gemeinschaftseigentums

> **Beispiel: Wohnungseigentümerverwalter**
>
> Die Wohnanlage besteht aus 8 Sondereigentumseinheiten in Form von 6 Wohnungen in den 3 Obergeschossen und 2 gewerblich genutzten Teileigentumseinheiten im Erdgeschoss mit jeweils unterschiedlichen Eigentümern. Einer der Wohnungseigentümer ist zum Verwalter bestellt. Dies missfällt den beiden Teileigentümern bereits seit langem.

Zwar sind weniger als 9 Sondereigentumseinheiten vorhanden und einer der Wohnungseigentümer ist zum Verwalter bestellt, allerdings können die beiden Teileigentümer die Bestellung eines zertifizierten Verwalters nicht durchsetzen, da sie weniger als 1/3 der Wohnungseigentümer darstellen.

### Zu 2: Wohnungseigentümer als Verwalter

Seit jeher ist anerkannt, dass auch einer der Wohnungseigentümer zum Verwalter bestellt werden kann. Selbstverständlich hat auch er einen Vergütungsanspruch gegen die Gemeinschaft.[304] Der Wohnungseigentümer hat im Rahmen der Beschlussfassung über seine Bestellung auch ein Stimmrecht. Hieran ändert sich auch dann nichts, wenn gleichzeitig über den Abschluss eines Verwaltervertrags mit ihm abgestimmt wird.[305] Grundsätzlich ist ein Wohnungseigentümer bis zur Grenze des Rechtsmissbrauchs – unzulässige Majorisierung – auch stimmberechtigt, wenn die Bestellung seines Ehegatten zur Beschlussfassung steht.[306]

### Zu 3: Weniger als 1/3 der Wohnungseigentümer verlangt Bestellung eines zertifizierten Verwalters

Der Verweis auf § 25 Abs. 2 WEG stellt klar, dass es auf die Anzahl der Wohnungseigentümer ankommt und nicht darauf, wie viele Sondereigentumseinheiten im Eigentum eines Wohnungseigentümers stehen.

> **Beispiel: Konstellationen**
>
> - Die Wohnanlage besteht aus 6 Sondereigentumseinheiten. Ein Wohnungseigentümer ist Eigentümer von 3 Einheiten. Tatsächlich also sind 4 Wohnungseigentümer vorhanden.
> - Die Wohnanlage besteht aus 8 Sondereigentumseinheiten. Eine davon steht im Miteigentum eines Ehepaares, eine weitere gehört der Ehefrau und noch eine weitere gehört dem Ehemann. Insgesamt sind 8 Wohnungseigentümer vorhanden.

---

[304] OLG Köln, Beschluss v. 4.3.2005, 16 Wx 14/05, ZMR 2005 S. 573.
[305] BGH, Beschluss v. 19.9.2002, V ZB 30/02, NJW 2002 S. 3704.
[306] OLG Saarbrücken, Beschluss v. 10.10.1997, 5 W 60/97, ZMR 1998 S. 50.

Begehrt ein Drittel der Wohnungseigentümer die Bestellung eines zertifizierten Verwalters, so haben diese einen Anspruch auf entsprechende Bestellungsbeschlussfassung. Diese Wohnungseigentümer werden den amtierenden Wohnungseigentümerverwalter mit ihrem Begehren zu konfrontieren haben. Dies muss nicht gleichzeitig erfolgen, aber gleichgerichtet. Praktisch würden die Wohnungseigentümer ein Verlangen auf Einberufung einer Wohnungseigentümerversammlung nach § 24 Abs. 2 WEG n.F. mit dem Tagesordnungspunkt der Bestellung eines zertifizierten Verwalters an den Wohnungseigentümerverwalter richten.

**Geltung nur bei Wohnungseigentümern als Verwalter**

Die Ausnahmeregelung bezieht sich ausschließlich auf Wohnungseigentümer als Verwalter. Hieraus folgt, dass selbst in einer Zweiergemeinschaft Anspruch auf Bestellung eines zertifizierten Verwalters besteht, wenn nicht einer der beiden Wohnungseigentümer die Verwaltung übernehmen will.

### 9.2.3 Weitere Maßnahmen ordnungsmäßiger Verwaltung

Wie schon nach alter Rechtslage, nennt auch § 19 Abs. 2 WEG n.F. lediglich Regelbeispiele von Maßnahmen ordnungsmäßiger Verwaltung und ist bei weitem nicht abschließend. Nach wie vor wird es zur Beantwortung der Frage, ob eine Maßnahme den Grundsätzen ordnungsmäßiger Verwaltung entspricht, maßgeblich auf den konkreten Einzelfall ankommen.

**Beispiel: Hausmeister**

In einer Großanlage entspricht die Anstellung eines Hausmeisters ordnungsmäßiger Verwaltung. In einer Kleinanlage ganz sicher nicht. Hier wiederum entspricht aber durchaus die Beauftragung eines (ad hoc abrufbaren) Hausmeister-Services durchaus ordnungsmäßiger Verwaltung.[307]

#### 9.2.3.1 Weitere Rücklagen

Das WEMoG sieht in § 28 Abs. 1 Satz 1 i. V. m § 19 Abs. 1 WEG n.F. ausdrücklich die Möglichkeit der Bildung weiterer Rücklagen neben der Erhaltungsrücklage vor. In Betracht kämen hier

- Liquiditätsrücklagen,
- Rücklagen zur Finanzierung der Verteidigung der Gemeinschaft der Wohnungseigentümer bei Beschlussklagen oder

---

[307] LG Frankfurt a.M., Urteil v. 17.5.2018, 2-13 S 26/17.

- Rücklagen zur Finanzierung von Maßnahmen der baulichen Veränderung bei Kostentragungsverpflichtung unter sämtlichen Wohnungseigentümern.

Stets wird es auch hier maßgeblich auf die konkreten Umstände des Einzelfalls ankommen, ob entsprechende Beschlüsse ordnungsmäßiger Verwaltung entsprechen. Zu berücksichtigen ist insoweit in erster Linie die Finanzkraft der Wohnungseigentümer. In finanzschwachen Gemeinschaften dürfte noch die Bildung einer Liquiditätsrücklage ordnungsmäßiger Verwaltung entsprechen. Sollte zusätzlich noch eine Modernisierungsrücklage gebildet werden, dürfte dies bereits ordnungsmäßiger Verwaltung widersprechen, da Maßnahmen der Modernisierung zwar unbedingt sinnvoll, aber nicht zwingend durchzuführen sind.

Nach bisheriger Rechtslage haben die Wohnungseigentümer nicht die Möglichkeit, durch Beschluss mehrere getrennte Erhaltungsrücklagen, etwa getrennt nach Wohnungen und (Garagen)Stellplätzen, zu bilden.[308] Dies wird künftig möglich sein, da der Wortlaut von § 28 Abs. 1 Satz 1 WEG n.F. allgemein auf durch Beschluss vorgesehene Rücklagen abstellt.

### 9.2.3.2 Kreditaufnahme

Im Hinblick auf eine Kreditaufnahme ist zunächst zu beachten, dass der Verwalter gemäß § 27 Abs. 1 Nr. 1 WEG n.F. lediglich berechtigt ist, Maßnahmen ordnungsmäßiger Verwaltung zu treffen, die untergeordnete Bedeutung haben. Des Weiteren ordnet die neue Bestimmung des § 9b Abs. 1 Satz 1 WEG n.F. eine Beschränkung der Vertretungsmacht des Verwalters bezüglich des Abschlusses von Grundstückskauf- und Darlehensverträgen an. Weder eine kurzfristige Kreditaufnahme, etwa in Überziehung des gemeinschaftlichen Girokontos, noch erst recht eine längerfristige Kreditaufnahme stellen eine Maßnahme dar, die von untergeordneter Bedeutung wäre. Stets muss der Verwalter für das eine wie das andere einen Beschluss herbeiführen. Insoweit aber verleiht ihm dann der zustande gekommene Beschluss auch die erforderliche Vertretungsmacht.

### 9.2.3.2.1 Kurzfristige Kreditaufnahme

Regelmäßig ordnungsmäßiger Verwaltung entspricht ein Mehrheitsbeschluss, der kurzfristige Liquiditätsengpässe vermeiden soll.[309] Folgende Voraussetzungen sind zu beachten:

- Der Kreditbetrag darf nicht eine Summe übersteigen, die das 3-fache der monatlichen Hausgeldzahlungen der Gesamtgemeinschaft übersteigt.[310]

---

[308] LG Frankfurt a. M., Beschluss v. 27.3.2020, 2-13 S 56/19, ZMR 2020 S. 784.
[309] BGH, Urteil v. 25.9.2015, V ZR 244/14, NZM 2015 S. 821; LG Düsseldorf, Urteil v. 12.6.2013, 25 S 152/12, ZWE 2014 S. 44.
[310] BayObLG, Beschluss v. 30.6.2004, 2Z BR 58/04, NJW-RR 2004 S. 1602.

## Nutzung und Verwaltung des Gemeinschaftseigentums

- Des Weiteren ist natürlich zu beachten, dass eine entsprechende Beschlussfassung nur dann ordnungsmäßiger Verwaltung entsprechen kann, wenn tatsächlich ein Liquiditätsengpass besteht.
- Schließlich dürfte eine Beschlussfassung zur generellen Kreditaufnahme bzw. Kontenüberziehung die Beschlusskompetenz der Gemeinschaft übersteigen, da Kreditaufnahme oder Kontenüberziehung stets mit einer Zinsbelastung und der persönlichen Teilhaftung der einzelnen Wohnungseigentümer gemäß § 10 Abs. 8 WEG a.F. bzw. § 9a Abs. 4 WEG n.F. hinsichtlich der Rückzahlung verbunden ist.

Bezogen auf die konkrete Wirtschaftsperiode dürfte ein entsprechender „Vorrats"-Beschluss nur dann ein Anfechtungsrisiko bergen, wenn die vorerwähnten Voraussetzungen nicht erfüllt sind. Im Beschluss selbst sollte jedenfalls klar zum Ausdruck kommen, dass die entsprechende Kreditaufnahme bzw. Kontenüberziehung ausschließlich dann erfolgen kann, wenn ein Liquiditätsengpass etwa infolge des Ausfalls von Hausgeldzahlungen einzelner Miteigentümer tatsächlich entstanden ist. Des Weiteren sollte der Verwalter durchaus auch bei einer Beschlussfassung über eine lediglich kurzzeitige Kreditaufnahme über das Risiko des § 9a Abs. 4 WEG n.F. aufklären.[311]

**Beschlussmuster: Kreditaufnahme zur Vermeidung eines Liquiditätsengpasses**

**TOP XX: Kreditaufnahme zur Vermeidung eines Liquiditätsengpasses**

Zur Vermeidung kurzzeitiger Liquiditätsengpässe der Gemeinschaft in der laufenden Wirtschaftsperiode 20__, insbesondere im Fall des Ausfalls von Hausgeldzahlungen einzelner Wohnungseigentümer, ist der Verwalter berechtigt, das Girokonto der Gemeinschaft kurzfristig und in begrenzter Höhe zu überziehen. Eine entsprechende Überziehung bedarf der Zustimmung des Verwaltungsbeirats. Der Überziehungszeitraum ist auf 3 Monate begrenzt. Das Kreditvolumen darf den 3-fachen Betrag der monatlich von den Wohnungseigentümern vorauszuzahlenden Hausgelder nicht übersteigen. Sollte das Konto nach Ablauf von 3 Monaten noch nicht ausgeglichen sein, wird der Verwalter eine Eigentümerversammlung zwecks Erhebung einer Sonderumlage einberufen.

**Abstimmungsergebnis:**

Ja-Stimmen: _____

Nein-Stimmen: _____

Enthaltungen: _____

---

[311] Siehe nachfolgendes Kap. 9.2.3.2.2 Langfristige Kreditaufnahme.

Der Versammlungsleiter verkündete folgendes Beschlussergebnis:

Der Beschluss wurde angenommen/abgelehnt.

### 9.2.3.2.2 Langfristige Kreditaufnahme

Grundsätzlich haben die Wohnungseigentümer auch die Kompetenz zur Beschlussfassung über eine ggf. langjährige Kreditaufnahme.[312] Die Kreditaufnahme kann nicht nur bei Maßnahmen der Instandhaltung und Instandsetzung infrage kommen, sondern auch bei Modernisierungsmaßnahmen.[313] Allerdings ist insoweit zu beachten, dass die Voraussetzungen des § 21 Abs. 2 WEG n. F. erfüllt sind und die Kosten der Modernisierungs- bzw. Baumaßnahme also unter allen Wohnungseigentümern zu verteilen sind. Auch angesichts des Amortisierungserfordernisses im Regelfall, insbesondere der Maßnahmen i. S. v. § 21 Abs. 2 Satz 1 Nr. 2 WEG n. F.[314], ist allerdings die Maßnahme als solche zu beachten: Je notwendiger sie ist, um die Wohnanlage auf einen zeitgemäßen Standard zu heben, umso eher wird eine Darlehensaufnahme ordnungsmäßiger Verwaltung entsprechen.

Ob eine langfristige Kreditaufnahme im Übrigen ordnungsmäßiger Verwaltung entspricht, richtet sich stets nach den Maßgaben des konkreten Einzelfalls. Allerdings müssen die nachfolgenden Voraussetzungen erfüllt sein, ansonsten entspricht ein derartiger Beschluss nicht ordnungsmäßiger Verwaltung, allerdings kann er in Ermangelung einer Anfechtungsklage bestandskräftig werden:

- Der Finanzbedarf muss geklärt sein.
- Die Rahmenbedingungen der Kreditaufnahme müssen geklärt und im Beschluss dokumentiert sein, nämlich
  - Darlehenshöhe,
  - Laufzeit,
  - Zinssatz,
  - Notwendigkeit einer Anschlussfinanzierung.
- Es muss klargestellt sein, wie Selbstzahler berücksichtigt werden sollen.

---

[312] BGH, Urteil v. 25.9.2015, V ZR 244/14, NZM 2015 S. 821; LG Dortmund, Urteil v. 5.3.2019, 1 S 467/16, ZMR 2019 S. 708.
[313] BGH, Urteil v. 25.9.2015, a.a.O.
[314] Siehe Kap. 16.8.2.2 Maßnahme mit Kostenamortisation oder der „Modernisierung".

- Eine Haftungsfreistellung einzelner Wohnungseigentümer im Außenverhältnis kann nicht beschlossen werden. Hier muss die Kreditbank eindeutig zustimmen.
- Die potenzielle Nachschusspflicht im Innenverhältnis muss vor der Beschlussfassung erörtert worden und in der Versammlungsniederschrift protokolliert sein.

**Finanzbedarf muss geklärt sein**
In aller Regel erfolgt eine langfristige Kreditaufnahme im Zuge der Durchführung von Erhaltungsmaßnahmen, also der Instandhaltung und Instandsetzung des Gemeinschaftseigentums oder auch dessen Modernisierung. Unerheblich, welchem Zweck eine Darlehensaufnahme dienen soll, muss selbstverständlich im Vorfeld der Beschlussfassung über die Kreditaufnahme der tatsächliche Finanzbedarf geklärt sein. Wie im Übrigen bei Maßnahmen der Instandhaltung und Instandsetzung, muss nicht nur der Erhaltungsumfang geklärt sein, vielmehr müssen auch aufgrund etwa eines Leistungsverzeichnisses mehrere Vergleichsangebote vorliegen, die tatsächlich auch vergleichbar sind.[315] Es müssen jedenfalls die Kosten der zu finanzierenden Maßnahme nebst ggf. weiteren Kosten für Sonderfachleute wie Architekten oder Ingenieure feststehen.

**Rahmenbedingungen der Kreditaufnahme**
Erforderlich ist weiter die Klärung und Festlegung der wesentlichen Rahmenbedingungen der Kreditaufnahme. Der Beschluss muss insoweit Angaben über die zu finanzierende Maßnahme, die Höhe des Darlehens, dessen Laufzeit, die Höhe des Zinssatzes bzw. des nicht zu überschreitenden Zinssatzes enthalten und erkennen lassen, ob die Tilgungsraten so angelegt sind, dass der Kredit am Ende der Laufzeit getilgt ist, oder ob eine Anschlussfinanzierung erforderlich ist.

**Wie ist mit „Selbstzahlern" umzugehen?**
Nicht jeder Wohnungseigentümer ist an einer langfristigen Kreditaufnahme interessiert. Finanzstarke Wohnungseigentümer sind in der Praxis in aller Regel bestrebt, mit der Kreditaufnahme bestenfalls gar nichts zu tun zu haben. Ohne dass diese Wohnungseigentümer einen Anspruch hierauf hätten, kann ihnen aber die Möglichkeit gegeben werden, den auf sie entfallenden Anteil der zu finanzierenden Kosten vorab zu zahlen. Dies hat freilich auch den Vorteil, dass der Kredit in entsprechend verminderter Höhe aufgenommen werden kann. Allerdings muss insoweit vor dem Beschluss über die Kreditaufnahme geklärt sein, in welcher Höhe der betreffende Eigentümer vorab „selbst" zahlt.

---

[315] LG Dortmund, Urteil v. 5.3.2019, 1 S 467/16, ZMR 2019 S. 708.

**Haftungsfreistellung kann nicht beschlossen werden**
Wie nachfolgend dargestellt, ist jeder Wohnungseigentümer dem Haftungsrisiko des § 10 Abs. 8 WEG a.F. bzw. § 9a Abs. 4 WEG n.F. ausgesetzt, wenn die Kreditraten nicht (in voller Höhe) zurückgeführt werden können. Insbesondere „Selbstzahler" haben größtes Interesse daran, von vornherein von einer möglichen Haftung freigestellt zu werden. Mangels Beschlusskompetenz kann aber eine derartige Haftungsfreistellung nicht beschlossen werden. Eine solche bedarf vielmehr einer ausdrücklichen Zustimmung der Kreditbank.[316]

**Protokollierter Haftungshinweis**
Von wesentlicher Bedeutung ist, dass die Wohnungseigentümer im Vorfeld der Beschlussfassung über die Kreditaufnahme über die hiermit für sie verbundenen Risiken aufgeklärt werden. Entscheidend ist insoweit, dass als Vertragspartnerin des Kreditinstituts die Gemeinschaft der Wohnungseigentümer fungiert. Insoweit droht den einzelnen Wohnungseigentümern das Risiko der unmittelbaren Teilhaftung gemäß § 10 Abs. 8 WEG a.F. bzw. § 9a Abs. 4 WEG n.F., wenn die Kreditraten etwa wegen Zahlungsausfällen einzelner Wohnungseigentümer nicht zurückgeführt werden können. Jedenfalls haftet im (Außen-)Verhältnis zur kreditgewährenden Bank jeder einzelne Wohnungseigentümer gemäß § 10 Abs. 8 WEG a.F. bzw. § 9a Abs. 4 WEG n.F. zwar nur nach dem Verhältnis seines Miteigentumsanteils. Im Innenverhältnis zur Wohnungseigentümergemeinschaft droht dagegen eine Nachschusspflicht bei Zahlungsausfällen von Wohnungseigentümern. Da ein Insolvenzverfahren über das Verwaltungsvermögen der Gemeinschaft nicht stattfindet, ist die Nachschusspflicht theoretisch unbegrenzt und trifft auch die Wohnungseigentümer, die den nach dem Verhältnis ihres Miteigentumsanteils zu zahlenden Teil des Darlehens bereits erbracht haben. Hierauf muss der Verwalter im Vorfeld der Beschlussfassung hingewiesen haben. Und diese Aufklärung hat der Verwalter in der Versammlungsniederschrift zu dokumentieren, ansonsten ist der Beschluss über die Kreditaufnahme erfolgreich anfechtbar.

---

[316] LG Dortmund, Urteil v. 5.3.2019, a.a.O.

**Versammlungsniederschrift: Hinweis des Verwalters über Nachschusspflicht der Wohnungseigentümer**

**TOP 8 Einbau eines Aufzugs im gemeinschaftlichen Treppenhaus**

(...)

Zur Finanzierung des Aufzugeinbaus beabsichtigen die Wohnungseigentümer nachfolgend die Beschlussfassung über eine Kreditaufnahme. Im Vorfeld der Beschlussfassung weist der Verwalter die Wohnungseigentümer auf Folgendes hin:

Vertragspartnerin des finanzierenden Kreditinstituts ist zwar die Gemeinschaft der Wohnungseigentümer. Allerdings ordnet § 9a Abs. 4 WEG eine auf ihren Miteigentumsanteil begrenzte Teilhaftung der Wohnungseigentümer an. Jeder einzelne Wohnungseigentümer haftet demnach dem Kreditinstitut gegenüber unmittelbar entsprechend seines Miteigentumsanteils. So infolge Zahlungsausfällen einzelner Wohnungseigentümer die Kreditraten seitens der Gemeinschaft nicht in voller Höhe an das Kreditinstitut gezahlt werden können, laufen also auch diejenigen Wohnungseigentümer Gefahr, vom Kreditinstitut in Anspruch genommen zu werden, die im Innenverhältnis zur Gemeinschaft ihren Anteil bereits in voller Höhe gezahlt haben. Da ein Insolvenzverfahren über das Verwaltungsvermögen der Gemeinschaft der Wohnungseigentümer nicht stattfindet, ist die Nachschusspflicht theoretisch unbegrenzt.

Vor diesem Hintergrund fassen die Wohnungseigentümer den nachfolgenden Beschluss:

**TOP 9 Kreditaufnahme zur Finanzierung des Aufzugeinbaus**

(...)

### 9.2.4 „Wohnungseigentümer beschließen"

Zwar obliegt die Verwaltung des Gemeinschaftseigentums künftig nicht mehr den Wohnungseigentümern, sondern gemäß § 18 Abs. 1 WEG n.F. der Gemeinschaft der Wohnungseigentümer. Dies ändert aber nichts daran, dass die einzelnen Verwaltungsmaßnahmen nach wie vor der Beschlussfassung der Wohnungseigentümer unterliegen. Den Gesetzeswortlaut einmal genauer unter die Lupe genommen, „*können*" die Wohnungseigentümer nach derzeit geltender Rechtslage Maßnahmen der ordnungsmäßigen Verwaltung beschließen. Künftig allerdings entfällt das Wort „*können*" und wird durch den Imperativ „*die Wohnungseigentümer beschließen ...*" ersetzt. Insoweit räumt der Gesetzgeber den Wohnungseigentümern nicht nur eine Beschlusskompetenz ein, sondern statuiert über den Gesetzeswortlaut auch eine Pflicht des

## Nutzung und Verwaltung des Gemeinschaftseigentums

einzelnen Wohnungseigentümers gegenüber der Gemeinschaft der Wohnungseigentümer zur Mitwirkung an einer Beschlussfassung.

Der Gesetzgeber nimmt damit durchaus (zumindest in modifizierter Form) die Rechtsprechung des BGH auf, nach der sich Wohnungseigentümer haftbar machen können, wenn sie an einer erforderlichen Beschlussfassung nicht mitwirken.

> **Beispiel: Feuchtigkeitsschäden**
>
> Im Bereich der Außenwand einer Wohnung ist das Mauerwerk durchfeuchtet. Der Beschlussantrag auf entsprechende Instandsetzung wird mehrheitlich abgelehnt. Alsbald kommt es zu Feuchtigkeitsschäden im Bereich des Sondereigentums des Wohnungseigentümers.
>
> Nach derzeitiger Rechtslage hat der BGH hier klargestellt, dass die übrigen Wohnungseigentümer zum Schadensersatz verpflichtet sein können, wenn ein Wohnungseigentümer Schäden an seinem Sondereigentum erleidet, weil ein Beschluss über eine Instandsetzung des gemeinschaftlichen Eigentums unterblieben ist.[317] Der BGH hat festgestellt, dass eine Haftung der Gemeinschaft der Wohnungseigentümer zwar ausscheidet, aber diejenigen Wohnungseigentümer dem geschädigten Wohnungseigentümer haften, die nicht an der Beschlussfassung teilgenommen bzw. gegen die Maßnahme gestimmt oder sich ihrer Stimme enthalten haben.

Vom Grundsatz her ändert das WEMoG das Haftungssystem zwar insoweit, als die Verwaltung des Gemeinschaftseigentums nach § 18 Abs. 1 WEG n. F. künftig der Gemeinschaft der Wohnungseigentümer obliegt und diese damit Anspruchsgegnerin für Ersatzansprüche eines geschädigten Wohnungseigentümers wird. Allerdings ändert sich an der Haftung obstruktiver Wohnungseigentümer nichts, sodass die Wohnungseigentümergemeinschaft diese in Regress nehmen können wird.

Für einen geschädigten Wohnungseigentümer ergeben sich aus der Neuerung aber durchaus auch Erleichterungen gegenüber der alten Rechtslage: Er muss letztlich nur die Gemeinschaft der Wohnungseigentümer in Anspruch nehmen. Dieser obliegt es dann, diejenigen Wohnungseigentümer in Regress zu nehmen, die an der erforderlichen Beschlussfassung nicht mitgewirkt oder nicht mit „Ja" gestimmt haben.

---

[317] BGH, Urteil v. 16.11.2018, V ZR 171/17.

## Nutzung und Verwaltung des Gemeinschaftseigentums

 **Stets namentliche Abstimmung!**
Für Verwalter ändert sich auch in Zukunft nichts daran, das Abstimmungsverhalten der einzelnen Wohnungseigentümer möglichst namentlich zu dokumentieren. Kommt jedenfalls ein Beschluss über erforderliche Erhaltungsmaßnahmen nur deshalb nicht zustande, weil sich einzelne Wohnungseigentümer verweigern, muss auch hinsichtlich einer Haftung dieser Wohnungseigentümer der Gemeinschaft der Wohnungseigentümer gegenüber feststehen, wen die Gemeinschaft später in Regress nehmen kann. Für den Verwalter kann es sich jedenfalls als Bumerang erweisen, wenn er es versäumt, die obstruktiven Wohnungseigentümer namentlich zu erfassen und sich im Nachhinein dann nicht mehr feststellen lässt, welche Wohnungseigentümer seitens der Wohnungseigentümergemeinschaft in Regress genommen werden können. In diesem Fall könnte sich ein Verwalter durchaus schadensersatzpflichtig machen, weil er die notwendige Dokumentation unterlassen hat.

# 10 Nutzungen und Kosten

## 10.1 Nutzungen

Der Regelungsgehalt von § 16 Abs. 1 WEG wird durch das WEMoG lediglich sprachlich modifiziert. Materiell-rechtliche Änderungen ergeben sich nicht.

| WEG a. F. | WEG n. F. |
|---|---|
| **§ 16 Nutzungen, Lasten und Kosten** | **§ 16 Nutzungen und Kosten** |
| (1) ¹Jedem Wohnungseigentümer gebührt ein seinem Anteil entsprechender Bruchteil der Nutzungen des gemeinschaftlichen Eigentums. ²Der Anteil bestimmt sich nach dem gemäß § 47 der Grundbuchordnung im Grundbuch eingetragenen Verhältnis der Miteigentumsanteile. | (1) ¹Jedem Wohnungseigentümer gebührt ein seinem Anteil entsprechender Bruchteil der **Früchte des gemeinschaftlichen Eigentums und des Gemeinschaftsvermögens.** ²Der Anteil bestimmt sich nach dem gemäß § 47 der Grundbuchordnung im Grundbuch eingetragenen Verhältnis der Miteigentumsanteile. ³**Jeder Wohnungseigentümer ist zum Mitgebrauch des gemeinschaftlichen Eigentums nach Maßgabe des § 14 berechtigt.** |

Wenn in § 16 Abs. 1 Satz 1 WEG n. F. künftig nicht mehr von Nutzungen die Rede ist, sondern von Früchten des gemeinschaftlichen Eigentums und des Gemeinschaftsvermögens, dient dies nur der inhaltlichen Beschreibung der Nutzungen i. S. d. § 100 BGB. Früchte des Gemeinschaftseigentums stellen insoweit in erster Linie Einnahmen aus der Vermietung von Gemeinschaftseigentum dar. Früchte des Verwaltungsvermögens stellen in erster Linie Zinseinnahmen dar. Diese Früchte werden nach wie vor nach dem Maßstab der Miteigentumsanteile unter den Wohnungseigentümern verteilt. Auch das WEMoG verleiht insoweit keine Beschlusskompetenz zu einer anderweitigen Verteilung unter den Wohnungseigentümern.

Die Regelung in § 16 Abs. 1 Satz 3 WEG n. F. bezüglich der Befugnis der Wohnungseigentümer zum Mitgebrauch des Gemeinschaftseigentums, entspricht der bisherigen und noch geltenden Regelung des § 13 Abs. 2 WEG a. F. Änderungen ergeben sich also auch insoweit nicht.

## 10.2 Kosten

Generalklausel der Kostenverteilung bleibt § 16 Abs. 2 WEG n. F., wobei die eigentliche Kostenverteilung künftig in Satz 1 geregelt sein wird und die

## Nutzungen und Kosten

Möglichkeit einer Änderung der Kostenverteilung in Satz 2, ergänzt durch § 16 Abs. 3 WEG n.F. hinsichtlich der Kosten von Maßnahmen der baulichen Veränderung des Gemeinschaftseigentums.

| WEG a.F. | WEG n.F. |
|---|---|
| § 16 Nutzungen, Lasten und Kosten | § 16 Nutzungen, ~~Lasten~~ und Kosten |
| (2) Jeder Wohnungseigentümer ist den anderen Wohnungseigentümern gegenüber verpflichtet, die Lasten des gemeinschaftlichen Eigentums sowie die Kosten der Instandhaltung, Instandsetzung, sonstigen Verwaltung und eines gemeinschaftlichen Gebrauchs des gemeinschaftlichen Eigentums nach dem Verhältnis seines Anteils (Absatz 1 Satz 2) zu tragen. | (2) ¹**Die Kosten der Gemeinschaft der Wohnungseigentümer, insbesondere der Verwaltung und des gemeinschaftlichen Gebrauchs des gemeinschaftlichen Eigentums, hat jeder Wohnungseigentümer nach dem Verhältnis seines Anteils (Absatz 1 Satz 2) zu tragen.** ²**Die Wohnungseigentümer können für einzelne Kosten oder bestimmte Arten von Kosten eine von Satz 1 oder von einer Vereinbarung abweichende Verteilung beschließen.** |
| | (3) **Für die Kosten und Nutzungen bei baulichen Veränderungen gilt § 21.** |

### 10.2.1 Grundsätze

Soweit zunächst in § 16 Abs. 2 Satz 1 WEG n.F. nicht mehr von den *„Lasten"* des gemeinschaftlichen Eigentums die Rede ist, sondern nur noch von den *„Kosten"*, ist auch hiermit keine materiell-rechtliche Änderung verbunden. Wie bislang auch, umfasst die Regelung sämtliche in einer Eigentümergemeinschaft anfallenden Kosten, wobei dies in § 16 Abs. 2 Satz 1 WEG n.F. erstmals klargestellt wird. Soweit in § 16 Abs. 2 Satz 1 WEG n.F. des Weiteren nicht mehr die Regelung enthalten ist, dass die Pflicht zur anteiligen Kostentragung *„den anderen Wohnungseigentümern"* gegenüber besteht, ist dies Folge davon, dass Anspruchsinhaberin und somit Anspruchsgläubigerin die Gemeinschaft der Wohnungseigentümer ist und nicht mehr die übrigen Wohnungseigentümer. Gesetzlicher Kostenverteilungsschlüssel bleibt der Maßstab der Miteigentumsanteile, der auch für die Verteilung der Früchte nach § 16 Abs. 1 WEG n.F. maßgeblich ist. Auch insoweit ergibt sich keine Änderung zur derzeit noch geltenden Rechtslage.

## 10.2.2 Änderung der Kostenverteilung

**Neu: Eine zentrale Norm**

In Zukunft gibt es nur noch eine zentrale Norm für eine Änderung des gesetzlichen oder vereinbarten Kostenverteilungsschlüssels: § 16 Abs. 2 Satz 2 WEG n.F. Nur für die Änderung des Kostenverteilungsschlüssels bei Maßnahmen baulicher Veränderungen verweist § 16 Abs. 3 WEG n.F. auf die Spezialregelung in § 21 WEG n.F.[318] Die derzeit noch geltenden Regelungen des § 16 Abs. 3 bis Abs. 8 WEG a.F. werden ersatzlos entfallen.

**Neu: Einheitlich ist Mehrheitsbeschluss ausreichend**

Nach der künftigen Generalklausel des § 16 Abs. 2 Satz 2 WEG n.F. können die Wohnungseigentümer für einzelne Kosten oder bestimmte Arten von Kosten eine vom gesetzlichen oder vereinbarten Kostenverteilungsschlüssel abweichende Kostenverteilung beschließen. Da das WEMoG keine qualifizierten Mehrheitsquoren mehr kennt und die Beschlussfassung nach § 25 Abs. 1 WEG n.F. stets einfach-mehrheitlich erfolgt – lediglich auf Rechtsfolgenseite gilt etwas anderes bei § 21 Abs. 2 Nr. 1 WEG n.F. –, wird es künftig auch keine Differenzierung mehr zwischen den Betriebs- und Verwaltungskosten einerseits und den Kosten von Erhaltungsmaßnahmen – also Kosten der Instandhaltung und Instandsetzung – andererseits geben. Lediglich für die Verteilung der Kosten von baulichen Veränderungen, die auch Maßnahmen der Modernisierung des Gemeinschaftseigentums umfassen, gilt die Spezialnorm des § 21 WEG n.F.

### 10.2.2.1 Anwendungsbereich

Die in § 16 Abs. 2 Satz 2 WEG n.F. eröffnete Möglichkeit einer Kostenverteilungsänderung erfasst

- Betriebskosten,
- Verwaltungskosten und
- Kosten von Erhaltungsmaßnahmen, also Kosten der Instandhaltung und Instandsetzung, wie § 13 Abs. 2 WEG n.F. zum Ausdruck bringt.

---

[318] Siehe Kap. 16.8.3 Änderung der Kostenverteilung.

## Nutzungen und Kosten

**Seite 308**

Umfasst sind also alle Kosten, die im Rahmen der Verwaltung des gemeinschaftlichen Eigentums anfallen, mit Ausnahme solcher, die auf baulichen Veränderungen gemäß § 20 WEG n.F. beruhen.

Einzelne Kosten oder bestimmte Arten von Kosten können aufgrund eines Mehrheitsbeschlusses dauerhaft nach einem anderen als dem gesetzlich geltenden oder vereinbarten Kostenverteilungsschlüssel umgelegt werden. Ausreichend ist grundsätzlich ein einfacher Mehrheitsbeschluss.

**Keine generelle Änderung des Kostenverteilungsschlüssels**

§ 16 Abs. 2 Satz 2 WEG n.F. ermöglicht eine Kostenverteilungsänderung bezüglich einzelner Kosten oder bestimmter Arten von Kosten. Nicht zulässig wird eine generelle Änderung des allgemeinen Kostenverteilungsschlüssels sein. Richtet sich die Kostenverteilung allgemein nach Miteigentumsanteilen, können die Wohnungseigentümer nicht etwa beschließen, dass sich die Kostenverteilung künftig pauschal nach Objekten richten soll. Ein entsprechender Beschluss wäre nicht nur anfechtbar, sondern nichtig, da es sich bei § 16 Abs. 2 Satz 2 WEG n.F. um eine „Kann"-Bestimmung handelt.[319]

### 10.2.2.2 Vergleich alter mit neuer Rechtslage

Zum besseren Verständnis der Neuregelung, sei ein kurzer Blick auf die derzeit noch geltende Rechtslage gerichtet. Die Kostenverteilung richtet sich auch bisher gemäß § 16 Abs. 2 WEG a.F. nach Miteigentumsanteilen oder einem abweichend hiervon vereinbarten Kostenverteilungsschlüssel. Hieran ändert § 16 Abs. 2 WEG n.F. nichts.

#### 10.2.2.2.1 Betriebskosten

§ 16 Abs. 3 WEG a.F. ermöglicht die Änderung des gesetzlichen oder abweichend hiervon vereinbarten Kostenverteilungsschlüssels für Betriebs- und Verwaltungskosten. Ordnungsmäßiger Verwaltung entspricht hiernach eine Änderung, die sich an den Maßstäben des Verbrauchs oder der Verursachung orientiert. Bezüglich des Begriffs der „Betriebskosten" verweist § 16 Abs. 3 WEG a.F. auf die mietrechtliche Vorschrift des § 556 Abs. 1 BGB und somit auf die dort in Satz 3 in Bezug genommene Aufstellung der Betriebskosten in der Betriebskostenverordnung.

Nach derzeit noch geltender Rechtslage wäre es zwar grundsätzlich möglich, sämtliche Betriebs- und Verwaltungskosten auf Grundlage des § 16 Abs. 3 WEG a.F. abweichend vom gesetzlichen oder hiervon abweichend vereinbarten Kostenverteilungsschlüssel umzulegen. Eine andere Frage ist aber, ob

---

[319] Siehe Kap. 1.1.3 Konkretisierung der Beschlusskompetenz.

eine derart „allumfassende" Änderung eines Kostenverteilungsschlüssels ordnungsmäßiger Verwaltung entspricht. Dies dürfte zu verneinen sein. Mit Blick auf eine Änderung des Verteilungsschlüssels der Betriebskosten ist nämlich zu beachten, dass sich diese aus

1. grundstücksbezogenen Kosten,
2. Verbrauchskosten,
3. objektbezogenen Kosten und
4. Verursacherkosten

zusammensetzen. Insoweit muss bei der Beschlussfassung über eine Kostenverteilungsänderung dem Charakter dieser Kostenarten Rechnung getragen werden. Dies mag auch einer der Gründe sein, warum der Gesetzgeber im Rahmen des WEMoG eine umfassende Änderung des Kostenverteilungsschlüssels für unzulässig hält.

**Zu 1: Grundstücksbezogene Kosten**
Bei den grundstücksbezogenen Kosten handelt es sich vor allem um die Kosten

- der Straßenreinigung,
- der Gebäudereinigung,
- der Gartenpflege,
- der Versicherung,
- des Hausmeisters.

Ist aufgrund Teilungserklärung/Gemeinschaftsordnung der gesetzliche Kostenverteilungsschlüssel nach Miteigentumsanteilen vereinbart, trägt dieser Verteilungsschlüssel dem Kostencharakter am ehesten Rechnung. Instanzgerichtlich wurde jedenfalls eine Kostenverteilungsänderung bezüglich dieser Positionen nicht mehr nach Miteigentumsanteilen, sondern nach Objekten, für nicht ordnungsgemäß erachtet.[320] Allerdings ist der BGH insoweit großzügiger, als er lediglich auf das Willkürverbot abstellt. Jedenfalls wäre eine Kostenverteilungsänderung, gerichtet auf eine künftige Kostenverteilung nach Fläche, nicht zu beanstanden.[321] Das ist nachvollziehbar, da der Flächenmaßstab dem Wertmaßstab noch am nächsten kommt. Da jedenfalls eine Kostenverteilung der grundstücksbezogenen Betriebskosten nach Miteigentumsanteilen oder Fläche in aller Regel ordnungsmäßiger Verwaltung entspricht, bestehen auch keine Bedenken gegen eine Änderung der Kostenverteilung nach Fläche statt nach Objekten oder Miteigentumsanteilen.

---

[320] AG Hannover, Urteil v. 4.4.2008, 481 C 1989/08, ZMR 2009 S. 558.
[321] BGH, Urteil v. 16.9.2011, V ZR 3/11, ZWE 2012 S. 30.

**Nutzungen und Kosten**

**Seite 310**

Der Entwurfsbegründung ist nicht zu entnehmen, ob die vorerwähnten grundstücksbezogenen Kosten als „*bestimmte Arten von Kosten*" gemäß § 16 Abs. 2 Satz 2 WEG n.F. anzusehen sind, was es erlauben würde, einen vom Gesetz oder von einer Vereinbarung abweichenden Kostenverteilungsschlüssel zu beschließen. Allerdings würde dies die Gestaltungsfreiheit der Wohnungseigentümer unnötig beschneiden, was nicht im Sinn des Gesetzgebers sein kann.

> **Beschlussmuster: Änderung der Kostenverteilung einzelner Kostengruppen (Betriebskosten)**
>
> **TOP XX: Änderung des Verteilungsschlüssels bezüglich der grundstücksbezogenen Kosten**
>
> Gemäß § _____ der Teilungserklärung der Wohnungseigentümergemeinschaft des Notars _____ (Name und Kanzleisitz) vom _____ zu der Urkundenrollen-Nummer _____ erfolgt die Verteilung der Kosten und Lasten des gemeinschaftlichen Eigentums unter den Wohnungseigentümern nach Objekten, also Sondereigentumseinheiten.
>
> Abweichend hiervon beschließen die Wohnungseigentümer, die Kosten der Straßenreinigung, der Gebäudereinigung, der Gartenpflege, der Versicherung und des Hausmeisters künftig ab der Wirtschaftsperiode _____ nach Miteigentumsanteilen zu verteilen.
>
> **Abstimmungsergebnis**:
>
> Ja-Stimmen: _____
>
> Nein-Stimmen: _____
>
> Enthaltungen: _____
>
> Der Versammlungsleiter verkündete folgendes Beschlussergebnis:
>
> _____
>
> Der Beschluss wurde angenommen/abgelehnt.

### Zu 2: Verbrauchskosten

Bei den Kosten, denen ein Verbrauch der Wohnungseigentümer zugrunde liegt, entspricht allein eine verbrauchsbezogene Kostenverteilung ordnungsmäßiger Verwaltung. Dies ist insbesondere bei den Heiz- und Warmwasserkosten der Fall. Hier sind auch die Vorgaben der Heizkostenverordnung zwingend. Ein von den Vorgaben der Heizkostenverordnung abweichender Beschluss wäre mangels Beschlusskompetenz nichtig. Dies gilt auch für die Kosten des Kaltwassers, so eine verbrauchsabhängige Erfassung erfolgt.[322]

---

[322] BGH, Beschluss v. 25.9.2003, V ZB 21/03, NJW 2003 S. 3476.

Auch unter Geltung des WEMoG dürfte eine vom Maßstab des Verbrauchs abweichende Kostenverteilung gegen die Grundsätze ordnungsmäßiger Verwaltung verstoßen und auf Erhebung einer Anfechtungsklage hin für ungültig erklärt werden. Keinesfalls möglich wäre es, die Heiz- und Warmwasserkosten entgegen den Vorgaben der Heizkostenverordnung zu verteilen. Ein entsprechender Beschluss mit Dauerwirkung wäre nichtig. Ein Beschluss, mit dem die Wohnungseigentümer im Einzelfall – bezogen auf eine konkrete Abrechnung – von den Vorgaben der Heizkostenverordnung abweichen, wäre hingegen auch nach künftiger Rechtslage nur anfechtbar und nicht nichtig.[323]

### Zu 3: Objektbezogene Kosten

Bei den objektbezogenen Betriebskosten handelt es sich in erster Linie um die Kosten des Kabelempfangs. Ist ein gesonderter Kostenverteilungsschlüssel hierfür nicht vereinbart, ist grundsätzlich zunächst der vereinbarte Kostenverteilungsschlüssel maßgeblich. Ist allgemein die Kostenverteilung nach Miteigentumsanteilen vereinbart, so sind auch die Kosten des Kabelempfangs nach diesem Kostenverteilungsschlüssel unter den Wohnungseigentümern umzulegen. Dies gilt auch dann, wenn der Kabelbetreiber gegenüber der Eigentümergemeinschaft anderweitig abrechnet. Allerdings wird es in aller Regel ordnungsmäßiger Verwaltung entsprechen, die Kosten des Kabelempfangs objektbezogen nach Wohnungseinheiten zu verteilen, weshalb gegen eine entsprechende Kostenverteilungsänderung nichts spricht. Diese Grundsätze werden auch nach Inkrafttreten des WEMoG weiterhin gelten.

### Zu 4: Verursacherkosten

Ohne in aller Regel messbar zu sein, werden bestimmte Betriebskosten von den Wohnungseigentümern verursacht, ohne dass eine Zurechnung an den jeweiligen Wohnungseigentümer möglich ist. Betroffen sind hiervon die Kosten

- eines Aufzugs,
- des Allgemeinstroms,
- der Müllbeseitigung.

Bei diesen Kostenpositionen spricht eine Kostenverteilung nach dem gesetzlichen Verteilungsschlüssel nach Miteigentumsanteilen zunächst ordnungsmäßiger Verwaltung. Ob eine Änderung dieses oder eines hiervon abweichenden Kostenverteilungsschlüssels ordnungsmäßiger Verwaltung entspricht, wird maßgeblich auch von der konkreten Wohnungseigentumsanlage bzw. Wohnungseigentümergemeinschaft abhängen. Jedenfalls ist bei diesen Kostenpositionen durchaus auch eine Kostenverteilung nach Personen ordnungsmäßig, soweit kein Verstoß gegen das Willkürverbot vorliegt und

---

[323] BGH, Urteil v. 22.6.2018, V ZR 193/17, NZM 2018 S. 991.

einzelne Wohnungseigentümer nicht unangemessen benachteiligt werden.[324]

 **Nachträglicher Dachgeschossausbau**
Erfolgt die Kostenverteilung bisher nach Miteigentumsanteilen und ist zugunsten eines Wohnungseigentümers an dem über seiner Wohnung gelegenen Spitzboden ein Recht zum Ausbau zu Wohnzwecken eingeräumt, das Sondernutzungsrecht aber bei der Bemessung des Miteigentumsanteils des begünstigten Wohnungseigentümers nicht berücksichtigt, entspricht ein Kostenverteilungsänderungsbeschluss von Miteigentumsanteilen in Wohnfläche grundsätzlich ordnungsmäßiger Verwaltung, wenn der Ausbau vollendet ist.[325]

Stets ist zu beachten, dass eine Kostenverteilungsänderung auch unter Geltung des WEMoG den Grundsätzen ordnungsmäßiger Verwaltung entsprechen muss. Zwar sieht dieses nicht mehr bestimmte Verteilungskriterien wie Verursachung oder Verbrauch vor, wie dies derzeit noch in § 16 Abs. 3 WEG a.F. der Fall ist. Bei der Beurteilung aber, ob ein Kostenverteilungsänderungsbeschluss noch den Grundsätzen ordnungsmäßiger Verwaltung entspricht, werden diese Kriterien nach wie vor eine Rolle spielen. Keinesfalls darf eine Kostenverteilung – entsprechend der bisherigen Rechtslage – gegen das Willkürverbot verstoßen, in dem sich eine Mehrheit der Wohnungseigentümer auf Kosten der Minderheit sachgrundlos entlastet.

### 10.2.2.2.2 Verwaltungskosten

Eine Verteilung der Verwaltungskosten nach Sondereigentumseinheiten, also nach Objekten, entspricht nach derzeit noch geltender Rechtslage stets ordnungsmäßiger Verwaltung, denn der Aufwand für den Verwalter ist nicht abhängig von der Größe oder Wertigkeit des einzelnen Objekts. Vielmehr hat er für jede Einheit einen Wirtschaftsplan und eine Jahresabrechnung zu erstellen. Er hat jeden Wohnungseigentümer zur Versammlung zu laden, er muss jedem Wohnungseigentümer Einsicht in die Verwaltungsunterlagen gewähren, wobei künftig bei Weigerung des Verwalters die Gemeinschaft der Wohnungseigentümer in Anspruch zu nehmen ist. Er hat den Zahlungsverkehr bezüglich jeder Sondereigentumseinheit zu überwachen. Des Weiteren ist zu berücksichtigen, dass der Verwalter seinem Honorar ohnehin die Anzahl der Sondereigentumseinheiten zugrunde legt bzw. objektbezogen Honorare bezieht.

Entsprechende Grundsätze gelten auch für weitere typische Verwaltungskosten, wie etwa

---
[324] AG Gladbeck, Urteil v. 26.3.2013, 51 C 30/12.
[325] LG Köln, Urteil v. 27.9.2018, 29 S 8/18.

- Honorare und/oder Aufwandsentschädigungen für den Verwaltungsbeirat (ggf. auch Vermögensschadenhaftpflichtversicherung);
- Saalmieten für Eigentümerversammlungen;
- Beglaubigungskosten für (Wieder)Bestellungsprotokolle;
- Kosten des Geldverkehrs.

Freilich sind die Wohnungseigentümer nicht gezwungen, die Verwaltungskosten objektbezogen zu verteilen. § 16 Abs. 3 WEG a.F. ermöglicht lediglich eine entsprechende Beschlussfassung. Da eine Verteilung der Verwaltungskosten nach Objekten auch künftig in aller Regel ordnungsmäßiger Verwaltung entsprechen dürfte, wäre gegen eine entsprechende Kostenverteilungsänderung auf Grundlage des § 16 Abs. 2 Satz 2 WEG n.F. nichts einzuwenden. Es wird in diesem Zusammenhang auch einmal unterstellt, dass eine umfassende Änderungsbeschlussfassung bezüglich der vorerwähnten Verwaltungskosten noch als eine „*Art von Kosten*" im Sinne von § 16 Abs. 2 Satz 2 WEG n.F. anzusehen sein wird.

**Beschlussmuster: Änderung der Kostenverteilung einzelner Kostengruppen (Verwaltungskosten)**

**TOP XX: Änderung des Verteilungsschlüssels bezüglich der Verwaltungskosten**

Gemäß § _____ der Teilungserklärung der Wohnungseigentümergemeinschaft des Notars _____ (Name und Kanzleisitz) vom _____ zu der Urkundenrollen-Nummer _____ erfolgt die Verteilung der Kosten und Lasten des gemeinschaftlichen Eigentums unter den Wohnungseigentümern nach Miteigentumsanteilen (Alternativ: Fläche/Personen).

Abweichend hiervon beschließen die Wohnungseigentümer, künftig das Verwalterhonorar sowie die mit dem Verwalter im Verwaltervertrag vom _____ zusätzlich vereinbarten Sonderhonorare, die Honorare und Aufwandsentschädigungen für den Verwaltungsbeirat und dessen Vermögensschadenhaftpflichtversicherung sowie die sonstigen administrativen Kosten, wie insbesondere Saalmieten für Eigentümerversammlungen und auch Kosten des Geldverkehrs, ab der Wirtschaftsperiode _____ nach Sondereigentums- bzw. Teileigentumseinheiten zu verteilen.

Nutzungen und Kosten

**Abstimmungsergebnis:**
Ja-Stimmen: _____
Nein-Stimmen: _____
Enthaltungen: _____
Der Versammlungsleiter verkündete folgendes Beschlussergebnis:

_____
Der Beschluss wurde angenommen/abgelehnt.

### 10.2.2.2.3 Kosten der Instandhaltung und Instandsetzung bzw. der Erhaltung

Einschneidendste Änderungen bringt das WEMoG hinsichtlich der Änderung einer Verteilung der Kosten von Erhaltungsmaßnahmen, die derzeit noch als Maßnahmen der Instandhaltung und Instandsetzung bezeichnet werden.

**Einzelfallregelung**

§ 16 Abs. 4 WEG a.F. erlaubt bislang eine Kostenverteilungsänderung lediglich im konkreten Einzelfall einer Maßnahme der Instandhaltung oder Instandsetzung des gemeinschaftlichen Eigentums. Ein Beschluss über eine dauerhafte Änderung der Verteilung von Kosten derartiger Maßnahmen ist nicht möglich, ein entsprechender Beschluss wäre nichtig.

| **Beispiel: Fensterinstandsetzung** |
|---|

Die Wohnungseigentümer beschließen, dass die einzelnen Wohnungseigentümer die Kosten für Erhaltungsmaßnahmen an den Außenfenstern zu tragen haben, die sich im Bereich ihrer Sondereigentumseinheit befinden.

Nach derzeit noch geltender Rechtslage wäre ein solcher Beschluss per se nichtig, da er keinen Einzelfall zum Inhalt hat, sondern eine Dauerregelung. Auf Grundlage des WEMoG ist ein solcher Beschluss in Zukunft allerdings möglich.

 **Neu: Beschluss über dauerhafte Änderung der Verteilung von Erhaltungskosten ist möglich**

Künftig werden die Wohnungseigentümer auf Grundlage von § 16 Abs. 2 Satz 2 WEG n.F. mit einfacher Mehrheit beschließen können, dass die Kosten z.B. für Reparaturen ihrer Fenster oder eines Fensteraustauschs oder auch entsprechende Maßnahmen wie an den Wohnungseingangstüren bzw. den Zugangstüren zum Sondereigentum, allein von den betreffenden Sondereigentümern zu tragen sind.

> **Beschlussmuster: Änderung der Kostenverteilung bei Erhaltungsmaßnahmen (dauerhaft)**
>
> **TOP XX: Änderung des Verteilungsschlüssels bezüglich der Kosten von Erhaltungsmaßnahmen**
> Gemäß § _____ der Teilungserklärung der Wohnungseigentümergemeinschaft des Notars _____ (Name und Kanzleisitz) vom _____ zu der Urkundenrollen-Nummer _____ erfolgt die Verteilung der Kosten und Lasten des gemeinschaftlichen Eigentums unter den Wohnungseigentümern nach Objekten, also Sondereigentumseinheiten (Alternative: Fläche/Personen).
> Abweichend hiervon beschließen die Wohnungseigentümer, Erhaltungsmaßnahmen mit einer Kostenverteilung gemäß § 21 Abs. 2 WEG unter allen Wohnungseigentümern künftig ab der Wirtschaftsperiode _____ nach Miteigentumsanteilen zu verteilen.
>
> **Abstimmungsergebnis:**
>
> Ja-Stimmen: _____
>
> Nein-Stimmen: _____
>
> Enthaltungen: _____
>
> Der Versammlungsleiter verkündete folgendes Beschlussergebnis:
>
> _____
>
> Der Beschluss wurde angenommen/abgelehnt.

**Derzeit auch kein Ausgleichsanspruch**

In vielen Gemeinschaften wurden derartige Beschlüsse auch im Nachgang zur Entscheidung des BGH[326] über die Nichtigkeit sog. „Zitterbeschlüsse" nicht nur weiter gelebt, sondern sogar gefasst und von den Wohnungseigentümern befolgt, obwohl nicht nur die Erhaltungslast, sondern auch die Pflicht zur Kostentragung bei der Gemeinschaft lag. Auch wenn insoweit die Wohnungseigentümer eigentlich Kosten für Maßnahmen übernommen haben, die die Wohnungseigentümergemeinschaft zu tragen gehabt hätte, haben sie keinerlei Ersatzansprüche gegen die Wohnungseigentümer-

---

[326] BGH, Beschluss v. 20.9.2000, V ZR 58/99, NJW 2000 S. 3500.

gemeinschaft. Dies gilt nicht nur unter dem rechtlichen Gesichtspunkt der Geschäftsführung ohne Auftrag, sondern auch mit Blick auf eine ungerechtfertigte Bereicherung der Wohnungseigentümergemeinschaft. Die Wohnungseigentümer haben auch dann keinen Ersatzanspruch, wenn die Maßnahme ohnehin hätte durchgeführt werden müssen.[327] An dieser Rechtslage ändert sich freilich auf Grundlage des WEMoG erst recht nichts, da das Gesetz künftig die exklusive Kostenbelastung gerade zulässt. Lediglich im Ausnahmefall der Notgeschäftsführung besteht ein entsprechender Kostenersatz. Allerdings setzt ein Ersatzanspruch aus Notgeschäftsführung voraus, dass Gemeinschaftseigentum unmittelbar akut gefährdet ist und weder seitens des Verwalters einzuleitende Maßnahmen abgewartet werden können, noch die Einberufung einer Eigentümerversammlung auch unter deutlicher Abkürzung der Einberufungsfrist.

### Gebrauch/Möglichkeit des Gebrauchs
Eine exklusive Kostenbelastung einzelner Wohnungseigentümer oder einer Gruppe von ihnen, ist nach derzeit geltender Rechtslage gemäß § 16 Abs. 4 WEG a. F. nur dann möglich, wenn diese Wohnungseigentümer zumindest eine eigennützige Gebrauchsmöglichkeit der von der Erhaltungs- oder Modernisierungsmaßnahme betroffenen Bereiche des Gemeinschafseigentums haben.[328]

> **Beispiel: Gebrauchsmöglichkeit**
>
> Da nur die Eigentümer von Wohnungen mit Balkon diesen nutzen, können ihnen die Kosten einer Balkonsanierung auch allein auferlegt werden, während Wohnungseigentümer, die über keinen Balkon verfügen, davon ausgenommen werden. Nicht möglich ist es dagegen, dem Eigentümer der Dachgeschosswohnung die Kosten der Instandhaltung des Daches aufzuerlegen. Auch wenn er dem Dach am nächsten ist, hat er keine eigennützige Gebrauchsmöglichkeit an dem Dach.[329]

§ 16 Abs. 2 Satz 2 WEG n. F. verzichtet zwar auf das Kriterium des Gebrauchs bzw. der eigennützigen Gebrauchsmöglichkeit, denn der Gesetzgeber möchte das Entscheidungsermessen der Wohnungseigentümer nicht unnötig durch inhaltliche Vorgaben einschränken. Allerdings müssen Kostenverteilungsänderungsbeschlüsse auch künftig allgemein – und im Besonderen auch solche, die auf die Änderung der Verteilung von Kosten von Erhaltungsmaßnahmen zielen – ordnungsmäßiger Verwaltung nach billigem Ermessen

---
[327] BGH, Urteil v. 14.6.2019, V ZR 254/17, GE 2019 S. 977.
[328] BGH, Urteil v. 18.6.2010, V ZR 164/09, NJW 2010 S. 2513.
[329] BGH, Urteil v. 18.6.2010, a. a. O.

entsprechen und insbesondere nicht gegen das Willkürverbot verstoßen. Insoweit werden auch in Zukunft in der Regel die Kriterien des Gebrauchs und der Möglichkeit des Gebrauchs zu berücksichtigen sein.

Insoweit wird es auch in Zukunft nicht möglich sein, etwa den Dachgeschosseigentümern die Kosten der Erhaltung des gemeinschaftlichen Daches aufzuerlegen. Etwas anderes gilt freilich in Reihenhausanlagen, die lediglich mangels Realteilung der Grundstücke Wohnungseigentum darstellen. In derartigen Fällen können den jeweiligen Hauseigentümern auch die Kosten für Erhaltungsmaßnahmen betreffend Dach und Fach ihrer Häuser auferlegt werden.

**Maßstabskontinuität**

Nach derzeit noch geltender Rechtslage ist ein Beschluss, auch wenn die Kostenverteilungsänderung einen konkreten Einzelfall betrifft, dann anfechtbar, wenn er die Gefahr einer Ungleichbehandlung von Wohnungseigentümern birgt.

**Balkoninstandsetzung: alte vs. neue Rechtslage**

**Ausgangssituation**

Von den in der Wohnanlage vorhandenen 10 Balkonen sind 5 instandsetzungsbedürftig. Die Wohnungseigentümer beschließen daher die Instandsetzung dieser Balkone. Die Kosten der Erhaltungsmaßnahme sollen lediglich von den 5 Wohnungseigentümern getragen werden, deren Balkone von der Instandsetzungsmaßnahme betroffen sind.

**Alte Rechtslage**

Dieser Beschluss regelt zwar einen Einzelfall und ist nach derzeit noch geltender Rechtslage somit zumindest nicht nichtig. Allerdings könnte er erfolgreich mit einer Beschlussanfechtungsklage zu Fall gebracht werden. Es ist nämlich zu berücksichtigen, dass die Wohnungseigentümer von der ihnen gemäß § 16 Abs. 4 WEG a.F. verliehenen Beschlusskompetenz zwar Gebrauch machen können, dies aber nicht müssen. Werden zu einem späteren Zeitpunkt die weiteren 5 Balkone instandsetzungsbedürftig, müssten die Wohnungseigentümer keine exklusive Kostenbelastung derjenigen Wohnungseigentümer beschließen, die von der Erhaltungsmaßnahme betroffen sind. Dies aber würde die 5 Wohnungseigentümer benachteiligen, denen zuvor die Kosten für die Instandsetzung ihrer Balkone auferlegt worden ist. Diese müssten sich dann nämlich auch noch zusätzlich an den Kosten der Instandsetzung der übrigen Balkone nach dem gesetzlichen oder vereinbarten Kostenverteilungsschlüssel beteiligen.

### Neue Rechtslage

Dieser Aspekt wird künftig keine Rolle mehr spielen. Auch dann, wenn zu einem Zeitpunkt lediglich einzelne Balkone instandsetzungsbedürftig sind, können die Wohnungseigentümer eine exklusive Kostenbelastung der betroffenen Wohnungseigentümer beschließen. Allein die Tatsache, dass nicht sämtliche Balkone instandsetzungsbedürftig sind, führt nicht zur Anfechtbarkeit des Beschlusses. Insoweit würde eine deutliche Verbesserung und Vereinfachung der Rechtslage eintreten.

Der Umstand, dass im Rahmen der künftigen Beschlussfassung zu berücksichtigen sein wird, dass bereits einzelne Balkoneigentümer exklusiv kostenbelastet waren, begründet bei diesen Wohnungseigentümern einen Anspruch auf Gleichbehandlung bzw. Maßstabskontinuität. Würde also der weitere Beschluss über die Instandsetzung auch der übrigen Balkone nicht berücksichtigen, dass einzelne Wohnungseigentümer bereits exklusiv kostenbelastet waren und würde er diese Wohnungseigentümer in die Zahlungspflicht mit einbeziehen, würde der Beschluss im Anfechtungsfall für ungültig erklärt werden. Die bereits kostenbelasteten Wohnungseigentümer haben nämlich dann einen Anspruch auf Kostenfreistellung. Wichtig und maßgeblich aber bleibt das Ergebnis, dass die Wohnungseigentümer künftig durchaus beschließen können, zu einem bestimmten Zeitpunkt zunächst nur einen Teil der Balkone instand zu setzen – und zwar unter exklusiver Kostenbelastung der entsprechend betroffenen Wohnungseigentümer.

 **Beschlussmuster: Änderung der Kostenverteilung bei Erhaltungsmaßnahmen (Einzelfall)**

**TOP XX: Verteilung der Kosten der teilweisen Durchführung von Erhaltungsmaßnahmen an den Balkonen**

Die Kosten der zu vorangegangenem TOP XX beschlossenen Erhaltungsmaßnahmen an den an der Nordseite der Wohnanlage befindlichen Balkone sind unter denjenigen Wohnungseigentümern zu verteilen, deren Balkone von den Erhaltungsmaßnahmen betroffen sind. Unter diesen Wohnungseigentümern erfolgt die Kostenverteilung nach Sondereigentumseinheiten. Die Finanzierung erfolgt durch Erhebung einer Sonderumlage in Höhe von _____ EUR. Auf die einzelnen Sondereigentumseinheiten entfallen insoweit folgende Beiträge:

Wohnung Nr. 5 _____ EUR

Wohnung Nr. 6 _____ EUR

Wohnung Nr. 10 _____ EUR

Die Beiträge sind bis zum _____ zur Zahlung auf das gemeinschaftliche Girokonto fällig.

**Abstimmungsergebnis:**

Ja-Stimmen: _____

Nein-Stimmen: _____

Enthaltungen: _____

Der Versammlungsleiter verkündete folgendes Beschlussergebnis:

_____

Der Beschluss wurde angenommen/abgelehnt.

**Neu: Künftig Einzelbelastung möglich**

Von maßgeblicher Bedeutung ist, dass künftig Beschlüsse über eine exklusive Kostenbelastung der Wohnungseigentümer bei Maßnahmen der Erhaltung (Instandhaltung und Instandsetzung) für Teile des Gemeinschaftseigentums gefasst werden können, die sich im Bereich der jeweiligen Sondereigentumseinheit befinden. Derartige Beschlüsse können auch mit Dauerwirkung gefasst werden. So wird es insbesondere zulässig sein, den Wohnungseigentümern die Kosten von Erhaltungsmaßnahmen betreffend

- der Fenster,
- der Wohnungseingangstüren und
- der ihrem Sondernutzungsrecht unterliegenden Bereiche des Gemeinschaftseigentums

exklusiv aufzuerlegen.

Waren in der Vergangenheit entsprechende Beschlüsse Gegenstand einer Beschlussnichtigkeitsklage und wurde ihre Nichtigkeit rechtskräftig festgestellt, leben diese wegen der Novellierung des WEG nicht automatisch wieder auf, sie müssten vielmehr erneut gefasst werden. Entsprechendes gilt allerdings auch für entsprechende Beschlüsse, die nicht Gegenstand einer gerichtlichen Auseinandersetzung waren. Auch sie können nach Inkrafttreten des WEMoG nicht umgesetzt bzw. angewendet werden, da sie seit jeher nichtig waren.[330] Nunmehr aber können sie bedenkenlos neu gefasst werden.

---

[330] Vgl. BGH, Beschluss v. 20.9.2000, V ZB 58/99, NJW 2000 S. 3500.

**Beschlussmuster: Änderung der Kostenverteilung bei Erhaltungsmaßnahmen (Einzelkostenbelastung)**

**TOP XX: Kostentragung bei Erhaltungsmaßnahmen von Fenstern im Bereich des Sondereigentums sowie der Eingangstür zur Sondereigentumseinheit**

Notwendige Erhaltungsmaßnahmen an Außenfenstern im Bereich einer Sondereigentumseinheit einschließlich ihres Austauschs, hat der jeweilige Eigentümer der betroffenen Sondereigentumseinheit zu tragen. Entsprechendes gilt für Erhaltungsmaßnahmen einschließlich des Austauschs von Eingangstüren zu den Sondereigentumseinheiten. Auch diese Kosten hat der betreffende Eigentümer der jeweiligen Sondereigentumseinheit zu tragen.

Die Finanzierung der Kosten derartiger Maßnahmen kann nicht aus der Erhaltungsrücklage erfolgen. Der Verwalter hat die auf Grundlage der von ihm eingeholten Angebote entstehenden Kosten als Vertreter der Gemeinschaft der Wohnungseigentümer dem jeweils betroffenen Wohnungseigentümer in Rechnung zu stellen.

**Abstimmungsergebnis**:

Ja-Stimmen: _____

Nein-Stimmen: _____

Enthaltungen: _____

Der Versammlungsleiter verkündete folgendes Beschlussergebnis:

_____

Der Beschluss wurde angenommen/abgelehnt.

### 10.2.2.2.4 Anpassung des Gemeinschaftseigentums an öffentlich-rechtliche Vorgaben

**Keine exklusive Kostenbelastung eines betroffenen Sondereigentümers**

Maßnahmen, die der Anpassung des Gemeinschaftseigentums an öffentlich-rechtliche Vorgaben dienen, werden nach derzeit geltender Rechtslage nicht unter § 16 Abs. 4 WEG a.F. subsumiert. Wird aufgrund behördlicher Anordnung etwa die Errichtung eines 2. Rettungswegs im Bereich des Sondereigentums eines Wohnungseigentümers durch Einbau eines Fensters erforderlich, stellt dies eine Maßnahme zur Fertigstellung des Baus im Rahmen der erstmaligen Herstellung des plangerechten Zustands dar. Bei einer nach öffentlich-rechtlichen Vorschriften erforderlichen Maßnahme und deren Kosten handelt es sich nicht um eine Instandsetzung im Sinne des § 16 Abs. 4

WEG a. F.[331] Der betreffende Wohnungseigentümer kann also nicht allein mit den Kosten für die Errichtung des 2. Rettungswegs belastet werden.

An dieser Rechtslage wird sich durch das WEMoG nichts ändern. Die Neuregelungen des WEMoG definieren nicht die Maßnahmen der Instandhaltung und Instandsetzung neu, sondern geben diesen mit der Bezeichnung *„Erhaltungsmaßnahmen"* nur einen neuen Namen. Art und Umfang bleiben unverändert. Auch § 16 Abs. 2 Satz 2 WEG n. F. umfasst lediglich die Änderung der Kostenverteilung und keine Neudefinition der Maßnahmen.

Die Herstellung eines 2. Rettungswegs entspricht ordnungsmäßiger Verwaltung und kann von einzelnen Wohnungseigentümern derzeit gemäß § 21 Abs. 4 WEG a. F. beansprucht werden. Eine hiermit korrespondierende Anspruchsgrundlage stellt § 18 Abs. 2 Nr. 1 WEG n. F. mit einer entscheidenden Änderung dar: Anspruchsgegner werden künftig nicht mehr die Wohnungseigentümer sein, sondern die Gemeinschaft der Wohnungseigentümer.

Ein Beschluss über eine abweichende Kostenregelung gemäß § 16 Abs. 4 WEG a. F. bzw. § 16 Abs. 2 Satz 2 WEG n. F. ist jedenfalls hier unzulässig, weil es im Interesse aller Wohnungseigentümer liegt, dass die brandschutzrechtlichen Anforderungen an die in der Teilungserklärung vorgesehene Nutzung des Gebäudes eingehalten werden.[332] Allerdings wird ein entsprechender Beschluss auch im Rahmen des WEMoG nicht nichtig, sondern nur anfechtbar sein.

**Ausnahme**

Etwas anderes kann allerdings dann gelten, wenn die Notwendigkeit eines 2. Rettungswegs erst dadurch entsteht, dass ein Eigentümer seine 2 Sondereigentumseinheiten zusammenlegen will und erst durch diese bauliche Veränderung auch des Gemeinschaftseigentums die bauordnungsrechtliche Vorgabe eines 2. Rettungswegs erforderlich wird.[333] In einem derartigen Fall wäre eine exklusive Kostenbelastung des betroffenen Wohnungseigentümers nach der geplanten Neuregelung in § 16 Abs. 2 Satz 2 WEG n. F. möglich – sie wäre es auch auf Grundlage der derzeit noch geltenden Bestimmung des § 16 Abs. 4 WEG a. F.

### 10.2.2.2.5 Erstmalige ordnungsmäßige Herstellung

Vorerwähnte Grundsätze gelten auch mit Blick auf eine erstmalige ordnungsmäßige Herstellung des Gemeinschaftseigentums. Diese Kosten können nicht exklusiv den von der planwidrigen Errichtung betroffenen Wohnungseigentümern auferlegt werden. Bedarf es etwa einer erstmaligen ordnungsmäßigen Herstellung einer Mehrhausanlage, kann nicht nach § 16 Abs. 4 WEG a. F. beschlossen werden, dass diese Herstellung nur die Wohnungseigentümer des

---
[331] BGH, Urteil v. 23.6.2017, V ZR 102/16, ZMR 2017 S. 818.
[332] BGH, Urteil v. 23.6.2017, a. a. O.
[333] OLG Düsseldorf, Beschluss v. 19.2.2008, I-3 Wx 1/08, ZMR 2008 S. 553.

## Nutzungen und Kosten

betroffenen Hauses bezahlen müssen.[334] Eine entsprechend exklusive Kostenbelastung wird auch auf Grundlage von § 16 Abs. 2 Satz 2 WEG n.F. nicht möglich sein.

### 10.2.2.3 Im Übrigen weiter geltende Grundsätze

#### 10.2.2.3.1 Kein sachlicher Grund erforderlich

Eine Kostenverteilungsänderung ist stets mit einer Minderbelastung einzelner Wohnungseigentümer auf Kosten einer Mehrbelastung anderer verbunden. Diese Tatsache allein führt nicht zu einer erfolgreichen Anfechtung eines Kostenverteilungsänderungsbeschlusses. Dass Wohnungseigentümer aufgrund einer Änderung der Kostenverteilung nicht unbillig benachteiligt werden dürfen, ist selbstverständlich, womit die Frage nach dem Vorliegen eines sachlichen Grunds für eine beabsichtigte Kostenverteilungsänderung rein akademischer Natur ist. Insoweit bedarf es für eine Kostenverteilungsänderung auf Grundlage von § 16 Abs. 2 Satz 2 WEG n.F. keines sachlichen Grunds. Ausreichend ist, dass die beabsichtigte Kostenverteilungsänderung interessengerechter ist, als die bislang praktizierte und nicht gegen das Willkürverbot verstößt.[335] Der Beschluss darf also nicht auf eine grundlose Entlastung einzelner Wohnungseigentümer auf Kosten anderer Wohnungseigentümer zielen.

> **Beispiel: Kosten der Verkehrssicherung**
>
> Nicht alle Wohnungseigentümer verfügen über einen Stellplatz in der Tiefgarage. Insoweit soll der Außenweg zum Zugang der Tiefgarage künftig nur noch auf Kosten derjenigen Wohnungseigentümer geräumt und gestreut werden, die über einen Tiefgaragenstellplatz verfügen.
>
> Ein derartiger Beschluss wäre auf entsprechende Anfechtung hin für ungültig zu erklären, da er zu einer willkürlichen Kostenmehrbelastung der Stellplatzeigentümer führt. Tatsächlich nämlich ist nicht auszuschließen, dass auch andere Personen diese Zuwegung nutzen.[336] Zu beachten ist des Weiteren, dass Maßnahmen der Verkehrssicherung der Gemeinschaft der Wohnungseigentümer obliegt.

#### 10.2.2.3.2 Zukunftsgerichtete Änderung der Kostenverteilung

Auch künftig kann eine Kostenverteilungsänderung grundsätzlich lediglich mit Wirkung für die Zukunft beschlossen werden. Was insoweit bislang gegolten hat[337], wird sich nicht ändern. In aller Regel ist es auch nicht

---
[334] LG Dresden, Urteil v. 21.6.2019, 2 S 575/18, ZMR 2019 S. 780.
[335] Vgl. zur bisherigen Rechtslage, an der sich nichts ändern wird: BGH, Urteil v. 1.4.2011, V ZR 162/10, NJW 2011 S. 2202.
[336] LG München I, Urteil v. 10.6.2009, 1 S 10155/08, ZMR 2010 S. 66.
[337] BGH, Urteil v. 18.3.2016, V ZR 75/15, NJW 2016 S. 2177.

zulässig, Kostenverteilungsschlüssel mit Blick auf die Erstellung der Jahresabrechnung abweichend vom Wirtschaftsplan festzulegen. Zu berücksichtigen ist nämlich, dass das Vertrauen der Wohnungseigentümer in die Fortgeltung des dem Wirtschaftsplan zugrunde liegenden Beschlusses geschützt ist. Etwas anderes gilt nur dann, wenn

- der Beschluss über die Genehmigung des Wirtschaftsplans für ungültig erklärt wurde[338] oder
- den Einzelwirtschaftsplänen stets unzutreffende Verteilungsschlüssel zugrunde lagen.[339]

Ist es bereits nur ausnahmsweise möglich, den Kostenverteilungsschlüssel im Laufe der abzurechnenden Wirtschaftsperiode entgegen dem geltenden Wirtschaftsplan abzuändern, ist dies erst recht dann nicht möglich, wenn von der Kostenverteilungsänderung bereits abgeschlossene Abrechnungszeiträume betroffen sein sollen.

**Beispiel: Keine Rückwirkung**

Die Wohnungseigentümer beschließen in der Wohnungseigentümerversammlung vom 20. Mai 2021, dass in der Jahresabrechnung 2020 bezüglich der Kosten des Hausmeisters nicht der vereinbarte Kostenverteilungsschlüssel nach Miteigentumsanteilen maßgeblich sein soll, sondern die Kosten nach Objekten verteilt werden sollen.

Allerdings gilt auch hier dann eine Ausnahme, wenn der ursprünglich geltende Kostenverteilungsschlüssel unpraktikabel oder grob unbillig ist.[340]

### 10.2.2.3.3 Zweitbeschlussfassung

Ist der gesetzliche oder vereinbarte Kostenverteilungsschlüssel auf Grundlage von § 16 Abs. 2 Satz 2 WEG n.F. bezüglich einzelner Kostenpositionen geändert worden und stellt sich heraus, dass die Kostenverteilungsänderung entgegen der Vorstellung der Wohnungseigentümer doch nicht ausreichend interessengerecht ist, stellt sich die Frage, ob die Wohnungseigentümer dann befugt sind, den bereits geänderten Kostenverteilungsschlüssel nochmals ändern zu können. Allgemein ist im Rahmen einer Zweitbeschlussfassung über einen bereits geregelten Gegenstand zu beachten, dass durch den Erstbeschluss geschützte Interessen der Wohnungseigentümer durch die Zweitbeschlussfassung nicht beeinträchtigt werden dürfen.

---

[338] BGH, Urteil v. 1.4.2011, V ZR 162/10, NJW 2011 S. 2202.
[339] LG Hamburg, Urteil v. 22.2.2013, 318 S 32/12, ZWE 2013 S. 453.
[340] BGH, Urteil v. 9.7.2010, V ZR 202/09, NJW 2010 S. 2654.

Nutzungen und Kosten

Nun ist in diesem Zusammenhang wiederum zu berücksichtigen, dass die erneute Änderung des Kostenverteilungsschlüssels zwangsläufig zu einer Mehrbelastung einzelner Wohnungseigentümer führt, die andere entlastet. Maßgeblich wird es auch bei einer Zweitbeschlussfassung auf Grundlage von § 16 Abs. 2 Satz 2 WEG n.F. darauf ankommen, dass die Änderung die materiellen Vorgaben an eine Kostenverteilungsänderung berücksichtigt und die Kostenverteilung nicht willkürlich erfolgt. Dann dürfte nichts gegen eine entsprechende Zweitbeschlussfassung sprechen.

#### 10.2.2.3.4 Ankündigung der Änderungsbeschlussfassung

Gemäß § 23 Abs. 2 WEG (alter wie neuer Fassung) ist es zur Gültigkeit eines Beschlusses erforderlich, dass der Gegenstand der Beschlussfassung bei der Einberufung bezeichnet ist. Der Inhalt der Bezeichnung ist abhängig von der Bedeutung des Beschlussgegenstands.[341] Zwar genügt grundsätzlich die schlagwortartige Bezeichnung des Beschlussgegenstands. Je bedeutsamer der Gegenstand der Beschlussfassung für den einzelnen Wohnungseigentümer aber ist, umso genauer ist er in der Einladung zur Versammlung zu bezeichnen. Dies gilt auch, wenn die Wohnungseigentümer aufgrund einer früheren Beratung, einer vormaligen Beschlussfassung oder aufgrund eines gerichtlichen Verfahrens bereits mit der betreffenden Angelegenheit vertraut sind. Insoweit muss auch die Beschlussfassung über die Abweichung vom gesetzlichen Kostenverteilungsschlüssel durch Beschluss nach § 16 Abs. 2 Satz 2 WEG n.F. in der Einladung angekündigt werden.[342]

> **Beispiel: Erhebliche Kostenverschiebung**
>
> In der aus 30 Wohnungen bestehenden Wohnanlage werden Erhaltungsmaßnahmen mit einem Volumen von 60.000 EUR beschlossen. Bezüglich der Kosten von Maßnahmen der Erhaltung gilt der gesetzliche Kostenverteilungsschlüssel des § 16 Abs. 2 Satz 1 WEG (alter wie neuer Fassung) nach Miteigentumsanteilen. Entgegen dieses Verteilungsschlüssels sollen die Kosten der konkret beschlossenen Erhaltungsmaßnahme nach Objekten verteilt werden. In der Anlage sind unterschiedlich große Wohnungen zu Miteigentumsanteilen zwischen 15/1.000 Miteigentumsanteile und 50/1.000 Miteigentumsanteile vorhanden. Mit Blick auf die beschlossene Kostenverteilungsänderung entfällt also auf jede der Sondereigentumseinheiten ein Betrag von 2.000 EUR. Dies bedeutet für den Appartementeigentümer (15/1.000 MEA) eine Mehrbelastung von 1.100 EUR und für den Penthouse-Eigentümer (50/1.000 MEA) eine Entlastung von 1.000 EUR. Es bedarf keiner Diskussion darüber, dass Beschlüsse über eine Kostenverteilungsänderung mit derart erheblicher Kostenverschie-

---

[341] BGH, Urteil v. 13.1.2012, V ZR 129/11, ZWE 2012 S. 125.
[342] Vgl. zur bisherigen Rechtslage, an der sich nichts ändern wird: BGH, Urteil v. 9.7.2010, V ZR 202/09, NJW 2010 S. 2654; AG Düsseldorf, Urteil v. 29.5.2017, 290a C 14/17, ZMR 2017 S. 677.

bung ausdrücklich angekündigt werden müssen. Dies gilt selbstverständlich auch im Fall exklusiver Kostenbelastung einzelner Wohnungseigentümer aufgrund etwa eigennütziger Gebrauchsmöglichkeit der von der Erhaltungsmaßnahme betroffenen Bereiche des Gemeinschaftseigentums.

Der Verwalter muss also nicht nur die Erhaltungsmaßnahme selbst ankündigen, er muss auch ankündigen, dass deren Finanzierung unter Abänderung des ansonsten für Erhaltungsmaßnahmen geltenden Kostenverteilungsschlüssels erfolgen soll.

**Musterformulierung: Ankündigung im Einladungsschreiben zur Eigentümerversammlung**

TOP XX: Beschlussfassung über die Instandsetzung der Balkone der Wohnanlage; Erhebung einer Sonderumlage zur Finanzierung dieser Maßnahme unter Abänderung des geltenden Kostenverteilungsschlüssels auf Grundlage von § 16 Abs. 2 Satz 2 WEG n. F. nach Miteigentumsanteilen auf eine solche nach Objekten mit Balkonen

Aber auch dann, wenn Gegenstand des Beschlusses eine Änderung des Kostenverteilungsschlüssels bezüglich (einzelner) Betriebs- und/oder Verwaltungskosten auf Grundlage von § 16 Abs. 2 Satz 2 WEG n. F. ist, muss diese Änderung ausdrücklich im Ladungsschreiben angekündigt werden.[343] Es genügt insoweit nicht, lediglich die auf Grundlage des nach § 28 Abs. 1 Satz 2 WEG n. F. zu erstellenden Wirtschaftsplans oder der auf Grundlage der nach § 28 Abs. 2 Satz 2 zu erstellenden Jahresabrechnung unter Zugrundelegung des abweichenden Kostenverteilungsschlüssels die jeweiligen nach §§ 28 Abs. 1 Satz 1 bzw. 28 Abs. 2 Satz 1 WEG n. F. beschlossenen Hausgeldbeiträge zu genehmigen. Selbst wenn im entsprechenden Genehmigungsbeschluss eine ausdrückliche dauerhafte Kostenverteilungsänderung bezüglich der betreffenden Positionen geregelt würde, würde dies auf Anfechtung dann zur Ungültigerklärung des Beschlusses führen, wenn sich entsprechendes nicht bereits aus dem Ladungsschreiben ergibt.

**Musterformulierung: Ankündigung im Einladungsschreiben zur Eigentümerversammlung**

TOP XX: Beschlussfassung über die Änderung der Verteilung der Kosten des Kabelempfangs und des Verwalterhonorars künftig nach Wohneinheiten und nicht mehr wie bisher nach Miteigentumsanteilen

---

[343] BGH, Urteil v. 9.7.2010, V ZR 202/09, NJW 2010 S. 2654.

# Nutzungen und Kosten
**Seite 326**

## 11 Beschlussfassung

Das Wohnungseigentumsgesetz sieht grundsätzlich und abschließend 2 Modalitäten kollektiver Willensbildung in der Wohnungseigentümergemeinschaft vor: die Vereinbarung und den Beschluss. Hinsichtlich der Beschlussfassung durch die Wohnungseigentümer stehen ebenfalls 2 Modalitäten zur Verfügung:

- Versammlungsbeschluss nach § 25 Abs. 1 WEG a.F./n.F.
- Beschluss im Umlaufverfahren des § 23 Abs. 3 WEG a. F/n.F.

Was die Dokumentation der Beschlussfassung betrifft, hatte der Gesetzgeber ursprünglich geplant, die Beschluss-Sammlung in derzeitiger Form gemäß § 24 Abs. 7 und 8 WEG durch eine modifizierte und dann in § 25 WEG zu regelnde Beschluss-Sammlung zu ersetzen. Insoweit hatten sich allerdings die Kritiker dieser Pläne durchgesetzt, weshalb die Regelungen über die Beschluss-Sammlung unverändert fortgelten werden. Unverändert hat der Verwalter selbstverständlich auch die in § 24 Abs. 6 WEG geregelte Versammlungsniederschrift zu erstellen, wobei er dies künftig unverzüglich tun muss.

### 11.1 Beschlussfassung in der Eigentümerversammlung

#### 11.1.1 Grundsätzlich einfache Mehrheit ausreichend

**WEG n.F.**

**§ 25 Beschlussfassung**

(1) Bei der Beschlussfassung entscheidet die Mehrheit der abgegebenen Stimmen.

**Neu: Einfache Mehrheit bei Beschlussfassung**

§ 25 Abs. 1 WEG n.F. ordnet an, dass bei der Beschlussfassung künftig grundsätzlich die Mehrheit der abgegebenen Stimmen entscheidet. Auch wenn dies bislang nicht ausdrücklich geregelt war, ergeben sich insoweit keinerlei Änderungen zur bisherigen Rechtslage. In Zukunft genügt auch grundsätzlich die einfache Mehrheit der abgegebenen Stimmen zur Beschlussfassung. Von Bedeutung wird lediglich eine Ausnahme auf der Rechtsfolgenseite sein: Beschlüsse über bestimmte Maßnahmen der baulichen Veränderung bedürfen einer qualifizierten Mehrheit von 2/3 der Wohnungseigentümer, wenn die Beschlussfassung mit einer Kostentragungsverpflichtung sämtlicher Wohnungseigentümer verbunden sein soll. Die insoweit maßgebliche Neuregelung findet sich in § 21 Abs. 2

**Beschlussfassung**

Satz 1 Nr. 1 WEG n.F. Allerdings stellt diese Bestimmung auch den Ausnahmefall dar, sodass sämtliche übrigen Beschlüsse einfach-mehrheitlich gefasst werden können, wenn sie nicht auf einer vereinbarten Öffnungsklausel beruhen, die ein bestimmtes Mehrheitsquorum abweichend von § 25 Abs. 1 WEG n.F. anordnet.

## Alte Rechtslage
Nach alter Rechtslage sind für Mehrheitsentscheidungen der Wohnungseigentümer folgende besonderen Mehrheitsquoren zu beachten und zu unterscheiden:

| | |
|---|---|
| § 16 Abs. 4 WEG a.F.: Kostenverteilungsänderung bezüglich einer konkreten Erhaltungsmaßnahme sowie Modernisierung und baulicher Veränderung des Gemeinschaftseigentums | Erfordernis einer doppelt qualifizierten Mehrheit: ¾ sämtlicher Wohnungseigentümer müssen zustimmen und dabei mehr als die Hälfte der Miteigentumsanteile repräsentieren; Ausnahme: eine vereinbarte Öffnungsklausel stellt weniger strenge Anforderungen an eine entsprechende Beschlussfassung, dann sind die Vorgaben der Öffnungsklausel maßgeblich. |
| § 18 WEG a.F.: Entziehung des Wohnungseigentums | Erforderlich ist die absolute Mehrheit der Wohnungseigentümer; mehr als die Hälfte sämtlicher Wohnungseigentümer muss zustimmen; allein die Mehrheit der in der Versammlung erschienenen bzw. vertretenen Wohnungseigentümer reicht nicht aus, so nicht sämtliche Wohnungseigentümer anwesend bzw. vertreten sind. |
| § 22 Abs. 1 WEG a.F.: Maßnahmen der baulichen Veränderung des Gemeinschaftseigentums | Zustimmen müssen alle diejenigen Wohnungseigentümer, die durch die bauliche Veränderung über das Maß des § 14 Nr. 1 WEG hinaus beeinträchtigt sind; abhängig vom konkreten Einzelfall ist Allstimmigkeit erforderlich. |
| § 22 Abs. 2 WEG a.F.: Maßnahmen der Modernisierung des Gemeinschaftseigentums | Erfordernis einer doppelt qualifizierten Mehrheit: ¾ sämtlicher Wohnungseigentümer müssen zustimmen und dabei mehr als die Hälfte der Miteigentumsanteile repräsentieren; Ausnahme: eine vereinbarte Öffnungsklausel stellt weniger strenge Anforderungen an eine entsprechende Beschlussfassung, dann sind die Vorgaben der Öffnungsklausel maßgeblich. |

## Neue Rechtslage

Nach neuer Rechtslage sieht nur noch § 21 Abs. 2 Satz 1 Nr. 1 WEG n.F. eine doppelt qualifizierte Mehrheit vor. Hiernach müssen für eine bauliche Veränderung mit Kostenbelastung sämtlicher Wohnungseigentümer 2/3 aller abgegebenen Stimmen votieren, die dabei die Hälfte aller Miteigentumsanteile repräsentieren. Die Bestimmung ist also unter Absenkung des erforderlichen Quorums angelehnt an § 16 Abs. 4 WEG a.F.

## Öffnungsklausel-Beschlüsse

Räumen Vereinbarungen der Wohnungseigentümer diesen die Möglichkeit ein, von der Vereinbarung und disponiblen gesetzlichen Bestimmungen abweichende Regelungen durch Beschluss zu treffen, ordnen diese Öffnungsklauseln in aller Regel auch ein bestimmtes Mehrheitsquorum an. Ist insoweit für eine Änderungsbeschlussfassung etwa die Mehrheit von 2/3 der Wohnungseigentümer erforderlich, bleibt dieses Quorum auch unter Geltung des WEMoG maßgeblich. § 47 WEG n.F. ändert hieran nichts, da sich insoweit der Wille zur Abweichung von der gesetzlichen Regelung direkt aus der Vereinbarung ergibt.

## Stimmrechtsprinzipien

Nach wie vor und insoweit unverändert, regelt § 25 Abs. 2 WEG n.F. das Kopfstimmrecht. Nach wie vor kann dieses durch ein hiervon abweichendes Stimmprinzip durch Vereinbarung ersetzt werden, insbesondere das Wert- (Höhe der Miteigentumsanteile) oder Objektprinzip (Anzahl Sondereigentumseinheiten).

## 11.1.2 Beschlussfähigkeit der Eigentümerversammlung

| WEG a.F. | WEG n.F. |
|---|---|
| § 25 Mehrheitsbeschluß | § 25 Beschlussfassung |
| (3) Die Versammlung ist nur beschlußfähig, wenn die erschienenen stimmberechtigten Wohnungseigentümer mehr als die Hälfte der Miteigentumsanteile, berechnet nach der im Grundbuch eingetragenen Größe dieser Anteile, vertreten. | *entfällt* |
| (4) ¹Ist eine Versammlung nicht gemäß Absatz 3 beschlußfähig, so beruft der Verwalter eine neue Versammlung mit | *entfällt* |

## Beschlussfassung

> dem gleichen Gegenstand ein. ²Diese Versammlung ist ohne Rücksicht auf die Höhe der vertretenen Anteile beschlußfähig; hierauf ist bei der Einberufung hinzuweisen.

Nach derzeit noch geltender Rechtslage ist die Wohnungseigentümerversammlung nur beschlussfähig, wenn die erschienen bzw. vertretenen Wohnungseigentümer mehr als die Hälfte der Miteigentumsanteile repräsentieren. Ist diese Voraussetzung nicht erfüllt, hat der Verwalter die Versammlung zu schließen und zu einer Zweitversammlung zu laden, die dann ohne Rücksicht auf die erschienenen bzw. vertretenen Wohnungseigentümer beschlussfähig ist. Der Reformgesetzgeber hält hieran nicht mehr fest.

**Neu: Eigentümerversammlung ist stets beschlussfähig**

Die bislang geltenden Vorschriften nach § 25 Abs. 3 und 4 WEG a.F. entfallen, sodass eine Wohnungseigentümerversammlung in Zukunft stets beschlussfähig ist, auch wenn in der Versammlung nur ein einziger Wohnungseigentümer entweder anwesend oder – durch den Verwalter als Versammlungsleiter – vertreten ist. Der Gesetzgeber verspricht sich hiervon eine Stärkung der Funktionsfähigkeit der Verwaltung.

Zu beachten ist allerdings, dass Beschlüsse auf Grundlage des § 21 Abs. 2 Satz 1 Nr. 1 WEG n.F. einer doppelt qualifizierten Mehrheit bedürfen: 2/3 aller abgegebenen Stimmen müssen für den Beschlussgegenstand votieren und dabei die Hälfte der Miteigentumsanteile repräsentieren. Auch sind bestimmte Mehrheitsquoren auf Grundlage einer vereinbarten Öffnungsklausel zu beachten.

**Bestehende Vereinbarungen**

Von erheblicher praktischer Relevanz sind in diesem Zusammenhang Regelungen in Gemeinschaftsordnungen, die sich überwiegend unreflektiert in der (zumeist unveränderten) Übernahme des Gesetzestextes erschöpfen.[344] Insbesondere die Passagen, die Regelungen über die Wohnungseigentümerversammlung enthalten, geben exakt den Wortlaut des Gesetzestextes über die Beschlussfähigkeit wider – den Wortlaut, der durch das WEMoG aufgehoben werden wird.

Vor dem Hintergrund, dass das reformierte WEG nach § 10 Abs. 1 Satz 2 WEG n.F. von den Vorschriften des WEG n.F. abweichende Vereinbarungen zulässt, soweit nicht ausdrücklich etwas anderes bestimmt ist, stellt sich die

---

[344] Siehe schon Kap. 1.2 Widerspruch: WEMoG und Altvereinbarungen.

**Beschlussfassung**

Frage, ob die ursprünglichen Vereinbarungen – und somit die derzeitige Rechtslage – fortgelten oder die gesetzliche Neuregelung maßgeblich sein wird. Für all diese Fälle ist die Neuregelung in § 47 WEG n.F. zu beachten, die die Auslegung von Altvereinbarungen zum Gegenstand hat. Hiernach sind Vereinbarungen, die vor dem Inkrafttreten der Änderungen durch das WEMoG getroffen worden sind und die von diesen Änderungen inhaltlich abweichen, nur dann maßgeblich, wenn sich aus der Vereinbarung ein entsprechender Wille ergibt. § 47 Satz 2 WEG n.F. stellt insoweit bereits klar, dass ein solcher Wille in der Regel nicht anzunehmen ist.

Auch wenn also eine bestehende Gemeinschaftsordnung – mehr oder weniger – unter Übernahme des Wortlauts der derzeit noch geltenden Regelungen in § 25 Abs. 3 und 4 WEG a.F. bestimmt, dass eine Wohnungseigentümerversammlung nur dann beschlussfähig ist, wenn die erschienenen bzw. vertretenen Wohnungseigentümer die Mehrheit der Miteigentumsanteile repräsentieren, wäre die Fortgeltung dieser Regelung lediglich dann anzunehmen, wenn sich aus der Gemeinschaftsordnung ein entsprechender Wille der Wohnungseigentümer ausdrücklich ergeben sollte – dies dürfte in der Praxis lediglich dann der Fall sein, wenn entgegen des bisherigen Gesetzeswortlauts bestimmte Quoren für die Beschlussfähigkeit statuiert sind, die über die bislang geltenden gesetzlichen Regelungen hinausgehen. Ist in der Gemeinschaftsordnung indes ein geringeres Quorum als die Hälfte der Miteigentumsanteile geregelt, dürfte diese Regelung wohl keine Geltung mehr haben. Hier wie dort ist es jedoch müßig, über das was künftig gelten soll, spekulieren zu müssen. Wollen die Wohnungseigentümer jedenfalls ein bestimmtes Beschlussfähigkeits-Quorum, können sie entsprechendes vereinbaren, da das WEMoG insoweit keine Kompetenzbeschränkung enthält. Lediglich ein Mehrheitsbeschluss wäre allerdings wegen fehlender Beschlusskompetenz nichtig.

### 11.2 Beschlussfassung im Umlaufverfahren

Mit Blick auf die in § 23 Abs. 3 WEG a.F. geregelten Umlaufbeschlüsse im (ehemals) schriftlichen Verfahren, sind 2 bedeutsame Änderungen durch das WEMoG zu berücksichtigen, die erhebliche Erleichterungen für die Praxis mit sich bringen werden.

Beschlussfassung

Seite 332

| WEG a. F. | WEG n. F. |
|---|---|
| § 23 Wohnungseigentümerversammlung | § 23 Wohnungseigentümerversammlung |
| (3) Auch ohne Versammlung ist ein Beschluß gültig, wenn alle Wohnungseigentümer ihre Zustimmung zu diesem Beschluß schriftlich erklären. | (3) ¹Auch ohne Versammlung ist ein Beschluss gültig, wenn alle Wohnungseigentümer ihre Zustimmung zu diesem Beschluss **in Textform** erklären. ²**Die Wohnungseigentümer können beschließen, dass für einen einzelnen Gegenstand die Mehrheit der abgegebenen Stimmen genügt.** |

 **Neu: Für die Zustimmung im schriftlichen Verfahren genügt Textform, im Einzelfall kann mehrheitliche Beschlussfassung geregelt werden**

Nach § 23 Abs. 3 WEG n. F. muss die Zustimmung der Wohnungseigentümer nicht mehr schriftlich erfolgen, künftig wird die Textform ausreichen. Außerdem besteht eine Beschlusskompetenz zur Regelung einer einfach-mehrheitlichen Beschlussfassung im konkreten Einzelfall.

### 11.2.1 Textform

Die Textform ist in § 126b BGB geregelt. Der Textform genügt insoweit eine lesbare Erklärung, in der die Person des Erklärenden genannt ist und die auf einem dauerhaften Datenträger abgegeben wird. Ein dauerhafter Datenträger ist jedes Medium, das

1. es dem Empfänger ermöglicht, eine auf dem Datenträger befindliche, an ihn persönlich gerichtete Erklärung so aufzubewahren oder zu speichern, dass sie ihm während eines für ihren Zweck angemessenen Zeitraums zugänglich ist, und

2. geeignet ist, die Erklärung unverändert wiederzugeben.

Hiernach genügt also insbesondere eine Zustimmung per Telefax oder aber auch auf elektronischem Weg per E-Mail oder als (Pdf-)Datei. Weiter genügt auch die Zustimmung durch spezielle Handy-App oder über das Internet auf entsprechend eingerichteter Plattform.[345]

---

[345] BT-Drs. 19/18791, S. 70.

## 11.2.2 Beschlussfassung mit einfacher Mehrheit

### 11.2.2.1 Alte Rechtslage

Bislang ist bei einer Beschlussfassung im Umlaufverfahren des § 23 Abs. 3 WEG a.F. zu beachten, dass ein Beschluss lediglich dann zustande kommt, wenn sämtliche im Grundbuch eingetragenen Wohnungseigentümer ihre Zustimmung erteilen. Beteiligt sich auch nur ein Wohnungseigentümer am Abstimmungsvorgang nicht, kommt ein Beschluss nicht zustande – selbst wenn alle übrigen Wohnungseigentümer ihre Zustimmung erteilen.

### 11.2.2.2 Neue Rechtslage

Das WEMoG wird die Willensbildung künftig erheblich vereinfachen, indem es den Wohnungseigentümern eine Beschlusskompetenz dergestalt einräumt, im konkreten Einzelfall auch eine Mehrheitsentscheidung im Umlaufverfahren herbeiführen zu können. Der Gesetzgeber ist dabei durchaus weiterhin der Auffassung, dass die Mehrheitsentscheidung nach Diskussion und Erörterung in der Wohnungseigentümerversammlung erfolgt. In der wohnungseigentumsrechtlichen Praxis sind allerdings Fälle verbreitet, in denen im Rahmen der Wohnungseigentümerversammlung zwar ein Beschlussantrag diskutiert und erörtert, eine abschließende Entscheidung aber noch nicht getroffen werden kann, weil noch keine ausreichende Informationsgrundlage existiert.

**Beispiel: Beauftragung eines Hausmeister-Services**

Die Wohnungseigentümer sind sich zwar in der Eigentümerversammlung einig, künftig einen Hausmeister-Service beauftragen zu wollen, allerdings liegen noch keine Angebote vor, da der Verwalter den Wohnungseigentümern zunächst die einschlägigen Konditionen entsprechender Unternehmen vorstellen und diese mit den Vorstellungen der Wohnungseigentümer abgleichen wollte. Da sich diese im Wesentlichen decken, beschließen die Wohnungseigentümer, dass der Beschluss über die Beauftragung eines konkreten Unternehmens im Umlaufverfahren des § 23 Abs. 3 Satz 2 WEG n.F. erfolgen soll. Hierzu soll der Verwalter den Wohnungseigentümern mit der Beschlussvorlage die Angebote der Unternehmen zusammen mit einer entsprechenden Empfehlung des Verwaltungsbeirats übersenden.

Nach künftiger Rechtslage wird es dann keiner weiteren Versammlung zur Beschlussfassung über die Beauftragung des Hausmeister-Services bedürfen, wenn die Wohnungseigentümer von der ihnen in § 23 Abs. 3 Satz 2 WEG n.F. eingeräumten Möglichkeit Gebrauch machen und einen Beschluss darüber fassen, dass die entsprechende (endgültige) Willensbildung im Umlaufverfahren des § 23 Abs. 3 Satz 1 WEG n.F. erfolgen soll. In diesem Fall

**Beschlussfassung**

entscheiden die Wohnungseigentümer dann in zweifacher Hinsicht mit einfacher Mehrheit:

1. Ermöglichung der mehrheitlichen Beschlussfassung im Umlaufverfahren;
2. mehrheitliche Beschlussfassung über den konkreten Regelungsgegenstand.

Selbstverständlich genügt für eine mehrheitliche Beschlussfassung der Wohnungseigentümer auf Grundlage von § 23 Abs. 3 Satz 2 WEG n.F. nicht nur die Mehrheit der ursprünglich in der Versammlung anwesenden Wohnungseigentümer, die eine mehrheitliche Entscheidung im Umlaufverfahren ermöglicht haben. Es bedarf vielmehr einer Mehrheit der abgegebenen Stimmen auch unter Einbeziehung von Wohnungseigentümern, die in der Präsenzversammlung gar nicht anwesend waren. Unbedingt zu beachten ist allerdings, dass auch im Verfahren des § 23 Abs. 3 Satz 2 WEG n.F. korrespondierend mit § 25 Abs. 1 WEG n.F. die Mehrheit der abgegebenen Stimmen ausschlaggebend ist und nicht etwa die Mehrheit der im Grundbuch eingetragenen Wohnungseigentümer.

> **Beispiel: Mehrheit der abgegebenen Stimmen**
>
> In der Wohnungseigentümerversammlung beschließen die Wohnungseigentümer mit einer Mehrheit von 20 Ja-Stimmen bei 15 Nein-Stimmen und 5 Enthaltungen, dass die in der Versammlung diskutierte Maßnahme abschließend im Umlaufverfahren genehmigt werden soll. Am Umlaufverfahren des § 23 Abs. 3 Satz 2 WEG n.F. nehmen schließlich von den 40 Wohnungseigentümern 18 Wohnungseigentümer teil. 10 von ihnen stimmen für die Maßnahme, 8 von ihnen stimmen gegen die Maßnahme. Da die Mehrheit der abgegebenen Stimmen genügt, ist der Beschluss zustande gekommen.

 **Beschlusskompetenz nur im konkreten Einzelfall**

§ 23 Abs. 3 Satz 2 WEG n.F. verleiht eine Beschlusskompetenz nur für die Ermöglichung einer einfach-mehrheitlichen Entscheidung der Wohnungseigentümer im konkreten Einzelfall. Eine Dauerregelung wäre nicht möglich, ein entsprechender Beschluss nichtig. Dies kommt bereits deutlich im Wortlaut zum Ausdruck.[346]

Weiter ist zu berücksichtigen, dass eine Mehrheitsentscheidung im Umlaufverfahren des § 23 Abs. 3 WEG n.F. eben nur dann möglich ist, wenn entsprechendes für einen konkreten Einzelfall beschlossen wurde. Ist dies nicht der Fall, bleibt eine Beschlussfassung im Umlaufverfahren selbstverständlich weiter möglich, allerdings bedarf es dann der Zustimmung sämtli-

---

[346] Siehe Kap. 1.1.3 Konkretisierung der Beschlusskompetenz.

cher im Grundbuch eingetragener Wohnungseigentümer in Textform des § 23 Abs. 3 Satz 1 WEG n.F.

 **Beschlussmuster: Umlaufverfahren (hier: Beauftragung eines Hausmeister-Services)**

**TOP XX: Beauftragung eines Hausmeister-Services**
Mangels Vergleichsangeboten ist es den Wohnungseigentümern im Rahmen dieser Wohnungseigentümerversammlung nicht möglich, einen Beschluss über die Beauftragung eines konkreten Unternehmens mit der Erbringung von Hausmeister-Serviceleistungen zu fassen. Die Wohnungseigentümer beschließen daher, dass die Beschlussfassung im Umlaufverfahren des § 23 Abs. 3 Satz 2 WEG erfolgt. Der Verwalter wird insoweit beauftragt, nach Möglichkeit mindestens 3 Vergleichsangebote geeigneter Unternehmen einzuholen und diese den Wohnungseigentümern mit der Beschlussvorlage zu übersenden. Der Verwalter hat im Vorfeld der Übersendung eine Empfehlung mit dem Verwaltungsbeirat über die Beauftragung eines konkreten Unternehmens abzustimmen und das Ergebnis den Wohnungseigentümern ebenfalls mit der Beschlussvorlage zu übermitteln, sodass die Wohnungseigentümer über eine ausreichende Ermessensgrundlage verfügen.

Konkret wird der Verwalter nach Vorliegen der Angebote diese zusammen mit dem Ergebnis der Abstimmung mit dem Verwaltungsbeirat und der Beschlussvorlage übermitteln. Der Verwalter hat den Wohnungseigentümern des Weiteren einen Termin mitzuteilen, bis zu dem der Abstimmungsvorgang abgeschlossen sein wird.

Der Verwalter weist abschließend darauf hin, dass der Umlaufbeschluss nicht der Zustimmung sämtlicher Wohnungseigentümer bedarf. Für eine Beschlussfassung ist vielmehr die einfache Mehrheit der abgegebenen Stimmen ausreichend.

**Abstimmungsergebnis**:

Ja-Stimmen: _____

Nein-Stimmen: _____

Enthaltungen: _____

Der Versammlungsleiter verkündete folgendes Beschlussergebnis:

_____

Der Beschluss wurde angenommen/abgelehnt.

## Beschlussfassung

### Ankündigung im Ladungsschreiben

Die Beschlussfassung über die Ermöglichung der mehrheitlichen Beschlussfassung im schriftlichen Verfahren des § 23 Abs. 3 Satz 2 WEG n.F. setzt keine Ankündigung im Ladungsschreiben zur Eigentümerversammlung voraus. Denn bereits aus der Sache selbst ergibt sich, dass die Wohnungseigentümer zwar eine Regelung über eine bestimmte Verwaltungsmaßnahme herbeiführen wollen, die selbstverständlich ihrerseits im Ladungsschreiben angekündigt werden muss, allerdings im konkreten Einzelfall noch nicht alle Informationen für eine Ermessensentscheidung der Wohnungseigentümer vorliegen.

### Verkündung

Zustande gekommen ist auch ein Beschluss im Umlaufverfahren erst mit seiner Verkündung, was auch für die Mehrheitsentscheidung auf Grundlage von § 23 Abs. 3 Satz 2 WEG n.F. gilt. Auch für die Existenz eines Umlaufbeschlusses ist die Verkündung unabdingbare Voraussetzung. Mangels Verkündung würde es sich also lediglich um einen bedeutungslosen „Nichtbeschluss" handeln, der keinerlei Rechtswirkung entfaltet. Nach Ablauf der hierfür gesetzten Frist, hat der Verwalter also das Beschlussergebnis zu verkünden. Die Verkündung kann grundsätzlich in Textform, also insbesondere durch E-Mail erfolgen, selbstverständlich erst recht durch entsprechendes Rundschreiben. Grundsätzlich toleriert der BGH auch eine Verkündung in Form eines Aushangs z.B. am „Schwarzen Brett" im Treppenhaus der Wohnanlage.[347] Möglich soll es auch sein, dass der Verwalter schriftliche Beschlüsse in seinen Geschäftsräumen verkündet, so er die Wohnungseigentümer hierauf hingewiesen hat.[348]

> **Musterschreiben: Umlaufverfahren (hier: Verkündung eines im Umlaufverfahren gefassten Beschlusses)**
>
> Herr / Frau
>
> (Name und Anschrift des/der Eigentümers/in)
>
> _____
>
> _____
>
> _____, den _____
>
> WEG _____-Straße 20 in _____-Stadt

---

[347] BGH, Beschluss v. 23.8.2001, V ZB 10/01, NJW 2001 S. 3339; LG Karlsruhe, Urteil v. 7.7.2017, 7 S 74/16, ZWE 2017 S. 362.
[348] OLG Düsseldorf, Urteil v. 2.7.2019, 23 U 205/18, NZM 2020 S. 471.

## Beschlussfassung

**Hier: Beschlussfassung im Umlaufverfahren über die Beauftragung eines Hausmeister-Service-Unternehmens**

Sehr geehrte Damen und Herren,

hiermit teile ich Ihnen mit, dass aufgrund der fristgemäß eingegangenen Zustimmungen zu dem auf Grundlage der zu TOP XX in der Eigentümerversammlung vom _____ beschlossenen mehrheitlichen Abstimmung auf Grundlage von § 23 Abs. 3 Satz 2 WEG n.F. der Beschluss zustande gekommen ist. Insgesamt haben 7 Wohnungseigentümer dem Beschlussantrag zugestimmt, 3 Wohnungseigentümer haben gegen den Beschlussantrag gestimmt, 2 Wohnungseigentümer haben an der Beschlussfassung nicht teilgenommen. Hiermit verkünde ich demnach den nachfolgenden Beschluss als mehrheitlich zustande gekommen:

> Die Wohnungseigentümer beschließen die Beauftragung der Firma XX-Hausmeister-Service-GmbH auf Grundlage ihres Angebots vom _____ zu jährlichen Kosten in Höhe von _____ EUR. Als Vertretungsorgan der Gemeinschaft der Wohnungseigentümer wird der Verwalter den Vertrag mit Firma XX-Hausmeister-Service-GmbH gegenzeichnen. Die Finanzierung der entsprechend entstehenden Kosten erfolgt aus den laufenden Hausgeldern. Für die kommende Wirtschaftsperiode wird der Verwalter eine entsprechende Kostenposition im Wirtschaftsplan vorsehen. Die Kostenverteilung erfolgt in Übereinstimmung mit dem geltenden Kostenverteilungsschlüssel nach Miteigentumsanteilen.

[*Alternative (Umlaufbeschluss nicht zustande gekommen):* hiermit teile ich Ihnen mit, dass mir bis zum Fristablauf am gestrigen Tage überwiegend ablehnende Voten von Eigentümern zu der zu TOP XX in der Eigentümerversammlung vom _____ beschlossenen mehrheitlichen Abstimmung auf Grundlage von § 23 Abs. 3 Satz 2 WEG n.F. zugegangen sind. Insgesamt haben 7 Wohnungseigentümer gegen den Beschlussantrag gestimmt, 3 Wohnungseigentümer haben sich für den Beschlussantrag ausgesprochen, 2 Wohnungseigentümer haben an der Beschlussfassung nicht teilgenommen. Dementsprechend teile ich Ihnen hiermit mit, dass ein Beschluss zur Beauftragung eines Hausmeister-Services nicht zustande gekommen ist.]

Mit freundlichen Grüßen
Verwalter/in

 **Fehlerhafte Verkündung**
Verkündet der Verwalter einen im schriftlichen Verfahren gefassten Beschluss als zustande gekommen, obwohl im Verfahren des § 23 Abs. 3 Satz 2 WEG n. F. nicht die Mehrheit der Wohnungseigentümer zugestimmt hat oder außerhalb dieser Bestimmung nicht die Zustimmung sämtlicher Wohnungseigentümer nach § 23 Abs. 3 Satz 1 WEG n. F. vorliegt, ist umstritten, ob gleichwohl ein dann zumindest anfechtbarer Beschluss zustande gekommen ist[349] oder ob ein Nichtbeschluss vorliegt, der keinerlei Rechtswirkung entfaltet.[350] Da der Verkündung stets konstitutive Wirkung zukommt, wird man wohl vom Zustandekommen eines Beschlusses ausgehen müssen.

**Eintragung in Beschluss-Sammlung**
Über Beschlüsse nach § 23 Abs. 3 WEG ist zwar kein Protokoll i. S. d. § 24 Abs. 6 WEG zu fertigen, diese sind jedoch in die Beschluss-Sammlung aufzunehmen. Wie § 24 Abs. 7 Satz 2 Nr. 2 WEG zum Ausdruck bringt, sind auch bei einem Umlaufbeschluss neben dessen Wortlaut zusätzlich Ort und Datum der Verkündung in der Beschluss-Sammlung auszuweisen. Insoweit ist der Beschluss in die Beschluss-Sammlung einzutragen und die entsprechende Mitteilung – bestenfalls nochmals – mit dem Beschlusswortlaut als Anlage zur Beschluss-Sammlung zu nehmen.

**Keine Sperre für Versammlungsbeschlussfassung**
Für den Fall, dass ein Beschluss im Umlaufverfahren, egal ob auf Grundlage von § 23 Abs. 3 Satz 2 WEG oder außerhalb seines Anwendungsbereichs, dann nach § 23 Abs. 3 Satz 1 WEG n. F. nicht zustande kommen sollte, sind die Wohnungseigentümer nicht gehindert, den Beschlussantrag erneut zum Gegenstand eines Versammlungsbeschlusses zu machen – oder aber auch eines solchen im Umlaufverfahren des § 23 Abs. 3 WEG n. F. Tatsächlich nämlich handelt es sich in beiden Fällen nicht nur um einen Negativbeschluss, der ohnehin in aller Regel keine Sperrwirkung entfaltet, sondern um einen Nichtbeschluss. Ungeachtet der tatsächlichen dogmatischen Einordnung – wollte man also einem auf Grundlage von § 23 Abs. 3 Satz 2 WEG n. F. nicht zustande gekommenen Beschluss tatsächlich eine Negativbeschluss-Qualität zusprechen (im Fall des § 23 Abs. 3 Satz 1 WEG könnte man dies nicht) –

---
[349] So LG Hamburg, Urteil v. 12.7.2017, 318 S 31/16, ZMR 2017 S. 828.
[350] So LG München I, Urteil v. 18.7.2013, 36 S 20429/12, ZMR 2014 S. 53.

stünde die Ablehnung des konkret zur Beschlussfassung stehenden Antrags einer erneuten Befassung in einer Eigentümerversammlung nicht entgegen.

## 11.3 Dokumentation der Beschlussfassung

Hinsichtlich der Dokumentation der Beschlussfassung war ursprünglich im Gesetzentwurf vorgesehen, die durch das WEG-Reformgesetz im Jahr 2007 geschaffene Beschluss-Sammlung in der dort vorgesehenen Form abzuschaffen und durch eine bloße Sammlung von Niederschriften und Urteilen zu ersetzen. Der Rechtsausschuss hat sich hiergegen erfolgreich ausgesprochen. Die Beschluss-Sammlung gemäß § 24 Abs. 7 und 8 WEG wird es also weiterhin geben. Daneben hat der Verwalter nach wie vor auch eine Versammlungsniederschrift zu erstellen.

### 11.3.1 Versammlungsniederschrift

| WEG a.F. | WEG n.F. |
|---|---|
| **§ 24 Einberufung, Vorsitz, Niederschrift** | **§ 24 Einberufung, Vorsitz, Niederschrift** |
| (6) ¹Über die in der Versammlung gefaßten Beschlüsse ist eine Niederschrift aufzunehmen. ²Die Niederschrift ist von dem Vorsitzenden und einem Wohnungseigentümer und, falls ein Verwaltungsbeirat bestellt ist, auch von dessen Vorsitzenden oder seinem Vertreter zu unterschreiben. ³Jeder Wohnungseigentümer ist berechtigt, die Niederschriften einzusehen. | (6) ¹Über die in der Versammlung gefassten Beschlüsse ist **unverzüglich** eine Niederschrift aufzunehmen. ²Die Niederschrift ist von dem Vorsitzenden und einem Wohnungseigentümer und, falls ein Verwaltungsbeirat bestellt ist, auch von dessen Vorsitzenden oder seinem Vertreter zu unterschreiben. |

Neben dem Führen der Beschluss-Sammlung hat der Verwalter weiterhin auch die Versammlungsniederschrift zu erstellen.

### „Unverzügliche" Erstellung

Entsprechend der weiterhin geltenden Bestimmung des § 24 Abs. 7 Satz 7 WEG, wonach Beschlüsse und Urteilsformeln gerichtlicher Entscheidungen *„unverzüglich"* in die Beschluss-Sammlung aufzunehmen sind, ist dies nunmehr auch bezüglich der Versammlungsniederschriften geregelt.

## Beschlussfassung
Seite 340

 **Neu: Unverzügliche Erstellung der Versammlungsniederschrift**
Korrespondierend mit § 24 Abs. 7 Satz 7 WEG zur Beschluss-Sammlung, ist die Versammlungsniederschrift künftig gemäß § 24 Abs. 6 Satz 1 WEG n. F. „unverzüglich" von dem Versammlungsvorsitzenden zu erstellen.

Es liegt nahe, dass diese gesetzliche Modifizierung auf einem Versehen beruht. Da der Gesetzgeber ursprünglich im Hinblick auf die geplante Neuregelung der Beschluss-Sammlung des § 25 WEG-E, die nun nicht Gesetz wird, keine unverzügliche Eintragung der Beschlüsse mehr in die Beschluss-Sammlung vorgesehen hatte, wurde die Regelung über die Erstellung der Niederschrift entsprechend modifiziert, sodass den Wohnungseigentümern nach wie vor alsbald nach der Versammlung ein Informationsmedium zur Verfügung steht, welche Beschlüsse gefasst wurden. Da nun aber die Regelungen über die Beschluss-Sammlung in § 24 Abs. 7 und 8 WEG unverändert weiter gelten werden, und hier ohnehin angeordnet ist, dass Beschlüsse unverzüglich in die Beschluss-Sammlung einzutragen sind, dürfte vom Rechtsausschuss wohl übersehen worden sein, dass dann die Niederschriften nicht ebenfalls unverzüglich zu erstellen sein werden. Freilich ist die Regelung nunmehr Gesetz und von den Verwaltern zu beachten.

**„Unverzüglich"**
Im juristischen Kontext heißt „*unverzüglich*" nach § 121 Abs. 1 Satz 1 BGB „*ohne schuldhaftes Zögern*", also sofort, es sei denn, der Verpflichtete ist aus von ihm nicht zu vertretenden Gründen daran gehindert, sofort tätig zu werden.

Der Gesetzgeber geht in seiner Begründung[351] davon aus, dass den Grundsätzen ordnungsmäßiger Verwaltung nur dann Genüge getan ist, wenn die Niederschrift unverzüglich nach Beendigung der Versammlung erstellt wird. Bei Wohnungseigentümerversammlungen, die in den Abendstunden stattfinden, wird man vom Verwalter zwar sicherlich nicht verlangen können, dass dieser unmittelbar nach Beendigung der Versammlung die Versammlungsniederschrift erstellt. „*Unverzüglich*" ist hier zweifellos aber die Erstellung der Niederschrift am darauffolgenden Geschäftstag nach Bürobeginn. Gleichzeitig dürfte dieser Termin dann auch den spätesten Zeitpunkt darstellen, denn der Verwalter muss damit rechnen, dass einzelne Wohnungseigentümer, die an der betreffenden Eigentümerversammlung nicht teilgenommen haben, sich bereits am nächsten Tag über die verkündeten Beschlüsse informieren möchten und Einsicht in die Beschluss-Sammlung begehren. Freilich muss dem Verwalter die Erstellung zu diesem Zeitpunkt aus betrieblichen Gründen auch möglich sein.

---

[351] BT-Drs. 19/18791, S. 70.

Eine Erstellung der Niederschrift, die erst mehrere Tage später vorgenommen wird, ist in der Regel jedenfalls nicht mehr „*unverzüglich*". Hinsichtlich der Rechtslage zur unverzüglichen Eintragung von Beschlüssen in die Beschluss-Sammlung, hat die Rechtsprechung früh klargestellt, dass eine Eintragung, die nicht binnen Wochenfrist erfolgt, nicht mehr unverzüglich ist.[352] Diese äußerste zeitliche Grenze wird man künftig auch bei der Versammlungsniederschrift ziehen können.

### Einholung der Unterschriften

Zu beachten ist, dass die Unterschriften der in § 24 Abs. 6 WEG n.F. genannten Personen (des Vorsitzenden der Versammlung, eines Wohnungseigentümers und, falls ein Verwaltungsbeirat bestellt ist, dessen Vorsitzenden oder seines Vertreters) nicht etwa ebenfalls unverzüglich zu leisten sein werden. Der Gesetzentwurf sieht hier keine zeitliche Vorgabe vor.

 **Muster: Versammlungsniederschrift**

**Niederschrift**

**über die ordentliche Wohnungseigentümerversammlung**

**der WEG Hauptstraße 5 in 40627 Düsseldorf**

**vom 12. Mai 2021**

| | |
|---|---|
| Versammlungsort: | „Hubertus-Stube" im Hotel „Zum Hirschen" in Düsseldorf-Unterbach |
| Versammlungsbeginn: | 18.00 Uhr |
| Versammlungsende: | 19.30 Uhr |
| Versammlungsleiter: | Stefan Müller als Verwalter der Gemeinschaft |
| Protokollführerin: | Heike Müller als Mitarbeiterin des Verwalters |

30 von 35 Wohnungseigentümern anwesend bzw. vertreten

Anwesenheitsliste mit Stimmrechtsvollmachten in der Anlage der Niederschrift

---

[352] LG München I, Beschluss v. 6.2.2008, 1 T 22613/07, NZM 2008 S. 410.

## Beschlussfassung

Unter Hinweis auf die Einladung vom 10. April 2021 eröffnet der Versammlungsleiter die Versammlung unter Eintritt in die allen Wohnungseigentümern mitgeteilte Tagesordnung:

### TOP 1: Feststellung der ordnungsgemäßen Einberufung
Die Versammlung wurde ordnungsgemäß mit Ladungsschreiben vom 10. April 2021 nebst Tagesordnung einberufen.

### Geschäftsordnungsbeschluss zur Protokollunterzeichnung
Da gemäß § 24 Abs. 6 Satz 2 WEG neben der Unterschrift des Versammlungsleiters und des Beiratsvorsitzenden bzw. dessen Stellvertreters auch noch die Unterschrift eines Wohnungseigentümers unter die Niederschrift dieser Eigentümerversammlung erforderlich ist, fassen die Wohnungseigentümer folgenden Beschluss zur Geschäftsordnung:

> Die Niederschrift über die Wohnungseigentümerversammlung vom 12. Mai 2021 ist von der Wohnungseigentümerin Frau Annegret Gruber zu unterzeichnen.

**Abstimmungsergebnis**:

Ja-Stimmen: 29

Nein-Stimmen: 0

Enthaltungen: 1

Der Versammlungsleiter verkündete folgendes Beschlussergebnis:

Der Beschluss wurde angenommen.

Frau Gruber erklärt ihr Einverständnis hiermit.

### Geschäftsordnungsbeschluss zur Redezeitbeschränkung
Auf Anregung des Wohnungseigentümers Schulze fassten die Wohnungseigentümer folgenden Beschluss zur Geschäftsordnung dieser Wohnungseigentümerversammlung:

> Die Redezeit eines jeden Versammlungsteilnehmers wird auf 7 Minuten begrenzt. Wortmeldungen sind per Handzeichen anzumelden. Der Versammlungsleiter führt eine entsprechende Rednerliste und erteilt bzw. entzieht nach Ablauf der Redezeit das Wort.

**Abstimmungsergebnis:**

Ja-Stimmen: 20

Nein-Stimmen: 3

Enthaltungen: 7

Der Versammlungsleiter verkündete folgendes Beschlussergebnis:
Der Beschluss wurde angenommen.

### TOP 2: Beschlussfassung über die Einforderung von Nachschüssen bzw. die Anpassung der beschlossenen Vorschüsse auf Grundlage der Jahresgesamt- und der Jahreseinzelabrechnungen 2020

Der Versammlungsleiter erläuterte die einzelnen Positionen der Jahresabrechnung und wies anhand des Abgleichs der Salden zwischen Einnahmen und Ausgaben sowie der Kontoanfangs- und -endbestände deren Schlüssigkeit nach. Folgender Beschlussantrag kam zur Abstimmung:

> Die Wohnungseigentümer genehmigen die sich aus vorliegenden und bereits mit dem Ladungsschreiben vom 12. April 2021 übersandten Jahresgesamtabrechnung und der jeweiligen Jahreseinzelabrechnungen der Wirtschaftsperiode 2020 mit Druckdatum 18. März 2021 ergebenden Nachschüsse bzw. Anpassungen der auf Grundlage des Wirtschaftsplans beschlossenen Vorschüsse.

**Abstimmungsergebnis:**

Ja-Stimmen: 24

Nein-Stimmen: 3

Enthaltungen: 3

Der Versammlungsleiter verkündete folgendes Beschlussergebnis:
Der Beschluss wurde angenommen.

### TOP 3: Festsetzung der Vorschüsse zur Kostentragung nach Wirtschaftsplan 2021

Die Wohnungseigentümer genehmigen die sich auf Grundlage der jeweiligen Einzelwirtschaftspläne mit Druckdatum vom _____ für die einzelnen Sondereigentumseinheiten festgesetzten Hausgeldvorschüsse, bestehend aus den Beiträgen zur Bewirtschaftung und Verwaltung sowie der Erhaltungsrücklage und der Rücklage für

Beschlussklagen. Die monatlich bis spätestens zum dritten Werktag eines Kalendermonats zu leistenden Teilbeträge gelten rückwirkend für den Zeitraum ab dem 1. Januar 2021 bis die Wohnungseigentümer über eine Neufestsetzung der Vorschüsse beschließen. Der Differenzbetrag aus dem neuen und alten Hausgeld wird zum __.__.2021 mit den Eigentümern verrechnet, die ein SEPA-Lastschriftmandat erteilt haben. Die übrigen Miteigentümer sorgen bitte zur Vermeidung von Hausgeldrückständen oder Überzahlungen selbst dafür, dass sie ihre Daueraufträge bzw. Zahlungen entsprechend anpassen.

**Abstimmungsergebnis**:

Ja-Stimmen: 24

Nein-Stimmen: 3

Enthaltungen: 3

Der Versammlungsleiter verkündete folgendes Beschlussergebnis:

Der Beschluss wurde angenommen.

### TOP 4 Fortgeltung des Wirtschaftsplans

Die sich auf Grundlage des den Wohnungseigentümern vorliegenden Wirtschaftsplans für die Wirtschaftsperiode 2021 ergebenden Hausgelder bleiben so lange maßgeblich, bis die Wohnungseigentümer nach § 28 Abs. 1 Satz 1 WEG über eine Anpassung dieser Beiträge Beschluss fassen.

**Abstimmungsergebnis**:

Ja-Stimmen: 20

Nein-Stimmen: 7

Enthaltungen: 3

Der Versammlungsleiter verkündete folgendes Beschlussergebnis:

Der Beschluss wurde angenommen.

### TOP 5 Bestellung eines Vertreters gegenüber dem Verwalter

Die Wohnungseigentümer bestellen Frau/Herrn _____ zum Vertreter der Gemeinschaft der Wohnungseigentümer gegenüber dem Verwalter.

**Abstimmungsergebnis**:

Ja-Stimmen: 29

Nein-Stimmen: 0

Enthaltungen: 1

Der Versammlungsleiter verkündete folgendes Beschlussergebnis:
Der Beschluss wurde angenommen.

**TOP 6 Änderung der Kostenverteilung hinsichtlich der Kosten des Allgemeinstroms im Tiefgaragengebäude; künftig Verteilung nur unter den Stellplatzeigentümern**

Gemäß § ___ der Teilungserklärung der Wohnungseigentümergemeinschaft des Notars _____ vom _____ zu der Urkundenrollen-Nummer _____ erfolgt die Verteilung der Kosten und Lasten des Gemeinschaftseigentums unter den Wohnungseigentümern einschließlich der Eigentümer von Stellplätzen im Tiefgaragengebäude nach Miteigentumsanteilen. Angesichts der Tatsache, dass nicht sämtliche Wohnungseigentümer über einen Stellplatz in der Tiefgarage verfügen, beschließen die Wohnungseigentümer abweichend hiervon, die Kosten des im Tiefgaragengebäude verbrauchten Allgemeinstroms gemäß Zwischenzähler künftig ab der Wirtschaftsperiode 2022 nur noch unter den jeweiligen Eigentümern von Tiefgaragenstellplätzen zu verteilen. Die Verteilung der Kosten des im Tiefgaragengebäude verbrauchten Allgemeinstroms erfolgt unter den Stellplatzeigentümern nach Objekten, also nach Tiefgaragenstellplätzen.

**Abstimmungsergebnis**:

Ja-Stimmen: 28

Nein-Stimmen: 0

Der Versammlungsleiter verkündete folgendes Beschlussergebnis:

Der Beschluss wurde angenommen.

**TOP 7 Verschiedenes**

Herr Schulz bemängelt, dass die Müllgefäße stets bereits am Mittag des Vortags der Abholung bereitgestellt werden. Dies stelle nicht nur für ihn, sondern die ganze Anlage eine erhebliche ästhetische Beeinträchtigung dar.

Frau Gruber bittet allseits im Hinblick auf die bei ihr lebende gebrechliche Mutter um mehr Rücksichtnahme, insbesondere darum, die in der Hausordnung geregelten Ruhezeiten einzuhalten.

Nachdem es keine weiteren Wortmeldungen mehr gibt, beendet der Versammlungsleiter diese Wohnungseigentümerversammlung um 19.30 Uhr.

Düsseldorf, den 13. Mai 2021

Verwaltungsbeiratsvorsitzender
Herr Schmidt
_____
(Datum, Unterschrift)

Wohnungseigentümerin
Frau Gruber
_____
(Datum, Unterschrift)

Versammlungsleiter Herr Müller _____
(Datum, Unterschrift)

 **Einsicht in die Versammlungsniederschriften**
Bislang regelt § 24 Abs. 6 Satz 3 WEG a. F. die Berechtigung eines jeden Wohnungseigentümers zur Einsichtnahme in die Niederschriften. Diese Regelung sieht das WEMoG nicht mehr vor. Sie wäre auch überflüssig, da den Wohnungseigentümern erstmals mit § 18 Abs. 4 WEG n. F. ausdrücklich ein gesetzliches Einsichtsrecht in die Verwaltungsunterlagen eingeräumt wird. Da die Versammlungsniederschriften zu den elementaren Verwaltungsunterlagen zählen, ist vom Einsichtsrecht des § 18 Abs. 4 WEG n. F. selbstverständlich auch das Recht zur Einsichtnahme in die Niederschriften umfasst.

## 11.3.2 Beschluss-Sammlung

### 11.3.2.1 Grundsätze

Neben der Verpflichtung zur Erstellung der Versammlungsniederschrift hat der Verwalter seit dem 1.7.2007 die weitere gesetzliche Verpflichtung, eine Beschluss-Sammlung zu führen. Die Pflicht zum Führen der Beschluss-Sammlung ersetzt also nicht die Pflicht zur Erstellung der Versammlungsniederschriften, sondern besteht zusätzlich. Auch vor dem Hintergrund, dass Beschlüsse auf Grundlage einer vereinbarten Öffnungsklausel nach § 10 Abs. 3 Satz 1 WEG n. F. zur Wirkung gegen Sondernachfolger von Wohnungseigentümern der Eintragung ins Grundbuch bedürfen[353], gilt dies nicht für Beschlüsse auf Grundlage einer gesetzlichen Öffnungsklausel wie insbesondere § 16 Abs. 2 Satz WEG n. F. Gerade insoweit ist und bleibt die Beschluss-Sammlung ein wertvolles Informationsmedium. Selbstverständlich wirkt die Eintragung in die Beschluss-Sammlung nicht etwa dergestalt konstitutiv, dass diese Wirksamkeitsvoraussetzung wäre. Die Wirksamkeit der

---
[353] Siehe Kap. 4 Grundbucheintragung von Beschlüssen aufgrund einer Öffnungsklausel.

**Beschlussfassung**

Beschlüsse hängt nicht davon ab, ob diese in die Beschluss-Sammlung aufgenommen werden oder nicht.
§ 10 Abs. 3 WEG n.F. sieht im Gegensatz zu § 10 Abs. 4 Satz 1 WEG a.F. keine Regelung mehr bezüglich gerichtlicher Entscheidungen in den Verfahren des § 43 WEG vor. Eine ausdrückliche Regelung zur Rechtskrafterstreckung findet sich nur noch in § 44 Abs. 3 WEG n.F. Hiernach wirkt das Urteil einer Beschlussklage für und gegen alle Wohnungseigentümer, auch wenn sie nicht Partei sind. Diese Klarstellung ist gerade zur Bindung der Sondernachfolger der Wohnungseigentümer erforderlich, da Beschlussklagen künftig gegen die Gemeinschaft der Wohnungseigentümer zu richten sind. Mit Blick auf die weiteren Verfahren des § 43 WEG n.F. richtet sich die Rechtskrafterstreckung nach den allgemeinen zivilprozessualen Regeln.

Im Zuge des recht holprigen Gesetzgebungsverfahrens und dem saloppen Umgang mit dem Thema „Beschluss-Sammlung" wurde versäumt, zumindest in § 24 Abs. 7 Satz 1 Nr. 2 WEG eine redaktionelle Änderung vorzunehmen. Bekanntlich ist dort von „schriftlichen" Beschlüssen die Rede. Da die Zustimmung nach § 23 Abs. 3 Satz 1 WEG n.F. auch in Textform erfolgen kann, hätte eine Anpassung nahegelegen mit der Bezeichnung „Beschlüsse nach § 23 Abs. 3 WEG".

### 11.3.2.2 Einsichtnahme

Bereits § 18 Abs. 4 WEG n.F. verleiht einem jeden Wohnungseigentümer gegen die Gemeinschaft der Wohnungseigentümer einen Anspruch auf Einsicht in die Verwaltungsunterlagen. Gemäß § 24 Abs. 7 Satz 8 WEG hat ebenfalls jeder Wohnungseigentümer, zusätzlich aber auch ein Dritter, den ein Wohnungseigentümer entsprechend ermächtigt hat, das Recht, Einsicht in die Beschluss-Sammlung zu nehmen.

Beim Einsichtsrecht nach § 24 Abs. 7 Satz 8 WEG gelten dieselben Grundsätze wie im Fall des § 18 Abs. 4 WEG n.F. So muss der Wohnungseigentümer kein berechtigtes Interesse an der Einsicht darlegen. Ermächtigt der Wohnungseigentümer einen Dritten zur Einsicht, so wird er auch die Interessen der übrigen Wohnungseigentümer zu berücksichtigen haben. Ein entsprechendes Einsichtsrecht des Dritten wird daher nur dann zulässig sein, wenn dieser ein berechtigtes Interesse an der Einsichtnahme hat. Dies wird jedenfalls beim Kaufinteressenten stets der Fall sein, da die Verpflichtung zum Führen der Beschluss-Sammlung ja in erster Linie dem Schutz der Rechtsnachfolger dienen soll. Ein eigenes Einsichtsrecht wird dem Dritten jedoch durch § 24 Abs. 7 Satz 8 WEG nicht eingeräumt. Sollte die Einsicht in die Beschluss-Sammlung nicht gewährt werden, ist entsprechende Klage gegen die Gemeinschaft der Wohnungseigentümer im Verfahren des § 43 Abs. 2 Nr. 2 WEG n.F. zu erheben und nicht gegen den die Beschluss-Sammlung führenden Verwalter.

**Beschlussfassung**

### 11.3.2.3 Form

Hinsichtlich der Form der Beschluss-Sammlung enthält das Gesetz keine Vorgaben. Sie kann also in schriftlicher Form z.B. in einem Ordner oder auch in elektronischer Form als Computerdatei geführt werden. Entscheidend ist, dass eine jederzeitige Einsichtsmöglichkeit für die Wohnungseigentümer oder für ermächtigte Dritte (potenzielle Erwerber) besteht. Computerdateien können jederzeit problemlos ausgedruckt werden. Deshalb empfiehlt es sich, die Beschluss-Sammlung elektronisch zu führen.

### 11.3.2.4 Inhalt

In die Beschluss-Sammlung ist nach § 24 Abs. 7 Satz 2 WEG der Wortlaut

- aller in Wohnungseigentümerversammlungen verkündeten Beschlüsse – egal, ob diese in einer ordentlichen oder in einer außerordentlichen Wohnungseigentümerversammlung gefasst worden sind;
- aller Beschlüsse im Umlaufverfahren des § 23 Abs. 3 WEG;
- der Urteilsformeln wohnungseigentumsrechtlicher Entscheidungen gemäß § 43 WEG

einzutragen.

**Versammlungsprotokoll ist nicht einzutragen**

Die Beschränkung auf den Wortlaut insbesondere der verkündeten Beschlüsse macht deutlich, dass nicht die komplette nach § 24 Abs. 6 WEG zu fertigende Niederschrift in die Beschluss-Sammlung aufzunehmen ist. Dies würde zu einer Unübersichtlichkeit der Beschluss-Sammlung führen.

### 11.3.2.4.1 Versammlungsbeschlüsse

In die Beschluss-Sammlung ist der Wortlaut aller Beschlüsse der Wohnungseigentümer, die in einer Wohnungseigentümerversammlung verkündet wurden, aufzunehmen. Unerheblich ist dabei, ob es sich um Beschlüsse handelt, die in einer ordentlichen oder in einer außerordentlichen Eigentümerversammlung gefasst worden sind. Selbstverständlich sind auch die aufgrund einer Öffnungsklausel gefassten Beschlüsse in die Sammlung aufzunehmen, auch wenn diese zusätzlich der Eintragung ins Grundbuch bedürfen, um Rechtswirkung auch gegen Rechtsnachfolger zu entfalten, wie § 10 Abs. 3 Satz 1 WEG n.F. klarstellt. Wegen ihrer Bedeutung sollten derartige gesetzes- oder vereinbarungsändernde Beschlüsse hervorgehoben oder mit entsprechender Anmerkung in die Beschluss-Sammlung aufgenommen werden. Dies gilt erst recht für Beschlüsse auf Grundlage der gesetzlichen Öffnungsklausel des § 16 Abs. 2 Satz 2 WEG n.F. Diese bedürfen zur Wirkung gegen Sonder-

**Beschlussfassung**

nachfolger von Wohnungseigentümern nämlich nicht der Eintragung ins Grundbuch.

Von maßgeblicher Bedeutung werden künftig Beschlüsse des teilenden Eigentümers sein. Gemäß § 9a Abs. 1 Satz 2 WEG n.F. entsteht die Gemeinschaft der Wohnungseigentümer nämlich mit Anlegung der Wohnungsgrundbücher. Insoweit entsteht zunächst die „Ein-Personen-Gemeinschaft" mit der Möglichkeit, „Ein-Personen-Beschlüsse" zu fassen.[354] Diese Beschlüsse sind wie andere Versammlungsbeschlüsse auch zu dokumentieren und zumindest in die Beschluss-Sammlung aufzunehmen. Allerdings dürfte der teilende Eigentümer mit sich selbst wohl keine „Versammlung" durchführen, womit es sich im Regelfall um Beschlüsse des § 23 Abs. 3 WEG n.F. handeln dürfte.

Folgende Beschlüsse müssen eingetragen werden:

- alle Beschlüsse der Eigentümerversammlung, also auch sogenannte „Negativbeschlüsse". Bei Negativbeschlüssen handelt es sich um Beschlüsse, die einen Antrag ablehnen, weil die erforderliche Mehrheit fehlt. Negativbeschlüsse sind grundsätzlich anfechtbar[355];
- Beschlüsse, die unter dem TOP „Verschiedenes" oder „Sonstiges" gefasst wurden;
- selbstverständlich auch Beschlüsse gemäß § 28 Abs. Satz 1 und Abs. 2 Satz 1 WEG n.F. bezüglich der Festlegung von Zahlungspflichten nach Jahresabrechnung und Wirtschaftsplan sowie etwaige Entlastungsbeschlüsse, die sich in kurzer Zeit erledigen.

Hingegen müssen die sogenannten Geschäftsordnungsbeschlüsse, die sich jeweils in/mit der Eigentümerversammlung erledigen, nicht eingetragen werden. Diese sind allerdings nach wie vor in den neben der Beschluss-Sammlung zu führenden Niederschriften zu vermerken.

 **Auch Anlagen sind in die Beschluss-Sammlung aufzunehmen!**

Grundsätzlich kann in einem Beschluss zur Konkretisierung der getroffenen Regelung auch auf ein außerhalb des Protokolls befindliches Dokument Bezug genommen werden, wenn dieses zweifelsfrei bestimmt ist.[356] Ein derartiges Dokument muss sich dann aber auch in der Beschluss-Sammlung finden.

Auch wenn die Beschluss-Sammlung in elektronischer Form geführt wird, dürfte dies kein Problem darstellen, da Dokumente in Papierform gescannt werden können. Sollte dies im Einzelfall nicht möglich sein, sind die im Beschluss in Bezug genommenen Doku-

---

[354] Siehe Kap. 5.1.2.2 „Ein-Personen-Gemeinschaft".
[355] BGH, Beschluss v. 23.8.2001, V ZB 10/01, NJW 2001 S. 3339.
[356] BGH, Urteil v. 8.4.2016, V ZR 104/15, ZMR 2016 S. 638.

mente in einem gesonderten „Anlagen-Ordner" zur Beschluss-Sammlung zu führen. In der Beschluss-Sammlung selbst ist dann auf diese Anlage zu verweisen.

**Jahresabrechnung und Wirtschaftsplan**
Auch wenn die „Rechenwerke" Wirtschaftsplan und Jahresabrechnung nicht mehr Gegenstand der Beschlüsse nach § 28 Abs. 1 Satz 1 und Abs. 2 Satz 1 WEG n. F. sein werden, sind dennoch auch die Jahresabrechnungen und Wirtschaftspläne in einer Anlage zur Beschlussfassung aufzunehmen. Ansonsten ist der Beschluss-Sammlung nämlich nicht zu entnehmen, welchen Inhalt der Beschluss mit Blick auf die von den Wohnungseigentümern zu leistenden Beitragsvorschüsse sowie endgültig zu leistenden Nachschüsse oder Guthaben hat.[357]

§ 24 Abs. 7 Satz 2 Nr. 1 WEG stellt auf „verkündete" und nicht auf „gefasste" Beschlüsse ab, weil die Verkündung des Beschlussergebnisses konstitutive Voraussetzung für die Existenz des Beschlusses ist.[358] Die mündliche Feststellung und Verkündung des Beschlussergebnisses ist dabei ausreichend.[359]

 **Eintragung „heilt" Nichtverkündung nicht**
Für die Existenz und Wirksamkeit eines gefassten Beschlusses kommt es allein auf die Verkündung des Beschlusses in der Versammlung durch den Versammlungsleiter an. Die Protokollierung des Beschlusses und die Aufnahme in die Beschluss-Sammlung sind für dessen Wirksamkeit und Existenz nicht erforderlich. Die Protokollierung und Wiedergabe in der Beschluss-Sammlung können die Nichtverkündung eines Beschlusses durch den Versammlungsleiter auch nicht heilen. Fehlt es an der erforderlichen Verkündung des Beschlusses, so ist dieser als nicht existent zu betrachten, man spricht in einem solchen Fall auch von einem „Nichtbeschluss".

Der Beschluss ist in der Beschluss-Sammlung so wiederzugeben, wie er in der Versammlung gefasst und verkündet wurde. Daneben sind Datum und Ort der Eigentümerversammlung anzugeben. Ist er angefochten oder aufgehoben worden, ist dies nach § 24 Abs. 7 Satz 3 WEG entsprechend anzugeben.

---

[357] Vgl. zum alten Recht: AG Essen, Urteil v. 26.8.2015, 196 C 37/15, ZMR 2016 S. 148.
[358] BGH, Beschluss v. 23.8.2001, V ZB 10/01, NJW 2001 S. 3339.
[359] BayObLG, Beschluss v. 13.10.2004, 2Z BR 152/04, NJW-RR 2005 S. 456.

**Achtung bei elektronischer Form**
Insbesondere beim Führen der Beschluss-Sammlung in elektronischer Form könnte die Löschung einzelner Eintragungen dazu verführen, die freiwerdende laufende Nummer mit einer anderen Eintragung zu versehen. Dies ist jedoch nicht möglich und würde gegen die Grundsätze ordnungsmäßiger Verwaltung verstoßen. Zwar kann der Beschlusswortlaut oder aber der Tenor einer gerichtlichen Entscheidung gelöscht werden. Die laufende Nummer ist jedoch beizubehalten und unter dieser ist der entsprechende Löschungsvermerk einzutragen.

### 11.3.2.4.2 Umlaufbeschlüsse des § 23 Abs. 3 WEG n.F.

Wie § 24 Abs. 7 Satz 2 Nr. 2 WEG zum Ausdruck bringt, sind in die Beschluss-Sammlung auch bei einem Umlaufbeschluss im Verfahren des § 23 Abs. 3 WEG n.F. neben dem Wortlaut Ort und Datum der Verkündung einzutragen. Gefasst ist ein Beschluss im Umlaufverfahren, wenn die Zustimmung des letzten Wohnungseigentümers beim Verwalter eingeht, dieser das Beschlussergebnis feststellt und durch Mitteilung an die Wohnungseigentümer verkündet. Die Verkündung kann insoweit durch Rundschreiben, in Textform, insbesondere durch E-Mail erfolgen. Möglich wäre auch ein entsprechender Aushang im Treppenhaus der Wohnanlage.

Da der teilende Eigentümer in aller Regel keine Versammlung mit sich selbst durchführen dürfte, wird er in aller Regel „Ein-Personen-Umlaufbeschlüsse" fassen, die er entsprechend in der Beschluss-Sammlung zu dokumentieren hat.

### 11.3.2.4.3 Urteilsformeln gerichtlicher Entscheidungen

Neben den Beschlüssen sind gemäß § 24 Abs. 7 Satz 2 Nr. 3 WEG auch die Urteilsformeln gerichtlicher Entscheidungen in Rechtsstreitigkeiten nach § 43 WEG unter Angabe des Datums, des Gerichts und der Parteien in die Beschluss-Sammlung aufzunehmen.

**Aufzunehmende Urteilsformeln**

Aufzunehmen sind die Urteilsformeln aller Rechtsstreitigkeiten gemäß § 43 WEG und nicht nur solche, die infolge eines Beschlussklageverfahrens nach § 43 Abs. 2 Nr. 4 i.V.m. § 44 Abs. 1 WEG n.F. ergangen sind.

Neben den Urteilsformeln, die in den Streitigkeiten des § 43 Abs. 2 Nr. 1 bis Nr. 4 WEG n.F. ergangen sind, sind auch die nach § 43 Abs. 1 WEG n.F. ergangenen Entscheidungen in die Beschluss-Sammlung aufzunehmen. Dies gilt zumindest für die Streitigkeiten, die gemäß § 43 Abs. 1 Satz 1 WEG n.F. gegen die Gemeinschaft der Wohnungseigentümer geführt werden.

## Beschlussfassung

Anders dürfte es bei gerichtlichen Entscheidungen aussehen, die von außenstehenden Dritten gegen einzelne Wohnungseigentümer gemäß § 43 Abs. 1 Satz 2 WEG n. F. geführt werden, da der Verwalter wohl nur in Ausnahmefällen überhaupt Kenntnis von derartigen Streitigkeiten haben dürfte. Hat er allerdings Kenntnis, so hat er auch die Eintragung vorzunehmen. Derartige Entscheidungen sind nämlich nicht nur für Rechtsnachfolger des beklagten Wohnungseigentümers von Bedeutung, sie werden in aller Regel auch Auswirkungen auf das Gemeinschaftsverhältnis haben, da der in Anspruch genommene Wohnungseigentümer entsprechende Ansprüche gegen die Gemeinschaft der Wohnungseigentümer geltend machen dürfte. Kenntnis des Verwalters kann insbesondere in den Fällen des § 43 Abs. 2 Nr. 1 WEG n. F. fehlen, in denen z. B. nur 2 Wohnungseigentümer miteinander streiten.

### Die Urteilsformel

Die Urteilsformel ist in § 313 Abs. 1 Nr. 4 ZPO geregelt und wesentlicher Bestandteil des Urteils. Die Urteilsformel wird auch als Tenor bezeichnet. Die Urteilsformel enthält in knapper und präziser Form die Entscheidung des Gerichts.

**Beispiel: Formulierung**

Wohnungseigentümer A wird von der Wohnungseigentümergemeinschaft erfolgreich auf Beseitigung der von ihm eigenmächtig installierten Parabolantenne in Anspruch genommen. Der Tenor lautet (vereinfacht): „Der Beklagte wird verurteilt, die auf seinem Balkon errichtete Parabolantenne zu beseitigen."

Neben der eigentlichen Sachentscheidung des Gerichts, die im vorstehenden Beispiel wiedergegeben ist, enthält die Urteilsformel auch eine Kostenentscheidung sowie eine Entscheidung über die Vollstreckbarkeit des Urteils. Die vollständige Urteilsformel in obigem Beispiel würde wie folgt lauten:

1. Der Beklagte wird verurteilt, die auf seinem Balkon errichtete Parabolantenne zu beseitigen.

2. Der Beklagte trägt die Kosten des Verfahrens.

3. Das Urteil ist vorläufig vollstreckbar.

In die Beschluss-Sammlung ist diese Urteilsformel vollständig aufzunehmen: sowohl die Sachentscheidung (Ziffer 1) als auch die Kostenentscheidung (Ziffer 2) und die Entscheidung über die Vollstreckbarkeit des Urteils (Ziffer 3).

### Vergleiche

Vergleiche sind jedenfalls keine gerichtlichen Entscheidungen. Auch wird der Inhalt eines Vergleichs lediglich vom Gericht protokolliert, ohne dass dieses

Protokoll eine „Urteilsformel" enthält. Gleiches gilt in den Fällen des § 278 Abs. 6 ZPO, in denen das Gericht durch Beschluss feststellt, dass zwischen den streitenden Parteien ein Vergleich aufgrund entsprechender schriftlicher Unterbreitung mit bestimmtem Inhalt zustande gekommen ist. Jedenfalls handelt es sich hierbei nicht um „Urteilsformeln". Nach überwiegender Meinung sind Vergleiche jedenfalls nicht in die Beschluss-Sammlung aufzunehmen.

### 11.3.2.5 Zeitpunkt der Eintragung

Beschlüsse und Urteilsformeln gerichtlicher Entscheidungen sind „unverzüglich" in die Beschluss-Sammlung aufzunehmen. Insoweit kann auf die Ausführungen zur Erstellung der Versammlungsniederschrift verwiesen werden.[360]

### 11.3.2.6 Fortlaufende Nummerierung/Reihenfolge der Einträge

Die Eintragungen in die Beschluss-Sammlung haben gemäß § 24 Abs. 7 Satz 3 WEG nacheinander mit fortlaufender Nummerierung zu erfolgen.

**Beispiel: Fortlaufende Nummerierung**

Für den Fall, dass der Vorverwalter keine Beschluss-Sammlung geführt haben sollte, folgendes Beispiel: In der Wohnungseigentümerversammlung vom 25. Juli 2021 werden 14 Beschlüsse gefasst. Am 30. Juli 2021 wird dem Verwalter die gerichtliche Entscheidung über die Verurteilung eines Wohnungseigentümers zur Zahlung rückständiger Hausgelder zugestellt. Aufgrund von Liquiditätsengpässen der Gemeinschaft beruft der Verwalter am 29. September 2021 eine außerordentliche Wohnungseigentümerversammlung ein, in der die Wohnungseigentümer die Bildung einer entsprechenden Liquiditätsumlage beschließen.

Die in der Eigentümerversammlung am 25. Juli 2021 gefassten Beschlüsse sind ihrer Reihenfolge nach als laufende Nummern 1 bis 14 einzutragen. Der Tenor der am 30. Juli 2021 zugestellten Entscheidung ist als laufende Nummer 15 einzutragen. Der Beschluss über die Liquiditätsumlage anlässlich der außerordentlichen Wohnungseigentümerversammlung vom 29. September 2021 ist als laufende Nummer 16 einzutragen.

**Ordnung nach Sachgebieten**

Alternativ können die Eintragungen auch nach Sachgebieten geordnet erfolgen. Zu denken ist an folgende Sachgebiete:

- Finanzverwaltung (Jahresabrechnungen/Wirtschaftspläne/Sonderumlagen)

---

[360] Siehe Kap. 11.3.1 Versammlungsniederschrift.

## Beschlussfassung

- Kostenverteilung
- Instandhaltung und Instandsetzung
- bauliche Veränderungen

Da jedoch die fortlaufende Nummerierung eingetragener Beschlüsse als Indiz für die Vollständigkeit der Sammlung erforderlich ist, kann nicht jeweils innerhalb eines Sachgebiets fortlaufend nummeriert werden. Es ist vielmehr auch bei einer nach Sachgebieten geführten Beschluss-Sammlung „historisch" zu nummerieren.

### Beispiel: Ordnung nach Sachgebieten

Wegen der Größe der Eigentümergemeinschaft und der Vielzahl der zu fassenden Beschlüsse, führt der Verwalter die Beschluss-Sammlung nach Sachgebieten geordnet. Die Beschlüsse über die Jahresabrechnungen werden dabei in die Rubrik „Finanzverwaltung" eingetragen, diejenigen über bauliche Veränderungen in die Rubrik „Bauliche Veränderungen". Der Beschluss über die Jahresabrechnung der Wirtschaftsperiode 2020 ist unter der fortlaufenden Nummer 25 als letzter Beschluss in die Rubrik „Finanzverwaltung" eingetragen. In der Wohnungseigentümerversammlung erfolgte noch eine Beschlussfassung über eine bauliche Veränderung, die der Verwalter als laufende Nummer 26 in die Rubrik „Bauliche Veränderungen" eingetragen hat. Gerichtliche Entscheidungen sind in der Folgezeit nicht ergangen, Beschlüsse im schriftlichen Verfahren wurden ebenfalls nicht mehr gefasst.

Vorausgesetzt, der Verwalter sei aufgrund des Minderheitenquorums gemäß § 24 Abs. 2 WEG wegen einer gewünschten baulichen Veränderung gezwungen, eine außerordentliche Eigentümerversammlung einzuberufen und würde die Gelegenheit zur Beschlussfassung über die bereits gefertigte Jahresgesamtabrechnung 2020 samt zugehöriger Einzelabrechnungen nutzen, könnten in der Eigentümerversammlung 2 Beschlüsse gefasst werden: zu TOP 1 der Beschluss über die bauliche Veränderung und zu TOP 2 der Beschluss über die Genehmigung der Jahresgesamtabrechnung sowie der zugehörigen Einzelabrechnungen. In die Rubrik „Finanzverwaltung" wäre der zeitlich der Beschlussfassung über die bauliche Veränderung nachfolgende Beschluss über die Jahresabrechnung nicht als fortlaufende Nummer 26 einzutragen, sondern entsprechend der „historischen" Reihenfolge als Nummer 28. Der Beschluss über die bauliche Veränderung wäre in die Rubrik „Bauliche Veränderungen" als laufende Nummer 27 einzutragen.

**Fortlaufende Nummerierung zulässig?**
Da eine nach Sachgebieten geordnete Beschluss-Sammlung insbesondere in Großanlagen vorteilhaft sein dürfte, könnte die einzuhaltende, rein „historisch" fortlaufende Nummerierung für allerlei Verwirrung sorgen. Es mag unterstellt werden, dass dies dem Gesetzgeber bei Erlass des Reformgesetzes im Jahr 2007 nicht bewusst war und die Rechtsprechung auch eine fortlaufende Nummerierung innerhalb der einzelnen Sachgebiete zulässt. Einschlägige Rechtsprechung zu dieser Thematik ist allerdings noch nicht ergangen.

### 11.3.2.7 Löschung

Sind Beschlüsse angefochten oder aufgehoben worden, ist dies nach § 24 Abs. 7 Satz 3 WEG entsprechend anzugeben. Im Fall der Aufhebung kann nach § 24 Abs. 7 Satz 4 WEG auch von einer Eintragung abgesehen und der Beschluss gelöscht werden. Eine Eintragung kann nach § 24 Abs. 7 Satz 5 WEG auch gelöscht werden, wenn sie aus einem anderen Grund für die Wohnungseigentümer keine Bedeutung mehr hat. Eine Eintragung hat dann „keine Bedeutung" mehr, wenn der ihr zugrunde liegende Beschluss durch eine spätere Regelung überholt ist oder wenn er sich durch Zeitablauf erledigt hat. Für die Beurteilung kommt es maßgeblich auf die Umstände des Einzelfalls an. Von einer Löschung kann also abgesehen werden, wenn Zweifel bestehen, ob eine Eintragung noch „Bedeutung" hat oder nicht.

 **Achtung bei elektronischer Form**
Insbesondere beim Führen der Beschluss-Sammlung in elektronischer Form könnte die Löschung einzelner Eintragungen dazu verführen, die freiwerdende laufende Nummer mit einer anderen Eintragung zu versehen. Dies ist jedoch nicht möglich und würde gegen die Grundsätze ordnungsmäßiger Verwaltung verstoßen. Zwar kann der Beschlusswortlaut oder aber der Tenor einer gerichtlichen Entscheidung gelöscht werden. Die laufende Nummer ist jedoch beizubehalten und unter dieser ist der entsprechende Löschungsvermerk einzutragen.

# Beschlussfassung
## Seite 356

## 12 Eigentümerversammlung

Zentrale Normen für die Regelung konkreter Einzelheiten der Wohnungseigentümerversammlung, nämlich der Einberufung, des Vorsitzes in der Versammlung und der Niederschrift, bleiben §§ 23 ff. WEG. Praktisch bedeutsame Änderungen ergeben sich hinsichtlich des Einberufungsverlangens des § 24 Abs. 2 WEG n.F., das künftig nicht mehr der Schriftform bedarf. Die Ladungsfrist ist künftig auf 3 Wochen verlängert.

Eine Teilnahme an der Wohnungseigentümerversammlung im Wege elektronischer Kommunikation kann künftig durch Beschlussfassung gemäß § 23 Abs. 1 Satz 2 WEG n.F. ermöglicht werden.

### 12.1 Zur Einberufung Berechtigte

Nach wie vor wird die Eigentümerversammlung primär durch den Verwalter einberufen. § 24 Abs. 1 WEG bleibt unverändert. Für den Fall, dass ein Verwalter fehlt oder dieser sich pflichtwidrig weigern sollte, eine Eigentümerversammlung einzuberufen, sind zur Einberufung nach wie vor der Vorsitzende des Verwaltungsbeirats oder sein Stellvertreter ermächtigt.

| WEG a.F. | WEG n.F. |
|---|---|
| **§ 24 Einberufung, Vorsitz, Niederschrift** | **§ 24 Einberufung, Vorsitz, Niederschrift** |
| (3) Fehlt ein Verwalter oder weigert er sich pflichtwidrig, die Versammlung der Wohnungseigentümer einzuberufen, so kann die Versammlung auch, falls ein Verwaltungsbeirat bestellt ist, von dessen Vorsitzenden oder seinem Vertreter einberufen werden. | (3) Fehlt ein Verwalter oder weigert er sich pflichtwidrig, die Versammlung der Wohnungseigentümer einzuberufen, so kann die Versammlung **auch durch den Vorsitzenden des Verwaltungsbeirats, dessen Vertreter oder einen durch Beschluss ermächtigten Wohnungseigentümer** einberufen werden. |

**Neu: Auch ermächtigter Wohnungseigentümer darf einberufen**

Zur Einberufungsberechtigung ergänzend regelt § 24 Abs. 3 WEG n.F., dass künftig neben dem Verwaltungsbeiratsvorsitzenden oder dessen Stellvertreter auch ein durch Beschluss ermächtigter Wohnungseigentümer zur Einberufung berechtigt ist.

Eigentümerversammlung

Seite 358

## 12.1.1 Grundsätze

Nach bisheriger Rechtslage ist die Einberufung einer Wohnungseigentümerversammlung bei Fehlen eines Verwalters und des Verwaltungsbeirats lediglich dann möglich, wenn sämtliche Wohnungseigentümer zur Eigentümerversammlung laden bzw. die Einberufung einvernehmlich durch alle Wohnungseigentümer erfolgt.[361] Soweit dies nicht möglich ist, muss sich einer der Wohnungseigentümer gerichtlich ermächtigen lassen, zu einer Versammlung laden zu dürfen. Den sich weigernden Verwalter kann er auch gerichtlich auf Einberufung einer Versammlung in Anspruch nehmen. Streitig ist, ob dies auch bezüglich des Verwaltungsbeirats gilt. Die Neuregelung soll in erster Linie zu pragmatischen Lösungen in den Gemeinschaften führen, in denen

- ein Verwaltungsbeirat nicht bestellt ist oder
- ein Verwaltungsbeirat zwar bestellt war, seine Amtszeit jedoch abgelaufen ist oder
- die Mitglieder des Verwaltungsbeirats zwischenzeitlich ihr Amt niedergelegt haben oder
- der Vorsitzende des Verwaltungsbeirats und sein Stellvertreter sich im Einzelfall weigern, eine Wohnungseigentümerversammlung einzuberufen.

 **Tipp: Stets für einberufungsberechtigten Wohnungseigentümer sorgen**

Diese Streitfrage erledigt sich ohnehin durch das WEMoG, da Klagen auf Einberufung einer Wohnungseigentümerversammlung künftig gegen die Gemeinschaft der Wohnungseigentümer zu richten sind. Im Übrigen ist die Neuregelung mit Blick auf die derzeit bestehenden erheblichen praktischen Hürden einer Einberufung der Versammlung durch einen Wohnungseigentümer selbstverständlich zu begrüßen. Verwalter sollten also auf der nächsten Eigentümerversammlung für eine entsprechende Beschlussfassung sorgen.

Auch in verwalterlosen Gemeinschaften, bei denen es sich überwiegend um kleine Eigentümergemeinschaften handelt und in denen in aller Regel auch kein Verwaltungsbeirat bestellt ist, kann die Gelegenheit einer Eigentümerversammlung – die zunächst allseitig einzuberufen ist – genutzt werden, um einen entsprechenden Beschluss zu fassen, sodass es keiner allseitigen Einberufung mehr bedarf. Die Wohnungseigentümer können insoweit auch für eine Einberufungsbefugnis durch Turnusregelung sorgen. So könnten sie etwa in jeder Wohnungseigentümerversammlung über denjeni-

---

[361] BGH, Urteil v. 10.6.2011, V ZR 222/10, NZM 2011 S. 806.

gen Wohnungseigentümer beschließen, der die nächste Eigentümerversammlung einberuft.

 **Beschlussmuster: Ermächtigung eines Wohnungseigentümers zur Einberufung einer Eigentümerversammlung**

**TOP XX: Ermächtigung zur Einberufung einer Eigentümerversammlung**

Die Wohnungseigentümer ermächtigen die Wohnungseigentümerin _____ im Fall der pflichtwidrigen Weigerung des Verwalters zur Einberufung einer Wohnungseigentümerversammlung oder für den Fall, dass ein Verwalter nicht bestellt ist, zur Einberufung einer Wohnungseigentümerversammlung. Diese Ermächtigung gilt auch für den Fall, dass in der Eigentümergemeinschaft zwar ein Verwaltungsbeirat bestellt ist, dieser sich jedoch ebenfalls pflichtwidrig weigern sollte, eine Wohnungseigentümerversammlung einzuberufen.

**Abstimmungsergebnis:**

Ja-Stimmen: _____

Nein-Stimmen: _____

Enthaltungen: _____

Der Versammlungsleiter verkündete folgendes Beschlussergebnis:

_____

Der Beschluss wurde angenommen/abgelehnt.

Ein entsprechender Beschluss kann im Übrigen jederzeit gefasst werden. Selbstverständlich muss er ordnungsmäßiger Verwaltung sprechen. Hieran kann es fehlen, wenn ein ersichtlich unzuverlässiger Wohnungseigentümer zum Einberufungsermächtigten bestellt wird. Selbstverständlich kann im Übrigen durch Beschluss auf Grundlage von § 24 Abs. 3 WEG n.F. kein Wohnungseigentümer in das Amt des Einberufungsermächtigten gezwungen werden. Ein entsprechender Beschluss wäre wegen eines Verstoßes gegen das Belastungsverbot nichtig.[362]

### 12.1.2 Anspruchsdurchsetzung

Von besonderer Relevanz kann in diesem Zusammenhang auch die Beschlussersetzungsklage gemäß § 44 Abs. 1 Satz 2 WEG n.F. werden.[363] Jedenfalls

---

[362] BGH, Urteil v. 9.3.2012, V ZR 161/11, NJW 2012 S. 1724.
[363] Siehe Kap. 17.5.13 Beschlussersetzungsklage.

regelt § 44 Abs. 1 Satz 2 WEG n.F., dass das Gericht auf Klage eines Wohnungseigentümers einen Beschluss fassen kann, wenn eine notwendige Beschlussfassung unterbleibt. Die Ermächtigung eines Wohnungseigentümers zur Einberufung einer Wohnungseigentümerversammlung muss beschlossen werden. Ein solcher Beschluss kann aber nicht gefasst werden, wenn sich der Verwalter weigert, eine Versammlung einzuberufen. In einem solchen Fall besteht die Möglichkeit der Erhebung einer Beschlussersetzungsklage nach § 44 Abs. 1 Satz 2 WEG n.F.[364]

Insoweit sei einmal die Gesetzesbegründung wörtlich zitiert: *„Darüber ermöglicht die Vorschrift dem einzelnen Wohnungseigentümer aber auch, eine Versammlung zu erreichen, wenn die Einberufung im Einzelfall pflichtwidrig unterbleibt. Denn in diesen Fällen folgt aus dem Anspruch jedes Wohnungseigentümers auf ordnungsmäßige Verwaltung (§ 18 Absatz 1 Nummer 1 WEG-E), dass ein Ermächtigungsbeschluss nach § 24 Absatz 3 gefasst wird, um die Einberufung einer Versammlung zu ermöglichen. Dieser Anspruch kann im Wege der Beschlussersetzungsklage (§ 44 Absatz 1 Satz 2 WEG-E) durchgesetzt werden".*

Fraglich bleibt insoweit nur, ob der den Beschluss begehrende Wohnungseigentümer zuvor etwa eine Beschlussfassung im schriftlichen Verfahren wird initiieren müssen, damit ihm nicht das erforderliche Rechtsschutzbedürfnis abgesprochen werden kann. Nach wie vor ist jedenfalls auch unter Geltung des WEMoG jeder Wohnungseigentümer berechtigt, Beschlüsse im schriftlichen Verfahren initiieren zu können. Allerdings wird man angesichts der nach wie vor angeordneten Allstimmigkeit einer Beschlussfassung kaum eine entsprechende Initiative an das Rechtsschutzbedürfnis knüpfen können. Dies zumindest dann, wenn es sich nicht um eine verwalterlose Gemeinschaft handelt.

### 12.1.2.1 Verwalterlose Gemeinschaft

Haben die Wohnungseigentümer keinen Verwalter bestellt, wird man zur Bejahung des Rechtsschutzbedürfnisses einer gerichtlichen Durchsetzung der Einberufungsermächtigung nach § 24 Abs. 3 WEG n.F. wohl das Erfordernis der Vorbefassung der übrigen Wohnungseigentümer mit dem Begehren einer entsprechenden Beschlussfassung voraussetzen müssen. Dies kann in der Weise erfolgen, dass der Wohnungseigentümer die allseitige Einberufung einer Wohnungseigentümerversammlung initiiert oder aber sich im Wege des Umlaufbeschlusses nach § 23 Abs. 3 WEG zur Einberufung ermächtigten lässt. Ist weder das eine noch das andere erfolgreich, kann er Beschlussersetzungsklage erheben. In derartigen Fällen konnten sich einzelne Wohnungseigentümer aber auch bereits nach bislang geltendem Recht zur Einberufung einer Wohnungseigentümerversammlung ermächtigen lassen.

---

[364] BT-Drs. 19/18791, S. 72.

## Musterschriftsatz: Klage auf Ermächtigung zur Einberufung einer Wohnungseigentümerversammlung gemäß § 24 Abs. 3 WEG

An das

Amtsgericht _____

– Abteilung für Wohnungseigentumssachen –

_____

_____

**Klage**

in der Wohnungseigentumssache

des/der _____ (Name und Anschrift)

– Kläger/in –

gegen

die Gemeinschaft der Wohnungseigentümer _____ (Straße mit Hausnummer) in _____ (Postleitzahl und Ort)

– Beklagte –

wegen

**Beschlussersetzung (Ermächtigung zur Einberufung einer Wohnungseigentümerversammlung nach § 24 Abs. 3 WEG)**

vorläufiger Streitwert: _____ EUR

zeige ich – ordnungsmäßige Bevollmächtigung anwaltlich versichernd – die Vertretung des/der Klägers/in an.

Die Beklagte ist verwalterlos, mithin ohne Vertretungsorgan, weshalb zwecks Zustellung der Klage in – Anlage K 1 – eine Eigentümerliste beigefügt wird.

Hiermit beantrage ich im Wege der Beschlussersetzung nach § 44 Abs. 1 Satz 2 WEG,

den Kläger/die Klägerin zu ermächtigen, eine Eigentümerversammlung einzuberufen.

**Begründung**

Nach § 24 Abs. 3 WEG kann die Versammlung der Wohnungseigentümer auch von einem durch Beschluss ermächtigten Wohnungseigentümer einberufen werden, sollte ein Verwalter fehlen oder sich pflichtwidrig weigern, die Wohnungseigentümerversammlung einzuberufen.

Infolge Niederlegung des Verwalteramts seitens des Vorverwalters zum _____, ist die Gemeinschaft der Wohnungseigentümer verwalterlos. Ein Verwaltungsbeirat ist nicht bestellt. Der Versuch des Klägers/der Klägerin, eine gegenseitige Einladung sämtlicher Wohnungseigentümer zu einer Eigentümerversammlung zu erreichen ist am Widerstand der Wohnungseigentümer _____ und _____ gescheitert. Da die Bestellung eines Verwalters entsprechend § 18 Abs. 2 Nr. 1 WEG stets ordnungsmäßiger Verwaltung entspricht, bitte ich daher um die richterliche Ermächtigung des/der Klägers/in zur Einberufung einer Eigentümerversammlung zwecks Bestellung eines Verwalters.

Rechtsanwalt/Rechtsanwältin

### 12.1.2.2 Gemeinschaft mit Verwalter

Künftig wird es nicht mehr möglich sein, den Verwalter direkt klageweise auf Einberufung einer Eigentümerversammlung in Anspruch nehmen zu können. Dies wird nicht einmal dann der Fall sein, wenn ein Fall des Einberufungsverlangens eines Minderheitenquorums vorliegt. Denn nach Auffassung des Gesetzgebers treffen den Verwalter im Innenverhältnis die entsprechenden Pflichten und er wird als Organ der Gemeinschaft der Wohnungseigentümer zwar insoweit benannt, die entsprechenden Pflichten sind aber von der Gemeinschaft der Wohnungseigentümer zu erfüllen.[365] Klageweise Begehren auf Einberufung einer Wohnungseigentümerversammlung werden also gegen die Gemeinschaft der Wohnungseigentümer zu richten sein.

---

[365] BT-Drs. 19/18791, S. 58.

## 12.2 Minderheitenquorum

Immer dann, wenn mehr als ein Viertel der Wohnungseigentümer die Einberufung einer Wohnungseigentümerversammlung unter Angabe von Gründen begehrt, hat der Verwalter diesem Begehren nachzukommen. Dieses Prinzip bleibt auch nach der WEG-Reform bestehen.

Bei der Ermittlung des erforderlichen Quorums kommt es insoweit allein auf die Kopfzahl der Wohnungseigentümer an.[366] Konsequenz: Steht ein Wohnungseigentum im Miteigentum mehrerer, können diese ihr Einberufungsverlangen entsprechend § 25 Abs. 2 Satz 2 WEG a.F./n.F. nur einheitlich ausüben. Dies gilt auch dann, wenn das Stimmrecht in der Teilungserklärung bzw. Gemeinschaftsordnung oder einer nachfolgenden Vereinbarung der Wohnungseigentümer abweichend von § 25 Abs. 2 WEG a.F./n.F. nach dem Objekt- oder Wertprinzip geregelt ist.[367]

Vereinzelt finden sich Vereinbarungsregelungen, die strengere Anforderungen an ein Mindestquorum für die Einberufung einer Eigentümerversammlung stellen. Ob diese wirksam sind, ist umstritten. So soll es möglich sein, vom Kopfprinzip abzuweichen und auf Miteigentumsanteile abzustellen.[368] Ob hieraus geschlossen werden kann, dass auch an das zahlenmäßige Quorum – also etwa *„1/3 der Wohnungseigentümer müssen die Einberufung fordern"* – erhöhte Anforderungen gestellt werden können, ist bislang ungeklärt und wird auch durch das WEMoG nicht geklärt werden. Der Verwalter sollte hier stets den sichersten Weg gehen und einem Einberufungsverlangen Folge leisten, wenn mehr als ein Viertel der Wohnungseigentümer – nach Köpfen – die Einberufung begehrt.

Unstreitig aber können die Minderheitenrechte durch Vereinbarung der Wohnungseigentümer über den gesetzlichen Mindeststandard hinaus ausgeweitet werden. So wäre etwa eine Vereinbarung denkbar, wonach eine Wohnungseigentümerversammlung nur auf das Verlangen eines Wohnungseigentümers hin einzuberufen ist.

---

[366] LG Koblenz, Beschluss v. 7.6.2018, 2 S 16/18.
[367] LG Koblenz, a.a.O.
[368] AG Offenbach, Urteil v. 13.3.2013, 310 C 73/12, ZMR 2013 S. 1000.

## Eigentümerversammlung

Seite 364

### Einberufung in Textform

| WEG a. F. | WEG n. F. |
|---|---|
| § 24 Einberufung, Vorsitz, Niederschrift | § 24 Einberufung, Vorsitz, Niederschrift |
| (2) Die Versammlung der Wohnungseigentümer muß von dem Verwalter in den durch Vereinbarung der Wohnungseigentümer bestimmten Fällen, im übrigen dann einberufen werden, wenn dies schriftlich unter Angabe des Zweckes und der Gründe von mehr als einem Viertel der Wohnungseigentümer verlangt wird. | (2) Die Versammlung der Wohnungseigentümer muss von dem Verwalter in den durch Vereinbarung der Wohnungseigentümer bestimmten Fällen, im übrigen dann einberufen werden, wenn dies **in Textform** unter Angabe des Zweckes und der Gründe von mehr als einem Viertel der Wohnungseigentümer verlangt wird. |

Das Einberufungsverlangen muss nach derzeitiger Rechtslage noch schriftlich erklärt werden. Dies setzt gemäß § 126 BGB die eigenhändige Unterschrift des Erklärenden voraus. Insbesondere ein Telefaxschreiben oder auch eine E-Mail erfüllen das Schriftformerfordernis nicht.

 **Neu: Textform des Einberufungsverlangens eines Minderheitenquorums**

Vor dem Hintergrund, dass auch die Einladung zur Eigentümerversammlung bereits seit langem in Textform erfolgen kann, ist die Schriftform nicht mehr zeitgemäß. Das Schriftformerfordernis wird deshalb im Rahmen des WEMoG in § 24 Abs. 2 HS 2 WEG n. F. durch das der Textform ersetzt. Auch wenn insoweit Altvereinbarungen, insbesondere Gemeinschaftsordnungen, in Anlehnung an die bislang noch geltende Regelung in § 24 Abs. 2 HS 2 WEG a. F. Schriftform vorsehen, wird diese Vereinbarung nach § 47 WEG n. F. von der nunmehr gesetzlich angeordneten Textform überlagert werden.

Im Übrigen folgt hieraus aber auch, dass die Eigentümer das Einberufungsverlangen nicht in einer Urkunde erklären müssen. Es genügt, wenn mehrere Eigentümer unabhängig voneinander die Durchführung einer Eigentümerversammlung mit inhaltsgleichen Tagesordnungspunkten verlangen. In dem Einberufungsverlangen müssen dem Verwalter der Zweck und die Gründe für die Durchführung der Eigentümerversammlung mitgeteilt werden. Hieran sind nur geringe Anforderungen zu stellen. Die Eigentümer müssen lediglich zum Ausdruck bringen, welche Angelegenheiten in der Versammlung behandelt werden sollen und warum nicht bis zur nächsten ordentlichen Eigentümerversammlung abgewartet werden kann.

### Kein Verwalterermessen

Bei der Einberufung der Versammlung nach § 24 Abs. 2 HS 2 WEG steht dem Verwalter kein Erforderlichkeitsermessen zu. Dies wird sich auch unter Geltung des WEMoG nicht ändern. Werden allerdings beim Einberufungsverlangen keine Gründe genannt oder aber lediglich solche, mit denen sich die Eigentümerversammlung bereits abschließend befasst hat, kann das Einberufungsverlangen als missbräuchlich betrachtet werden.

### Ladungsfrist nach Einberufungsverlangen

Den Zeitpunkt der Versammlung bestimmt der Verwalter, ihm ist dabei ein Ermessensspielraum eingeräumt. Der Ermessensspielraum ist bei einer erst zweieinhalb Monate nach Eingang des Einberufungsverlangens stattfindenden Versammlung überschritten. Nach bislang noch geltender Rechtslage sollte der Verwalter in der Regel die Versammlung binnen 2 Wochen einberufen und binnen Monatsfrist durchführen.[369]

Die Ladungsfrist wird gemäß § 24 Abs. 4 Satz 2 WEG n.F. künftig allerdings 3 Wochen betragen. Diese Frist gilt dann selbstverständlich auch für eine Wohnungseigentümerversammlung, die auf Verlangen der Wohnungseigentümer nach § 24 Abs. 2 HS 2 WEG n.F. durchgeführt werden muss. So kein dringender Grund das Einberufungsverlangen stützt, dürfte unter Berücksichtigung der verlängerten Ladungsfrist die Durchführung der Versammlung binnen 6 Wochen nach Zugang des Einberufungsverlangens durchzuführen sein.

**Widerruf des Einberufungsverlangens**

Widerrufen einzelne Wohnungseigentümer ihr Einberufungsverlangen und ist infolgedessen das Minderheitenquorum nicht mehr erfüllt, entfällt die Pflicht des Verwalters, die begehrte Wohnungseigentümerversammlung einzuberufen.[370]

---

[369] LG Koblenz, a.a.O.
[370] LG Koblenz, a.a.O.

**Musterschreiben: Einberufungsverlangen gemäß § 24 Abs. 2 WEG**

Absender: Wohnungseigentümer/in

Herr / Frau / Firma
(Name und Anschrift des/der Verwalters/in)

_____

_____

_____, den _____

WEG _____-Straße 20 in _____-Stadt
**Hier: Einberufungsverlangen gemäß § 24 Abs. 2 WEG**

Sehr geehrte Damen und Herren,

hiermit fordere ich Sie auf, unverzüglich eine außerordentliche Wohnungseigentümerversammlung mit den folgenden Tagesordnungspunkten einzuberufen:

**Bestellung eines Vertreters der Gemeinschaft der Wohnungseigentümer gegenüber dem Verwalter**

Begründung: Bekanntlich ist keiner der Wohnungseigentümer bereit, das Amt des Verwaltungsbeirats übernehmen zu wollen. Die Gemeinschaft benötigt jedoch nach § 9b Abs. 2 WEG eine Vertretung gegenüber dem Verwalter.

Ich schlage folgenden Beschlussantrag vor:

„Die Wohnungseigentümer bestellen Frau/Herrn _____ zum Vertreter der Gemeinschaft der Wohnungseigentümer gegenüber dem Verwalter."

**Wechsel der Versammlungsleitung**

## Verwalterabberufung / Kündigung des Verwaltervertrags

Begründung: Das erforderliche Vertrauensverhältnis zwischen mir als Wohnungseigentümer und der Verwaltung bestand bereits nicht und ist aufgrund weiterer Tatsachen nachhaltig zerstört.

Bereits die im Wirtschaftsplan veranschlagte Kostensteigerung von über 50 % gegenüber der Vorwirtschaftsperiode dient überwiegend der Finanzierung von durch die Verwaltung provozierten Gerichtsverfahren und der stets ohne Beschlussfassung erfolgenden Beauftragung der Firma XX-GmbH des Gesellschafter-Geschäftsführers der Verwaltung. In diesem Zusammenhang hat sich zwischenzeitlich herausgestellt, dass bereits nach einem halben Jahr die Ansätze im Wirtschaftsplan, die ohnehin bereits um über 120 % über denen des Vorjahres liegen, ausgeschöpft sind. Tatsache ist jedenfalls, dass bereits rund 21.500 EUR an die Firma XX-GmbH gezahlt wurden und mir als Wohnungseigentümer gänzlich unklar ist, welchen Hintergrund diese Zahlungen haben.

Weiter wird bereits seit über einem halben Jahr geduldet, dass sowohl der Gesellschafter-Geschäftsführer der Verwaltung als auch seine Firma XX-GmbH Hausgelder nicht in der laut Wirtschaftsplan veranschlagten Höhe zahlen, sodass bereits Hausgeldrückstände von ca. 12.000 EUR aufgelaufen sind. Im Gegenzug führt die Verwaltung eigenmächtig und ohne jegliche weitere Legitimation aussichtslose Verfahren auf Kosten der Gemeinschaft, wie das Verfahren vor dem AG XX-Stadt zur Geschäftsnummer 51 C 67/21 belegt. Die Verwaltung führt die Beschluss-Sammlung nicht ordnungsmäßig, sie ist nicht in der Lage, ordnungsmäßige Jahresabrechnungen zu erstellen.

Diese Gründe sind längst nicht abschließend, erfordern aber bereits die Abberufung der Verwaltung, da mir als Wohnungseigentümer eine weitere Zusammenarbeit mit der Verwaltung nicht mehr zumutbar ist. Rein vorsorglich weise ich darauf hin, dass es für Ihre Abberufung ohnehin keines wichtigen Grundes bedarf.

Ich schlage folgenden Beschlussantrag vor:

„Die _____-GmbH wird mit sofortiger Wirkung als Verwalterin abberufen. Der Verwaltervertrag vom _____ wird aus wichtigem Grund außerordentlich fristlos gekündigt. Der zum Vertreter der Gemeinschaft der Wohnungseigentümer gegenüber dem Verwalter bestellte Wohnungseigentümer wird ermächtigt, die Kündigung namens und im Auftrag der Eigentümergemeinschaft gegenüber der Verwalterin auszusprechen und dieser mitzuteilen, dass sie von ihrem Amt abberufen wurde."

### Verwalterbestellung

Begründung: Damit die Gemeinschaft im Fall der Verwalterabberufung verwaltbar bleibt, muss ein neuer Verwalter bestellt werden.

Ich schlage folgenden Beschlussantrag vor:

„Firma _____ wird mit Wirkung ab dem 1. November 2021 für drei Jahre bis zum 31. Oktober 2024 zum Verwalter bestellt. Die Grundvergütung beträgt monatlich je verwalteter Wohnung \_\_\_ EUR, je verwalteter Teileigentumseinheit \_\_\_ EUR sowie je \_\_\_ EUR je verwalteter Garage bzw. Stellplatz. Die Vergütung versteht sich inklusive der gesetzlichen Umsatzsteuer. Der zum Vertreter der Gemeinschaft der Wohnungseigentümer gegenüber dem Verwalter bestellte Wohnungseigentümer wird ermächtigt, den Verwaltervertrag zwischen Firma _____ und der Gemeinschaft der Wohnungseigentümer namens und im Auftrag der Gemeinschaft der Wohnungseigentümer zu unterzeichnen."

Ich habe bereits mit Schreiben an die Wohnungseigentümer Angebote, Verwaltervertragsentwürfe sowie Bereitschaftserklärungen zur Übernahme der Verwaltung von 3 Verwaltungsunternehmen versandt.

### Einleitung von Hausgeldverfahren gegen die Firma XX-GmbH und gegen Herrn _____

Begründung: Wie bereits ausgeführt, leisten weder der Wohnungseigentümer _____, noch seine Firma XX-GmbH die nach Wirtschaftsplan beschlossenen Hausgeldzahlungen, sodass bereits Hausgeldrückstände in Höhe von ca. 12.000 EUR aufgelaufen sind. Bei Hausgeldrückständen in einer derartigen Höhe ist die Liquidität der Gemeinschaft ernsthaft gefährdet, sodass entsprechende Hausgeldverfahren eingeleitet werden müssen.

Ich schlage folgenden Beschlussantrag vor:

„Die Gemeinschaft der Wohnungseigentümer wird durch den neu bestellten Verwalter gegen die Firma XX-GmbH und Herrn _____ die bestehenden Hausgeldrückstände gerichtlich geltend machen. Der neu bestellte Verwalter ist insoweit ermächtigt, mit der gerichtlichen Beitreibung der Hausgeldrückstände einen Rechtsanwalt zu beauftragen."

Die Versammlung ist unverzüglich einzuberufen, ein Zuwarten bis zur ordentlichen Wohnungseigentümerversammlung, die erfahrungsgemäß erst Ende November 2021 stattfinden wird, ist unzumutbar, da die Liquidität durch die Zahlungen an die Firma XX-GmbH und die Nichtbeitreibung von Hausgeldrückständen ernsthaft gefährdet ist. Dies zeigt sich bereits darin, dass Wohnungseigentümern in der Vergangenheit die gesamtschuldnerische Haftung für Beitragsrückstände der Gemeinschaft der Wohnungseigentümer im Hinblick auf säumige Grundbesitzabgaben angedroht wurde. Weitere gleichlautende Einberufungsverlangen anderer Wohnungseigentümer, die weit mehr als ein Viertel der Wohnungseigentümer im Sinne von § 24 Abs. 2 WEG repräsentieren, gehen Ihnen gesondert zu.

Mit freundlichen Grüßen

Wohnungseigentümer/in

## 12.3 Ladungsfrist

| WEG a.F. | WEG n.F. |
|---|---|
| **§ 24 Einberufung, Vorsitz, Niederschrift** | **§ 24 Einberufung, Vorsitz, Niederschrift** |
| (4) ¹Die Einberufung erfolgt in Textform. ²Die Frist der Einberufung soll, sofern nicht ein Fall besonderer Dringlichkeit vorliegt, mindestens zwei Wochen betragen. | (4) ¹Die Einberufung erfolgt in Textform. ²Die Frist der Einberufung soll, sofern nicht ein Fall besonderer Dringlichkeit vorliegt, mindestens **drei** Wochen betragen. |

Nach derzeit noch geltendem Recht soll die Frist zur Einberufung der Wohnungseigentümerversammlung mindestens 2 Wochen betragen, sofern kein dringender Fall eine kürzere Ladungsfrist bedingt. Diese Frist soll künftig 3 Wochen betragen.

 **Neu: Ladungsfrist für Eigentümerversammlung**
Gemäß § 24 Abs. 4 Satz 2 WEG n.F. beträgt die Ladungsfrist für Eigentümerversammlungen künftig 3 Wochen.

Selbstverständlich kann auch diese verlängerte Frist dann unterschritten werden, wenn ein dringender Fall dies erfordert. Bereits sachlogisch sind solche Anlässe besonders dringlich, in denen die Ladungsfrist zur Vermeidung von Nachteilen und Schäden für Wohnungseigentümer nicht eingehalten werden kann. Dies ist etwa bei einem Heizungsausfall oder einer Einsturzgefahr der Garage der Fall.[371]

 **Nur „Dringliches" darf behandelt werden**

Es versteht sich von selbst, dass in einer Eilversammlung auch nur die tatsächlich dringlichen Angelegenheiten geregelt werden können. Im Hinblick auf nicht dringliche Angelegenheiten ist die gesetzliche oder vereinbarte Ladungsfrist einzuhalten. Solche können also nicht Bestandteil der Eilversammlung sein. Werden dennoch entsprechende Beschlüsse gefasst, werden diese auf Anfechtungsklage für ungültig erklärt, so es sich nicht ausnahmsweise um eine Vollversammlung sämtlicher Wohnungseigentümer handelt und auch keiner der Beschlussfassung widerspricht.

Für die Fristberechnung sind und bleiben §§ 187 Abs. 1 i.V.m. 188 Abs. 2 BGB maßgeblich. Die Frist endet nach 3 Wochen mit Ablauf desjenigen Tages, der durch seine Benennung dem Tag entspricht, an dem die Einladung dem Wohnungseigentümer zugegangen ist.

**Beispiel: Fristberechnung**

Die Eigentümerversammlung soll am Donnerstag, dem 29. April 2021, stattfinden. Die Einladung muss den Wohnungseigentümern am Mittwoch, dem 7. April 2021, zugegangen sein.

Problematisch bleibt weiterhin, dass innerhalb der Ladungsfrist auch von Wohnungseigentümern zusätzlich zur Tagesordnung begehrte Beschlussinitiativen zugehen müssen.[372] Aus diesem Grund empfiehlt es sich für Verwalter, die Eigentümerversammlung bereits mit einem weiteren Vorlauf von 2 Wochen einzuberufen und die Wohnungseigentümer im Ladungsschreiben aufzufordern, binnen eines Zeitraums von etwa einer Woche Ergänzungswünsche mitzuteilen, sodass diese noch in Form eines Nachtrags zur Tagesordnung den übrigen Wohnungseigentümern fristgemäß übermittelt werden können. Alternativ hierzu kann den Wohnungseigentümern mit entsprechendem Vorlauf auch der vorläufige Termin der Eigentümerversammlung zusammen mit der noch vorläufigen Tagesordnung übersandt werden und zur Mitteilung gewünschter weiterer Tagesordnungspunkte aufgefordert werden.

---

[371] LG Düsseldorf, Urteil v. 14.3.2013, 19 S 88/12, ZMR 2013 S. 821.
[372] Staudinger/Häublein, WEG, 2018, § 24 WEG Rz. 80.

**Eigentümerversammlung**

## Checkliste: Vermeidung von Nachtragsladungen

- ☐ Termin der Eigentümerversammlung festlegen
- ☐ vorläufige Tagesordnung erstellen
- ☐ Mitteilung an die Wohnungseigentümer über geplanten Versammlungstermin mit vorläufiger Tagesordnung, möglichst 5 Wochen vorher
- ☐ Aufforderung, gewünschte Tagesordnungspunkte bis spätestens 4 Wochen vor dem geplanten Versammlungstermin einzureichen
- ☐ Festlegung der Tagesordnung
- ☐ Übersendung des Ladungsschreibens mit Tagesordnung

## Musterschreiben: Eigentümerversammlung – Mitteilung über geplanten Termin und vorläufige Tagesordnung

Herr / Frau / Eheleute

[Name und Anschrift des Eigentümers]

_____

_____

_____, den _____

**WEG _____-Straße**

**Hier: Geplanter Termin zur Eigentümerversammlung 20__ mit vorläufiger Tagesordnung**

Sehr geehrte/r _____,

wir beabsichtigen, die ordentliche Wohnungseigentümerversammlung am 12. Mai 20__ durchzuführen. In der Anlage überreichen wir bereits heute die vorläufige Tagesordnung zu Ihrer Kenntnisnahme.

Für den Fall, dass Sie zusätzliche Themen zur Tagesordnung wünschen, bitten wir Sie um entsprechende Mitteilung bis spätestens 14. April 20__, sodass Ihre Wünsche noch in der endgültigen Tagesordnung Berücksichtigung finden können. Bitte berücksichtigen Sie in diesem Zusammenhang, dass wir die Einladung zur Eigentümerversammlung am 12. Mai 20__ zur Wahrung der gesetzlichen Einberufungsfrist unter Berücksichtigung der Postlaufzeiten am 15. April 20__ versenden werden.

Verspätet eingegangene Antrags- und Beschlusswünsche können ggf. noch in Form einer sog. Nachtragsladung Berücksichtigung finden, wenn die gesetzliche/vereinbarte Ladungsfrist noch eingehalten werden kann oder ein Fall besonderer Dringlichkeit mit möglicher Verkürzung der Ladungsfrist vorliegt.

Der betreffende Antragsteller hat die Schreib-, Vervielfältigungs- und Portokosten einer solchen noch möglichen Nachtragsladung gegen Nachweis und Rechnungsstellung zu übernehmen, wenn die Beschlussanträge nicht wichtige Gemeinschaftsangelegenheiten zum Inhalt haben, sondern nur Interessen des antragstellenden Wohnungseigentümers berühren.

Mit freundlichen Grüßen

Verwalter/Verwalterin

Auch künftig sind den Wohnungseigentümern im Übrigen neben der Tagesordnung – je nach Tagesordnungspunkt – weitere Unterlagen zu übersenden:

- **Jahresabrechnung**: Den Wohnungseigentümern ist die Jahresgesamtabrechnung und die für sie maßgebliche Einzelabrechnung zu übersenden.[373] Eine Übersendung auch der Jahreseinzelabrechnungen der anderen Wohnungseigentümer ist nicht erforderlich, wenn vor der Beschlussfassung ausreichend Gelegenheit besteht, Einsicht in diese Einzelabrechnungen zu nehmen.[374]

- **Wirtschaftsplan**: Den Wohnungseigentümern ist der Jahresgesamtwirtschaftsplan und der für sie maßgebliche Einzelwirtschaftsplan zu übersenden.[375] Eine Übersendung auch der Jahreseinzelwirtschaftspläne der anderen Wohnungseigentümer ist nicht erforderlich.[376]

- **Maßnahmen der Erhaltung bzw. Instandhaltung und Instandsetzung**: Mit dem Ladungsschreiben sollten die entsprechend eingeholten Vergleichsangebote übersandt werden. Bei größeren Sanierungsmaßnahmen genügt die Übersendung eines Preisspiegels.[377]

---

[373] OLG Oldenburg, Beschluss v. 21.9.2005, 5 W 67/05, ZMR 2006 S. 72.
[374] OLG Köln, Beschluss v. 24.8.2005, 16 Wx 80/05, NZM 2006 S. 66.
[375] LG München I, Urteil v. 13.1.2014, 1 S 1817/13, ZMR 2014 S. 480; LG Hamburg, Urteil v. 28.3.2012, 318 S 17/11, ZMR 2012 S. 654.
[376] BGH, Urteil v. 7.6.2013, V ZR 211/12, NZM 2013 S. 650.
[377] LG München I, Urteil v. 6.10.2014, 1 S 21342/13, ZMR 2015 S. 147.

- **Verwalterbestellung:** Mit dem Ladungsschreiben sind die Angebote der Verwalterunternehmen zu übersenden, anderenfalls ist der Beschluss über die Verwalterbestellung erfolgreich anfechtbar.[378]

Allerdings ist zur Jahresabrechnung aktuell entschieden worden, dass diese nicht innerhalb der bislang noch geltenden Ladungsfrist von 2 Wochen den Wohnungseigentümern übersandt werden muss, vielmehr auch ein Prüfungszeitraum von 8 Tagen ausreichen kann.[379] Verwalter sollten diese Rechtsprechung nicht verinnerlichen, sondern weiterhin dafür sorgen, dass sämtliche ergänzenden Unterlagen den Wohnungseigentümern innerhalb der Ladungsfrist vorliegen. Darüber, ob der BGH diese Rechtsprechung bestätigen wird, kann nämlich nur spekuliert werden.

**Mustertagesordnung: Empfehlenswerte Themen und Beschlussanträge für die erste nach Inkrafttreten des WEMoG durchzuführende Eigentümerversammlung**

**Tagesordnung zur Eigentümerversammlung der WEG _____ Straße am _____**

- Bericht des Verwalters über die Reform des Wohnungseigentumsgesetzes
- TOP 1 Bestellung eines Verwaltungsbeirats; Bestellung eines Vertreters der Gemeinschaft der Wohnungseigentümer gegenüber dem Verwalter
- TOP 2 Wahl eines zur Einberufung von Eigentümerversammlungen ermächtigten Wohnungseigentümers
- TOP 3 Ermöglichung der Teilnahme an Eigentümerversammlungen in elektronischer Form
- TOP 4 Eintragung von Öffnungsklausel-Beschlüssen in das Grundbuch
- TOP 5 Eintragung der vereinbarten Erwerberhaftung in das Grundbuch
- TOP 6 Bildung einer Liquiditätsrücklage
- TOP 7 Bildung einer Rücklage für Beschlussklagen
- TOP 8 Exklusive Kostentragungsverpflichtung der Wohnungseigentümer betreffend Erhaltungsmaßnahmen der Wohnungs-

---

[378] BGH, Urteil v. 24.1.2020, V ZR 110/19, ZMR 2020 S. 671; LG Frankfurt a.M., Urteil v. 7.1.2015, 2-09 S 45/14, NJW 2015 S. 1397; AG Hamburg-Altona, Urteil v. 16.5.2014, 303a C 22/13, ZMR 2014 S. 828.
[379] LG Frankfurt a.M., Urteil v. 5.3.2020, 2-13 S 65/19, WuM 2020 S. 372.

eingangstüren sowie im Bereich der Sondereigentumseinheiten vorhandener Außenfenster

## 12.4 Teilnahme im Wege elektronischer Kommunikation

| WEG a.F. | WEG n.F. |
|---|---|
| § 23 Wohnungseigentümerversammlung | § 23 Wohnungseigentümerversammlung |
| (1) Angelegenheiten, über die nach diesem Gesetz oder nach einer Vereinbarung der Wohnungseigentümer die Wohnungseigentümer durch Beschluß entscheiden können, werden durch Beschlußfassung in einer Versammlung der Wohnungseigentümer geordnet. | (1) ¹Angelegenheiten, über die nach diesem Gesetz oder nach einer Vereinbarung der Wohnungseigentümer die Wohnungseigentümer durch Beschluss entscheiden können, werden durch Beschlussfassung in einer Versammlung der Wohnungseigentümer geordnet. **²Die Wohnungseigentümer können beschließen, dass Wohnungseigentümer an der Versammlung auch ohne Anwesenheit an deren Ort teilnehmen und sämtliche oder einzelne ihrer Rechte ganz oder teilweise im Wege elektronischer Kommunikation ausüben können.** |

 **Neu: Teilnahme an Eigentümerversammlung im Wege elektronischer Kommunikation**

Nach dem Vorbild des § 118 Abs. 1 Satz 2 AktG verleiht § 23 Abs. 1 Satz 2 WEG n.F. den Wohnungseigentümern die Beschlusskompetenz, dass Wohnungseigentümer an Wohnungseigentümerversammlungen auch ohne ihre Anwesenheit an deren Ort teilnehmen und sämtliche oder einzelne ihrer Rechte ganz oder teilweise im Wege elektronischer Kommunikation ausüben können.

### 12.4.1 Grundsätze

Eine rein virtuelle Wohnungseigentümerversammlung sieht auch das WEMoG nicht vor. Allerdings wird eine Beschlusskompetenz dahingehend geschaffen, dass die Wohnungseigentümer an Präsenzversammlungen auf elektronischem Weg teilnehmen können. Hierfür bedarf es also keiner Vereinbarung, vielmehr soll eine einfach mehrheitliche Beschlussfassung ausreichen.

Zu der Frage, wie die elektronische Kommunikation im Einzelnen erfolgen soll bzw. welche technischen und organisatorischen Rahmenbedingen einzuhalten sind, enthalten weder der Entwurf noch seine Begründung irgendwelche Vorgaben. Die Ausgestaltung soll vielmehr den Wohnungseigentümern obliegen. Letztlich geht es also nicht um die Einführung der virtuellen Wohnungseigentümerversammlung, also der Versammlung, die in keinem physischen Raum mehr stattfindet und deren Versammlungsort der Cyberspace ist. Die Präsenz-Eigentümerversammlung bleibt zunächst nach wie vor die Basis, an der Wohnungseigentümer online zugeschaltet teilnehmen können.

### 12.4.2 (Teil)Virtuelle Versammlung

Im Ergebnis ist dies allerdings für die wohnungseigentumsrechtliche Praxis weitgehend bedeutungslos. Denn grundsätzlich ist zu berücksichtigen, dass es zur Durchführung einer Wohnungseigentümerversammlung und der Fassung von Beschlüssen auch nach derzeitiger Rechtslage nicht erforderlich ist, dass Wohnungseigentümer an der Wohnungseigentümerversammlung überhaupt teilnehmen. Vielmehr können sämtliche Wohnungseigentümer dem Verwalter Stimmrechtsvollmachten erteilen, von denen er dann in der „Ein-Mann-Präsenzversammlung" Gebrauch macht. Da die vorgeschlagene gesetzliche Regelung keine Beschränkung bezüglich der Anzahl elektronisch teilnehmender Wohnungseigentümer vorsieht und somit theoretisch auch alle Wohnungseigentümer zugeschaltet sein können, kommt die Regelung im Ergebnis einer „virtuellen Wohnungseigentümerversammlung" äußerst nahe.

**Persönliche Teilnahme muss aber möglich bleiben**
Stets muss allerdings auch die Möglichkeit der persönlichen Teilnahme an den Eigentümerversammlungen bestehen.

### 12.4.3 Rechte müssen wahrnehmbar sein

Die elektronische Teilnahme der Wohnungseigentümer an der Eigentümerversammlung muss berücksichtigen, dass die auf elektronischem Weg teilnehmenden Wohnungseigentümer „*sämtliche oder einzelne Rechte*" ausüben können. Die typischen und unentziehbaren Rechte der Wohnungseigentümer neben dem Teilnahmerecht, stellen

- das Rederecht,
- das Fragerecht und
- bis auf die eng umgrenzten Fälle des § 25 Abs. 5 WEG – künftig § 25 Abs. 4 WEG n. F. – das Stimmrecht dar.

Inwieweit diese an sich unentziehbaren Rechte durch Beschluss auf Grundlage von § 23 Abs. 1 Satz 2 WEG n. F. den elektronisch teilnehmenden Wohnungseigentümern entzogen werden können, ist weder dem Entwurfstext noch seiner Begründung zu entnehmen. Allerdings wird man hier den Wohnungseigentümern eine weite „Satzungsautonomie" zusprechen müssen. Denn das Gesetz statuiert kein Recht zur Teilnahme an Wohnungseigentümerversammlungen in elektronischer Form. Es ermächtigt lediglich die Wohnungseigentümer, Entsprechendes durch Beschluss zu ermöglichen.

Die Ausgestaltung der einzelnen Rechte der auf elektronischem Weg teilnehmenden Wohnungseigentümer dürfte daher auch unter Einschränkung bestimmter Rechte, wie etwa des Fragerechts, durchaus zulässig sein. Für die auf elektronischem Weg teilnehmenden Wohnungseigentümer sollte aber die Möglichkeit einer Interaktion zwischen persönlich anwesenden Wohnungseigentümern und Versammlungsleiter bestehen und es sollte in technischer Hinsicht die Möglichkeit gegeben werden, sich durch eigene Wortbeiträge an der Versammlung beteiligen zu können.

Grundsätzlich sollte zwar jedem an einer Wohnungseigentümerversammlung in elektronischer Form teilnehmenden Wohnungseigentümer

- der Zugang zur Eigentümerversammlung eröffnet bleiben,
- sein Rederecht ermöglicht werden,
- die Möglichkeit eingeräumt sein, Fragen zu stellen und
- die Abstimmung über Beschlussanträge

ermöglicht werden. Allerdings obliegt dies der Ausgestaltung des konkreten Beschlusses durch die Wohnungseigentümer. Auch wenn auf Grundlage von § 23 Abs. 1 Satz 2 WEG n. F. lediglich die Ausübung „*einzelner*" Rechte eingeräumt werden kann, können dem auf elektronischem Weg teilnehmenden Wohnungseigentümer jedenfalls nicht sämtliche seiner Rechte genommen werden. Ob man soweit wird gehen können, dem in elektronischer Form teilnehmenden Wohnungseigentümer zwar die Möglichkeit einzuräumen, die Versammlung mitverfolgen zu können, ihm dann aber kein Stimmrecht zu geben, dürfte nach diesseits vertretener Auffassung durchaus zulässig sein. Dem Wohnungseigentümer bleibt es in derartigen Fällen unbenommen, einem physisch teilnehmenden Wohnungseigentümer eine Stimmrechtsvollmacht und im Wege der Fernkommunikation Weisungen bezüglich der Stimmabgabe zu erteilen

Jedenfalls trägt die neue Beschlusskompetenz der Unterscheidung von Teilnahme und physischer Anwesenheit der Wohnungseigentümer Rechnung. Ihre Anwesenheit wird durch elektronische Kommunikation ersetzt, also durch eine interaktive Zwei-Wege-Direktverbindung in Echtzeit, die dem Wohnungseigentümer die aktive Teilnahme an der Versammlung ermöglicht, also die elektronische Ausübung aller oder einzelner Versammlungsrechte.

Mit Blick auf eine Ermöglichung auch des Stimmrechts würde insbesondere der Einsatz von Stimmrechtsvertretern entbehrlich werden. Letztlich ermöglicht die Neuregelung den Wohnungseigentümern eine einfachere Wahrnehmung ihrer Rechte, womit zugleich auch die Präsenz in der Versammlung gesteigert wird. Insoweit wäre auch eine reine Online-Abstimmung über internetfähige Endgeräte wie Smartphones, Laptops oder Tablets zulässig, wobei die Wohnungseigentümer derartige Modalitäten durch Beschluss regeln können.

Für den Versammlungsleiter muss während der gesamten Dauer der Wohnungseigentümerversammlung und zu jedem Tagesordnungspunkt die Überprüfung der Mehrheitsverhältnisse möglich sein, um zuverlässig die Beschlussergebnisse verkünden zu können. Auch muss die Legitimation jedes Wohnungseigentümers wie bei einer Präsenzteilnahme erfolgen. Hier sollte eine Identifizierung im Wege einer Registrierung über Login-Maske unter Verwendung zuvor vergebener Zugangscodes (PIN) erfolgen. Notfalls dürfte es auch ausreichen, dass der teilnehmende Wohnungseigentümer seinen Personalausweis mit Lichtbild in seine Kamera hält, sodass die Identifizierung auf diese Weise sicher erfolgen kann. Sollte eine geheime Abstimmung zu einzelnen Tagesordnungspunkten vorgesehen sein, ist eine Konferenzsoftware zu nutzen, die eine verborgene Chateingabe nur für den Versammlungsleiter sichtbar erlaubt.

**Beschlussmuster: Teilnahme an Wohnungseigentümerversammlungen in elektronischer Form**

**TOP XX: Teilnahme an Wohnungseigentümerversammlungen in elektronischer Form**

Auf Grundlage des § 23 Abs. 1 Satz 2 WEG beschließen die Wohnungseigentümer, dass Wohnungseigentümer grundsätzlich an Wohnungseigentümerversammlungen auch in elektronischer Form teilnehmen können.

Diejenigen Wohnungseigentümer, die in elektronischer Form an Wohnungseigentümerversammlungen teilnehmen, haben ein Rede- und Fragerecht. Ihr Stimmrecht können sie nicht in elektronischer Form ausüben. Es steht ihnen insoweit im Vorfeld der Wohnungseigentümerversammlung frei, anderen persönlich teilnehmenden Wohnungseigentümern oder dem Verwalter eine Stimmrechtsvollmacht auszustellen und im Laufe der Versammlung entsprechend des jeweiligen Diskussionsstands Weisungen zu erteilen, wie die Vollmacht auszuüben ist bzw. der Stimmrechtsvertreter abzustimmen hat.

In technischer Umsetzung erfolgt aus der Versammlung heraus lediglich eine Ton-, jedoch keine Bildübertragung. Sollte der Versammlungsleiter während der jeweiligen Versammlung mit Power-

Point-Präsentationen arbeiten, werden jedoch diese Folien übertragen. Die Auswahl der geeigneten Meeting-Software wird dem Verwalter und dem Verwaltungsbeirat gemeinschaftlich überlassen. Die Wohnungseigentümer werden gesondert entsprechend informiert. Unabhängig von der konkreten Software, hat jeder Wohnungseigentümer die technischen Voraussetzungen für eine Teilnahme an den Versammlungen in elektronischer Form auf eigene Kosten zu schaffen.

**Abstimmungsergebnis:**

Ja-Stimmen: _____

Nein-Stimmen: _____

Enthaltungen: _____

Der Versammlungsleiter verkündete folgendes Beschlussergebnis:

_____

Der Beschluss wurde angenommen/abgelehnt.

### 12.4.4 Problem der Nichtöffentlichkeit der Versammlungen

### 12.4.4.1 Grundsätze

Trotz Ermöglichung der Beschlussfassung über die Teilnahme an Wohnungseigentümerversammlungen in elektronischer Form, verbleibt es bei dem Grundsatz, dass Wohnungseigentümerversammlungen nicht öffentlich sind.[380] Alles in allem sollen die Wohnungseigentümer unbefangen und ohne Einflussnahme gemeinschaftsfremder Dritter Gemeinschaftsangelegenheiten erörtern können. Insoweit können nicht Wohnungseigentümerversammlungen zweier selbstständiger, voneinander unabhängiger Wohnungseigentümergemeinschaften, die vom selben Verwalter verwaltet werden, gemeinschaftlich stattfinden.[381]

Dem Verwaltungsbeirat, der nicht Wohnungseigentümer ist, steht im Rahmen der Wohnungseigentümerversammlung bislang auch nur ein begrenztes Teilnahmerecht zu, nämlich soweit sein spezifischer Aufgabenbereich im Hinblick auf Wirtschaftsplan und Jahresabrechnung betroffen ist. Nimmt er über diesen Bereich an der Versammlung teil, sind die dann gefassten Beschlüsse wegen eines Verstoßes gegen den Grundsatz der Nichtöffentlichkeit anfechtbar.[382] Künftig werden Nichtwohnungseigentümer als Verwaltungsbeiräte gar kein Teilnahmerecht mehr haben, da das WEMoG in § 29 Abs. 1 WEG n.F. vorsieht, dass lediglich Wohnungseigentümer zum Verwaltungsbeirat bestellt

---

[380] BGH, Beschluss v. 29.1.1993, V ZB 24/92, NJW 1993 S. 1329.
[381] OLG Köln, Beschluss v. 6.6.2002, 16 Wx 97/02, NZM 2002 S. 617.
[382] AG Idstein, Urteil v. 9.7.2015, 32 C 7/15.

werden „können".[383] Die Bestellung eines Nichtwohnungseigentümers zum Verwaltungsbeirat führt künftig zur Nichtigkeit dieser Bestellung. Hieraus folgt, dass nach Inkrafttreten des Verbotsgesetzes bislang gefasste Beschlüsse ihre Wirkung verlieren.

Der Gesetzgeber ermöglicht die Beschlussfassung über eine Online-Teilnahme einfach aus dem Grund, dass eine solche allein zeitgemäß ist und seit jeher die Gefahr bestanden hat, dass Wohnungseigentümer den Nichtöffentlichkeitsgrundsatz verletzen. Bereits Gerichte gehen dazu über, das Mitführen von Handys bzw. Smartphones im Rahmen von Gerichtsverhandlungen zu untersagen, da diese „auch Diktiergerät und Kamera" seien. Nichts anderes gilt für Wohnungseigentümerversammlungen, die ausschließlich in Präsenzform durchgeführt werden. Auch hier kann ein jeder Wohnungseigentümer versteckt und geheim Bild- und Tonaufnahmen fertigen. Auch wenn sich mit der Ermöglichung der Teilnahme in elektronischer Form die Gefahr des Missbrauchs noch erhöht, kann ein solcher niemals zeitgemäßer Durchführung von Wohnungseigentümerversammlungen entgegenstehen. Im Übrigen gilt aber der Grundsatz, dass zunächst außer den Wohnungseigentümern selbst, keine außenstehenden Dritten ein Teilnahmerecht haben.

### 12.4.4.2 Teilnahme Dritter

### 12.4.4.2.1 Gäste

Gäste haben grundsätzlich kein Teilnahmerecht an der Wohnungseigentümerversammlung. Da der Verwalter ohnehin zu Beginn der Versammlung im Rahmen der Prüfung der Beschlussfähigkeit kontrolliert, welche Wohnungseigentümer persönlich anwesend und welche Wohnungseigentümer vertreten sind, kann er Gäste herausfiltern. Er sollte dann zu Beginn der Versammlung die Wohnungseigentümer über die Anwesenheit der Gäste informieren und die Wohnungseigentümer über den Nichtöffentlichkeitsgrundsatz in Kenntnis setzen. Weiter sollte er um Mitteilung bitten, ob mit der Anwesenheit der Gäste Einverständnis besteht. Wenn auch nur einer der Wohnungseigentümer mit der Anwesenheit des Gastes nicht einverstanden ist, sollte der Verwalter diesen auffordern, den Versammlungsraum zu verlassen. Zwar wird angenommen, dass Gäste auch durch Geschäftsordnungsbeschluss zugelassen werden können[384], allerdings muss ein solcher Beschluss ordnungsmäßiger Verwaltung entsprechen. Und dies dürfte stets dann nicht der Fall sein, wenn dem Gast nicht auch eine beratende Funktion im Gemeinschaftsinteresse zukommt – und zwar dergestalt, dass seine Teilnahme im Interesse eines jeden einzelnen der Versammlungsteilnehmer liegt.

---

[383] Siehe insoweit zur Beschlusskompetenz Kap. 1.1.3 Konkretisierung der Beschlusskompetenz.
[384] LG München I, Urteil v. 29.1.2015, 36 S 2567/14, ZMR 2015 S. 490.

**Rügelose Duldung**
Wenn die Anwesenheit des Dritten rügelos geduldet wird, liegt darin ein stillschweigender Verzicht auf die Einhaltung der Nichtöffentlichkeit.[385]

### 12.4.4.2.2 Berater

Was das Teilnahmerecht von Beratern angeht, sind zunächst die Bestimmungen der Gemeinschaftsordnung maßgeblich. Soweit hier ein ausdrückliches Teilnahmeverbot vereinbart ist, gilt dies und ist einzuhalten.[386] Aber auch dann, wenn kein ausdrückliches Teilnahmeverbot vereinbart ist, ist der Grundsatz der Nichtöffentlichkeit zu beachten, wonach ein grundsätzliches Teilnahmeverbot Dritter besteht. Auch Berater haben also kein Teilnahmerecht. Besondere Gründe können aber eine Teilnahmeberechtigung begründen. Dies kann insbesondere bei einem ständigen persönlichen Erschwernis eines Wohnungseigentümers – etwa Schwerhörigkeit – der Fall sein. Dann kann auch die Teilnahme eines Rechtsanwalts als Begleitperson an der Versammlung zuzulassen sein. Eine beliebige andere Person ist hingegen zur Begleitung des Wohnungseigentümers nicht berechtigt, wenn die Gemeinschaftsordnung eine qualifizierte Vertreterklausel enthält.[387]

**Wohnungseigentümer bringt Rechtsanwalt mit**

Ist nichts Gegenteiliges durch eine qualifizierte Vertreterklausel vereinbart, kann sich jeder Wohnungseigentümer grundsätzlich auch durch seinen Anwalt in der Versammlung vertreten lassen. Dann aber hat der Wohnungseigentümer kein Teilnahmerecht mehr, was in aller Regel nicht gewollt ist. Der Anwalt soll vielmehr neben dem Wohnungseigentümer für diesen beratend tätig sein. Hierfür müssen gute Gründe sprechen. Ist der Wohnungseigentümer einfach nur mit den übrigen Eigentümern zerstritten, ist dies jedenfalls zu verneinen.[388] Wohl aber können hohes Alter und geistige Gebrechlichkeit die Teilnahme des Beraters rechtfertigen.[389] Unabhängig hiervon kann aber auch die rechtliche Komplexität eines zu behandelnden Tagesordnungspunkts die Teilnahme des Anwalts rechtfertigen.[390] In diesem Fall ist aber zu berücksichtigen, dass jeder Wohnungseigentümer bereits im Vorfeld der Versammlung in der Lage ist, sich Rechtsrat zu komplizierten Themen einzuholen. Dies ist ja gerade der zentrale Punkt, warum die Ladungsfrist künftig nicht mehr 2, sondern 3 Wochen beträgt.[391]

---

[385] OLG Hamburg, Beschluss v. 11.4.2007, 2 Wx 2/07, ZMR 2007 S. 550.
[386] KG Berlin, Beschluss v. 27.11.1985, 24 W 1856/85, ZMR 1986 S. 91.
[387] AG Hannover, Urteil v. 17.2.2017, 482 C 11327/16.
[388] BayObLG, Beschluss v. 16.5.2002, 2Z BR 32/02, NZM 2002 S. 616.
[389] BayObLG, Beschluss v. 16.5.2002, a.a.O.; AG Hannover, Urteil v. 17.2.2017, 482 C 11327/16.
[390] BGH, Beschluss v. 29.1.1993, V ZB 24/92, NJW 1993 S. 1329.
[391] BT-Drs. 19/18791, S. 25.

Zu prüfen ist stets auch die Möglichkeit, ob sich der Anwalt nicht außerhalb des Versammlungsraums aufhalten kann. Der Verwalter kann dann die Wohnungseigentümerversammlung darauf aufmerksam machen, dass ein Wohnungseigentümer seinen Anwalt mitgebracht hat, der sich außerhalb des Versammlungsraums aufhält. Durch Geschäftsordnungsbeschluss kann dann geregelt werden, dass die Versammlung unterbrochen wird, sollte der betreffende Wohnungseigentümer Beratungsbedarf haben.

 **Kein Rederecht des Anwalts**
Verwalter sollten stets beachten, dass der den Wohnungseigentümer begleitende Rechtsanwalt nicht plötzlich für den Wohnungseigentümer das Wort ergreift und aufgrund etwaiger rhetorischer Fähigkeiten die Diskussion in eine Richtung leitet, die eine Willensbildung der übrigen Wohnungseigentümer erschwert. So er im Ausnahmefall an einer Teilnahme neben dem Wohnungseigentümer berechtigt sein sollte, steht ihm jedenfalls kein Rederecht zu.

**Wohnungseigentümer bringt Dolmetscher mit**
Sollte der Wohnungseigentümer der deutschen Sprache nur begrenzt mächtig sein, bedarf es keinerlei Problematisierung, dass er selbstverständlich einen Dolmetscher zur Versammlung hinzuziehen kann. Wird die Anwesenheit des Dolmetschers zu Unrecht verweigert, sind die gefassten Beschlüsse anfechtbar, da der Wohnungseigentümer ohne Dolmetscher keine Möglichkeit hat, an der Willensbildung teilzunehmen.[392]

**Verwalter bringt Rechtsanwalt mit**
Lässt sich der Verwalter von einem Rechtsanwalt begleiten, sind grundsätzlich 2 Konstellationen zu unterscheiden:

1. Die Anwesenheit des Anwalts soll den Interessen der Wohnungseigentümer dienen.

2. Der Anwalt ist ausschließlich im Interesse des Verwalters anwesend.

Keine Bedenken bestehen, wenn der Verwalter zur Information und Meinungsbildung der Wohnungseigentümer einen Rechtsanwalt zu dem einen oder anderen Tagesordnungspunkt hinzuzieht. Voraussetzung ist lediglich, dass kein konkreter Interessengegensatz zwischen einem einzelnen Wohnungseigentümer und der Gesamtheit der übrigen Wohnungseigentümer hervorgetreten ist und kein Wohnungseigentümer der Anwesenheit des Dritten

---

[392] AG Wiesbaden, Urteil v. 27.7.2012, 92 C 217/11, ZMR 2013 S. 319.

widerspricht.[393] Ausreichend soll auch ein entsprechender Geschäftsordnungsbeschluss sein.[394]

 **Fairnessgebot beachten**

Ist ein Rechtsanwalt im Auftrag der Wohnungseigentümergemeinschaft in der Eigentümerversammlung anwesend, der gegen die Interessen eines einzelnen Wohnungseigentümers tätig werden soll, so wird man dem Eigentümer, gegen den die Beratung gerichtet ist, die Begleitung durch einen eigenen Rechtsanwalt zugestehen müssen. Es verstößt gegen das Fairness- und das gemeinschaftliche Rücksichtnahmegebot, wenn nur eine Seite anwaltlich beraten wird.[395] Nach diesseits vertretener Ansicht stellt sich allerdings in einer derartigen Konstellation die Teilnahme eines die übrigen Wohnungseigentümer gegen einzelne Wohnungseigentümer beratenden Rechtsanwalts per se als „No-Go" dar. So die Wohnungseigentümer Beratungsbedarf haben, wie sie gegen einen anderen Wohnungseigentümer – aus welchem Grund auch immer – vorzugehen haben, mögen sie außerhalb der Eigentümerversammlung entsprechenden Rechtsrat einholen.

Steht im Übrigen eine schwierige Problematik zur Beschlussfassung an und soll ein Anwalt insoweit im Interesse aller Wohnungseigentümer tätig werden, ist stets ein zweistufiges Verfahren sinnvoll:

1. Der Verwalter klärt die Wohnungseigentümer anlässlich der Wohnungseigentümerversammlung über die rechtliche Problematik auf und empfiehlt die Beauftragung eines Rechtsanwalts, der zu der rechtlichen Fragestellung entweder durch ein schriftliches Gutachten oder durch Teilnahme an einer gesondert einzuberufenden weiteren Wohnungseigentümerversammlung Stellung beziehen soll. Im entsprechenden Beschluss werden auch Honorarhöhe und Finanzierung der Anwaltsvergütung geregelt. Selbstverständlich ist auch dieser Beschluss im Ladungsschreiben anzukündigen.

2. Wünschen die Wohnungseigentümer die Beratung anlässlich einer Wohnungseigentümerversammlung, sollte der Verwalter aus Kostengründen – so noch weitere Tagesordnungspunkte zur Diskussion stehen – den beratungswürdigen Teil der Versammlung möglichst an deren Anfang setzen, wenn ein Stundenhonorar mit dem Rechtsanwalt zur Vereinbarung kommt.

---

[393] OLG Köln, Beschluss v. 22.7.2009, 16 Wx 266/08, NJW 2009 S. 3245.
[394] LG München I, Urteil v. 29.1.2015, 36 S 2567/14, ZMR 2015 S. 490; LG Karlsruhe, Urteil v. 11.5.2010, 11 S 9/08, ZMR 2011 S. 588.
[395] AG Schöneberg, Urteil v. 17.3.2016, 771 C 64/15.

Sollte der Verwalter in seinem eigenen Interesse zum Schutz seiner Rechtsposition einen Anwalt zur Versammlung mitbringen, muss er damit rechnen, dass dieser umsonst angereist ist. Widerspricht auch nur einer der Wohnungseigentümer der Teilnahme des Anwalts, muss dieser den Versammlungsraum verlassen. Für eine Teilnahme des Anwalts dürfte auch kein Geschäftsordnungsbeschluss ausreichen. In diesem Zusammenhang dürfte auch die Tatsache keine Rolle spielen, dass der Anwalt bereits von Berufs wegen zur Verschwiegenheit verpflichtet ist, weshalb der Grundsatz der Nichtöffentlichkeit nur am Rande tangiert wäre.

**Anwesenheit eines Architekten/Bauingenieurs**
Gegen die Zulassung eines Architekten zur Erörterung von Details einer etwa anstehenden größeren Sanierungsmaßnahme bestehen keinerlei Einwände.[396] Allerdings hat der Verwalter einen entsprechenden Geschäftsordnungsbeschluss herbeizuführen.

> **Beschlussmuster: Geschäftsordnungsbeschluss zur Teilnahme eines Architekten an der Versammlung**
>
> **TOP XX: Teilnahme des Architekten Herrn _____**
>
> Angesichts der zur Beschlussfassung zu TOP \_\_\_ stehenden umfassenden Fassadensanierung und der ebenfalls zu TOP \_\_\_ zur Beschlussfassung stehenden Sonderumlage, gewährt die Wohnungseigentümerversammlung Herrn Dipl.-Ing. _____ das Recht zur Teilnahme an der Versammlung. Die Teilnahme von Herrn _____ ist erforderlich, da es sowohl der Verwaltung als auch der Eigentümergemeinschaft am erforderlichen Fachwissen hinsichtlich Art, Umfang und Kosten der zur Beschlussfassung stehenden Tagesordnungspunkte mangelt.
>
> **Abstimmungsergebnis:**
>
> Ja-Stimmen: \_\_\_\_\_
>
> Nein-Stimmen: \_\_\_\_\_
>
> Enthaltungen: \_\_\_\_\_
>
> Der Versammlungsleiter verkündete folgendes Beschlussergebnis:
>
> ⎯⎯⎯⎯⎯⎯⎯⎯
>
> Der Beschluss wurde angenommen/abgelehnt.

---

[396] BayObLG, Beschluss v. 19.2.2004, 2Z BR 212/03, NJW-RR 2004 S. 1312.

### 12.4.5 Beschlussanfechtung wegen technischer Störung

Das Aktienrecht regelt für den Fall der elektronischen Teilnahme an der Hauptversammlung in § 243 Abs. 3 Nr. 1 AktG das Beschlussanfechtungsrecht wegen technischer Störungen. Nach vorerwähnter Bestimmung kann die Anfechtung eines Beschlusses der Hauptversammlung nicht auf eine durch eine technische Störung verursachte Verletzung von Rechten, die auf elektronischem Wege wahrgenommen worden sind, gestützt werden. Dies ist nur dann möglich, wenn der Gesellschaft grobe Fahrlässigkeit oder Vorsatz vorzuwerfen ist. Weder das WEMoG noch seine Begründung enthalten insoweit Regelungen oder Vorschläge.

Grundsätzlich wird sich auch im Bereich der Wohnungseigentümerversammlung mit der Möglichkeit der Online-Teilnahme die im Einzelfall nicht unproblematisch zu klärende Frage stellen, in wessen technischer Sphäre eine Störung aufgetreten ist. Freilich kann der Verwalter ihm unliebsame Wohnungseigentümer nicht durch ein „Abschalten" der technischen Übertragung von der Versammlung ausschließen. In diesem Fall wäre von der Nichtigkeit sämtlicher nach diesem Zeitpunkt gefasster Beschlüsse auszugehen. Allerdings können weder der Verwalter noch die übrigen Wohnungseigentümer zur Verantwortung gezogen werden, wenn es im Einzelfall tatsächlich zu technischen Übertragungsproblemen kommt, was insbesondere bei einer WLAN-Übertragung niemals auszuschließen ist.

### 12.5 Vollmacht in Textform

WEG n.F.

§ 25 Beschlussfassung

(3) Vollmachten bedürfen zu ihrer Gültigkeit der Textform.

**Neu: Stimmrechtsvollmacht in Textform**

Das WEMoG sieht in § 25 Abs. 3 WEG n.F. vor, dass Stimmrechtsvollmachten zu ihrer Gültigkeit der Textform bedürfen. Die Regelung orientiert sich an der im Recht der Gesellschaften mit beschränkter Haftung geltenden Vorschrift des § 47 Abs. 3 GmbHG.

## 12.5.1 Grundsätze

In der Wohnungseigentümerversammlung kann sich jeder Wohnungseigentümer durch jede beliebige Person vertreten lassen.[397] In aller Regel ist allerdings die Vertretung in der Teilungserklärung bzw. Gemeinschaftsordnung auf einen bestimmten Personenkreis beschränkt, wobei sich diese Beschränkung in den häufigsten Fällen auf den Verwalter, andere Wohnungseigentümer oder den Ehegatten bezieht. Eine solche Regelung ist grundsätzlich zulässig.[398] Möchte sich der Wohnungseigentümer in der Versammlung vertreten lassen, muss er diese Person zur Ausübung seines Stimmrechts bevollmächtigen. Er kann sich bei der Ausübung seines Stimmrechts auch durch mehrere Bevollmächtigte vertreten lassen. Diese können aber nur einheitlich abstimmen, wenn sie gleichzeitig in der Versammlung anwesend sind.[399]

### Alte Rechtslage

Die Erteilung der Vollmacht bedarf nach derzeit noch geltender Rechtslage keiner bestimmten Form. Dringend zu beachten ist allerdings, dass auch dann, wenn die Gemeinschaftsordnung keine bestimmten Formvorschriften bezüglich der Vollmachtserteilung enthält, § 174 BGB zu beachten ist. Hiernach kann die Vollmacht dann zurückgewiesen werden, wenn sie nicht in schriftlicher Form nachgewiesen wird. Das Fehlen von Originalvollmachten vertretener Wohnungseigentümer muss in der Eigentümerversammlung freilich vor der Abstimmung und Beschlussverkündung gerügt werden.[400]

### Neue Rechtslage

Der Gesetzgeber will künftig vermeiden, dass Stimmen von Vertretern der Wohnungseigentümer unter Berufung auf § 174 BGB zurückgewiesen werden können. Zwar sollen unnötige Unsicherheiten über die Vertretungsverhältnisse in der Versammlung beseitigt werden, dies allerdings in zeitgemäßer Art und Weise. Zunächst einmal ist es zweifellos den einzelnen Wohnungseigentümern zumutbar, im Vertretungsfall eine Vollmacht zu erteilen. Da dies aber in Textform ausreichen soll, kann der Vollmachtsnachweis notfalls sogar noch während der Versammlung z.B. durch E-Mail oder SMS erbracht werden. Jedenfalls soll die Stimme eines wirksam bevollmächtigten Vertreters nicht deshalb unbeachtlich sein, weil sie nach § 174 Satz 1 BGB zurückgewiesen wurde. Da § 25 Abs. 3 WEG n.F. der Bestimmung des § 174 Satz 1 BGB als Sondervorschrift vorgeht, kann also eine in Textform vorgelegte Vollmacht nicht mehr nach vorerwähnter Vorschrift zurückgewiesen werden.

---

[397] BGH, Beschluss v. 29.1.1993, V ZB 24/92, ZMR 1993 S. 287.
[398] BGH, Beschluss v. 11.11.1986, V ZB 1/86, NJW 1987 S. 650; LG Hamburg, Urteil v. 21.9.2016, 318 S 51/16, ZMR 2016 S. 983.
[399] BGH, Urteil v. 30.3.2012, V ZR 178/11, NJW 2012 S. 2512.
[400] AG Bremen-Blumenthal, Urteil v. 2.9.2016, 44 C 2028/15, ZMR 2016 S. 994.

## Eigentümerversammlung

 **Rechtslage ungeklärt bei Fehlen einer Vollmacht in Textform**
Die in der Praxis nicht ganz unbeachtliche Frage, was gelten soll, wenn eine Vollmacht nicht in Textform vorgelegt werden kann, lassen sowohl der Gesetzentwurf als auch dessen Begründung offen. Der Gesetzgeber verweist zwar auf die insoweit auch im GmbH-Recht umstrittene Frage, nimmt jedoch keine Stellung, sondern verweist auf eine entsprechende Klärung durch die Rechtsprechung. Konkret wäre jedenfalls die Frage zu klären, ob eine nicht in Textform vorliegende Vollmacht – also die lediglich mündlich erteilte – unwirksam ist oder nur zur Zurückweisung berechtigt. Allerdings dürfte der Wortlaut des § 25 Abs. 3 WEG n. F. dafür sprechen, dass eine nicht in Textform vorliegende Vollmacht unwirksam ist, da die Textform Gültigkeitsvoraussetzung ist.[401]

### Ehegatten
Grundsätzlich können sich Ehegatten ohne Weiteres untereinander wechselseitig zur Stimmabgabe bevollmächtigen. Dabei ist anerkannt, dass Ehegatten auch ohne eine ausdrückliche Vertretungsregelung in der Gemeinschaftsordnung jeweils einzeln berechtigt sind, auch allein das gemeinschaftliche Stimmrecht ihrer Einheit wahrzunehmen; einer Vollmachtvorlage bedarf es nicht.[402] Dies wird sich auch nach künftiger Rechtslage nicht ändern. Ebenfalls nicht ändern wird sich die Rechtslage zur Bevollmächtigung bei Sondereigentum im Bruchteilseigentum. Steht das Sondereigentum mehreren Personen – insbesondere Eheleuten – gemeinschaftlich zu, führt das nicht dazu, dass jeder der Mitberechtigten eine Stimmrechtsvollmacht erteilen muss. Vielmehr reicht es aus, dass die Vollmacht nur von einem Ehegatten im Einverständnis mit dem anderen erteilt wird.[403]

### Einsichtsrecht gewähren
Im Übrigen hat jeder Versammlungsteilnehmer jederzeit im Laufe einer Eigentümerversammlung das Recht auf Einsicht in die Vollmachten. Dieses Recht steht nicht etwa nur dem Verwaltungsbeirat zu.[404] Wird die Bitte um Einsichtnahme zurückgewiesen, stellt dies einen Beschlussmangel dar und führt zur Ungültigkeit der dann angefochtenen Beschlüsse.[405] Diese zur derzeitigen Rechtslage ergangene Rechtsprechung wird auch unter Geltung des WEMoG zu beachten sein: Dem Einsicht begehrenden Wohnungseigentümer ist dann Einsicht in die in Textform erteilten Vollmachten zu gewähren.

---

[401] Becker/Schneider ZfIR 2020 S. 282.
[402] LG München I, Urteil v. 31.3.2011, 36 S 1580/11, ZMR 2011 S. 835.
[403] Arg. OLG Düsseldorf, Beschluss v. 19.4.2005, 3 Wx 317/04, ZMR 2006 S. 56.
[404] OLG München, Beschluss v. 31.10.2007, 34 Wx 060/07, ZMR 2008 S. 657.
[405] LG Frankfurt a.M., Urteil v. 8.4.2015, 2-13 S 35/13, NJW 2015 S. 1767.

## 12.5.2 Vereinbarte Formvorschriften

In vielen Fällen enthalten Teilungserklärungen bzw. Gemeinschaftsordnungen eine Bestimmung, wonach für die Erteilung der Vollmacht die Schriftform vorgeschrieben ist. Ob solche Vereinbarungen auch nach Inkrafttreten des WEMoG ihre Gültigkeit behalten werden, lässt sich dem Gesetzentwurf und seiner Begründung nicht eindeutig entnehmen; siehe hierzu sogleich unten.

### Alte Rechtslage

Wird jedenfalls nach derzeit noch geltender Rechtslage die Vollmacht nicht in der vereinbarten Form vorgelegt, kann der Versammlungsleiter den Vertreter zurückweisen.[406] Eine gegenteilige Handhabung bedingt die Anfechtbarkeit der gefassten Beschlüsse, falls sich die Stimme auf das Beschlussergebnis ausgewirkt hat.[407] Allerdings ist dies auch weniger streng beurteilt und von einer Beschlussungültigkeit nur dann ausgegangen worden, wenn vereinbart ist, dass die Stimmabgabe durch einen Bevollmächtigten nur dann wirksam sein soll, wenn dieser eine schriftliche Vollmachtsurkunde vorlegen kann.[408]

Sieht die Teilungserklärung bzw. Gemeinschaftsordnung vor, dass eine Vollmacht schriftlich zu erteilen und zu den Akten des Verwalters zu übergeben ist, so kann diese Regelung dahin ausgelegt werden, dass die Übergabe der Vollmacht zu den Akten Voraussetzung für die Ausübung des Stimmrechts ist.[409]

**Neue Rechtslage: Verdrängt gesetzliche Textform eine vereinbarte Schriftform?**

Nicht eindeutig geklärt ist, ob die Neuregelung des § 25 Abs. 3 WEG n.F. bislang strengere Vorschriften in Gemeinschaftsordnungen verdrängen wird, wenn diese z.B. für die Erteilung von Stimmrechtvollmachten die Schriftform vorschreiben.

Widersprüche zwischen bestehenden Vereinbarungen – insbesondere Regelungen in der Gemeinschaftsordnung – und der durch das WEMoG geprägten künftigen Rechtslage will § 47 WEG n.F. auflösen. Danach sollen Vereinbarungen, die vor Inkrafttreten der Änderungen getroffen worden sind, der Anwendung der geänderten Vorschriften nur dann entgegenstehen, wenn sich aus der Vereinbarung ein entsprechender Wille mit hinreichender Deutlichkeit ergibt. Der Gesetzgeber sieht dies deshalb als notwendig an, weil viele Gemeinschaftsordnungen den Wortlaut des bei ihrer Errichtung geltenden Gesetzestextes einfach wiederholt haben. Dies ist

---

[406] OLG München, Beschluss v. 1.12.2005, 32 Wx 93/05, ZMR 2006 S. 231.
[407] OLG München, Beschluss v. 11.12.2007, 34 Wx 091/07, ZMR 2008 S. 236.
[408] LG Frankfurt a.M., Urteil v. 5.8.2015, 2-13 S 32/13, ZMR 2015 S. 959.
[409] OLG München, Beschluss v. 1.12.2005, a.a.O.

aber gerade bei einem vereinbarten Schriftformerfordernis bezüglich Vertretungsvollmachten nicht der Fall.[410]
Was nun vereinbarte Formvorschriften für die Erteilung von Vertretungsvollmachten betrifft, so ist festzustellen, dass weder das Wohnungseigentumsgesetz in seiner jetzigen Fassung, noch das Wohnungseigentumsgesetz in seiner Urfassung aus dem Jahr 1951 jemals besondere Formvorschriften für eine Bevollmächtigung von Vertretern der Wohnungseigentümer enthalten haben. Es gibt hier also keinen Gesetzestext, den die Verfasser einer Gemeinschaftsordnung textlich wiederholen konnten. Für derartige Fälle wird man aber annehmen dürfen, dass § 25 Abs. 3 WEG n.F. die Schriftform tatsächlich durch die Textform für Vollmachten ablöst. Jedenfalls hat der Gesetzgeber erstmals eine Formvorschrift statuiert, weil er es vermeiden möchte, dass Stimmen von Vertretern der Wohnungseigentümer unter Berufung auf § 174 BGB zurückgewiesen werden können.

Etwas anderes müsste aber dann gelten, wenn nach Inkrafttreten des Gesetzes zur Anpassung der Formvorschriften des Privatrechts und anderer Vorschriften an den modernen Rechtsgeschäftsverkehr vom 13. Juli 2001 ausdrücklich die Schriftform für Vollmachten vorgeschrieben wurde. Denn in Kenntnis der Textformmöglichkeit, hatte sich der Verfasser der Teilungserklärung/Gemeinschaftsordnung gerade gegen die Textform entschieden. Insoweit dürfte durchaus der Wille zu unterstellen sein, keine dynamische Regelung, sondern vielmehr eine statische zu schaffen. Allerdings kann dies hier freilich nicht abschließend beurteilt werden, derartige Unklarheiten wird vielmehr die Rechtsprechung klären müssen.

---

[410] Siehe Kap. 1.2 Widerspruch: WEMoG und Altvereinbarungen sowie Kap. 11.1.2 Beschlussfähigkeit der Eigentümerversammlung.

## 13 Wirtschaftsplan, Jahresabrechnung und Vermögensbericht

§ 28 WEG a.F., der derzeit Regelungen zum Wirtschaftsplan, der Jahresabrechnung und der Rechnungslegung enthält, ist grundlegend reformiert worden. Der Gesetzgeber hatte insoweit folgende Aspekte im Auge:

- Die Vorschriften sollen klarer gefasst werden, sodass die wesentlichen Inhalte von Wirtschaftsplan und Jahresabrechnung dem Wortlaut des Gesetzes entnommen werden können.

- Die Zahl der gerichtlichen Verfahren wegen einer Anfechtung der Genehmigungsbeschlussfassung über Wirtschaftsplan und Jahresabrechnung soll verringert werden. Künftiger Beschlussgegenstand sind demnach nur noch die konkret zur Zahlung festgesetzten Beiträge. Das Abrechnungswerk selbst ist kein Beschlussbestandteil mehr, weshalb eine Anfechtungsklage nur noch dann erfolgreich sein wird, wenn sich ein Fehler im Abrechnungswerk auf die Zahlungspflicht der Wohnungseigentümer auswirkt.

- Den Wohnungseigentümern werden ergänzende Informationen über die Wirtschaftslage der Gemeinschaft durch einen vom Verwalter jährlich zu erstellenden Vermögensbericht zur Verfügung gestellt.

Hinsichtlich Form und Inhalt ergeben sich weder bei Wirtschaftsplan noch Jahresabrechnung Änderungen, sodass insbesondere auch alle gängigen Software-Produkte unverändert weiter verwendet werden können.

Grundsätzlich zu beachten ist, dass die Verpflichtung des Verwalters zur Erstellung von Wirtschaftsplan, Jahresabrechnung und Vermögensbericht gegenüber der Gemeinschaft der Wohnungseigentümer besteht.[411] Wohnungseigentümer können daher nicht mehr den Verwalter direkt auf Erstellung in Anspruch nehmen, im Fall der Fälle ist die Gemeinschaft der Wohnungseigentümer gerichtlich im Verfahren des § 43 Abs. 2 Nr. 2 WEG n.F. im Wege der Leistungsklage in Anspruch zu nehmen.

---

[411] BT-Drs. 19/18791, S. 58.

# Wirtschaftsplan, Jahresabrechnung und Vermögensbericht

## 13.1 Wirtschaftsplan

| WEG a. F. | WEG n. F. |
|---|---|
| § 28 Wirtschaftsplan, Rechnungslegung | § 28 Wirtschaftsplan, Jahresabrechnung, Vermögensbericht |
| (1) ¹Der Verwalter hat jeweils für ein Kalenderjahr einen Wirtschaftsplan aufzustellen. ²Der Wirtschaftsplan enthält:<br>1. die voraussichtlichen Einnahmen und Ausgaben bei der Verwaltung des gemeinschaftlichen Eigentums;<br>2. die anteilmäßige Verpflichtung der Wohnungseigentümer zur Lasten- und Kostentragung;<br>3. die Beitragsleistung der Wohnungseigentümer zu der in § 21 Abs. 5 Nr. 4 vorgesehenen Instandhaltungsrückstellung.<br>(2) Die Wohnungseigentümer sind verpflichtet, nach Abruf durch den Verwalter dem beschlossenen Wirtschaftsplan entsprechende Vorschüsse zu leisten. | (1) ¹Die Wohnungseigentümer beschließen über die Vorschüsse zur Kostentragung und zu den nach § 19 Absatz 2 Nummer 4 oder durch Beschluss vorgesehenen Rücklagen. ²Zu diesem Zweck hat der Verwalter jeweils für ein Kalenderjahr einen Wirtschaftsplan aufzustellen, der darüber hinaus die voraussichtlichen Einnahmen und Ausgaben enthält. |

### 13.1.1 Gesetzgeberisches Ziel

**Neu: Beschlossen werden nur die nach Wirtschaftsplan zu zahlenden Beiträge, nicht das zugrundeliegende Zahlenwerk**

Mit der Neuregelung in § 28 Abs. 1 WEG n. F. bezweckt der Gesetzgeber in erster Linie eine Verringerung der Beschlussanfechtungsverfahren wegen formeller Mängel des Wirtschaftsplans. Dies stellt Satz 1 dieser Vorschrift insoweit klar, als Gegenstand des Beschlusses über den Wirtschaftsplan künftig nur noch die entsprechenden Beiträge sind und nicht das nach Satz 2 zu erstellende Zahlenwerk.

Wirtschaftsplan

## Wirtschaftsplan, Jahresabrechnung und Vermögensbericht

Die Beiträge zur Instandhaltungsrücklage (künftig: Erhaltungsrücklage) wurden in den Wirtschaftsplänen häufig als Kostenposition ausgewiesen, bis der BGH im Jahr 2009 in einer Grundsatzentscheidung klargestellt hat, dass es sich bei den nach Wirtschaftsplan zu leistenden Beiträgen zur Instandhaltungsrücklage nicht um Kosten oder Ausgaben handelt, sondern um Einnahmen der Gemeinschaft.[412] Unter Missachtung dieser Entscheidung haben Wirtschaftspläne auch nach 2009 immer wieder die Rücklagenbeiträge als Kostenposition behandelt und waren deshalb anfechtbar, denn obwohl sich durch die Darstellung als Kostenposition nichts an der den einzelnen Wohnungseigentümer treffenden Zahllast geändert hat, waren die Wirtschaftspläne in formeller Hinsicht nicht korrekt. Um die aus rein formellen Gründen erhobenen Anfechtungsklagen zu verringern, werden Beschlüsse über die Genehmigung von Wirtschaftsplänen in Zukunft nicht mehr angreifbar sein, da Beschlussgegenstand lediglich die konkrete Beitragsfestsetzung sein wird und nicht das zugrunde liegende Zahlenwerk.

**Achtung bei fehlerhaftem Kostenverteilungsschlüssel!**

Wird die Beitragslast der einzelnen Wohnungseigentümer unter (teilweiser) Missachtung des geltenden Kostenverteilungsschlüssels ermittelt und festgesetzt, so führt dies zu einer fehlerhaften Beitragsfestsetzung, da einzelne Wohnungseigentümer gegenüber dem geltenden Kostenverteilungsschlüssel mehrbelastet und andere entlastet werden. Solche Fehler, die sich im Ergebnis auf die Beitragshöhe bzw. Beitragslast auswirken, begründen nach wie vor eine Anfechtungsklage.

Nach Auffassung des Gesetzgebers soll allein ein Verstoß gegen die Beschlussvorbereitungspflicht des Satzes 2 einen Beschluss über die Festsetzung von Beitragspflichten nach Satz 1 nicht fehlerhaft machen.[413] Insoweit darf man auf die Entwicklung der künftigen Rechtsprechung gespannt sein, ob diese akzeptieren wird, dass ein Beschluss über die Festsetzung der Beitragspflichten auch dann nicht erfolgreich anfechtbar wäre, wenn nicht einmal die grundlegenden Einnahmen- und Ausgabenpositionen nachvollziehbar dargestellt sind.

Hier können jedenfalls gravierende praktische Probleme dann entstehen, wenn zwar – warum auch immer – die zu leistenden Beiträge mehrheitlich gerade ohne Erstellung des grundlegenden „Rechenwerks" Wirtschaftsplan beschlossen werden und einer der Wohnungseigentümer die Befürchtung hat, unrechtmäßig mit Mehrkosten belastet zu sein. Den Beschluss über die Festsetzung der Beiträge wird er in diesem Fall anfechten und mit dem Antrag verbinden, die Gemeinschaft der Wohnungseigentümer zur Erstellung des

---
[412] BGH, Urteil v. 4.12.2009, V ZR 44/09, NJW 2010 S. 2127.
[413] BT-Drs. 19/18791 S. 75.

## Wirtschaftsplan, Jahresabrechnung und Vermögensbericht

Wirtschaftsplans zu verurteilen. Stellt sich dann heraus, dass zwar die Beiträge tatsächlich ordnungsgemäß festgesetzt wurden, müssten dennoch die Kosten des Verfahrens entsprechend § 92 Abs. 2 Nr. 2 ZPO der beklagten Gemeinschaft der Wohnungseigentümer aufzuerlegen sein, da diese – freilich in erster Linie ihr Organ, der Verwalter – gegen ihre Verpflichtung zur Erstellung des Wirtschaftsplans verstoßen hat. Insoweit ist zwar die Forderung der Gemeinschaft der Wohnungseigentümer bezüglich des Hausgeldbeitrags dem anfechtenden Wohnungseigentümer bekannt, allerdings gerade nicht ihre Berechnung.

Dies wiederum dürfte aber nur dann gelten, wenn es sich um den ersten Wirtschaftsplan nach Begründung der Wohnungseigentümergemeinschaft handelt und Erfahrungswerte aus der Vergangenheit fehlen bzw. die neu zu zahlenden Hausgelder erheblich von den Ergebnissen der jeweiligen Jahreseinzelabrechnungen abweichen.

### 13.1.2 Gegenstand künftiger Beschlussfassung

Gegenstand einer Beschlussfassung auf Grundlage von § 28 Abs. 1 Satz 1 WEG n.F. stellen die Vorschüsse

1. zur Kostentragung nach § 16 Abs. 2 WEG n.F.,
2. zur Erhaltungsrücklage nach § 19 Abs. 2 Nr. 4 WEG n.F. sowie
3. zu möglichen weiteren beschlossenen Rücklagen

dar. Dies korrespondiert mit Ausnahme von Ziffer 3 mit der derzeitigen Rechtslage in § 28 Abs. 1 WEG a.F. Allerdings bezieht sich der entsprechende Genehmigungsbeschluss bislang auf den gesamten Wirtschaftsplan, künftig wird er sich nur noch auf die vom jeweiligen Wohnungseigentümer zu leistenden Beiträge beziehen.

 **Wirtschaftsplan ist zu erstellen!**

Auch wenn künftig Beschlussgegenstand nur noch die von den Wohnungseigentümern zu leistenden Hausgeldvorschüsse bzw. -beiträge sein werden, darf dies Verwalter nicht dazu verleiten, den Wirtschaftsplan selbst nicht zu erstellen. Ein jeder Wohnungseigentümer hat gegen die Gemeinschaft der Wohnungseigentümer einen Anspruch auf Erstellung des Wirtschaftsplans. Diesen kann er im Verfahren des § 43 Abs. 2 Nr. 2 WEG n.F. im Wege der Leistungsklage geltend machen. Für den Fall des Prozessverlusts hätte die Gemeinschaft der Wohnungseigentümer dann einen Regressanspruch gegen den Verwalter hinsichtlich der ihr auferlegten Verfahrenskosten.

## Wirtschaftsplan, Jahresabrechnung und Vermögensbericht

Bezogen auf ein Kalenderjahr ist nach wie vor ein Wirtschaftsplan zu erstellen, der über die nach Satz 1 auszuweisenden Beiträge auch eine Übersicht der voraussichtlichen Einnahmen und Ausgaben enthalten soll. Maßgebliche Bedeutung kommt insoweit dem Einzelwirtschaftsplan zu, mit dem die Beiträge gegenüber den einzelnen Wohnungseigentümern festgesetzt werden. An der Struktur des bislang ebenfalls in § 28 Abs. 1 WEG a.F. geregelten Wirtschaftsplans ändert sich also nichts. Die Fälligkeitsregelung in § 28 Abs. 2 WEG a.F. wird im Rahmen des WEMoG nicht übernommen. Nach § 28 Abs. 3 WEG n.F. können die Wohnungseigentümer insoweit Fälligkeitsregelungen beschließen, was auch erfolgen sollte, so nicht etwa in der Gemeinschaftsordnung bereits Regelungen zur monatlichen Teilfälligkeit geregelt sind. Ansonsten würden die Vorschüsse nach Wirtschaftsplan in voller Höhe nach § 271 Abs. 1 BGB mit Beschlussfassung zur Zahlung fällig.

**Zu 1: Betriebs- und Verwaltungskosten**

§ 16 Abs. 2 WEG n.F. spricht zwar nur noch von *„Kosten der Gemeinschaft der Wohnungseigentümer"*, konkretisiert diese aber als solche der Verwaltung und des gemeinschaftlichen Gebrauchs des Gemeinschaftseigentums, weshalb es sich in erster Linie nach wie vor um sämtliche Betriebs- und Verwaltungskosten handelt, die in einer Eigentümergemeinschaft anfallen. Zu den Verwaltungskosten gehören insoweit nach wie vor auch die Kosten der laufenden Instandhaltung und Instandsetzung des gemeinschaftlichen Eigentums, die künftig unter den Begriff der Erhaltungsmaßnahmen subsumiert werden.

**Zu 2: Erhaltungsrücklage**

Nach wie vor hat der Wirtschaftsplan auch die Beiträge zur nunmehr als „Erhaltungsrücklage" bezeichneten Instandhaltungsrücklage festzusetzen und auszuweisen.

**Zu 3: Weitere Rücklagen**

Wie § 28 Abs 1 Satz 2 WEG n.F. zum Ausdruck bringt, sind die Wohnungseigentümer durchaus berechtigt, neben der Erhaltungsrücklage auch weitere Rücklagen zu bilden. Allerdings ist der Wortlaut insoweit missglückt, als er durch das Wort „oder" suggerieren könnte, die Wohnungseigentümer könnten anstatt der Erhaltungsrücklage auch andere Rücklagen bilden. Sie können zwar weitere Rücklagen bilden, nach wie vor aber stellt die Bildung einer Erhaltungsrücklage nach § 19 Abs. 2 Nr. 4 WEG n.F. eine Maßnahme ordnungsmäßiger Verwaltung dar, weshalb sie auch zu bilden bleibt.

- **Liquiditätsrücklage**

    Hier kann es sich insbesondere anbieten, Liquiditätsrücklagen für den Fall von Hausgeldausfällen oder -rückständen einzelner Wohnungseigentümer zu bilden. Nach wie vor dürfte jedenfalls ein Zugriff auf die Mittel der Erhaltungsrücklage zur Überbrückung von Liquiditätsengpässen, gemessen an den derzeit geltenden Maßstäben, nur unter ganz bestimmten Voraussetzungen infrage kommen.[414]

- **Rücklage für gerichtliche Verfahren**
  Eine weitere denkbare Rücklage könnte eine solche zur Finanzierung von Beschlussanfechtungsklagen, Beschlussnichtigkeitsklagen und/oder Beschlussersetzungsklagen sein. Zu berücksichtigen ist insoweit nämlich, dass sich diese Klagen künftig nicht mehr gegen die übrigen Wohnungseigentümer richten sollen, sondern vielmehr gegen die Gemeinschaft der Wohnungseigentümer, die dann passivlegitimiert ist.

- **Baurücklage**
  Selbstverständlich bietet sich auch eine Rücklage für gemeinschaftliche Baumaßnahmen an, die eine Kostenverteilung unter allen Wohnungseigentümern unter den Voraussetzungen des § 21 Abs. 2 WEG n. F. zur Folge haben, sich also insbesondere innerhalb eines angemessenen Zeitraums amortisieren, hierauf aber nicht beschränkt sein müssen, so wie sie einer Mehrheit von mehr als 2/3 der abgegebenen Stimmen beschlossen werden, die dabei die Hälfte aller Miteigentumsanteile repräsentieren und nicht mit unverhältnismäßigen Kosten verbunden sind.

Auch wenn die Bildung weiterer Rücklagen möglich ist, wird es maßgeblich auf die Verhältnisse in der konkreten Wohnungseigentümergemeinschaft ankommen, ob diese ordnungsmäßiger Verwaltung entsprechen. Zumindest in finanzschwachen Gemeinschaften könnte die Bildung einer Baurücklage ordnungsmäßiger Verwaltung widersprechen, da hinsichtlich konkreter Baumaßnahmen auch die Erhebung einer Sonderumlage infrage kommt. Keinesfalls dürfen die Wohnungseigentümer jedenfalls durch die Bildung weiterer Rücklagen finanziell überfordert werden, um Anfechtungsrisiken zu vermeiden.

 **Beschlussmuster: Beitragsfestsetzung nach Wirtschaftsplan**

**TOP XX: Festsetzung der Vorschüsse zur Kostentragung nach Wirtschaftsplan**

Die Wohnungseigentümer genehmigen die auf Grundlage der jeweiligen Einzelwirtschaftspläne mit Druckdatum vom _____ für die einzelnen Sondereigentumseinheiten festgesetzten Hausgeldvorschüsse, bestehend aus den Beiträgen zur Bewirtschaftung und Verwaltung sowie der Erhaltungsrücklage und der Rücklage für Beschlussklagen. Die monatlich bis spätestens zum dritten Werktag eines Kalendermonats zu leistenden Teilbeträge gelten rückwirkend für den Zeitraum ab dem 1. Januar 20__, bis die Wohnungseigentümer über eine Neufestsetzung der Vorschüsse beschließen. Der

---
[414] Vgl. hierzu LG Köln, Urteil v. 18.6.2020, 29 S 212/19, ZMR 2020 S. 787.

## Wirtschaftsplan, Jahresabrechnung und Vermögensbericht

Differenzbetrag aus dem neuen und alten Hausgeld wird zum _____ mit den Eigentümern verrechnet, die ein SEPA-Lastschriftmandat erteilt haben. Die übrigen Miteigentümer sorgen bitte zur Vermeidung von Hausgeldrückständen oder Überzahlungen selbst dafür, dass sie ihre Daueraufträge bzw. Zahlungen entsprechend anpassen.

**Abstimmungsergebnis:**

Ja-Stimmen: \_\_\_\_\_

Nein-Stimmen: \_\_\_\_\_

Enthaltungen: \_\_\_\_\_

Der Versammlungsleiter verkündete folgendes Beschlussergebnis:

_____

Der Beschluss wurde angenommen/abgelehnt.

**Muster: Wirtschaftsplan**

**Jahresgesamt- und Jahreseinzelwirtschaftsplan 2021 (Planungszeitraum: 1.1.2021 bis 31.12.2021) – Wohnung 5**

### Erläuterung des Verteilungsschlüssels

| Umlageart | Gesamt | Ihr Anteil | Verteilerschlüssel |
|---|---|---|---|
| Miteigentumsanteile (MEA) | 1.000/1.000 | 100/1.000 | 100/1.000 |
| Sondereigentumseinheiten (Objekte) | 10 | 1 | 1/10 |
| Verbrauch geschätzt | auf Grundlage der Jahresabrechnung der Vorwirtschaftsperiode. | | |

# Wirtschaftsplan, Jahresabrechnung und Vermögensbericht

## I Einnahmen/Ausgaben
### 1. Einnahmen

| Einnahmenart | Gesamt-betrag (EUR) | Umlageart | Verteiler-schlüssel | Ihr Anteil (EUR) |
|---|---|---|---|---|
| Beitragszahlungen zu den Bewirtschaftungskosten | 26.310,00 | Von Ihnen auf Grundlage dieses Plans zu leisten: | | 2.631,00 |
| Mieten | 795,00 | MEA | 100/1.000 | 79,50 |
| Zinsen Girokonto | 5,00 | MEA | 100/1.000 | 0,50 |
| **Gesamtsumme Einnahmen** | **27.110,00** | | | **2.711,00** |

### 2. Ausgaben

| Ausgabenart | Gesamt-betrag (EUR) | Umlageart | Verteiler-schlüssel | Ihr Anteil (EUR) |
|---|---|---|---|---|
| Gebäudeversicherung | 900,00 | MEA | 100/1.000 | 90,00 |
| Haftpflichtversicherung | 500,00 | MEA | 100/1.000 | 50,00 |
| Abfallbeseitigung | 1.800,00 | MEA | 100/1.000 | 180,00 |
| Frischwasser | 1.600,00 | MEA | 100/1.000 | 160,00 |
| Abwasser | 1.600,00 | MEA | 100/1.000 | 160,00 |
| Allgemeinstrom | 1.200,00 | MEA | 100/1.000 | 120,00 |
| Straßenreinigung | 80,00 | MEA | 100/1.000 | 8,00 |
| Heizung / Warmwasser | 11.000,00 | Verbrauch geschätzt | | 1.100,00 |
| Hausmeisterservice allgemein | 800,00 | MEA | 100/1.000 | 80,00 |
| Hausreinigung | 2.300,00 | MEA | 100/1.000 | 230,00 |
| Gartenpflege | 500,00 | MEA | 100/1.000 | 50,00 |
| Kabelanschluss | 450,00 | Objekte | 1/10 | 45,00 |
| | *22.730,00* | | | *2.273,00* |

## Wirtschaftsplan, Jahresabrechnung und Vermögensbericht

| Ausgabenart | Gesamt-<br>betrag<br>(EUR) | Umlageart | Verteiler-<br>schlüssel | Ihr<br>Anteil<br>(EUR) |
|---|---|---|---|---|
| *auf Mieter umlegbare Kosten* | | | | |
| Kontogebühren | 180,00 | MEA | 100/1.000 | 18,00 |
| Kleinreparaturen | 1.000,00 | MEA | 100/1.000 | 100,00 |
| Hausmeisterservice Erhaltung | 200,00 | MEA | 100/1.000 | 20,00 |
| Verwaltergebühren | 3.000,00 | Objekte | 1/10 | 300,00 |
| *Nicht auf Mieter umlegbar* | *4.380,00* | | | *438,00* |
| **Gesamtausgaben** | **27.110,00** | | | **2.711,00** |
| Abzüglich Einnahmen Vermietung | 795,00 | | | 79,50 |
| Abzüglich Zinsen Girokonto | 5,00 | | | 0,50 |
| **Zu finanzierende Gesamtkosten** | **26.310,00** | | | **2.631,00** |

## II Erhaltungsrücklage

| Zuführungsposition | Gesamt-<br>betrag<br>(EUR) | Umlageart | Verteiler-<br>schlüssel | Ihr<br>Anteil<br>(EUR) |
|---|---|---|---|---|
| Beitragszahlungen | 2.400,00 | MEA | 100/1.000 | 240,00 |
| Waschmarkenerlöse | 150,00 | MEA | 100/1.000 | 15,00 |
| Zinseinnahmen | 30,00 | MEA | 100/1.000 | 3,00 |
| **Gesamtsumme Zuführung Erhaltungsrücklage** | **2.580,00** | | | **258,00** |

### III Rücklage für Beschlussklagen

| Zuführungsposition | Gesamt-betrag (EUR) | Umlageart | Verteiler-schlüssel | Ihr Anteil (EUR) |
|---|---|---|---|---|
| Beitragszahlungen | 1.800,00 | MEA | 100/1.000 | 180,00 |
| Zinseinnahmen | 10,00 | MEA | 100/1.000 | 1,00 |
| **Gesamtsumme Zuführung Rücklage Beschlussklagen** | **1.810,00** | | | **181,00** |

### IV Ergebnis / Zusammensetzung des von Ihnen zu zahlenden Hausgelds

| Hausgeldbestandteil | Gesamt-jahresbetrag (EUR) | Monats-betrag (EUR) |
|---|---|---|
| Vorauszahlungen Betriebs- und Verwaltungskosten | 2.631,00 | 219,25 |
| Zuführung Erhaltungsrücklage | 240,00 | 20,00 |
| Zuführung Rücklage Beschlussklagen | 180,00 | 15,00 |
| **Summe Hausgeld gesamt** | **3.051,00** | **254,25** |

#### 13.1.3 Fortgeltung

Grundsätzlich sind die Wohnungseigentümer berechtigt, die Fortgeltung des Wirtschaftsplans zu beschließen. Ohne entsprechenden Fortgeltungsbeschluss endet die Zahlungspflicht mit Ablauf des konkreten Wirtschaftsplans und die Eigentümer sind ohne Beschlussfassung über einen neuen Wirtschaftsplan oder die Fortgeltung des alten zu keinen weiteren Zahlungen verpflichtet.[415] Aufgrund des durch das WEMoG angeordneten dualen Systems einer Trennung in Beschlussgegenstand (Satz 1) und Vorbereitung der Beschlussfassung durch Erstellung des Wirtschaftsplans (Satz 2), ändert sich zwar nichts Grundlegendes an einer Fortgeltungsbeschlussfassung. Allerdings können die Wohnungseigentümer nur die Fortgeltung der durch Wirtschaftsplan zu leistenden Beiträge beschließen. Der Wirtschaftsplan selbst, also das der Beschlussfassung zugrundeliegende Zahlenwerk, ist vom Verwalter kalender-

---

[415] BGH, Urteil v. 14.12.2018, V ZR 2/18, MDR 2019 S. 601.

## Wirtschaftsplan, Jahresabrechnung und Vermögensbericht

jährlich dennoch zu erstellen. Auch nach derzeit noch geltender Rechtslage entbindet ein Fortgeltungsbeschluss den Verwalter nicht von seiner Verpflichtung zur jährlichen Erstellung eines Wirtschaftsplans.[416] Auch wenn also die Fortgeltung von Zahlungspflichten beschlossen wurde, hat der Verwalter einen Wirtschaftsplan zu erstellen, um die Wohnungseigentümer in die Lage zu versetzen, (Anpassungs-)Beschlüsse fassen zu können.

Nach bislang geltender Rechtslage ist ein Beschluss, der unabhängig von einem konkreten Wirtschaftsplan generell die Fortgeltung eines jeden Wirtschaftsplans – bis zur „Verabschiedung" eines neuen – zum Gegenstand hat, mangels Beschlusskompetenz der Wohnungseigentümer nichtig.[417] In Zukunft wird sich hier das duale System des § 28 Abs. 1 WEG n.F. auswirken, da der Wortlaut von Satz 1 nicht mehr auf das Kalenderjahr abstellt. Die Wohnungseigentümer können demnach durchaus zunächst unbegrenzt eine Zahlungspflicht auf Grundlage eines konkreten Wirtschaftsplans beschließen. Durch die Pflicht des Verwalters zur jährlichen Erstellung gemäß Satz 2 haben sie dann die Möglichkeit einer Anpassungs-Beschlussfassung.

**Beschlussmuster: Fortgeltung des Wirtschaftsplans**

**TOP XX: Fortgeltung der Vorschüsse aufgrund des Wirtschaftsplans**

Die sich auf Grundlage des den Wohnungseigentümern vorliegenden Wirtschaftsplans für die Wirtschaftsperiode 20__ ergebenden Vorschüsse bleiben so lange maßgeblich, bis die Wohnungseigentümer nach § 28 Abs. 1 Satz 1 WEG über eine Anpassung dieser Beiträge Beschluss fassen.

**Abstimmungsergebnis**:

Ja-Stimmen: _____

Nein-Stimmen: _____

Enthaltungen: _____

Der Versammlungsleiter verkündete folgendes Beschlussergebnis:

_____

Der Beschluss wurde angenommen/abgelehnt.

---

[416] BGH, Urteil v. 14.12.2018, a.a.O.
[417] BGH, Urteil v. 14.12.2018, a.a.O.

## Wirtschaftsplan, Jahresabrechnung und Vermögensbericht

### 13.2 Jahresabrechnung

| WEG a. F. | WEG n. F. |
|---|---|
| § 28 Wirtschaftsplan, Rechnungslegung | § 28 Wirtschaftsplan, Jahresabrechnung, Vermögensbericht |
| (3) Der Verwalter hat nach Ablauf des Kalenderjahres eine Abrechnung aufzustellen. | (2) ¹Nach Ablauf des Kalenderjahres beschließen die Wohnungseigentümer über die Einforderung von Nachschüssen oder die Anpassung der beschlossenen Vorschüsse. ²Zu diesem Zweck hat der Verwalter eine Abrechnung über den Wirtschaftsplan (Jahresabrechnung) aufzustellen, die darüber hinaus die Einnahmen und Ausgaben enthält. |

Auch mit der Neufassung von § 28 Abs. 2 WEG n. F. beabsichtigt der Gesetzgeber in erster Linie die Klarstellung, was Gegenstand des Beschlusses über die Jahresabrechnung ist. Diese Frage wird seit Jahren sowohl in der Rechtsprechung als auch in der juristischen Literatur kontrovers diskutiert. Aufbauend auf der Regelung in Absatz 1 zum Wirtschaftsplan und in Übernahme des bisherigen Konzepts der Jahresabrechnung als „*Abrechnung über den Wirtschaftsplan*", wie dies derzeit noch in § 29 Abs. 3 WEG a. F. zum Ausdruck kommt, dient die Jahresabrechnung der endgültigen Festlegung der Hausgeldbeiträge einer Wirtschaftsperiode.

**Neu: Beschlossen wird nur die in der Jahresabrechnung ausgewiesene Abrechnungsspitze, nicht das zugrundeliegende Zahlenwerk**

§ 28 Abs. 2 Satz 1 WEG n. F., wonach die Wohnungseigentümer über „*die Einforderung von Nachschüssen oder die Anpassung der beschlossenen Vorschüsse*" beschließen, bringt deutlich zum Ausdruck, dass Gegenstand des Beschlusses über die Jahresabrechnung die Abrechnungsspitze sein wird. Dies entspricht im Übrigen auch nach derzeit geltender Rechtslage der herrschenden Meinung.[418] Ziel des Gesetzgebers ist es – entsprechend seiner Intentionen zum Wirtschaftsplan –, die Zahl der Beschlussanfechtungsklagen

---
[418] Vgl. u. a. LG Frankfurt a. M., Urteil v. 31.5.2017, 2-13 S 135/16, NZM 2017 S. 570; LG Dortmund, Beschluss v. 5.10.2016, 1 S 205/16, ZWE 2017 S. 183.

deutlich zu reduzieren, indem er in Satz 1 klarstellt, was Gegenstand des Beschlusses ist und in Satz 2 weiter anordnet, dass die zu erstellende Jahresabrechnung lediglich dem Zweck dienen soll, die endgültigen Beiträge festzusetzen. Das Abrechnungswerk selbst wird jedenfalls nicht mehr Gegenstand des Beschlusses sein.

### 13.2.1 Abrechnungsspitze (§ 28 Abs. 2 Satz 1 WEG n. F.)

Gegenstand des Beschlusses über die Jahresabrechnung wird künftig die Abrechnungsspitze sein. Bei der Abrechnungsspitze handelt es sich um den Saldo aus den nach Wirtschaftsplan kalkulierten Soll-Hausgeldern und den tatsächlich angefallenen Kosten. Maßgeblich ist also nicht ein Abrechnungssaldo aus tatsächlich geleisteten Zahlungen und tatsächlich angefallenen Ausgaben bzw. Kosten.

**Muster: Darstellung der Abrechnungsspitze**

| | |
|---|---|
| Das Hausgeldsoll nach Wirtschaftsplan beträgt: | 2.800 EUR |
| Tatsächlich wurden vom Wohnungseigentümer gezahlt: | 2.000 EUR |
| Auf seine Wohnung entfallende anteilige Kosten/Lasten: | 2.500 EUR |

Die Abrechnungsspitze ermittelt sich wie folgt:

| | |
|---|---|
| Kalkuliertes Hausgeldsoll nach Wirtschaftsplan | 2.800 EUR |
| ./. Ausgaben für die Wohnung | 2.500 EUR |
| **Abrechnungsspitze (Guthaben)** | **300 EUR** |

Würde man demgegenüber den Abrechnungssaldo darstellen, ergäbe sich folgendes Ergebnis:

| | |
|---|---|
| Ausgaben für die Wohnung | 2.500 EUR |
| Zahlungen des Eigentümers | 2.000 EUR |
| **Nachzahlung** | **500 EUR** |

## Wirtschaftsplan, Jahresabrechnung und Vermögensbericht

### Hausgeldrückstand

Da Kosten in Höhe von 2.500 EUR entstanden sind, aber nur 2.000 EUR gezahlt wurden, besteht ein tatsächlicher Hausgeldrückstand in Höhe von 500 EUR. Da als Ergebnis der Jahresabrechnung allerdings die Abrechnungsspitze auszuweisen ist, diese aber positiv ist und ein Guthaben ausweist, kann der Hausgeldrückstand nicht auf Grundlage der Jahresabrechnung geltend gemacht werden. Würde als Ergebnis der Jahresabrechnung andererseits der Abrechnungssaldo ausgewiesen werden, ergäben sich zwar als Nachzahlungsbetrag die rückständigen 500 EUR – allerdings wäre die Abrechnung auf Grundlage der bislang noch geltenden Rechtslage nach h.M. insoweit teilnichtig, weil als Ergebnis der Abrechnung die Abrechnungsspitze darzustellen ist. Unter Geltung des WEMoG wäre der Beschluss insgesamt nichtig, da sich sein Inhalt gerade auf die Beitragsfestsetzung bzw. Abrechnungsspitze reduziert. Der bestehende Hausgeldrückstand ist also nach wie vor auf Grundlage des Wirtschaftsplans geltend zu machen.

 **Anspruchsgrundlage für die Geltendmachung von Hausgeldrückständen hat Auswirkungen auf die Verjährung**

Würde ein Hausgeldrückstand nicht auf Grundlage des Wirtschaftsplans geltend gemacht werden, würde unzulässigerweise in die Verjährungsregelungen eingegriffen werden. Nach §§ 195, 199 BGB beträgt die Verjährungsfrist 3 Jahre. Unterstellt, der Wirtschaftsplan wurde 2019 beschlossen, verjähren Forderungen aus ihm mit Ablauf des 31. Dezember 2022. Da die Jahresabrechnung im Jahr 2020 beschlossen wird, würde deren Verjährung erst mit Ablauf des 31. Dezember 2023 eintreten. Wäre also das Ergebnis des Abrechnungssaldos maßgeblich, würde die Verjährungsfrist um ein Jahr verlängert werden, was unzulässig ist.

### 13.2.2 Abrechnungswerk (§ 28 Abs. 2 Satz 2 WEG n.F.)

**Bestandteile**

Nach alter Rechtslage[419] besteht die Jahresabrechnung aus

- der Jahresgesamtabrechnung,
- einer Einzelabrechnung für jeden Eigentümer,
- einer Darstellung der Entwicklung der Instandhaltungsrücklage sowie
- einer Darstellung der Entwicklung der Bankkonten.

---

[419] Vgl. KG Berlin, Beschluss v. 26.9.2007, 24 W 183/06, ZMR 2008 S. 67.

## Wirtschaftsplan, Jahresabrechnung und Vermögensbericht

Lediglich optional und somit nicht zwingend, sind eine Saldenliste[420] sowie ein Vermögensstatus.[421]

Was den Vermögensstatus betrifft, ist künftig § 28 Abs. 4 WEG n.F. zu beachten, der eine Verpflichtung des Verwalters statuiert, nach Ablauf eines Kalenderjahres einen Vermögensbericht zu erstellen, der den Stand der Instandhaltungsrücklage (künftig: Erhaltungsrücklage) und ggf. weiterer gebildeter Rücklagen sowie eine Aufstellung des wesentlichen Gemeinschaftsvermögens enthält.[422]

### Einnahmen-/Ausgabenrechnung

Was das Formbild der Jahresabrechnung betrifft, handelt es sich bei ihr nach wie vor um eine geordnete und übersichtliche Einnahmen- und Ausgabenrechnung, die auch Angaben über die Höhe der gebildeten Rücklagen enthalten muss. Die tatsächlichen Einnahmen und Kosten müssen dargestellt werden und dies aus sich heraus verständlich und plausibel.[423] Grundsätzlich gilt insoweit, dass bilanzmäßige Darstellungen in Jahresabrechnungen nichts zu suchen haben, da es sich um eine reine Einnahmen-/Ausgabenrechnung handelt.[424]

**Jahresabrechnung ist nach wie vor ordnungsmäßig zu erstellen!**

Wie beim Wirtschaftsplan gilt auch bei der Jahresabrechnung, dass diese nach wie vor ordnungsmäßig zu erstellen ist. Auch wenn Beschlussgegenstand lediglich die Abrechnungsspitze sein wird, hat ein jeder Wohnungseigentümer gegen die Gemeinschaft der Wohnungseigentümer einen Anspruch auf Erstellung einer Jahresabrechnung, die ordnungsmäßiger Verwaltung entspricht. Diesen Anspruch kann er im Wege der Leistungsklage im Verfahren des § 43 Abs. 2 Nr. 2 WEG n.F. geltend machen. Im Fall des Klageerfolgs hätte die Gemeinschaft der Wohnungseigentümer einen Regressanspruch gegen den Verwalter wegen der ihr auferlegten Verfahrenskosten.

**Darstellung der Heizkosten in der Jahresabrechnung**

Nach der Rechtsprechung des BGH[425] sind in die Jahresgesamtabrechnung alle im Abrechnungszeitraum geleisteten Zahlungen aufzunehmen, die im Zusammenhang mit der Anschaffung von Brennstoff stehen. Für die Verteilung in den Einzelabrechnungen

---

[420] BGH, Urteil v. 27.10.2017, V ZR 189/16, NJW 2018 S. 942.
[421] BGH, Urteil v. 11.10.2013, V ZR 271/12, NJW 2014 S. 145.
[422] Siehe Kap. 13.3 Vermögensbericht.
[423] BGH, Urteil v. 27.10.2017, V ZR 189/16, NJW 2018 S. 942.
[424] AG Hamburg-St. Georg, Urteil v. 27.11.2012, 980a C 28/12 WEG, ZMR 2013 S. 389.
[425] BGH, Urteil v. 17.2.2012, V ZR 251/10, NJW 2012 S. 1434.

sind dagegen die Kosten des im Abrechnungszeitraum tatsächlich verbrauchten Brennstoffs maßgeblich. Die Heizkosten nach der Jahresgesamtabrechnung und diejenigen nach den jeweiligen Einzelabrechnungen werden also nur im absoluten Ausnahmefall einmal übereinstimmen, in aller Regel divergieren sie. In der Praxis werden aber häufig auch in der Jahresgesamtabrechnung die seitens des Abrechnungsdienstleisters ermittelten Verbrauchskosten ausgewiesen, die jedoch mit den tatsächlich für Heizenergie aufgewendeten Kosten des Kalenderjahres nicht übereinstimmen.

**Fehlerhafte Abrechnung**

Eine derart fehlerhafte Darstellung in der Jahresabrechnung hat künftig keine Auswirkungen mehr auf die Beschlussfassung nach § 28 Abs. 2 WEG n.F., denn Gegenstand der Beschlussfassung wird allein die Abrechnungsspitze sein. Von wesentlicher Bedeutung ist in Zukunft nämlich die Jahreseinzelabrechnung, die gerade der Ermittlung der tatsächlich auf die jeweilige Sondereigentumseinheit entfallenden Kosten dient. Sind also keine weiteren Kosten auf die Wohnungseigentümer umzulegen, als eben die in der Einzelabrechnung des Abrechnungsdienstleisters ausgewiesenen Kosten, hat eine fehlerhafte Darstellung der Gesamtkosten keine Auswirkungen und kann eine Anfechtungsklage nicht mehr begründen.

Alle Verwalter können insoweit aufatmen, als dass sämtliche Fehler einer Jahresabrechnung, die sich nicht auf die tatsächliche Zahllast der Wohnungseigentümer auswirken, eine Anfechtungsklage nicht mehr begründen können.

**Entsprechendes gilt bei Bevorratung von Brennstoffen**

Insbesondere bei einer Energieversorgung mit Heizöl kommt es in aller Regel durch Zukäufe in der abzurechnenden Wirtschaftsperiode zu höheren Ausgaben, als der Abrechnungsdienstleister am Ende des Jahres in der Heizkostenabrechnung an tatsächlichen Verbrauchskosten ermittelt. Insoweit kann nach wie vor auch unter Geltung des WEMoG die Rechtsprechung des BGH beachtet werden, muss dies aber nicht, wonach Kosten für angeschaffte, aber noch nicht verbrauchte Brennstoffe entweder nach dem allgemeinen, in § 16 Abs. 2 WEG a.F./n.F. nach Miteigentumsanteilen bestimmten, oder nach einem ansonsten vereinbarten Kostenverteilungsschlüssel zu verteilen sind.[426] Werden die Kosten einheitlich nicht berücksichtigt, hat dies nämlich keine Auswirkung auf die nach § 28 Abs. 2 Satz 1 WEG n.F. zu beschließenden Nachschüsse

---

[426] BGH, Urteil v. 17.2.2012, a.a.O.

oder Anpassungen. Freilich können Verwalter aber auch diese Aspekte in ihrer Abrechnung berücksichtigen.[427]

**Muster: Berücksichtigung nicht verbrauchten Heizöls in der Jahresabrechnung**

| Ausgabenart | | Gesamt-betrag (EUR) | Umlageart | Verteiler-schlüssel | Ihr Anteil (EUR) |
|---|---|---|---|---|---|
| (...) | | (...) | (...) | (...) | (...) |
| **Zwischensumme** | | 9.216,00 | (...) | (...) | **2.221,00** |
| Heizung/Warmwasser | | | | | |
| *(Gesamt-verbrauchs-kosten* | *4.000,00)* | | Verbrauch | Abrg. X-GmbH | 800,00 |
| *(./. Restbestand Heiz-ölkauf 2019, 1.000 Liter à 0,80 EUR)* | | | ./. geleistete Zahlung für Heizölkauf 2019 | | - 200,00 |
| Heizölkauf Februar 2020 (5.000 Liter à 0,80 EUR) | | 4.000,00 | | | |
| *(Verbrauchsanteil 3.200,00)* | | 80,00 | Verbrauch in Abrg. X-GmbH (s. o.) | | |
| *(kein Verbrauch/ Heizölrest* | *800,00)* | | | MEA | 250/1.000 | 200,00 |
| **Zwischensumme Heizung/Warmwasser** | | **4.000,00** | | | **800,00** |

---

[427] Ohnehin zumindest mengenmäßige Berücksichtigung im Vermögensbericht, siehe Kap. 13.3 Vermögensbericht.

### 13.2.3 Beschlusswirkung

**Einforderung von Nachschüssen**

Sind die tatsächlich auf die einzelne Sondereigentumseinheit entfallenden Kosten höher, als nach Wirtschaftsplan kalkuliert, wirkt der Beschluss über die Genehmigung der Jahresabrechnung in Übereinstimmung mit der ständigen Rechtsprechung des BGH[428] anspruchsbegründend hinsichtlich des auf den einzelnen Wohnungseigentümer entfallenden Betrags, welcher die im Rahmen des Wirtschaftsplans beschlossenen Vorschüsse übersteigt.

> **Beispiel: Tatsächliche Kosten übersteigen die im Wirtschaftsplan kalkulierten Kosten**
>
> Nach Wirtschaftsplan wurden anteilige Kosten in Höhe von 2.500 EUR kalkuliert. Tatsächlich entstanden sind Kosten in Höhe von 2.800 EUR.
>
> Bezüglich der Differenz in Höhe von 300 EUR wirkt der Beschluss über die Jahresabrechnung anspruchsbegründend, weshalb dieser Betrag auf Grundlage der Jahresabrechnung notfalls gerichtlich geltend gemacht werden kann.
>
> Nochmals sei auch hier ausdrücklich betont, dass nach künftiger Rechtslage allein der Nachzahlungsbetrag in Höhe von 300 EUR den Gegenstand des Beschlusses über die Jahresabrechnung darstellt und nicht das zu seiner Ermittlung erstellte Zahlenwerk.

**Anpassung beschlossener Vorschüsse**

Sind die tatsächlich auf die einzelne Sondereigentumseinheit entfallenden Kosten niedriger als nach Wirtschaftsplan kalkuliert, umfasst der Beschluss über die Jahresabrechnung künftig die Anpassung der beschlossenen Vorschüsse. Ist der Wohnungseigentümer insoweit seinen Zahlungspflichten nach dem Wirtschaftsplan nachgekommen, hat er einen entsprechenden Rückzahlungsanspruch. Für all diejenigen Fälle aber, in denen der Wohnungseigentümer seinen Zahlungspflichten nach dem Wirtschaftsplan nicht nachgekommen ist, beschränkt sich die Wirkung des Beschlusses über die Jahresabrechnung auf die Anpassung der Vorschüsse. Dies hat zur Konsequenz, dass der Wohnungseigentümer keinen Rückzahlungsanspruch aus der Jahresabrechnung hat.

> **Beispiel: Positive Abrechnungsspitze trotz Hausgeldrückstands**
>
> | | |
> |---|---|
> | Das Hausgeldsoll nach Wirtschaftsplan beträgt: | 2.800 EUR |
> | Tatsächlich wurden vom Wohnungseigentümer gezahlt: | 2.000 EUR |
> | Auf seine Wohnung entfallende anteilige Kosten und Lasten: | 2.500 EUR |

---

[428] BGH, Urteil v. 1.6.2012, V ZR 171/11, NJW 2012 S. 2797.

## Wirtschaftsplan, Jahresabrechnung und Vermögensbericht

In der Jahresabrechnung ist eine positive Abrechnungsspitze in Höhe von 300 EUR auszuweisen, da die tatsächlichen Kosten die nach Wirtschaftsplan kalkulierten um diesen Betrag unterschreiten. Tatsächlich hat der Wohnungseigentümer jedoch einen Zahlungsrückstand auf den Wirtschaftsplan in Höhe von 800 EUR, weil er nur 2.000 EUR an Hausgeldern vorausgezahlt hat. Freilich wird das nach Wirtschaftsplan zu leistende Hausgeldsoll durch die tatsächlichen Kosten in der Jahresabrechnung begrenzt, sodass nach Beschlussfassung über die Jahresabrechnung tatsächliche Hausgeldrückstände nur in Höhe von 500 EUR bestehen. Der Wohnungseigentümer hat nun aber aus der Jahresabrechnung nicht etwa einen Anspruch auf Auszahlung von 300 EUR. Durch die Anpassung der beschlossenen Vorschüsse als Gegenstand des Beschlusses über die Jahresabrechnung wird nur klargestellt, dass die Vorschüsse endgültig auf einen Betrag von 2.500 EUR beschränkt sind.

**Rückstand aus Wirtschaftsplan geltend machen**

Da die Jahresabrechnung auch künftig anspruchsbegründend allein hinsichtlich des auf den einzelnen Wohnungseigentümer entfallenden Betrags ist, der die im Rahmen des Wirtschaftsplans beschlossenen Vorschüsse übersteigt, ist der Hausgeldrückstand auf Grundlage des Wirtschaftsplans geltend zu machen.

**Beschlussmuster: Festsetzung der Hausgeldanpassung und Nachschüsse aufgrund Jahresabrechnung**

**TOP XX: Festsetzung der Hausgeldanpassung und Nachforderungen aufgrund der Jahresabrechnung 20__**

Auf Grundlage der für die Wirtschaftsperiode 20__ erstellten Jahresabrechnung beschließen die Wohnungseigentümer gemäß § 28 Abs. 2 Satz 1 WEG die sich aus den jeweiligen Jahreseinzelabrechnungen ergebenden Guthaben bzw. Fehlbeträge als Anpassung der nach Wirtschaftsplan beschlossenen Vorschüsse bzw. als zu leistende Nachschüsse auf den Wirtschaftsplan. Die sich ergebenden Guthaben werden mit den auf Grundlage des geltenden Wirtschaftsplans zu zahlenden Hausgeldvorschüssen verrechnet.

Die auf Grundlage der vorliegenden Jahreseinzelabrechnungen beschlossenen Nachzahlungs- bzw. Nachschussforderungen sind sofort zur Zahlung durch die jeweiligen Wohnungseigentümer fällig. Es bedarf insoweit keines speziellen Abrufs durch den Verwalter. Den jeweiligen Wohnungseigentümern wird jedoch nachgelassen, die Nachzahlung innerhalb von 3 Wochen ab Beschlussfassung zu leisten. Wohnungseigentümer, die dem Verwal-

## Wirtschaftsplan, Jahresabrechnung und Vermögensbericht

ter eine Einzugsermächtigung erteilt haben, haben bis zu diesem Zeitpunkt für eine ausreichende Kontodeckung zu sorgen.

**Abstimmungsergebnis:**

Ja-Stimmen: \_\_\_\_\_

Nein-Stimmen: \_\_\_\_\_

Enthaltungen: \_\_\_\_\_

Der Versammlungsleiter verkündete folgendes Beschlussergebnis:

_____

Der Beschluss wurde angenommen/abgelehnt.

> **Musterschreiben: Zahlungsaufforderung an Eigentümer über rückständige Hausgelder**

Herr / Frau / Eheleute
[Name und Anschrift des Eigentümers]

_____

_____

_____, den _____

**WEG _____-Straße**

**Hier: Ausstehende Zahlung der beschlossenen Nachschüsse aufgrund Jahresabrechnung**

Sehr geehrte/r _____,

in der Anlage überreichen wir Ihnen die Niederschrift der Wohnungseigentümerversammlung vom _____. Bekanntermaßen wurde der zu TOP XX zur Beschlussfassung gestellte Antrag über die sich aus den jeweiligen Jahreseinzelabrechnungen 20\_\_ ergebenden Hausgeldanpassungen bzw. Hausgeldnachforderungen mehrheitlich genehmigt.

In diesem Zusammenhang machen wir höflichst darauf aufmerksam, dass sich auf Grundlage der beschlossenen Abrechnungsspit-

## Wirtschaftsplan, Jahresabrechnung und Vermögensbericht

zen für Ihre Wohnung zwar ein Guthaben in Höhe von 300 EUR ergibt, sich tatsächlich aber Hausgeldrückstände auf den Wirtschaftsplan in Höhe von 500 EUR ergeben. Dies erläutern wir Ihnen wie folgt:

Zunächst stellt die Abrechnungsspitze, die mit Beschluss gem. § 28 Abs. 2 Satz 1 WEG genehmigt wird, den einzigen Beschlussgegenstand bezüglich der Jahresabrechnung dar. Bei der Abrechnungsspitze handelt es sich um den Saldo der laut Wirtschaftsplan für Ihre Wohnung kalkulierten Kosten und den auf Ihre Wohnung tatsächlich entfallenden Kosten. Nach dem für Ihre Wohnung geltenden Einzelwirtschaftsplan waren 2.800 EUR Kosten veranschlagt worden. Tatsächlich entfielen in der abgerechneten Wirtschaftsperiode 20__ auf Ihre Wohnung lediglich Kosten in Höhe von 2.500 EUR. Insoweit ergibt sich die positive Abrechnungsspitze in Höhe von 300 EUR.

Bitte beachten Sie jedoch, dass Sie auf den Wirtschaftsplan Zahlungen nur in Höhe von 2.000 EUR für die Wirtschaftsperiode 20__ geleistet haben. Gegenüber den tatsächlich auf Ihre Wohnung entfallenden Kosten waren Ihre Zahlungen also in Höhe von 500 EUR zurückgeblieben. Daher bitten wir Sie, den bestehenden Hausgeldrückstand in Höhe von 500 EUR bis zum _____ dem gemeinschaftlichen Girokonto anzuweisen. Wir bitten bereits zum jetzigen Zeitpunkt um Verständnis dafür, dass wir für den Fall der nicht vollständigen Zahlung bis zum vorgenannten Zeitpunkt gezwungen sein werden, diese Forderung der Gemeinschaft der Wohnungseigentümer gerichtlich beitreiben zu müssen.

Für Rückfragen stehen wir Ihnen selbstverständlich gerne zur Verfügung und verbleiben

Mit freundlichen Grüßen

Verwalter/Verwalterin

### Eigentümerwechsel

Dieses Ergebnis wirkt sich auch im Fall eines Eigentümerwechsels aus. Auch nach künftig geltender Rechtslage wird derjenige Wohnungseigentümer, der zum Zeitpunkt der Beschlussfassung über die Jahresabrechnung als Eigentümer im Grundbuch eingetragen ist, eine negative Abrechnungsspitze auszugleichen haben. Im Fall einer positiven Abrechnungsspitze hat er dann keinen Anspruch aus Auszahlung eines entsprechenden Guthabens, wenn der veräußernde Voreigentümer seinen Hausgeldzahlungspflichten nach dem Wirtschaftsplan nicht nachgekommen ist.

**Wirtschaftsplan, Jahresabrechnung und Vermögensbericht**

### 13.2.4 Praktische Auswirkungen

Grundsätzlich können die Verwalter die Jahresabrechnungen weiter so erstellen, wie sie dies bislang tun. Sie können insbesondere auch weiterhin unverändert die von ihnen verwendete Software zur Abrechnungserstellung nutzen. So jedenfalls die auf die einzelnen Wohnungseigentümer entfallenden Beiträge zuverlässig zu ermitteln sind, ist allein dies maßgeblich. Allein das Ergebnis der jeweiligen Einzelabrechnung, nämlich die Abrechnungsspitze, bildet den Beschlussgegenstand. Sollten zur Abrechnungserstellung verwendete Software-Programme ggf. einzelne Schwächen entweder in der Darstellung oder hinsichtlich einzelner – künftig optionaler – Bestandteile der Jahresabrechnung haben, hat dies keinerlei Auswirkungen und begründet keine erfolgreiche Anfechtungsklage. Nach Auffassung des Gesetzgebers führen jedenfalls Fehler im Abrechnungswerk zu keiner erfolgreichen Anfechtungsklage.[429]

- Fehlen Kontostände im Abrechnungswerk, wird dies keinen eine Anfechtung begründenden Fehler mehr darstellen. Die Kontostände sind vielmehr im Vermögensbericht mitzuteilen.

- Konsequenterweise kann der Beschluss über die Genehmigung der Jahresabrechnung auch nicht mehr deshalb angefochten werden, weil die Abrechnung nicht auf ihre Schlüssigkeit überprüfbar ist – eben in Ermangelung der Angabe von Kontoständen.

- Saldierungen innerhalb einzelner Kostenpositionen können eine Anfechtungsklage nicht mehr begründen, so sich keine Auswirkungen auf die Zahllast des Einzelnen ergeben.

- Fehlt die Darstellung der Entwicklung der Erhaltungsrücklage, wird dies ebenfalls keinen die Anfechtung begründenden Grund mehr darstellen. Auch bezüglich der künftigen Erhaltungsrückstellung, sind die Angaben im Vermögensbericht zu machen.

- Eine fehlende Saldenliste kann eine Beschlussanfechtungsklage bereits nach heute geltender Rechtslage nicht mehr begründen.

Ein weiteres Mal aber auch an dieser Stelle der Hinweis, dass die Wohnungseigentümer nach wie vor einen Anspruch auf Erstellung einer ordnungsmäßigen Jahresabrechnung haben werden. Auch wenn diese nicht so ausführlich sein muss, wie das am Ende dieses Kapitels dargestellte Muster, dient eine derartige Abrechnung insbesondere mit Blick auf die Kontrolle ihrer Schlüssigkeit auch der Selbstkontrolle des Verwalters.

---

[429] BT-Drs. 19/18791, S. 75.

**Fehlerhafte Abrechnungsspitzen**

Werden die aufgrund der Einzelabrechnungen ermittelten und nach § 28 Abs. 2 Satz 1 WEG n.F. ausgewiesenen Nachschüsse bzw. Hausgeldanpassungen im Beschlussanfechtungsverfahren hinsichtlich einzelner Positionen für ungültig erklärt, können einzelne Wohnungseigentümer nicht die Rückzahlung der Abrechnungsspitze im Wege eines Bereicherungsausgleichs beanspruchen; vielmehr steht ihnen ein Anspruch derzeit noch gegen den Verwalter, künftig (unter Geltung des WEMoG) gegen die Gemeinschaft der Wohnungseigentümer, auf Erstellung einer neuen Jahresabrechnung für das betroffene Jahr zu. Dieser „Vorrang der Jahresabrechnung" gilt auch dann, wenn zwischen der Zahlung und der erneuten Beschlussfassung ein Eigentumswechsel stattfindet.[430]

Wird ein Beschluss, der Beitragspflichten der Wohnungseigentümer im Sinne von § 28 Abs. 2 Satz 1 WEG begründet, rechtskräftig für ungültig erklärt, tritt diese Wirkung zwar insofern ex tunc ein, als feststeht, dass die Beschlussfassung nicht ordnungsmäßiger Verwaltung entsprochen hat; der Schuldgrund und damit der Verzug des säumigen Wohnungseigentümers entfällt aber erst durch den Eintritt der Rechtskraft des Urteils, mit dem der Beschlussanfechtungsklage stattgegeben wird, sodass bis dahin entstandene Verzugsschäden weiterhin ersetzt werden müssen.[431]

Zu beachten ist in diesem Zusammenhang nochmals, dass Gegenstand der Beschlussfassung der Wohnungseigentümer lediglich die Abrechnungsspitze ist und nicht das zugrunde liegende Zahlenwerk „Jahresabrechnung". Demnach erwächst auch nur der Beschluss über die Nachschuss- bzw. Anpassungsbeträge in Bestandskraft. Ist dieser bestandskräftig, wurden aber die Abrechnungsspitzen fehlerhaft ermittelt, dürfte ggf. bereits das Rechtsschutzbedürfnis für eine Klage gegen die Gemeinschaft der Wohnungseigentümer auf Erstellung einer korrekten Abrechnung fehlen. Definitiv aber dürften keine Schadensersatzansprüche des benachteiligten Wohnungseigentümers gegen die Gemeinschaft der Wohnungseigentümer bestehen, weshalb auch der Verwalter keinen entsprechenden Regress wird fürchten müssen.[432]

---

[430] BGH, Urteil v. 10.7.2020, V ZR 178/19, NZM 2020 S. 755.
[431] BGH, Urteil v. 10.7.2020, a.a.O.
[432] Vgl. auch Becker/Schneider ZfIR 2020 S. 282.

## Wirtschaftsplan, Jahresabrechnung und Vermögensbericht

 **Musterschreiben: Übersendung der Jahresabrechnung an Eigentümer mit Erläuterung der neuen Rechtslage**

Herr / Frau / Eheleute
[Name und Anschrift des Eigentümers]
_____

_____

_____, den _____

**WEG _____-Straße**
**Hier: Jahresabrechnung 2020**

Sehr geehrte/r _____,

in der Anlage überreichen wir mit Blick auf die zu TOP XX in der Wohnungseigentümerversammlung vom _____ zur Beschlussfassung stehenden Ergebnisse der Abrechnung über den Wirtschaftsplan auch die Jahresabrechnung mit der sich für Ihre Sondereigentumseinheit ergebenden Abrechnungsspitze (Ladungsschreiben sowie Tagesordnung und weitere Unterlagen liegen dieser Sendung ebenfalls anbei).

Wie Ihnen bereits mit Schreiben vom _____ mitgeteilt, wurde durch das zwischenzeitlich in Kraft getretene Wohnungseigentumsmodernisierungsgesetz (WEMoG) auch die u.a. bezüglich der Jahresabrechnung maßgebliche Bestimmung des § 28 WEG geändert. Tatsächliche Änderungen der vormals geltenden Rechtslage haben sich lediglich insoweit ergeben, als alleiniger Beschlussgegenstand nur noch die Abrechnungsspitze ist. Diese stellt den Saldo aus den nach Wirtschaftsplan kalkulierten und schließlich tatsächlich für ihre Wohnungseigentumseinheit entstandenen Kosten dar. Bereits bislang hatten wir als Abrechnungsergebnis aufgrund der maßgeblichen Rechtsprechung die Abrechnungsspitze als Ergebnis der Jahresabrechnungen ausgewiesen.

Die Jahresabrechnung an sich, also das der Ermittlung der Abrechnungsspitze zugrunde liegende Rechenwerk, ist nicht mehr Gegenstand der Beschlussfassung. Insoweit weisen wir rein vorsorglich darauf hin, dass etwaige formale Fehler in der Jahresabrechnung eine Anfechtungsklage nicht mehr stützen können. Lediglich dann, wenn sich aufgrund von Fehlern in der Jahresabrechnung eine fehlerhafte Abrechnungsspitze ergibt, wird eine Anfechtungsklage erfolgreich sein. Wie bislang auch, werden wir selbstverständlich auch künftig bemüht sein, Jahresabrechnungen zu erstellen, die nicht nur formal und inhaltlich korrekt sind, sondern auch übersichtlich und verständlich. Im Ergebnis wird sich also trotz der gesetzlichen Erleichterungen im Hinblick auf die Jahresabrechnung für Sie nichts ändern.

Mit freundlichen Grüßen

Verwalter/Verwalterin

 **Muster: Jahresabrechnung**

**Jahresgesamt- und Jahreseinzelabrechnung 2021 – Wohnung Nr. 5**

**A Einnahmen und Ausgaben**
**I. Einnahmen**

| Einnahmeart | | Umlageart | Verteilerschlüssel | Ihr Anteil (EUR) |
|---|---|---|---|---|
| A Einzelabrechnungsrelevante Einnahmen (Verteilung der Einnahmen in der Jahreseinzelabrechnung) | | | | |
| Mieten | 500,00 | MEA | 100/1.000 | 50,00 |
| Zinsen Girokonto | 5,00 | MEA | 100/1.000 | 0,50 |
| Versicherungsleistungen | 500,00 | MEA | 100/1.000 | 50,00 |
| **Summe** | **1.005,00** | | | **100,50** |
| B Einzelabrechnungsneutrale Einnahmen (keine Verteilung der Einnahmen in der Jahresabrechnung) | | | | |
| 1. Hausgeldzahlungen Bewirtschaftungskosten | *einzelabrechnungsneutral, da zur Bewirtschaftung erforderlich* | | | |
| Hausgeldeinnahmen | 26.900,00 | tatsächlich von Ihnen gezahlt: 2.631,00 | | |

# Wirtschaftsplan, Jahresabrechnung und Vermögensbericht

| | | | |
|---|---|---|---|
| 2. Erhaltungsrücklage | *einzelabrechnungsneutral, da Rücklagenzuführung* | | |
| Hausgeldzahlungen | 2.140,00 | tatsächlich von Ihnen gezahlt: | |
| | | | 240,00 |
| Zinsen | 30,00 | | |
| Waschmarkenerlöse | 130,00 | | |
| **Summe** | **2.300,00** | | |
| | | | |
| 3. Rücklage für Beschlussklagen | *einzelabrechnungsneutral, da Rücklagenzuführung* | | |
| Hausgeldzahlungen | 1.700,00 | tatsächlich von Ihnen gezahlt: | |
| | | | 180,00 |
| Zinsen | 10,00 | | |
| **Summe** | **1.710,00** | | |
| | | | |
| 4. Sonstiges | *einzelabrechnungsneutral, da die Vorwirtschaftsperiode betreffend* | | |
| Nachzahlungen auf Rückstände Vorjahresabrechnungen | 1.400,00 | | |
| **Summe** | **1.400,00** | | |
| | | | |
| **Gesamteinnahmen** | **33.315,00** | einzelabrechnungsrelevant | 100,50 |

Wirtschaftsplan, Jahresabrechnung und Vermögensbericht

Seite 415

## II. Ausgaben

| Ausgabenart | Gesamt-betrag (EUR) | Umlage-art | Verteiler-schlüssel | Ihr Anteil (EUR) |
|---|---|---|---|---|
| **A Einzelabrechnungsrelevante Ausgaben (Verteilung der Ausgaben in der Jahreseinzelabrechnung)** | | | | |
| **1. Bewirtschaftung** | | | | |
| Gebäudeversicherung | 900,00 | MEA | 100/1.000 | 90,00 |
| Haftpflichtversicherung | 500,00 | MEA | 100/1.000 | 50,00 |
| Abfallbeseitigung | 1.800,00 | MEA | 100/1.000 | 180,00 |
| Frischwasser | 1.600,00 | MEA | 100/1.000 | 160,00 |
| Abwasser | 1.600,00 | MEA | 100/1.000 | 160,00 |
| Allgemeinstrom | 1.100,00 | MEA | 100/1.000 | 110,00 |
| Straßenreinigung | 80,00 | MEA | 100/1.000 | 8,00 |
| | *Verbrauchs-kosten* | | | |
| Heizung/Warmwasser | *11.400,00* | | Verbrauch (Abrechnung X KG) | 1.550,00 |
| Abschlag Gas 2021 | 9.900,00 | 9.900,00 | | |
| Betriebsstrom 2021 | 120,00 | 120,00 | | |
| Immissions-messung 2021 | 250,00 | 250,00 | | |
| Wartung 2021 | 350,00 | 350,00 | | |
| Schlusszahlung Gas 2021 (Zahlung in 2022) | 330,00 | | | |
| Abrechnungsdienst-leister 2021 (Zahlung in 2022) | 450,00 | | | |

Wirtschaftsplan, Jahresabrechnung und Vermögensbericht
**Seite 416**

| Ausgabenart | Gesamtbetrag (EUR) | Umlageart | Verteilerschlüssel | Ihr Anteil (EUR) |
|---|---|---|---|---|
| *Gesamtverbrauchskosten* | *11.400,00* | | | |
| Hausmeisterservice allgemein | 800,00 | MEA | 100/1.000 | 80,00 |
| Hausreinigung | 2.300,00 | MEA | 100/1.000 | 230,00 |
| Gartenpflege | 550,00 | MEA | 100/1.000 | 55,00 |
| Kabelanschlussgebühren | 450,00 | Objekte | 1/10 | 45,00 |
| *Auf Mieter umlegbare Kosten* | *22.300,00* | | | *2.718,00* |
| **2. Erhaltung, bauliche Veränderung und Verwaltung** | | | | |
| Hausmeisterservice Erhaltung | 200,00 | MEA | 100/1.000 | 20,00 |
| Verwaltergebühren | 3.000,00 | Objekte | 1/10 | 300,00 |
| Kontoführungsgebühren | 200,00 | MEA | 100/1.000 | 20,00 |
| Nichtteilnahme am Lastschriftverfahren | 36,00 | Verursacher (bes. Verwaltungsaufwand) | | 36,00 |
| Kleinreparaturen | 650,00 | MEA | 100/1.000 | 65,00 |
| *Nicht auf Mieter umlegbare Kosten* | *4.086,00* | | | *441,00* |
| **Summe einzelabrechnungsrelevanter Ausgaben** | **26.386,00** | | | **3.159,00** |
| **B Einzelabrechnungsneutrale Ausgaben** | *einzelabrechnungsneutral (Vorjahr bzw. Erhaltungsrücklage betreffend)* | | | |
| Schlusszahlung Gas 2020 | 300,00 | | | |
| Abrechnungsdienstleister 2020 | 440,00 | | | |
| Rückzahlungen auf Guthaben Jahresabrechnung 2020 | 1.200,00 | | | |

## Wirtschaftsplan, Jahresabrechnung und Vermögensbericht

| Ausgabenart | Gesamt-betrag (EUR) | Umlage-art | Verteiler-schlüssel | Ihr Anteil (EUR) |
|---|---|---|---|---|
| Dachinstandsetzung aus Erhaltungsrücklage finanziert | 10.000,00 | | | |
| Anwaltsvorschuss aus Rücklage Beschlussklagen finanziert | 1.500,00 | | | |
| **Summe einzelabrechnungs-neutraler Ausgaben** | **13.440,00** | | | |
| **Gesamtausgaben** | **39.826,00** | einzelabrechnungs-relevant | | **3.159,00** |

### B Ermittlung Ihres Abrechnungsguthabens/Nachzahlungsbetrags (Abrechnungsspitze)

| | |
|---|---|
| Kalkulierte Kosten gemäß Einzelwirtschaftsplan | 2.631 EUR |
| ./. Ausgaben für Ihre Einheit | 3.159 EUR |
| + Einnahmen für Ihre Einheit | 100,50 EUR |
| **Nachzahlungsbetrag (Abrechnungsspitze)** | **427,50 EUR** |

### C Rücklagenentwicklung
### I. Entwicklung der Erhaltungsrücklage nach § 19 Abs. 2 Nr. 4 WEG

| | IST-Gesamt (EUR) | Ihr Anteil | SOLL-Gesamt (EUR) | Ihr Anteil |
|---|---|---|---|---|
| Anfangsbestand zum 1.1.2021 | 18.590,00 | (1.859,00) | 18.590,00 | (1.859,00) |
| + Beitragszahlungen gemäß Wirtschaftsplan | 2.140,00 | (214,00) | 2.400,00 | (240,00) |
| + Zinserträge | 30,00 | (3,00) | 30,00 | (3,00) |
| + Waschmarkenerlöse | 130,00 | (13,00) | 150,00 | (13,00) |
| ./. Instandhaltung Dachsanierung | 10.000,00 | (1.000,00) | 10.000,00 | (1.000,00) |

# Wirtschaftsplan, Jahresabrechnung und Vermögensbericht

|  | IST-Gesamt (EUR) | | SOLL-Gesamt (EUR) | |
|---|---|---|---|---|
| Bestand zum 31.12.2021 | 10.890,00 | (1.089,00) | 11.150,00 | (1.115,00) |

## II. Entwicklung der Beschlussklagenrücklage

|  | IST-Gesamt (EUR) | | SOLL-Gesamt (EUR) | |
|---|---|---|---|---|
|  |  | Ihr Anteil |  | Ihr Anteil |
| Anfangsbestand zum 1.1.2021 | 0,00 | (0,00) | 0,00 | (0,00) |
| + Beitragszahlung nach Wirtschaftsplan | 1.700,00 | (170,00) | 1.800,00 | (180,00) |
| + Zinserträge | 10,00 | (1,00) | 10,00 | (1,00) |
| ./. Vorschuss Rechtsanwalt XX, Anfechtungsklage AG XX-Stadt 90 C 456/21 | 1.500,00 | (150,00) | 1.500,00 | (150,00) |
| Bestand zum 31.12.2021 | 210,00 | (21,00) | 310,00 | (31,00) |

## D Kontenentwicklung
## I. Girokonto bei der X-Bank, IBAN _____

| | |
|---|---|
| Anfangsbestand zum 1.1.2021 | 2.500 EUR |
| + Beitragszahlungen Bewirtschaftungskosten | 26.900 EUR |
| + Beitragszahlungen Erhaltungsrücklage | 2.140 EUR |
| + Beitragszahlungen Beschlussklagenrücklage | 1.700 EUR |
| + Nachzahlungen Vorwirtschaftsperioden | 1.400 EUR |
| + Mieten | 500 EUR |
| + Zinsen Girokonto | 5 EUR |
| + Versicherungsleistungen | 500 EUR |
| + Entnahme Erhaltungsrücklage Dachsanierung | 10.000 EUR |
| + Entnahme Beschlussklagenrücklage Anwaltsvorschuss | 1.500 EUR |
| ./. Zuführung Erhaltungsrücklage | 2.140 EUR |

| | | |
|---|---|---|
| ./. | Zuführung Rücklage für Beschlussklagen | 1.700 EUR |
| ./. | Auszahlung Guthaben Jahresabrechnung 2020 | 1.200 EUR |
| ./. | Gas/Abrechnung 2020 | 740 EUR |
| ./. | Bewirtschaftungskosten (ohne Dachsanierung) | 26.386 EUR |
| ./. | Rechnung Fa. X GmbH Dachsanierung | 10.000 EUR |
| ./. | Vorschussrechnung RA XX | 1.500 EUR |
| | **Endbestand zum 31.12.2021** | **3.479 EUR** |

### II. Tagesgeldkonto bei der X-Bank, IBAN _____

| | | |
|---|---|---|
| | **Anfangsbestand zum 1.1.2021** | **18.590 EUR** |
| + | Beitragszahlungen Erhaltungsrücklage | 2.140 EUR |
| + | Beitragszahlungen Beschlussklagenrücklage | 1.700 EUR |
| + | Zinsen Erhaltungsrücklage | 30 EUR |
| + | Zinsen Beschlussklagenrücklage | 10 EUR |
| + | Waschmarkenerlöse | 130 EUR |
| ./. | Dachsanierung | 10.000 EUR |
| ./. | Vorschussrechnung RA XX | 1.500 EUR |
| | **Endbestand zum 31.12.2021** | **11.100 EUR** |

### E Schlüssigkeitskontrolle

| | |
|---|---|
| Gesamteinnahmen | 33.315 EUR |
| ./ Gesamtausgaben | 39.826 EUR |
| **Jahresgesamtdefizit** | **6.511 EUR** |
| Differenz Anfangsbestand/Endbestand Girokonto | 979 EUR |
| + Differenz Anfangsbestand/Endbestand Tagesgeldkonto | − 7.490 EUR |
| **Jahresgesamtdefizit Einnahmen und Ausgaben** | **6.511 EUR** |

### 13.2.5 Problem: Verwalterwechsel zum 1. Januar des Folgejahres

**Alte Rechtslage**

Nach derzeit noch geltender Rechtslage hat der Verwalter gemäß § 28 Abs. 4 WEG a.F. *„nach Ablauf des Kalenderjahres eine Abrechnung aufzustellen"*. In der Praxis stellt sich im Rahmen eines Verwalterwechsels zum 1. Januar eines Jahres regelmäßig die Frage, ob der alte oder der neue Verwalter zur Erstellung der Jahresabrechnung des abgelaufenen Wirtschaftsjahres verpflichtet ist.

Der BGH[433] hat hier für einige Unsicherheiten gesorgt, indem er zwar zunächst klargestellt hat, dass die Pflicht zur Abrechnungserstellung nichts mit der Frage der Fälligkeit der Jahresabrechnung zu tun hat, dann aber konstatierte, dass die Pflicht zur Abrechnungserstellung spätestens am 1. Januar des Folgejahres entsteht... – an dieser Stelle hat das Gericht aber dann für den in der Praxis so relevanten Verwalterwechsel zum 1. Januar offen gelassen, ob noch der mit Ablauf des 31. Dezember ausscheidende Verwalter verpflichtet ist, die Jahresabrechnung für das auslaufende Kalenderjahr zu erstellen oder der neue Verwalter.

**Neue Rechtslage?**

Nach der Neuregelung in § 28 Abs. 2 Satz 1 WEG n.F. *„beschließen die Wohnungseigentümer nach Ablauf des Kalenderjahres ..."*. Der Verwalter hat zu diesem Zweck nach Satz 2 die Abrechnung zu erstellen. Selbstverständlich kann die Beschlussfassung selbst frühestens am 1. Januar des Folgejahres erfolgen. Nicht abschließend ist insoweit allerdings geklärt, ob nicht doch der zum 31. Dezember scheidende Verwalter noch zur Erstellung der Abrechnung verpflichtet sein wird oder nicht. Nach wie vor könnte für die Verpflichtung des Vorverwalters sprechen,

- dass die Wohnungseigentümer ein berechtigtes Interesse daran haben, dass derjenige Verwalter die Abrechnung erstellt, der auch die Verwaltung geführt hat und – um es einmal salopp auszudrücken – „für das einstehen soll, was er verbrochen hat". So jedenfalls die Auffassung des 1. Zivilsenats des BGH.[434] Der V. Zivilsenat, also der für Wohnungseigentumssachen zuständige, distanziert sich hiervon auch nicht.[435]

- Weiter könnte man auch auf die Funktion des Verwalters abstellen und weniger auf die Person. So ist längst anerkannt, dass auch dem ausgeschiedenen Verwalter die Verfahrenskosten gemäß § 49 Abs. 2 WEG a.F. auferlegt werden können, wenn er einen Rechtsstreit wegen groben Verschuldens provoziert hat. Zwar wird es § 49 Abs. 2 WEG a.F. nach

---

[433] BGH, Urteil v. 16.2.2018, V ZR 89/17, NJW 2018 S. 1969.
[434] BGH, Urteil v. 23.6.2016, I ZB 5/16, NJW 2016 S. 3536.
[435] BGH, Urteil v. 16.2.2018, a.a.O.

Inkrafttreten des WEMoG nicht mehr geben, allerdings hat dies keine Konsequenzen für den funktionalen Verwalterbegriff.

- Schließlich könnte man auch auf § 188 Abs. 2 BGB abstellen. Er regelt reichlich kompliziert das Ende von Fristen. Jedenfalls könnte man auf dieser Grundlage zum Ergebnis kommen, dass die Abrechnungspflicht spätestens am 31.12.2020 um 23.59 Uhr beginnt. Allerdings regelt § 28 WEG n. F. keine Frist, sondern den Zeitpunkt des Entstehens einer Pflicht.

Die besseren Argumente dürften dafür sprechen, dass der am 1. Januar im Amt befindliche Verwalter die Abrechnung zu erstellen hat:

- § 28 WEG n. F. ist insoweit eindeutig, als er auf einen Zeitpunkt nach Ablauf des Kalenderjahres bzw. Wirtschaftsjahres abstellt.

- Des Weiteren hatte bereits der 1. Zivilsenat des BGH[436] klargestellt, dass die Jahresabrechnung auch durch Dritte erstellt werden kann.

- Vom ausscheidenden Verwalter kann ohnehin Rechnungslegung verlangt werden. Zwar sieht das WEMoG eine Verpflichtung zur Rechnungslegung nicht mehr vor – auch nicht mehr aufgrund entsprechender Beschlussfassung der Wohnungseigentümer, da § 28 Abs. 4 WEG a. F. aufgehoben werden soll. Vom ausscheidenden Verwalter aber kann dennoch weiterhin Rechnungslegung verlangt werden.[437]

## 13.3 Vermögensbericht

**WEG n. F.**

**§ 28 Wirtschaftsplan, Jahresabrechnung, Vermögensbericht**

(4) ¹Der Verwalter hat nach Ablauf eines Kalenderjahres einen Vermögensbericht zu erstellen, der den Stand der in Absatz 1 Satz 1 bezeichneten Rücklagen und eine Aufstellung des wesentlichen Gemeinschaftsvermögens enthält. ²Der Vermögensbericht ist jedem Wohnungseigentümer zur Verfügung zu stellen.

**Neu: Erstellung eines Vermögensberichts**

Gemäß § 28 Abs. 4 WEG n. F. hat der Verwalter nach Ablauf eines Kalenderjahres einen Vermögensbericht zu erstellen. Dieser hat die Rücklagen sowie eine Aufstellung des wesentlichen Gemeinschaftsvermögens zu enthalten und ist jedem Wohnungseigentümer zur Verfügung zu stellen.

---

[436] BGH, Urteil v. 23.6.2016, a. a. O.
[437] Siehe Kap. 13.4 Rechnungslegung.

## Wirtschaftsplan, Jahresabrechnung und Vermögensbericht

### 13.3.1 Grundsätze

Entgegen vielfach anders lautender Forderungen aus der Literatur, ist ein Vermögensstatus bislang weder Bestandteil der Jahresabrechnung, noch nimmt er an der Beschlussfassung über die Jahresabrechnung teil, wenn er erstellt worden ist.[438] Hierbei bleibt es zwar dem Grundsatz nach. Auch nach der geplanten Neuregelung des § 28 Abs. 4 WEG n. F. hat der zu erstellende Vermögensbericht nichts mit der nach § 28 Abs. 2 WEG n. F. zu erstellenden Jahresabrechnung zu tun und stellt auch keinen Bestandteil von ihr dar. Es handelt sich vielmehr um ein von der Jahresabrechnung unabhängiges Zahlenwerk, das den Wohnungseigentümern die wirtschaftliche Lage der Gemeinschaft vor Augen führen soll.

**Von Jahresabrechnung unabhängig**

Die eigenständige Regelung des Vermögensberichts sowie die ebenfalls eigenständig geregelte Erstellungspflicht des Verwalters in § 28 Abs. 4 WEG n. F., hat insbesondere für den Fall Bedeutung, dass der Beschluss über die Festlegung der endgültigen Beiträge auf Grundlage der erstellten Jahresabrechnung angefochten wird: Eine Beschlussanfechtungsklage hat keinerlei Auswirkungen auf den Vermögensbericht. Der Vermögensbericht ist weder Bestandteil der Jahresabrechnung, noch beschließen die Wohnungseigentümer den Vermögensbericht. Er ist vielmehr völlig unabhängig vom Verwalter zu erstellen. Der Verwalter kann also nicht etwa den Ausgang eines Anfechtungsverfahrens abwarten, bis er den Vermögensbericht erstellt.

### 13.3.2 Wer muss den Vermögensbericht erstellen?

Nach dem eindeutigen Wortlaut des § 28 Abs. 4 Satz 1 WEG n. F. hat der Verwalter den Vermögensbericht zu erstellen. Dieser Umstand verleiht allerdings dem einzelnen Wohnungseigentümer keinen unmittelbaren Anspruch gegen den Verwalter. Vielmehr ist auch die Erstellung des Vermögensberichts Bestandteil des Informationsanspruchs eines jeden Wohnungseigentümers gegen die Gemeinschaft der Wohnungseigentümer, der seinen Niederschlag allgemein in § 18 Abs. 4 WEG n. F. findet. Diese Vorschrift statuiert erstmalig ein gesetzlich geregeltes Einsichtsrecht der Wohnungseigentümer in die Verwaltungsunterlagen.[439]

Die Erstellung des Vermögensberichts stellt lediglich eine Pflicht des Verwalters im Innenverhältnis zur Gemeinschaft der Wohnungseigentümer dar. Für den Fall also, dass der Verwalter entgegen seiner Pflicht keinen Vermögensbericht erstellt, kann nicht er persönlich gerichtlich auf Erstellung in

---

[438] BGH, Urteil v. 11.10.2013, V ZR 271/12, NJW 2014 S. 145.
[439] Siehe Kap. 5.5 Verhältnis der Wohnungseigentümer zum Verwalter.

## Wirtschaftsplan, Jahresabrechnung und Vermögensbericht

Anspruch genommen werden. Vielmehr muss der einzelne Wohnungseigentümer die Gemeinschaft der Wohnungseigentümer in Anspruch nehmen.[440] Diese wiederum hat freilich entsprechende Regressansprüche gegen den Verwalter (z.B. in Form der Geltendmachung entstandener Verfahrenskosten).

 **Kein Einfluss auf Beschlüsse über Wirtschaftsplan und Jahresabrechnung**

> Wird der Vermögensbericht gar nicht oder falsch erstellt, hat dies keinerlei Auswirkungen auf die Beschlüsse über die auf Grundlage der Jahresabrechnung oder des Wirtschaftsplans festgesetzten Beitragszahlungen der Wohnungseigentümer. Der Vermögensbericht stellt vielmehr ein völlig eigenständiges Informationsmedium dar.

### 13.3.3 Wann ist der Vermögensbericht zu erstellen?

Nach dem Wortlaut des Gesetzes ist der Vermögensbericht nach Ablauf eines Kalenderjahres zu erstellen. Stichtag des Vermögensberichts ist zwar der Ablauf des Kalenderjahres, also der 31. Dezember eines jeden Jahres, allerdings ist hiermit noch nichts darüber ausgesagt, wann die Pflicht zur Erstellung des Vermögensberichts entsteht. Mit guten Argumenten wird man hier sicherlich annehmen dürfen, dass die Pflicht erst am 1. Januar des Folgejahres entstehen dürfte. Allerdings ist diese Frage – wie bei der Jahresabrechnung – noch immer ungeklärt und der Gesetzgeber hat insoweit auch in der Gesetzesbegründung eine entsprechende Klarstellung nicht herbeigeführt. Insoweit kann zum Diskussionsstand auf die Ausführungen zur Jahresabrechnung verwiesen werden.[441]

### 13.3.4 Welchen Inhalt hat der Vermögensbericht?

In erster Linie hat der Vermögensbericht jeweils den Ist-Stand

- der Erhaltungsrücklage nach § 19 Abs. 2 Nr. 4 WEG n.F.,
- weiterer gebildeter Rücklagen und des
- tatsächlich vorhandenen Vermögens

anzugeben.

#### 13.3.4.1 Erhaltungsrücklage

Zunächst ist der Ist-Bestand der Erhaltungsrücklage (derzeit noch: „Instandhaltungsrücklage" oder „Instandhaltungsrückstellung") anzugeben. Nach den

---

[440] BT-Drs. 19/18791, S. 58.
[441] Siehe Kap. 13.2.5 Problem: Verwalterwechsel zum 1. Januar des Folgejahres.

**Wirtschaftsplan, Jahresabrechnung und Vermögensbericht**

Vorstellungen des Gesetzgebers müssen insoweit keine weiteren Informationen gegeben werden, wie beispielsweise zu offenen Forderungen, also ausstehenden Beitragszahlungen auf die Rücklage, oder zu umgewidmeten Beiträgen zur Liquiditätssicherung. Allerdings sind entsprechende Angaben bei der Darstellung des tatsächlich vorhandenen wesentlichen Gemeinschaftsvermögens zu machen.

Nach bisheriger Rechtslage sind im Rahmen der Darstellung der Entwicklung der Instandhaltungsrücklage durchaus Beitragsrückstände der Wohnungseigentümer auszuweisen.[442] Dies wird auch künftig der Fall sein.[443] Weiter sind nach bisheriger Rechtslage im Rahmen der Darstellung der Entwicklung der Instandhaltungsrücklage durchaus auch Angaben über etwaige Rücklagenentnahmen zur Liquiditätssicherung anzugeben.[444] Auch dies wird sich nicht ändern.[445]

**Exkurs: Beschluss über die Bildung einer Erhaltungsrücklage**

 **Beschlussmuster: Bildung einer Rücklage für gemeinschaftliche bauliche Veränderungen**

**TOP XX: Bildung einer Rücklage für gemeinschaftliche Baumaßnahmen**

Auf Grundlage der Bestimmungen der §§ 28 Abs. 1 Satz 1 und 19 Abs. 1 WEG beschließen die Wohnungseigentümer die Bildung einer Rücklage für bauliche Veränderungen des Gemeinschaftseigentums, die gemäß § 21 Abs. 2 WEG eine Kostenbeteiligung aller Wohnungseigentümer zur Folge haben. Die Rücklagenhöhe wird auf 20 EUR je Wohnungs- und Teileigentumseinheit und 5 EUR je Garagen-/Stellplatzeinheit pro Monat festgesetzt. Die Beiträge werden Bestandteil der nach § 28 Abs. 1 Satz 1 WEG von den Wohnungseigentümern auf Grundlage des Wirtschaftsplans festgesetzten Hausgeldgesamtbeiträge.

Bis zur Beschlussfassung über die Anpassung der Haugeldgesamtbeiträge sind die vorgenannten Beträge ab dem ____ zusätzlich zu den derzeit auf Grundlage des Beschlusses vom ____ über die Leistung der Hausgeldgesamtbeiträge zu zahlen. Es bleibt den Wohnungseigentümern insoweit freigestellt, ob sie die Zahlungen auf die Rücklage zusammen mit den monatlichen Hausgeldern leisten oder zwei gesonderte Zahlungen vornehmen. Wohnungseigentümer, die ein SEPA-Lastschriftmandat erteilt haben, werden entsprechend am 3. Werktag eines jeden Kalendermonats mit den Beiträgen belastet. Wohnungseigentümer, die nicht am Lastschrift-

---

[442] BGH, Urteil v. 4.12.2009, V ZR 44/09, ZMR 2010 S. 300.
[443] Siehe Kap. 13.3.4.3 Tatsächlich vorhandenes Vermögen.
[444] LG Düsseldorf, Urteil v. 21.12.2016, 25 S 63/16, ZMR 2017 S. 181.
[445] Siehe Kap. 13.3.4.3 Tatsächlich vorhandenes Vermögen.

verfahren teilnehmen, haben für einen Zahlungseingang ebenfalls bis zum 3. Werktag eines Kalendermonats zu sorgen.

**Abstimmungsergebnis**:

Ja-Stimmen: \_\_\_\_\_

Nein-Stimmen: \_\_\_\_\_

Enthaltungen: \_\_\_\_\_

Der Versammlungsleiter verkündete folgendes Beschlussergebnis:

_____

Der Beschluss wurde angenommen/abgelehnt.

### 13.3.4.2 Weiter gebildete Rücklagen

Wie bereits ausgeführt[446], werden die Wohnungseigentümer die Kompetenz zur Beschlussfassung über die Erhebung weiterer Rücklagen haben, etwa zur Liquiditätssicherung oder zur Finanzierung von Verfahrenskosten. Auch derartige zusätzlich gebildete Rücklagen sind jeweils mit dem tatsächlichen Ist-Bestand anzugeben, wobei sich auch hier zunächst weitere Angaben wie z. B. Beitragsrückstände von Wohnungseigentümern oder eine Umwidmung der Beiträge für andere Zwecke erübrigen. Diese sind allerdings dann bei der Darstellung des tatsächlich vorhandenen wesentlichen Gemeinschaftsvermögens zu machen.

**Exkurs: Beschluss über die Bildung einer weiteren Rücklage**

**Beschlussmuster: Bildung einer Rücklage für Beschlussklagen**

**TOP XX: Bildung einer Rücklage zur Finanzierung von Beschlussklagen**

Auf Grundlage der Bestimmungen der §§ 28 Abs. 1 Satz 1 und 19 Abs. 2 WEG beschließen die Wohnungseigentümer die Bildung einer Rücklage zur Finanzierung von gegen die Gemeinschaft der Wohnungseigentümer gerichteten Beschlussklagen nach § 44 WEG. Die Rücklagenhöhe wird auf 10 EUR je Wohnungs- und Teileigentumseinheit und 2,50 EUR je Garagen-/Stellplatzeinheit pro Monat festgesetzt. Die Beiträge werden Bestandteil der nach § 28 Abs. 1 Satz 1 WEG von den Wohnungseigentümern auf Grundlage des Wirtschaftsplans festgesetzten Hausgeldgesamtbeiträge.

Bis zur Beschlussfassung über die Anpassung der Haugeldgesamtbeiträge sind die vorgenannten Beträge ab dem \_\_\_\_\_ zusätzlich zu

---

[446] Siehe Kap. 13.1.2 Gegenstand künftiger Beschlussfassung.

den derzeit auf Grundlage des Beschlusses vom _____ über die Leistung der Hausgeldgesamtbeiträge zu zahlen. Es bleibt den Wohnungseigentümern insoweit freigestellt, ob sie die Zahlungen auf die Rücklage zusammen mit den monatlichen Hausgeldern leisten oder zwei gesonderte Zahlungen vornehmen. Wohnungseigentümer, die ein SEPA-Lastschriftmandat erteilt haben, werden entsprechend am 3. Werktag eines jeden Kalendermonats mit den Beiträgen belastet. Wohnungseigentümer, die nicht am Lastschriftverfahren teilnehmen, haben für einen Zahlungseingang ebenfalls bis zum 3. Werktag eines Kalendermonats zu sorgen.

**Abstimmungsergebnis**:

Ja-Stimmen: _____

Nein-Stimmen: _____

Enthaltungen: _____

Der Versammlungsleiter verkündete folgendes Beschlussergebnis:

_____

Der Beschluss wurde angenommen/abgelehnt.

### 13.3.4.3 Tatsächlich vorhandenes Vermögen

Daneben muss der Vermögensbericht eine Aufstellung des wesentlichen Gemeinschaftsvermögens enthalten. Das wesentliche Vermögen umfasst insbesondere

1. alle Forderungen der Gemeinschaft der Wohnungseigentümer gegen einzelne Wohnungseigentümer und Dritte;
2. alle Verbindlichkeiten;
3. sonstige Vermögensgegenstände.

### Zu 1: Forderungen der Gemeinschaft

In erster Linie sind sämtliche Forderungen der Gemeinschaft gegen einzelne Wohnungseigentümer darzustellen. Hierzu zählen

- Hausgeldrückstände, also Rückstände auf
  - den Wirtschaftsplan,
  - beschlossene Sonderumlagen,
  - beschlossene Jahresabrechnungen.

## Wirtschaftsplan, Jahresabrechnung und Vermögensbericht

- Beitragsrückstände zur Erhaltungsrücklage
- Beitragsrückstände zu sonstigen gebildeten Rücklagen

Weiter sind auch Forderungen der Gemeinschaft gegen gemeinschaftsfremde Dritte darzustellen. Hierbei kann es sich um

- ausstehende Versicherungsleistungen,
- Kostenvorschüsse gegen den Bauträger aus Mängelgewährleistung und
- Schadensersatzansprüche wegen Beschädigung des Gemeinschaftseigentums

handeln.

**Zu 2: Verbindlichkeiten der Gemeinschaft**
Bei den Verbindlichkeiten der Gemeinschaft kann es sich etwa um

- Darlehensverbindlichkeiten gegenüber Kreditinstituten oder
- Schlusszahlungen an Energieversorger für das abgelaufene Wirtschaftsjahr

handeln.

**Zu 3: Sonstige Vermögensgegenstände**
Sonstige Vermögensgegenstände können bevorratete Brennstoffe – insbesondere bereits angeschafftes aber noch nicht verbrauchtes Heizöl – darstellen. Darzustellen sind jedenfalls nur wesentliche Vermögensgegenstände. Unwesentlich sind Vermögensgegenstände dann, wenn sie für die wirtschaftliche Lage der Gemeinschaft unerheblich sind. Der Gesetzentwurf sieht hier keine betragsmäßigen Grenzen vor. Nach den Vorstellungen des Gesetzgebers hängt die Beantwortung der Frage, was ein wesentlicher bzw. unwesentlicher Vermögensgegenstand ist, maßgeblich auch von der Größe der Wohnungseigentümergemeinschaft ab. In einer größeren Wohnanlage dürften insoweit z.B. Wasch- und Trockeneinrichtungen, die dem gemeinschaftlichen Gebrauch der Wohnungseigentümer dienen, keinen wesentlichen Vermögensgegenstand darstellen, insbesondere dann, wenn es sich um gebrauchte Geräte handelt. Anders könnte es ggf. bei einen Rasentraktor aussehen. Unerheblich, ob es sich nun um einen wesentlichen oder unwesentlichen Vermögensgegenstand handelt, ist dieser im Vermögensbericht nur zu benennen, er ist nicht zu bewerten. Der Verwalter hat also, wollte man den Rasentraktor als wesentlichen Vermögensgegenstand ansehen, diesen nicht betragsmäßig zu bewerten. Ausreichend ist, dass dieser schlicht als Vermögensgegenstand benannt wird; freilich kann der Verwalter Angaben über den aktuelle Marktwert machen. Bei bevorrateten Brennstoffen ist deren Menge anzugeben.

# Wirtschaftsplan, Jahresabrechnung und Vermögensbericht

### 13.3.4.4 Muster eines Vermögensberichts

 **Muster: Vermögensbericht**

**Vermögensbericht der WEG X-Straße in X-Stadt zum Stichtag 31. Dezember 2021**

**I. Bestand der gemeinschaftlichen Konten (und der Barkasse)**

**1. Girokonto bei der X-Bank, IBAN** _____

| | |
|---|---:|
| Anfangsbestand zum 01.01.2021 | 2.500 EUR |
| **Endbestand zum 31.12.2021** | **3.479 EUR** |

**2. Tagesgeldkonto bei der X-Bank, IBAN** _____

| | |
|---|---:|
| Anfangsbestand zum 01.01.2021 | 18.590 EUR |
| **Endbestand zum 31.12.2021** | **11.100 EUR** |

**II. Rücklagenbestand**
**1. Bestand der Erhaltungsrücklage nach § 19 Abs. 2 Nr. 4 WEG**

| | |
|---|---:|
| Anfangsbestand zum 01.01.2021 | 18.590 EUR |
| **Bestand zum 31.12.2021** | **10.890 EUR** |

**2. Bestand der Beschlussklagenrücklage**

| | |
|---|---:|
| Anfangsbestand zum 01.01.2021 | 0 EUR |
| **Bestand zum 31.12.2021** | **210 EUR** |

**III. Forderungen der Gemeinschaft der Wohnungseigentümer zum 31.12.2021**

| | | |
|---|---:|---:|
| Rückständige Beiträge Bewirtschaftung und Verwaltung (Wohnung Nr. 5) | | 427,50 EUR |
| Rückständige Beiträge Erhaltungsrücklage | | 260 EUR |
| Wohnung Nr. 3 | 120 EUR | |
| Wohnung Nr. 8 | 140 EUR | |

| | |
|---|---|
| Rückständige Beiträge Beschlussklagenrücklage (Wohnung Nr. 10) | 100 EUR |
| Offene Abrechnungsspitzen Jahresabrechnung 2020 | 375 EUR |
|     Wohnung Nr. 3     200 EUR | |
|     Wohnung Nr. 8     175 EUR | |
| Rückständige Mieten (Stellplatzmieter Wohnung Nr. 5) | 295 EUR |

**IV. Verbindlichkeiten der Gemeinschaft der Wohnungseigentümer zum 31.12.2021**

| | |
|---|---|
| Guthaben Jahresabrechnung 2021 | 514 EUR |
|     Wohnung Nr. 4     380 EUR | |
|     Wohnung Nr. 9     134 EUR | |
| Schlusszahlung Gas 2021 | 300 EUR |
| Kosten Abrechnungsdienstleister 2021 | 440 EUR |

**V. Sonstige Vermögensgegenstände**
Rasentraktor (Gebrauchtmarktwert ca. 500 EUR)

X-Stadt, den 23. Februar 2022
Verwalter/Verwalterin

## 13.3.5 Wie wird der Vermögensbericht bekannt gemacht?

Das Gesetz schreibt in § 28 Abs. 4 Satz 2 WEG n.F. lediglich vor, dass der Vermögensbericht jedem Wohnungseigentümer zur Verfügung zu stellen ist. Wie dies geschieht, bleibt letztlich dem Verwalter überlassen. Grundsätzlich können die Wohnungseigentümer nach § 19 Abs. 1 WEG n.F. einen Beschluss fassen, in welcher Form ihnen der Vermögensbericht zur Verfügung zu stellen ist. Ohne eine entsprechende Beschlussfassung steht es dem Verwalter jedenfalls frei, diesen

- per Post oder
- per E-Mail zu übersenden oder
- ihn über seine Homepage zugänglich zu machen.

## 13.4 Rechnungslegung

Derzeit können die Wohnungseigentümer nach entsprechender Beschlussfassung gemäß § 28 Abs. 4 WEG a.F. jederzeit vom Verwalter Rechnungslegung verlangen. Das WEMoG sieht die Möglichkeit der Rechnungslegung nicht mehr vor. Eine Begründung hierfür findet sich im Gesetzentwurf nicht.

Von Bedeutung ist die Rechnungslegung jedenfalls dann, wenn die Wohnungseigentümer Zweifel an der ordnungsmäßigen Geldverwaltung durch den Verwalter haben und insbesondere dann, wenn der Verwalter ausscheidet. Zwar können die Wohnungseigentümer auf Grundlage des § 27 Abs. 2 WEG n.F. die Rechte und Pflichten des Verwalters durch Beschluss erweitern, allerdings ist höchst zweifelhaft, ob sie insoweit auch eine Pflicht zur Rechnungslegung statuieren können. Allerdings folgt bereits aus §§ 675, 662, 666 BGB die Verpflichtung des Beauftragten, *„dem Auftraggeber die erforderlichen Nachrichten zu geben, auf Verlangen über den Stand des Geschäfts Auskunft zu erteilen"*. Ob man hieraus allein eine Pflicht zur Rechnungslegung des Verwalters auf (unterjährige) Rechnungslegung wird herleiten können, dürfte wohl zu verneinen sein, weil die Pflicht zur „Ablegung einer Rechenschaft" an das Ende des Auftrags geknüpft ist.

Freilich aber schafft hier die Pflicht des Verwalters, nach § 28 Abs. 4 WEG n.F. jährlich einen Vermögensbericht vorlegen zu müssen, ohnehin für einen gewissen Ausgleich. Nach derzeit noch geltender Rechtslage handelt es sich bei der Rechnungslegung im Gegensatz zur Jahresabrechnung nicht lediglich um eine Gegenüberstellung der tatsächlichen Einnahmen und Ausgaben, vielmehr hat der Verwalter auch Forderungen und Verbindlichkeiten darzustellen. Insoweit geht die Rechnungslegung über die Jahresabrechnung hinaus. Gegenüber der Jahresabrechnung stellt die Rechnungslegung nur insoweit ein Minus dar, als keine Kostenverteilung, mithin keine Jahreseinzelabrechnungen gefordert werden. Da der Verwalter indes verpflichtet ist, neben der Jahresabrechnung auch den Vermögensbericht zu erstellen, besteht letztlich eine alljährliche Pflicht des Verwalters zur Rechnungslegung, wenn auch in 2 verschiedenen Zahlenwerken.

**Rechnungslegungspflicht bei Beendigung des Verwalteramts**
Für den Fall der Beendigung des Verwalteramts – unerheblich, ob der Bestellungszeitraum ohne Wiederbestellung ausläuft, der Verwalter abberufen wird oder er sein Amt niederlegt – bedarf es keiner besonderen Regelung im Wohnungseigentumsgesetz. Beim Verwaltervertrag handelt es sich bekanntlich um einen Geschäftsbesorgungsvertrag nach §§ 675, 662 ff. BGB. Insoweit regeln §§ 662, 666 BGB die Pflicht des entsprechend Beauftragten, *„nach der Ausführung des Auftrags"* Rechenschaft ablegen zu müssen. Konkretisierende Vorgaben zu dieser Rechenschaftspflicht enthält § 259 Abs. 1 BGB: *„Wer verpflichtet ist, über eine mit Einnahmen oder Ausgaben verbundene Verwaltung Rechenschaft abzulegen, hat dem Berechtigten eine die geordnete Zusammenstellung der Einnahmen oder der Ausgaben enthaltende*

Rechnung mitzuteilen und, soweit Belege erteilt zu werden pflegen, Belege vorzulegen."

Nach wie vor also kann vom Verwalter nach Amtsbeendigung Rechnungslegung verlangt werden. Als verhaltener Anspruch muss dieser jedoch auch gegenüber dem Verwalter geltend gemacht werden. Umstritten ist insoweit, ob der Verwalter mit Beendigung seiner Amtszeit nicht automatisch – also auch ohne entsprechenden Beschluss – zur Rechnungslegung verpflichtet ist; § 666 BGB regelt hierzu: *„Der Beauftragte ist verpflichtet, dem Auftraggeber ... nach der Ausführung des Auftrags Rechenschaft abzulegen".* Die herrschende Meinung ist ebenfalls dieser Auffassung, allerdings hat der nicht für das Wohnungseigentum zuständige 1. Senat des BGH einmal beiläufig das Gegenteil erwähnt.[447] Zur Sicherheit sollte daher stets ein ausdrücklicher Verpflichtungsbeschluss gefasst werden.

Wie bereits ausgeführt, handelt es sich im Gegensatz zur Jahresabrechnung nicht lediglich um eine Gegenüberstellung der tatsächlichen Einnahmen und Ausgaben, vielmehr hat der Verwalter auch Forderungen und Verbindlichkeiten darzustellen. Zwar ist umstritten, ob eine Darstellung der Entwicklung der Erhaltungsrücklage zu erfolgen hat. Allerdings dürfte dies für die Praxis unerheblich sein, weil sich die Mittelverwendung ohnehin aus der Gegenüberstellung von Einnahmen und Ausgaben ergeben muss und der zur Rechnungslegung verpflichtete Verwalter auch die entsprechenden Belege vorzulegen und insbesondere die Kontostände mitzuteilen hat.

> **Beschlussmuster: Verpflichtung des ausscheidenden Verwalters zur Rechnungslegung**
>
> **TOP XX: Verpflichtung des ausscheidenden Verwalters zur Rechnungslegung**
>
> Die zu TOP XX dieser Wohnungseigentümerversammlung vom Amt des Verwalters abberufene Firma _____ wird aufgefordert, bis _____ für das Kalenderjahr 20__ bis zum Zeitpunkt ihres Ausscheidens Rechnung zu legen. Sie hat dieser Verpflichtung bis zum _____ nachzukommen. Die Rechnungslegung ist der zu TOP XX dieser Versammlung zur neuen Verwalterin bestellten Firma _____ (alternativ: dem Vorsitzenden des Verwaltungsbeirats, Herrn _____) zu übermitteln.
>
> **Abstimmungsergebnis:**
>
> Ja-Stimmen: _____
>
> Nein-Stimmen: _____
>
> Enthaltungen: _____

---

[447] BGH, Urteil v. 23.6.2016, I ZB 5/16, NJW 2016 S. 3536.

Der Versammlungsleiter verkündete folgendes Beschlussergebnis:
_____

Der Beschluss wurde angenommen/abgelehnt.

# 14 Fälligkeits- und Zahlungsregelungen

Das Wohnungseigentumsänderungsgesetz aus dem Jahr 2007 hatte den Wohnungseigentümern mit § 21 Abs. 7 WEG a.F. umfangreiche Beschlusskompetenzen beschert. Das WEMoG modifiziert diese Regelung nun in § 28 Abs. 3 WEG n.F. Nach dieser Vorschrift können die Wohnungseigentümer beschließen, wann Geldforderungen fällig werden und wie sie zu erfüllen sind. Da diese Beschlusskompetenzen eng mit der Finanzverwaltung der Gemeinschaft der Wohnungseigentümer zusammenhängen, werden sie auch im Zusammenhang mit dem Wirtschaftsplan und der Jahresabrechnung geregelt.

| WEG a.F. | WEG n.F. |
|---|---|
| § 21 Verwaltung durch die Wohnungseigentümer | § 28 Wirtschaftsplan, Jahresabrechnung, Vermögensbericht |
| (7) Die Wohnungseigentümer können die Regelung der Art und Weise von Zahlungen, der Fälligkeit und der Folgen des Verzugs sowie der Kosten für eine besondere Nutzung des gemeinschaftlichen Eigentums oder für einen besonderen Verwaltungsaufwand mit Stimmenmehrheit beschließen. | (3) Die Wohnungseigentümer können beschließen, wann Forderungen fällig werden und wie sie zu erfüllen sind. |

## 14.1 Fälligkeitsregelungen

### 14.1.1 Fälligkeit der Zahlungen nach dem Wirtschaftsplan

Die Fälligkeit der monatlichen Hausgeldzahlungen kann auf Grundlage von § 28 Abs. 3 Satz 1 WEG n.F. in Übereinstimmung mit der bislang geltenden Regelung in § 21 Abs. 7 WEG a.F. auch dann dauerhaft – über die konkrete Wirtschaftsperiode hinaus – beschlossen werden, wenn eine entsprechende Vereinbarung zur Fälligkeit besteht. Wie § 21 Abs. 7 WEG a.F., steht auch § 28 Abs. 3 WEG n.F. nicht unter einem Vereinbarungsvorbehalt.

**Beispiel: Fälligkeit von Hausgeldzahlungen**

Die Teilungserklärung/Gemeinschaftsordnung enthält eine Bestimmung, wonach die Hausgelder jeweils zum Monatsersten zur Zahlung fällig sind. Zur Vermeidung von Liquiditätsengpässen können die Wohnungseigentümer – insbesondere bei überwiegend vermietetem Wohnungseigentum – eine Angleichung an die Fälligkeit der Miete im Mietrecht beschließen.

> **Beschlussmuster: Änderung der Hausgeldfälligkeit**
>
> **TOP XX: Fälligkeit von Hausgeld**
>
> Gemäß § _____ der Teilungserklärung mit Gemeinschaftsordnung der Wohnungseigentümergemeinschaft des Notars _____ (Name und Kanzleisitz) vom _____ zu der Urkundenrollen-Nummer _____ sind die auf den Wirtschaftsplan zu leistenden Hausgelder jeweils zum 1. Kalendertag eines Monats zur Zahlung fällig. Unter Abänderung dieser Bestimmung sind die nach § 28 Abs. 1 Satz 1 WEG auf Grundlage des Wirtschaftsplans beschlossenen zu leistenden Vorschüsse bzw. Hausgelder ab dem _____ jeweils zum 3. Werktag eines Monats zur Zahlung fällig.
>
> **Abstimmungsergebnis**:
>
> Ja-Stimmen: _____
>
> Nein-Stimmen: _____
>
> Enthaltungen: _____
>
> Der Versammlungsleiter verkündete folgendes Beschlussergebnis:
>
> _____
>
> Der Beschluss wurde angenommen/abgelehnt.

### 14.1.2 Fortgeltung des Wirtschaftsplans

Nach bisheriger Rechtslage können die Wohnungseigentümer die Fortgeltung des für ein konkretes Wirtschaftsjahr beschlossenen Wirtschaftsplans durch einen Mehrheitsbeschluss festlegen.[448] Dieser gilt auch dann fort, wenn im Folgejahr die Beschlussfassung über einen neuen Wirtschaftsplan abgelehnt wird.[449]

Nicht möglich und mangels Beschlusskompetenz der Wohnungseigentümer nichtig, ist jedoch ein Beschluss, der unabhängig von einem konkreten Wirtschaftsplan generell die Fortgeltung eines jeden Wirtschaftsplans – bis zur „Verabschiedung" eines neuen – zum Gegenstand hat.[450]

Die künftige Rechtslage sieht in § 28 Abs. 1 WEG n.F. ein duales System vor: Gegenstand des Beschlusses über den Wirtschaftsplan werden nach § 28 Abs. 1 Satz 1 WEG n.F. lediglich die von den Wohnungseigentümern zu

---

[448] BGH, Urteil v. 14.12.2018, V ZR 2/18, MDR 2019 S. 601; OLG Düsseldorf, Beschluss v. 23.11.2007, I-3 Wx 58/07, ZMR 2008 S. 313; AG Hamburg, Urteil v. 9.2.2010, 102d C 122/08, ZMR 2010 S. 561.
[449] LG Stuttgart, Beschluss v. 14.12.2009, 19 S 18/09, ZMR 2010 S. 319.
[450] BGH, Urteil v. 14.12.2018, V ZR 2/18, MDR 2019 S. 601.

## Fälligkeits- und Zahlungsregelungen

leistenden Beiträge sein. Der Wirtschaftsplan selbst, also das zugrundeliegende Zahlenwerk, wird nicht mehr Gegenstand der Beschlussfassung sein.[451] Insoweit können die Wohnungseigentümer zwar die Fortgeltung der auf Grundlage eines Wirtschaftsplans ermittelten Beitragszahlungen regeln – und dies sogar (zunächst) zeitlich unbegrenzt –, der Verwalter bleibt allerdings verpflichtet, für jedes Kalenderjahr einen Wirtschaftsplan zu erstellen. Den Wohnungseigentümern muss nämlich die Möglichkeit zur Beschlussfassung über eine Anpassung der Beiträge eingeräumt werden. Bereits nach bisheriger Rechtslage wird der Verwalter weder durch einen konkreten Fortgeltungsbeschluss, noch durch eine generelle Fortgeltungsvereinbarung von der Pflicht entbunden, auch für das folgende Kalenderjahr einen Wirtschaftsplan aufzustellen.[452]

### 14.1.3 Fälligkeit von Beiträgen zu Sonderumlagen

Wie bisher schon, kann gemäß § 28 Abs. 3 WEG n.F. auch dauerhaft die Fälligkeit von Beiträgen für künftig zu beschließende Sonderumlagen geregelt werden. Ein entsprechender Beschluss entspricht zwar den Grundsätzen ordnungsmäßiger Verwaltung, fraglich ist jedoch, ob es sinnvoll ist. Da ohnehin über die Sonderumlage im Einzelfall beschlossen werden muss, dürfte es nach wie vor probater sein, die konkrete Fälligkeit im Einzelfall zu beschließen. So kann es im Fall einer anstehenden „Großfinanzierungsmaßnahme" mit erheblichen Zahlungsverpflichtungen der einzelnen Wohnungseigentümer für diese ggf. schwierig werden, bis zum Fälligkeitszeitpunkt die Finanzierung ihres Beitrags zu bewerkstelligen. Daneben sind durchaus Fälle denkbar (z.B. Notmaßnahmen), in denen eine sofortige Fälligkeit erforderlich ist. Zwar könnte in diesen Fällen auch eine sofortige Fälligkeit der konkreten Sonderumlage beschlossen werden. Insoweit ergeben sich aber zumindest hinsichtlich der Eigentümer Probleme, die an der Versammlung nicht teilgenommen haben, ganz abgesehen vom grundsätzlichen Problem der dann gegebenen Zweitbeschlussfassung.

**Beschlussmuster: Fälligkeit von Beiträgen zu Sonderumlagen**

**TOP XX: Fälligkeit von Beiträgen zu Sonderumlagen**

Beiträge zu beschlossenen Sonderumlagen sind jeweils spätestens zwei Wochen nach dem Tag der Beschlussfassung über die Sonderumlage zur Zahlung auf das Konto der Gemeinschaft bei der _____-Bank, IBAN _____, BIC \_\_\_\_\_ durch die jeweiligen Wohnungseigentümer fällig. Es bedarf insoweit keines speziellen Abrufs durch den Verwalter. Wohnungseigentümer, die am Last-

---

[451] Siehe Kap. 13.1 Wirtschaftsplan.
[452] BGH, Urteil v. 14.12.2018, a.a.O.; Beschlussmuster zur Fortgeltung des Wirtschaftsplans siehe Kap. 13.1.3 Fortgeltung.

schriftverfahren teilnehmen, haben zu diesem Zeitpunkt für eine ausreichende Kontodeckung zu sorgen.

**Abstimmungsergebnis:**

Ja-Stimmen: _____

Nein-Stimmen: _____

Enthaltungen: _____

Der Versammlungsleiter verkündete folgendes Beschlussergebnis:

_____

Der Beschluss wurde angenommen/abgelehnt.

Was die Zahlungspflichten von Beiträgen zu beschlossenen Sonderumlagen bei einem Eigentümerwechsel betrifft, ist zwischenzeitlich auch geklärt, dass der Erwerber von Wohnungs- oder Teileigentum für eine nach dem Eigentumswechsel fällig werdende Sonderumlage haftet, auch wenn deren Erhebung vor dem Eigentumswechsel beschlossen wurde.[453]

### 14.1.4 Fälligkeit von Nachzahlungsansprüchen

Wann die aufgrund Beschlussfassung gemäß § 28 Abs. 2 Satz 1 WEG n. F. über die auf Grundlage der erstellten Jahresabrechnung begründeten Zahlungsansprüche der Gemeinschaft zur Zahlung durch die einzelnen Wohnungseigentümer fällig sind, ist im WEG selbst nicht geregelt. § 271 Abs. 1 BGB bestimmt, dass der Gläubiger – also die Gemeinschaft – sofort Zahlung verlangen kann und der Schuldner – also der einzelne Wohnungseigentümer – die Zahlung sofort zu bewirken hat. Da den Wohnungseigentümern in § 28 Abs. 3 WEG n. F. grundsätzlich eine Beschlusskompetenz zur Regelung der Fälligkeit von Geldforderungen eingeräumt ist, können die Wohnungseigentümer auch über die Fälligkeit von beschlossenen Zahlungsansprüchen aus der zugrunde liegenden Jahresabrechnung beschließen, was dem derzeitigen § 21 Abs. 7 WEG a. F. entspricht.[454]

---

[453] BGH, Urteil v. 15.12.2017, V ZR 257/16, ZMR 2018 S. 527.
[454] LG Köln, Urteil v. 8.5.2014, 29 S 241/13, ZMR 2014 S. 823.

## Fälligkeits- und Zahlungsregelungen

 **Beschlussmuster: Fälligkeit von Fehlbeträgen aus der Jahresabrechnung**

**TOP XX: Fälligkeit von Fehlbeträgen aus der Jahresabrechnung**

Die auf Grundlage von § 28 Abs. 2 Satz 1 WEG beschlossenen Nachschussforderungen sind sofort zur Zahlung durch die jeweiligen Wohnungseigentümer fällig. Es bedarf insoweit keines speziellen Abrufs durch den Verwalter. Den jeweiligen Wohnungseigentümern wird jedoch nachgelassen, die Nachzahlung innerhalb von 3 Wochen ab Beschlussfassung zu leisten. Wohnungseigentümer, die am SEPA-Lastschriftverfahren teilnehmen, haben für eine ausreichende Kontodeckung zu sorgen.

**Abstimmungsergebnis:**

Ja-Stimmen: _____

Nein-Stimmen: _____

Enthaltungen: _____

Der Versammlungsleiter verkündete folgendes Beschlussergebnis:

_____

Der Beschluss wurde angenommen/abgelehnt.

### 14.1.5 Fälligkeit von Guthaben/Verrechnung

Weist die erstellte Jahresabrechnung Guthaben zugunsten einzelner Miteigentümer aus, so kann die Gemeinschaft der Wohnungseigentümer darüber beschließen, ob das Guthaben an den Miteigentümer ausgezahlt oder mit den künftigen Vorauszahlungen verrechnet wird. Die Beschlusskompetenz zu einer dauerhaften Regelung über die konkrete Wirtschaftsperiode hinaus, verleiht auch hier § 21 Abs. 7 WEG a.F.[455] Die Möglichkeit der Auszahlung von Anpassungsbeträgen bzw. Guthaben steht den Wohnungseigentümern unter Geltung des WEMoG allerdings nur unter der Bedingung offen, dass keine Rückstände auf die nach § 28 Abs. 1 Satz 1 WEG auf Grundlage des Wirtschaftsplans beschlossenen und zu zahlenden Hausgeldvorschüsse bestehen. Es soll nämlich gerade im Fall des Eigentümerwechsels vermieden werden, dass der Erwerber in den Genuss einer Zahlung kommt, obwohl für die betreffende Sondereigentumseinheit Hausgeldrückstände bestehen.[456]

---

[455] LG Köln, Urteil v. 8.5.2014, a.a.O.
[456] BT-Drs. 19/18791, S. 77.

**Beschlussmuster: Verrechnung von Guthaben aus der Jahresabrechnung**

### TOP XX: Verrechnung von Guthaben aus der Jahresabrechnung

Die sich aus den jeweils erstellten Jahreseinzelabrechnungen ergebenden und auf Grundlage von § 28 Abs. 2 Satz 1 WEG beschlossenen Guthaben bzw. Überzahlungen der jeweiligen Wohnungseigentümer werden künftig generell mit den aufgrund der ebenso beschlossenen Beitragspflichten auf Grundlage der Einzelwirtschaftspläne nach § 28 Abs. 1 Satz 1 WEG zu leistenden Hausgeldvorschüsse verrechnet. Ein Anspruch auf Auszahlung eines Guthabens besteht somit nicht.

**Abstimmungsergebnis**:

Ja-Stimmen: \_\_\_\_\_

Nein-Stimmen: \_\_\_\_\_

Enthaltungen: \_\_\_\_\_

Der Versammlungsleiter verkündete folgendes Beschlussergebnis:

_____

Der Beschluss wurde angenommen/abgelehnt.

 **Beschlussmuster: Auszahlung von Guthaben aus der Jahresabrechnung**

### TOP XX: Auszahlung von Guthaben aus der Jahresabrechnung

Die sich auf Grundlage der jeweils erstellten Jahreseinzelabrechnungen nach § 28 Abs. 2 Satz 1 WEG beschlossenen Anpassungsbeträge bzw. Guthaben von Wohnungseigentümern, werden künftig innerhalb von 2 Wochen nach Beschlussfassung über die Anpassungsbeträge bzw. Überzahlungen dem Konto der jeweiligen Wohnungseigentümer vom Konto der Gemeinschaft der Wohnungseigentümer angewiesen.

Eine entsprechende Anweisung kann nur dann erfolgen, wenn keine Rückstände bezüglich der jeweiligen Sondereigentumseinheit auf die nach § 28 Abs. 1 Satz 1 WEG zu leistenden Hausgeldvorschüsse bestehen.

**Abstimmungsergebnis:**
Ja-Stimmen: _____
Nein-Stimmen: _____
Enthaltungen: _____
Der Versammlungsleiter verkündete folgendes Beschlussergebnis:

_____

Der Beschluss wurde angenommen/abgelehnt.

### 14.1.6 Vorfälligkeits-/Verfallsregelungen

Auf Grundlage von § 21 Abs. 7 WEG a. F. konnten die Wohnungseigentümer auch Vorfälligkeits- bzw. Verfallsregelungen dergestalt beschließen, dass im Fall des Verzugs mit einer konkreten Anzahl von Hausgeldzahlungen sofort das restliche, auf die jeweilige Wirtschaftsperiode entfallende Hausgeld zur Zahlung fällig wird.[457]

**Verfallsregelung**

Wesen einer Verfallsregelung ist, dass das Hausgeld, bezogen auf die gesamte Wirtschaftsperiode, in voller Höhe zu Beginn der Wirtschaftsperiode zur Zahlung fällig ist. Den Wohnungseigentümern wird jedoch nachgelassen, den Gesamthausgeldbetrag in monatlichen Teilzahlungen zu leisten (Stundungs-/Teilzahlungsvereinbarung).

**Vorfälligkeitsregelung**

Wesen der Vorfälligkeitsregelung hingegen ist, dass hinsichtlich des für die Wirtschaftsperiode zu zahlenden Hausgelds jeweils eine monatliche (Teil-)Fälligkeit geregelt wird. Beiden Regelungen ist gemeinsam, dass im Fall des Rückstands mit einer bestimmten Anzahl von (monatlichen) Hausgeldzahlungen das gesamte auf die jeweilige Wirtschaftsperiode entfallende Hausgeld sofort zur Zahlung fällig wird.

**Wesentlicher Unterschied**

Da es sich bei einer Verfallsregelung um eine Stundungsregelung handelt, und eben der Vorteil der Stundung im Fall von Hausgeldrückständen entfällt, handelt es sich nicht um eine Verzugssanktion im eigentlichen Sinn. Insoweit können Verfallsregelungen auch weiterhin als Fälligkeitsregeln beschlossen werden. Anders im Fall der Vorfälligkeitsregelung. Diese regelt direkt eine Verzugsfolge[458], weil die Vorfälligkeit Sanktionierungscharakter hat; sie hebt keinen Vorteil auf, sondern schafft einen Nachteil. Da das WEMoG Be-

---

[457] LG Köln, Urteil v. 20.2.2014, 29 S 181/13, ZMR 2014 S. 745.
[458] Vgl. Niedenführ in: Niedenführ/Schmidt-Räntsch/Vandenhouten, WEG, 13. Auflage 2020, § 28 Rn. 307.

schlüsse über eine Sanktionierung des Verzugs nicht mehr vorsieht, werden wohl nur noch Verfallsregelungen beschließbar sein.

**Wichtig: Vorbehalt berücksichtigen**

Im entsprechenden Beschluss ist ein Vorbehalt aufzunehmen, dass im Falle der Veräußerung des Sondereigentums, der Eröffnung des Insolvenzverfahrens über das Vermögen des Eigentümers oder der Anordnung der Zwangsverwaltung und Zwangsversteigerung, die monatliche Zahlweise wieder auflebt, da ansonsten der Erwerber bzw. Insolvenz- oder Zwangsverwalter bis zum Ende der Wirtschaftsperiode nicht zur Zahlung von Hausgeld verpflichtet ist. Ein derartiger Vorbehalt begegnet diesem Ausfallrisiko bei Verfallklauseln.[459]

**Beschlussmuster: Regelung des Verfalls gestundeten Hausgelds**

**TOP XX: Verfall des gestundeten Gesamthausgelds im Fall des Verzugs**

Die aufgrund des jeweils erstellten Wirtschaftsplans und der erstellten Einzelwirtschaftspläne von den Wohnungseigentümern zu zahlenden und nach § 28 Abs. 1 Satz 1 WEG beschlossenen Hausgeldvorschüsse sind jeweils zu Beginn der Wirtschaftsperiode sofort in voller Höhe zur Zahlung fällig. Den Wohnungseigentümern wird jedoch nachgelassen, das Hausgeld in jeweils am 3. Werktag eines Kalendermonats fällig werdenden 12 monatlichen Teilzahlungen zu leisten. Für die Rechtzeitigkeit der Zahlungen ist der Eingang auf dem Gemeinschaftskonto bei der _____-Bank, IBAN _____, BIC _____ maßgeblich. Die Wohnungseigentümer, die am SEPA-Lastschriftverfahren teilnehmen, haben für eine ausreichende Kontendeckung zum maßgeblichen Zeitpunkt zu sorgen.

Für den Fall, dass ein Wohnungseigentümer mit der Entrichtung der Teilzahlungen für 2 aufeinander folgende Monate bzw. in einem Zeitraum, der sich über mehr als 2 Monate erstreckt, mit der Zahlung von Hausgeldern in Verzug ist, der den Hausgeldern zweier Monate entspricht, wird sofort das restliche für die jeweilige Wirtschaftsperiode zu entrichtende Hausgeld in voller Höhe zur Zahlung fällig. Einer vorausgehenden Mahnung des Verwalters bedarf es nicht.

Sollte der Wohnungseigentümer in der laufenden Wirtschaftsperiode aus der Gemeinschaft ausscheiden, ist er zur Hausgeldzahlung

---

[459] LG Köln, a.a.O.

bis zum Zeitpunkt seines Ausscheidens verpflichtet. Der Rechtsnachfolger ist verpflichtet, die Hausgelder monatlich in Höhe der Teilbeträge zu entrichten. Entsprechendes gilt, wenn im Laufe der Wirtschaftsperiode das Insolvenz- oder Zwangsverwaltungsverfahren eröffnet wird.

**Abstimmungsergebnis:**

Ja-Stimmen: \_\_\_\_\_

Nein-Stimmen: \_\_\_\_\_

Enthaltungen: \_\_\_\_\_

Der Versammlungsleiter verkündete folgendes Beschlussergebnis:

_____

Der Beschluss wurde angenommen/abgelehnt.

### 14.1.7 Ratenzahlungs-/Stundungsregelungen

Auch bei noch so geordneten Finanzverhältnissen kann es vorkommen, dass zuverlässige Wohnungseigentümer einmal in finanzielle Engpässe geraten. Soweit diese kurzfristig sind und abzusehen ist, dass sich die finanzielle Lage des Wohnungseigentümers verbessern wird, dürfte es nicht im Interesse der Gemeinschaft liegen, im Fall des Verzugs mit Hausgeldern oder Beiträgen zu einer beschlossenen Sonderumlage sogleich den Rechtsweg zu beschreiten. Insoweit dürfte es sinnvoller sein, entsprechende Ratenzahlungs- oder auch Stundungsvereinbarungen mit den betreffenden Wohnungseigentümern zu schließen. Hierzu ist der Verwalter jedoch nicht per Gesetz berechtigt, weshalb sich eine entsprechende Ermächtigung im Beschlussweg auf Grundlage von § 28 Abs. 3 WEG n. F. anbietet. Die erforderliche Beschlusskompetenz ist gegeben, da es sich bei einer Ratenzahlungs- bzw. Stundungsvereinbarung um eine Fälligkeitsregelung handelt und gerade nicht um eine Verzugssanktion.

**Besonderer Verwaltungsaufwand**

Zwar sieht das WEMoG in § 28 Abs. 3 WEG n. F. keine Beschlusskompetenz mehr zur Regelung der Kosten eines besonderen Verwaltungsaufwands vor. Dies allerdings hat keine Auswirkung darauf, dem Verwalter eine Vergütung für Leistungen zubilligen zu können, die über seine gesetzlichen Pflichten hinausgehen. Diese gesetzlichen Pflichten werden in § 27 Abs. 1 WEG n. F. zwar nicht mehr im Einzelnen umrissen, allerdings dürfte die Ausarbeitung einer Ratenzahlungs- oder Stundungsvereinbarung durch den Verwalter und auch die Kontrolle des Zahlungseingangs sowie etwaige Zinsberechnungen nicht zu den Maßnahmen von untergeordneter Bedeutung im Rahmen der Verwaltung des gemeinschaftlichen Eigentums gehören, die mit der Grundvergütung abgegolten wären. Mit einer beschlussweisen Ermächtigung kann

## Fälligkeits- und Zahlungsregelungen

gleichzeitig auch über den Mehraufwendungsersatz des Verwalters beschlossen werden. Für die Ausarbeitung einer Stundungs- bzw. Ratenzahlungsvereinbarung und erforderlicher Zinsberechnungen dürfte ein Zusatzhonorar von 100 EUR noch ordnungsmäßiger Verwaltung entsprechen.

 **Beschlussmuster: Ermächtigung des Verwalters zum Abschluss von Ratenzahlungsvereinbarung und Sonderhonorar**

**TOP XX: Ermächtigung des Verwalters zum Abschluss von Ratenzahlungsvereinbarungen mit Wohnungseigentümern**

Die Wohnungseigentümer ermächtigten die Verwaltung für den Fall, dass einzelne Wohnungseigentümer ihren Zahlungspflichten der Gemeinschaft der Wohnungseigentümer gegenüber zum jeweiligen Fälligkeitstermin nicht oder nicht voll umfänglich nachkommen können, mit diesen eine Ratenzahlungsvereinbarung unter den nachfolgenden Voraussetzungen abzuschließen:

1. Eine Ratenzahlungsvereinbarung kann nur mit Wohnungseigentümern abgeschlossen werden, die in den letzten 12 Monaten ihren jeweiligen Zahlungsverpflichtungen der Gemeinschaft der Wohnungseigentümer gegenüber in beanstandungsfreier Weise nachgekommen sind.

2. Die von der jeweiligen Ratenzahlungsvereinbarung umfassten Ansprüche der Gemeinschaft der Wohnungseigentümer sind mit 5 Prozentpunkten über dem Basiszinssatz p.a. zu verzinsen.

3. Die vollständige Tilgung des Rückstands nebst Zinsen erfolgt in spätestens 12 Monaten bei gleichzeitiger Erfüllung der laufenden Verbindlichkeiten.

4. Gerät der jeweilige Wohnungseigentümer ganz oder teilweise länger als 10 Tage mit einer Zahlungsrate in Verzug, so ist die jeweilige Restforderung sofort zur Zahlung fällig. In diesem Fall ist die Verwaltung ermächtigt, ohne weitere Mahnung sämtliche ausstehenden Forderungen notfalls auch unter Hinzuziehung eines Rechtsanwalts gerichtlich geltend zu machen.

5. Für die Ausarbeitung einer jeweiligen Ratenzahlungsvereinbarung und zum Ausgleich seines Zusatzaufwands hinsichtlich der Zinsberechnung erhält der Verwalter ein Zusatzhonorar in Höhe von 100 EUR inklusive Umsatzsteuer. Sollte der jeweilige Wohnungseigentümer dem Verwalter nicht binnen 10 Tagen nach jeweiligem Abschluss einer Ratenzahlungsvereinbarung ein an die Ratenzahlungsvereinbarung angepasstes Lastschriftmandat erteilen, wird hinsichtlich des zusätzlichen Kontrollaufwands des Verwalters ein weiteres monatliches Zusatzentgelt in

Höhe von 5 EUR inklusive Umsatzsteuer fällig. Die Kosten dieser Zusatzvergütungen sind vom jeweiligen Wohnungseigentümer zu tragen. Zahlungen des jeweiligen Wohnungseigentümers werden zunächst auf die Zusatzvergütungen des Verwalters verrechnet und anschließend zum Ausgleich der gemeinschaftlichen Ansprüche.

**Abstimmungsergebnis:**

Ja-Stimmen: _____

Nein-Stimmen: _____

Enthaltungen: _____

Der Versammlungsleiter verkündete folgendes Beschlussergebnis:

_____

Der Beschluss wurde angenommen/abgelehnt.

**Beschlussmuster: Ermächtigung des Verwalters zum Abschluss von Stundungsvereinbarungen und Sonderhonorar**

**TOP XX: Ermächtigung des Verwalters zum Abschluss von Stundungsvereinbarungen mit Wohnungseigentümern**

Die Wohnungseigentümer ermächtigten die Verwaltung für den Fall, dass einzelne Wohnungseigentümer ihren Zahlungspflichten der Gemeinschaft der Wohnungseigentümer gegenüber zum jeweiligen Fälligkeitstermin nicht oder nicht voll umfänglich nachkommen können, mit diesen eine Stundungsvereinbarung unter den nachfolgenden Voraussetzungen abzuschließen:

1. Eine Stundungsvereinbarung kann nur mit Wohnungseigentümern abgeschlossen werden, die in den letzten 12 Monaten ihren jeweiligen Zahlungsverpflichtungen der Gemeinschaft der Wohnungseigentümer gegenüber in beanstandungsfreier Weise nachgekommen sind.

2. Die von der jeweiligen Stundungsvereinbarung umfassten Ansprüche der Gemeinschaft der Wohnungseigentümer sind mit 5 Prozentpunkten über dem Basiszinssatz p.a. zu verzinsen.

3. Der gestundete Betrag nebst Zinsen ist spätestens in 12 Monaten bei gleichzeitiger Erfüllung der laufenden Verbindlichkeiten dem gemeinschaftlichen Konto anzuweisen.

## Fälligkeits- und Zahlungsregelungen

4. Gerät der jeweilige Wohnungseigentümer ganz oder teilweise länger als 10 Tage mit der Zahlung gestundeter Zahlungen in Verzug, ist die Verwaltung ermächtigt, ohne weitere Mahnung sämtliche ausstehenden Forderungen notfalls auch unter Hinzuziehung eines Rechtsanwalts gerichtlich geltend zu machen.

5. Für die Ausarbeitung einer jeweiligen Stundungsvereinbarung und zum Ausgleich seines Zusatzaufwands hinsichtlich der Zinsberechnung erhält der Verwalter ein Zusatzhonorar in Höhe von 100 EUR inklusive Umsatzsteuer. Die Kosten dieser Zusatzvergütung sind vom jeweiligen Wohnungseigentümer zu tragen. Die entsprechende Belastung mit der Mehraufwandspauschale erfolgt im Rahmen der Jahreseinzelabrechnung.

**Abstimmungsergebnis**:

Ja-Stimmen: _____

Nein-Stimmen: _____

Enthaltungen: _____

Der Versammlungsleiter verkündete folgendes Beschlussergebnis:

_____

Der Beschluss wurde angenommen/abgelehnt.

### 14.1.8 Exkurs: Versorgungssperre

In Rechtsprechung und Literatur ist anerkannt, dass ein Wohnungseigentümer dann von der Versorgung mit (Warm-)Wasser und Heizenergie ausgeschlossen werden kann, wenn er mit den fälligen Hausgeldzahlungen erheblich im Rückstand ist.[460] Die Versorgungssperre stellt dabei keine Verzugssanktion dar, vielmehr übt die Gemeinschaft der Wohnungseigentümer ihr Zurückbehaltungsrecht hinsichtlich der Versorgung der jeweils betroffenen Sondereigentumseinheit aus.

 **Direkte Vertragsbeziehung**

Die Eigentümergemeinschaft soll sogar berechtigt sein, die Versorgungsleitungen zu kappen, wenn der säumige Eigentümer direkter und unmittelbarer Vertragspartner des Versorgungsunternehmens ist und direkt mit diesem abrechnet.[461]

---

[460] BGH, Beschluss v. 10.6.2005, V ZR 235/04, NJW 2005 S. 2622; OLG Frankfurt a.M., Beschluss v. 21.2.2006, 20 W 56/06, NZM 2006 S. 869; OLG München, Beschluss v. 23.2.2005, 34 Wx 5/05, ZWE 2005 S. 332.

[461] LG München I, Urteil v. 8.11.2010, 1 S 10608/10, ZMR 2011 S. 326, für Stromversorgung, da Leitungen im Gemeinschaftseigentum stehen.

## Fälligkeits- und Zahlungsregelungen

Der Beschluss über eine Versorgungssperre entspricht unter folgenden Voraussetzungen ordnungsmäßiger Verwaltung:

- Der betreffende Wohnungseigentümer muss mit Hausgeldzahlungen von mindestens 6 Monaten in Rückstand sein.[462]
- Die Hausgeldansprüche der Gemeinschaft müssen fällig sein und unzweifelhaft bestehen.[463]
- Die Versorgungssperre muss angedroht werden.[464]

**Betretungsrecht**

Ist es zur Umsetzung des Beschlusses über die Versorgungssperre erforderlich, das Sondereigentum des säumigen Hausgeldschuldners zur Installation von Absperrventilen zu betreten, so besteht eine entsprechende Berechtigung seitens der Gemeinschaft der Wohnungseigentümer, die auch gerichtlich durchsetzbar ist.[465] Jedenfalls stellt der Einbau von Absperrventilen zur Durchsetzung der Versorgungssperre keine bauliche Veränderung dar.[466] Hieran wird auch die Neukonzeptionierung des Rechts der baulichen Veränderung gemäß § 20 WEG n.F. nichts ändern. Ist die Sondereigentumseinheit vermietet, kann zwar auch eine Versorgungssperre erfolgen[467], allerdings muss der Mieter das Betreten des Sondereigentums – soweit dies erforderlich ist – nicht dulden und kann den Zutritt verweigern.[468] Insbesondere verleiht auch § 15 WEG n.F. insoweit keinen Duldungsanspruch gegen den Mieter, da er Drittnutzer nur verpflichtet, Erhaltungsmaßnahmen und bauliche Veränderungen zu dulden.[469] Sie verleiht kein Recht zum Betreten der Wohnung zur Umsetzung einer Versorgungssperre. Die Versorgungssperre im vermieteten Sondereigentum dürfte daher faktisch kaum durchzusetzen sein.

**Generelle Regelung über eine Versorgungssperre**

Die Wohnungseigentümer haben die Beschlusskompetenz, die Voraussetzungen für die Verhängung einer Versorgungssperre auch generell, also unabhängig vom konkreten Einzelfall, zu beschließen.[470]

---

[462] BGH, Beschluss v. 10.6.2005, a.a.O.; KG Berlin, Beschluss v. 8.8.2005, 24 W 112/04, NJW-RR 2005 S. 598.
[463] OLG Frankfurt a.M., Beschluss v. 21.2.2006, a.a.O.
[464] BGH, Beschluss v. 10.6.2005, a.a.O.
[465] OLG München, Beschluss v. 23.2.2005, 34 Wx 5/05, ZWE 2005 S. 332; KG Berlin, Beschluss v. 21.5.2001, 24 W 94/01, NJW-RR 2001 S. 1307.
[466] BayObLG, Beschluss v. 31.3.2004, 2Z BR 224/03, NZM 2004 S. 556.
[467] KG Berlin, Beschluss v. 26.11.2001, 24 W 7/01, ZMR 2002 S. 458; a.A. LG Köln, Urteil v. 15.3.2000, 2 U 74/99, ZWE 2000 S. 543: verbotene Eigenmacht.
[468] KG Berlin, Urteil v. 26.1.2006, 8 U 208/05, NZM 2006 S. 297.
[469] Siehe Kap. 19 Duldungspflichten von Mietern und Drittnutzern.
[470] KG Berlin, Beschluss v. 8.8.2005, 24 W 112/04, NJW-RR 2006 S. 446.

**Beschlussmuster: Versorgungssperre bei Hausgeldrückständen (generelle Regelung)**

**TOP XX: Versorgungssperre bei Hausgeldrückständen**

Ist ein Wohnungseigentümer für mindestens 6 Monate mit der Zahlung der Hausgelder im Rückstand und erfolgen auch nach dann nochmals erfolgender Zahlungsaufforderung, verbunden mit der Androhung einer einzurichtenden Versorgungssperre, keine Zahlungen, ist die Verwaltung ermächtigt, das jeweilige Sondereigentum des Hausgeldschuldners unverzüglich von der Heiz-, Warmwasser- sowie Kaltwasserversorgung durch Einbau entsprechend zu verplombender und wieder entfernbarer Sperrvorrichtungen durch ein fachtechnisches Unternehmen abzutrennen. Die Unterbrechung der Versorgung ist befristet bis zum Ausgleich der Hausgeldrückstände, im Fall rechtsgeschäftlicher Veräußerung oder eines gesetzlichen Eigentumsübergangs jedoch längstens bis zum Eigentumswechsel auf einen Nachfolger, im Fall einer Zwangsversteigerung bis zur Erteilung des Zuschlags an einen Ersteher.

Die Kosten für die erforderlichen Sperreinrichtungen werden aus den laufenden Hausgeldern durch die Gemeinschaft der Wohnungseigentümer vorfinanziert und nachfolgend im Wege des Schadensersatzes gegen den jeweiligen Hausgeldschuldner – notfalls gerichtlich – geltend gemacht.

Für den Fall, dass es zur Durchsetzung der Versorgungssperre erforderlich ist, das Sondereigentum des jeweiligen Hausgeldschuldners betreten zu müssen und dieser den Zutritt dem Verwalter und um von ihm beauftragten Fachunternehmen verweigert, wird der Verwalter beauftragt, die Zutrittsmöglichkeit unter Hinzuziehung eines Rechtsanwalts gerichtlich durchzusetzen.

**Abstimmungsergebnis:**

Ja-Stimmen: _____

Nein-Stimmen: _____

Enthaltungen: _____

Der Versammlungsleiter verkündete folgendes Beschlussergebnis:

_____

Der Beschluss wurde angenommen/abgelehnt.

## Fälligkeits- und Zahlungsregelungen

### Versorgungssperre im konkreten Einzelfall

Anstatt einer generellen Regelung kommt selbstverständlich auch eine Beschlussfassung im Einzelfall infrage.

> **Beschlussmuster: Versorgungssperre bei Hausgeldrückständen (Einzelfallregelung)**
>
> **TOP XX: Versorgungssperre gegenüber dem/der Miteigentümer/in _____**
>
> Aufgrund des erheblichen Hausgeldrückstands für das Sondereigentum _____ wird die Verwaltung damit beauftragt, die Wohnung des Miteigentümers/der Miteigentümerin _____ unverzüglich von der Heiz-, Warmwasser- sowie Kaltwasserversorgung durch Einbau entsprechend zu verplombender und wieder entfernbarer Sperrvorrichtungen durch ein fachtechnisches Unternehmen abzutrennen. Die Unterbrechung der Versorgung ist befristet bis zum Ausgleich der Hausgeldrückstände, im Fall rechtsgeschäftlicher Veräußerung oder eines gesetzlichen Eigentumsübergangs jedoch längstens bis zum Eigentumswechsel auf einen Nachfolger, im Fall einer Zwangsversteigerung bis zur Erteilung des Zuschlags an einen Ersteher.
>
> Die Kosten für die erforderlichen Sperreinrichtungen werden aus den laufenden Hausgeldern durch die Gemeinschaft der Wohnungseigentümer vorfinanziert und nachfolgend im Wege des Schadensersatzes gegen den Miteigentümer/die Miteigentümerin _____ – notfalls gerichtlich – geltend gemacht.
>
> Für den Fall, dass es zur Durchsetzung der Versorgungssperre erforderlich ist, das Sondereigentum des Miteigentümers/der Miteigentümerin _____ betreten zu müssen und dieser/diese den Zutritt dem Verwalter und dem von ihm beauftragten Fachunternehmen verweigert, wird der Verwalter beauftragt, die Zutrittsmöglichkeit unter Hinzuziehung eines Rechtsanwalts gerichtlich durchzusetzen.
>
> **Abstimmungsergebnis:**
>
> Ja-Stimmen: \_\_\_\_\_
>
> Nein-Stimmen: \_\_\_\_\_
>
> Enthaltungen: \_\_\_\_\_
>
> Der Versammlungsleiter verkündete folgendes Beschlussergebnis:
>
> _____
>
> Der Beschluss wurde angenommen/abgelehnt.

## 14.2 Zahlungsmodalitäten

### 14.2.1 Unbarer Zahlungsverkehr

Künftig wird § 28 Abs. 3 WEG n.F. in Übereinstimmung mit der bislang noch geltenden Bestimmung in § 21 Abs. 7 WEG a.F. beschlussweise Regelungen über die Art und Weise von Zahlungen regeln. Durch Beschluss kann also der unbare Zahlungsverkehr eingeführt werden, auch wenn dies wohl am wenigsten praxisrelevant sein dürfte, da es kaum Gemeinschaften geben dürfte, in denen die Hausgelder bar beim Verwalter eingezahlt werden. Angesichts der wohl kaum gegebenen Praxisrelevanz dürfte der Bedarf an einer entsprechenden Beschlussfassung wohl nicht bestehen.

**Beschlussmuster: Unbarer Zahlungsverkehr**

**TOP XX: Grundsätzlich unbarer Zahlungsverkehr hinsichtlich sämtlicher Zahlungsvorgänge**

Sämtliche Zahlungen – unabhängig davon, ob es sich um Zahlungen von einzelnen Wohnungseigentümern an die Wohnungseigentümergemeinschaft aufgrund von Ansprüchen der Eigentümergemeinschaft gegen die einzelnen Wohnungseigentümer handelt (u.a. monatliche Hausgeldvorauszahlungen, Sonderumlagen, Bearbeitungsgebühren für die Nichtteilnahme am Lastschriftverfahren, Bearbeitungsgebühren bei Sammelüberweisungen, Schadensersatz, Kosten für eine besondere Nutzung des Gemeinschaftseigentums, Kosten für einen besonderen Verwaltungsaufwand) oder aber umgekehrt um Zahlungen der Gemeinschaft an die einzelnen Wohnungseigentümer aufgrund von Ansprüchen der einzelnen Wohnungseigentümer gegen die Eigentümergemeinschaft (u.a. Rückzahlungsansprüche aus Überzahlungen nach dem Wirtschaftsplan aufgrund beschlossener Jahresabrechnung, soweit keine Verrechnung mit künftigen Vorauszahlungen beschlossen wurde, Rückzahlungsansprüche aus nicht verwendeten Sonderumlagen, Schadensersatz, Ansprüchen aus Notgeschäftsführung) – sind grundsätzlich und mit sofortiger Wirkung unbar dem Girokonto der Gemeinschaft bei der ____-Bank, IBAN ____, BIC _____ bzw. den Konten der jeweiligen Wohnungseigentümer anzuweisen.

Die Wohnungseigentümer haben in diesem Zusammenhang der Verwaltung bis zum _____ ihre jeweilige Bankverbindung unter Benennung des Bankinstituts, der Bankleitzahl sowie der Konto-Nummer bekannt zu geben.

Ein Angebot zur Barzahlung hat keine Erfüllungswirkung. Die Verwaltung wird ausdrücklich angewiesen, keine Barzahlungen entgegenzunehmen. Der Verwalter wird des Weiteren ausdrücklich angewiesenen, auch keine Schecks zu akzeptieren.

**Abstimmungsergebnis:**
Ja-Stimmen: \_\_\_\_\_
Nein-Stimmen: \_\_\_\_\_
Enthaltungen: \_\_\_\_\_
Der Versammlungsleiter verkündete folgendes Beschlussergebnis:

_____
Der Beschluss wurde angenommen/abgelehnt.

 **Keine ordnungsmäßige Verwaltung**
Nicht möglich und den Grundsätzen ordnungsmäßiger Verwaltung widersprechend, wäre der umgekehrte Fall, also eine Beschlussfassung vom bargeldlosen Zahlungsverkehr hin zur Barzahlung. Insoweit nämlich ist die Gefahr des Verlusts und auch des Diebstahls zu berücksichtigen. Auch könnte es zur unzulässigen (und sicherlich unbeabsichtigten) Vermischung der insoweit als Verwaltungsvermögen zu betrachtenden Gemeinschaftsgelder mit dem Geschäfts- oder Privatvermögen des Verwalters kommen.

### 14.2.2 Verpflichtung zur Teilnahme am Lastschriftverfahren

Wie der Wohnungseigentümer seiner Verpflichtung zur Entrichtung des Hausgelds nachkommt, obliegt zunächst seiner Entscheidung. Da § 28 Abs. 3 WEG n.F. den Wohnungseigentümern jedoch die Kompetenz einräumt, über die Art und Weise von Zahlungen mehrheitlich beschließen zu können, können die Wohnungseigentümer darüber entscheiden, dass die Wohnungseigentümer am Lastschriftverfahren teilzunehmen haben.[471]

**Mehraufwandspauschale**
Zwar wird den Wohnungseigentümern im Rahmen des WEMoG nicht mehr die Kompetenz einer Beschlussfassung über die Kosten eines besonderen Verwaltungsaufwands eingeräumt. Allerdings führt die Nichtteilnahme am Lastschriftverfahren zu einem Mehraufwand bei der Überwachung des Zahlungsverkehrs. Die Beschlusskompetenz würde auch zum "zahnlosen Tiger", bestünde nicht die Möglichkeit zur Beschlussfassung auch einer Ausgleichszahlung. Der Zwang zur Erhebung entsprechender Leistungsklagen wäre jedenfalls unzumutbar. Sicher beurteilen lässt sich dies aber noch nicht, die Frage muss vielmehr als offen betrachtet werden.

---
[471] Seit 1.2.2014 sog. „SEPA-Verfahren" (Single Euro Payments Area-Verfahren).

Fälligkeits- und Zahlungsregelungen

### Höhe der Mehraufwandspauschale

Die Festlegung der konkreten Höhe dieser Mehraufwandspauschale muss sich innerhalb der Grenzen ordnungsmäßiger Verwaltung bewegen. Unabhängig von der Höhe des Hausgelds dürften 5 EUR unbedenklich sein.[472] Zu beachten ist allerdings, dass in diesem Fall nicht 5 EUR je Buchungsvorgang erhoben werden können, sondern 5 EUR je Wohnung und Monat. Ein Beschluss über eine Mehraufwandspauschale in dieser Höhe für jeden einzelnen Buchungsvorgang wäre für unwirksam zu erklären, weil sie dann abhängig von der Anzahl der erforderlichen Buchungsvorgänge in einem Jahr wäre und sich damit nicht mehr in einem angemessenen Rahmen halten würde.[473]

 **Beschlussmuster: Hausgeldzahlung im Lastschriftverfahren**

**TOP XX: Hausgeldzahlung im Lastschriftverfahren**

Die Wohnungseigentümer sind verpflichtet, dem Verwalter eine Einzugsermächtigung zur Teilnahme am Lastschriftverfahren für die laufenden monatlichen Hausgeldvorauszahlungen zum jeweiligen Fälligkeitszeitpunkt zu erteilen. Einzug und Abbuchung erfolgen entsprechend der bisher geltenden Hausgeldvorauszahlungen jeweils im Voraus am 3. Werktag eines Kalendermonats. Alle Lastschrifteinzüge erfolgen ausschließlich auf das Gemeinschaftskonto.

*(Für den Fall der Nichtteilnahme am Lastschriftverfahren, wird eine monatliche Mehraufwandspauschale in Höhe von ___ EUR bis zur Erteilung eines SEPA-Lastschriftmandats erhoben. Die entsprechende Belastung mit der Mehraufwandspauschale erfolgt im Rahmen der Beschlussfassung nach § 28 Abs. 2 Satz 1 WEG.)*

**Abstimmungsergebnis:**

Ja-Stimmen: _____

Nein-Stimmen: _____

Enthaltungen: _____

Der Versammlungsleiter verkündete folgendes Beschlussergebnis:

_____

Der Beschluss wurde angenommen/abgelehnt.

---

[472] LG Karlsruhe, Urteil v. 16.6.2009, 11 S 25/09, juris.
[473] LG Karlsruhe, a.a.O.

## Fälligkeits- und Zahlungsregelungen

### 14.2.3 Verbot von Sammelüberweisungen

Grundsätzlich wird auch auf Grundlage von § 28 Abs. 3 WEG n.F. die Möglichkeit bestehen, ein Verbot von Sammelüberweisungen zu beschließen. Auch hier ist offen, ob eine Beschlussfassung auch künftig möglich sein wird, den der Gemeinschaft der Wohnungseigentümer entstehenden Verwaltungsmehraufwand auszugleichen. Auch hier dürften 5 EUR je Wohnung und Monat unbedenklich sein.[474]

**Beschlussmuster: Verbot von Sammelüberweisungen**

**TOP XX: Verbot von Sammelüberweisungen**

Wohnungseigentümer, die Eigentümer mehrerer Sondereigentumseinheiten innerhalb dieser Wohnungseigentumsanlage sind, haben sämtliche Zahlungen jeweils für jede der Sondereigentumseinheiten getrennt zu leisten. Eine Sammelüberweisung ist unzulässig.

*(Für den Fall, dass Wohnungseigentümer dennoch entsprechende Sammelüberweisungen vornehmen, wird eine monatliche Mehraufwandspauschale in Höhe von ___ EUR erhoben. Die entsprechende Belastung erfolgt im Rahmen der Beschlussfassung nach § 28 Abs. 2 Satz 1 WEG.)*

**Abstimmungsergebnis:**

Ja-Stimmen: _____

Nein-Stimmen: _____

Enthaltungen: _____

Der Versammlungsleiter verkündete folgendes Beschlussergebnis:

_____

Der Beschluss wurde angenommen/abgelehnt.

### 14.2.4 Exkurs: Keine erweiterten Aufrechnungsmöglichkeiten

Auch unter Geltung des WEMoG würde es den Grundsätzen ordnungsmäßiger Verwaltung widersprechen, eine Aufrechnungsmöglichkeit gegen Hausgeldzahlungen über die von der Rechtsprechung anerkannten Ausnahmen hinaus zuzulassen. Soweit nicht durch Vereinbarung der Wohnungseigentümer unbeschränkt zulässig, ist die Aufrechnung eines Wohnungseigentümers mit einer eigenen Forderung gegenüber Hausgeldforderungen der Gemeinschaft der Wohnungseigentümer auf solche Forderungen beschränkt, die entweder anerkannt oder rechtskräftig festgestellt sind oder ihren Grund in einer Notgeschäftsführung (derzeit nach § 21 Abs. 2 WEG a.F., künftig nach

---

[474] Arg. LG Karlsruhe, a.a.O.

**Fälligkeits- und Zahlungsregelungen**

**Seite 452**

§ 18 Abs. 3 WEG n.F.) haben.[475] Entsprechendes gilt für die Ausübung von Zurückbehaltungsrechten.

---

[475] BGH, Urteil v. 29.1.2016, V ZR 97/15, ZMR 2016 S. 472.

# 15 Der Verwaltungsbeirat

Das WEMoG führt zu einer grundlegenden Änderung der Rechtsstellung des Verwaltungsbeirats, ermöglicht den Wohnungseigentümern auf ihre Anlage zugeschnitten, die Mitgliederzahl des Verwaltungsbeirats flexibel zu regeln und beschränkt die Haftung der unentgeltlich tätigen Verwaltungsbeiratsmitglieder auf Vorsatz und grobe Fahrlässigkeit. Nach § 29 Abs. 2 Satz 1 WEG n. F. überwacht der Verwaltungsbeirat künftig den Verwalter. Sein Vorsitzender wird nach § 9b Abs. 2 WEG n. F. als gesetzlicher Vertreter der Gemeinschaft der Wohnungseigentümer gegenüber dem Verwalter fungieren, so nicht ein anderer Wohnungseigentümer hierzu bestimmt wird.

**WEG a. F.**

**§ 29 Verwaltungsbeirat**

(1) ¹Die Wohnungseigentümer können durch Stimmenmehrheit die Bestellung eines Verwaltungsbeirats beschließen. ²Der Verwaltungsbeirat besteht aus einem Wohnungseigentümer als Vorsitzenden und zwei weiteren Wohnungseigentümern als Beisitzern.

(2) Der Verwaltungsbeirat unterstützt den Verwalter bei der Durchführung seiner Aufgaben.

(3) Der Wirtschaftsplan, die Abrechnung über den Wirtschaftsplan, Rechnungslegungen und Kostenanschläge sollen, bevor über sie die Wohnungseigentümerversammlung beschließt, vom Verwaltungsbeirat geprüft und mit dessen Stellungnahme versehen werden.

(4) Der Verwaltungsbeirat wird von dem Vorsitzenden nach Bedarf einberufen.

**WEG n. F.**

**§ 29 Verwaltungsbeirat**

(1) ¹**Wohnungseigentümer können durch Beschluss zum Mitglied des Verwaltungsbeirats bestellt werden.** ²**Hat der Verwaltungsbeirat mehrere Mitglieder, ist ein Vorsitzender und ein Stellvertreter zu bestimmen.** ³**Der Verwaltungsbeirat wird von dem Vorsitzenden nach Bedarf einberufen.**

(2) ¹Der Verwaltungsbeirat unterstützt **und überwacht** den Verwalter bei der Durchführung seiner Aufgaben. ²**Der Wirtschaftsplan und die Jahresabrechnung sollen, bevor die Beschlüsse nach § 28 Absatz 1 Satz 1 und Absatz 2 Satz 1 gefasst werden,** vom Verwaltungsbeirat geprüft und mit dessen Stellungnahme versehen werden.

(3) **Sind Mitglieder des Verwaltungsbeirats unentgeltlich tätig, haben sie nur Vorsatz und grobe Fahrlässigkeit zu vertreten.**

## Der Verwaltungsbeirat
Seite 454

### 15.1 Anzahl der Mitglieder

Wurde bislang durch Beschluss in einem konkreten Einzelfall ein Verwaltungsbeirat bestellt, der entweder aus weniger als 3 Personen oder aus mehr als 3 Personen bestand, war dieser Beschluss anfechtbar.[476] Haben die Wohnungseigentümer beschlossen, dass der Verwaltungsbeirat dauerhaft aus entweder weniger als 3 Personen oder aus mehr als 3 Personen bestehen sollte, war der Beschluss nichtig. Selbstverständlich konnten abweichende Regelungen durch Vereinbarung der Wohnungseigentümer, also insbesondere in der Teilungserklärung/Gemeinschaftsordnung, geregelt werden.

**Neu: Die Anzahl der Beiratsmitglieder kann frei festgelegt werden**

Der Gesetzgeber folgt einem seit Jahrzehnten geforderten und besonderen praktischen Bedürfnis und legt keine vorgegebene Anzahl der Mitglieder des Verwaltungsbeirats mehr fest. Künftig bleibt die Anzahl der bestellten Beiratsmitglieder den einzelnen Wohnungseigentümergemeinschaften überlassen.

Es ist auch schierer Unsinn in einer kleinen Eigentümergemeinschaft, in der z.B. nur 6 Wohnungseigentümer vorhanden sind, vorzuschreiben, dass ein Verwaltungsbeirat aus 3 Wohnungseigentümern zu bestehen hat. Die Wohnungseigentümer sind also in Zukunft in der Entscheidung frei, einen Verwaltungsbeirat zu bestellen, der etwa nur aus einer Person in einer kleinen Gemeinschaft besteht oder aber aus 3, 5 und mehr Beiräten in einer Großgemeinschaft.

Freilich kann nach wie vor kein Wohnungseigentümer durch eine Wahl in das Amt gezwungen werden. Stets muss er sich für das Amt freiwillig zur Verfügung stellen und das Amt nach erfolgter Wahl annehmen. Nach wie vor sind auch Blockwahlen kritisch zu betrachten, in denen der gesamte Verwaltungsbeirat in einem gemeinsamen Wahlgang bestellt wird. Zwar ist dies nach herrschender Meinung zumindest dann zulässig, wenn kein anwesender Wohnungseigentümer widerspricht[477], vorteilhafter ist aber die Abstimmung über jedes einzelne Beiratsmitglied.

### 15.2 Mitgliederstruktur

§ 29 Abs. 1 Satz 1 WEG n.F. stellt klar, dass nur „*Wohnungseigentümer*" zum Mitglied des Verwaltungsbeirats bestellt werden können. Dies korrespondiert mit dem Wortlaut des § 29 Abs. 1 Satz 2 WEG a.F., wonach der Verwaltungsbeirat „*aus einem Wohnungseigentümer als Vorsitzenden und zwei wei-*

---
[476] BGH, Urteil v. 5.2.2010, V ZR 126/09, NJW 2010 S. 3168.
[477] KG Berlin, Beschluss v. 29.3.2004, 24 W 194/02, ZMR 2004 S. 775.

teren *Wohnungseigentümern als Beisitzern besteht"*. Das Gesetz sieht also nach wie vor keine Möglichkeit vor, gemeinschaftsfremde Dritte zum Verwaltungsbeirat bestellen zu können.

 **Beschluss über die Bestellung von Nicht-Eigentümern ist in Zukunft nichtig**

Nach bisheriger Rechtslage führt die Bestellung von Nicht-Eigentümern zu Verwaltungsbeiräten lediglich zur Anfechtbarkeit des Beschlusses. Dies wird sich unter Geltung des WEMoG ändern, da die Wohnungseigentümer nur Wohnungseigentümer zu Beiräten bestellen „können". Der Beschluss über die Bestellung eines Nicht-Eigentümers wäre demnach nichtig.[478] Insoweit ist auch zu beachten, dass einem Verwaltungsbeirat, der nicht Wohnungseigentümer ist, im Rahmen der Wohnungseigentümerversammlung nach bisheriger Rechtslage nur ein begrenztes Teilnahmerecht zusteht, nämlich soweit sein spezifischer Aufgabenbereich im Hinblick auf Wirtschaftsplan und Jahresabrechnung betroffen ist. Nimmt er über diesen Bereich hinaus an der Versammlung teil, sind die dann gefassten Beschlüsse wegen eines Verstoßes gegen den Grundsatz der Nichtöffentlichkeit anfechtbar.[479] Da die Bestellung eines Nicht-Wohnungseigentümers zum Verwaltungsbeirat nach bislang geltender Rechtslage nur zur Anfechtbarkeit des Bestellungsbeschlusses geführt hat, wird man künftig generell von einer Anfechtbarkeit sämtlicher Beschlüsse ausgehen müssen, die in Anwesenheit eines Nicht-Wohnungseigentümers als Verwaltungsbeirat gefasst wurden.

**Auswirkung auf bestehende Beiratsbestellungsbeschlüsse**

Die gesetzliche Neuregelung wirkt sich dann auf derzeit amtierende Verwaltungsbeiratsmitglieder aus, wenn es sich bei diesen um Nichtwohnungseigentümer handelt. Da ausschließlich Wohnungseigentümer zu Mitgliedern des Verwaltungsbeirats bestellt werden können, wird der Bestellungsbeschluss bezüglich eines Nichtwohnungseigentümers keine Wirkung mehr entfalten. Der Nichtwohnungseigentümer darf keine Beiratstätigkeiten mehr entfalten, er darf insbesondere nicht mehr an Wohnungseigentümerversammlungen teilnehmen. In Anwesenheit des Nichteigentümers gefasste Beschlüsse wären wegen eines Verstoßes gegen den Grundsatz der Nichtöffentlichkeit anfechtbar.

Selbstverständlich aber kann auch der bislang als Beirat für die Gemeinschaft tätige Nichtwohnungseigentümer dann weiter an Wohnungseigentümerversammlungen teilnehmen, wenn sämtliche Wohnungseigentümer hiermit ein-

---

[478] Siehe Kap. 1.1.3 Konkretisierung der Beschlusskompetenz.
[479] AG Idstein, Urteil v. 9.7.2015, 32 C 7/15, ZMR 2016 S. 318.

verstanden sind. Unproblematisch ist dies jedenfalls dann, wenn es sich um eine Vollversammlung handelt. Allerdings sind Vollversammlungen in der wohnungseigentumsrechtlichen Praxis eher die Ausnahme, weshalb ein Anfechtungsrisiko bezüglich derjenigen Wohnungseigentümer besteht, die gerade nicht an der Versammlung teilnehmen.

### 15.3 Interne Organisation

Für den Fall, dass der Verwaltungsbeirat aus mehreren Wohnungseigentümern besteht, ist nach § 29 Abs. 1 Satz 2 WEG n.F. ein Vorsitzender und ein Stellvertreter zu bestimmen. Besteht der Verwaltungsbeirat lediglich aus einem Mitglied, ist dieser Wohnungseigentümer bereits sachlogisch auch der Vorsitzende des Verwaltungsbeirats. Wer im Übrigen bestimmt, welcher Wohnungseigentümer als Vorsitzender des Verwaltungsbeirats und welcher als Stellvertreter des Beiratsvorsitzenden fungieren soll, schreibt das Gesetz nach wie vor nicht vor. Auch in Zukunft können die Wohnungseigentümer diese Entscheidung durch Beschluss treffen. Unterbleibt eine entsprechende Beschlussfassung, erfolgt die Bestimmung durch die Mitglieder des Verwaltungsbeirats.

Angesichts der gestiegenen Bedeutung des Amts des Vorsitzenden des Verwaltungsbeirats, künftig auch als gesetzlicher Vertreter der Gemeinschaft der Wohnungseigentümer gegenüber dem Verwalter, besteht jedenfalls mit Blick auf eine Haftungsvermeidung ein mittelbarer Zwang der Verwaltungsbeiratsmitglieder, einen Vorsitzenden zu bestimmen, so der Vorsitz nicht mit Einverständnis des betreffenden Wohnungseigentümers bereits im Bestellungsbeschluss selbst festgelegt wird. In den derzeit bestehenden Gremien, in denen (noch) kein Mitglied zum Vorsitzenden bestimmt ist, wird Entsprechendes nachzuholen sein.

Mit Blick auf Versammlungen des Verwaltungsbeirats bzw. seine Zusammenkünfte, ergibt sich keine Änderung gegenüber der alten Rechtslage. Sowohl nach § 29 Abs. 4 WEG a.F., als auch nach dem insoweit wörtlich übereinstimmenden § 29 Abs. 1 Satz 3 WEG n.F., wird der Verwaltungsbeirat vom Vorsitzenden nach Bedarf einberufen.

Versammlungen des Verwaltungsbeirats können im Übrigen mangels jeglicher gesetzlicher Vorgaben hierzu rein virtuell online oder auch in Form einer Telefonkonferenz durchgeführt werden.

### 15.4 Aufgabenbereich

### 15.4.1 Grundsätze

Gegenüber der bislang geltenden Rechtslage ergibt sich bezüglich der Aufgaben und Pflichten des Verwaltungsbeirats zunächst insoweit eine geringfügige Modifizierung, als der Verwaltungsbeirat nach § 29 Abs. 2 Satz 2 WEG n.F. nur noch den Wirtschaftsplan und die Jahresabrechnung prüfen und mit einer Stellungnahme versehen soll, bevor die Beschlüsse nach § 28 Abs. 1 Satz 1 und Abs. 2 Satz 1 WEG n.F. gefasst werden. Derzeit soll der Verwaltungsbeirat auch „Rechnungslegungen und Kostenanschläge" vor der Beschlussfassung prüfen.

Der Reformgesetzgeber sieht für letztere Prüfungen kein Bedürfnis mehr. Soweit Rechnungen und Kostenanschläge als Grundlage für die Erstellung des Wirtschaftsplans oder die Jahresabrechnung dienen, sind sie ohnehin Gegenstand der Prüfung durch den Verwaltungsbeirat. Eine darüber hinausgehende Prüfung dieser Zahlenwerke ist einerseits nicht von praktischer Relevanz und könnte andererseits auch zu einer Überlastung des Verwaltungsbeirats führen mit der Konsequenz, interessierte Wohnungseigentümer von einer Mitgliedschaft im Beirat abzuschrecken. Die Informationsrechte des Verwaltungsbeirats werden hierdurch auch nicht eingeschränkt. Jedes Beiratsmitglied hat – wie jeder Wohnungseigentümer auch – gemäß § 18 Abs. 4 WEG n.F. einen Anspruch auf Einsichtnahme in die Verwaltungsunterlagen.

Von ganz erheblicher Bedeutung im Sinne einer Stärkung der Funktion des Verwaltungsbeirats sind die gesetzlichen Neuregelungen in § 9b Abs. 2 WEG n.F. und hier insbesondere in § 29 Abs. 2 Satz 1 WEG n.F. Jedenfalls hat der Verwaltungsbeirat nicht mehr nur die Aufgabe,

- anstelle des Verwalters eine Versammlung einzuberufen (§ 24 Abs. 3 WEG n.F.),
- den Wirtschaftsplan und die Jahresabrechnung zu prüfen (§ 29 Abs. 2 Satz 2 WEG n.F.) und
- die Niederschrift über die Versammlungen zu unterzeichnen (§ 24 Abs. 6 Satz 2 WEG),

sondern ist künftig auch dazu berufen ist, gemäß § 9b Abs. 2 WEG n.F. die Gemeinschaft der Wohnungseigentümer gegenüber dem Verwalter zu vertreten, insbesondere wenn es darum geht, Ansprüche gegen diesen durchzusetzen. Des Weiteren obliegt ihm nach § 29 Abs. 2 Satz 1 WEG n.F. die Überwachung des Verwalters.

### 15.4.2 Vertretung gegenüber dem Verwalter

Gemäß § 9b Abs. 2 WEG n.F. fungiert der Vorsitzende des Verwaltungsbeirats qua Gesetz als Vertreter der Gemeinschaft der Wohnungseigentümer gegenüber dem Verwalter. Diese Bestimmung ist dem Aktienrecht entlehnt. Nach § 112 Aktiengesetz (AktG) vertritt jedenfalls der Aufsichtsrat die Gesellschaft gerichtlich und außergerichtlich gegenüber den Vorstandsmitgliedern. Freilich steht es den Wohnungseigentümern auch frei, einen anderen Wohnungseigentümer als Vertreter der Gemeinschaft gegenüber dem Verwalter zu bestellen, zunächst ist dies aber ureigenste Aufgabe des Beiratsvorsitzenden.[480]

### 15.4.3 Überwachung des Verwalters

**Überblick**

Gemäß § 29 Abs. 2 Satz 1 WEG n.F. unterstützt und überwacht der Verwaltungsbeirat den Verwalter bei der Durchführung seiner Aufgaben. Die Ergänzung des Gesetzeswortlauts um die „Überwachung" des Verwalters wurde auf Empfehlung des Rechtsausschusses in das Gesetz aufgenommen.[481] Nach Auffassung des Gesetzgebers wird damit der gestiegenen Bedeutung der Rolle des Verwaltungsbeirats Rechnung getragen. Da § 29 Abs. 2 Satz 1 WEG n.F. dem Beirat indes keine Verwalterkompetenzen einräumt, wird sich die Überwachung des Verwalters überwiegend auf Auskunftsansprüche des Verwaltungsbeirats gegenüber dem Verwalter beschränken.

Die Bestimmung ist aus diesseitiger Sicht unglücklich formuliert, da sie dazu führen kann, dass übereifrige Verwaltungsbeiräte ihre Kompetenzen überschreiten und sich Rechte gegenüber dem Verwalter anmaßen, die sie nicht haben. Sie ist aber auch insoweit unglücklich formuliert, als sie geeignet ist, das Haftungspotenzial des Verwaltungsbeirats auszuweiten. Zumindest ist nicht auszuschließen, dass sich die Mitglieder des Verwaltungsbeirats im Fall von Pflichtverletzungen des Verwalters Vorwürfen ausgesetzt sehen werden, sie hätten den Verwalter nicht ausreichend überwacht. Insoweit kommt nun der in § 29 Abs. 3 WEG n.F. gesetzlich angeordneten Haftungsbeschränkung der Mitglieder des Verwaltungsbeirats praxisrelevante Bedeutung zu, wenn sie unentgeltlich tätig sind.

**Details**

Dem konturenlosen Begriff des „Überwachens" kann man sich über das Recht der Aktiengesellschaft und dort über den Aufsichtsrat nähern. Gemäß § 111 Abs. 1 AktG hat der Aufsichtsrat die Geschäftsführung, also die Tätigkeit des Vorstands, zu überwachen. In diesem Zusammenhang verleiht ihm § 111 Abs. 2 AktG Einsichts- und Prüfungsbefugnisse, insbesondere kann er auch besondere externe Sachverständige beauftragen. Diese Befugnis kommt dem Verwaltungsbeirat selbstverständlich nicht zu. Auch unter Erweiterung seiner Befugnisse ist der Verwaltungsbeirat nicht zur Vertretung der Gemeinschaft der Wohnungseigentümer berechtigt und kann schon gar keine rechtsgeschäftlichen Verbindlichkeiten für diese begründen. Allerdings kann er eine entsprechende Beschlussfassung initiieren.

Entsprechend der Regelung in § 111 Abs. 3 AktG, wonach der Aufsichtsrat eine Hauptversammlung dann einzuberufen hat, wenn das Wohl der Gesell-

---

[480] Siehe vertiefend Kap. 5.3.3 Vertretung (der Gemeinschaft der Wohnungseigentümer) gegenüber dem Verwalter.
[481] BT-Drs. 19/22634, S. 48.

schaft es fordert, kommt der bereits seit jeher bestehenden gesetzlichen Ermächtigung in § 24 Abs. 3 WEG, eine Eigentümerversammlung im Fall der pflichtwidrigen Weigerung des Verwalters einberufen zu können, besondere Bedeutung zu. Besteht jedenfalls die Notwendigkeit, eine Willensbildung der Wohnungseigentümer herbeiführen zu müssen und weigert sich der Verwalter die Versammlung einzuberufen, könnten im Einzelfall Regressansprüche der Gemeinschaft der Wohnungseigentümer drohen, so diese im Ernstfall von Wohnungseigentümern wegen entsprechend entstandener Schäden in Anspruch genommen wird, weil weder der Vorsitzende des Verwaltungsbeirats noch sein Stellvertreter von ihrer Kompetenz zur Einberufung einer Eigentümerversammlung Gebrauch gemacht haben. Die Haftungsbeschränkung des § 29 Abs. 3 WEG n.F. dürfte dann für diese Amtsträger nicht greifen.

Im Übrigen sieht § 111 Abs. 4 Satz 2 AktG ein Bestimmungsrecht des Aufsichtsrats vor, dass bestimmte Geschäfte nur mit seiner Zustimmung vorgenommen werden dürfen. Dem Verwaltungsbeirat wird diese Ermächtigung nicht zukommen. Allerdings haben die Wohnungseigentümer auf Grundlage des § 27 Abs. 2 WEG n.F. die Möglichkeit, die Befugnisse des Verwalters zu beschränken und können somit u. a. beschließen, dass (bestimmte) Rechtsgeschäfte nur mit Zustimmung des Verwaltungsbeirats abgeschlossen werden dürfen.

## 15.5 Haftungsbeschränkung

### 15.5.1 Grundsätze

Die Mitglieder des Verwaltungsbeirats können der Gemeinschaft der Wohnungseigentümer gegenüber grundsätzlich haften. Die entsprechende Anspruchsnorm ist im Bereich des Auftragsrechts in § 662 BGB zu finden, wenn die Mitglieder des Beirats unentgeltlich oder nur gegen Zahlung einer Aufwandsentschädigung tätig sind. Liegt eine bezahlte Tätigkeit und damit ein Dienst- oder Werkvertragsverhältnis vor, ergibt sich die Haftung aus den Regelungen der §§ 611, 675 BGB. Eine Haftung des Beirats für Pflichtverletzungen scheidet in aller Regel aus, wenn ihm Entlastung erteilt worden ist.

**Haftungsvoraussetzungen**

- Der Wohnungseigentümergemeinschaft muss ein Schaden entstanden sein. Dieser ist im Einzelfall zu ermitteln.

- Dieser Schadenseintritt muss durch eine Handlung oder ein Unterlassen der Mitglieder des Verwaltungsbeirats kausal verursacht worden sein.

- Der Verwaltungsbeirat muss schuldhaft gehandelt haben.

## Der Verwaltungsbeirat

Seite 460

**Verschulden**

Da es sich bei dem Verwaltungsbeirat nicht um ein rechtsfähiges Organ handelt, haftet jedes Mitglied für sein eigenes Verschulden.[482] Nach § 276 Abs. 1 BGB liegt ein Verschulden vor, wenn eine vorsätzliche, eine grob fahrlässige oder eine leicht fahrlässige Verhaltensweise gegeben ist. Während der Vorsatz die gewollte und bewusste Herbeiführung eines rechtswidrigen Erfolgs ist, stellt die Fahrlässigkeit nach § 276 Abs. 2 BGB die Außerachtlassung der im Verkehr erforderlichen Sorgfalt dar.

Im Rahmen der Fahrlässigkeit stellt sich das Problem, welcher Maßstab im Hinblick auf die zu beachtenden Sorgfaltspflichten anzuwenden ist. Nach zutreffender Ansicht ist hier zunächst zwischen einer unentgeltlichen und einer bezahlten Tätigkeit zu unterscheiden. Bei einer bezahlten Tätigkeit sind strengere Maßstäbe anzusetzen. Gerade im Bereich der unentgeltlichen Tätigkeit der Mitglieder des Verwaltungsbeirats gehen die Meinungen, welche Maßstäbe bei der Beachtung der im Verkehr erforderlichen Sorgfalt anzusetzen sind, weit auseinander. Jedenfalls muss der Maßstab der anzuwendenden Sorgfalt mit mindestens derjenigen in Ansatz gebracht werden, die in eigenen Angelegenheiten angewendet wird.[483] Vor diesem Hintergrund ist die geplante Neuregelung von erheblicher praktischer Bedeutung.

### 15.5.2 Neuregelung

**Neu: Haftung des unentgeltlich tätigen Beiratsmitglieds nur bei Vorsatz und grober Fahrlässigkeit**

§ 29 Abs. 3 WEG n.F. sieht vor, dass die Mitglieder des Verwaltungsbeirats nur Vorsatz und grobe Fahrlässigkeit zu vertreten haben, wenn sie unentgeltlich tätig sind.

Mit dieser Haftungsbeschränkung soll die Bereitschaft der Wohnungseigentümer gefördert werden, sich unentgeltlich als Mitglied des Verwaltungsbeirats zu engagieren. Kein Wohnungseigentümer engagiert sich gerne ehrenamtlich, wenn er im Fall der Fälle für einfach fahrlässiges Handeln bzw. Unterlassen zur Rechenschaft gezogen werden kann. Die Haftungsbeschränkung besteht qua Gesetz, muss also nicht beschlossen werden.

**Gegenteiliger Beschluss wäre nichtig**

Würde die Wohnungseigentümergemeinschaft nach Inkrafttreten des § 29 Abs. 3 WEG n.F. einen Beschluss fassen, der ausdrücklich die Haftung des Beirats auch für einfache Fahrlässigkeit regele, wäre dieser Beschluss nichtig.

---

[482] BayObLG, Beschluss v. 29.9.1999, 2 Z BR 29/99, NZM 2000 S. 48.
[483] OLG Düsseldorf, Beschluss v. 24.9.1997, 3 Wx 221/97, NZM 1998 S. 36.

**Unentgeltliche Tätigkeit**
Am Merkmal der Unentgeltlichkeit ändert es nichts, wenn der Verwaltungsbeirat einen Ersatz für konkrete Aufwendungen erhält oder wenn ihm eine angemessene Aufwandspauschale für seine Sachaufwendungen gewährt wird.

Die gesetzliche Haftungsbeschränkung der Mitglieder des Verwaltungsbeirats wird künftig von überragender Bedeutung dafür sein, dass sich überhaupt noch Wohnungseigentümer finden, die dieses Amt zu bekleiden bereit sein werden. Insbesondere die konturenlose Überwachungspflicht dürfte erhebliches Streitpotenzial bergen. Mit Blick auf bereits bestellte Beiratsmitglieder, ist nicht auszuschließen, dass diese angesichts der gesetzlichen Neuregelung ggf. ihr Amt niederlegen werden. Insoweit ist zu berücksichtigen, dass ein Beiratsmitglied sein Amt jederzeit niederlegen kann, wie bereits das KG Berlin[484] klargestellt hat. Erfolgt die Amtsniederlegung zur Unzeit, können zwar nach § 671 Abs. 2 Satz 2 BGB Schadensersatzansprüche drohen. Allerdings gilt dies nach § 671 Abs. 2 Satz 1 BGB dann nicht, wenn ein wichtiger Grund vorliegt. Mit guten Gründen dürfte zu vertreten sein, dass die gravierenden Erweiterungen der Beiratspflichten, selbst unter Berücksichtigung der Haftungsbeschränkung auf Vorsatz und grobe Fahrlässigkeit, durchaus einen wichtigen Grund darstellen dürften, das Amt niederzulegen. Ebenfalls mit guten Gründen wird man hier die Regelungen des § 313 Abs. 3 BGB über die Störung der Geschäftsgrundlage heranziehen können.

Allerdings dürfte eine Haftung der Mitglieder des Verwaltungsbeirats und insbesondere des Vorsitzenden des Beirats schon vor dem Hintergrund ausscheiden, dass eine Amtsniederlegung infolge der Neuregelungen des WEMoG bereits nicht zur Unzeit erfolgt. Die Wohnungseigentümer können nach § 9b Abs. 2 WEG n. F. statt des Verwaltungsbeirats auch ein Mitglied aus ihren Reihen als Vertreter der Gemeinschaft der Wohnungseigentümer gegenüber dem Verwalter bestellen. Was die Ermächtigung zur Einberufung einer Wohnungseigentümerversammlung betrifft, können die Wohnungseigentümer nach § 24 Abs. 3 WEG n. F. ebenfalls einen Wohnungseigentümer bestimmen.

### Exkurs: Haftungsbeschränkung bei entgeltlich tätigen Verwaltungsbeiratsmitgliedern

Die Wohnungseigentümer können durchaus auch die Haftung von gegen Entgelt tätigen Verwaltungsbeiräten auf Vorsatz und grobe Fahrlässigkeit beschränken. Die entsprechende Beschlusskompetenz besteht, Regelungsgrundlage stellt § 276 Abs. 3 BGB dar. Allerdings ist zweifelhaft, ob angesichts der gestiegenen Bedeutung des Bereits ein derartiger Beschluss ordnungsmäßiger Verwaltung entsprechen würde. Ohnehin aber ist dieses Thema

---
[484] KG Berlin, Beschluss v. 8.1.1997, 24 W 7947/95, ZMR 1997 S. 544.

wenig praxisrelevant, da Verwaltungsbeiräte in aller Regel unentgeltlich tätig sind.

### 15.5.3 Auswirkung auf Entlastung

Die Haftungsbeschränkung hat zunächst keine Auswirkungen auf eine Beiratsentlastung. Entsprechend der Rechtslage bei der Entlastung des Verwalters, stellt auch die Entlastung des Verwaltungsbeirats ein negatives Schuldanerkenntnis i.S.v. § 397 Abs. 2 BGB dar.[485] Mit dem Entlastungsbeschluss erklären die Wohnungseigentümer also den Verzicht auf etwaige Ersatzansprüche gegen den Beirat[486], soweit diese bei sorgfältiger Prüfung der vorliegenden Unterlagen bzw. abgegebenen Berichte erkennbar waren.[487] Nie kann sich die Entlastung auf strafbares Handeln des Beirats beziehen.[488] Allerdings sind Haftungsfälle von Mitgliedern des Verwaltungsbeirats in der Praxis ohnehin äußerst selten.

**Jahresabrechnung**

Dem Verwaltungsbeirat droht Ungemach stets dann, wenn die Jahresabrechnung fehlerhaft war, der Beschluss über deren Genehmigung angefochten wurde und am Ende sowohl der Genehmigungsbeschluss als auch der Beschluss über die Entlastung des Verwaltungsbeirats für ungültig erklärt werden. Zwar führt die Ungültigerklärung des Beschlusses über die Entlastung des Verwaltungsbeirats nicht per se zu einer entsprechenden Haftung, weil ihm eine Pflichtverletzung erst nachgewiesen werden muss. Allerdings sorgt in aller Regel bereits die Ungültigerklärung des Entlastungsbeschlusses für Unsicherheiten und Befindlichkeitsstörungen. In Zukunft wird zwar der Beschluss über die Genehmigung der Jahresabrechnung wegen formeller Mängel des Zahlenwerks nicht mehr erfolgreich angreifbar sein[489], allerdings können diese Mängel aber auch zu fehlerhaften Ergebnissen hinsichtlich der konkreten Zahlungspflichten der Wohnungseigentümer führen, weshalb eine Anfechtungsklage wiederum erfolgreich wäre.

Nach der Rechtsprechung des BGH[490] widerspricht jedenfalls die Entlastung des Verwaltungsbeirats ordnungsgemäßer Verwaltung und ist rechtswidrig, wenn Ansprüche gegen ihn in Betracht kommen und kein Grund ersichtlich ist, auf diese Ansprüche zu verzichten. Dieser Fall ist insbesondere dann anzunehmen, wenn die vom Beirat geprüfte Abrechnung fehlerhaft ist und geändert werden muss. Zwar ist dieser Grundsatz in der instanzgerichtlichen Rechtsprechung dahingehend konkretisiert worden, dass den Verwaltungsbeirat keine Mithaftung für strukturelle Mängel der Abrechnung trifft, so er lediglich die rechnerische Richtigkeit der Abrechnung zu prüfen hat. Für eine

---

[485] LG Krefeld, Urteil v. 3.5.2017, 7 O 20/16, ZMR 2018 S. 364.
[486] BGH, Urteil v. 6.3.1997, III ZR 248/95, NJW 1997 S. 2106.
[487] LG Krefeld, Urteil v. 3.5.2017, a.a.O.
[488] OLG Celle, Beschluss v. 2.2.1983, 4 196/82, OLGZ 1983 S. 177.
[489] Siehe Kap. 13.2 Jahresabrechnung.
[490] BGH, Urteil v. 4.12.2009, V ZR 44/09, NJW 2010 S. 2127.

derart weitergehende Prüfung, die einschlägige Kenntnisse des Wohnungseigentumsrechts voraussetzt, wäre der Beirat, der sich üblicherweise aus juristisch nicht vorgebildeten Wohnungseigentümern zusammensetzt, regelmäßig überfordert.[491] Hat der Verwaltungsbeirat allerdings maßgeblichen Einfluss auf rechtswidrige Positionen in der Jahresabrechnung entgegen dem Vorschlag des Verwalters genommen, muss die Entlastung des Verwaltungsbeirats selbstverständlich eingeschränkt werden.[492]

**Künftige Rechtslage zu Wirtschaftsplan und Jahresabrechnung**

Die geplante Haftungsbeschränkung hat zwar keine direkten Auswirkungen auf die Entlastung des Beirats. Denn ob tatsächlich Ansprüche gegen den Beirat bestehen, wird erst in einem gesonderten gerichtlichen Verfahren geklärt – und in diesem Verfahren ist dann auch zu klären, welches Verschulden dem Beirat zum Vorwurf zu machen ist, ob er also einfach-fahrlässig oder ggf. grob fahrlässig gehandelt hat. Im ersteren Fall würde er nicht haften, im letzteren schon. Insbesondere aber in den Fällen, in denen es um die Beiratsentlastung wegen einer fehlerhaften Abrechnung geht, werden auch Beiratsmitglieder angesichts der Neuregelungen in § 28 Abs. 1 WEG n. F. über den Wirtschaftsplan sowie in § 28 Abs. 2 WEG n. F. über die Jahresabrechnung in aller Regel erhebliche Vorteile haben. Da Ansprüche gegen den Verwaltungsbeirat überhaupt nur denkbar sind, wenn der Beschluss über die Beitragsfestsetzung nach Wirtschaftsplan oder Jahresabrechnung erfolgreich angefochten wird, andererseits aber das Abrechnungswerk des Wirtschaftsplans und auch der Jahresabrechnung völlig irrelevant ist für eine gerichtliche Auseinandersetzung, wenn die Fehler keine Auswirkungen auf die Beitragsleistungen der Wohnungseigentümer haben, werden sich in Zukunft nicht nur Anfechtungsklagen reduzieren, sondern auch Auseinandersetzungen über eine Haftung des Beirats. Denn in aller Regel dürfte dem Beirat lediglich der Vorwurf einfacher Fahrlässigkeit zu machen sein, sollten sich tatsächlich Fehler des Abrechnungswerks auf die Beitragshöhe ausgewirkt haben.

---

[491] AG Wismar, Urteil v. 8.7.2019, 8 C 210/18 WEG, ZMR 2019 S. 904.
[492] LG Rostock, Urteil v. 23.1.2015, 1 S 24/14, ZMR 2015 S. 338.

# Der Verwaltungsbeirat

**Seite 464**

# 16 Bauliche Veränderung

Wesentliches Herzstück der WEG-Reform ist die teilweise Neuregelung des Rechts der baulichen Veränderung. Derzeit noch in § 22 WEG a.F. geregelt, sollen sich künftig die einschlägigen Vorschriften in §§ 20 f. WEG n.F. finden. § 20 WEG n.F. wird insoweit die baulichen Maßnahmen selbst regeln, § 21 WEG n.F. die Verteilung ihrer Kosten.

**WEG a.F.**

**§ 22 Besondere Aufwendungen, Wiederaufbau**

(1) ¹Bauliche Veränderungen und Aufwendungen, die über die ordnungsmäßige Instandhaltung oder Instandsetzung des gemeinschaftlichen Eigentums hinausgehen, können beschlossen oder verlangt werden, wenn jeder Wohnungseigentümer zustimmt, dessen Rechte durch die Maßnahmen über das in § 14 Nr. 1 bestimmte Maß hinaus beeinträchtigt werden. ²Die Zustimmung ist nicht erforderlich, soweit die Rechte eines Wohnungseigentümers nicht in der in Satz 1 bezeichneten Weise beeinträchtigt werden.

(2) ¹Maßnahmen gemäß Absatz 1 Satz 1, die der Modernisierung entsprechend § 555b Nummer 1 bis 5 des Bürgerlichen Gesetzbuches oder der Anpassung des gemeinschaftlichen Eigentums an den Stand der Technik dienen, die Eigenart der Wohnanlage nicht ändern und keinen Wohnungseigentümer gegenüber anderen unbillig beeinträchtigen, können abweichend von Absatz 1 durch eine Mehrheit von drei Viertel aller stimmberechtigten Wohnungseigentümer im Sinne des § 25 Abs. 2 und mehr als der Hälfte aller Miteigentumsanteile beschlossen werden. ²Die

**WEG n.F.**

**§ 20 Bauliche Veränderungen**

(1) Maßnahmen, die über die ordnungsmäßige Erhaltung des gemeinschaftlichen Eigentums hinausgehen (bauliche Veränderungen), können beschlossen oder einem Wohnungseigentümer durch Beschluss gestattet werden.

(2) ¹Jeder Wohnungseigentümer kann angemessene bauliche Veränderungen verlangen, die

1. dem Gebrauch durch Menschen mit Behinderungen,
2. dem Laden elektrisch betriebener Fahrzeuge,
3. dem Einbruchschutz und
4. dem Anschluss an ein Telekommunikationsnetz mit sehr hoher Kapazität

| | |
|---|---|
| Befugnis im Sinne des Satzes 1 kann durch Vereinbarung der Wohnungseigentümer nicht eingeschränkt oder ausgeschlossen werden. | dienen. ²**Über die Durchführung ist im Rahmen ordnungsmäßiger Verwaltung zu beschließen.** |
| (3) Für Maßnahmen der modernisierenden Instandsetzung im Sinne des § 21 Abs. 5 Nr. 2 verbleibt es bei den Vorschriften des § 21 Abs. 3 und 4. | **(3) Unbeschadet des Absatzes 2 kann jeder Wohnungseigentümer verlangen, dass ihm eine bauliche Veränderung gestattet wird, wenn alle Wohnungseigentümer, deren Rechte durch die bauliche Veränderung über das bei einem geordneten Zusammenleben unvermeidliche Maß hinaus beeinträchtigt werden, einverstanden sind.** |
| (4) Ist das Gebäude zu mehr als der Hälfte seines Wertes zerstört und ist der Schaden nicht durch eine Versicherung oder in anderer Weise gedeckt, so kann der Wiederaufbau nicht gemäß § 21 Abs. 3 beschlossen oder gemäß § 21 Abs. 4 verlangt werden. | **(4) Bauliche Veränderungen, die die Wohnanlage grundlegend umgestalten oder einen Wohnungseigentümer ohne sein Einverständnis gegenüber anderen unbillig benachteiligen, dürfen nicht beschlossen und gestattet werden; sie können auch nicht verlangt werden.** |

## 16.1 Was sind bauliche Veränderungen?

Maßnahmen der baulichen Veränderung des Gemeinschaftseigentums werden wie bisher von den Erhaltungsmaßnahmen abgegrenzt werden, also solchen, die der Instandhaltung und Instandsetzung des gemeinschaftlichen Eigentums dienen.

### Erhaltungsmaßnahmen

Erhaltungsmaßnahmen stellen nach wie vor die Maßnahmen der Instandhaltung und Instandsetzung dar. Diese sind in § 19 Abs. 2 Nr. 2 WEG n.F. als Maßnahmen ordnungsmäßiger Verwaltung geregelt, auf die ein jeder Wohnungseigentümer gemäß § 18 Abs. 2 Nr. 1 WEG n.F. einen Anspruch hat. § 19 Abs. 2 WEG n.F. stimmt dabei mehr oder weniger mit der bislang geltenden Bestimmung des § 21 Abs. 5 WEG überein, diejenige des § 18 Abs. 2 Nr. 1 WEG n.F. entspricht der derzeit noch geltenden Regelung in § 21 Abs. 4 WEG.

Die Termini „Instandhaltung" und „Instandsetzung" gebraucht das Gesetz deshalb nicht mehr, weil ihrer Differenzierung bzw. Unterscheidung seit jeher keinerlei praktische Bedeutung zukommt. Das WEMoG erfasst in § 13 Abs. 2

WEG n.F. das Begriffspaar „Instandhaltung und Instandsetzung" künftig unter dem Begriff der „Erhaltung". Lediglich dann, wenn etwa eine Vereinbarung im Ausnahmefall einmal beiden Begriffen einen unterschiedlichen Regelungsgehalt zumessen sollte, ist die Unterscheidung von Bedeutung. Allerdings wäre diese künftig gemäß § 47 WEG n.F. nur noch dann maßgeblich, wenn in der Vereinbarung deutlich zum Ausdruck käme, dass die Differenzierung unabhängig von Gesetzesänderungen stets festgeschrieben sei.

**Übersicht: Bauliche Veränderungen gemäß § 20 WEG n.F.**

- **Modernisierende Instandsetzung**
  Maßnahmen der modernisierenden Instandsetzung, die derzeit noch in § 22 Abs. 3 WEG a.F. angesiedelt sind, werden unabhängig davon, ob man sie weiter unter den Terminus der „Erhaltungsmaßnahmen" subsumieren oder als „bauliche Veränderungen" ansehen wird, mehrheitlich beschließbar sein. Rein sachlogisch ist dies bereits Folge daraus, dass Maßnahmen der baulichen Veränderung in Zukunft ohnehin stets einfachmehrheitlich beschließbar sein werden. Ordnet man sie künftig als Maßnahmen einer baulichen Veränderung dem § 20 WEG n.F. zu, entstehen auch keine Probleme hinsichtlich möglicher Fragen zu einer etwaigen Kostenbefreiung einzelner Wohnungseigentümer, weil die Kosten von Maßnahmen, die sich innerhalb eines angemessenen Zeitraums amortisieren, ohnehin grundsätzlich stets von allen Wohnungseigentümern zu tragen sein werden. Der Gesetzgeber subsumiert Maßnahmen der modernisierenden Instandsetzung jedenfalls unter bauliche Veränderungen nach § 20 WEG n.F.[493]

- **Modernisierung**
  Den Begriff der „Modernisierung" im Sinne des bisherigen § 22 Abs. 2 WEG a.F. wird es nicht mehr geben. Bereits nach bisherigem Recht stellen Modernisierungen bauliche Veränderungen dar, die lediglich gewisse Mehrheitsprivilegien genießen. § 20 Abs. 1 WEG n.F. stellt insoweit klar, dass sämtliche Maßnahmen, die über die Erhaltung des Gemeinschaftseigentums hinausgehen, bauliche Veränderungen darstellen.

---

[493] BT-Drs. 19/18791, S. 67.

**Bauliche Veränderung**

**Seite 468**

Allerdings werden sämtliche Maßnahmen, die derzeit noch unter den Begriff der „Modernisierung des Gemeinschaftseigentums" subsumiert werden, Maßnahmen darstellen, die zwar im Sinne eines erweiterten Amortisationsgedankens sämtlichen Wohnungseigentümern zugute kommen werden, allerdings – abhängig von den Mehrheitsverhältnissen im Rahmen der Beschlussfassung entsprechend bisheriger Maßnahmen der Modernisierung zumindest nach §§ 22 Abs. 2 WEG a.F., 555b Nr. 1 bis 5 BGB – eine Kostenbelastung sämtlicher Wohnungseigentümer zur Folge haben werden. Dies gilt nach § 21 Abs. 2 WEG n.F. aber lediglich dann, wenn sich die entsprechende Maßnahme innerhalb eines angemessenen Zeitraums amortisiert oder die Maßnahme mit einer Mehrheit von mehr als 2/3 der Wohnungseigentümer beschlossen wird, die mindestens die Hälfte der Miteigentumsanteile repräsentieren

- **Bauliche Veränderung**
  Das, was nach bisheriger Rechtslage als „klassische" bauliche Veränderung angesehen wird, unterfällt künftig selbstverständlich dem Geltungsbereich des § 20 WEG n.F. Im Hinblick auf die hiermit verbundenen Fragen der Kostenverteilung wird es auch künftig maßgeblich sein, wer den Maßnahmen zugestimmt hat und wer nicht.

- **Besondere Aufwendungen**
  Künftig wird es zwar den Begriff der „besonderen Aufwendungen" nicht mehr geben, da ihm gänzlich konturenlos keinerlei Bedeutung zukommt. Für den mehr theoretischen Fall, dass sich einzelne Maßnahmen nicht den vorbeschriebenen unterordnen lassen, würden bauliche Veränderungen auch künftig „besondere Aufwendungen" erfassen.

### 16.2 Beschlussfassung

**Grundsatz 1: Stets Beschluss**

 **Neu: Jede bauliche Veränderung ist zu beschließen**

Bauliche Veränderungen des Gemeinschaftseigentums müssen künftig stets beschlossen werden und zwar unabhängig davon, ob die konkrete bauliche Veränderung tatsächlich zu einer Beeinträchtigung anderer Wohnungseigentümer führt oder nicht.

Wichtig ist zunächst die eindeutige Aussage in § 20 Abs. 1 WEG n.F., dass bauliche Veränderungen beschlossen werden. Hiermit wird die derzeit noch bestehende Rechtsunsicherheit beseitigt, ob neben dem Versammlungsbeschluss auch eine Zustimmung außerhalb einer förmlichen Beschlussfassung möglich wäre. Die Instanzrechtsprechung hatte dies verneint, der BGH

## Bauliche Veränderung

konnte diese Frage in der Vergangenheit stets offen lassen.[494] Künftig wird es jedenfalls förmlicher Beschlussfassung bedürfen.

Die künftige Rechtslage hat für alle Beteiligten Vorteile:

- Die Wohnungseigentümer werden über jede bauliche Veränderung des Gemeinschaftseigentums informiert.
- Der bauwillige Wohnungseigentümer hat Rechtssicherheit, wenn der Beschluss in Bestandskraft erwächst.

**Grundsatz 2: Stets Mehrheitsbeschluss**

 **Neu: Jede bauliche Veränderung kann einfach-mehrheitlich beschlossen werden**

Eine ganz erhebliche Änderung der derzeit geltenden Rechtslage stellt der Umstand dar, dass bauliche Veränderungen in Zukunft grundsätzlich einfach-mehrheitlich beschlossen werden können. Auf der Rechtsfolgenseite ist dabei zunächst der Grundsatz zu beachten, dass nur die zustimmenden Wohnungseigentümer die Kosten der beschlossenen Maßnahme zu tragen haben. Allerdings gilt dies gemäß § 21 Abs. 2 WEG n.F. dann nicht, wenn mehr als 2/3 der abgegebenen Stimmen für die Maßnahme votieren und dabei die Hälfte der Miteigentumsanteile repräsentieren oder sich die Kosten einer einfach-mehrheitlich beschlossenen Maßnahme innerhalb eines angemessenen Zeitraums amortisieren. Dann erfolgt die Kostenverteilung unter sämtlichen Wohnungseigentümern.

Bezüglich des Anspruchs des einzelnen Wohnungseigentümers auf Durchführung einer baulichen Veränderung gemäß § 20 Abs. 3 WEG n.F. ist die Zustimmung der über das bei einem ordnungsmäßigen Zusammenleben unvermeidbare Maß hinaus benachteiligten Wohnungseigentümer erforderlich.

Beschlüsse über bauliche Veränderungen sind nach wie vor anfechtbar. Von erheblicher Bedeutung ist allerdings auch hier, dass eine Anfechtungsklage nach der Neuregelung in § 20 Abs. 4 WEG n.F. nur dann in materiell-rechtlicher Hinsicht[495] erfolgreich zu führen sein wird, wenn

---

[494] LG München I, Urteil v. 6.7.2015, 1 S 22070/14, NZM 2016 S. 209; LG Hamburg, Urteil v. 16.1.2013, 318 S 55/12, ZMR 2013 S. 373; AG Hamburg-Barmbek, Urteil v. 14.1.2015, 882 C 17/14, ZMR 2015 S. 578; offen gelassen: BGH, Urteil v. 6.7.2018, V ZR 221/17, NZM 2019 S. 94.
[495] Bezüglich weiterer formeller Anfechtungs-, insbesondere aber auch Nichtigkeitsgründe siehe Kap. 16.7 Beschlussanfechtung.

**Bauliche Veränderung**

**Seite 470**

- die bauliche Veränderung die Wohnanlage grundlegend umgestaltet oder
- einzelne Wohnungseigentümer ohne ihr Einverständnis gegenüber den anderen Wohnungseigentümern unbillig benachteiligt werden.

Mit Blick auf die Kosten baulicher Veränderungen trägt die Neuregelung in § 21 WEG n.F. dem Umstand Rechnung, dass nicht zustimmende Wohnungseigentümer bzw. Wohnungseigentümer, die keinen Nutzen aus einer baulichen Veränderung ziehen, auch nicht mit den Kosten belastet werden dürfen, soweit es sich nicht um Maßnahmen handelt, die mit einer Zustimmung von mehr als 2/3 der abgegebenen Stimmen beschlossen wurden, die dabei die Hälfte der Miteigentumsanteile repräsentieren und die nicht mit unverhältnismäßigen Kosten verbunden sind oder deren Kosten sich innerhalb eines angemessenen Zeitraums amortisieren.

### 16.3 Systematik der baulichen Veränderungen

Grundsätzlich regelt § 20 Abs. 1 WEG n.F. in Übereinstimmung mit der bislang geltenden Rechtslage zunächst zwei Konstellationen der baulichen Veränderung:

1. „Gemeinschaftlicher" Mehrheitsbeschluss im Sinne einer Maßnahmendurchführung durch die Gemeinschaft der Wohnungseigentümer;
2. Gestattungsbeschluss zugunsten einer baulichen Veränderung im Sinne einer Maßnahmendurchführung durch diese Wohnungseigentümer.

**Neu: Gestattung bei Durchführung durch die Gemeinschaft**
Ergänzt wird dieses System in § 20 Abs. 2 WEG n.F. um die weitere Variante, dass zwar einzelne Wohnungseigentümer eine bauliche Veränderung auf ihre Kosten verlangen können, die Durchführung der baulichen Veränderung selbst aber durch die Gemeinschaft der Wohnungseigentümer erfolgt, wenn die Wohnungseigentümer Entsprechendes beschließen.

# Bauliche Veränderung

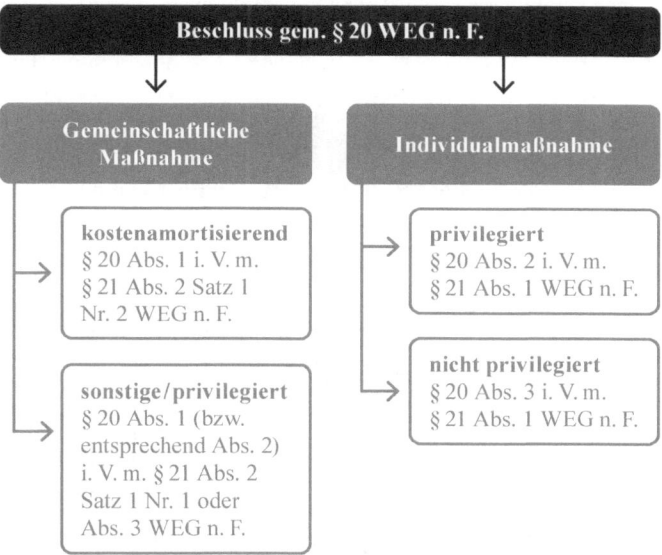

## 16.4 Gemeinschaftliche Maßnahme

### 16.4.1 Grundsätze

Wie nach bisheriger Rechtslage auch, können die Wohnungseigentümer jede Art der baulichen Veränderung mehrheitlich beschließen. Derzeit stellt das Gesetz noch auf das Zustimmungserfordernis sämtlicher über das Maß des § 14 Nr. 1 WEG a. F. beeinträchtigten Wohnungseigentümer ab. Dennoch ist den Wohnungseigentümern eine grundsätzliche Beschlusskompetenz eingeräumt, weshalb mangels Erhebung einer Anfechtungsklage der Beschluss bestandskräftig wird und in der Folge auch die über das Maß des § 14 Nr. 1 WEG a. F. hinaus beeinträchtigten Wohnungseigentümer die Baumaßnahme dulden müssen, insbesondere deren Beseitigung nicht mehr verlangen können.

Künftig kommt es nicht mehr auf die Zustimmung z. B. durch die Baumaßnahme beeinträchtigter Wohnungseigentümer an. Wird eine Baumaßnahme mehrheitlich beschlossen, sind zunächst grundsätzlich auch beeinträchtigte Wohnungseigentümer gebunden. Allerdings haben sie nach wie vor die Möglichkeit der Beschlussanfechtung. Die Anfechtungsklage wird aber nur dann erfolgreich sein, wenn die Baumaßnahme mit einer grundlegenden

**Bauliche Veränderung**

Umgestaltung der Wohnanlage oder einer unbilligen Beeinträchtigung eines Wohnungseigentümers gegenüber anderen Wohnungseigentümern verbunden ist.

Nach wie vor gilt der Grundsatz, dass diejenigen Wohnungseigentümer, die einer Maßnahme baulicher Veränderung zugestimmt haben, deren Kosten zu tragen haben und zur alleinigen Nutzung berechtigt sind. Von diesem Grundsatz wird es gemäß § 21 Abs. 2 WEG n.F. 2 Ausnahmen geben:

1. Die bauliche Veränderung wird mit einer Mehrheit von mehr als 2/3 der abgegebenen Stimmen beschlossen, die die Mehrheit der Miteigentumsanteile repräsentieren und die Maßnahme der baulichen Veränderung ist nicht mit unerheblichen Kosten verbunden.
2. Die Kosten einer einfach-mehrheitlich beschlossenen Baumaßnahme amortisieren sich innerhalb eines angemessenen Zeitraums.

**Abweichend vereinbartes Stimmrecht**

Richtet sich das Stimmrecht abweichend vom gesetzlichen Kopfstimmrecht aufgrund einer Vereinbarung der Wohnungseigentümer nach Miteigentumsanteilen oder Objekten, ist für eine Beschlussfassung mit der Kostenfolge des § 21 Abs. 2 Satz 1 Nr. 1 WEG n.F. zu beachten, dass auf 2/3 der abgegebenen Stimmen und die Hälfte der Miteigentumsanteile abgestellt wird. Hieraus dürfte entsprechend der derzeit noch geltenden Rechtlage in §§ 16 Abs. 4 Satz 2 und 22 Abs. 1 Satz 1 WEG a.F. folgen, dass die abgegebenen Stimmen abweichend vom vereinbarten Stimmprinzip nach dem Kopfprinzip des § 25 Abs. 2 Satz 1 WEG zu ermitteln sind. Allerdings enthält § 21 Abs. 2 Satz 1 Nr. 1 WEG n.F. keine ausdrückliche Inbezugnahme auf § 25 Abs. 2 Satz 1 WEG. Auch in der Gesetzesbegründung findet sich nichts zu dieser Problematik.

Freilich könnte man sich insoweit auf den Standpunkt stellen, dass Wohnungseigentümer, die ohnehin mehr als 2/3 der Miteigentumsanteile repräsentieren, erst recht das weitere Quorums-Erfordernis der Hälfte der Miteigentumsanteile erfüllen.

Andererseits kann aber auch nicht ausgeschlossen werden, dass es sich ggf. um ein Redaktionsversehen handelt, weil z.B. die Neuregelung des § 19 Abs. 2 Nr. 6 WEG n.F. bezüglich der Rückausnahme von der Ausnahme der Bestellung eines zertifizierten Verwalters das Kopfprinzip des § 25 Abs. 2 WEG ausdrücklich in Bezug nimmt.[496]

Ggf. hilft die Neuregelung des § 9a Abs. 1 Satz 2 WEG n.F. zumindest indirekt weiter, nach der die Gemeinschaft der Wohnungseigentümer mit der Anlegung der Wohnungsgrundbücher entsteht. Sie entsteht dann im Fall der Teilung nach § 8 WEG als „Ein-Personen-Gemeinschaft" – allein bestehend

---
[496] Siehe Kap. 9.2.2.3 Ausnahme von der Regel.

## Bauliche Veränderung

aus dem teilenden Eigentümer.[497] Dieser hat die Möglichkeit, „Ein-Personen-Beschlüsse" zu fassen – und dies auch mit Wirkung gegenüber der in die Gemeinschaft der Wohnungseigentümer sowie gegenüber der Gemeinschaft der Wohnungseigentümer als Wohnungseigentümer fingiert eintretende Erwerber. Selbst wenn bereits der eine oder andere Erwerber die Voraussetzungen des § 8 Abs. 3 WEG n.F. erfüllen sollte, dürfte der teilende Eigentümer – freilich je nach Größe der Anlage – immer noch mehr als 2/3 der Miteigentumsanteile repräsentieren und auch Eigentümer von mehr als 2/3 der Objekte sein. Eine Beschlussfassung auf Grundlage des abweichend vereinbarten Stimmrechts wäre zumindest nach diesseits vertretener Ansicht für die Erwerber unzumutbar, weshalb das gesetzliche Kopfstimmrecht nach § 25 Abs. 2 Satz 1 WEG anzuwenden wäre.

### 16.4.2 Kostenamortisation

#### 16.4.2.1 Modernisierende Erhaltung

Da künftig Maßnahmen der modernisierenden Instandsetzung gemäß § 22 Abs. 3 WEG a.F. ebenfalls bauliche Veränderungen im Sinne von § 20 Abs. 1 WEG n.F. darstellen, kann die Beantwortung der Frage einer Kostenverteilung unter allen Wohnungseigentümern nicht vom Erreichen eines bestimmten Mehrheitsquorums abhängig gemacht werden. Vielmehr haben derartige mit der Mehrheit der abgegebenen Stimmen beschlossene Maßnahmen auch eine Kostenbelastung sämtlicher Wohnungseigentümer zur Folge.

Maßnahmen der modernisierenden Erhaltung zeichnen sich dadurch aus, dass die Wohnungseigentümer nicht gezwungen sind, sich im Rahmen der Erhaltung des Gemeinschaftseigentums auf den ggf. veralteten Standard der schadhaften Anlagen und Einrichtungen zu beschränken. Eine modernisierende Erhaltung als Maßnahme einer baulichen Veränderung nach § 20 Abs. 1 WEG n.F. liegt immer dann vor, wenn vorhandene defekte, veraltete oder unzureichende Einrichtungen oder Anlagen des gemeinschaftlichen Eigentums nicht durch gleichartige, sondern durch technisch neuere, bessere und möglicherweise kostspieligere ersetzt werden. Kommen mehrere gleichermaßen Erfolg versprechende Erhaltungsmaßnahmen in Betracht, steht der Eigentümergemeinschaft bei der Auswahl ein Ermessensspielraum zu.[498]

Voraussetzung ist, dass sich die Investitionen auf Grundlage einer Kosten-Nutzen-Analyse in einem Zeitraum von 10 Jahren amortisieren.[499] Wobei dieser Zeitraum nicht statisch gesehen werden kann.[500] Erfordern öffentlich-rechtliche Vorschriften wie etwa §§ 46 ff. GEG bestimmte Maßnahmen, stellt sich die Frage nach einer Amortisation freilich nicht.

---

[497] Siehe Kap. 5.1.2.1 „Werdender Eigentümer" = Eigentümer.
[498] OLG Düsseldorf, Beschluss v. 26.4.2000, 3 Wx 81/00, NZM 2000 S. 1067.
[499] BGH, Urteil v. 14.12.2012, V ZR 224/11, NJW 2013 S. 1439; LG Bremen, Urteil v. 10.7.2015, 4 S 318/10, ZMR 2015 S. 776.
[500] Siehe Kap. 16.8.2.2 Maßnahme mit Kostenamortisation.

Bauliche Veränderung

### 16.4.2.2 „Modernisierende" bauliche Veränderung

#### 16.4.2.2.1 Grundsätze

Bezüglich des Amortisationszeitraums gelten entsprechende Grundsätze bei Maßnahme der Modernisierung, die bislang noch in § 22 Abs. 2 WEG a.F. geregelt sind. Erfordern derartige Maßnahmen bislang noch eine Mehrheit von ¾ sämtlicher Wohnungseigentümer, die die Mehrheit der Miteigentumsanteile repräsentieren, wird künftig die Mehrheit der abgegebenen Stimmen eine Kostenbelastung aller zur Folgen haben, wenn sich die Kosten der beschlossenen Maßnahme innerhalb eines angemessenen Zeitraums amortisieren.

**Mehrheit der abgegebenen Stimmen ist maßgeblich**

Wird es keines bestimmten Mehrheitsquorums mehr bedürfen, ist zusätzlich zu beachten, dass es nicht auf eine mehrheitliche Beschlussfassung aller im Grundbuch eingetragenen Wohnungseigentümer ankommt, vielmehr auf die Mehrheit der abgegebenen Stimmen abgestellt wird.

---

**Beispiel: Berechnung**

Die Wohnungseigentümergemeinschaft besteht aus 30 Wohnungseigentümern. 15 von ihnen nehmen an der Wohnungseigentümerversammlung teil. 10 von ihnen stimmen für die Baumaßnahme. Der Beschluss ist zustande gekommen, da die Mehrheit der abgegebenen Stimmen maßgeblich ist.

#### 16.4.2.2.2 Maßnahmen mit Amortisationspotenzial

Auf Grundlage von § 20 Abs. 1 WEG n.F. können die Wohnungseigentümer zwar alle Maßnahmen beschließen, die nach derzeitiger Rechtslage noch Modernisierungen des Gemeinschaftseigentums im Sinne des § 22 Abs. 2 WEG a.F. darstellen, allerdings führen entsprechende Mehrheitsbeschlüsse nicht automatisch zu einer Kostenbelastung sämtlicher Wohnungseigentümer, da sich die einen von ihnen nicht innerhalb eines angemessenen Zeitraums amortisieren, bei anderen eine Kostenamortisation von vornherein nicht infrage kommt.

§ 22 Abs. 2 WEG a.F. knüpft an den mietrechtlichen Modernisierungsbegriff des § 555b Nr. 1 bis 5 BGB an. Allerdings geht das Wohnungseigentumsrecht über den mietrechtlichen Modernisierungsbegriff hinaus und bezieht auch solche Maßnahmen ein, die der Anpassung des gemeinschaftlichen Eigentums an den Stand der Technik dienen. Letzteres Merkmal spielte und spielt im Modernisierungsalltag des Wohnungseigentumsrechts keine Rolle, weil es nicht ausreichend inhaltlich umrissen ist.

Für den Bereich der Modernisierung regelt § 555b BGB jedenfalls folgende Maßnahmen:

1. nachhaltige Einsparung von Endenergie (energetische Modernisierung),
2. nachhaltige Einsparung nicht erneuerbarer Primärenergie oder nachhaltiger Klimaschutz, sofern nicht bereits eine energetische Modernisierung vorliegt,
3. nachhaltige Reduzierung des Wasserverbrauchs,
4. nachhaltige Erhöhung des Gebrauchswerts des Gemeinschaftseigentums,
5. dauerhafte Verbesserung der allgemeinen Wohnverhältnisse.

**Zu 1.: Energetische Modernisierung**

Gemäß § 555b Nr. 1 BGB sind bauliche Veränderungen, durch die in Bezug auf die Mietsache Endenergie nachhaltig eingespart wird, eine Modernisierungsmaßnahme. Bei diesen Maßnahmen handelt es sich um solche der energetischen Modernisierung des Gemeinschaftseigentums. Endenergie wird typischerweise dann eingespart, wenn zur Erbringung derselben Energiedienstleistung am Ort des Verbrauchs weniger Nutzenergie als vor der Modernisierung erforderlich ist. Insbesondere folgende Maßnahmen stellen eine energetische Modernisierung dar:

- wesentliche Verbesserung der Wärmedämmung von Fenstern, Außentüren, Außenwänden, Dächern, Kellerdecken und obersten Geschossdecken,
- Fensteraustausch,
- Installation von Lüftungsanlagen mit Wärmerückgewinnung,
- Einbau einer energiesparenden Heizanlage,
- Anschluss an die Fernwärmeversorgung,
- Nutzung von Energie durch Wärmepumpen- und Solaranlagen,
- Umstellung einer Ofen- auf eine Gasetagenheizung,
- Verwendung von Energiesparlampen,
- Verwendung von Zeitschaltuhren.

Maßnahmen der energetischen Modernisierung werden sich im Regelfall innerhalb eines angemessenen Zeitraums amortisieren. Freilich sind stets die Maßgaben des Einzelfalls zu berücksichtigen.

### Zu 2.: Einsparung nicht erneuerbarer Primärenergie

Modernisierungsmaßnahmen sind nach § 555b Nr. 2 BGB auch Maßnahmen, durch die nicht erneuerbare Primärenergie nachhaltig eingespart oder das Klima nachhaltig geschützt wird, sofern nicht bereits eine energetische Modernisierung nach § 555b Nr. 1 BGB vorliegt. Nicht erneuerbare Primärenergie wird bereits durch sämtliche Maßnahmen einer energetischen Modernisierung gemäß § 555b Nr. 1 BGB eingespart. Im Übrigen wird Primärenergie in erster Linie eingespart, wenn sie gar nicht verbraucht wird. Insoweit stellt die Umstellung der Heizungsanlage von einem fossilen auf einen erneuerbaren Energieträger eine Modernisierungsmaßnahme nach § 555b Nr. 2 BGB dar. Entsprechendes gilt für die Errichtung von Windenergieanlagen und insbesondere von Fotovoltaik-Anlagen.

Eine Kostenamortisation ist zwar denkbar, allerdings sind die Maßgaben des konkreten Einzelfalls zu berücksichtigen.

### Zu 3.: Reduzierung des Wasserverbrauchs

Maßnahmen zur Einsparung von Wasser dienen in erster Linie ökologischen Zwecken.[501] Insbesondere folgende Maßnahmen kommen infrage:

- Einbau von Wasserzählern,
- Einbau von Durchlaufbegrenzern,
- wassersparende Toilettenkästen,
- Verwendung von Regenwasser zum Zweck der Gartenbewässerung.

Soweit nicht Maßnahmen direkt im Sondereigentum umgesetzt werden, handelt es sich im Übrigen um Maßnahmen der ordnungsmäßigen Verwaltung, was insbesondere für den Einbau von Kaltwasserzählern gilt.[502]

### Zu 4.: Erhöhung des Gebrauchswerts

Der Gebrauchswert einer Wohnung wird nachhaltig erhöht, wenn infolge der Verbesserungen das Wohnen aus der Sicht eines durchschnittlichen und vernünftigen Wohnungseigentümers angenehmer, bequemer, gesünder, sicherer oder weniger arbeitsaufwendig wird:

- Einbau einer Türöffnungsanlage,
- Einbau einer Gegensprechanlage,
- Einbau einer Alarmanlage (künftig privilegierte Baumaßnahme nach § 20 Abs. 2 WEG n.F.[503]),

---

[501] BGH, Urteil v. 7.1.2004, VIII ZR 156/03, ZMR 2004 S. 407.
[502] BGH, Beschluss v. 25.9.2003, V ZB 21/03, ZMR 2003 S. 937.
[503] Siehe Kap. 16.5.2.3.3 Alarmanlage.

## Bauliche Veränderung

- einbruchssichere Eingangstür (künftig privilegierte Baumaßnahme nach § 20 Abs. 2 WEG n. F.[504]),
- Verglasung von Loggien und Balkonen,
- Austausch von Holz- gegen Kunststofffenster,
- Einbau von Isolierglas- oder Schallschutzfenstern.

Eine Kostenamortisation tritt bei den vorgenannten Maßnahmen mit Ausnahme des Einbaus von Isolierglas- bzw. Schallschutzfenstern und wohl auch im Fall des Austauschs von Holz- gegen Kunststofffenster nicht ein.

**Zu 5.: Verbesserung der Wohnverhältnisse**

In aller Regel werden die allgemeinen Wohnverhältnisse bereits durch die Erhöhung des Gebrauchswerts verbessert. Im Bereich des Wohnungseigentums stellen insbesondere folgende Maßnahmen eine dauerhafte Verbesserung der allgemeinen Wohnverhältnisse dar:

- Anlegung von Kinderspielplätzen,
- Anlegung von Grünanlagen,
- Errichtung von Stellplätzen und anderen Verkehrsanlagen,
- Einrichtung eines Fahrradkellers,
- Aufstellen eines Fahrradständers,
- Einrichtung eines Wäschetrockenraums,
- Einbau eines Fahrstuhls.

Die Kosten der vorgenannten Maßnahmen können sich nicht amortisieren.

### 16.4.3 Sonstige/Privilegierte Maßnahme

§ 20 Abs. 2 WEG n. F. verleiht den Wohnungseigentümern zwar zunächst einen Individualanspruch auf Gestattung von baulichen Veränderungen, die

- dem Gebrauch durch Menschen mit Behinderungen,
- dem Laden elektrisch betriebener Fahrzeuge,
- dem Einbruchschutz und
- dem Glasfaseranschluss

dienen. Allerdings können die Wohnungseigentümer über diese Maßnahmen auch als gemeinschaftliche Maßnahmen einfach-mehrheitlich beschließen. Wichtig ist in diesem Zusammenhang die Auffassung des Gesetzgebers, dass

---

[504] Siehe Kap. 16.5.2.3 Einbruchschutz.

## Bauliche Veränderung

derartige Maßnahmen typischerweise gar nicht oder lediglich im Ausnahmefall mit einer Umgestaltung der Wohnanlage verbunden sein werden.[505]

 **Keine Kostenamortisation bei privilegierten Maßnahmen**

Zu beachten ist, dass sich die privilegierten Maßnahmen grundsätzlich nicht amortisieren. Begehrt also die Mehrheit der Wohnungseigentümer eine solche Maßnahme und beschließt entsprechendes, kommt eine Verteilung der Kosten der Maßnahme auch unter den nicht zustimmenden Wohnungseigentümern nicht in Betracht. Sie sind dann selbstverständlich auch nicht berechtigt, Nutzungen zu ziehen.

Etwas anderes gilt aber dann, wenn die konkrete Maßnahme gemäß § 21 Abs. 2 Satz 1 Nr. 1 WEG n.F. mit einer Mehrheit von mehr als 2/3 der abgegebenen Stimmen beschlossen wird, die die Hälfte der Miteigentumsanteile repräsentieren und die Kosten der Maßnahme nicht unverhältnismäßig hoch sind.[506]

Im Übrigen sind die Wohnungseigentümer selbstverständlich nicht gehindert, auch sonstige Maßnahmen der baulichen Veränderung zu beschließen, die weder eine Kostenamortisation zur Folge haben, noch sich dem Katalog der privilegierten Maßnahmen unterordnen lassen. Wie bei letzteren Maßnahmen, kommt es für die Frage der Kostenverteilung unter allen Wohnungseigentümern allein darauf an, ob mehr als 2/3 der abgegebenen Stimmen für die Maßnahme votiert haben, die Hälfte der Miteigentumsanteile repräsentieren und nicht mit unverhältnismäßigen Kosten verbunden ist. Ist das doppeltqualifizierte Quorum nicht erreicht, votiert aber die Mehrheit der abgegebenen Stimmen für eine derartige Maßnahme, erfolgt die Kostenverteilung allein unter den zustimmenden Wohnungseigentümern.

### 16.5 Gestattungsbeschluss

 **Neu: Anspruch auf Gestattung der baulichen Veränderung**

§ 20 Abs. 2 WEG n.F. verleiht dem einzelnen Wohnungseigentümer einen Anspruch auf Gestattung der Durchführung einer baulichen Veränderung, bei der den Wohnungseigentümern kein Ermessen bezüglich des „Ob" der Maßnahme eingeräumt ist..

**Grundsätze**

§ 20 Abs. 2 WEG n.F. verleiht den Wohnungseigentümern einen Individualanspruch auf Gestattung von baulichen Veränderungen, die

---

[505] BT-Drs. 19/18791, S. 64.
[506] Kap. 16.8.2.1.2 Qualifizierter Mehrheitsbeschluss.

## Bauliche Veränderung

- dem Gebrauch durch Menschen mit Behinderungen[507],
- dem Laden elektrisch betriebener Fahrzeuge[508],
- dem Einbruchschutz[509] und
- dem Glasfaseranschluss[510]

dienen.

### „Angemessene" bauliche Veränderung

Mit Blick auf diesen Katalog, hat der Wohnungseigentümer einen Anspruch auf eine „angemessene" bauliche Veränderung. Hierbei handelt es sich um einen unbestimmten Rechtsbegriff, der in der Praxis dazu dienen soll, unangemessene Forderungen einer baulichen Veränderung zurückzuweisen. Wann eine Maßnahme unangemessen ist, kann nach Auffassung des Gesetzgebers nur im Einzelfall unter Berücksichtigung aller Umstände entschieden werden. Ein Entscheidungsermessen oder Einschätzungsspielraum wird den Wohnungseigentümern dadurch aber nicht eingeräumt.

Zu beachten ist bei diesen Maßnahmen allerdings, dass die Wohnungseigentümer über die Modalitäten der Durchführung im Rahmen ordnungsmäßiger Verwaltung entscheiden. Der Individualanspruch des Wohnungseigentümers bezieht sich also nur auf das „Ob" der Maßnahmendurchführung und nicht auf das „Wie". Letzteres obliegt der Ausgestaltung durch die übrigen Wohnungseigentümer im Rahmen ordnungsmäßiger Verwaltung.

**Beispiel: Rollstuhlrampe**

Ein gehbehinderter Wohnungseigentümer begehrt den Bau einer Rollstuhlrampe zur Überwindung des Eingangspodests der Wohnanlage.

Zweifellos hat dieser Wohnungseigentümer einen entsprechenden Anspruch gegen die Wohnungseigentümer. Diesen obliegt aber die Entscheidung darüber, wo und in welcher Form diese Rollstuhlrampe errichtet wird. Des Weiteren können die Wohnungseigentümer im Rahmen ihres Ermessensspielraums auch detaillierte Vorgaben für die bauliche Durchführung machen, die der bauwillige Wohnungseigentümer zu berücksichtigen hat. So kann beispielsweise die Verwendung bestimmter Materialien vorgegeben werden oder etwa auch, dass Kabel unter Putz zu verlegen sind. Letztlich soll hierdurch auch sichergestellt werden, dass bauliche Veränderungen mehrerer Wohnungseigentümer technisch kompatibel sind. Dies gilt insbesondere für Maßnahmen, die dem Einbruchschutz dienen oder auch dem Laden von Batterien für Fahrzeuge. Der Wohnungseigentümer hat nach alldem also

---
[507] Siehe Kap. 16.5.2.1 Barrierefreiheit.
[508] Siehe Kap. 16.5.2.2 Lademöglichkeit.
[509] Siehe Kap. 16.5.2.3 Einbruchschutz.
[510] Siehe Kap. 16.5.2.4 Erweiterung des Telekommunikationsnetzes.

**Bauliche Veränderung**

keinen Anspruch auf eine bestimmte Durchführung der begehrten Baumaßnahme.

Die Wohnungseigentümer können des Weiteren auch darüber entscheiden, ob die Baumaßnahme auf Kosten des bauwilligen Wohnungseigentümers durch diesen selbst durchgeführt wird oder aber durch die Gemeinschaft der Wohnungseigentümer auf Kosten des bauwilligen Wohnungseigentümers.

Ermöglichen sie dem Wohnungseigentümer die Baumaßnahme selbst durchzuführen, dürften sie grundsätzlich auch über eine von ihm zu leistende Sicherheit für den Fall eines etwaigen Rückbaus beschließen können. Führt die Gemeinschaft die Maßnahme durch, können die Wohnungseigentümer über einen vom bauwilligen Wohnungseigentümer an die Gemeinschaft zu leistenden Vorschuss für die entstehenden Kosten der Baumaßnahme beschließen.

**Eigentümerversammlung**

Begehrt ein Wohnungseigentümer die Durchführung einer baulichen Veränderung, hat er seinen Wunsch gegenüber dem Verwalter zu äußern, der dann einen entsprechenden Beschlussvorschlag auf die Tagesordnung der nächsten Eigentümerversammlung zu setzen hat.[511]

Selbstverständlich kann über Maßnahmen der baulichen Veränderung auch ein Umlaufbeschluss im Verfahren nach § 23 Abs. 3 WEG n.F. herbeigeführt werden. Zwar bringt die Reform hier in § 23 Abs. 3 Satz 1 WEG n.F. insoweit eine Erleichterung, als die Zustimmung auch in Textform erklärt werden kann, nach wie vor bedarf es zur Beschlussfassung im schriftlichen Verfahren aber der Allstimmigkeit, also der Zustimmung eines jeden im Grundbuch eingetragenen Wohnungseigentümers. Eine praxisrelevante Ausnahme gilt gemäß § 23 Abs. 3 Satz 2 WEG n.F. allerdings für den Fall, dass die Wohnungseigentümer in der Versammlung eine Beschlussfassung zwar herbeiführen wollen, ihnen aber etwa noch erforderliche Informationen fehlen. Insoweit können die Wohnungseigentümer dann einen Beschluss darüber fassen, dass die entsprechende (endgültige) Willensbildung im Umlaufverfahren des § 23 Abs. 3 Satz 2 WEG n.F. erfolgen soll. Für eine Beschlussfassung genügt in diesem Fall die Mehrheit der abgegebenen Stimmen.[512]

### 16.5.1 Privilegierte Maßnahme

**Beschlussanfechtung**

Wird der Beschlussantrag eines Wohnungseigentümers mehrheitlich abgelehnt, kann dieser Anfechtungsklage, verbunden mit einem Antrag auf Beschlussersetzung nach § 44 WEG n.F. erheben. Der Wohnungseigentümer hat

---

[511] Siehe Kap. 16.9.2 Beschlussfassung herbeiführen.
[512] Siehe Kap. 11.2.2 Beschlussfassung mit einfacher Mehrheit.

## Bauliche Veränderung

im Klageantrag die begehrte bauliche Veränderung zu bezeichnen. Die konkrete Art und Weise der Durchführung bezüglich des „Wie" kann in das Ermessen des Gerichts gestellt werden. Allerdings hat der bauwillige Wohnungseigentümer dem Gericht sämtliche für die Ermessensentscheidung erforderlichen Informationen zu erteilen. Er muss also Planunterlagen, ggf. Bauzeichnungen und Unterlagen dazu vorlegen, in welcher Art und Weise sowie mit welchem Material die Maßnahme zur Ausführung kommen soll.

Bezüglich der in § 20 Abs. 2 WEG n.F. konkretisierten Katalogmaßnahmen, wird ein entsprechender Anspruch stets dann bestehen, wenn mit ihm keine grundlegende Umgestaltung der Wohnanlage verbunden ist, was nach Auffassung des Gesetzgebers allerdings zumindest typischerweise gar nicht anzunehmen sein wird.[513] Im konkreten Einzelfall kann allerdings anderes gelten. Eine unbillige Benachteiligung einzelner Wohnungseigentümer dürfte ebenso in aller Regel auszuschließen sein.

### 16.5.2 Die Maßnahmen im Einzelnen

#### 16.5.2.1 Barrierefreiheit

Die alte Fassung des Wohnungseigentumsgesetzes enthielt keine Regelungen zu Maßnahmen der Barrierefreiheit. Im Zuge der WEG-Reform des Jahres 2007 hatte man bewusst von entsprechenden Regelungen abgesehen, „da insbesondere vor dem Hintergrund der Einführung des § 22 Abs. 2 WEG a.F. ausreichende Regelungsmöglichkeiten bestünden".[514] Auch der BGH ist der Auffassung, dass die bislang geltenden Regelungen des Wohnungseigentumsgesetzes im Hinblick auf den Schutz behinderter Wohnungseigentümer nicht evident unzureichend seien.[515]

**Alte Rechtslage: Abwägung**

Bislang waren die Interessen des behinderten Wohnungseigentümers gegenüber denjenigen der übrigen Wohnungseigentümer abzuwägen. Bei dieser Interessenabwägung war neben dem Grundrecht auf Eigentum aus Art. 14 Abs. 1 GG, auf das sich sowohl der behinderte Wohnungseigentümer als auch die übrigen Wohnungseigentümer berufen konnten, aufseiten des behinderten Wohnungseigentümers Art. 3 Abs. 3 Satz 2 GG zu beachten, wonach niemand wegen seiner Behinderung benachteiligt werden darf. Vor diesem Hintergrund verlieh die Rechtsprechung dem behinderten Wohnungseigentümer einen Anspruch auf

- Zustimmung zur Anlegung eines behindertengerechten Wegs zur Wohnanlage des an den Rollstuhl gefesselten Erdgeschosseigentümers[516];

---

[513] BT-Drs. 19/18791 S. 66.
[514] Vgl. BT-Drs. 16/887, S. 31.
[515] BGH, Urteil v. 13.1.2017, V ZR 96/16, ZMR 2017 S. 319.
[516] AG Dortmund, Beschluss v. 28.2.1996, 139 II 84/93 WEG, MDR 1996 S. 468.

## Bauliche Veränderung

- Anlage eines Rollstuhlwegs, wenn ansonsten die Erreichbarkeit von Sonder- und Gemeinschaftseigentum unbillig erschwert ist[517];
- Einbau eines Treppenlifts im gemeinschaftlichen Treppenhaus[518];
- Bau einer Rollstuhlrampe[519];
- Einbau eines einklappbaren zweiten Handlaufs[520];
- Einbau einer Tür im Bereich des vorhandenen Fensters.[521]

Grundsätzlich können die Wohnungseigentümer auf Grundlage von § 22 Abs. 2 WEG a.F. zwar auch den Einbau eines Aufzugs im Bereich des gemeinschaftlichen Treppenhauses als Maßnahme der Modernisierung beschließen. Allerdings hat ein behinderter Wohnungseigentümer hierauf nach derzeitiger Rechtslage keinen Anspruch.[522]

Dies wird sich unter Geltung des WEMoG ändern. Ob der Anbau eines Außenlifts für einen gehbehinderten Nutzer noch eine gemäß § 20 Abs. 2 Satz 1 Nr. 1 WEG n.F. privilegierte Maßnahme darstellen wird, muss unter dem Gesichtspunkt einer „grundlegenden Umgestaltung" des gemeinschaftlichen Eigentums beurteilt werden. Nach Auffassung des WEMoG-Gesetzgebers ist bei den privilegierten Maßnahmen des § 20 Abs. 2 WEG n.F. eine grundlegende Umgestaltung der Wohnanlage *„zumindest typischerweise gar nicht anzunehmen"*.[523] Dies schließt indes nicht aus, dass die Beurteilung im konkreten Einzelfall anders ausfallen kann. Nach alter Rechtslage stellt er eine bauliche Veränderung dar[524], weshalb er wegen einer „erheblichen Umgestaltung" der Eigentumsanlage nicht als Modernisierung beschlossen werden kann. Jedenfalls können bauliche Veränderungen nach § 20 Abs. 4 WEG n.F. auch künftig nicht verlangt werden, wenn sie die Wohnanlage grundlegend umgestalten. Freilich aber kann ein entsprechender Gestattungsbeschluss in Bestandskraft erwachsen, da die Wohnungseigentümer hier im Bereich des „Dürfens" entscheiden.[525]

---

[517] AG Dortmund, Beschluss v. 28.2.1996, a.a.O.
[518] BGH, Urteil v. 13.1.2017, V ZR 96/16, ZMR 2017 S. 319; LG Karlsruhe, Beschluss v. 13.7.2012, 11 S 242/11, ZWE 2013 S. 37; OLG München, Beschluss v. 12.7.2005, 32 Wx 51/05, NZM 2005 S. 707, selbst wenn die nach öffentlich-rechtlichen Vorschriften erforderliche Mindestbreite hierdurch nicht mehr eingehalten werden kann.
[519] BGH, Urteil v. 13.1.2017, a.a.O.; AG Warendorf, Urteil v. 30.9.2014, 48 C 5/14, ZWE 2015 S. 56.
[520] LG Bremen, Urteil v. 20.12.2013, 4 S 245/12, ZMR 2014 S. 386; allgemein eines zweiten Handlaufs LG Köln, Urteil v. 30.6.2011. 29 S 246/10, ZMR 2013 S. 659.
[521] AG Stuttgart, Urteil v. 14.12.2009, 62 C 5164/09, WuM 2012 S. 288.
[522] BGH, Urteil v. 13.1.2017, a.a.O.
[523] BT-Drs. 19/18791, S. 66.
[524] LG München I, Urteil v. 23.6.2014, 1 S 13821/13, ZMR 2014 S. 920.
[525] Siehe Kap. 1.1.3 Konkretisierung der Beschlusskompetenz.

## Neue Rechtslage

 **Neu: Anspruch auf bauliche Veränderung, wenn erforderliche oder förderliche Nutzung für Menschen mit Behinderung**

Nach künftiger Rechtslage dienen dem Gebrauch durch Menschen mit Behinderungen alle baulichen Veränderungen, die für die Nutzung durch körperlich oder geistig eingeschränkte Personen erforderlich oder auch nur förderlich sind.

Hiervon umfasst sind sämtliche vorbeschriebenen Beispielsmaßnahmen. Die Vorschrift bezieht sich sowohl auf das gemeinschaftliche Eigentum, das sich im Bereich der Wohnung des Wohnungseigentümers befindet, als auch auf das übrige Gemeinschaftseigentum. Über § 13 Abs. 2 WEG n.F. gilt die Vorschrift zudem für das Sondereigentum. In allen Fällen kommt es allein darauf an, dass die bauliche Veränderung der tatsächlichen Wahrnehmung einer rechtlich bestehenden Gebrauchsmöglichkeit durch Menschen mit Behinderungen förderlich ist.

Ob und in welchem Umfang der Wohnungseigentümer oder einer seiner Angehörigen auf die Maßnahme angewiesen ist, spielt keine Rolle. Durch diese abstrakte Betrachtungsweise werden nach Auffassung des Gesetzgebers nicht nur Streitigkeiten über die Notwendigkeit im Einzelfall vermieden, sondern auch dem gesamtgesellschaftlichen Bedürfnis nach barrierefreiem oder barrierereduziertem Wohnraum Rechnung getragen.[526]

### 16.5.2.2 Lademöglichkeit

### 16.5.2.2.1 Grundätze

 **Neu: Anspruch auf bauliche Veränderung für das Laden von E-Mobilen**

§ 20 Abs. 2 Satz 1 Nr. 2 WEG n.F. verleiht den Wohnungseigentümern einen Anspruch auf eine angemessene bauliche Veränderung, die dem Laden elektrisch betriebener Fahrzeuge dienen soll. Diesem Zweck dienen alle baulichen Veränderungen, die es ermöglichen, die Batterie eines Fahrzeugs zu laden. Die Wohnungseigentümer können entsprechende Maßnahmen auch als gemeinschaftlich durchzuführende Maßnahme beschließen. Wiederum auch hier ist allerdings die Kostenregelung in § 21 Abs. 2 WEG mit Blick auf die Anforderungen einer Kostenverteilung auch derjenigen Wohnungseigentümer zu berücksichtigen, die der Maßnahme nicht zugestimmt haben.

---

[526] BT-Drs. 19/18791, S. 61.

**Bauliche Veränderung**

Seite 484

**Reichweite des Anspruchs**

Der Anspruch ist weitgehend und beschränkt sich nicht nur auf die Anbringung einer sogenannten „Wallbox", also einer Ladestation an der Wand, sondern umfasst beispielsweise auch die Verlegung der Leitungen und Eingriffe in die Stromversorgung oder die Telekommunikationsinfrastruktur, die dafür notwendig sind, dass die Lademöglichkeit sinnvoll genutzt werden kann, z.B. durch Montage einer Ladestation im Außenbereich der Wohnanlage. Der Anspruch beschränkt sich weiter nicht nur auf die Ersteinrichtung einer Lademöglichkeit, sondern betrifft auch deren Verbesserung und Anpassung an steigende Kapazitäten. Der Anspruch unterliegt auch keinen Beschränkungen oder Einschränkungen. Stets ist der Grundsatz der Gleichbehandlung aller Wohnungseigentümer zu beachten und die aus dem Gemeinschaftsverhältnis resultierenden Treuepflichten der Wohnungseigentümer untereinander.

**Privilegierte Fahrzeuge**

Auch der Begriff des Fahrzeugs ist mehr oder weniger allumfassend und nicht etwa durch einen Rückgriff auf das Elektromobilitätsgesetz (EmoG) zu verstehen. Vielmehr sind neben den im EmoG genannten Fahrzeugen auch elektrisch betriebene Zweiräder oder spezielle Elektromobile für Gehbehinderte erfasst, die nicht unter den Anwendungsbereich des EmoG fallen. Letztlich fallen also auch Pedelecs und jegliche elektrisch betriebenen Mobilitätshilfen unter den Anwendungsbereich.

### 16.5.2.2.2 Recht zum Gebrauch

Um einen Anspruch nach § 20 Abs. 2 Satz 1 Nr. 2 WEG n.F. geltend machen zu können, muss der jeweilige Wohnungseigentümer ein Recht zum Gebrauch der Gemeinschaftsfläche zum Laden seines Fahrzeugs haben. Hat er kein Recht, sein Auto im Bereich der Ladestelle abzustellen, hat er auch kein Recht auf Nutzung der vorhandenen oder zur Schaffung der nötigen Infrastruktur.

**Es besteht kein Gebrauchsrecht**

> **Beispiel: Nicht jeder Eigentümer hat Stellplatz**
>
> Die Wohnungseigentümergemeinschaft besteht aus 30 Wohnungseigentümern. Die Tiefgarage verfügt nur über 20 Stellplätze, die auch 20 Wohnungseigentümern zu Sondereigentum zugewiesen sind. Weitere Außenflächen, auf denen ein Auto abgestellt werden kann, existieren nicht.
>
> Unabhängig von der Frage, ob ggf. im Bereich der gemeinschaftlichen Tiefgarage bereits eine Lademöglichkeit existiert, hätte keiner der 10 Wohnungseigentümer, denen kein Stellplatz gehört, einen Anspruch auf Mitnutzung einer vorhandenen Lademöglichkeit. Auch hätte keiner von ihnen einen

## Bauliche Veränderung

Anspruch auf Schaffung der erforderlichen Infrastruktur zur Errichtung einer Lademöglichkeit. Der Anspruch des § 20 Abs. 2 Satz 1 Nr. 2 WEG n.F. knüpft nämlich an das Recht zum Gebrauch bzw. der Nutzung des vorhandenen Gemeinschaftseigentums an.

**Es besteht ein Gebrauchsrecht**

> **Beispiel: Sondernutzungsrecht an Außenstellplatz**
>
> Zwar verfügen nicht alle 30 Wohnungseigentümer über einen Tiefgaragenstellplatz, allerdings sind zugunsten der 10 übrigen Wohnungseigentümer jeweils Sondernutzungsrechte an Außenstellplätzen begründet.

Unabhängig von der Frage, ob ggf. im Bereich der gemeinschaftlichen Tiefgarage bereits eine Lademöglichkeit existiert, steht nunmehr auch diesen 10 Wohnungseigentümern der aus § 20 Abs. 2 Satz 1 Nr. 2 WEG n.F. resultierende Anspruch auf Schaffung der erforderlichen Infrastruktur zur Ermöglichung des Ladens von E-Autos zur Verfügung.

- Existiert bereits eine Lademöglichkeit im Bereich der gemeinschaftlichen Tiefgarage, hat jeder der 10 übrigen Wohnungseigentümer einen Anspruch auf Teilhabe an der vorhandenen Infrastruktur und deren entsprechender Erweiterung, sodass ein Laden im Bereich der Sondernutzungsrechte möglich ist. Infrage kommt hier in erster Linie eine entsprechende Leitungsverlegung unter Errichtung einer Ladesäule.
- Existiert noch keine Lademöglichkeit, kann jeder der 20 Tiefgarageneigentümer sowie jeder einzelne der Sondernutzungsberechtigten eine Ladestation beanspruchen.

**Recht des Mitgebrauchs an Gemeinschaftsflächen genügt**

> **Beispiel: Sonstige Gemeinschaftsfläche**
>
> Die Wohnungseigentumsanlage verfügt über einen Innenhof, der auch zu den dahinter liegenden Einzelgaragen führt. Spezielle Gebrauchs- oder Nutzungsregelungen bezüglich dieser Flächen bestehen nicht, weshalb diese auch vereinzelt zum Abstellen von Kfz der Wohnungseigentümer oder deren Besucher genutzt werden.

Wesentlich für den Anspruch aus § 20 Abs. 2 Satz 1 Nr. 2 WEG n.F. ist das Recht zum Mitgebrauch von Gemeinschaftsflächen, und zwar zum Mitgebrauch hinsichtlich des Abstellens von Autos oder sonstigen E-Mobilen. Ist dieses Recht nicht eingeschränkt, besteht der Anspruch uneingeschränkt. Kommt also der Innenhof des vorgenannten Beispiels auch als Stellfläche für

**Bauliche Veränderung**

Kfz infrage, besteht für jeden Wohnungseigentümer ein Anspruch auf Schaffung der Infrastruktur zur Ermöglichung des Ladens von E-Mobilen.

### 16.5.2.2.3 Nachzügler

Insbesondere beim Thema „Lademöglichkeiten" werden sich in Zukunft Probleme mit Nachzüglern ergeben, da sich immer mehr Wohnungseigentümer, wenn nicht ein Elektro-Kfz, so doch zumindest ein Pedelec anschaffen werden.

**Kapazitätsprobleme entstehen nicht**
Existiert bereits eine Lademöglichkeit, sodass eine bauliche Veränderung zur Schaffung einer solchen nicht erforderlich ist, hat zunächst einmal jeder Wohnungseigentümer gemäß § 16 Abs. 2 Satz 1 Nr. 2 WEG n.F. ein Recht auf Mitgebrauch an der vorhandenen Einrichtung. Diejenigen Wohnungseigentümer, die die Ladestation bereits nutzen, können Nachzüglern nicht verbieten, vorhandene Lademöglichkeiten mitnutzen zu dürfen.

Entstehen durch den Mitgebrauch weiterer Wohnungseigentümer keine Kapazitätsprobleme, haben diese jedenfalls Anspruch auf eine Gebrauchsregelung gemäß § 16 Abs. 1 Satz 3 WEG n.F. Freilich haben sie insoweit aber einen angemessenen Ausgleichsbetrag für die Installationskosten zu leisten.

---

**Beispiel: Die Lademöglichkeit in der Tiefgarage**

In der gemeinschaftlichen Tiefgarage ist bereits eine Ladestation bzw. Wallbox vorhanden. Einer der Eigentümer eines Tiefgaragenstellplatzes hat sich ein E-Auto angeschafft.

Diesem Wohnungseigentümer ist gegen Zahlung eines angemessenen Ausgleichsbetrags für die Schaffung der Lademöglichkeit die Nutzung der vorhandenen Ladestation zu gestatten. Selbstverständlich ist er verpflichtet, auch den von ihm verbrauchten Strom zu bezahlen. Einen entsprechenden Beschluss der Wohnungseigentümer hat er auch dann zu initiieren, wenn die vorhandene Infrastruktur von einzelnen Wohnungseigentümern finanziert worden ist und nicht von der Eigentümergemeinschaft. Hätte beispielsweise einer der übrigen Wohnungseigentümer im Bereich seines Stellplatzes eine Wallbox installiert, hätte der Wohnungseigentümer, der sich ein E-Auto neu anschafft, zwar kein Recht zur Nutzung des Stellplatzes zum Laden seines Autos, er hätte aber Anspruch auf Verlegung eines Kabels, um im Bereich seines Stellplatzes eine Wallbox installieren zu können.

Würde sein Beschlussantrag negativ beschieden, stünde ihm die Erhebung einer Beschlussersetzungsklage zur Verfügung. Hier würde der Neuerwerber des E-Autos sowohl einen Antrag auf Mitnutzung der vorhandenen Infrastruktur auf Grundlage des § 16 Abs. 1 Satz 3 WEG n.F. stellen, als auch

## Bauliche Veränderung

einen solchen nach § 20 Abs. 2 Satz 1 Nr. 2 WEG n.F. bezüglich der Montage der Wallbox im Bereich seines Stellplatzes.

**Kapazitätsprobleme werden entstehen**

Entstehen durch den nachträglichen Mitgebrauch eines Wohnungseigentümers Kapazitätsprobleme und kommt eine Erweiterung der bestehenden Infrastruktur nicht infrage, weil dies (derzeit) – aus welchen Gründen auch immer – technisch nicht möglich ist, können sich die übrigen Wohnungseigentümer nicht auf den Standpunkt stellen, „wer zuerst kommt, mahlt zuerst". Vielmehr sind unter Berücksichtigung der Grundsätze über die Treuepflicht und die Gleichbehandlung Kapazitätsprobleme, die durch Nachzügler entstehen, nach allgemeinen Regeln zu lösen. Jedenfalls spielt es keine Rolle, wie lange die Ladeeinrichtung bereits von den bisherigen Wohnungseigentümern genutzt wird. Entstehen durch „Nachzügler" Kapazitätsprobleme, wird dies für erhebliches Konfliktpotenzial in den Eigentümergemeinschaften sorgen.

Anknüpfend am Bezugspunkt des Gemeinschaftseigentums, wird es insoweit zunächst auch unerheblich sein, ob die Gemeinschaft der Wohnungseigentümer die bauliche Veränderung finanziert hat oder einer bzw. einzelne Wohnungseigentümer. Vermag man ggf. noch die Wallbox selbst oder die Ladesäule als Sondereigentum ansehen, stellt die übrige Infrastruktur, insbesondere das erforderliche Leitungssystem, Gemeinschaftseigentum dar. Nach Auffassung des Gesetzgebers ist es jedenfalls nicht zulässig, den Anspruch gemäß § 20 Abs. 2 Satz 1 Nr. 2 WEG n.F. mit dem Argument beschränkter Kapazitäten im Bereich der gemeinschaftlichen Elektroinstallationen abzulehnen.

- Entweder teilen sich in einem solchen Fall alle an der Nutzung interessierten Wohnungseigentümer die beschränkten Kapazitäten der bestehenden Elektroinstallationen oder

- sie rüsten diese gemeinsam auf.[527]

**Teilen der beschränkten Kapazitäten**

Ist die Ladekapazität beschränkt, bietet sich die Beschlussfassung eines Turnussystems an. Dieses müsste sich am konkreten Einzelfall der jeweiligen Wohnanlage orientieren.

**Beispiel: Gemeinschaftliche Tiefgarage**

Aus Kapazitätsgründen können derzeit nur 3 E-Mobile durch die Wohnungseigentümer 1, 2 und 3 gleichzeitig geladen werden.

---

[527] BT-Drs. 19/18791, S. 61 f.

**Bauliche Veränderung**

**Seite 488**

Möchten die Wohnungseigentümer 4 und 5 von der vorhandenen Infrastruktur profitieren und würden sie eigene Wallboxen im Bereich ihrer Stellplätze montieren, müsste eine Beschlussfassung darüber herbeigeführt werden, zu welchen Zeiten die einzelnen Wohnungseigentümer berechtigt sind, ihre E-Mobile zu laden.

> **Beispiel: Außenstellplätze als Sondernutzungsrecht oder Sondereigentum**

Entsprechende Grundsätze würden dann gelten, wenn eine Ladestation zum Laden von Außenstellplätzen existieren würde. Auch hier müssten Regelungen unter den Sondernutzungsberechtigten oder den Sondereigentümern dahingehend herbeigeführt werden, wer zu welchem Zeitpunkt sein E-Mobil laden darf.

**Gemeinsame Aufrüstung**

Freilich besteht in den Fällen des Entstehens von Kapazitätsengpässen durch Nachzügler die Möglichkeit, die bestehende Infrastruktur aufzurüsten. Bislang privilegiert nutzende Wohnungseigentümer werden sich gegen ein gemeinsames Aufrüsten der bestehenden Infrastruktur nicht erfolgreich mit dem Argument wehren können, sie hätten diese überhaupt erst geschaffen und würden die Anlage bereits über einen langen Zeitraum nutzen.

Zu berücksichtigen ist hier in erster Linie, dass gerade durch das Laden vorhandener E-Mobile die vorhandenen Kapazitäten ausgereizt sind. Zum anderen ist zu berücksichtigen, dass diese Wohnungseigentümer nach § 21 Abs. 4 WEG n.F. Anspruch auf eine angemessene Ausgleichszahlung für den Teil der von ihnen finanzierten und geschaffenen Infrastruktur haben, der weiterhin auch in Erweiterung dieser Infrastruktur genutzt werden kann.[528] Wie eingangs erwähnt, steckt in diesem Thema zwar ein erhebliches Konfliktpotenzial, diesem ist aber wegen des Gleichbehandlungsgrundsatzes nicht anders zu begegnen.

 **Erforderliche Mess- und Steuereinrichtungen**

Je nach Dimensionierung des Hausanschlusses und der Auslastung des örtlichen Verteilernetzes, kann eine intelligente Steuerbarkeit entscheidende Voraussetzung dafür sein, dass eine Ladeinrichtung an das Stromnetz angeschlossen werden kann. Insoweit dienen „dem Laden elektrisch betriebener Fahrzeuge" insbesondere bauliche Veränderungen, die zur Umsetzung der Vorgaben des Messstellenbetriebsgesetzes (MsbG) oder zur Teilnahme an einem Flexibilitätsmechanismus nach § 14a Energiewirtschaftsgesetz (EnWG) erforderlich sind. Hierzu gehören Veränderungen, die

---

[528] Siehe Kap. 16.8.2 Gemeinschaftliche Maßnahmen.

zum Einbau und Betrieb der notwendigen Mess- und Steuereinrichtungen erforderlich sind, wie beispielsweise Veränderungen von Zählerschränken und die kommunikative Anbindung der Ladeeinrichtung an ein intelligentes Messsystem.

Verantwortlich für den Messstellenbetrieb und damit auch für den Einbau einer modernen Messinfrastruktur, ist nach § 3 MsbG grundsätzlich der örtliche Verteilnetzbetreiber. Dieser ist nach § 2 Nr. 4 MsbG „grundzuständiger Messstellenbetreiber". Eine Verpflichtung des Messstellenbetreibers zur Ausstattung von Messstellen mit intelligenten Messsystemen besteht nach § 29 Abs. 1 MsbG bei Verbrauchern mit einem Jahresstromverbrauch (berechnet nach dem Durchschnitt der vorangegangenen 3 Jahre) von über 6.000 kWh oder bei denjenigen, die am geplanten Flexibilitätsmechanismus nach § 14a EnWG teilnehmen, was insbesondere auch E-Mobile betrifft.

### 16.5.2.3 Einbruchschutz

 **Neu: Anspruch auf bauliche Veränderung zum Einbruchschutz**
§ 20 Abs. 2 Satz 1 Nr. 3 WEG n.F. verleiht jedem Wohnungseigentümer einen Anspruch auf angemessene bauliche Veränderung, die dem Einbruchschutz dient. Einbruchschutz kann insoweit nicht nur bezüglich der jeweiligen Sondereigentumseinheit des Wohnungseigentümers begehrt werden, sondern auch bezüglich der Wohnanlage insgesamt.

Nach Auffassung des Gesetzgebers dienen bauliche Veränderungen dann dem Einbruchschutz, wenn sie geeignet sind, den widerrechtlichen Zutritt zu einzelnen Wohnungen oder zu der Wohnanlage insgesamt

- zu verhindern,
- zu erschweren oder
- auch nur unwahrscheinlicher zu machen.

#### Umfang des Einbruchschutzes

Allerdings stellt sich die Frage, wie weit der Begriff des Einbruchschutzes zu verstehen sein wird. Fraglos dient z.B. ein Gitterschutz an Fenstern im Erdgeschoss der Wohnanlage dem Einbruchschutz in besonderem Maße. Entsprechendes gilt für eine Eingangstür zur Wohnanlage, die derzeitigen Sicherheitsstandards entspricht. Anders sieht es bei dem Thema „Videoüberwachung" aus, denn hier bestehen datenschutzrechtliche Probleme. Eine Videoüberwachung des Gemeinschaftseigentums ist deshalb nur sehr einge-

**Bauliche Veränderung**
**Seite 490**

schränkt möglich. Da eine Videoüberwachung aber zweifellos dem Einbruchschutz dient, könnte zumindest nach dem Wortlaut des WEMoG nunmehr ein Anspruch auf Anbringen von Kameras bestehen[529] – eine Problematik, die Abgrenzungsprobleme aufwerfen wird.

**Künftiges Konfliktpotenzial**
Jedenfalls birgt auch die Regelung in § 20 Abs. 2 Satz 1 Nr. 3 WEG n.F. erhebliches Konfliktpotenzial innerhalb der Wohnungseigentümergemeinschaften. Zudem ist hier auch zu berücksichtigen, dass der Gesetzgeber den Erfolg einer Anfechtungsklage gegen einen Beschluss über eine bauliche Veränderung lediglich entweder an eine grundlegende Umgestaltung der Wohnanlage oder an eine unbillige Benachteiligung einzelner Wohnungseigentümer knüpft.

**16.5.2.3.1 Fenstergitter**

Es wird sich die Frage stellen, ob ein uneinheitlicher „Flickenteppich" von Fenstergittern im Erdgeschoss einer Wohnanlage eine „grundlegende Umgestaltung der Wohnanlage" darstellen wird. Ein einzelner Wohnungseigentümer wäre gegenüber anderen jedenfalls nicht unbillig benachteiligt.

 **Über das „Wie" entscheiden stets die Wohnungseigentümer**

In diesem Zusammenhang ist zu beachten, dass einzelne Wohnungseigentümer zwar einen Anspruch auf bauliche Veränderungen haben, die auch dem Einbruchschutz dienen. Über die Ausführung der Maßnahme entscheiden aber die Wohnungseigentümer nach § 20 Abs. 2 Satz 2 WEG n.F. gemeinschaftlich im Wege der Gestattungsbeschlussfassung. Durch einheitliche Gestaltung anzubringender Fenstergitter in den Erdgeschosseinheiten, kann einer optischen Beeinträchtigung des Erscheinungsbilds der Wohnanlage bereits erheblich entgegengewirkt werden.

**16.5.2.3.2 Videoüberwachung**

Bereits nach alter Rechtslage bejaht die Rechtsprechung die Möglichkeit, den Eingangsbereich einer Wohnungseigentumsanlage mit einer Videokamera zu überwachen, wenn ein berechtigtes Überwachungsinteresse der Gemeinschaft besteht. Dies ist dann der Fall, wenn es in der Vergangenheit zu Straftaten gekommen ist und die Gemeinschaft nunmehr Straftaten gegen das Gemeinschaftseigentum und gegen Wohnungseigentümer abwehren möchte. Nicht zulässig wäre dagegen eine Videoüberwachung, um beispielsweise Ansprüche gegen einzelne Wohnungseigentümer wegen einer unzulässigen Nutzung ihrer Wohnung durchsetzen zu können.[530] Aus diesem Grund wäre es freilich

---
[529] Siehe auch nachfolgend Kap. 16.5.2.3.2 Videoüberwachung.
[530] BGH, Urteil v. 24.5.2013, V ZR 220/12, ZMR 2013 S. 909.

unverhältnismäßig und mit den verfassungsrechtlich verbürgten Persönlichkeitsrechten der betroffenen Personen auch nicht zu vereinbaren, wenn etwa die Benutzer des Müllraums durch eine Videoüberwachung „diszipliniert" werden sollen, ihren Müll ordnungsgemäß zu entsorgen.[531] Auch darf ein Wohnungseigentümer in seinem Pkw keine Kamera installieren, die mittels Bewegungsmelder ausgelöst wird und Aufzeichnungen und Bilder anderer Kfz oder Personen macht, die sich dem Tiefgaragenstellplatz des Wohnungseigentümers nähern, sich aber noch auf der Gemeinschaftsfläche des Gemeinschaftseigentums in der Tiefgarage befinden.[532]

Auch wenn der BGH die Möglichkeit bejaht, den Eingangsbereich der Wohnungseigentumsanlage mit einer Videokamera zu überwachen, besteht nicht unbedingt nur dort die Gefahr von Einbrüchen. Ob die Wohnungseigentümer insoweit in Zukunft beschließen können, dass auch sonstige Gemeinschaftsflächen, insbesondere im Bereich der Gebäuderückseite, einer Videoüberwachung zugänglich sein werden, wird die Rechtsprechung zu klären haben. Problematisch könnte es hier jedenfalls dann werden, wenn einzelnen Wohnungseigentümern an zu überwachenden Bereichen Sondernutzungsrechte eingeräumt sind. Dann jedenfalls könnten sich diese gegenüber anderen erheblich benachteiligt fühlen und eine Anfechtungsklage erfolgreich sein.

Probleme einer Videoüberwachung können sich auch dann ergeben, wenn sie von einem Wohnungseigentümer zur Überwachung des Bereichs vor seiner Wohnungstür oder des Außenbereichs seiner Sondereigentumseinheit begehrt wird und dieser Wohnungseigentümer die Überwachung selbst steuert. Dem Verwalter oder anderen Wohnungseigentümern wird insoweit keine Kontrollmöglichkeit offenstehen, um zu überprüfen, ob der Wohnungseigentümer tatsächlich nur die angesprochenen Bereiche überwacht oder die Möglichkeiten rechtsmissbräuchlich nutzt. Auch hier können Konflikte entstehen, die künftig die Rechtsprechung zu klären haben wird.

### 16.5.2.3.3 Alarmanlage

Kein Problem dürfte die Installation einer Alarmanlage im Bereich der jeweiligen Sondereigentumseinheit sein. Anders verhält es sich aber dann, wenn einzelne Wohnungseigentümer einen Anspruch auf eine Alarmsicherung auch des gemeinschaftlichen Eingangs- und Treppenhausbereichs geltend machen. Einschlägige Rechtsprechung ist zu diesem Thema, soweit ersichtlich, noch nicht ergangen. Freilich wäre mit einer entsprechenden Maßnahme keine grundlegende Umgestaltung der Wohnanlage verbunden. Ebenso würde keiner der Wohnungseigentümer gegenüber anderen unbillig benachteiligt. Hier stellt sich vielmehr die Frage, ob es sich noch um eine „angemessene" bauliche Veränderung i. S. v. § 20 Abs. 2 Satz 1 WEG n. F.

---
[531] AG Hamburg-St. Georg, Urteil v. 9.8.2019, 980b C 1/19.
[532] AG Hamburg-Barmbeck, Urteil v. 14.10.2016, 880 C 9/16.

handelt – diese Frage dürfte zu verneinen sein. Insbesondere ist zu berücksichtigen, dass die Gefahr einer Falschbedienung potenziert ist und insoweit Fehlalarme vorprogrammiert sind.

#### 16.5.2.3.4 Türspion

Die wohl unproblematischste Variante eines Einbruchschutzes würde zwar der Türspion darstellen, der aber auch nur insoweit hilfreich ist, dass der jeweilige Wohnungseigentümer erkennen kann, ob er denjenigen, der an der Tür klingelt, auch kennt. Effektiver Einbruchschutz vermag hiermit nicht verbunden sein.

#### 16.5.2.4 Erweiterung des Telekommunikationsnetzes

**Neu: Anspruch auf bauliche Veränderung zur Erweiterung des Telekommunikationsnetzes**

§ 20 Abs. 2 Satz 1 Nr. 4 WEG n.F. verleiht dem einzelnen Wohnungseigentümer einen Anspruch auf Erweiterung des bestehenden Telekommunikationsnetzes an ein Niveau mit sehr hoher Kapazität.

Der Begriff des „Telekommunikationsnetzes mit sehr hoher Kapazität" ist dabei an den gleichlautenden Begriff einer EU-Richtlinie vom 11.12.2018 angelehnt.[533] „*Bauliche Veränderungen dienen dem Anschluss an ein solches Netz, wenn sie dem Wohnungseigentümer in seinem Sondereigentum die Nutzung eines Telekommunikationsnetzes eröffnen, das entweder komplett aus Glasfaserkomponenten zumindest bis zum Verteilerpunkt am Ort der Nutzung besteht oder das zu üblichen Spitzenlastzeiten eine ähnliche Netzleistung in Bezug auf die verfügbare Downlink- und Uplink-Bandbreite, Ausfallsicherheit, fehlerbezogene Parameter, Latenz und Latenzschwankung bieten kann. Zu den baulichen Veränderungen gehören insbesondere das Verlegen von Glasfaserkomponenten bis in das Sondereigentum des Wohnungseigentümers. Weiter gehören dazu auch alle Maßnahmen am gemeinschaftlichen Eigentum, die dafür notwendig sind.*"[534]

Auch wenn die gesetzliche Regelung dem einzelnen Wohnungseigentümer einen Anspruch auf Gestattung dieser baulichen Veränderung verleihen wird, dürfte dieser – wie etwa auch bei den Maßnahmen der Schaffung von Lademöglichkeiten für E-Bikes oder E-Autos – die Kosten hierfür nicht selbst in die Hand nehmen wollen. Es vermag zu spekulieren sein, dass auch Maßnahmen zur Erweiterung des Telekommunikationsnetzes angesichts der damit verbundenen Kosten wohl überwiegend als Gemeinschaftsmaßnahmen beschlossen werden. Allerdings ist auch hier wieder zu beachten, dass eine

---

[533] Art. 2 Nr. 2 der Richtlinie (EU) 2018/1972 über den europäischen Kodex für die elektronische Kommunikation, Amtsblatt L 321/36 v. 17.12.2018, S. 36.
[534] BT-Drs. 19/18791, S. 62 f.

**Bauliche Veränderung**

Verteilung der Kosten einer derartigen Maßnahme auch unter den nicht zustimmenden Wohnungseigentümern nach § 21 Abs. 2 WEG n.F. nur dann in Betracht kommt, wenn die Maßnahme mit der doppelt qualifizierten Mehrheit des § 21 Abs. 2 Satz 1 Nr. 1 WEG n.F. beschlossen wird und nicht mit unverhältnismäßigen Kosten verbunden ist.

### 16.5.3 Nicht privilegierte Maßnahme

§ 20 Abs. 3 WEG n.F. begründet einen Anspruch des einzelnen Wohnungseigentümers auf Gestattung einer baulichen Veränderung,

- wenn durch sie kein Wohnungseigentümer in rechtlich relevanter Weise beeinträchtigt wird oder
- etwa beeinträchtigte Wohnungseigentümer ihr Einverständnis mit der Baumaßnahme erklärt haben.

Dies korrespondiert mit der bisherigen Rechtslage in § 22 Abs. 1 WEG a.F. Auch hiernach kann ein Wohnungseigentümer die Gestattung einer baulichen Veränderung verlangen, soweit diejenigen Wohnungseigentümer ihre Zustimmung erteilen, die über das Maß des § 14 Nr. 1 WEG a.F. beeinträchtigt werden.

#### 16.5.3.1 Kriterien einer Beeinträchtigung

Eine Beeinträchtigung ist nach Auffassung des Gesetzgebers rechtlich nicht relevant, wenn sie nicht über das bei einem geordneten Zusammenleben unvermeidliche Maß hinausgeht oder die über dieses Maß hinaus beeinträchtigten Wohnungseigentümer einverstanden sind. Letztlich entspricht dies, wenn auch nicht wortwörtlich, übereinstimmend der derzeit geltenden Rechtslage nach § 22 Abs. 1 WEG a.F. Dieser nimmt insoweit hinsichtlich der vorerwähnten Nachteilskonkretisierung noch Bezug auf die Regelung des § 14 Nr. 1 WEG a.F.

Der Sache nach wird sich also nichts ändern. Maßstab für die Beurteilung, ob eine Umgestaltung beeinträchtigend wirkt, wird auch weiterhin sein, ob sich nach der Verkehrsanschauung ein Wohnungseigentümer in der betreffenden Situation verständlicherweise beeinträchtigt fühlen kann.[535] Dies ist nach objektiven Kriterien zu beurteilen. Das subjektive Empfinden eines Eigentümers, seine Ängste und Befürchtungen spielen bei der Beurteilung keine Rolle.[536] Auch lediglich die theoretische Möglichkeit einer Rechtsbeeinträchtigung ist nicht ausreichend.

---

[535] BGH, Urteil v. 13.1.2017, V ZR 96/16, ZMR 2017 S. 319.
[536] OLG Düsseldorf, Beschluss v. 16.11.2009, I-3 Wx 179/09, ZMR 2010 S. 385.

## Bauliche Veränderung

### Beispiel: Parabolantenne auf dem Dach

Möchte ein Wohnungseigentümer auf dem Dach der Wohnanlage eine Parabolantenne montieren, besteht zwar die theoretische Möglichkeit einer Undichtigkeit; diese ist aber ausgeschlossen, wenn der Einbau fachgerecht durch ein geeignetes Fachunternehmen erfolgt.

Ein Nachteil liegt erst dann vor, wenn durch die bauliche Maßnahme die Beeinträchtigung anderer Wohnungseigentümer oder auch nur eines einzelnen von ihnen hinreichend wahrscheinlich ist und insoweit die Gefahr eines über das bei einem geordneten Zusammenleben unvermeidliche Maß hinausgehenden Nachteils besteht. Dies kann etwa bei

- Eingriffen in die Statik und Substanz des Gebäudes,
- Schäden am Gemeinschafts- oder Sondereigentum,
- nachteiligen Veränderungen des optischen Gesamteindrucks,
- Möglichkeit intensiverer Nutzung,
- Erhöhung des Kostenaufwands für Erhaltungsmaßnahmen,
- Gefährdung anderer Wohnungseigentümer,
- Immissionen oder
- wirtschaftlicher Entwertung des Eigentums

der Fall sein. Insoweit kommt es dann auf das Einverständnis etwa beeinträchtigter Wohnungseigentümer an.

#### „Einverständnis" statt „Zustimmung"

Statt einer „Zustimmung" ist künftig vom „Einverständnis" beeinträchtigter Wohnungseigentümer die Rede, da keine Zustimmung zu einem Rechtsgeschäft erfolgt, sondern ein Einverständnis mit einem Rechtseingriff erklärt wird. Das Einverständnis ist nicht an eine bestimmte Form gebunden. Im Streitfall hat der bauwillige Wohnungseigentümer jedenfalls das erforderliche Einverständnis darzulegen und zu beweisen. Relevant wird die Frage der tatsächlichen Beeinträchtigung anderer Wohnungseigentümer über das Maß des bei einem geordneten Zusammenlebens erträgliche Maß dann, wenn der Antrag des bauwilligen Wohnungseigentümers keine Mehrheit findet und er insoweit gezwungen ist, eine Beschlussersetzungsklage gemäß § 44 Abs. 1 WEG n. F. zu erheben.

**Folgekosten sind kein Nachteil**
Eine Beeinträchtigung der übrigen Wohnungseigentümer kann sich nicht aus den Kosten der Baumaßnahme oder der durch sie entstehenden Folgekosten ergeben. Denn diese Kosten sind gemäß

§ 21 Abs. 1 WEG n. F. allein vom bauwilligen Wohnungseigentümer zu tragen.

### 16.5.3.2 Beeinträchtigung liegt nicht vor

Ist mit der baulichen Veränderung kein über das bei einem geordneten Zusammenleben unvermeidliche Maß hinausgehender Nachteil für die Wohnungseigentümer verbunden und besteht auch nicht die konkrete Gefahr eines derartigen Nachteils, hat der bauwillige Wohnungseigentümer einen Anspruch auf Gestattung der Maßnahme durch Beschluss nach § 20 Abs. 3 WEG n. F. Auch wenn mit der begehrten Maßnahme kein Nachteil verbunden sein wird, muss sich der bauwillige Wohnungseigentümer an den Verwalter wenden und diesen bitten, einen entsprechenden Beschlussantrag zur Tagesordnung zu nehmen. Denn eine Gestattungsbeschlussfassung ist zwingende Voraussetzung für die Baumaßnahme.

Dem bauwilligen Wohnungseigentümer kann von den übrigen Wohnungseigentümern nicht vorgeschrieben werden, wie er die Baumaßnahme durchzuführen hat. Wenn sie mit keinem relevanten Nachteil verbunden ist, bedarf es auch keiner entsprechenden Bevormundung. Das bringt das Gesetz insoweit zum Ausdruck, als § 20 Abs. 3 WEG n. F. keine der Bestimmung des § 20 Abs. 2 Satz 2 WEG n. F. entsprechende Regelung enthält, die den Wohnungseigentümern im Rahmen der Beschlussfassung über eine privilegierte Maßnahme ein Ermessen einräumt.

**Ablehnung des Beschlussantrags**

Wird der Beschlussantrag des Wohnungseigentümers abgelehnt, steht dem Bauwilligen die Möglichkeit offen, eine Beschlussersetzungsklage nach § 44 Abs. 1 Satz 2 WEG n. F. zu erheben. Diese hat er gegen die Gemeinschaft der Wohnungseigentümer zu erheben.[537] Der Klageantrag muss sich dabei so konkret wie möglich auf die begehrte bauliche Maßnahme selbst und die Art ihrer Durchführung beziehen. Die Baumaßnahme muss also im Antrag konkret bezeichnet und beschrieben werden, insbesondere ihre Art, ihre Ausmaße, der Bereich des Gemeinschaftseigentums, in der sie zur Durchführung kommen wird, und welche Maßnahmen zur ihrer Durchführung konkret zu ergreifen sind. Ist diese Voraussetzung erfüllt, prüft das Gericht wohl die Frage, ob tatsächlich keine relevante Beeinträchtigung der Wohnungseigentümer vorliegt. Ist dies zu bejahen, hat das Gericht kein weiteres Ermessen, es muss der Beschlussersetzungsklage stattgeben, auch wenn es der Auffassung sein mag, dass andere Durchführungsvarianten ggf. geeigneter wären. Denn, wie bereits ausgeführt: Auch den Wohnungseigentümern steht kein entsprechendes Ermessen zu.

---

[537] Siehe Kap. 17.5.13 Beschlussersetzungsklage.

Bauliche Veränderung

Seite 496

**Privilegierte Maßnahme**
Stellt die vom bauwilligen Wohnungseigentümer begehrte bauliche Maßnahme eine solche nach § 20 Abs. 2 WEG n.F. dar, also eine sog. privilegierte Baumaßnahme, sollte er im Fall einer Beschlussersetzungsklage seinen Antrag nicht auf § 20 Abs. 2 WEG n.F. stützen, sondern auf § 20 Abs. 3 WEG n.F. Denn im Rahmen einer Beschlussfassung auf Grundlage von § 20 Abs. 2 WEG n.F. steht den Wohnungseigentümern ein Ermessen zu. Dies aber ist bei einer baulichen Veränderung auf Grundlage des § 20 Abs. 3 WEG n.F. gerade nicht der Fall. In ersterem Fall können die übrigen Wohnungseigentümer dem Bauwilligen Vorschriften hinsichtlich der Durchführung der Baumaßnahme machen, in letzterem Fall nicht. Hier kann der bauwillige Wohnungseigentümer vielmehr frei über die Art der Durchführung der Maßnahme entscheiden.

### 16.5.3.3 Beeinträchtigung liegt vor

Birgt die beabsichtigte Baumaßnahme eine Beeinträchtigung der übrigen Wohnungseigentümer, die über das bei einem geordneten Zusammenleben unvermeidliche Maß hinausgeht und lehnen die Wohnungseigentümer daher mehrheitlich den entsprechenden Beschlussantrag des Wohnungseigentümers ab, wird auch eine Beschlussersetzungsklage nicht zum Ziel führen.

### 16.5.3.3.1 Einverständnis liegt vor

Anders könnte es dann aussehen, wenn nur ein Teil der Wohnungseigentümer einen Nachteil durch die bauliche Maßnahme hat und diese Eigentümer ihr Einverständnis mit der Durchführung der Baumaßnahme erklärt haben. Durch den künftigen Wegfall eines bestimmten Beschlussfähigkeitsquorums der Wohnungseigentümerversammlung in § 25 WEG n.F., könnte durchaus der Fall eintreten, dass ausgerechnet diejenigen beeinträchtigten Wohnungseigentümer nicht an der Versammlung teilnehmen, die ihr Einverständnis mit der Durchführung der Baumaßnahme geäußert haben und der Beschluss deshalb nicht zustande kommt. Dies könnte aber auch dann der Fall sein, wenn die Wohnungseigentümer mehrheitlich an der Versammlung teilnehmen.

**Beispiel: Das Klimagerät**

Die Eigentümergemeinschaft besteht aus 10 Wohnungseigentümern. 6 von ihnen sind durch die Baumaßnahme nicht benachteiligt, 4 sind durch Geräuschimmissionen benachteiligt. Diese 4 hatten allerdings gegenüber dem bauwilligen Wohnungseigentümer ihr Einverständnis mit der Baumaßnahme erklärt. In der Eigentümerversammlung sind 7 Wohnungseigentümer anwesend bzw. vertreten, unter ihnen 2 derjenigen, die der

Baumaßnahme zugestimmt hatten. Der Beschlussantrag wird gegen die Stimmen dieser beiden Wohnungseigentümer abgelehnt.

Eine Beschlussersetzungsklage hätte hier Erfolg, wenn der bauwillige Wohnungseigentümer im Verfahren darlegen und beweisen kann, dass die beiden weiteren benachteiligten Wohnungseigentümer, die an der Versammlung nicht teilgenommen haben, ihr Einverständnis erklärt hatten.

### 16.5.3.3.2 Einverständnis liegt nicht vor

Liegt das Einverständnis nicht vor und wird die Maßnahme dennoch mehrheitlich genehmigt, ist der Gestattungsbeschluss nach diesseitiger Auffassung von den beeinträchtigten Wohnungseigentümern anfechtbar. Voraussetzung der Verkündung eines Positivbeschlusses ist gerade ihr Einverständnis. Liegt das Einverständnis beeinträchtigter Wohnungseigentümer nicht vor, kann die Entscheidung darüber, ob dennoch ein Positivbeschluss verkündet werden soll, auch nicht den Wohnungseigentümern unter Aufklärung über das Risiko einer erfolgreichen Anfechtungsklage überlassen werden, wie dies der BGH noch auf Grundlage von § 22 Abs. 1 Satz 1 WEG a. F. entschieden hatte.[538]

Von diesem Fall zu unterscheiden ist derjenige, dass etwa durch die Baumaßnahme beeinträchtigte Wohnungseigentümer an der beschlussfassenden Versammlung nicht teilnehmen. Der Verwalter wird hier den bauwilligen Wohnungseigentümer zur Mitteilung darüber auffordern müssen, ob ihm das Einverständnis zur begehrten baulichen Veränderung vorliegt. Bejaht dies der bauwillige Wohnungseigentümer wahrheitswidrig und erheben die beeinträchtigten Wohnungseigentümer erfolgreich Anfechtungsklage, hätte die Gemeinschaft der Wohnungseigentümer wegen der ihr auferlegten Verfahrenskosten einen Regressanspruch gegen den bauwilligen Wohnungseigentümer.

Grundsätzlich sind jedenfalls nach diesseitiger Auffassung die Gestattungsbeschlüsse auf Grundlage von §§ 13 Abs. 2 und 20 Abs. 3 WEG n. F. von den übrigen mehrheitlich beschlossenen Maßnahmen baulicher Veränderungen zu unterscheiden. Beschließt etwa die Mehrheit der Wohnungseigentümer die Überdachung des Eingangsbereichs der Wohnanlage oder die Einfriedung des gemeinschaftlichen Grundstücks, wären allein die Grenzen des § 20 Abs. 4 WEG n. F. maßgeblich, die ersichtlich nicht überschritten wären. Entsprechendes gilt für Gestattungsbeschlüsse auf Grundlage von § 20 Abs. 2 Satz 1 WEG n. F. Allein eine das Maß der §§ 13 Abs. 2 und 20 Abs. 3 WEG n. F. überschreitende Beeinträchtigung der nicht zustimmenden Wohnungseigentümer wäre nicht ausreichend.[539] Auf die Zustimmung lediglich insoweit beeinträchtigter Wohnungseigentümer kommt es gerade nicht mehr an. Maßgeblich sind ausschließlich die Grenzen der grundlegenden Umgestaltung und der

---

[538] BGH, Urteil v. 29.5.2020, V ZR 141/19, WuM 2020 S. 522.
[539] BT-Drs. 19/18791, S. 66.

## Bauliche Veränderung

unbilligen Benachteiligung.[540] Zu berücksichtigen ist insoweit, dass die nicht zustimmenden Wohnungseigentümer außerhalb von § 21 Abs. 2 Satz 1 WEG n. F. auch nicht zur Kostentragung verpflichtet sind.

### 16.6 Grenzen baulicher Veränderung

**WEG n. F.**

**§ 20 Bauliche Veränderungen**

(4) Bauliche Veränderungen, die die Wohnanlage grundlegend umgestalten oder einen Wohnungseigentümer ohne sein Einverständnis gegenüber anderen unbillig benachteiligen, dürfen nicht beschlossen und gestattet werden; sie können auch nicht verlangt werden.

Bauliche Veränderungen, die gegen § 20 Abs. 4 WEG n. F. verstoßen, können nicht verlangt werden. Ein Beschluss über eine bauliche Veränderung, die gegen § 20 Abs. 4 WEG n. F. verstößt, ist allerdings nicht nichtig, sondern nur auf Anfechtungsklage hin aufzuheben. § 20 Abs. 4 WEG n. F. beschränkt also nicht die durch § 20 Abs. 1 WEG n. F. eingeräumte Beschlusskompetenz. Im Übrigen regelt § 20 Abs. 4 WEG n. F. die Anfechtbarkeit eines Beschlusses über bauliche Veränderungen nicht abschließend. Auch wenn eine beschlossene Maßnahme der baulichen Veränderung die Wohnanlage nicht grundlegend umgestaltet und keinen Wohnungseigentümer gegenüber anderen unbillig benachteiligt, kann der Beschluss auch aus anderen Gründen rechtswidrig sein.[541]

Grundsätzlich werden baulichen Veränderungen gemäß § 20 Abs. 4 WEG n. F. 2 Grenzen gesetzt:

1. sie dürfen die Wohnanlage nicht grundlegend umgestalten,
2. sie dürfen keinen Wohnungseigentümer ohne sein Einverständnis gegenüber anderen unbillig benachteiligen.

Liegt einer dieser beiden Fälle vor, sind sowohl Vornahmebeschlüsse als auch Gestattungsbeschlüsse auf Anfechtungsklage hin aufzuheben bzw. für ungültig zu erklären.

 **Keine Beschlussnichtigkeit**

Werden vorerwähnte Grenzen überschritten, führt dies grundsätzlich nur zur Anfechtbarkeit des Beschlusses über die bauliche Veränderung, nicht zur Beschlussnichtigkeit.

---
[540] Siehe Kap. 16.6.2.1 Benachteiligung durch die Maßnahme selbst.
[541] Siehe nachfolgend Kap. 16.7 Beschlussanfechtung.

**Bauliche Veränderung**

## 16.6.1 Grundlegende Umgestaltung

Die Frage, ob eine bauliche Veränderung die Wohnanlage grundlegend umgestaltet, bedarf stets einer Einzelfallbetrachtung unter Berücksichtigung aller Umstände. Bezugspunkt ist zunächst die Wohnanlage in ihrem Gesamtbestand. Eine grundlegende Umgestaltung wird deshalb nur im Ausnahmefall und bei Vorliegen einer der in § 20 Abs. 2 WEG n.F. genannten privilegierten Maßnahmen gar nicht anzunehmen sein. Hat die beschlossene Maßnahme der baulichen Veränderung also Maßnahmen

- der Barrierefreiheit,
- des Ladens von E-Mobilen,
- des Einbruchschutzes oder
- der Anbindung an ein Hochgeschwindigkeits-Kommunikationsnetz

zum Inhalt, dürfte eine grundlegende Umgestaltung der Wohnanlage „*zumindest typischerweise gar nicht anzunehmen sein*".[542] Insoweit kann aber im konkreten Einzelfall etwas anderes gelten.

**Umgestaltung vs. „Änderung der Eigenart der Wohnanlage"**

Nach bislang geltender Rechtslage können Maßnahmen der Modernisierung nach § 22 Abs. 2 WEG a.F. beschlossen werden, wenn die Modernisierungsmaßnahme „die Eigenart der Wohnanlage nicht ändert". Der Begriff der grundlegenden Umgestaltung ist insoweit jedoch enger. Nicht jede bauliche Veränderung, die nach § 22 Abs. 2 Satz 1 WEG a.F. die Eigenart der Wohnanlage ändert, führt auch zu einer grundlegenden Umgestaltung. Auf Grundlage des bisherigen § 22 Abs. 2 WEG a.F. wird eine Änderung der Eigenart der Wohnanlage dann angenommen, wenn die Modernisierungsmaßnahme zu einer Umgestaltung der Wohnanlage insbesondere durch einen Anbau, eine Aufstockung oder einen Abriss von Gebäudeteilen führt.[543] Diese 3 genannten Beispiele dürften wohl auch einer grundlegenden Umgestaltung nach § 20 Abs. 4 WEG n.F. entsprechen, wobei hier die Rechtsprechung abzuwarten bleibt.

Derzeit nicht den Grundsätzen ordnungsmäßiger Verwaltung entsprechende Baumaßnahmen und von § 22 Abs. 2 WEG a.F. nicht umfasst, sind insbesondere

- die Errichtung von Wintergärten,
- der Anbau eines Außenaufzugs[544],
- der Einbau zusätzlicher Fenster,

---

[542] BT-Drs. 19/18791, S. 66.
[543] BT-Dr 16/887, S. 30; BGH, Urteil v. 11.11.2011, V ZR 65/11, NJW 2012 S. 603.
[544] LG München I, Urteil v. 23.6.2014, 1 S 13821/13, ZMR 2014 S. 920.

- der Bau zusätzlicher Dachgauben.[545]

Auch vergleichbare Veränderungen des inneren oder äußeren Bestands der Wohnanlage wie insbesondere

- der Ausbau eines bisher nicht zu Wohnzwecken genutzten Speichers zu Wohnraum[546],
- die Aufstockung des Gebäudes um ein Vollgeschoss[547] oder
- die Asphaltierung einer die Wohnanlage umgebenden größeren Grünfläche zum Abstellen von Autos

sind nicht von der Beschlusskompetenz erfasst. All diese Beispiele wiederum dürften allerdings keine grundlegende Umgestaltung i. S. v. § 20 Abs. 4 WEG n. F. darstellen. Mit diesen Maßnahmen ist zwar eine Änderung des optischen Gesamteindrucks verbunden, der aber nicht entscheidend sein dürfte.

Die Rechtsprechung zu § 22 Abs. 2 WEG a. F. sieht zumindest eine Änderung der Eigenart der Wohnanlage auch dann für gegeben an, wenn der optische Gesamteindruck nachteilig verändert wird oder ein uneinheitlicher Gesamteindruck entsteht. Das ist der Fall, wenn beispielsweise nur einzelne Balkone an der Front eines Hauses, nicht aber alle verglast werden oder beim Bau von Dachgauben in einer vorhandenen Dachgeschosswohnung die Symmetrie des Hauses nicht eingehalten wird. Insbesondere hinsichtlich des Anbaus von Balkonen ist zu beachten, dass es zu keinem uneinheitlichen Erscheinungsbild kommen darf. Werden lediglich an einigen Wohnungen Balkone angebaut, liegt keine Modernisierungsmaßnahme nach § 22 Abs. 2 WEG a.F. vor, sondern eine bauliche Veränderung nach § 22 Abs. 1 WEG a.F.[548] Der Begriff „Eigenart der Wohnanlage" bezieht sich im Übrigen nicht nur auf die äußere Gestaltung, sondern auch auf den Eingangsbereich.[549]

Die Rechtsprechung wird künftig jedenfalls zu klären haben, ob die vorgenannten Beispiele zu einer grundlegenden Umgestaltung der Wohnanlage führen oder diese Schwelle noch nicht erreicht ist. Dass etwa Markisen, Klimageräte oder Katzennetze zu einer grundlegenden Umgestaltung der Wohnanlage führen, dürfte nicht anzunehmen sein.

**Grundlegende Umgestaltung im Mietrecht**

Im Bereich des Mietrechts liegt im Rahmen einer Modernisierungsmaßnahme nach Auffassung des BGH[550] eine „grundlegende Umgestaltung" dann vor, wenn die beabsichtigte Maßnahme mit einer Hinzufügung neuer Räume, wie etwa einem Wintergarten oder einem Ausbau des Spitzbodens unter Ver-

---

[545] AG Konstanz, Urteil v. 13.3.2008, 12 C 17/07, ZMR 2008 S. 494.
[546] LG München I, Urteil v. 18.7.2013, 36 S 20429/12, ZMR 2014 S. 53.
[547] LG Hamburg, Urteil v. 16.12.2009, 318 S 49/09, ZMR 2010 S. 550.
[548] LG Lüneburg, Urteil v. 31.5.2011, 9 S 75/10, ZMR 2011 S. 830.
[549] AG Nürnberg, Urteil v. 16.8.2013, 30 C 6675/12 WEG, ZMR 2014 S. 408.
[550] BGH, Beschluss v. 21.11.2017, VIII ZR 28/17, NZM 2018 S. 226.

**Bauliche Veränderung**

änderung des Grundrisses, erfolgt oder aber einer Anlegung einer Terrasse oder dem Abriss einer Veranda. Dies könnten ggf. erste Anhaltspunkte auch für eine Beurteilung im Wohnungseigentumsrecht sein.

### 16.6.2 Unbillige Benachteiligung

Das Verbot, einen Wohnungseigentümer gegenüber anderen unbillig zu benachteiligen, entspricht dem bisherigen § 22 Abs. 2 Satz 1 WEG a.F. Der dort verwendete Begriff der *„Beeinträchtigung"* wird in § 20 Abs. 4 WEG n.F. lediglich aus sprachlichen Gründen durch den Begriff der *„Benachteiligung"* ersetzt.

#### 16.6.2.1 Benachteiligung durch die Maßnahme selbst

Ein Verstoß gegen das Verbot der unbilligen Benachteiligung setzt zunächst voraus, dass einem Wohnungseigentümer Nachteile zugemutet werden, die bei wertender Betrachtung nicht durch die mit der baulichen Veränderung verfolgten Vorteile ausgeglichen werden.[551] Darüber hinaus ist notwendig, dass die bauliche Veränderung zu einer treuwidrigen Ungleichbehandlung der Wohnungseigentümer führt, indem die Nachteile einem oder mehreren Wohnungseigentümern in größerem Umfang zugemutet werden, als den übrigen Wohnungseigentümern.[552] Dabei sind insbesondere die Belange behinderter Wohnungseigentümer zu berücksichtigen.

Optische Veränderungen des Gemeinschaftseigentums sind künftig bis zur Grenze des Verbots der grundlegenden Umgestaltung der Wohnanlage hinzunehmen. Bei der Beurteilung, ob eine Modernisierungsmaßnahme zu einer unbilligen Beeinträchtigung einzelner Wohnungseigentümer führt, sind stets die Maßgaben des konkreten Einzelfalls zu berücksichtigen. Zu Detailfragen fehlt es an höchstrichterlicher Rechtsprechung. So bestehen nach derzeit geltender Rechtslage bereits unterschiedliche Auffassungen dahingehend, ob etwa die Gefahr einer Verdunkelung von Räumen im Zuge der Errichtung von Balkonen zu einer unbilligen Beeinträchtigung führen kann.[553]

Entsprechende Rechtsunsicherheiten bzw. Auslegungsschwierigkeiten wird es in Zukunft dann geben, wenn einer der Wohnungseigentümer z.B. die Gestattung der Montage eines Klimageräts begehrt, das im konkreten Einzelfall wahrnehmbare Geräusche nur in den benachbarten Sondereigentumseinheiten abgibt, nicht aber in allen. Ob solche Baumaßnahmen dann aber einen Nachteil für diese benachbarten Wohnungseigentümer darstellen, den diese als eine Art „Sonderopfer" zu dulden haben, wird die Rechtsprechung zu klären haben.

---

[551] BGH, Urteil v. 20.7.2018, V ZR 56/17, NZM 2018 S. 794.
[552] BGH, Urteil v. 18.2.2011, V ZR 82/10, NJW 2011 S. 1221.
[553] Pro: LG Lüneburg, Urteil v. 31.5.2011, 9 S 75/10, ZMR 2011 S. 830; contra: AG Hannover, Urteil v. 26.10.2010, 483 C 3145/10, ZMR 2011 S. 334.

### 16.6.2.2 Benachteiligung durch die Kosten der Maßnahme

Die mit einer Maßnahme der baulichen Veränderung verbundenen Kosten können zunächst keine unbillige Benachteiligung von Wohnungseigentümern zur Folge haben, da nur die bauwilligen und zustimmenden Wohnungseigentümer sowohl die Kosten der Maßnahme selbst als auch ihre Folgekosten zu tragen haben.

Was bauliche Veränderungen gemäß § 21 Abs. 2 Satz 1 Nr. 1 WEG n.F. betrifft, die Maßnahmen der Modernisierung unter Berücksichtigung des weitergehenden Modernisierungsbegriffs im Bereich des Wohnungseigentums gemäß § 555b Nr. 1 bis 5 BGB darstellen, und solche gemäß § 21 Abs. 2 Satz 1 Nr. 2 WEG n.F., deren Kosten sich in einem angemessenen Zeitraum amortisieren, wird weiterhin der Grundsatz gelten, dass jeder Wohnungseigentümer nach der allgemeinen Lebenserfahrung mit baulichen Maßnahmen rechnen muss, die das Gemeinschaftseigentum in einen Zustand versetzen, wie er allgemein üblich oder aufgrund von technischen Entwicklungen möglich ist. Insoweit müssen Wohnungseigentümer durchaus private Rücklagen bilden, um auch derartige Maßnahmen finanzieren zu können. Nur wenn Maßnahmen darüber hinausgehen oder ersichtlich unwirtschaftlich sind, weil die Kosten die Aufwendungen übersteigen, die dazu dienen, das Gemeinschaftseigentum in einen allgemein üblichen Zustand zu versetzen, kann im Einzelfall eine unbillige Beeinträchtigung vorliegen.[554]

Diese Grundsätze werden für die Beurteilung einer Unverhältnismäßigkeit von auf Grundlage des § 21 Abs. 2 Satz 1 Nr. 1 WEG n.F. beschlossenen baulichen Veränderungen mit modernisierendem Charakter ohne Kostenamortisation wohl weitergelten und im Rahmen einer Anfechtungsklage nach § 21 Abs. 5 WEG n.F. geprüft werden. Wie der Rechtsausschuss für Maßnahmen der amortisierenden baulichen Veränderung gemäß § 21 Abs. 2 Satz 1 Nr. 2 WEG n.F. klargestellt hat, soll allerdings der bislang geltende 10-Jahreszeitraum wichtiger Anhaltspunkt für die Ordnungsmäßigkeit des Beschlusses darstellen.[555]

### 16.7 Beschlussanfechtung

Verstoßen Beschlüsse über bauliche Maßnahmen gegen § 20 Abs. 4 WEG n.F., sind sie anfechtbar. Allerdings sind Beschlüsse über bauliche Maßnahmen auch künftig nicht etwa nur aus den Gründen des § 20 Abs. 4 WEG n.F. anfechtbar, sondern ganz allgemein auch dann, wenn sie den Grundsätzen ordnungsmäßiger Verwaltung widersprechen. Sie können wie sonstige Beschlüsse auch, nichtig sein – und zwar unabhängig von der den Wohnungseigentümern grundsätzlich verliehenen Beschlusskompetenz.

---

[554] LG Itzehoe, Urteil v. 19.1.2016, 11 S 61/14, ZMR 2016 S. 565.
[555] BT-Drs. 19/22634, S. 43; siehe auch Kap. 16.8.2.2 Maßnahme mit Kostenamortisation.

## Bauliche Veränderung

### Anfechtungsgründe

- Insbesondere im Fall der baulichen Veränderung, die seitens der Gemeinschaft der Wohnungseigentümer durchgeführt wird, können Anfechtungsgründe darin bestehen, dass die Wohnungseigentümer ihr Ermessen auf einer unzureichenden Entscheidungsgrundlage ausgeübt haben, also insbesondere im Fall fehlender Vergleichsangebote.

- Bauliche Veränderungen stellen niemals besonders eilbedürftige Maßnahmen dar, weshalb die Ladungsfrist des § 24 Abs. 4 Satz 2 WEG n. F. einzuhalten ist, die unter Geltung des WEMoG nicht mehr 2 Wochen beträgt, sondern 3 Wochen.

- Paradebeispiel eines Anfechtungsgrunds stellt auch die ungenügende Ankündigung des Beschlussgegenstands im Ladungsschreiben dar.

- Stets stellen inhaltlich ungenügende Beschlüsse einen Anfechtungsgrund dar, die die Baumaßnahme nicht exakt bezeichnen oder aber zumindest auf eine entsprechende Anlage Bezug nehmen. Stets muss jedenfalls feststehen, welcher Bereich des gemeinschaftlichen Eigentums in welchem Ausmaß von der beschlossenen Baumaßnahme betroffen sein wird.[556]

- Wird die Baumaßnahme seitens der Gemeinschaft der Wohnungseigentümer durchgeführt, muss auch ihre Finanzierung geregelt sein.

- Wird zur Finanzierung einer Baumaßnahme, deren Kosten nach § 21 Abs. 2 WEG n. F. von sämtlichen Wohnungseigentümern zu tragen sind, eine Kreditaufnahme beschlossen, muss sich zwar nicht aus dem Beschluss über die Kreditaufnahme selbst, zumindest aber aus der Versammlungsniederschrift ergeben, dass die Wohnungseigentümer über die Konsequenzen der ihnen drohenden unmittelbaren Teilhaftung gemäß § 9a Abs. 4 WEG n. F., der der bisherigen Regelung in § 10 Abs. 8 WEG a. F. entspricht, gegenüber dem kreditgebenden Bankinstitut im Fall von Zahlungsausfällen einzelner Wohnungseigentümer aufgeklärt wurden.

### Nichtigkeitsgründe

Allgemein werden auch Beschlüsse über Baumaßnahmen dann einem Nichtigkeitsrisiko unterliegen, wenn

- Wohnungseigentümer bewusst nicht zur Eigentümerversammlung eingeladen wurden;

- der Versammlungsort so gewählt wurde, dass er gerade durch behinderte Wohnungseigentümer nicht erreichbar ist;

- der Beschlusswortlaut unbestimmt ist;

- der Beschlusswortlaut in sich widersprüchlich und daher perplex ist.

---

[556] OLG Düsseldorf, Beschluss v. 26.5.2008, I-3 Wx 44/08. ZMR 2009 S. 55.

## Bauliche Veränderung

### 16.8 Kosten baulicher Veränderungen

Entsprechend dem in § 20 WEG n.F. geregelten neuen System der Maßnahmen baulicher Veränderungen, regelt § 21 WEG n.F. deren Kostenverteilung und die Voraussetzungen einer Kostenverteilungsänderung.

**WEG n.F.**

**§ 21 Nutzungen und Kosten bei baulichen Veränderungen**

(1) ¹Die Kosten einer baulichen Veränderung, die einem Wohnungseigentümer gestattet oder die auf sein Verlangen nach § 20 Absatz 2 durch die Gemeinschaft der Wohnungseigentümer durchgeführt wurden, hat dieser Wohnungseigentümer zu tragen. ²Nur ihm gebühren die Nutzungen.

(2) ¹Vorbehaltlich des Absatzes 1 haben alle Wohnungseigentümer die Kosten einer baulichen Veränderung nach dem Verhältnis ihrer Anteile (§ 16 Absatz 1 Satz 2) zu tragen,

1. die mit mehr als zwei Dritteln der abgegebenen Stimmen und der Hälfte aller Miteigentumsanteile beschlossen wurde, es sei denn, die bauliche Veränderung ist mit unverhältnismäßigen Kosten verbunden, oder

2. deren Kosten sich innerhalb eines angemessenen Zeitraums amortisieren.

²Für die Nutzungen gilt § 16 Absatz 1.

(3) ¹Die Kosten anderer als der in den Absätzen 1 und 2 bezeichneten baulichen Veränderungen haben die Wohnungseigentümer, die sie beschlossen haben, nach dem Verhältnis ihrer Anteile (§ 16 Absatz 1 Satz 2) zu tragen. ²Ihnen gebühren die Nutzungen entsprechend § 16 Absatz 1.

(4) ¹Ein Wohnungseigentümer, der nicht berechtigt ist, Nutzungen zu ziehen, kann verlangen, dass ihm dies nach billigem Ermessen gegen angemessenen Ausgleich gestattet wird. ²Für seine Beteiligung an den Nutzungen und Kosten gilt Absatz 3 entsprechend.

(5) ¹Die Wohnungseigentümer können eine abweichende Verteilung der Kosten und Nutzungen beschließen. ²Durch einen solchen Beschluss dürfen einem Wohnungseigentümer, der nach den vorstehenden Absätzen Kosten nicht zu tragen hat, keine Kosten auferlegt werden.

**Bauliche Veränderung**

### 16.8.1 Gestattungsmaßnahmen

#### 16.8.1.1 Nicht privilegierte Gestattungsmaßnahme

Ein Wohnungseigentümer, dem die Durchführung einer baulichen Veränderung nach § 20 Abs. 1 WEG n.F. gestattet wurde, hat grundsätzlich die entsprechend entstehenden Kosten zu tragen.

> **Beispiel: Das Klimagerät**
>
> Auf seinen Wunsch hin wird einem Wohnungseigentümer die Montage eines Klimageräts im Bereich seines Balkons gestattet. Der Wohnungseigentümer hat die Kosten dieser Baumaßnahme zu tragen.

Die Klarstellung in § 21 Abs. 1 Satz 2 WEG n.F., dass auch nur ihm die Nutzungen gebühren, versteht sich in diesen Fällen von selbst.

#### 16.8.1.2 Privilegierte Gestattungsmaßnahme

Ist einem Wohnungseigentümer auf Grundlage von § 20 Abs. 2 WEG n.F. die Durchführung einer privilegierten Baumaßnahme gestattet worden, gilt zunächst nichts anderes.

> **Beispiel: Der Treppenlift 1**
>
> Der gehbehinderte Wohnungseigentümer begehrt von den übrigen Wohnungseigentümern die Zustimmung zum Einbau eines Treppenlifts im gemeinschaftlichen Treppenhaus, da er andernfalls in absehbarer Zeit seine im 3. Obergeschoss gelegene Wohnung nicht mehr erreichen wird können. Die Maßnahme wird durch die Gemeinschaft der Wohnungseigentümer durchgeführt, die Kosten der Maßnahme hat der gehbehinderte Wohnungseigentümer zu tragen. Nur er allein darf den Treppenlift benutzen.

Für den Fall, dass die Maßnahme nicht nur auf Initiative eines Wohnungseigentümers, sondern mehrerer als Gestattungsmaßnahme gemäß § 20 Abs. 2 Satz 1 Nr. 2 WEG n.F. beschlossen und auf Kosten dieser Wohnungseigentümer seitens der Gemeinschaft der Wohnungseigentümer durchgeführt werden würde, wären die Kosten der Maßnahme unter den bauwilligen Wohnungseigentümern nach Miteigentumsanteilen zu verteilen.

> **Beispiel: Der Treppenlift 2**
>
> Der Treppenlifteinbau erfolgt auf Initiative von 3 Wohnungseigentümern. Kosten entstehen in Höhe von 12.000 EUR. Wohnungseigentümer 1 hat einen Miteigentumsanteil von 40/1.000, Wohnungseigentümer 2 einen

## Bauliche Veränderung

solchen von 50/1.000 und Wohnungseigentümer 3 einen solchen von 35/1.000.

Die Kosten in Höhe von 12.000 EUR sind unter insgesamt 125/1.000 Miteigentumsanteilen zu verteilen. Auf Wohnungseigentümer 1 entfällt also ein Kostenanteil in Höhe von 3.840 EUR (32 %), auf Wohnungseigentümer 2 ein solcher von 4.800 EUR (40 %) und auf Wohnungseigentümer 3 ein Anteil von 3.360 EUR (28 %). Die durch den Betrieb des Treppenlifts entstehenden Betriebs- und Erhaltungskosten wären nach demselben Schlüssel unter den 3 Wohnungseigentümern zu verteilen.

### 16.8.2 Gemeinschaftliche Maßnahmen

#### 16.8.2.1 „Klassische" bauliche Veränderung

Für die Frage der Kostentragungsverpflichtung von gemeinschaftlichen baulichen Veränderungen, kommt es darauf an, mit welcher Mehrheit die Maßnahme beschlossen wurde. Zunächst gilt der Grundsatz, dass im Fall einfach-mehrheitlicher Beschlussfassung auch nur die zustimmenden Wohnungseigentümer die Kosten zu tragen haben. Wichtige Ausnahme von diesem Grundsatz stellen gemäß § 21 Abs. 2 Satz 1 Nr. 2 WEG n.F. alle baulichen Maßnahmen dar, deren Kosten sich innerhalb eines angemessenen Zeitraums amortisieren. Hier führt also auch ein einfacher Mehrheitsbeschluss zur Kostentragungsverpflichtung aller Wohnungseigentümer. Werden bauliche Veränderungen mit einer Mehrheit mit mehr als 2/3 der abgegebenen Stimmen beschlossen, die die Hälfte der Miteigentumsanteile repräsentieren, sind die Kosten der Maßnahme nach § 21 Abs. 2 Satz 1 Nr. 1 WEG n.F. ebenfalls von allen Wohnungseigentümern zu tragen, es sei denn, diese sind unverhältnismäßig.

##### 16.8.2.1.1 Einfacher Mehrheitsbeschluss

WEG n.F.

**§ 21 Nutzungen und Kosten bei baulichen Veränderungen**

(3) ¹Die Kosten anderer als der in den Absätzen 1 und 2 bezeichneten baulichen Veränderungen haben die Wohnungseigentümer, die sie beschlossen haben, nach dem Verhältnis ihrer Anteile (§ 16 Absatz 1 Satz 2) zu tragen. ²Ihnen gebühren die Nutzungen entsprechend § 16 Absatz 1.

**Bauliche Veränderung**

## Beispiel: Die Schwimmhalle

Beschließen die Wohnungseigentümer mehrheitlich den Umbau mehrerer im Gemeinschaftseigentum stehender ungenutzter Räume im Souterrain in eine Schwimmhalle, ist dies auf Grundlage von § 20 Abs. 1 WEG n.F. zulässig, ungeachtet der ggf. bestehenden Problematik einer „grundlegenden Umgestaltung" der Wohnanlage nach § 20 Abs. 4 WEG n.F., die im Beispiel aber wohl zu verneinen sein dürfte.

Die Beschlussfassung erfolgt mit einfacher Mehrheit nach §§ 20 Abs. 1, 25 Abs. 1 WEG n.F. Die Kosten einer solchen Maßnahme haben nach § 21 Abs. 3 Satz 1 WEG n.F. die Wohnungseigentümer zu tragen, die sie beschlossen haben.

### Namentliche Dokumentation der Abstimmung in der Eigentümerversammlung

Der Verwalter muss bei der Beschlussfassung also ermitteln, welcher Wohnungseigentümer seine Zustimmung zu dem Beschluss erteilt und mit „Ja" gestimmt hat. Wohnungseigentümer, die sich ihrer Stimme enthalten oder gegen den Beschlussantrag gestimmt haben, sind von jeglicher Kostentragungspflicht befreit. Sie dürfen allerdings auch keine Nutzungen aus der beschlossenen Maßnahme ziehen. Die Kostenverteilung unter den kostentragungspflichtigen Wohnungseigentümern, also denjenigen, die für den Beschlussantrag gestimmt haben, richtet sich gemäß § 21 Abs. 3 WEG n.F. nach Miteigentumsanteilen.

## Beispiel: 5 von 10 errichten eine Schwimmhalle

Die Wohnungseigentümergemeinschaft besteht aus 10 Wohnungseigentümern. In der beschlussfassenden Versammlung sind 9 Wohnungseigentümer anwesend bzw. vertreten. 5 von ihnen – Wohnungseigentümer 1 bis 5 – stimmen für die Baumaßnahme. Die Kosten werden sich auf 50.000 EUR belaufen.

Der Betrag in Höhe von 50.000 EUR ist nach Miteigentumsanteilen unter den 5 zustimmenden Wohnungseigentümern zu verteilen. Lediglich zur einfachen Erläuterung sei unterstellt, dass alle 10 Eigentümer in gleicher Höhe Miteigentumsanteile repräsentieren. Von den 50.000 EUR tragen also Wohnungseigentümer 1 bis 5 jeweils 10.000 EUR.

Die Wohnungseigentümer 6 bis 10 müssen sich an den Kosten nicht beteiligen, sie dürfen allerdings die Schwimmhalle auch nicht nutzen.

## Bauliche Veränderung

### „Nachzügler": Spätere Gestattung der Nutzung

WEG n.F.

**§ 21 Nutzungen und Kosten bei baulichen Veränderungen**

(4) ¹Ein Wohnungseigentümer, der nicht berechtigt ist, Nutzungen zu ziehen, kann verlangen, dass ihm dies nach billigem Ermessen gegen angemessenen Ausgleich gestattet wird. ²Für seine Beteiligung an den Nutzungen und Kosten gilt Absatz 3 entsprechend.

### Beispiel: „Nachzügler" möchte ein Jahr später auch schwimmen

Nachdem die Schwimmhalle vor einem Jahr errichtet worden ist und die Wohnungseigentümer 1 bis 5 von den besonderen Vorteilen eines Hallenbads im Haus schwärmen, wächst bei Wohnungseigentümer 6 der Wunsch, die Schwimmhalle ebenfalls nutzen zu dürfen. Für diesen Fall regelt § 21 Abs. 4 WEG n.F., dass er verlangen kann, dass ihm die Nutzung der Schwimmhalle *„nach billigem Ermessen gegen angemessenen Ausgleich gestattet wird"*.

Dieses Verlangen ist nicht ohne Hürden: Wohnungseigentümer 6 hat nicht einfach einen durch entsprechende Vereinbarung mit den Wohnungseigentümern 1 bis 5 herbeizuführenden Anspruch auf Nutzung der Schwimmhalle. Er muss eine entsprechende Beschlussfassung der Wohnungseigentümer herbeiführen – einen Beschluss, den nicht nur die Maßnahme finanzierenden Wohnungseigentümer 1 bis 5 zu fassen haben, sondern die Gesamtgemeinschaft. Im Ergebnis muss also ein weiteres Mal über die Schwimmhalle abgestimmt werden, wenn Wohnungseigentümer, die bei der ursprünglichen Beschlussfassung entweder nicht mitgewirkt haben, sich ihrer Stimme enthalten oder sogar gegen die Maßnahme gestimmt haben, später doch noch an den Nutzungen partizipieren möchten.

§ 21 Abs. 4 WEG n.F. verleiht dem Wohnungseigentümer insoweit einen Anspruch auf Beschlussfassung. Der Anspruch ist dann positiv zu bescheiden, wenn dies

1. billigem Ermessen entspricht und
2. ein angemessener Ausgleich geleistet wird.

## Zu 1: Billiges Ermessen

Den Begriff „*billiges Ermessen*" kennt das bisherige WEG in § 21 Abs. 4 a.F. Hiernach kann jeder Wohnungseigentümer eine Verwaltung verlangen, die u.a. dem Interesse der Gesamtheit der Wohnungseigentümer nach billigem Ermessen entspricht. Die Wohnungseigentümer haben im Rahmen der Beschlussfassung in erster Linie einen Ermessensspielraum. „*Billig*" ist eine Verwaltungsmaßnahme dann, wenn sie die Umstände der konkreten Situation berücksichtigt und dem entspricht, was in vergleichbaren Fällen üblich ist. Billigkeitskriterien sind daneben

- die Wirtschaftlichkeit des Beschlussgegenstands,
- das Diskriminierungsverbot,
- der Gleichbehandlungsgrundsatz,
- die Treuepflicht und schließlich
- der Kernbereich des Wohnungseigentums.

Unter Beachtung dieser Kriterien darf kein Wohnungseigentümer gegenüber anderen Wohnungseigentümern benachteiligt werden. Insbesondere die Berücksichtigung des Gleichbehandlungsgrundsatzes wird in aller Regel dazu führen, dass auch Wohnungseigentümer, die sich nachträglich für eine Baumaßnahme entschieden haben, als Nachzügler einen Anspruch auf positive Beschlussfassung haben. Für den Fall, dass ihr Begehren negativ beschieden und ein Positivbeschluss also nicht gefasst wird, steht ihnen die Beschlussersetzungsklage nach § 44 Abs. 2 WEG n.F. zur Verfügung.[557] Im Rahmen dieser Beschlussersetzungsklage wird das Gericht prüfen, ob die beschlussbefassten Wohnungseigentümer die maßgeblichen Kriterien ausreichend abgewogen haben.

## Zu 2: Angemessener Ausgleich

Selbstverständlich kann ein Anspruch auf positive Beschlussfassung auch nur dann bestehen, wenn der Wohnungseigentümer bereit ist, einen angemessenen Ausgleich zu leisten. Dieser Ausgleich bemisst sich an den für die Maßnahmendurchführung ursprünglich aufgewendeten Kosten – im Beispielsfall oben: 50.000 EUR. Wie der als Ausgleichsbetrag zu zahlende Beitrag zu ermitteln ist, lässt das Gesetz offen. Es dürfte zu unterstellen sein, dass jedenfalls die Kosten der ursprünglichen Bauerrichtung auf einen Nachzügler umzulegen sind. Keine Berücksichtigung können allerdings (der Entwurfsbegründung zustimmend) zwischenzeitlich angefallene Betriebskosten finden.

---

[557] Siehe Kap. 17.5.13 Beschlussersetzungsklage.

## Bauliche Veränderung

### Beispiel: Betriebs- und Unterhaltungskosten der Schwimmhalle

Neben den Baukosten in Höhe von 50.000 EUR, sind nach der Fertigstellung im vergangenen Jahr Betriebskosten für Frischwasser, Beheizung und Strom in Höhe von insgesamt 1.000 EUR angefallen.

Der „anschlusswillige" Wohnungseigentümer wird sich hier nur an den reinen Baukosten bzw. den Kosten zu beteiligen haben, die entstanden sind, um den ursprünglichen Beschluss über die bauliche Veränderung umzusetzen. Da er in der zwischen Bauabschluss und Gestattung seines Nutzungsverlangens liegenden Zeit von einer Nutzung ausgeschlossen war, können ihm die in dieser Zeit entstandenen Betriebskosten nicht anteilsmäßig auferlegt werden. Auch hinsichtlich der ursprünglichen Kosten, die in Umsetzung des Beschlusses über die Errichtung der Schwimmhalle angefallen sind, könnte man sich wohl über einen Abzug unter dem Gesichtspunkt „neu für alt" streiten. Dies wird künftig die Rechtsprechung unter Berücksichtigung etwaiger zwischenzeitlich durchgeführter Erhaltungsmaßnahmen zu klären haben.

Jedenfalls wird der „angemessene" Ausgleich nach § 21 Abs. 4 Satz 1 WEG n.F. in der anteiligen Kostentragung der für die Umsetzung der ursprünglichen Baumaßnahme entstandenen Kosten bestehen. Daneben gilt gemäß § 21 Abs. 4 Satz 2 WEG n.F. eine *„Beteiligung an den Nutzungen und Kosten"* ab dem Zeitpunkt der Nutzungsgestattung. Der betroffene Eigentümer ist also insbesondere verpflichtet, die weiteren Kosten des Betriebs, der Unterhaltung und Erhaltung der ursprünglich beschlossenen Baumaßnahme mitzutragen.

### Änderung der Kostenverteilung

In Fortführung des Beispielfalls zur Schwimmhalle, erfolgt die Verteilung der Kosten der Baumaßnahme künftig nicht mehr nur unter den Wohnungseigentümern 1 bis 5, sondern unter 6 Wohnungseigentümern, zunächst nach dem gesetzlichen Verteilungsschlüssel nach Miteigentumsanteilen. Die §§ 16 Abs. 3, 21 Abs. 5 WEG n.F. ermöglichen den Wohnungseigentümern aber auch eine beschlussweise abweichende Verteilung der Kosten. So dürfte auch eine Verteilung der Kosten nach Objekten ordnungsmäßiger Verwaltung entsprechen.

### Maßnahmen der Kostenermittlung ergreifen

Stets werden mit Blick auf diejenigen Wohnungseigentümer, die einem bestimmten Beschluss nicht zugestimmt haben und insoweit weder Kosten zu tragen haben, noch Nutzungen ziehen dürfen, Maßnahmen einer Kostenermittlung im Sinne einer Kostentrennung erforderlich sein. Insoweit müsste dafür gesorgt werden, dass die Kosten der Stromversorgung der Schwimmhalle, ihrer Beheizung und insbesondere des Frischwassers getrennt vom übrigen Gemeinschaftseigentum erfasst werden.

## 16.8.2.1.2 Qualifizierter Mehrheitsbeschluss

Wurde eine Baumaßnahme von den Wohnungseigentümern mit einer Mehrheit von mehr als 2/3 der abgegebenen Stimmen beschlossen, die die Hälfte der Miteigentumsanteile repräsentieren, ist hiermit eine Kostenbelastung sämtlicher Wohnungseigentümer gemäß § 21 Abs. 2 Satz 1 Nr. 1 WEG n.F. dann verbunden, wenn die bauliche Veränderung nicht mit unverhältnismäßigen Kosten verbunden ist.

Einmal das Eingangsbeispiel im vorangegangen Kapitel[558] über die Errichtung der Schwimmhalle zugrunde gelegt, kann diese für den einen Wohnungseigentümer keine nennenswerte finanzielle Belastung, für den anderen aber eine erhebliche und mithin unverhältnismäßige Belastung darstellen. Mit Blick auf die Frage, ob eine bauliche Veränderung mit unverhältnismäßigen Kosten verbunden ist, stellt der Gesetzgeber zunächst darauf ab, dass dabei nicht nur die zu erwartenden Baukosten, sondern auch die zu erwartenden Folgekosten für Gebrauch und Erhaltung maßgeblich sind. Diese Kosten seien in das Verhältnis zu den Vorteilen zu setzen, die die bauliche Veränderung verspreche, was eine wertende Betrachtung verlange. Dabei sei ein objektiver, auf die konkrete Anlage bezogener Maßstab anzulegen. Entscheidend seien daher nicht die Bedürfnisse und finanziellen Mittel des einzelnen überstimmten Wohnungseigentümers, sondern die der Gesamtheit der Wohnungseigentümer in der Anlage.[559]

Dies zunächst zugrunde gelegt, könnte dazu führen, dass etwa in einer überwiegend gut situierten Eigentümergemeinschaft mit einigen wenigen sozial schwächeren Wohnungseigentümern oder auch Senioren, die diese Baumaßnahme ggf. aus gesundheitlichen Gründen gar nicht nutzen könnten, auch eine Luxusmaßnahme, wie die Errichtung einer Schwimmhalle, auf Kosten sämtlicher Wohnungseigentümer beschlossen werden könnte. Hier aber setzt der Gesetzgeber eine Zäsur, wonach die Bewertung je nach Charakter der Anlage und der Alters- und Sozialstruktur der Wohnungseigentümer unterschiedlich ausfallen könne. Bei besonders hohen Kosten sei eine Unverhältnismäßigkeit auch dann nicht ausgeschlossen, wenn alle Wohnungseigentümer finanziell in der Lage seien, diese Kosten zu tragen.[560]

Dies wiederum zugrunde gelegt, würde dazu führen, dass sich die sozial schwächeren Wohnungseigentümer und Senioren unter ihnen auf eine unverhältnismäßige Kostenbelastung berufen könnten. Allerdings hätten sie diese Unverhältnismäßigkeit im Streitfall zu beweisen. Ob im Übrigen eine Kostenbelastung unverhältnismäßig oder noch verhältnismäßig ist, kommt es auf den Zeitpunkt der Beschlussfassung an, also auf die zu erwartenden Kosten.

---

[558] Siehe Kap. 17.8.2.1.1 Einfacher Mehrheitsbeschluss.
[559] BT-Drs. 19/22634 S. 44.
[560] BT-Drs. 19/22634 S. 44.

**Bauliche Veränderung**

Die später tatsächlich entstehenden Kosten sollen dagegen keine Rolle spielen.[561]

Grundsätzlich stellt sich das Problem, dass im Vorfeld der Beschlussfassung nicht vorauszusehen ist, wie viele Wohnungseigentümer für eine Maßnahme der baulichen Veränderung stimmen werden. Dies steht erst dann fest, wenn der Versammlungsleiter das Beschlussergebnis verkündet hat. Hier stellt sich dann das weitere Problem, dass Wohnungseigentümer unter der Voraussetzung zugestimmt haben, dass eine Kostenverteilung tatsächlich unter allen Wohnungseigentümern erfolgt, tatsächlich aber nicht mehr als ein Drittel der Wohnungseigentümer für die Maßnahme gestimmt oder nicht die Hälfte der Miteigentumsanteile repräsentiert haben. In solchen Fällen ist zu beachten, dass die Stimmabgabe, soweit sie dem Versammlungsleiter zugegangen ist, entsprechend § 130 Abs. 1 Satz 1 BGB nicht mehr widerrufen werden kann.[562] Allerdings unterliegt die Stimmabgabe den allgemeinen zivilrechtlichen Regeln für Willenserklärungen, also auch denen der Anfechtbarkeit gemäß §§ 119 ff. BGB.[563] Eine wegen Irrtums angefochtene Stimmabgabe muss unverzüglich nach Kenntniserlangung des Anfechtungsgrunds erfolgen und hat im Übrigen keine Auswirkungen auf die Stimmabgabe der anderen Wohnungseigentümer.

Freilich sollten derartige Probleme erst gar nicht provoziert, sondern die Beschlussfassung insgesamt transparent gestaltet werden.

**Abstimmung im Substraktionsverfahren**

Unter Bezugnahme auf die zulässige Abstimmung im Substraktionsverfahren[564], weist der Gesetzgeber insbesondere in kleineren Wohnanlagen auf die Möglichkeit hin, zunächst nicht die „Ja"-Stimmen abzufragen, sondern nach den „Nein"-Stimmen zu fragen.[565]

---

**Beispiel: Abstimmung**

Soll etwa über die Errichtung von Sonnenkollektoren ein Beschluss gefasst werden und sind von den 20 Wohnungseigentümern 15 in der Versammlung anwesend, von denen dann 5 bei der Abfrage der „Nein"-Stimmen ihre Hand heben, wird für die übrigen Wohnungseigentümer erkennbar, dass das qualifizierte Quorum mit der Folge einer Kostenverteilung unter sämtlichen Wohnungseigentümern nicht erreicht wird. Denn die übrigen 10 Wohnungseigentümer stellen zwar 2/3 der Wohnungseigentümer dar, aber eben nicht mehr als 2/3 von ihnen, wie es § 21 Abs. 2 Satz 1 Nr. 1 WEG n. F. verlangt. Wollen diese 10 Wohnungs-

---

[561] BT-Drs. 19/22634 S. 44.
[562] BGH, Urteil v. 13.7.2012, V ZR 254/11, NJW 2012 S. 3372.
[563] BGH, Beschluss v. 19.9.2002, V ZB 37/02, NJW 2002 S. 3629.
[564] BGH, Beschluss v. 19.9.2002, a.a.O.
[565] BT-Drs. 19/22634 S. 45.

eigentümer oder auch nur einer von ihnen für den Fall des Zustandekommens eines einfachen Mehrheitsbeschlusses nicht mit den Kosten der Maßnahme belastet werden, können sie ebenfalls noch ihre Hand erheben, sodass ihre Stimme als „Nein"-Stimme gewertet werden kann.

**Kein Beschlussfähigkeitsquorum mehr**

Wohnungseigentümerversammlungen werden künftig immer beschlussfähig sein, auch wenn im Extremfall nur ein Wohnungseigentümer an der Versammlung teilnimmt.[566] Sowohl § 25 Abs. 1 WEG n. F. als auch § 21 Abs. 2 Satz 1 Nr. 1 WEG n. F. stellt auf die abgegebenen Stimmen ab. Insoweit kann die Nichtteilnahme von Wohnungseigentümern durchaus mit negativen Kostenfolgen für sie verbunden sein.

Angenommen, die Eigentümergemeinschaft besteht aus 25 Wohnungseigentümern und es steht die Beschlussfassung über eine Maßnahme der baulichen Veränderung an, deren Kosten sich zwar nicht in einem angemessenen Zeitraum amortisieren, allerdings auch nicht unverhältnismäßig sind. Nehmen nun an der Versammlung 13 Wohnungseigentümer teil und stimmen 10 Wohnungseigentümer für die Maßnahme, die gleich die Hälfte der Miteigentumsanteile repräsentieren, ist der Beschluss mit der Folge zustande gekommen, dass die Kosten der Maßnahme unter sämtlichen Wohnungseigentümern zu verteilen sein werden.

## Beschlussfassung unter Bedingung begrenzter Kostenbelastung

Empfehlenswert kann auch der Vorschlag des Gesetzgebers sein, dass (einzelne) bauwillige Wohnungseigentümer auf ihren Wunsch nur entsprechend ihres Miteigentumsanteils in die Kostenverteilung einbezogen werden. Sie können dann bedenkenlos für die Maßnahme stimmen.[567] Zur Maßnahmendurchführung ist es dann letztlich erforderlich, dass alle abgegebenen Stimmen für die Maßnahme votieren müssen. So also auch die bauwilligen Wohnungseigentümer im Fall des Nichterreichens des doppelt qualifizierten Quorums nicht anteilig mit den auf die nichtzustimmenden Wohnungseigentümer entfallenden Kostenanteil belastet werden wollen, kann die Baumaßnahme nicht durchgeführt werden.

Durchaus unproblematisch kann dann nach diesseitiger Ansicht die Maßnahme nochmals zur Abstimmung gestellt werden, wenn sich die anderen bauwilligen Wohnungseigentümer bereit erklären, die ihnen entstehenden Mehrkosten übernehmen zu wollen.

---

[566] Siehe Kap. 11.1.2 Beschlussfähigkeit der Eigentümerversammlung.
[567] BT-Drs. 19/22634 S. 45.

## Bauliche Veränderung
### Seite 514

 **Problem: Zeitpunkt der Klärung der Unverhältnismäßigkeit**

- **Auszug des Gesetzeswortlauts:**
  „... haben alle Wohnungseigentümer die Kosten einer baulichen Veränderung zu tragen, die mit mehr als zwei Dritteln der abgegebenen Stimmen und der Hälfte aller Miteigentumsanteile beschlossen wurde, es sei denn, die bauliche Veränderung ist mit unverhältnismäßigen Kosten verbunden."

- **Auszug aus der Gesetzesbegründung**[568]:
  „Dieser Regelung liegt der Gedanke zugrunde, dass eine bauliche Veränderung, die von einem so großen Teil der Wohnungseigentümer befürwortet wird, typischerweise sinnvoll und angemessen ist und deshalb von allen Wohnungseigentümern bezahlt werden sollte. Diese Vermutung kann aber widerlegt werden. Ist die bauliche Veränderung mit unverhältnismäßigen Kosten verbunden, scheidet eine Kostentragung der überstimmten Minderheit aus. ... Wie bei § 21 Absatz 2 Satz 1 Nummer 2 kommt es allein auf die ex-ante-Beurteilung zum Zeitpunkt der Beschlussfassung an, also auf die zu erwartenden Kosten; die sich erst später zeigenden tatsächlichen Kosten spielen dagegen keine Rolle. Die negative Formulierung bringt zum Ausdruck, dass derjenige die Unverhältnismäßigkeit zu beweisen hat, der sie behauptet."

- **Frage**:
  Zu welchem Zeitpunkt wird die Frage der Unverhältnismäßigkeit einer Beantwortung zugeführt?

Auf Grundlage der Gesetzesbegründung scheint nicht ausgeschlossen, dass die Auseinandersetzung darüber, ob die Kosten der Maßnahme unverhältnismäßig sind oder nicht, einer gerichtlichen Klärung im Rahmen einer Auseinandersetzung außerhalb eines Beschlussanfechtungsverfahrens zu erfolgen hat. Wenn nämlich die bauliche Veränderung mit unverhältnismäßigen Kosten verbunden ist, soll eine Kostentragung der überstimmten Minderheit ausscheiden. Des Weiteren sollen sich die nach ihrer Ansicht ungerechtfertigt kostenbelasteten Wohnungseigentümer in ihrer Argumentation nicht „*auf die sich erst später zeigenden tatsächlichen Kosten*" berufen können.

Dieser Ansatz suggeriert, dass die Auseinandersetzung auf den Zeitpunkt der tatsächlichen Einforderung der entsprechend auf die Wohnungseigentümer entfallenden Beiträge verlagert würde. Leistet also etwa ein Wohnungseigentümer zum Zeitpunkt der Fällig-

---
[568] BT-Drs. 19/22634 S. 44.

keit einer zur Finanzierung der Maßnahme erhobenen Sonderumlage keine Zahlung, weil er der Auffassung ist, diese sei mit unverhältnismäßigen Kosten verbunden, würde die Frage der Unverhältnismäßigkeit hier geprüft. Das dürfte freilich nicht gewollt sein. Vielmehr hat es beim Grundsatz des § 21 Abs. 5 WEG n.F. zu verbleiben, dass durch Beschlussfassung einer Maßnahme auf Grundlage von § 21 Abs. 2 WEG n.F. keinem Wohnungseigentümer Kosten auferlegt werden dürfen, die er nach den materiellen Vorgaben der jeweiligen Norm nicht zu tragen hat. Ist also ein Wohnungseigentümer der Auffassung, eine auf Grundlage von § 21 Abs. 2 Satz 1 Nr. 1 WEG n.F. mit doppelter Qualifizierung beschlossene Baumaßnahme sei mit unverhältnismäßigen Kosten verbunden, kann und muss er diesen Beschluss anfechten, will er als Teil der überstimmten Minderheit im Fall der Bestandskraft des Beschlusses nicht mit anteiligen Kosten belastet sein.

 **Tipp: Baumaßnahme erst nach Zahlung der Beiträge durchführen**

Verwaltern sei vor dem Hintergrund der Problematik geraten, die Baumaßnahme erst dann in Auftrag zu geben, wenn auch tatsächlich alle Beiträge zu einer beschlossenen Sonderumlage gezahlt wurden. Dies ist für ihn ohnehin unproblematisch und hätte sich keinem Verschuldensvorwurf auszusetzen. Dem Verwalter ist nämlich grundsätzlich keine Pflichtverletzung zum Vorwurf zu machen, wenn er zunächst einen Beschluss über eine größere Erhaltungsmaßnahme nicht durchführt, weil die Finanzierung dieser Maßnahme nicht gesichert ist.[569] Nichts anderes kann für eine Maßnahme der baulichen Veränderung gelten.

---

[569] LG Hamburg, Beschluss v. 15.2.2018, 318 S 76/16, ZMR 2018 S. 623.

## Bauliche Veränderung

### 16.8.2.2 Maßnahme mit Kostenamortisation oder der „Modernisierung"

**WEG n.F.**

**§ 21 Nutzungen und Kosten bei baulichen Veränderungen**

(2) ¹Vorbehaltlich des Absatzes 1 haben alle Wohnungseigentümer die Kosten einer baulichen Veränderung nach dem Verhältnis ihrer Anteile (§ 16 Absatz 1 Satz 2) zu tragen,

1. die mit mehr als zwei Dritteln der abgegebenen Stimmen und der Hälfte aller Miteigentumsanteile beschlossen wurde, es sei denn, die bauliche Veränderung ist mit unverhältnismäßigen Kosten verbunden, oder
2. deren Kosten sich innerhalb eines angemessenen Zeitraums amortisieren.

²Für die Nutzungen gilt § 16 Absatz 1.

Gemäß § 21 Abs. 2 Satz 1 Nr. 2 WEG n.F. haben alle Wohnungseigentümer dann die Kosten einer baulichen Veränderung zu tragen, wenn sich deren Kosten innerhalb eines angemessenen Zeitraums amortisieren. Die Kostentragungspflicht besteht für alle Kosten, die auf der baulichen Veränderung beruhen, also Baukosten und Folgekosten des Gebrauchs und der Erhaltung. Zum Verständnis dieser Norm ist nochmals in das Gedächtnis zu rufen, dass § 20 WEG n.F. – und infolgedessen auch die Folgebestimmung des § 21 WEG n.F. – nicht mehr unterscheidet, ob es sich um eine bauliche Veränderung des Gemeinschaftseigentums handelt oder seiner Modernisierung.[570] Sie umfasst sämtliche baulichen Maßnahmen, die über die Instandhaltung und Instandsetzung (also die gewöhnlichen Erhaltungsmaßnahmen) hinausgehen und somit auch die bisher noch zu unterscheidenden Maßnahmen der modernisierenden Instandsetzung. Für die Kostenamortisation wurde im Bereich der modernisierenden Instandsetzung seit Jahrzehnten auf einen 10-Jahres-Zeitraum abgestellt.[571]

Allerdings stellt der Gesetzgeber darauf ab, dass dieser Zeitraum nicht statisch im Sinne einer zeitlichen Höchstgrenze verstanden werden könne. Vielmehr könne der Zeitraum in Abhängigkeit von der konkreten Maßnahme auch überschritten werden, um im Einzelfall zu sachgerechten Ergebnissen zu gelangen. Für Maßnahmen der baulichen Veränderung auf Grundlage von § 21 Abs. 2 Satz 1 Nr. 2 WEG n.F., deren Kosten sich innerhalb eines angemessenen Zeitraums amortisieren, stellt allerdings der 10-Jahreszeitraum

---
[570] Siehe Kap. 16.1 Was sind bauliche Veränderungen?
[571] Vgl. aus der jüngeren Rechtsprechung BGH, Urteil v. 14.12.2012, V ZR 224/11, ZMR 2013 S. 292.

**Bauliche Veränderung**

einer Kostenamortisation ein wichtiges Kriterium für die Ordnungsmäßigkeit eines entsprechenden Beschlusses dar.[572]

Mit Blick auf Maßnahmen, die auf Grundlage von § 21 Abs. 2 Satz 1 Nr. 1 WEG n.F. mit doppelt qualifizierter Mehrheit beschlossen werden und deren Kosten sich nicht bereits nach § 21 Abs. 2 Nr. 2 WEG n.F. amortisieren, wird die derzeitige Rechtsprechung zur Modernisierung des noch geltenden § 22 Abs. 2 WEG a.F. virulent. Hier hat der BGH[573] bereits vor geraumer Zeit klargestellt, dass eine Kosten-Nutzen-Analyse keine Voraussetzung für die Ordnungsmäßigkeit einer beschlossenen Modernisierungsmaßnahme darstellt. Vielmehr genügt es auch, dass die Maßnahme aus der Sicht eines verständigen Wohnungseigentümers eine sinnvolle Neuerung darstellt, die voraussichtlich geeignet ist, den Gebrauchswert des Wohnungseigentums nachhaltig zu erhöhen. Stets dann aber, wenn die beschlossene Maßnahme mit unvernünftig hohem Kostenaufwand verbunden ist und die entstehenden Kosten bzw. Mehrkosten außer Verhältnis zu dem erzielbaren Vorteil stehen, übersteigt sie das Maß dessen, was derzeit als Modernisierung beschlossen werden kann. In einem derartigen Fall wären auch die Voraussetzungen des § 21 Abs. 2 Satz 1 Nr. 2 WEG n.F. nicht mehr erfüllt.[574]

 **Zeitpunkt der Beschlussfassung maßgeblich**

Stets ist ohnehin der Erkenntnisstand der Wohnungseigentümer zum Zeitpunkt der Beschlussfassung maßgeblich. Insoweit räumt zumindest der Reformgesetzgeber den Wohnungseigentümern einen weiten Ermessensspielraum ein. Ist zum Zeitpunkt der Beschlussfassung jedenfalls absehbar, dass eine Kostenamortisation eintreten wird, genügt dies für die Ordnungsmäßigkeit des Beschlusses. Nicht erforderlich ist, dass eine Amortisation tatsächlich eintritt.[575]

Von vornherein müssen sich ohnehin nur die Aufwendungen amortisieren, die andernfalls nicht anfallen würden. Tritt also eine bauliche Veränderung an die Stelle einer sonst notwendigen Erhaltungsmaßnahme, müssen sich nur die durch die bauliche Veränderung entstehenden Mehrkosten amortisieren.

**Beispiel: Fensteraustausch (überwiegender Instandsetzungsbedarf)**

Die Holzfenster der Wohnanlage sind mittlerweile 30 Jahre alt. Sie sind überwiegend instandsetzungsbedürftig, wenn auch einige von ihnen noch

---
[572] BT-Drs. 19/22634, S. 43
[573] BGH, Urteil v. 18.2.2011, V ZR 82/10, NJW 2011 S. 1221.
[574] Zur derzeitigen Rechtslage: BGH, Urteil v. 14.12.2012, a.a.O.
[575] BT-Drs. 19/18791, S. 102.

nicht. Die Wohnungseigentümer beschließen den Austausch sämtlicher vorhandener Fenster gegen Kunststofffenster mit Isolierverglasung.

Um einmal die bisherige Rechtslage zur Erläuterung der künftig geltenden heranzuziehen – am Konzept wird sich nämlich nichts ändern –, stellt der beschlossene generelle Austausch alter Holzfenster gegen Kunststofffenster dann eine einfach-mehrheitlich zu beschließende Maßnahme der modernisierenden Instandsetzung dar, wenn eine so hohe Zahl von Fenstern austauschbedürftig ist, dass die verbleibenden Fenster nicht ins Gewicht fallen und zum Zeitpunkt der Notwendigkeit ihres Austauschs erheblich höhere Kosten anfallen würden, als dies bei einer Miterledigung im Rahmen des Großauftrags der Fall sein würde.[576] Da also ohnehin eine modernisierende Instandsetzung vorliegt und eine solche bereits begrifflich voraussetzt, dass sich die dafür notwendigen Kosten innerhalb eines angemessenen Zeitraums amortisieren, kann sie wie jede andere bauliche Veränderung mit einfacher Mehrheit beschlossen werden und ihre Kosten sind unproblematisch von allen Wohnungseigentümern zu tragen.

**Beispiel: Fensteraustausch (überwiegend kein Instandsetzungsbedarf)**

Die Holzfenster der Wohnanlage sind mittlerweile 30 Jahre alt. Einige von ihnen sind instandsetzungsbedürftig, die meisten nicht. Die Wohnungseigentümer beschließen den Austausch sämtlicher vorhandener Fenster gegen Kunststofffenster mit Isolierverglasung.

Bei der Erneuerung der Fenster im Wege des Austauschs alter Holzfenster durch solche aus Kunststoff, handelt es sich zunächst zweifellos um eine Modernisierungsmaßnahme nach § 22 Abs. 2 WEG a.F. Der Austausch stellt nämlich eine Maßnahme dar, die den Gebrauchswert der Wohnanlage nachhaltig erhöht. Kunststofffenster sind gegenüber Holzfenstern haltbarer, müssen nicht gestrichen werden, verursachen damit geringere Instandhaltungskosten und verhindern auch Schimmelbildung. Des Weiteren dürften sie wohl auch eine Maßnahme der energetischen Sanierung nach § 555b Nr. 1 BGB darstellen.[577] Sind nur wenige Fenster von ihnen instandsetzungsbedürftig, handelt es sich um eine Modernisierung nach § 22 Abs. 2 WEG a.F. Künftig wird es sich um eine bauliche Veränderung handeln. Mit Blick auf eine Kostentragungspflicht aller Wohnungseigentümer, müssten sich die Kosten also innerhalb eines angemessenen Zeitraums amortisieren. Wäre dies nicht ohnehin mit Blick auf die Einsparung von Energiekosten der Fall, würde man berücksichtigen müssen, dass innerhalb eines gedachten Amortisationszeitraums wenigstens Erhaltungsmaßnahmen an den übrigen Fenstern erforderlich würden. Diese wären dann herauszurechnen, weshalb in derartigen Fällen

---

[576] LG Itzehoe, Urteil v. 19.1.2016, 11 S 61/14, ZMR 2016 S. 565.
[577] LG Itzehoe, Urteil v. 19.1.2016, a.a.O.

kaum ernsthaft die Frage einer Kostenbefreiung einiger Wohnungseigentümer im Raum stehen dürfte, was erst recht gilt, wenn die Maßnahme mit der doppelten Qualifizierung des § 21 Abs. 2 Satz 1 Nr. 1 WEG n.F. beschlossen würde.

### 16.8.3 Änderung der Kostenverteilung

WEG n.F.

**§ 21 Nutzungen und Kosten bei baulichen Veränderungen**

(5) ¹Die Wohnungseigentümer können eine abweichende Verteilung der Kosten und Nutzungen beschließen. ²Durch einen solchen Beschluss dürfen einem Wohnungseigentümer, der nach den vorstehenden Absätzen Kosten nicht zu tragen hat, keine Kosten auferlegt werden.

Die Vorschrift knüpft an die allgemein für Kosten und Nutzungen geltende Norm des § 16 WEG n.F. an. § 16 Abs. 2 Satz 2 WEG n.F. erlaubt dabei eine Kostenverteilungsänderung bezüglich sämtlicher Kosten mit Ausnahme der Kosten von Baumaßnahmen des § 20 WEG n.F. Mit Blick auf eine dort mögliche Kostenverteilungsänderung verweist § 16 Abs. 3 WEG n.F. auf § 21 WEG n.F.

#### 16.8.3.1 Kostenverteilungsänderung

Da auch die Kosten der baulichen Maßnahmen des § 20 WEG n.F. nach dem gesetzlich geregelten Maßstab der Miteigentumsanteile umgelegt werden, ermöglicht § 21 Abs. 5 Satz 1 WEG n.F. eine Abänderung dieser Kostenverteilungsschlüssel nach einem anderen Maßstab.

**Gesetzlicher Kostenverteilungsschlüssel**

Im Gegensatz zu § 16 Abs. 2 Satz 2 WEG n.F., der es auch erlaubt, vereinbarte Kostenverteilungsschlüssel abzuändern, werden vereinbarte Kostenverteilungsschlüssel für bauliche Veränderungen nicht mehr maßgeblich sein.

**Einzelfall**

Eine dauerhafte Änderung des gesetzlich geltenden oder vereinbarten Kostenverteilungsschlüssels pauschal für sämtliche unter § 20 WEG n.F. zu subsumierenden Fälle ist im Übrigen nicht möglich. Ein entsprechender Beschluss wäre nichtig. Eine Änderung der Kostenverteilung kann sich stets nur auf die konkrete Maßnahme einer baulichen Veränderung beziehen. Insoweit folgt das künftige System der derzeit noch in § 16 Abs. 4 WEG a. F. geregelten Beschränkung auf den konkreten Einzelfall von Maßnahmen.

**Verteilungsschlüssel**
Wie stets, darf der abweichende Kostenverteilungsschlüssel nicht solcherart gegen das Willkürverbot verstoßen, dass sich eine Mehrheit der Wohnungseigentümer auf Kosten der Minderheit entlastet. Im Übrigen gilt, dass sich mit einer Änderung der Kostenverteilung zwangsläufig die Kostenlasten der einzelnen Wohnungseigentümer ändern, also zwangsläufig mit einer Mehrbelastung der einen eine Kostenentlastung der anderen verbunden ist. Je nach Art der Maßnahme kann es gerechtfertigt sein, die Kosten z. B. nach Objekten zu verteilen.

> **Beispiel: Einbau von Türspionen**

Beschließen die Wohnungseigentümer den Einbau von Türspionen in die Wohnungseingangstüren, kann es durchaus interessengerecht sein, die Kosten nach Sondereigentumseinheiten umzulegen.

Andererseits kann es ordnungsmäßiger Verwaltung entsprechen, die Kosten nach der Zahl der betroffenen Gegenstände des gemeinschaftlichen Eigentums zu verteilen:

> **Beispiel: Fensteraustausch**

Wird als Modernisierungsmaßnahme im weitesten Sinne ein kompletter Fensteraustausch beschlossen, kann es sich anbieten, die Kosten nach der Anzahl der im jeweiligen Sondereigentum vorhandenen Fenster zu verteilen.

### 16.8.3.2 Keine Kostenbelastung

Durch einen Kostenverteilungsänderungsbeschluss auf Grundlage von § 21 Abs. 5 Satz 1 WEG n. F. dürfen nach Satz 2 dieser Vorschrift einem Wohnungseigentümer keine Kosten auferlegt werden, wenn er nach den gesetzlichen Vorschriften zur Kostentragung nicht verpflichtet ist. Demgemäß dürfen die Kosten nur unter den ohnehin schon kostentragungspflichtigen Wohnungseigentümern nach einem anderen als dem gesetzlichen Schlüssel verteilt werden. Unerheblich ist dabei, aus welchem Tatbestand des § 21 WEG n. F. die gesetzliche Kostentragungspflicht folgt.

**Beschluss ist anfechtbar**
Werden Wohnungseigentümer mit Kosten belastet, obwohl ihnen keine Kosten hätten auferlegt werden dürfen, führt dies nur zur Anfechtbarkeit des

## Bauliche Veränderung

Beschlusses und nicht zu seiner Nichtigkeit. Deutlich wird dies durch einen Vergleich mit § 21 Abs. 5 Satz 1 WEG n.F. Nach dessen Wortlaut „*können*" die Wohnungseigentümer beschließen", womit ihnen eine Beschlusskompetenz eingeräumt ist, deren Überschreiten eine Beschlussnichtigkeit zur Folge hat. Hingegen „*dürfen*" die Wohnungseigentümer im Rahmen des § 21 Abs. 5 Satz 2 WEG n.F. beschließen. Überschreiten sie hierbei die gesteckten Grenzen, führt dies nur zur Anfechtbarkeit des Beschlusses.

Relevant wird die den Wohnungseigentümern eingeräumte Beschlusskompetenz in all den Fällen, in denen die einen der Auffassung sind, eine Baumaßnahme falle unter den Anwendungsbereich des § 21 Abs. 2 WEG n.F., weshalb alle kostenbelastet seien, die anderen hingegen die Auffassung vertreten, es handele sich um eine solche nach § 21 Abs. 3 WEG n.F. Handelt es sich tatsächlich um eine gemäß § 21 Abs. 3 WEG n.F. nicht privilegierte Baumaßnahme und haben dieser nicht alle Wohnungseigentümer zugestimmt, sind die nicht zustimmenden Wohnungseigentümer von der Kostenlast befreit.[578] Werden sie nun aber auf Grundlage von § 21 Abs. 5 Satz 2 WEG n.F. dennoch durch Beschluss mit diesen Kosten belastet, müssen sie diesen Beschluss anfechten. Halten sie dabei die Frist des § 45 WEG n.F. nicht ein, wird der Beschluss bestandskräftig mit der Folge der anteiligen Kostenbelastung. Wird fristgemäß Anfechtungsklage erhoben, prüft das Gericht, ob ggf. eine Maßnahme gemäß § 21 Abs. 2 WEG n.F. vorliegt, weil sich die Kosten der Maßnahme innerhalb eines angemessenen Zeitraums amortisieren.[579]

### 16.9 Verwalterpflichten

Künftig werden die Maßnahmen der baulichen Veränderung gemäß § 20 WEG n.F.

- Maßnahmen der modernisierenden Instandhaltung,
- Maßnahmen der Modernisierung und
- darüber hinaus gehende Maßnahmen

darstellen. Stets dann, wenn die Wohnungseigentümer derartige Maßnahmen als Gemeinschaftsmaßnahmen beschließen, treffen den Verwalter die typischen mit Baumaßnahmen verbundenen Aufgaben.

### 16.9.1 Eigentümerversammlungen vorbereiten

#### 16.9.1.1 Mindestens 2 Versammlungen planen/Möglichkeit des § 23 Abs. 3 Satz 2 WEG n.F.

Wie bei größeren Maßnahmen der Erhaltung bzw. Instandhaltung und Instandsetzung, werden Maßnahmen der baulichen Veränderung als Gemein-

---

[578] Siehe Kap. 16.8.1.2 Privilegierte Gestattungsmaßnahme.
[579] Siehe Kap. 16.8.2.2 Maßnahme mit Kostenamortisation.

## Bauliche Veränderung

schaftsmaßnahmen bzw. nach gemeinschaftlicher Beschlussfassung künftig in erster Linie solche der modernisierenden Instandsetzung oder der Modernisierung des Gemeinschaftseigentums darstellen. Baumaßnahmen in diesem Größenumfang können selten in nur einer Wohnungseigentümerversammlung abschließend beschlossen werden. In aller Regel wird hier zunächst das „Ob" beschlossen, nämlich die Frage, ob eine bestimmte Maßnahme der baulichen Veränderung überhaupt durchgeführt werden soll.

Hinsichtlich des „Wie" der Maßnahmendurchführung ist zu bedenken, dass häufig Sonderfachleute einzuschalten, Leistungsverzeichnisse zu erstellen und Vergleichsangebote einzuholen sind, bevor die Maßnahme endgültig konkret beschlossen werden kann. Ggf. sind im Einzelfall auch einmal 3 Wohnungseigentümerversammlungen erforderlich. Das „Programm" des Verwalters wird sich in diesen Fällen also nicht maßgeblich von dem unterscheiden, das er auch bei Erhaltungsmaßnahmen größeren Umfangs abarbeiten muss.

**Beschluss über abschließende Willensbildung gemäß § 23 Abs. 3 Satz 2 WEG n. F.**

Allerdings bringt hier das WEMoG mit § 23 Abs. 3 Satz 2 WEG n. F. eine deutliche Erleichterung. Hiernach können die Wohnungseigentümer nämlich im Einzelfall beschließen, dass dann, wenn eine abschließende Willensbildung etwa wegen des Fehlens ausreichender Informationen noch nicht möglich ist, eine (abschließende) Beschlussfassung im Umlaufverfahren des § 23 Abs. 3 Satz 2 WEG n. F. mit der Mehrheit der abgegebenen Stimmen erfolgen kann.[580]

Problematisch könnten insoweit diejenigen Fälle werden, die eine Kostenverteilung unter sämtlichen Wohnungseigentümern zur Folge haben werden, weil der konkreten Maßnahme mehr als 2/3 der abgegebenen Stimmen, die die Hälfte der Miteigentumsanteile repräsentiert haben, zustimmen. Wurde hier in der Eigentümerversammlung lediglich die Frage des „Ob" positiv beschlossen, diejenige des „Wie" aber der Mehrheitsentscheidung im Umlaufverfahren vorbehalten, wird man berücksichtigen müssen, dass auch das noch zu beschließende „Wie" Teil des Beschlusses über die Baumaßnahme ist und daher wiederum das doppelt-qualifizierte Quorum erreicht werden muss.

### 16.9.1.2 Fördermittel prüfen

Für Baumaßnahmen, insbesondere solche einer energetischen Modernisierung des Gemeinschaftseigentums, existieren mannigfaltige Förderprogramme. Vom Verwalter wird man hier nicht verlangen können, dass er die für die konkrete Maßnahme infrage kommende günstigste Fördermöglichkeit selbst ermittelt. Dies dürfte auch vor dem Hintergrund der damit verbundenen Haftungsrisiken kaum zumutbar sein. In der Rechtsprechung ist im Übrigen umstritten, ob eine Fördermittelberatung durch den Verwalter nicht sogar

---

[580] Siehe Kap. 11.2.2 Beschlussfassung mit einfacher Mehrheit.

einen Verstoß gegen das Rechtsdienstleistungsgesetz darstellt. Dieser Auffassung ist jedenfalls das AG Oberhausen[581], anderer Auffassung ist das LG Mönchengladbach.[582] Mit Blick auf die Regelung in § 5 Abs. 2 Nr. 2 RDG dürfte der Verwalter zweifellos nicht gegen das Rechtsdienstleistungsgesetz verstoßen, wenn er über Fördermöglichkeiten aufklärt.

Wegen des existierenden „Fördermittel-Dschungels" sollte der Verwalter aber ohnehin keine Fördermittelberatung leisten, da hier unkalkulierbare Haftungsrisiken drohen. Der Verwalter sollte vielmehr auf eine Beschlussfassung, gerichtet auf eine Fördermittelberatung durch sachverständige Dritte hinwirken.

**Beschlussmuster: Beauftragung eines Fördermittelberaters**

**TOP XX: Dämmung der Fassade, hier: Beauftragung eines Fördermittelberaters**

Im Hinblick auf die geplante Fassadendämmung wird der Verwalter ermächtigt, namens, im Auftrag und auf Kosten der Wohnungseigentümergemeinschaft einen Fördermittelberater zu konsultieren, um etwa zur Verfügung stehende Fördermittel beantragen zu können. Die Kosten für die Fördermittelberatung dürfen 750 EUR nicht überschreiten. Die Finanzierung der Kosten erfolgt über die laufenden Hausgelder. Die Verteilung der Kosten erfolgt nach dem vereinbarten Kostenverteilungsschlüssel nach Miteigentumsanteilen.

**Abstimmungsergebnis:**

Ja-Stimmen: _____

Nein-Stimmen: _____

Enthaltungen: _____

Der Versammlungsleiter verkündete folgendes Beschlussergebnis:

_____

Der Beschluss wurde angenommen/abgelehnt.

### 16.9.1.3 Angebote einholen

Selbstverständlich entspricht auch ein Beschluss über eine gemeinschaftliche Maßnahme der baulichen Veränderung lediglich dann ordnungsmäßiger Verwaltung, wenn im Vorfeld der Beschlussfassung Vergleichsangebote eingeholt wurden.

---

[581] AG Oberhausen, Urteil v. 7.5.2013, 34 C 79/12, ZWE 2013 S. 463.
[582] LG Mönchengladbach, Beschluss v. 29.9.2006, 5 T 51/06, ZMR 2007 S. 402.

**Bauliche Veränderung**

Angesichts der meist sehr hohen Kosten bei privilegierten Maßnahmen des § 20 Abs. 2 WEG n.F. oder auch sonstigen Maßnahmen der energetischen Modernisierung, werden die Grenzen der bei Maßnahmen der Erhaltung bzw. Instandhaltung und Instandsetzung des gemeinschaftlichen Eigentums allgemein für erforderlich gehaltenen Vergleichsangebote ohnehin regelmäßig überschritten sein.[583]

Wenn bereits bei Maßnahmen der Erhaltung bzw. Instandhaltung und Instandsetzung mindestens 3 Angebote eingeholt werden müssen[584], gilt dies erst recht bei den vorerwähnten Maßnahmen. Die Angebote müssen selbstverständlich vergleichbar sein. Zu berücksichtigen ist auch, dass nicht jedes kontaktierte Unternehmen ein Angebot abgibt, weshalb ohnehin stets mehr als 3 Unternehmen angeschrieben werden sollten. Auf der anderen Seite ist es aber auch möglich, dass auf dem Anbietermarkt keine 3 Fachunternehmen zu finden sind, was insbesondere bei Maßnahmen der energetischen Modernisierung oder auch hinsichtlich des Maßnahmenkatalogs des § 20 Abs. 2 WEG n.F. möglich sein kann.

 **Vergleichsangebote auch vor Beauftragung von Sonderfachleuten einholen**

Zumindest nach derzeit noch geltender Rechtslage sind vor der Beauftragung von Sonderfachleuten, insbesondere von baubegleitenden Architekten, auch Vergleichsangebote von diesen einzuholen. Dies gilt nur dann nicht, wenn der Architekt zu den Mindestsätzen der HOAI tätig wird.[585] Hieran dürfte sich auch nach künftiger Rechtslage nichts ändern.

Im Übrigen genügt es nicht, dass die Angebote erst zum Zeitpunkt der Beschlussfassung vorliegen. Sie sind den Wohnungseigentümern vielmehr vor der Beschlussfassung mit dem Ladungsschreiben zu übermitteln. Die Wohnungseigentümer müssen nämlich in der Lage sein, die Angebote im Vorfeld der Versammlung ausreichend zu prüfen. Ggf. kann bei großen Modernisierungsmaßnahmen mit umfangreichen Angeboten auch die Übersendung eines entsprechenden Preisspiegels genügen.[586] Nach Auffassung des LG Düsseldorf[587] kann auch eine entsprechende Information mit dem Hinweis auf eine Einsichtsmöglichkeit beim Verwalter genügen.

---

[583] LG Karlsruhe, Beschluss v. 8.8.2013, 11 T 355/12, ZWE 2013 S. 417: 3.000 EUR; LG Dortmund, Urteil v. 21.4.2015, 1 S 445/14, ZMR 2015 S. 777: 5.000 EUR; LG Dortmund, Urteil v. 21.10.2014, 1 S 371/13, ZWE 2015 S. 182: noch 4.200 EUR.
[584] LG Dortmund, Urteil v. 21.4.2015, a.a.O.
[585] LG Hamburg, Urteil v. 21.10.2015, 318 S 3/15, ZMR 2016 S. 135.
[586] LG München I, Urteil v. 6.10.2014, 1 S 21342/13 WEG, ZMR 2015 S. 147.
[587] LG Düsseldorf, Urteil v. 22.10.2014, 25 S 34/14, ZMR 2016 S. 795.

## 16.9.1.4 Finanzierung klären

### 16.9.1.4.1 Laufende Hausgelder

Abhängig vom Kostenaufwand kann eine Finanzierung aus den laufenden Hausgeldern erfolgen. Dies dürfte in aller Regel allerdings nicht möglich sein.

### 16.9.1.4.2 Erhaltungs- bzw. Instandhaltungsrücklage

Bei der Erhaltungs- bzw. Instandhaltungsrücklage handelt es sich um zweckgebundenes Sondervermögen der Eigentümergemeinschaft. Die Erhaltungsrücklage dient allein der Finanzierung von Instandhaltungs- und Instandsetzungsmaßnahmen. Hieran wird sich auch unter Geltung des WEMoG nichts ändern. Hier wird nur der Terminus geändert und es wird künftig in § 19 Abs. 2 Nr. 4 WEG n.F. von der *„Erhaltungsrücklage"* die Rede sein.

Maßnahmen der baulichen Veränderung stellen keine Erhaltungsmaßnahmen dar. Weder dem Gesetzestext noch seiner Begründung ist in wünschenswerter Weise zu entnehmen, was für Maßnahmen der modernisierenden Instandsetzung gelten wird. Auch die Frage, ob Modernisierungsmaßnahmen aus der Instandhaltungsrücklage finanziert werden können, ist bislang nicht abschließend geklärt.[588] Auch den Entscheidungsgründen des BGH-Urteils vom 25.9.2015 ist Entsprechendes nicht eindeutig zu entnehmen[589]: *„Nicht jedem Wohnungseigentümer ist es nämlich möglich und zumutbar, bei einem größeren Finanzbedarf der Gemeinschaft, der durch den Rückgriff auf die Instandhaltungsrücklage nicht gedeckt werden kann, eine hohe (anteilige) Sonderumlage aufzubringen. Zugleich ist den übrigen Wohnungseigentümern und auch dem Gesetzgeber daran gelegen, dass Wohnanlagen nicht infolge ausbleibender Instandsetzungs- und Modernisierungsmaßnahmen verfallen oder erheblich an Wert verlieren."* – zumal der BGH hier nicht über die Finanzierung einer Modernisierungsmaßnahme aus der Instandhaltungsrücklage zu entscheiden hatte, sondern darüber, ob eine Kreditaufnahme (KfW-Förderkredit) durch die Eigentümergemeinschaft ordnungsmäßiger Verwaltung entspricht.

Allerdings dürfte sich das Problem auch nur dann stellen, wenn die Wohnungseigentümer keine Modernisierungsrücklage gebildet haben. Bereits der Gesetzgeber des WEG-Änderungsgesetzes aus dem Jahr 2007 war der Auffassung, zur Finanzierung von Modernisierungsmaßnahmen könne durchaus eine Modernisierungsrücklage auf Grundlage der §§ 16 Abs. 4 i.V.m. 22 Abs. 2 WEG a.F. gebildet werden.[590] Der derzeitige Gesetzgeber sieht die Bildung „anderweitiger" Rücklagen sogar ausdrücklich in § 28 Abs. 1 Satz 2 WEG n.F. vor.

---

[588] Offengelassen von BGH, Urteil v. 14.12.2012, V ZR 224/11, NJW 2013 S. 1439.
[589] BGH, Urteil v. 25.9.2015, V ZR 244/14, NJW 2015 S. 3651.
[590] BT-Drs. 16/887, S. 31.

## Bauliche Veränderung

### Teilauflösung der Rücklage

Auch wenn Baumaßnahmen nicht aus der Instandhaltungsrücklage (bzw. künftig der Erhaltungsrücklage) finanziert werden können, gilt anderes dann, wenn die Wohnungseigentümer deren Teilauflösung beschließen. Eine Beschlusskompetenz hierzu haben die Wohnungseigentümer durchaus. Auch unter Geltung des WEMoG wird sich hieran nichts ändern, wenn die Wohnungseigentümer keine „Bau- oder Modernisierungsrücklage" gebildet haben.

Freilich entspricht insoweit nur eine Teilauflösung ordnungsmäßiger Verwaltung, denn es muss stets eine angemessene Höhe in der Rücklage verbleiben. Was hier als angemessen anzusehen ist, hängt von den Maßgaben des konkreten Einzelfalls ab. Maßgeblich ist insbesondere, ob ggf. neben der geplanten Bau- bzw. Modernisierungsmaßnahme in absehbarer Zeit auch noch Maßnahmen der Erhaltung bzw. Instandhaltung oder Instandsetzung erforderlich werden.

**Beschlussmuster: Teilauflösung der Erhaltungsrücklage**

**TOP XX:** [*Nennung der konkreten Modernisierungsmaßnahme*]; **Teilauflösung der Erhaltungsrücklage zur Finanzierung der Maßnahme**

Die Wohnungseigentümer beschließen (...) [*konkreter Beschlussinhalt*]

Derzeit enthält die Erhaltungsrücklage liquide Mittel in Höhe von 150.000 EUR. Erforderliche Instandhaltungs- oder Instandsetzungsmaßnahmen sind nicht abzusehen. Unter teilweiser Auflösung der Erhaltungsrücklage in Höhe von 50.000 EUR beschließen die Wohnungseigentümer daher die Finanzierung der vorbeschlossenen baulichen Veränderung mit Kostenbelastung aller Wohnungseigentümer nach § 21 Abs. 2 WEG aus der Erhaltungsrücklage. Sollten die in der Erhaltungsrücklage verbleibenden Mittel angesichts unvorhersehbaren Instandhaltungs- oder Instandsetzungsbedarfs nicht ausreichen, wird der Verwalter unverzüglich eine außerordentliche Wohnungseigentümerversammlung zwecks Beschlussfassung über die Erhebung einer Sonderumlage einberufen.

**Abstimmungsergebnis**:

Ja-Stimmen: _____

Nein-Stimmen: _____

Enthaltungen: _____

Der Versammlungsleiter verkündete folgendes Beschlussergebnis:

_____

Der Beschluss wurde angenommen/abgelehnt.

### 16.9.1.4.3 Sonderumlage

Regelfall der Finanzierung einer baulichen Veränderung dürfte auch unter Geltung des WEMoG die Erhebung einer entsprechenden Sonderumlage sein. Bei Finanzierung der Modernisierungsmaßnahme durch Sonderumlage müssen

- die Fälligkeit der Beiträge geregelt und
- die auf die einzelnen Wohnungseigentümer entfallenen Beiträge ausgewiesen werden oder zumindest durch Angabe des Verteilerschlüssels leicht errechenbar sein.

**Beschlussmuster: Erhebung einer Sonderumlage**

**TOP XX: [*Nennung der konkreten Baumaßnahme*]; Erhebung einer Sonderumlage zur Finanzierung der Maßnahme**

Die Wohnungseigentümer beschließen (...) [*konkreter Beschlussinhalt*]

Die Finanzierung erfolgt durch Erhebung einer Sonderumlage in Höhe von _____ EUR. Gemäß § __ der Teilungserklärung der Wohnungseigentümergemeinschaft des Notars _____ (Name und Kanzleisitz) vom _____ zu der Urkundenrollen-Nummer _____ erfolgt die Verteilung der Kosten und Lasten des gemeinschaftlichen Miteigentums unter sämtlichen Wohnungseigentümern nach Miteigentumsanteilen.

Auf die einzelnen Sondereigentumseinheiten entfallen insoweit folgende Kosten:

Wohnung Nr. 1: _____ EUR

Wohnung Nr. 2: _____ EUR

Wohnung Nr. 3: _____ EUR

(...)

*Alternativ:* Die auf die einzelnen Wohnungseigentümer entfallenden Beiträge werden nach Miteigentumsanteilen verteilt und sind im Einzelnen in einer entsprechenden Anlage aufgelistet, die Bestandteil dieses Beschlusses ist.

Die Beiträge sind bis zum _____ dem gemeinschaftlichen Girokonto anzuweisen. Wohnungseigentümer, die ein Lastschriftmandat erteilt haben, sorgen bitte zum Zeitpunkt der Fälligkeit für eine ausreichende Kontendeckung.

**Abstimmungsergebnis:**

Ja-Stimmen: _____

Nein-Stimmen: _____

Enthaltungen: _____

Der Versammlungsleiter verkündete folgendes Beschlussergebnis:

_____

Der Beschluss wurde angenommen/abgelehnt.

### 16.9.1.4.4 Kreditaufnahme

Grundsätzlich kommt auch die Finanzierung einer Baumaßnahme durch Kreditaufnahme infrage. Gerade bei Maßnahmen der energetischen Modernisierung oder der privilegierten Maßnahmen des § 20 Abs. 2 WEG n. F. ist zu berücksichtigen, dass der Gesetzgeber es den Wohnungseigentümern erleichtern wollte, ihre Wohnanlage in wirtschaftlich vernünftiger Weise an die Erfordernisse der Zeit anzupassen. Auch ist es nicht jedem Wohnungseigentümer möglich und zumutbar, bei einem größeren Finanzbedarf der Gemeinschaft, der durch den Rückgriff auf die Instandhaltungslage nicht gedeckt werden kann, eine hohe anteilige Sonderumlage aufzubringen. Zugleich ist den übrigen Wohnungseigentümern und auch dem Gesetzgeber daran gelegen, dass Wohnanlagen nicht infolge ausbleibender Instandsetzungs- und Modernisierungsmaßnahmen verfallen oder erheblich an Wert verlieren.[591] Auch die Finanzierung von baulichen Veränderungen mittels Darlehens kann daher ordnungsmäßiger Verwaltung entsprechen. Angesichts des weit gefassten Begriffs der baulichen Veränderung in § 20 WEG n. F. ist allerdings die Maßnahme als solche in den Blick zu nehmen: Je notwendiger sie ist, um die Wohnanlage auf einen zeitgemäßen Standard zu heben, desto eher wird eine Darlehensaufnahme ordnungsmäßiger Verwaltung entsprechen.[592]

> **Beispiel: Die Solaranlage**
>
> Die Wohnungseigentümer wollen auf dem Dach der Wohnanlage Sonnenkollektoren errichten, um die Anlage teilweise auch mit Sonnenenergie zu versorgen. Die Kosten einschließlich erforderlicher Folgemaßnahmen werden sich voraussichtlich auf 20.000 EUR belaufen. Gleichzeitig

---
[591] BGH, Urteil v. 25.9.2015, V ZR 244/14, NJW 2015 S. 3651.
[592] BGH, Urteil v. 25.9.2015, a.a.O.

**Bauliche Veränderung**

ist eine umfassende Fassadensanierung erforderlich, die nicht allein aus der Erhaltungsrücklage finanziert werden kann, weshalb zusätzlich die Erhebung einer Sonderumlage erforderlich wird.

Ein Beschluss über eine Kreditaufnahme zur Finanzierung der Sonnenkollektoren würde ordnungsmäßiger Verwaltung widersprechen. Bei der Errichtung einer Solaranlage handelt es sich niemals um eine eilbedürftige Modernisierungs- bzw. nach künftiger Lesart: Maßnahme baulicher Veränderung. Andererseits knüpfen im Rahmen der energetischen Modernisierung des Gemeinschaftseigentums Fördermöglichkeiten gerade an eine Kreditaufnahme an, sodass hier eine Kreditaufnahme in der Regel ordnungsmäßiger Verwaltung entsprechen dürfte.

### Finanzierung abhängig von Kostentragungsverpflichtung

Stets wird auch unter Geltung des WEMoG zu beachten sein, dass eine Finanzierung von baulichen Maßnahmen weder über Rücklage, noch Kreditaufnahme infrage kommt, wenn nicht sämtliche Wohnungseigentümer die Kosten der Maßnahme zu tragen haben. Eine Finanzierung kommt dann nur entweder aus den laufenden Hausgeldern unter Einzelbelastung der kostentragungsverpflichteten Wohnungseigentümer in ihrer Jahresabrechnung infrage oder die Erhebung einer Sonderumlage jeweils lediglich unter denjenigen Wohnungseigentümern, die verpflichtet sind, die Kosten der Baumaßnahme zu tragen.

### Beschlussmuster: Bauliche Veränderung – Kreditaufnahme durch die Gemeinschaft der Wohnungseigentümer

**TOP XX: Beschluss über den Abschluss eines Verbraucherdarlehensvertrags**

Nach Aufklärung des Verwalters über die mit einer Darlehens- bzw. Kreditaufnahme verbundenen Gefahr der Inanspruchnahme einzelner Wohnungseigentümer wegen der in § 9a Abs. 4 WEG angeordneten, auf den jeweiligen Miteigentumsanteil beschränkten Außenhaftung im Fall von Zahlungsausfällen von Wohnungseigentümern im Hinblick auf die Rückführung der Kreditraten, fassen die Wohnungseigentümer nachfolgenden Finanzierungsbeschluss:

Die Kosten der in dieser Wohnungseigentümerversammlung zu TOP XX beschlossenen baulichen Veränderung in Form der Errichtung eines Aufzugs im gemeinschaftlichen Treppenhaus in Höhe von _____ EUR werden durch Aufnahme eines Netto-Darlehens in Höhe von _____ EUR in Form eines Verbraucherdarlehensvertrags finanziert. Der Verwalter wird ermächtigt, namens der Gemeinschaft der Wohnungseigentümer _____ mit der

_____-Bank einen entsprechenden Darlehensvertrag zu schließen.

Die Laufzeit des Kredits beträgt \_\_ Jahre. Der Zins darf \_\_ Prozentpunkte p.a. nicht übersteigen. Die Tilgung soll auf \_\_ Jahre angelegt sein. Die Gesamtbelastung der Gemeinschaft der Wohnungseigentümer einschließlich Zinsen sowie sämtlicher Kosten beträgt mit Ablauf der Kreditlaufzeit insgesamt _____ EUR. Die Kosten belaufen sich insgesamt also auf _____ EUR. Die monatlichen Teilzahlungen der Gemeinschaft betragen insoweit _____ EUR. Der effektive Jahreszins beträgt \_\_\_\_. Eine Anschlussfinanzierung ist nicht erforderlich, da die Tilgungsraten so angelegt sind, dass das Darlehen am Ende der Laufzeit getilgt ist. Sicherheiten sind seitens der Gemeinschaft der Wohnungseigentümer nicht zu stellen.

Der jeweilige Verwalter wird ermächtigt, der Kreditbank im Rahmen des Vertragsverhältnisses Namen, Anschriften und Geburtsdaten der einzelnen Wohnungseigentümer bekannt zu geben. Zins und Tilgung werden aus den laufenden Hausgeldern erbracht. Im Wirtschaftsplan ist eine entsprechende Kostenposition vorzusehen.

Der Verwalter wird zur Durchführung dieses Beschlusses und zum Abschluss des Kreditvertrags erst nach dessen Bestandskraft ermächtigt. Die Rückzahlung des Darlehens ist dann monatlich, beginnend mit dem ersten Kalendertag des auf den Vertragsabschluss folgenden Monats jeweils zum ersten Kalendertag vorzunehmen.

**Abstimmungsergebnis**:

Ja-Stimmen: \_\_\_\_\_

Nein-Stimmen: \_\_\_\_\_

Enthaltungen: \_\_\_\_\_

Der Versammlungsleiter verkündete folgendes Beschlussergebnis:

_____

Der Beschluss wurde angenommen/abgelehnt.

### 16.9.2 Beschlussfassung herbeiführen

#### 16.9.2.1 Jede Baumaßnahme erfordert Beschlussfassung

Unter Geltung des WEMoG ist über jede Baumaßnahme ein Beschluss zu fassen – egal, ob es sich um eine gemeinschaftliche Maßnahme oder eine

Individualmaßnahme handelt.[593] Beschlüsse, die eine bauliche Veränderung auf Grundlage des § 20 WEG n.F. zum Gegenstand haben, müssen ebenfalls – wiederum egal, ob es sich um eine gemeinschaftliche Baumaßnahme oder eine Individualmaßnahme eines oder einzelner Wohnungseigentümer handelt – im Ladungsschreiben ausreichend angekündigt werden. Dem Informationsinteresse der Wohnungseigentümer muss vor Beschlussfassung ausreichend Rechnung getragen werden. Insoweit ist es auch erforderlich, ihnen im Vorfeld benötigte Informationen zukommen zu lassen. Wie auch bei Maßnahmen der Erhaltungs- bzw. Instandhaltung und Instandsetzung des Gemeinschaftseigentums, müssen insbesondere Vergleichsangebote mit dem Ladungsschreiben übersandt werden, wenn die Maßnahme gemeinschaftlich durchgeführt werden soll.

### 16.9.2.2 Dokumentation der Abstimmungsergebnisse

Insbesondere mit Blick auf die künftige Kostenverteilung der Baumaßnahmen, wird es in aller Regel erforderlich werden, das Abstimmungsverhalten der Wohnungseigentümer zu dokumentieren, also zumindest in Textform festzuhalten. Zwar werden die Kosten von baulichen Veränderungen nach § 21 Abs. 2 WEG n.F. dann unter sämtlichen Wohnungseigentümern unabhängig von ihrem Abstimmungsverhalten verteilt, wenn die bauliche Veränderung mit einer Mehrheit von mehr als 2/3 der abgegebenen Stimmen und der Hälfte der Miteigentumsanteile beschlossen wird, die nicht mit unverhältnismäßigen Kosten verbunden ist oder deren Kosten sich innerhalb eines angemessenen Zeitraums amortisieren.

### 16.9.3 Kostenverteilung vornehmen

### 16.9.3.1 Kostenverteilung unter allen

Haben alle Wohnungseigentümer der baulichen Veränderung zugestimmt oder sind alle Wohnungseigentümer nach § 21 Abs. 2 WEG n.F. verpflichtet, die Kosten der Maßnahme zu tragen, weil ein Fall des § 21 Abs. 2 WEG n.F. vorliegt, erfolgt die Kostenverteilung sachlogisch unter allen Wohnungseigentümern nach dem gesetzlichen, vereinbarten oder aber auch auf Grundlage von § 21 Abs. 5 Satz 1 WEG n.F. abweichend hiervon beschlossenen Kostenverteilungsschlüssel.

### 16.9.3.2 Kostenverteilung nur unter den Zustimmenden

Stimmen nicht alle Wohnungseigentümer der Baumaßnahme zu und müssen auch nicht alle Wohnungseigentümer nach § 21 Abs. 2 WEG n.F. die Kosten der Maßnahme tragen, hat der Verwalter die Kosten der Baumaßnahme selbst und die Folgekosten lediglich unter den zustimmenden Wohnungseigentümern zu verteilen.

---

[593] Siehe Kap. 16.2 Beschlussfassung.

**Bauliche Veränderung**

> **Beispiel: Der Treppenlift – Teil 1**
>
> In der aus 15 Wohnungseigentümern bestehenden Wohnanlage leben 7 bereits hochbetagte und zunehmend gebrechlicher werdende Wohnungseigentümer. In einer Wohnungseigentümerversammlung sind insgesamt 10 Wohnungseigentümer anwesend bzw. vertreten. Mit den Stimmen der 7 Wohnungseigentümer, die 4.500/10.000 Miteigentumsanteile repräsentieren, wird beschlossen, einen Treppenlift durch das gemeinschaftliche Treppenhaus bis in das 4. Obergeschoss zu montieren. Die Kosten werden sich auf 21.000 EUR belaufen. Die Maßnahme soll durch die Gemeinschaft der Wohnungseigentümer umgesetzt werden.

Die Wohnungseigentümer 1 bis 7, in deren Interesse der Einbau des Treppenlifts erfolgt, sind verpflichtet, die Kosten des Einbaus zu tragen, da das für eine allseitige Kostentragungspflicht erforderliche Quorum des § 21 Abs. 2 Nr. 1 WEG n.F. nicht erreicht ist. Die Wohnungseigentümer 1 bis 7 sind auch verpflichtet, die Folgekosten der Baumaßnahme, wie Wartungskosten, anteilige Stromkosten und Kosten der Erhaltung des Treppenlifts, zu tragen. Die Kostenverteilung erfolgt gemäß § 21 Abs. 3 Satz 1 WEG n.F. nach Miteigentumsanteilen, so die Wohnungseigentümer keinen abweichenden Maßstab beschließen. Dies ist hier der Fall, da die Wohnungseigentümer eine Kostenverteilung nach Wohnungen für angemessen halten.

### 16.9.3.3 Nachzügler berücksichtigen

Diejenigen Wohnungseigentümer, die einer gemeinschaftlich durchgeführten Maßnahme nicht zugestimmt oder sich enthalten haben, waren in die ursprüngliche Kostenverteilung nicht mit einzubeziehen. Diesen Wohnungseigentümern verleiht allerdings § 21 Abs. 4 WEG n.F. einen Anspruch darauf, dass ihnen Nutzungen gestattet werden, wenn dies billigem Ermessen entspricht und diese Wohnungseigentümer einen angemessenen Ausgleich leisten. Über das Begehren beschließen wiederum sämtliche Wohnungseigentümer.[594]

Wird dem Begehren dieser Nachzügler entsprochen, beschließen die Wohnungseigentümer mit Blick auf die Kosten der Baumaßnahme über einen angemessenen Ausgleich, der sich an den anteilsmäßigen Kosten orientieren wird. Bezüglich der Kosten der laufenden Unterhaltung und Erhaltung der neu geschaffenen Anlage werden die Nachzügler in die laufende Kostenverteilung mit einbezogen.

---

[594] Siehe ausführlich „Schwimmhallenfall" in Kap. 16.8.2.1 „Klassische" bauliche Veränderung.

# Bauliche Veränderung

## Beispiel: Der Treppenlift – Teil 2

Der mittlerweile ebenfalls betagte Wohnungseigentümer 8, der dem Einbau des Treppenlifts ursprünglich nicht zugestimmt hatte, will diesen jetzt ebenfalls nutzen.

Aufgrund der unter den Wohnungseigentümern bestehenden Treuepflicht und dem Grundsatz der Gleichbehandlung, wird man dem Begehren dieses Wohnungseigentümers entsprechen müssen. Er hat Anspruch auf Genehmigungsbeschlussfassung. Im Gegenzug hat er einen angemessenen Ausgleich für die angefallenen Baukosten zu leisten und sich in Zukunft an den entstehenden Betriebs- und Erhaltungskosten zu beteiligen.

Bezüglich der zu erstellenden Wirtschaftspläne und Jahresabrechnungen hat der Verwalter also den entsprechenden Kostenverteilungsschlüssel anzupassen. Hinsichtlich des zu leistenden Ausgleichsbetrags für die Kosten der Baumaßnahme dürfte es zweifellos der Beschlusskompetenz der Wohnungseigentümer unterfallen, den Wohnungseigentümer entweder unmittelbar zur Ausgleichszahlung an die Gemeinschaft der Wohnungseigentümer zu verpflichten oder seine Kostenbelastung im Rahmen der Jahresabrechnung zu regeln. Im einen wie im anderen Fall hat der Verwalter dann zu beachten, welchen Wohnungseigentümern entweder der Ausgleichsbetrag anteilig auszuzahlen sein wird bzw. zu wessen Gunsten Gutschriften im Rahmen der Jahresabrechnung erfolgen müssen.

## 16.10 Beschlussmuster zu baulichen Veränderungen

### 16.10.1 Gemeinschaftliche Erhaltungsmaßnahme

**Beschlussmuster: Gemeinschaftliche Erhaltungsmaßnahme**

**TOP XX: Austausch der Hauseingangstür**

Die Wohnungseigentümer beschließen den Austausch der erheblich instandsetzungsbedürftigen Hauseingangstür. Der Verwalter hat den Wohnungseigentümern mit dem Ladungsschreiben Angebote dreier Fachunternehmen übersandt, jeweils über Türen mit vergleichbaren Ausstattungsmerkmalen und vergleichbarer Verarbeitung. Insoweit wird der Verwalter ermächtigt, die Firma _____ auf Grundlage ihres Angebots vom ____ mit der Lieferung und dem Einbau der Eingangstür zu beauftragen. Die Tür hat die Farbe ___ und besteht aus ___ (Materialangabe). Sie erfüllt folgende Sicherheitsanforderungen: ___. Die Kosten in Höhe von _____ EUR werden aus den laufenden Hausgeldern finanziert. Die Kostenverteilung erfolgt entsprechend des geltenden Kostenverteilungsschlüssels nach Miteigentumsanteilen.

**Abstimmungsergebnis:**
Ja-Stimmen: _____
Nein-Stimmen: _____
Enthaltungen: _____
Der Versammlungsleiter verkündete folgendes Beschlussergebnis:
_____
Der Beschluss wurde angenommen/abgelehnt.

### 16.10.2 Nicht privilegierte Maßnahmen

 **Beschlussmuster: Bauliche Veränderung – Einzelgestattung eines nicht privilegierten Bauvorhabens**

**TOP XX: Verglasung des Balkons der Sondereigentumseinheit Nr. 8**

Die Wohnungseigentümer genehmigen dem jeweiligen Sondereigentümer der Einheit Nr. 8 der Teilungserklärung nebst Aufteilungsplan die Verglasung seines Balkons gemäß der beigefügten Planskizze des Architekten, Herrn Dipl.-Ing. _____, die Bestandteil dieses Beschlusses ist und als Anlage zur Beschluss-Sammlung zu nehmen ist. Sämtliche Kosten der Maßnahme sind vom jeweiligen Eigentümer der Sondereigentumseinheit Nr. 8 zu tragen. Die Verglasung hat durch ein Fachunternehmen unter Einhaltung der anerkannten Regeln der Technik zu erfolgen. Nach Durchführung der Maßnahme ist dies dem Verwalter gegenüber seitens des Architekten Herrn Dipl.-Ing. _____ schriftlich zu bestätigen.

Die Wirksamkeit dieses Beschlusses steht unter der aufschiebenden Bedingung, dass der jeweilige Eigentümer der Sondereigentumseinheit Nr. 8 bezüglich erforderlicher Erhaltungsmaßnahmen an der Verglasung eine Reallast an der Sondereigentumseinheit Nr. 8 zu Gunsten der Gemeinschaft, gerichtet auf eine Übernahme dieser Verpflichtung auf eigene Kosten jeweils durch Fachunternehmen, dinglich absichert. Die Gestattung zur Verglasung des Balkons der Sondereigentumseinheit Nr. 8 steht im Übrigen unter der weiteren aufschiebenden Bedingung, dass dem Verwalter eine entsprechende Baugenehmigung vor Baubeginn vorgelegt wird oder der Nachweis erbracht wird, dass es einer Baugenehmigung nicht bedarf.

**Abstimmungsergebnis**:

Ja-Stimmen: _____

Nein-Stimmen: _____

Enthaltungen: _____

Der Versammlungsleiter verkündete folgendes Beschlussergebnis:

_____

Der Beschluss wurde angenommen/abgelehnt.

**Beschlussmuster: Bauliche Veränderung mit Kostenverteilung unter bestimmten Wohnungseigentümern**

**TOP XX: Verglasung aller vorhandenen Balkone**

Die Wohnungseigentümer beschließen auf Grundlage des Konzepts des Sonderfachmanns/der Sonderfachfrau Dipl.-Ing. _____, das fester Bestandteil dieses Beschlusses und als Anlage zur Beschluss-Sammlung zu nehmen ist, sowie der seitens des Verwalters eingeholten Vergleichsangebote, die den Wohnungseigentümern mit dem Einberufungsschreiben übersandt wurden, den Verwalter zu ermächtigen, die Firma _____ namens, Auftrags und auf Kosten der Gemeinschaft der Wohnungseigentümer auf Grundlage ihres Angebots vom _____ mit der Verglasung sämtlicher Balkone der Wohnungseigentumsanlage zu einem Gesamtkostenaufwand in Höhe von _____ EUR zu beauftragen. Die Arbeiten werden am _____ beginnen. Im Vorfeld wird die Firma _____ einen Bauzeitenplan mit den Bauzeiten in den einzelnen Sondereigentumseinheiten der Verwaltung überreichen. Die Verwaltung wird diesen Bauzeitenplan den betreffenden Wohnungseigentümern zur Verfügung stellen. Die jeweiligen Wohnungseigentümer haben zu den ihre Sondereigentumseinheit betreffenden Terminen für den Zugang zu ihrer Sondereigentumseinheit zu sorgen.

Gemäß § __ der Teilungserklärung der Wohnungseigentümergemeinschaft des Notars _____ (Name und Kanzleisitz) vom _____ zu der Urkundenrollen-Nummer _____ erfolgt die Verteilung der Kosten und Lasten des gemeinschaftlichen Miteigentums unter sämtlichen Wohnungseigentümern nach Miteigentumsanteilen.

Die Wohnungseigentümer beschließen entgegen der maßgeblichen Bestimmung in der Teilungserklärung, die Kosten der vorbeschlossenen Balkonverglasung unter den Wohnungseigentümern zu verteilen, in deren Sondereigentum ein Balkon vorhanden ist und verglast wird. Unter diesen Wohnungseigentümern erfolgt die Kostenverteilung dergestalt, dass jeder dieser Wohnungseigentümer die Kosten der im Bereich seines Sondereigentums zu verglasenden Balkone trägt. Wird demnach im Bereich des Sondereigentums eines Wohnungseigentümers lediglich ein Balkon verglast, so hat er lediglich die Kosten der Verglasung eines Balkons zu tragen. Soweit im Bereich des Sondereigentums eines Wohnungseigentümers zwei Balkone verglast werden, hat dieser die Kosten für zwei Balkone zu tragen.

Die Finanzierung der Maßnahme erfolgt durch Erhebung einer Sonderumlage. Für den Fall, dass die Firma _____ im Zuge der Maßnahmendurchführung eine Bauhandwerkersicherung nach § 650f BGB verlangen sollte, wird der Gesamtkostenbetrag entsprechend um 10 % erhöht. Insoweit entfallen auf die einzelnen von der Maßnahme betroffenen Sondereigentumseinheiten folgende Beträge: _____ EUR. Die Beiträge zu der Sonderumlage sind zur Zahlung auf das gemeinschaftliche Girokonto bis zum _____ fällig.

**Abstimmungsergebnis**:

Ja-Stimmen: _____

Nein-Stimmen: _____

Enthaltungen: _____

Der Versammlungsleiter verkündete folgendes Beschlussergebnis:

_____

Der Beschluss wurde angenommen/abgelehnt.

**Beschlussmuster: Bauliche Veränderung – Rückbau einer nicht gestatteten Maßnahme**

**TOP XX: Rückbau des Gartenpavillons**

Der Verwalter wird beauftragt, Wohnungseigentümer _____ aufzufordern, den ohne Gestattungsbeschluss im Bereich seines Sondernutzungsrechts an der rückseitigen Gartenfläche errichteten Gartenpavillon zurückzubauen und den ursprünglichen Zustand wiederherzustellen.

Für den Fall, dass Herr _____ dieser Aufforderung nicht nachkommt, ist der Verwalter weiter ermächtigt, namens und im Auftrag der Gemeinschaft der Wohnungseigentümer die Beseitigung der baulichen Veränderung gerichtlich durchzusetzen. Der Verwalter darf hiermit namens und im Auftrag der Gemeinschaft der Wohnungseigentümer einen Rechtsanwalt beauftragen.

Die Finanzierung der Kosten des Verfahrens erfolgt aus den laufenden Hausgeldern.

**Abstimmungsergebnis:**

Ja-Stimmen: \_\_\_\_\_

Nein-Stimmen: \_\_\_\_\_

Enthaltungen: \_\_\_\_\_

Der Versammlungsleiter verkündete folgendes Beschlussergebnis:

_____

Der Beschluss wurde angenommen/abgelehnt.

## 16.10.3 Privilegierte Maßnahmen

**Beschlussmuster: Bauliche Veränderung – Einzelgestattung einer privilegierten Maßnahme, Durchführung durch die Gemeinschaft**

**TOP XX: Errichtung einer Rollstuhlrampe im Bereich des Eingangspodests**

Auf Wunsch der Wohnungseigentümerin Frau _____ wird die Errichtung einer Rollstuhlrampe im linken Bereich des Eingangspodests der Wohnanlage durchgeführt werden. Ausführung und Maße sind der Planskizze des Bauunternehmens _____ vom \_\_\_\_\_ zu entnehmen, die den Wohnungseigentümern mit dem Ladungsschreiben übersandt worden ist und als Bestandteil dieses Beschlusses zur Beschluss-Sammlung zu nehmen ist. Der Verwalter hat im Vorfeld drei Vergleichsangebote geeigneter Fachunternehmen eingeholt. Nach Abstimmung mit dem Verwaltungsbeirat und im Einvernehmen mit Frau _____ wird die Firma _____ namens und im Auftrag der Gemeinschaft der Wohnungseigentümer mit der Errichtung der Rollstuhlrampe beauftragt. Die Baumaßnahme kommt im Zeitraum \_\_\_\_\_ bis \_\_\_\_\_ zur Durchführung.

Die Kosten der Baumaßnahme trägt im Innenverhältnis der Gemeinschaft der Wohnungseigentümer die Wohnungseigentümerin Frau _____. Zur Finanzierung der Kosten der Baumaßnahme in Höhe von \_\_\_\_\_ EUR gemäß dem Angebot der Firma _____ vom \_\_\_\_\_, hat Frau _____ bis zum \_\_\_\_\_ diesen Betrag dem gemeinschaftlichen Girokonto anzuweisen. Frau _____ ver-

## Bauliche Veränderung

pflichtet sich, unvorhergesehene, aber erforderliche Zusatzkosten, die in vorerwähntem Angebot nicht enthalten sind, nach Mitteilung seitens des Verwalters binnen einer Woche dem gemeinschaftlichen Girokonto anzuweisen.

Erforderlich werdende Erhaltungsmaßnahmen werden von der Gemeinschaft der Wohnungseigentümer durchgeführt. Die hierfür anfallenden Kosten sind von Frau _____ zu tragen. Die Belastung mit diesen Kosten erfolgt in der Jahreseinzelabrechnung.

**Abstimmungsergebnis:**

Ja-Stimmen: _____

Nein-Stimmen: _____

Enthaltungen: _____

Der Versammlungsleiter verkündete folgendes Beschlussergebnis:

_____

Der Beschluss wurde angenommen/abgelehnt.

**Beschlussmuster: Bauliche Veränderung – Einzelgestattung einer privilegierten Maßnahme, Durchführung durch einen Wohnungseigentümer**

**TOP XX: Einbau eines Treppenlifts im gemeinschaftlichen Treppenhaus**

Dem Wohnungseigentümer Herrn _____ wird der Einbau eines Treppenlifts im gemeinschaftlichen Treppenhaus gestattet. Der Treppenlift wird vom Erdgeschoss bis in das zweite Obergeschoss geführt. Die Ausführung und Maße sind dem Schreiben der Firma _____ vom _____ zu entnehmen, das den Wohnungseigentümern mit dem Ladungsschreiben übersandt wurde und als Bestandteil dieses Beschlusses zur Beschluss-Sammlung zu nehmen ist. Firma _____ wird den Einbau vornehmen. Entsprechend des Schreibens der Firma _____ wird der Treppenlift im Zeitraum vom _____ bis _____ eingebaut.

Die Baumaßnahme wird durch Herrn _____ voll finanziert. Er hat sämtliche Kosten zu tragen, die für Erhaltungsmaßnahmen erforderlich werden und er hat diese Maßnahmen selbst durchzuführen. Mit Blick auf den durch den Betrieb des Treppenlifts entstehenden Verbrauch von Allgemeinstrom wird der Treppenlift mit einem Zwischenzähler versehen. Mit den insoweit anfallenden Stromkosten wird Herr _____ im Rahmen seiner Jahreseinzelabrechnung belastet.

Auf Grundlage des Schreibens der Firma _____ würden Rückbaukosten in Höhe von _____ EUR entstehen. Mit Blick auf einen etwa erforderlich werdenden Rückbau seitens der Gemeinschaft der Wohnungseigentümer, wird Herr _____ bis zum _____ eine Sicherheitsleistung an die Gemeinschaft der Wohnungseigentümer in Höhe von _____ EUR leisten. Dieser Betrag ist vom Verwalter der verzinslich angelegten Erhaltungsrücklage zuzuführen und im Vermögensbericht jeweils gesondert darzustellen.

**Abstimmungsergebnis:**

Ja-Stimmen: _____

Nein-Stimmen: _____

Enthaltungen: _____

Der Versammlungsleiter verkündete folgendes Beschlussergebnis:

_____

Der Beschluss wurde angenommen/abgelehnt.

**Beschlussmuster: Bauliche Veränderung – Teilnahmegestattung mit Kostenregelung („Nachzügler")**

**TOP XX: Nutzungsgestattung der Rollstuhlrampe**

Auf Wunsch der Wohnungseigentümerin Frau _____ wurde in der Wohnungseigentümerversammlung vom _____ zu TOP XX die Errichtung einer Rollstuhlrampe im Bereich des Eingangspodests beschlossen und nachfolgend seitens der Gemeinschaft der Wohnungseigentümer auf Kosten von Frau _____ errichtet. Nachdem nunmehr auch Wohnungseigentümer _____ auf die Nutzung der Rampe angewiesen ist, gestattet ihm die Gemeinschaft der Wohnungseigentümer diese Nutzung.

Die ursprünglich für die Errichtung der Rampe entstandenen Kosten in Höhe von _____ EUR trägt Herr _____ zur Hälfte, mithin in einer Höhe von _____ EUR. Da die Rampe erst vor einem Dreivierteljahr errichtet wurde, ist mit Blick auf den Kostenansatz kein Abzug „neu für alt" vorzunehmen. Herr _____ verpflichtet sich, dem gemeinschaftlichen Girokonto den vorgenannten Betrag bis zum _____ anzuweisen.

Künftige Kosten für erforderliche Erhaltungsmaßnahmen an der Rollstuhlrampe tragen in Zukunft Frau _____ und Herr _____.
Auf Wunsch von Frau _____ und Herrn _____ erfolgt die Kostenverteilung unter ihnen nicht nach Miteigentumsanteilen, sondern nach Objekten, also je zur Hälfte. Eine entsprechende

**Bauliche Veränderung**
**Seite 540**

Kostenbelastung erfolgt im Rahmen der jeweiligen Jahreseinzelabrechnungen.
**Abstimmungsergebnis**:
Ja-Stimmen: _____
Nein-Stimmen: _____
Enthaltungen: _____
Der Versammlungsleiter verkündete folgendes Beschlussergebnis:
_____

Der Beschluss wurde angenommen/abgelehnt.

# 17 Gerichtliches Verfahren

Die Besonderheiten des wohnungseigentumsrechtlichen Verfahrens werden in Zukunft nach wie vor in den §§ 43 ff. WEG geregelt sein. Allerdings beschränken sich die Verfahrensregelungen des künftigen Wohnungseigentumsgesetzes auf gerade einmal 3 Paragrafen. Insbesondere Neuregelung, dass es sich bei Beschlussmängelklagen (also Anfechtungsklagen sowie Nichtigkeitsfeststellungsklagen) in Ergänzung der Beschlussersetzungsklage nach § 44 Abs. 1 Satz 2 WEG n.F. in Zukunft um Verbandsprozesse handelt, lassen diverse Regelungen entfallen, die bisher deshalb notwendig waren, weil sich diese Klagen nicht gegen die Gemeinschaft der Eigentümer, sondern gegen die übrigen Wohnungseigentümer gerichtet haben. Die Änderungen bringen unzweifelhaft wesentliche Erleichterungen mit sich, werfen allerdings auch neue Fragen und Probleme auf.

Neben den allgemeinen prozessualen Regelungen der Zivilprozessordnung (ZPO), wird es künftig also nur noch 3 Spezialvorschriften im Wohnungseigentumsgesetz selbst geben. Für die Streitwertbemessung wird der bislang geltende § 49a GKG aufgehoben und § 49 GKG n.F. in seiner Wiederbelebung entsprechend modifiziert werden.

## 17.1 Zuständigkeit

Die Zuständigkeit des Wohnungseigentumsgerichts wird nach wie vor in § 43 WEG n.F. geregelt sein. Wesentliche Abweichungen gegenüber der derzeit noch geltenden Rechtslage ergeben sich nicht. Allerdings regelt § 43 Abs. 1 WEG n.F. im Gegensatz zu § 43 Abs. 2 WEG n.F. keinen ausschließlichen Gerichtsstand mehr, der nach derzeitiger Rechtslage noch für die Verfahren des § 43 Nr. 5 und 6 WEG a.F. gilt.

| WEG a.F. | WEG n.F. |
|---|---|
| § 43 Zuständigkeit | § 43 Zuständigkeit |
| | (1) ¹Die Gemeinschaft der Wohnungseigentümer hat ihren allgemeinen Gerichtsstand bei dem Gericht, in dessen Bezirk das Grundstück liegt. ²Bei diesem Gericht kann auch die Klage gegen Wohnungseigentümer im Fall des § 9a Absatz 4 Satz 1 erhoben werden. |

Das Gericht, in dessen Bezirk das Grundstück liegt, ist ausschließlich zuständig für

1. Streitigkeiten über die sich aus der Gemeinschaft der Wohnungseigentümer und aus der Verwaltung des gemeinschaftlichen Eigentums ergebenden Rechte und Pflichten der Wohnungseigentümer untereinander;
2. Streitigkeiten über die Rechte und Pflichten zwischen der Gemeinschaft der Wohnungseigentümer und Wohnungseigentümern;
3. Streitigkeiten über die Rechte und Pflichten des Verwalters bei der Verwaltung des gemeinschaftlichen Eigentums;
4. Streitigkeiten über die Gültigkeit von Beschlüssen der Wohnungseigentümer;
5. Klagen Dritter, die sich gegen die Gemeinschaft der Wohnungseigentümer oder gegen Wohnungseigentümer richten und sich auf das gemeinschaftliche Eigentum, seine Verwaltung oder das Sondereigentum beziehen;
6. Mahnverfahren, wenn die Gemeinschaft der Wohnungseigentümer Antragstellerin ist. Insoweit ist § 689 Abs. 2 der Zivilprozessordnung nicht anzuwenden.

**(2)** Das Gericht, in dessen Bezirk das Grundstück liegt, ist ausschließlich zuständig für

1. Streitigkeiten über die Rechte und Pflichten der Wohnungseigentümer untereinander,
2. Streitigkeiten über die Rechte und Pflichten zwischen der Gemeinschaft der Wohnungseigentümer und Wohnungseigentümern,
3. Streitigkeiten über die Rechte und Pflichten des Verwalters **einschließlich solcher über Ansprüche eines Wohnungseigentümers gegen den Verwalter sowie**
4. **Beschlussklagen gemäß § 44.**

## 17.1.1 Gerichtsstand (§ 43 Abs. 1 WEG n.F.)

**WEG n.F.**

**§ 43 Zuständigkeit**

(1) ¹Die Gemeinschaft der Wohnungseigentümer hat ihren allgemeinen Gerichtsstand bei dem Gericht, in dessen Bezirk das Grundstück liegt. ²Bei diesem Gericht kann auch die Klage gegen Wohnungseigentümer im Fall des § 9a Absatz 4 Satz 1 erhoben werden.

### 17.1.1.1 Grundsätze

§ 43 Abs. 1 Satz 1 WEG n.F. ordnet an, dass die Gemeinschaft der Wohnungseigentümer ihren allgemeinen Gerichtsstand bei dem Gericht hat, in dessen Bezirk das Grundstück liegt. Nach der zivilprozessualen Vorschrift des § 17 ZPO richtet sich der allgemeine Gerichtsstand juristischer Personen und rechtsfähiger Personengesellschaften nach dem Ort der Verwaltung. Nun könnte man im Fall der Gemeinschaft der Wohnungseigentümer angesichts ihrer Rechtsfähigkeit auf die Idee kommen, dass nicht der postalische Ort des Gemeinschaftseigentums maßgeblich ist, sondern der Sitz des Verwalters bzw. dessen Geschäftsräume. Insoweit knüpft § 43 Abs. 1 Satz 1 WEG n.F. an die Belegenheit des Grundstücks an. Durch diesen Auffangtatbestand können die bislang in § 43 Nr. 5 und 6 WEG a.F. geregelten Zuständigkeiten entfallen. Für Klagen Dritter gegen die Gemeinschaft der Wohnungseigentümer gilt § 43 Abs. 1 Satz 1 WEG n.F. direkt, was auch mit Blick auf den bisher noch geltenden § 43 Nr. 6 WEG a.F. für Mahnverfahren gilt, wenn die Gemeinschaft der Wohnungseigentümer Antragstellerin ist. Der allgemeine Gerichtsstand der Gemeinschaft der Wohnungseigentümer ist nach § 689 Abs. 2 Satz 1 ZPO nämlich auch für das Mahnverfahren maßgeblich.

§ 43 Abs. 1 Satz 2 WEG n.F. regelt den Gerichtsstand für Klagen gegen die Wohnungseigentümer wegen eines Anspruchs nach § 9a Abs. 4 Satz 1 WEG n.F. Diese Vorschrift übernimmt künftig nahezu vollständig den Regelungsgehalt des bisherigen § 10 Abs. 8 WEG a.F., der die auf den Miteigentumsanteil begrenzte Teil- bzw. Außenhaftung der Wohnungseigentümer Gläubigern der Gemeinschaft gegenüber regelt.[595] Möchten also Gläubiger der Gemeinschaft von der Möglichkeit der Inanspruchnahme der Wohnungseigentümer Gebrauch machen, müssen sie die Wohnungseigentümer ebenfalls vor dem Gericht des Belegenheitsorts der Wohnanlage verklagen.

---

[595] Siehe Kap. 5.7.2 Außenhaftung der Wohnungseigentümer.

## Gerichtliches Verfahren

 **Nach wie vor streitwertabhängige Zuständigkeit**
Bei Klagen, die künftig von gemeinschaftsfremden Dritten gegen die Gemeinschaft der Wohnungseigentümer oder mit Blick auf deren Teilhaftung nach § 9a Abs. 4 Satz 1 WEG n.F. gegen Wohnungseigentümer erhoben werden, ist weiterhin streitwertabhängig entweder das Amtsgericht oder das Landgericht des Belegenheitsorts zuständig. Bei Streitwerten bis 5.000 EUR wird weiterhin das Amtsgericht zuständig sein, bei Streitwerten über dieser Grenze das Landgericht.

Klagen der Wohnungseigentümer oder der Wohnungseigentümergemeinschaft gegen Dritte fallen nicht unter den Anwendungsbereich von § 43 Abs. 1 WEG n.F.

### 17.1.1.2 Anwendungsbereich

#### 17.1.1.2.1 Klagen gegen die Gemeinschaft der Wohnungseigentümer

Als mögliche Kläger gegen die Gemeinschaft kommen in erster Linie außenstehende Dritte in Betracht, die nicht Mitglied der Wohnungseigentümergemeinschaft sind. So ist der Gerichtsstand des § 43 Abs. 1 Satz 1 WEG n.F. maßgeblich für Klagen von Handwerkern, Versorgungsdienstleistern, Mietern von Gemeinschaftseigentum, Heizöllieferanten, Hausmeistern etc.

Aber auch für Klagen von Wohnungseigentümern kann sich die Zuständigkeit dann nach § 43 Abs. 1 Satz 1 WEG n.F. richten, wenn die Streitigkeit mit der Gemeinschaft der Wohnungseigentümer nicht unter den Anwendungsbereich von § 43 Abs. 2 Nr. 2 WEG n.F. fällt. Dies kann beispielsweise dann der Fall sein, wenn ein Wohnungseigentümer in seiner Funktion als Rechtsanwalt oder als Architekt für die Gemeinschaft der Wohnungseigentümer tätig war und etwa sein Honorar einklagt.

#### 17.1.1.2.2 Klagen gegen die Wohnungseigentümer

Der Anwendungsbereich des § 43 Abs. 1 Satz 2 WEG n.F. bezüglich Klagen Dritter gegen die Wohnungseigentümer, wird nur noch den Fall der unmittelbaren Teilhaftung der Wohnungseigentümer für Verbindlichkeiten außenstehender dritter Gläubiger gemäß § 9a Abs. 4 Satz 1 WEG n.F. umfassen. In diesem Fall ist der Gerichtsstand des § 43 Abs. 1 Satz 2 WEG n.F. aber nach wie vor auch gegen ausgeschiedene Wohnungseigentümer maßgeblich. Im Übrigen stellt das Gesetz nicht mehr auf die Verwaltung des Sondereigentums ab, weshalb der allgemeine zivilrechtliche Gerichtsstand bei Klagen etwa des Sondereigentumsverwalters gegen den Wohnungseigentümer maßgeblich sein wird.

Gerichtliches Verfahren

Seite 545

## 17.1.2 Streitigkeiten der Wohnungseigentümer untereinander (§ 43 Abs. 2 Nr. 1 WEG n.F.)

| WEG a.F. | WEG n.F. |
|---|---|
| § 43 Zuständigkeit | § 43 Zuständigkeit |
| Das Gericht, in dessen Bezirk das Grundstück liegt, ist ausschließlich zuständig für | (2) Das Gericht, in dessen Bezirk das Grundstück liegt, ist ausschließlich zuständig für |
| 1. Streitigkeiten über die sich aus der Gemeinschaft der Wohnungseigentümer und aus der Verwaltung des gemeinschaftlichen Eigentums ergebenden Rechte und Pflichten der Wohnungseigentümer untereinander; | 1. Streitigkeiten über die Rechte und Pflichten der Wohnungseigentümer untereinander; |
| 2. (...) | 2. (...) |

### 17.1.2.1 Grundsätze

Die Vorschrift des § 43 Abs. 2 Nr. 1 WEG n.F. entspricht im Wesentlichen der bisherigen Rechtslage in § 43 Nr. 1 WEG a.F. Der Anwendungsbereich der Norm wird einerseits enger werden, andererseits künftig insoweit erweitert, als die bislang geltenden Einschränkungen, dass sich der Streit „*aus der Gemeinschaft der Wohnungseigentümer und aus der Verwaltung des gemeinschaftlichen Eigentums ergeben*" muss, nicht übernommen werden. Das hat folgende Konsequenz:

**Neu: Auch Streitigkeiten, die sachenrechtliches Grundverhältnis betreffen**

Es werden künftig auch Streitigkeiten der Wohnungseigentümer untereinander erfasst, die das sachenrechtliche Grundverhältnis betreffen. Nach derzeit noch geltender Rechtslage fallen diese Streitigkeiten nicht unter § 43 Nr. 1 WEG a.F.[596] Hiermit ist natürlich auch endgültig geklärt, dass es sich bei Streitigkeiten

---

[596] BGH, Urteil v. 30.6.1995, V ZR 118/94, NJW 1995 S. 2851.

Gerichtliches Verfahren

über den Bestand und Geltungsbereich eines Sondernutzungsrechts künftig unzweifelhaft um eine Streitigkeit nach § 43 Abs. 2 Nr. 1 WEG n.F. handelt.[597]

Als mögliche Parteien eines Rechtsstreits nach § 43 Abs. 2 Nr. 1 WEG n.F. kommen nach wie vor die einzelnen Wohnungseigentümer infrage. Dies gilt auch dann, wenn der klagende Wohnungseigentümer zwischenzeitlich der Eigentümergemeinschaft nicht mehr angehört oder der beklagte Wohnungseigentümer zwischenzeitlich aus der Gemeinschaft ausgeschieden ist.

### 17.1.2.2 Anwendungsbereich

Der Anwendungsbereich der Norm wird insoweit enger werden, als die Wohnungseigentümer künftig nur noch dann unmittelbare Individualansprüche gegen andere Wohnungseigentümer haben werden, wenn konkret ihr Sondereigentum von der Störung betroffen ist. Zumindest, was die Ansprüche wegen unzulässigen baulichen Veränderung des Gemeinschaftseigentums betrifft, ist die Rechtslage insoweit geklärt, als die Verwaltung des Gemeinschaftseigentums gemäß § 18 Abs. 1 WEG n.F. künftig der Gemeinschaft der Wohnungseigentümer obliegt. Insoweit ist diese also auf Grundlage von § 9a Abs. 2 WEG n.F. allein aktivlegitimiert hinsichtlich entsprechender Rückbauansprüche.

Hinsichtlich des Anspruchs auf Unterlassen einer zweckbestimmungswidrigen Nutzung des Sondereigentums, ist zunächst zu berücksichtigen, dass nach § 9a Abs. 2 WEG n.F. die Gemeinschaft der Wohnungseigentümer u.a. *„die sich aus dem gemeinschaftlichen Eigentum ergebenden Rechte"* der Wohnungseigentümer ausübt. Nach § 14 Abs. 1 Nr. 1 WEG n.F. ist weiter ein jeder Wohnungseigentümer gegenüber der Gemeinschaft der Wohnungseigentümer verpflichtet, die gesetzlichen Regelungen, Vereinbarungen und Beschlüsse einzuhalten. Da die Zweckbestimmung eines Sondereigentums Vereinbarungscharakter hat und somit auch eine Vereinbarung darstellt, dürfte im Regelfall der Rechtskreis der Wohnungseigentümer betroffen sein. Ist allerdings das Sondereigentum eines Wohnungseigentümers mit Blick auf die zweckbestimmungswidrige Nutzung konkret beeinträchtigt, hat auch der entsprechend beeinträchtigte Wohnungseigentümer ein eigenständiges Klagerecht. Dies gilt insbesondere dann, wenn die Gemeinschaft der Wohnungseigentümer gerade nicht gegen den zweckbestimmungswidrig Nutzenden vorgeht.

---

[597] Keine WE-Streitigkeit nach derzeitiger Rechtslage, vgl. aktuell LG Frankfurt a.M., Beschluss v. 15.10.2019, 2-13 S 72/19, ZMR 2020 S. 220; offengelassen: BGH, Beschluss v. 8.7.2010, V ZB 220/09, NJW 2011 S. 384.

## Gerichtliches Verfahren

### Beispiel: Intensivpflege in „Büroeinheit"

In einer „Büroeinheit" wird eine Intensivpflege und Beatmungs-WG betrieben. Die Nutzung ist mit akustischen und olfaktorischen Beeinträchtigungen für die übrigen Wohnungseigentümer im Bereich des gemeinschaftlichen Treppenhauses verbunden. Signaltöne der Überwachungsgeräte und auch störende Gerüche dringen überdies in die Wohnungen der benachbarten Wohnungseigentümer ein. Darüber hinaus wird das Gemeinschaftseigentum mit Blick auf die gegenüber der Nutzung als Büro erheblich erhöhte Besucher- und Personalfrequenz stärker in Anspruch genommen.

Hier ist klar in erster Linie der Rechtskreis der Gemeinschaft der Wohnungseigentümer betroffen, da die Nutzung zu einer Beeinträchtigung des Gemeinschaftseigentums führt. Allerdings ist konkret und unmittelbar auch das Sondereigentum der beiden benachbarten Wohnungseigentümer von den Beeinträchtigungen betroffen. So der Verwalter nicht von sich aus eine Beschlussfassung der Wohnungseigentümer über ein entsprechendes Unterlassungsbegehren initiiert, stellt sich die Frage, ob die beiden beeinträchtigten Wohnungseigentümer eine entsprechende Beschlussinitiative starten müssen oder ob sie ihre Rechte unabhängig hiervon individuell verfolgen können. Würde der Beschlussantrag jedenfalls abgelehnt, müsste eine Beschlussersetzungsklage nach § 44 Abs. 1 Satz 2 WEG n. F. erhoben werden. Der Gesetzgeber steht in Begründung des Wegfalls der Übertragung „gekorener" Ausübungsbefugnisse jedenfalls selbst auf dem Standpunkt, den Wohnungseigentümern solle die Ausübung ihrer Individualrechte nicht mehr durch die Gemeinschaft genommen werden können.[598] Wie in Kap. 8.1.1.1 ausgeführt, hat dies zur Folge, dass die konkret gestörten Wohnungseigentümer als aktivlegitimiert anzusehen sind – und zwar ohne zuvor die übrigen Wohnungseigentümer vorbefassen zu müssen, was die konkrete Beeinträchtigung ihres Sondereigentums betrifft. Insoweit können sie allerdings auch nur die Unterlassung der konkreten Beeinträchtigung begehren und nicht die Unterlassung der zweckbestimmungswidrigen Nutzung selbst. Dies kann allein die Gemeinschaft der Wohnungseigentümer.

Nach wie vor wird der Gerichtsstand des § 43 Abs. 2 Nr. 1 WEG n. F. weiterhin für Klagen der Wohnungseigentümer untereinander maßgeblich sein auf

- Duldung unter den Voraussetzungen von § 14 Abs. 2 Nr. 2 WEG n. F.;
- Schadensersatz wegen Beschädigung des Sondereigentums;

---

[598] BT-Drs. 19/18791, S. 53.

## Gerichtliches Verfahren
### Seite 548

- Unterlassung bzw. Widerruf von getätigten Äußerungen in der Wohnungseigentümerversammlung, wobei ein Zusammenhang mit dem Gemeinschaftsverhältnis der Wohnungseigentümer bestehen muss.[599]
- Störungen anderer Wohnungseigentümer mit Auswirkung auf das Sondereigentum. Wird ein Wohnungseigentümer durch das Verhalten eines anderen Wohnungseigentümers beeinträchtigt, indem z. b. dessen Zigarettenrauch in sein Sondereigentum eindringt, stehen ihm ungeachtet der Vorschriften der § 9a Abs. 2 WEG n. F. i. V. m. § 1004 Abs. 1 BGB, § 14 Abs. 1 Nr. 1, § 18 Abs. 1 WEG individuelle Unterlassungsansprüche gegen den „störenden" Wohnungseigentümer zu. Er ist mithin aktivlegitimiert für eine entsprechende Klage. Raucht der „störende" Wohnungseigentümer allerdings auch im gemeinschaftlichen Treppenhaus, stellt sich die zuvor erörterte Problematik eines Dualismus der Zuständigkeit der Gemeinschaft der Wohnungseigentümern und den Individualrechten der einzelnen Wohnungseigentümer. Konkret dürfte wiederum dem einzelnen Wohnungseigentümer nicht das Recht zu nehmen sein, im Wege einer Individualklage zumindest durchzusetzen, dass der Rauch nicht in sein Sondereigentum dringt.

Erweitert wird der Geltungsbereich des § 43 Nr. 1 WEG a. F. durch das WEMoG insoweit, als er künftig auch Streitigkeiten der Wohnungseigentümer untereinander erfasst, die daraus resultieren, dass einzelne von ihnen ihre Befugnis zur baulichen Veränderung ihres Sondereigentums gem. § 13 Abs. 2 WEG n. F. missinterpretieren, wie in Kap. 7.2 ausgeführt, und die das sachenrechtliche Grundverhältnis betreffen. Dies gilt insbesondere für alle gerichtlichen Auseinandersetzungen

- über den Umfang des Sondereigentums und die Abgrenzung zum gemeinschaftlichen Eigentum,
- über Gegenstand, Inhalt sowie Begründung und Aufhebung des Sondereigentums,
- darüber, ob ein bestimmter Raum zum Sondereigentum oder zum gemeinschaftlichen Eigentum gehört,
- darüber, zu welchem Sondereigentum ein bestimmter Raum gehört.

*Gewaltschutz*

Für den Anspruch auf Zahlung von Schmerzensgeld ist das WEG-Gericht zuständig, wenn es um eine körperliche Auseinandersetzung von Wohnungseigentümern im Zusammenhang mit der Wohnungseigentümergemeinschaft geht. Geht es dagegen um einen

---
[599] BGH, Beschluss v. 17.11.2016, V ZB 73/16, ZMR 2017 S. 254.

Anspruch auf Unterlassen von Tätlichkeiten, ist das Familiengericht auch für Wohnungseigentümer zuständig.[600]

## 17.1.3 Streitigkeiten zwischen Gemeinschaft und Wohnungseigentümern (§ 43 Abs. 2 Nr. 2 WEG n.F.)

**WEG n.F.**

**§ 43 Zuständigkeit**

(2) Das Gericht, in dessen Bezirk das Grundstück liegt, ist ausschließlich zuständig für

1. (...)
2. Streitigkeiten über die Rechte und Pflichten zwischen der Gemeinschaft der Wohnungseigentümer und Wohnungseigentümern,
3. (...)

### 17.1.3.1 Grundsätze

Die in § 43 Abs. 2 Nr. 2 WEG n.F. enthaltene Regelung entspricht der bisherigen Regelung in § 43 Nr. 2 WEG a.F. wortwörtlich und betrifft Streitigkeiten zwischen der Gemeinschaft der Wohnungseigentümer und den Wohnungseigentümern.

### 17.1.3.2 Anwendungsbereich

#### 17.1.3.2.1 Klagen der Gemeinschaft der Wohnungseigentümer

Der Anwendungsbereich dieser Norm wird sich insoweit erweitern, als die Verwaltung des Gemeinschaftseigentums gemäß § 18 Abs. 1 WEG n.F. der Gemeinschaft der Wohnungseigentümer obliegt und das Gesetz mithin bezüglich der Ausübungsbefugnis der Gemeinschaft der Wohnungseigentümer nicht mehr nach den „geborenen" und den „gekorenen" Ausübungsbefugnissen unterscheidet.[601] Die bisher geltende Bestimmung des § 10 Abs. 6 Satz 3 WEG a.F. wird es unter Geltung des WEMoG in dieser Form nicht mehr geben. Vielmehr ordnet § 9a Abs. 2 WEG n.F. an, dass die Gemeinschaft der Wohnungseigentümer auch diejenigen Rechte der Wohnungseigen-

---

[600] AG Idstein, Beschluss v. 5.9.2016, 32 C 10/16, ZMR 2016 S. 813.
[601] Siehe hierzu ausführlich Kap. 1.3.4.5 „Gekorene" Ausübungsbefugnis der Gemeinschaft.

## Gerichtliches Verfahren

tümer ausüben wird, die eine einheitliche Rechtsverfolgung erfordern, was bisheriger Rechtslage entspricht. Da die Wohnungseigentümer bei Beeinträchtigungen des Gemeinschaftseigentums keine unmittelbaren Ansprüche mehr gegen andere Wohnungseigentümer wegen einer unzulässigen baulichen Veränderung haben und ihnen solche auch nicht im Fall einer zweckbestimmungswidrigen Nutzung zustehen, so sie nicht konkret in ihrem Sondereigentum gestört sind, besteht eine originäre und unmittelbare Ausübungskompetenz der Gemeinschaft.

Nach wie vor handelt es sich bei Streitigkeiten nach § 43 Abs. 2 Nr. 2 WEG n.F. um

- Hausgeldklagen der Gemeinschaft gegen den säumigen Hausgeldschuldner,
- Schadensersatzansprüche der Gemeinschaft gegen den säumigen Hausgeldschuldner,
- Zahlungsansprüche der Gemeinschaft gegen einen Wohnungseigentümer aus einer beschlossenen Sonderumlage,
- Beseitigungs- und Unterlassungsansprüche gegen einen Wohnungseigentümer,
- Ansprüche auf Entziehung des Wohnungseigentums, künftig auch dann, wenn die Gemeinschaft lediglich aus 2 Wohnungseigentümern besteht.

### 17.1.3.2.2 Klagen der Wohnungseigentümer

Der Anwendungsbereich der Norm wird sich auch insoweit erweitern, als Ansprüche einzelner Wohnungseigentümer gegen die Gemeinschaft geltend zu machen sein werden, die ihnen bislang entweder direkt gegen andere Wohnungseigentümer oder gegen den Verwalter zur Verfügung stehen. Der Gesetzgeber sieht als Verpflichtete stets die Gemeinschaft der Wohnungseigentümer an, auch wenn einzelne Aufgaben bestimmten Personen zugewiesen sind, da diese als Organe der Gemeinschaft handeln.[602]

Steht den Wohnungseigentümern bislang noch ein Anspruch auf Berichtigung der Versammlungsniederschrift gegen die das Protokoll Unterzeichnenden[603] zu, ist auch insoweit die Gemeinschaft der Wohnungseigentümer künftig passivlegitimiert. Individualansprüche gegen den Verwalter auf Erstellung der Versammlungsniederschrift, Erstellung von Wirtschaftsplan und Jahresabrechnung sowie Vermögensbericht, Beschlussdurchführung und Gewährung von Einsicht in die Verwaltungsunterlagen sind künftig gegen die Gemeinschaft der Wohnungseigentümer geltend zu machen. Eine Ausnahme besteht gemäß § 43 Abs. 2 Nr. 3 WEG n.F. für Schadensersatzansprüche

---

[602] BT-Drs. 19/18791, S. 58.
[603] § 24 Abs. 6 Satz 2 WEG a.F./n.F.

einzelner Wohnungseigentümer gegen den Verwalter, die nach wie vor im Verfahren des § 43 Abs. 2 Nr. 3 WEG n.F. gegen den Verwalter direkt geltend gemacht werden können.

Nach wie vor möglich sind Klagen eines Wohnungseigentümers auf Geldersatz gegen die Gemeinschaft wegen Beschädigung seines Sondereigentums unter den Voraussetzungen des § 14 Abs. 3 WEG n.F., der mit der bisherigen Regelung in § 14 Nr. 4 WEG a.F. im Wesentlichen korrespondiert.

### 17.1.4 Streitigkeiten mit dem Verwalter (§ 43 Abs. 2 Nr. 3 WEG n.F.)

| WEG a.F. | WEG n.F. |
|---|---|
| § 43 Zuständigkeit | § 43 Zuständigkeit |
| Das Gericht, in dessen Bezirk das Grundstück liegt, ist ausschließlich zuständig für | (2) Das Gericht, in dessen Bezirk das Grundstück liegt, ist ausschließlich zuständig für |
| 1. (...) | 1. (...) |
| 2. (...) | 2. (...) |
| 3. Streitigkeiten über die Rechte und Pflichten des Verwalters bei der Verwaltung des gemeinschaftlichen Eigentums; | 3. Streitigkeiten über die Rechte und Pflichten des Verwalters **einschließlich solcher über Ansprüche eines Wohnungseigentümers gegen den Verwalter sowie**; |
| 4. (...) | 4. (...) |

#### 17.1.4.1 Grundsätze

Auch der Regelungsgehalt des § 43 Abs. 2 Nr. 3 WEG n.F. stimmt überwiegend mit § 43 Nr. 3 WEG a.F. überein. Gegenüber der bisherigen Regelung in § 43 Nr. 3 WEG a.F. wird lediglich der Satzteil „*bei der Verwaltung des gemeinschaftlichen Eigentums*" nicht übernommen. Nach Auffassung des Gesetzgebers folgt bereits aus dem Tatbestandsmerkmal „*Verwalter*", dass die Vorschrift nur Streitigkeiten betrifft, die sich auf die Tätigkeit als Verwalter im Sinne des Wohnungseigentumsgesetzes beziehen. Der Wortlaut des Gesetzes wird andererseits insoweit ergänzt, dass er § 43 Abs. 2 Nr. 3 WEG n.F. ausdrücklich Streitigkeiten über Ansprüche eines Wohnungseigentümers gegen den Verwalter unterstellt.

Gerichtliches Verfahren

### 17.1.4.2 Anwendungsbereich

Zunächst fallen unter § 43 Abs. 2 Nr. 3 WEG n.F. auch Ansprüche gegen einen ausgeschiedenen Verwalter[604] und gegen einen früheren faktischen Verwalter.[605] Spiegelbildlich fallen Vergütungs- oder Aufwendungsersatzansprüche des ausgeschiedenen Verwalters gegen die Gemeinschaft der Wohnungseigentümer ebenfalls unter § 43 Abs. 2 Nr. 3 WEG n.F.[606]

**Individualanspruch eines Wohnungseigentümers**
Individualansprüche der einzelnen Wohnungseigentümer gegen den Verwalter wird es unter Geltung des WEMoG mit Ausnahme von Schadensersatzansprüchen nicht mehr geben, da selbst der Anspruch auf Einsicht in die Verwaltungsunterlagen künftig gegen die Gemeinschaft der Wohnungseigentümer zu richten sein wird. Da der Gemeinschaft der Wohnungseigentümer ohnehin die Verwaltung des gemeinschaftlichen Eigentums obliegt, kann der einzelne Eigentümer den Verwalter auch nicht auf Beschlussdurchführung in Anspruch nehmen. Weiterhin wird der einzelne Wohnungseigentümer den Verwalter unmittelbar auch nicht mehr in Anspruch nehmen können auf

- Einberufung einer Eigentümerversammlung, egal, ob aus Gründen ordnungsmäßiger Verwaltung erforderlich oder aufgrund eines Einberufungsverlangens gemäß § 24 Abs. 2 WEG n.F.,
- Aufnahme bestimmter Punkte zur Tagesordnung,
- Berichtigung der Versammlungsniederschrift,
- Erstellung von Wirtschaftsplan, Jahresabrechnung und Vermögensbericht,
- Erteilung vereinbarter Veräußerungszustimmung.

Da allerdings der Verwaltervertrag auch künftig ein solcher mit Schutzwirkung zugunsten Dritter – nämlich der Wohnungseigentümer – sein wird[607], können die durch Pflichtverletzungen seitens des Verwalters geschädigten Wohnungseigentümer auch direkt und unmittelbar den Verwalter auf Schadensersatz in Anspruch nehmen. Der Verwalter wird daher wie auch bisher insbesondere dann gegenüber den einzelnen Wohnungseigentümern haften, wenn er nicht oder verzögert Beschlüsse der Wohnungseigentümer durchführt und insoweit die Wohnungseigentümer einen Schaden an ihrem Sondereigentum erleiden.

Selbstverständlich kann der Verwalter seitens einzelner Wohnungseigentümer auch weiterhin direkt und unmittelbar im Fall von Ehrverletzungen des Verwalters gegen einen Eigentümer im direkten Zusammenhang mit dem

---
[604] BGH, Beschluss v. 9.12.2010, V ZB 190/10, ZflR 2011 S. 324.
[605] KG Berlin, Beschluss v. 10.5.1991, 24 W 6578/90, WuM 1991 S. 415.
[606] BayObLG, Beschluss v.14.5.1996, 2Z BR 43/96, WuM 1996 S. 663.
[607] BT-Drs. 19/22634, S. 47.

Gemeinschaftsverhältnis, der Eigentümerversammlung und der Verwalterstellung in Anspruch genommen werden.[608]

> **Musterschriftsatz: Klage auf Schadensersatz gegen den Verwalter**

An das

Amtsgericht _____
– Abteilung für Wohnungseigentumssachen –

_____

_____


**Klage**

in der Wohnungseigentumssache

der WEG XX-Straße in 12345 XX-Stadt, vertreten durch die Wohnungseigentümerin Frau _____
– Klägerin –

gegen

die Firma XX-Hausverwaltungs-GmbH, vertreten durch die Geschäftsführerin _____, XX-Straße 30, 12345 XX-Stadt
– Beklagte –

wegen

**Schadensersatz**

vorläufiger Streitwert: _____ EUR

---

[608] Vgl. zur bisherigen Rechtslage OLG München, Beschluss v. 4.6.2008, 31 AR 92/08, NZM 2008 S. 576.

Hiermit zeige ich – ordnungsmäßige Bevollmächtigung anwaltlich versichernd – die Vertretung der Klägerin an und b e a n t r a g e,

1. die Beklagte zur Zahlung von _____ EUR nebst Zinsen in Höhe von 5 Prozentpunkten über dem Basiszinssatz seit _____ an die Klägerin zu verurteilen;

2. die Beklagte zur Zahlung weiterer _____ EUR nebst Zinsen in Höhe von 5 Prozentpunkten über dem Basiszinssatz seit _____ an die Klägerin zu verurteilen;

3. die Beklagte bei Vorliegen der gesetzlichen Voraussetzungen durch Anerkenntnis- oder Versäumnisurteil im schriftlichen Verfahren zu verurteilen.

**Begründung**

Bei der Beklagten handelt es sich um die Verwalterin und mithin Vertreterin der Klägerin.

**Beweis:**
1. Niederschrift mit Bestellungsbeschluss vom _____ als Kopie in – Anlage K 1 –
2. Verwaltervertrag

Die Klägerin wird im Verfahren von der Wohnungseigentümerin, Frau _____, vertreten, die für Fälle wie den streitgegenständlichen nach § 9b Abs. 2 WEG zur Vertreterin der Gemeinschaft der Wohnungseigentümer gegenüber dem Verwalter bestellt wurde.

**Beweis:** Niederschrift mit Bestellungsbeschluss vom _____ als Kopie in – Anlage K 2 –

Der Klage liegt folgender Sachverhalt zugrunde:

Die Wohnungseigentümer haben in der Wohnungseigentümerversammlung vom _____ zu TOP \_\_ die Anpassung der Hausgeldbeiträge für die Wirtschaftsperiode 2020 bzw. entsprechende Nachforderungen gemäß § 28 Abs. 2 Satz 1 WEG beschlossen. Dies wird unter den Parteien unstreitig bleiben, weil das erkennende Gericht im Verfahren zur Geschäftsnummer _____ mit einer entsprechenden Anfechtungsklage konfrontiert war. Das erkennende Gericht hatte der Klage stattgegeben und den zu TOP ___ gefassten Beschluss für ungültig erklärt. Das Gericht hat seine Entscheidung im Wesentlichen damit begründet, die Beklagte habe unter Missachtung des in der Gemeinschaft der Wohnungseigentümer geltenden Kostenverteilungsschlüssels u. a. die damalige Klägerin erheblich mit Kosten mehrbelastet, als dies bei Anwendung des geltenden Kostenverteilungsschlüssels der Fall wäre. Der Klägerin, die im damaligen Verfahren als Beklagte fungierte, wurden die Kosten des Verfahrens auferlegt.

**Beweis:** Beiziehen der Verfahrensakte _____ des erkennenden Gerichts

Mit Blick auf die ihr im damaligen Verfahren auferlegten Verfahrenskosten, macht nun die Klägerin gegen die Beklagte entsprechende Regressansprüche geltend. Die Beklagte hat durch die fehlerhafte Erstellung der Jahresabrechnung der Wirtschaftsperiode 2020 das zur Geschäftsnummer _____ geführte Verfahren zu verantworten und ist daher der Beklagten gegenüber zum Schadensersatz verpflichtet. Die damaligen Verfahrenskosten haben laut Kostenfestsetzungsbeschluss vom _____ _____ EUR betragen.

**Beweis:** wie vor

In der Wohnungseigentümerversammlung vom _____ hatten die Wohnungseigentümer zu TOP __ mittlerweile bestandskräftig beschlossen, die Beklagte entsprechend auf Schadensersatz in Anspruch zu nehmen und die Ansprüche der Gemeinschaft der Wohnungseigentümer notfalls gerichtlich durch einen Rechtsanwalt durchzusetzen.

**Beweis im Fall des Bestreitens:** Vorlage der Versammlungsniederschrift

Die Vertreterin der Beklagten im hiesigen Verfahren, die Wohnungseigentümerin Frau _____, hat die Beklagte namens der Gemeinschaft der Wohnungseigentümer mit Schreiben vom _____ entsprechend zur Kostenerstattung bis zum _____ aufgefordert.

**Beweis:** Schreiben vom _____ als Kopie in – Anlage K 3 –

Da Zahlung nicht erfolgt ist, wurde die Beklagte seitens des Unterzeichners nochmals mit Schreiben vom __ zur Zahlung unter weiterer Fristsetzung bis zum ___ aufgefordert.

Beweis: Schreiben vom _____ als Kopie in – Anlage K 4 –

Da sich die Beklagte seit _____ in Verzug befindet, ist sie nicht nur zur weiteren Zahlung von Verzugszinsen gemäß §§ 286 Abs. 1, 288 Abs. 1 BGB verpflichtet, sondern auch zum Ersatz derjenigen Kosten, die der Klägerin infolge des Verzugs der Beklagten entstanden sind. Insoweit sind von der Beklagten auch die Kosten des Unterzeichners mit Blick auf die vorgerichtliche Auseinandersetzung der Parteien zu erstatten, die bereits in vorerwähntem Schreiben vom _____ wie folgt beziffert wurden und nunmehr mit dem Klageantrag zu 2. geltend gemacht werden:

Streitwert: _____ EUR

1,3 Geschäftsgebühr (Nr. 2300 VV RVG) _____ EUR

Auslagenersatzpauschale (Nr. 7002 VV RVG) _____ EUR

19 % USt. (Nr. 7008 VV RVG) _____ EUR

Gesamtbetrag _____ EUR


Rechtsanwalt/Rechtsanwältin

### 17.1.5 Beschlussklagen (§ 43 Abs. 2 Nr. 4 WEG n. F.)

| WEG a. F. | WEG n. F. |
|---|---|
| § 43 Zuständigkeit | § 43 Zuständigkeit |
| Das Gericht, in dessen Bezirk das Grundstück liegt, ist ausschließlich zuständig für | (2) Das Gericht, in dessen Bezirk das Grundstück liegt, ist ausschließlich zuständig für |
| 1. (...) | 1. (...) |
| 2. (...) | 2. (...) |
| 3. (...) | 3. (...) |
| 4. Streitigkeiten über die Gültigkeit von Beschlüssen der Wohnungseigentümer; | 4. **Beschlussklagen gemäß § 44.** |

**Gerichtliches Verfahren**

### 17.1.5.1 Grundsätze

Auch der Regelungsgehalt von § 43 Abs. 2 Nr. 4 WEG n.F. entspricht im Wesentlichen der bisherigen Regelung in § 43 Nr. 4 WEG a.F.

 **Neu: Alle Beschlussklagen**

§ 43 Abs. 2 Nr. 4 WEG n.F. regelt über den bisherigen Wortlaut hinaus nicht nur Anfechtungsklagen, sondern allgemein die Beschlussklagen – neben der Anfechtungsklage also auch Beschlussnichtigkeitsklage und Beschlussersetzungsklage.

### 17.1.5.2 Anwendungsbereich

Über die bereits erwähnten Anfechtungs-, Nichtigkeits- und Beschlussersetzungsklagen hinaus, ist § 43 Abs. 2 Nr. 4 WEG n.F. auch einschlägig für Feststellungsklagen, wonach ein Beschluss

- gültig ist, wenn seine Nichtigkeit behauptet wird,
- mit dem protokollierten Inhalt nicht zustande gekommen ist,
- wegen fehlerhafter Stimmabgabe nicht zustande gekommen ist,
- mangels Beschlussverkündung nicht zustande gekommen ist.

### 17.1.6 Duldungsklagen (§ 15 WEG n.F.)

§ 15 WEG n.F. regelt die Verpflichtung der Drittnutzer von Wohnungseigentum gegenüber der Gemeinschaft der Wohnungseigentümer sowie denjenigen Wohnungseigentümern, die das Nutzungsverhältnis zum Drittnutzer nicht vermitteln, zur Duldung von Erhaltungs- und Baumaßnahmen. Die Verfahrensvorschriften des WEG schweigen sich über die Gerichtszuständigkeit etwa entsprechend erforderlich werdender Duldungsklagen aus. Sie sind daher als Leistungsklagen streitwertabhängig vor den Amts- oder Landgerichten geltend zu machen. Vielfach wird es sich u.a. neben Nießbrauchsfällen zwar um vermietetes Wohnungseigentum handeln. Hier ist jedoch zu beachten, dass die ausschließliche Zuständigkeit der Amtsgerichte nach § 23 Nr. 2 a) GVG für das Wohnraummietverhältnis nicht einschlägig ist, da die in § 15 WEG n.F. geregelte Duldungspflicht gerade nicht aus dem jeweiligen Nutzungsverhältnis resultiert, vielmehr gegenüber der Gemeinschaft der Wohnungseigentümer und den anderen Wohnungseigentümern als Dritten besteht, die nicht Partei des jeweiligen Mietverhältnisses sind.

## 17.2 Prozesskostenhilfe

Da der Gemeinschaft der Wohnungseigentümer nach Inkrafttreten des WEMoG aufgrund der Erweiterung ihrer Ausübungsbefugnisse, aber auch als

## Gerichtliches Verfahren

### Seite 558

mögliche Beklagte, in prozessualer Hinsicht eine ganz erhebliche Rolle zukommen wird, gewinnt auch das Thema der „Prozesskostenhilfe" für die Gemeinschaft an Bedeutung. Bekanntlich stellt die Prozesskostenhilfe eine Sonderform der Sozialhilfe im Bereich der Rechtspflege dar. Sie dient dem Ziel, auch der wirtschaftlich schwächeren Partei in einer dem Gleichheitsgebot entsprechenden Weise, Zugang zum Recht zu verschaffen. Bereits kurze Zeit nach Anerkennung der Teilrechtsfähigkeit der Eigentümergemeinschaft seitens des BGH[609] wurde klargestellt, dass auch die Gemeinschaft der Wohnungseigentümer prozesskostenhilfefähig ist.[610]

Die Gewährung von Prozesskostenhilfe setzt gemäß § 114 ZPO voraus, dass die Partei nach ihren wirtschaftlichen und persönlichen Verhältnissen die Kosten der Prozessführung nicht, nur zum Teil oder nur in Raten aufbringen kann. Nach § 115 ZPO hat die Partei zur Prozessführung ihr Einkommen einzusetzen. Hierzu gehören alle Einkünfte in Geld und auch Geldreserven, vermindert um die in § 115 Abs. 1 Nr. 1 bis 4 ZPO aufgeführten Positionen. Darüber hinaus hat die Partei auch ihr Vermögen einzusetzen, soweit ihr dies zumutbar ist.

Bedeutung für die Wohnungseigentümergemeinschaft hat in diesem Zusammenhang § 116 Satz 1 Nr. 2 ZPO. Nach dieser Vorschrift kann u.a. parteifähigen Vereinigungen, also auch Gemeinschaften der Wohnungseigentümer, dann Prozesskostenhilfe gewährt werden, wenn die Kosten weder von der Gemeinschaft der Wohnungseigentümer selbst, noch von den am Gegenstand des Rechtsstreits wirtschaftlich Beteiligten aufgebracht werden können. Als wirtschaftlich Beteiligte werden insoweit die einzelnen Wohnungseigentümer angesehen. Von wesentlicher Bedeutung ist nun, dass der Gemeinschaft der Wohnungseigentümer Prozesskostenhilfe lediglich dann gewährt werden kann, wenn

- diese über keine ausreichenden finanziellen Mittel verfügt und insoweit nachweist, dass ihr kein Kredit gewährt wird und
- keiner der Wohnungseigentümer in der Lage ist, die Verfahrenskosten zu finanzieren.

Darauf, ob den (einzelnen) Wohnungseigentümern die Finanzierung von Rechtsstreitigkeiten der Gemeinschaft der Wohnungseigentümer zumutbar ist, kommt es nicht an.[611] Dem künftigen Kläger einer Beschlussklage allerdings zumuten zu wollen, den Prozess seiner Gegnerin finanzieren zu müssen, dürfte jegliche Grenze sprengen und auch von keinem Gericht erwogen werden. Zwar ist er „wirtschaftlich Beteiligter" i.S.v. § 116 Satz 1 Nr. 2 ZPO, allerdings ist er selbst schon Partei, weshalb er letztlich gegen sich selbst klagen würde, wollte man ihn als kostenübernahmepflichtig ansehen.

---
[609] BGH, Urteil v. 2.6.2005, V ZB 32/05, NJW 2005 S. 2061.
[610] LG Berlin, Beschluss v. 28.8.2006, 55 T 26/05, ZMR 2007 S. 145.
[611] BGH, Beschluss v. 21.3.2019, V ZB 111/18, ZMR 2019 S. 514.

## Gerichtliches Verfahren

### 17.3 Rechtskrafterstreckung (Verfahren nach § 43 Abs. 2 Nr. 1 bis 3 WEG n. F.)

§ 44 Abs. 3 WEG n.F. regelt nur die Rechtskrafterstreckung in Beschlussklagen.[612] Für die übrigen Verfahren des § 43 Abs. 2 WEG n.F. gilt insbesondere auch wegen des Wegfalls des Rechtsinstituts der Beiladung und seiner Wirkungen nach § 48 WEG Abs. 3 WEG a.F., die allgemeine zivilprozessuale Vorschrift des § 325 ZPO mit Blick auf die subjektive Rechtskrafterstreckung. Das Problem der Rechtskrafterstreckung kann sich in all denjenigen Fällen ergeben, in denen etwa einer der Wohnungseigentümer entweder seitens der Gemeinschaft der Wohnungseigentümer oder eines einzelnen Wohnungseigentümers auf Unterlassung eines bestimmten Gebrauchs oder einer bestimmten Nutzung bzw. eines konkreten Verhaltens erfolglos in Anspruch genommen wird und ein weiterer Wohnungseigentümer weiterhin gegen die Störung vorgehen möchte.

Insoweit ist zunächst zu beachten, dass das rechtskräftige Urteil grundsätzlich nur für und gegen die Parteien des Rechtsstreits wirkt.[613] Im Übrigen wirkt es gemäß § 325 Abs. 1 ZPO für und gegen die Personen, die nach dem Eintritt der Rechtshängigkeit Rechtsnachfolger der Parteien geworden sind oder den Besitz der in Streit befangenen Sache in solcher Weise erlangt haben, dass eine der Parteien oder ihr Rechtsnachfolger mittelbarer Besitzer geworden ist. Ohne letzterwähnte Fälle problematisieren zu wollen, wirkt das Urteil jedenfalls zunächst nicht gegen andere Wohnungseigentümer.

Allerdings sind Fälle der Rechtskrafterstreckung kraft materiell-rechtlicher Abhängigkeit auf Dritte außerhalb des in § 325 Abs. 1 ZPO genannten Personenkreises anerkannt. Insoweit bejaht der BGH[614] eine Rechtskrafterstreckung aus zivilrechtlichen Gründen in den Fällen, in denen sich eine entsprechende Anordnung entweder ausdrücklich oder aus Sinn und Zweck einer gesetzlichen Vorschrift ergibt, die ihrerseits den Inhalt und Umfang der Bindungswirkung näher ausgestaltet. Anwendungsfälle bilden hier u.a. § 768 Abs. 1 Satz 1 BGB mit Blick auf den Bürgen sowie § 129 HGB bezüglich der Gesellschafter einer OHG bzw. Komplementäre einer KG. Entsprechendes ergibt sich jedoch nicht aus dem WEG, weshalb sich die Rechtskraft insbesondere in den Streitigkeiten des § 43 Abs. 2 Nr. 1 WEG n.F. nicht auf andere Wohnungseigentümer erstreckt. Diese können jedoch über die Streitverkündung gemäß §§ 72 ff. ZPO an das Ergebnis eines Prozesses gebunden werden.[615]

---

[612] Siehe hierzu ausführlich Kap. 17.5.7 Rechtskrafterstreckung.
[613] BGH, Urteil v. 16.11.1951, V ZR 17/51, NJW 1952 S. 178.
[614] BGH, Beschluss v. 28.6.2006, XII ZB 9/04, NJW-RR 2006 S. 1628.
[615] BT-Drs. 19/18791 S. 79.

Gerichtliches Verfahren

### 17.4 Stellung und Pflichten des Verwalters

**Zustellungsadressat**

Gemäß § 9b Abs. 1 WEG n.F. vertritt der Verwalter die Gemeinschaft der Wohnungseigentümer außergerichtlich und gerichtlich. Als Vertreter der Gemeinschaft der Wohnungseigentümer ist er in erster Linie Zustellungsorgan und organisiert die rechtliche Vertretung der Gemeinschaft der Wohnungseigentümer unabhängig davon, ob die Gemeinschaft der Wohnungseigentümer aktiv klagt oder diese von einem Wohnungseigentümer oder einem außenstehenden Dritten verklagt wird. Da die Gemeinschaft der Wohnungseigentümer künftig auch in den Beschlussklagen des § 44 WEG n.F. passiv legitimiert sein wird, bedarf es insoweit der Regelung des § 45 Abs. 1 WEG a.F. über den Verwalter als Zustellungsvertreter der übrigen beklagten Wohnungseigentümer nicht mehr.

**Informationspflichten des Verwalters**

Nur noch für die Beschlussklagen des § 44 WEG n.F. verpflichtet das Gesetz den Verwalter in § 44 Abs. 2 Satz 2 WEG n.F. ausdrücklich zur Bekanntmachung gegenüber den Wohnungseigentümern.[616] Für die übrigen Verfahren des § 43 WEG n.F. sieht das Gesetz keine Informationspflichten des Verwalters mehr vor. Allerdings wird man ihn aus den aus dem Bestellungs- und Vertragsverhältnis resultierenden Treue- und Auskunftspflichten als verpflichtet ansehen müssen, die Wohnungseigentümer über Klagen gegen die Gemeinschaft der Wohnungseigentümer zu unterrichten. Dies gilt in erster Linie für Verfahren außenstehender Dritter gegen die Gemeinschaft der Wohnungseigentümer auf Grundlage von § 43 Abs. 1 Nr. 1 WEG n.F., in denen den Wohnungseigentümern persönlich ein Verfahren gemäß § 43 Abs. 1 Nr. 2 WEG n.F. drohen könnte.

**Vertretung gegenüber dem Verwalter**

Gemäß § 9b Abs. 2 WEG n.F. ist der Vorsitzende des Verwaltungsbeirats bereits gesetzlicher Vertreter der Gemeinschaft der Wohnungseigentümer gegenüber dem Verwalter. Alternativ hierzu verleiht § 9b Abs. 2 WEG n.F. den Wohnungseigentümern eine Beschlusskompetenz dahingehend, einen von ihnen zum Vertreter der Gemeinschaft der Wohnungseigentümer gegenüber dem Verwalter bestellen zu können. § 9b Abs. 2 WEG n.F. ist für all die Fälle von praktischer Relevanz, in denen eine Vertretung der Gemeinschaft der Wohnungseigentümer unter dem Gesichtspunkt des Insichgeschäfts gemäß § 181 BGB nicht infrage kommt und insoweit gerade auch im Prozessrecht mit Blick auf Ansprüche der Gemeinschaft der Wohnungseigentümer gegen den Verwalter.

---

[616] Siehe Kap. 17.5.3 Verwalterpflichten.

Gerichtliches Verfahren

Seite 561

## Beispiel: Schadensersatzanspruch gegen den Verwalter

Die Wohnungseigentümergemeinschaft war in einem Beschlussanfechtungsverfahren unterlegen, weil der Verwalter im Rahmen der Erstellung der Jahresabrechnung die Beitragsleistungen der Wohnungseigentümer fehlerhaft ermittelt hat. Die Gemeinschaft möchte die entstandenen Verfahrenskosten vom Verwalter erstattet bekommen und macht deshalb gegen ihn einen materiell-rechtlichen Schadensersatzanspruch geltend.

Der Verwalter müsste bezüglich des Schadensersatzanspruchs letztlich gegen sich selbst klagen. § 181 BGB regelt, dass niemand als Vertreter einer anderen Person mit sich selbst ein Rechtsgeschäft abschließen kann. § 181 BGB findet zwar auf Prozesshandlungen keine unmittelbare Anwendung. Allerdings gilt im Prozessrecht allgemein der aus dem Parteiengegensatz folgende Grundsatz, dass niemand Partei in einem Prozess gegen sich selbst sein kann oder beide Prozessparteien gleichzeitig vertreten kann.[617] Da der Verwalter als Organ bzw. gesetzlicher Vertreter der Gemeinschaft fungiert, kann er als Vertreter der Gemeinschaft nicht gegen sich selbst klagen. An dieser Stelle sieht nun § 9b Abs. 2 WEG n.F. vor, dass die Wohnungseigentümer einen Vertreter des Verwalters bestellen und die Gemeinschaft der Wohnungseigentümer das Verfahren gegen den Verwalter in Vertretung durch den bestellten Wohnungseigentümer – eben als Vertreter gegenüber dem Verwalter – führt.

Sollte ein Verwaltungsbeirat bestellt sein, wäre dessen Vorsitzender bereits qua Gesetz zur Vertretung der Gemeinschaft der Wohnungseigentümer gegenüber dem Verwalter ermächtigt, wobei die Bestellung eines alternativen Vertreters aus dem Kreis der übrigen Wohnungseigentümer hiermit nicht ausgeschlossen wäre.

### 17.5 Beschlussklagen

Den Schwerpunkt der im Wohnungseigentumsgesetz geregelten Verfahrensvorschriften stellen §§ 44 f. WEG n.F. über die Beschlussklagen dar.

| WEG a.F. | WEG n.F. |
|---|---|
| **§ 46 Anfechtungsklage** | **§ 44 Beschlussklagen** |
| (1) ¹Die Klage eines oder mehrerer Wohnungseigentümer auf Erklärung der Ungültigkeit eines Beschlusses der | (1) ¹**Das Gericht kann auf Klage eines Wohnungseigentümers einen Beschluss für ungültig erklären (Anfech-** |

---

[617] BGH, Urteil v. 2.7.2007, II ZR 111/05, NJW 2008 S. 69.

# Gerichtliches Verfahren

Wohnungseigentümer ist gegen die übrigen Wohnungseigentümer und die Klage des Verwalters ist gegen die Wohnungseigentümer zu richten. ²Sie muss innerhalb eines Monats nach der Beschlussfassung erhoben und innerhalb zweier Monate nach der Beschlussfassung begründet werden. ³Die §§ 233 bis 238 der Zivilprozessordnung gelten entsprechend.

(2) Hat der Kläger erkennbar eine Tatsache übersehen, aus der sich ergibt, dass der Beschluss nichtig ist, so hat das Gericht darauf hinzuweisen.

tungsklage) oder seine Nichtigkeit feststellen (Nichtigkeitsklage). ²Unterbleibt eine notwendige Beschlussfassung, kann das Gericht auf Klage eines Wohnungseigentümers den Beschluss fassen (Beschlussersetzungsklage).

(2) ¹Die Klagen sind gegen die Gemeinschaft der Wohnungseigentümer zu richten. ²Der Verwalter hat den Wohnungseigentümern die Erhebung einer Klage unverzüglich bekannt zu machen. ³Mehrere Prozesse sind zur gleichzeitigen Verhandlung und Entscheidung zu verbinden.

(3) Das Urteil wirkt für und gegen alle Wohnungseigentümer, auch wenn sie nicht Partei sind.

(4) Die durch eine Nebenintervention verursachten Kosten gelten nur dann als notwendig zur zweckentsprechenden Rechtsverteidigung im Sinne des § 91 der Zivilprozessordnung, wenn die Nebenintervention geboten war.

## 17.5.1 Grundsätze

Die Neuregelung in § 44 WEG n. F. stellt bereits in der Überschrift klar, dass Beschlüsse nicht nur unter Anfechtungsgründen leiden, sondern auch nichtig sein können; die Voraussetzungen der Nichtigkeit regelt § 23 Abs. 4 WEG unverändert weiter. Frühzeitig hatte der BGH[618] bereits von „Beschlussmängelklagen" gesprochen und klargestellt, dass auch dann, wenn ein klagender Wohnungseigentümer lediglich die Ungültigerklärung eines Beschlusses begehrt, auch die Nichtigkeit des Beschlusses festgestellt werden kann. Entsprechendes gilt nach bisheriger Rechtslage auch in dem Fall, dass der klagende Wohnungseigentümer der Auffassung ist, der Beschluss sei nichtig,

---
[618] Aktuell erneut: BGH, Urteil v. 18.10.2019, V ZR 286/18, GE 2020 S. 406.

## Gerichtliches Verfahren

weshalb er die Feststellung der Nichtigkeit begehrt, der Beschluss aber tatsächlich nur anfechtbar ist. Hat der Wohnungseigentümer die Klage innerhalb der Frist des § 46 Abs. 1 Satz 2 WEG a.F. erhoben und auch fristgemäß begründet, kann das Gericht auch lediglich die Ungültigerklärung des Beschlusses feststellen. Letztlich nämlich haben Anfechtungs- und Nichtigkeitsklage ein einheitliches Rechtsschutzziel, was nunmehr im Wortlaut von § 44 Abs. 1 WEG n.F. auch entsprechend zum Ausdruck kommt.

**Neu: Beschlussklagen des § 44 WEG n.F.**

Der Regelungsbereich des § 44 WEG n.F. umfasst 3 Klagearten:

1. die Anfechtungsklage,
2. die Nichtigkeitsklage,
3. die Beschlussersetzungsklage.

Diese Klagemöglichkeiten sieht auch das alte WEG vor, wenn es ausdrücklich auch nur die Anfechtungsklage geregelt hat. Aus § 23 Abs. 4 WEG ergeben sich jedenfalls unverändert die Voraussetzungen einer Beschlussnichtigkeit. Da in der Regel auch vom nichtigen Beschluss der Rechtsschein seiner Gültigkeit ausgeht, unterliegen auch nichtige Beschlüsse der richterlichen Überprüfung. Insoweit kann jeder Wohnungseigentümer die Feststellung der Nichtigkeit des Beschlusses begehren. Im Gegensatz zur Anfechtungsklage des § 46 Abs. 1 WEG a.F. bzw. §§ 44 Abs. 1 Satz 1, 45 WEG n.F., die innerhalb eines Monats nach Beschlussfassung zu erfolgen hat, ist die Feststellungsklage nicht fristgebunden. Auch die Beschlussersetzungsklage ist dem geltenden Recht nicht fremd, sondern führt derzeit noch den Anfechtungskläger, der gegen einen Negativbeschluss gerichtlich vorgeht, über § 21 Abs. 8 WEG a.F. überhaupt nur zu seinem Ziel.

### 17.5.2 Passivlegitimation

**Neu: Verbandsprozess**

Anfechtungsklagen, Klagen auf Feststellung der Nichtigkeit von Beschlüssen sowie Beschlussersetzungsklagen sind gemäß § 44 Abs. 2 Satz 1 WEG n.F. gegen die Gemeinschaft der Wohnungseigentümer und nicht mehr gegen die übrigen Wohnungseigentümer zu richten.

Mit dem Umstand, dass nach bislang geltendem Recht Anfechtungsklagen gegen die übrigen Wohnungseigentümer zu richten sind, sind praktische Probleme verbunden. Viele Stimmen in der juristischen Literatur hatten sich deshalb schon lange dafür ausgesprochen, auch das Beschlussanfechtungs-

## Gerichtliches Verfahren

verfahren zum Verbandsprozess zu machen. Dieser Forderung kommt der Gesetzgeber nun mit § 44 Abs. 2 WEG n.F. nach. In Zukunft sind Anfechtungsklagen, Klagen auf Feststellung der Nichtigkeit von Beschlüssen sowie Beschlussersetzungsklagen gegen die Gemeinschaft der Wohnungseigentümer zu richten. Da diese Klagen nicht mehr gegen die übrigen Wohnungseigentümer zu erheben sind, können die für diese Verfahren nach alter Rechtslage geltenden weiteren Bestimmungen der §§ 44 bis 48 WEG a.F. entfallen. Dort enthaltene Regelungen, die auch weiterhin noch von Bedeutung sein werden, regelt ebenfalls § 44 WEG n.F.

Die Vorteile des Verbandsprozesses sprechen für sich. Auch der Verwalter muss sich keine Gedanken mehr darüber machen, wie er die Finanzierung des die übrigen Wohnungseigentümer vertretenden Rechtsanwalts organisiert.

Hier hatte zwar der BGH das Finanzierungsinstrumentarium in willkommener Weise erweitert:

- So können dann, wenn Anfechtungsklagen allgemein zu erwarten sind, entsprechend entstehende Kosten bereits im Wirtschaftsplan berücksichtigt werden.[619]
- Außerdem können die Wohnungseigentümer den Verwalter beschlussweise ermächtigen, im Fall von Anfechtungsklagen auf gemeinschaftliche Mittel zuzugreifen.[620]

Allerdings bedarf es dieser Instrumentarien nicht mehr, wenn es sich beim Anfechtungsverfahren ohnehin um einen Verbandsprozess handelt. Ist die Wohnungseigentümergemeinschaft Beklagte, steht für die Finanzierung der Kosten der Verteidigung gegen die Anfechtungsklage das gemeinschaftliche Vermögen zur Verfügung. Freilich kann insoweit aber auch weiterhin die entsprechende Kalkulation im Wirtschaftsplan erfolgen. In erster Linie dürfte aber auch an eine neue Rücklage für Prozesskosten gemäß §§ 19 Abs. 1, 28 Abs. 1 WEG n.F., eine „Beschlussklagenrücklage", zu denken sein.[621]

**Falschbezeichnung: Klage gegen „die übrigen Wohnungseigentümer"**

Die Unzulässigkeit einer Beschlussklage kann (zumindest für eine gewisse „Übergangsfrist" nach Inkrafttreten des WEMoG) vereinzelt dann im Raum stehen, wenn diese künftig nicht gegen die Gemeinschaft der Wohnungseigentümer gerichtet wird, sondern nach dem Vorbild des § 46 Abs. 1 Satz 1 WEG a.F. noch gegen „die übrigen Wohnungseigentümer". Ob in diesem Fall die Rechtsprechung des BGH[622] reziprok auf den Fall anwendbar sein wird, dass die in § 45 Satz 1 WEG n.F. geregelte Klagefrist auch durch eine innerhalb dieser Frist gegen die übrigen Wohnungseigentümer erhobene Klage gewahrt wird und der Übergang zu einer Klage gegen die Gemein-

---

[619] BGH, Urteil v. 17.10.2014, V ZR 26/14, NZM 2015 S. 135.
[620] BGH, Urteil v. 17.10.2014, a.a.O.
[621] Siehe Kap. 13.1.2 Gegenstand künftiger Beschlussfassung.
[622] BGH, Urteil v. 21.1.2011, V ZR 140/10, NJW 2011 S. 2050.

schaft der Wohnungseigentümer vor Schluss der mündlichen Verhandlung erfolgt, bleibt abzuwarten.

Zu berücksichtigen ist jedenfalls, dass der Verwalter kein Zustellungsvertreter der Wohnungseigentümer mehr sein wird. Das WEMoG erlegt ihm keinerlei Rechte und Pflichten gegenüber den Wohnungseigentümern auf. Nach wie vor handelt es sich bei den Fristen zur Erhebung und Begründung einer Anfechtungsklage gemäß § 45 Satz 1 WEG n.F. um materiell-rechtliche Ausschlussfristen.[623] Benennt der Kläger den Verwalter als Vertreter bzw. Zustellungsvertreter der übrigen Wohnungseigentümer, bleibt jedenfalls abzuwarten, ob sich die Rechtsprechung derart positionieren wird, dass zumindest tatsächlich an den Vertreter der Gemeinschaft der Wohnungseigentümer zugestellt und lediglich der Adressat falsch bezeichnet wurde. Dies wird auch der Fall sein. Ist jedenfalls nach dem für die Auslegung der Parteibezeichnung übrigen Inhalt der Klageschrift unzweifelhaft, dass die Klage gegen die Gemeinschaft der Wohnungseigentümer gerichtet werden sollte und die Benennung der übrigen Wohnungseigentümer eine versehentliche Falschbezeichnung war, genügt nach ständiger Rechtsprechung des BGH[624] eine Rubrumsberichtigung nach § 319 Abs. 1 ZPO. Ist dies nicht unzweifelhaft der Fall und erfolgt dann Parteiwechsel spätestens bis zum Schluss der mündlichen Verhandlung, dürften dem Kläger wohl keine Nachteile drohen.

### 17.5.3 Verwalterpflichten

Die Pflichten des Verwalters werden in § 9b Abs. 1 Satz 1 WEG n.F. und § 44 Abs. 2 Satz 2 WEG n.F. geregelt sein. § 9b Abs. 1 WEG n.F. ordnet die außergerichtliche und gerichtliche Vertretung der Gemeinschaft der Wohnungseigentümer an. § 44 Abs. 2 Satz 2 WEG n.F. erlegt dem Verwalter eine Bekanntmachungspflicht bezüglich Anfechtungs-, Nichtigkeits- und Beschlussersetzungsklagen auf.

**Vertretung**

Da Anfechtungs-, Nichtigkeits- und Beschlussersetzungsklagen künftig gegen die Wohnungseigentümergemeinschaft zu richten sein werden und der Verwalter als gesetzlicher Vertreter ohnehin die Wohnungseigentümergemeinschaft vertritt – was § 9b Abs. 1 Satz 1 WEG n.F. ausdrücklich klarstellt –, vertritt er auch die Wohnungseigentümergemeinschaft im Rahmen des gerichtlichen Verfahrens.

Für die bisher geltende Rechtslage zu den Verwalterbefugnissen im Rahmen einer Beschlussklage hat die Rechtsprechung eine klaren Rahmen gesetzt:

- Der Verwalter ist ermächtigt, einen Rechtsanwalt mit der Vertretung der Gemeinschaft der Wohnungseigentümer zu beauftragen – und zwar ohne

---
[623] BGH, Urteil v. 16.1.2009, V ZR 74/08, NJW 2009 S. 999.
[624] Siehe u. a. BGH, Urteil v. 24.1.2013, VII ZR 128/12, NJW-RR 2013 S. 394.

## Gerichtliches Verfahren

vorangehende Pflicht, einen entsprechenden Ermächtigungsbeschluss der Wohnungseigentümer herbeiführen zu müssen.[625]

- Die gesetzliche Vertretungsbefugnis des Verwalters für die in einem Beschlussmängelverfahren beklagten Wohnungseigentümer, erstreckt sich auf den Abschluss eines Prozessvergleichs. Hat der Verwalter mit der Prozessvertretung einen Rechtsanwalt beauftragt, kann er diesem eine verbindliche Weisung zum Abschluss eines Prozessvergleichs erteilen.[626]
- Der Verwalter kann eigenständig Berufung für die beklagte Gemeinschaft der Wohnungseigentümer gegen die erstinstanzlichen Entscheidungen der Amtsgerichte auch ohne vorherige Beschlussfassung der Wohnungseigentümer einlegen.[627]
- Hat der Verwalter einen Rechtsanwalt mit der Vertretung der Gemeinschaft der Wohnungseigentümer in einem Beschlussmängelverfahren beauftragt, kann nur er dem Rechtsanwalt Weisungen für die Prozessführung erteilen und das Mandatsverhältnis beenden.[628]

Nach künftiger Rechtslage ist zu berücksichtigen, dass der Verwalter gemäß § 27 Abs. 1 Nr. 1 WEG n.F. eigenständig nur Maßnahmen untergeordneter Bedeutung treffen kann, die nicht mit erheblichen Verpflichtungen verbunden sind. Allerdings werden sich die Befugnisse des Verwalters bezüglich seiner Berechtigung im Rahmen der gegen die Gemeinschaft gerichteten Beschlussklagen in Zukunft nach § 27 Abs. 1 Nr. 2 WEG n.F. richten. Hiernach ist der Verwalter nämlich verpflichtet, diejenigen Maßnahmen ordnungsmäßiger Verwaltung zu treffen, die zur Wahrung einer Frist oder zur Abwendung eines Rechtsnachteils erforderlich sind. Diese Vorschrift entspricht – mit Ausnahme der Konkretisierung von bestimmten Klagearten – der bisherigen Regelung in § 27 Abs. 2 Nr. 2 WEG a.F.

Der Gesetzgeber präferiert zwar eine Beschlussfassung der Wohnungseigentümer, hat mit vorerwähnter Norm aber gerade auch die Führung eines Prozesses für die Gemeinschaft der Wohnungseigentümer im Auge, soweit eine Befassung der Versammlung der Wohnungseigentümer aufgrund der einzuhaltenden Fristen nicht möglich ist. Zur Einhaltung der Notfristen der §§ 276 Abs. 1 und 517 ZPO wird man daher den Verwalter auch künftig stets als befugt ansehen müssen, einen Rechtsanwalt zu beauftragen. Ob man den Verwalter weiter als ermächtigt ansehen wird, ohne Beschlussfassung der Wohnungseigentümer einen Vergleich abschließen zu können, wird maßgeblich vom konkreten Einzelfall abhängen. Um hier unnötige Auseinandersetzungen zu vermeiden, sollte der die Gemeinschaft der Wohnungseigentümer vertretende Rechtsanwalt im Verfahren stets entweder auf eine angemessene Fristgewährung hinwirken, um die Frage nach dem Abschluss eines Ver-

---

[625] BGH, Beschluss v. 5.7.2013, V ZR 241/12, NJW 2013 S. 3098.
[626] BGH, Urteil v. 18.10.2019, V ZR 286/18, GE 2020 S. 406.
[627] LG Berlin, Urteil v. 19.4.2013, 55 S 170/12, ZMR 2013 S. 735.
[628] Arg. BGH, Urteil v. 18.10.2019, V ZR 286/18, GE 2020 S. 406.

## Gerichtliches Verfahren

gleichs durch eine entsprechende Beschlussfassung klären zu lassen, oder aber die Vergleichswiderrufsfrist so großzügig bemessen lassen, dass dann eine Willensbildung der Wohnungseigentümer herbeigeführt werden kann.

### Bekanntmachung

Nach der bislang geltenden Rechtslage ist der Verwalter gemäß § 27 Abs. 1 Nr. 7 WEG a.F. verpflichtet, die Wohnungseigentümer unverzüglich darüber zu unterrichten, dass ein Rechtsstreit gemäß § 43 WEG a.F. anhängig ist. Diese weitgehende Verpflichtung wird entfallen, der Verwalter wird unter Geltung des WEMoG nur noch verpflichtet sein, die Wohnungseigentümer über Anfechtungsklagen, Nichtigkeitsklagen und auch Beschlussersetzungsklagen zu informieren. Die geplante Neuregelung in § 44 Abs. 2 WEG n.F. bringt dies explizit zum Ausdruck und regelt, dass der Verwalter den Wohnungseigentümern die Erhebung einer dieser Klagen unverzüglich bekannt zu machen hat. Da die richterliche Entscheidung gemäß § 44 Abs. 3 WEG n.F. auch gegenüber allen Wohnungseigentümern wirkt[629], soll den Wohnungseigentümern die Gelegenheit gegeben werden, sich als Nebenintervenienten an dem Verfahren beteiligen zu können.[630]

### Bekanntmachungsform

Wie der Verwalter seiner Bekanntmachungspflicht nachkommen soll, ist gesetzlich nicht geregelt und bleibt letztlich ihm überlassen. Notwendig, aber auch ausreichend ist, wenn er den Wohnungseigentümern die Möglichkeit eröffnet, von der Klageerhebung mit hinreichender Sicherheit Kenntnis zu nehmen, sodass sie von ihren prozessualen Rechten Gebrauch machen können. Ein individueller Zugang beim einzelnen Wohnungseigentümer soll nach der Gesetzesbegründung dafür nicht erforderlich sein.[631] Der Verwalter sollte die Wohnungseigentümer zumindest in Textform entsprechend unterrichten. Ob man so weit wird gehen können, dass lediglich eine entsprechende Bekanntmachung über die Homepage des Verwalters genügen wird, ist jedenfalls höchst zweifelhaft.

### 17.5.4 Vor- und Nachteile der Neuregelung

**Vorteile**

Vorteile bietet der Verbandsprozess in mehrfacher Hinsicht:

- **Die Finanzierung der Verfahrenskosten ist unproblematisch**
  Da das Beschlussmängelverfahren nach künftigem Recht ein Verbandsprozess ist, steht zur Finanzierung der Verteidigung gegen die Beschlussklagen das gemeinschaftliche Vermögen zur Verfügung. Da auch der klagende Wohnungseigentümer weiterhin als Mitglied der von ihm be-

---

[629] Siehe Kap. 17.5.7 Rechtskrafterstreckung.
[630] Siehe Kap. 17.5.6 Nebenintervention.
[631] BT-Drs. 19/18791, S. 83.

## Gerichtliches Verfahren

klagten Gemeinschaft fungiert, stellen sich keine Probleme bei einer Finanzierung der Verfahrenskosten. Es stellt sich insbesondere nicht mehr die Frage, ob der Verwalter etwa im Verwaltervertrag ermächtigt werden kann, für derartige Fälle auf das gemeinschaftliche Vermögen zugreifen zu können.

- **Fragen über Beschlusskompetenzen hinsichtlich der Strategie der Verfahrensführung sind geklärt**
  Da die Gemeinschaft der Wohnungseigentümer als Verfahrensbeteiligte fungiert, stellen sich auch Fragen der Beschlusskompetenzen bezüglich ihrer Rechtsverteidigung nicht mehr. Die Wohnungseigentümer haben insoweit vielmehr qua Gesetz entsprechende Kompetenzen. Der klagende Wohnungseigentümer ist als Mitglied der Gemeinschaft im Fall der Beschlussfassung freilich nach dem künftigen § 25 Abs. 4 WEG n.F., der § 25 Abs. 5 WEG a.F. entspricht, vom Stimmrecht ausgeschlossen. Dies stellt aber auch die einzige Konsequenz dar.

- **Probleme mit einer Einlegung von Rechtsmitteln existieren nicht mehr**
  Auch die derzeit noch streitig geführte Auseinandersetzung darüber, ob Beschlusskompetenz zur Einlegung von Rechtsmitteln besteht, hat sich bei den Beschlussklagen als Verbandsprozesse erledigt, da den Wohnungseigentümern zweifellos eine Beschlusskompetenz zukommt. Wiederum unterläge der klagende Wohnungseigentümer dem Stimmverbot des § 25 Abs. 4 WEG n.F.

- **Keine Eigentümerliste mehr**
  Im Regelfall (zur Ausnahme siehe bei den Nachteilen) wird es künftig bei den Beschlussklagen keiner Eigentümerlisten mehr bedürfen, weil nicht mehr die „übrigen Wohnungseigentümer" Partei sind, sondern die Gemeinschaft der Wohnungseigentümer.

**Nachteile**

Die Tatsache, dass Beschlussklagen künftig gegen die Gemeinschaft der Wohnungseigentümer zu erheben sind, kann sich dann als problematisch herausstellen, wenn die Gemeinschaft keinen Verwalter hat. Denn § 9b Abs. 1 Satz 2 WEG n.F. sieht für diese Fälle eine Gesamtvertretung der Gemeinschaft durch alle Wohnungseigentümer vor. Den Wohnungseigentümern ist auch nicht etwa eine Beschlusskompetenz dergestalt eingeräumt, dass sie über einen Vertreter der Gemeinschaft der Wohnungseigentümer beschließen könnten, wie dies nach bisheriger Rechtslage gemäß § 27 Abs. 3 Satz 4 WEG a.F. möglich war. Dem Wesen der Gesamtvertretung folgend, können sie aber eine entsprechende Vereinbarung treffen. Können sich also alle Wohnungseigentümer auf einen Wohnungseigentümer als Vertreter der Gemeinschaft einigen, dürften keine prozessualen Probleme entstehen. Der Kläger kann dann sogleich den Vertreter der Gemeinschaft der Wohnungseigentümer entsprechend in seiner Klageschrift benennen.

## Gerichtliches Verfahren

Können sich die Wohnungseigentümer nicht auf einen von ihnen als Vertreter einigen, genügt es für die Zustellung der Klage, dass diese an einen der Wohnungseigentümer erfolgt. Dieser hat dann allerdings das Problem, die übrigen Wohnungseigentümer über den Eingang der Klage zu informieren. Weiter ist auch die Verteidigung der Gemeinschaft gegen die Klage zu organisieren. Weder der Gesetzentwurf noch seine Begründung bieten hier Lösungsmöglichkeiten an. Es wird lediglich angedacht, dass das Gericht eine Informationspflicht treffen könnte. Dieser Pflicht wird es wohl aber nur dann nachkommen können, wenn es auch in Kenntnis der einzelnen Wohnungseigentümer ist. Ob das Gericht zu diesem Zweck den klagenden Wohnungseigentümer wird auffordern können, eine Eigentümerliste einzureichen, oder ob es einen Verfahrenspfleger bestellen wird, bleibt abzuwarten. Würde in verwalterlosen Gemeinschaften einem der Wohnungseigentümer die Klage zugestellt werden, hätte dieser zumindest die Möglichkeit, der beklagten Gemeinschaft der Wohnungseigentümer als Nebenintervenient beizutreten um zunächst die erforderliche Rechtsverteidigung zu organisieren.[632]

 **„Vereinbarungsklagen" des § 10 Abs. 2 WEG n. F.**
Da Vereinbarungsklagen[633] nach § 10 Abs. 2 WEG n. F. keine Beschlussklagen darstellen und daher auch im Katalog des § 44 Abs. 1 WEG n. F. nicht enthalten sind, sie also nach wie vor im Verfahren des § 43 Abs. 2 Nr. 1 WEG n. F. gegen die übrigen Wohnungseigentümer zu erheben sein werden, wird hier die Eigentümerliste nach wie vor von Bedeutung sein.

### 17.5.5 Prozessverbindung

§ 44 Abs. 2 Satz 3 WEG n. F. trägt dem Umstand Rechnung, dass 2 oder mehrere Wohnungseigentümer unabhängig voneinander denselben Beschluss anfechten oder aber die Feststellung seiner Nichtigkeit begehren können. Aus prozessökonomischen Gründen und um divergierende gerichtliche Entscheidungen zu vermeiden, sind die entsprechenden Prozesse zu verbinden. Dies entspricht auch der derzeit geltenden Rechtslage nach § 47 WEG a. F.

---

[632] Siehe Kap. 17.5.6.2 Insbesondere verwalterlose Gemeinschaft.
[633] Siehe Kap. 17.5.15 Exkurs: Vereinbarungsklage gemäß § 10 Abs. 2 WEG n. F.

## Gerichtliches Verfahren

### 17.5.6 Nebenintervention

**WEG n.F.**

**§ 44 Beschlussklagen**

(4) Die durch eine Nebenintervention verursachten Kosten gelten nur dann als notwendig zur zweckentsprechenden Rechtsverteidigung im Sinne des § 91 der Zivilprozessordnung, wenn die Nebenintervention geboten war.

#### 17.5.6.1 Grundsätze

Beschlussklagen sind nach § 44 Abs. 2 Satz 1 WEG n.F. gegen die Gemeinschaft der Wohnungseigentümer zu richten. Die Wohnungseigentümer haben aber die Möglichkeit, als Nebenintervenienten dem Prozess auf Seiten der Gemeinschaft der Wohnungseigentümer oder dem klagenden Wohnungseigentümer beizutreten.

Die Nebenintervention ist in den §§ 66 ff. ZPO geregelt. Sie ist dadurch gekennzeichnet, dass ein Dritter dem für ihn fremden Rechtsstreit beitritt, um eine Partei im Prozess zu unterstützen. Dies kann auf Klägerseite oder Beklagtenseite erfolgen. Die unterstützte Partei heißt dann Hauptpartei. Der Dritte wird als Nebenintervenient oder Streithelfer bezeichnet. Der Nebenintervenient wird selbst nicht Partei des Rechtsstreits. Er kann aber durch Schriftsätze oder eigene Anträge, wie z.B. Beweisanträge, Einfluss auf den Prozessverlauf nehmen. Das abschließende Urteil entfaltet dann auch für und gegen ihn die sog. Interventionswirkung. Da sich die Rechtskraft einer Beschlussklage nach § 44 Abs. 3 WEG n.F. auch auf die Wohnungseigentümer erstreckt, handelt es sich gemäß § 69 ZPO um eine streitgenössische Nebenintervention. Der Streithelfer kann in diesem Fall sogar gegen den Willen der von ihm unterstützten Partei Rechtsmittel einlegen.

Das WEMoG regelt in § 44 Abs. 4 WEG n.F. nur die Nebenintervention aufseiten der Gemeinschaft der Wohnungseigentümer und auch nur mit Blick auf eine Beschränkung der Kostenerstattung, die durch die Nebenintervention „zur Rechtsverteidigung" notwendig war. Die Vorschrift löst § 50 WEG a.F. ab. Nach dieser Bestimmung sind als zur zweckentsprechenden Rechtsverfolgung oder Rechtsverteidigung notwendige Kosten nur die Kosten eines bevollmächtigten Rechtsanwalts zu erstatten, wenn nicht aus Gründen, die mit dem Gegenstand des Rechtsstreits zusammenhängen, eine Vertretung durch mehrere bevollmächtigte Rechtsanwälte geboten war. Zwar ist § 50 WEG a.F. nicht auf Beschlussklagen beschränkt, findet aber auch hier seinen Hauptanwendungsbereich.

## Gerichtliches Verfahren

Sinn und Zweck des § 50 WEG a.F. und künftigen § 44 Abs. 4 WEG n.F. ist, dass der unterliegende Kläger einer Anfechtungs-, Nichtigkeits- oder Beschlussersetzungsklage in aller Regel nur die Kosten eines von seinem Gegner beauftragten Rechtsanwalts zu erstatten hat. Müsste er die Kosten mehrerer Anwälte tragen, wenn er den Rechtsstreit verliert, könnte dies ruinöse Folgen für ihn haben und letztlich Wohnungseigentümer abschrecken, den Rechtsweg zu beschreiten. Frühzeitig hat der BGH insoweit klargestellt, dass die Kosten des vom Verwalter beauftragten Rechtsanwalts zur Vertretung der übrigen beklagten Wohnungseigentümer in einem Beschlussanfechtungsverfahren vorrangig zu erstatten sind.[634] Hieran wird sich durch den ausschließlich für Beschlussklagen geltenden § 44 Abs. 4 WEG n.F. nichts ändern, zumal es ja als eigentlichen Klagegegner lediglich ein Subjekt, nämlich die Gemeinschaft der Wohnungseigentümer, gibt.

**Beispiel: Nebenintervention**

Ein Wohnungseigentümer erhebt Anfechtungsklage gegen einen Beschluss. Der Verwalter beauftragt einen Rechtsanwalt mit der Verteidigung der Gemeinschaft der Wohnungseigentümer. Unterliegt der klagende Wohnungseigentümer, muss er der Gemeinschaft der Wohnungseigentümer die Kosten dieses Rechtsanwalts erstatten. Tritt ein Wohnungseigentümer als Mitglied der beklagten Gemeinschaft als Streithelfer im Prozess bei und würde auch er einen Rechtsanwalt beauftragen, müsste der klagende Wohnungseigentümer gemäß § 101 Abs. 1 ZPO auch die Kosten dieses Rechtsanwalts tragen. Diese Rechtsfolge soll mit § 44 Abs. 4 WEG n.F. vermieden werden, so nicht ausnahmsweise die Nebenintervention geboten war.

**Musterschriftsatz: Nebenintervention – Beitritt und Streitverkündung auf Beklagtenseite**

In dem Rechtsstreit

_____ ./. WEG XX-Straße in 12345 XX-Stadt

zeige ich – ordnungsmäßige Bevollmächtigung anwaltlich versichernd – die Vertretung der Wohnungseigentümerin Frau _____ an. Namens und Auftrags von Frau _____ e r k l ä r e ich den Beitritt von Frau _____ als Nebenintervenientin auf Beklagtenseite und b e a n t r a g e

---

[634] BGH, Beschluss v. 16.7.2009, V ZB 11/09, NJW 2009 S. 3168.

### Klageabweisung.

Weiter v e r k ü n d e ich der Vertreterin der Beklagten, der Firma XX-Hausverwaltungs-GmbH, vertreten durch den Geschäftsführer, Herrn _____, XX-Straße, XX-Stadt, den S t r e i t verbunden mit der Aufforderung, dem Rechtsstreit auf Beklagtenseite beizutreten.

### Begründung.

Bei der Nebenintervenientin handelt es sich um ein Mitglied der Beklagten.

**Beweis im Fall des Bestreitens:**   Vorlage des Grundbuchauszugs

Nach § 66 Abs. 1 ZPO hängt die Zulässigkeit einer Nebenintervention vom Bestehen eines rechtlichen Interesses an einem Beitritt zum Rechtsstreit der unterstützten Partei ab. Dieses ist vorliegend gegeben, da das Urteil vorliegender Anfechtungsklage nach § 44 Abs. 3 WEG auch für und gegen die Wohnungseigentümer wirkt. Aus diesem Grund handelt es sich vorliegend nach § 69 ZPO um eine streitgenössische Nebenintervention.

Der Beitritt der Streithelferin ist auch erforderlich, weil die Beklagte bislang ihrer Vertreterin, mithin der XX-Hausverwaltungs-GmbH, nicht den Streit verkündet hat, obwohl Schadensersatzansprüche gegen diese im Fall des Unterliegens der Beklagten im Rechtsstreit in Betracht kommen.

Die Streitverkündung selbst ist erforderlich, weil nach § 44 Abs. 3 WEG das Urteil in einer Beschlussklage wie vorliegender Anfechtungsklage, nur für und gegen die Wohnungseigentümer wirkt. Das entsprechende Gestaltungsurteil ist zwar aufgrund seiner Inter-Omnes-Wirkung vom Verwalter insoweit zu beachten, als etwa der für ungültig oder nichtig erklärte Beschluss nicht zur Durchführung kommen darf. Allerdings entfaltet es im Übrigen ihm gegenüber keinerlei Bindungswirkung.

Zwar hat der BGH die Frage, ob einem Organ und gesetzlichen Vertreter der Streit verkündet werden kann, dieses also als „Dritter" im Sinne von § 72 Abs. 1 ZPO angesehen werden kann, und insoweit auch eine Nebenintervention möglich wäre, bislang offen gelassen (BGH, Beschluss v. 30.6.2015, II ZR 142/14, NJW-RR 2015, 992; Urteil v. 29.1.2013, II ZB 1/11, NJW-RR 2013, 485).

Allerdings weist der Gesetzgeber in seiner Begründung des Wohnungseigentumsmodernisierungsgesetzes (WEMoG) darauf hin, dass Dritte nach allgemeinen prozessualen Grundsätzen an das Ergebnis des Rechtsstreits gebunden werden können (BT-Drs. 19/18791, S. 79).

Maßgeblich ist des Weiteren zu berücksichtigen, dass der Vertreter selbst nicht Partei ist und grundsätzlich auch zwischen dem Organ und dem jeweiligen Organwalter zu differenzieren ist. Weiter ist zu berücksichtigen, dass der Verwalter mit der Bestimmung des § 9b Abs. 2 WEG n.F. insoweit als „Dritter" behandelt wird, als den Wohnungseigentümern auferlegt wird, gerade einen Vertreter gegenüber dem Verwalter zu bestellen. Die Eigenschaft als „Dritter" wird auch dadurch untermauert, dass es sich beim Verwalter nach wie vor um ein fakultatives Organ der Gemeinschaft der Wohnungseigentümer handelt. Im Gegensatz etwa zur GmbH, die nach § 6 Abs. 1 GmbHG einen Geschäftsführer haben muss, und der AG, die nach § 76 Abs. 1 AktG einen Vorstand haben muss, da nur er die Geschäfte führen kann, muss die Gemeinschaft der Wohnungseigentümer gerade keinen Verwalter haben und kann ihre Geschäfte auch durch die Wohnungseigentümer führen.

Nach allem ist die Streitverkündung zulässig.

Auch die weiteren Voraussetzungen des § 72 Abs. 1 ZPO sind vorliegend erfüllt, da der Beklagten im Fall des Unterliegens die Kosten des Verfahrens auferlegt werden, einen etwa vorhandenen Beschlussmangel allerdings die Streitverkündete zu vertreten hat und insoweit Regressansprüche der Beklagten gegen sie gegeben sind. Zwar ist die Bestimmung des § 49 Abs. 2 WEG a.F. im Rahmen des WEMoG aufgehoben worden, allerdings war und ist stets anerkannt, dass gegen einen Verwalter, der einen Beschlussmangel zu verantworten hat, materiell-rechtlich Schadensersatzansprüche mit Blick auf die Verfahrenskosten geltend gemacht werden können, so er den Beschlussmangel zu vertreten hat.

Hauptargument der Klägerin im Verfahren ist, dass die Streitverkündete die streitgegenständlichen und auf Grundlage von § 28 Abs. 2 Satz 1 WEG beschlossenen Hausgeldanpassungen bzw. -nachschussforderungen auf Grundlage einer erheblich fehlerhaften Jahresabrechnung ermittelt und unter Missachtung des in der Gemeinschaft der Wohnungseigentümer geltenden Kostenverteilungsschlüssels u.a. die Klägerin erheblich mit Kosten mehrbelastet hat als dies bei Anwendung des geltenden Kostenverteilungsschlüssels der Fall wäre. Die Streitverkündete hat den Beschlussmangel demnach verursacht und auch zu verantworten, weshalb der Beklagten im Fall ihres Unterliegens Schadensersatzansprüche gegen die

Streitverkündete in erster Linie mit Blick auf die ihr auferlegten Verfahrenskosten hat.

Rechtsanwalt/Rechtsanwältin

**17.5.6.2 Insbesondere verwalterlose Gemeinschaften**

§ 44 Abs. 4 WEG n.F. regelt nur die Kosten einer Nebenintervention, ohne die Rechtsanwaltskosten ausdrücklich zu erwähnen. Der Gesetzgeber mag hier wohl verwalterlose Gemeinschaften im Blick haben. Fälle einer „notwendigen" Nebenintervention in dem Sinne, dass diese zur entsprechenden Rechtsverfolgung „geboten" wäre, sind künftig insbesondere die Fälle, in denen in verwalterlosen Gemeinschaften Beschlussklagen geführt werden und die Wohnungseigentümer sich entweder auf keinen Rechtsanwalt einigen können oder zur Kostenersparnis erst gar keinen Anwalt beauftragen möchten. Hier dürfte es dann tatsächlich auch notwendig werden, dass einer der Wohnungseigentümer das Zepter in die Hand nimmt und dem Rechtsstreit unter Beauftragung eines Rechtsanwalts als Nebenintervenient beitritt, um nicht ggf. einer an sich aussichtslosen Klage zum Erfolg zu verhelfen.[635] Wenn der Kläger unterliegt, dürften die Kosten der Nebenintervention zweifellos erforderlich gewesen sein.

**Prozessuale Befugnisse des Streithelfers**

Insbesondere in zerstrittenen verwalterlosen Eigentümergemeinschaften, in denen ein gewisses Chaos vorprogrammiert ist, dürfte einzelnen Wohnungseigentümern auch zu einer Nebenintervention zu raten sein. Denn die prozessualen Befugnisse des Streithelfers sind weitreichend:

- Er kann alle der Partei zustehenden Prozesshandlungen wirksam vornehmen.

- In der mündlichen Verhandlung ist er zur Vornahme und Entgegennahme für die Hauptpartei bestimmter Prozesshandlungen berechtigt. Vornahme oder Entgegennahme einer Prozesshandlung durch ihn wirkt, als ob die Partei selbst gehandelt hätte.[636]

- Durch sein Erscheinen in der mündlichen Verhandlung kann er den Erlass eines Versäumnisurteils gegen die Hauptpartei verhindern.[637]

---

[635] Arg. LG Frankfurt a.M., Beschluss v. 26.11.2018, 2-13 T 127/18, ZMR 2019 S. 216.
[636] BGH, Urteil v. 28.3.1985, VII ZR 317/84, NJW 85 S. 2480.
[637] BGH, Urteil v. 13.4.1994, II ZR 196/93, ZIP 1994 S. 787.

- Er kann zur Begründung oder Abwehr der Klage Tatsachen behaupten oder bestreiten und Beweisanträge stellen.[638]
- Von ganz erheblicher Bedeutung ist auch, dass er berechtigt ist, sogar gegen den Willen der von ihm unterstützten Partei Rechtsmittel, also insbesondere Berufung, einzulegen.[639]

 **Musterschriftsatz: Nebenintervention – Beitritt auf Beklagtenseite (verwalterlose Gemeinschaft)**

In dem Rechtsstreit

_____./. WEG XX-Straße in 12345 XX-Stadt

zeige ich – ordnungsmäßige Bevollmächtigung anwaltlich versichernd – die Vertretung der Wohnungseigentümerin Frau _____ an. Namens und Auftrags von Frau _____ e r k l ä r e ich den Beitritt von Frau _____ als Nebenintervenientin auf Beklagtenseite.

Insoweit b e a n t r a g e ich

**Klageabweisung.**

**Begründung**

Bei der Nebenintervenientin handelt es sich um ein Mitglied der Beklagten.

**Beweis im Fall des Bestreitens:**    Vorlage des Grundbuchauszugs

Nach § 66 Abs. 1 ZPO hängt die Zulässigkeit einer Nebenintervention vom Bestehen eines rechtlichen Interesses an einem Beitritt zum Rechtsstreit der unterstützten Partei ab. Dieses ist vorliegend gegeben, da das Urteil vorliegender Anfechtungsklage nach § 44 Abs. 3 WEG auch für und gegen die Wohnungseigentümer wirkt.

---

[638] BGH, Beschluss v. 23.10. 1984, III ZR 230/82, VersR 1985 S. 80.
[639] BGH, Urteil v. 4.10.1994, VI ZR 223/93, NJW 1995 S. 198.

## Gerichtliches Verfahren

Aus diesem Grund handelt es sich vorliegend nach § 69 ZPO um eine streitgenössische Nebenintervention

In der Sache selbst ist die Nebenintervention darin begründet, dass die Gemeinschaft der Wohnungseigentümer derzeit verwalterlos ist und bis zum Ablauf der Notfrist des § 276 Abs. 1 Satz 1 ZPO eine gemeinschaftliche Willensbildung mit Blick auf eine erforderliche Rechtsverteidigung im Hinblick auf die in § 9b Abs. 2 WEG angeordnete Gesamtvertretung der Wohnungseigentümer nicht möglich ist.

Mit Blick auf die in der Verfügung vom _____ gesetzte Frist zur Klageerwiderung teile ich mit, dass die Nebenintervenientin bestrebt ist, eine gemeinschaftliche Entschließung unter den Wohnungseigentümern herbeizuführen, dass entweder der Unterzeichner oder ein anderer Rechtsanwalt mit der Vertretung der Beklagten beauftragt wird. Sollte dies innerhalb der gesetzten Frist nicht möglich sein, werde ich mit gesondertem Schriftsatz Fristverlängerung beantragen.

Rechtsanwalt/Rechtsanwältin

### 17.5.6.3 Berufungsverfahren

Auch im Berufungsverfahren waren nach § 50 WEG a.F. in aller Regel lediglich die Kosten eines Rechtsanwalts zu erstatten. Hatten die in 1. Instanz obsiegenden klagenden Wohnungseigentümer nach Zustellung der Berufungsschrift ausreichend Zeit, um sich auf einen Prozessbevollmächtigten zu verständigen und war eine Prozessvertretung durch mehrere Anwälte nicht geboten, weil alle klagenden Wohnungseigentümer dasselbe Interesse, nämlich die Aufrechterhaltung des amtsgerichtlichen Urteils hatten, sind auf ihrer Seite als Beklagte der Berufung in der Regel nur die Kosten eines Rechtsanwalts i.S.v. § 50 WEG a.F. zu erstatten.[640] Dieser Grundsatz wird sich mit Blick auf die Kosten einer Nebenintervention gemäß § 44 Abs. 4 WEG n.F. nicht ändern.

### 17.5.6.4 Nebenintervention auf Klägerseite

Das Aktienrecht regelt in § 246 Abs. 4 AktG für Beschlussklagen die Nebenintervention auf Klägerseite. Die Bestimmung ordnet an, dass eine Nebenintervention nur innerhalb eines Monats nach Bekanntmachung der Klage erfolgen kann. Eine hiermit korrespondierende Bestimmung findet sich im WEMoG nicht. Sie ist auch insoweit überflüssig, als § 45 Satz 2 WEG n.F. nach wie vor die Wiedereinsetzung im Fall unverschuldeter Fristversäumnis regelt. Diese hingegen sieht das AktG gerade nicht vor. Allerdings dürfte die

---
[640] LG München I, Beschluss v. 11.9.2019, 1 T 10828/19, ZMR 2019 S. 1001.

Nebenintervention auf Klägerseite künftig wohl ebenso nur eine kleine Rolle spielen, wie sie der Beitritt infolge Beiladung insbesondere in den Verfahren des § 43 Nr. 1 WEG a.F. nach derzeit noch maßgeblichem Recht jemals gespielt hat.

Im Übrigen gilt der Grundsatz, dass jede Partei nach Treu und Glauben verpflichtet ist, die Kosten ihrer Prozessführung niedrig zu halten.[641] Aus diesem Grund kann sich der nachlässige Wohnungseigentümer, der die Anfechtungsfrist versäumt hat, nicht auf Kosten der beklagten Gemeinschaft der Wohnungseigentümer einer aus seiner Sicht wohl erfolgreichen Klage anschließen. Erstattungsfähig dürften seine Kosten lediglich dann sein, wenn er innerhalb der unveränderten Begründungsfrist des § 45 Satz 1 WEG n.F. Anfechtungsgründe vorträgt, die nicht schon der Kläger geltend gemacht hat, oder außerhalb dieser Frist entsprechende Nichtigkeitsgründe. Soweit zumutbar und keine Interessengegensätze bestehen, sollte der Streithelfer aus Kostengründen den bereits den Kläger vertretenden Rechtsanwalt mit der Nebenintervention beauftragen.

**Musterschriftsatz: Nebenintervention – Beitritt auf Klägerseite**

In dem Rechtsstreit

_____ ./. WEG XX-Straße in 12345 XX-Stadt

zeige ich – ordnungsmäßige Bevollmächtigung anwaltlich versichernd – die Vertretung der Wohnungseigentümerin Frau _____ an. Namens und Auftrags von Frau _____ e r k l ä r e ich den Beitritt von Frau _____ als Nebenintervenientin auf Klägerseite.

Insoweit b e a n t r a g e ich ebenfalls,

den in der Wohnungseigentümerversammlung vom _____ zu TOP ___ gefassten Beschluss für ungültig zu erklären.

**Begründung.**

Bei der Nebenintervenientin handelt es sich um ein Mitglied der Beklagten.

---

[641] BGH, Beschluss v. 19.9.2017, VI ZB 72/16, NJW 2017 S. 3788.

## Gerichtliches Verfahren

**Beweis im Fall des Bestreitens:** Vorlage des Grundbuchauszugs

Gemäß § 66 Abs. 1 ZPO hängt die Zulässigkeit einer Nebenintervention vom Bestehen eines rechtlichen Interesses an einem Beitritt zum Rechtsstreit der unterstützten Partei ab. Dieses ist vorliegend gegeben, da das Urteil vorliegender Anfechtungsklage gemäß § 44 Abs. 3 WEG auch für und gegen die Wohnungseigentümer wirkt. Aus diesem Grund handelt es sich vorliegend gemäß § 69 ZPO um eine streitgenössische Nebenintervention.

Sachlich begründet ist das rechtliche Interesse der Nebenintervenientin damit, dass der Kläger bislang noch nicht vorgetragen hat, der streitgegenständliche Beschluss sei nichtig, da er an einem elementaren formellen Mangel leidet. Tatsächlich nämlich wurde die Nebenintervenientin absichtlich nicht zur Wohnungseigentümerversammlung eingeladen. Dies hatte der Verwalter und Vertreter der Beklagten gegenüber im Beisein ihres Ehemannes auch zugegeben und auf die Frage der Streithelferin, warum sie nicht zur Versammlung geladen worden sei, geantwortet, „kein Wohnungseigentümer habe Lust, mit einer Querulantin diskutieren zu müssen und er selbst erstrecht nicht".

**Beweis:** Zeugnis des Herrn _____,

ladungsfähige Anschrift wie Streithelferin

Die bewusste Nichtladung eines Wohnungseigentümers zu einer Wohnungseigentümerversammlung stellt einen derart gravierenden Eingriff in den Kernbereich der Mitverwaltungsrechte des Wohnungseigentümers dar, dass sämtliche in der Wohnungseigentümerversammlung gefassten Beschlüsse nichtig sind. Gleichwohl verzichtet die Nebenintervenientin aus Kostengründen auf die Erhebung einer entsprechenden Nichtigkeitsklage. Insbesondere aber der streitgegenständliche Beschluss, der mit enormen finanziellen Belastungen für die einzelnen Wohnungseigentümer verbunden ist, kann keinen Bestand haben.

Rechtsanwalt/Rechtsanwältin

## 17.5.7 Rechtskrafterstreckung bei Beschlussklagen

> **WEG n.F.**
>
> **§ 44 Beschlussklagen**
>
> (3) Das Urteil wirkt für und gegen alle Wohnungseigentümer, auch wenn sie nicht Partei sind.

### 17.5.7.1 Wohnungseigentümer

§ 44 Abs. 3 WEG n.F. regelt, dass das Urteil einer Beschlussklage gegen alle Wohnungseigentümer gilt, auch wenn sie nicht Partei sind. Auch wenn sich diese gesetzliche Anordnung von selbst versteht, ist sie dennoch insoweit von Bedeutung, als auf Beklagtenseite nicht die übrigen Wohnungseigentümer stehen, sondern die Gemeinschaft der Wohnungseigentümer. Nach § 325 Abs. 1 ZPO wirkt das rechtskräftige Urteil nämlich nur für und gegen die Parteien des Rechtsstreits. Parteien der Beschlussklage sind der klagende Wohnungseigentümer sowie die Gemeinschaft der Wohnungseigentümer. Die nach altem Recht noch „übrigen beklagten Wohnungseigentümer" wird es nicht mehr geben – sie sind im Rahmen des WEMoG nicht mehr Partei des Rechtsstreits. Insoweit bedarf es auch der gesetzlichen Anordnung der Rechtskrafterstreckung auf die Wohnungseigentümer.

Die Regelung des § 44 Abs. 3 WEG n.F. ist weiter vor dem Hintergrund der Aufhebung von § 10 Abs. 4 Satz 1 WEG a.F. bedeutsam, weil insoweit auch die Bindung der Sonderrechtsnachfolger der Wohnungseigentümer sichergestellt ist. Zu beachten ist allerdings, dass es zur Bindung des Rechtsnachfolgers im Fall einer Beschlussersetzungsklage aufgrund vereinbarter Öffnungsklausel der Eintragung des Beschlusses ins Grundbuch gemäß § 10 Abs. 3 Satz 1 WEG n.F. bedürfen wird.

Die Rechtskrafterstreckung kann allerdings bei Anfechtungsklagen auch nur so weit reichen, wie das Urteil selbst Rechtskraft entfaltet. So kann es bei Zugrundelegung der zweigliedrigen Streitgegenstandslehre wegen Aufhebung von § 48 Abs. 4 WEG a.F. möglicherweise dazu kommen, dass künftig auch noch eine Nichtigkeitsklage gegen einen Beschluss erhoben werden kann, mit dem sich das Gericht bereits im Rahmen einer Anfechtungsklage beschäftigen musste.[642]

---

[642] Siehe Kap. 17.5.12 Verhältnis der Anfechtungs- zur Nichtigkeitsklage.

## Gerichtliches Verfahren

### 17.5.7.2 Verwalter

#### 17.5.7.2.1 Grundsätze

Da das WEMoG die Beiladung nicht mehr vorsieht, mithin auch § 48 Abs. 3 WEG a.F. nicht mehr gelten wird, ist das entsprechende Gestaltungsurteil zwar vom Verwalter aufgrund seiner Inter-Omnes-Wirkung insoweit zu beachten, als etwa der für ungültig oder nichtig erklärte Beschluss nicht zur Durchführung kommen darf. Allerdings entfaltet es im Übrigen keinerlei Bindungswirkung gegenüber dem Verwalter. Dies ist insbesondere für die Fälle von Bedeutung, in denen vom Verwalter verschuldete Beschlussmängel zum Klageerfolg und somit auch zur Kostenbelastung der Gemeinschaft der Wohnungseigentümer geführt haben.

**Beispiel: Kostenmehrbelastung**

Einer der Wohnungseigentümer erhebt Anfechtungsklage gegen den Beschluss über die Festsetzung der Nachschüsse bzw. Anpassung der Hausgeldbeiträge auf Grundlage der Jahresabrechnung, da er durch die Anwendung eines falschen Kostenverteilungsschlüssels mehrbelastet ist.

Da der Verwalter diesen Beschlussmangel zu verantworten hat, besteht ein materiell-rechtlicher Schadensersatzanspruch der unterlegenen beklagten Gemeinschaft der Wohnungseigentümer gegen ihn. Allerdings erstreckt sich die Rechtskraft des Urteils nur insoweit auch den Verwalter, als auch dieser die richterliche Ungültigerklärung zu beachten hat und nicht etwa auf Grundlage des Beschlusses vermeintliche Hausgeldrückstände geltend macht. Die Rechtskraft des Urteils erstreckt sich nicht auf die Tatsache, dass der Verwalter letztlich den Beschlussmangel verursacht hat.

#### 17.5.7.2.2 Streitverkündung

Wie ausgeführt, erstreckt der Gesetzgeber in § 44 Abs. 3 WEG n.F. die Rechtskraft in Beschlussklagen nur auf die Wohnungseigentümer und nicht mehr auf den Verwalter.[643] „Bereits das allgemeine Zivilprozessrecht" sehe „mit der Streitverkündung ein Instrument vor, Dritte an das Ergebnis eines Prozesses zu binden".[644] Mit Blick auf eine mögliche Inregressnahme des Verwalters durch die Gemeinschaft der Wohnungseigentümer – sei es wegen der Verfahrenskosten oder sonstiger Schadensersatzansprüche infolge einer erfolgreichen Beschlussmängelklage –, stellt sich jedenfalls die Frage, ob dem Verwalter der Streit verkündet werden kann.

---

[643] Siehe Kap. 17.3 Rechtskrafterstreckung.
[644] BT-Drs. 19/18791, S. 77.

## Verwalter als „Dritter"

Zu berücksichtigen ist, dass der Verwalter gemäß § 9b Abs. 1 WEG n.F. die Gemeinschaft der Wohnungseigentümer als Organ bzw. deren gesetzlicher Vertreter auch im gerichtlichen Verfahren vertritt. Die Frage, ob einem Organ und gesetzlichen Vertreter der Streit verkündet, dieses also als „Dritter" im Sinne von § 72 Abs. 1 ZPO angesehen werden kann, und insoweit auch eine Nebenintervention möglich wäre, ist nicht unumstritten.[645] Der BGH konnte diese Frage bislang offen lassen.[646] Auch wenn sich der Gesetzgeber in seiner Begründung auf den „Dritten" kapriziert, scheint er den Verwalter wohl als solchen anzusehen, wenn es der Beiladung deshalb nicht mehr bedürfen soll, weil Beschlussklagen künftig gegen die Gemeinschaft der Wohnungseigentümer zu richten sind. Wer sollte nach derzeitigem Recht noch zur Beschlussmängelklage beizuladen sein, wenn nicht der Verwalter?

Ungeachtet der ohnehin besseren Argumente für die Möglichkeit der Streitverkündung – der Vertreter ist nicht Partei und grundsätzlich ist auch zwischen dem Organ und dem jeweiligen Organwalter zu differenzieren –, wird die Eigenschaft als „Dritter" auch dadurch untermauert, dass es sich beim Verwalter nach wie vor um ein fakultatives Organ der Gemeinschaft der Wohnungseigentümer handelt. Im Gegensatz etwa zur GmbH, die nach § 6 Abs. 1 GmbHG einen Geschäftsführer und der AG, die nach § 76 Abs. 1 AktG einen Vorstand haben muss, weil nur er die Geschäfte führen kann, muss die Gemeinschaft der Wohnungseigentümer gerade keinen Verwalter haben und kann ihre Geschäfte auch durch die Wohnungseigentümer führen.

Der Verwalter ist daher nicht nur in der Lage, sich als Vertreter der Gemeinschaft den Streit zu verkünden, sondern er dürfte hierzu mit Blick auf § 68 ZPO und insbesondere § 204 Abs. 1 Nr. 6 BGB auch verpflichtet sein, wenn Schadensersatzansprüche gegen ihn im Raum stehen.

### 17.5.8 Verfahrenskosten

In den äußerst praxisrelevanten wohnungseigentumsrechtlichen Verfahren der Anfechtungs-, Nichtigkeits- und Beschlussersetzungsverfahren wird der klagende Wohnungseigentümer künftig stets auch dann anteilig mit den Verfahrenskosten belastet werden, wenn er das Verfahren gewinnt. Folge der gesetzlich angeordneten Passivlegitimation der Gemeinschaft der Wohnungseigentümer ist nämlich, dass dieser im Fall des Unterliegens die Kosten des

---

[645] Pro: OLG Karlsruhe, Beschluss v. 5.8.1997, 2 U 6/97, FamRZ 1998 S. 485 zu § 66; Jacoby in: Stein/Jonas, ZPO, 23. Aufl. 2014, zu § 66 Rn. 12. und zu § 72 Rn. 13; Wieczorek/Schütze in: Wieczorek/Schütze, ZPO, 4. Aufl. 2017, zu § 66 Rn. 23; Dötsch, ZWE 2020, 215, 218; Elzer, IBR 2015, 699; Schwab, NZG 2013, 521; a. A. OLG Hamm, Beschluss v. 8.6.1993, 29 W 70/93, FamRZ 1994 S. 386; Schultes in: Münchener Kommentar ZPO, 6. Aufl. 2020, zu § 66 Rn. 4; Althammer in: Zöller, ZPO, 33. Aufl. 2020, zu § 66 Rn. 7 zu § 72 Rn. 1; Gehrlein in: Prütting/Gehrlein, ZPO, 11. Aufl. 2020, zu § 66 Rn. 4. zu § 72 Rn. 3; offen gelassen OLG Köln, Beschluss v. 15.7.2015, 11 W 39/15, NJW 2015 S. 3317.
[646] BGH, Beschluss v. 30.6.2015, II ZR 142/14, NJW-RR 2015 S. 992; Urteil v. 29.1.2013, II ZB 1/11, NJW-RR 2013 S. 485.

## Gerichtliches Verfahren

Verfahrens auferlegt werden. Da auch der klagende Wohnungseigentümer Mitglied der Gemeinschaft der Wohnungseigentümer ist, ist er an diesen Kosten über den geltenden Kostenverteilungsschlüssel mitbelastet. Dieser Grundsatz gilt auch bislang, wenn die Wohnungseigentümergemeinschaft Verfahrensbeteiligte ist.

### Beispiel: Hausgeldverfahren

Macht die Wohnungseigentümergemeinschaft vermeintliche Hausgeldrückstände oder Schadensersatzansprüche klageweise gegen einen Wohnungseigentümer geltend und unterliegt sie im Rechtsstreit, ist auch hier der beklagte Wohnungseigentümer an den Kosten der Gemeinschaft entsprechend des insoweit geltenden Kostenverteilungsschlüssels beteiligt, obwohl er das Verfahren gewonnen hat.[647] Ungeklärt blieb dies nach bisheriger Rechtslage lediglich für Klagen, die die Gemeinschaft der Wohnungseigentümer im Rahmen der „gekorenen" Ausübungsbefugnis nach § 10 Abs. 6 Satz 3 HS 2 WEG a.F. geltend gemacht hatte. Da es diese nicht mehr geben wird, hat sich das Problem erledigt.

**Möglichkeit, einen Beschluss über die Kostenbefreiung eines obsiegenden Klägers herbeizuführen**

 **Beschlussmuster: Gerichtliches Verfahren – Kostenbefreiung des obsiegenden Klägers einer Beschlussklage**

**TOP XX: Kostenbefreiung des obsiegenden Klägers einer Beschlussklage**

Der obsiegende Wohnungseigentümer einer Beschlussklage gegen die Gemeinschaft der Wohnungseigentümer wird von den infolgedessen der Gemeinschaft der Wohnungseigentümer auferlegten Verfahrenskosten in Höhe seines Anteils nach dem geltenden Kostenverteilungsschlüssel freigestellt. Eine Kostenverteilung erfolgt also unter sämtlichen Wohnungseigentümern mit Ausnahme des obsiegenden Wohnungseigentümers. Diese Regelung ist nicht für etwaige durch eine Nebenintervention auf Klägerseite entstandenen Kosten anwendbar. So derartige Kosten gegen die Gemeinschaft der Wohnungseigentümer festgesetzt werden sollten, sind in die Verteilung dieser Kosten sowohl der Kläger als auch sein(e) Streithelfer eingebunden.

---

[647] BGH, Urteil v. 4.4.2014, V ZR 168/13, NJW 2014 S. 2197.

## Gerichtliches Verfahren

**Abstimmungsergebnis:**

Ja-Stimmen: _____

Nein-Stimmen: _____

Enthaltungen: _____

Der Versammlungsleiter verkündete folgendes Beschlussergebnis:

Der Beschluss wurde angenommen/abgelehnt.

Im Fall des Unterliegens wird es für den Kläger einer Beschlussklage in Zukunft aber deutlich billiger. Erhebliche Auswirkungen hat die gesetzliche Neuregelung nämlich für die Rechtsanwälte, die bislang auf der Passivseite stehen, also die Gegner des klagenden Wohnungseigentümers vertreten. Wird künftig die Gemeinschaft der Wohnungseigentümer die Beklagte im Beschlussprozess sein, vertritt der Rechtsanwalt nur noch eine Partei. Ihm steht also nicht mehr die Mehrvertretungsgebühr der Nr. 1008 Vergütungsverzeichnis Rechtsanwaltsvergütungsgesetz zur Verfügung (VV RVG).

### Beispiel: Anfechtungsklage

Ein Wohnungseigentümer erhebt Anfechtungsklage gegen den Beschluss über die Durchführung einer Erhaltungsmaßnahme. Der Streitwert beträgt 20.000 EUR. Mit der Verteidigung der 70 beklagten übrigen Wohnungseigentümer bzw. der beklagten Gemeinschaft der Wohnungseigentümer (nach künftiger Rechtslage) beauftragt der Verwalter einen Rechtsanwalt. Nach Durchführung der mündlichen Verhandlung ergeht Urteil, das den Beschluss für ungültig erklärt.

**Gebühren des Rechtsanwalts vor der Reform:**

| | |
|---|---:|
| 1,3 Verfahrensgebühr (Nr. 3100 VV RVG) | 964,60 EUR |
| 2,0 Mehrvertretungsgebühr (Nr. 1008 VV RVG) | 1.484 EUR |
| 1,2 Terminsgebühr (Nr. 3104 VV RVG) | 890,40 EUR |
| Pauschale Kommunikation (Nr. 7002 VV RVG) | 20 EUR |
| **Zwischensumme netto** | **3.358,60 EUR** |
| zzgl. 19 % USt. (Nr. 7008 VV RVG) | 638,13 EUR |
| **Endsumme brutto** | **3.996,73 EUR** |

Gerichtliches Verfahren

**Gebühren des Rechtsanwalts nach der Reform:**

| | |
|---|---:|
| 1,3 Verfahrensgebühr (Nr. 3100 VV RVG) | 964,60 EUR |
| 1,2 Terminsgebühr (Nr. 3104 VV RVG) | 890,40 EUR |
| Pauschale Kommunikation (Nr. 7002 VV RVG) | 20 EUR |
| **Zwischensumme netto** | **1.875 EUR** |
| zzgl. 19 % USt. (Nr. 7008 VV RVG) | 356,25 EUR |
| **Endsumme brutto** | **2.231,25 EUR** |

Die Differenz beträgt stattliche 1.765,48 EUR brutto. Für die Anwälte künftig zunächst eine bittere Pille, für den unterlegenen Kläger einer Anfechtungsklage ein (wiederum zunächst) in doppelter Hinsicht willkommenes Ergebnis: Einerseits spart er erhebliche Kosten, als Mitglied der Gemeinschaft der Wohnungseigentümer bekommt er andererseits den auf ihn im Innenverhältnis entfallenden Anteil der Verfahrenskosten, die er der Gemeinschaft der Wohnungseigentümer erstattet hat, über die Jahresabrechnung wieder ausbezahlt. Allerdings werden die Streitwerte in Beschlussklagen deutlich angehoben.

### 17.5.9 Streitwert

Regelungen zum Streitwert in wohnungseigentumsrechtlichen Verfahren finden sich derzeit noch in § 49a GKG a.F. Diese Bestimmung wird aufgehoben, die künftigen Streitwerte werden sich mit Blick auf die Beschlussklagen des § 44 Abs. 1 WEG n.F. nach § 49 GKG n.F. richten, der bislang unbesetzt war. Die Neuregelung vereinfacht die Bestimmung des im Einzelfall maßgeblichen Streitwerts. Für die übrigen wohnungseigentumsrechtlichen Verfahren bemessen sich die Gebühren nach § 48 Abs. 1 GKG i.V.m. §§ 3 ff. ZPO.

| GKG a.F. | GKG n.F. |
|---|---|
| **§ 49a Wohnungseigentumssachen** | **§ 49 Beschlussklagen nach dem Wohnungseigentumsgesetz** |
| (1) ¹Der Streitwert ist auf 50 Prozent des Interesses der Parteien und aller Beigeladenen an der Entscheidung festzusetzen. ²Er darf das Interesse des Klägers und der auf seiner Seite Beigetrete- | ¹Der Streitwert **in Verfahren nach § 44 Absatz 1 des Wohnungseigentumsgesetzes ist auf das Interesse aller Wohnungseigentümer** an der Entscheidung festzusetzen. ²**Er darf den sieben-** |

## Gerichtliches Verfahren

> nen an der Entscheidung nicht unterschreiten und das Fünffache des Wertes ihres Interesses nicht überschreiten. ³Der Wert darf in keinem Fall den Verkehrswert des Wohnungseigentums des Klägers und der auf seiner Seite Beigetretenen übersteigen.
>
> **einhalbfachen Wert des Interesses des Klägers und der auf seiner Seite Beigetretenen sowie den Verkehrswert ihres Wohnungseigentums nicht übersteigen.**

Der Streitwert richtet sich grundsätzlich nach dem geltend gemachten Anspruch. Bei bezifferten Zahlungsklagen bildet in aller Regel der beanspruchte Zahlungsbetrag den Streitwert. Dieser wiederum bildet die Grundlage für die Berechnung der Gerichts- und Rechtsanwaltsgebühren. Die Höhe des Streitwerts kann auch für die sachliche Zuständigkeit eines Gerichts von Bedeutung sein, so bei den Verfahren nach § 43 Abs. 1 WEG n.F. Nach § 49 GKG n.F. ist der Streitwert bei Beschlussklagen gemäß § 44 Abs. 1 WEG n.F. der Höhe nach in doppelter Hinsicht begrenzt.

- Zunächst darf der Streitwert grundsätzlich den 7,5-fachen Wert des Interesses des Klägers und der auf seiner Seite Beigetretenen nicht übersteigen.
- Keinesfalls darf der Streitwert dabei den Verkehrswert des Wohneigentums des Klägers und der auf seiner Seite Beigetretenen übersteigen.

Das WEMoG kennt die weitere in § 49a Abs. 1 GKG a.F. enthaltene Begrenzung des Streitwerts auf maximal 50 % des Interesses der Parteien, so das 5-fache klägerische Einzelinteresse diesen Wert überschreiten sollte, nicht mehr.

### Beispiel: Sonderumlage für Erhaltungsmaßnahme

Die aus 50 Wohnungseigentümern bestehende Wohnungseigentümergemeinschaft beschließt im Rahmen einer Erhaltungsmaßnahme eine Sonderumlage in Höhe von 100.000 EUR. Die Kostenverteilung erfolgt nach Miteigentumsanteilen. Auf den Wohnungseigentümer A entfällt ein Anteil von 4.000 EUR, der Verkehrswert seines Wohnungseigentums beträgt 80.000 EUR. A erhebt Anfechtungsklage.

Insgesamt steht ein Betrag in Höhe von 100.000 EUR in Streit. Auf Grundlage des bisher geltenden § 49a Abs. 1 GKG a.F. ist der Streitwert zunächst auf 50 % des Interesses der Parteien begrenzt. Parteien sind hier Kläger A sowie nach alter Rechtslage die übrigen Wohnungseigentümer, künftig die Gemeinschaft der Wohnungseigentümer. Das Gesamtinteresse der Parteien beträgt im einen wie im anderen Fall 100.000 EUR. Da nach bisheriger

## Gerichtliches Verfahren

### Seite 586

Rechtslage nur 50 % hiervon anzusetzen sind, ergibt sich zunächst ein Streitwert von 50.000 EUR.

Nach alter Rechtslage darf der Streitwert gemäß § 49a Abs. 1 Satz 2 GKG a.F. das Interesse des Klägers nicht unterschreiten, dieses jedoch auch nicht um das 5-fache überschreiten. Interesse des Klägers A ist es, von der anteiligen Zahlungslast in Höhe von 4.000 EUR befreit zu werden. Der Streitwert ist demnach insgesamt auf 20.000 EUR begrenzt, da dieser Betrag dem 5-fachen Wert des klägerischen Interesses entspricht.

Nach künftiger Rechtslage spielt die 50-%-Grenze keine Rolle mehr. § 49 GKG n.F. stellt allein auf das Interesse aller Wohnungseigentümer an der Entscheidung ab und begrenzt dieses auf das 7,5-fache klägerische Interesse sowie der aufseiten des Klägers Beigetretenen. Mit anderen Worten: Zunächst maßgeblich ist das Interesse aller Wohnungseigentümer, also ein Betrag in Höhe von 100.000 EUR. Dieses aber ist begrenzt auf das 7,5-fache klägerische Interesse, also 30.000 EUR.

Wie bislang, darf auch künftig der Streitwert den Verkehrswert des Wohnungseigentums des klagenden Eigentümers sowie der auf seiner Seite Beigetretenen nicht überschreiten. Dies ist vorliegend nicht der Fall, denn der maximale Streitwert von 30.000 EUR liegt deutlich unter dem Verkehrswert des Wohnungseigentums des A in Höhe von 80.000 EUR. Der Streitwert beträgt also 30.000 EUR.

**Eigentümer mehrerer Wohnungen**

Ist der klagende Wohnungseigentümer Eigentümer mehrerer Sondereigentumseinheiten, sind für die Bemessung der Obergrenze des Verkehrswerts die Verkehrswerte aller Wohnungseigentumseinheiten desselben klagenden Wohnungseigentümers zusammenzurechnen. In Ermangelung konkreter Anhaltspunkte muss das Gericht notfalls den maßgeblichen Verkehrswert schätzen.[648]

Im Fall der Klage mehrerer Wohnungseigentümer bzw. eines Wohnungseigentümers, dem zu seiner Unterstützung ein weiterer Wohnungseigentümer als Streithelfer beigetreten ist, ist im Übrigen auch nicht nach den jeweiligen Verkehrswerten zu differenzieren, vielmehr entspricht bei mehreren Klägern der Verkehrswert des Wohnungseigentums, der nach § 49a Abs. 1 Satz 3 GKG a.F. bzw. § 49 GKG n.F. die absolute Obergrenze des Geschäftswerts bildet, der Summe der Einzelverkehrswerte der Wohnungseigentumsrechte aller klagenden Wohnungseigentümer.[649]

---

[648] BGH, Beschluss v. 6.12.2018, V ZR 239/17, NJW 2019 S. 9.
[649] BGH, Beschluss v. 21.3.2019, V ZR 120/17, ZMR 2019 S. 623.

## Gerichtliches Verfahren

### Beispiel: Die Anfechtungsklage von W 1 und W 2

In einer aus 10 Wohnungseigentümern bestehenden Wohnungseigentümergemeinschaft erheben die beiden Wohnungseigentümer W 1 und W 2 Anfechtungsklage gegen den Beschluss über die Durchführung einer Erhaltungsmaßnahme zu einem Kostenvolumen von 60.000 EUR. Die Kostenverteilung erfolgt nach Miteigentumsanteilen (MEA). Die Wohnung von W 1 repräsentiert 80/1.000 MEA, ihr Verkehrswert liegt bei 80.000 EUR. Die Wohnung von W 2 repräsentiert 50/1.000 MEA, ihr Verkehrswert liegt bei 50.000 EUR.

Maßgeblich ist zunächst wiederum das Interesse aller Wohnungseigentümer, welches sich auf 60.000 EUR beläuft. Begrenzt ist dieses aber auf den 7,5-fachen Wert des Interesses des Klägers und der auf seiner Seite Beigetretenen. Das einfache klägerische Interesse von W 1 beläuft sich auf 4.800 EUR, dasjenige von W 2 auf 3.000 EUR, zusammen also 7.800 EUR. Der 7,5-fache Wert hiervon entspricht einem Betrag von 58.500 EUR. Dieser Streitwert überschreitet zwar den Verkehrswert der Sondereigentumseinheit von W 2. Allerdings ist dies unerheblich, weil das bestehende höhere Kostenrisiko durch die Gebührendegression bei steigendem Streitwert, die Möglichkeit einer Mehrfachvertretung durch einen Prozessbevollmächtigten sowie durch die Verteilung der Kosten im Innenverhältnis abgefedert werden.[650]

### Andere wohnungseigentumsrechtliche Verfahren

§ 49a GKG a.F. galt für alle wohnungseigentumsrechtlichen Verfahren und nicht nur für Anfechtungs- oder Nichtigkeitsklagen. Allerdings war die Bestimmung in aller Regel bei bezifferten Zahlungsklagen und damit verbundenen Feststellungsanträgen ohnehin nicht anwendbar, weshalb die Grundregel des § 48 Abs. 1 Satz 1 GKG in Verbindung mit § 3 ff. ZPO vorrangig anzuwenden war.[651] Dies gilt nunmehr erstrecht. Im Übrigen hatte § 49a GKG a.F. in anderen wohnungseigentumsrechtlichen Verfahren keine größere Bedeutung, da als Mindeststreitwert stets das klägerische Interesse anzusetzen war.

### 17.5.10 Anfechtungsklage

#### 17.5.10.1 Kläger

**Neu: Verwalter kann nicht mehr klagen**

Kläger einer Anfechtungsklage werden künftig nur noch Wohnungseigentümer sein können. Dem Verwalter verleiht das WEMoG keine Anfechtungsbefugnis mehr.

---

[650] BGH, Beschluss v. 21.3.2019, a.a.O.
[651] LG Frankfurt a.M., Beschluss v. 30.4.2018, 2-13 S 42-17, ZMR 2019 S. 62.

## Gerichtliches Verfahren

Auch bisher hatte der Verwalter kein altruistisches Anfechtungsrecht, sondern kam als Kläger einer Anfechtungsklage nur dann infrage, wenn der entsprechende Beschluss seine Rechtsstellung als Verwalter tangiert hat. Weil unter dem Geltungsbereich des WEMoG die Abberufung des Verwalters keines wichtigen Grundes mehr bedarf, sieht der Gesetzgeber ein Anfechtungsrecht des Verwalters als überflüssig an.

Im Übrigen wird sich auch weiterhin nichts daran ändern, dass lediglich die im Grundbuch eingetragenen Wohnungseigentümer als Kläger infrage kommen sowie die Parteien kraft Amtes. Allerdings hatten schon immer auch die „werdenden" Eigentümer eine Klagebefugnis, also diejenigen, die nach Begründung des Wohnungseigentums Sondereigentum vom teilenden Eigentümer erworben haben, die bereits durch Vormerkung im Grundbuch gesichert sind und auf die der Besitz der Wohnungs- bzw. Teileigentumseinheiten übergegangen ist. Hieran ändert sich nichts, da zum einen die Gemeinschaft der Wohnungseigentümer bereits mit dem Anlegen der Grundbücher entsteht, wie § 9a Abs. 1 Satz 2 WEG n.F. zum Ausdruck bringt, und zum anderen gemäß § 8 Abs. 3 WEG n.F. derjenige als Wohnungseigentümer gilt, der gegen den teilenden Eigentümer einen Anspruch auf Übertragung von Wohnungseigentum hat, durch Vormerkung im Grundbuch gesichert ist und dem der Besitz an den Räumen übergeben wurde.[652]

Die Streitfrage, ob die Gemeinschaft der Wohnungseigentümer als mögliche Klägerin in einem Beschlussverfahren fungieren kann, wird obsolet. Die herrschende Meinung verneint bereits derzeit eine Anfechtungsbefugnis. Da die Klage künftig gegen die Gemeinschaft der Wohnungseigentümer zu richten ist, läge ein unzulässiger In-Sich-Prozess vor.

### 17.5.10.2 Frist

WEG n.F.

§ 45 Fristen der Anfechtungsklage

[1]Die Anfechtungsklage muss innerhalb eines Monats nach der Beschlussfassung erhoben und innerhalb zweier Monate nach der Beschlussfassung begründet werden. [2]Die §§ 233 bis 238 der Zivilprozessordnung gelten entsprechend.

Die Frist zur Erhebung der Anfechtungsklage beträgt gemäß § 45 WEG n.F. nach wie vor 1 Monat seit der Beschlussfassung. Auch die Begründungsfrist beträgt nach wie vor 2 Monate seit Beschlussfassung. Ebenfalls unverändert

---
[652] Siehe ausführlich Kap. 5.1 Entstehung der Wohnungseigentümergemeinschaft.

## Gerichtliches Verfahren

verleiht § 45 Satz 2 WEG n.F. demjenigen Wohnungseigentümer die Möglichkeit der Wiedereinsetzung in den vorigen Stand, der unverschuldet an der Einhaltung der einen und/oder anderen Frist gehindert war.

### 17.5.10.3 Teilanfechtung

Nach wie vor wird auch unter Geltung des WEMoG die Möglichkeit zur Teilanfechtung von Beschlüssen bestehen. Zu beachten ist jedoch, dass die Teilanfechtung eines Beschlusses über eine erhobene Sonderumlage mit dem Argument, diese sei zu hoch bemessen, nicht möglich ist und in aller Regel die unzulässige Teilanfechtung des Beschlusses als Anfechtung des ganzen Beschlusses auszulegen ist.[653] Hieran wird sich auch in Zukunft nichts ändern. Von der Möglichkeit (bzw. zur Vermeidung von Kostenrisiken sogar dem Erfordernis) einer Teilanfechtung der Beschlüsse über Wirtschaftsplan und Jahresabrechnung, deren Gegenstand gemäß § 28 Abs. 1 und 2 WEG n.F. nur noch die konkreten Zahlungsbeträge der Wohnungseigentümer im Sinne von Hausgeldbeiträgen und Abrechnungsspitzen sein werden[654], während die zugrunde liegenden Rechenwerke, nämlich der Wirtschaftsplan und die Jahresabrechnung selbst, keinen Beschlussgegenstand mehr darstellen, kann nicht mehr ausgegangen werden.

**Beispiel: Fehlerhafte Kostenverteilung**

Auf Grundlage der vom Verwalter erstellten Jahresabrechnung ergibt sich eine Nachzahlung des Wohnungseigentümers A in Höhe von 300 EUR. A rügt die fehlerhafte Kostenverteilung bezüglich zweier Kostenpositionen, die ihn in einer Höhe von 50 EUR mehrbelasten.

Ausgehend davon, dass Beschlussgegenstand lediglich noch die Abrechnungsspitze darstellt und nicht mehr das Rechenwerk „Jahresabrechnung", fehlt es zunächst scheinbar an der Abtrennbarkeit, da konkrete Beträge beschlossen werden. Der BGH argumentiert bezüglich einer Teilanfechtung eines Beschlusses über die Höhe einer Sonderumlage, dass im Fall der gerichtlichen Reduzierung des Umlagebetrags, das Finanzierungskonzept verändert würde, weshalb sich das Gericht auf eine Ungültigerklärung des (gesamten) Beschlusses zu beschränken habe. Nach diesseits vertretener Auffassung liegen die Dinge im Fall einer Teilanfechtung bezüglich einzelner Kostenpositionen anders. Auch wenn das Abrechnungswerk selbst nicht mehr an der Beschlussfassung teilnimmt, stellt es dennoch die Grundlage des Beschlusses nach § 28 Abs. 2 Satz 1 WEG n.F. dar. Maßgeblicher Unterschied zur unzulässigen Reduzierung der Höhe einer Sonderumlage ist, dass sich das Finanzvolumen nicht ändert. Die unzulässige bzw. fehlerhafte Kos-

---

[653] BGH, Urteil v. 19.10.2012, V ZR 233/11, ZWE 2013 S. 47.
[654] Siehe Kap. 13 Wirtschaftsplan, Jahresabrechnung und Vermögensbericht.

## Gerichtliches Verfahren

tenverteilung führt nämlich nur dazu, dass einzelne Wohnungseigentümer mehr zu bezahlen haben, andere konsequenterweise weniger. Zwar gehen Anfechtungskläger im Fall einer lediglich teilweisen Anfechtung von Beschlüssen nach § 28 Abs. 1 Satz 1 und Abs. 2 Satz 1 WEG n.F. nicht das Risiko einer Unzulässigkeit ihrer Klage ein, da eine in unzulässiger Weise beschränkte Anfechtungsklage im Zweifel grundsätzlich als Anfechtung des ganzen Beschlusses auszulegen ist. Allerdings sollten keine Risiken eingegangen werden und es sollte im Fall einer Teilanfechtung hilfsweise unumschränkte Ungültigerklärung beantragt werden.

### 17.5.11 Nichtigkeitsklage

Im Gegensatz zur Anfechtungsklage ist die Nichtigkeitsklage sowohl nach bislang geltender als auch nach künftiger Rechtslage nicht fristgebunden. Die Nichtigkeit eines Beschlusses kann zeitlich unbegrenzt geltend gemacht werden, sodass dies auch nach Ablauf der Monatsfrist des § 45 WEG n.F. möglich ist.

Die Einschränkung des § 48 Abs. 4 WEG a.F., wonach Nichtigkeitsgründe gegen einen Beschluss nicht mehr geltend gemacht werden können, wenn eine Anfechtungsklage rechtskräftig als unbegründet abgewiesen worden ist, kennt das WEMoG nicht mehr.[655] Nach derzeit noch geltender Rechtslage soll jedenfalls dauerhaft Rechtsfrieden eintreten, wenn sich ein Gericht mit der Gültigkeit eines Beschlusses befasst und diesen zumindest nach dem Vortrag des Klägers für ordnungsmäßig gehalten hat und sich aus dem klägerischen Vortrag auch keine Nichtigkeitsgründe für das Gericht erkennen ließen.

Wird die Anfechtungsklage hingegen als unzulässig abgewiesen, stellt dies keinen Hinderungsgrund dar, dennoch eine Nichtigkeitsklage erheben zu können, da ein entsprechendes Prozessurteil keine Rechtswirkung entfaltet.

---

[655] Siehe hierzu nachfolgendes Kap. 17.5.12 Verhältnis der Anfechtungs- zur Nichtigkeitsklage.

**Musterschriftsatz: Klage wegen Beschlussnichtigkeit**

An das
Amtsgericht _____
– Abteilung für Wohnungseigentumssachen –

_____

_____

**Klage**

in der Wohnungseigentumssache

des _____
– Kläger –

gegen

die Gemeinschaft der Wohnungseigentümer WEG XX-Straße in 12345 XX-Stadt, vertreten durch die Verwalterin XX Hausverwaltungs-GmbH, diese wiederum vertreten durch ihre Geschäftsführerin, Frau _____, XX-Straße in 12345 XX-Stadt
– Beklagte –

wegen

**Beschlussnichtigkeit**
vorläufiger Streitwert: _____ EUR

Hiermit zeige ich – ordnungsmäßige Bevollmächtigung anwaltlich versichernd – die Vertretung des Klägers an. Namens und Auftrags des Klägers b e a n t r a g e ich,

    1. die Nichtigkeit des in der Wohnungseigentümerversammlung vom _____ zu TOP \_\_\_ gefassten Beschlusses festzustellen.

2. bei Vorliegen der Voraussetzungen, die Beklagte durch Anerkenntnis- oder Versäumnisurteil im schriftlichen Verfahren zu verurteilen.

**Begründung**

Der Kläger ist als Wohnungseigentümer Mitglied der Beklagten.

**Beweis im Fall des Bestreitens:** Vorlage des Grundbuchauszugs

Die Wohnungseigentümer haben in der Wohnungseigentümerversammlung vom _____ zu TOP ___ den Beschluss über _____ gefasst. Dieser Beschluss ist nach Auffassung des Klägers nichtig.

Das erkennende Gericht war bereits im Verfahren zur Geschäftsnummer _____ mit dem streitgegenständlichen Beschluss befasst. Die damalige Klägerin, Frau _____, hatte mit ihrer Anfechtungsklage die Ungültigerklärung dieses Beschlusses begehrt, da ihrer Ansicht nach im Vorfeld der beschlossenen Instandsetzungsmaßnahme zumindest 3 Vergleichsangebote hätten eingeholt werden müssen. Das erkennende Gericht war insoweit anderer Auffassung und hat die Klage mittlerweile rechtskräftig als unbegründet abgewiesen.

Beweis: Beiziehen der Verfahrensakte zur Geschäftsnummer _____ des erkennenden Gerichts

Tatsächlich aber ist der Beschluss nichtig, weil der Kläger bewusst und somit rechtswidrig nicht zur Eigentümerversammlung eingeladen wurde. Da dieser Umstand in vorerwähntem Verfahren von der damaligen Klägerin nicht vorgetragen worden ist, konnte das Gericht diesen auch nicht würdigen.

Ein Ladungsschreiben zu der Eigentümerversammlung am _____ hat der Kläger zu keinem Zeitpunkt erhalten. Dass eine Wohnungseigentümerversammlung stattgefunden hat, hat dieser rein zufällig beim Durchqueren des Treppenhauses dem Gespräch zweier Wohnungseigentümer entnehmen können. Daraufhin suchte der Kläger zusammen mit seinem erwachsenen Sohn die Vertreterin und Verwalterin der Beklagten auf und sprach den zuständigen Sachbearbeiter, Herrn _____, auf diesen Umstand an. Dieser antwortete daraufhin, die Geschäftsleitung habe Anweisung erteilt, den Kläger nicht zur Eigentümerversammlung einzuladen. Eine Begründung hierfür konnte oder wollte Herr _____ nicht liefern.

**Beweis:** 
1. Zeugnis des _____, ladungsfähige Anschrift wie Kläger
2. Zeugnis des _____, zu laden über die Vertreterin und Verwalterin der Beklagten

Die vorsätzliche bzw. bewusste Nichteinladung eines Wohnungseigentümers zu einer Wohnungseigentümerversammlung stellt einen gravierenden Eingriff in den Kernbereich der Mitverwaltungsrechte des Wohnungseigentümers dar, sodass dieser zur Nichtigkeit der in der Versammlung gefassten Beschlüsse führt. Der Kläger beschränkt seine Nichtigkeitsklage allerdings auf den streitgegenständlichen Beschluss, da dieser auch aus seiner Sicht mit Blick auf die erhebliche Kostenbelastung der Wohnungseigentümer nicht zur Durchführung kommen soll.

Der Kläger ist mit Blick auf die mittlerweile rechtskräftige Entscheidung des zur Geschäftsnummer _____ vor dem erkennenden Gericht geführten Verfahrens, mit der die Anfechtungsklage als unbegründet abgewiesen worden ist, nicht gehindert, eine Nichtigkeitsklage gegen diesen Beschluss zu erheben.

Aufgrund des herrschenden zweigliedrigen Streitgegenstands ist maßgeblich, welchem Lebenssachverhalt der Beschlussmangel entstammt. Nach maßgeblicher Rechtsprechung des BGH (Urteil v. 22.10.2013, XI ZR 42/12, NJW 2014, 314 Rn. 15 und 21) werden von der Rechtskraft sämtliche materiell-rechtlichen Ansprüche erfasst, die sich im Rahmen des Antrags aus dem zur Entscheidung gestellten Lebenssachverhalt herleiten lassen – und zwar unabhängig davon, ob sämtliche rechtserheblichen Tatsachen des Lebensvorgangs vorgetragen werden. Allerdings kann sich der Streitgegenstand einer Anfechtungsklage von dem einer Nichtigkeitsklage auch im Fall des Angriffs auf ein und denselben Beschluss dann unterscheiden, wenn jeweils unterschiedliche Beschlussmängel geltend gemacht werden, die einem anderen Lebenssachverhalt zuzuordnen sind und das materielle Recht zusammentreffende Ansprüche durch eine Verselbstständigung der einzelnen Lebensvorgänge erkennbar unterschiedlich ausgestaltet (BGH, a.a.O.).

Übertragen auf vorliegend streitgegenständlichen Beschluss, hatte die Klägerin im Verfahren _____ nur das Fehlen ausreichender Vergleichsangebote bemängelt, weshalb das erkennende Gericht

## Gerichtliches Verfahren

die Klage abgewiesen hat, weil es im konkreten Fall ausnahmsweise keiner Vergleichsangebote bedurfte. Das Gericht konnte auch keine Entscheidung über die Nichtigkeit des Beschlusses treffen, weil der Kläger dieses Verfahrens bewusst nicht zur Eigentümerversammlung geladen wurde. Hier liegen zwei verschiedene Lebenssachverhalte vor, nämlich zum einen die Beschlussfassung auf scheinbar ungenügender Ermessensgrundlage und zum anderen die rechtswidrige Einberufung der Versammlung. Das materielle Recht gestaltet die einzelnen Lebensvorgänge auch erkennbar unterschiedlich, da Ermessensfehlentscheidungen lediglich zur Anfechtbarkeit führen, die bewusste Nichteinladung eines Wohnungseigentümers jedoch zur Nichtigkeit führt.

Dass der Kläger dem seitens der Wohnungseigentümerin _____ in dem zur Geschäftsnummer _____ vor dem erkennenden Gericht geführten Verfahren nicht als Nebenintervenient auf Klägerseite beigetreten war, ist allein der Tatsache geschuldet, dass der Kläger von diesem Verfahren erst durch Rund-Mail der Vertreterin der Beklagten im Zuge der Klageabweisung erfahren hat. Der auch in diesem Verfahren streitgegenständliche Beschluss ist noch nicht zur Durchführung gekommen.

Rechtsanwalt /Rechtsanwältin

### 17.5.12 Verhältnis der Anfechtungs- zur Nichtigkeitsklage

#### 17.5.12.1 Alte Rechtslage

Nach bisheriger Rechtslage bestehen im Fall der Anfechtungsklage 2 Besonderheiten hinsichtlich des Verhältnisses der Anfechtungs- zur Nichtigkeitsklage:

1. Das Gericht trifft nach § 46 Abs. 2 WEG a.F. eine Hinweispflicht, wenn der Anfechtungskläger erkennbar eine Tatsache übersehen hat, aus der sich ergibt, dass der Beschluss nichtig ist.

2. Wird durch das Urteil eine Anfechtungsklage als unbegründet abgewiesen, so kann nach § 48 Abs. 4 WEG a.F. auch nicht mehr geltend gemacht werden, der Beschluss sei nichtig.

Das Gericht ist gemäß § 46 Abs. 2 WEG a.F. verpflichtet, über die allgemeinen Hinweispflichten des § 139 ZPO hinaus, den Kläger auf Nichtigkeitsgründe hinzuweisen, die dieser „erkennbar" übersehen hat. Diese erweiterte richterliche Hinweispflicht ist insbesondere deshalb geboten, weil ein wohnungseigentumsrechtlich ungeschulter Wohnungseigentümer oder auch ein Verwalter im Einzelfall nur schwer beurteilen kann, ob ein Beschluss lediglich anfechtbar oder ob er nichtig ist. Hier ist vor allem zu beachten, dass im erstinstanzlichen wohnungseigentumsrechtlichen Beschlussanfechtungsverfahren kein Anwaltszwang besteht und der Rechtsweg daher ohne anwaltlichen Beistand beschritten werden kann.

Im Übrigen werden Nichtigkeitsgründe von Amts wegen vom Gericht geprüft. Der klagende Wohnungseigentümer muss also in seiner Klage nicht behaupten, er halte den angefochtenen Beschluss aus bestimmten Gründen für nichtig.

**Darlegungslast beachten**

Dies entbindet den Kläger einer Anfechtungsklage jedoch nicht von dessen Darlegungslast. So muss dieser den tatsächlichen, die Unwirksamkeit bzw. Nichtigkeit des angefochtenen Beschlusses begründenden Lebenssachverhalt im Rahmen seiner Klage vortragen. Das Gericht kann also nicht von sich aus Tatsachen berücksichtigen, die vom Kläger – wenn auch nur versehentlich – nicht vorgetragen wurden.

Hat das Gericht keine Hinweise erteilt bzw. Nichtigkeitsgründe auch gar nicht erkannt und eine Anfechtungsklage als unbegründet rechtskräftig abgewiesen, kann die Beschlussnichtigkeit in einem weiteren Verfahren nicht mehr geltend gemacht werden.

**Beispiel: Keine nachträgliche Geltendmachung von Beschlussnichtigkeitsgründen**

Die Tagesordnung für die nächste Wohnungseigentümerversammlung enthält als TOP die Beschlussfassung über eine Änderung der Kostenverteilung der Verwaltungskosten. Einige der Wohnungseigentümer treten mit der Bitte an den Verwalter heran, den Versammlungsort möglichst so zu wählen, dass der schwerbehinderte und an den Rollstuhl gefesselte Wohnungseigentümer W, der die Erdgeschosswohnung bewohnt und allgemein als Querulant gilt, diesen nicht erreichen kann. Der Verwalter lädt kurzerhand zur Eigentümerversammlung in der Dachgeschosswohnung eines weiteren Miteigentümers ein. Da ein Lift noch nicht eingebaut ist, kann W der Eigentümerversammlung tatsächlich nicht beiwohnen. Die Eigentümerversammlung beschließt die Kostenverteilungsänderung. W hält diese Kostenverteilungsänderung für willkürlich und erhebt Anfechtungsklage.

Der Beschluss ist nichtig, weil der Verwalter den Versammlungsort bewusst so gewählt hat, dass der behinderte W den Ort nicht erreichen konnte.[656]

---

[656] OLG Köln, Beschluss v. 3.12.2003, 16 Wx 216/03, NZM 2004 S. 793

## Gerichtliches Verfahren

Argumentiert W allein damit, der Beschluss verstoße inhaltlich gegen § 16 Abs. 3 WEG a.F., geht er das Risiko ein, dass das Gericht dennoch die Gültigkeit des Beschlusses bestätigt, weil die Kostenverteilungsänderung nicht willkürlich ist. Soweit die Anfechtungsklage tatsächlich abgewiesen und W gegen das Urteil keine Berufung einlegen würde, würde dieses rechtskräftig werden. Nach Eintreten der Rechtskraft könnte W keine Nichtigkeitsklage wegen des Ladungsmangels mehr erheben, weil diesem Vorgehen § 48 Abs. 4 WEG a.F. entgegensteht.

Soweit W im Rahmen des Anfechtungsverfahrens nicht vorträgt, warum er an der Versammlungsteilnahme verhindert war, kann das Gericht auch keinen Hinweis gemäß § 46 Abs. 2 WEG a.F. hinsichtlich der Beschlussnichtigkeit geben.

### 17.5.12.2 Neue Rechtslage

**Neu: Hinweispflicht des Gerichts und Rechtskrafterstreckung auf Nichtigkeitsgründe entfallen**

Das in Zukunft geltende Verfahrensrecht übernimmt weder die Hinweispflicht des Gerichts noch die weitere Besonderheit, dass sich die Rechtskraft eines klageabweisenden Anfechtungsurteils auch auf Nichtigkeitsgründe erstreckt. Der Gesetzgeber ordnet seine ursprünglichen Ziele der Rechtssicherheit und des Rechtsfriedens[657] „einheitlichen prozessrechtlichen Grundsätzen der Urteilswirkung[658]" unter. Er rekurriert dabei auf § 248 Abs. 1 Satz 1 AktG und die allgemeine Streitgegenstandslehre.[659] Insoweit eröffnet er interessante Perspektiven für die Möglichkeit einer Nichtigkeitsklage, auch wenn die gegen denselben Beschluss gerichtete Anfechtungsklage als unbegründet abgewiesen wurde.

Nicht nur hinsichtlich der künftigen Möglichkeit einer Teilnahme an Wohnungseigentümerversammlungen in elektronischer Form, sondern auch bezüglich des Systems von Anfechtungs- und Nichtigkeitsklagen, nähert der Gesetzgeber die Wohnungseigentümergemeinschaft immer mehr dem Aktienrecht an. Mag dies mit Blick auf die Wohnungseigentümerversammlung noch zu befürworten sein, überspannt er den Bogen allerdings mit den Neuerungen zum Prozessrecht. Es ist kein Grund ersichtlich, warum gerade im Bereich des Wohnungseigentumsrechts streitige Probleme der Begriffe des Streitgegenstands und der Rechtskrafterstreckung virulent werden müssten – auch wenn grundsätzlich zuzugeben ist, dass sich die alte Rechtslage nicht vollständig in das prozessrechtliche System der Urteilswirkung eingefügt hat.

---

[657] Vgl. BT-Drs. 16/887, S. 40.
[658] BT-Drs. 19/18791, S. 80.
[659] Wie vor.

## Gerichtliches Verfahren

Jedenfalls dürfte nunmehr durchaus denkbar sein, dass Nichtigkeitsgründe außerhalb der Anfechtungsfrist des § 45 Satz 1 WEG n.F. nachgeschoben werden können, obwohl eine Anfechtungsklage als unbegründet abgewiesen worden ist.

### Rechtsschutzziel

Zunächst haben Anfechtungs- und Nichtigkeitsklage dasselbe Rechtsschutzziel. Als kassatorische Gestaltungsklagen sind sie auf richterliche Unwirksamkeitserklärung eines Beschlusses mit Wirkung für und gegen jedermann gerichtet. Da es sich lediglich um eine Rechtsfrage handelt, ob ein Beschluss anfechtbar oder nichtig ist, ist es unerheblich, ob der Kläger lediglich eine Anfechtungsklage erhebt. Das Gericht ist von Amts wegen verpflichtet, den Beschluss auch auf Nichtigkeitsgründe zu überprüfen. Entsprechendes gilt umgekehrt dann, wenn der Kläger innerhalb der Fristen des § 45 WEG n.F. eine Nichtigkeitsklage erhebt, der Beschluss allerdings nur unter Anfechtungsmängeln leidet. Dieser bereits nach bisherigem Recht geltende Grundsatz[660] ergibt sich künftig bereits aus dem Wortlaut des § 44 Abs. 1 WEG n.F. Ändern die Wohnungseigentümer etwa pauschal und unbeschränkt auf Grundlage von § 16 Abs. 2 WEG n.F. den geltenden Kostenverteilungsschlüssel und trägt der Wohnungseigentümer in seiner verfristeten Anfechtungsklage vor, dies sei aus bestimmten Gründen willkürlich und somit ordnungsmäßiger Verwaltung widersprechend, kann das Gericht dennoch die Nichtigkeit des Beschlusses wegen fehlender Beschlusskompetenz feststellen.[661]

### Streitgegenstandslehre

Um das Verhältnis von Anfechtungs- und Nichtigkeitsklage klären zu können, bedarf es eines kurzen Blicks auf die Streitgegenstandslehre. Diese ist zwar auch umstritten, allerdings gehen sowohl die herrschende Meinung als auch der BGH vom zweigliedrigen Streitgegenstand aus.[662]

Nach der Theorie des eingliedrigen Streitgegenstands kommt es allein darauf an, was der Kläger begehrt. Unerheblich ist, aus welchem Grund er es begehrt. Übertragen auf Beschlussmängel, ist also entscheidend, dass der Wohnungseigentümer den Beschluss aufgehoben sehen will – egal weshalb. Wird seine Klage abgewiesen, könnte auch kein anderer Wohnungseigentümer mehr Beschlussmängel geltend machen, die ebenfalls zur Aufhebung des Beschlusses führen sollen.

Nach der Lehre vom zweigliedrigen Streitgegenstand besteht der Streitgegenstand zum einen aus dem Ziel des Klägers, zum anderen aus dem vorgetragenen Lebenssachverhalt, aus dem sich das Begehren herleitet.

---

[660] BGH, Urteil v. 12.4.2019, V ZR 112/18, NJW 2019 S. 2083.
[661] Unterscheidung zwischen „können" und „dürfen", vgl. hierzu BT-Drs. 19/18791, S. 66, 71 und 74.
[662] BGH, Urteil. v. 22.10.2013, XI ZR 42/12, NJW 2014 S. 314 Rn. 15 und 21.

## Gerichtliches Verfahren

Zum näheren Verständnis ist ein Blick auf das Aktienrecht und die hierzu ergangene Rechtsprechung des BGH zu werfen, die im Bereich des Wohnungseigentumsrechts jedenfalls entsprechend anwendbar sein dürfte. Das Aktiengesetz (AktG) regelt in § 246 AktG die Anfechtungsklage und in § 249 AktG die Nichtigkeitsklage. Korrespondierend mit der Rechtslage im Wohnungseigentumsrecht, muss die Anfechtungsklage des Aktienrechts nach § 246 Abs. 1 AktG ebenfalls innerhalb eines Monats nach Beschlussfassung erhoben werden. Ebenfalls korrespondierend mit dem Wohnungseigentumsrecht, ist die nach § 249 AktG mögliche Nichtigkeitsklage nicht an diese Monatsfrist gebunden. Da die Rechtslage nach Inkrafttreten des WEMoG nicht mehr vorsieht, dass eine Nichtigkeitsklage nicht mehr möglich sein wird, wenn eine Anfechtungsklage als unbegründet abgewiesen worden ist, muss sie zunächst einmal grundsätzlich möglich sein.

Im Jahr 2002 hat der BGH[663] dem zweigliedrigen Streitgegenstand für den Bereich des Aktienrechts eine Absage erteilt und klargestellt, dass die gesamten, der Entstehung des Beschlusses zugrundeliegenden Umstände einen einheitlichen Lebenssachverhalt darstellen, unabhängig davon, ob der Kläger diese zum Vortrag seiner Klage gemacht hat. Hiervon ist er später allerdings mit der Klarstellung abgerückt, dass der Streitgegenstand der aktienrechtlichen Anfechtungs- und Nichtigkeitsklage durch den Klageantrag sowie die jeweils geltend gemachten Beschlussmängelgründe als Teil des zugrunde liegenden Lebenssachverhalts bestimmt wird.[664]

Hieraus schließt die h. M. für den Bereich des Aktienrechts, dass eine erneute Klage gegen denselben Hauptversammlungsbeschluss dann zulässig ist, wenn sie auf neue Gründe gestützt wird, die im ersten Prozess nicht Gegenstand der Prüfung waren.[665] Allerdings kann dies wiederum mit Blick auf die BGH-Entscheidung aus dem Jahr 2015[666], in der zwar auf „vorgetragene Umstände" abgestellt, gleichzeitig aber gerade auch auf die Entscheidung aus 2002 Bezug genommen wird, mit der Konsequenz in Zweifel gezogen werden, der BGH stütze gerade nicht die herrschende Meinung.[667]

Die im Bereich des Aktienrechts bestehende Unsicherheit vermag demnach wenig fruchtbringend das Verhältnis der Anfechtungs- zur Nichtigkeitsklage im Wohnungseigentumsrecht zu erhellen, weshalb insoweit einmal über den Tellerrand hinaus die übrige Rechtsprechung des BGH zu Streitgegenstand und Rechtskrafterstreckung bemüht sei. Hiernach werden von der Rechtskraft sämtliche materiell-rechtlichen Ansprüche erfasst, die sich im Rahmen des Antrags aus dem zur Entscheidung gestellten Lebenssachverhalt herleiten

---

[663] BGH, Urteil v. 22.7.2002, II ZR 286/01, NJW 2002 S. 3465.
[664] BGH, Urteil v. 30.6.2015, II ZR 142/14, NZG 2015 S. 1227 Rn. 43; Urteil v. 8.2.2011, II ZR 206/08, NJW-RR 2011 S. 618 Rn. 10; Beschluss v. 7.12.2009, II ZR 63/08, NJW-RR 2010 S. 954 Rn. 3; Urteil v. 14.3.2005, II ZR 153/03, ZIP 2005 S. 706.
[665] Vatter in: BeckOGK, Stand 1.7.2020, § 246 AktG, Rn. 8; Hüffer/Schäfer in: Münchener Kommentar AktG, 4. Aufl. 2016, Rn. 25; Koch in: Hüffer/Koch, AktG, 14. Aufl. 2020, § 246 Rn. 14.
[666] BGH, Urteil v. 30.6.2015, II ZR 142/14, NZG 2015 S. 1227 Rn. 43.
[667] Schwab in: Schmidt, K./Lutter, AktG, 4. Aufl. 2020, § 246 AktG Rn. 1 ff.

lassen – und zwar unabhängig davon, ob sämtliche rechtserheblichen Tatsachen des Lebensvorgangs vorgetragen werden.[668] Hieraus dürfte Folgendes abzuleiten sein: Macht ein Wohnungseigentümer etwa im Rahmen seiner Anfechtungsklage geltend, ein Beschluss widerspreche wegen eines Verstoßes gegen den Nichtöffentlichkeitsgrundsatz ordnungsmäßiger Verwaltung, und wird seine Klage abgewiesen, dürfte – sähe man als Lebenssachverhalt die Versammlungsdurchführung an – nicht mehr geltend gemacht werden können, der Beschluss sei nichtig, weil zuvor einer der Wohnungseigentümer rechtswidrig von einer weiteren Versammlungsteilnahme ausgeschlossen worden ist. Die herrschende Meinung im Bereich des Aktienrechts zugrunde gelegt, müsste der Nichtigkeitsgrund allerdings noch geltend gemacht werden können.

Andererseits kann sich der Streitgegenstand einer Anfechtungsklage von dem einer Nichtigkeitsklage auch im Fall des Angriffs auf ein und denselben Beschluss dann unterscheiden, wenn jeweils unterschiedliche Beschlussmängel geltend gemacht werden, die einem anderen Lebenssachverhalt zuzuordnen sind und das materielle Recht zusammentreffende Ansprüche durch eine Verselbstständigung der einzelnen Lebensvorgänge erkennbar unterschiedlich ausgestaltet.[669] Bemängelt der Kläger etwa nur das Fehlen ausreichender Vergleichsangebote und weist das Gericht die Klage ab, weil es im konkreten Fall ausnahmsweise keiner Vergleichsangebote bedurfte, konnte es auch keine Entscheidung über die Nichtigkeit des Beschlusses treffen, weil ein anderer Wohnungseigentümer bewusst nicht zur Eigentümerversammlung geladen wurde. Hier liegen 2 verschiedene Lebenssachverhalte vor, nämlich zum einen die Beschlussfassung auf scheinbar ungenügender Ermessensgrundlage und zum anderen die rechtswidrige Einberufung der Versammlung. Das materielle Recht gestaltet die einzelnen Lebensvorgänge auch erkennbar unterschiedlich, da Ermessensfehlentscheidungen lediglich zur Anfechtbarkeit führen, die bewusste Nichteinladung eines Wohnungseigentümers jedoch zur Nichtigkeit führt. Es bleibt abzuwarten, ob der BGH Gelegenheit bekommen wird, sich in dieser Fragestellung für das Wohnungseigentumsrecht positionieren zu müssen.

### 17.5.13 Beschlussersetzungsklage

Das Gesetz regelt erstmals ausdrücklich die sog. „Beschlussersetzungsklage", die zwar bereits in § 21 Abs. 8 WEG a.F. geregelt war, nach den Intentionen des Gesetzgebers des WEG-Änderungsgesetzes im Jahr 2007 aber in erster Linie eine Ermessensentscheidung des Gerichts sein sollte. Die Beschlussersetzungsklage auf Grundlage von § 21 Abs. 8 WEG a.F. war längst anerkannt und der Terminus vom BGH geprägt worden.[670] Das bislang geltende System der erweiterten Anwendung des § 21 Abs. 8 WEG a.F. wird von der künfti-

---

[668] BGH, Urt. v. 22.10.2013, XI ZR 42/12, NJW 2014, 314 Rn. 15 und 21.
[669] BGH, Urt. v. 22.10.2013, XI ZR 42/12, NJW 2014, 314 Rn. 15.
[670] Vgl. u.a. BGH, Urteil v. 4.5.2018, V ZR 203/17, WuM 2018 S. 532.

## Gerichtliches Verfahren

gen Beschlussersetzungsklage des § 44 Abs. 1 Satz 2 WEG n.F. nicht unverändert übernommen.

**Was bisher galt, gilt zunächst weiter**
Bislang regelt die Bestimmung des § 21 Abs. 8 WEG a. F. die richterliche Ermessensentscheidung, soweit die Wohnungseigentümer eine nach dem Gesetz erforderliche Maßnahme nicht treffen und sich die Maßnahme nicht aus dem Gesetz, einer Vereinbarung oder einem Beschluss der Wohnungseigentümer ergibt. Demgegenüber verleiht § 44 Abs. 1 Satz 2 WEG n. F. dem Wohnungseigentümer eine Klagebefugnis, wenn eine notwendige Beschlussfassung unterbleibt. Das Gericht kann dann auf die entsprechende Klage hin den Beschluss fassen. Entsprechend der derzeitigen Rechtslage zu § 21 Abs. 8 WEG a. F. handelt es sich auch bei der Klage nach § 44 Abs. 1 WEG n. F. um eine Gestaltungsklage. Beiden Klagearten ist gemeinsam, dass das Gericht anstelle der Wohnungseigentümer einen Beschluss fasst. Beiden Klagearten ist ebenso gemeinsam, dass die jeweiligen Klagen dann begründet sind, wenn ein Anspruch auf den begehrten Beschluss besteht. Anders als nach derzeitiger Rechtslage, entscheidet das Gericht nicht mehr nach billigem Ermessen. Das Gericht kann eine tatsächliche Ermessensentscheidung treffen oder aber sein Ermessen ist auf Null reduziert, sodass lediglich eine Beschlussersetzung, wie vom klagenden Wohnungseigentümer begehrt, infrage kommt.

**Rechtsschutzbedürfnis**
Auch in Zukunft kann sich ein Wohnungseigentümer bezüglich einer von ihm begehrten Maßnahme nicht unmittelbar an das Gericht wenden, sondern muss zuvor für eine Beschlussfassung in der Wohnungseigentümerversammlung sorgen. Auch künftig wird einer Beschlussersetzungsklage das Rechtsschutzbedürfnis fehlen, wenn der Wohnungseigentümer nicht im Vorfeld eine Vorbefassung der übrigen Wohnungseigentümer mit seinem Begehren initiiert hat oder die entsprechende Vorbefassung entbehrlich war, weil sie etwa angesichts der Mehrheitsverhältnisse reine Förmelei wäre.

**Ermessen**
Im Gegensatz zur derzeit noch geltenden Bestimmung des § 21 Abs. 8 WEG, bei der das Gericht noch nach billigem Ermessen entscheidet, übt das Gericht künftig das den Wohnungseigentümern durch Gesetz eingeräumte Ermessen aus. Mit Blick etwa auf Beschlüsse nach § 18 Abs. 2 WEG n. F. über Regelungen der Verwaltung und Benutzung des gemeinschaftlichen Eigentums, ist den Wohnungseigentümern ein weiter Ermessensspielraum eingeräumt. Anders ist dies etwa bei einem abgelehnten Beschlussantrag auf Grundlage des § 20 Abs. 2 Nr. 1 WEG n. F. Nach dieser Vorschrift ist bereits den Wohnungseigentümern kein Ermessensspielraum über das „Ob" einer Maßnahme der Barrierefreiheit eingeräumt.

Hat im Übrigen der Verwalter einen Beschluss als nicht zustande gekommen verkündet, handelt es sich hierbei nicht um einen Nichtbeschluss, da auch einem negativen Abstimmungsergebnis Beschlussqualität zukommt.[671] Zunächst enthalten Negativbeschlüsse keine sachliche Regelung, sondern bringen nur zum Ausdruck, dass die Mehrheit der Eigentümer im Zeitpunkt der Beschlussfassung einem bestimmten Regelungsgegenstand nicht zustimmen möchte. Negativbeschlüsse lassen aus diesem Grund die Rechtslage unverändert. Aus der Ablehnung eines Beschlussantrags kann überdies regelmäßig nicht auf den Willen der Mehrheit der Eigentümer geschlossen werden, das Gegenteil des Beschlussantrags zu wollen.[672]

Hiervon ausgehend würde die Erhebung einer Anfechtungsklage gegen den Negativbeschluss die Rechtslage nicht ändern und insbesondere nicht dazu führen, dass das, was der klagende Wohnungseigentümer begehrt, nun auch zugesprochen wird.

**Beispiel: Treppenlift**

Der gehbehinderte Wohnungseigentümer kann seine im 3. Obergeschoss gelegene Wohnung über das gemeinschaftliche Treppenhaus kaum noch erreichen. Er begehrt daher von den anderen Wohnungseigentümern die Zustimmung zum Einbau eines Treppenlifts im gemeinschaftlichen Treppenhaus auf seine Kosten. Der Beschlussantrag wird mehrheitlich abgelehnt.

Mit der Ablehnung des Beschlussantrags bringen die Wohnungseigentümer zum Ausdruck, zumindest zum Zeitpunkt des Beschlussantrags mit dem Einbau eines Treppenlifts nicht einverstanden zu sein. Werden Beschlussanträge über Maßnahmen ordnungsmäßiger Verwaltung, wie etwa erforderliche Erhaltungsmaßnahmen, abgelehnt, kann Beschlussersetzungsklage erhoben werden, obwohl der klagende Wohnungseigentümer im Einzelfall gar nicht über die Details der Maßnahme in Kenntnis ist und er im Klageantrag noch nicht präzisieren kann, welche Maßnahme er genau begehrt. Im Rahmen der Beschlussersetzungsklage kann er insoweit eine entsprechende Leistungsbestimmung geltend machen.

Insbesondere mit Blick auf den eingeschränkten Individualschutz der Wohnungseigentümer im Fall der Beeinträchtigung des gemeinschaftlichen Eigentums, wird es verbreitet zu Fällen kommen, in denen etwa nicht beschlossene Maßnahmen der baulichen Veränderung vorgenommen wurden und der einzelne Wohnungseigentümer einen entsprechenden Beseitigungsanspruch initiiert. Wird dieser dann abgelehnt, ist zwar der Weg zur Erhebung einer Beschlussersetzungsklage frei, allerdings ist der Wohnungseigentümer dann noch nicht am Ziel, da mit der Beschlussersetzung noch nichts in Richtung

---
[671] BGH, Beschluss v. 23.8.2001, V ZB 10/01, ZMR 2001 S. 809.
[672] AG Krefeld, Urteil v. 15.12.2017, 13 C 22/17, ZMR 2018 S. 378.

## Gerichtliches Verfahren

der tatsächlichen Beseitigung der baulichen Veränderung erreicht ist. Für diese Fälle kann im Anschluss an die Beschlussersetzungsklage eine Beschlussausführungsklage erhoben werden.[673]

Entsprechende Grundsätze gelten dann, wenn die Gemeinschaft der Wohnungseigentümer nichts gegen eine störende zweckbestimmungswidrige Nutzung unternimmt. Wird auch hier der Beschlussantrag auf Erhebung einer Unterlassungsklage abgelehnt, steht dem Beschlussinitiator wiederum die Möglichkeit der Erhebung einer Beschlussersetzungsklage offen, in deren Anschluss er dann eine Beschlussausführungsklage führen kann.

### 17.5.14 Verhältnis der Anfechtungs- zur Beschlussersetzungsklage

Die Anfechtungsklage gegen einen Negativbeschluss muss nach derzeitiger Rechtslage nicht mit einem Verpflichtungsantrag verbunden werden. Sie kann auch isoliert geführt werden.[674] Grundsätzlich könnte sich der in o. g. Beispielsfall beschriebene gehbehinderte Wohnungseigentümer darauf beschränken, lediglich den Negativbeschluss anzufechten. Nach künftiger Rechtslage bedarf es der Erhebung einer Anfechtungsklage im Rahmen einer Beschlussersetzungsklage nicht mehr, was sich aus dem Wortlaut von § 44 Abs. 1 Satz 2 WEG n. F. ergibt. Bislang ist der Antrag auf Beschlussersetzung nicht fristgebunden. Auch das WEMoG sieht insoweit keine Frist vor. Die Bestimmung des § 45 Satz 1 WEG n. F. regelt lediglich die Fristen für die Anfechtungsklage. Die Neuregelung in § 45 WEG n. F. regelt allein die Frist für die Erhebung einer Anfechtungsklage. Im Übrigen existiert auch keine andere Vorschrift, die eine Klage auf Beschlussersetzung einer Frist unterwirft. Sie kann also jederzeit erhoben werden.[675] Verfolgt der klagende Wohnungseigentümer jedoch die Umsetzung eines entsprechenden positiven Beschlussergebnisses nicht mehr, fehlt ihm das Rechtsschutzbedürfnis.[676]

Die Nichterhebung einer Klage auf Beschlussersetzung kann auch zum Anspruchsausschluss führen. So kann ein Wohnungseigentümer wegen eines Mangels des Gemeinschaftseigentums keinen Schadensersatz verlangen, wenn er nach einem Negativbeschluss, sich mit dem Mangel zu befassen, 6 Jahre wartet und keine Beschlussersetzungsklage erhebt.[677] An all diesen Grundsätzen wird sich auch unter Geltung des WEMoG nichts ändern.

Da es sich bei der Beschlussersetzungsklage, ebenso wie bei der Anfechtungsklage um eine Gestaltungsklage handelt, tritt die Gestaltungswirkung des entsprechenden Urteils von selbst ein. Im Übrigen wurde auf Grundlage der derzeitigen Rechtslage einerseits die Ansicht vertreten, eine Beschlusser-

---

[673] AG Schorndorf, Urteil v. 18.3.2008, 6 C 1097/07, NZM 2008 S. 411.
[674] BGH, Urteil v. 15.1.2010, V ZR 114/09, NZM 2010 S. 205; LG München I, Urteil v. 24.3.2016, 36 S 12134/15 WEG, ZWE 2017 S. 328; AG Kassel, Urteil v. 17.5.2018, 800 C 4100/17, ZWE 2018 S. 378.
[675] AG Kassel, Urteil v. 17.5.2018, a.a.O.
[676] LG Itzehoe, Urteil v. 14.10.2016, 11 S 3/16, ZWE 2017 S. 263.
[677] BGH, Beschluss v. 14.11.2019, V ZR 63/19, ZWE 2020 S. 78.

## Gerichtliches Verfahren

setzungsklage könne auch ohne Anfechtung des Negativbeschlusses erhoben werden.[678] Allerdings wird auch die Gegenauffassung vertreten, der bestandskräftige Negativbeschluss stehe einem späteren Verpflichtungsantrag entgegen.[679] Der aktuellen BGH-Rechtsprechung[680] ist eine entsprechende Klarstellung insoweit zu entnehmen, dass mangels Erhebung einer Anfechtungsklage gegen den Negativbeschluss und einem Zeitablauf von stattlichen 6 Jahren, in denen auch keine Beschlussersetzungsklage erhoben wurde, Schadensersatzansprüche nicht zuerkannt werden konnten. Zugrunde lag dem Rechtsstreit ein Beschlussantrag über einen Grundbeschluss bezüglich Erhaltungsmaßnahmen am Gemeinschaftseigentum.

**Dennoch Vorsicht walten lassen**

Auch wenn nach diesseits vertretener Auffassung, insbesondere auf Grundlage der aktuellen BGH-Rechtsprechung und der Neustrukturierung des Gesetzes, die Erhebung einer Anfechtungsklage gegen einen Negativbeschluss nicht erforderlich scheint, stellt dies eine persönliche Meinung dar. Ohne fristgebunden zu sein, müsste eine Beschlussersetzungsklage ohnehin zeitnah nach Ablehnung eines Beschlussantrags erhoben werden. Der vorsichtige Anwalt wird jedenfalls keinen Fehler machen, bis zur (erneuten) Klärung seitens der Rechtsprechung den Negativbeschluss dennoch anzufechten.[681]

### 17.5.15 Exkurs: Vereinbarungsklage gemäß § 10 Abs. 2 WEG n. F.

Wie bislang schon, kann auch auf Grundlage des WEMoG gemäß § 10 Abs. 2 WEG n. F. eine vom Gesetz abweichende Vereinbarung oder die Anpassung einer Vereinbarung verlangt werden, wenn ein Festhalten an der geltenden Regelung aus schwerwiegenden Gründen unter Berücksichtigung aller Umstände des Einzelfalls, insbesondere der Rechte und Interessen der anderen Wohnungseigentümer, unbillig erscheint. Die materiell-rechtlichen Voraussetzungen eines entsprechenden Anspruchs haben sich nicht geändert. Allerdings ist eine Vereinbarungsklage nach wie vor gegen die übrigen Wohnungseigentümer zu richten. Eine entsprechende Anwendung von § 44 Abs. 1 WEG kommt mangels planwidriger Regelungslücke nicht in Betracht.[682] Der entsprechende Anspruch ist daher wie ein Anspruch auf Anpassung eines Vertrags im Wege der Leistungsklage nach § 43 Abs. 2 Nr. 1 WEG n. F. gegen die übrigen Wohnungseigentümer zu verfolgen.

---

[678] LG Berlin, Urteil v. 2.4.2013, 85 S 179/12, ZMR 2013 S. 653; AG Norderstedt, Urteil v. 27.3.2014, 42 C 427/12, ZMR 2014 S. 753.
[679] LG München I, Urteil v. 24.3.2016, 36 S 12134/15 WEG, ZWE 017 S. 328.
[680] BGH, Beschluss v. 14.11.2019, V ZR 63/19, ZWE 2020 S. 78.
[681] Der (weitere) Antrag auf Beschlussersetzung wird definitiv jedenfalls nicht innerhalb der Frist des § 45 Satz 1 WEG n. F. zu stellen sein.
[682] Vgl. BT-Drs 18791 S. 82 f.

Gerichtliches Verfahren

## 17.6 Rechtsmittel

### 17.6.1 Berufung

**Sachliche Zuständigkeit**

Berufungsinstanz ist wie bei sonstigen – nicht familienrechtlichen – zivilrechtlichen Angelegenheiten, die erstinstanzlich vom Amtsgericht entschieden werden, das Landgericht. Dies gilt jedenfalls bei Rechtsstreitigkeiten des § 43 Abs. 2 Nrn. 1 bis 4 WEG n.F. Bei Streitigkeiten nach § 43 Abs. 1 WEG n.F. ist streitwertabhängig (über 5.000 EUR) das Oberlandesgericht zuständiges Berufungsgericht.

**Örtliche Zuständigkeit**

Örtlich zuständiges Berufungsgericht in den Streitigkeiten des § 43 Abs. 2 Nrn. 1 bis 4 WEG n.F. ist gemäß § 72 Abs. 2 GVG das für den Sitz des Oberlandesgerichts zuständige Landgericht für den Bezirk des Oberlandesgerichts, in dem das Amtsgericht seinen Sitz hat.

**Zuständigkeiten**

| Sitz des Amtsgerichts im Bezirk des | Zuständiges Berufungsgericht |
| --- | --- |
| OLG Bamberg | LG Bamberg |
| KG Berlin | LG Berlin |
| OLG Braunschweig | LG Braunschweig |
| OLG Bremen | LG Bremen |
| OLG Celle | LG Lüneburg |
| OLG Dresden | LG Dresden |
| OLG Düsseldorf | LG Düsseldorf |
| OLG Hamburg | LG Hamburg |
| OLG Hamm | LG Dortmund |
| OLG Jena | LG Gera |
| OLG Frankfurt a.M. | LG Frankfurt a.M. |
| OLG Karlsruhe | LG Karlsruhe |
| OLG Köln | LG Köln |
| OLG Koblenz | LG Koblenz |
| OLG Nürnberg | LG Nürnberg-Fürth |
| OLG Rostock | LG Rostock |

| Sitz des Amtsgerichts im Bezirk des | Zuständiges Berufungsgericht |
|---|---|
| OLG Saarbrücken | LG Saarbrücken |
| OLG Stuttgart | LG Stuttgart |

§ 72 Abs. 2 GVG enthält in Satz 2 eine Länderöffnungsklausel zur Bestimmung eines anderen Landgerichts im jeweiligen OLG-Bezirk. Von dieser Bestimmung haben einige Landesregierungen bzw. Landesjustizverwaltungen Gebrauch gemacht:

**Sonderzuständigkeiten**

| Sitz des Amtsgerichts im Bezirk des | Zuständiges Berufungsgericht |
|---|---|
| OLG Brandenburg | LG Frankfurt/Oder |
| OLG München | LG München I |
| OLG Naumburg | LG Dessau-Roßlau |
| OLG Oldenburg | LG Aurich |
| OLG Schleswig | LG Itzehoe |
| OLG Zweibrücken | LG Landau |

Für Berufungen in den Streitigkeiten des § 43 Abs. 1 WEG n.F. mit einem Streitwert bis 5.000 EUR verbleibt es jedoch bei der allgemeinen Zuständigkeit.

Wird die Berufung bei einem unzuständigen Gericht eingereicht, muss dieses im normalen Geschäftsbetrieb die Berufungsschrift an das zuständige Berufungsgericht weiterleiten. Kann dies jedoch innerhalb der einmonatigen Berufungsfrist nicht mehr erfolgen, wird die Berufung als unzulässig zurückgewiesen.[683] Eine Berufung in Wohnungseigentumssachen kann auch dann nur bei dem sachlich zuständigen Landgericht fristwahrend eingelegt werden, wenn in dem betreffenden Oberlandesgerichtsbezirk aufgrund einer Rechtsverordnung nach § 72 Abs. 2 Sätze 2 und 3 GVG nicht das für den Sitz des Oberlandesgerichts zuständige Landgericht, sondern ein anderes Landgericht

---

[683] BGH, Beschluss v. 10.12.2009, V ZB 67/09, NJW 2010 S. 1818.

## Gerichtliches Verfahren

für diese Berufung zuständig ist.[684] Die Versäumung der Berufungsfrist ist im Übrigen nicht unverschuldet, wenn sie darauf beruht, dass das Vorhandensein einer abweichenden Zuständigkeitsregelung und ihr Inhalt nicht geprüft wurden.[685]

 **Wiedereinsetzung in den vorigen Stand bei falscher Rechtsmittelbelehrung**

Der Rechtsanwalt unterliegt in aller Regel einem unverschuldeten Rechtsirrtum, wenn er die Berufung in einer Wohnungseigentumssache aufgrund einer unrichtigen Rechtsmittelbelehrung nicht bei dem nach § 72 Abs. 2 GVG zuständigen Berufungsgericht, sondern bei dem für allgemeine Zivilsachen zuständigen Berufungsgericht einlegt. Ihm ist auf Antrag Wiedereinsetzung in den vorigen Stand zu gewähren, wenn er die Berufung sodann beim zuständigen Gericht einlegt.[686] Dies gilt auch dann, wenn es sich bei dem Rechtsanwalt um einen Fachanwalt für Miet- und Wohnungseigentumsrecht handelt.[687]

Ein Rechtsanwalt darf sich in aller Regel auch dann noch auf eine unrichtige Rechtsmittelbelehrung in Wohnungseigentumssachen und in Zivilsachen mit wohnungseigentumsrechtlichem Bezug verlassen, wenn der gegnerische Anwalt deren Richtigkeit in Zweifel zieht. Der durch den Fehler des Gerichts hervorgerufene Vertrauensschutz besteht regelmäßig so lange fort, bis das aufgrund der Rechtsmittelbelehrung angerufene Gericht auf seine Unzuständigkeit hinweist; erst dann beginnt die Wiedereinsetzungsfrist nach § 234 Abs. 2 ZPO zu laufen.[688]

---

[684] BGH, Beschluss v. 12.4.2010, V ZB 224/09, ZMR 2010 S. 624.
[685] BGH, Beschluss v. 12.4.2010, a.a.O.
[686] BGH, Beschluss v. 9.3.2017, V ZB 18/16, NJW 2017 S. 3002.
[687] BGH, Beschluss v. 28.9.2017, V ZB 109/16, NJW 2018 S. 164.
[688] BGH, Urteil v. 21.2.2020, V ZR 17/19, NZM 2020 S. 467.

Gerichtliches Verfahren

 **Musterschriftsatz: Berufungsschriftsatz im WE-Verfahren mit Wiedereinsetzungsantrag**

An das
Landgericht Dortmund
– 1. Zivilkammer –

_____

_____

**Berufung**

und

**Antrag auf Wiedereinsetzung in den vorigen Stand**

des/der _____ (Name und Anschrift)
– Kläger/in und Berufungskläger/in–
Prozessbevollmächtigte: Rechtsanwälte _____

gegen

die Gemeinschaft der Wohnungseigentümer XX-Straße 20 in 12345 XX-Stadt, vertreten durch die Verwalterin, Firma XX-Hausverwaltungs-GmbH, diese vertreten durch die Geschäftsführerin Frau _____, XX-Straße 30, 12345 XX- Stadt
– Beklagte und Berufungsbeklagte –

wegen

**Beschlussersetzung**
I. Instanz: AG XX-Stadt, Az. 99 C 25/21

Namens und in Vollmacht des Klägers und Berufungsklägers legen wir gegen das am _____ zugestellte Urteil des Amtsgerichts XX-Stadt vom _____ zur Geschäftsnummer 99 C 25/21

## Berufung

ein. Eine beglaubigte Abschrift des Urteils ist in der Anlage beigefügt. Anträge und Berufungsbegründung folgen mit gesondertem Schriftsatz.

Wegen der Versäumung der Berufungsfrist beantragen wir,

dem Kläger Wiedereinsetzung in den vorigen Stand zu gewähren.

## Begründung

Das angefochtene Urteil wurde dem Unterzeichner am 25. Juni 2021 zugestellt. Am 24. Juli 2021 beauftragte der Unterzeichner seine Kollegin _____, gegen dieses Urteil Berufung einzulegen. Dies wurde von ihr entsprechend erledigt. Sie hatte das in der Rechtsmittelbelehrung angegebene Berufungsgericht „Landgericht Bochum" übernommen und die Berufung per Telefax dort eingelegt, welche auch fristwahrend dort eingegangen ist. Das Landgericht Bochum hat uns am heutigen Tage telefonisch darüber informiert, dass die Berufung zum vorliegend zuständigen Landgericht Dortmund hätte eingelegt werden müssen. Frau Kollegin _____ hatte auf die Richtigkeit der Angaben in der Rechtsmittelbelehrung des AG XX-Stadt vom _____ vertraut. Die vorstehenden Ausführungen werden anwaltlich versichert, erforderlichenfalls werden entsprechende Nachweise erbracht. Dem Kläger ist jedenfalls wegen unverschuldeter Versäumung der Berufungsfrist Wiedereinsetzung in den vorigen Stand zu gewähren (BGH, Beschluss v. 28.9.2017, V ZB 109/19).

Rechtsanwalt/Rechtsanwältin

Bei einer einheitlichen Entscheidung des Wohnungseigentumsgerichts in 1. Instanz richtet sich die Zuständigkeit des Berufungsgerichts auch dann einheitlich nach § 72 Abs. 2 GVG, wenn nur ein Teil der Entscheidung eine Wohnungseigentumssache im Sinne von § 43 Abs. 2 Nr. 1 bis 4 WEG n. F. betrifft.[689]

---

[689] Arg. BGH, Urteil v. 21.2.2020, a.a.O.

## Gerichtliches Verfahren

### Beispiel: Der Fahnenmast

Die Wohnungseigentümergemeinschaft nimmt sowohl den Wohnungseigentümer als auch den Nießbraucher auf Beseitigung eines Fahnenmasts in Anspruch, den der Mieter an der Außenfassade der Wohnung angebracht hat. Die Klage ist vor dem Amtsgericht erfolgreich.

Da der Streitwert der Auseinandersetzung deutlich unter 5.000 EUR liegt, behandelt das Amtsgericht die Angelegenheit einheitlich. Eigentlich wäre für die Klage gegen den Wohnungseigentümer die wohnungseigentumsrechtliche Abteilung des Amtsgerichts zuständig gewesen und für die Klage gegen den Nießbraucher die allgemeine Zivilabteilung. Die Zuständigkeit des Berufungsgerichts richtet sich für beide nach § 72 Abs. 2 GVG.

**Erforderliche Beschwer**

Die Berufung ist dann zulässig, wenn das Amtsgericht sie in seinem Urteil zugelassen hat oder die Beschwer den Grenzwert von 600 EUR überschreitet. (§ 511 Abs. 2 Nr. 1 ZPO) Stets ist insoweit insbesondere im Bereich der wohnungseigentumsrechtlichen Streitigkeiten zu berücksichtigen, dass Streitwert und Beschwer nicht übereinstimmen müssen. Der Wert der Beschwer bemisst sich nach dem Interesse des Rechtsmittelführers an der Abänderung der angefochtenen Entscheidung. Dieses Interesse ist auch in wohnungseigentumsrechtlichen Verfahren unter wirtschaftlichen Gesichtspunkten zu bewerten. Das Änderungsinteresse des Rechtsmittelführers erhöht oder ermäßigt sich nicht dadurch, dass bei der Bemessung des Streitwerts auch eine Reihe von anderen Kriterien Berücksichtigung findet.[690] Infolgedessen entspricht der gemäß § 49a GKG bestimmte Streitwert in der Regel nicht der für die Zulässigkeit eines Rechtsmittels maßgeblichen Beschwer.

### Beispiel: Nichterreichen der Beschwer

Die Wohnungseigentümergemeinschaft besteht aus 6 Wohnungseigentümern, die Verteilung der Verwaltungskosten erfolgt nach Objekten. Einer der Wohnungseigentümer hatte die Beschlussfassung über eine Rückforderung angeblich unberechtigt berechneter Sonderhonorare des Verwalters in einer Gesamthöhe von 1.500 EUR initiiert. Der Beschlussantrag wurde mehrheitlich abgelehnt. Die anschließende Beschlussersetzungsklage blieb erfolglos. Das Landgericht hat die Berufung wegen Nichterreichens der erforderlichen Beschwer zurückgewiesen.[691]

Gemäß § 49 GKG n.F. ist für den Streitwert das Interesse aller Wohnungseigentümer an der Entscheidung maßgeblich, das auf das 5-fache klägerische Interesse begrenzt ist. Das Gesamtinteresse beträgt zunächst 1.500 EUR. Das

---

[690] BGH, Beschluss v. 2.7.2020, V ZR 2/20, NZM 2020 S. 762.
[691] Fall nach LG Dortmund, Beschluss v. 27.2.2020, 1 S 179/19.

**Gerichtliches Verfahren**

klägerische Interesse ist mit 250 EUR zu beziffern, weil er in dieser Höhe mit den Kosten belastet ist. Der 5-fache Wert beträgt 1.250 EUR und stellt den Streitwert der erstinstanzlichen Auseinandersetzung vor dem Amtsgericht dar. Diesen Streitwert zugrunde gelegt, wäre die Berufung statthaft. Da aber die klägerische Beschwer maßgeblich ist, war sie unzulässig. Diese beträgt nämlich lediglich 250 EUR. Nur in Höhe dieses Betrags ist der klagende Wohnungseigentümer tatsächlich beschwert.

**Einzelfälle**

- **Bauliche Veränderung (Art der Finanzierung)**
  Das für die Rechtsmittelbeschwer maßgebliche wirtschaftliche Interesse des klagenden Wohnungseigentümers daran, eine bestimmte Art der Finanzierung einer baulichen Maßnahme zu verhindern, bemisst sich nach seinem Anteil an den aufzubringenden Kosten. Es gilt nichts anderes als bei einer Anfechtung eines Beschlusses über die Durchführung einer baulichen Maßnahme.[692]

- **Bauliche Veränderung (Beseitigung)**
  Das für die Rechtsmittelbeschwer maßgebliche wirtschaftliche Interesse eines Wohnungseigentümers, dessen Klage auf Beseitigung einer baulichen Veränderung des gemeinschaftlichen Eigentums abgewiesen worden ist, bemisst sich grundsätzlich nach dem Wertverlust, den sein Wohnungseigentum durch die bauliche Veränderung erleidet.[693]
  Wird ein Wohnungseigentümer zur Beseitigung einer baulichen Veränderung verurteilt, bemisst sich seine Beschwer grundsätzlich zwar nach den Kosten einer Ersatzvornahme des Abrisses, die ihm im Fall des Unterliegens drohen. Etwas anderes gilt aber dann, wenn das Interesse des beklagten Wohnungseigentümers am Erhalt des zu beseitigenden Bauwerks die Kosten einer Ersatzvornahme des Abrisses, die ihm im Fall des Unterliegens drohen, übersteigen. Dieses Interesse bestimmt sich grundsätzlich nach den für den Bau aufgewendeten Kosten.[694]

- **Beiratsentlastung** Das für die Rechtsmittelbeschwer maßgebliche wirtschaftliche Interesse des klagenden Wohnungseigentümers, der erfolglos einen Beschluss über die Entlastung des Verwaltungsbeirats angefochten hat, bemisst sich nach dem regelmäßig mit 500 EUR anzusetzenden Wert, den die künftige vertrauensvolle Zusammenarbeit mit dem Verwaltungsbeirat hat, zuzüglich des klägerischen Anteils an etwaigen Ersatzansprüchen gegen den Verwaltungsbeirat, auf die die Anfechtung des Entlastungsbeschlusses gestützt wird.[695]

---

[692] BGH, Beschluss v. 2.7.2020, a.a.O.
[693] BGH, Beschluss v. 6.4.2017, V ZR 254/16, ZMR 2017 S. 755.
[694] BGH, Beschluss v. 26.9.2019, V ZR 224/18, ZMR 2020 S. 138.
[695] BGH, Beschluss v. 9.3.2017, V ZB 113/16, ZMR 2017 S. 904.

## Gerichtliches Verfahren

- **Erhaltungsmaßnahme**
  Bei der Anfechtung eines Beschlusses über eine Instandsetzungs- oder Modernisierungsmaßnahme, die der klagende Wohnungseigentümer als optische Beeinträchtigung des gemeinschaftlichen Eigentums (z.B. Farbwahl des Fassadenanstrichs) ansieht, können die auf den Kläger entfallenden Kosten der Maßnahme jedenfalls als Hilfsmittel für die Schätzung der klägerischen Beschwer dienen. Wird nach dem Vortrag des Klägers das gesamte Gebäude optisch erheblich verändert, ist im Regelfall zu dem Kostenanteil ein Wert von etwa 1.000 EUR hinzuzurechnen, der dem ideellen Interesse an der Gebäudegestaltung Rechnung trägt.[696]

- **Veräußerungszustimmung**
  Das für die Rechtsmittelbeschwer maßgebliche Interesse eines Wohnungseigentümers, der erreichen will, dass die Zustimmung zur Veräußerung des Wohnungseigentums versagt wird, ist in der Regel auf 20 % des Verkaufspreises des Wohnungseigentums zu schätzen.[697]

- **Verwalterentlastung**
  Das Interesse an der Entlastung oder Nichtentlastung des Verwalters bestimmt sich nach den möglichen Ansprüchen gegen diesen und nach dem Wert, den die mit der Entlastung verbundene Bekräftigung der vertrauensvollen Zusammenarbeit der Wohnungseigentümer mit der Verwaltung der Gemeinschaft hat. Deren Wert ist, wenn besondere Anhaltspunkte für einen höheren Wert fehlen, regelmäßig mit 1.000 EUR anzusetzen.[698]

**Berufung und Streitgenossenschaft**

Tritt ein Wohnungseigentümer im Rahmen einer gegen die Gemeinschaft der Wohnungseigentümer gerichteten Beschlussklage nach § 44 Abs. 1 WEG n. F. dieser als Nebenintervenient bei, wird er nach § 69 ZPO zum Streitgenossen der Gemeinschaft der Wohnungseigentümer. Nach § 62 ZPO handelt es sich mithin um eine notwendige Streitgenossenschaft. Der Streithelfer kann eine Berufung selbst gegen den Willen der von ihm unterstützten Hauptpartei, also der Gemeinschaft der Wohnungseigentümer, einlegen und durchführen.[699]

### 17.6.2 Revision

Die Revision findet grundsätzlich gegen die in der Berufungsinstanz erlassenen Endurteile dann statt, wenn

---

[696] BGH, Beschluss v. 21.6.2018, V ZB 254/17, ZMR 2018 S. 1014.
[697] BGH, Beschluss v. 19.7.2018, V ZR 229/17, ZMR 2018 S. 1027.
[698] BGH, Beschluss v. 31.3.2011, V ZB 236/10, ZMR 2011 S. 654.
[699] BGH, Urteil v. 18.02.2009, XII ZR 156/07, NJW 2009 S. 1496.

## Gerichtliches Verfahren

- das Berufungsgericht sie in seinem Urteil oder
- der BGH als Revisionsgericht sie auf Beschwerde gegen ihre Nichtzulassung durch das Berufungsgericht

zugelassen hat. Die Revision ist nach § 543 Abs. 2 ZPO immer dann zuzulassen, wenn die Rechtssache grundsätzliche Bedeutung hat oder aber die Fortbildung des Rechts oder die Sicherung einer einheitlichen Rechtsprechung – eben eine Entscheidung durch das Revisionsgericht – dies erforderlich macht. Das Revisionsgericht ist gemäß § 543 Abs. 2 Satz 2 ZPO an die Zulassung auch dann gebunden, wenn die seitens des Berufungsgerichts für maßgeblich erachteten Zulassungsgründe aus Sicht des Revisionsgerichts nicht vorliegen. Spricht ein Berufungsgericht die Zulassung der Revision allerdings verfahrensrechtlich fehlerhaft aus, so ist sie unwirksam. Dies gilt zum einen dann, wenn das zugelassene Rechtsmittel in der Verfahrensordnung nicht vorgesehen ist. Zum anderen gilt dies, wenn eine Zulassung nachträglich ausgesprochen wird, ohne dass dies ausnahmsweise verfahrensrechtlich legitimiert ist.[700]

### 17.6.3 Nichtzulassungsbeschwerde

Soweit das Berufungsgericht die Revision zum BGH in seiner Entscheidung nicht zugelassen hat, ist nach § 543 Abs. 1 Nr. 2 i.V.m. § 544 ZPO die Nichtzulassungsbeschwerde möglich. Über diese kann jedoch nicht das Berufungsgericht entscheiden, sondern nur der BGH. Die Nichtzulassungsbeschwerde ist gemäß § 544 Abs. 2 Nr. 1 ZPO allerdings ausgeschlossen, wenn die Beschwer 20.000 EUR nicht übersteigt. Dies gilt allerdings dann nicht, wenn das Berufungsgericht die Berufung als unzulässig verwirft – unabhängig davon, ob die Entscheidung durch Beschluss oder Urteil ergeht.[701] Lässt das Berufungsgericht auf eine Anhörungsrüge hin die Revision nachträglich zu, ohne einen darauf bezogenen Gehörsverstoß festzustellen, ist die Zulassungsentscheidung verfahrensfehlerhaft ergangen und bindet das Revisionsgericht nicht.[702] An diesen Grundsätzen wird sich durch das WEMoG nichts ändern.

### 17.6.4 Verfassungsbeschwerde

In all den Fällen, in denen die erforderliche Rechtsmittelbeschwer nicht erreicht ist und insoweit bereits keine Berufung möglich ist, weil die Beschwer den erforderlichen Wert von 600 EUR nicht übersteigt und auch das Amtsgericht die Berufung nicht zugelassen hat, kommt eine Verfassungsbeschwerde in Betracht. Entsprechendes gilt dann, wenn die für die Nichtzulassungsbeschwerde vor dem BGH erforderliche Beschwer von über

---

[700] BGH, Urteil v. 12.10.2018, V ZR 291/17, NJW-RR 2019 S. 460.
[701] BGH, Beschluss v. 19.7.2012, V ZR 255/11, NJW 2012 S. 3310.
[702] BGH, Urteil v. 4.3.2011, V ZR 123/10, NJW 2011 S. 1516.

## Gerichtliches Verfahren

20.000 EUR nicht gegeben ist und auch das Berufungsgericht die Revision nicht zugelassen hat.

### Beispiel: Das beschmierte Garagentor

Ein Wohnungseigentümer verklagt seinen benachbarten Wohnungseigentümer, weil dieser sein Garagentor beschmiert habe. Er macht dabei die Kosten für das Entfernen der Schmierereien in Höhe von 400 EUR geltend. Obwohl der verklagte Eigentümer darauf hinweist, dass der klagende Wohnungseigentümer gar nicht aktiv legitimiert ist, weil das Garagentor im Gemeinschaftseigentum stehe, auch wenn die Garage selbst in dessen Sondereigentum steht, und der Rechtsstreit außerdem nicht vor der allgemeinen Zivilabteilung des Amtsgerichts, sondern von der Abteilung für Wohnungseigentumssachen zu verhandeln ist, verurteilt ihn das Amtsgericht antragsgemäß.

Die Entscheidung ist grob falsch, da ausschließlich die Gemeinschaft der Wohnungseigentümer klagebefugt gewesen wäre. Des Weiteren liegt ein Verfassungsverstoß vor, weil nicht vor dem Wohnungseigentumsgericht verhandelt wurde. Da die Berufung nicht statthaft ist und vom Gericht nicht zugelassen wurde, steht dem Wohnungseigentümer die Verfassungsbeschwerde zur Verfügung.[703]

Auch künftig folgt aus dem Grundsatz der Subsidiarität der Verfassungsbeschwerde, dass der Beschwerdeführer nach § 90 Abs. 2 Satz 1 BVerfGG i.V.m. Art. 94 Abs. 2 Satz 2 GG vor Erhebung einer Verfassungsbeschwerde alle zur Verfügung stehenden und zumutbaren prozessualen Möglichkeiten ergreifen muss, um eine Korrektur der geltend gemachten Verfassungsverletzung zu erwirken oder eine Grundrechtsverletzung zu verhindern. Der Beschwerdeführer muss daher alle ihm möglichen Rechtsbehelfe unterhalb der Verfassungsbeschwerde ausgeschöpft haben. Denn grundsätzlich ist es zunächst Aufgabe der ordentlichen Gerichte und Fachgerichte, Rechtsschutz zu gewähren.

Vor Anrufung des Bundesverfassungsgerichts ist daher zwingend eine Gehörsrüge nach § 321a ZPO zu erheben. Auf die Rüge des entsprechend durch die Entscheidung beschwerten Wohnungseigentümers ist das Verfahren fortzuführen, wenn

- ein Rechtsmittel oder ein anderer Rechtsbehelf gegen die Entscheidung nicht gegeben ist und

- das Gericht den Anspruch dieser Partei auf rechtliches Gehör in entscheidungserheblicher Weise verletzt hat.

---

[703] BVerfG, Beschluss v. 28.7.2014, 1 BvR 1925/13, NJW 2014 S. 3147.

**Gerichtliches Verfahren**

Die Rüge ist innerhalb einer Notfrist von 2 Wochen nach Kenntnis von der Verletzung des rechtlichen Gehörs zu erheben.

## 18 Nebenschauplätze: Weitere Änderungen durch das WEMoG

Das WEMoG sieht nicht nur in den strukturellen Bereichen des Wohnungseigentumsrechts Änderungen vor, sondern wird auch auf weniger zentrale und unmittelbar praxisrelevante Bereiche Auswirkungen haben, die nachfolgend dargestellt werden.

### 18.1 Entziehung des Wohnungseigentums

Die bislang in §§ 18 f. WEG geregelte Entziehung des Wohnungseigentums findet sich künftig in § 17 WEG n. F.

| WEG a. F. | WEG n. F. |
|---|---|
| **§ 18 Entziehung des Wohnungseigentums** | **§ 17 Entziehung des Wohnungseigentums** |
| (1) ¹Hat ein Wohnungseigentümer sich einer so schweren Verletzung der ihm gegenüber anderen Wohnungseigentümern obliegenden Verpflichtungen schuldig gemacht, daß diesen die Fortsetzung der Gemeinschaft mit ihm nicht mehr zugemutet werden kann, so können die anderen Wohnungseigentümer von ihm die Veräußerung seines Wohnungseigentums verlangen. ²Die Ausübung des Entziehungsrechts steht der Gemeinschaft der Wohnungseigentümer zu, soweit es sich nicht um eine Gemeinschaft handelt, die nur aus zwei Wohnungseigentümern besteht. | (1) Hat ein Wohnungseigentümer sich einer so schweren Verletzung der ihm gegenüber anderen Wohnungseigentümern **oder der Gemeinschaft der Wohnungseigentümer** obliegenden Verpflichtungen schuldig gemacht, dass diesen die Fortsetzung der Gemeinschaft mit ihm nicht mehr zugemutet werden kann, so **kann die Gemeinschaft der Wohnungseigentümer** von ihm die Veräußerung seines Wohnungseigentums verlangen. ²~~Die Ausübung des Entziehungsrechts steht der Gemeinschaft der Wohnungseigentümer zu, soweit es sich nicht um eine Gemeinschaft handelt, die nur aus zwei Wohnungseigentümern besteht.~~ |
| (2) Die Voraussetzungen des Absatzes 1 liegen insbesondere vor, wenn | (2) Die Voraussetzungen des Absatzes 1 liegen insbesondere vor, wenn **der Wohnungseigentümer trotz Abmahnung wiederholt gröblich gegen die ihm nach § 14 Absatz 1 und 2 obliegenden Pflichten verstößt.** |
| 1. der Wohnungseigentümer trotz Abmahnung wiederholt gröblich gegen die ihm nach § 14 obliegenden Pflichten verstößt; | |

> 2. der Wohnungseigentümer sich mit der Erfüllung seiner Verpflichtungen zur Lasten- und Kostentragung (§ 16 Abs. 2) in Höhe eines Betrages, der drei vom Hundert des Einheitswertes seines Wohnungseigentums übersteigt, länger als drei Monate in Verzug befindet; in diesem Fall steht § 30 der Abgabenordnung einer Mitteilung des Einheitswerts an die Gemeinschaft der Wohnungseigentümer oder, soweit die Gemeinschaft nur aus zwei Wohnungseigentümern besteht, an den anderen Wohnungseigentümer nicht entgegen.

### 18.1.1 Grundsätze

Gegenüber der bislang geltenden Regelung in § 18 Abs. 1 Satz 1 WEG a.F. stellt § 17 Abs. 1 WEG n.F. klar, dass nicht nur Pflichtverletzungen gegenüber den anderen Wohnungseigentümern, sondern auch solche gegenüber der Gemeinschaft der Wohnungseigentümer ein Entziehungsverlangen rechtfertigen können. Diese Ergänzung folgt aus dem Umstand, dass die Verwaltung des Gemeinschaftseigentums gemäß § 18 Abs. 1 WEG n.F. in Zukunft der Gemeinschaft der Wohnungseigentümer obliegen wird und nicht mehr den Wohnungseigentümern. Das Recht zur Entziehung wird insoweit konsequenterweise auch auf die Gemeinschaft der Wohnungseigentümer übertragen, weshalb es der bisherigen ergänzenden Regelung in § 18 Abs. 1 Satz 2 WEG a.F. nicht mehr bedarf, diese sich also in § 17 Abs. 1 WEG n.F. nicht mehr finden wird. Auswirkungen hat dies letztlich nur auf Zwei-Personen-Gemeinschaften. Nach bislang geltender Rechtslage steht das Entziehungsrecht dem Wohnungseigentümer zu, künftig wird es auch hier der Gemeinschaft der Wohnungseigentümer zugeordnet sein. Dem Entziehungsurteil sind gem. § 17 Abs. 4 Satz 2 WEG n.F. sämtliche Schuldtitel i. S. d. § 794 ZPO gleichgestellt, durch die sich der Wohnungseigentümer zur Veräußerung seines Wohnungseigentums verpflichtet, und nicht mehr nur gerichtliche oder vor einer Gütestelle geschlossene Vergleiche.

### 18.1.2 Materiell-rechtliche Änderungen

Die materiell-rechtlichen Voraussetzungen für eine Entziehung des Wohnungseigentums sind gegenüber der bisher geltenden Rechtslage im Kern

## Nebenschauplätze: Weitere Änderungen durch das WEMoG

weitgehend unverändert. Allerdings haben sich im Gesetzestext selbst insoweit Änderungen ergeben, als das Regelbeispiel des Zahlungsverzugs in § 18 Abs. 2 Nr. 2 WEG a.F. entfallen wird. Dies ist konsequent, weil im Zuge des WEMoG auch der für das Zwangsversteigerungsverfahren einschlägige § 10 ZVG in maßgeblicher Hinsicht geändert wird. Nach wie vor regelt § 10 ZVG das Rangverhältnis der im Rahmen der Zwangsversteigerung bevorrechtigten Forderungen. Lediglich redaktionell angepasst, im Übrigen materiell-rechtlich aber unverändert, wird auch künftig die Regelung in § 10 Abs. 1 Nr. 2 ZVG die *„fälligen Ansprüche der Eigentümergemeinschaft auf Zahlung der Beiträge zu den Lasten und Kosten des gemeinschaftlichen Eigentums oder des Sondereigentums, die nach den §§ 16 Abs. 2, 28 Abs. 1 und 2 WEG geschuldet werden, einschließlich der Vorschüsse und Rückstellungen"*, also

- gemäß § 28 Abs. 2 Satz 1 WEG n.F. beschlossene Nachschussbeträge auf Grundlage der (Jahresgesamt- und) Jahreseinzelabrechnung,
- gemäß § 28 Abs. 1 Satz 1 WEG n.F. Hausgeldvorschüsse auf Grundlage eines (Gesamt- und) Einzelwirtschaftsplans,
- die Beiträge zur Erhaltungsrücklage sowie
- fällige Beiträge zu einer beschlossenen Sonderumlage

privilegieren. Nach wie vor bleibt der Vorrang der Wohnungseigentümergemeinschaften nach § 10 Abs. 1 Nr. 2 ZVG doppelt begrenzt:

- Der Vorrang begrenzt die berücksichtigungsfähigen Ansprüche auf die laufenden sowie die rückständigen Beiträge aus dem Jahr der Beschlagnahme und den letzten beiden Kalenderjahren,
- die insgesamt nicht mehr als 5 % des nach § 74a Abs. 5 ZVG festgesetzten Verkehrswerts ausmachen dürfen.

| § 10 ZVG a.F. | § 10 ZVG n.F. |
|---|---|
| (3) ¹Zur Vollstreckung mit dem Range nach Absatz 1 Nr. 2 müssen die dort genannten Beträge die Höhe des Verzugsbetrages nach § 18 Abs. 2 Nr. 2 des Wohnungseigentumsgesetzes übersteigen; liegt ein vollstreckbarer Titel vor, so steht § 30 der Abgabenordnung einer Mitteilung des Einheitswerts an die in Absatz 1 Nr. 2 genannten Gläubiger nicht entgegen. | (3) ~~¹Zur Vollstreckung mit dem Range nach Absatz 1 Nr. 2 müssen die dort genannten Beträge die Höhe des Verzugsbetrages nach § 18 Abs. 2 Nr. 2 des Wohnungseigentumsgesetzes übersteigen; liegt ein vollstreckbarer Titel vor, so steht § 30 der Abgabenordnung einer Mitteilung des Einheitswerts an die in Absatz 1 Nr. 2 genannten Gläubiger nicht entgegen.~~ |

## Nebenschauplätze: Weitere Änderungen durch das WEMoG
### Seite 618

| | |
|---|---|
| ²Für die Vollstreckung genügt ein Titel, aus dem die Verpflichtung des Schuldners zur Zahlung, die Art und der Bezugszeitraum des Anspruchs sowie seine Fälligkeit zu erkennen sind. ³Soweit die Art und der Bezugszeitraum des Anspruchs sowie seine Fälligkeit nicht aus dem Titel zu erkennen sind, sind sie in sonst geeigneter Weise glaubhaft zu machen. | ¹Für die Vollstreckung **mit dem Range nach Absatz 1 Nummer 2** genügt ein Titel, aus dem die Verpflichtung des Schuldners zur Zahlung, die Art und der Bezugszeitraum des Anspruchs sowie seine Fälligkeit zu erkennen sind. ³Soweit die Art und der Bezugszeitraum des Anspruchs sowie seine Fälligkeit nicht aus dem Titel zu erkennen sind, sind sie in sonst geeigneter Weise glaubhaft zu machen. |

Der bislang in § 18 Abs. 2 Nr. 2 WEG a.F. geregelte Entziehungsgrund des Zahlungsrückstands ist deshalb überflüssig, weil es bereits § 10 Abs. 1 Nr. 2 ZVG der Gemeinschaft der Wohnungseigentümer ermöglicht, sich im Fall des Zahlungsverzugs auf Grundlage eines entsprechenden Titels im Wege der Zwangsversteigerung zu befriedigen. Durch Aufhebung von § 10 Abs. 3 Satz 1 ZVG a.F. wird es künftig keine betragsmäßige Mindestgrenze mehr geben. Künftig wird also nicht mehr der Zahlungsrückstand selbst, wegen dem ja die Zwangsversteigerung betrieben werden kann, den Entziehungsgrund darstellen, als vielmehr das schleppende und gemeinschaftsschädliche Zahlungsverhalten des Wohnungseigentümers, der etwa stets Hausgeldrückstände erst im Rahmen von Maßnahmen der Zwangsvollstreckung gegen ihn ausgleicht.

**Keine betragsmäßige Beschränkung mehr**

Die bisherigen sich am Einheitswert der Sondereigentumseinheit orientierenden Wertgrenzen in § 18 Abs. 2 Nr. 2 WEG a.F. und § 10 Abs. 3 Satz 1 ZVG a.F. kennt das WEMoG nicht mehr. Vielmehr kann die Zwangsversteigerung unbeschränkt aus einem Zahlungstitel betrieben werden. Da ohnehin ein Titel vorliegen muss, bedarf es auch keiner Regelung mehr hinsichtlich der Dauer des Verzugs mit Hausgeldzahlungen.

Insoweit aber ist auch die derzeit noch geltende Bestimmung des § 19 Abs. 2 WEG a.F. überflüssig, wonach der Hausgeldschuldner die Wirkung des Urteils dadurch abwenden kann, dass er die Verpflichtungen, wegen deren Nichterfüllung er verurteilt ist, einschließlich der Verpflichtung zum Ersatz der durch den Rechtsstreit und das Versteigerungsverfahren entstandenen Kosten sowie die fälligen weiteren Verpflichtungen zur Lasten- und Kostentragung erfüllt. Dieser Anordnung bedarf es deshalb nicht mehr, weil die Zwangsvollstreckung ohnehin auch dann nach § 775 ZPO einzustellen ist, wenn der Gläubiger hinsichtlich seiner Ansprüche, wegen derer er die Zwangsvollstreckung betreibt, vollständig befriedigt wird.

 **Rettungsmöglichkeit, ansonsten § 242 BGB**

Nicht selten stehen Sondereigentumseinheiten im Miteigentum mehrerer Personen, was insbesondere bei Ehegatten der Fall sein kann. Gehört eine Eigentumswohnung einem Ehepaar und richtet sich der Veräußerungsbeschluss der Gemeinschaft der Wohnungseigentümer nur gegen einen Ehegatten, der sich z.B. einer schweren Pflichtverletzung schuldig gemacht hat, stellt sich die Frage, ob denn im Ernstfall tatsächlich die Veräußerung des Miteigentumsanteils verlangt werden kann. Als Bruchteilseigentümern gehört die Eigentumswohnung jedenfalls beiden Ehegatten. Da der jeweilige Bruchteilseigentümer jedoch grundsätzlich frei über seinen Anteil an der Wohnung verfügen kann, kann ein Ehegatte diesen auch unabhängig vom anderen Ehepartner veräußern. Letztlich wird man wohl einem Veräußerungsbegehren auch gegen einen Bruchteilseigentümer entsprechen müssen, da das Ziel der Eigentümergemeinschaft, den „störenden" Ehegatten auszuschließen, letztlich nur dadurch erreicht werden kann, dass dieser sein Wohneigentum veräußert.[704]

Ganz allgemein gilt allerdings im Hinblick auf das Miteigentum mehrerer an einer Sondereigentumseinheit, dass der oder die nicht störenden Miteigentümer die Wirkungen eines Entziehungsurteils entsprechend § 19 Abs. 2 WEG a.F. bis zur Erteilung des Zuschlags dadurch abwenden können, dass der oder die nicht störenden Miteigentümer den Miteigentumsanteil des störenden Miteigentümers selbst erwerben und den störenden Miteigentümer dauerhaft und einschränkungslos aus der Wohnanlage entfernen. Weiter sind der Wohnungseigentümergemeinschaft alle Kosten zu ersetzen, die dieser durch die Führung des Entziehungsrechtsstreits und die Durchführung eines Zwangsversteigerungsverfahrens zur Durchsetzung des Entziehungsanspruchs entstanden sind.[705]

Da § 19 Abs. 2 WEG a.F. künftig allerdings entfallen soll, kann sie auch keine entsprechende Anwendung mehr finden. In vergleichbaren Fällen kann die Rechtsprechung allerdings auf den allgemeinen Grundsatz von Treu und Glauben gemäß § 242 BGB zurückgreifen und insoweit eine Abwendungsmöglichkeit schaffen.[706]

---

[704] Offengelassen in BayObLG, Beschluss v. 4.3.1999, 2Z BR 20/99, NZM 1999 S. 578.
[705] BGH, Urteil v. 14.9.2018, V ZR 138/17, NZM 2018 S. 1024.
[706] BT-Drs. 19/18791, S. 58.

### 18.1.3 Beschlussfassung

Die Neuregelung des § 17 WEG n.F. sieht ausdrücklich keine Beschlussfassung der Wohnungseigentümer mehr über die Entziehung des Wohnungseigentums vor. Bereits in § 18 Abs. 1 Satz 2 WEG a.F. war die Ausübung des Anspruchs der Gemeinschaft der Wohnungseigentümer zugewiesen, die über die Ausübung des Anspruchs ohnehin zwingend einen Mehrheitsbeschluss zu fassen hatte. Der bisherige § 18 Abs. 3 WEG a.F., der eben die Beschlussfassung über die Entziehung des Wohnungseigentums geregelt hat, hatte bislang lediglich die Funktion, ein erhöhtes Quorum für den Entziehungsbeschluss anzuordnen. § 18 Abs. 3 WEG a.F. regelt insoweit das Erfordernis einer Mehrheit von mehr als der Hälfte der stimmberechtigten Wohnungseigentümer. Abgestellt wird insoweit nicht auf die Mehrheit der in der Eigentümerversammlung anwesenden oder vertretenen Wohnungseigentümer, vielmehr ist die Mehrheit sämtlicher im Grundbuch eingetragener Wohnungseigentümer erforderlich.

Nach Auffassung des Reformgesetzgebers ist dieses erhöhte Quorum aber nicht sachgerecht. Liege ein Entziehungsgrund vor, bestehe ein berechtigtes Interesse, den störenden Wohnungseigentümer aus der Gemeinschaft zu entfernen. Es sei nicht gerechtfertigt, die Durchsetzung dieses Interesses durch ein erhöhtes Quorum zu erschweren. Auch der Schutz des betroffenen Wohnungseigentümers vor einem unberechtigten Entziehungsbeschluss verlange kein erhöhtes Quorum. Denn der betroffene Wohnungseigentümer sei bereits ausreichend durch das gerichtliche Entziehungsverfahren geschützt.[707] Wie im Übrigen, wird künftig auch die Entziehung des Wohnungseigentums mit einfacher Mehrheit beschließbar sein.

Mit Blick auf Zweiergemeinschaften, werden künftig Beschlussersetzungsklagen geradezu provoziert. Denn auch hier wird es einer Beschlussfassung bedürfen und kein Wohnungseigentümer dürfte insoweit der Entziehung seines Wohnungseigentums zustimmen, sodass zwangsläufig der andere Wohnungseigentümer den Rechtsweg beschreiten muss.

**Beschlussmuster: Entziehung des Wohnungseigentums**

**TOP XX: Entziehung des Wohnungseigentums des Wohnungseigentümers _____**

Mit Abmahnung des Verwalters vom _____ wurde Wohnungseigentümer _____ auf seine massiven Pflichtverletzungen sowohl gegenüber den Wohnungseigentümern, als auch gegenüber der Gemeinschaft der Wohnungseigentümer hingewiesen. Konkret hat sich Herr _____ durch Verlegung eines Kabels in seine Sondereigentumseinheit des Allgemeinstroms der Gemeinschaft der Wohnungseigentümer bedient und gleichzeitig auch den Strom-

---
[707] BT-Drs. 19/18791, S. 57.

anschluss im Kellerraum eines Wohnungseigentümers angezapft, um seine Wohnung mit Strom zu versorgen. In vorbezeichneter Abmahnung wurde Herr _____ darauf hingewiesen, dass die Wohnungseigentümer die Entziehung seines Wohnungseigentums nach § 17 WEG beschließen würden, sollten sich die Pflichtverstöße wiederholen. Bereits am _____ musste Herr _____ erneut wegen derselben Pflichtverletzungen abgemahnt werden, wobei wiederum darauf hingewiesen wurde, dass die Entziehung des Wohnungseigentums im Wiederholungsfall beschlossen werden kann.

Nachdem sich Herr _____ auch nach dieser Abmahnung wiederum des Allgemeinstroms bedient hat, beschließen die Wohnungseigentümer gemäß § 17 WEG, dass Herr _____ seine Sondereigentumseinheit mit der Nr. _____ laut Teilungserklärung und Aufteilungsplan zu veräußern hat. Sollte Herr _____ diesem Verlangen nicht bis _____ entsprechen, hat der Verwalter Klage gemäß § 17 Abs. 4 WEG zu erheben. Der Verwalter ist insoweit ermächtigt, namens und auf Kosten der Gemeinschaft der Wohnungseigentümer einen Rechtsanwalt zu beauftragen.

**Abstimmungsergebnis:**

Ja-Stimmen: _____

Nein-Stimmen: _____

Enthaltungen: _____

Der Versammlungsleiter verkündete folgendes Beschlussergebnis:

_____

Der Beschluss wurde angenommen/abgelehnt.

## 18.2 Veräußerungsbeschränkungen

### 18.2.1 Aufhebung vereinbarter Veräußerungszustimmung

Nach wie vor wird die Veräußerungsbeschränkung in § 12 WEG geregelt sein. Die Vorschrift wird auch bis auf die Regelung in § 12 Abs. 4 WEG unverändert fortgelten.

## Nebenschauplätze: Weitere Änderungen durch das WEMoG

| WEG a.F. | WEG n.F. |
|---|---|
| § 12 Veräußerungsbeschränkung | § 12 Veräußerungsbeschränkung |
| (4) ¹Die Wohnungseigentümer können durch Stimmenmehrheit beschließen, dass eine Veräußerungsbeschränkung gemäß Absatz 1 aufgehoben wird. ²Diese Befugnis kann durch Vereinbarung der Wohnungseigentümer nicht eingeschränkt oder ausgeschlossen werden. ³Ist ein Beschluss gemäß Satz 1 gefasst, kann die Veräußerungsbeschränkung im Grundbuch gelöscht werden. ⁴Der Bewilligung gemäß § 19 der Grundbuchordnung bedarf es nicht, wenn der Beschluss gemäß Satz 1 nachgewiesen wird. ⁵Für diesen Nachweis ist § 26 Abs. 3 entsprechend anzuwenden. | (4) ¹Die Wohnungseigentümer können beschließen, dass eine Veräußerungsbeschränkung gemäß Absatz 1 aufgehoben wird. ²Ist ein Beschluss gemäß Satz 1 gefasst, kann die Veräußerungsbeschränkung im Grundbuch gelöscht werden. ³**§ 7 Absatz 2 gilt entsprechend.** |

Gegenüber der bislang geltenden Rechtslage ergeben sich mit § 12 Abs. 4 WEG n.F. folgende Modifizierungen:

- Der formellen Beschlussvoraussetzung einer Beschlussfassung „*durch Stimmenmehrheit*" bedarf es vor dem Hintergrund nicht mehr, als das WEMoG ohnehin keine qualifizierten Mehrheitsquoren (mit Ausnahme von § 21 Abs. 2 WEG n.F.) mehr vorschreibt. Wie § 25 Abs. 1 WEG n.F. verdeutlicht, entscheidet bei der Beschlussfassung stets die Mehrheit der Stimmen. Bezüglich § 12 Abs. 4 Satz 1 WEG n.F. ist eine Änderung gegenüber der bisherigen Rechtslage hiermit nicht verbunden.

- Der Reformgesetzgeber will die Vertragsfreiheit und somit Gestaltungsfreiheit der Wohnungseigentümer möglichst wenig einschränken. Konsequenterweise wird deshalb die bisherige Regelung des § 12 Abs. 4 Satz 2 WEG a.F. entfallen. Bislang konnte auch nicht durch Vereinbarung die Möglichkeit der beschlussweisen Aufhebung einer vereinbarten Veräußerungszustimmung ausgeschlossen werden. Auch wenn also künftig die Möglichkeit verbleibt, eine vereinbarte Veräußerungszustimmung durch Beschluss aufzuheben, können die Wohnungseigentümer dennoch vereinbaren, dass diese Möglichkeit ausgeschlossen sein soll und somit eine vereinbarte Veräußerungszustimmung eben nicht durch Beschluss aufgehoben werden kann.

## Nebenschauplätze: Weitere Änderungen durch das WEMoG

Seite 623

- Mit Blick auf die grundbuchrechtliche Umsetzung, verweist § 12 Abs. 4 Satz 3 WEG n.F. auf § 7 Abs. 2 WEG n.F. Nach dieser Vorschrift bedarf es zur Eintragung eines Öffnungsklausel-Beschlusses der Bewilligungen der Wohnungseigentümer dann nicht, wenn der Beschluss durch die Versammlungsniederschrift, bei der die Unterschriften der in § 24 Abs. 6 WEG n.F. bezeichneten Personen öffentlich beglaubigt sind, oder durch ein Urteil in einem Verfahren nach § 44 Abs. 1 Satz 2 WEG n.F. nachgewiesen ist. Im Ergebnis bleibt die Rechtslage also letztlich unverändert.

**Exkurs: Verwalter verweigert Zustimmung**

Ist der Verwalter nach einer Vereinbarung der Wohnungseigentümer Zustimmungsberechtigter und verweigert er die Zustimmung, stellt sich die Frage, ob die Klage auf Erteilung der Zustimmung noch gegen den Verwalter zu richten sein wird oder gegen die Gemeinschaft der Wohnungseigentümer. Grundsätzlich ist jedenfalls zu berücksichtigen, dass der Verwalter im Rahmen seiner Zustimmung über die Veräußerung als Treuhänder bzw. mittelbarer Stellvertreter der Wohnungseigentümer handelt. Zu berücksichtigen ist außerdem, dass die Verwaltung des Gemeinschaftseigentums zum einen nicht mehr den Wohnungseigentümern, sondern der Gemeinschaft der Wohnungseigentümer obliegt und dass der Verwalter zum anderen als Organ der Gemeinschaft der Wohnungseigentümer fungiert. Soweit ihm zumindest gesetzliche Pflichten zugewiesen werden, ist Anspruchsgegnerin stets die Gemeinschaft der Wohnungseigentümer.[708] Zwar benennt § 12 Abs. 1 WEG den Verwalter nicht ausdrücklich, sondern regelt die Zustimmung eines „Dritten". Allerdings fungiert dieser Dritter als Funktionsträger innerhalb der Gemeinschaft der Wohnungseigentümer, weshalb auch bei vereinbarter Verwalterzustimmung die Gemeinschaft als Anspruchsgegnerin im Fall der Weigerung des Verwalters anzusehen sein wird.

---

[708] Siehe Kap. 5.5 Verhältnis der Wohnungseigentümer zum Verwalter.

**Nebenschauplätze: Weitere Änderungen durch das WEMoG**

### 18.2.2 Publizität des Grundbuchs

| WGV a. F. | WGV n. F. |
|---|---|
| § 3 | § 3 |
| (2) Wegen des Gegenstandes und des Inhalts des Sondereigentums kann auf die Eintragungsbewilligung Bezug genommen werden (§ 7 Abs. 3 des Wohnungseigentumsgesetzes); vereinbarte Veräußerungsbeschränkungen (§ 12 des Wohnungseigentumsgesetzes) sind jedoch ausdrücklich einzutragen. | (2) Wegen des Gegenstandes und des Inhalts des Sondereigentums kann auf die Eintragungsbewilligung **und einen Nachweis nach § 7 Absatz 2 Satz 1 des Wohnungseigentumsgesetzes** Bezug genommen werden (§ 7 Absatz 3 Satz 1 des Wohnungseigentumsgesetzes); vereinbarte Veräußerungsbeschränkungen (§ 12 des Wohnungseigentumsgesetzes) **und Vereinbarungen über die Haftung von Sondernachfolgern für Geldschulden** sind jedoch ausdrücklich einzutragen (**§ 7 Absatz 3 Satz 2 des Wohnungseigentumsgesetzes**). |

Bereits bislang ordnet § 3 der Wohnungsgrundbuchverfügung (WGV) an, dass vereinbarte Veräußerungsbeschränkungen direkt aus dem Grundbuch ersichtlich sein müssen und insoweit nicht nur eine Bezugnahme auf die Bewilligung genügt. Das WEMoG selbst ordnet dies nunmehr ausdrücklich auch in § 7 Abs. 3 Satz 2 WEG n. F. an. Ob hieraus geschlossen werden kann, dass Veräußerungsbeschränkungen auf Grundlage einer vereinbarten Öffnungsklausel beschlossen werden können, dürfte nach wie vor zweifelhaft sein.

## Nebenschauplätze: Weitere Änderungen durch das WEMoG

| WEG a.F. | WEG n.F. |
|---|---|
| **§ 7 Grundbuchvorschriften** | **§ 7 Grundbuchvorschriften** |
| (3) Zur näheren Bezeichnung des Gegenstandes und des Inhalts des Sondereigentums kann auf die Eintragungsbewilligung Bezug genommen werden. | (3) ¹Zur näheren Bezeichnung des Gegenstandes und des Inhalts des Sondereigentums kann auf die Eintragungsbewilligung **oder einen Nachweis gemäß Absatz 2 Satz 1** Bezug genommen werden. ²**Veräußerungsbeschränkungen (§ 12) und die Haftung von Sondernachfolgern für Geldschulden sind jedoch ausdrücklich einzutragen.** |

Für den Fall, dass die Wohnungseigentümer vereinbart haben sollten, dass die Veräußerung des Wohnungseigentums nach § 12 WEG a.F. der Zustimmung eines Dritten – insbesondere des Verwalters – bedarf, muss sich dies unmittelbar aus dem Grundbuch ergeben. Lediglich die Bezugnahme auf die Eintragungsbewilligung reicht nicht aus. Das WEMoG ordnet insoweit zwar in § 7 Abs. 3 Satz 2 WEG n.F. und Art. 7[709] durch Ergänzung des § 3 WGV an, dass sich das Erfordernis einer Veräußerungszustimmung direkt aus dem Grundbuch ergeben soll. Allerdings ist dies bereits nach bisherigem Recht in der Wohnungsgrundbuchverfügung vorgesehen. Bereits nach bisheriger Rechtslage ergibt sich aus § 3 der Wohnungsgrundbuchverfügung, dass sich vereinbarte Veräußerungszustimmungen ausdrücklich aus dem Grundbuch ergeben müssen.

Die Neuregelung wird allerdings dann relevant, wenn das Erfordernis einer Veräußerungszustimmung durch Beschluss auf Grundlage einer vereinbarten Öffnungsklausel statuiert wird. Ob dies grundsätzlich möglich ist, ist allerdings höchstrichterlich nicht geklärt. Zwar ist nach insoweit aktueller Rechtsprechung des BGH[710] den Wohnungseigentümern ein weiter Spielraum eingeräumt und Grenzen setzt hier nur das Willkürverbot. Allerdings gilt anderes für Beschlüsse, die unverzichtbare oder unentziehbare, aber verzichtbare („mehrheitsfeste") Rechte der Sondereigentümer betreffen. Insoweit kann jedenfalls die kurzfristige Vermietung von Wohnungseigentum, wie z.B. an Feriengäste, auch durch Beschluss auf Grundlage einer vereinbarten Öffnungsklausel nicht eingeschränkt werden.

---

[709] BT-Drs. 19/18791, Art. 7 Änderung der Wohnungsgrundbuchverfügung.
[710] BGH, Urteil v. 12.4.2019, V ZR 112/18, NJW 2019 S. 2083.

**Nebenschauplätze: Weitere Änderungen durch das WEMoG**

**Seite 626**

Bei der Frage, ob auf Grundlage einer vereinbarten Öffnungsklausel eine Veräußerungsbeschränkung beschlossen werden kann, ist zu berücksichtigen, dass § 12 Abs. 1 WEG a.f. als Ausnahmevorschrift zu § 137 BGB grundsätzlich eng auszulegen ist.[711] Er beschränkt nämlich die Verfügungsbefugnis des Wohnungseigentümers über sein Sondereigentum. Gerade vor dem Hintergrund der Intention des Gesetzgebers im Rahmen des WEG-Änderungsgesetzes, durch die Möglichkeit der einfach-mehrheitlichen Aufhebung vereinbarter Veräußerungsbeschränkungen die Verkehrsfähigkeit des Sondereigentums zu stärken, kann nach diesseits vertretener Auffassung eine auf Grundlage einer vereinbarten Öffnungsklausel beschlossene Veräußerungsbeschränkung keine Wirkung gegenüber nicht zustimmenden Wohnungseigentümern entfalten.

### 18.3 Erwerberhaftung

Die Wohnungseigentümer können eine Haftung des Erwerbers für Hausgeldrückstände des Voreigentümers durch Vereinbarung begründen. Eine entsprechende Regelung ist grundsätzlich wirksam.[712] Zu den Hausgeldrückständen gehören insoweit nicht nur rückständige Hausgeldvorschüsse nach Wirtschaftsplan, sondern auch rückständige Beiträge auf eine fällige Sonderumlage.[713]

 **Erwerber in der Zwangsversteigerung**

Eine Regelung in der Gemeinschaftsordnung, wonach der Ersteher in der Zwangsversteigerung für die Hausgeldrückstände seines Rechtsvorgängers haftet, ist nichtig.[714] Eine solche Regelung verstößt nämlich gegen § 56 Satz 2 ZVG und damit gegen zwingendes Recht. Ein entsprechender Mehrheitsbeschluss ist aus dem gleichen Grund erst recht nichtig. Hieran wird sich auch unter Geltung des WEMoG nichts ändern.

Für die Begründung einer Haftung des Erstehers für noch offene Beiträge aus dem Vorjahreswirtschaftsplan, die neben die Haftung des Voreigentümers aus dem Wirtschaftsplan tritt, fehlt den Wohnungseigentümern selbstverständlich auch weiterhin die Beschlusskompetenz. Der Ersteher haftet nur für die sog. Abrechnungsspitze.[715]

---

[711] OLG Karlsruhe, Beschluss v. 25.6.2012, 14 Wx 30/11, ZWE 2012 S. 490; OLG Saarbrücken, Beschluss v. 7.11.2011, 5 W 214/11, ZWE 2012 S. 132; OLG Hamm, Beschluss v. 6.3.2012, 15 W 96/11, ZWE 2012 S. 276.
[712] BGH, Beschluss v. 24.2.1994, V ZB 43/93, WuM 1994 S. 343.
[713] BayObLG, Beschluss v. 13.6.1996, 2Z BR 49/96, ZMR 1996 S. 619.
[714] BGH, Beschluss v. 22.1.1987, V ZB 3/86, WuM 1987 S. 326 und BGHZ 99, S. 358.
[715] LG München I, Urteil v. 20.12.2010, 1 S 4319/10, ZMR 2012 S. 297.

## Nebenschauplätze: Weitere Änderungen durch das WEMoG

Haben die Wohnungseigentümer eine Erwerberhaftung vereinbart, muss sich dies ausdrücklich aus dem Grundbuch ergeben. Insoweit genügt es nicht, dass mit Blick auf den Inhalt der Gemeinschaftsordnung auf die Bewilligung zu deren Eintragung Bezug genommen wird. Dies wird durch die in Art. 7 WEMoG entsprechend ergänzte Bestimmung des § 3 WGV[716] und auch in § 7 Abs. 3 WEG n. F. angeordnet:

 **Eintragungsantrag stellen!**
Da sich die Erwerberhaftung künftig nach § 7 Abs. 3 WEG n. F. ausdrücklich aus dem Grundbuch ergeben muss und lediglich die Eintragungsbewilligung nicht mehr ausreichen wird, ist auf Grundlage des § 48 Abs. 3 WEG n. F. zu beachten, dass das Grundbuchamt solche Altvereinbarungen nicht von Amts wegen einzutragen hat, sondern es insoweit eines Antrags bedarf.[717] Wird ein entsprechender Antrag nicht gestellt und unterbleibt die Grundbucheintragung, hätte dies zur Folge, dass ein Erwerber nicht mehr haften würde. Daher ist ein entsprechender Antrag an das Grundbuchamt unbedingt zu stellen.

Allerdings räumt der Gesetzgeber hier einen großzügigen Zeitraum ein. Entsprechende Anträge können bis zum 31. Dezember 2025 gestellt werden. Im Fall eines vor diesem Zeitpunkt erfolgenden Eigentümerwechsels, bleiben die Neueigentümer an die Erwerberhaftung gebunden, auch wenn sich diese noch nicht ausdrücklich aus dem Grundbuch ergibt. Antragsberechtigt ist im Übrigen die Gemeinschaft der Wohnungseigentümer und jeder Wohnungseigentümer. Auch wenn die Erwerberhaftung bereits Bestandteil der eingetragenen Teilungserklärung ist, werden mit dem Antragsverfahren neue Kosten für die Eigentümer entstehen, die sich aber in äußerst maßvollen Grenzen halten.

Wurde die Erwerberhaftung im Rahmen einer vereinbarten Öffnungsklausel durch Beschluss begründet, muss sich dieser Öffnungsklausel-Beschluss zur Wirkung gegen Rechtsnachfolger von Wohnungseigentümern ohnehin aus dem Grundbuch ergeben, was § 10 Abs. 3 Satz 1 WEG n. F. ausdrücklich anordnet. Hiermit ist freilich auch abschließend geklärt, dass eine Erwerberhaftung auf Grundlage einer vereinbarten allgemeinen Öffnungsklausel beschlossen werden kann, denn sie ergibt sich direkt aus dem Grundbuch. Dies war jedenfalls nicht unumstritten, dürfte aber auf Grundlage der aktuellen BGH-Rechtsprechung[718] allerdings möglich sein. Auf Grundlage einer spezifizierten Öffnungsklausel ist dies freilich kein Problem. Das Gesetz unterscheidet mit Blick auf die vereinbarten Öffnungsklauseln nicht nach all-

---

[716] Siehe schon Kap. 18.2.2 Publizität des Grundbuchs.
[717] Siehe Kap. 1.3.3 Eintragung vereinbarter Erwerberhaftung in das Grundbuch.
[718] BGH, Urteil v. 12.4.2019, V ZR 112/18, NJW 2019 S. 2083.

## Nebenschauplätze: Weitere Änderungen durch das WEMoG

gemeinen und spezifizierten, sondern stellt nur formal auf einen Öffnungsklauselbeschluss ab, weshalb also auch ein auf Grundlage einer spezifizierten Öffnungsklausel gefasster Beschluss über eine Erwerberhaftung der Eintragung in das Grundbuch bedarf.[719] Da aber die Erwerberhaftung künftig unmittelbar aus dem Grundbuch ersichtlich ist, kann sie auch auf Grundlage einer vereinbarten Öffnungsklausel beschlossen werden. Unsicherheiten aufgrund der BGH-Entscheidung v. 10.10.2014[720], wonach jeder Wohnungseigentümer vor der Aufbürdung neuer, originärer Leistungspflichten geschützt ist, die sich weder aus dem Gesetz noch aus einer Vereinbarung ergeben, dürften insoweit jedenfalls beseitigt sein.

### 18.4 Schließung der Wohnungsgrundbücher

| WEG a.F. | WEG n.F. |
|---|---|
| § 9 Schließung der Wohnungsgrundbücher | § 9 Schließung der Wohnungsgrundbücher |
| (1) Die Wohnungsgrundbücher werden geschlossen: | (1) Die Wohnungsgrundbücher werden geschlossen: |
| 1. von Amts wegen, wenn die Sondereigentumsrechte gemäß § 4 aufgehoben werden; | 1. von Amts wegen, wenn die Sondereigentumsrechte gemäß § 4 aufgehoben werden; |
| 2. auf Antrag sämtlicher Wohnungseigentümer, wenn alle Sondereigentumsrechte durch völlige Zerstörung des Gebäudes gegenstandslos geworden sind und der Nachweis hierfür durch eine Bescheinigung der Baubehörde erbracht ist; | 2. auf Antrag des Eigentümers, wenn sich sämtliche Wohnungseigentumsrechte in einer Person vereinigen. |
| 3. auf Antrag des Eigentümers, wenn sich sämtliche Wohnungseigentumsrechte in einer Person vereinigen. | |

Mangels jeglicher Praxisrelevanz soll § 9 Abs. 1 Nr. 2 WEG a.F. im Interesse der Rechtsvereinfachung gestrichen werden. Auch im Fall der Zerstörung der

---

[719] Wegen der Übergangsvorschrift des § 48 siehe Kap. 1.3.2 Eintragung von Öffnungsklausel-Beschlüssen in das Grundbuch.
[720] BGH, Urteil v. 10.10.2014, V ZR 315/13, ZMR 2015 S. 239.

Wohnanlage bedarf es deshalb einer Aufhebung im Sinne von Nr. 1. Die bisherige Nr. 3 tritt konsequenterweise an die Stelle der aufgehobenen Nr. 2.

## 18.5 Insolvenz und Aufhebung der Gemeinschaft

| WEG a. F. | WEG n. F. |
|---|---|
| § 11 Unauflöslichkeit der Gemeinschaft | § 9a Gemeinschaft der Wohnungseigentümer |
| (3) Ein Insolvenzverfahren über das Verwaltungsvermögen der Gemeinschaft findet nicht statt. | (5) Ein Insolvenzverfahren über das Gemeinschaftsvermögen findet nicht statt. |

| WEG a. F. | WEG n. F. |
|---|---|
| § 17 Anteil bei Aufhebung der Gemeinschaft | § 11 Aufhebung der Gemeinschaft |
| ¹Im Fall der Aufhebung der Gemeinschaft bestimmt sich der Anteil der Miteigentümer nach dem Verhältnis des Wertes ihrer Wohnungseigentumsrechte zur Zeit der Aufhebung der Gemeinschaft. ²Hat sich der Wert eines Miteigentumsanteils durch Maßnahmen verändert, deren Kosten der Wohnungseigentümer nicht getragen hat, so bleibt eine solche Veränderung bei der Berechnung des Wertes dieses Anteils außer Betracht. | (3) ¹Im Fall der Aufhebung der Gemeinschaft bestimmt sich der Anteil der Miteigentümer nach dem Verhältnis des Wertes ihrer Wohnungseigentumsrechte zur Zeit der Aufhebung der Gemeinschaft. ²Hat sich der Wert eines Miteigentumsanteils durch Maßnahmen verändert, deren Kosten der Wohnungseigentümer nicht getragen hat, so bleibt eine solche Veränderung bei der Berechnung des Wertes dieses Anteils außer Betracht. |

Im Zuge des WEMoG erfolgt auch eine Modifizierung des § 11 WEG, die jedoch keine materiell-rechtlichen Änderungen bringen wird, sondern nur der Struktur bzw. dem Aufbau des WEG n. F. folgt. § 11 Abs. 1 und 2 WEG bleiben unverändert. Der bisherige Absatz 3, wonach ein Insolvenzverfahren über das Vermögen der Gemeinschaft nicht stattfindet, wird sich künftig in § 9a Abs. 5 WEG n. F. finden. Der neue Regelungsgehalt von § 11 Abs. 3

## Nebenschauplätze: Weitere Änderungen durch das WEMoG

WEG n.F. entspricht § 17 WEG a.F., der den Anteil der Wohnungseigentümer bei Aufhebung der Gemeinschaft regelt. § 17 WEG n.F. soll künftig Voraussetzungen und Durchsetzung der Entziehung des Wohnungseigentums regeln. Letztlich erschöpfen sich also die Neuregelungen in § 11 WEG auf eine Neuanordnung bereits bestehender Regelungen, ohne insoweit inhaltlich bzw. materiell-rechtliche Änderungen zu bringen.

### 18.6 Wiederaufbau

| WEG a.F. | WEG n.F. |
|---|---|
| § 22 Besondere Aufwendungen, Wiederaufbau | § 22 Wiederaufbau |
| (4) Ist das Gebäude zu mehr als der Hälfte seines Wertes zerstört und ist der Schaden nicht durch eine Versicherung oder in anderer Weise gedeckt, so kann der Wiederaufbau nicht gemäß § 21 Abs. 3 beschlossen oder gemäß § 21 Abs. 4 verlangt werden. | Ist das Gebäude zu mehr als der Hälfte seines Wertes zerstört und ist der Schaden nicht durch eine Versicherung oder in anderer Weise gedeckt, so kann der Wiederaufbau nicht beschlossen oder verlangt werden. |

§ 22 WEG n.F. übernimmt fast wortwörtlich den Regelungsgehalt des bisherigen § 22 Abs. 4 WEG a.F. Hiernach kann der Wiederaufbau des Gebäudes dann nicht beschlossen oder verlangt werden, wenn es zu mehr als der Hälfte seines Wertes zerstört und der Schaden nicht durch eine Versicherung oder in anderer Weise gedeckt ist. Eines Verweises auf besondere Anspruchsnormen bedarf es nicht, da der Wiederaufbau ohnehin nicht beschlossen werden kann.

# 19 Duldungspflichten von Mietern und sonstigen Drittnutzern

**WEG n.F.**

**§ 15 Pflichten Dritter**

Wer Wohnungseigentum gebraucht, ohne Wohnungseigentümer zu sein, hat gegenüber der Gemeinschaft der Wohnungseigentümer und anderen Wohnungseigentümern zu dulden:

1. die Erhaltung des gemeinschaftlichen Eigentums und des Sondereigentums, die ihm rechtzeitig angekündigt wurde; § 555a Absatz 2 des Bürgerlichen Gesetzbuchs gilt entsprechend;
2. Maßnahmen, die über die Erhaltung hinausgehen, die spätestens drei Monate vor ihrem Beginn in Textform angekündigt wurden; § 555c Absatz 1 Satz 2 Nummer 1 und 2, Absatz 2 bis 4 und § 555d Absatz 2 bis 5 des Bürgerlichen Gesetzbuchs gelten entsprechend.

**Neu: Duldungspflicht von Drittnutzern bzw. Mietern**

§ 15 WEG n.F. regelt erstmals im Wohnungseigentumsgesetz eine Duldungspflicht von Drittnutzern einer Sondereigentumseinheit. Die Duldungspflicht bezieht sich auf Erhaltungsmaßnahmen und solche, die darüber hinausgehen, also insbesondere Modernisierungsmaßnahmen und Maßnahmen, die dem § 20 Abs. 2 Satz1 WEG n.F. entsprechen, also bauliche Veränderungen und hier bestimmte privilegierte bauliche Veränderungen.

## 19.1 Adressatenkreis: Wer hat Maßnahmen zu dulden?

### 19.1.1 Nutzer von Wohnungs- und Teileigentum (Drittnutzer)

Zum Adressatenkreis des § 15 WEG n.F. gehört jeder Drittnutzer, der nicht Wohnungseigentümer ist. Zwar hat die Norm in erster Linie den Mieter von Wohnungseigentum im Fokus, umfasst sind aber auch sonstige Nutzer wie

- dinglich Wohnungsberechtigte,
- Nießbraucher und
- alle anderen Personen, denen der Gebrauch überlassen wurde.

§ 15 WEG n.F. verpflichtet den Drittnutzer insoweit unmittelbar und unabhängig von den vertraglichen Vereinbarungen gegenüber der Gemeinschaft der Wohnungseigentümer und einzelnen Wohnungseigentümern, Erhaltungs-

Maßnahmen und bauliche Maßnahmen zu dulden. Die Duldungspflicht besteht also gegenüber

- der Gemeinschaft der Wohnungseigentümer sowie
- dem Sondereigentümer.

 **Keine Beschränkung nur auf Wohnungseigentum**
§ 15 WEG n.F. stellt auf den Nutzer von Wohnungseigentum ab. Insoweit ist die Bestimmung ihrem Wortlaut nach aber nicht nur beschränkt auf den Mieter von Wohnraum, sondern bezieht sich über § 1 Abs. 6 WEG n.F. auch auf Nutzer von Teileigentum, also etwa den Geschäftsraummieter. Wie nämlich vorerwähnte Bestimmung zum Ausdruck bringt, gelten die Vorschriften über das Wohnungseigentum entsprechend für das Teileigentum.

Die Bestimmung wird insoweit kritisiert, weil als duldungspflichtig auch Nießbraucher angesehen werden.[721] Allerdings stehen eben dem Nießbraucher nach § 1065 BGB auch nur dieselben Ansprüche zu wie dem Eigentümer aus seinem Eigentum. Mit anderen Worten: Muss der Wohnungseigentümer selbst die Erhaltungsmaßnahme dulden, muss dies auch der Nießbraucher. Muss aber auch der Eigentümer die bauliche Veränderung dulden, weil sie eben gerade nicht mit einer grundlegenden Umgestaltung der Anlage verbunden ist und den Wohnungseigentümer auch nicht unbillig gegenüber anderen Wohnungseigentümern beeinträchtigt, hat auch der Nießbraucher die Baumaßnahme zu dulden.

Im Übrigen kann der Nießbraucher zwar ein rechtliches Interesse an der Durchführung eines selbstständigen Beweisverfahrens gegen die Wohnungseigentümer haben[722], allerdings verbleibt es weiter dabei, dass die Belastung des Wohnungseigentums mit einem Nießbrauch das Stimmrecht des Wohnungseigentümers unberührt lässt. Das Stimmrecht geht auch hinsichtlich einzelner Beschlussgegenstände nicht auf den Nießbraucher über. Ferner muss der Wohnungseigentümer sein Stimmrecht weder allgemein noch in einzelnen Angelegenheiten gemeinsam mit dem Nießbraucher ausüben. Aus dem zwischen ihnen bestehenden (Begleit-)Schuldverhältnis kann der Wohnungseigentümer jedoch im Einzelfall gegenüber dem Nießbraucher verpflichtet sein, bei der Stimmabgabe dessen Interessen zu berücksichtigen, nach dessen Weisung zu handeln oder ihm eine Stimmrechtsvollmacht zu erteilen.[723]

---

[721] Becker/Schneider ZfIR 2020 S. 283.
[722] LG Dortmund, Beschluss v. 29.11.2019, 17 T 76/19.
[723] BGH, Beschluss v. 7.3.2002, V ZB 24/01, NJW 2002 S. 1647.

## Duldungspflichten von Mietern und sonstigen Drittnutzern

### 19.1.2 Duldungspflicht „anderen" gegenüber

Die Duldungspflicht besteht nicht gegenüber dem Wohnungseigentümer, von dem der Drittnutzer sein Gebrauchsrecht ableitet.

> **Beispiel: Vermietete Eigentumswohnung**
>
> Der vermietende Wohnungseigentümer möchte in der an den Mieter vermieteten Wohnung bestimmte Erhaltungsmaßnahmen durchführen. Hier ist nicht § 15 WEG n. F. einschlägig, da über den Mietvertrag bereits die Rechte und Pflichten von Mieter und Vermieter nach §§ 555a ff. BGB bei Erhaltungs- und Modernisierungsmaßnahmen gelten.

Entsprechendes würde auch beim Nießbrauch nach § 1044 BGB gelten. Im Verhältnis zwischen überlassendem Wohnungseigentümer und Drittnutzer hat § 15 WEG n. F. nämlich nicht die Funktion, die Rechte des überlassenden Wohnungseigentümers aus dem Rechtsverhältnis zu modifizieren, das der Überlassung zugrunde liegt. Dies ist auch nicht erforderlich, weil der überlassende Wohnungseigentümer auf die Gestaltung dieses Rechtsverhältnisses Einfluss nehmen kann.

### 19.2 Wer muss ankündigen?

Die Ankündigungspflicht trifft denjenigen, der eine Maßnahme durchführen will. Sie kann die Gemeinschaft der Wohnungseigentümer treffen, dann hat der Verwalter den betroffenen Drittnutzer zu informieren. Sie kann aber auch einen oder einzelne Wohnungseigentümer treffen, wenn etwa zur Instandhaltung oder Instandsetzung seines Sondereigentums ggf. ein Betreten der vom Dritten genutzten Räumlichkeiten erforderlich ist. Entsprechendes gilt dann, wenn einem Wohnungseigentümer eine bauliche Veränderung nach § 20 Abs. 1 oder Abs. 2 WEG n. F. gestattet ist und zur Umsetzung der Baumaßnahme die Sondereigentumseinheit in Anspruch genommen werden muss, die von dem Dritten genutzt wird.

### 19.3 Anspruchsinhalt: Was muss geduldet werden?

§ 15 WEG n. F. begründet einen Anspruch der Gemeinschaft der Wohnungseigentümer und einzelner Wohnungseigentümer gegen Drittnutzer auf Duldung von

- Erhaltungsmaßnahmen und
- baulichen Maßnahmen.

Hiermit soll sichergestellt werden, dass die Durchführung vorerwähnter Maßnahmen nicht an Gebrauchsrechten Dritter scheitert. Insbesondere soll die Durchsetzung der nach dem WEG n. F. bestehenden Ansprüche eines Woh-

### Duldungspflichten von Mietern und sonstigen Drittnutzern

nungseigentümers auf bestimmte bauliche Veränderungen nach § 20 Abs. 2 und 3 WEG n.F. nicht dadurch erschwert werden, dass ein anderer Wohnungseigentümer den Gebrauch seiner Wohnung einem Dritten überlassen hat. Der Drittnutzer wird dabei ähnlich wie ein Mieter geschützt:

- Die Maßnahme muss dem Dritten angekündigt werden;
- unter bestimmten Umständen kann er sich auf einen Härteeinwand berufen.

Die Duldungspflicht besteht gegenüber der Gemeinschaft der Wohnungseigentümer und gegenüber einzelnen Wohnungseigentümern, je nachdem, wer die Maßnahme durchführt. § 15 Nr. 1 und Nr. 2 WEG n.F. beziehen sich dabei sowohl auf das Sondereigentum als auch auf das gemeinschaftliche Eigentum.

#### 19.3.1 Erhaltungsmaßnahmen

Gemäß § 15 Nr. 1 WEG n.F. soll der Drittnutzer zunächst verpflichtet sein, Erhaltungsmaßnahmen zu dulden. Erhaltungsmaßnahmen sind sämtliche Maßnahmen, die der Instandhaltung und Instandsetzung des Gemeinschaftseigentums dienen. Dies bringt für das Mietrecht § 555a Abs. 1 BGB zum Ausdruck, das WEMoG übernimmt den Begriff der „Erhaltung" in § 13 Abs. 2 WEG n.F.

Voraussetzung der Duldungspflicht des Drittnutzers ist, dass ihm die Erhaltungsmaßnahme rechtzeitig angekündigt wurde. Insoweit verweist § 15 Nr. 1 WEG n.F. auf die mietrechtliche Bestimmung des § 555a Abs. 2 BGB. Aus vorerwähnter Bestimmung folgt weiter, dass eine Ankündigung der Maßnahme dann entbehrlich ist, wenn

- die Maßnahme nur mit einer unerheblichen Einwirkung verbunden oder
- ihre sofortige Durchführung zwingend erforderlich ist.

Soweit eine Ankündigung erforderlich ist, ist sie Fälligkeitsvoraussetzung des Duldungsanspruchs. Ist also eine Ankündigung erforderlich, aber nicht erfolgt, kann der Drittnutzer das Betreten der Wohnung verweigern.

Die Ankündigung obliegt im Übrigen demjenigen, der zu seinen Gunsten die Duldungspflicht auslösen möchte. Möchte also die Gemeinschaft der Wohnungseigentümer die Maßnahme durchführen, obliegt die Ankündigungspflicht ihr. Möchte der einzelne Wohnungseigentümer die Maßnahme durchführen, obliegt die Ankündigungspflicht ihm. Selbstverständlich kann der Ankündigungspflicht auch der vermietende bzw. das Nutzungsverhältnis vermittelnde Wohnungseigentümer erfüllen.

## Duldungspflichten von Mietern und sonstigen Drittnutzern

### 19.3.1.1 Ankündigung ist nicht erforderlich

#### 19.3.1.1.1 Unerhebliche Einwirkungen

Ob die Einwirkungen einer Erhaltungsmaßnahme unerheblich oder erheblich sind, richtet sich stets nach den Maßgaben des konkreten Einzelfalls. Zu berücksichtigen sind in erster Linie die voraussichtliche Dauer der Maßnahme und ihr voraussichtlicher Umfang. Sind die Mieträume selbst betroffen, ist eine Maßnahme regelmäßig dann erheblich, wenn sie sich über mehrere Stunden hinzieht und das Gebrauchsrecht des Mieters beeinträchtigt. Als insoweit unerheblich wurden der Einbau

- eines Wasserzählers[724],
- einer Klingelanlage[725],
- von Rauchwarnmeldern[726] sowie
- der Anschluss der Mietsache an das Breitbandkabelnetz[727]

angesehen.

#### 19.3.1.1.2 Sofortige Durchführung wegen Dringlichkeit erforderlich

Ob die sofortige Durchführung einer Erhaltungsmaßnahme aus zwingenden Gründen erforderlich ist, bemisst sich ebenfalls nach den konkreten Umständen des Einzelfalls. Allerdings dürfte stets von einer besonderen Dringlichkeit bzw. zwingenden Gründen auszugehen sein

- nach einem Rohrbruch,
- im Fall eines durch ein Unwetter beschädigten Dachs sowie
- bei Schäden infolge eines Brandes.

Unter Beachtung der Grundsätze von Treu und Glauben gemäß § 242 BGB, ist auch in Ausnahmefällen so früh wie möglich wenigstens eine rudimentäre Mitteilung darüber zu erteilen, „was wann von wem geschehen wird".[728]

### 19.3.1.2 Ankündigung ist erforderlich

#### 19.3.1.2.1 Frist und Form der Ankündigung

Ist eine Ankündigung erforderlich, ist sie dem Drittnutzer „rechtzeitig" anzukündigen. Für die Ankündigung gilt keine besondere Frist. Die Ankün-

---

[724] BGH, Urteil v. 30.3.2011, VIII ZR 173/10, NJW 2011 S. 1499.
[725] AG Berlin-Charlottenburg, Urteil v. 31.10.1988, 18 C 353/88, GE 1989 S. 683.
[726] BGH, Urteil v. 17.6.2015, VIII ZR 290/14, NJW 2015 S. 2487.
[727] LG Berlin, Urteil v. 13.9.1985, 64 S 239/84; AG Hamburg, Urteil v. 25.7.1990, 41 C 669/90, WuM 1990 S. 498.
[728] Elzer in Prütting, BGB.

## Duldungspflichten von Mietern und sonstigen Drittnutzern

digung muss aber so rechtzeitig erfolgen, dass sich der Mieter darauf einstellen kann. Die insoweit maßgebliche Frist ist wiederum stets von den Umständen des konkreten Einzelfalls abhängig. Im Wesentlichen richtet sich die Frist nach dem Umfang des Eingriffs in den Mietgebrauch. Je stärker der Gebrauch der genutzten Räume tangiert wird, desto früher ist die Maßnahme anzukündigen. Dem Drittnutzer muss jedenfalls die Möglichkeit eingeräumt sein, sich auf die Durchführung der Erhaltungsmaßnahme einstellen und entsprechende Vorkehrungen treffen zu können. Das kann bei Berufstätigkeit etwa die Beantragung von Urlaub sein oder auch eine Absprache mit Dritten, um Zutritt zur Wohnung zu gewähren. Jedenfalls kann ein berufstätiger Drittnutzer nicht allein mit der Begründung, berufstätig zu sein, seine Duldungspflicht auf Zeiträume in der üblichen Freizeit beschränken.[729]

 **Ankündigung einer Erhaltungsmaßnahme: Kein bestimmtes Formerfordernis**

Das Gesetz schreibt nicht vor, in welcher Form die Ankündigung einer Erhaltungsmaßnahme zu erfolgen hat. Sie kann also auch mündlich erfolgen.

### 19.3.1.2.2 Inhalt der Ankündigung

**Art der Maßnahme**

Zunächst ist dem Drittnutzer die Art der Maßnahme mitzuteilen. Mitzuteilen sind

1. die Art der Maßnahme und
2. deren Auswirkung auf die genutzten Räumlichkeiten.

Dabei muss nicht jede Einzelheit der beabsichtigten Erhaltungsmaßnahme beschrieben und nicht jede mögliche Auswirkung auf die genutzten Räume mitgeteilt werden. Die Ankündigung muss lediglich so konkret gefasst sein, dass sie

- den Informationsbedürfnissen des Drittnutzers Rechnung trägt,
- das Ziel der beabsichtigten Modernisierung und
- die zu dessen Erreichung geplanten Maßnahmen beschreibt,

um ihm darüber eine zureichende Kenntnis zu vermitteln, in welcher Weise die Sondereigentumseinheit durch die geplanten Maßnahmen verändert wird und wie sich diese Maßnahmen künftig auf den Gebrauch, einschließlich etwaiger Verwendungen des Drittnutzers, sowie das zu zahlende Nutzungsentgelt auswirken.[730]

---

[729] LG Berlin, Beschluss v. 30.7.2018, 65 T 73/18, GE 2018 S. 997.
[730] BGH, Urteil v. 28.9.2011, VIII ZR 242/10, NJW 2012 S. 63.

## Duldungspflichten von Mietern und sonstigen Drittnutzern

### Umfang der Maßnahme
Der Inhalt der Ankündigung muss den Umfang und damit Bedeutung und Folgen der Maßnahme für den Drittnutzer enthalten. Hat der Drittnutzer lediglich Zutritt zu gewähren, so ist sein Informationsbedarf deutlich geringer, als wenn er die Sondereigentumseinheit verlassen muss und damit verbunden ein Interesse hat zu erfahren, wie die Sicherung seines Eigentums erfolgt, wo sich etwaiger Ersatzwohnraum befindet und wie er im Einzelnen ausgestattet ist.[731]

### Beginn und Dauer der Maßnahme
Dem Drittnutzer sind daneben der voraussichtliche Beginn der Maßnahmen sowie ihre Dauer mitzuteilen. Dem Drittnutzer muss nämlich die Möglichkeit eingeräumt sein, entsprechende Dispositionen zu treffen. Unbestimmte Zeitangaben wie etwa „im Herbst" oder „Ende Oktober" genügen nicht. Umstritten ist im Übrigen, ob die Ankündigungspflicht dann entfällt, wenn ein Betreten der Sondereigentumseinheit zur Durchführung der Erhaltungsmaßnahmen nicht erforderlich ist. Allerdings wird man den Drittnutzer sicherlich dann informieren müssen, wenn die Durchführung der Erhaltungsmaßnahme mit erheblichen Lärmimmissionen verbunden sein wird.

Über die voraussichtliche Dauer der durchzuführenden Erhaltungsmaßnahme sollte der Drittnutzer möglichst ebenfalls genau aufgeklärt werden. Handelt es sich um besonders umfangreiche Maßnahmen der Erhaltung, genügt es auch nicht, lediglich die Gesamtdauer mitzuteilen. Vielmehr muss sich aus dem Ankündigungsschreiben ergeben, welche Gewerke, in welchen Zeitabschnitten instandgesetzt werden und wann ein Betreten der Sondereigentumseinheit erforderlich ist.[732] Auch hier reichen ungefähre Angaben wie etwa „längere Zeit" oder „mehrere Wochen" grundsätzlich nicht aus.[733]

---

[731] LG Berlin, Urteil v. 17.3.2016, 65 S 289/15, GE 2016 S. 527.
[732] AG Hamburg-Blankenese, Urteil v. 28.8.2009, 518 C 152/09, WuM 2010 S. 151.
[733] LG Köln, Urteil v. 27.8.1996, 12 S 144/96, WuM 1997 S. 212.

##  Musterschreiben: Ankündigung des Vermieters über Erhaltungsmaßnahme

Herr / Frau / Eheleute
[Name und Anschrift des Mieters/Nutzers]

_____

_____

_____, den _____

**Mietverhältnis Hauptstraße 26 in 40627 Düsseldorf (4. OG)**
**Hier: Ankündigung von Erhaltungsmaßnahmen am Dach der Wohnanlage**

Sehr geehrte/r _____,

aufgrund Ihrer Mitteilung vom _____ über eintretende Feuchtigkeit im Bereich der Außenwand des Wohnzimmers der von Ihnen innegehaltenen Wohnung, wurde seitens der Verwaltung ein Dachdecker mit der Klärung der Schadensursache beauftragt. Wie sich herausgestellt hat, ist die Dampfsperre des gemeinschaftlichen Dachs mittlerweile instandsetzungsbedürftig. Hier gilt es auch in Ihrem Sinne schnell zu handeln, damit sich die in Ihrer Wohnung bereits vorhandenen Feuchterscheinungen nicht weiter verstärken.

In der Wohnungseigentümerversammlung vom _____ wurden insoweit entsprechende Instandsetzungsmaßnahmen durch die Wohnungseigentümer beschlossen. Konkret werden folgende Maßnahmen durchgeführt, die auch ein temporäres Betreten Ihrer Wohnung erfordern:

_____

_____

Die Maßnahme soll im Zeitraum vom _____ bis _____ durchgeführt werden. Am _____ und am _____ wird Ihre Wohnung zur Durchführung einzelner Maßnahmen, nämlich

**Duldungspflichten von Mietern und sonstigen Drittnutzern**

betreten werden müssen. Bitte sorgen Sie dafür, dass zu den genannten Zeitpunkten der Zugang zu der Wohnung möglich ist, ggf. durch temporäre Schlüsselübergabe an eine Vertrauensperson im Fall Ihrer Abwesenheit, die dann den Zugang ermöglichen kann.

Da es sich vorliegend um eine Erhaltungsmaßnahme gemäß §§ 15 Nr. 1 WEG handelt, sind Sie zu deren Duldung verpflichtet. Härtegründe auf Ihrer Seite entsprechend § 555d Abs. 2 BGB, die einer Durchführung der erforderlichen Arbeiten entgegenstehen könnten, können nicht berücksichtigt werden.

Ich bitte Sie jedenfalls höflich um Mitteilung bis spätestens _____, ob Sie die Durchführung der zur Beseitigung der Schäden erforderlichen Arbeiten, namentlich [nochmalige Maßnahmenbeschreibung]

dulden. Da die Durchführung der Erhaltungsmaßnahme auch in Ihrem Interesse liegt, mache ich Sie nur der guten Ordnung wegen darauf aufmerksam, dass gegen Sie Klage auf Duldung der bezeichneten Erhaltungsmaßnahme zu erheben wäre, sollten Sie die Duldungserklärung innerhalb der gesetzten Frist nicht abgeben.

Mit freundlichem Gruß

Verwalter/Verwalterin bzw. Eigentümer/Eigentümerin

### 19.3.2 Bauliche Maßnahmen

§ 15 Nr. 2 WEG n.F. betrifft die Pflicht, bauliche Maßnahmen zu dulden, die über Erhaltungsmaßnahmen hinausgehen. Der Sache nach geht es also um bauliche Veränderungen und Modernisierungsmaßnahmen im mietrechtlichen Sinne. Das WEMoG kennt die Unterscheidung zwischen baulichen Veränderungen und Modernisierungsmaßnahmen nicht mehr. Vielmehr werden beide Maßnahmearten als bauliche Veränderungen in § 20 WEG n.F. gleicherma-

**Duldungspflichten von Mietern und sonstigen Drittnutzern**

ßen geregelt.[734] Auch nach bislang noch geltender Rechtslage handelt es sich bei Maßnahmen der Modernisierung des Gemeinschaftseigentums gemäß § 22 Abs. 2 WEG a.F. um Maßnahmen der baulichen Veränderung, die jedoch mittels eines bestimmten Quorums beschlossen werden können, ohne dass es auf die Betroffenheit der einzelnen Wohnungseigentümer nach § 14 Nr. 1 WEG a.F. ankommt.

**Ankündigung**

Bauliche Maßnahmen nach § 15 Nr. 2 WEG n.F. sind spätestens 3 Monate vor ihrem Beginn in Textform anzukündigen. Maßgeblich werden auch hier die mietrechtlichen Vorschriften sein, nämlich die der §§ 555c Abs. 1 Satz 2 Nr. 1 und 2, Abs. 2 bis 4 und 555d Abs. 2 bis 5 BGB. Der Ankündigung von baulichen Maßnahmen bedarf es nach § 555c Abs. 4 BGB entsprechend der Rechtslage bei der Durchführung von Erhaltungsmaßnahmen dann nicht, wenn die Baumaßnahme nur mit einer unerheblichen Einwirkung auf die genutzte Sondereigentumseinheit verbunden ist.[735] Wie im Fall der Erhaltungsmaßnahmen, ist auch bei solchen der baulichen Veränderung die Ankündigung Fälligkeitsvoraussetzung für den Duldungsanspruch.

Gemäß § 555c Abs. 1 Satz 2 BGB muss die Modernisierungsankündigung Angaben enthalten über:

1. die Art und den voraussichtlichen Umfang der Modernisierungsmaßnahme in wesentlichen Zügen,

2. den voraussichtlichen Beginn und die voraussichtliche Dauer der Modernisierungsmaßnahme.

Bezüglich der Ankündigung der baulichen Veränderung gelten also zunächst dieselben Voraussetzungen, wie bei der Ankündigung von Erhaltungsmaßnahmen.[736]

**Bei Ankündigung einer baulichen Maßnahme ist die Textform zu beachten!**

Gegenüber der Ankündigung von Erhaltungsmaßnahmen ist eine Besonderheit zu beachten: Gemäß § 15 Nr. 2 WEG n.F. muss die Ankündigung in Textform erfolgen. Dies gilt bei der Ankündigung von Erhaltungsmaßnahmen nicht, die dort auch formlos erfolgen kann.

**Hinweis auf Möglichkeit des Härteeinwands**

Bei der Ankündigung einer baulichen Maßnahme sind dem Nutzer weitere Informationen zu erteilen. Zunächst einmal soll er gemäß § 555c Abs. 2 BGB

---

[734] Siehe ausführlich Kap. 16.1 Was sind bauliche Veränderungen?
[735] Siehe Kap. 19.3.1.1.1 Unerhebliche Einwirkungen.
[736] Siehe Kap. 19.3.1.2.2 Inhalt der Ankündigung.

## Duldungspflichten von Mietern und sonstigen Drittnutzern

auf Form und Frist des Härteeinwands nach § 555c Abs. 3 Satz 2 BGB hingewiesen werden. Jedenfalls besteht eine Duldungspflicht des Nutzers dann nicht, wenn die Baumaßnahme für den Nutzer, seine Angehörigen oder Angehörige seines Haushalts eine Härte bedeuten würde, die auch unter Würdigung der berechtigten Interessen sowohl des Wohnungseigentümers bzw. der Gemeinschaft der Wohnungseigentümer als auch anderer Nutzer in dem Gebäude sowie den Belangen der Energieeinsparung und des Klimaschutzes nicht zu rechtfertigen ist. Der Nutzer kann also einen entsprechenden Härteeinwand erheben. Gemäß § 555d Abs. 3 BGB muss der Nutzer dem bauwilligen Wohnungseigentümer bzw. der Gemeinschaft der Wohnungseigentümer die Umstände, die eine Härte im Hinblick auf die Duldung begründen, bis zum Ablauf des Monats, der auf den Zugang der Modernisierungsankündigung folgt, in Textform mitteilen.

> **Beispiel: Fristberechnung**
>
> Die Gemeinschaft der Wohnungseigentümer hat eine Maßnahme der energetischen Modernisierung beschlossen, die auch Auswirkungen auf die von dem Dritten genutzte Sondereigentumseinheit hat. Dem Nutzer geht das Ankündigungsschreiben am 18. August zu. Härtegründe hat er bis spätestens 30. September in Textform gegenüber der Gemeinschaft der Wohnungseigentümer, also dem Verwalter, geltend zu machen.

**Für Fristlauf ist Hinweis in Ankündigung maßgeblich**

Der Lauf der Frist beginnt nur, wenn die Modernisierungsankündigung den Vorschriften des § 555c BGB entspricht, also sowohl Art, Umfang, voraussichtlicher Beginn und die voraussichtliche Dauer der Baumaßnahme mitgeteilt wurden. Wurde der Nutzer in der Ankündigung der Baumaßnahme nicht auf Form und Frist des Härteeinwands hingewiesen, bedarf die Mitteilung des Nutzers nicht der Form und Frist des § 555d Abs. 3 BGB.

### Vermieteter Wohnraum

Betrifft eine Baumaßnahme vermieteten Wohnraum, muss die Ankündigung gegenüber einem Mieter keine Angabe zu einer etwaigen Mieterhöhung enthalten. Denn eine Mieterhöhung betrifft nur das Verhältnis zwischen dem vermietenden Wohnungseigentümer und dem Mieter.[737] Ob der vermietende Wohnungseigentümer nach Durchführung einer Baumaßnahme durch die Gemeinschaft der Wohnungseigentümer das Recht hat, nach § 559 BGB die Miete zu erhöhen, bestimmt sich allein nach den einschlägigen mietrechtlichen Vorschriften. Entsprechendes gilt dann auch für die Frage, ob der vermietende Wohnungseigentümer gegenüber seinem Mieter die Pflicht zur

---

[737] Siehe nachfolgend Kap. 19.4 Verhältnis zum Vermieter.

**Duldungspflichten von Mietern und sonstigen Drittnutzern**

ordnungsgemäßen Ankündigung der Baumaßnahme erfüllt hat. Diesbezügliche Versäumnisse des vermietenden Wohnungseigentümers berühren die Duldungspflicht des Mieters nach § 15 Nr. 2 WEG n.F. nicht. § 15 Nr. 2 WEG n.F. regelt auch ausschließlich die Duldungspflicht des Mieters. Etwaige Rechte des Mieters im Zusammenhang mit der Baumaßnahme, wie etwa Aufwendungsersatzansprüche und Sonderkündigungsrechte gegen seinen vermietenden Wohnungseigentümer, bleiben unberührt.

 **Musterschreiben: Ankündigung des Vermieters über bauliche Maßnahme**

Herr / Frau / Eheleute
[Name und Anschrift des Mieters/Nutzers]

_____

_____

_____, den _____

**Mietverhältnis Hauptstraße 26 in 40627 Düsseldorf (2. OG)**

**Hier: Ankündigung baulicher Maßnahmen wegen Fensteraustauschs**

Sehr geehrte/r _____,

wie Ihnen bekannt ist, besteht Instandsetzungsbedarf sowohl an den Fenstern der von Ihnen innegehaltenen Wohnung als auch an den Fenstern der überwiegenden Anzahl der übrigen Wohnungen der Wohnanlage.

Aufgrund zwischenzeitlich bestandskräftiger Beschlussfassung in der Wohnungseigentümerversammlung vom _____ werden insbesondere zum Zweck der nachhaltigen Energieeinsparung sämtliche Holzfenster sowie Balkontüren der Wohnanlage durch dreifachverglaste Kunststofffenster ausgetauscht.

Von dieser Fensteraustauschmaßnahme sind in Ihrer Wohnung die beiden Wohnzimmerfenster, die Balkontüren im Wohn- und Schlafzimmer, das Fenster im Schlafzimmer, die beiden Fenster im Kinderzimmer, das Fenster im Bad sowie das Küchenfenster betroffen.

Mit der Ausführung der Fensteraustauschmaßnahme wurde die Firma _____ von der Gemeinschaft der Wohnungseigentümer beauftragt. Diese wird mit der Ausführung der Arbeiten am 1. Oktober 2021 beginnen. Die gesamte Austauschmaßnahme wird nach Angabe der Firma _____ voraussichtlich bis 20. Oktober 2021 dauern und von Montag bis Freitag jeweils von 7.30 Uhr bis 16.30 Uhr durchgeführt. Nach dem seitens der Firma _____ vorgelegten Terminplan wird der Fensteraustausch in Ihrer Wohnung am 12. Oktober 2021 erfolgen. Bitte sorgen Sie dafür, dass zu den genannten Zeitpunkten der Zugang zu Ihrer Wohnung möglich ist, ggf. durch temporäre Schlüsselübergabe an eine Vertrauensperson im Fall Ihrer Abwesenheit, die dann den Zugang ermöglichen kann.

Gemäß §§ 15 Nr. 2 WEG sind Sie zur Duldung dieser Maßnahme verpflichtet, soweit nicht ein gesetzlicher Härtefall vorliegt. Für den Fall, dass Sie entsprechend § 555d Abs. 2 BGB Umstände geltend machen wollen, die einen solchen Härtefall begründen könnten, teilen Sie mir diese bitte bis zum Ablauf des Monats, der auf den Zugang dieser Maßnahmenankündigung folgt, in Textform mit. Sollten Sie diese Frist nicht einhalten, können danach mitgeteilte Umstände nur noch berücksichtigt werden, wenn Sie unverschuldet an der Einhaltung der Frist gehindert sind. Dann haben Sie die zur Härte führenden Umstände sowie die Gründe für die Nichteinhaltung der Frist unverzüglich in Textform mitzuteilen.

Ich bitte Sie abschließend höflich um Erteilung der Zustimmung zu vorgenannter baulicher Maßnahme bis spätestens _____.

Da diese bauliche Maßnahme zu einer erheblichen Wohnwertverbesserung, nachhaltiger Energieeinsparung und insbesondere auch einem verbesserten Schallschutz führt, liegt diese auch in Ihrem Interesse. Nur der guten Ordnung halber, mache ich Sie darauf aufmerksam, dass gegen Sie Klage auf Duldung der bezeichneten baulichen Maßnahme zu erheben wäre, sollten Sie die Einverständniserklärung innerhalb der gesetzten Frist nicht abgeben.

Mit freundlichem Gruß

Verwalter/Verwalterin bzw. Eigentümer/Eigentümerin

## 19.4 Verhältnis zum Vermieter

§ 15 Nr. 2 WEG n. F. wird direkt im Verhältnis zwischen Mieter und vermietendem Wohnungseigentümer virulent, wenn die Wohnungseigentümer-

## Duldungspflichten von Mietern und sonstigen Drittnutzern

gemeinschaft die Durchführung von baulichen Maßnahmen beschließt, die den Vermieter zur Mieterhöhung nach § 559 BGB berechtigen und der vermietende Wohnungseigentümer die Kosten auf Grundlage dieser Norm auch auf den Mieter umlegen möchte. Er hat dann (zusätzlich) die Maßnahme gegenüber seinem Mieter anzukündigen, da er insoweit nach § 555c Abs. 1 Nr. 3 BGB den Betrag der zu erwartenden Mieterhöhung sowie die voraussichtlichen künftigen Betriebskosten mitzuteilen hat. Unterlässt er dies, verwirkt er seinen Anspruch auf eine Mieterhöhung nach § 559 BGB.[738]

**Musterschreiben: Ankündigung des Vermieters über Modernisierungsmaßnahme nebst Mieterhöhung**

Herr / Frau / Eheleute
[Name und Anschrift des Mieters/Nutzers]

_____

_____

_____, den _____

**Mietverhältnis Hauptstraße 26 in 40627 Düsseldorf (2. OG)**
**Hier: Ankündigung einer Modernisierungsmaßnahme wegen Fensteraustauschs**

Sehr geehrte/r _____,

wie Ihnen bekannt ist, besteht Instandsetzungsbedarf sowohl an den Fenstern der von Ihnen innegehaltenen Wohnung als auch an den Fenstern der überwiegenden Anzahl der übrigen Wohnungen der Wohnanlage.

Aufgrund zwischenzeitlich bestandskräftiger Beschlussfassung in der Wohnungseigentümerversammlung vom _____ werden insbesondere zum Zweck der nachhaltigen Energieeinsparung sämtliche Holzfenster sowie Balkontüren der Wohnanlage durch dreifachverglaste Kunststofffenster ausgetauscht.

Von dieser Fensteraustauschmaßnahme sind in Ihrer Wohnung die beiden Wohnzimmerfenster, die Balkontüren im Wohn- und Schlafzimmer, das Fenster im Schlafzimmer, die beiden Fenster im Kinderzimmer, das Fenster im Bad sowie das Küchenfenster betroffen.

---

[738] Arg. LG Berlin, Beschluss v. 12.3.2018, 66 S 283/17, GE 2018 S. 512 und Beschluss v. 1.2.2018, 66 S 283/17, NZM 2018 S. 949.

Mit der Ausführung der Fensteraustauschmaßnahme wurde die Firma _____ von der Gemeinschaft der Wohnungseigentümer beauftragt. Diese wird mit der Ausführung der Arbeiten am 1. Oktober 2021 beginnen. Die gesamte Austauschmaßnahme wird nach Angabe der Firma _____ voraussichtlich bis 20. Oktober 2021 dauern und von Montag bis Freitag jeweils von 7.30 Uhr bis 16.30 Uhr durchgeführt. Nach dem seitens der Firma _____ vorgelegten Terminplan wird der Fensteraustausch in Ihrer Wohnung am 12. Oktober 2021 erfolgen. Bitte sorgen Sie dafür, dass zu den genannten Zeitpunkten der Zugang zu Ihrer Wohnung möglich ist, ggf. durch temporäre Schlüsselübergabe an eine Vertrauensperson im Fall Ihrer Abwesenheit, die dann den Zugang ermöglichen kann.

Gemäß §§ 15 Nr. 2 WEG sind Sie zur Duldung dieser Maßnahme verpflichtet, soweit nicht ein gesetzlicher Härtefall vorliegt. Für den Fall, dass Sie entsprechend § 555d Abs. 2 BGB Umstände geltend machen wollen, die einen solchen Härtefall begründen könnten, teilen Sie mir diese bitte bis zum Ablauf des Monats, der auf den Zugang dieser Maßnahmenankündigung folgt, in Textform mit. Sollten Sie diese Frist nicht einhalten, können danach mitgeteilte Umstände nur noch berücksichtigt werden, wenn Sie unverschuldet an der Einhaltung der Frist gehindert sind. Dann haben Sie die zur Härte führenden Umstände sowie die Gründe für die Nichteinhaltung der Frist unverzüglich in Textform mitzuteilen.

Infolge des Fensteraustauschs wird sich die Wohn- und Kostensituation für Sie erheblich verbessern. So wird nicht nur der Schallschutz verstärkt, auch die Energiekosten werden spürbar sinken.

Aufgrund allgemeiner Erfahrungswerte und Messungen der mit dem Fensteraustausch beauftragten Fachfirma, besteht derzeit ein Schallniveau von ca. ___ db(A) bezüglich der von der angrenzenden Straße ausgehenden Lärmimmissionen. Diese werden auf ca. ___ db(A) sinken.

Derzeit entstehen in der Wohnanlage Heizkosten in Höhe von _____ EUR jährlich. Wie Sie den Betriebskostenabrechnungen der vergangenen Jahre entnehmen können, entfallen hiervon durchschnittlich _____ EUR auf die von Ihnen gemietete Wohnung. Diese Kosten werden deutlich auf voraussichtlich _____ EUR reduziert werden können.

Die aufgrund des Fensteraustauschs auf Ihre Wohnung anteilig entfallenden Kosten können gemäß § 559 Abs. 1 BGB auf Ihre Miete in der Weise umgelegt werden, dass eine Erhöhung der jährlichen Miete um 8 % der Kosten zulässig ist. Hiernach ergibt sich folgende Berechnung:

Nach der in der Anlage zu Ihrer Kenntnisnahme beigefügten Kostenaufstellung des beauftragten Fachunternehmens sind 3 Typen von auszutauschenden Elementen zu unterscheiden:

- Typ A: Fenster in Bad und Küche zu je ___ EUR
- Typ B: Fenster in Wohn-, Schlaf- und Kinderzimmer zu je ___ EUR
- Typ C: Balkontüren in Wohn- und Schlafzimmer zu je ___ EUR

Insgesamt sind in der von Ihnen gemieteten Wohnung 2 Fenster des Typs A, 5 Fenster des Typs B sowie 2 Balkontüren des Typs C einzubauen. Mithin ergibt sich ein Gesamtkostenaufwand in Höhe von _____ EUR. Hiervon in Abzug zu bringen sind die fiktiven Kosten, die entstanden wären, würden lediglich Erhaltungsmaßnahmen anstelle einer Modernisierung durchgeführt werden. Diese Kosten liegen in Ihrem Fall bei geschätzten _____ EUR, wie Sie dem ebenfalls in der Anlage beigefügten Kostenvoranschlag der beauftragten Firma _____ entnehmen können.

Bereits im Vorfeld der Beschlussfassung über die Maßnahmendurchführung wurde seitens der Gemeinschaft der Wohnungseigentümer noch ein weiteres Angebot der Firma _____ eingeholt, das ich zu Ihrer Kenntnisnahme ebenfalls in der Anlage beifüge. Wie Sie diesem entnehmen können, würden bei Beauftragung dieses Unternehmens höhere Kosten für entsprechende Erhaltungsmaßnahmen entstehen.

Unter Abzug der fiktiven Erhaltungskosten verbleibt ein Betrag in Höhe von _____ EUR, den ich der Mieterhöhung zugrunde legen werde.

Vor diesem Hintergrund ergibt sich eine jährliche Umlagemöglichkeit in Höhe von _____ EUR. Dies entspricht 8 % des unter Abzug der fiktiven Erhaltungskosten vorerrechneten Betrags. Mithin ergibt sich eine monatliche Erhöhung der Miete in Höhe von _____ EUR.

Nach Durchführung der Maßnahme erhalten Sie von mir noch eine gesonderte Mitteilung gemäß § 559b Abs. 1 BGB über die Mietanpassung, aus der Sie die Mieterhöhung auf Grundlage der tatsächlich entstandenen Kosten und den auf Ihre Wohnung entfallenden Betrag ersehen können.

Sollten Sie Umstände geltend machen können, die eine Härte im Hinblick auf die Mieterhöhung begründen, müssen Sie mir diese

bis zum Ablauf des Monats, der auf den Zugang dieser Modernisierungsankündigung folgt, in Textform oder Schriftform mitteilen.
Ich bitte Sie abschließend höflich um Erteilung der Zustimmung zu vorgenannter Modernisierungsmaßnahme bis spätestens _____.
Da diese Maßnahme zu einer erheblichen Wohnwertverbesserung, nachhaltiger Energieeinsparung und insbesondere auch einem verbesserten Schallschutz führt, liegt diese auch in Ihrem Interesse. Nur der guten Ordnung wegen, mache ich Sie darauf aufmerksam, dass gegen Sie Klage auf Duldung der bezeichneten baulichen Maßnahme zu erheben wäre, sollten Sie die Einverständniserklärung innerhalb der gesetzten Frist nicht abgeben.

Mit freundlichem Gruß


Verwalter/Verwalterin bzw. Eigentümer/Eigentümerin

Selbstverständlich können sich Vermieter und Mieter auch im Rahmen einer Erhaltungs- bzw. Modernisierungsvereinbarung gemäß § 555f BGB einigen.

**Mustervertrag: Modernisierungsvereinbarung zwischen Vermieter und Mieter[739]**

Modernisierungsvereinbarung zum Mietvertrag vom _____

nebst Nachtrag Nr. 1 vom _____

zwischen

Herrn/Frau

_____

(Name und Anschrift des Vermieters)

– im Folgenden: Vermieter –

und

---

[739] Straub, Modernisierungsvereinbarung von Wohnraum durch den Vermieter, Haufe Group 2020, HI1949287.

Herrn/Frau

_____

(Name und Anschrift des Mieters)

– im Folgenden: Mieter –

– im Folgenden gemeinsam: Mietvertragsparteien –

## 1. Vereinbarungsgrundlage

Zwischen den Mietvertragsparteien besteht auf der Basis des Mietvertrags vom _____ nebst Nachtrag Nr. 1 vom _____ seit dem _____ ein Mietverhältnis über die Wohnung im ____ -geschoss des Anwesens _____ [Anschrift des Mietobjekts], bestehend aus ____ Zimmern, Küche, Bad, WC, Diele, Balkon, Kellerraum Nr. ___ und Tiefgaragenstellplatz Nr. ___.

## 2. Beabsichtigte Baumaßnahmen

Der Vermieter wird

☐ in der Wohnung des Mieters

☐ im Haus

die folgenden baulichen Maßnahmen ausführen:

| Baumaßnahme | betroffener Raum | Beschreibung | voraussichtliche Kosten der Baumaßnahme |
|---|---|---|---|
| _____ | _____ | _____ | _____ |
| _____ | _____ | _____ | _____ |
| _____ | _____ | _____ | _____ |

Ein detaillierter Bauzeitenplan ist dieser Vereinbarung als **Anlage 1** beigefügt. Sollten sich nach Abschluss dieser Vereinbarung wesentliche Änderungen bezüglich der geplanten Arbeiten oder des Zeitplans ergeben, wird der Vermieter den Mieter umgehend davon in Kenntnis setzen und eine Ergänzung dieser Vereinbarung vorschlagen.

## 3. Qualifikation der beabsichtigten Baumaßnahmen

Die Mietvertragsparteien sind sich darüber einig, dass es sich bei den in vorstehender Ziffer 2 genannten baulichen Maßnahmen um Modernisierungsmaßnahmen im Sinne des § 555b BGB handelt, mit denen eine nachhaltige und spürbare Einsparung von Endenergie einhergeht.

## 4. Einverständniserklärung des Mieters

Der Mieter erklärt sich mit der Ausführung der in vorstehender Ziffer 2 genannten Modernisierungsmaßnahmen ausdrücklich einverstanden. Der Mieter erklärt, dass bei ihm zur Zeit des Abschlusses dieser Vereinbarung keine Härtegründe im Sinne des § 555d BGB vorliegen. Sollten nach Abschluss dieser Vereinbarung Härtegründe beim Mieter entstehen, ist dieser zur unverzüglichen Mitteilung an den Vermieter verpflichtet.

## 5. Ausführungszeitraum der Modernisierungsmaßnahmen, Zugänglichkeit der Mietsache

Die erforderlichen Bauarbeiten werden voraussichtlich am _____ / in der ____. KW 2021 beginnen und voraussichtlich einen Zeitraum von

☐ ___ Tagen

☐ ___ Wochen

☐ ___ Monaten

beanspruchen.

Der Vermieter wird dem Mieter den tatsächlichen Beginn der erforderlichen Arbeiten wenigstens fünf Werktage vorher mitteilen.

Der Mieter verpflichtet sich, den durch den Vermieter beauftragten Handwerkern bzw. deren Hilfspersonen während der Dauer der Bauarbeiten werktags zwischen 7.00 und 19.00 Uhr jederzeit den freien Zugang zu den Mieträumen zu gewähren. Der Mieter verpflichtet sich weiter, die betroffenen Baubereiche rechtzeitig vor Beginn der Arbeiten auf eigene Kosten freizumachen und zugänglich zu halten.

## 6. Minderungsansprüche des Mieters

Die Mietvertragsparteien vereinbaren hiermit einvernehmlich, dass der Mieter für die Dauer der Baumaßnahmen

☐ auf ein ihm ggf. zustehendes Minderungsrecht verzichtet.

☐ zur Minderung der Miete um ___ % der Warmmiete berechtigt ist.

### 7. Gesamtkosten der Modernisierungsmaßnahmen

Die Gesamtkosten für die beabsichtigten Modernisierungsmaßnahmen werden sich voraussichtlich auf _____ EUR belaufen. Dies ergibt sich zum einen aus den zur Ergänzung der in vorstehender Ziffer 2 enthaltenen Tabelle als **Anlagenkonvolut 1** beigefügten Kostenvoranschlägen folgender Handwerksbetriebe:

_____

_____

Zum anderen werden diese voraussichtlichen Kosten ergänzt durch die folgenden weiteren als **Anlagenkonvolut 2** beigefügten Unterlagen:

_____

_____

### 8. Mieterhöhung nach Abschluss der Modernisierungsmaßnahmen

Die Mietvertragsparteien vereinbaren im gegenseitigen Einvernehmen, dass sich die vom Mieter geschuldete monatliche Netto-Kaltmiete infolge der durchgeführten Modernisierungsmaßnahmen des Vermieters gemäß § 559 BGB mit Beginn des auf den Abschluss der Arbeiten folgenden Monats um _____ EUR auf dann _____ EUR erhöht, ohne dass es weiterer Belege für diese Mieterhöhung bedarf. Dies entspricht dem in § 559 Abs. 1 BGB genannten Erhöhungssatz von 8 % der für die Wohnung aufgewendeten Modernisierungskosten.

Der Vermieter hat dem Mieter zur Wirksamkeit dieser Mieterhöhung lediglich den Abschluss der Arbeiten mitzuteilen, die Mieterhöhung wird dann ohne weitere Erklärung des Vermieters wirksam.

### 9. Sonstiges

_____

_____

_____   _____
(Unterschrift des Vermieters)   (Unterschrift des Mieters)

# 20 Anspruch des Mieters auf bauliche Veränderung der Mietsache

| BGB a. F. | BGB n. F. |
|---|---|
| **§ 554a Barrierefreiheit** | **§ 554 Barrierereduzierung, E-Mobilität und Einbruchschutz** |
| (1) ¹Der Mieter kann vom Vermieter die Zustimmung zu baulichen Veränderungen oder sonstigen Einrichtungen verlangen, die für eine behindertengerechte Nutzung der Mietsache oder den Zugang zu ihr erforderlich sind, wenn er ein berechtigtes Interesse daran hat. ²Der Vermieter kann seine Zustimmung verweigern, wenn sein Interesse an der unveränderten Erhaltung der Mietsache oder des Gebäudes das Interesse des Mieters an einer behindertengerechten Nutzung der Mietsache überwiegt. ³Dabei sind auch die berechtigten Interessen anderer Mieter in dem Gebäude zu berücksichtigen. | **(1)** ¹Der Mieter kann verlangen, dass ihm der Vermieter bauliche Veränderungen der Mietsache erlaubt, die dem Gebrauch durch Menschen mit Behinderungen, dem Laden elektrisch betriebener Fahrzeuge oder dem Einbruchschutz dienen. ²Der Anspruch besteht nicht, wenn die bauliche Veränderung dem Vermieter auch unter Würdigung der Interessen des Mieters nicht zugemutet werden kann. ³Der Mieter kann sich im Zusammenhang mit der baulichen Veränderung zur Leistung einer besonderen Sicherheit verpflichten; § 551 Absatz 3 gilt entsprechend. |
| (2) ¹Der Vermieter kann seine Zustimmung von der Leistung einer angemessenen zusätzlichen Sicherheit für die Wiederherstellung des ursprünglichen Zustandes abhängig machen. ²§ 551 Abs. 3 und 4 gilt entsprechend. | |
| (3) Eine zum Nachteil des Mieters von Absatz 1 abweichende Vereinbarung ist unwirksam. | **(2)** Eine zum Nachteil des Mieters abweichende Vereinbarung ist unwirksam. |

Die bisherige Fassung des § 554a BGB a. F. zu Maßnahmen der Barrierefreiheit wird gestrichen. § 554 BGB ist derzeit nicht belegt und wird künftig die durch das WEMoG neu eingeführten Ansprüche auf Barrierereduzierung, E-Mobilität und Einbruchschutz regeln.

## Anspruch des Mieters auf bauliche Veränderung der Mietsache

 **Neu: Anspruch des Mieters auf bestimmte bauliche Veränderungen**

§ 554 BGB n.F. umfasst den Anspruch des Mieters gegen den Vermieter, von diesem die Erlaubnis für bestimmte bauliche Veränderungen der Mietsache verlangen zu können. Der Anspruch des Mieters soll künftig gemäß § 554 BGB n.F. folgende Maßnahmen umfassen:

- Maßnahmen, die dem Gebrauch durch Menschen mit Behinderungen,
- dem Laden elektrisch betriebener Fahrzeuge oder
- dem Einbruchschutz

dienen.

### 20.1 Anspruchsberechtigte

**Wohnraummieter**

§ 554 BGB n.F. ist auf die Neuregelung in § 20 Abs. 2 Satz 1 Nr. 1 bis 3 WEG n.F. abgestimmt.[740] Dadurch soll der Anspruch des Mieters auf Erlaubnis der in § 554 BGB n.F. geregelten Maßnahmen bei Vermietung einer Eigentumswohnung mit den wohnungseigentumsrechtlichen Vorschriften über bauliche Veränderungen harmonisiert werden.

**Gewerbe- und Geschäftsraummieter**

Die Bestimmung gilt auch im Gewerbe- bzw. Geschäftsraummietrecht, wie die entsprechende Ergänzung in § 578 Abs. 1 BGB n.F. verdeutlicht. Für den Bereich des Wohnungseigentums relevant sind hier also Mietverhältnisse über Teileigentumseinheiten, denn auch die Mieter von Teileigentum sollen bauliche Veränderungen verlangen können, die der Barrierefreiheit, der Elektromobilität und dem Einbruchschutz dienen.

 **Geltungsbereich der Norm**

§ 554 BGB n.F. wird zwar im Rahmen des WEMoG geschaffen, es handelt sich aber nach wie vor um eine mietrechtliche Vorschrift des BGB, weshalb sie selbstverständlich nicht nur für das vermietete Wohnungseigentum gilt, sondern allgemein die Rechtsverhältnisse zwischen Mietern und Vermietern ausgestaltet. Wenn also im Folgenden von „dem Vermieter" die Rede ist, impliziert dieser Terminus auch „den vermietenden Wohnungseigentümer". Würde im Folgenden stets die Rede vom vermietenden Wohnungseigentü-

---

[740] Vgl. Kap. 16.4.3 Privilegierte Maßnahme.

mer sein, könnte der verfälschende Eindruck entstehen, die Bestimmung gelte nur für vermietetes Wohnungseigentum.

## 20.2 Anspruch auf bauliche Veränderung

§ 554 Abs. 1 Satz 1 BGB n.F. ermöglicht es dem Mieter, von seinem Vermieter pauschal die Gestattung baulicher Maßnahmen verlangen zu können.

### 20.2.1 Zum Mitgebrauch überlassen?

Zunächst ist der Anspruch des Mieters davon abhängig, ob ihm der Mitgebrauch überlassen ist.

**Beispiel: Treppenlift im Treppenhaus**

Bereits sachlogisch muss dem Mieter das gemeinschaftliche Treppenhaus zum Mitgebrauch überlassen sein, ansonsten könnte er die von ihm gemietete Wohnung gar nicht erreichen. Will also der Mieter im gemeinschaftlichen Treppenhaus einen Treppenlift einbauen, damit er seine Wohnung barrierefrei erreichen kann, ist der Regelungsbereich des § 554 BGB n.F. tangiert.

**Beispiel: Ladebox im Hof der Wohnanlage**

Der Mieter kann andererseits nicht verlangen, dass ihm der Vermieter bauliche Veränderungen in Bereichen des Gebäudes oder des Grundstücks erlaubt, auf die sich das Gebrauchsrecht des Mieters nicht erstreckt. Deshalb fällt z.B. der Wunsch des Mieters, im Hof des Grundstücks, der ihm nicht zum Abstellen von Kraftfahrzeugen vermietet ist, eine sog. Wallbox zu installieren und dort in Zukunft sein Kraftfahrzeug aufzuladen, nicht unter § 554 Abs. 1 Satz 1 BGB n.F.

### 20.2.2 Privilegierte Maßnahme

#### 20.2.2.1 Maßnahmen der Barrierereduzierung

§ 554a BGB a.F. regelt bislang die Zulässigkeit von Maßnahmen der Barrierefreiheit. Wie oben ausgeführt, wird diese Vorschrift ihrem Regelungsgehalt nach in § 554 BGB n.F. aufgehen und aufgehoben werden, wenn das WEMoG in Kraft tritt. Der Anwendungsbereich des § 554a BGB a.F. wird nicht beeinträchtigt.

## Anspruch des Mieters auf bauliche Veränderung der Mietsache

### Anspruchsvoraussetzungen

Voraussetzung für den Anspruch auf Erteilung der Erlaubnis zur Vornahme von Maßnahmen der Barrierefreiheit ist, dass die bauliche Veränderung oder die Einrichtung für eine behindertengerechte Nutzung der Räume oder des Zugangs zu den Räumen erforderlich ist. Eine Behinderung liegt nach der Regeldefinition in § 3 Behindertengleichstellungsgesetz (BGG) vor, wenn die

- körperliche Funktion,
- geistige Fähigkeit oder
- seelische Gesundheit

eines Menschen länger als 6 Monate von dem für das Lebensalter typischen Zustand abweicht und daher seine Teilhabe am Leben in der Gesellschaft beeinträchtigt. Erforderlich ist eine bauliche Maßnahme dann, wenn sie eine nicht nur unerhebliche Erleichterung für den Behinderten mit sich bringt. Insoweit fallen unter den Regelungsbereich des derzeit noch geltenden § 554a BGB a.F. und somit dem künftigen § 554 BGB n.F. Maßnahmen, die

- der Schaffung eines ebenerdigen Hauseingangs etwa in Form einer Auffahrtrampe,
- der Beseitigung von Türschwellen bei Nutzung der Wohnung durch einen Rollstuhlfahrer,
- der Verbreiterung der Türen auf Rollstuhlbreite,
- dem Umbau eines Badezimmers,
- der Montage von Stützstangen oder Gehhilfen entlang der Wände,
- der Montage beiderseitiger Handläufe im Treppenhaus und
- dem Einbau eines Treppenlifts im Treppenhaus

dienen. Insoweit gelten keine Besonderheiten gegenüber § 20 Abs. 2 Nr. 1 WEG n.F.[741]

Die Art der Behinderung ist gleichgültig. Im Regelfall werden Umbaumaßnahmen im Interesse körperlich Behinderter sowie alter oder gebrechlicher Mieter erforderlich werden. Durchaus kommen aber auch Maßnahmen zugunsten oder zum Schutz sehbehinderter, hörbehinderter oder geistig behinderter Mieter in Betracht. Der Mieter muss nicht zwingend selbst unmittelbar betroffen sein. Ausreichend ist, dass der Mieter mit einer behinderten Person einen gemeinsamen Hausstand führt. Ein lediglich gelegentlicher Besuch durch Behinderte wird von § 554a BGB a.F. nicht erfasst, weil der Besucher die Mietsache nicht nutzt. Dies wird sich auch unter der Geltung von § 554 BGB n.F. nicht ändern.

---

[741] Vgl. Kap. 16.5.2.1 Barrierefreiheit.

## 20.2.2.2 Laden elektrisch betriebener Fahrzeuge

Die nach § 554 BGB n.F. privilegierten Maßnahmen betreffen bauliche Veränderungen, die dem Laden elektrisch betriebener Fahrzeuge dienen. Elektrisch betriebene Fahrzeuge sind insbesondere Fahrzeuge gemäß § 2 Nr. 1 des Elektromobilitätsgesetzes (EmoG), also ein

- reines Batterieelektrofahrzeug,
- von außen aufladbares Hybridelektrofahrzeug oder
- Brennstoffzellenfahrzeug.

Erfasst sind darüber hinaus auch elektrisch betriebene Fahrräder und spezielle Elektromobile für Gehbehinderte, die nicht unter den Anwendungsbereich des EmoG fallen. Dem Laden dieser Fahrzeuge dienen alle baulichen Veränderungen, die es dem Mieter ermöglichen, Strom in Fahrzeuge einzuspeisen bzw. aus diesen auszuspeisen. Erfasst wird damit vor allem die Installation einer Lademöglichkeit, etwa in Form der Verlegung erforderlicher Stromleitungen und des Einbaus eines Ladepunkts, zum Beispiel einer sog. Wallbox. Mit umfasst sind außerdem die zur Umsetzung von Vorgaben des Messstellenbetriebsgesetzes oder zur Teilnahme an einem Flexibilitätsmechanismus nach § 14a des Energiewirtschaftsgesetzes erforderlichen Maßnahmen.

**Erforderliche Mess- und Steuereinrichtungen**

Je nach Dimensionierung des Hausanschlusses und der Auslastung des örtlichen Verteilernetzes, kann eine intelligente Steuerbarkeit entscheidende Voraussetzung dafür sein, dass eine Ladeinrichtung an das Stromnetz angeschlossen werden kann. Insoweit dienen „dem Laden elektrisch betriebener Fahrzeuge" insbesondere bauliche Veränderungen, die zur Umsetzung der Vorgaben des Messstellenbetriebsgesetzes (MsbG) oder zur Teilnahme an einem Flexibilitätsmechanismus nach § 14a des Energiewirtschaftsgesetzes (EnWG) erforderlich sind. Hierzu gehören Veränderungen, die zum Einbau und Betrieb der notwendigen Mess- und Steuereinrichtungen erforderlich sind, wie beispielsweise Veränderungen von Zählerschränken und die kommunikative Anbindung der Ladeeinrichtung an ein intelligentes Messsystem.

Verantwortlich für den Messstellenbetrieb und damit auch für den Einbau einer modernen Messinfrastruktur, ist nach § 3 MsbG grundsätzlich der örtliche Verteilnetzbetreiber. Dieser ist nach § 2 Nr. 4 MsbG „grundzuständiger Messstellenbetreiber". Eine Verpflichtung des Messstellenbetreibers zur Ausstattung von Messstellen mit intelligenten Messsystemen besteht nach § 29 Abs. 1 MsbG bei Verbrauchern mit einem Jahresstromverbrauch (berechnet nach dem Durchschnitt der vorangegangenen 3 Jahre) von über

## Anspruch des Mieters auf bauliche Veränderung der Mietsache

6.000 kWh oder bei denjenigen, die am geplanten Flexibilitätsmechanismus nach § 14a EnWG teilnehmen, was insbesondere auch E-Mobile betrifft.

Korrespondierend mit der Regelung in § 20 Abs. 2 Nr. 2 WEG n.F., erstreckt sich der Anspruch des Mieters nicht nur auf die Ersteinrichtung einer solchen Ladeinfrastruktur, sondern auch auf Maßnahmen, die der Verbesserung oder Erhaltung einer bereits vorhandenen Lademöglichkeit dienen.

### 20.2.2.3 Einbruchschutz

§ 554 Abs. 1 Satz 1 BGB n.F. verleiht dem Mieter schließlich auch einen Anspruch auf Erlaubnis von baulichen Veränderungen, die dem Einbruchschutz dienen. Wie nach § 20 Abs. 2 Nr. 3 WEG n.F., sind hiervon bauliche Veränderungen erfasst, die geeignet sind, den widerrechtlichen Zutritt zur Wohnung des Mieters

- zu verhindern,
- zu erschweren oder auch nur
- unwahrscheinlicher zu machen.[742]

Der Anspruch ist dabei nicht auf bauliche Veränderungen in Bereichen beschränkt, die dem Mieter zum exklusiven Gebrauch zugewiesen sind, wie es etwa beim Einbau eines Wohnungstürspions der Fall ist. § 554 Abs. 1 Satz 1 BGB n.F. kann vielmehr auch auf die Erlaubnis der Ausführung von Einbruchschutzmaßnahmen in Bereichen des Grundstücks oder des Gebäudes gerichtet sein, die dem Mieter nur zum Mitgebrauch vermietetet sind. Ein Beispiel ist etwa der Einbau eines einbruchshemmenden Schließsystems an der Hauseingangstür.

### 20.3 Erlaubnisvorbehalt des Vermieters

In aller Regel ist der Mieter mietvertraglich nicht berechtigt, die in § 554 Abs. 1 Satz 1 BGB n.F. geregelten baulichen Maßnahmen eigenmächtig durchzuführen. Er benötigt vielmehr die Erlaubnis seines Vermieters hierzu, was § 554 BGB n.F. zum Ausdruck bringt: *„...dass ihm der Vermieter bauliche Veränderungen der Mietsache erlaubt...."* Strebt der Mieter also eine bauliche Veränderung i.S.d. § 554 Abs. 1 Satz 1 BGB n.F. an, muss er hierzu die Erlaubnis des Vermieters einholen.

---

[742] Siehe ausführlich Kap. 16.5.2.3 Einbruchschutz.

## Kein eigenmächtiges Handeln des Mieters

Handelt der Mieter eigenmächtig und setzt er die in § 554 Abs. 1 Satz 1 BGB n.F. genannten Maßnahmen ohne entsprechende Erlaubnis seines Vermieters um, begeht er eine Pflichtverletzung, der mit den einschlägigen mietrechtlichen Vorschriften begegnet werden kann. Führt der Mieter die Maßnahme ohne Zustimmung durch, kann der Vermieter sie ihm untersagen und notfalls gerichtlich dagegen vorgehen. Die unberechtigt durchgeführte Maßnahme stellt auch einen Kündigungsgrund gemäß § 543 Abs. 1 BGB dar, die den Vermieter zur außerordentlichen fristlosen Kündigung berechtigen kann.

**Vorgehen des Vermieters**

1. Im Rahmen der Erteilung der Erlaubnis hat eine Interessenabwägung stattzufinden.[743]

2. Im Rahmen der Interessenabwägung ist auch zu prüfen, ob dem Vermieter die Gestattung der Baumaßnahme nur gegen eine gesonderte Sicherheitsleistung zumutbar ist.[744]

3. Fällt die Interessenabwägung zugunsten des Mieters aus, hat der Vermieter als vermietender Wohnungseigentümer einen Gestattungsbeschluss der Wohnungseigentümerversammlung herbeizuführen.[745]

### 20.3.1 Interessenabwägung

Gemäß § 554 Abs. 1 Satz 2 BGB n.F. ist der Anspruch des Mieters ausgeschlossen, *„wenn die bauliche Veränderung dem Vermieter auch unter Würdigung der Interessen des Mieters nicht zugemutet werden kann"*.

Es ist also eine Abwägung der nachteiligen Folgen der baulichen Veränderung für den Vermieter mit dem Interesse des Mieters an der Ausführung der Baumaßnahme vorzunehmen. Dabei trifft jede der beiden Parteien die Darlegungs- und Beweislast für die Umstände, die zu ihren Gunsten bei der Interessenabwägung zu berücksichtigen sind. Da der Vermieter stets sein Interesse entgegenhalten kann, dass die Mietsache baulich nicht verändert wird, ist in jedem Fall eine Interessenabwägung vorzunehmen. Der Vermieter kann im Streitfall den Mieter also dazu zwingen, sein Interesse an der baulichen Veränderung offenzulegen.

---

[743] Siehe Kap. 20.3.1 Interessenabwägung.
[744] Siehe Kap. 20.3.2 Sicherheitsleistung des Mieters.
[745] Siehe Kap. 20.3.3 Genehmigungsbeschlussfassung.

**Anspruch des Mieters auf bauliche Veränderung der Mietsache**

### 20.3.1.1 Interessen des vermietenden Wohnungseigentümers

**Konservierungsinteresse**

Auf Seiten des Vermieters ist zunächst sein Konservierungsinteresse zu berücksichtigen. Dieses besteht darin, dass durch eine bauliche Veränderung nicht in die Substanz der Mietsache eingegriffen wird. Dieses Interesse ist typischerweise umso gewichtiger, je umfangreicher der beabsichtigte Eingriff ist. Selbstverständlich ist auch zu berücksichtigen, ob durch die bauliche Veränderung ein gefahrträchtiger Zustand oder eine baurechtswidrige Situation geschaffen würde. Der Mieter muss daher den Vermieter ausreichend über die Einzelheiten der begehrten baulichen Veränderung informieren. Kommt der Mieter seiner insoweit bestehenden Informationspflicht nicht nach, ist der Vermieter berechtigt, die Erlaubnis zu verweigern.

**Rechtsbeziehungen zu Dritten**

Ebenfalls zu beachten ist das Interesse des Vermieters daran, dass die bauliche Veränderung keine negativen Auswirkungen auf seine Rechtsbeziehungen zu Dritten hat, etwa zu anderen Mietern oder Grundstücksnachbarn. Besteht die berechtigte Befürchtung, dass diese gegen den Vermieter wegen der baulichen Veränderung Rechte geltend machen könnten – etwa in Form einer Mietminderung, weil durch die bauliche Veränderung in das Gebrauchsrecht der übrigen Mieter eingegriffen wird –, so ist dies im Rahmen des Vermieterinteresses bei der Abwägung zu berücksichtigen. Gerade im Fall von vermietetem Wohnungseigentum sind die Interessen anderer Eigentümer und ggf. deren Mietern ohnehin über die nach § 20 Abs. 2 WEG n.F. erforderliche Beschlussfassung zu berücksichtigen.

**Rückbaurisiko**

Zugunsten des Vermieters ist auch ein etwaiges Rückbaurisiko zu berücksichtigen. Zwar ist der Mieter nach allgemeinen Vorschriften bei Vertragsende zum Rückbau der baulichen Veränderung verpflichtet. Kommt der Mieter dem aber nicht nach und will der Vermieter die bauliche Veränderung zurückbauen, so muss er den Rückbau auf eigene Kosten ausführen und den Mieter auf Kostenersatz in Anspruch nehmen. Ist der Mieter zahlungsunfähig, träfen die Rückbaukosten den Vermieter. Bei umfangreichen baulichen Veränderungen wird dieses Risiko für den Vermieter wohl kaum zumutbar sein. So sich der Mieter dann nicht zur Leistung einer zusätzlichen Mietsicherheit gemäß § 554 Abs. 1 Satz 3 BGB n.F. bereit erklärt, wird der Anspruch auf Durchführung der baulichen Maßnahme gegen den Vermieter nicht erfolgreich durchsetzbar sein.[746] Erklärt sich der Mieter andererseits zur Sicherheitsleistung bereit, wird das Rückbaurisiko minimiert, sodass der Vermieter seine Erlaubnis nur aus anderen Gründen verweigern kann.

---

[746] Siehe Kap. 20.3.2 Sicherheitsleistung des Mieters.

**Exkurs: Rückbauverlangen des Vermieters ist treuwidrig**
Ein treuwidriges Rückbauverlangen des Vermieters verstößt gegen den Grundsatz von Treu und Glauben gemäß § 242 BGB. Denn von der Beseitigungspflicht des Mieters gibt es Ausnahmen: Sie kann beispielsweise entfallen, wenn es sich um auf Dauer angelegte, über das Mietverhältnis hinausreichende Wertverbesserungsmaßnahmen handelt, die nur mit erheblichem Kostenaufwand beseitigt werden können und deren Entfernung das Mietobjekt in einen schlechteren Zustand zurückversetzen würde. Hier kann erwartet werden, dass der Vermieter bei Erteilung der Erlaubnis einen Entfernungsvorbehalt macht. Daneben kann der Vermieter auch rechtsmissbräuchlich handeln, wenn er die Entfernung verlangt, obwohl der Nachmieter bereit ist, die Maßnahme oder deren Ergebnis als eigene zu übernehmen und sich zur Entfernung nach Ablauf seiner Mietzeit verpflichtet.[747]

### 20.3.1.2 Mieterinteressen

Das Mieterinteresse besteht letztlich allein darin, die begehrte bauliche Veränderung durchführen zu können. Wie aus § 554 Abs. 1 Satz 1 BGB n. F. folgt, ist dieses Veränderungsinteresse aus gesamtgesellschaftlichen Gründen stets beachtenswert. Insoweit bedarf es keines mieterspezifischen Interesses. Der Vermieter kann also den Wunsch des Mieters nicht per se mit dem Argument zurückweisen, an der von ihm begehrten baulichen Veränderung bestehe kein anerkennenswertes Interesse. Abhängig von der konkret vom Mieter gewünschten baulichen Veränderung, dürfte freilich differenziert werden können. So dürften z.B. die Interessen eines gehbehinderten Mieters am Einbau eines Treppenlifts stärker zu gewichten sein, als die Interessen eines Mieters an der Videoüberwachung des Eingangsbereichs der Wohnanlage.

Bei der Nachrüstung mit Lademöglichkeiten sind stets auch die Belange des Klima- und Umweltschutzes angemessen zu berücksichtigen. Gerade aus Gründen des Klimaschutzes sowie der Reduzierung von Treibhausgasen spielt eine mehr und mehr zunehmende E-Mobilität eine erhebliche Rolle. Ausweislich des Klimaschutzprogramms der Bundesregierung, ist es erforderlich, dass bis zum Jahr 2030 sieben bis zehn Millionen elektrisch betriebene Fahrzeuge in Deutschland zugelassen sind. Ein Großteil der Ladevorgänge von Elektrofahrzeugen findet bereits derzeit an privaten Ladepunkten statt. Dies wird sich auch in Zukunft nicht ändern.

Das Veränderungsinteresse des Mieters ist allerdings auch vom konkreten Ausstattungszustand der Mietsache abhängig. Verfügt der Mieter bereits über eine Lademöglichkeit, fällt zwar der Einbau einer neuen und technisch besseren Lademöglichkeit unter § 554 Abs. 1 Satz 1 BGB n. F. Das Veränderungsinteresse des Mieters ist in dieser Situation aber deutlich geringer als in Fällen, in denen noch überhaupt keine Lademöglichkeit besteht.

---

[747] Vgl. OLG Frankfurt a.M., Urteil v. 19.12.1991, 6 U 108/90, NJW-RR 1992 S. 396.

### Anspruch des Mieters auf bauliche Veränderung der Mietsache

**Seite 660**

Ist in der Eigentümergemeinschaft ohnehin geplant, eine Ladeeinrichtung zu schaffen oder einen Treppenlift bzw. einen Aufzug im gemeinschaftlichen Treppenhaus zu errichten, dürfte das Mieterinteresse das Vermieterinteresse nur dann übersteigen, wenn die Maßnahme seitens der Gemeinschaft tatsächlich nicht zur Durchführung kommt. Kommt die Maßnahme aber zur Durchführung, entfällt freilich der Anspruch des Mieters und der Vermieter ist vielmehr zur Mieterhöhung gemäß § 559 BGB berechtigt. Freilich können Mieter und Vermieter in einem solchen Fall auch eine entsprechende Vereinbarung gemäß § 555f Nr. 3 BGB treffen. Tatsächlich nämlich handelt es sich jedenfalls bei den privilegierten Maßnahmen des § 554 Abs. 1 Satz 1 BGB n.F. regelmäßig um solche, die zu einer nachhaltigen Steigerung des Gebrauchswerts der Mietsache beitragen.

#### 20.3.2 Sicherheitsleistung des Mieters

Gemäß § 554 Abs. 1 Satz 3 BGB n.F. kann sich der Mieter im Zusammenhang mit der baulichen Veränderung zur Leistung einer besonderen Sicherheit verpflichten. Gegenüber der bisherigen Regelung des § 554a Abs. 2 BGB a.F. bringt das WEMoG eine gewisse Unschärfe mit sich. Nach derzeit noch geltender Rechtslage kann der Vermieter seine Zustimmung zu einer privilegierten Maßnahme nämlich von der Leistung einer angemessenen zusätzlichen Sicherheit für die Wiederherstellung des ursprünglichen Zustands abhängig machen. Nach dem Gesetzeswortlaut bleibt jedenfalls offen, ob der Vermieter seine Zustimmung auch nach künftiger Rechtslage verweigern kann, wenn sich der Mieter nicht zur Leistung einer Zusatzkaution verpflichtet.

Wie insoweit der Entwurfsbegründung zu entnehmen ist[748], wird die Frage, ob und in welcher Höhe Sicherheit zu leisten ist oder nicht, im Rahmen der Interessenabwägung beurteilt werden. Je umfangreicher jedenfalls die vom Mieter begehrte bauliche Maßnahme ist, desto höher ist das Interesse des Vermieters an einer Sicherheitsleistung bezüglich eines Rückbaus der Baumaßnahme. Handelt es sich lediglich um eine Bagatellmaßnahme, wird der Vermieter seine Erlaubnis jedenfalls nicht von der Leistung einer zusätzlichen Sicherheit abhängig machen können. Freilich aber kann sich der Mieter in sämtlichen Fällen verpflichten, eine zusätzliche Mietsicherheit im Zuge des Begehrens einer baulichen Maßnahme nach § 554 Abs. 1 Satz 1 BGB n.F. zu leisten.

**Anspruch des Vermieters nur bei Zusage**

Der Vermieter hat lediglich dann einen Anspruch auf Sicherheitsleistung, wenn ihm diese seitens des Mieters auch zugesagt wurde. Hätte er zwar aufgrund der Interessenabwägung einen Anspruch auf Sicherheitsleistung, wird ihm diese aber seitens des Mieters

---
[748] BT-Drs. 19/18791, S. 102.

## Anspruch des Mieters auf bauliche Veränderung der Mietsache

nicht zugesagt, hat er keine Anspruchsgrundlage, die Leistung der Sicherheit durchzusetzen. Der Vermieter sollte in diesen Fällen seine Erlaubnis stets bis zur Zusage der Sicherheitsleistung zurückhalten.

Die Sicherheit muss ihrem gesetzlichen Zweck entsprechend angemessen sein. Maßgeblich sind deshalb die bei Vertragsende zu erwartenden Rückbaukosten. Die Art der Sicherheit lässt das Gesetz offen. Im Rahmen des Üblichen und Angemessenen dürfte in aller Regel eine Barkaution infrage kommen. Aus der Verweisung auf § 551 Abs. 3 BGB ergibt sich, dass auch die Barkaution vom Vermögen des Vermieters getrennt und verzinslich anzulegen ist.

**Mietsicherheit: keine Begrenzung, keine Teilzahlung**
Da § 554 Abs. 1 Satz 3 BGB n.F. nicht auf § 551 Abs. 1 und 2 BGB verweist, ist die zusätzliche Mietsicherheit nicht auf 3 Monatsmieten begrenzt. Der Mieter ist auch nicht zu Teilzahlungen berechtigt.

**Musterschreiben: Genehmigung des Vermieters über Einbau eines Treppenlifts mit Vereinbarung einer Sicherheitsleistung**

Herr / Frau / Eheleute
[Name und Anschrift des Mieters/Nutzers]

_____

_____

_____, den _____

**Mietverhältnis Hauptstraße 26 in 40627 Düsseldorf (2. OG)**
**Hier: Mietvertrag vom 1. Oktober 2020**

Sehr geehrte/r _____,
wie wir bereits mündlich am _____ besprochen haben, genehmige ich Ihnen den Einbau eines Treppenlifts im Treppenhaus der Wohnanlage, ausgehend vom Erdgeschoss bis in das zweite Obergeschoss. Die Genehmigung des Einbaus erfolgt auf Grundlage der

## Anspruch des Mieters auf bauliche Veränderung der Mietsache

mir von Ihnen vorgelegten Pläne des ausführenden Fachunternehmens.

Im Hinblick auf einen möglichen Rückbau aufgrund der Beendigung des Mietverhältnisses und entsprechend entstehender Rückbaukosten, haben Sie sich bereits mündlich bereit erklärt, eine entsprechende Sicherheit in Form eines Geldbetrags zu leisten. Wir haben die Rückbaukosten insoweit auf ca. 1.500 EUR taxiert.

Ich bitte Sie um Bestätigung dieser Vereinbarung durch Ihre Unterschrift am Ende dieses Schreibens, das ich Ihnen in zweifacher Ausfertigung übersende. Eine von Ihnen unterzeichnete Ausfertigung reichen Sie mir bitte bis _____ zurück.

Den als Sicherheit zu leistenden Betrag bitte ich bis _____ auf mein Ihnen bekanntes Bankkonto anzuweisen. Ich werde den Betrag dann unverzüglich auf das bereits bestehende Mietkautionskonto überweisen.

Mit freundlichem Gruß

Vermieter/Vermieterin bzw. Verwalter/Verwalterin


Hiermit erkläre ich, _____ [Mieter-Name und Anschrift], mein Einverständnis mit vorstehender Regelung.

_____

(Ort, Datum und Unterschrift)

**Mustervereinbarung: Umbauvereinbarung zwischen Vermieter und Mieter (Barrierefreiheit) mit Sicherheitsleistung**[749]

Herr / Frau / Eheleute
(Name und Anschrift des Mieters)

_____

_____

_____, den _____

**Mietverhältnis** _____
**Hier: Umbauvereinbarung zum Mietvertrag vom**_____
**nebst Nachtrag Nr. 1 vom**_____

zwischen

Herrn/Frau _____ (Name und Anschrift des Vermieters)

– im Folgenden: Vermieter –

und

Herrn/Frau _____ (Name und Anschrift des Mieters)

– im Folgenden: Mieter –

– im Folgenden gemeinsam: Mietvertragsparteien –

1. **Vereinbarungsgrundlage**
Zwischen den Mietvertragsparteien besteht auf der Basis des Mietvertrags vom _____ nebst Nachtrag Nr. 1 vom _____ seit dem _____ ein Mietverhältnis über die Wohnung im _____-geschoss des Anwesens

---

[749] Straub, „Barrierefreiheit, Umbauvereinbarung mit dem Mieter", Haufe Group 2020, HI2691101.

## Anspruch des Mieters auf bauliche Veränderung der Mietsache

_____ [Anschrift des Mietobjekts], bestehend aus _____ Zimmern, Küche, Bad, WC, Diele, Balkon, Kellerraum Nr. _____ und Tiefgaragenstellplatz Nr. _____.

2. **Umbaumaßnahmen des Mieters**
   Der Mieter beabsichtigt, in den Mieträumen die nachstehend genannten Umbaumaßnahmen durchzuführen, um die infolge seiner zwischenzeitlichen Erkrankung erforderliche Barrierefreiheit der Mieträume herzustellen:

| Umbaumaßnahme | betroffener Raum | Beschreibung | voraussichtliche Kosten der Umbaumaßnahme |
|---|---|---|---|
| _____ | _____ | _____ | _____ |
| _____ | _____ | _____ | _____ |
| _____ | _____ | _____ | _____ |
| _____ | _____ | _____ | _____ |
| _____ | _____ | _____ | _____ |

3. **Kostenübernahme**
   Der Mieter verpflichtet sich, sämtliche im Zusammenhang mit den in vorstehender Ziffer 2 genannten Umbaumaßnahmen stehenden Kosten selbst zu tragen.

4. **Ausführung der Umbaumaßnahmen**
   Der Mieter verpflichtet sich, sämtliche in vorstehender Ziffer 2 genannten Umbaumaßnahmen sach- und fachgerecht sowie ordnungsgemäß auszuführen bzw. durch geeignete Fachhandwerker ausführen zu lassen.

5. **Eigentumsübergang**
   Sämtliche Anlagen und Einrichtungen, mit welchen die Mietsache im Zuge der in vorstehender Ziffer 2 genannten Umbaumaßnahmen ausgestattet wird, gehen in das unbeschränkte Eigentum des Vermieters auch dann über, wenn diese nicht wesentlicher Bestandteil des Grundbesitzes werden. Der Mieter verzichtet ausdrücklich auf die ihm nach den §§ 539, 522 BGB zustehenden Ansprüche auf Wegnahme solcher Einrichtungen.

6. **Ausführungszeitraum der Umbaumaßnahmen**
   Die erforderlichen Bauarbeiten werden voraussichtlich am
   _____ / in der _____. KW 20_____ beginnen
   und voraussichtlich einen Zeitraum von
   ☐ _____ Tagen
   ☐ _____ Wochen
   ☐ _____ Monaten
   beanspruchen.

7. **Zustimmung des Vermieters**
   Der Vermieter erteilt hiermit seine Zustimmung zu den in vorstehender Ziffer 2 genannten Umbaumaßnahmen des Mieters. Sollte der Mieter mit diesen Umbaumaßnahmen nicht bis spätestens _____ begonnen haben bzw. sollten diese Umbaumaßnahmen nicht bis spätestens _____ vollständig abgeschlossen sein, behält sich der Vermieter einen Widerruf dieser Erlaubnis ausdrücklich vor. Jegliche Ansprüche des Mieters wegen eines etwaigen Widerrufs der Erlaubnis durch den Vermieter werden hiermit ausdrücklich ausgeschlossen, soweit dies rechtlich zulässig ist. Im Übrigen wird auf die in nachstehender Ziffer 10 geregelte aufschiebende Bedingung hingewiesen.

8. **Abnahme der Umbaumaßnahmen**
   Der Vermieter hat die Umbaumaßnahmen nach Abschluss abzunehmen.

9. **Rückbauverpflichtung des Mieters bei Beendigung des Mietverhältnisses oder Wegfall des Umbaugrundes**
   Fällt der Grund für die Umbaumaßnahmen weg oder endet das zwischen den Mietvertragsparteien bestehende Mietverhältnis, ist der Mieter nach Wahl des Vermieters verpflichtet, den ursprünglichen Zustand der Mietsache wiederherzustellen. Übernimmt der Vermieter die Umbaumaßnahmen des Mieters, so gewährt er dem Mieter einen angemessenen Ausgleich.

10. **Zusätzliche Mietsicherheit**
    Zur Absicherung des Rückbaurisikos vereinbaren die Mietvertragsparteien die Leistung einer zusätzlichen Rückbaukaution in Höhe der geschätzten Rückbaukosten von _____ EUR durch den Mieter, die der Vermieter getrennt von seinem Vermögen verwahrt. Diese zusätzliche Rückbaukaution ist spätestens vor Beginn der Umbauarbeiten zur Zahlung an den Vermieter fällig und auf das dem Mieter bereits bekannte Mietkonto des Vermieters zu überweisen. Die in vorstehender Ziffer 7 enthaltene Zustimmung des Vermieters

**Anspruch des Mieters auf bauliche Veränderung der Mietsache**

steht unter der aufschiebenden Bedingung der vollständigen Leistung dieser zusätzlichen Rückbaukaution an den Vermieter. Der Anspruch des Mieters auf Rückzahlung dieser zusätzlichen Rückbaukaution entsteht frühestens mit dem vollständigen Rückbau durch den Mieter bzw. der Beendigung des zwischen den Mietvertragsparteien bestehenden Mietverhältnisses, sofern der Vermieter die baulichen Veränderungen des Mieters übernimmt.

11. **Sonstiges**

_____

_____

_____

| | |
|---|---|
| _____ | _____ |
| (Ort, Datum) | (Ort, Datum) |
| | |
| _____ | _____ |
| (Unterschrift des Vermieters) | (Unterschrift des Mieters) |

### 20.3.3 Genehmigungsbeschlussfassung erforderlich

Auch wenn der Mieter auf Grundlage des § 554 Abs. 1 BGB n.F. einen Anspruch gegen den Vermieter auf Genehmigung einer der privilegierten Baumaßnahmen hat – und ein Veränderungsinteresse überwiegt –, ist eine entsprechende bauliche Veränderung nach § 20 WEG n.F. erst nach entsprechender Beschlussfassung der Wohnungseigentümer zulässig.[750] Keinesfalls könnte der vermietende Wohnungseigentümer seine Zustimmung ohne entsprechenden Beschluss der Wohnungseigentümer erteilen. Dies begrenzt freilich auch den Anspruch des Mieters. Der mit einem Anspruch seines Mieters gemäß § 554 Abs. 1 Satz 1 BGB n.F. konfrontierte Vermieter kann die Erlaubnis zunächst unter Hinweis auf eine notwendige Beschlussfassung in der Eigentümerversammlung zurückhalten. Die Erteilung der Erlaubnis ist ihm in diesem Stadium nicht zumutbar. Würde die bauliche Veränderung am Widerstand der Gemeinschaft scheitern, würden im Fall einer bereits erteilten Erlaubnis Mängelrechte des Mieters ausgelöst.

Wird dem vermietenden Wohnungseigentümer die vom Mieter begehrte bauliche Veränderung durch Beschluss der Wohnungseigentümer gestattet, entfällt dieser Einwand freilich. Wird die Ausführung der baulichen Ver-

---

[750] Siehe Kap. 16.5 Gestattungsbeschluss.

**Anspruch des Mieters auf bauliche Veränderung der Mietsache**

änderung durch die Gemeinschaft der Wohnungseigentümer auf Kosten des vermietenden Wohnungseigentümers beschlossen, so kann der Vermieter dies dem Anspruch des Mieters auf Selbstvornahme entgegenhalten. Auch in diesem Fall kommt eine Vereinbarung nach § 555f Nr. 3 BGB oder eine Modernisierungsmieterhöhung nach § 559 BGB in Betracht.

> **Beschlussmuster: Bauliche Veränderung durch einen Mieter (Gestattung durch Gemeinschaft der Wohnungseigentümer)**
>
> **TOP XX: Bauliche Veränderung des Mieters der Wohnungseigentümerin Frau _____**
> Die Wohnungseigentümerin der im Erdgeschoss links belegenen Wohnung, Frau _____, wurde mit dem Verlangen ihres Mieters konfrontiert, die bislang vorhandene Wohnungseingangstür durch eine besonders gesicherte Wohnungseingangstür auf Grundlage der Bestimmung des § 554 BGB austauschen zu dürfen. Der Austausch erfolgt durch und auf Kosten des Mieters von Frau _____. Art und Ausführung der neuen Wohnungseingangstür ergeben sich aus dem den Wohnungseigentümern mit der Einladung zu dieser Wohnungseigentümerversammlung übersandten Prospekt der Firma _____, die auch den Türeinbau vornehmen wird. Dieser Prospekt ist Bestandteil dieses Beschlusses und zur Beschluss-Sammlung zu nehmen. Auf dieser Grundlage gestatten die Wohnungseigentümer hiermit den Türaustausch.
>
> **Abstimmungsergebnis:**
>
> Ja-Stimmen: \_\_\_\_\_
>
> Nein-Stimmen: \_\_\_\_\_
>
> Enthaltungen: \_\_\_\_\_
>
> Der Versammlungsleiter verkündete folgendes Beschlussergebnis:
>
> _____
>
> Der Beschluss wurde angenommen/abgelehnt.

**Vermieter unternimmt nichts**

Wie ausgeführt, hat der Mieter zwar einen Anspruch auf eine privilegierte bauliche Veränderung, der vermietende Wohnungseigentümer kann diese aber nicht erteilen, solange er keine entsprechende Beschlussfassung in der Eigentümerversammlung herbeigeführt hat. Verhält sich der Vermieter passiv und bemüht er sich nicht um eine für den Mieter günstige Beschlussfassung der Wohnungseigentümer, kann dies dazu führen, dass die Interessenabwägung zugunsten des Mieters ausgeht.[751] Allerdings wird der Mieter hier

---
[751] BT-Drs. 19/18791 S. 90.

seinerseits zunächst aktiv werden müssen, denn die Erlaubnis seines vermietenden Wohnungseigentümers hat er ja nicht. Er wird hierzu den Klageweg beschreiten und den vermietenden Eigentümer auf Erteilung der Erlaubnis verklagen müssen. Urteilt das Gericht im Sinne des Mieters, kann dieser aber die Baumaßnahme immer noch nicht umsetzen, da es ja nach wie vor an einem entsprechenden Gestattungsbeschluss der Wohnungseigentümergemeinschaft fehlt. Er muss dann notfalls den vermietenden Wohnungseigentümer auf Erfüllung in Anspruch nehmen. Der Wohnungseigentümer ist dann verpflichtet, auf eine die bauliche Veränderung gestattende Beschlussfassung hinzuwirken.[752]

### 20.4 Mitwirkungspflichten des Vermieters

Soweit die Ausführung der baulichen Veränderung von Mitwirkungshandlungen des Vermieters abhängt, die über die bloße Erlaubnis hinausgehen, kann der Mieter deren Erfüllung nach § 241 Abs. 2 BGB verlangen. Insoweit können den vermietenden Wohnungseigentümer insbesondere Informationspflichten treffen. Abhängig von der seitens des Mieters begehrten baulichen Maßnahme, kann dieser Informationen benötigen, die zur Umsetzung der Maßnahme erforderlich sind, insbesondere z.B. Angaben über die vorhandene Stromversorgung oder den Verlauf von Kabeln. Verlangen Fachunternehmen im Rahmen der Umsetzung der vom Mieter initiierten Baumaßnahme ggf. eine entsprechende schriftliche Gestattungserklärung des Vermieters, ist letzterer gegenüber seinem Mieter verpflichtet, diese abzugeben.

### 20.5 Keine abweichende Vereinbarung zulasten des Mieters

Wie so häufig im Wohnraummietrecht, verbietet auch § 554 Abs. 2 BGB n.F. Vereinbarungen, die zulasten des Mieters von § 554 Abs. 1 BGB n.F. abweichen. Unwirksam ist daher jede Vereinbarung, die den Anspruch des Mieters ausschließt oder beschränkt. Die Entwurfsbegründung nennt 2 Beispiele für Verstöße gegen § 554 Abs. 2 BGB n.F. Danach wird gegen die Vorschrift verstoßen, wenn durch vertragliche Regelung zulasten des Mieters

- die nach § 554 Abs. 1 Satz 2 BGB n.F. vorgeschriebene Interessenabwägung eingeschränkt würde oder
- eine von § 551 Abs. 3 BGB n.F. abweichende Anlage der Zusatzkaution vorgesehen würde.

---

[752] Vgl. BGH, Urteil v. 20.7.2005, VIII ZR 342/03, NJW 2005 S. 3284.

**Auch Individualvereinbarungen sind unzulässig**
Nicht nur formularvertragliche Abweichungen sind insoweit unzulässig, sondern auch solche, die im Wege der Individualvereinbarung herbeigeführt werden. Regelmäßig dürfte es sich bei den vom vermietenden Wohnungseigentümer verwendeten Mietverträgen aber ohnehin um Formularverträge bzw. Allgemeine Geschäftsbedingungen i.S.d. §§ 305 ff. BGB handeln.

**Einschränkung der Interessenabwägung**
Das Ergebnis einer Interessenabwägung kann durch vertragliche Regelung nicht solcher Art eingeschränkt werden, dass für bestimmte Fälle etwa stets das Erhaltungsinteresse als überwiegend anzusehen sei. Vertragliche Vereinbarungen zur Interessenabwägung sind ohnehin überflüssig.

**Abweichende Anlage der Kaution**
Nach § 551 Abs. 3 BGB hat der Vermieter eine ihm als Sicherheit überlassene Geldsumme bei einem Kreditinstitut zu dem für Spareinlagen mit dreimonatiger Kündigungsfrist üblichen Zinssatz anzulegen. Allerdings können Mieter und Vermieter auch eine andere Anlageform vereinbaren. In beiden Fällen muss allerdings die Anlage vom Vermögen des Vermieters getrennt erfolgen. Die Erträge aus der Anlage der Kaution stehen dem Mieter zu. Von diesen Grundsätzen kann auch im Rahmen des § 554 BGB n.F. nicht abgewichen werden.

# Anspruch des Mieters auf bauliche Veränderung der Mietsache

# 21 Betriebskostenabrechnung bei vermietetem Wohnungseigentum

**BGB n.F.**

**§ 556a Abrechnungsmaßstab für Betriebskosten**

(3) Ist Wohnungseigentum vermietet und haben die Vertragsparteien nichts anderes vereinbart, sind die Betriebskosten abweichend von Absatz 1 nach dem für die Verteilung zwischen den Wohnungseigentümern jeweils geltenden Maßstab umzulegen. Widerspricht der Maßstab billigem Ermessen, ist nach Absatz 1 umzulegen.

## 21.1 Grundsätze

Gemäß § 556a Abs. 1 BGB sind die Betriebskosten nach Wohnfläche abzurechnen, wenn die Vertragsparteien nichts anderes vereinbart haben. Betriebskosten, die von einem erfassten Verbrauch oder einer erfassten Verursachung durch die Mieter abhängen, sind nach einem Maßstab umzulegen, der dem unterschiedlichen Verbrauch oder der unterschiedlichen Verursachung Rechnung trägt. Diese Grundsätze gelten grundsätzlich auch bei der Vermietung von Wohnungseigentum. Auch der vermietende Wohnungseigentümer hat vorbehaltlich anderweitiger Vereinbarungen mit seinem Mieter die auf den Mieter umlegbaren Betriebskosten nach Wohnfläche abzurechnen. Hierzu hat er die Gesamtbetriebskosten des Grundstücks zu ermitteln und diese anteilig nach der Wohnfläche auf seinen Mieter umzulegen. Um eine ordnungsmäßige Abrechnung erstellen zu können, muss er also in Kenntnis der Gesamtwohnfläche der Wohnanlage sein und es müssen ihm auch die Wohnflächen der nicht in seinem Eigentum stehenden Wohnungen bekannt sein.

Entspricht der wohnungseigentumsrechtliche Kostenverteilungsschlüssel nicht dem Wohnflächenanteil, führt dies dazu, dass der Mieter über die Betriebskostenabrechnung entweder mit höheren oder mit niedrigeren Kosten belastet wird, als dem vermietenden Wohnungseigentümer entstanden sind, was zunächst einmal zwangsläufige Folge ist.

**Beispiel: Kostenverteilung nach Objekten**

Nach dem in der Wohnungseigentümergemeinschaft geltenden Kostenverteilungsschlüssel werden die Kosten der Treppenhausreinigung nach Objekten umgelegt. Die Wohnanlage besteht aus 10 Wohnungen. Die an den Mieter vermietete Wohnung hat eine Wohnfläche von 60 m². Insgesamt beträgt die Wohnfläche der Wohnanlage 900 m². Von den Reinigungskosten in Höhe von 1.000 EUR entfallen auf den vermietenden Wohnungseigentümer also 100 EUR. Bei einer Umlage nach Wohnfläche kann er von seinem Mieter jedoch nur 54 EUR verlangen.

Jedenfalls bestimmt § 556a Abs. 3 BGB n.f., dass bei Vermietung einer Eigentumswohnung die Betriebskosten nach dem Maßstab auf den Mieter umzulegen sind, der zwischen den Wohnungseigentümern für die Verteilung der Betriebskosten der Gemeinschaft der Wohnungseigentümer gilt, soweit die Mietvertragsparteien nichts anderes vereinbart haben. Der insoweit maßgebliche Kostenverteilerschlüssel ergibt sich entweder aus

- dem Gesetz,
- einer Vereinbarung oder
- einem Beschluss.

Dass für einzelne Betriebskostenpositionen unterschiedliche Verteilerschlüssel gelten können, ist unerheblich.

## 21.2 Änderung des Kostenverteilungsschlüssels nach Abschluss des Mietvertrags

Wie der Gesetzeswortlaut verdeutlicht, richtet sich der Umlageschlüssel nach dem für die Verteilung zwischen den Wohnungseigentümern **jeweils** geltenden Maßstab. Insoweit kann der vermietende Wohnungseigentümer seiner Betriebskostenabrechnung unproblematisch auch einen nach Abschluss des Mietvertrags geänderten Kostenverteilungsschlüssel zugrunde legen.

> **Beispiel: Änderung der Kosten des Allgemeinstroms**
>
> Die Verteilung der Kosten des Allgemeinstroms ist nach der Gemeinschaftsordnung nach Miteigentumsanteilen geregelt. Der vermietende Wohnungseigentümer hatte konsequenterweise eine entsprechende Umlage in der Betriebskostenabrechnung ebenfalls nach Miteigentumsanteilen mit seinem Mieter vereinbart. Später beschließen die Wohnungseigentümer mehrheitlich eine Verteilung dieser Kosten nach Objekten.
>
> Hatte die Betriebskostenabrechnung bislang den Kostenverteilungsschlüssel nach Miteigentumsanteilen zu berücksichtigen, kann der Vermieter die Kosten des Allgemeinstroms künftig nach dem Objektschlüssel auf seinen Mieter umlegen.

**Musterschreiben: Ankündigung des Vermieters über Änderung des Kostenverteilungsschlüssels**

Herr / Frau / Eheleute
[Name und Anschrift des Mieters/Nutzers]

_____

_____

_____, den _____

**Mietverhältnis Hauptstraße 26 in 40627 Düsseldorf (2. OG)**
**Hier: Mietvertrag vom 1. Oktober 2020**

Sehr geehrte/r _____,

in § 4 vorbezeichneten Mietvertrags haben wir vereinbart, dass die Betriebskosten nach dem für die Verteilung zwischen den Wohnungseigentümern jeweils geltenden Maßstab umgelegt werden.

Wie Ihnen bekannt ist, erfolgt die Verteilung der Kosten des Allgemeinstroms unter den Wohnungseigentümern bislang nach Miteigentumsanteilen. In der Wohnungseigentümerversammlung vom 12. Mai 2021 wurde (mittlerweile bestandskräftig) beschlossen, die Kosten des Allgemeinstroms künftig ab der Wirtschaftsperiode 2022 nach Objekten, also nach Wohnungseigentumseinheiten, umzulegen. Insoweit werden diese Kosten, die Bestandteil der von Ihnen zu tragenden Betriebskosten sind, künftig ab 1. Januar 2022 auch im Rahmen unseres Mietverhältnisses nicht mehr nach dem Schlüssel der Miteigentumsanteile, sondern demjenigen der Objekte umgelegt.

Konkret wird dies voraussichtlich folgende Auswirkungen auf Ihre Zahllast haben:

Die von Ihnen gemietete Wohnung repräsentiert 90/1.000 Miteigentumsanteile, die Wohnanlage besteht insgesamt aus 10 Wohnungseigentumseinheiten.

Kosten des Allgemeinstroms waren im Jahr 2021 entsprechend der Jahresabrechnung für diese Wirtschaftsperiode in Höhe von 800 EUR angefallen. Bei einer Umlage dieses Betrags nach Miteigentumsanteilen bedeutet dies konkret für die von Ihnen gemietete Wohnung einen anteiligen Kostenbetrag in Höhe von 72 EUR.

Unter der Prämisse, dass die Verbrauchskosten auch im Jahr 2022 einen Betrag von 800 EUR ergeben werden, würde die Zahllast für die von Ihnen gemietete Wohnung dann um 8 EUR auf 80 EUR steigen. Konkret beträgt die Kostensteigerung insoweit ca. 11 % für diese Kostenposition.

Rein vorsorglich weise ich Sie darauf hin, dass der geänderte Umlagemaßstab billigem Ermessen nicht widerspricht. Im Gegensatz zu einer Umlage der Betriebskosten gemäß der Grundregel des § 556a Abs. 1 BGB nach Wohnfläche, beeinträchtigt Sie der neue Maßstab nicht. Die Gesamtwohnfläche der Liegenschaft beträgt 1.100 qm, die von Ihnen gemietete Wohnung hat eine Fläche von 110 qm. Bei einer Umlage der Kosten des Allgemeinstroms nach Wohnfläche, würde auf die von Ihnen gemietete Wohnung ebenfalls ein Betrag in Höhe von 80 EUR entfallen.

Abschließend bitte ich Sie bereits heute darum, ihre Vorauszahlungen auf die Betriebskosten ab Januar 2022 entsprechend anzupassen. Von derzeit monatlich 210 EUR bitte ich Sie also ab Januar 2022 um eine monatliche Vorauszahlung in Höhe von 218 EUR.

Mit freundlichen Grüßen

Verwalter/Verwalterin bzw. Vermieter/Vermieterin

### 21.3 Keine unbillige Benachteiligung

Durch eine Umlage der Betriebskosten nach dem in der Wohnungseigentümergemeinschaft geltenden Kostenverteilungsschlüssel dürfen dem Mieter gemäß § 556a Abs. 3 Satz 2 BGB n. F. keine unverhältnismäßigen Kosten entstehen. Der Umlagemaßstab muss insoweit noch billigem Ermessen entsprechen. Ob dies der Fall ist, wird nach der Interessenlage von vermietendem Wohnungseigentümer und Mieter beurteilt. Unerheblich ist, ob ein neu beschlossener Kostenverteilungsschlüssel nach wohnungseigentumsrechtlichen Grundsätzen noch ordnungsmäßiger Verwaltung entspricht oder überhaupt auf einer Vereinbarung der Wohnungseigentümer beruht. Auch der gesetzliche Kostenverteilungsschlüssel des § 16 Abs. 2 Satz 1 WEG n. F. nach Miteigentumsanteilen unterliegt insoweit der Billigkeitskontrolle des § 556a Abs. 3 Satz 2 BGB n. F.

**Beispiel: Kostenverteilung nach Objekten**

Das Eingangsbeispiel zugrunde gelegt, würden auf den Mieter bei einer Flächenumlage lediglich 54 EUR an Hausreinigungskosten entfallen. Nach dem vereinbarten Kostenverteilungsschlüssel entfällt auf ihn fast das Doppelte dieser Kosten. Hier dürfte Unbilligkeit zu bejahen sein, wenn die Mehrbelastung nicht durch andere Kostenpositionen ausgeglichen wird. Allerdings werden Detailfragen von der Rechtsprechung zu klären sein.

Widerspricht jedenfalls ein Umlagemaßstab nach der in der Wohnungseigentümergemeinschaft geltenden Rechtslage billigem Ermessen, tritt an seine Stelle der in § 556a Abs. 1 BGB bestimmte Maßstab. Die betroffenen Betriebskosten sind dann in erster Linie nach Verbrauch oder Verursachung und im Übrigen nach dem Anteil der Wohnfläche auf den Mieter umzulegen. Übertragen auf den Beispielsfall, wäre der Mieter verpflichtet, tatsächlich nur 54 EUR für die Kosten der Hausreinigung zu bezahlen.

## 21.4 Bestandsverträge

Mit Blick auf Bestandsverträge ist zu differenzieren, welche ursprüngliche Vereinbarung die Mietvertragsparteien getroffen haben. § 556a Abs. 2 BGB verleiht dem Vermieter nämlich lediglich die Möglichkeit, einseitig von einem verbrauchsunabhängigen zu einem verbrauchsabhängigen Umlagemaßstab zu wechseln, wenn Mieter und Vermieter im Mietvertrag den Flächenschlüssel nicht vereinbart haben, was allerdings selten der Fall ist. Im Übrigen sieht § 556a Abs. 3 BGB n. F. keine Übergangsvorschrift vor. Sollte das WEMoG daher am 1. Dezember 2020 in Kraft treten, wäre § 556a Abs. 3 BGB n. F. auf die für das Jahr 2019 abzurechnenden Betriebskosten anwendbar, so die Abrechnung zwischenzeitlich noch nicht erstellt wurde.

### 21.4.1 Keine Änderungsvereinbarung notwendig

Ist also der Flächenmaßstab vereinbart, ist dieser nicht mehr maßgeblich. Besteht zwischen den Parteien ein Mietvertrag, der hinsichtlich der Betriebskosten die Besonderheiten eines vermieteten Wohnungseigentums berücksichtigt, so besteht für den Vermieter erst recht kein Handlungsbedarf.

**Musterklausel: Umlage der Betriebskosten bei vermietetem Wohnungseigentum**[753]

**§ __ Betriebskosten**

(1) (...)

(2) (...)

(3) Die Umlage der Betriebskosten auf den Mieter erfolgt entsprechend den durch die Eigentümergemeinschaft festgelegten Umlageschlüsseln, insbesondere auch nach Miteigentumsanteilen; diese Umlageschlüssel ergeben sich aus der letzten Jahresabrechnung des Verwalters und/oder dem aktuell geltenden Wirtschaftsplan, den der Vermieter in Kopie an den Mieter aushändigt. Die auf die

---

[753] Siehe Straub, Muster-Mietvertrag über Eigentumswohnung, Haufe Group 2020, HI13627356.

Mietsache entfallende Grundsteuer wird hiervon unabhängig in voller Höhe auf den Mieter umgelegt. Abweichend hiervon ist der Vermieter mit der Abrechnung über die Betriebskosten des ersten Abrechnungszeitraums berechtigt, den Umlageschlüssel nach billigem Ermessen festzulegen.

**Mehrjährige unbeanstandete Abweichung**
Einer Änderungsvereinbarung bedarf es auch in den weit verbreiteten Fällen nicht, in denen zwar der Flächenschlüssel im Mietvertrag vorgesehen ist, der Vermieter allerdings hiervon abweichend in der Vergangenheit die Jahresabrechnung dergestalt zur Grundlage seiner Betriebskostenabrechnungen gemacht hat, dass er sie an seinen Mieter weitergereicht und dieser dieses Vorgehen nicht beanstandet hat.[754] Möchte der Vermieter von dieser Praxis abweichen und etwa nach Fläche umlegen, bräuchte er hierfür sogar die Zustimmung des Mieters.[755]

### 21.4.2 Änderungsvereinbarung notwendig

Stets dann, wenn die Mietvertragsparteien für bestimmte Kostenarten einen vom Flächenmaßstab abweichenden Verteilungsschlüssel ausdrücklich im Mietvertrag vereinbart haben, bedarf es einer Änderungsvereinbarung.[756] Bedarf es der Zustimmung des Mieters zur Änderung des Umlageschlüssels vom bislang praktizierten zum künftigen Schlüssel der Wohnungseigentümergemeinschaft, sollte dies bereits zu Beweiszwecken stets schriftlich als Nachtrag zum Mietvertrag vereinbart werden.

**Beispiel: Betriebskostenumlageklausel**

Der zwischen den Parteien abgeschlossene Mietvertrag regelt hinsichtlich der Betriebskostenumlage:

*„(...) Die Verteilung der Heiz- und Warmwasserkosten erfolgt zu 30 Prozent nach Wohnfläche und zu 70 Prozent nach Verbrauch. Andere Betriebskosten werden verbrauchsabhängig oder verursachungsabhängig abgerechnet, soweit sie entsprechend erfasst werden. Anderenfalls erfolgt die Abrechnung für die Kosten des Aufzugs nach Personenzahl, die Kosten der (...), der Gebäudereinigung und der Gartenpflege nach der Anzahl der Wohnungen und im Übrigen nach dem Anteil der Wohnfläche. (...)"*

---

[754] BGH, Urteil v. 31.5.2006, VIII ZR 159/05, NJW 2006 S. 2771.
[755] AG Wetzlar, Urteil v. 6.1.2011, 38 C 901/10, ZMR 2011 S. 565.
[756] Elzer in Zehelein, COVID-19, Miete in Zeiten von Corona, § 5 Rn. 30.

## Betriebskostenabrechnung bei vermietetem Wohnungseigentum

Möchte der vermietende Wohnungseigentümer den Umlagemaßstab der Jahresabrechnung zugrunde legen, muss er sich mit dem Mieter hierüber einigen.

**Tipp: Vorgehen des Vermieters**

1. Gegenüberstellung der Betriebskosten nach alter und potenziell neuer Vereinbarung unter Berücksichtigung der letzten Betriebskostenabrechnung fertigen.[757]
2. Persönliches Gespräch mit dem Mieter suchen und den Hintergrund erläutern. Im Gespräch die Gegenüberstellung der alten und neuen Betriebskosten aushändigen und ggf. Einzelpositionen klären. Weisen einzelne Positionen eine wesentliche Diskrepanz zulasten des Mieters aus, verbleibt es grundsätzlich beim bisherigen Umlagemaßstab[758] – aber: es ist alles verhandelbar. Das gilt insbesondere dann, wenn ein Vergleich der alten mit der neuen Abrechnung zeigt, dass der Mieter in Zukunft in Summe „günstiger fährt".
3. Vereinbarung niederschreiben und vom Mieter gegenzeichnen lassen.[759]

**Muster: Gegenüberstellung der Betriebskosten nach altem und neuem Umlagemaßstab**

| Betriebskostenart | Alte Vereinbarung | | Neue Vereinbarung | |
|---|---|---|---|---|
| | Umlageschlüssel | Abrg. 2019 in EUR | Umlageschlüssel | EUR |
| (...) | (...) | _____ EUR | (...) | _____ EUR |
| Aufzug | Personenzahl | _____ EUR | MEA | _____ EUR |
| Gebäudereinigung | Wohnungen | _____ EUR | MEA | _____ EUR |
| Gartenpflege | Wohnungen | _____ EUR | MEA | _____ EUR |
| Hausmeister | Wohnfläche | _____ EUR | Einheiten | _____ EUR |
| (...) | | _____ EUR | (...) | _____ EUR |
| **Gesamt** | | _____ EUR | | _____ EUR |

---

[757] Siehe nachfolgendes Muster.
[758] Siehe Kap. 21.3 Keine unbillige Benachteiligung.
[759] Siehe nachfolgendes Muster einer Vereinbarung.

**Mustervereinbarung: Nachträgliche Änderung des im Mietvertrag vereinbarten Umlageschlüssels über die Betriebskosten**

Herr / Frau / Eheleute
(Name und Anschrift des Mieters)

_____

_____

_____, den _____

**Mietverhältnis Hauptstraße 26 in 40627 Düsseldorf (2. OG)
Nachtrag Nr. 1 zum Mietvertrag vom _____ : Änderung des Umlageschlüssels für die Abrechnung der Betriebskosten ab dem _____**

zwischen

Herrn/Frau _____
(Name und Anschrift des Vermieters)

– im Folgenden: Vermieter –

und

Herrn/Frau _____
(Name und Anschrift des Mieters)

– im Folgenden: Mieter –

– im Folgenden gemeinsam: Mietvertragsparteien –

**1.**
Zwischen den Mietvertragsparteien besteht ein Mietverhältnis auf Grundlage des Mietvertrags vom _____.

## Betriebskostenabrechnung bei vermietetem Wohnungseigentum

§ __ des Mietvertrags vom _____ über die Betriebskosten lautet:

_____

_____

**2.**
Die Mietvertragsparteien sind sich darüber einig, dass § __ des Mietvertrags vom _____ über die Betriebskosten ab dem Abrechnungszeitraum 1.1.20__ aufgehoben und durch folgende Klausel ersetzt wird: „Die Umlage der Betriebskosten auf den Mieter erfolgt entsprechend den durch die Eigentümergemeinschaft jeweils festgelegten Umlageschlüsseln, insbesondere auch nach Miteigentumsanteilen; diese Umlageschlüssel ergeben sich aus der letzten Jahresabrechnung des Verwalters und/oder dem aktuell geltenden Wirtschaftsplan, den der Vermieter in Kopie an den Mieter aushändigt. Die auf die Mietsache entfallende Grundsteuer wird hiervon unabhängig in voller Höhe auf den Mieter umgelegt."

_____     _____
(Ort, Datum)                                   (Ort, Datum)

_____     _____
(Unterschrift des/r Vermieters/in)     (Unterschrift des/r Mieters/in)

# Betriebskostenabrechnung bei vermietetem Wohnungseigentum

## 22 Problemfelder der Vermietung von Wohnungseigentum

Im Rahmen des Gesetzgebungsverfahrens wurde auch erwogen, eine Harmonisierung der wohnungseigentums- und mietrechtlichen Gebrauchsvorschriften gesetzlich zu regeln. Da die denkbaren Gebrauchskonflikte jedoch zu vielfältig für eine abstrakt-generelle Regelung sind, ist der Gesetzgeber der Empfehlung des Abschlussberichts der Bund-Länder-Arbeitsgruppe zur Reform des Wohnungseigentumsrechts gefolgt und überlässt die Lösung dieser Probleme der Rechtsprechung.

Wesentliche Leitlinien ergeben sich insoweit auch aus der aktuellen BGH-Rechtsprechung.[760] Demnach setzen sich die wohnungseigentumsrechtlichen Regelungen grundsätzlich gegenüber den mietrechtlichen Regelungen durch. Im Übrigen hat es der Vermieter in der Hand, beim Abschluss des Mietvertrags einen Änderungsvorbehalt aufzunehmen, um etwaige nachträgliche wohnungseigentumsrechtliche Gebrauchsbeschränkungen auf den Mieter überzuleiten.

### 22.1 Einschränkungen der Vermietungsbefugnis

Das Recht, eine Eigentumswohnung zu vermieten, ist zwar eine aus dem Eigentum fließende Grundbefugnis, sie kann jedoch durch Vereinbarung der Wohnungseigentümer, also etwa in der Gemeinschaftsordnung, auch gänzlich ausgeschlossen werden.[761] Daneben können selbstverständlich auch die Vermietungsrechte eingeschränkt werden.

Gegen das Diskriminierungsverbot verstoßend und damit nach § 138 BGB unwirksam wäre eine Beschränkung, wonach der Wohnraum nicht an Ausländer vermietet werden dürfte. Schranken können sich hier bereits aus der Zweckbestimmung der Wohnanlage ergeben. Da auch eine Vermietung dem allgemeinen Gebot der Rücksichtnahme des § 14 Nr. 1 WEG a.F. unterliegt, ist beispielsweise die Vermietung zur Ausübung der Prostitution ebenso unzulässig wie die Vermietung einer Kleinwohnung an eine Großfamilie, wobei hier bereits der Gesichtspunkt der Überbelegung zu berücksichtigen wäre.

**Zustimmung zur Vermietung**

Als Inhalt des Wohnungseigentums kann im Rahmen der Teilungserklärung oder der Gemeinschaftsordnung wirksam bestimmt werden, dass ein Wohnungseigentümer zur Überlassung der Wohnung an einen Dritten im Rahmen einer Vermietung der Zustimmung des Verwalters oder aber der Eigentümergemeinschaft bedarf.[762] Die hiernach erforderliche Zustimmung darf nur aus

---

[760] BGH, Urteil v. 24.1.2020, V ZR 295/16, ZMR 2020 S. 675; Urteil v. 25.10.2019, V ZR 271/18, NJW 2020 S. 921.
[761] BGH, Urteil v. 15.1.2010, V ZR 72/09, NZM 2010 S. 285.
[762] BGH, Beschluss v. 15.6.1962, V ZB 2/62, NJW 1962 S. 1613; LG Köln, Urteil v. 26.4.2018, 29 S 239/17, ZWE 2018 S. 327.

**Problemfelder der Vermietung von Wohnungseigentum**

wichtigem Grund verweigert werden.[763] Das Zustimmungserfordernis muss als Vereinbarung – beispielsweise in der Gemeinschaftsordnung – festgelegt werden. Ein entsprechender Mehrheitsbeschluss ist nicht ausreichend, er wäre mangels Beschlusskompetenz nichtig.

 **Aufhebung des Zustimmungserfordernisses durch Beschluss?**
Bekanntlich können die Wohnungseigentümer die Veräußerung des Wohnungseigentums gemäß § 12 Abs. 1 WEG von der Zustimmung eines Dritten abhängig machen. Den Wohnungseigentümern ist in § 12 Abs. 4 WEG die Beschlusskompetenz zur Aufhebung einer vereinbarten Veräußerungszustimmung mittels Beschlusses eingeräumt. Soll jedoch eine vereinbarte Vermietungszustimmung nachträglich wieder aufgehoben werden, bedarf es hierfür nach wie vor einer entsprechenden Vereinbarung. Die Bestimmung des § 12 Abs. 4 WEG ist auf diesen Fall nicht entsprechend anwendbar.

**Vermietungsbefugnis**
Im Übrigen aber ist auch die kurzzeitige Vermietung gar an täglich wechselnde Feriengäste zulässig, wenn die Gemeinschaftsordnung oder eine nachfolgende Vereinbarung nichts Gegenteiliges regelt.[764] Für die wohnungseigentumsrechtliche Einordnung der Nutzung einer Wohnung ist nämlich nur darauf abzustellen, welche Nutzung in der Wohnung selbst stattfindet.[765] Entsprechendes gilt auch für die Nutzung von Teileigentumseinheiten zur Vermietung an Pensionsgäste. Eine solche ist jedenfalls zulässig und weniger beeinträchtigend als etwa eine Nutzung als Einzelhandelsgeschäft oder Nagelstudio. Ob gewerbe- oder baurechtliche Genehmigungen für eine derartige Nutzung erforderlich sind, ist im wohnungseigentumsrechtlichen Verfahren nicht zu klären und bedeutungslos.[766]

Auch die Vermietung einer Wohnung an Asylbewerber hält sich grundsätzlich im Rahmen der Zweckbestimmung einer Wohnnutzung.[767] Hier soll bei einer Belegung mit maximal 8 erwachsenen Personen in einer 92 qm großen Wohnung auch noch nicht von einer Überbelegung auszugehen sein.[768] Zu berücksichtigen ist in diesem Zusammenhang, dass die Kostenverteilung trotz der intensiveren Nutzung und der höheren Beanspruchung des Gemeinschaftseigentums durch die vielen Bewohner der besagten Wohnung unverändert nach dem gesetzlichen oder vereinbarten Kostenverteilungsschlüssel erfolgt. Grundsätzlich jedoch können die Wohnungseigentümer erhöhter (Ab-)Nutzung des Gemeinschaftseigentums durch eine verbrauchs- und ver-

---

[763] LG Köln, Urteil v. 26.4.2018, 29 S 239/17, ZWE 2018 S. 327.
[764] BGH, Urteil v. 15.1.2010, a.a.O.; Urteil v. 12.4.2019, V ZR 112/18, NJW 2019 S. 2083.
[765] LG München I, Urteil v. 8.2.2016, 1 S 21019/14 WEG, ZMR 2016 S. 490.
[766] AG Erfurt, Urteil v. 25.5.2016, 5 C 63/14, IMR 2017 S. 1034.
[767] LG Koblenz, Beschluss v. 16.11.2016, 2 S 99/15 WEG, ZWE 2017 S. 133.
[768] AG Laufen, Urteil v. 4.2.2016, 2 C 565/15 WEG, ZMR 2016 S. 320.

## Problemfelder der Vermietung von Wohnungseigentum

ursachungsabhängige Kostenverteilung der Betriebskosten des gemeinschaftlichen Eigentums sowie der Kosten der Verwaltung gemäß § 16 Abs. 2 Satz 2 WEG n.F. Rechnung tragen. Ausreichend ist ein einfacher Mehrheitsbeschluss auch zur dauerhaften Abänderung des gesetzlichen oder eines abweichend hiervon vereinbarten Kostenverteilungsschlüssels.

### Keine Beschlusskompetenz zur Vermietungsbeschränkung

Die Wohnungseigentümer können die Befugnis des Vermieters nicht durch Beschluss einschränken. Selbst auf Grundlage einer vereinbarten Öffnungsklausel kann die allgemeine Vermietungsbefugnis des Wohnungseigentümers etwa an täglich wechselnde Feriengäste nur mit Zustimmung sämtlicher Wohnungseigentümer eingeschränkt werden. Mit entsprechenden Nutzungsbeschränkungen ist nämlich ein Eingriff in die Zweckbestimmung des Wohnungseigentums verbunden, was nur allstimmig erfolgen kann.[769] Bereits auf Grundlage von § 21 Abs. 7 WEG a.F. kann nicht die Einführung von Vertragsstrafen für Verstöße gegen Vermietungsbeschränkungen beschlossen werden. Ein darauf bezogener Beschluss ist mangels Beschlusskompetenz nichtig.[770] Da das WEMoG mit § 28 Abs. 3 WEG n.F. nur noch Regelungen zur Fälligkeit sowie der Art und Weise von Zahlungen durch Beschluss zulässt, kommen beschlussweise Vertragsstrafenregelungen per se nicht in Betracht.

Den Wohnungseigentümern können durch Mehrheitsbeschluss auch keine Leistungspflichten dergestalt auferlegt werden, Mieter- und Nutzerwechsel unter Angabe der Daten des neuen Mieters bzw. des neuen Nutzers der Verwaltung schriftlich mitzuteilen.[771] Mangels Beschlusskompetenz wäre ein derartiger Beschluss nichtig. Allerdings können die Wohnungseigentümer eine entsprechende Verpflichtung durch Beschluss auf Grundlage einer vereinbarten allgemeinen Öffnungsklausel regeln.[772]

Ebenfalls mangels Beschlusskompetenz nichtig wäre ein Beschluss über ein Verbot der Kontaktaufnahme von Eigentümern zu Mietern anderer Eigentümer ohne deren Wissen.[773]

### Mieteinnahmen

Die Mieteinnahmen stehen grundsätzlich dem vermietenden Wohnungseigentümer zu. Ein Eigentümerbeschluss, wonach der Ver-

---

[769] BGH, Urteil v. 12.4.2019, V ZR 112/18, NJW 2019 S. 2083.
[770] BGH, Urteil v. 22.3.2019, V ZR 105/18, NJW 2019 S. 1673.
[771] AG Nürnberg, Urteil v. 23.1.2015, 14 C 4961/14 WEG, ZMR 2015 S. 635.
[772] BGH, Urteil v. 12.4.2019, V ZR 112/18, NJW 2019 S. 2083.
[773] LG Frankfurt a.M., Urteil v. 17.5.2018, 2-13 S 31/16, NZM 2018 S. 628.

## Problemfelder der Vermietung von Wohnungseigentum

walter für die ihre Wohnung vermietenden Sondereigentümer die Miete einzuziehen hat und diese einen Teil des Mietertrags der Gemeinschaft zur Verfügung stellen müssen, ist wegen unzulässigen Eingriffs in den Kernbereich des Sondereigentums und damit wegen fehlender Beschlusskompetenz nichtig.[774]

**Vermietung nach Eigentumsentziehung**

Ist einem Wohnungseigentümer das Eigentum gemäß § 18 WEG a.F. / § 17 WEG n.F. entzogen worden und kommt er seiner Verpflichtung zur Veräußerung seiner Wohnung nicht nach, wird das Urteil durch Zwangsversteigerung vollstreckt. Nun kann es für den Ersteher reizvoll sein, die Wohnung einfach an den ehemaligen Wohnungseigentümer zu vermieten. Jedenfalls verletzt der Ersteher einer Eigentumswohnung seine Pflicht gemäß § 14 Nr. 1 WEG a.F./§ 14 Abs. 1 Nr. 1 und Abs. 2 Nr. 1 WEG n.F., wenn er die Nutzung durch den früheren Wohnungseigentümer, dem das Wohnungseigentum entzogen worden ist, nicht beendet, sondern ihm den Besitz an dem Sondereigentum weiter überlässt. Die anderen Wohnungseigentümer können verlangen, dass er dem früheren Wohnungseigentümer den Besitz entzieht.[775] Ist dem Wohnungseigentümer das Wohnungseigentum entzogen worden, weil er trotz Abmahnung wiederholt gröblich gegen ihm nach § 14 Nr. 1 WEG a.F./§ 14 Abs. 1 Nr. 1 und Abs. 2 Nr. 1 WEG n.F. obliegende Pflichten verstoßen hat, steht durch das Entziehungsurteil nämlich fest, dass sein Verbleib in der Wohnung den übrigen Wohnungseigentümern unzumutbar ist. Folglich verletzt wiederum der Ersteher der Eigentumswohnung seine Pflicht aus § 14 Nr. 1 WEG a.F./§ 14 Abs. 1 Nr. 1 und Abs. 2 Nr. 1 WEG n.F., wenn er die Nutzung durch den früheren Wohnungseigentümer nicht beendet.

### 22.2 Mitgebrauch des gemeinschaftlichen Eigentums

In dem Recht eines Wohnungs- oder Teileigentümers, sein Sondereigentum zu vermieten, liegt auch die Befugnis, das ihm zustehende Recht auf Mitgebrauch des gemeinschaftlichen Eigentums auf den Mieter zu übertragen.[776] Grundsätzlich gilt dies auch im Hinblick auf diejenigen gemeinschaftlichen Einrichtungen, die für die Nutzung des Sondereigentums nicht notwendig sind.[777]

---

[774] OLG Düsseldorf, Beschluss v. 10.1.2001, 3 Wx 419/00, ZMR 2001 S. 306.
[775] BGH Urteil v. 18.11.2016, V ZR 221/15, ZMR 2017 S. 171.
[776] BGH, Urteil v. 25.10.2019, V ZR 271/18, NJW 2020 S. 921.
[777] BayObLG, Beschluss v. 9.10.1997, 2Z BR 90/97, ZMR 1998 S. 182.

## Problemfelder der Vermietung von Wohnungseigentum

### Beispiel: Vermietung eines Müllraums

Steht der Müllraum einer Wohnanlage im Sondereigentum eines Wohnungseigentümers, so soll dieser auch berechtigt sein, einen Teil dieses Raums an die Eigentümer einer benachbarten Wohnanlage zu vermieten und diesen dadurch grundsätzlich das Recht zu übertragen, das Gemeinschaftseigentum zu überqueren, um zu dem Müllraum zu gelangen.[778] Der Vermieter kann seinem Mieter allerdings nicht mehr Rechte einräumen als er selbst hat.[779] So hat ein Wohnungseigentümer folglich keine Rechtsmacht, gegenüber seinem Mieter verbindlich für die Gemeinschaft der Wohnungseigentümer oder andere einzelne Wohnungseigentümer Genehmigungen betreffend eine bestimmte Nutzung des Gemeinschaftseigentums durch den Mieter zu erteilen.[780] Er kann nicht mit bindender Wirkung für die übrigen Wohnungseigentümer etwa eine zustimmungsbedürftige bauliche Veränderung seitens seines Mieters genehmigen.[781]

### Verjährung von Ersatzansprüchen gegenüber dem Mieter

Die Verjährungsvorschrift des § 548 Abs. 1 BGB findet auf Schadensersatzansprüche der Gemeinschaft der Wohnungseigentümer gegen den Mieter einer Eigentumswohnung wegen Beschädigung des Gemeinschaftseigentums keine Anwendung.[782] Nach der genannten Vorschrift verjähren Ansprüche des Vermieters gegen seine Mieter wegen einer Beschädigung der Mietsache innerhalb von 6 Monaten seit Rückgabe der Mietsache. Es besteht kein Grund, diese Vorschrift auch auf Ansprüche der Gemeinschaft wegen einer Beschädigung des Gemeinschaftseigentums gegen die Mieter eines Wohnungseigentümers auszuweiten. Der vermietende Wohnungseigentümer kann nämlich gemäß § 13 Abs. 1 WEG grundsätzlich mit den in seinem Sondereigentum stehenden Gebäudeteilen nach Belieben verfahren. Er entscheidet über die Nutzung seines Sondereigentums allein. Er kann es vermieten und dem Mieter in diesem Rahmen auch den Mitgebrauch des Gemeinschaftseigentums verschaffen. Die Überlassung der Mietsache und insoweit auch der Mitgebrauch des Gemeinschaftseigentums durch den Mieter, beruht insoweit nicht auf einer Verfügung der Gemeinschaft der Wohnungseigentümer über das Gemeinschaftseigentum, sondern allein auf einer Disposition des vermietenden Wohnungseigentümers.

Die Gemeinschaft der Wohnungseigentümer hat außerdem vielfach keine Kenntnis vom Auszug eines Mieters eines ihrer Wohnungseigentümer. Sie hat demgemäß auch keine Veranlassung, das dem Mieter zum Mitgebrauch überlassene Gemeinschaftseigentum wie Hauseingangsbereich, Treppenhaus

---

[778] BayObLG, Beschluss v. 21.9.2000, 2Z BR 12/00, ZMR 2001 S. 48.
[779] BGH, Urteil v. 25.10.2019, V ZR 271/18, NJW 2020 S. 921.
[780] LG Bochum, Urteil v. 16.7.2018, I-1 O 318/17, ZMR 2018 S. 850.
[781] LG Berlin, Urteil v. 25.11.2016, 85 S 103/15 WEG, ZWE 2017 S. 130.
[782] BGH, Urteil v. 29.6.2011, VIII ZR 349/10, ZMR 2011 S. 968.

**Problemfelder der Vermietung von Wohnungseigentum**

und Aufzug zeitnah zum Auszug oder der Rückgabe der Wohnung zu untersuchen. Entsprechende Ersatzansprüche der Gemeinschaft verjähren also innerhalb der 3-Jahresfrist der §§ 195, 199 BGB.

## 22.3 Schlüsselverlust

Gibt der Mieter bei seinem Auszug die überlassenen Wohnungsschlüssel nicht oder nicht vollzählig zurück, steht dem vermietenden Wohnungseigentümer ein Anspruch auf Schadensersatz gemäß §§ 280 Abs. 1, 535 Abs. 1, 546 Abs. 1, 241 Abs. 2 BGB zu, weil der Mieter seine mietvertragliche Nebenpflicht zur Obhut über den nicht mehr auffindbaren Schlüssel verletzt hat. Als Schadensersatz kann der vermietende Wohnungseigentümer Freistellung, also Zahlung an die Gemeinschaft der Wohnungseigentümer verlangen, soweit er wegen des abhanden gekommenen Schlüssels seinerseits Schadensersatzansprüchen der Gemeinschaft der Wohnungseigentümer ausgesetzt ist. Derartige Schadensersatzansprüche bestehen aber dann nicht, wenn die Schließanlage der Wohnungseigentumsanlage tatsächlich nicht (insgesamt) ausgetauscht worden ist. Es fehlt dann an einem erstattungsfähigen Vermögensschaden, sodass auch eine fiktive Abrechnung nicht in Betracht kommt.[783]

Andererseits aber besteht durchaus die Beschlusskompetenz, den Wohnungseigentümer zu verpflichten, die Kosten der zentralen Schließanlage nach einem Schlüsselverlust seines Mieters oder auch des Mieters des Voreigentümers zu tragen. Die Wohnungseigentümer müssen sich auch nicht mit der lapidaren Aussage des Mieters begnügen, der Schlüssel sei auf den Grund eines Sees gesunken. Das Sicherheitsinteresse der Wohnungseigentümer überwiegt hier deutlich.[784]

## 22.4 Gebrauchsregelungen im Mietvertrag

Grundsätzlich sollten vermietende Eigentümer darauf achten, dass im Rahmen des Mietvertrags keine der Gemeinschaftsordnung oder der Hausordnung der Wohnungseigentümergemeinschaft widersprechenden Bestimmungen aufgenommen werden. Ebenso grundsätzlich muss danach unterschieden werden, ob im Innenverhältnis der Wohnungseigentümer zueinander geltende Gebrauchs- oder Nutzungsregelungen das Gemeinschafts- oder das Sondereigentum betreffen. An Beschlüsse, die Nutzung und Gebrauch des Gemeinschaftseigentums regeln, ist der Mieter des Wohnungseigentümers gebunden, da der vermietende Wohnungseigentümer seinem Mieter keine weitergehenden Rechte einräumen kann, als er selbst hat.[785] Bei einem Verstoß des Mieters auch gegen lediglich beschlussweise geregelte Nutzungs- und Gebrauchsvorgaben, haben die Wohnungseigentümer einen Anspruch gegen den

---

[783] BGH, Urteil v. 5.3.2014, VIII ZR 205/13, NJW 2014 S. 1653.
[784] LG Hamburg, Beschluss v. 10.3.2016, 318 S 79/15, ZMR 2016 S. 394.
[785] BGH, Urteil v. 25.10.2019, V ZR 271/18, NJW 2020, 921.

Mieter auf Unterlassung gemäß § 1004 Abs. 1 BGB. Insoweit ist es selbstverständlich im Interesse des vermietenden Wohnungseigentümers, dass dieser seinem Mieter keine weitergehenden Rechte einräumt, als dies aufgrund der Beschlusslage in der Gemeinschaft möglich ist.

Allerdings ist der Mieter lediglich an die bei Abschluss des Mietvertrags geltenden Beschlüsse und Vereinbarungen gebunden. Zur dynamischen Bindung des Mieters an entsprechende Änderungsbeschlüsse oder -vereinbarungen bedarf es daher einer entsprechenden Anpassungsklausel im Mietvertrag. Insoweit sollte im Mietvertrag eine Bindung des Mieters an die Hausordnung in ihrer jeweils gültigen Fassung sowie sonstige gebrauchsbeschränkende Beschlüsse, einschließlich zumutbarer Änderungen aufgenommen werden.

Was Nutzungs- und Gebrauchsregelungen das Sondereigentum betreffend angeht, ist ebenfalls geklärt, dass zumindest derartige verdinglichte Regelungen, also solche, die aus dem Grundbuch ersichtlich sind, ebenfalls unmittelbar den Mieter binden und dieser im Fall eines Verstoßes wiederum Unterlassungsansprüchen der Wohnungseigentümer gemäß § 1004 Abs. 1 BGB ausgesetzt sein kann.[786] Besteht beispielsweise bereits aufgrund der Gemeinschaftsordnung ein generelles Verbot der Hundehaltung, bindet auch dies den Mieter des Wohnungseigentümers. Entsprechendes gilt auch hinsichtlich der in der Eigentümergemeinschaft geltenden Ruhezeiten.

Derartige, in erster Linie den Gebrauch des Sondereigentums betreffende Gebrauchsregelungen, sind vielfach allerdings durch mehrheitlich beschlossene Hausordnungen statuiert, also nicht durch dingliche, im Grundbuch eingetragene Vereinbarungen. Insoweit ist allerdings noch nicht geklärt, ob der Mieter eines Wohnungseigentümers auch lediglich beschlussweise geregelten Gebrauchsregelungen mit Blick auf das Sondereigentum unterworfen ist, auch wenn der vermietende Wohnungseigentümer seinem Mieter nicht mehr Rechte einräumen kann, als er selbst hat.[787] Den vermietenden Eigentümer trifft allerdings aus dem Mietvertrag die Pflicht, bei nachträglichen Gebrauchsregelungen darauf hinzuwirken, dass diese den dem Mieter eingeräumten Gebrauch nicht einschränken. Konkret darf er also einer entsprechenden Vereinbarung nicht zustimmen, einen gegen seinen Willen gefassten Beschluss muss er anfechten, soweit die Klage Aussicht auf Erfolg hat.

**Durchsetzung der Hausordnung durch den Verwalter**

Der Verwalter ist zwar nach wie vor verpflichtet, für die Durchführung der Hausordnung zu sorgen. Diese Verpflichtung besteht jedoch nur in Bezug auf die Gemeinschaft der Wohnungseigentümer bzw. die einzelnen Wohnungseigentümer – gegen Mieter hat der Verwalter insoweit keine Handhabe. Wohl aber ist der Verwalter berechtigt und verpflichtet, den vermietenden Wohnungs-

---
[786] BGH, Urteil v. 25.10.2019, a.a.O.
[787] BGH, Urteil v. 24.1.2020, V ZR 295/16, ZMR 2020 S. 675.

## Problemfelder der Vermietung von Wohnungseigentum

eigentümer dahingehend anzuhalten, dass dieser auf einen ordnungsgemäßen Gebrauch der Mietsache durch seinen Mieter hinwirkt. Selbstverständlich kann der Verwalter aber beispielsweise in der Gemeinschaftsordnung durch die Eigentümer ermächtigt werden, auch gegenüber den Mietern die Hausordnung durchzusetzen, was den Gebrauch des Gemeinschaftseigentums betrifft.

### 22.5 Betriebskostenabrechnung

§ 556a Abs. 3 BGB n.F. regelt, dass bei Vermietung einer Eigentumswohnung die Betriebskosten nach dem Maßstab auf den Mieter umzulegen sind, der zwischen den Wohnungseigentümern für die Verteilung der Betriebskosten der Gemeinschaft der Wohnungseigentümer gilt, soweit die Mietvertragsparteien nichts anderes vereinbart haben. Hinsichtlich der Betriebskosten sollte selbstverständlich auch der Verteilerschlüssel der Eigentümergemeinschaft in gleicher Weise in den Mietvertrag übernommen werden.[788]

Die Wirksamkeit einer Betriebskostenabrechnung des vermietenden Wohnungseigentümers setzt keinen Beschluss der zugrunde liegenden Jahresabrechnung durch die Wohnungseigentümer nach § 28 Abs. 5 WEG a.F. voraus.[789] Der Vermieter hat also auch dann innerhalb der Jahresfrist des § 556 Abs. 3 Satz 2 BGB die Betriebskosten gegenüber seinem Mieter abzurechnen, wenn etwa ein Beschluss über die Jahresabrechnung existiert, dieser aber angefochten ist. Dies gilt jedenfalls dann, wenn der Genehmigungsbeschluss lediglich aus formellen Gründen angefochten ist. Nicht eindeutig geklärt ist dies, wenn die Wohnungseigentümer über die Abrechnungsgrundlagen, also materielle Fehler der Abrechnungen, streiten. Der Vermieter soll in einem derartigen Fall jedenfalls nach Ablauf der Jahresfrist nicht mit Nachforderungen ausgeschlossen sein.[790]

### 22.6 Unterlassungsansprüche

#### 22.6.1 Anspruch gegen den Mieter

Da die Verwaltung des Gemeinschaftseigentums gemäß § 18 Abs. 1 WEG n.F. der Gemeinschaft der Wohnungseigentümer obliegt und die aus § 14 Abs. 1 Nr. 1 WEG n.F. resultierende Pflicht, die gesetzlichen Regelungen, Vereinbarungen und Beschlüsse einzuhalten, der Gemeinschaft der Wohnungseigentümer besteht, ist diese nach § 9a Abs. 2 WEG n.F. auch aktivlegitimiert, was Unterlassungsansprüche wegen einer Beeinträchtigung des Gemeinschaftseigentums betrifft. Ist andererseits das Sondereigentum anderer Wohnungseigentümer konkret wegen der Störungen beeinträchtigt, hat jeder dieser beeinträchtigten Wohnungseigentümer einen aus § 1004 BGB resultie-

---
[788] Siehe vertiefend Kap. 22 Betriebskostenabrechnung bei vermietetem Wohnungseigentum.
[789] BGH, Beschluss v. 14.3.2017, VIII ZR 50/16, ZMR 2017 S. 630.
[790] LG München I, Urteil v. 18.1.2018, 31 S 11267/17, WuM 2018 S. 427.

## Problemfelder der Vermietung von Wohnungseigentum

renden individuellen Unterlassungsanspruch. Zur Vermeidung von Wiederholungen wird auf das Abgrenzungsbeispiel in Kap. 8.1.1 verwiesen.

 **Schadensersatzansprüche des Mieters**

Ist der Mieter nach dem Mietvertrag zu einer Nutzung der Mietsache berechtigt, die gegen die Zweckbestimmung der Sondereigentumseinheit verstößt und wird der Mieter anschließend erfolgreich auf Unterlassung in Anspruch genommen, können erhebliche Schadensersatzansprüche des Mieters gegen den vermietenden Wohnungseigentümer wegen der nur noch eingeschränkten oder gar gänzlich wegfallenden Nutzungsmöglichkeit der Mietsache bestehen. Allerdings sind die Mieter oder Pächter insoweit dem Insolvenzrisiko des vermietenden Wohnungseigentümers ausgesetzt. Auch sie sollten sich also vor Vertragsschluss vergewissern, ob ein Vermieter oder Verpächter auch wohnungseigentumsrechtlich in der Lage ist, den Miet- oder Pachtgegenstand in gewünschter Weise vermieten oder verpachten zu können.

### 22.6.2 Anspruch gegen den vermietenden Wohnungseigentümer

Für vom Mieter ausgehende Störungen kann auch direkt der vermietende Wohnungseigentümer auf Unterlassung in Anspruch genommen werden.[791] Denn jeder Miteigentümer ist nach den Bestimmungen des Wohnungseigentumsgesetzes gehalten, sein Eigentum nur in einer solchen Weise zu nutzen, dass den übrigen Wohnungseigentümern kein über das Maß eines ordnungsgemäßen Zusammenlebens hinausgehender Nachteil erwächst. Ist er dabei nicht unmittelbarer Nutzer, so hat er dennoch darauf hinzuwirken, dass auch der Mieter den störenden Gebrauch unterlässt. Wegen des im Beispielsfall in Kapitel 8.1.1 bestehenden Unterlassungsanspruchs kann auch der vermietende Wohnungseigentümer direkt auf Unterlassung in Anspruch genommen werden. Im Übrigen gilt Folgendes:

- Ein Wohnungseigentümer ist den anderen Wohnungseigentümern gegenüber verpflichtet ist, jegliche – insbesondere auch psychische – Beeinträchtigungen durch einen Mieter seines Sondereigentums, die den räumlich-gegenständlichen Bereich des Sondereigentums der anderen behindern, zu verhindern oder abzustellen.[792]
- Ein Wohnungseigentümer kann insbesondere durch die Gemeinschaft der Wohnungseigentümer dazu verpflichtet werden, eine von seinem Mieter

---

[791] LG München I, Beschluss v. 15.1.2018, 1 S 1401/17, ZMR 2018 S. 443.
[792] Saarländisches OLG, Beschluss v. 4.4.2007, 5 W 2/07-2, ZMR 2007 S. 886.

## Problemfelder der Vermietung von Wohnungseigentum

oder Pächter vorgenommene unzulässige bauliche Veränderung zu beseitigen bzw. beseitigen zu lassen.[793]

- Neben dem Anspruch gegen den Mieter auf Beseitigung von Gegenständen auf gemeinschaftlichen Flächen der Wohnanlage, besteht auch ein Räumungsanspruch gegen den vermietenden Eigentümer hinsichtlich dieser Gegenstände.[794]

 **Kein Anspruch auf Unterlassen einer erlaubten Nutzung bei konkreten Störungen**

Insbesondere bei der kurzfristigen Vermietung von Eigentumswohnungen an Feriengäste oder Medizintouristen, können von einzelnen Gästen erhebliche Störungen des Hausfriedens ausgehen. Wenn nun die konkrete Ausgestaltung der kurzfristigen Vermietung einer Wohnung an Feriengäste zu Beeinträchtigungen führt, die über das bei einem geordneten Zusammenleben unvermeidliche Maß hinausgehen, können die übrigen Eigentümer grundsätzlich nur die Einstellung der konkreten Beeinträchtigungen verlangen, nicht hingegen die vollständige Einstellung der kurzfristigen Vermietung der Wohnung an Feriengäste oder Medizintouristen.[795]

**Kündigungspflicht des Wohnungseigentümers?**
Zwar ist der Vermieter verpflichtet, ein Verhalten seines Mieters zu unterbinden, das zu Belästigungen der Hausbewohner und übrigen Wohnungseigentümer führt bzw. gegen die Hausordnung verstößt. Wie er seinen Mieter aber dazu bringt, sich gesellschafts- und gemeinschaftskonform zu verhalten, muss letztlich ihm überlassen bleiben. Dem vermietenden Wohnungseigentümer kann grundsätzlich nicht vorgeschrieben werden, auf welche Weise er die Unterlassung des unzulässigen Verhaltens seines Mieters erreicht.[796] Ein berechtigter Anspruch der Gemeinschaft kann sich vielmehr allein auf Unterlassung der unzulässigen Belästigungen richten. Diese Unterlassungsverpflichtung ist gem. § 890 ZPO zu vollstrecken.

Allerdings muss der Wohnungseigentümer alles in seiner Macht Stehende unternehmen, damit der Mieter einem berechtigten Unterlassungsanspruch Folge leistet. Selbst bei einem unkündbaren Gebrauchsüberlassungsvertrag ist es danach nicht ausgeschlossen, dass sich der Eigentümer mit den Mietern gütlich einigt und sie – erforderlichenfalls unter finanziellen Opfern – zu einer Aufgabe der zu unterlassenden Nutzung veranlasst.[797] Selbstverständlich

---

[793] OLG Köln, Beschluss v. 14.4.2000, 16 Wx 58/00, ZMR 2001 S. 65; OLG Düsseldorf, Beschluss v. 5.12.2000, 3 Wx 400/00, ZMR 2001 S. 374.
[794] LG Braunschweig, Urteil v. 2.3.2012, 6 S 360/11, ZMR 2012 S. 570.
[795] LG München I, Urteil v. 8.2.2017, 1 S 5582/16 WEG, ZMR 2017 S. 325.
[796] OLG Köln, Beschluss v. 15.1.1997, 16 Wx 275/96, ZMR 1997 S. 253.
[797] BGH, Urteil v. 16.5.2014, V ZR 131/13, NJW 2014, 2640; LG München I, Beschluss v. 15.1.2018, 1 S 1401/17, ZMR 2018 S. 443.

kann unter Umständen auch die Kündigung als äußerstes Mittel in Betracht kommen.

## 22.7 Muster-Mietvertrag über eine Eigentumswohnung

**Mustervertrag: Mietvertrag über Eigentumswohnung**[798]

Zwischen

_____

_____

E-Mail: _____

Tel.-/Mobilfunk-Nr.: _____ – nachstehend: **Vermieter** –

und

_____

_____

E-Mail: _____

Tel.-/Mobilfunk-Nr.: _____

ausgewiesen durch: _____ – nachstehend: **Mieter** –

– nachstehend gemeinsam: **die Parteien** –

---

[798] Straub, Muster-Mietvertrag über Eigentumswohnung, Haufe Group 2020, HI13627356.

wird folgender Mietvertrag über Wohnraum geschlossen:

## § 1 Mietsache

(1) Der Vermieter vermietet an den Mieter die im Sondereigentum des Vermieters stehende Eigentumswohnung Nr. _____, bestehend aus den im als Anlage 1 beigefügten Lageplan rot gekennzeichneten Wohnflächen im ____ Geschoss des Anwesens _____, bestehend aus ___ Zimmern, ___ Flur, ___ Küche, ___ Bad, ___ WC, ___ Balkon, ___ Terrasse, ___ Loggia, _____ zur Nutzung durch ____ Personen.

(2) Mitvermietet sind die nachstehend genannten, im als Anlage 1 beigefügten Lageplan grün gekennzeichneten Nebenräume, Freiflächen, Abstell-, Keller- und/oder Speicherräume, Stellplätze, Garagen, Werbeflächen:

_____

_____

_____

(3) Der Mieter ist zudem berechtigt, die nachstehend genannten, im als Anlage 1 beigefügten Lageplan blau gekennzeichneten Gemeinschaftsflächen gemeinsam mit den anderen Nutzern des Anwesens nach Maßgabe der Hausordnung mitzubenutzen:

_____

_____

Im Fall des Vorliegens nach Abschluss des Mietvertrags entstehender sachlicher Gründe ist der Vermieter nach billigem Ermessen berechtigt, den Mieter von der Nutzung einzelner oder aller der vorbenannten Gemeinschaftseinrichtungen auszuschließen oder zu bestimmen, dass diese künftig nur noch abweichend mitbenutzt werden dürfen.

(4) Der als Anlage 1 beigefügte Lageplan ist Bestandteil des Mietvertrags.

(5) Die Mietsache weist nach der Wohnflächenverordnung eine Wohnfläche von ca. ____ qm aus. Bei der vorstehenden Flächenangabe handelt es sich um eine unverbindliche Angabe, die nicht zur Festlegung des Mietgegenstands dient; dieser ergibt sich vielmehr aus der Anzahl der vermieteten Wohnräume gemäß Abs. 1.

(6) Wird die Mietsache vor Beginn des Mietverhältnisses erst noch erstellt, kann der Vermieter bis zum Beginn des Mietverhältnisses Änderungen an den Miethräumen vornehmen, soweit diese nicht wesentlich, jedoch zweckmäßig sind und/oder aufgrund von behördlichen Auflagen erforderlich sind.

(7) Der Mieter erklärt ausdrücklich, dass er bei Abschluss des Mietvertrags keine Absicht oder Gründe hat, weitere Personen aufzunehmen oder mit weiteren Personen eine Wohngemeinschaft zu bilden.

(8) Der Mieter erhält vom Vermieter bei Übergabe der Mietsache folgende Schlüssel:
____ Hausschlüssel, ____ Wohnungsschlüssel, ____ Zimmerschlüssel, ____ Kellerschlüssel, ____ Briefkastenschlüssel, ____ Garagenschlüssel, _____
Weitere Schlüssel dürfen nur mit Zustimmung des Vermieters beschafft werden, diese sind dem Vermieter bei Beendigung des Mietverhältnisses gegen Kostenerstattung auszuhändigen oder unbrauchbar zu machen. Kommen dem Mieter Schlüssel wenigstens fahrlässig abhanden, hat er dem Vermieter die Kosten für entsprechende Ersatzschlüssel zu erstatten. Bei Abhandenkommen von Schlüsseln kann dem Vermieter ein Anspruch auf Ersatz der Kosten für den Austausch von Schlössern und/oder einer Schließanlage zustehen, wenn der Mieter nicht nachweisen kann, dass eine missbräuchliche Verwendung der Schlüssel ausgeschlossen ist. Der Mieter wird ausdrücklich auf das mit einem Abhandenkommen von Schlüsseln verbundene hohe finanzielle Risiko hingewiesen.

## § 2 Beginn und Dauer des Mietverhältnisses

(1) *Alternative 1:*
Das Mietverhältnis beginnt am _____.
*Alternative 2:*
Das Mietverhältnis beginnt am _____. Es beginnt jedoch nicht vor der Räumung der Mietsache durch den Vormieter / vor der Herstellung der Bezugsfertigkeit der Mietsache. Solche zeitlichen Verzögerungen sind vom Vermieter nur bei Vorsatz oder grober Fahrlässigkeit zu vertreten. Kündigungsrechte des Mieters bleiben hiervon unberührt.

(2) *Alternative 1:*
Das Mietverhältnis ist zeitlich unbefristet, es läuft auf unbestimmte Zeit.
*Alternative 2:*
Die Parteien verzichten wechselseitig für die Dauer von _____ Jahren (maximal 4 Jahre seit Abschluss des Mietvertrags und dem Zeitpunkt, zu dem das Mietverhältnis erstmals ordentlich gekündigt werden kann!) auf das Recht zur ordentlichen Kündigung des Mietverhältnisses. Hiervon unberührt bleibt das Recht der Parteien zur außerordentlichen Kündigung des Mietverhältnisses.
*Alternative 3:*
Das Mietverhältnis wird auf die Dauer von _____ Monaten / Jahren fest abgeschlossen und endet mit Ablauf des _____, ohne dass es einer Kündigung bedarf. Der Mieter kann über den vorstehend genannten Beendigungszeitpunkt hinaus eine Fortsetzung des Mietverhältnisses nach § 574 BGB nicht verlangen, da der Vermieter die Mietsache nach Beendigung des Mietverhältnisses

☐     als Wohnung für

☐ sich selbst

☐ seine/n Familienangehörige/n
_____

☐ folgende/n Angehörige/n seines Haushalts
_____

nutzen möchte

oder

☐ in zulässiger Weise beseitigen oder so wesentlich verändern / instand setzen möchte, dass diese Maßnahmen durch eine Fortsetzung des Mietverhältnisses erheblich erschwert würden.

*[Detaillierte Beschreibung der geplanten Umbauabsichten:]*

_____

_____

oder

☐ an einen zur Dienstleistung Verpflichteten vermieten möchte.

*[Nähere Erläuterungen zum genannten Dienstverhältnis:]*

_____

_____

Tritt der Grund der zeitlichen Befristung erst zu einem späteren Zeitpunkt nach Beendigung des Mietverhältnisses ein, kann der Mieter eine entsprechende Verlängerung des Mietverhältnisses verlangen. Fällt der Befristungsgrund weg, kann der Mieter eine zeitlich unbefristete Verlängerung des Mietverhältnisses verlangen. Der Vermieter hat den Eintritt des Befristungsgrundes sowie die Dauer einer zeitlichen Verzögerung darzulegen und zu beweisen.

**§ 3 Kündigung / Beendigung des Mietverhältnisses**

(1) Das Mietverhältnis kann von beiden Seiten mit den gesetzlichen Fristen ordentlich gekündigt werden. Die ordentliche Kündigung des Mietverhältnisses ist nur zum Monatsende zulässig, sie muss dem Empfänger spätestens am 3. Werktag des ersten Monats der Kündigungsfrist zugegangen sein. Die ordentliche Kündigungsfrist beläuft sich bei Abschluss des Mietvertrags für beide Seiten auf 3 (drei) Monate, sie verlängert sich für den Vermieter nach 5 (fünf) und 8 (acht) Jahren seit der Überlassung der Mietsache an den Mieter um jeweils weitere 3 (drei) Monate.

(2) Der Vermieter kann das Mietverhältnis außerordentlich, insbesondere mit sofortiger Wirkung fristlos kündigen, wenn der Mieter

(2.1) die Rechte des Vermieters trotz vorangegangener einschlägiger Abmahnung in erheblichem Maße dadurch verletzt, dass er die Mietsache durch Vernachlässigung der ihm obliegenden Sorgfalt erheblich gefährdet oder sie unbefugt – auch teilweise – einem Dritten überlässt,

(2.2) für 2 (zwei) aufeinanderfolgende Termine mit der Zahlung der Miete oder eines nicht unerheblichen Teils der Miete in Verzug ist,

(2.3) in einem Zeitraum, der sich über mehr als 2 (zwei) Termine erstreckt, mit der Zahlung der Miete in Höhe eines Betrags in Verzug ist, der die Miete für 2 (zwei) Monate erreicht,

(2.4) mit der Sicherheitsleistung nach § 551 BGB (Kaution) in Höhe eines Betrags in Verzug ist, der der 2-fachen Monatskaltmiete entspricht,

(2.5) seine Verpflichtungen schuldhaft in einem solchen Maße verletzt, insbesondere den Hausfrieden so nachhaltig stört, dass dem Vermieter eine Fortsetzung des Mietverhältnisses bis zum Ablauf der ordentlichen Kündigungsfrist oder einer auf sonstige Weise vereinbarten Beendigung nicht zugemutet werden kann.

(3) Die Kündigung des Mietverhältnisses muss schriftlich erklärt werden.

(4) Setzt der Mieter den Gebrauch der Mietsache über den Beendigungszeitpunkt hinaus fort, tritt keine automatische Verlängerung des Mietverhältnisses ein.

## § 4 Miete

(1) Die vom Mieter monatlich zu zahlende Miete setzt sich zunächst wie folgt zusammen:

Kaltmiete: _____ EUR

Vorauszahlung auf die Betriebskosten gemäß
§ 5 Abs. 2: _____ EUR

Betriebskostenpauschale gemäß § 5 Abs. 3: _____ EUR

Miete für Garage/Stellplatz etc.: _____ EUR

Sonstiges: _____ _____ EUR

**Monatliche Miete gesamt:** _____ EUR

(2) Der Vermieter ist berechtigt, die Miete im Laufe des Mietverhältnisses nach den gesetzlichen Vorschriften zu erhöhen. Dies gilt auch im Fall eines wechselseitig vereinbarten Kündigungsverzichts gemäß § 2 Abs. 2 (Alt. 2) sowie im Fall der zeitlichen Befristung des Mietverhältnisses gemäß § 2 Abs. 2 (Alt. 3). Im Übrigen wird auf die nachstehend in § 6 enthaltenen Vereinbarungen der Parteien zur Änderung der Miete verwiesen.

(3) Mit der Angabe des vorstehenden Betrags für die Vorauszahlung auf die Betriebskosten ist keinerlei Zusicherung des Vermieters verbunden, dass dieser tatsächlich angemessen und ausreichend ist, die tatsächlichen Betriebskosten zu decken.

(4) Für den Fall, dass auf das vorliegende Mietverhältnis die sog. Mietpreisbremse (§§ 556d bis 556g BGB) Anwendung finden sollte, erteilt der Vermieter vorsorglich die nachstehenden Auskünfte:

☐ Die vom Vormieter ein Jahr vor Beendigung dessen Mietverhältnisses geschuldete Miete belief sich auf _____ EUR.

☐ In den letzten 3 (drei) Jahren vor Beginn des Mietverhältnisses wurden Modernisierungsmaßnahmen durchgeführt.

☐ Die Wohnung wurde nach dem 1.10.2014 erstmals genutzt und vermietet.

☐ Es handelt sich bei dem vorliegenden Mietverhältnis um die erste Vermietung nach einer umfassenden Modernisierung der Wohnung.

(5) Im Fall der berechtigten Untervermietung bzw. Gebrauchsüberlassung an Dritte gemäß § 17 hat der Mieter auf Verlangen des Vermieters einen Mietzuschlag zu zahlen, dessen Höhe sich nach Art und Umfang der Nutzung sowie dem durch den Mieter ggf. zufließenden Erlös ermittelt.

## § 5 Betriebskosten

(1) Der Mieter trägt die Betriebskosten gemäß § 1 Abs. 1 und § 2 der Betriebskostenverordnung (BetrKV) sowie der Heizkostenverordnung (HeizKV) in ihrer jeweils aktuellen Fassung. Neben der Kaltmiete werden somit alle in der BetrKV genannten und auf dem Mietgrundstück anfallenden Betriebskosten auf den Mieter umgelegt und durch Vorauszahlungen und/oder eine Pauschale erhoben. Die Betriebskostenverordnung ist Bestandteil des Mietvertrags und diesem in ihrer bei Vertragsabschluss geltenden Fassung als Anlage 2 beigefügt. Zu den auf den Mieter umzulegenden Betriebskosten zählen damit insbesondere

- die laufenden öffentlichen Lasten des Grundstücks (z.B. Grundsteuer)
- die Kosten für Wasserversorgung, Entwässerung und Zählermiete
- die Kosten für zentrale Heizungs- und Warmwasserversorgung sowie Legionellenprüfung, Reinigung und Wartung von Etagenheizungen und Warmwassergeräten (zusätzlich gilt § 11 und § 15 Abs. 11)
- die Kosten des Betriebs des Personen- oder Lastenaufzugs
- die Kosten der Straßenreinigung
- die Kosten der Müllbeseitigung
- die Kosten der Gebäudereinigung und Ungezieferbekämpfung
- die Kosten der Gartenpflege
- die Kosten der Beleuchtung außerhalb der Mieträume
- die Kosten der Schornsteinreinigung und Immissionsschutzmessungen (soweit nicht in den Kosten für zentrale Heizungs- und Warmwasserversorgung sowie Legionellenprüfung, Reinigung und Wartung von Etagenheizungen und Warmwassergeräten enthalten)

- die Kosten der Sach- und Haftpflichtversicherung, Gebäudeversicherung
- die Kosten für den Hauswart (ausgenommen Instandhaltungen und Instandsetzungen)
- die Kosten des Betriebs der Gemeinschaftsantenne/Satellitenanlage
- die Kosten des Breitbandkabelanschlusses
- die Kosten des Betriebs der Einrichtung für eine Wäschepflege
- sonstige Betriebskosten gem. § 2 Ziff. 17 BetrKV (Anlage 2)
  - Wartung von Rauchwarnmeldern, Feuerlöschern und Brandschutzeinrichtungen
  - Wartung Elektroinstallationen
  - Dachrinnenreinigung
  - Überprüfung der Blitzschutzanlage
  - Wartungskosten für Klima- und Lüftungsanlagen

(2) Die vom Mieter zunächst geschuldeten monatlichen Vorauszahlungen betragen für
*Alternative 1:*

die Heizungs- und Warmwasserkosten: _____ EUR

die sonstigen Betriebs- und Nebenkosten: _____ EUR

*Alternative 2:*

die Heizungs- und Warmwasserkosten sowie die sonstigen Betriebs- und Nebenkosten: _____ EUR

(3) Für die nachstehend genannten Betriebskosten wird eine monatliche Pauschale in Höhe von _____ EUR vereinbart:

_____

_____

Die vorstehend vereinbarte Pauschale kann durch den Vermieter im Fall von Erhöhungen durch Erklärung in Textform gegenüber dem Mieter anteilig erhöht werden, dabei muss der Vermieter den Grund der Umlage bezeichnen und erläutern; Erhöhungen und Ermäßigungen wirken sich anteilig im Umfang der Änderung auf die vom Mieter geschuldete Pauschale aus.

(4) Werden öffentliche Abgaben (insbesondere Steuern, Abgaben, Gebühren etc.) neu eingeführt oder entstehen während der Laufzeit des Mietverhältnisses neue Betriebskosten (z.B. durch Umweltschutz- und/oder Energiesparmaßnahmen, Kinderspielplätze etc.), so können diese nachträglich ebenfalls auf den Mieter umgelegt und angemessene Vorauszahlungen hierauf durch den Vermieter neu festgesetzt werden, soweit dies nach § 2 Nr. 1 bis 16 BetrKV zulässig ist.

(5) Die Umlage der Betriebskosten auf den Mieter erfolgt entsprechend den durch die Eigentümergemeinschaft festgelegten Umlageschlüsseln, insbesondere auch nach Miteigentumsanteilen; diese Umlageschlüssel ergeben sich aus der letzten Jahresabrechnung des Verwalters und/oder dem aktuell geltenden Wirtschaftsplan, den der Vermieter in Kopie an den Mieter aushändigt. Die auf die Mietsache entfallende Grundsteuer wird hiervon unabhängig in voller Höhe auf den Mieter umgelegt. Abweichend hiervon ist der Vermieter mit der Abrechnung über die Betriebskosten des ersten Abrechnungszeitraums berechtigt, den Umlageschlüssel nach billigem Ermessen festzulegen.

(6) Über die vom Mieter auf die Betriebskosten geleisteten Vorauszahlungen hat der Vermieter jährlich abzurechnen und die Abrechnung dem Mieter spätestens bis zum Ablauf des 12. Monats nach Ende des Abrechnungszeitraums mitzuteilen. Nach Ablauf dieser Abrechnungsfrist kann der Vermieter aus der Abrechnung keine Nachforderungen gegenüber dem Mieter mehr geltend machen, es sei denn, er hat die verspätete Abrechnung und/oder Geltendmachung nicht zu vertreten; dies ist insbesondere dann der Fall, wenn der Verwalter die der Betriebskostenabrechnung des Vermieters zugrunde zu legende Hausgeldabrechnung nicht rechtzeitig erstellt. Zu Teilabrechnungen ist der Vermieter nicht verpflichtet. Etwaige Einwendungen gegen die Betriebskostenabrechnung hat der

Mieter innerhalb eines Jahres seit Zugang der Abrechnung gegenüber dem Vermieter geltend zu machen, andernfalls ist er mit solchen Einwendungen ausgeschlossen; dies gilt nicht, wenn der Mieter die verspätete Geltendmachung der Einwendungen nicht zu vertreten hat.

(7) Der Mieter ist berechtigt, alle der Betriebskostenabrechnung des Vermieters zugrunde liegenden Belege einzusehen.

(8) Der sich aus der Betriebskostenabrechnung des Vermieters ergebende Abrechnungssaldo ist spätestens innerhalb eines Monats nach Mitteilung der Betriebskostenabrechnung auszugleichen, sofern in der Betriebskostenabrechnung selbst hierzu keine andere Frist bestimmt ist.

(9) Der Vermieter ist berechtigt, den Abrechnungsmaßstab gemäß § 556a Abs. 2 BGB zu ändern. Ändert sich der Ablese- und Abrechnungsmodus einschließlich des Abrechnungszeitraums der Versorgungsunternehmen, darf der Vermieter dies bei seiner Abrechnung gegenüber dem Mieter entsprechend berücksichtigen. Der Vermieter ist zudem berechtigt, den Abrechnungszeitraum zu ändern, wenn damit eine Umstellung auf das Kalenderjahr als Abrechnungszeitraum verbunden ist.

(10) Der Umlageschlüssel kann vom Vermieter aus begründetem Anlass nach billigem Ermessen geändert werden. Eine solche Änderung ist jedoch nur vor Beginn eines Abrechnungszeitraums zulässig und muss sich im Rahmen der gesetzlichen Bestimmungen, insbesondere der Heizkostenverordnung, halten. Der Vermieter ist zu einer solchen Änderung des Umlageschlüssels insbesondere dann berechtigt, wenn es sich bei der Mietsache um eine Eigentumswohnung handelt und die Eigentümergemeinschaft eine Änderung des konkreten Verteilungsschlüssels beschließt.

(11) Der Vermieter ist berechtigt, die vom Mieter geschuldeten monatlichen Betriebskostenvorauszahlungen entsprechend dem Ergebnis der dem Mieter erteilten Betriebskostenabrechnung anzupassen.

(12) Sofern der Vermieter zu Beginn des Mietverhältnisses oder in dessen Verlauf einzelne oder mehrere vertraglich vereinbarte

Betriebskostenpositionen nicht auf den Mieter umlegt, bleibt er gleichwohl berechtigt, diese Betriebskostenpositionen für die Zukunft wieder auf den Mieter umzulegen.

(13) Sofern einzelne Betriebskostenpositionen, wie bspw. üblicherweise Müll, Wasser und Strom, durch das jeweilige Versorgungsunternehmen direkt mit dem Mieter abgerechnet werden können, ist dieser verpflichtet, diese Betriebskosten direkt zu übernehmen und entsprechende Verträge mit dem jeweiligen Versorgungsunternehmen direkt abzuschließen.

(14) Die Kosten für eine beim Auszug des Mieters ggf. erforderlich werdende Zwischenablesung einschließlich der Kosten der Berechnung und Aufteilung trägt der Mieter, es sei denn, der Vermieter hat die Beendigung des Mietverhältnisses zu vertreten. Ein Anspruch des Mieters gegenüber dem Vermieter auf Durchführung einer Zwischenabrechnung bei Auszug des Mieters während eines Abrechnungszeitraums besteht nicht.

(15) Vom Mieter zu tragende Betriebskosten sind auch die Kosten der gesetzlich vorgeschriebenen Eichung von Messgeräten, insbesondere von Strom- und Wasserzählern; von der Kostenlast des Mieters ist dabei auch der Aus- und Wiedereinbau solcher Geräte oder, sollte dies wirtschaftlicher sein, deren Austausch umfasst.

(16) Sach- und Arbeitsleistungen des Vermieters, durch die Betriebskosten erspart werden, können vom Vermieter mit dem Betrag in die Betriebskostenabrechnung eingestellt werden, der für die gleichwertige Leistung eines Fachunternehmens/-arbeiters entstehen würde; die Mehrwertsteuer ist in diese Vergleichsberechnung jedoch nicht einzubeziehen.

### § 6 Änderung der Miete, Mieterhöhung, Staffelmiete, Indexmiete

(1) Der Vermieter kann die Kaltmiete während des Mietverhältnisses gemäß den §§ 558 bis 560 BGB erhöhen, sofern zwischen den Parteien keine Staffelmiete nach Abs. 2 oder Indexmiete nach Abs. 3 vereinbart ist.

(2) ☐ **Staffelmiete**

(2.1) In Ergänzung zu § 4 ist zwischen den Parteien folgende Staffelmiete vereinbart:
Die Kaltmiete beläuft sich bei Beginn des Mietverhältnisses zunächst für die Mietsache auf _____ EUR und für die Garage/den Stellplatz etc. auf _____ EUR.
Sie beträgt
ab _____ für Wohnung _____ EUR
und für die Garage/den Stellplatz _____ EUR
ab _____ für Wohnung _____ EUR
und für die Garage/den Stellplatz _____ EUR
ab _____ für Wohnung _____ EUR
und für die Garage/den Stellplatz _____ EUR
ab _____ für Wohnung _____ EUR
und für die Garage/den Stellplatz _____ EUR
ab _____ für Wohnung _____ EUR
und für die Garage/den Stellplatz _____ EUR
ab _____ für Wohnung _____ EUR
und für die Garage/den Stellplatz _____ EUR
ab _____ für Wohnung _____ EUR
und für die Garage/den Stellplatz _____ EUR
ab _____ für Wohnung _____ EUR
und für die Garage/den Stellplatz _____ EUR
ab _____ für Wohnung _____ EUR
und für die Garage/den Stellplatz _____ EUR
Die Miete muss dabei jeweils mindestens 1 (ein) Jahr unverändert bleiben.

(2.2) Sofern eine über 10 Jahre hinausgehende Staffelmiete vereinbart werden soll, müssen die Parteien dies gesondert und individuell vereinbaren.

(2.3) Während des Zeitraums, für den die Staffelmiete vereinbart ist, ist eine Erhöhung der Miete nach den §§ 558 bis 559b BGB ausgeschlossen.

(3) ☐ **Indexmiete**

(3.1) In Ergänzung zu § 4 ist zwischen den Parteien folgende Indexmiete vereinbart:

Die Kaltmiete beläuft sich bei Beginn des Mietverhältnisses zunächst für die Mietsache auf _____ EUR und für die Garage/den Stellplatz etc. auf _____ EUR. Die Kaltmiete verändert sich gemäß dem vom Statistischen Bundesamt ermittelten Verbraucherpreisindex für Deutschland (VPI). Steigt oder fällt dieser ab Beginn des Mietverhältnisses, kann jede Vertragspartei eine der prozentualen Indexänderung entsprechende Änderung der Miete verlangen. Während der Geltung der Indexmiete muss die Kaltmiete, von etwaigen Erhöhungen nach den §§ 559 bis 560 BGB abgesehen, jeweils mindestens 1 (ein) Jahr unverändert bleiben. Das Gleiche gilt bei jeder erneuten Indexänderung nach einer Erhöhung oder Ermäßigung der Kaltmiete. Eine Erhöhung nach § 559 BGB (Modernisierungsmieterhöhung) kann vom Vermieter nur verlangt werden, soweit er bauliche Maßnahmen aufgrund von Umständen durchgeführt hat, die er nicht zu vertreten hat. Eine Erhöhung nach § 558 BGB (ortsübliche Vergleichsmiete) ist ausgeschlossen. Eine Änderung der Kaltmiete muss in Textform geltend gemacht werden. Dabei sind die eingetretenen Änderungen des Preisindexes sowie die jeweilige Kaltmiete und/oder die Erhöhung in einem Geldbetrag anzugeben. Die geänderte Kaltmiete ist mit Beginn des übernächsten Monats nach dem Zugang der Erklärung zu entrichten. Die prozentuale Veränderung kann anhand der nachstehend genannten Formel berechnet werden:

(neuer Indexstand ./. alter Indexstand x 100) – 100

Der bei Abschluss des Mietvertrags zuletzt veröffentlichte VPI (Basis 2015 = 100) hatte am _____ / im Monat _____ einen Stand von _____ Punkten.

(3.2) Die Möglichkeit der Indexmietanpassung wird bis zum _____ zeitlich befristet, im Anschluss daran gelten uneingeschränkt die allgemeinen Mieterhöhungsregelungen.

(3.3) Sollte der vorgenannte Verbraucherpreisindex für Deutschland (VPI) durch das Statistische Bundesamt nicht fortgeführt werden, ist der Berechnung der diesen ersetzende Index des Statistischen Bundesamts oder, sollte keine Ersetzung erfolgen, ein vergleichbarer Index des Statistischen Amtes der Europäischen Gemeinschaft zugrunde zu legen.

## § 7 Zahlung der Miete einschließlich der Betriebskosten

(1) Die Miete ist jeweils am Monatsersten im Voraus zur Zahlung an den Vermieter fällig. Sie soll vom Mieter bis auf Weiteres auf folgendes Konto des Vermieters bezahlt werden:

Kontoinhaber  _____

IBAN  _____

BIC  _____

(2) *Alternative 1 (Einrichtung eines Dauerauftrags):*
Der Mieter verpflichtet sich, zur Erfüllung seiner gegenüber dem Vermieter bestehenden Zahlungsverpflichtungen seiner Bank einen Dauerauftrag von seinem nachstehend genannten Konto zu erteilen:

Kontoinhaber  _____

IBAN  _____

BIC  _____

*Alternative 2 (Erteilung eines Lastschriftmandats):*
Der Mieter verpflichtet sich, zur Erfüllung seiner gegenüber dem Vermieter bestehenden Zahlungsverpflichtungen ein SEPA-Lastschriftmandat für sein nachstehend genanntes Konto zu erteilen:

Kontoinhaber  _____

IBAN  _____

BIC  _____

Der Mieter ist bei Vorliegen eines wichtigen Grundes berechtigt, ein erteiltes SEPA-Lastschriftmandat zu widerrufen.

(3) Zahlt der Mieter die Miete nicht fristgerecht, stehen dem Vermieter Verzugszinsen in gesetzlicher Höhe, derzeit 5 Prozentpunkte über dem jeweiligen Basiszinssatz p.a. zu. Dem Mieter steht der Nachweis offen, dass dem Vermieter im Fall des Zahlungsverzugs nur ein niedrigerer Zinsschaden entsteht, sodann ist nur dieser niedrigere Verzugszins zu zahlen. Für jede

schriftliche Mahnung an den Mieter darf der Vermieter eine Mahnpauschale in Höhe von 5 EUR verlangen.

(4) Leistet der Mieter eine Zahlung an den Vermieter ohne ausdrückliche Zweckbestimmung und lässt sich die Zahlung auch nicht sonst bestimmten Forderungen des Vermieters zuordnen, wird die Zahlung in der nachstehenden Tilgungsreihenfolge verrechnet: Mietsicherheit (Kaution), Betriebskosten, Prozess- und Verzugskosten, Mietrückstand, laufende Mietzahlung. Die Verrechnung erfolgt dabei auf die jeweils älteste Schuld des Mieters.

### § 8 Mietsicherheit (Kaution)

(1) Der Mieter ist verpflichtet, dem Vermieter eine Mietsicherheit in Höhe von ____ (maximal drei) monatlichen Kaltmieten gemäß § 4 Abs. 1 zu stellen. Der Mieter ist dabei zu 3 (drei) gleichen monatlichen Teilzahlungen berechtigt, wobei die erste Teilzahlung mit Beginn des Mietverhältnisses fällig ist; die folgenden Teilzahlungen werden mit den darauf unmittelbar folgenden monatlichen Mietzahlungen zur Zahlung an den Vermieter fällig.

(2) Der Vermieter hat die Mietsicherheit getrennt von seinem Vermögen bei einem Kreditinstitut zu dem für Spareinlagen mit gesetzlicher Kündigungsfrist üblichen Zinssatz anzulegen, die Zinserträge stehen dem Mieter zu, sie erhöhen die Mietsicherheit.

(3) Die Mietsicherheit ist dem Mieter nach Beendigung des Mietverhältnisses und Rückgabe der Mietsache durch den Mieter einschließlich der durch ihre Anlage erwirtschafteten Zinsen im Regelfall nach Ablauf von 6 (sechs) Monaten zurückzugeben, soweit dem Vermieter nicht begründete Gegenansprüche gegen den Mieter aus dem Mietverhältnis zustehen, mit denen er aufrechnen kann oder die ein Zurückbehaltungsrecht des Vermieters begründen; dies ist insbesondere der Fall, solange und soweit der Vermieter etwaige Ansprüche aus einer noch nicht fälligen Betriebskostenabrechnung noch nicht beziffern kann.

(4) Sofern der Vermieter die Mietsicherheit im Fall der Veräußerung der Mietsache an einen Dritten an diesen übergeben hat, ist

er ab dem Zeitpunkt der Übergabe nicht mehr zur Rückgabe an den Mieter verpflichtet.

## § 9 Minderung der Miete sowie Aufrechnungs- und Zurückbehaltungsrechte des Mieters

(1) Der Mieter kann gegen eine Mietforderung des Vermieters mit einer ihm aus §§ 536a, 539 BGB oder aus ungerechtfertigter Bereicherung zustehenden Forderung wegen überzahlter Miete aufrechnen oder wegen einer solchen Forderung ein Zurückbehaltungsrecht geltend machen, wenn er diese Absicht dem Vermieter mindestens einen Monat vor der Fälligkeit der Miete in Textform mitgeteilt hat. Mit anderen Forderungen aus dem Mietverhältnis, z.B. infolge einer Mietminderung, kann der Mieter gemäß den gesetzlichen Bestimmungen aufrechnen. Mit sonstigen Forderungen kann der Mieter nur aufrechnen, sofern und soweit sie unbestritten, rechtskräftig festgestellt oder entscheidungsreif sind.

(2) Gegenüber dem Anspruch des Vermieters auf Stellung der Mietsicherheit (Kaution) hat der Mieter kein Zurückbehaltungsrecht aus Mängelbeseitigungsansprüchen. Die Aufrechnung durch den Mieter mit Schadensersatzansprüchen infolge einer Mangelhaftigkeit der Mietsache ist insoweit ausgeschlossen.

## § 10 Zustand und Ausstattung der Mietsache bei Beginn des Mietverhältnisses

(1) Dem Mieter ist der gegenwärtige Zustand der Mietsache infolge einer am _____ gemeinsam mit dem Vermieter durchgeführten Besichtigung bekannt, sie wird in diesem Zustand vom Vermieter an den Mieter übergeben und von diesem so als vertragsgemäß anerkannt.

(2) Die Mietsache befindet sich bei Übergabe an den Mieter in folgendem Renovierungszustand:
☐ renoviert / nicht renovierungsbedürftig
☐ unrenoviert / renovierungsbedürftig

(3) ☐ Der Vermieter verpflichtet sich, vor Übergabe der Mietsache an den Mieter oder, sollte dies aus vom Vermieter nicht zu vertretenden Gründen nicht möglich sein, bis spätestens zum _____ die nachstehend genannten Arbeiten an der Mietsache vorzunehmen oder vornehmen zu lassen:

# Problemfelder der Vermietung von Wohnungseigentum

(4) ☐ Der Mieter verpflichtet sich, vor seinem Einzug oder, falls dies nicht möglich ist, bis spätestens zum _____ die nachstehend genannten Arbeiten an der Mietsache vorzunehmen oder vornehmen zu lassen:

(5) Die Mietsache ist ausgestattet mit:

(6) Der Mieter übernimmt vom Vormieter die nachstehend genannten Gegenstände/Einbauten, ohne dass diese Gegenstand des Mietverhältnisses sind oder werden:

## § 11 Beheizung der Wohnräume und Warmwasserversorgung, Wartung, Wärmelieferung

(1) Der Vermieter gewährleistet außer in Fällen höherer Gewalt und sonstiger vom Vermieter nicht zu vertretender Unmöglichkeit der Leistung den Betrieb der Zentralheizung im Zeitraum vom 1. Oktober bis einschließlich 30. April und darüber hinaus, soweit es die Witterung erfordert. Der Mieter erkennt währenddessen eine Temperatur in den Wohnräumen von mindestens 20 Grad Celsius für die Zeit von 6.00 Uhr bis 23.00 Uhr täglich als vertragsgemäß an. Die Parteien verpflichten sich, insbesondere in Bezug auf die Beheizung und die Warmwasserversorgung die Grundsätze der Energieeinsparung zu beachten.

(2) Der Mieter ist zur Benutzung der durch den Vermieter bereitgestellten Heizungsanlage verpflichtet. Eine Nichtbenutzung befreit ihn nicht von der Verpflichtung zur Zahlung entstehender Heizkosten. Die Lüftung der Mietsache durch den Mieter darf nicht zu deren Durchkühlung führen. Die in der Mietsache

befindlichen Heizkörper dürfen bei Frost oder Frostgefahr nicht abgestellt werden, dies gilt auch bei einer Etagenheizung.

(3) Betreibt der Mieter die Heizung und Warmwasserversorgung der Mietsache selbst (z.B. durch eine Etagenheizung, durch Einzelgeräte oder im Einfamilienhaus), ist er verpflichtet, diese ordnungsgemäß in Betrieb zu halten und die dadurch entstehenden Kosten zu tragen. Vorbehaltlich einer abweichenden individualvertraglichen Vereinbarung der Parteien wird die Wartung und Reinigung der Anlagen zur Heizung und Warmwasserversorgung einmal jährlich vom Vermieter durchgeführt, der Mieter hat dabei die auf seine Heizung und Warmwasserversorgung entfallenden Wartungskosten gemäß § 5 Abs. 1 dieses Vertrags zu tragen.

(4) Der Vermieter behält sich vor, die bei Abschluss des Mietvertrags bestehende Wärmeversorgung im Laufe des Mietverhältnisses von einer Eigenversorgung auf die eigenständig gewerbliche Lieferung durch einen Wärmelieferanten (Wärmelieferung) umzustellen. Der Mieter hat in diesem Fall die Kosten der Wärmelieferung als Betriebskosten gemäß § 5 Abs. 1 dieses Vertrags zu tragen, wenn die Wärme mit verbesserter Effizienz entweder aus einer vom Wärmelieferanten errichteten neuen Anlage oder aus einem Wärmenetz geliefert wird und die Kosten der Wärmelieferung die Betriebskosten für die bisherige Eigenversorgung mit Wärme oder Warmwasser nicht übersteigen.

(5) Handelt es sich bei dem vermieteten Objekt um ein Passivhaus, gelten die vom Vermieter erteilten ergänzenden Hinweise.

## § 12 Energieausweis

Der Energieausweis der Immobilie – soweit es sich nicht um ein Baudenkmal handelt – wird dem Mieter vom Vermieter nur in Wahrnehmung seiner rechtlichen Verpflichtung hierzu vorgelegt. Der Mieter kann aus im Energieausweis enthaltenen Angaben keine Rückschlüsse auf den tatsächlichen individuellen Verbrauch ziehen. Ansprüche oder sonstige Rechte kann der Mieter gegen den Vermieter aus dem Energieausweis und den darin enthaltenen Angaben nicht herleiten. Der Energieausweis ist nicht Bestandteil der mietvertraglichen Vereinbarungen der Parteien, die darin enthaltenen Angaben stellen insbesondere keine Zusicherungen bestimmter Eigenschaften der Mietsache dar.

## § 13 Erhaltungs- und Modernisierungsmaßnahmen sowie bauliche Veränderungen

(1) Der Mieter hat diejenigen Maßnahmen zu dulden, die zur Instandhaltung und/oder zur Instandsetzung der Mietsache sowie zur Einhaltung der Verkehrssicherungspflichten erforderlich sind (Erhaltungsmaßnahmen gemäß § 555a BGB).

(2) Der Vermieter ist berechtigt, Modernisierungsmaßnahmen durchzuführen. Dabei handelt es sich gemäß § 555b BGB um bauliche Veränderungen, durch die in Bezug auf die Mietsache nachhaltig Endenergie eingespart wird (energetische Modernisierung), nachhaltig nicht erneuerbare Primärenergie eingespart oder nachhaltig das Klima geschützt wird, nachhaltig der Wasserverbrauch reduziert wird, nachhaltig der Gebrauchswert der Mietsache erhöht wird, auf Dauer die allgemeinen Wohnverhältnisse verbessert werden oder neuer Wohnraum geschaffen wird, sowie um Maßnahmen, die aufgrund von nicht durch den Vermieter zu vertretenden Umständen durchgeführt werden und die keine Erhaltungsmaßnahmen nach § 555a BGB sind.

(3) Der Mieter hat Modernisierungsmaßnahmen des Vermieters im Rahmen des § 555d BGB zu dulden. Eine Modernisierungspflicht des Vermieters besteht jedoch nicht.

(4) Der Mieter hat die in Betracht kommenden Räume zugänglich zu halten. Er darf die Arbeiten nicht behindern oder verzögern. Der Mieter ist erforderlichenfalls verpflichtet, bei der Durchführung der Arbeiten mitzuwirken, insbesondere durch Abdecken seiner Möbel sowie vorübergehendes Umräumen. Verletzt er diese Pflicht schuldhaft, so haftet er dem Vermieter für diesem dadurch entstehende Mehrkosten.

(5) Veränderungen an und in der Mietsache, Um- und Einbauten gemäß § 554a BGB (Barrierefreiheit), Installationen und dergleichen dürfen durch den Mieter nur mit vorheriger Zustimmung des Vermieters vorgenommen werden. Die Zustimmung des Vermieters kann aus wichtigem Grund versagt und insbesondere davon abhängig gemacht werden, dass der Mieter sich für den Fall seines Auszugs zur vollständigen oder teilweisen Herstellung des ursprünglichen Zustands auf eigene Kosten verpflichtet. Im Fall des § 554a BGB (Barrierefreiheit) kann der Vermieter die Erteilung der Zustimmung von der

Leistung einer angemessenen zusätzlichen Sicherheit für die Kosten der Wiederherstellung des ursprünglichen Zustands abhängig machen. Auch wenn der Vermieter die vom Mieter begehrte Zustimmung erteilt hat, bleibt dieser im Regelfall zur Wiederherstellung des ursprünglichen Zustands bei Beendigung des Mietverhältnisses verpflichtet.

(6) Der Mieter hat die Kosten für eigene bauliche Maßnahmen selbst zu tragen. Entschädigungsansprüche gegenüber dem Vermieter stehen dem Mieter auch dann nicht zu, wenn das Mietverhältnis nur kurze Zeit dauert und dies vom Mieter zu vertreten ist.

(7) Die vorstehenden Absätze 1 bis 6 gelten, soweit die Parteien nicht nach Abschluss des Mietvertrags anlässlich von Erhaltungs- und/oder Modernisierungsmaßnahmen eine gesonderte Vereinbarung hierüber getroffen haben, die insbesondere die zeitliche und technische Durchführung der Maßnahmen, Gewährleistungsrechte und Aufwendungsersatzansprüche des Mieters sowie die künftige Höhe der Miete regelt.

## § 14 Schönheitsreparaturen / Renovierung, Instandhaltung und Instandsetzung

(1) Wird die Mietsache dem Mieter bei Mietbeginn in renoviertem oder nicht renovierungsbedürftigem Zustand übergeben, ist dieser während der Dauer des Mietverhältnisses verpflichtet, die laufenden Schönheitsreparaturen/Renovierungsleistungen innerhalb der Mietsache auszuführen oder auf eigene Kosten ausführen zu lassen, soweit diese durch den vertragsgemäßen Gebrauch der Mietsache erforderlich werden. Eine nicht fachgerechte Ausführung der Arbeiten muss der Vermieter nicht akzeptieren. Vom Mieter geschuldete und erforderliche, aber während des laufenden Mietverhältnisses nicht ausgeführte Schönheitsreparaturen/Renovierungsleistungen hat der Mieter spätestens bei Beendigung des Mietverhältnisses auszuführen.

(2) Wird die Mietsache dem Mieter bei Mietbeginn unrenoviert oder renovierungsbedürftig übergeben, akzeptiert er diesen Zustand als vertragsgemäß.

(3) Der Vermieter schuldet dem Mieter keine Schönheitsreparaturen/Renovierungsleistungen.

(4) Der Vermieter ist gemäß § 535 Abs. 1 Satz 2 BGB zur Durchführung der übrigen, über die Beseitigung der durch den vertragsgemäßen Gebrauch verursachten Abnutzungen hinausgehenden Instandhaltungen und Instandsetzungen verpflichtet, soweit es sich nicht um Kleinreparaturen gemäß § 15 Abs. 9 handelt.

(5) Dem Mieter bleiben die Gewährleistungsrechte gemäß § 536 BGB bei Mängeln der Mietsache erhalten.

**§ 15 Nutzung und Pflege der Mietsache, Kleinreparaturen, Haftung des Mieters, Meldepflicht**

(1) Der Mieter darf die Mietsache zu anderen als den vereinbarten Wohnzwecken nur mit Erlaubnis des Vermieters verwenden. Wird diese Erlaubnis vom Vermieter verweigert, berechtigt dies den Mieter nicht zur außerordentlichen Kündigung des Mietverhältnisses.

(2) Der Mieter verpflichtet sich, die Mietsache und die gemeinschaftlichen Einrichtungen stets schonend und pfleglich zu behandeln und für ausreichende Reinigung und Lüftung zu sorgen. Er hat die Mietsache stets frostfrei zu halten, soweit ihm dies zumutbar ist.

(3) Die regelmäßige Reinigung der Fenster von außen obliegt ebenfalls dem Mieter. Gleiches gilt für die regelmäßige Reinigung von Filteranlagen sowie die regelmäßige Entkalkung von Sanitäreinrichtungen innerhalb der Mietsache.

(4) Soweit die Mietsache mit modernen Fenstern (insbesondere Isolier-, Wärmeschutz- und Schallschutzfenster) ausgestattet ist, hat der Mieter die Mietsache zur Vermeidung von Feuchtigkeitsschäden (insbesondere Schimmelbildung) besonders sorgfältig zu lüften und zu heizen. Beim Aufstellen von Möbeln an Außenwänden hat der Mieter deren ausreichende Hinterlüftung sicherzustellen, um Feuchtigkeitsschäden zu vermeiden.

(5) Der Mieter hat die Mietsache von Ungeziefer freizuhalten.

(6) Parkettböden sind vom Mieter, sofern sie nicht versiegelt sind, bei Bedarf durch Spänen und Wachsen bzw. Ölen zu pflegen. Versiegelte Parkettböden, Vinyl-, Laminat-, Linoleum-, PVC- und Teppichböden sind vom Mieter bei Bedarf mit den von den Herstellerfirmen empfohlenen Pflegemitteln zu behandeln. Bei Zweifeln über die richtige Pflege hat sich der Mieter beim Vermieter hierüber zu informieren.

(7) Soweit die Mietsache mit Rauchwarnmeldern ausgestattet ist, ist der Mieter während des laufenden Mietverhältnisses verpflichtet, auf eigene Kosten für deren dauernde Betriebsbereitschaft zu sorgen und diese mindestens einmal jährlich zu überprüfen bzw. überprüfen zu lassen, es sei denn, diese Pflichten obliegen dem Vermieter.

(8) Der Mieter haftet dem Vermieter für Schäden an der Mietsache, die durch ihn, seine Familienmitglieder, Haushaltshilfen, Untermieter, Besucher sowie die von ihm beauftragten Handwerker etc. schuldhaft verursacht werden. Bei Schäden an der Mietsache, die nicht allein durch die übliche vertragsgemäße Abnutzung entstehen können, trifft den Mieter die Beweislast dafür, dass die Schäden nicht von ihm oder den vorbenannten Dritten verursacht und verschuldet worden sind, soweit die Schadensursache nur in einem seiner unmittelbaren Einflussnahme, Herrschaft und Obhut unterliegenden Bereich liegen kann.

(9) Der Mieter trägt die Kosten für die während der Dauer des Mietverhältnisses anfallenden Kleinreparaturen. Diese umfassen nur die Behebung kleinerer Schäden an den in der Mietsache befindlichen und alleine für den Mieter zugänglichen Installationsgegenständen für Elektrizität, Wasser und Gas, einer ggf. vorhandenen Gegensprechanlage, den Heiz- und Kocheinrichtungen, den Fenster- und Türverschlüssen sowie den Verschlussvorrichtungen für Fensterläden/Rollläden, sofern und soweit die Reparaturkosten einen Betrag von 125 EUR im Einzelfall – einschließlich Nebenkosten und Mehrwertsteuer – nicht übersteigen. Fallen im Laufe eines Jahres mehrere Kleinreparaturen an, so ist die Kostenbelastung des Mieters auf höchstens 8 % der Jahreskaltmiete begrenzt.

(10) Jeden in und an der Mietsache entstehenden Schaden hat der Mieter, soweit er nicht selbst zu dessen Beseitigung verpflichtet ist, dem Vermieter unverzüglich in Textform anzuzeigen. Für durch nicht rechtzeitige Anzeige gegenüber dem Vermieter verursachte Schäden ist der Mieter ersatzpflichtig. Sofern und soweit der Vermieter infolge der Verletzung der Anzeigepflicht des Mieters keine Abhilfe schaffen konnte, ist der Mieter weder zur Minderung noch zur Geltendmachung von Schadensersatz berechtigt noch besteht ein Recht des Mieters zur außerordentlichen Kündigung gemäß § 543 Abs. 3 Satz 1 BGB. Nimmt der Mieter selbst Instandsetzungen (Reparaturen) vor, ohne den Vermieter zuvor zur Abhilfe innerhalb angemessener Frist aufgefordert zu haben, so steht ihm ein Ersatzanspruch für etwaige Aufwendungen nicht zu.

(11) Im Fall der üblichen Ausstattung der Mietsache mit zentraler Warmwasserversorgung ist der Mieter zur Vermeidung der Bildung von Legionellen und Ähnlichem verpflichtet, wöchentlich mindestens 1 bis 2 Liter Warmwasser aus jeder Entnahmestelle der Mietsache zu entnehmen. Bei längerer Abwesenheit hat der Mieter zum selben Zweck für einen ausreichenden Wasserdurchfluss an den Entnahmestellen zu sorgen.

(12) Der Mieter ist verpflichtet, dem Vermieter etwaige Veränderungen an der Belegung der Mietsache sowie seiner für das Mietverhältnis relevanten persönlichen Daten (insbesondere seine neue Anschrift im Fall des Auszugs) binnen einer Woche mitzuteilen. Unterlässt er dies, ist er dem Vermieter zum Ersatz entstehender Schäden verpflichtet.

### § 16 Haftung des Vermieters

(1) Der Vermieter haftet nicht für Schäden, die dem Mieter an den ihm gehörenden Einrichtungsgegenständen durch Feuchtigkeitseinwirkungen entstehen, gleichgültig welcher Art, Herkunft, Dauer und welchen Umfangs die Einwirkung ist, es sei denn, der Vermieter hat den Schaden vorsätzlich oder grob fahrlässig herbeigeführt.

(2) Die verschuldensunabhängige Haftung des Vermieters und seiner Erfüllungsgehilfen ist ausgeschlossen. Er haftet dem Mieter nur für Vorsatz und grobe Fahrlässigkeit. Für leichte Fahrlässig-

keit haftet der Vermieter nur im Fall einer Verletzung wesentlicher bzw. typischer Pflichten aus dem Mietverhältnis.

(3) Der vorstehend vereinbarte Haftungsausschluss greift nicht im Fall der Verletzung des Körpers, des Lebens, der Gesundheit, der Freiheit oder der sexuellen Selbstbestimmung, die auf einer fahrlässigen Pflichtverletzung des Vermieters oder einer vorsätzlichen oder fahrlässigen Pflichtverletzung eines gesetzlichen Vertreters oder Erfüllungsgehilfen des Vermieters beruhen.

(4) Der vorstehend vereinbarte Haftungsausschluss greift zudem nicht, wenn der Vermieter dem Mieter eine bestimmte Eigenschaft der Mietsache zugesichert oder einen Mangel der Mietsache arglistig verschwiegen hat.

(5) Der vorstehend vereinbarte Haftungsausschluss greift weiter nicht bei Schäden, für deren Absicherung der Vermieter eine entsprechende Versicherung, bspw. eine Haus- und Grundeigentümerhaftpflichtversicherung oder eine Wohngebäudeversicherung, abschließen kann.

(6) Für anfängliche Mängel der Mietsache, die bereits bei Vertragsabschluss bzw. bei Übergabe der Mietsache an den Mieter vorhanden sind, haftet der Vermieter nur bei Vorsatz und grober Fahrlässigkeit. Die Ausnahmen gemäß § 16 Abs. 3, Abs. 4 und Abs. 5 gelten auch hier.

### § 17 Untervermietung / Gebrauchsüberlassung an Dritte, Tierhaltung

(1) Der Mieter ist ohne ausdrückliche Erlaubnis des Vermieters weder zur Untervermietung noch zu einer sonstigen Gebrauchsüberlassung an Dritte berechtigt. Dies gilt auch für die Aufnahme eines Verlobten oder eines nichtehelichen Lebensgefährten in die Wohnung, nicht aber für sich nur besuchsweise für höchstens 3 (drei) Wochen aufhaltende Personen. Sofern der Vermieter eine solche Erlaubnis erteilt, gilt diese jeweils nur für den Einzelfall. Verweigert der Vermieter diese Erlaubnis, ist der Mieter zur außerordentlichen Kündigung des Mietverhältnisses mit gesetzlicher Frist berechtigt, sofern nicht in der Person des Dritten ein wichtiger Grund vorliegt, der den Vermieter zur Verweigerung der Erlaubnis berechtigt.

(2) Die Haltung von Tieren in der Mietsache bedarf der vorherigen Zustimmung des Vermieters, sofern es sich nicht um Ziervögel, Zierfische, Hamster und/oder andere ungefährliche Kleintiere handelt, die in geschlossenen Behältnissen in geringer Zahl gehalten werden; die Haltung solcher Kleintiere ist dem Mieter im Regelfall auch ohne Zustimmung des Vermieters gestattet. Die Haltung von exotischen oder anderen Kleintieren, durch die eine Gefährdung anderer Hausbewohner und deren Besucher entstehen kann, bedarf der vorherigen Zustimmung des Vermieters.

Die Zustimmung des Vermieters ist auch erforderlich, wenn zustimmungspflichtige Tiere nur vorübergehend in die Mietsache aufgenommen werden sollen.

Der Vermieter kann die Zustimmung zur Tierhaltung versagen oder eine bereits erteilte Zustimmung widerrufen, wenn von dem Tier bzw. den Tieren Beschädigungen, Störungen, Belästigungen oder Gefahren, insbesondere für die Mietsache und andere Hausbewohner sowie deren Besucher, ausgehen oder zu befürchten sind.

Eine etwa durch den Vermieter erteilte Zustimmung erlischt mit dem Tod oder mit der Abschaffung des Tieres/der Tiere.

Die Fütterung von Tauben und anderen Wildtieren von der Mietsache aus ist grundsätzlich untersagt.

Der Mieter haftet in entsprechender Anwendung des § 833 BGB für alle durch die Tierhaltung entstehenden Schäden.

### § 18 Außen- und Gemeinschaftsantennen, Parabolantennen/Satellitenschüsseln, Breitbandnetz, Blumenkästen

(1) Das Anbringen von Antennen, insbesondere von Parabolantennen/Satellitenschüsseln außerhalb der Mietsache bedarf der vorherigen Zustimmung durch den Vermieter, der im Fall der Erteilung der Zustimmung auch den Anbringungsort bestimmt. Derartige Antennen sind durch den Mieter in jedem Fall auf eigene Kosten fachgerecht zu installieren und bei Beendigung des Mietverhältnisses wieder fachgerecht zu entfernen. Der Vermieter kann eine bereits erteilte Zustimmung insbesondere widerrufen, sofern und soweit dem Mieter andere, gleichwertige Empfangsmöglichkeiten zur Verfügung stehen.

(2) Eine vorhandene Gemeinschaftsantenne oder einen vorhandenen Satellitenanschluss hat der Mieter vorrangig zu benutzen. Das Gleiche gilt für den Fall der nachträglichen Installation

solcher Anlagen, soweit § 555d BGB dem nicht entgegensteht. Im Fall der Duldungspflicht bzw. der vorrangigen Nutzungspflicht hat der Mieter etwaige eigene Antennen auf eigene Kosten zu entfernen. Die laufende Wartung der Gemeinschaftsantenne bzw. des gemeinschaftlichen Satellitenanschlusses obliegt dem Vermieter.

(3) Der Mieter hat den Anschluss seiner Wohnung an das Breitbandnetz zu dulden, soweit nicht § 555d BGB dem entgegensteht.

(4) Die Parteien sind sich darüber einig, dass die dem Mieter bei Vertragsbeginn zur Verfügung stehenden Fernseh- und Hörfunkprogramme geändert, eingeschränkt oder gänzlich wegfallen können. Die Parteien sind sich weiter darüber einig, dass der Mieter urheberrechtliche Gebühren, die durch den Empfang dieser Programme entstehen, selbst zu tragen hat.

(5) Blumenkästen dürfen vom Mieter nur an der Innenseite von Balkonen und ausschließlich so angebracht werden, dass hierdurch Störungen und/oder Gefährdungen anderer Hausbewohner und deren Besucher nicht hervorgerufen werden. Die Aufstellung von Blumenkästen auf Außenfensterbänken ist dem Mieter nicht gestattet.

### § 19 Versicherungspflicht des Mieters

(1) Soweit der Vermieter selbst nicht entsprechende Versicherungen abschließt, die diese Schäden mit umfasst, wird dem Mieter empfohlen, zur Abdeckung von Schäden an der Mietsache und seinem Mobiliar eine ausreichende private Haftpflicht- und Hausratversicherung sowie eine Versicherung gegen die mit dem Abhandenkommen von Schlüsseln verbundenen Risiken abzuschließen.

(2) Der Mieter soll den Abschluss dieser Versicherungen auf Verlangen des Vermieters durch Überlassung einer Kopie des Versicherungsscheins nachweisen und sie für die Dauer des Mietverhältnisses aufrechterhalten.

### § 20 Betreten der Mietsache durch den Vermieter

(1) Zum Zwecke der Feststellung der Erforderlichkeit von Arbeiten an und in der Mietsache und/oder zur Abnahme von Handwerkerarbeiten, die an und in der Mietsache auf seine Veranlassung ausgeführt wurden, ist der Vermieter auch unter Hinzuziehung weiterer Personen berechtigt, die Mietsache zu betreten und zu besichtigen. Er kann die Besichtigung der Mietsache auch durch Dritte allein vornehmen lassen.

(2) Im Fall der Kündigung des Mietverhältnisses durch eine der Parteien sowie zum Zwecke der Weitervermietung oder bei einem durch den Vermieter beabsichtigten Verkauf der Immobilie bzw. der Mietsache hat der Mieter die Besichtigung an Werktagen in der Zeit von 9 Uhr bis 13 Uhr und von 15 Uhr bis 19 Uhr sowie an Sonn- und Feiertagen in der Zeit von 11 Uhr bis 13 Uhr zu gestatten. Im Fall der Durchführung von Arbeiten gemäß Ziffer 21.1 besteht diese Verpflichtung des Mieters während der üblichen Arbeitszeit der betreffenden Handwerker, in Fällen dringender Gefahr zu jeder Tages- und Nachtzeit.

(3) Bei mehrtägiger Abwesenheit des Mieters hat dieser die benötigten Schlüssel unter Benachrichtigung des Vermieters in Textform für diesen leicht erreichbar zur Verfügung zu halten, andernfalls darf der Vermieter die Miträume in dringenden Fällen auf Kosten des Mieters öffnen lassen.

### § 21 Pflichten und Haftung des Mieters bei Beendigung des Mietverhältnisses, Verjährungsregelungen

(1) Unabhängig von den Verpflichtungen des Mieters, die sich aus vorstehender § 14 Abs. 1 ggf. ergeben, ist die Mietsache vom Mieter bei Beendigung des Mietverhältnisses in gereinigtem Zustand sowie frei von Untermietern oder sonstigen Dritten, denen der Mieter den Gebrauch der Mietsache auch nur teilweise überlassen hat, mit sämtlichen, auch den von ihm selbst beschafften und/oder nachgemachten Schlüsseln vollständig geräumt an den Vermieter zurückzugeben. Kommt der Mieter dieser Verpflichtung nicht oder nicht rechtzeitig nach, kann der Vermieter die Mietsache zur Schadensminimierung nach Beendigung des Mietverhältnisses auf Kosten des Mieters öffnen und reinigen sowie neue Schlösser anbringen lassen.

(2) Holt der Mieter nach seinem Auszug oder seiner Räumung zurückgelassene Gegenstände trotz zweimaliger Aufforderung in Textform nicht ab, ist der Vermieter zur Schadensminimierung berechtigt, diese Gegenstände nach eigenem Ermessen zu verwerten. Gleiches gilt, wenn seit dem Auszug oder der Räumung des Mieters 4 (vier) Wochen verstrichen sind und der Mieter dem Vermieter keine zustellfähige Adresse mitgeteilt hat. Der Mieter ermächtigt den Vermieter ausdrücklich mit der Verwertung zurückgelassener Gegenstände. Ein etwaiger Verwertungserlös ist nach Abzug der dem Vermieter durch die Verwertung entstandenen Kosten an den Mieter auszubezahlen. Im Fall einer Entsorgung zurückgelassener Gegenstände als Abfall haftet der Vermieter nur bei Vorsatz und grober Fahrlässigkeit für eventuell dabei vernichtete Wertgegenstände des Mieters.

(3) Einrichtungen, mit denen der Mieter die Mietsache versehen hat, kann er wegnehmen. Der Vermieter kann jedoch vom Mieter verlangen, dass solche Einrichtungen des Mieters gegen eine angemessene Entschädigung in der Mietsache zurückgelassen werden, wenn der Mieter nicht ein berechtigtes Interesse daran hat, sie mitzunehmen. Um dem Vermieter dieses Übernahmerecht zu sichern, hat der Mieter ihn rechtzeitig – mindestens einen Monat vor der Wegnahme – von seiner Absicht, die Einrichtungen wegzunehmen, zu benachrichtigen. Eine Verpflichtung des Vermieters zur Übernahme solcher Einrichtungen des Mieters besteht nicht. Nimmt der Mieter die Einrichtungen weg, hat er den ursprünglichen Zustand der Mietsache fachgerecht wieder herzustellen.

(4) Die Ersatzansprüche des Vermieters wegen Veränderungen oder Verschlechterungen der Mietsache verjähren abweichend von § 548 Abs. 1 BGB in einem Jahr ab dem Zeitpunkt, zu dem der Vermieter die Mietsache zurückerhält.

(5) Teilt der Mieter dem Vermieter seine neue Adresse nicht mit und kann der Vermieter diese auch nicht durch eine Anfrage beim zuständigen Einwohnermeldeamt ermitteln, ist die Verjährung der Ansprüche des Vermieters aus dem Mietverhältnis und anlässlich seiner Beendigung gehemmt, d.h. der Zeitraum, während dessen der Vermieter die Adresse des Mieters nicht in Erfahrung bringen kann, wird in die Verjährungsfrist mit eingerechnet. Der Vermieter ist lediglich in Jahresabständen ver-

pflichtet, eine vormals ergebnislose Einwohnermeldeamtsanfrage zu wiederholen. Die Dauer der Hemmung der Verjährung beträgt maximal 5 (fünf) Jahre. Der Mieter ist verpflichtet, dem Vermieter die Kosten der Ermittlung der neuen Anschrift des Mieters zu erstatten.

(6) Die Ansprüche des Mieters auf Ersatz von Aufwendungen oder auf Gestattung der Wegnahme einer Einrichtung verjähren abweichend von § 548 Abs. 2 BGB in einem Jahr seit Beendigung des Mietverhältnisses.

### § 22 Vermieterpfandrecht

(1) An allen durch den Mieter in die Mietsache eingebrachten und ihm gehörenden Sachen hat der Vermieter ein Vermieterpfandrecht wegen sämtlicher Forderungen aus dem Mietverhältnis. Das Vermieterpfandrecht erstreckt sich nicht auf solche Sachen des Mieters, die pfändungsfrei sind.

(2) Handelt es sich um Forderungen des Vermieters aus dem Mietverhältnis, die erst künftig fällig werden, so gelten die gesetzlichen Regelungen des § 562 BGB uneingeschränkt. Die Entfernung von Sachen, die seinem Vermieterpfandrecht unterliegen, kann der Vermieter ohne Anrufen des Gerichts verhindern.

(3) Sind die dem Vermieterpfandrecht unterliegenden Sachen ohne Wissen oder gegen den Widerspruch des Vermieters entfernt worden, kann er deren Herausgabe zum Zwecke der Zurückschaffung verlangen. Das Vermieterpfandrecht erlischt mit dem Ablauf des Monats, nachdem der Vermieter von der Entfernung der Sachen Kenntnis erlangt hat, sofern er den Anspruch nicht vorher gerichtlich geltend gemacht hat.

(4) Der Mieter kann die Geltendmachung des Vermieterpfandrechts durch Sicherheitsleistung abwenden. Im Einzelnen gelten hierzu die Bestimmungen des § 562c BGB.

### § 23 Personenmehrheiten, Abgabe und Entgegennahme von Willenserklärungen, Vollmacht

(1) Sind auf einer oder auf beiden Seiten des Vertrags mehrere Personen Vertragspartner, so haften sie für alle Verpflichtungen aus dem Mietvertrag als Gesamtschuldner.

(2) Zieht einer von mehreren Mietern vorzeitig aus der Mietsache aus, so bleibt er nach wie vor Vertragspartner des Vermieters. Er haftet bis zur Beendigung des Mietverhältnisses und Rückgabe der Mietsache weiter für sämtliche Verpflichtungen aus dem Mietvertrag, solange der Vermieter ihn nicht in Textform aus der Haftung und aus dem Mietverhältnis entlässt.

(3) Willenserklärungen müssen bei einer Mehrheit von Vermietern oder Mietern von oder gegenüber allen Vertragsparteien in Textform abgegeben werden. Die einzelnen Vertragspartner bevollmächtigen sich jedoch hiermit unter Vorbehalt des schriftlichen Widerrufs jeweils gegenüber dem anderen Vertragsteil bis auf Weiteres gegenseitig zur Entgegennahme oder Abgabe solcher Erklärungen. Diese Vollmacht gilt insbesondere für die Entgegennahme einer Kündigung, die Geltendmachung der Erhöhung der Miete und der Betriebskosten sowie einer Vereinbarung hierüber, nicht jedoch für den Ausspruch von Kündigungen und für den Abschluss von Mietaufhebungsverträgen.

(4) Jeder Mieter muss Tatsachen in der Person oder dem Verhalten eines Familienangehörigen oder eines berechtigten Nutzers der Mietsache, die das Mietverhältnis berühren oder einen Schadensersatzanspruch begründen, für und gegen sich gelten lassen.

## § 24 Besonderheiten der Vermietung einer Eigentumswohnung, Hausordnung

(1) Da es sich bei der Mietsache um eine Eigentumswohnung handelt, gelten für das Mietverhältnis ausschließlich die in der Teilungserklärung/Gemeinschaftsordnung oder in rechtsgültigen Beschlüssen der Wohnungseigentümergemeinschaft festgelegten Bestimmungen über die Benutzung des gemeinschaftlichen Eigentums, insbesondere die Hausordnung, soweit diese den Mieter betreffen und diese von den Bestimmungen dieses Vertrags abweichen. Der Vermieter hat dem Mieter die betreffenden Schriftstücke zur Kenntnis zu bringen.

(2) Beschlüsse der Wohnungseigentümergemeinschaft – auch solche, die nach Abschluss des Mietvertrags gefasst werden – sind für den Mieter verbindlich und bewirken eine entsprechende Änderung oder Ergänzung des Mietvertrags, sofern sie die Nutzung des gemeinschaftlichen Eigentums betreffen und den

Mieter nicht unangemessen benachteiligen. Sie sind dem Mieter jeweils durch den Vermieter bekannt zu machen.

(3) Die Einzeljahresabrechnung des Verwalters gegenüber dem Vermieter ist in Bezug auf die Betriebskostenabrechnung auch für den Mieter verbindlich, soweit sie die nach § 5 Abs. 1 auf ihn umlegbaren Betriebskosten betrifft und die Abrechnung nicht offenbar unrichtig ist. Der Vermieter ermächtigt den Mieter hiermit zur Einsichtnahme in die der Betriebskostenabrechnung zugrunde liegenden Rechnungsbelege beim Verwalter.

(4) Verwalter der Wohnungseigentümergemeinschaft ist derzeit

_____

_____

Der Verwalter hat innerhalb der Wohnungseigentümergemeinschaft u. a. dafür Sorge zu tragen, dass alle erforderlichen Maßnahmen getroffen werden, die zur ordnungsgemäßen Instandhaltung und Instandsetzung des gemeinschaftlichen Eigentums erforderlich sind. Der Mieter hat insoweit entsprechende Anordnungen des Verwalters zu befolgen, die Durchführung der hierzu erforderlichen Arbeiten zu dulden und erforderlichenfalls auch das Betreten der Mietsache und deren Inanspruchnahme zu gestatten. In Notfällen ist neben dem Vermieter auch der Verwalter berechtigt, die Mietsache zu betreten.

(5) Die dem Mietvertrag als Anlage 3 beigefügte Hausordnung der Wohnungseigentümergemeinschaft ist Bestandteil dieses Vertrags. Der Vermieter ist berechtigt, die Hausordnung abzuändern oder zu ergänzen. Erfüllungsort ist der Ort, an dem sich die Mietsache befindet.

### § 25 Gesetzes- und Vertragsänderungen, Schrift- und Textform

(1) Soweit Änderungen oder Ergänzungen der Parteien den vorstehend vorformulierten Vereinbarungen widersprechen, gelten diese anstelle des Formulartextes. Nebenabreden, nachträgliche Änderungen und Ergänzungen dieses Vertrags bedürfen der Textform, sofern nicht die Schriftform gesetzlich vorgeschrieben ist.

(2) Alle Erklärungen nach diesem Vertrag können, soweit gesetzlich zulässig, auch in Textform (§ 126b BGB) abgegeben werden.

(3) Sollte die Schriftform gemäß § 550 BGB nicht gewahrt sein, verpflichten sich die Mietvertragsparteien, an einer Heilung dieses Formmangels mitzuwirken.

(4) Sollten einzelne oder mehrere Bestimmungen dieses Vertrags unwirksam oder nichtig sein oder werden, berührt dies die Wirksamkeit der übrigen Vereinbarungen nicht.

(5) Sollten gesetzliche Bestimmungen, auf die der Vertrag Bezug nimmt, geändert werden, so gelten anstelle der vertraglichen Vereinbarungen stets die neuen Bestimmungen, wenn diese nicht abdingbar sind. Die übrigen Vereinbarungen der Parteien gelten ansonsten fort.

## § 26 Besondere Vereinbarungen der Parteien

_____
_____
_____
_____

Bestandteil dieses Mietvertrags sind folgende Anlagen:

- Lageplan (Anlage 1)
- Betriebskostenverordnung (BetrKV) in der bei Vertragsabschluss geltenden Fassung (Anlage 2)
- Hausordnung (Anlage 3)
- Datenschutzinformation des Vermieters (Anlage 4)
- _____
- _____

**Problemfelder der Vermietung von Wohnungseigentum**
Seite 724

_____     _____
(Ort, Datum)                  (Ort, Datum)


_____     _____
(Unterschrift des/der Vermieter/s)   (Unterschrift des/der Mieter/s)

# Neue Fassung: Wohnungseigentumsgesetz – WEG

Gesetz über das Wohnungseigentum und das Dauerwohnrecht (Wohnungseigentumsgesetz – WEG)[1]

## Teil 1 Wohnungseigentum

### Abschnitt 1 Begriffsbestimmungen

**§ 1 Begriffsbestimmungen**

(1) Nach Maßgabe dieses Gesetzes kann an Wohnungen das Wohnungseigentum, an nicht zu Wohnzwecken dienenden Räumen eines Gebäudes das Teileigentum begründet werden.

(2) Wohnungseigentum ist das Sondereigentum an einer Wohnung in Verbindung mit dem Miteigentumsanteil an dem gemeinschaftlichen Eigentum, zu dem es gehört.

(3) Teileigentum ist das Sondereigentum an nicht zu Wohnzwecken dienenden Räumen eines Gebäudes in Verbindung mit dem Miteigentumsanteil an dem gemeinschaftlichen Eigentum, zu dem es gehört.

(4) Wohnungseigentum und Teileigentum können nicht in der Weise begründet werden, dass das Sondereigentum mit Miteigentum an mehreren Grundstücken verbunden wird.

(5) Gemeinschaftliches Eigentum im Sinne dieses Gesetzes sind das Grundstück und das Gebäude, soweit sie nicht im Sondereigentum oder im Eigentum eines Dritten stehen.

(6) Für das Teileigentum gelten die Vorschriften über das Wohnungseigentum entsprechend.

---

[1] Gesetz zur Förderung der Elektromobilität und zur Modernisierung des Wohnungseigentumsgesetzes und zur Änderung von kosten- und grundbuchrechtlichen Vorschriften (Wohnungseigentumsmodernisierungsgesetz – WEMoG), BR-Drs. 544/20 vom 18.September 2020.

Gesetz über das Wohnungseigentum und das Dauerwohnrecht

## Abschnitt 2 Begründung des Wohnungseigentums

### § 2 Arten der Begründung

Wohnungseigentum wird durch die vertragliche Einräumung von Sondereigentum (§ 3) oder durch Teilung (§ 8) begründet.

### § 3 Vertragliche Einräumung von Sondereigentum

(1) ¹Das Miteigentum (§ 1008 des Bürgerlichen Gesetzbuches) an einem Grundstück kann durch Vertrag der Miteigentümer in der Weise beschränkt werden, dass jedem der Miteigentümer abweichend von § 93 des Bürgerlichen Gesetzbuches das Eigentum an einer bestimmten Wohnung oder an nicht zu Wohnzwecken dienenden bestimmten Räumen in einem auf dem Grundstück errichteten oder zu errichtenden Gebäude (Sondereigentum) eingeräumt wird. ²Stellplätze gelten als Räume im Sinne des Satzes 1.

(2) Das Sondereigentum kann auf einen außerhalb des Gebäudes liegenden Teil des Grundstücks erstreckt werden, es sei denn, die Wohnung oder die nicht zu Wohnzwecken dienenden Räume bleiben dadurch wirtschaftlich nicht die Hauptsache.

(3) Sondereigentum soll nur eingeräumt werden, wenn die Wohnungen oder sonstigen Räume in sich abgeschlossen sind und Stellplätze sowie außerhalb des Gebäudes liegende Teile des Grundstücks durch Maßangaben im Aufteilungsplan bestimmt sind.

### § 4 Formvorschriften

(1) Zur Einräumung und zur Aufhebung des Sondereigentums ist die Einigung der Beteiligten über den Eintritt der Rechtsänderung und die Eintragung in das Grundbuch erforderlich.

(2) ¹Die Einigung bedarf der für die Auflassung vorgeschriebenen Form. ²Sondereigentum kann nicht unter einer Bedingung oder Zeitbestimmung eingeräumt oder aufgehoben werden.

(3) Für einen Vertrag, durch den sich ein Teil verpflichtet, Sondereigentum einzuräumen, zu erwerben oder aufzuheben, gilt § 311b Abs. 1 des Bürgerlichen Gesetzbuchs entsprechend.

### § 5 Gegenstand und Inhalt des Sondereigentums

(1) ¹Gegenstand des Sondereigentums sind die gemäß § 3 Absatz 1 Satz 1 bestimmten Räume sowie die zu diesen Räumen gehörenden Bestandteile des Gebäudes, die verändert, beseitigt oder eingefügt werden können, ohne dass dadurch das gemeinschaftliche Eigentum oder ein auf Sondereigentum beruhendes Recht eines anderen Wohnungseigentümers über das bei einem geordneten Zusammenleben unvermeidliche Maß hinaus beeinträchtigt oder die äußere Gestaltung des Gebäudes verändert wird. ²Soweit sich das Sonder-

eigentum auf außerhalb des Gebäudes liegende Teile des Grundstücks erstreckt, gilt § 94 des Bürgerlichen Gesetzbuchs entsprechend.

(2) Teile des Gebäudes, die für dessen Bestand oder Sicherheit erforderlich sind, sowie Anlagen und Einrichtungen, die dem gemeinschaftlichen Gebrauch der Wohnungseigentümer dienen, sind nicht Gegenstand des Sondereigentums, selbst wenn sie sich im Bereich der im Sondereigentum stehenden Räume oder Teile des Grundstücks befinden.

(3) Die Wohnungseigentümer können vereinbaren, dass Bestandteile des Gebäudes, die Gegenstand des Sondereigentums sein können, zum gemeinschaftlichen Eigentum gehören.

(4) [1]Vereinbarungen über das Verhältnis der Wohnungseigentümer untereinander und Beschlüsse aufgrund einer solchen Vereinbarung können nach den Vorschriften des Abschnitts 4 zum Inhalt des Sondereigentums gemacht werden. [2]Ist das Wohnungseigentum mit der Hypothek, Grund- oder Rentenschuld oder der Reallast eines Dritten belastet, so ist dessen nach anderen Rechtsvorschriften notwendige Zustimmung nur erforderlich, wenn ein Sondernutzungsrecht begründet oder ein mit dem Wohnungseigentum verbundenes Sondernutzungsrecht aufgehoben, geändert oder übertragen wird.

### § 6 Unselbstständigkeit des Sondereigentums

(1) Das Sondereigentum kann ohne den Miteigentumsanteil, zu dem es gehört, nicht veräußert oder belastet werden.

(2) Rechte an dem Miteigentumsanteil erstrecken sich auf das zu ihm gehörende Sondereigentum.

### § 7 Grundbuchvorschriften

(1) [1]Im Falle des § 3 Abs. 1 wird für jeden Miteigentumsanteil von Amts wegen ein besonderes Grundbuchblatt (Wohnungsgrundbuch, Teileigentumsgrundbuch) angelegt. [2]Auf diesem ist das zu dem Miteigentumsanteil gehörende Sondereigentum und als Beschränkung des Miteigentums die Einräumung der zu den anderen Miteigentumsanteilen gehörenden Sondereigentumsrechte einzutragen. [3]Das Grundbuchblatt des Grundstücks wird von Amts wegen geschlossen.

(2) [1]Zur Eintragung eines Beschlusses im Sinne des § 5 Absatz 4 Satz 1 bedarf es der Bewilligungen der Wohnungseigentümer nicht, wenn der Beschluss durch eine Niederschrift, bei der die Unterschriften der in § 24 Absatz 6 bezeichneten Personen öffentlich beglaubigt sind, oder durch ein Urteil in einem Verfahren nach § 44 Absatz 1 Satz 2 nachgewiesen ist. [2]Antragsberechtigt ist auch die Gemeinschaft der Wohnungseigentümer.

(3) [1]Zur näheren Bezeichnung des Gegenstandes und des Inhalts des Sondereigentums kann auf die Eintragungsbewilligung oder einen Nachweis gemäß Absatz 2 Satz 1 Bezug genommen werden. [2]Veräußerungsbeschränkungen

(§ 12) und die Haftung von Sondernachfolgern für Geldschulden sind jedoch ausdrücklich einzutragen.

(4) ¹Der Eintragungsbewilligung sind als Anlagen beizufügen:

1. eine von der Baubehörde mit Unterschrift und Siegel oder Stempel versehene Bauzeichnung, aus der die Aufteilung des Gebäudes und des Grundstücks sowie die Lage und Größe der im Sondereigentum und der im gemeinschaftlichen Eigentum stehenden Teile des Gebäudes und des Grundstücks ersichtlich ist (Aufteilungsplan); alle zu demselben Wohnungseigentum gehörenden Einzelräume und Teile des Grundstücks sind mit der jeweils gleichen Nummer zu kennzeichnen;

2. eine Bescheinigung der Baubehörde, dass die Voraussetzungen des § 3 Absatz 3 vorliegen.

²Wenn in der Eintragungsbewilligung für die einzelnen Sondereigentumsrechte Nummern angegeben werden, sollen sie mit denen des Aufteilungsplanes übereinstimmen.

(5) Für Teileigentumsgrundbücher gelten die Vorschriften über Wohnungsgrundbücher entsprechend.

## § 8 Teilung durch den Eigentümer

(1) Der Eigentümer eines Grundstücks kann durch Erklärung gegenüber dem Grundbuchamt das Eigentum an dem Grundstück in Miteigentumsanteile in der Weise teilen, dass mit jedem Anteil Sondereigentum verbunden ist.

(2) Im Falle des Absatzes 1 gelten § 3 Absatz 1 Satz 2, Absatz 2 und 3, § 4 Absatz 2 Satz 2 sowie die §§ 5 bis 7 entsprechend.

(3) Wer einen Anspruch auf Übertragung von Wohnungseigentum gegen den teilenden Eigentümer hat, der durch Vormerkung im Grundbuch gesichert ist, gilt gegenüber der Gemeinschaft der Wohnungseigentümer und den anderen Wohnungseigentümern anstelle des teilenden Eigentümers als Wohnungseigentümer, sobald ihm der Besitz an den zum Sondereigentum gehörenden Räumen übergeben wurde.

## § 9 Schließung der Wohnungsgrundbücher

(1) Die Wohnungsgrundbücher werden geschlossen:

1. von Amts wegen, wenn die Sondereigentumsrechte gemäß § 4 aufgehoben werden;

2. auf Antrag des Eigentümers, wenn sich sämtliche Wohnungseigentumsrechte in einer Person vereinigen.

(2) Ist ein Wohnungseigentum selbstständig mit dem Rechte eines Dritten belastet, so werden die allgemeinen Vorschriften, nach denen zur Aufhebung

des Sondereigentums die Zustimmung des Dritten erforderlich ist, durch Absatz 1 nicht berührt.

(3) Werden die Wohnungsgrundbücher geschlossen, so wird für das Grundstück ein Grundbuchblatt nach den allgemeinen Vorschriften angelegt; die Sondereigentumsrechte erlöschen, soweit sie nicht bereits aufgehoben sind, mit der Anlegung des Grundbuchblatts.

## Abschnitt 3 Rechtsfähige Gemeinschaft der Wohnungseigentümer

### § 9a Gemeinschaft der Wohnungseigentümer

(1) [1]Die Gemeinschaft der Wohnungseigentümer kann Rechte erwerben und Verbindlichkeiten eingehen, vor Gericht klagen und verklagt werden. [2]Die Gemeinschaft der Wohnungseigentümer entsteht mit Anlegung der Wohnungsgrundbücher; dies gilt auch im Fall des § 8. [3]Sie führt die Bezeichnung „Gemeinschaft der Wohnungseigentümer" oder „Wohnungseigentümergemeinschaft" gefolgt von der bestimmten Angabe des gemeinschaftlichen Grundstücks.

(2) Die Gemeinschaft der Wohnungseigentümer übt die sich aus dem gemeinschaftlichen Eigentum ergebenden Rechte sowie solche Rechte der Wohnungseigentümer aus, die eine einheitliche Rechtsverfolgung erfordern, und nimmt die entsprechenden Pflichten der Wohnungseigentümer wahr.

(3) Für das Vermögen der Gemeinschaft der Wohnungseigentümer (Gemeinschaftsvermögen) gelten § 18, § 19 Absatz 1 und § 27 entsprechend.

(4) [1]Jeder Wohnungseigentümer haftet einem Gläubiger nach dem Verhältnis seines Miteigentumsanteils (§ 16 Absatz 1 Satz 2) für Verbindlichkeiten der Gemeinschaft der Wohnungseigentümer, die während seiner Zugehörigkeit entstanden oder während dieses Zeitraums fällig geworden sind; für die Haftung nach Veräußerung des Wohnungseigentums ist § 160 des Handelsgesetzbuchs entsprechend anzuwenden. [2]Er kann gegenüber einem Gläubiger neben den in seiner Person begründeten auch die der Gemeinschaft der Wohnungseigentümer zustehenden Einwendungen und Einreden geltend machen, nicht aber seine Einwendungen und Einreden gegenüber der Gemeinschaft der Wohnungseigentümer. [3]Für die Einrede der Anfechtbarkeit und Aufrechenbarkeit ist § 770 des Bürgerlichen Gesetzbuchs entsprechend anzuwenden.

(5) Ein Insolvenzverfahren über das Gemeinschaftsvermögen findet nicht statt.

### § 9b Vertretung

(1) [1]Die Gemeinschaft der Wohnungseigentümer wird durch den Verwalter gerichtlich und außergerichtlich vertreten, beim Abschluss eines Grundstückskauf- oder Darlehensvertrags aber nur aufgrund eines Beschlusses der Wohnungseigentümer. [2]Hat die Gemeinschaft der Wohnungseigentümer kei-

nen Verwalter, wird sie durch die Wohnungseigentümer gemeinschaftlich vertreten. ³Eine Beschränkung des Umfangs der Vertretungsmacht ist Dritten gegenüber unwirksam.

(2) Dem Verwalter gegenüber vertritt der Vorsitzende des Verwaltungsbeirats oder ein durch Beschluss dazu ermächtigter Wohnungseigentümer die Gemeinschaft der Wohnungseigentümer.

### Abschnitt 4 Rechtsverhältnis der Wohnungseigentümer untereinander und zur Gemeinschaft der Wohnungseigentümer

### § 10 Allgemeine Grundsätze

(1) ¹Das Verhältnis der Wohnungseigentümer untereinander und zur Gemeinschaft der Wohnungseigentümer bestimmt sich nach den Vorschriften dieses Gesetzes und, soweit dieses Gesetz keine besonderen Bestimmungen enthält, nach den Vorschriften des Bürgerlichen Gesetzbuches über die Gemeinschaft. ²Die Wohnungseigentümer können von den Vorschriften dieses Gesetzes abweichende Vereinbarungen treffen, soweit nicht etwas anderes ausdrücklich bestimmt ist.

(2) Jeder Wohnungseigentümer kann eine vom Gesetz abweichende Vereinbarung oder die Anpassung einer Vereinbarung verlangen, soweit ein Festhalten an der geltenden Regelung aus schwerwiegenden Gründen unter Berücksichtigung aller Umstände des Einzelfalles, insbesondere der Rechte und Interessen der anderen Wohnungseigentümer, unbillig erscheint.

(3) ¹Vereinbarungen, durch die die Wohnungseigentümer ihr Verhältnis untereinander in Ergänzung oder Abweichung von Vorschriften dieses Gesetzes regeln, eine Abänderung oder Aufhebung solcher Vereinbarungen sowie Beschlüsse, die aufgrund einer Vereinbarung gefasst werden, wirken gegen den Sondernachfolger eines Wohnungseigentümers nur, wenn sie als Inhalt des Sondereigentums im Grundbuch eingetragen sind. ²Im Übrigen bedürfen Beschlüsse zu ihrer Wirksamkeit gegen den Sondernachfolger eines Wohnungseigentümers nicht der Eintragung in das Grundbuch.

### § 11 Aufhebung der Gemeinschaft

(1) ¹Kein Wohnungseigentümer kann die Aufhebung der Gemeinschaft verlangen. ²Dies gilt auch für eine Aufhebung aus wichtigem Grund. ³Eine abweichende Vereinbarung ist nur für den Fall zulässig, dass das Gebäude ganz oder teilweise zerstört wird und eine Verpflichtung zum Wiederaufbau nicht besteht.

(2) Das Recht eines Pfändungsgläubigers (§ 751 des Bürgerlichen Gesetzbuchs) sowie das im Insolvenzverfahren bestehende Recht (§ 84 Absatz 2 der Insolvenzordnung), die Aufhebung der Gemeinschaft zu verlangen, ist ausgeschlossen.

(3) ¹Im Fall der Aufhebung der Gemeinschaft bestimmt sich der Anteil der Miteigentümer nach dem Verhältnis des Wertes ihrer Wohnungseigentumsrechte zur Zeit der Aufhebung der Gemeinschaft. ²Hat sich der Wert eines Miteigentumsanteils durch Maßnahmen verändert, deren Kosten der Wohnungseigentümer nicht getragen hat, so bleibt eine solche Veränderung bei der Berechnung des Wertes dieses Anteils außer Betracht.

### § 12 Veräußerungsbeschränkung

(1) Als Inhalt des Sondereigentums kann vereinbart werden, dass ein Wohnungseigentümer zur Veräußerung seines Wohnungseigentums der Zustimmung anderer Wohnungseigentümer oder eines Dritten bedarf.

(2) ¹Die Zustimmung darf nur aus einem wichtigen Grunde versagt werden. ²Durch Vereinbarung gemäß Absatz 1 kann dem Wohnungseigentümer darüber hinaus für bestimmte Fälle ein Anspruch auf Erteilung der Zustimmung eingeräumt werden.

(3) ¹Ist eine Vereinbarung gemäß Absatz 1 getroffen, so ist eine Veräußerung des Wohnungseigentums und ein Vertrag, durch den sich der Wohnungseigentümer zu einer solchen Veräußerung verpflichtet, unwirksam, solange nicht die erforderliche Zustimmung erteilt ist. ²Einer rechtsgeschäftlichen Veräußerung steht eine Veräußerung im Wege der Zwangsvollstreckung oder durch den Insolvenzverwalter gleich.

(4) ¹Die Wohnungseigentümer können beschließen, dass eine Veräußerungsbeschränkung gemäß Absatz 1 aufgehoben wird. ²Ist ein Beschluss gemäß Satz 1 gefasst, kann die Veräußerungsbeschränkung im Grundbuch gelöscht werden. ³§ 7 Absatz 2 gilt entsprechend.

### § 13 Rechte des Wohnungseigentümers aus dem Sondereigentum

(1) Jeder Wohnungseigentümer kann, soweit nicht das Gesetz entgegensteht, mit seinem Sondereigentum nach Belieben verfahren, insbesondere dieses bewohnen, vermieten, verpachten oder in sonstiger Weise nutzen, und andere von Einwirkungen ausschließen.

(2) Für Maßnahmen, die über die ordnungsmäßige Instandhaltung und Instandsetzung (Erhaltung) des Sondereigentums hinausgehen, gilt § 20 mit der Maßgabe entsprechend, dass es keiner Gestattung bedarf, soweit keinem der anderen Wohnungseigentümer über das bei einem geordneten Zusammenleben unvermeidliche Maß hinaus ein Nachteil erwächst.

### § 14 Pflichten des Wohnungseigentümers

(1) Jeder Wohnungseigentümer ist gegenüber der Gemeinschaft der Wohnungseigentümer verpflichtet,

1. die gesetzlichen Regelungen, Vereinbarungen und Beschlüsse einzuhalten und

2. das Betreten seines Sondereigentums und andere Einwirkungen auf dieses und das gemeinschaftliche Eigentum zu dulden, die den Vereinbarungen oder Beschlüssen entsprechen oder, wenn keine entsprechenden Vereinbarungen oder Beschlüsse bestehen, aus denen ihm über das bei einem geordneten Zusammenleben unvermeidliche Maß hinaus kein Nachteil erwächst.

(2) Jeder Wohnungseigentümer ist gegenüber den übrigen Wohnungseigentümern verpflichtet,

1. deren Sondereigentum nicht über das in Absatz 1 Nummer 2 bestimmte Maß hinaus zu beeinträchtigen und

2. Einwirkungen nach Maßgabe des Absatz 1 Nummer 2 zu dulden.

(3) Hat der Wohnungseigentümer eine Einwirkung zu dulden, die über das zumutbare Maß hinausgeht, kann er einen angemessenen Ausgleich in Geld verlangen.

### § 15 Pflichten Dritter

Wer Wohnungseigentum gebraucht, ohne Wohnungseigentümer zu sein, hat gegenüber der Gemeinschaft der Wohnungseigentümer und anderen Wohnungseigentümern zu dulden:

1. die Erhaltung des gemeinschaftlichen Eigentums und des Sondereigentums, die ihm rechtzeitig angekündigt wurde; § 555a Absatz 2 des Bürgerlichen Gesetzbuchs gilt entsprechend;

2. Maßnahmen, die über die Erhaltung hinausgehen, die spätestens drei Monate vor ihrem Beginn in Textform angekündigt wurden; § 555c Absatz 1 Satz 2 Nummer 1 und 2, Absatz 2 bis 4 und § 555d Absatz 2 bis 5 des Bürgerlichen Gesetzbuchs gelten entsprechend.

### § 16 Nutzungen und Kosten

(1) [1]Jedem Wohnungseigentümer gebührt ein seinem Anteil entsprechender Bruchteil der Früchte des gemeinschaftlichen Eigentums und des Gemeinschaftsvermögens. [2]Der Anteil bestimmt sich nach dem gemäß § 47 der Grundbuchordnung im Grundbuch eingetragenen Verhältnis der Miteigentumsanteile. [3]Jeder Wohnungseigentümer ist zum Mitgebrauch des gemeinschaftlichen Eigentums nach Maßgabe des § 14 berechtigt.

(2) [1]Die Kosten der Gemeinschaft der Wohnungseigentümer, insbesondere der Verwaltung und des gemeinschaftlichen Gebrauchs des gemeinschaftlichen Eigentums, hat jeder Wohnungseigentümer nach dem Verhältnis seines Anteils (Absatz 1 Satz 2) zu tragen. [2]Die Wohnungseigentümer können für einzelne Kosten oder bestimmte Arten von Kosten eine von Satz 1 oder von einer Vereinbarung abweichende Verteilung beschließen.

Gesetz über das Wohnungseigentum und das Dauerwohnrecht

(3) Für die Kosten und Nutzungen bei baulichen Veränderungen gilt § 21.

## § 17 Entziehung des Wohnungseigentums

(1) Hat ein Wohnungseigentümer sich einer so schweren Verletzung der ihm gegenüber anderen Wohnungseigentümern oder der Gemeinschaft der Wohnungseigentümer obliegenden Verpflichtungen schuldig gemacht, dass diesen die Fortsetzung der Gemeinschaft mit ihm nicht mehr zugemutet werden kann, so kann die Gemeinschaft der Wohnungseigentümer von ihm die Veräußerung seines Wohnungseigentums verlangen.

(2) Die Voraussetzungen des Absatzes 1 liegen insbesondere vor, wenn der Wohnungseigentümer trotz Abmahnung wiederholt gröblich gegen die ihm nach § 14 Absatz 1 und 2 obliegenden Pflichten verstößt.

(3) Der in Absatz 1 bestimmte Anspruch kann durch Vereinbarung der Wohnungseigentümer nicht eingeschränkt oder ausgeschlossen werden.

(4) [1]Das Urteil, durch das ein Wohnungseigentümer zur Veräußerung seines Wohnungseigentums verurteilt wird, berechtigt zur Zwangsvollstreckung entsprechend den Vorschriften des Ersten Abschnitts des Gesetzes über die Zwangsversteigerung und die Zwangsverwaltung. [2]Das Gleiche gilt für Schuldtitel im Sinne des § 794 der Zivilprozessordnung, durch die sich der Wohnungseigentümer zur Veräußerung seines Wohnungseigentums verpflichtet.

## § 18 Verwaltung und Benutzung

(1) Die Verwaltung des gemeinschaftlichen Eigentums obliegt der Gemeinschaft der Wohnungseigentümer.

(2) Jeder Wohnungseigentümer kann von der Gemeinschaft der Wohnungseigentümer

1. eine Verwaltung des gemeinschaftlichen Eigentums sowie

2. eine Benutzung des gemeinschaftlichen Eigentums und des Sondereigentums

verlangen, die dem Interesse der Gesamtheit der Wohnungseigentümer nach billigem Ermessen (ordnungsmäßige Verwaltung und Benutzung) und, soweit solche bestehen, den gesetzlichen Regelungen, Vereinbarungen und Beschlüssen entsprechen.

(3) Jeder Wohnungseigentümer ist berechtigt, ohne Zustimmung der anderen Wohnungseigentümer die Maßnahmen zu treffen, die zur Abwendung eines dem gemeinschaftlichen Eigentum unmittelbar drohenden Schadens notwendig sind.

(4) Jeder Wohnungseigentümer kann von der Gemeinschaft der Wohnungseigentümer Einsicht in die Verwaltungsunterlagen verlangen.

## Gesetz über das Wohnungseigentum und das Dauerwohnrecht

**§ 19 Regelung der Verwaltung und Benutzung durch Beschluss**
(1) Soweit die Verwaltung des gemeinschaftlichen Eigentums und die Benutzung des gemeinschaftlichen Eigentums und des Sondereigentums nicht durch Vereinbarung der Wohnungseigentümer geregelt sind, beschließen die Wohnungseigentümer eine ordnungsmäßige Verwaltung und Benutzung.

(2) Zur ordnungsmäßigen Verwaltung und Benutzung gehören insbesondere

1. die Aufstellung einer Hausordnung,

2. die ordnungsmäßige Erhaltung des gemeinschaftlichen Eigentums,

3. die angemessene Versicherung des gemeinschaftlichen Eigentums zum Neuwert sowie der Wohnungseigentümer gegen Haus- und Grundbesitzerhaftpflicht,

4. die Ansammlung einer angemessenen Erhaltungsrücklage,

5. die Festsetzung von Vorschüssen nach § 28 Absatz 1 Satz 1 sowie

6. die Bestellung eines zertifizierten Verwalters nach § 26a, es sei denn, es bestehen weniger als neun Sondereigentumsrechte, ein Wohnungseigentümer wurde zum Verwalter bestellt und weniger als ein Drittel der Wohnungseigentümer (§ 25 Absatz 2) verlangt die Bestellung eines zertifizierten Verwalters.

**§ 20 Bauliche Veränderungen**
(1) Maßnahmen, die über die ordnungsmäßige Erhaltung des gemeinschaftlichen Eigentums hinausgehen (bauliche Veränderungen), können beschlossen oder einem Wohnungseigentümer durch Beschluss gestattet werden.

(2) ¹Jeder Wohnungseigentümer kann angemessene bauliche Veränderungen verlangen, die

1. dem Gebrauch durch Menschen mit Behinderungen,

2. dem Laden elektrisch betriebener Fahrzeuge,

3. dem Einbruchschutz und

4. dem Anschluss an ein Telekommunikationsnetz mit sehr hoher Kapazität

dienen. ²Über die Durchführung ist im Rahmen ordnungsmäßiger Verwaltung zu beschließen.

(3) Unbeschadet des Absatzes 2 kann jeder Wohnungseigentümer verlangen, dass ihm eine bauliche Veränderung gestattet wird, wenn alle Wohnungseigentümer, deren Rechte durch die bauliche Veränderung über das bei einem geordneten Zusammenleben unvermeidliche Maß hinaus beeinträchtigt werden, einverstanden sind.

## Gesetz über das Wohnungseigentum und das Dauerwohnrecht

(4) Bauliche Veränderungen, die die Wohnanlage grundlegend umgestalten oder einen Wohnungseigentümer ohne sein Einverständnis gegenüber anderen unbillig benachteiligen, dürfen nicht beschlossen und gestattet werden; sie können auch nicht verlangt werden.

### § 21 Nutzungen und Kosten bei baulichen Veränderungen

(1) $^1$Die Kosten einer baulichen Veränderung, die einem Wohnungseigentümer gestattet oder die auf sein Verlangen nach § 20 Absatz 2 durch die Gemeinschaft der Wohnungseigentümer durchgeführt wurde, hat dieser Wohnungseigentümer zu tragen. $^2$Nur ihm gebühren die Nutzungen.

(2) $^1$Vorbehaltlich des Absatzes 1 haben alle Wohnungseigentümer die Kosten einer baulichen Veränderung nach dem Verhältnis ihrer Anteile (§ 16 Absatz 1 Satz 2) zu tragen,

1. die mit mehr als zwei Dritteln der abgegebenen Stimmen und der Hälfte aller Miteigentumsanteile beschlossen wurde, es sei denn, die bauliche Veränderung ist mit unverhältnismäßigen Kosten verbunden, oder

2. deren Kosten sich innerhalb eines angemessenen Zeitraums amortisieren.

$^2$Für die Nutzungen gilt § 16 Absatz 1.

(3) $^1$Die Kosten anderer als der in den Absätzen 1 und 2 bezeichneten baulichen Veränderungen haben die Wohnungseigentümer, die sie beschlossen haben, nach dem Verhältnis ihrer Anteile (§ 16 Absatz 1 Satz 2) zu tragen. $^2$Ihnen gebühren die Nutzungen entsprechend § 16 Absatz 1.

(4) $^1$Ein Wohnungseigentümer, der nicht berechtigt ist, Nutzungen zu ziehen, kann verlangen, dass ihm dies nach billigem Ermessen gegen angemessenen Ausgleich gestattet wird. $^2$Für seine Beteiligung an den Nutzungen und Kosten gilt Absatz 3 entsprechend.

(5) $^1$Die Wohnungseigentümer können eine abweichende Verteilung der Kosten und Nutzungen beschließen. $^2$Durch einen solchen Beschluss dürfen einem Wohnungseigentümer, der nach den vorstehenden Absätzen Kosten nicht zu tragen hat, keine Kosten auferlegt werden.

### § 22 Wiederaufbau

Ist das Gebäude zu mehr als der Hälfte seines Wertes zerstört und ist der Schaden nicht durch eine Versicherung oder in anderer Weise gedeckt, so kann der Wiederaufbau nicht beschlossen oder verlangt werden.

### § 23 Wohnungseigentümerversammlung

(1) $^1$Angelegenheiten, über die nach diesem Gesetz oder nach einer Vereinbarung der Wohnungseigentümer die Wohnungseigentümer durch Beschluss entscheiden können, werden durch Beschlussfassung in einer Versammlung der Wohnungseigentümer geordnet. $^2$Die Wohnungseigentümer können beschließen, dass Wohnungseigentümer an der Versammlung auch ohne Anwe-

senheit an deren Ort teilnehmen und sämtliche oder einzelne ihrer Rechte ganz oder teilweise im Wege elektronischer Kommunikation ausüben können.

(2) Zur Gültigkeit eines Beschlusses ist erforderlich, dass der Gegenstand bei der Einberufung bezeichnet ist.

(3) ¹Auch ohne Versammlung ist ein Beschluss gültig, wenn alle Wohnungseigentümer ihre Zustimmung zu diesem Beschluss in Textform erklären. ²Die Wohnungseigentümer können beschließen, dass für einen einzelnen Gegenstand die Mehrheit der abgegebenen Stimmen genügt.

(4) ¹Ein Beschluss, der gegen eine Rechtsvorschrift verstößt, auf deren Einhaltung rechtswirksam nicht verzichtet werden kann, ist nichtig. ²Im Übrigen ist ein Beschluss gültig, solange er nicht durch rechtskräftiges Urteil für ungültig erklärt ist.

### § 24 Einberufung, Vorsitz, Niederschrift

(1) Die Versammlung der Wohnungseigentümer wird von dem Verwalter mindestens einmal im Jahr einberufen.

(2) Die Versammlung der Wohnungseigentümer muss von dem Verwalter in den durch Vereinbarung der Wohnungseigentümer bestimmten Fällen, im übrigen dann einberufen werden, wenn dies in Textform unter Angabe des Zweckes und der Gründe von mehr als einem Viertel der Wohnungseigentümer verlangt wird.

(3) Fehlt ein Verwalter oder weigert er sich pflichtwidrig, die Versammlung der Wohnungseigentümer einzuberufen, so kann die Versammlung auch durch den Vorsitzenden des Verwaltungsbeirats, dessen Vertreter oder einen durch Beschluss ermächtigten Wohnungseigentümer einberufen werden.

(4) ¹Die Einberufung erfolgt in Textform. ²Die Frist der Einberufung soll, sofern nicht ein Fall besonderer Dringlichkeit vorliegt, mindestens drei Wochen betragen.

(5) Den Vorsitz in der Wohnungseigentümerversammlung führt, sofern diese nichts anderes beschließt, der Verwalter.

(6) ¹Über die in der Versammlung gefassten Beschlüsse ist unverzüglich eine Niederschrift aufzunehmen. ²Die Niederschrift ist von dem Vorsitzenden und einem Wohnungseigentümer und, falls ein Verwaltungsbeirat bestellt ist, auch von dessen Vorsitzenden oder seinem Vertreter zu unterschreiben.

(7) ¹Es ist eine Beschluss-Sammlung zu führen. ²Die Beschluss-Sammlung enthält nur den Wortlaut

1. der in der Versammlung der Wohnungseigentümer verkündeten Beschlüsse mit Angabe von Ort und Datum der Versammlung,

2. der schriftlichen Beschlüsse mit Angabe von Ort und Datum der Verkündung und

## Gesetz über das Wohnungseigentum und das Dauerwohnrecht

3. der Urteilsformeln der gerichtlichen Entscheidungen in einem Rechtsstreit gemäß § 43 mit Angabe ihres Datums, des Gerichts und der Parteien,

soweit diese Beschlüsse und gerichtlichen Entscheidungen nach dem 1. Juli 2007 ergangen sind. [3]Die Beschlüsse und gerichtlichen Entscheidungen sind fortlaufend einzutragen und zu nummerieren. [4]Sind sie angefochten oder aufgehoben worden, so ist dies anzumerken. [5]Im Falle einer Aufhebung kann von einer Anmerkung abgesehen und die Eintragung gelöscht werden. [6]Eine Eintragung kann auch gelöscht werden, wenn sie aus einem anderen Grund für die Wohnungseigentümer keine Bedeutung mehr hat. [7]Die Eintragungen, Vermerke und Löschungen gemäß den Sätzen 3 bis 6 sind unverzüglich zu erledigen und mit Datum zu versehen. [8]Einem Wohnungseigentümer oder einem Dritten, den ein Wohnungseigentümer ermächtigt hat, ist auf sein Verlangen Einsicht in die Beschluss-Sammlung zu geben.

(8) [1]Die Beschluss-Sammlung ist von dem Verwalter zu führen. [2]Fehlt ein Verwalter, so ist der Vorsitzende der Wohnungseigentümerversammlung verpflichtet, die Beschluss-Sammlung zu führen, sofern die Wohnungseigentümer durch Stimmenmehrheit keinen anderen für diese Aufgabe bestellt haben.

### § 25 Beschlussfassung

(1) Bei der Beschlussfassung entscheidet die Mehrheit der abgegebenen Stimmen.

(2) [1]Jeder Wohnungseigentümer hat eine Stimme. [2]Steht ein Wohnungseigentum mehreren gemeinschaftlich zu, so können sie das Stimmrecht nur einheitlich ausüben.

(3) Vollmachten bedürfen zu ihrer Gültigkeit der Textform.

(4) Ein Wohnungseigentümer ist nicht stimmberechtigt, wenn die Beschlussfassung die Vornahme eines auf die Verwaltung des gemeinschaftlichen Eigentums bezüglichen Rechtsgeschäfts mit ihm oder die Einleitung oder Erledigung eines Rechtsstreits gegen ihn betrifft oder wenn er nach § 17 rechtskräftig verurteilt ist.

### § 26 Bestellung und Abberufung des Verwalters

(1) Über die Bestellung und Abberufung des Verwalters beschließen die Wohnungseigentümer.

(2) [1]Die Bestellung kann auf höchstens fünf Jahre vorgenommen werden, im Fall der ersten Bestellung nach der Begründung von Wohnungseigentum aber auf höchstens drei Jahre. [2]Die wiederholte Bestellung ist zulässig; sie bedarf eines erneuten Beschlusses der Wohnungseigentümer, der frühestens ein Jahr vor Ablauf der Bestellungszeit gefasst werden kann.

(3) [1]Der Verwalter kann jederzeit abberufen werden. [2]Ein Vertrag mit dem Verwalter endet spätestens sechs Monate nach dessen Abberufung.

# Gesetz über das Wohnungseigentum und das Dauerwohnrecht

(4) Soweit die Verwaltereigenschaft durch eine öffentlich beglaubigte Urkunde nachgewiesen werden muss, genügt die Vorlage einer Niederschrift über den Bestellungsbeschluss, bei der die Unterschriften der in § 24 Absatz 6 bezeichneten Personen öffentlich beglaubigt sind.

(5) Abweichungen von den Absätzen 1 bis 3 sind nicht zulässig.

## § 26a Zertifizierter Verwalter

(1) Als zertifizierter Verwalter darf sich bezeichnen, wer vor einer Industrie- und Handelskammer durch eine Prüfung nachgewiesen hat, dass er über die für die Tätigkeit als Verwalter notwendigen rechtlichen, kaufmännischen und technischen Kenntnisse verfügt.

(2) ¹Das Bundesministerium der Justiz und für Verbraucherschutz wird ermächtigt, durch Rechtsverordnung nähere Bestimmungen über die Prüfung zum zertifizierten Verwalter zu erlassen. ²In der Rechtsverordnung nach Satz 1 können insbesondere festgelegt werden:

1. nähere Bestimmungen zu Inhalt und Verfahren der Prüfung;

2. Bestimmungen über das zu erteilende Zertifikat;

3. Voraussetzungen, unter denen sich juristische Personen und Personengesellschaften als zertifizierte Verwalter bezeichnen dürfen;

4. Bestimmungen, wonach Personen aufgrund anderweitiger Qualifikationen von der Prüfung befreit sind, insbesondere weil sie die Befähigung zum Richteramt, einen Hochschulabschluss mit immobilienwirtschaftlichem Schwerpunkt, eine abgeschlossene Berufsausbildung zum Immobilienkaufmann oder zur Immobilienkauffrau oder einen vergleichbaren Berufsabschluss besitzen.

## § 27 Aufgaben und Befugnisse des Verwalters

(1) Der Verwalter ist gegenüber der Gemeinschaft der Wohnungseigentümer berechtigt und verpflichtet, die Maßnahmen ordnungsmäßiger Verwaltung zu treffen, die

1. untergeordnete Bedeutung haben und nicht zu erheblichen Verpflichtungen führen oder

2. zur Wahrung einer Frist oder zur Abwendung eines Nachteils erforderlich sind.

(2) Die Wohnungseigentümer können die Rechte und Pflichten nach Absatz 1 durch Beschluss einschränken oder erweitern.

## § 28 Wirtschaftsplan, Jahresabrechnung, Vermögensbericht

(1) ¹Die Wohnungseigentümer beschließen über die Vorschüsse zur Kostentragung und zu den nach § 19 Absatz 2 Nummer 4 oder durch Beschluss

**Gesetz über das Wohnungseigentum und das Dauerwohnrecht**

vorgesehenen Rücklagen. ²Zu diesem Zweck hat der Verwalter jeweils für ein Kalenderjahr einen Wirtschaftsplan aufzustellen, der darüber hinaus die voraussichtlichen Einnahmen und Ausgaben enthält.

(2) ¹Nach Ablauf des Kalenderjahres beschließen die Wohnungseigentümer über die Einforderung von Nachschüssen oder die Anpassung der beschlossenen Vorschüsse. ²Zu diesem Zweck hat der Verwalter eine Abrechnung über den Wirtschaftsplan (Jahresabrechnung) aufzustellen, die darüber hinaus die Einnahmen und Ausgaben enthält.

(3) Die Wohnungseigentümer können beschließen, wann Forderungen fällig werden und wie sie zu erfüllen sind.

(4) ¹Der Verwalter hat nach Ablauf eines Kalenderjahres einen Vermögensbericht zu erstellen, der den Stand der in Absatz 1 Satz 1 bezeichneten Rücklagen und eine Aufstellung des wesentlichen Gemeinschaftsvermögens enthält. ²Der Vermögensbericht ist jedem Wohnungseigentümer zur Verfügung zu stellen.

### § 29 Verwaltungsbeirat

(1) ¹Wohnungseigentümer können durch Beschluss zum Mitglied des Verwaltungsbeirats bestellt werden. ²Hat der Verwaltungsbeirat mehrere Mitglieder, ist ein Vorsitzender und ein Stellvertreter zu bestimmen. ³Der Verwaltungsbeirat wird von dem Vorsitzenden nach Bedarf einberufen.

(2) ¹Der Verwaltungsbeirat unterstützt und überwacht den Verwalter bei der Durchführung seiner Aufgaben. ²Der Wirtschaftsplan und die Jahresabrechnung sollen, bevor die Beschlüsse nach § 28 Absatz 1 Satz 1 und Absatz 2 Satz 1 gefasst werden, vom Verwaltungsbeirat geprüft und mit dessen Stellungnahme versehen werden.

(3) Sind Mitglieder des Verwaltungsbeirats unentgeltlich tätig, haben sie nur Vorsatz und grobe Fahrlässigkeit zu vertreten.

### Abschnitt 5 Wohnungserbbaurecht

### § 30 Wohnungserbbaurecht

(1) Steht ein Erbbaurecht mehreren gemeinschaftlich nach Bruchteilen zu, so können die Anteile in der Weise beschränkt werden, dass jedem der Mitberechtigten das Sondereigentum an einer bestimmten Wohnung oder an nicht zu Wohnzwecken dienenden bestimmten Räumen in einem auf Grund des Erbbaurechts errichteten oder zu errichtenden Gebäude eingeräumt wird (Wohnungserbbaurecht, Teilerbbaurecht).

(2) Ein Erbbauberechtigter kann das Erbbaurecht in entsprechender Anwendung des § 8 teilen.

(3) ¹Für jeden Anteil wird von Amts wegen ein besonderes Erbbaugrundbuchblatt angelegt (Wohnungserbbaugrundbuch, Teilerbbaugrundbuch). ²Im

## Gesetz über das Wohnungseigentum und das Dauerwohnrecht

übrigen gelten für das Wohnungserbbaurecht (Teilerbbaurecht) die Vorschriften über das Wohnungseigentum (Teileigentum) entsprechend.

## Teil 2 Dauerwohnrecht

### § 31 Begriffsbestimmungen

(1) ¹Ein Grundstück kann in der Weise belastet werden, dass derjenige, zu dessen Gunsten die Belastung erfolgt, berechtigt ist, unter Ausschluss des Eigentümers eine bestimmte Wohnung in einem auf dem Grundstück errichteten oder zu errichtenden Gebäude zu bewohnen oder in anderer Weise zu nutzen (Dauerwohnrecht). ²Das Dauerwohnrecht kann auf einen außerhalb des Gebäudes liegenden Teil des Grundstücks erstreckt werden, sofern die Wohnung wirtschaftlich die Hauptsache bleibt.

(2) Ein Grundstück kann in der Weise belastet werden, dass derjenige, zu dessen Gunsten die Belastung erfolgt, berechtigt ist, unter Ausschluss des Eigentümers nicht zu Wohnzwecken dienende bestimmte Räume in einem auf dem Grundstück errichteten oder zu errichtenden Gebäude zu nutzen (Dauernutzungsrecht).

(3) Für das Dauernutzungsrecht gelten die Vorschriften über das Dauerwohnrecht entsprechend.

### § 32 Voraussetzungen der Eintragung

(1) Das Dauerwohnrecht soll nur bestellt werden, wenn die Wohnung in sich abgeschlossen ist.

(2) ¹Zur näheren Bezeichnung des Gegenstandes und des Inhalts des Dauerwohnrechts kann auf die Eintragungsbewilligung Bezug genommen werden. ²Der Eintragungsbewilligung sind als Anlagen beizufügen:

1. eine von der Baubehörde mit Unterschrift und Siegel oder Stempel versehene Bauzeichnung, aus der die Aufteilung des Gebäudes sowie die Lage und Größe der dem Dauerwohnrecht unterliegenden Gebäude- und Grundstücksteile ersichtlich ist (Aufteilungsplan); alle zu demselben Dauerwohnrecht gehörenden Einzelräume sind mit der jeweils gleichen Nummer zu kennzeichnen;

2. eine Bescheinigung der Baubehörde, dass die Voraussetzungen des Absatzes 1 vorliegen.

³Wenn in der Eintragungsbewilligung für die einzelnen Dauerwohnrechte Nummern angegeben werden, sollen sie mit denen des Aufteilungsplans übereinstimmen.

(3) Das Grundbuchamt soll die Eintragung des Dauerwohnrechts ablehnen, wenn über die in § 33 Abs. 4 Nr. 1 bis 4 bezeichneten Angelegenheiten, über

## Gesetz über das Wohnungseigentum und das Dauerwohnrecht

die Voraussetzungen des Heimfallanspruchs (§ 36 Abs. 1) und über die Entschädigung beim Heimfall (§ 36 Abs. 4) keine Vereinbarungen getroffen sind.

### § 33 Inhalt des Dauerwohnrechts

(1) ¹Das Dauerwohnrecht ist veräußerlich und vererblich. ²Es kann nicht unter einer Bedingung bestellt werden.

(2) Auf das Dauerwohnrecht sind, soweit nicht etwas anderes vereinbart ist, die Vorschriften des § 14 entsprechend anzuwenden.

(3) Der Berechtigte kann die zum gemeinschaftlichen Gebrauch bestimmten Teile, Anlagen und Einrichtungen des Gebäudes und Grundstücks mitbenutzen, soweit nichts anderes vereinbart ist.

(4) Als Inhalt des Dauerwohnrechts können Vereinbarungen getroffen werden über:

1. Art und Umfang der Nutzungen;

2. Instandhaltung und Instandsetzung der dem Dauerwohnrecht unterliegenden Gebäudeteile;

3. die Pflicht des Berechtigten zur Tragung öffentlicher oder privatrechtlicher Lasten des Grundstücks;

4. die Versicherung des Gebäudes und seinen Wiederaufbau im Falle der Zerstörung;

5. das Recht des Eigentümers, bei Vorliegen bestimmter Voraussetzungen Sicherheitsleistung zu verlangen.

### § 34 Ansprüche des Eigentümers und der Dauerwohnberechtigten

(1) Auf die Ersatzansprüche des Eigentümers wegen Veränderungen oder Verschlechterungen sowie auf die Ansprüche der Dauerwohnberechtigten auf Ersatz von Verwendungen oder auf Gestattung der Wegnahme einer Einrichtung sind die §§ 1049, 1057 des Bürgerlichen Gesetzbuches entsprechend anzuwenden.

(2) Wird das Dauerwohnrecht beeinträchtigt, so sind auf die Ansprüche des Berechtigten die für die Ansprüche aus dem Eigentum geltenden Vorschriften entsprechend anzuwenden.

### § 35 Veräußerungsbeschränkung

¹Als Inhalt des Dauerwohnrechts kann vereinbart werden, dass der Berechtigte zur Veräußerung des Dauerwohnrechts der Zustimmung des Eigentümers oder eines Dritten bedarf. ²Die Vorschriften des § 12 gelten in diesem Falle entsprechend.

## Gesetz über das Wohnungseigentum und das Dauerwohnrecht

### § 36 Heimfallanspruch

(1) ¹Als Inhalt des Dauerwohnrechts kann vereinbart werden, dass der Berechtigte verpflichtet ist, das Dauerwohnrecht beim Eintritt bestimmter Voraussetzungen auf den Grundstückseigentümer oder einen von diesem zu bezeichnenden Dritten zu übertragen (Heimfallanspruch). ²Der Heimfallanspruch kann nicht von dem Eigentum an dem Grundstück getrennt werden.

(2) Bezieht sich das Dauerwohnrecht auf Räume, die dem Mieterschutz unterliegen, so kann der Eigentümer von dem Heimfallanspruch nur Gebrauch machen, wenn ein Grund vorliegt, aus dem ein Vermieter die Aufhebung des Mietverhältnisses verlangen oder kündigen kann.

(3) Der Heimfallanspruch verjährt in sechs Monaten von dem Zeitpunkt an, in dem der Eigentümer von dem Eintritt der Voraussetzungen Kenntnis erlangt, ohne Rücksicht auf diese Kenntnis in zwei Jahren von dem Eintritt der Voraussetzungen an.

(4) ¹Als Inhalt des Dauerwohnrechts kann vereinbart werden, dass der Eigentümer dem Berechtigten eine Entschädigung zu gewähren hat, wenn er von dem Heimfallanspruch Gebrauch macht. ²Als Inhalt des Dauerwohnrechts können Vereinbarungen über die Berechnung oder Höhe der Entschädigung oder die Art ihrer Zahlung getroffen werden.

### § 37 Vermietung

(1) Hat der Dauerwohnberechtigte die dem Dauerwohnrecht unterliegenden Gebäude- oder Grundstücksteile vermietet oder verpachtet, so erlischt das Miet- oder Pachtverhältnis, wenn das Dauerwohnrecht erlischt.

(2) Macht der Eigentümer von seinem Heimfallanspruch Gebrauch, so tritt er oder derjenige, auf den das Dauerwohnrecht zu übertragen ist, in das Miet- oder Pachtverhältnis ein; die Vorschriften der §§ 566 bis 566e des Bürgerlichen Gesetzbuches gelten entsprechend.

(3) ¹Absatz 2 gilt entsprechend, wenn das Dauerwohnrecht veräußert wird. ²Wird das Dauerwohnrecht im Wege der Zwangsvollstreckung veräußert, so steht dem Erwerber ein Kündigungsrecht in entsprechender Anwendung des § 57a des Gesetzes über die Zwangsversteigerung und Zwangsverwaltung zu.

### § 38 Eintritt in das Rechtsverhältnis

(1) Wird das Dauerwohnrecht veräußert, so tritt der Erwerber an Stelle des Veräußerers in die sich während der Dauer seiner Berechtigung aus dem Rechtsverhältnis zu dem Eigentümer ergebenden Verpflichtungen ein.

(2) ¹Wird das Grundstück veräußert, so tritt der Erwerber an Stelle des Veräußerers in die sich während der Dauer seines Eigentums aus dem Rechtsverhältnis zu dem Dauerwohnberechtigten ergebenden Rechte ein. ²Das gleiche gilt für den Erwerb auf Grund Zuschlages in der Zwangsversteigerung, wenn das Dauerwohnrecht durch den Zuschlag nicht erlischt.

## § 39 Zwangsversteigerung

(1) Als Inhalt des Dauerwohnrechts kann vereinbart werden, dass das Dauerwohnrecht im Falle der Zwangsversteigerung des Grundstücks abweichend von § 44 des Gesetzes über die Zwangsversteigerung und Zwangsverwaltung auch dann bestehen bleiben soll, wenn der Gläubiger einer dem Dauerwohnrecht im Range vorgehenden oder gleichstehenden Hypothek, Grundschuld, Rentenschuld oder Reallast die Zwangsversteigerung in das Grundstück betreibt.

(2) Eine Vereinbarung gemäß Absatz 1 bedarf zu ihrer Wirksamkeit der Zustimmung derjenigen, denen eine dem Dauerwohnrecht im Range vorgehende oder gleichstehende Hypothek, Grundschuld, Rentenschuld oder Reallast zusteht.

(3) Eine Vereinbarung gemäß Absatz 1 ist nur wirksam für den Fall, dass der Dauerwohnberechtigte im Zeitpunkt der Feststellung der Versteigerungsbedingungen seine fälligen Zahlungsverpflichtungen gegenüber dem Eigentümer erfüllt hat; in Ergänzung einer Vereinbarung nach Absatz 1 kann vereinbart werden, dass das Fortbestehen des Dauerwohnrechts vom Vorliegen weiterer Voraussetzungen abhängig ist.

## § 40 Haftung des Entgelts

(1) [1]Hypotheken, Grundschulden, Rentenschulden und Reallasten, die dem Dauerwohnrecht im Range vorgehen oder gleichstehen, sowie öffentliche Lasten, die in wiederkehrenden Leistungen bestehen, erstrecken sich auf den Anspruch auf das Entgelt für das Dauerwohnrecht in gleicher Weise wie auf eine Mietforderung, soweit nicht in Absatz 2 etwas Abweichendes bestimmt ist. [2]Im übrigen sind die für Mietforderungen geltenden Vorschriften nicht entsprechend anzuwenden.

(2) [1]Als Inhalt des Dauerwohnrechts kann vereinbart werden, dass Verfügungen über den Anspruch auf das Entgelt, wenn es in wiederkehrenden Leistungen ausbedungen ist, gegenüber dem Gläubiger einer dem Dauerwohnrecht im Range vorgehenden oder gleichstehenden Hypothek, Grundschuld, Rentenschuld oder Reallast wirksam sind. [2]Für eine solche Vereinbarung gilt § 39 Abs. 2 entsprechend.

## § 41 Besondere Vorschriften für langfristige Dauerwohnrechte

(1) Für Dauerwohnrechte, die zeitlich unbegrenzt oder für einen Zeitraum von mehr als zehn Jahren eingeräumt sind, gelten die besonderen Vorschriften der Absätze 2 und 3.

(2) Der Eigentümer ist, sofern nicht etwas anderes vereinbart ist, dem Dauerwohnberechtigten gegenüber verpflichtet, eine dem Dauerwohnrecht im Range vorgehende oder gleichstehende Hypothek löschen zu lassen für den Fall, dass sie sich mit dem Eigentum in einer Person vereinigt, und die

## Gesetz über das Wohnungseigentum und das Dauerwohnrecht

Eintragung einer entsprechenden Löschungsvormerkung in das Grundbuch zu bewilligen.

(3) Der Eigentümer ist verpflichtet, dem Dauerwohnberechtigten eine angemessene Entschädigung zu gewähren, wenn er von dem Heimfallanspruch Gebrauch macht.

### § 42 Belastung eines Erbbaurechts

(1) Die Vorschriften der §§ 31 bis 41 gelten für die Belastung eines Erbbaurechts mit einem Dauerwohnrecht entsprechend.

(2) Beim Heimfall des Erbbaurechts bleibt das Dauerwohnrecht bestehen.

## Teil 3 Verfahrensvorschriften

### § 43 Zuständigkeit

(1) ¹Die Gemeinschaft der Wohnungseigentümer hat ihren allgemeinen Gerichtsstand bei dem Gericht, in dessen Bezirk das Grundstück liegt. ²Bei diesem Gericht kann auch die Klage gegen Wohnungseigentümer im Fall des § 9a Absatz 4 Satz 1 erhoben werden.

(2) Das Gericht, in dessen Bezirk das Grundstück liegt, ist ausschließlich zuständig für

1. Streitigkeiten über die Rechte und Pflichten der Wohnungseigentümer untereinander,
2. Streitigkeiten über die Rechte und Pflichten zwischen der Gemeinschaft der Wohnungseigentümer und Wohnungseigentümern,
3. Streitigkeiten über die Rechte und Pflichten des Verwalters einschließlich solcher über Ansprüche eines Wohnungseigentümers gegen den Verwalter sowie
4. Beschlussklagen gemäß § 44.

### § 44 Beschlussklagen

(1) ¹Das Gericht kann auf Klage eines Wohnungseigentümers einen Beschluss für ungültig erklären (Anfechtungsklage) oder seine Nichtigkeit feststellen (Nichtigkeitsklage). ²Unterbleibt eine notwendige Beschlussfassung, kann das Gericht auf Klage eines Wohnungseigentümers den Beschluss fassen (Beschlussersetzungsklage).

(2) ¹Die Klagen sind gegen die Gemeinschaft der Wohnungseigentümer zu richten. ²Der Verwalter hat den Wohnungseigentümern die Erhebung einer Klage unverzüglich bekannt zu machen. ³Mehrere Prozesse sind zur gleichzeitigen Verhandlung und Entscheidung zu verbinden.

(3) Das Urteil wirkt für und gegen alle Wohnungseigentümer, auch wenn sie nicht Partei sind.

(4) Die durch eine Nebenintervention verursachten Kosten gelten nur dann als notwendig zur zweckentsprechenden Rechtsverteidigung im Sinne des § 91 der Zivilprozessordnung, wenn die Nebenintervention geboten war.

### § 45 Fristen der Anfechtungsklage

[1]Die Anfechtungsklage muss innerhalb eines Monats nach der Beschlussfassung erhoben und innerhalb zweier Monate nach der Beschlussfassung begründet werden. [2]Die §§ 233 bis 238 der Zivilprozessordnung gelten entsprechend.

## Teil 4 Ergänzende Bestimmungen

### § 46 Veräußerung ohne erforderliche Zustimmung

[1]Fehlt eine nach § 12 erforderliche Zustimmung, so sind die Veräußerung und das zugrundeliegende Verpflichtungsgeschäft unbeschadet der sonstigen Voraussetzungen wirksam, wenn die Eintragung der Veräußerung oder einer Auflassungsvormerkung in das Grundbuch vor dem 15. Januar 1994 erfolgt ist und es sich um die erstmalige Veräußerung dieses Wohnungseigentums nach seiner Begründung handelt, es sei denn, dass eine rechtskräftige gerichtliche Entscheidung entgegensteht. [2]Das Fehlen der Zustimmung steht in diesen Fällen dem Eintritt der Rechtsfolgen des § 878 des Bürgerlichen Gesetzbuchs nicht entgegen. [3]Die Sätze 1 und 2 gelten entsprechend in den Fällen der §§ 30 und 35 des Wohnungseigentumsgesetzes.

### § 47 Auslegung von Altvereinbarungen

[1]Vereinbarungen, die vor dem ... [einsetzen: Datum des Inkrafttretens nach Artikel 18 Satz 1 dieses Gesetzes] getroffen wurden und die von solchen Vorschriften dieses Gesetzes abweichen, die durch das Wohnungseigentumsmodernisierungsgesetz vom ... [einsetzen: Datum und Fundstelle dieses Gesetzes] geändert wurden, stehen der Anwendung dieser Vorschriften in der vom ... [einsetzen: Datum des Inkrafttretens nach Artikel 18 Satz 1 dieses Gesetzes] an geltenden Fassung nicht entgegen, soweit sich aus der Vereinbarung nicht ein anderer Wille ergibt. [2]Ein solcher Wille ist in der Regel nicht anzunehmen.

### § 48 Übergangsvorschriften

(1) [1]§ 5 Absatz 4, § 7 Absatz 2 und § 10 Absatz 3 in der vom ... [einsetzen: Datum des Inkrafttretens nach Artikel 18 Satz 1 dieses Gesetzes] an geltenden Fassung gelten auch für solche Beschlüsse, die vor diesem Zeitpunkt gefasst oder durch gerichtliche Entscheidung ersetzt wurden. [2]Abweichend davon bestimmt sich die Wirksamkeit eines Beschlusses im Sinne des Satzes 1 gegen den Sondernachfolger eines Wohnungseigentümers nach § 10 Absatz 4 in der bis zum ... [einsetzen: Datum des Inkrafttretens nach Artikel 18 Satz 1

dieses Gesetzes] geltenden Fassung, wenn die Sondernachfolge bis zum 31. Dezember 2025 eintritt. ³Jeder Wohnungseigentümer kann bis zum 31. Dezember 2025 verlangen, dass ein Beschluss im Sinne des Satzes 1 erneut gefasst wird; § 204 Absatz 1 Nummer 1 des Bürgerlichen Gesetzbuchs gilt entsprechend.

(2) § 5 Absatz 4 Satz 3 gilt in der vor dem ... [einsetzen: Datum des Inkrafttretens nach Artikel 18 Satz 1 dieses Gesetzes] geltenden Fassung weiter für Vereinbarungen und Beschlüsse, die vor diesem Zeitpunkt getroffen oder gefasst wurden, und zu denen vor dem ... [einsetzen: Datum des Inkrafttretens nach Artikel 18 Satz 1 dieses Gesetzes] alle Zustimmungen erteilt wurden, die nach den vor diesem Zeitpunkt geltenden Vorschriften erforderlich waren.

(3) ¹§ 7 Absatz 3 Satz 2 gilt auch für Vereinbarungen und Beschlüsse, die vor dem ... [einsetzen: Datum des Inkrafttretens nach Artikel 18 Satz 1 dieses Gesetzes] getroffen oder gefasst wurden. ²Ist eine Vereinbarung oder ein Beschluss im Sinne des Satzes 1 entgegen der Vorgabe des § 7 Absatz 3 Satz 2 nicht ausdrücklich im Grundbuch eingetragen, erfolgt die ausdrückliche Eintragung in allen Wohnungsgrundbüchern nur auf Antrag eines Wohnungseigentümers oder der Gemeinschaft der Wohnungseigentümer. ³Ist die Haftung von Sondernachfolgern für Geldschulden entgegen der Vorgabe des § 7 Absatz 3 Satz 2 nicht ausdrücklich im Grundbuch eingetragen, lässt dies die Wirkung gegen den Sondernachfolger eines Wohnungseigentümers unberührt, wenn die Sondernachfolge bis zum 31. Dezember 2025 eintritt.

(4) ¹§ 19 Absatz 2 Nummer 6 ist ab dem ... [einsetzen: Datum des ersten Tages des 26. auf die Verkündung folgenden Monats] anwendbar. ²Eine Person, die am ... [einsetzen: Datum des Inkrafttretens dieses Gesetzes nach Artikel 18 Satz 1] Verwalter einer Gemeinschaft der Wohnungseigentümer war, gilt gegenüber den Wohnungseigentümern dieser Gemeinschaft der Wohnungseigentümer bis zum ... [einsetzen: Datum des ersten Tages des 44. auf die Verkündung folgenden Monats] als zertifizierter Verwalter.

(5) Für die bereits vor dem ... [einsetzen: Datum des Inkrafttretens nach Artikel 18 Satz 1 dieses Gesetzes] bei Gericht anhängigen Verfahren sind die Vorschriften des dritten Teils dieses Gesetzes in ihrer bis dahin geltenden Fassung weiter anzuwenden.

### § 49 Überleitung bestehender Rechtsverhältnisse

(1) Werden Rechtsverhältnisse, mit denen ein Rechtserfolg bezweckt wird, der den durch dieses Gesetz geschaffenen Rechtsformen entspricht, in solche Rechtsformen umgewandelt, so ist als Geschäftswert für die Berechnung der hierdurch veranlassten Gebühren der Gerichte und Notare im Falle des Wohnungseigentums ein Fünfundzwanzigstel des Einheitswertes des Grundstückes, im Falle des Dauerwohnrechtes ein Fünfundzwanzigstel des Wertes des Rechtes anzunehmen.

(2) Durch Landesgesetz können Vorschriften zur Überleitung bestehender, auf Landesrecht beruhender Rechtsverhältnisse in die durch dieses Gesetz geschaffenen Rechtsformen getroffen werden.

# Gesetz über das Wohnungseigentum und das Dauerwohnrecht

# C Synopsen

## 1 WEG alte Fassung / WEG neue Fassung

| WEG – alte Fassung[1] | WEG – neue Fassung[2] |
|---|---|
| Gesetz über das Wohnungseigentum und das Dauerwohnrecht | Gesetz über das Wohnungseigentum und das Dauerwohnrecht (Wohnungseigentumsgesetz – WEG) |
| I. Teil Wohnungseigentum | Teil 1 Wohnungseigentum |
| | Abschnitt 1 Begriffsbestimmungen |
| § 1 Begriffsbestimmungen | § 1 Begriffsbestimmungen |
| (1) Nach Maßgabe dieses Gesetzes kann an Wohnungen das Wohnungseigentum, an nicht zu Wohnzwecken dienenden Räumen eines Gebäudes das Teileigentum begründet werden. | (1) Nach Maßgabe dieses Gesetzes kann an Wohnungen das Wohnungseigentum, an nicht zu Wohnzwecken dienenden Räumen eines Gebäudes das Teileigentum begründet werden. |
| (2) Wohnungseigentum ist das Sondereigentum an einer Wohnung in Verbindung mit dem Miteigentumsanteil an dem gemeinschaftlichen Eigentum, zu dem es gehört. | (2) Wohnungseigentum ist das Sondereigentum an einer Wohnung in Verbindung mit dem Miteigentumsanteil an dem gemeinschaftlichen Eigentum, zu dem es gehört. |
| (3) Teileigentum ist das Sondereigentum an nicht zu Wohnzwecken dienenden Räumen eines Gebäudes in Verbindung mit dem Miteigentumsanteil an dem gemeinschaftlichen Eigentum, zu dem es gehört. | (3) Teileigentum ist das Sondereigentum an nicht zu Wohnzwecken dienenden Räumen eines Gebäudes in Verbindung mit dem Miteigentumsanteil an dem gemeinschaftlichen Eigentum, zu dem es gehört. |
| (4) Wohnungseigentum und Teileigentum können nicht in der Weise begründet | (4) Wohnungseigentum und Teileigentum können nicht in der Weise begrün- |

---

[1] Gesetz über das Wohnungseigentum und das Dauerwohnrecht (Wohnungseigentumsgesetz) in der Fassung vom 5. Dezember 2014 (BGBl I 2014, S. 1962)
[2] Gesetz zur Förderung der Elektromobilität und zur Modernisierung des Wohnungseigentumsgesetzes und zur Änderung von kosten- und grundbuchrechtlichen Vorschriften, (Wohnungseigentumsmodernisierungsgesetz – WEMoG), BR-Drs. 544/20 v. 18.9.2020.

# WEG alte Fassung / WEG neue Fassung

| WEG – alte Fassung | WEG – neue Fassung |
| --- | --- |
| werden, daß das Sondereigentum mit Miteigentum an mehreren Grundstücken verbunden wird. | det werden, dass das Sondereigentum mit Miteigentum an mehreren Grundstücken verbunden wird. |
| (5) Gemeinschaftliches Eigentum im Sinne dieses Gesetzes sind das Grundstück sowie die Teile, Anlagen und Einrichtungen des Gebäudes, die nicht im Sondereigentum oder im Eigentum eines Dritten stehen. | (5) Gemeinschaftliches Eigentum im Sinne dieses Gesetzes sind das Grundstück **und das Gebäude, soweit sie** nicht im Sondereigentum oder im Eigentum eines Dritten stehen. |
| (6) Für das Teileigentum gelten die Vorschriften über das Wohnungseigentum entsprechend. | (6) Für das Teileigentum gelten die Vorschriften über das Wohnungseigentum entsprechend. |
| 1. Abschnitt Begründung des Wohnungseigentums | **Abschnitt 2** Begründung des Wohnungseigentums |
| § 2 Arten der Begründung | § 2 Arten der Begründung |
| Wohnungseigentum wird durch die vertragliche Einräumung von Sondereigentum (§ 3) oder durch Teilung (§ 8) begründet. | Wohnungseigentum wird durch die vertragliche Einräumung von Sondereigentum (§ 3) oder durch Teilung (§ 8) begründet. |
| § 3 Vertragliche Einräumung von Sondereigentum | § 3 Vertragliche Einräumung von Sondereigentum |
| (1) Das Miteigentum (§ 1008 des Bürgerlichen Gesetzbuches) an einem Grundstück kann durch Vertrag der Miteigentümer in der Weise beschränkt werden, daß jedem der Miteigentümer abweichend von § 93 des Bürgerlichen Gesetzbuches das Sondereigentum an einer bestimmten Wohnung oder an nicht zu Wohnzwecken dienenden bestimmten Räumen in einem auf dem Grundstück errichteten oder zu errichtenden Gebäude eingeräumt wird. | (1) [1]Das Miteigentum (§ 1008 des Bürgerlichen Gesetzbuches) an einem Grundstück kann durch Vertrag der Miteigentümer in der Weise beschränkt werden, dass jedem der Miteigentümer abweichend von § 93 des Bürgerlichen Gesetzbuches das **Eigentum** an einer bestimmten Wohnung oder an nicht zu Wohnzwecken bestimmten Räumen in einem auf dem Grundstück errichteten oder zu errichtenden Gebäude **(Sondereigentum)** eingeräumt wird. [2]**Stellplätze gelten als Räume im Sinne des Satzes 1.** |

| WEG – alte Fassung | WEG – neue Fassung |
|---|---|
| | **(2) Das Sondereigentum kann auf einen außerhalb des Gebäudes liegenden Teil des Grundstücks erstreckt werden, es sei denn, die Wohnung oder die nicht zu Wohnzwecken dienenden Räume bleiben dadurch wirtschaftlich nicht die Hauptsache.** |
| (2) ¹Sondereigentum soll nur eingeräumt werden, wenn die Wohnungen oder sonstigen Räume in sich abgeschlossen sind. ²Garagenstellplätze gelten als abgeschlossene Räume, wenn ihre Flächen durch dauerhafte Markierungen ersichtlich sind. | **(3)** Sondereigentum soll nur eingeräumt werden, wenn die Wohnungen oder sonstigen Räume in sich abgeschlossen sind **und Stellplätze sowie außerhalb des Gebäudes liegende Teile des Grundstücks durch Maßangaben im Aufteilungsplan bestimmt sind.** |
| *(3) (weggefallen)* | |
| **§ 4 Formvorschriften** | **§ 4 Formvorschriften** |
| (1) Zur Einräumung und zur Aufhebung des Sondereigentums ist die Einigung der Beteiligten über den Eintritt der Rechtsänderung und die Eintragung in das Grundbuch erforderlich. | (1) Zur Einräumung und zur Aufhebung des Sondereigentums ist die Einigung der Beteiligten über den Eintritt der Rechtsänderung und die Eintragung in das Grundbuch erforderlich. |
| (2) ¹Die Einigung bedarf der für die Auflassung vorgeschriebenen Form. ²Sondereigentum kann nicht unter einer Bedingung oder Zeitbestimmung eingeräumt oder aufgehoben werden. | (2) ¹Die Einigung bedarf der für die Auflassung vorgeschriebenen Form. ²Sondereigentum kann nicht unter einer Bedingung oder Zeitbestimmung eingeräumt oder aufgehoben werden. |
| (3) Für einen Vertrag, durch den sich ein Teil verpflichtet, Sondereigentum einzuräumen, zu erwerben oder aufzuheben, gilt § 311b Abs. 1 des Bürgerlichen Gesetzbuchs entsprechend. | (3) Für einen Vertrag, durch den sich ein Teil verpflichtet, Sondereigentum einzuräumen, zu erwerben oder aufzuheben, gilt § 311b Abs. 1 des Bürgerlichen Gesetzbuchs entsprechend. |

| WEG – alte Fassung | WEG – neue Fassung |
|---|---|
| **§ 5 Gegenstand und Inhalt des Sondereigentums** | **§ 5 Gegenstand und Inhalt des Sondereigentums** |
| (1) Gegenstand des Sondereigentums sind die gemäß § 3 Abs. 1 bestimmten Räume sowie die zu diesen Räumen gehörenden Bestandteile des Gebäudes, die verändert, beseitigt oder eingefügt werden können, ohne daß dadurch das gemeinschaftliche Eigentum oder ein auf Sondereigentum beruhendes Recht eines anderen Wohnungseigentümers über das nach § 14 zulässige Maß hinaus beeinträchtigt oder die äußere Gestaltung des Gebäudes verändert wird. | (1) ¹Gegenstand des Sondereigentums sind die gemäß **§ 3 Absatz 1 Satz 1** bestimmten Räume sowie die zu diesen Räumen gehörenden Bestandteile des Gebäudes, die verändert, beseitigt oder eingefügt werden können, ohne dass dadurch das gemeinschaftliche Eigentum oder ein auf Sondereigentum beruhendes Recht eines anderen Wohnungseigentümers über das **bei einem geordneten Zusammenleben unvermeidliche** Maß hinaus beeinträchtigt oder die äußere Gestaltung des Gebäudes verändert wird. ²**Soweit sich das Sondereigentum auf außerhalb des Gebäudes liegende Teile des Grundstücks erstreckt, gilt § 94 des Bürgerlichen Gesetzbuchs entsprechend.** |
| (2) Teile des Gebäudes, die für dessen Bestand oder Sicherheit erforderlich sind, sowie Anlagen und Einrichtungen, die dem gemeinschaftlichen Gebrauch der Wohnungseigentümer dienen, sind nicht Gegenstand des Sondereigentums, selbst wenn sie sich im Bereich der im Sondereigentum stehenden Räume befinden. | (2) Teile des Gebäudes, die für dessen Bestand oder Sicherheit erforderlich sind, sowie Anlagen und Einrichtungen, die dem gemeinschaftlichen Gebrauch der Wohnungseigentümer dienen, sind nicht Gegenstand des Sondereigentums, selbst wenn sie sich im Bereich der im Sondereigentum stehenden Räume **oder Teile des Grundstücks** befinden. |
| (3) Die Wohnungseigentümer können vereinbaren, daß Bestandteile des Gebäudes, die Gegenstand des Sondereigentums sein können, zum gemeinschaftlichen Eigentum gehören. | (3) Die Wohnungseigentümer können vereinbaren, dass Bestandteile des Gebäudes, die Gegenstand des Sondereigentums sein können, zum gemeinschaftlichen Eigentum gehören. |
| (4) ¹Vereinbarungen über das Verhältnis der Wohnungseigentümer untereinander können nach den Vorschriften des 2. und 3. Abschnittes zum Inhalt des Sonder- | (4) ¹Vereinbarungen über das Verhältnis der Wohnungseigentümer untereinander **und Beschlüsse aufgrund einer solchen Vereinbarung** können nach den Vor- |

| WEG – alte Fassung | WEG – neue Fassung |
|---|---|
| eigentums gemacht werden. ²Ist das Wohnungseigentum mit der Hypothek, Grund- oder Rentenschuld oder der Reallast eines Dritten belastet, so ist dessen nach anderen Rechtsvorschriften notwendige Zustimmung zu der Vereinbarung nur erforderlich, wenn ein Sondernutzungsrecht begründet oder ein mit dem Wohnungseigentum verbundenes Sondernutzungsrecht aufgehoben, geändert oder übertragen wird. ³Bei der Begründung eines Sondernutzungsrechts ist die Zustimmung des Dritten nicht erforderlich, wenn durch die Vereinbarung gleichzeitig das zu seinen Gunsten belastete Wohnungseigentum mit einem Sondernutzungsrecht verbunden wird. | schriften des **Abschnitts 4** zum Inhalt des Sondereigentums gemacht werden. ²Ist das Wohnungseigentum mit der Hypothek, Grund- oder Rentenschuld oder der Reallast eines Dritten belastet, so ist dessen nach anderen Rechtsvorschriften notwendige Zustimmung nur erforderlich, wenn ein Sondernutzungsrecht begründet oder ein mit dem Wohnungseigentum verbundenes Sondernutzungsrecht aufgehoben, geändert oder übertragen wird. |

### § 6 Unselbständigkeit des Sondereigentums

(1) Das Sondereigentum kann ohne den Miteigentumsanteil, zu dem es gehört, nicht veräußert oder belastet werden.

(2) Rechte an dem Miteigentumsanteil erstrecken sich auf das zu ihm gehörende Sondereigentum.

### § 7 Grundbuchvorschriften

(1) ¹Im Falle des § 3 Abs. 1 wird für jeden Miteigentumsanteil von Amts wegen ein besonderes Grundbuchblatt (Wohnungsgrundbuch, Teileigentumsgrundbuch) angelegt. ²Auf diesem ist das zu dem Miteigentumsanteil gehörende Sondereigentum und als Beschränkung des Miteigentums die Einräumung der zu den anderen Miteigentumsanteilen gehörenden Sondereigentumsrechte einzutra-

### § 6 Unselbstständigkeit des Sondereigentums

(1) Das Sondereigentum kann ohne den Miteigentumsanteil, zu dem es gehört, nicht veräußert oder belastet werden.

(2) Rechte an dem Miteigentumsanteil erstrecken sich auf das zu ihm gehörende Sondereigentum.

### § 7 Grundbuchvorschriften

(1) ¹Im Falle des § 3 Abs. 1 wird für jeden Miteigentumsanteil von Amts wegen ein besonderes Grundbuchblatt (Wohnungsgrundbuch, Teileigentumsgrundbuch) angelegt. ²Auf diesem ist das zu dem Miteigentumsanteil gehörende Sondereigentum und als Beschränkung des Miteigentums die Einräumung der zu den anderen Miteigentumsanteilen gehörenden Sondereigentumsrechte ein-

WEG alte Fassung / WEG neue Fassung

| WEG – alte Fassung | WEG – neue Fassung |
|---|---|
| gen. ³Das Grundbuchblatt des Grundstücks wird von Amts wegen geschlossen. | zutragen. ³Das Grundbuchblatt des Grundstücks wird von Amts wegen geschlossen. |
| *(2) (weggefallen)* | (2) ¹**Zur Eintragung eines Beschlusses im Sinne des § 5 Absatz 4 Satz 1 bedarf es der Bewilligungen der Wohnungseigentümer nicht, wenn der Beschluss durch eine Niederschrift, bei der die Unterschriften der in § 24 Absatz 6 bezeichneten Personen öffentlich beglaubigt sind, oder durch ein Urteil in einem Verfahren nach § 44 Absatz 1 Satz 2 nachgewiesen ist.** ²**Antragsberechtigt ist auch die Gemeinschaft der Wohnungseigentümer.** |
| (3) Zur näheren Bezeichnung des Gegenstandes und des Inhalts des Sondereigentums kann auf die Eintragungsbewilligung Bezug genommen werden. | (3) ¹Zur näheren Bezeichnung des Gegenstandes und des Inhalts des Sondereigentums kann auf die Eintragungsbewilligung **oder einen Nachweis gemäß Absatz 2 Satz 1** Bezug genommen werden. ²**Veräußerungsbeschränkungen (§ 12) und die Haftung von Sondernachfolgern für Geldschulden sind jedoch ausdrücklich einzutragen.** |
| (4) ¹Der Eintragungsbewilligung sind als Anlagen beizufügen: | (4) ¹Der Eintragungsbewilligung sind als Anlagen beizufügen: |
| 1. eine von der Baubehörde mit Unterschrift und Siegel oder Stempel versehene Bauzeichnung, aus der die Aufteilung des Gebäudes sowie die Lage und Größe der im Sondereigentum und der im gemeinschaftlichen Eigentum stehenden Gebäudeteile ersichtlich ist (Aufteilungsplan); alle zu demselben Wohnungseigentum gehörenden Einzelräume sind mit der jeweils gleichen Nummer zu kennzeichnen; | 1. eine von der Baubehörde mit Unterschrift und Siegel oder Stempel versehene Bauzeichnung, aus der die Aufteilung des Gebäudes **und des Grundstücks** sowie die Lage und Größe der im Sondereigentum und der im gemeinschaftlichen Eigentum stehenden **Teile des Gebäudes und des Grundstücks** ersichtlich ist (Aufteilungsplan); alle zu demselben Wohnungseigentum gehörenden Einzelräume **und Teile des Grund-** |

| WEG – alte Fassung | WEG – neue Fassung |
|---|---|
| 2. eine Bescheinigung der Baubehörde, daß die Voraussetzungen des § 3 Abs. 2 vorliegen. ²Wenn in der Eintragungsbewilligung für die einzelnen Sondereigentumsrechte Nummern angegeben werden, sollen sie mit denen des Aufteilungsplanes übereinstimmen. ³Die Landesregierungen können durch Rechtsverordnung bestimmen, dass und in welchen Fällen der Aufteilungsplan (Satz 1 Nr. 1) und die Abgeschlossenheit (Satz 1 Nr. 2) von einem öffentlich bestellten oder anerkannten Sachverständigen für das Bauwesen statt von der Baubehörde ausgefertigt und bescheinigt werden. ⁴Werden diese Aufgaben von dem Sachverständigen wahrgenommen, so gelten die Bestimmungen der Allgemeinen Verwaltungsvorschrift für die Ausstellung von Bescheinigungen gemäß § 7 Abs. 4 Nr. 2 und § 32 Abs. 2 Nr. 2 des Wohnungseigentumsgesetzes vom 19. März 1974 (BAnz. Nr. 58 vom 23. März 1974) entsprechend. ⁵In diesem Fall bedürfen die Anlagen nicht der Form des § 29 der Grundbuchordnung. ⁶Die Landesregierungen können die Ermächtigung durch Rechtsverordnung auf die Landesbauverwaltungen übertragen. | **stücks** sind mit der jeweils gleichen Nummer zu kennzeichnen; 2. eine Bescheinigung der Baubehörde, dass die Voraussetzungen des **§ 3 Absatz 3** vorliegen. ²Wenn in der Eintragungsbewilligung für die einzelnen Sondereigentumsrechte Nummern angegeben werden, sollen sie mit denen des Aufteilungsplanes übereinstimmen. |
| (5) Für Teileigentumsgrundbücher gelten die Vorschriften über Wohnungsgrundbücher entsprechend. | (5) Für Teileigentumsgrundbücher gelten die Vorschriften über Wohnungsgrundbücher entsprechend. |
| **§ 8 Teilung durch den Eigentümer** | **§ 8 Teilung durch den Eigentümer** |
| (1) Der Eigentümer eines Grundstücks kann durch Erklärung gegenüber dem Grundbuchamt das Eigentum an dem Grundstück in Miteigentumsanteile in der | (1) Der Eigentümer eines Grundstücks kann durch Erklärung gegenüber dem Grundbuchamt das Eigentum an dem Grundstück in Miteigentumsanteile in |

# WEG alte Fassung / WEG neue Fassung

| WEG – alte Fassung | WEG – neue Fassung |
|---|---|
| Weise teilen, daß mit jedem Anteil das Sondereigentum an einer bestimmten Wohnung oder an nicht zu Wohnzwecken dienenden bestimmten Räumen in einem auf dem Grundstück errichteten oder zu errichtenden Gebäude verbunden ist. | der Weise teilen, dass mit jedem Anteil **Sondereigentum** verbunden ist. |
| (2) ¹Im Falle des Absatzes 1 gelten die Vorschriften des § 3 Abs. 2 und der §§ 5, 6, § 7 Abs. 1, 3 bis 5 entsprechend. ²Die Teilung wird mit der Anlegung der Wohnungsgrundbücher wirksam. | (2) Im Falle des Absatzes 1 gelten **§ 3 Absatz 1 Satz 2, Absatz 2 und 3, § 4 Absatz 2 Satz 2** sowie die **§§ 5 bis 7** entsprechend. |
|  | **(3) Wer einen Anspruch auf Übertragung von Wohnungseigentum gegen den teilenden Eigentümer hat, der durch Vormerkung im Grundbuch gesichert ist, gilt gegenüber der Gemeinschaft der Wohnungseigentümer und den anderen Wohnungseigentümern anstelle des teilenden Eigentümers als Wohnungseigentümer, sobald ihm der Besitz an den zum Sondereigentum gehörenden Räumen übergeben wurde.** |
| § 9 Schließung der Wohnungsgrundbücher | § 9 Schließung der Wohnungsgrundbücher |
| (1) Die Wohnungsgrundbücher werden geschlossen: | (1) Die Wohnungsgrundbücher werden geschlossen: |
| 1. von Amts wegen, wenn die Sondereigentumsrechte gemäß § 4 aufgehoben werden; | 1. von Amts wegen, wenn die Sondereigentumsrechte gemäß § 4 aufgehoben werden; |
| 2. auf Antrag sämtlicher Wohnungseigentümer, wenn alle Sondereigentumsrechte durch völlige Zerstörung des Gebäudes gegenstandslos geworden sind und der Nachweis hierfür |  |

| WEG – alte Fassung | WEG – neue Fassung |
|---|---|
| durch eine Bescheinigung der Baubehörde erbracht ist; | |
| 3. auf Antrag des Eigentümers, wenn sich sämtliche Wohnungseigentumsrechte in einer Person vereinigen. | <u>2.</u> auf Antrag des Eigentümers, wenn sich sämtliche Wohnungseigentumsrechte in einer Person vereinigen. |
| (2) Ist ein Wohnungseigentum selbständig mit dem Rechte eines Dritten belastet, so werden die allgemeinen Vorschriften, nach denen zur Aufhebung des Sondereigentums die Zustimmung des Dritten erforderlich ist, durch Absatz 1 nicht berührt. | (2) Ist ein Wohnungseigentum selbständig mit dem Rechte eines Dritten belastet, so werden die allgemeinen Vorschriften, nach denen zur Aufhebung des Sondereigentums die Zustimmung des Dritten erforderlich ist, durch Absatz 1 nicht berührt. |
| (3) Werden die Wohnungsgrundbücher geschlossen, so wird für das Grundstück ein Grundbuchblatt nach den allgemeinen Vorschriften angelegt; die Sondereigentumsrechte erlöschen, soweit sie nicht bereits aufgehoben sind, mit der Anlegung des Grundbuchblatts. | (3) Werden die Wohnungsgrundbücher geschlossen, so wird für das Grundstück ein Grundbuchblatt nach den allgemeinen Vorschriften angelegt; die Sondereigentumsrechte erlöschen, soweit sie nicht bereits aufgehoben sind, mit der Anlegung des Grundbuchblatts. |
| **2. Abschnitt Gemeinschaft der Wohnungseigentümer** | **<u>Abschnitt 3 Rechtsfähige</u> Gemeinschaft der Wohnungseigentümer** |
| | <u>**§ 9a Gemeinschaft der Wohnungseigentümer**</u> |
| | <u>(1) ¹Die Gemeinschaft der Wohnungseigentümer kann Rechte erwerben und Verbindlichkeiten eingehen, vor Gericht klagen und verklagt werden. ²Die Gemeinschaft der Wohnungseigentümer entsteht mit Anlegung der Wohnungsgrundbücher; dies gilt auch im Fall des § 8. ³Sie führt die Bezeichnung „Gemeinschaft der Wohnungseigentümer" oder „Wohnungseigentümergemeinschaft" gefolgt von der bestimmten Angabe des gemeinschaftlichen Grundstücks.</u> |

| WEG – alte Fassung | WEG – neue Fassung |
|---|---|
| | (2) Die Gemeinschaft der Wohnungseigentümer übt die sich aus dem gemeinschaftlichen Eigentum ergebenden Rechte sowie solche Rechte der Wohnungseigentümer aus, die eine einheitliche Rechtsverfolgung erfordern, und nimmt die entsprechenden Pflichten der Wohnungseigentümer wahr.<br><br>(3) Für das Vermögen der Gemeinschaft der Wohnungseigentümer (Gemeinschaftsvermögen) gelten § 18, § 19 Absatz 1 und § 27 entsprechend.<br><br>(4) ¹Jeder Wohnungseigentümer haftet einem Gläubiger nach dem Verhältnis seines Miteigentumsanteils (§ 16 Absatz 1 Satz 2) für Verbindlichkeiten der Gemeinschaft der Wohnungseigentümer, die während seiner Zugehörigkeit entstanden oder während dieses Zeitraums fällig geworden sind; für die Haftung nach Veräußerung des Wohnungseigentums ist § 160 des Handelsgesetzbuchs entsprechend anzuwenden. ²Er kann gegenüber einem Gläubiger neben den in seiner Person begründeten auch die der Gemeinschaft der Wohnungseigentümer zustehenden Einwendungen und Einreden geltend machen, nicht aber seine Einwendungen und Einreden gegenüber der Gemeinschaft der Wohnungseigentümer. ³Für die Einrede der Anfechtbarkeit und Aufrechenbarkeit ist § 770 des Bürgerlichen Gesetzbuchs entsprechend anzuwenden.<br><br>(5) Ein Insolvenzverfahren über das Gemeinschaftsvermögen findet nicht statt. |

| WEG – alte Fassung | WEG – neue Fassung |
|---|---|
| | **§ 9b Vertretung** |
| | (1) [1]**Die Gemeinschaft der Wohnungseigentümer wird durch den Verwalter gerichtlich und außergerichtlich vertreten, beim Abschluss eines Grundstückskauf- oder Darlehensvertrags aber nur aufgrund eines Beschlusses der Wohnungseigentümer.** [2]**Hat die Gemeinschaft der Wohnungseigentümer keinen Verwalter, wird sie durch die Wohnungseigentümer gemeinschaftlich vertreten.** [3]**Eine Beschränkung des Umfangs der Vertretungsmacht ist Dritten gegenüber unwirksam.** |
| | (2) **Dem Verwalter gegenüber vertritt der Vorsitzende des Verwaltungsbeirats oder ein durch Beschluss dazu ermächtigter Wohnungseigentümer die Gemeinschaft der Wohnungseigentümer.** |
| 2. Abschnitt Gemeinschaft der Wohnungseigentümer | Abschnitt 4 Rechtsverhältnis der Wohnungseigentümer untereinander und zur Gemeinschaft der Wohnungseigentümer |
| § 10 Allgemeine Grundsätze | § 10 Allgemeine Grundsätze |
| (1) Inhaber der Rechte und Pflichten nach den Vorschriften dieses Gesetzes, insbesondere des Sondereigentums und des gemeinschaftlichen Eigentums, sind die Wohnungseigentümer, soweit nicht etwas anderes ausdrücklich bestimmt ist. | |
| (2) [1]Das Verhältnis der Wohnungseigentümer untereinander bestimmt sich nach den Vorschriften dieses Gesetzes und, so- | (1) [1]Das Verhältnis der Wohnungseigentümer untereinander **und zur Gemeinschaft der Wohnungseigentümer** be- |

## WEG alte Fassung / WEG neue Fassung

| WEG – alte Fassung | WEG – neue Fassung |
|---|---|
| weit dieses Gesetz keine besonderen Bestimmungen enthält, nach den Vorschriften des Bürgerlichen Gesetzbuches über die Gemeinschaft. ²Die Wohnungseigentümer können von den Vorschriften dieses Gesetzes abweichende Vereinbarungen treffen, soweit nicht etwas anderes ausdrücklich bestimmt ist. | stimmt sich nach den Vorschriften dieses Gesetzes und, soweit dieses Gesetz keine besonderen Bestimmungen enthält, nach den Vorschriften des Bürgerlichen Gesetzbuches über die Gemeinschaft. ²Die Wohnungseigentümer können von den Vorschriften dieses Gesetzes abweichende Vereinbarungen treffen, soweit nicht etwas anderes ausdrücklich bestimmt ist. |
| ³Jeder Wohnungseigentümer kann eine vom Gesetz abweichende Vereinbarung oder die Anpassung einer Vereinbarung verlangen, soweit ein Festhalten an der geltenden Regelung aus schwerwiegenden Gründen unter Berücksichtigung aller Umstände des Einzelfalles, insbesondere der Rechte und Interessen der anderen Wohnungseigentümer, unbillig erscheint. | **(2)** Jeder Wohnungseigentümer kann eine vom Gesetz abweichende Vereinbarung oder die Anpassung einer Vereinbarung verlangen, soweit ein Festhalten an der geltenden Regelung aus schwerwiegenden Gründen unter Berücksichtigung aller Umstände des Einzelfalles, insbesondere der Rechte und Interessen der anderen Wohnungseigentümer, unbillig erscheint. |
| (3) Vereinbarungen, durch die die Wohnungseigentümer ihr Verhältnis untereinander in Ergänzung oder Abweichung von Vorschriften dieses Gesetzes regeln, sowie die Abänderung oder Aufhebung solcher Vereinbarungen wirken gegen den Sondernachfolger eines Wohnungseigentümers nur, wenn sie als Inhalt des Sondereigentums im Grundbuch eingetragen sind. | (3) ¹Vereinbarungen, durch die die Wohnungseigentümer ihr Verhältnis untereinander in Ergänzung oder Abweichung von Vorschriften dieses Gesetzes regeln, **die Abänderung oder Aufhebung solcher Vereinbarungen sowie Beschlüsse, die aufgrund einer Vereinbarung gefasst werden,** wirken gegen den Sondernachfolger eines Wohnungseigentümers nur, wenn sie als Inhalt des Sondereigentums im Grundbuch eingetragen sind. **²Im Übrigen bedürfen Beschlüsse zu ihrer Wirksamkeit gegen den Sondernachfolger eines Wohnungseigentümers nicht der Eintragung in das Grundbuch.** |
| (4) ¹Beschlüsse der Wohnungseigentümer gemäß § 23 und gerichtliche Entscheidungen in einem Rechtsstreit gemäß § 43 bedürfen zu ihrer Wirksamkeit gegen den | |

| WEG – alte Fassung | WEG – neue Fassung |
|---|---|
| Sondernachfolger eines Wohnungseigentümers nicht der Eintragung in das Grundbuch. ²Dies gilt auch für die gemäß § 23 Abs. 1 aufgrund einer Vereinbarung gefassten Beschlüsse, die vom Gesetz abweichen oder eine Vereinbarung ändern.<br><br>(5) Rechtshandlungen in Angelegenheiten, über die nach diesem Gesetz oder nach einer Vereinbarung der Wohnungseigentümer durch Stimmenmehrheit beschlossen werden kann, wirken, wenn sie auf Grund eines mit solcher Mehrheit gefaßten Beschlusses vorgenommen werden, auch für und gegen die Wohnungseigentümer, die gegen den Beschluß gestimmt oder an der Beschlußfassung nicht mitgewirkt haben.<br><br>(6) ¹Die Gemeinschaft der Wohnungseigentümer kann im Rahmen der gesamten Verwaltung des gemeinschaftlichen Eigentums gegenüber Dritten und Wohnungseigentümern selbst Rechte erwerben und Pflichten eingehen. ²Sie ist Inhaberin der als Gemeinschaft gesetzlich begründeten und rechtsgeschäftlich erworbenen Rechte und Pflichten. ³Sie übt die gemeinschaftsbezogenen Rechte der Wohnungseigentümer aus und nimmt die gemeinschaftsbezogenen Pflichten der Wohnungseigentümer wahr, ebenso sonstige Rechte und Pflichten der Wohnungseigentümer, soweit diese gemeinschaftlich geltend gemacht werden können oder zu erfüllen sind. ⁴Die Gemeinschaft muss die Bezeichnung „Wohnungseigentümergemeinschaft" gefolgt von der bestimmten Angabe des gemeinschaftlichen Grundstücks führen. ⁵Sie kann vor Gericht klagen und verklagt werden. | |

| WEG – alte Fassung | WEG – neue Fassung |
|---|---|
| (7) [1]Das Verwaltungsvermögen gehört der Gemeinschaft der Wohnungseigentümer. [2]Es besteht aus den im Rahmen der gesamten Verwaltung des gemeinschaftlichen Eigentums gesetzlich begründeten und rechtsgeschäftlich erworbenen Sachen und Rechten sowie den entstandenen Verbindlichkeiten. [3]Zu dem Verwaltungsvermögen gehören insbesondere die Ansprüche und Befugnisse aus Rechtsverhältnissen mit Dritten und mit Wohnungseigentümern sowie die eingenommenen Gelder. [4]Vereinigen sich sämtliche Wohnungseigentumsrechte in einer Person, geht das Verwaltungsvermögen auf den Eigentümer des Grundstücks über.<br><br>(8) [1]Jeder Wohnungseigentümer haftet einem Gläubiger nach dem Verhältnis seines Miteigentumsanteils (§ 16 Abs. 1 Satz 2) für Verbindlichkeiten der Gemeinschaft der Wohnungseigentümer, die während seiner Zugehörigkeit zur Gemeinschaft entstanden oder während dieses Zeitraums fällig geworden sind; für die Haftung nach Veräußerung des Wohnungseigentums ist § 160 des Handelsgesetzbuches entsprechend anzuwenden. [2]Er kann gegenüber einem Gläubiger neben den in seiner Person begründeten auch die der Gemeinschaft zustehenden Einwendungen und Einreden geltend machen, nicht aber seine Einwendungen und Einreden gegenüber der Gemeinschaft. [3]Für die Einrede der Anfechtbarkeit und Aufrechenbarkeit ist § 770 des Bürgerlichen Gesetzbuches entsprechend anzuwenden. [4]Die Haftung eines Wohnungseigentümers gegenüber der Gemeinschaft wegen nicht ordnungsmäßiger Verwaltung bestimmt sich nach Satz 1. | |

| WEG – alte Fassung | WEG – neue Fassung |
|---|---|
| **§ 11 Unauflöslichkeit der Gemeinschaft** | **§ 11 Aufhebung der Gemeinschaft** |
| (1) ¹Kein Wohnungseigentümer kann die Aufhebung der Gemeinschaft verlangen. ²Dies gilt auch für eine Aufhebung aus wichtigem Grund. ³Eine abweichende Vereinbarung ist nur für den Fall zulässig, daß das Gebäude ganz oder teilweise zerstört wird und eine Verpflichtung zum Wiederaufbau nicht besteht. | (1) ¹Kein Wohnungseigentümer kann die Aufhebung der Gemeinschaft verlangen. ²Dies gilt auch für eine Aufhebung aus wichtigem Grund. ³Eine abweichende Vereinbarung ist nur für den Fall zulässig, dass das Gebäude ganz oder teilweise zerstört wird und eine Verpflichtung zum Wiederaufbau nicht besteht. |
| (2) Das Recht eines Pfändungsgläubigers (§ 751 des Bürgerlichen Gesetzbuchs) sowie das im Insolvenzverfahren bestehende Recht (§ 84 Abs. 2 der Insolvenzordnung), die Aufhebung der Gemeinschaft zu verlangen, ist ausgeschlossen. | (2) Das Recht eines Pfändungsgläubigers (§ 751 des Bürgerlichen Gesetzbuchs) sowie das im Insolvenzverfahren bestehende Recht (§ 84 Abs. 2 der Insolvenzordnung), die Aufhebung der Gemeinschaft zu verlangen, ist ausgeschlossen. |
| (3) Ein Insolvenzverfahren über das Verwaltungsvermögen der Gemeinschaft findet nicht statt. | **(3) ¹Im Fall der Aufhebung der Gemeinschaft bestimmt sich der Anteil der Miteigentümer nach dem Verhältnis des Wertes ihrer Wohnungseigentumsrechte zur Zeit der Aufhebung der Gemeinschaft. ²Hat sich der Wert eines Miteigentumsanteils durch Maßnahmen verändert, deren Kosten der Wohnungseigentümer nicht getragen hat, so bleibt eine solche Veränderung bei der Berechnung des Wertes dieses Anteils außer Betracht.** |
| **§ 12 Veräußerungsbeschränkung** | **§ 12 Veräußerungsbeschränkung** |
| (1) Als Inhalt des Sondereigentums kann vereinbart werden, daß ein Wohnungseigentümer zur Veräußerung seines Wohnungseigentums der Zustimmung anderer Wohnungseigentümer oder eines Dritten bedarf. | (1) Als Inhalt des Sondereigentums kann vereinbart werden, dass ein Wohnungseigentümer zur Veräußerung seines Wohnungseigentums der Zustimmung anderer Wohnungseigentümer oder eines Dritten bedarf. |

| WEG – alte Fassung | WEG – neue Fassung |
|---|---|
| (2) ¹Die Zustimmung darf nur aus einem wichtigen Grunde versagt werden. ²Durch Vereinbarung gemäß Absatz 1 kann dem Wohnungseigentümer darüber hinaus für bestimmte Fälle ein Anspruch auf Erteilung der Zustimmung eingeräumt werden.<br><br>(3) ¹Ist eine Vereinbarung gemäß Absatz 1 getroffen, so ist eine Veräußerung des Wohnungseigentums und ein Vertrag, durch den sich der Wohnungseigentümer zu einer solchen Veräußerung verpflichtet, unwirksam, solange nicht die erforderliche Zustimmung erteilt ist. ²Einer rechtsgeschäftlichen Veräußerung steht eine Veräußerung im Wege der Zwangsvollstreckung oder durch den Insolvenzverwalter gleich.<br><br>(4) ¹Die Wohnungseigentümer können durch Stimmenmehrheit beschließen, dass eine Veräußerungsbeschränkung gemäß Absatz 1 aufgehoben wird. ²Diese Befugnis kann durch Vereinbarung der Wohnungseigentümer nicht eingeschränkt oder ausgeschlossen werden. ³Ist ein Beschluss gemäß Satz 1 gefasst, kann die Veräußerungsbeschränkung im Grundbuch gelöscht werden. ⁴Der Bewilligung gemäß § 19 der Grundbuchordnung bedarf es nicht, wenn der Beschluss gemäß Satz 1 nachgewiesen wird. ⁵Für diesen Nachweis ist § 26 Abs. 3 entsprechend anzuwenden. | (2) ¹Die Zustimmung darf nur aus einem wichtigen Grunde versagt werden. ²Durch Vereinbarung gemäß Absatz 1 kann dem Wohnungseigentümer darüber hinaus für bestimmte Fälle ein Anspruch auf Erteilung der Zustimmung eingeräumt werden.<br><br>(3) ¹Ist eine Vereinbarung gemäß Absatz 1 getroffen, so ist eine Veräußerung des Wohnungseigentums und ein Vertrag, durch den sich der Wohnungseigentümer zu einer solchen Veräußerung verpflichtet, unwirksam, solange nicht die erforderliche Zustimmung erteilt ist. ²Einer rechtsgeschäftlichen Veräußerung steht eine Veräußerung im Wege der Zwangsvollstreckung oder durch den Insolvenzverwalter gleich.<br><br>(4) ¹Die Wohnungseigentümer können beschließen, dass eine Veräußerungsbeschränkung gemäß Absatz 1 aufgehoben wird. ²Ist ein Beschluss gemäß Satz 1 gefasst, kann die Veräußerungsbeschränkung im Grundbuch gelöscht werden. ³**§ 7 Absatz 2 gilt entsprechend.** |
| § 13 Rechte des Wohnungseigentümers | § 13 Rechte des Wohnungseigentümers **aus dem Sondereigentum** |
| (1) Jeder Wohnungseigentümer kann, soweit nicht das Gesetz oder Rechte Dritter entgegenstehen, mit dem im Sondereigen- | (1) Jeder Wohnungseigentümer kann, soweit nicht das Gesetz **entgegensteht, mit seinem Sondereigentum** nach Be- |

## WEG alte Fassung / WEG neue Fassung

| WEG – alte Fassung | WEG – neue Fassung |
|---|---|
| tum stehenden Gebäudeteilen nach Belieben verfahren, insbesondere ~~diese~~ bewohnen, vermieten, verpachten oder in sonstiger Weise nutzen, und andere von Einwirkungen ausschließen. | lieben verfahren, insbesondere **dieses bewohnen, vermieten, verpachten oder** in sonstiger Weise nutzen, und andere von Einwirkungen ausschließen. |
| (2) ¹Jeder Wohnungseigentümer ist zum Mitgebrauch des gemeinschaftlichen Eigentums nach Maßgabe der §§ 14, 15 berechtigt. ²An den sonstigen Nutzungen des gemeinschaftlichen Eigentums gebührt jedem Wohnungseigentümer ein Anteil nach Maßgabe des § 16. | **(2) Für Maßnahmen, die über die ordnungsmäßige Instandhaltung und Instandsetzung (Erhaltung) des Sondereigentums hinausgehen, gilt § 20 mit der Maßgabe entsprechend, dass es keiner Gestattung bedarf, soweit keinem der anderen Wohnungseigentümer über das bei einem geordneten Zusammenleben unvermeidliche Maß hinaus ein Nachteil erwächst.** |
| **§ 14 Pflichten des Wohnungseigentümers** | **§ 14 Pflichten des Wohnungseigentümers** |
| Jeder Wohnungseigentümer ist verpflichtet: | **(1) Jeder Wohnungseigentümer ist gegenüber der Gemeinschaft der Wohnungseigentümer verpflichtet,** |
| 1. die im Sondereigentum stehenden Gebäudeteile so instand zu halten und von diesen sowie von dem gemeinschaftlichen Eigentum nur in solcher Weise Gebrauch zu machen, daß dadurch keinem der anderen Wohnungseigentümer über das bei einem geordneten Zusammenleben unvermeidliche Maß hinaus ein Nachteil erwächst; | 1. **die gesetzlichen Regelungen, Vereinbarungen und Beschlüsse einzuhalten und** |
| 2. für die Einhaltung der in Nummer 1 bezeichneten Pflichten durch Personen zu sorgen, die seinem Hausstand oder Geschäftsbetrieb angehören oder denen er sonst die Benutzung der in Sonder- oder Miteigentum ste- | 2. **das Betreten seines Sondereigentums und andere Einwirkungen auf dieses und das gemeinschaftliche Eigentum zu dulden, die den Vereinbarungen oder Beschlüssen entsprechen oder, wenn keine entsprechenden Vereinbarungen oder Beschlüsse bestehen, aus denen ihm über das bei einem geordneten Zusammenleben unvermeidliche Maß hinaus kein Nachteil erwächst.** |

| WEG – alte Fassung | WEG – neue Fassung |
|---|---|
| henden Grundstücks- oder Gebäudeteile überläßt;<br><br>3. Einwirkungen auf die im Sondereigentum stehenden Gebäudeteile und das gemeinschaftliche Eigentum zu dulden, soweit sie auf einem nach Nummer 1, 2 zulässigen Gebrauch beruhen;<br><br>4. das Betreten und die Benutzung der im Sondereigentum stehenden Gebäudeteile zu gestatten, soweit dies zur Instandhaltung und Instandsetzung des gemeinschaftlichen Eigentums erforderlich ist; der hierdurch entstehende Schaden ist zu ersetzen. | **(2) Jeder Wohnungseigentümer ist gegenüber den übrigen Wohnungseigentümern verpflichtet,**<br><br>1. **deren Sondereigentum nicht über das in Absatz 1 Nummer 2 bestimmte Maß hinaus zu beeinträchtigen und**<br><br>2. **Einwirkungen nach Maßgabe des Absatz 1 Nummer 2 zu dulden.**<br><br>**(3) Hat der Wohnungseigentümer eine Einwirkung zu dulden, die über das zumutbare Maß hinausgeht, kann er einen angemessenen Ausgleich in Geld verlangen.** |
| § 15 Gebrauchsregelung<br><br>(1) Die Wohnungseigentümer können den Gebrauch des Sondereigentums und des gemeinschaftlichen Eigentums durch Vereinbarung regeln.<br><br>(2) Soweit nicht eine Vereinbarung nach Absatz 1 entgegensteht, können die Wohnungseigentümer durch Stimmenmehrheit einen der Beschaffenheit der im Sondereigentum stehenden Gebäudeteile und des gemeinschaftlichen Eigentums entsprechenden ordnungsmäßigen Gebrauch beschließen.<br><br>(3) Jeder Wohnungseigentümer kann einen Gebrauch der im Sondereigentum stehenden Gebäudeteile und des gemeinschaftlichen Eigentums verlangen, der dem Gesetz, den Vereinbarungen und Beschlüssen und, soweit sich die Regelung hieraus nicht ergibt, dem Interesse der Gesamtheit der Wohnungseigentümer nach billigem Ermessen entspricht. | **§ 15 Pflichten Dritter**<br><br>**Wer Wohnungseigentum gebraucht, ohne Wohnungseigentümer zu sein, hat gegenüber der Gemeinschaft der Wohnungseigentümer und anderen Wohnungseigentümern zu dulden:**<br><br>1. **die Erhaltung des gemeinschaftlichen Eigentums und des Sondereigentums, die ihm rechtzeitig angekündigt wurde; § 555a Absatz 2 des Bürgerlichen Gesetzbuchs gilt entsprechend;**<br><br>2. **Maßnahmen, die über die Erhaltung hinausgehen, die spätestens drei Monate vor ihrem Beginn in Textform angekündigt wurden; § 555c Absatz 1 Satz 2 Nummer 1 und 2, Absatz 2 bis 4 und § 555d Absatz 2 bis 5 des Bürgerlichen Gesetzbuchs gelten entsprechend.** |

# WEG alte Fassung / WEG neue Fassung

| WEG – alte Fassung | WEG – neue Fassung |
|---|---|
| **§ 16 Nutzungen, Lasten und Kosten**<br><br>(1) ¹Jedem Wohnungseigentümer gebührt ein seinem Anteil entsprechender Bruchteil der Nutzungen des gemeinschaftlichen Eigentums. ²Der Anteil bestimmt sich nach dem gemäß § 47 der Grundbuchordnung im Grundbuch eingetragenen Verhältnis der Miteigentumsanteile.<br><br>(2) Jeder Wohnungseigentümer ist den anderen Wohnungseigentümern gegenüber verpflichtet, die Lasten des gemeinschaftlichen Eigentums sowie die Kosten der Instandhaltung, Instandsetzung, sonstigen Verwaltung und eines gemeinschaftlichen Gebrauchs des gemeinschaftlichen Eigentums nach dem Verhältnis seines Anteils (Absatz 1 Satz 2) zu tragen.<br><br>(3) Die Wohnungseigentümer können abweichend von Absatz 2 durch Stimmenmehrheit beschließen, dass die Betriebskosten des gemeinschaftlichen Eigentums oder des Sondereigentums im Sinne des § 556 Abs. 1 des Bürgerlichen Gesetzbuches, die nicht unmittelbar gegenüber Dritten abgerechnet werden, und die Kosten der Verwaltung nach Verbrauch oder Verursachung erfasst und nach diesem oder nach einem anderen Maßstab verteilt werden, soweit dies ordnungsmäßiger Verwaltung entspricht. | **§ 16 Nutzungen und Kosten**<br><br>(1) ¹Jedem Wohnungseigentümer gebührt ein seinem Anteil entsprechender Bruchteil der **Früchte des gemeinschaftlichen Eigentums und des Gemeinschaftsvermögens**. ²Der Anteil bestimmt sich nach dem gemäß § 47 der Grundbuchordnung im Grundbuch eingetragenen Verhältnis der Miteigentumsanteile. ³**Jeder Wohnungseigentümer ist zum Mitgebrauch des gemeinschaftlichen Eigentums nach Maßgabe des § 14 berechtigt.**<br><br>(2) ¹**Die Kosten der Gemeinschaft der Wohnungseigentümer, insbesondere der Verwaltung und des gemeinschaftlichen Gebrauchs des gemeinschaftlichen Eigentums, hat jeder Wohnungseigentümer nach dem Verhältnis seines Anteils (Absatz 1 Satz 2) zu tragen.** ²**Die Wohnungseigentümer können für einzelne Kosten oder bestimmte Arten von Kosten eine von Satz 1 oder von einer Vereinbarung abweichende Verteilung beschließen.**<br><br>(3) **Für die Kosten und Nutzungen bei baulichen Veränderungen gilt § 21.** |

| WEG – alte Fassung | WEG – neue Fassung |
|---|---|
| (4) ¹Die Wohnungseigentümer können im Einzelfall zur Instandhaltung oder Instandsetzung im Sinne des § 21 Abs. 5 Nr. 2 oder zu baulichen Veränderungen oder Aufwendungen im Sinne des § 22 Abs. 1 und 2 durch Beschluss die Kostenverteilung abweichend von Absatz 2 regeln, wenn der abweichende Maßstab dem Gebrauch oder der Möglichkeit des Gebrauchs durch die Wohnungseigentümer Rechnung trägt. ²Der Beschluss zur Regelung der Kostenverteilung nach Satz 1 bedarf einer Mehrheit von drei Viertel aller stimmberechtigten Wohnungseigentümer im Sinne des § 25 Abs. 2 und mehr als der Hälfte aller Miteigentumsanteile.<br><br>(5) Die Befugnisse im Sinne der Absätze 3 und 4 können durch Vereinbarung der Wohnungseigentümer nicht eingeschränkt oder ausgeschlossen werden.<br><br>(6) ¹Ein Wohnungseigentümer, der einer Maßnahme nach § 22 Abs. 1 nicht zugestimmt hat, ist nicht berechtigt, einen Anteil an Nutzungen, die auf einer solchen Maßnahme beruhen, zu beanspruchen; er ist nicht verpflichtet, Kosten, die durch eine solche Maßnahme verursacht sind, zu tragen. ²Satz 1 ist bei einer Kostenverteilung gemäß Absatz 4 nicht anzuwenden.<br><br>(7) Zu den Kosten der Verwaltung im Sinne des Absatzes 2 gehören insbesondere Kosten eines Rechtsstreits gemäß § 18 und der Ersatz des Schadens im Falle des § 14 Nr. 4.<br><br>(8) Kosten eines Rechtsstreits gemäß § 43 gehören nur dann zu den Kosten der Verwaltung im Sinne des Absatzes 2, wenn | |

| WEG – alte Fassung | WEG – neue Fassung |
|---|---|
| es sich um Mehrkosten gegenüber der gesetzlichen Vergütung eines Rechtsanwalts aufgrund einer Vereinbarung über die Vergütung (§ 27 Abs. 2 Nr. 4, Abs. 3 Nr. 6) handelt. | |
| § 17 Anteil bei Aufhebung der Gemeinschaft<br><br>¹Im Falle der Aufhebung der Gemeinschaft bestimmt sich der Anteil der Miteigentümer nach dem Verhältnis des Wertes ihrer Wohnungseigentumsrechte zur Zeit der Aufhebung der Gemeinschaft. ²Hat sich der Wert eines Miteigentumsanteils durch Maßnahmen verändert, deren Kosten der Wohnungseigentümer nicht getragen hat, so bleibt eine solche Veränderung bei der Berechnung des Wertes dieses Anteils außer Betracht. | |
| § 18 Entziehung des Wohnungseigentums<br><br>(1) ¹Hat ein Wohnungseigentümer sich einer so schweren Verletzung der ihm gegenüber anderen Wohnungseigentümern obliegenden Verpflichtungen schuldig gemacht, daß diesen die Fortsetzung der Gemeinschaft mit ihm nicht mehr zugemutet werden kann, so können die anderen Wohnungseigentümer von ihm die Veräußerung seines Wohnungseigentums verlangen. ²Die Ausübung des Entziehungsrechts steht der Gemeinschaft der Wohnungseigentümer zu, soweit es sich nicht um eine Gemeinschaft handelt, die nur aus zwei Wohnungseigentümern besteht. | § 17 Entziehung des Wohnungseigentums<br><br>(1) Hat ein Wohnungseigentümer sich einer so schweren Verletzung der ihm gegenüber anderen Wohnungseigentümern **oder der Gemeinschaft der Wohnungseigentümer** obliegenden Verpflichtungen schuldig gemacht, dass diesen die Fortsetzung der Gemeinschaft mit ihm nicht mehr zugemutet werden kann, so **kann die Gemeinschaft der Wohnungseigentümer** von ihm die Veräußerung seines Wohnungseigentums verlangen. |

## WEG alte Fassung / WEG neue Fassung

| WEG – alte Fassung | WEG – neue Fassung |
|---|---|
| (2) Die Voraussetzungen des Absatzes 1 liegen insbesondere vor, wenn<br><br>1. der Wohnungseigentümer trotz Abmahnung wiederholt gröblich gegen die ihm nach § 14 obliegenden Pflichten verstößt; | (2) Die Voraussetzungen des Absatzes 1 liegen insbesondere vor, wenn **der Wohnungseigentümer trotz Abmahnung wiederholt gröblich gegen die ihm nach § 14 Absatz 1 und 2 obliegenden Pflichten verstößt.** |
| 2. der Wohnungseigentümer sich mit der Erfüllung seiner Verpflichtungen zur Lasten- und Kostentragung (§ 16 Abs. 2) in Höhe eines Betrages, der drei vom Hundert des Einheitswertes seines Wohnungseigentums übersteigt, länger als drei Monate in Verzug befindet; in diesem Fall steht § 30 der Abgabenordnung einer Mitteilung des Einheitswerts an die Gemeinschaft der Wohnungseigentümer oder, soweit die Gemeinschaft nur aus zwei Wohnungseigentümern besteht, an den anderen Wohnungseigentümer nicht entgegen. | |
| (3) ¹Über das Verlangen nach Absatz 1 beschließen die Wohnungseigentümer durch Stimmenmehrheit. ²Der Beschluß bedarf einer Mehrheit von mehr als der Hälfte der stimmberechtigten Wohnungseigentümer. ³Die Vorschriften des § 25 Abs. 3, 4 sind in diesem Falle nicht anzuwenden. | |
| (4) Der in Absatz 1 bestimmte Anspruch kann durch Vereinbarung der Wohnungseigentümer nicht eingeschränkt oder ausgeschlossen werden. | **(3)** Der in Absatz 1 bestimmte Anspruch kann durch Vereinbarung der Wohnungseigentümer nicht eingeschränkt oder ausgeschlossen werden. |
| | **(4) ¹Das Urteil, durch das ein Wohnungseigentümer zur Veräußerung seines Wohnungseigentums verurteilt wird, berechtigt zur Zwangsvollstreckung entsprechend den Vorschriften** |

| WEG – alte Fassung | WEG – neue Fassung |
|---|---|
| | des Ersten Abschnitts des Gesetzes über die Zwangsversteigerung und die Zwangsverwaltung. ²Das Gleiche gilt für Schuldtitel im Sinne des § 794 der Zivilprozessordnung, durch die sich der Wohnungseigentümer zur Veräußerung seines Wohnungseigentums verpflichtet. § 18 Verwaltung und Benutzung (1) Die Verwaltung des gemeinschaftlichen Eigentums obliegt der Gemeinschaft der Wohnungseigentümer. (2) Jeder Wohnungseigentümer kann von der Gemeinschaft der Wohnungseigentümer 1. eine Verwaltung des gemeinschaftlichen Eigentums sowie 2. eine Benutzung des gemeinschaftlichen Eigentums und des Sondereigentums verlangen, die dem Interesse der Gesamtheit der Wohnungseigentümer nach billigem Ermessen (ordnungsmäßige Verwaltung und Benutzung) und, soweit solche bestehen, den gesetzlichen Regelungen, Vereinbarungen und Beschlüssen entsprechen. (3) Jeder Wohnungseigentümer ist berechtigt, ohne Zustimmung der anderen Wohnungseigentümer die Maßnahmen zu treffen, die zur Abwendung eines dem gemeinschaftlichen Eigentum unmittelbar drohenden Schadens notwendig sind. |

| WEG – alte Fassung | WEG – neue Fassung |
|---|---|
|  | (4) Jeder Wohnungseigentümer kann von der Gemeinschaft der Wohnungseigentümer Einsicht in die Verwaltungsunterlagen verlangen. |
| **3. Abschnitt Verwaltung** | |
| **§ 19 Wirkung des Urteils** | **§ 19 Regelung der Verwaltung und Benutzung durch Beschluss** |
| (1) ¹Das Urteil, durch das ein Wohnungseigentümer zur Veräußerung seines Wohnungseigentums verurteilt wird, berechtigt jeden Miteigentümer zur Zwangsvollstreckung entsprechend den Vorschriften des Ersten Abschnitts des Gesetzes über die Zwangsversteigerung und die Zwangsverwaltung. ²Die Ausübung dieses Rechts steht der Gemeinschaft der Wohnungseigentümer zu, soweit es sich nicht um eine Gemeinschaft handelt, die nur aus zwei Wohnungseigentümern besteht. | (1) Soweit die Verwaltung des gemeinschaftlichen Eigentums und die Benutzung des gemeinschaftlichen Eigentums und des Sondereigentums nicht durch Vereinbarung der Wohnungseigentümer geregelt sind, beschließen die Wohnungseigentümer eine ordnungsmäßige Verwaltung und Benutzung. |
| (2) Der Wohnungseigentümer kann im Falle des § 18 Abs. 2 Nr. 2 bis zur Erteilung des Zuschlags die in Absatz 1 bezeichnete Wirkung des Urteils dadurch abwenden, daß er die Verpflichtungen, wegen deren Nichterfüllung er verurteilt ist, einschließlich der Verpflichtung zum Ersatz der durch den Rechtsstreit und das Versteigerungsverfahren entstandenen Kosten sowie die fälligen weiteren Verpflichtungen zur Lasten- und Kostentragung erfüllt. | (2) Zur ordnungsmäßigen Verwaltung und Benutzung gehören insbesondere<br>1. die Aufstellung einer Hausordnung,<br>2. die ordnungsmäßige Erhaltung des gemeinschaftlichen Eigentums,<br>3. die angemessene Versicherung des gemeinschaftlichen Eigentums zum Neuwert sowie der Wohnungseigentümer gegen Haus- und Grundbesitzerhaftpflicht,<br>4. die Ansammlung einer angemessenen Erhaltungsrücklage, |

| WEG – alte Fassung | WEG – neue Fassung |
|---|---|
| | 5. die Festsetzung von Vorschüssen nach § 28 Absatz 1 Satz 1 sowie |
| | 6. die Bestellung eines zertifizierten Verwalters nach § 26a, es sei denn, es bestehen weniger als neun Sondereigentumsrechte, ein Wohnungseigentümer wurde zum Verwalter bestellt und weniger als ein Drittel der Wohnungseigentümer (§ 25 Absatz 2) verlangt die Bestellung eines zertifizierten Verwalters. |
| (3) Ein gerichtlicher oder vor einer Gütestelle geschlossener Vergleich, durch den sich der Wohnungseigentümer zur Veräußerung seines Wohnungseigentums verpflichtet, steht dem in Absatz 1 bezeichneten Urteil gleich. | |
| **§ 20 Gliederung der Verwaltung** | **§ 20 Bauliche Veränderungen** |
| (1) Die Verwaltung des gemeinschaftlichen Eigentums obliegt den Wohnungseigentümern nach Maßgabe der §§ 21 bis 25 und dem Verwalter nach Maßgabe der §§ 26 bis 28, im Falle der Bestellung eines Verwaltungsbeirats auch diesem nach Maßgabe des § 29. | (1) Maßnahmen, die über die ordnungsmäßige Erhaltung des gemeinschaftlichen Eigentums hinausgehen (bauliche Veränderungen), können beschlossen oder einem Wohnungseigentümer durch Beschluss gestattet werden. |
| (2) Die Bestellung eines Verwalters kann nicht ausgeschlossen werden. | (2) ¹Jeder Wohnungseigentümer kann angemessene bauliche Veränderungen verlangen, die |
| | 1. dem Gebrauch durch Menschen mit Behinderungen, |
| | 2. dem Laden elektrisch betriebener Fahrzeuge, |
| | 3. dem Einbruchschutz und |

| WEG – alte Fassung | WEG – neue Fassung |
|---|---|
| | 4. dem Anschluss an ein Telekommunikationsnetz mit sehr hoher Kapazität dienen. ²Über die Durchführung ist im Rahmen ordnungsmäßiger Verwaltung zu beschließen. |
| | (3) Unbeschadet des Absatzes 2 kann jeder Wohnungseigentümer verlangen, dass ihm eine bauliche Veränderung gestattet wird, wenn alle Wohnungseigentümer, deren Rechte durch die bauliche Veränderung über das bei einem geordneten Zusammenleben unvermeidliche Maß hinaus beeinträchtigt werden, einverstanden sind. |
| | (4) Bauliche Veränderungen, die die Wohnanlage grundlegend umgestalten oder einen Wohnungseigentümer ohne sein Einverständnis gegenüber anderen unbillig benachteiligen, dürfen nicht beschlossen und gestattet werden; sie können auch nicht verlangt werden. |
| § 21 Verwaltung durch die Wohnungseigentümer | § 21 Nutzungen und Kosten bei baulichen Veränderungen |
| (1) Soweit nicht in diesem Gesetz oder durch Vereinbarung der Wohnungseigentümer etwas anderes bestimmt ist, steht die Verwaltung des gemeinschaftlichen Eigentums den Wohnungseigentümern gemeinschaftlich zu. | (1) ¹Die Kosten einer baulichen Veränderung, die einem Wohnungseigentümer gestattet oder die auf sein Verlangen nach § 20 Absatz 2 durch die Gemeinschaft der Wohnungseigentümer durchgeführt wurde, hat dieser Wohnungseigentümer zu tragen. ²Nur ihm gebühren die Nutzungen. |
| (2) Jeder Wohnungseigentümer ist berechtigt, ohne Zustimmung der anderen Wohnungseigentümer die Maßnahmen zu | (2) ¹Vorbehaltlich des Absatzes 1 haben alle Wohnungseigentümer die Kosten einer baulichen Veränderung |

| WEG – alte Fassung | WEG – neue Fassung |
|---|---|
| treffen, die zur Abwendung eines dem gemeinschaftlichen Eigentum unmittelbar drohenden Schadens notwendig sind. | nach dem Verhältnis ihrer Anteile (§ 16 Absatz 1 Satz 2) zu tragen, <br><br>1. die mit mehr als zwei Dritteln der abgegebenen Stimmen und der Hälfte aller Miteigentumsanteile beschlossen wurde, es sei denn, die bauliche Veränderung ist mit unverhältnismäßigen Kosten verbunden, oder <br><br>2. deren Kosten sich innerhalb eines angemessenen Zeitraums amortisieren. <br><br>²Für die Nutzungen gilt § 16 Absatz 1. |
| (3) Soweit die Verwaltung des gemeinschaftlichen Eigentums nicht durch Vereinbarung der Wohnungseigentümer geregelt ist, können die Wohnungseigentümer eine der Beschaffenheit des gemeinschaftlichen Eigentums entsprechende ordnungsgemäße Verwaltung durch Stimmenmehrheit beschließen. | (3) ¹Die Kosten anderer als der in den Absätzen 1 und 2 bezeichneten baulichen Veränderungen haben die Wohnungseigentümer, die sie beschlossen haben, nach dem Verhältnis ihrer Anteile (§ 16 Absatz 1 Satz 2) zu tragen. ²Ihnen gebühren die Nutzungen entsprechend § 16 Absatz 1. |
| (4) Jeder Wohnungseigentümer kann eine Verwaltung verlangen, die den Vereinbarungen und Beschlüssen und, soweit solche nicht bestehen, dem Interesse der Gesamtheit der Wohnungseigentümer nach billigem Ermessen entspricht. | (4) ¹Ein Wohnungseigentümer, der nicht berechtigt ist, Nutzungen zu ziehen, kann verlangen, dass ihm dies nach billigem Ermessen gegen angemessenen Ausgleich gestattet wird. ²Für seine Beteiligung an den Nutzungen und Kosten gilt Absatz 3 entsprechend. |
| (5) Zu einer ordnungsmäßigen, dem Interesse der Gesamtheit der Wohnungseigentümer entsprechenden Verwaltung gehört insbesondere: <br><br>1. die Aufstellung einer Hausordnung, | (5) ¹Die Wohnungseigentümer können eine abweichende Verteilung der Kosten und Nutzungen beschließen. ²Durch einen solchen Beschluss dürfen einem Wohnungseigentümer, der nach den vorstehenden Absätzen Kosten nicht zu tragen hat, keine Kosten auferlegt werden. |

| WEG – alte Fassung | WEG – neue Fassung |
|---|---|
| 2. die ordnungsmäßige Instandhaltung und Instandsetzung des gemeinschaftlichen Eigentums; <br><br> 3. die Feuerversicherung des gemeinschaftlichen Eigentums zum Neuwert sowie die angemessene Versicherung der Wohnungseigentümer gegen Haus- und Grundbesitzerhaftpflicht; <br><br> 4. die Ansammlung einer angemessenen Instandhaltungsrückstellung; <br><br> 5. die Aufstellung eines Wirtschaftsplans (§ 28); <br><br> 6. die Duldung aller Maßnahmen, die zur Herstellung einer Fernsprechteilnehmereinrichtung, einer Rundfunkempfangsanlage oder eines Energieversorgungsanschlusses zugunsten eines Wohnungseigentümers erforderlich sind. <br><br> (6) Der Wohnungseigentümer, zu dessen Gunsten eine Maßnahme der in Absatz 5 Nr. 6 bezeichneten Art getroffen wird, ist zum Ersatz des hierdurch entstehenden Schadens verpflichtet. <br><br> (7) Die Wohnungseigentümer können die Regelung der Art und Weise von Zahlungen, der Fälligkeit und der Folgen des Verzugs sowie der Kosten für eine besondere Nutzung des gemeinschaftlichen Eigentums oder für einen besonderen Verwaltungsaufwand mit Stimmenmehrheit beschließen. <br><br> (8) Treffen die Wohnungseigentümer eine nach dem Gesetz erforderliche Maßnahme nicht, so kann an ihrer Stelle das Gericht in einem Rechtsstreit gemäß § 43 nach billigem Ermessen entscheiden, so- | |

## WEG alte Fassung / WEG neue Fassung

| WEG – alte Fassung | WEG – neue Fassung |
|---|---|
| weit sich die Maßnahme nicht aus dem Gesetz, einer Vereinbarung oder einem Beschluss der Wohnungseigentümer ergibt. | |
| **§ 22 Besondere Aufwendungen, Wiederaufbau** (1) ¹Bauliche Veränderungen und Aufwendungen, die über die ordnungsmäßige Instandhaltung oder Instandsetzung des gemeinschaftlichen Eigentums hinausgehen, können beschlossen oder verlangt werden, wenn jeder Wohnungseigentümer zustimmt, dessen Rechte durch die Maßnahmen über das in § 14 Nr. 1 bestimmte Maß hinaus beeinträchtigt werden. ²Die Zustimmung ist nicht erforderlich, soweit die Rechte eines Wohnungseigentümers nicht in der in Satz 1 bezeichneten Weise beeinträchtigt werden. (2) ¹Maßnahmen gemäß Absatz 1 Satz 1, die der Modernisierung entsprechend § 555b Nummer 1 bis 5 des Bürgerlichen Gesetzbuches oder der Anpassung des gemeinschaftlichen Eigentums an den Stand der Technik dienen, die Eigenart der Wohnanlage nicht ändern und keinen Wohnungseigentümer gegenüber anderen unbillig beeinträchtigen, können abweichend von Absatz 1 durch eine Mehrheit von drei Viertel aller stimmberechtigten Wohnungseigentümer im Sinne des § 25 Abs. 2 und mehr als der Hälfte aller Miteigentumsanteile beschlossen werden. ²Die Befugnis im Sinne des Satzes 1 kann durch Vereinbarung der Wohnungseigentümer nicht eingeschränkt oder ausgeschlossen werden. | **§ 22 Wiederaufbau** |

| WEG – alte Fassung | WEG – neue Fassung |
|---|---|
| (3) Für Maßnahmen der modernisierenden Instandsetzung im Sinne des § 21 Abs. 5 Nr. 2 verbleibt es bei den Vorschriften des § 21 Abs. 3 und 4. | |
| (4) Ist das Gebäude zu mehr als der Hälfte seines Wertes zerstört und ist der Schaden nicht durch eine Versicherung oder in anderer Weise gedeckt, so kann der Wiederaufbau nicht gemäß § 21 Abs. 3 beschlossen oder gemäß § 21 Abs. 4 verlangt werden. | Ist das Gebäude zu mehr als der Hälfte seines Wertes zerstört und ist der Schaden nicht durch eine Versicherung oder in anderer Weise gedeckt, so kann der Wiederaufbau nicht beschlossen oder verlangt werden. |
| **§ 23 Wohnungseigentümerversammlung** | **§ 23 Wohnungseigentümerversammlung** |
| (1) Angelegenheiten, über die nach diesem Gesetz oder nach einer Vereinbarung der Wohnungseigentümer die Wohnungseigentümer durch Beschluß entscheiden können, werden durch Beschlußfassung in einer Versammlung der Wohnungseigentümer geordnet. | (1) [1]Angelegenheiten, über die nach diesem Gesetz oder nach einer Vereinbarung der Wohnungseigentümer die Wohnungseigentümer durch Beschluss entscheiden können, werden durch Beschlussfassung in einer Versammlung der Wohnungseigentümer geordnet. [2]**Die Wohnungseigentümer können beschließen, dass Wohnungseigentümer an der Versammlung auch ohne Anwesenheit an deren Ort teilnehmen und sämtliche oder einzelne ihrer Rechte ganz oder teilweise im Wege elektronischer Kommunikation ausüben können.** |
| (2) Zur Gültigkeit eines Beschlusses ist erforderlich, daß der Gegenstand bei der Einberufung bezeichnet ist. | (2) Zur Gültigkeit eines Beschlusses ist erforderlich, dass der Gegenstand bei der Einberufung bezeichnet ist. |
| (3) Auch ohne Versammlung ist ein Beschluß gültig, wenn alle Wohnungseigentümer ihre Zustimmung zu diesem Beschluß schriftlich erklären. | (3) [1]Auch ohne Versammlung ist ein Beschluss gültig, wenn alle Wohnungseigentümer ihre Zustimmung zu diesem Beschluss **in Textform** erklären. [2]**Die Wohnungseigentümer können beschließen, dass für einen einzelnen** |

| WEG – alte Fassung | WEG – neue Fassung |
|---|---|
| | Gegenstand die Mehrheit der abgegebenen Stimmen genügt. |
| (4) ¹Ein Beschluss, der gegen eine Rechtsvorschrift verstößt, auf deren Einhaltung rechtswirksam nicht verzichtet werden kann, ist nichtig. ²Im Übrigen ist ein Beschluss gültig, solange er nicht durch rechtskräftiges Urteil für ungültig erklärt ist. | (4) ¹Ein Beschluss, der gegen eine Rechtsvorschrift verstößt, auf deren Einhaltung rechtswirksam nicht verzichtet werden kann, ist nichtig. ²Im Übrigen ist ein Beschluss gültig, solange er nicht durch rechtskräftiges Urteil für ungültig erklärt ist. |
| **§ 24 Einberufung, Vorsitz, Niederschrift** | **§ 24 Einberufung, Vorsitz, Niederschrift** |
| (1) Die Versammlung der Wohnungseigentümer wird von dem Verwalter mindestens einmal im Jahre einberufen. | (1) Die Versammlung der Wohnungseigentümer wird von dem Verwalter mindestens einmal im Jahre einberufen. |
| (2) Die Versammlung der Wohnungseigentümer muß von dem Verwalter in den durch Vereinbarung der Wohnungseigentümer bestimmten Fällen, im übrigen dann einberufen werden, wenn dies schriftlich unter Angabe des Zweckes und der Gründe von mehr als einem Viertel der Wohnungseigentümer verlangt wird. | (2) Die Versammlung der Wohnungseigentümer muss von dem Verwalter in den durch Vereinbarung der Wohnungseigentümer bestimmten Fällen, im übrigen dann einberufen werden, wenn dies **in Textform** unter Angabe des Zweckes und der Gründe von mehr als einem Viertel der Wohnungseigentümer verlangt wird. |
| (3) Fehlt ein Verwalter oder weigert er sich pflichtwidrig, die Versammlung der Wohnungseigentümer einzuberufen, so kann die Versammlung auch, falls ein Verwaltungsbeirat bestellt ist, von dessen Vorsitzenden oder seinem Vertreter einberufen werden. | (3) Fehlt ein Verwalter oder weigert er sich pflichtwidrig, die Versammlung der Wohnungseigentümer einzuberufen, so kann die Versammlung **auch durch den Vorsitzenden des Verwaltungsbeirats, dessen Vertreter oder einen durch Beschluss ermächtigten Wohnungseigentümer** einberufen werden. |
| (4) ¹Die Einberufung erfolgt in Textform. ²Die Frist der Einberufung soll, sofern nicht ein Fall besonderer Dringlichkeit vorliegt, mindestens zwei Wochen betragen. | (4) ¹Die Einberufung erfolgt in Textform. ²Die Frist der Einberufung soll, sofern nicht ein Fall besonderer Dringlichkeit vorliegt, mindestens **drei** Wochen betragen. |

## WEG alte Fassung / WEG neue Fassung

| WEG – alte Fassung | WEG – neue Fassung |
|---|---|
| (5) Den Vorsitz in der Wohnungseigentümerversammlung führt, sofern diese nichts anderes beschließt, der Verwalter. | (5) Den Vorsitz in der Wohnungseigentümerversammlung führt, sofern diese nichts anderes beschließt, der Verwalter. |
| (6) [1]Über die in der Versammlung gefaßten Beschlüsse ist eine Niederschrift aufzunehmen. [2]Die Niederschrift ist von dem Vorsitzenden und einem Wohnungseigentümer und, falls ein Verwaltungsbeirat bestellt ist, auch von dessen Vorsitzenden oder seinem Vertreter zu unterschreiben. [3]Jeder Wohnungseigentümer ist berechtigt, die Niederschriften einzusehen. | (6) [1]Über die in der Versammlung gefassten Beschlüsse ist **unverzüglich** eine Niederschrift aufzunehmen. [2]Die Niederschrift ist von dem Vorsitzenden und einem Wohnungseigentümer und, falls ein Verwaltungsbeirat bestellt ist, auch von dessen Vorsitzenden oder seinem Vertreter zu unterschreiben. |
| (7) [1]Es ist eine Beschluss-Sammlung zu führen. [2]Die Beschluss-Sammlung enthält nur den Wortlaut | (7) [1]Es ist eine Beschluss-Sammlung zu führen. [2]Die Beschluss-Sammlung enthält nur den Wortlaut |
| 1. der in der Versammlung der Wohnungseigentümer verkündeten Beschlüsse mit Angabe von Ort und Datum der Versammlung, | 1. der in der Versammlung der Wohnungseigentümer verkündeten Beschlüsse mit Angabe von Ort und Datum der Versammlung, |
| 2. der schriftlichen Beschlüsse mit Angabe von Ort und Datum der Verkündung und | 2. der schriftlichen Beschlüsse mit Angabe von Ort und Datum der Verkündung und |
| 3. der Urteilsformeln der gerichtlichen Entscheidungen in einem Rechtsstreit gemäß § 43 mit Angabe ihres Datums, des Gerichts und der Parteien, | 3. der Urteilsformeln der gerichtlichen Entscheidungen in einem Rechtsstreit gemäß § 43 mit Angabe ihres Datums, des Gerichts und der Parteien, |
| soweit diese Beschlüsse und gerichtlichen Entscheidungen nach dem 1. Juli 2007 ergangen sind. [3]Die Beschlüsse und gerichtlichen Entscheidungen sind fortlaufend einzutragen und zu nummerieren. [4]Sind sie angefochten oder aufgehoben worden, so ist dies anzumerken. [5]Im Falle einer Aufhebung kann von einer Anmerkung abgesehen und die Eintragung gelöscht werden. [6]Eine Eintragung kann | soweit diese Beschlüsse und gerichtlichen Entscheidungen nach dem 1. Juli 2007 ergangen sind. [3]Die Beschlüsse und gerichtlichen Entscheidungen sind fortlaufend einzutragen und zu nummerieren. [4]Sind sie angefochten oder aufgehoben worden, so ist dies anzumerken. [5]Im Falle einer Aufhebung kann von einer Anmerkung abgesehen und die |

| WEG – alte Fassung | WEG – neue Fassung |
|---|---|
| auch gelöscht werden, wenn sie aus einem anderen Grund für die Wohnungseigentümer keine Bedeutung mehr hat. [7]Die Eintragungen, Vermerke und Löschungen gemäß den Sätzen 3 bis 6 sind unverzüglich zu erledigen und mit Datum zu versehen. [8]Einem Wohnungseigentümer oder einem Dritten, den ein Wohnungseigentümer ermächtigt hat, ist auf sein Verlangen Einsicht in die Beschluss-Sammlung zu geben. | Eintragung gelöscht werden. [6]Eine Eintragung kann auch gelöscht werden, wenn sie aus einem anderen Grund für die Wohnungseigentümer keine Bedeutung mehr hat. [7]Die Eintragungen, Vermerke und Löschungen gemäß den Sätzen 3 bis 6 sind unverzüglich zu erledigen und mit Datum zu versehen. [8]Einem Wohnungseigentümer oder einem Dritten, den ein Wohnungseigentümer ermächtigt hat, ist auf sein Verlangen Einsicht in die Beschluss-Sammlung zu geben. |
| (8) [1]Die Beschluss-Sammlung ist von dem Verwalter zu führen. [2]Fehlt ein Verwalter, so ist der Vorsitzende der Wohnungseigentümerversammlung verpflichtet, die Beschluss-Sammlung zu führen, sofern die Wohnungseigentümer durch Stimmenmehrheit keinen anderen für diese Aufgabe bestellt haben. | (8) [1]Die Beschluss-Sammlung ist von dem Verwalter zu führen. [2]Fehlt ein Verwalter, so ist der Vorsitzende der Wohnungseigentümerversammlung verpflichtet, die Beschluss-Sammlung zu führen, sofern die Wohnungseigentümer durch Stimmenmehrheit keinen anderen für diese Aufgabe bestellt haben. |
| **§ 25 Mehrheitsbeschluß** | **§ 25 Beschlussfassung** |
| (1) Für die Beschlußfassung in Angelegenheiten, über die die Wohnungseigentümer durch Stimmenmehrheit beschließen, gelten die Vorschriften der Absätze 2 bis 5. | **(1) Bei der Beschlussfassung entscheidet die Mehrheit der abgegebenen Stimmen.** |
| (2) [1]Jeder Wohnungseigentümer hat eine Stimme. [2]Steht ein Wohnungseigentum mehreren gemeinschaftlich zu, so können sie das Stimmrecht nur einheitlich ausüben. | (2) [1]Jeder Wohnungseigentümer hat eine Stimme. [2]Steht ein Wohnungseigentum mehreren gemeinschaftlich zu, so können sie das Stimmrecht nur einheitlich ausüben. |
| (3) Die Versammlung ist nur beschlußfähig, wenn die erschienenen stimmberechtigten Wohnungseigentümer mehr als die Hälfte der Miteigentumsanteile, | **(3) Vollmachten bedürfen zu ihrer Gültigkeit der Textform.** |

| WEG – alte Fassung | WEG – neue Fassung |
|---|---|
| berechnet nach der im Grundbuch eingetragenen Größe dieser Anteile, vertreten.<br><br>(4) ¹Ist eine Versammlung nicht gemäß Absatz 3 beschlußfähig, so beruft der Verwalter eine neue Versammlung mit dem gleichen Gegenstand ein. ²Diese Versammlung ist ohne Rücksicht auf die Höhe der vertretenen Anteile beschlußfähig; hierauf ist bei der Einberufung hinzuweisen. | |
| (5) Ein Wohnungseigentümer ist nicht stimmberechtigt, wenn die Beschlußfassung die Vornahme eines auf die Verwaltung des gemeinschaftlichen Eigentums bezüglichen Rechtsgeschäfts mit ihm oder die Einleitung oder Erledigung eines Rechtsstreits der anderen Wohnungseigentümer gegen ihn betrifft oder wenn er nach § 18 rechtskräftig verurteilt ist. | (4) Ein Wohnungseigentümer ist nicht stimmberechtigt, wenn die Beschlussfassung die Vornahme eines auf die Verwaltung des gemeinschaftlichen Eigentums bezüglichen Rechtsgeschäfts mit ihm oder die Einleitung oder Erledigung eines Rechtsstreits gegen ihn betrifft oder wenn er nach **§ 17** rechtskräftig verurteilt ist. |
| **§ 26 Bestellung und Abberufung des Verwalters**<br><br>(1) ¹Über die Bestellung und Abberufung des Verwalters beschließen die Wohnungseigentümer mit Stimmenmehrheit.<br><br>²Die Bestellung darf auf höchstens fünf Jahre vorgenommen werden, im Falle der ersten Bestellung nach der Begründung von Wohnungseigentum aber auf höchstens drei Jahre. ³Die Abberufung des Verwalters kann auf das Vorliegen eines wichtigen Grundes beschränkt werden. ⁴Ein wichtiger Grund liegt regelmäßig vor, wenn der Verwalter die Beschluss-Sammlung nicht ordnungsmäßig führt. ⁵Andere Beschränkungen der Bestellung oder Abberufung des Verwalters sind nicht zulässig. | **§ 26 Bestellung und Abberufung des Verwalters**<br><br>(1) Über die Bestellung und Abberufung des Verwalters beschließen die Wohnungseigentümer.<br><br>(2) ¹Die Bestellung **kann** auf höchstens fünf Jahre vorgenommen werden, im Fall der ersten Bestellung nach der Begründung von Wohnungseigentum aber auf höchstens drei Jahre. ²Die wiederholte Bestellung ist zulässig; sie bedarf eines erneuten Beschlusses der Wohnungseigentümer, der frühestens ein Jahr vor Ablauf der Bestellungszeit gefasst werden kann. |

# WEG alte Fassung / WEG neue Fassung

| WEG – alte Fassung | WEG – neue Fassung |
|---|---|
| (2) Die wiederholte Bestellung ist zulässig; sie bedarf eines erneuten Beschlusses der Wohnungseigentümer, der frühestens ein Jahr vor Ablauf der Bestellungszeit gefaßt werden kann. | |
| | **(3) Der Verwalter kann jederzeit abberufen werden. Ein Vertrag mit dem Verwalter endet spätestens sechs Monate nach dessen Abberufung.** |
| (3) Soweit die Verwaltereigenschaft durch eine öffentlich beglaubigte Urkunde nachgewiesen werden muß, genügt die Vorlage einer Niederschrift über den Bestellungsbeschluß, bei der die Unterschriften der in § 24 Abs. 6 bezeichneten Personen öffentlich beglaubigt sind. | (4) Soweit die Verwaltereigenschaft durch eine öffentlich beglaubigte Urkunde nachgewiesen werden muss, genügt die Vorlage einer Niederschrift über den Bestellungsbeschluss, bei der die Unterschriften der in § 24 Absatz 6 bezeichneten Personen öffentlich beglaubigt sind. |
| | **(5) Abweichungen von den Absätzen 1 bis 3 sind nicht zulässig.** |
| | **§ 26a Zertifizierter Verwalter** |
| | **(1) Als zertifizierter Verwalter darf sich bezeichnen, wer vor einer Industrie- und Handelskammer durch eine Prüfung nachgewiesen hat, dass er über die für die Tätigkeit als Verwalter notwendigen rechtlichen, kaufmännischen und technischen Kenntnisse verfügt.** |
| | **(2) ¹Das Bundesministerium der Justiz und für Verbraucherschutz wird ermächtigt, durch Rechtsverordnung nähere Bestimmungen über die Prüfung zum zertifizierten Verwalter zu erlassen. ²In der Rechtsverordnung nach Satz 1 können insbesondere festgelegt werden:** |

| WEG – alte Fassung | WEG – neue Fassung |
|---|---|
| | 1. nähere Bestimmungen zu Inhalt und Verfahren der Prüfung; |
| | 2. Bestimmungen über das zu erteilende Zertifikat; |
| | 3. Voraussetzungen, unter denen sich juristische Personen und Personengesellschaften als zertifizierte Verwalter bezeichnen dürfen; |
| | 4. Bestimmungen, wonach Personen aufgrund anderweitiger Qualifikationen von der Prüfung befreit sind, insbesondere weil sie die Befähigung zum Richteramt, einen Hochschulabschluss mit immobilienwirtschaftlichem Schwerpunkt, eine abgeschlossene Berufsausbildung zum Immobilienkaufmann oder zur Immobilienkauffrau oder einen vergleichbaren Berufsabschluss besitzen. |
| § 27 Aufgaben und Befugnisse des Verwalters | § 27 Aufgaben und Befugnisse des Verwalters |
| (1) Der Verwalter ist gegenüber den Wohnungseigentümern und gegenüber der Gemeinschaft der Wohnungseigentümer berechtigt und verpflichtet, | (1) Der Verwalter ist gegenüber der Gemeinschaft der Wohnungseigentümer berechtigt und verpflichtet, die Maßnahmen ordnungsmäßiger Verwaltung zu treffen, die |
| 1. Beschlüsse der Wohnungseigentümer durchzuführen und für die Durchführung der Hausordnung zu sorgen; | 1. untergeordnete Bedeutung haben und nicht zu erheblichen Verpflichtungen führen oder |
| 2. die für die ordnungsmäßige Instandhaltung und Instandsetzung des gemeinschaftlichen Eigentums erforderlichen Maßnahmen zu treffen; | 2. zur Wahrung einer Frist oder zur Abwendung eines Nachteils erforderlich sind. |

# WEG alte Fassung / WEG neue Fassung

| WEG – alte Fassung | WEG – neue Fassung |
|---|---|
| 3. in dringenden Fällen sonstige zur Erhaltung des gemeinschaftlichen Eigentums erforderliche Maßnahmen zu treffen; | **(2) Die Wohnungseigentümer können die Rechte und Pflichten nach Absatz 1 durch Beschluss einschränken oder erweitern.** |
| 4. Lasten- und Kostenbeiträge, Tilgungsbeträge und Hypothekenzinsen anzufordern, in Empfang zu nehmen und abzuführen, soweit es sich um gemeinschaftliche Angelegenheiten der Wohnungseigentümer handelt; | |
| 5. alle Zahlungen und Leistungen zu bewirken und entgegenzunehmen, die mit der laufenden Verwaltung des gemeinschaftlichen Eigentums zusammenhängen; | |
| 6. eingenommene Gelder zu verwalten; | |
| 7. die Wohnungseigentümer unverzüglich darüber zu unterrichten, dass ein Rechtsstreit gemäß § 43 anhängig ist; | |
| 8. die Erklärungen abzugeben, die zur Vornahme der in § 21 Abs. 5 Nr. 6 bezeichneten Maßnahmen erforderlich sind. | |
| (2) Der Verwalter ist berechtigt, im Namen aller Wohnungseigentümer und mit Wirkung für und gegen sie | |
| 1. Willenserklärungen und Zustellungen entgegenzunehmen, soweit sie an alle Wohnungseigentümer in dieser Eigenschaft gerichtet sind; | |
| 2. Maßnahmen zu treffen, die zur Wahrung einer Frist oder zur Abwendung eines sonstigen Rechtsnachteils erforderlich sind, insbesondere einen gegen die Wohnungseigentümer gerich- | |

| WEG – alte Fassung | WEG – neue Fassung |
|---|---|
| teten Rechtsstreit gemäß § 43 Nr. 1, Nr. 4 oder Nr. 5 im Erkenntnis- und Vollstreckungsverfahren zu führen;<br><br>3. Ansprüche gerichtlich und außergerichtlich geltend zu machen, sofern er hierzu durch Vereinbarung oder Beschluss mit Stimmenmehrheit der Wohnungseigentümer ermächtigt ist;<br><br>4. mit einem Rechtsanwalt wegen eines Rechtsstreits gemäß § 43 Nr. 1, Nr. 4 oder Nr. 5 zu vereinbaren, dass sich die Gebühren nach einem höheren als dem gesetzlichen Streitwert, höchstens nach einem gemäß § 49a Abs. 1 Satz 1 des Gerichtskostengesetzes bestimmten Streitwert bemessen.<br><br>(3) ¹Der Verwalter ist berechtigt, im Namen der Gemeinschaft der Wohnungseigentümer und mit Wirkung für und gegen sie<br><br>1. Willenserklärungen und Zustellungen entgegenzunehmen;<br><br>2. Maßnahmen zu treffen, die zur Wahrung einer Frist oder zur Abwendung eines sonstigen Rechtsnachteils erforderlich sind, insbesondere einen gegen die Gemeinschaft gerichteten Rechtsstreit gemäß § 43 Nr. 2 oder Nr. 5 im Erkenntnis- und Vollstreckungsverfahren zu führen;<br><br>3. die laufenden Maßnahmen der erforderlichen ordnungsmäßigen Instandhaltung und Instandsetzung gemäß Absatz 1 Nr. 2 zu treffen;<br><br>4. die Maßnahmen gemäß Absatz 1 Nr. 3 bis 5 und 8 zu treffen; | |

| WEG – alte Fassung | WEG – neue Fassung |
|---|---|
| 5. im Rahmen der Verwaltung der eingenommenen Gelder gemäß Absatz 1 Nr. 6 Konten zu führen; | |
| 6. mit einem Rechtsanwalt wegen eines Rechtsstreits gemäß § 43 Nr. 2 oder Nr. 5 eine Vergütung gemäß Absatz 2 Nr. 4 zu vereinbaren; | |
| 7. sonstige Rechtsgeschäfte und Rechtshandlungen vorzunehmen, soweit er hierzu durch Vereinbarung oder Beschluss der Wohnungseigentümer mit Stimmenmehrheit ermächtigt ist. | |
| ²Fehlt ein Verwalter oder ist er zur Vertretung nicht berechtigt, so vertreten alle Wohnungseigentümer die Gemeinschaft. ³Die Wohnungseigentümer können durch Beschluss mit Stimmenmehrheit einen oder mehrere Wohnungseigentümer zur Vertretung ermächtigen. | |
| (4) Die dem Verwalter nach den Absätzen 1 bis 3 zustehenden Aufgaben und Befugnisse können durch Vereinbarung der Wohnungseigentümer nicht eingeschränkt oder ausgeschlossen werden. | |
| (5) ¹Der Verwalter ist verpflichtet, eingenommene Gelder von seinem Vermögen gesondert zu halten. ²Die Verfügung über solche Gelder kann durch Vereinbarung oder Beschluss der Wohnungseigentümer mit Stimmenmehrheit von der Zustimmung eines Wohnungseigentümers oder eines Dritten abhängig gemacht werden. | |
| (6) Der Verwalter kann von den Wohnungseigentümern die Ausstellung einer Vollmachts- und Ermächtigungsurkunde verlangen, aus der der Umfang seiner Vertretungsmacht ersichtlich ist. | |

| WEG – alte Fassung | WEG – neue Fassung |
|---|---|
| **§ 28 Wirtschaftsplan, Rechnungslegung**<br><br>(1) ¹Der Verwalter hat jeweils für ein Kalenderjahr einen Wirtschaftsplan aufzustellen. ²Der Wirtschaftsplan enthält:<br><br>1. die voraussichtlichen Einnahmen und Ausgaben bei der Verwaltung des gemeinschaftlichen Eigentums;<br>2. die anteilmäßige Verpflichtung der Wohnungseigentümer zur Lasten- und Kostentragung;<br>3. die Beitragsleistung der Wohnungseigentümer zu der in § 21 Abs. 5 Nr. 4 vorgesehenen Instandhaltungsrückstellung.<br><br>(2) Die Wohnungseigentümer sind verpflichtet, nach Abruf durch den Verwalter dem beschlossenen Wirtschaftsplan entsprechende Vorschüsse zu leisten.<br><br>(3) Der Verwalter hat nach Ablauf des Kalenderjahres eine Abrechnung aufzustellen.<br><br>(4) Die Wohnungseigentümer können durch Mehrheitsbeschluß jederzeit von dem Verwalter Rechnungslegung verlangen.<br><br>(5) Über den Wirtschaftsplan, die Abrechnung und die Rechnungslegung des Verwalters beschließen die Wohnungseigentümer durch Stimmenmehrheit. | **§ 28 Wirtschaftsplan, Jahresabrechnung, Vermögensbericht**<br><br>(1) ¹Die Wohnungseigentümer beschließen über die Vorschüsse zur Kostentragung und zu den nach § 19 Absatz 2 Nummer 4 oder durch Beschluss vorgesehenen Rücklagen. ²Zu diesem Zweck hat der Verwalter jeweils für ein Kalenderjahr einen Wirtschaftsplan aufzustellen, der darüber hinaus die voraussichtlichen Einnahmen und Ausgaben enthält.<br><br>(2) ¹Nach Ablauf des Kalenderjahres beschließen die Wohnungseigentümer über die Einforderung von Nachschüssen oder die Anpassung der beschlossenen Vorschüsse. ²Zu diesem Zweck hat der Verwalter eine Abrechnung über den Wirtschaftsplan (Jahresabrechnung) aufzustellen, die darüber hinaus die Einnahmen und Ausgaben enthält.<br><br>(3) Die Wohnungseigentümer können beschließen, wann Forderungen fällig werden und wie sie zu erfüllen sind.<br><br>(4) ¹Der Verwalter hat nach Ablauf eines Kalenderjahres einen Vermögensbericht zu erstellen, der den Stand der in Absatz 1 Satz 1 bezeichneten Rücklagen und eine Aufstellung des wesentlichen Gemeinschaftsvermögens enthält. ²Der Vermögensbericht ist jedem Wohnungseigentümer zur Verfügung zu stellen. |

| WEG – alte Fassung | WEG – neue Fassung |
|---|---|
| **§ 29 Verwaltungsbeirat** | **§ 29 Verwaltungsbeirat** |
| (1) ¹Die Wohnungseigentümer können durch Stimmenmehrheit die Bestellung eines Verwaltungsbeirats beschließen. ²Der Verwaltungsbeirat besteht aus einem Wohnungseigentümer als Vorsitzenden und zwei weiteren Wohnungseigentümern als Beisitzern. | (1) ¹**Wohnungseigentümer können durch Beschluss zum Mitglied des Verwaltungsbeirats bestellt werden.** ²**Hat der Verwaltungsbeirat mehrere Mitglieder, ist ein Vorsitzender und ein Stellvertreter zu bestimmen.** ³**Der Verwaltungsbeirat wird von dem Vorsitzenden nach Bedarf einberufen.** |
| (2) Der Verwaltungsbeirat unterstützt den Verwalter bei der Durchführung seiner Aufgaben. | (2) ¹Der Verwaltungsbeirat unterstützt **und überwacht** den Verwalter bei der Durchführung seiner Aufgaben. ²**Der Wirtschaftsplan und die Jahresabrechnung sollen, bevor die Beschlüsse nach § 28 Absatz 1 Satz 1 und Absatz 2 Satz 1 gefasst werden,** vom Verwaltungsbeirat geprüft und mit dessen Stellungnahme versehen werden. |
| (3) Der Wirtschaftsplan, die Abrechnung über den Wirtschaftsplan, Rechnungslegungen und Kostenanschläge sollen, bevor über sie die Wohnungseigentümerversammlung beschließt, vom Verwaltungsbeirat geprüft und mit dessen Stellungnahme versehen werden. | |
| (4) Der Verwaltungsbeirat wird von dem Vorsitzenden nach Bedarf einberufen. | (3) **Sind Mitglieder des Verwaltungsbeirats unentgeltlich tätig, haben sie nur Vorsatz und grobe Fahrlässigkeit zu vertreten.** |
| **4. Abschnitt Wohnungserbbaurecht** | **Abschnitt 5 Wohnungserbbaurecht** |
| **§ 30** | **§ 30 Wohnungserbbaurecht** |
| (1) Steht ein Erbbaurecht mehreren gemeinschaftlich nach Bruchteilen zu, so können die Anteile in der Weise beschränkt werden, daß jedem der Mitberechtigten das Sondereigentum an einer bestimmten Wohnung oder an nicht zu Wohnzwecken dienenden bestimmten Räumen in einem auf Grund des Erbbaurechts errichteten oder zu errichtenden Gebäude eingeräumt wird (Wohnungserbbaurecht, Teilerbbaurecht). | (1) Steht ein Erbbaurecht mehreren gemeinschaftlich nach Bruchteilen zu, so können die Anteile in der Weise beschränkt werden, dass jedem der Mitberechtigten das Sondereigentum an einer bestimmten Wohnung oder an nicht zu Wohnzwecken dienenden bestimmten Räumen in einem auf Grund des Erbbaurechts errichteten oder zu errichtenden Gebäude eingeräumt wird (Wohnungserbbaurecht, Teilerbbaurecht). |

| WEG – alte Fassung | WEG – neue Fassung |
|---|---|
| (2) Ein Erbbauberechtigter kann das Erbbaurecht in entsprechender Anwendung des § 8 teilen.<br><br>(3) ¹Für jeden Anteil wird von Amts wegen ein besonderes Erbbaugrundbuchblatt angelegt (Wohnungserbgrundbuch, Teilerbbaugrundbuch). ²Im übrigen gelten für das Wohnungserbbaurecht (Teilerbbaurecht) die Vorschriften über das Wohnungseigentum (Teileigentum) entsprechend.<br><br>**II. Teil Dauerwohnrecht**<br><br>**§ 31 Begriffsbestimmungen**<br><br>**§ 32 Voraussetzungen der Eintragung**<br><br>(1) Das Dauerwohnrecht soll nur bestellt werden, wenn die Wohnung in sich abgeschlossen ist.<br><br>(2) ¹Zur näheren Bezeichnung des Gegenstandes und des Inhalts des Dauerwohnrechts kann auf die Eintragungsbewilligung Bezug genommen werden. ²Der Eintragungsbewilligung sind als Anlagen beizufügen:<br><br>1. eine von der Baubehörde mit Unterschrift und Siegel oder Stempel versehene Bauzeichnung, aus der die Aufteilung des Gebäudes sowie die Lage und Größe der dem Dauerwohnrecht unterliegenden Gebäude- und Grundstücksteile ersichtlich ist (Aufteilungsplan); alle zu demselben Dauerwohnrecht gehörenden Einzelräume | (2) Ein Erbbauberechtigter kann das Erbbaurecht in entsprechender Anwendung des § 8 teilen.<br><br>(3) ¹Für jeden Anteil wird von Amts wegen ein besonderes Erbbaugrundbuchblatt angelegt (Wohnungserbbaugrundbuch, Teilerbbaugrundbuch). ²Im übrigen gelten für das Wohnungserbbaurecht (Teilerbbaurecht) die Vorschriften über das Wohnungseigentum (Teileigentum) entsprechend.<br><br>**Teil 2 Dauerwohnrecht**<br><br>**§ 31 Begriffsbestimmungen**<br><br>*unverändert*<br><br>**§ 32 Voraussetzungen der Eintragung**<br><br>(1) Das Dauerwohnrecht soll nur bestellt werden, wenn die Wohnung in sich abgeschlossen ist.<br><br>(2) ¹Zur näheren Bezeichnung des Gegenstandes und des Inhalts des Dauerwohnrechts kann auf die Eintragungsbewilligung Bezug genommen werden. ²Der Eintragungsbewilligung sind als Anlagen beizufügen:<br><br>1. eine von der Baubehörde mit Unterschrift und Siegel oder Stempel versehene Bauzeichnung, aus der die Aufteilung des Gebäudes sowie die Lage und Größe der dem Dauerwohnrecht unterliegenden Gebäude- und Grundstücksteile ersichtlich ist (Aufteilungsplan); alle zu demselben Dauerwohnrecht gehörenden Einzel- |

| WEG – alte Fassung | WEG – neue Fassung |
|---|---|
| sind mit der jeweils gleichen Nummer zu kennzeichnen;<br><br>2. eine Bescheinigung der Baubehörde, daß die Voraussetzungen des Absatzes 1 vorliegen.<br><br>³Wenn in der Eintragungsbewilligung für die einzelnen Dauerwohnrechte Nummern angegeben werden, sollen sie mit denen des Aufteilungsplans übereinstimmen. ⁴Die Landesregierungen können durch Rechtsverordnung bestimmen, dass und in welchen Fällen der Aufteilungsplan (Satz 2 Nr. 1) und die Abgeschlossenheit (Satz 2 Nr. 2) von einem öffentlich bestellten oder anerkannten Sachverständigen für das Bauwesen statt von der Baubehörde ausgefertigt und bescheinigt werden. ⁵Werden diese Aufgaben von dem Sachverständigen wahrgenommen, so gelten die Bestimmungen der Allgemeinen Verwaltungsvorschrift für die Ausstellung von Bescheinigungen gemäß § 7 Abs. 4 Nr. 2 und § 32 Abs. 2 Nr. 2 des Wohnungseigentumsgesetzes vom 19. März 1974 (BAnz. Nr. 58 vom 23. März 1974) entsprechend. ⁶In diesem Fall bedürfen die Anlagen nicht der Form des § 29 der Grundbuchordnung. ⁷Die Landesregierungen können die Ermächtigung durch Rechtsverordnung auf die Landesbauverwaltungen übertragen. | räume sind mit der jeweils gleichen Nummer zu kennzeichnen;<br><br>2. eine Bescheinigung der Baubehörde, dass die Voraussetzungen des Absatzes 1 vorliegen.<br><br>³Wenn in der Eintragungsbewilligung für die einzelnen Dauerwohnrechte Nummern angegeben werden, sollen sie mit denen des Aufteilungsplans übereinstimmen. |
| (3) Das Grundbuchamt soll die Eintragung des Dauerwohnrechts ablehnen, wenn über die in § 33 Abs. 4 Nr. 1 bis 4 bezeichneten Angelegenheiten, über die Voraussetzungen des Heimfallanspruchs (§ 36 Abs. 1) und über die Entschädigung beim Heimfall (§ 36 Abs. 4) keine Vereinbarungen getroffen sind. | (3) Das Grundbuchamt soll die Eintragung des Dauerwohnrechts ablehnen, wenn über die in § 33 Abs. 4 Nr. 1 bis 4 bezeichneten Angelegenheiten, über die Voraussetzungen des Heimfallanspruchs (§ 36 Abs. 1) und über die Entschädigung beim Heimfall (§ 36 Abs. 4) keine Vereinbarungen getroffen sind. |

| WEG – alte Fassung | WEG – neue Fassung |
|---|---|
| §§ 33 bis 42 WEG | §§ 33 bis 42 WEG *unverändert* |
| III. Teil Verfahrensvorschriften<br><br>§ 43 Zuständigkeit | Teil 3 Verfahrensvorschriften<br><br>§ 43 Zuständigkeit |
|  | (1) ¹Die Gemeinschaft der Wohnungseigentümer hat ihren allgemeinen Gerichtsstand bei dem Gericht, in dessen Bezirk das Grundstück liegt. ²Bei diesem Gericht kann auch die Klage gegen Wohnungseigentümer im Fall des § 9a Absatz 4 Satz 1 erhoben werden. |
| Das Gericht, in dessen Bezirk das Grundstück liegt, ist ausschließlich zuständig für | (2) Das Gericht, in dessen Bezirk das Grundstück liegt, ist ausschließlich zuständig für |
| 1. Streitigkeiten über die sich aus der Gemeinschaft der Wohnungseigentümer und aus der Verwaltung des gemeinschaftlichen Eigentums ergebenden Rechte und Pflichten der Wohnungseigentümer untereinander;<br><br>2. Streitigkeiten über die Rechte und Pflichten zwischen der Gemeinschaft der Wohnungseigentümer und Wohnungseigentümern;<br><br>3. Streitigkeiten über die Rechte und Pflichten des Verwalters bei der Verwaltung des gemeinschaftlichen Eigentums;<br><br>4. Streitigkeiten über die Gültigkeit von Beschlüssen der Wohnungseigentümer; | 1. Streitigkeiten über die Rechte und Pflichten der Wohnungseigentümer untereinander,<br><br>2. Streitigkeiten über die Rechte und Pflichten zwischen der Gemeinschaft der Wohnungseigentümer und Wohnungseigentümern,<br><br>3. Streitigkeiten über die Rechte und Pflichten des Verwalters **einschließlich solcher über Ansprüche eines Wohnungseigentümers gegen den Verwalter sowie**<br><br>4. **Beschlussklagen gemäß § 44.** |

| WEG – alte Fassung | WEG – neue Fassung |
|---|---|
| 5. Klagen Dritter, die sich gegen die Gemeinschaft der Wohnungseigentümer oder gegen Wohnungseigentümer richten und sich auf das gemeinschaftliche Eigentum, seine Verwaltung oder das Sondereigentum beziehen; | |
| 6. Mahnverfahren, wenn die Gemeinschaft der Wohnungseigentümer Antragstellerin ist. Insoweit ist § 689 Abs. 2 der Zivilprozessordnung nicht anzuwenden. | |
| **§ 44 Bezeichnung der Wohnungseigentümer in der Klageschrift** | **§ 44 Beschlussklagen** |
| (1) ¹Wird die Klage durch oder gegen alle Wohnungseigentümer mit Ausnahme des Gegners erhoben, so genügt für ihre nähere Bezeichnung in der Klageschrift die bestimmte Angabe des gemeinschaftlichen Grundstücks; wenn die Wohnungseigentümer Beklagte sind, sind in der Klageschrift außerdem der Verwalter und der gemäß § 45 Abs. 2 Satz 1 bestellte Ersatzzustellungsvertreter zu bezeichnen. ²Die namentliche Bezeichnung der Wohnungseigentümer hat spätestens bis zum Schluss der mündlichen Verhandlung zu erfolgen. | (1) ¹Das Gericht kann auf Klage eines Wohnungseigentümers einen Beschluss für ungültig erklären (Anfechtungsklage) oder seine Nichtigkeit feststellen (Nichtigkeitsklage). ²Unterbleibt eine notwendige Beschlussfassung, kann das Gericht auf Klage eines Wohnungseigentümers den Beschluss fassen (Beschlussersetzungsklage). |
| (2) ¹Sind an dem Rechtsstreit nicht alle Wohnungseigentümer als Partei beteiligt, so sind die übrigen Wohnungseigentümer entsprechend Absatz 1 von dem Kläger zu bezeichnen. ²Der namentlichen Bezeichnung der übrigen Wohnungseigentümer bedarf es nicht, wenn das Gericht von ihrer Beiladung gemäß § 48 Abs. 1 Satz 1 absieht. | (2) ¹Die Klagen sind gegen die Gemeinschaft der Wohnungseigentümer zu richten. ²Der Verwalter hat den Wohnungseigentümern die Erhebung einer Klage unverzüglich bekannt zu machen. ³Mehrere Prozesse sind zur gleichzeitigen Verhandlung und Entscheidung zu verbinden. |
| | (3) Das Urteil wirkt für und gegen alle Wohnungseigentümer, auch wenn sie nicht Partei sind. |

| WEG – alte Fassung | WEG – neue Fassung |
|---|---|
| | (4) **Die durch eine Nebenintervention verursachten Kosten gelten nur dann als notwendig zur zweckentsprechenden Rechtsverteidigung im Sinne des § 91 der Zivilprozessordnung, wenn die Nebenintervention geboten war.** |
| § 45 Zustellung | § 45 Fristen der Anfechtungsklage |
| (1) Der Verwalter ist Zustellungsvertreter der Wohnungseigentümer, wenn diese Beklagte oder gemäß § 48 Abs. 1 Satz 1 beizuladen sind, es sei denn, dass er als Gegner der Wohnungseigentümer an dem Verfahren beteiligt ist oder aufgrund des Streitgegenstandes die Gefahr besteht, der Verwalter werde die Wohnungseigentümer nicht sachgerecht unterrichten. | ¹**Die Anfechtungsklage muss innerhalb eines Monats nach der Beschlussfassung erhoben und innerhalb zweier Monate nach der Beschlussfassung begründet werden.** ²**Die §§ 233 bis 238 der Zivilprozessordnung gelten entsprechend.** |
| (2) ¹Die Wohnungseigentümer haben für den Fall, dass der Verwalter als Zustellungsvertreter ausgeschlossen ist, durch Beschluss mit Stimmenmehrheit einen Ersatzzustellungsvertreter sowie dessen Vertreter zu bestellen, auch wenn ein Rechtsstreit noch nicht anhängig ist. ²Der Ersatzzustellungsvertreter tritt in die dem Verwalter als Zustellungsvertreter der Wohnungseigentümer zustehenden Aufgaben und Befugnisse ein, sofern das Gericht die Zustellung an ihn anordnet; Absatz 1 gilt entsprechend. | |
| (3) Haben die Wohnungseigentümer entgegen Absatz 2 Satz 1 keinen Ersatzzustellungsvertreter bestellt oder ist die Zustellung nach den Absätzen 1 und 2 aus sonstigen Gründen nicht ausführbar, kann das Gericht einen Ersatzzustellungsvertreter bestellen. | |

| WEG – alte Fassung | WEG – neue Fassung |
|---|---|
| **§ 46 Anfechtungsklage**<br><br>(1) ¹Die Klage eines oder mehrerer Wohnungseigentümer auf Erklärung der Ungültigkeit eines Beschlusses der Wohnungseigentümer ist gegen die übrigen Wohnungseigentümer und die Klage des Verwalters ist gegen die Wohnungseigentümer zu richten. ²Sie muss innerhalb eines Monats nach der Beschlussfassung erhoben und innerhalb zweier Monate nach der Beschlussfassung begründet werden. ³Die §§ 233 bis 238 der Zivilprozessordnung gelten entsprechend.<br><br>(2) Hat der Kläger erkennbar eine Tatsache übersehen, aus der sich ergibt, dass der Beschluss nichtig ist, so hat das Gericht darauf hinzuweisen.<br><br>**§ 47 Prozessverbindung**<br><br>¹Mehrere Prozesse, in denen Klagen auf Erklärung oder Feststellung der Ungültigkeit desselben Beschlusses der Wohnungseigentümer erhoben werden, sind zur gleichzeitigen Verhandlung und Entscheidung zu verbinden. ²Die Verbindung bewirkt, dass die Kläger der vorher selbständigen Prozesse als Streitgenossen anzusehen sind.<br><br>**§ 48 Beiladung, Wirkung des Urteils**<br><br>(1) ¹Richtet sich die Klage eines Wohnungseigentümers, der in einem Rechtsstreit gemäß § 43 Nr. 1 oder Nr. 3 einen ihm allein zustehenden Anspruch geltend macht, nur gegen einen oder einzelne Wohnungseigentümer oder nur gegen den Verwalter, so sind die übrigen Woh- | |

| WEG – alte Fassung | WEG – neue Fassung |
|---|---|
| nungseigentümer beizuladen, es sei denn, dass ihre rechtlichen Interessen erkennbar nicht betroffen sind. ²Soweit in einem Rechtsstreit gemäß § 43 Nr. 3 oder Nr. 4 der Verwalter nicht Partei ist, ist er ebenfalls beizuladen.<br><br>(2) ¹Die Beiladung erfolgt durch Zustellung der Klageschrift, der die Verfügungen des Vorsitzenden beizufügen sind. ²Die Beigeladenen können der einen oder anderen Partei zu deren Unterstützung beitreten. ³Veräußert ein beigeladener Wohnungseigentümer während des Prozesses sein Wohnungseigentum, ist § 265 Abs. 2 der Zivilprozessordnung entsprechend anzuwenden.<br><br>(3) Über die in § 325 der Zivilprozessordnung angeordneten Wirkungen hinaus wirkt das rechtskräftige Urteil auch für und gegen alle beigeladenen Wohnungseigentümer und ihre Rechtsnachfolger sowie den beigeladenen Verwalter.<br><br>(4) Wird durch das Urteil eine Anfechtungsklage als unbegründet abgewiesen, so kann auch nicht mehr geltend gemacht werden, der Beschluss sei nichtig.<br><br>**§ 49 Kostenentscheidung**<br><br>(1) Wird gemäß § 21 Abs. 8 nach billigem Ermessen entschieden, so können auch die Prozesskosten nach billigem Ermessen verteilt werden.<br><br>(2) Dem Verwalter können Prozesskosten auferlegt werden, soweit die Tätigkeit des Gerichts durch ihn veranlasst wurde und ihn ein grobes Verschulden trifft, auch wenn er nicht Partei des Rechtsstreits ist. | |

| WEG – alte Fassung | WEG – neue Fassung |
|---|---|
| **§ 50 Kostenerstattung**<br><br>Den Wohnungseigentümern sind als zur zweckentsprechenden Rechtsverfolgung oder Rechtsverteidigung notwendige Kosten nur die Kosten eines bevollmächtigten Rechtsanwalts zu erstatten, wenn nicht aus Gründen, die mit dem Gegenstand des Rechtsstreits zusammenhängen, eine Vertretung durch mehrere bevollmächtigte Rechtsanwälte geboten war. | |
| **IV. Teil Ergänzende Bestimmungen**<br><br>**§ 61 Eintragung ins Grundbuch vor dem 15. Januar 1994**<br><br>[1]Fehlt eine nach § 12 erforderliche Zustimmung, so sind die Veräußerung und das zugrundeliegende Verpflichtungsgeschäft unbeschadet der sonstigen Voraussetzungen wirksam, wenn die Eintragung der Veräußerung oder einer Auflassungsvormerkung in das Grundbuch vor dem 15. Januar 1994 erfolgt ist und es sich um die erstmalige Veräußerung dieses Wohnungseigentums nach seiner Begründung handelt, es sei denn, daß eine rechtskräftige gerichtliche Entscheidung entgegensteht. [2]Das Fehlen der Zustimmung steht in diesen Fällen dem Eintritt der Rechtsfolgen des § 878 des Bürgerlichen Gesetzbuchs nicht entgegen. [3]Die Sätze 1 und 2 gelten entsprechend in den Fällen der §§ 30 und 35 des Wohnungseigentumsgesetzes. | **Teil 4 Ergänzende Bestimmungen**<br><br>**§ 46 Veräußerung ohne erforderliche Zustimmung**<br><br>[1]Fehlt eine nach § 12 erforderliche Zustimmung, so sind die Veräußerung und das zugrundeliegende Verpflichtungsgeschäft unbeschadet der sonstigen Voraussetzungen wirksam, wenn die Eintragung der Veräußerung oder einer Auflassungsvormerkung in das Grundbuch vor dem 15. Januar 1994 erfolgt ist und es sich um die erstmalige Veräußerung dieses Wohnungseigentums nach seiner Begründung handelt, es sei denn, dass eine rechtskräftige gerichtliche Entscheidung entgegensteht. [2]Das Fehlen der Zustimmung steht in diesen Fällen dem Eintritt der Rechtsfolgen des § 878 des Bürgerlichen Gesetzbuchs nicht entgegen. [3]Die Sätze 1 und 2 gelten entsprechend in den Fällen der §§ 30 und 35 des Wohnungseigentumsgesetzes. |

| WEG – alte Fassung | WEG – neue Fassung |
|---|---|
|  | **§ 47 Auslegung von Altvereinbarungen**<br><br>¹Vereinbarungen, die vor dem ... [einsetzen: Datum des Inkrafttretens nach Artikel 18 Satz 1 dieses Gesetzes] getroffen wurden und die von solchen Vorschriften dieses Gesetzes abweichen, die durch das Wohnungseigentumsmodernisierungsgesetz vom ... [einsetzen: Datum und Fundstelle dieses Gesetzes] geändert wurden, stehen der Anwendung dieser Vorschriften in der vom ... [einsetzen: Datum des Inkrafttretens nach Artikel 18 Satz 1 dieses Gesetzes] an geltenden Fassung nicht entgegen, soweit sich aus der Vereinbarung nicht ein anderer Wille ergibt. ²Ein solcher Wille ist in der Regel nicht anzunehmen. |
| **§ 62 Übergangsvorschrift**<br><br>(1) Für die am 1. Juli 2007 bei Gericht anhängigen Verfahren in Wohnungseigentums- oder in Zwangsversteigerungssachen oder für die bei einem Notar beantragten freiwilligen Versteigerungen sind die durch die Artikel 1 und 2 des Gesetzes vom 26. März 2007 (BGBl. I S. 370) geänderten Vorschriften des III. Teils dieses Gesetzes sowie die des Gesetzes über die Zwangsversteigerung und die Zwangsverwaltung in ihrer bis dahin geltenden Fassung weiter anzuwenden.<br><br>(2) In Wohnungseigentumssachen nach § 43 Nr. 1 bis 4 finden die Bestimmungen über die Nichtzulassungsbeschwerde (§ 543 Abs. 1 Nr. 2, § 544 der Zivilprozessordnung) keine Anwendung, soweit | **§ 48 Übergangsvorschriften**<br><br>(1) ¹§ 5 Absatz 4, § 7 Absatz 2 und § 10 Absatz 3 in der vom ... [einsetzen: Datum des Inkrafttretens nach Artikel 18 Satz 1 dieses Gesetzes] an geltenden Fassung gelten auch für solche Beschlüsse, die vor diesem Zeitpunkt gefasst oder durch gerichtliche Entscheidung ersetzt wurden. ²Abweichend davon bestimmt sich die Wirksamkeit eines Beschlusses im Sinne des Satzes 1 gegen den Sondernachfolger eines Wohnungseigentümers nach § 10 Absatz 4 in der bis zum ... [einsetzen: Datum des Inkrafttretens nach Artikel 18 Satz 1 dieses Gesetzes] geltenden Fassung, wenn die Sondernachfolge bis zum 31. Dezember 2025 eintritt. ³Jeder Wohnungseigentümer |

| WEG – alte Fassung | WEG – neue Fassung |
|---|---|
| die anzufechtende Entscheidung vor dem 31. Dezember 2015 verkündet worden ist. | kann bis zum 31. Dezember 2025 verlangen, dass ein Beschluss im Sinne des Satzes 1 erneut gefasst wird; § 204 Absatz 1 Nummer 1 des Bürgerlichen Gesetzbuchs gilt entsprechend.<br><br>(2) § 5 Absatz 4 Satz 3 gilt in der vor dem … [einsetzen: Datum des Inkrafttretens nach Artikel 18 Satz 1 dieses Gesetzes] geltenden Fassung weiter für Vereinbarungen und Beschlüsse, die vor diesem Zeitpunkt getroffen oder gefasst wurden, und zu denen vor dem … [einsetzen: Datum des Inkrafttretens nach Artikel 18 Satz 1 dieses Gesetzes] alle Zustimmungen erteilt wurden, die nach den vor diesem Zeitpunkt geltenden Vorschriften erforderlich waren.<br><br>(3) [1]§ 7 Absatz 3 Satz 2 gilt auch für Vereinbarungen und Beschlüsse, die vor dem … [einsetzen: Datum des Inkrafttretens nach Artikel 18 Satz 1 dieses Gesetzes] getroffen oder gefasst wurden. [2]Ist eine Vereinbarung oder ein Beschluss im Sinne des Satzes 1 entgegen der Vorgabe des § 7 Absatz 3 Satz 2 nicht ausdrücklich im Grundbuch eingetragen, erfolgt die ausdrückliche Eintragung in allen Wohnungsgrundbüchern nur auf Antrag eines Wohnungseigentümers oder der Gemeinschaft der Wohnungseigentümer. [3]Ist die Haftung von Sondernachfolgern für Geldschulden entgegen der Vorgabe des § 7 Absatz 3 Satz 2 nicht ausdrücklich im Grundbuch eingetragen, lässt dies die Wirkung gegen den Sondernachfolger eines Wohnungseigentümers unberührt, |

| WEG – alte Fassung | WEG – neue Fassung |
|---|---|
| | wenn die Sondernachfolge bis zum 31. Dezember 2025 eintritt. |
| | (4) § 19 Absatz 2 Nummer 6 ist ab dem ... [einsetzen: Datum des ersten Tages des 26. auf die Verkündung folgenden Monats] anwendbar. Eine Person, die am ... [einsetzen: Datum des Inkrafttretens dieses Gesetzes nach Artikel 18 Satz 1] Verwalter einer Gemeinschaft der Wohnungseigentümer war, gilt gegenüber den Wohnungseigentümern dieser Gemeinschaft der Wohnungseigentümer bis zum ... [einsetzen: Datum des ersten Tages des 44. auf die Verkündung folgenden Monats] als zertifizierter Verwalter. |
| | (5) Für die bereits vor dem ... [einsetzen: Datum des Inkrafttretens nach Artikel 18 Satz 1 dieses Gesetzes] bei Gericht anhängigen Verfahren sind die Vorschriften des dritten Teils dieses Gesetzes in ihrer bis dahin geltenden Fassung weiter anzuwenden. |
| § 63 Überleitung bestehender Rechtsverhältnisse | § 49 Überleitung bestehender Rechtsverhältnisse |
| (1) Werden Rechtsverhältnisse, mit denen ein Rechtserfolg bezweckt wird, der den durch dieses Gesetz geschaffenen Rechtsformen entspricht, in solche Rechtsformen umgewandelt, so ist als Geschäftswert für die Berechnung der hierdurch veranlaßten Gebühren der Gerichte und Notare im Falle des Wohnungseigentums ein Fünfundzwanzigstel des Einheitswertes des Grundstückes, im Falle des Dauerwohnrechtes ein Fünfundzwanzigstel des Wertes des Rechtes anzunehmen. | (1) Werden Rechtsverhältnisse, mit denen ein Rechtserfolg bezweckt wird, der den durch dieses Gesetz geschaffenen Rechtsformen entspricht, in solche Rechtsformen umgewandelt, so ist als Geschäftswert für die Berechnung der hierdurch veranlassten Gebühren der Gerichte und Notare im Falle des Wohnungseigentums ein Fünfundzwanzigstel des Einheitswertes des Grundstückes, im Falle des Dauerwohnrechtes ein Fünf- |

# BGB alte Fassung / BGB neue Fassung

| WEG – alte Fassung | WEG – neue Fassung |
|---|---|
| | undzwanzigstel des Wertes des Rechtes anzunehmen. |
| (2) (gegenstandslos) | |
| (3) Durch Landesgesetz können Vorschriften zur Überleitung bestehender, auf Landesrecht beruhender Rechtsverhältnisse in die durch dieses Gesetz geschaffenen Rechtsformen getroffen werden. | (2) Durch Landesgesetz können Vorschriften zur Überleitung bestehender, auf Landesrecht beruhender Rechtsverhältnisse in die durch dieses Gesetz geschaffenen Rechtsformen getroffen werden. |

## 2 BGB alte Fassung / BGB neue Fassung

| BGB – alte Fassung[3] | BGB – neue Fassung[4] |
|---|---|
| § 554 (weggefallen) | § 554 Barrierereduzierung, E-Mobilität und Einbruchsschutz |
| § 554a Barrierefreiheit | |
| (1) ¹Der Mieter kann vom Vermieter die Zustimmung zu baulichen Veränderungen oder sonstigen Einrichtungen verlangen, die für eine behindertengerechte Nutzung der Mietsache oder den Zugang zu ihr erforderlich sind, wenn er ein berechtigtes Interesse daran hat. ²Der Vermieter kann seine Zustimmung verweigern, wenn sein Interesse an der unveränderten Erhaltung der Mietsache oder des Gebäudes das Interesse des Mieters an einer behindertengerechten Nutzung der Mietsache überwiegt. ³Dabei sind auch die berechtigten Interessen anderer Mieter in dem Gebäude zu berücksichtigen. | (1) ¹Der Mieter kann verlangen, dass ihm der Vermieter bauliche Veränderungen der Mietsache erlaubt, die dem Gebrauch durch Menschen mit Behinderungen, dem Laden elektrisch betriebener Fahrzeuge oder dem Einbruchsschutz dienen. ²Der Anspruch besteht nicht, wenn die bauliche Veränderung dem Vermieter auch unter Würdigung der Interessen des Mieters nicht zugemutet werden kann. ³Der Mieter kann sich im Zusammenhang mit der baulichen Veränderung zur Leistung einer besonderen Sicherheit verpflichten; § 551 Absatz 3 gilt entsprechend. |
| (2) ¹Der Vermieter kann seine Zustimmung von der Leistung einer angemesse- | |

---

[3] In der zuletzt durch Art. 1 des Gesetzes v. 12.6.2020 (BGBl I S. 1245) geänderten Fassung.
[4] BR-Drs. 544/20 v. 18.9.2020.

## BGB alte Fassung / BGB neue Fassung

| BGB – alte Fassung | BGB – neue Fassung |
|---|---|
| nen zusätzlichen Sicherheit für die Wiederherstellung des ursprünglichen Zustandes abhängig machen. ²§ 551 Abs. 3 und 4 gilt entsprechend. | |
| (3) Eine zum Nachteil des Mieters von Absatz 1 abweichende Vereinbarung ist unwirksam. | **(2) Eine zum Nachteil des Mieters abweichende Vereinbarung ist unwirksam.** |
| | **§ 554a wird aufgehoben.** |
| | *§§ 555 bis 556 unverändert* |
| **§ 556a Abrechnungsmaßstab für Betriebskosten** | **§ 556a Abrechnungsmaßstab für Betriebskosten** |
| (1) ¹Haben die Vertragsparteien nichts anderes vereinbart, sind die Betriebskosten vorbehaltlich anderweitiger Vorschriften nach dem Anteil der Wohnfläche umzulegen. ²Betriebskosten, die von einem erfassten Verbrauch oder einer erfassten Verursachung durch die Mieter abhängen, sind nach einem Maßstab umzulegen, der dem unterschiedlichen Verbrauch oder der unterschiedlichen Verursachung Rechnung trägt. | (1) ¹Haben die Vertragsparteien nichts anderes vereinbart, sind die Betriebskosten vorbehaltlich anderweitiger Vorschriften nach dem Anteil der Wohnfläche umzulegen. ²Betriebskosten, die von einem erfassten Verbrauch oder einer erfassten Verursachung durch die Mieter abhängen, sind nach einem Maßstab umzulegen, der dem unterschiedlichen Verbrauch oder der unterschiedlichen Verursachung Rechnung trägt. |
| (2) ¹Haben die Vertragsparteien etwas anderes vereinbart, kann der Vermieter durch Erklärung in Textform bestimmen, dass die Betriebskosten zukünftig abweichend von der getroffenen Vereinbarung ganz oder teilweise nach einem Maßstab umgelegt werden dürfen, der dem erfassten unterschiedlichen Verbrauch oder der erfassten unterschiedlichen Verursachung Rechnung trägt. ²Die Erklärung ist nur vor Beginn eines Abrechnungszeitraums zulässig. ³Sind die Kosten bislang in der | (2) ¹Haben die Vertragsparteien etwas anderes vereinbart, kann der Vermieter durch Erklärung in Textform bestimmen, dass die Betriebskosten zukünftig abweichend von der getroffenen Vereinbarung ganz oder teilweise nach einem Maßstab umgelegt werden dürfen, der dem erfassten unterschiedlichen Verbrauch oder der erfassten unterschiedlichen Verursachung Rechnung trägt. ²Die Erklärung ist nur vor Beginn eines Abrechnungszeitraums zulässig. ³Sind die |

| BGB – alte Fassung | BGB – neue Fassung |
|---|---|
| Miete enthalten, so ist diese entsprechend herabzusetzen. | Kosten bislang in der Miete enthalten, so ist diese entsprechend herabzusetzen. |
| | **(3) Ist Wohnungseigentum vermietet und haben die Vertragsparteien nichts anderes vereinbart, sind die Betriebskosten abweichend von Absatz 1 nach dem für die Verteilung zwischen den Wohnungseigentümern jeweils geltenden Maßstab umzulegen. Widerspricht der Maßstab billigem Ermessen, ist nach Absatz 1 umzulegen.** |
| (3) Eine zum Nachteil des Mieters von Absatz 2 abweichende Vereinbarung ist unwirksam. | (4) Eine zum Nachteil des Mieters von Absatz 2 abweichende Vereinbarung ist unwirksam. |
| | *§§ 556b bis 577a unverändert* |
| **§ 578 Mietverhältnisse über Grundstücke und Räume** | **§ 578 Mietverhältnisse über Grundstücke und Räume** |
| (1) Auf Mietverhältnisse über Grundstücke sind die Vorschriften der §§ 550, 562 bis 562d, 566 bis 567b sowie 570 entsprechend anzuwenden. | (1) Auf Mietverhältnisse über Grundstücke sind die Vorschriften der §§ 550, **554**, 562 bis 562d, 566 bis 567b sowie 570 entsprechend anzuwenden. |
| (2) ... | (2) ... |
| (3) ... | (3) ... |

## 3 JAktAG[5] alte Fassung / JAktAG neue Fassung

| JAktAG – alte Fassung[6] | JAktAG – neue Fassung[7] |
|---|---|
| § 1 Aufbewahrung und Speicherung von Akten | § 1 Aufbewahrung und Speicherung von Akten |
| [1]Akten der Gerichte und der Staatsanwaltschaften, die für das Verfahren nicht mehr erforderlich sind, dürfen nach Beendigung des Verfahrens nur so lange aufbewahrt oder gespeichert werden, wie schutzwürdige Interessen der Verfahrensbeteiligten oder sonstiger Personen oder öffentliche Interessen dies erfordern. [2]Dasselbe gilt für Aktenregister, Namensverzeichnisse und Karteien, auch wenn diese elektronisch geführt werden. [3]Aufbewahrungs- und Speicherungsregelungen in anderen Rechtsvorschriften sowie die Anbietungs- und Übergabepflichten nach den Vorschriften der Archivgesetze des Bundes und der Länder bleiben unberührt. | [1]Akten der Gerichte und der Staatsanwaltschaften, die für das Verfahren nicht mehr erforderlich sind, dürfen nach Beendigung des Verfahrens nur so lange aufbewahrt oder gespeichert werden, wie schutzwürdige Interessen der Verfahrensbeteiligten oder sonstiger Personen oder öffentliche Interessen dies erfordern. [2]Dasselbe gilt für Aktenregister, **Namens- und sonstige Verzeichnisse sowie** Karteien, auch wenn diese elektronisch geführt werden. [3]Aufbewahrungs- und Speicherungsregelungen in anderen Rechtsvorschriften sowie die Anbietungs- und Übergabepflichten nach den Vorschriften der Archivgesetze des Bundes und der Länder bleiben unberührt. |
| § 2 Verordnungsermächtigung | § 2 Verordnungsermächtigung |
| Abs. 1 und 2 unverändert | Abs. 1 und 2 unverändert |
| (3) Die Aufbewahrungs- und Speicherungsfristen beginnen mit Ablauf des Jahres, in dem nach Beendigung des Verfahrens die Weglegung der Akten angeordnet wurde. | **(3) Die Länder können allgemein oder für einzelne Angelegenheiten bestimmen, dass für Akten, Aktenregister, Karteien, Namens- und sonstige Verzeichnisse, die bereits vor dem Inkrafttreten der Verordnung nach Absatz 1 weggelegt wurden, die bis dahin geltenden landesrechtlichen Aufbewahrungs- und Speicherungsfristen fortgelten.** |

---

[5] Justizaktenaufbewahrungsgesetz.
[6] In der zuletzt durch Art. 4 des Gesetzes v. 5.7.2017 (BGBl. I S. 2208) geänderten Fassung.
[7] BR-Drs. 544/20 v. 18.9.2020; neue Fassung tritt am Tag nach der Verkündung in Kraft.

# 4 GVG[8] alte Fassung / GVG neue Fassung

| GVG – alte Fassung[9] | GVG – neue Fassung[10] |
|---|---|
| **§ 23 [Zuständigkeit in Zivilstreitigkeiten]** <br><br> Die Zuständigkeit der Amtsgerichte umfaßt in bürgerlichen Rechtsstreitigkeiten, soweit sie nicht ohne Rücksicht auf den Wert des Streitgegenstandes den Landgerichten zugewiesen sind: <br><br> 1. Streitigkeiten über Ansprüche, deren Gegenstand an Geld oder Geldeswert die Summe von fünftausend Euro nicht übersteigt; <br><br> 2. ohne Rücksicht auf den Wert des Streitgegenstandes: <br><br> a) (...) <br><br> b) (...) <br><br> c) Streitigkeiten nach § 43 Nr. 1 bis 4 und 6 des Wohnungseigentumsgesetzes; diese Zuständigkeit ist ausschließlich; <br><br> d) (...) <br><br> e) (...) <br><br> f) (...) <br><br> g) (...) <br><br> h) (...) | **§ 23 [Zuständigkeit in Zivilstreitigkeiten]** <br><br> Die Zuständigkeit der Amtsgerichte umfasst in bürgerlichen Rechtsstreitigkeiten, soweit sie nicht ohne Rücksicht auf den Wert des Streitgegenstandes den Landgerichten zugewiesen sind: <br><br> 1. Streitigkeiten über Ansprüche, deren Gegenstand an Geld oder Geldeswert die Summe von fünftausend Euro nicht übersteigt; <br><br> 2. ohne Rücksicht auf den Wert des Streitgegenstandes: <br><br> a) (...) <br><br> b) (...) <br><br> c) Streitigkeiten nach **§ 43 Absatz 2** des Wohnungseigentumsgesetzes; diese Zuständigkeit ist ausschließlich; <br><br> d) (...) <br><br> e) (...) <br><br> f) (...) <br><br> g) (...) <br><br> h) (...) |
| **§ 72 [Zuständigkeit der Zivilkammern in 2. Instanz]** | **§ 72 [Zuständigkeit der Zivilkammern in 2. Instanz]** |

---

[8] Gerichtsverfassungsgesetz.
[9] In der zuletzt durch Art. 2 des Gesetzes v. 10.7.2020 (BGBl. I S. 1648) geänderten Fassung.
[10] BR-Drs. 544/20 v. 18.9.2020.

| GVG – alte Fassung | GVG – neue Fassung |
|---|---|
| (1) ¹Die Zivilkammern, einschließlich der Kammern für Handelssachen und der in § 72a genannten Kammern, sind die Berufungs- und Beschwerdegerichte in den vor den Amtsgerichten verhandelten bürgerlichen Rechtsstreitigkeiten, soweit nicht die Zuständigkeit der Oberlandesgerichte begründet ist. ²Die Landgerichte sind ferner die Beschwerdegerichte in Freiheitsentziehungssachen und in den von den Betreuungsgerichten entschiedenen Sachen.<br>(2) ¹In Streitigkeiten nach § 43 Nr. 1 bis 4 und 6 des Wohnungseigentumsgesetzes ist das für den Sitz des Oberlandesgerichts zuständige Landgericht gemeinsames Berufungs- und Beschwerdegericht für den Bezirk des Oberlandesgerichts, in dem das Amtsgericht seinen Sitz hat. ²Die Landesregierungen werden ermächtigt, durch Rechtsverordnung anstelle dieses Gerichts ein anderes Landgericht im Bezirk des Oberlandesgerichts zu bestimmen. ³Sie können die Ermächtigung auf die Landesjustizverwaltungen übertragen. | (1) ¹Die Zivilkammern, einschließlich der Kammern für Handelssachen und der in § 72a genannten Kammern, sind die Berufungs- und Beschwerdegerichte in den vor den Amtsgerichten verhandelten bürgerlichen Rechtsstreitigkeiten, soweit nicht die Zuständigkeit der Oberlandesgerichte begründet ist. ²Die Landgerichte sind ferner die Beschwerdegerichte in Freiheitsentziehungssachen und in den von den Betreuungsgerichten entschiedenen Sachen.<br>(2) ¹In Streitigkeiten nach **§ 43 Absatz 2** des Wohnungseigentumsgesetzes ist das für den Sitz des Oberlandesgerichts zuständige Landgericht gemeinsames Berufungs- und Beschwerdegericht für den Bezirk des Oberlandesgerichts, in dem das Amtsgericht seinen Sitz hat. ²Die Landesregierungen werden ermächtigt, durch Rechtsverordnung anstelle dieses Gerichts ein anderes Landgericht im Bezirk des Oberlandesgerichts zu bestimmen. ³Sie können die Ermächtigung auf die Landesjustizverwaltungen übertragen. |

# 5 ZVG[11] alte Fassung / ZVG neue Fassung

| ZVG – alte Fassung[12] | ZVG – neue Fassung[13] |
|---|---|
| § 10 [Rangordnung der Rechte] | § 10 [Rangordnung der Rechte] |
| (1) Ein Recht auf Befriedigung aus dem Grundstücke gewähren nach folgender Rangordnung, bei gleichem Range nach dem Verhältnis ihrer Beträge: | (1) Ein Recht auf Befriedigung aus dem Grundstücke gewähren nach folgender Rangordnung, bei gleichem Range nach dem Verhältnis ihrer Beträge: |
| 1. (...) | 1. (...) |
| 1a. (...) | 1a. (...) |
| 2. ¹bei Vollstreckung in ein Wohnungseigentum die daraus fälligen Ansprüche auf Zahlung der Beiträge zu den Lasten und Kosten des gemeinschaftlichen Eigentums oder des Sondereigentums, die nach § 16 Abs. 2, § 28 Abs. 2 und 5 des Wohnungseigentumsgesetzes geschuldet werden, einschließlich der Vorschüsse und Rückstellungen sowie der Rückgriffsansprüche einzelner Wohnungseigentümer. ²Das Vorrecht erfasst die laufenden und die rückständigen Beträge aus dem Jahr der Beschlagnahme und den letzten zwei Jahren. ³Das Vorrecht einschließlich aller Nebenleistungen ist begrenzt auf Beträge in Höhe von nicht mehr als 5 vom Hundert des nach § 74a Abs. 5 festgesetzten Wertes. ⁴Die Anmeldung erfolgt durch die Gemeinschaft der Wohnungseigentümer. ⁵Rückgriffsansprüche einzelner Wohnungseigentümer werden von diesen angemeldet; | 2. ¹bei Vollstreckung in ein Wohnungseigentum die daraus fälligen Ansprüche auf Zahlung der Beiträge zu den Lasten und Kosten des gemeinschaftlichen Eigentums oder des Sondereigentums, die nach § 16 Abs. 2, **§ 28 Absatz 1 und 2 des Wohnungseigentumsgesetzes** geschuldet werden, einschließlich der Vorschüsse und Rückstellungen sowie der Rückgriffsansprüche einzelner Wohnungseigentümer. ²Das Vorrecht erfasst die laufenden und die rückständigen Beträge aus dem Jahr der Beschlagnahme und den letzten zwei Jahren. ³Das Vorrecht einschließlich aller Nebenleistungen ist begrenzt auf Beträge in Höhe von nicht mehr als 5 vom Hundert des nach § 74a Abs. 5 festgesetzten Wertes. ⁴Die Anmeldung erfolgt durch die Gemeinschaft der Wohnungseigentümer. ⁵Rückgriffsansprüche einzelner Wohnungseigentümer werden von diesen angemeldet; |

---

[11] Gesetz über die Zwangsversteigerung und die Zwangsverwaltung
[12] In der zuletzt durch Art. 9 des Gesetzes vom 24.5.2016 (BGBl I S. 1217) geänderten Fassung.
[13] BR-Drs. 544/20 v. 18.9.2020.

## Seite 808

| ZVG – alte Fassung | ZVG – neue Fassung |
| --- | --- |
| 3. (...) | 3. (...) |
| 4. (...) | 4. (...) |
| 5. (...) | 5. (...) |
| 6. (...) | 6. (...) |
| 7. (...) | 7. (...) |
| 8. (...) | 8. (...) |
| (2) Das Recht auf Befriedigung aus dem Grundstücke besteht auch für die Kosten der Kündigung und der die Befriedigung aus dem Grundstück bezweckenden Rechtsverfolgung. (3) ¹Zur Vollstreckung mit dem Range nach Absatz 1 Nr. 2 müssen die dort genannten Beträge die Höhe des Verzugsbetrages nach § 18 Abs. 2 Nr. 2 des Wohnungseigentumsgesetzes übersteigen; liegt ein vollstreckbarer Titel vor, so steht § 30 der Abgabenordnung einer Mitteilung des Einheitswerts an die in Absatz 1 Nr. 2 genannten Gläubiger nicht entgegen. ²Für die Vollstreckung genügt ein Titel, aus dem die Verpflichtung des Schuldners zur Zahlung, die Art und der Bezugszeitraum des Anspruchs sowie seine Fälligkeit zu erkennen sind. ³Soweit die Art und der Bezugszeitraum des Anspruchs sowie seine Fälligkeit nicht aus dem Titel zu erkennen sind, sind sie in sonst geeigneter Weise glaubhaft zu machen. | (2) Das Recht auf Befriedigung aus dem Grundstücke besteht auch für die Kosten der Kündigung und der die Befriedigung aus dem Grundstück bezweckenden Rechtsverfolgung. (3) ~~¹Zur Vollstreckung mit dem Range nach Absatz 1 Nr. 2 müssen die dort genannten Beträge die Höhe des Verzugsbetrages nach § 18 Abs. 2 Nr. 2 des Wohnungseigentumsgesetzes übersteigen; liegt ein vollstreckbarer Titel vor, so steht § 30 der Abgabenordnung einer Mitteilung des Einheitswerts an die in Absatz 1 Nr. 2 genannten Gläubiger nicht entgegen.~~ ¹Für die Vollstreckung **mit dem Range nach Absatz 1 Nummer 2** genügt ein Titel, aus dem die Verpflichtung des Schuldners zur Zahlung, die Art und der Bezugszeitraum des Anspruchs sowie seine Fälligkeit zu erkennen sind. ³Soweit die Art und der Bezugszeitraum des Anspruchs sowie seine Fälligkeit nicht aus dem Titel zu erkennen sind, sind sie in sonst geeigneter Weise glaubhaft zu machen. |

| ZVG – alte Fassung | ZVG – neue Fassung |
|---|---|
| **§ 45 [Berücksichtigung von Rechten bei Feststellung des geringsten Gebots]** | **§ 45 [Berücksichtigung von Rechten bei Feststellung des geringsten Gebots]** |
| (1) Ein Recht ist bei der Feststellung des geringsten Gebots insoweit, als es zur Zeit der Eintragung des Versteigerungsvermerks aus dem Grundbuch ersichtlich war, nach dem Inhalt des Grundbuchs, im übrigen nur dann zu berücksichtigen, wenn es rechtzeitig angemeldet und, falls der Gläubiger widerspricht, glaubhaft gemacht wird. | (1) Ein Recht ist bei der Feststellung des geringsten Gebots insoweit, als es zur Zeit der Eintragung des Versteigerungsvermerks aus dem Grundbuch ersichtlich war, nach dem Inhalt des Grundbuchs, im übrigen nur dann zu berücksichtigen, wenn es rechtzeitig angemeldet und, falls der Gläubiger widerspricht, glaubhaft gemacht wird. |
| (2) Von wiederkehrenden Leistungen, die nach dem Inhalt des Grundbuchs zu entrichten sind, brauchen die laufenden Beträge nicht angemeldet, die rückständigen nicht glaubhaft gemacht zu werden. | (2) Von wiederkehrenden Leistungen, die nach dem Inhalt des Grundbuchs zu entrichten sind, brauchen die laufenden Beträge nicht angemeldet, die rückständigen nicht glaubhaft gemacht zu werden. |
| (3) ¹Ansprüche der Wohnungseigentümer nach § 10 Abs. 1 Nr. 2 sind bei der Anmeldung durch einen entsprechenden Titel oder durch die Niederschrift der Beschlüsse der Wohnungseigentümer einschließlich ihrer Anlagen oder in sonst geeigneter Weise glaubhaft zu machen. ²Aus dem Vorbringen müssen sich die Zahlungspflicht, die Art und der Bezugszeitraum des Anspruchs sowie seine Fälligkeit ergeben. | (3) ¹Ansprüche ~~der Wohnungseigentümer~~ nach § 10 Abs. 1 Nr. 2 sind bei der Anmeldung durch einen entsprechenden Titel oder durch die Niederschrift der Beschlüsse der Wohnungseigentümer einschließlich ihrer Anlagen oder in sonst geeigneter Weise glaubhaft zu machen. ²Aus dem Vorbringen müssen sich die Zahlungspflicht, die Art und der Bezugszeitraum des Anspruchs sowie seine Fälligkeit ergeben. |

## 6 GBO[14] alte Fassung / GBO neue Fassung

| GBO – alte Fassung[15] | GBO – neue Fassung[16] |
|---|---|
| § 150 [Maßgaben für das Beitrittsgebiet] | § 150 [Maßgaben für das Beitrittsgebiet] |
| *Absätze 1 bis 5 unverändert* | *Absätze 1 bis 5 unverändert* |
| (6) § 134a tritt am 31. Dezember 2020 außer Kraft. | (6) § 134a tritt am 31. Dezember **2024** außer Kraft.[17] |

## 7 GBV[18] alte Fassung / GBV neue Fassung

| GBV – alte Fassung[19] | GBV – neue Fassung[20] |
|---|---|
| § 113 | § 113 |
| *Absätze 1 und 2 unverändert* | *Absätze 1 und 2 unverändert* |
| (3) ¹Bei Eintragungen, die in den Fällen des Absatzes 1 Nr. 6 vor dessen Inkrafttreten erfolgt oder beantragt worden sind, gilt für das Grundbuchamt der Nachweis der Verfügungsbefugnis als erbracht, wenn die Bewilligung von einer der in Absatz 1 Nr. 6 genannten Bewilligungsstellen oder von der Staatsbank Berlin erklärt worden ist. ²Auf die in Absatz 1 Nr. 6 Satz 2 und 3 bestimmten Zuständigkeiten kommt es hierfür nicht an. ³Absatz 1 Nummer 6 tritt mit Ablauf des 31. Dezember 2020 außer Kraft. | (3) ¹Bei Eintragungen, die in den Fällen des Absatzes 1 Nr. 6 vor dessen Inkrafttreten erfolgt oder beantragt worden sind, gilt für das Grundbuchamt der Nachweis der Verfügungsbefugnis als erbracht, wenn die Bewilligung von einer der in Absatz 1 Nr. 6 genannten Bewilligungsstellen oder von der Staatsbank Berlin erklärt worden ist. ²Auf die in Absatz 1 Nr. 6 Satz 2 und 3 bestimmten Zuständigkeiten kommt es hierfür nicht an. ³Absatz 1 Nummer 6 tritt mit Ablauf des **31. Dezember 2030** außer Kraft. |

---

[14] Grundbuchordnung.
[15] In der zuletzt durch Art. 11 des Gesetzes v. 12.12.2019 (BGBl. I S. 2602) geänderten Fassung.
[16] BR-Drs. 544/20 v. 18.9.2020; neue Fassung tritt am Tag nach der Verkündung in Kraft.
[17] § 134a GBO regelt die Datenübermittlung bei der Entwicklung von Verfahren zur Anlegung des Datenbankgrundbuchs.
[18] Grundbuchverfügung.
[19] In der zuletzt durch Art. 12 des Gesetzes vom 12.12.2019 (BGBl. I S. 2602) geänderten Fassung.
[20] BR-Drs. 544/20 v. 18.9.2020.

## 8 WGV[21] alte Fassung / WGV neue Fassung

| WGV – alte Fassung[22] | WGV – neue Fassung[23] |
|---|---|
| § 3 | § 3 |
| (1) Im Bestandsverzeichnis sind in dem durch die Spalte 3 gebildeten Raum einzutragen: | (1) Im Bestandsverzeichnis sind in dem durch die Spalte 3 gebildeten Raum einzutragen: |
| a) der in einem zahlenmäßigen Bruchteil ausgedrückte Miteigentumsanteil an dem Grundstück; | a) der in einem zahlenmäßigen Bruchteil ausgedrückte Miteigentumsanteil an dem Grundstück; |
| b) die Bezeichnung des Grundstücks nach den allgemeinen Vorschriften; besteht das Grundstück aus mehreren Teilen, die in dem maßgebenden amtlichen Verzeichnis (§ 2 Abs. 2 der Grundbuchordnung) als selbstständige Teile eingetragen sind, so ist bei der Bezeichnung des Grundstücks in geeigneter Weise zum Ausdruck zu bringen, dass die Teile ein Grundstück bilden; | b) die Bezeichnung des Grundstücks nach den allgemeinen Vorschriften; besteht das Grundstück aus mehreren Teilen, die in dem maßgebenden amtlichen Verzeichnis (§ 2 Abs. 2 der Grundbuchordnung) als selbstständige Teile eingetragen sind, so ist bei der Bezeichnung des Grundstücks in geeigneter Weise zum Ausdruck zu bringen, dass die Teile ein Grundstück bilden; |
| c) das mit dem Miteigentumsanteil verbundene Sondereigentum ~~an bestimmten Räumen~~ und die Beschränkung des Miteigentums durch die Einräumung der zu den anderen Miteigentumsanteilen gehörenden Sondereigentumsrechte; dabei sind die Grundbuchblätter der übrigen Miteigentumsanteile anzugeben. | c) das mit dem Miteigentumsanteil verbundene Sondereigentum und die Beschränkung des Miteigentums durch die Einräumung der zu den anderen Miteigentumsanteilen gehörenden Sondereigentumsrechte; dabei sind die Grundbuchblätter der übrigen Miteigentumsanteile anzugeben. |
| (2) Wegen des Gegenstandes und des Inhalts des Sondereigentums kann auf die Eintragungsbewilligung Bezug genommen werden (§ 7 Abs. 3 des Wohnungseigentumsgesetzes); vereinbarte Veräußerungsbeschränkungen (§ 12 des | (2) Wegen des Gegenstandes und des Inhalts des Sondereigentums kann auf die Eintragungsbewilligung **und einen Nachweis nach § 7 Absatz 2 Satz 1 des Wohnungseigentumsgesetzes** Bezug genommen werden (§ 7 Absatz 3 **Satz 1** des |

---

[21] Wohnungsgrundbuchverfügung.
[22] In der zuletzt durch Art. 3 des Gesetzes v. 1.10.2013 (BGBl. I S. 3719) geänderten Fassung.
[23] BR-Drs. 544/20 v. 18.9.2020.

| WGV – alte Fassung | WGV – neue Fassung |
|---|---|
| Wohnungseigentumsgesetzes) sind jedoch ausdrücklich einzutragen. | Wohnungseigentumsgesetzes); vereinbarte Veräußerungsbeschränkungen (§ 12 des Wohnungseigentumsgesetzes) **und Vereinbarungen über die Haftung von Sondernachfolgern für Geldschulden** sind jedoch ausdrücklich einzutragen (**§ 7 Absatz 3 Satz 2 des Wohnungseigentumsgesetzes**). |
| (3) ¹In Spalte 1 ist die laufende Nummer der Eintragung einzutragen. ²In Spalte 2 ist die bisherige laufende Nummer des Miteigentumsanteils anzugeben, aus dem der Miteigentumsanteil durch Vereinigung oder Teilung entstanden ist. | (3) ¹In Spalte 1 ist die laufende Nummer der Eintragung einzutragen. ²In Spalte 2 ist die bisherige laufende Nummer des Miteigentumsanteils anzugeben, aus dem der Miteigentumsanteil durch Vereinigung oder Teilung entstanden ist. |
| (4) In Spalte 4 ist die Größe des im Miteigentum stehenden Grundstücks nach den allgemeinen Vorschriften einzutragen. | (4) In Spalte 4 ist die Größe des im Miteigentum stehenden Grundstücks nach den allgemeinen Vorschriften einzutragen. |
| (5) ¹In den Spalten 6 und 8 sind die Übertragung des Miteigentumsanteils auf das Blatt sowie die Veränderungen, die sich auf den Bestand des Grundstücks, die Größe des Miteigentumsanteils oder den Gegenstand oder den Inhalt des Sondereigentums beziehen, einzutragen. ²Der Vermerk über die Übertragung des Miteigentumsanteils auf das Blatt kann jedoch statt in Spalte 6 auch in die Eintragung in Spalte 3 aufgenommen werden. | (5) ¹In den Spalten 6 und 8 sind die Übertragung des Miteigentumsanteils auf das Blatt sowie die Veränderungen, die sich auf den Bestand des Grundstücks, die Größe des Miteigentumsanteils oder den Gegenstand oder den Inhalt des Sondereigentums beziehen, einzutragen. ²Der Vermerk über die Übertragung des Miteigentumsanteils auf das Blatt kann jedoch statt in Spalte 6 auch in die Eintragung in Spalte 3 aufgenommen werden. |
| (6) Verliert durch die Eintragung einer Veränderung nach ihrem aus dem Grundbuch ersichtlichen Inhalt eine frühere Eintragung ganz oder teilweise ihre | (6) Verliert durch die Eintragung einer Veränderung nach ihrem aus dem Grundbuch ersichtlichen Inhalt eine frühere Eintragung ganz oder teilweise ihre Bedeu- |

| WGV – alte Fassung | WGV – neue Fassung |
|---|---|
| Bedeutung, so ist sie insoweit rot zu unterstreichen. | tung, so ist sie insoweit rot zu unterstreichen. |
| (7) ¹Vermerke über Rechte, die dem jeweiligen Eigentümer des Grundstücks zustehen, sind in den Spalten 1, 3 und 4 des Bestandsverzeichnisses sämtlicher für Miteigentumsanteile an dem herrschenden Grundstück angelegten Wohnungs- und Teileigentumsgrundbücher einzutragen. ²Hierauf ist in dem in Spalte 6 einzutragenden Vermerk hinzuweisen. | (7) ¹Vermerke über Rechte, die dem jeweiligen Eigentümer des Grundstücks zustehen, sind in den Spalten 1, 3 und 4 des Bestandsverzeichnisses sämtlicher für Miteigentumsanteile an dem herrschenden Grundstück angelegten Wohnungs- und Teileigentumsgrundbücher einzutragen. ²Hierauf ist in dem in Spalte 6 einzutragenden Vermerk hinzuweisen. |

## 9 GKG[24] alte Fassung / GKG neue Fassung

| GKG aktuelle Fassung[25] | GKG-E gem. Regierungsentwurf[26] |
|---|---|
| § 49a Wohnungseigentumssachen | § 49 Beschlussklagen nach dem Wohnungseigentumsgesetz |
| (1) ¹Der Streitwert ist auf 50 Prozent des Interesses der Parteien und aller Beigeladenen an der Entscheidung festzusetzen. ²Er darf das Interesse des Klägers und der auf seiner Seite Beigetretenen an der Entscheidung nicht unterschreiten und das Fünffache des Wertes ihres Interesses nicht überschreiten. ³Der Wert darf in keinem Fall den Verkehrswert des Wohnungseigentums des Klägers und der auf seiner Seite Beigetretenen übersteigen. | ¹Der Streitwert **in Verfahren nach § 44 Absatz 1 des Wohnungseigentumsgesetzes ist auf das Interesse aller Wohnungseigentümer** an der Entscheidung festzusetzen. ²**Er darf den siebeneinhalbfachen Wert des Interesses des Klägers und der auf seiner Seite Beigetretenen sowie den Verkehrswert ihres Wohnungseigentums nicht übersteigen.** |

---

[24] Gerichtskostengesetz.
[25] In der zuletzt durch Art. 2 Abs. 4 des Gesetzes v. 25.6.2020 (BGBl. I S. 1474) geänderten Fassung.
[26] BR-Drs. 544/20 v. 18.9.2020.

## FamGKG

| GKG aktuelle Fassung | GKG-E gem. Regierungsentwurf |
|---|---|
| (2) ¹Richtet sich eine Klage gegen einzelne Wohnungseigentümer, darf der Streitwert das Fünffache des Wertes ihres Interesses sowie des Interesses der auf ihrer Seite Beigetretenen nicht übersteigen. ²Absatz 1 Satz 3 gilt entsprechend. | |
| | § 49a wird aufgehoben. |

**Neue Nummer 9020 in Anlage 1 (Kostenverzeichnis), Teil 9**[27]

| Nummer | Auslagentatbestand | Höhe |
|---|---|---|
| (...) | (...) | (...) |
| 9020 | Umsatzsteuer auf die Kosten .......... Dies gilt nicht, wenn die Umsatzsteuer nach § 19 Abs. 1 UStG unerhoben bleibt. | in voller Höhe |

## 10 FamGKG[28]

Der Anlage 1 (Kostenverzeichnis) zum Gesetz über Gerichtskosten in Familiensachen vom 17.12.2008 (BGBl. I S. 2586, 2666), das zuletzt durch Art. 5 des Gesetzes v. 19.6.2019 (BGBl. I S. 840) geändert worden ist, wird folgende Nummer 2016 angefügt[29]:

| Nummer | Auslagentatbestand | Höhe |
|---|---|---|
| (...) | (...) | (...) |
| 2016 | Umsatzsteuer auf die Kosten .......... Dies gilt nicht, wenn die Umsatzsteuer nach § 19 Abs. 1 UStG unerhoben bleibt. | in voller Höhe |

---

[27] Tritt in Kraft am Tag nach der Verkündung.
[28] Gesetz über Gerichtskosten in Familiensachen.
[29] Tritt in Kraft am Tag nach der Verkündung.

## 11 GNotKG[30]

Die Anlage 1 (Kostenverzeichnis) zum Gerichts- und Notarkostengesetz vom 23.7.2013 (BGBl. I S. 2586), das zuletzt durch Art. 7 des Gesetzes v. 17.12.2018 (BGBl. I S. 2573) geändert worden ist, wird wie folgt geändert[31]:

| Nummer | Auslagentatbestand | Höhe |
|---|---|---|
| (...) | (...) | (...) |
| 14160 | Sonstige Eintragung ............ Die Gebühr wird erhoben für die Eintragung (...) 5. einer oder mehrerer gleichzeitig beantragter Änderungen des Inhalts oder Eintragung der Aufhebung des Sondereigentums; die Gebühr wird für jedes betroffene Sondereigentum gesondert erhoben; **im Fall der Löschung einer Veräußerungsbeschränkung nach § 12 des Wohnungseigentumsgesetzes beträgt die Summe der zu erhebenden Gebühren höchstens 100,00 EUR.** | in voller Höhe |

Nach Nummer 31016 wird folgende Nummer 31017 eingefügt[32]:

| Nummer | Auslagentatbestand | Höhe |
|---|---|---|
| (...) | (...) | (...) |
| 31017 | Umsatzsteuer auf die Kosten ............ Dies gilt nicht, wenn die Umsatzsteuer nach § 19 Abs. 1 UStG unerhoben bleibt. | in voller Höhe |

---

[30] Gerichts- und Notarkostengesetz.
[31] Tritt in Kraft am Tag nach der Verkündung.
[32] Tritt in Kraft am Tag nach der Verkündung.

GrEStG alte Fassung / GrEStG neue Fassung

## 12 GvKostG[33]

Der Anlage (Kostenverzeichnis) zum Gerichtsvollzieherkostengesetz v. 19.4.2001 (BGBl. I S. 623), das zuletzt durch Art. 17 des Gesetzes v. 12.12.2019 (BGBl. I S. 2652) geändert worden ist, wird folgende Nummer 717 angefügt[34]:

| Nummer | Auslagentatbestand | Höhe |
|---|---|---|
| (...) | (...) | (...) |
| 717 | Umsatzsteuer auf die Kosten ......... Dies gilt nicht, wenn die Umsatzsteuer nach § 19 Abs. 1 UStG unerhoben bleibt. | in voller Höhe |

## 13 GrEStG[35] alte Fassung / GrEStG neue Fassung

| GrEStG – alte Fassung[36] | GrEStG – neue Fassung[37] |
|---|---|
| § 2 Grundstücke | § 2 Grundstücke |
| (1) ¹Unter Grundstücken im Sinne dieses Gesetzes sind Grundstücke im Sinne des bürgerlichen Rechts zu verstehen. ²Jedoch werden nicht zu den Grundstücken gerechnet: | (1) ¹Unter Grundstücken im Sinne dieses Gesetzes sind Grundstücke im Sinne des bürgerlichen Rechts zu verstehen. ²Jedoch werden nicht zu den Grundstücken gerechnet: |
| 1. Maschinen und sonstige Vorrichtungen aller Art, die zu einer Betriebsanlage gehören, | 1. Maschinen und sonstige Vorrichtungen aller Art, die zu einer Betriebsanlage gehören, |
| 2. Mineralgewinnungsrechte und sonstige Gewerbeberechtigungen, | 2. Mineralgewinnungsrechte und sonstige Gewerbeberechtigungen, |
| 3. das Recht des Grundstückseigentümers auf den Erbbauzins. | 3. das Recht des Grundstückseigentümers auf den Erbbauzins. |
| (2) Den Grundstücken stehen gleich | (2) Den Grundstücken stehen gleich |

---

[33] Gerichtsvollzieherkostengesetz.
[34] Tritt in Kraft am Tag nach der Verkündung.
[35] Grunderwerbsteuergesetz.
[36] In der zuletzt durch Art. 196 der Verordnung v. 19.6.2020 (BGBl. I S. 1328) geänderten Fassung.
[37] BR-Drs. 544/20 v. 18.9.2020.

## GewStG alte Fassung / GewStG neue Fassung

| GrEStG – alte Fassung | GrEStG – neue Fassung |
|---|---|
| 1. Erbbaurechte, <br> 2. Gebäude auf fremdem Boden, <br> 3. dinglich gesicherte Sondernutzungsrechte im Sinne des § 15 des Wohnungseigentumsgesetzes und des § 1010 des Bürgerlichen Gesetzbuchs. <br><br> (3) ¹Bezieht sich ein Rechtsvorgang auf mehrere Grundstücke, die zu einer wirtschaftlichen Einheit gehören, so werden diese Grundstücke als ein Grundstück behandelt. ²Bezieht sich ein Rechtsvorgang auf einen oder mehrere Teile eines Grundstücks, so werden diese Teile als ein Grundstück behandelt. | 1. Erbbaurechte, <br> 2. Gebäude auf fremdem Boden, <br> 3. dinglich gesicherte Sondernutzungsrechte **nach den Vorschriften** des Wohnungseigentumsgesetzes und des § 1010 des Bürgerlichen Gesetzbuchs. <br><br> (3) ¹Bezieht sich ein Rechtsvorgang auf mehrere Grundstücke, die zu einer wirtschaftlichen Einheit gehören, so werden diese Grundstücke als ein Grundstück behandelt. ²Bezieht sich ein Rechtsvorgang auf einen oder mehrere Teile eines Grundstücks, so werden diese Teile als ein Grundstück behandelt. |

## 14 GewStG[38] alte Fassung / GewStG neue Fassung

| GewStG – alte Fassung[39] | GewStG – neue Fassung[40] |
|---|---|
| **§ 9 Kürzungen** | **§ 9 Kürzungen** |
| *Dargestellt ist nachfolgend nur § 9 Nr. 1 Sätze 1 bis 4 GewStG:* | *Geändert wird § 9 Nr. 1 Satz 2:* |
| Die Summe des Gewinns und der Hinzurechnungen wird gekürzt um | Die Summe des Gewinns und der Hinzurechnungen wird gekürzt um |
| 1. ¹1,2 Prozent des Einheitswerts des zum Betriebsvermögen des Unternehmers gehörenden und nicht von der Grundsteuer befreiten Grundbesitzes; maßgebend ist der Einheitswert, der auf den letzten Fest- | 1. ¹1,2 Prozent des Einheitswerts des zum Betriebsvermögen des Unternehmers gehörenden und nicht von der Grundsteuer befreiten Grundbesitzes; maßgebend ist der Einheitswert, der auf den letzten Feststellungszeitpunkt (Haupt- |

---

[38] Gewerbesteuergesetz.
[39] In der zuletzt durch Art. 5 des Gesetzes v. 29.6.2020 (BGBl. I S. 1512) geänderten Fassung.
[40] BR-Drs. 544/20 v. 18.9.2020.

| GewStG – alte Fassung | GewStG – neue Fassung |
|---|---|
| stellungszeitpunkt (Hauptfeststellungs-, Fortschreibungs- oder Nachfeststellungszeitpunkt) vor dem Ende des Erhebungszeitraums (§ 14) lautet. ²An Stelle der Kürzung nach Satz 1 tritt auf Antrag bei Unternehmen, die ausschließlich eigenen Grundbesitz oder neben eigenem Grundbesitz eigenes Kapitalvermögen verwalten und nutzen oder daneben Wohnungsbauten betreuen oder Einfamilienhäuser, Zweifamilienhäuser oder Eigentumswohnungen im Sinne des Ersten Teils des Wohnungseigentumsgesetzes in der im Bundesgesetzblatt Teil III, Gliederungsnummer 403-1, veröffentlichen bereinigten Fassung, zuletzt geändert durch Artikel 28 des Gesetzes vom 14. Dezember 1984 (BGBl. I S. 1493), errichten und veräußern, die Kürzung um den Teil des Gewerbeertrags, der auf die Verwaltung und Nutzung des eigenen Grundbesitzes entfällt. ³Satz 2 gilt entsprechend, wenn in Verbindung mit der Errichtung und Veräußerung von Eigentumswohnungen Teileigentum im Sinne des Wohnungseigentumsgesetzes errichtet und veräußert wird und das Gebäude zu mehr als 66 2/3 Prozent Wohnzwecken dient. ⁴Betreut ein Unternehmen auch Wohnungsbauten oder veräußert es auch Einfamilienhäuser, Zweifamilienhäuser oder Eigentumswohnungen, so ist Voraussetzung für die Anwendung des Satzes 2, dass der Gewinn aus der Verwaltung und Nutzung | feststellungs-, Fortschreibungs- oder Nachfeststellungszeitpunkt) vor dem Ende des Erhebungszeitraums (§ 14) lautet. ²An Stelle der Kürzung nach Satz 1 tritt auf Antrag bei Unternehmen, die ausschließlich eigenen Grundbesitz oder neben eigenem Grundbesitz eigenes Kapitalvermögen verwalten und nutzen oder daneben Wohnungsbauten betreuen oder Einfamilienhäuser, Zweifamilienhäuser oder **Eigentumswohnungen im Sinne des Wohnungseigentumsgesetzes in der jeweils geltenden Fassung**, errichten und veräußern, die Kürzung um den Teil des Gewerbeertrags, der auf die Verwaltung und Nutzung des eigenen Grundbesitzes entfällt. ³Satz 2 gilt entsprechend, wenn in Verbindung mit der Errichtung und Veräußerung von Eigentumswohnungen Teileigentum im Sinne des Wohnungseigentumsgesetzes errichtet und veräußert wird und das Gebäude zu mehr als 66 2/3 Prozent Wohnzwecken dient. ⁴Betreut ein Unternehmen auch Wohnungsbauten oder veräußert es auch Einfamilienhäuser, Zweifamilienhäuser oder Eigentumswohnungen, so ist Voraussetzung für die Anwendung des Satzes 2, dass der Gewinn aus der Verwaltung und Nutzung des eigenen Grundbesitzes gesondert ermittelt wird. ⁵(...) <br><br> 1. (...) |

JAbschlWUV alte Fassung / JAbschlWUV neue Fassung

| GewStG – alte Fassung | GewStG – neue Fassung |
|---|---|
| des eigenen Grundbesitzes gesondert ermittelt wird. [5](...)<br>1. (...) | |

## 15 JAbschlWUV[41] alte Fassung / JAbschlWUV neue Fassung

| JAbschlWUV – alte Fassung[42] | JAbschlWUV – neue Fassung[43] |
|---|---|
| § 1 | § 1 |
| *Dargestellt ist nachfolgend nur § 1 Abs. 3 JAbschlWUV:* | *Geändert wird § 1 Abs. 3 JAbschlWUV:* |
| (3) Eine Aktiengesellschaft, Kommanditgesellschaft auf Aktien, Gesellschaft mit beschränkter Haftung oder eingetragene Genossenschaft ist ein Wohnungsunternehmen im Sinne dieser Vorschriften, wenn sie nach dem in ihrer Satzung (Statut) festgesetzten Gegenstand des Unternehmens sich mit dem Bau von Wohnungen im eigenen Namen befaßt, Wohnungsbauten betreut oder Eigenheime, Kleinsiedlungen und Eigentumswohnungen im Sinne des Ersten Teils des Wohnungseigentumsgesetzes in der im Bundesgesetzblatt Teil III, Gliederungsnummer 403-1, veröffentlichten bereinigten Fassung errichtet und veräußert. | (3) Eine Aktiengesellschaft, Kommanditgesellschaft auf Aktien, Gesellschaft mit beschränkter Haftung oder eingetragene Genossenschaft ist ein Wohnungsunternehmen im Sinne dieser Vorschriften, wenn sie nach dem in ihrer Satzung (Statut) festgesetzten Gegenstand des Unternehmens sich mit dem Bau von Wohnungen im eigenen Namen befaßt, Wohnungsbauten betreut oder Eigenheime, Kleinsiedlungen und Eigentumswohnungen **im Sinne des Teil 1 des Wohnungseigentumsgesetzes** in der im Bundesgesetzblatt Teil III, Gliederungsnummer 403-1, veröffentlichten bereinigten Fassung errichtet und veräußert. |

---

[41] Verordnung über Formblätter für die Gliederung des Jahresabschlusses von Wohnungsunternehmen.
[42] In der zuletzt durch Art. 8 Abs. 12 des Gesetzes v. 17.7.2015 (BGBl. I S. 1245) geänderten Fassung.
[43] BR-Drs. 544/20 v. 18.9.2020.

## 16 SchfHwG[44] alte Fassung / SchfHwG neue Fassung

| SchfHwG – alte Fassung[45] | SchfHwG – neue Fassung[46] |
|---|---|
| **§ 19 Führung des Kehrbuchs** | **§ 19 Führung des Kehrbuchs** |
| *Dargestellt ist nachfolgend nur Abs. 1 Satz 1 Nr. 1 SchfHwG:* | *Geändert wird Abs. 1 Satz 1 Nr. 1 SchfHwG:* |
| (1) ¹In das Kehrbuch sind die folgenden Daten einzutragen: | (1) ¹In das Kehrbuch sind die folgenden Daten einzutragen: |
| 1. Vor- und Familienname sowie Anschrift<br><br>a) des Eigentümers und, falls davon abweichend, des Besitzers oder<br><br>b) des Verwalters nach § 20 des Wohnungseigentumsgesetzes im Fall von Wohnungseigentum und, wenn die Anlage zum Sondereigentum gehört, des Wohnungseigentümers und, wenn davon abweichend, des Besitzers, oder<br><br>c) der Wohnungseigentümer, wenn kein Verwalter bestellt ist, und, wenn abweichend, der Besitzer;<br><br>2. (...) | 1. Vor- und Familienname sowie Anschrift<br><br>a) des Eigentümers und, falls davon abweichend, des Besitzers oder<br><br>b) des Verwalters **im Sinne** des Wohnungseigentumsgesetzes im Fall von Wohnungseigentum und, wenn die Anlage zum Sondereigentum gehört, des Wohnungseigentümers und, wenn davon abweichend, des Besitzers, oder<br><br>c) der Wohnungseigentümer, wenn kein Verwalter bestellt ist, und, wenn abweichend, der Besitzer;<br><br>2. (...) |
| **§ 19a Mitteilungspflichten von Verwaltern und Wohnungseigentümern** | **§ 19a Mitteilungspflichten von Verwaltern und Wohnungseigentümern** |
| ¹Ein Verwalter nach § 20 des Wohnungseigentumsgesetzes hat dem bevollmächtigten Bezirksschornsteinfeger auf Anforderung unverzüglich Namen und Anschrift des Besitzers im Sinne des § 19 Absatz 1 Nummer 1 Buchstabe b mitzuteilen. ²Der Wohnungseigentümer hat | ¹Ein Verwalter **im Sinne** des Wohnungseigentumsgesetzes hat dem bevollmächtigten Bezirksschornsteinfeger auf Anforderung unverzüglich Namen und Anschrift des Besitzers im Sinne des § 19 Absatz 1 Nummer 1 Buchstabe b mitzuteilen. ²Der Wohnungseigentümer hat |

---

[44] Schornsteinfeger-Handwerksgesetz.
[45] In der zuletzt durch Art. 57 Abs. 7 des Gesetzes v. 12.12.2019 (BGBl. I S. 2652) geänderten Fassung.
[46] BR-Drs. 544/20 v. 18.9.2020.

| SchfHwG – alte Fassung | SchfHwG – neue Fassung |
|---|---|
| dem bevollmächtigten Bezirksschornsteinfeger Namen und Anschrift des Besitzers im Sinne des § 19 Absatz 1 Nummer 1 Buchstabe c auf Anforderung unverzüglich mitzuteilen. | dem bevollmächtigten Bezirksschornsteinfeger Namen und Anschrift des Besitzers im Sinne des § 19 Absatz 1 Nummer 1 Buchstabe c auf Anforderung unverzüglich mitzuteilen. |

# D Verzeichnisse

## 1 Mustervorlagen

### 1.1 Übersichten und Checklisten

| Titel | Seite |
|---|---|
| Altvereinbarung: Verhältnis des WEMoG zu bestehenden Vereinbarungen | 37 |
| Prüfungsreihenfolge und Vorgehen für die Eintragung von Öffnungsklausel-Beschlüssen in das Grundbuch | 126 |
| Prüfungsreihenfolge bei baulichen Veränderungen des Sondereigentums | 269 |

### 1.2 Musterschreiben und Schriftsätze

| Titel | Seite |
|---|---|
| Berufungsschriftsatz im WE-Verfahren mit Wiedereinsetzungsantrag | 607 |
| Eigentümerversammlung: Einberufungsverlangen gemäß § 24 Abs. 2 WEG | 366 |
| Eigentümerversammlung: Klage auf Ermächtigung zur Einberufung einer Wohnungseigentümerversammlung gemäß § 24 Abs. 3 WEG | 361 |
| Eigentümerversammlung: Mitteilung über geplanten Termin und vorläufige Tagesordnung | 371 |
| Eigentümerversammlung: Tagesordnung (1. Versammlung nach Inkrafttreten des WEMoG) | 373 |
| Eigentümerversammlung: Versammlungsniederschrift (Protokoll) | 341 |
| Fortbildungsverpflichtung: Erklärung über die Erfüllung der Weiterbildungsverpflichtung nach MaBV | 202 |

**Mustervorlagen**

Seite 824

| Titel | Seite |
|---|---|
| Fortbildungsverpflichtung: Informations-/Einladungsschreiben zu betriebsinterner Fortbildungsmaßnahme | 197 |
| Grundbucheintragung: Antrag auf Eintragung von Altbeschlüssen in das Grundbuch | 128 |
| Grundbucheintragung: Antrag auf Eintragung einer Beschlussersetzung in das Grundbuch | 129 |
| Grundbucheintragung: Antrag auf Eintragung der Erwerberhaftung in das Grundbuch | 130 |
| Hausgeld: Zahlungsaufforderung an Eigentümer über rückständige Hausgelder | 408 |
| Jahresabrechnung: Übersendung der Jahresabrechnung Eigentümer mit Erläuterung der neuen Rechtslage | 412 |
| Nebenintervention: Beitritt auf Beklagtenseite (verwalterlose Gemeinschaft) | 575 |
| Nebenintervention: Beitritt auf Klägerseite | 577 |
| Nebenintervention: Beitritt und Streitverkündung auf Beklagtenseite | 571 |
| Nichtiger Beschluss: Klage wegen Beschlussnichtigkeit | 591 |
| Umlaufverfahren: Verkündung eines im Umlaufverfahren gefassten Beschlusses | 336 |
| Vermietung: Ankündigung des Vermieters über Änderung des Kostenverteilungsschlüssels | 673 |
| Vermietung: Ankündigung des Vermieters über bauliche Maßnahme | 642 |
| Vermietung: Ankündigung des Vermieters über Erhaltungsmaßnahme | 638 |
| Vermietung: Ankündigung des Vermieters über Modernisierungsmaßnahme nebst Mieterhöhung | 644 |
| Vermietung: Genehmigung des Vermieters über Einbau eines Treppenlifts mit Vereinbarung einer Sicherheitsleistung | 661 |

**Mustervorlagen**

| Titel | Seite |
|---|---|
| Verwalter: Klage auf Schadensersatz gegen den Verwalter | 553 |

## 1.3 Musterverträge und -vereinbarungen

| Titel | Seite |
|---|---|
| Mietvertrag über eine Eigentumswohnung | 691 |
| Modernisierungsvereinbarung zwischen Vermieter und Mieter | 647 |
| Vermietung: Nachträgliche Änderung des im Mietvertrag vereinbarten Umlageschlüssels über die Betriebskosten | 678 |
| Vermietung: Umbauvereinbarung zwischen Vermieter und Mieter (Barrierefreiheit) mit Sicherheitsleistung | 663 |
| Verwaltervertrag für Sondereigentum | 248 |
| Verwaltervertrag für Wohnungseigentum | 232 |

## 1.4 Musterbeschlüsse

| Titel | Seite |
|---|---|
| Bauliche Veränderung durch einen Mieter (Gestattung durch Gemeinschaft der Wohnungseigentümer) | 667 |
| Bauliche Veränderung: Kreditaufnahme durch die Gemeinschaft der Wohnungseigentümer | 529 |
| Bauliche Veränderung: Einzelgestattung einer privilegierten Maßnahme – Durchführung durch die Gemeinschaft | 537 |
| Bauliche Veränderung: Einzelgestattung einer privilegierten Maßnahme – Durchführung durch einen Wohnungseigentümer | 538 |
| Bauliche Veränderung: Einzelgestattung eines nicht privilegierten Bauvorhabens | 534 |
| Bauliche Veränderung: Maßnahme mit Kostenverteilung unter bestimmten Wohnungseigentümern | 535 |

Mustervorlagen
Seite 826

| Titel | Seite |
|---|---|
| Bauliche Veränderung: Rückbau einer nicht gestatteten Maßnahme | 536 |
| Bauliche Veränderung: Teilnahmegestattung mit Kostenregelung („Nachzügler") | 539 |
| Eigentümerversammlung: Ermächtigung eines Wohnungseigentümers zur Einberufung | 359 |
| Eigentümerversammlung: Teilnahme an Wohnungseigentümerversammlungen in elektronischer Form | 377 |
| Eigentümerversammlung: Geschäftsordnungsbeschluss zur Teilnahme eines Architekten an der Versammlung | 383 |
| Entziehung des Wohnungseigentums | 620 |
| Erhaltungsmaßnahme: Beauftragung eines Fördermittelberaters | 523 |
| Erhaltungsmaßnahme: Erhebung einer Sonderumlage | 527 |
| Erhaltungsmaßnahme: Gemeinschaftliche Maßnahme | 533 |
| Erhaltungsrücklage: Teilauflösung der Erhaltungsrücklage | 526 |
| Erwerberhaftung: Wiederholungsbeschluss aufgrund Öffnungsklausel zwecks Eintragung in das Grundbuch | 122 |
| Gerichtliches Verfahren: Kostenbefreiung des obsiegenden Klägers einer Beschlussklage | 582 |
| Hausgeld: Änderung der Hausgeldfälligkeit | 434 |
| Hausgeld: Auszahlung von Guthaben aus der Jahresabrechnung | 438 |
| Hausgeld: Ermächtigung des Verwalters zum Abschluss von Ratenzahlungsvereinbarung und Sonderhonorar | 442 |
| Hausgeld: Ermächtigung des Verwalters zum Abschluss von Stundungsvereinbarungen und Sonderhonorar | 443 |
| Hausgeld: Fälligkeit von Beiträgen zu Sonderumlagen | 435 |
| Hausgeld: Fälligkeit von Fehlbeträgen aus der Jahresabrechnung | 437 |
| Hausgeld: Fortgeltung des Wirtschaftsplans | 399 |
| Hausgeld: Hausgeldzahlung im Lastschriftverfahren | 450 |

# Mustervorlagen

| Titel | Seite |
|---|---|
| Hausgeld: Regelung des Verfalls gestundeten Hausgelds | 440 |
| Hausgeld: Unbarer Zahlungsverkehr | 448 |
| Hausgeld: Verbot von Sammelüberweisungen | 451 |
| Hausgeld: Verrechnung von Guthaben aus der Jahresabrechnung | 438 |
| Hausgeld: Versorgungssperre bei Hausgeldrückständen (Einzelfallregelung) | 447 |
| Hausgeld: Versorgungssperre bei Hausgeldrückständen (generelle Regelung) | 446 |
| Jahresabrechnung: Festsetzung der Hausgeldanpassung und Nachschüsse aufgrund Jahresabrechnung | 407 |
| Kostenverteilungsänderung: Änderung der Kostenverteilung einzelner Kostengruppen (Betriebskosten) | 310 |
| Kostenverteilungsänderung: Änderung der Kostenverteilung bei Erhaltungsmaßnahmen (dauerhaft) | 315 |
| Kostenverteilungsänderung: Änderung der Kostenverteilung bei Erhaltungsmaßnahmen (Einzelfall) | 318 |
| Kostenverteilungsänderung: Änderung der Kostenverteilung bei Erhaltungsmaßnahmen (Einzelkostenbelastung) | 320 |
| Kostenverteilungsänderung: Änderung der Kostenverteilung einzelner Kostengruppen (Verwaltungskosten) | 313 |
| Kreditaufnahme zur Vermeidung eines Liquiditätsengpasses | 297 |
| Rechnungslegung: Verpflichtung des ausscheidenden Verwalters zur Rechnungslegung | 431 |
| Rücklage: Bildung einer Rücklage für Beschlussklagen | 425 |
| Rücklage: Bildung einer Rücklage für gemeinschaftliche bauliche Veränderungen | 424 |
| Umlaufverfahren (hier: Beauftragung eines Hausmeister-Services) | 335 |
| Vertretung: Bestellung eines Vertreters gegenüber dem Verwalter | 154 |
| Verwalter: Einschränkung der Verwalterbefugnisse | 222 |

Mustervorlagen

Seite 828

| Titel | Seite |
|---|---|
| Verwalter: Erweiterung der Verwalterbefugnisse | 223 |
| Verwalterabberufung: Abberufung und Kündigung des Verwaltervertrags | 211 |
| Verwalterbestellung: Bestellung und Abschluss des Verwaltervertrags | 207 |
| Wirtschaftsplan: Beitragsfestsetzung nach Wirtschaftsplan | 394 |

### 1.5 Abrechnungen und rechnerische Darstellungen

| Titel | Seite |
|---|---|
| Jahresabrechnung | 413 |
| Jahresabrechnung: Darstellung der Abrechnungsspitze | 401 |
| Jahresabrechnung: Darstellung und Berücksichtigung nicht verbrauchten Heizöls | 405 |
| Vermietung: Gegenüberstellung der Betriebskosten nach altem und neuem Umlagemaßstab | 677 |
| Vermögensbericht | 428 |
| Wirtschaftsplan | 395 |

# 2 Literaturverzeichnis

Bärmann, WEG, 14. Auflage 2018

Bärmann/Pick, WEG, 20. Auflage 2020

Becker/Schneider, WEG-Reform 2020: Anmerkungen zum Regierungsentwurf des WEMoG, ZfIR 2020, 281

Bruns, Die Zukunft der Vergemeinschaftung: Zur Auslegung des neuen § 9a Abs. 2 WEG, AnwZert MietR 13/2020 Anm. 2

Dötsch, WEG-Reform: Endlich der Durchbruch für die Förderung der Elektromobilität im Immobilienrecht?, ZWE 2020, 215

Dötsch/Schultzky/Zschieschack, Ein Schritt in Richtung „WEG-Reform 2020"!, ZfIR 2019, 649

Drasdo, WEG-Reform: Die Beendigung der Wohnungseigentümergemeinschaft, NZM 2020, 13

Elzer, Änderungsvorschläge zum Wohnungseigentumsmodernisierungsgesetz (WEMoG), AnwZert MietR 13/2020 Anm. 3

Häublein, Der nachteilig betroffene Wohnungseigentümer – wie eine verfehlte Auslegung des Gesetzes bauliche Veränderungen in Wohnungseigentumsanlagen behindert, ZWE 2019, 473

Götte/Habersack, Münchner Kommentar zum Aktiengesetz, 4. Auflage 2016

Gsell/Krüger/Lorenz/Reymann, BeckOGK WEG Stand 1.3.2020

Hinz, (Total-)Reform des Wohnungseigentumsrechts?, ZMR 2020, 264 und ZMR 2020, 374

Hölters, Aktiengesetz, 3. Auflage 2017

Hogenschurz, BeckOK WEG, 42. Ed. (Stand: 1.8.2020)

Hüffer/Koch, Aktiengesetz, 14. Auflage 2020

Hügel/Elzer, WEG, 2. Auflage 2018

Jennißen, WEG, 6. Auflage 2019

## Literaturverzeichnis

Krüger/Rauscher, Münchener Kommentar zur Zivilprozessordnung, 5. Auflage 2016

Mediger, WEG-Reform 2020: Nutzungen und Kosten bei baulichen Veränderungen nach § 21 WEG-E, NZM 2020, 269

Niedenführ/Schmidt-Räntsch/Vanderhouten, WEG, 13. Auflage 2020

Palandt, Bürgerliches Gesetzbuch, 79. Aufl. 2020

Prütting/Wegen/Weinreich, BGB, 15. Auflage 2020

Prütting/Gehrlein, ZPO, 12. Auflage 2020

Riecke/Schmid, WEG, 5. Auflage 2019

Skauradszun, Neuausrichtung der Verwaltung in der vollrechtsfähigen WEG, ZRP 2020, 34

Skauradzun/Harnack, Das Zusammenspiel der Organe nach dem WEMoG am Beispiel der Veräußerungsbeschränkung, AnwZert MietR 13/2020 Anm. 1

Staudinger, J. von Staudingers Kommentar zum Bürgerlichen Gesetzbuch, WEG, Bearbeitung 2018

Zehelein, COVID-19, Miete in Zeiten von Corona, 1. Auflage 2020

## 3 Abkürzungsverzeichnis

| | |
|---|---|
| a. A. | andere Ansicht |
| a. a. O. | am angegebenen Ort |
| Abs. | Absatz |
| abw. | abweichend |
| a. F. | alte Fassung |
| AG | Amtsgericht oder Aktiengesellschaft |
| AktG | Aktiengesetz |
| Alt. | Alternative |
| a. M. | abweichende Meinung |
| Anm. | Anmerkung |
| arg. | argumentum |
| Art. | Artikel |
| Az. | Aktenzeichen |
| | |
| BauO Bln | Bauordnung für Berlin |
| BayObLG | Bayerisches Oberstes Landesgericht |
| BbgBO | Brandenburgische Bauordnung |
| BGB | Bürgerliches Gesetzbuch |
| BGBl | Bundesgesetzblatt |
| BGG | Behindertengleichstellungsgesetz |
| BGH | Bundesgerichtshof |
| BGHZ | Entscheidungen des Bundesgerichtshofs in Zivilsachen (Band und Seite) |
| BMF | Bundesministerium der Finanzen |
| BR-Drs. | Drucksachen des Deutschen Bundesrats |
| BT-Drs. | Drucksachen des Deutschen Bundestags |
| Buchst. | Buchstabe |
| bzw. | beziehungsweise |
| | |
| d. h. | das heißt |

# Abkürzungsverzeichnis

| | |
|---|---|
| EmoG | Gesetz zur Bevorrechtigung der Verwendung elektrisch betriebener Fahrzeuge – Elektromobilitätsgesetz |
| EnWG | Gesetz über die Elektrizitäts- und Gasversorgung – Energiewirtschaftsgesetz |
| etc. | et cetera |
| evtl. | eventuell |
| | |
| f. / ff. | folgende / fortfolgende |
| FG | Finanzgericht |
| FGPrax | Praxis der freiwilligen Gerichtsbarkeit (Zeitschrift) |
| Fn. | Fußnote |
| | |
| GBO | Grundbuchordnung |
| gem. | gemäß |
| GG | Grundgesetz für die Bundesrepublik Deutschland |
| ggf. | gegebenenfalls |
| GKG | Gerichtskostengesetz |
| GrEStG | Grunderwerbsteuergesetz |
| | |
| h. M. | herrschende Meinung |
| HOAI | Verordnung über die Honorare für Architekten- und Ingenieurleistungen |
| HS | Halbsatz |
| | |
| i. d. F. | in der Fassung |
| i. d. R. | in der Regel |
| i. H. v. | in Höhe von |
| InsO | Insolvenzordnung |
| i. S. | im Sinne |
| i. S. d. | im Sinne des |
| i. V. m. | in Verbindung mit |

## Abkürzungsverzeichnis

| | |
|---|---|
| Kap. | Kapitel |
| KG (Berlin) | Kammergericht (Berlin) |
| KostO | Kostenordnung |
| | |
| LG | Landgericht |
| | |
| MaBV | Makler- und Bauträgerverordnung |
| MDR | Monatsschrift für Deutsches Recht |
| MEA | Miteigentumsanteil |
| MietRB | Miet-Rechtsberater (Zeitschrift) |
| MsbG | Gesetz über den Messstellenbetrieb und die Datenkommunikation in intelligenten Energienetzen – Messstellenbetriebsgesetz |
| m.w.N. | mit weiteren Nachweisen |
| | |
| nachf. | nachfolgend |
| NJOZ | Neue Juristische Online Zeitschrift |
| NJW | Neue Juristische Wochenschrift |
| NJW-RR | NJW-Rechtsprechungs-Report |
| Nr. | Nummer |
| NZM | Neue Zeitschrift für Miet- und Wohnungsrecht |
| | |
| o.g. | oben genannt |
| OLG | Oberlandesgericht |
| | |
| RDG | Gesetz über außergerichtliche Rechtsdienstleistungen (Rechtsdienstleistungsgesetz) |
| Rn. | Randnummer |
| | |
| s. / S. | siehe bzw. Seite |
| s.o. | siehe oben |
| sog. | sogenannt |
| s.u. | siehe unten |

## Abkürzungsverzeichnis

| | |
|---|---|
| TOP | Tagesordnungspunkt |
| u. a. | unter anderem |
| Var. | Variante |
| VDIV | Verband der Immobilienverwalter Deutschland |
| VG | Verwaltungsgericht |
| vgl. | vergleiche |
| VV RVG | Vergütungsverzeichnis zum Rechtsanwaltsvergütungsgesetz |
| WEG a. F. | Wohnungseigentumsgesetz in neuer Fassung |
| WEG n. F. | Wohnungseigentumsgesetz in alter Fassung |
| WEMoG | Wohnungseigentumsmodernisierungsgesetz – Entwurf eines Gesetzes zur Förderung der Elektromobilität und zur Modernisierung des Wohnungseigentumsgesetzes und zur Änderung von kosten- und grundbuchrechtlichen Vorschriften |
| WGV | Wohnungsgrundbuchverfügung – Verordnung über die Anlegung und Führung der Wohnungs- und Teileigentumsgrundbücher |
| WuM | Wohnungswirtschaft und Mietrecht |
| z. B. | zum Beispiel |
| ZfIR | Zeitschrift für Immobilienrecht |
| ZMR | Zeitschrift für Miet- und Raumrecht |
| ZPO | Zivilprozessordnung |
| ZVG | Gesetz über die Zwangsversteigerung und die Zwangsverwaltung |
| ZWE | Zeitschrift für Wohnungseigentumsrecht |

# Stichwortregister

Abberufung des Verwalters 208
—, Anfechtungsklage 587
—, Erstverwalter 138
—, Trennungstheorie 209
Abgeschlossenheitsbescheinigung 104
Abrechnungsspitze 401
—, Eigentümerwechsel 409
—, fehlerhafte 411
—, Haftung des Erstehers in der Zwangsversteigerung 626
—, Muster 401
—, Vermögensbericht 428
Abzug Neu für Alt 283
Alarmanlage 476
—, Einbruchschutz 491
Allgemeinstrom
—, Änderung der Kostenverteilung 672
Allstimmigkeit
—, alte Rechtslage 328
—, Umlaufbeschluss 333
Altbeschluss
—, Eintragungsantrag 128
—, Eintragungsverfahren 120
—, erneute Beschlussfassung 124
—, Grundbucheintragung 42, 120
Altvereinbarung 32
—, Auslegung 34
—, Eigentümerversammlung 330
—, Erwerberhaftung 627
—, Grundbucheintragung 42
—, Schriftform vs. Textform 387
Amortisation der Kosten
—, s. Kostenamortisation 473
Änderung der Kostenverteilung
—, Änderung für die Vergangenheit 322
—, Ankündigung in Tagesordnung 324
—, Anspruchsgrundlage 307
—, bauliche Veränderung 519, 535
—, Betriebskosten 308
—, Dachgeschossausbau 312
—, dauerhafte Änderung bei baulicher Veränderung 519
—, Einzelbelastung 319
—, Einzelfallregelung 314

—, Erhaltungskosten 314
—, erneute Änderung 323
—, grundstücksbezogene Kosten 309
—, Mehrheitsbeschluss 307
—, Mietvertrag 672
—, Nachzügler 510
—, objektbezogene Kosten 311
—, sachlicher Grund 322
—, Verbrauchskosten 310
—, verusacherbezogene Kosten 311
—, Verwaltungskosten 312
Anfechtungsklage 556, 561
—, Abgrenzung zur Nichtigkeitsklage 594
—, Anfechtungsrecht des Verwalters 211
—, Beschlussersetzungsklage 480
—, Beseitigung baulicher Veränderung 157
—, Frist 587
—, Gestattungsbeschluss 480
—, Kläger 587
—, laufende Verfahren 41
—, Streitgegenstand 596
—, Teilanfechtung 589
—, Verfahrenskosten 581
—, Verwalter 587
Außenfläche
—, Aufteilungsplan 104
—, Erstreckung des Sondereigentums 98
—, Sondereigentum 97
—, wirtschaftliche Hauptsache 99
Aufhebung der Gemeinschaft 629
Aufopferungsanspruch 282
Aufrechnung 451
Aufteilungsplan 104
—, Erstreckung des Sondereigentums 99
—, Länderdelegation 104
—, Sondereigentum an Außenfläche 94
Aufzug
—, Einbau 482
—, Kostenverteilung 311
—, Kreditaufnahme 529
—, Mieter 659

835

# Stichwortregister

## Seite 836

ausgeschiedener Verwalter
–, gerichtliches Verfahren 552
–, Rechnungslegung 430
–, Verfahrenskosten 419

Barrierefreiheit 481
–, Anspruch auf bauliche Veränderung 483
–, bauliche Maßnahmen 654
–, Behinderung 654
–, grundlegende Umgestaltung 498
–, Mieteranspruch 651, 653
–, Umbauvereinbarung mit Mieter 663
Barrierereduzierung
–, s. Barrierefreiheit 653
bauliche Veränderung 465
–, Abgrenzung zu Erhaltungsmaßnahme 466
–, Ablehnung eines Beschlussantrags 495
–, Alarmanlage 491
–, Änderung der Kostenverteilung 519, 535
–, Anfechtung der Stimmabgabe in der Versammlung 512
–, Anfechtungsgründe 503
–, Anfechtungsklage 480
–, Angemessenheit 479
–, Anspruch des Mieters 651
–, Aufzug 482
–, Barrierefreiheit 481
–, Barrierefreiheit für Mieter 653
–, Beeinträchtigung 493
–, Beeinträchtigung mit Einverständnis 496
–, Beeinträchtigung ohne Einverständnis 497
–, Benachteiligung 501
–, Beschlussanfechtung 502
–, Beschlussersetzungsklage 495
–, Beschlussfassung wegen Mieteranspruchs 666
–, Beschwer in der Berufung 610
–, Beseitigungsanspruch 157
–, billiges Ermessen 509
–, dauerhafte Änderung der Kostenverteilung 519

–, Dokumentation des Abstimmungsergebnisses 531
–, Duldungspflicht des Mieters 639
–, Eigenart der Wohnanlage 498
–, Eigenmacht des Mieters 657
–, Eigentümerversammlung 480, 521
–, Einbruchschutz 489
–, Einbruchschutz für Mieter 656
–, Einverständnis 494
–, Erhaltungsrücklage 525
–, Erlaubnisvorbehalt des Vermieters 657
–, Fensteraustausch 517
–, Fenstergitter 490
–, Finanzierung 525
–, Folgekosten als Nachteil 494
–, Fördermittel 522
–, gemeinschaftliche Maßnahme 471
–, gerichtliches Verfahren 546
–, Gestattungsanspruch 493, 495
–, Gestattungsbeschluss 270, 470, 478, 534
–, Gewerberaummieter 652
–, Glasfaseranschluss 492
–, grundlegende Umgestaltung 482, 498
–, Haftung 177
–, Kosten 504
–, Kosten einer Gestattungsmaßnahme 505
–, Kosten einer privilegierten Maßnahme 505
–, Kosten gemeinschaftlicher Maßnahme 506
–, Kostenamortisation 506, 516
–, Kostenbenachteiligung 502
–, Kostenbeteiligung von Nachzüglern 508
–, Kostenverteilung 505, 531
–, Kostenverteilungsschlüssel 520
–, Kreditaufnahme 528
–, Lademöglichkeit 483
–, Lademöglichkeit für Mieter 655
–, Luxusmaßnahme 510
–, Mehrheitsbeschluss 267, 468
–, Mehrheitsquorum 469
–, Mieterinteressen 659

# Stichwortregister

Seite 837

–, Mitwirkungspflicht des Vermieters 668
–, modernisierende Erhaltung 474
–, modernisierende Instandsetzung 467
–, Modernisierungsmaßnahme 467
–, Nachteil 494
–, Nachzügler 539
–, namentliche Abstimmung 507
–, privilegierte Maßnahme 477
–, Prüfungsreihenfolge 269
–, qualifizierte Mehrheit 329
–, qualifizierter Mehrheitsbeschluss 506, 510
–, Rückbaurisiko des Vermieters 658
–, Sicherheitsleistung des Mieters 660
–, Sondereigentum 265-266
–, Sonderumlage 527
–, Substraktionsmethode bei Abstimmung 512
–, Systematik 470
–, Teilauflösung der Erhaltungsrücklage 526
–, Telekommunikationsnetz 492
–, Treppenlift 531
–, Türspion 492
–, Übersicht 467
–, Umlaufbeschluss 480
–, untätiger Vermieter 667
–, unverhältnismäßige Kosten 510
–, unzulässige Maßnahme 498
–, Unzumutbarkeit für Vermieter 657
–, Vergleichsangebote 523
–, Verwalter 521
–, Videoüberwachung 490
–, Vorgehen der Verwaltung 521
–, Wallbox 483
Baurücklage 394
Bedenkenhinweis des Verwalters 116
behinderter Mieter
–, Anspruch auf bauliche Veränderung 651
–, Anspruchsvoraussetzungen 654
behinderter Wohnungseigentümer
–, Aufzug 482
–, bauliche Veränderung 481
–, Gestattungsanspruch 478
Behinderung

–, Anspruch auf bauliche Veränderung 483
–, Anspruch des Mieters auf bauliche Veränderung 651
–, Definition 654
–, privilegierte Maßnahme 477
Beirat
–, s. Verwaltungsbeirat 453
Beiratsversammlung 456
Belastungsverbot 114
Benachteiligung 501
Berufung 604
–, Beschwer 609
–, Einlegung durch Verwalter 566
–, Streitgenossenschaft 611
Beschluss
–, Abrechnungsspitze 401
–, Änderung der Kostenverteilung 307
–, bauliche Veränderung 468
–, Belastungsverbot 114
–, Beschlusskompetenz 29
–, Ein-Personen-Beschluss 138
–, Eintragungsbewilligung 117
–, Ersatzzustellungsvertreter 45
–, Fälligkeit des Hausgelds 433
–, Fortgeltung des Wirtschaftsplans 434
–, Grundbucheintragung 117
–, Guthaben aus Jahresabrechnung 437
–, Lastschriftverfahren 449
–, Maßnahme untergeordneter Bedeutung 213
–, Mehrheitsquoren 267
–, Nachzahlungsanspruch 436
–, Sammelüberweisung 451
–, Sonderumlage 435, 527
–, Teilauflösung der Erhaltungsrücklage 526
–, unbarer Zahlungsverkehr 447
–, Verfallsregelung 440
–, Vergemeinschaftung 157
–, Versorgungssperre bei Hausgeldverzug 446
Beschluss-Sammlung
–, Anlagen 349
–, Einsichtsrecht 347
–, Eintragung nach Sachgebiet 353
–, elektronische Form 348

# Stichwortregister

## Seite 838

–, Geschäftsordnungsbeschluss 349
–, Jahresabrechnung 350
–, Löschung 355
–, Negativbeschluss 349
–, Nichtbeschluss 350
–, Nummerierung 353
–, Öffnungsklausel-Beschluss 348
–, Umlaufbeschluss 338, 351
–, Urteilsformel 351
–, Vergleich 352
–, Versammlungsbeschlüsse 348
–, Wirtschaftsplan 350
Beschlussanfechtung
–, Nichtigkeitsgründe 503
–, s. Anfechtungsklage 211
–, technische Störung während Online-Versammlung 384
Beschlussersetzung
–, Eintragungsantrag 129
Beschlussersetzungsklage
–, bauliche Veränderung 495
–, Frist 602
–, Rechtsschutzbedürfnis 600
Beschlussfassung
–, Dokumentation 531
–, Dokumentation der Abstimmung 161
–, Mehrheitsbeschluss 327
–, Öffnungsklausel 329
–, qualifizierte Mehrheit 328-329
–, Stimmrechtsprinzip 329
–, Substraktionsverfahren 512
Beschlussklage 556, 561
–, Anfechtungsklage 587
–, Benennung des Verwalters als Zustellungsvertreter 565
–, Beschlussersetzungsklage 599
–, Klagearten 563
–, Nebenintervention 570
–, Nichtigkeitsklage 590
–, Parteiwechsel 564
–, Rechtsanwaltsgebühren 581
–, Rücklagenbildung 425
–, Streitverkündung 580
–, Streitwert 584
–, Unzulässigkeit wegen Falschbezeichnung 564
–, Verfahrenskosten 581

Beschlusskompetenz 29
–, Beschränkung durch WEMoG 43
Beschlussmängelklage 541
Beschlussnichtigkeit
–, Belastungsverbot 114
–, Hinweispflicht des Gerichts 594
–, Klage 591
besondere Aufwendungen 468
Bestellung des Verwalters 206
–, Anspruch auf zertifizierten Verwalter 291
–, Ein-Personen-Gemeinschaft 138
–, zertifizierter Verwalter 186
Betretungsrecht
–, Duldungspflicht 278
–, Versorgungssperre 444
Betriebskosten 393
–, Altverträge 675
–, Änderung der Kostenverteilung 308
–, Änderung nach Mietvertragsabschluss 672
–, grundstücksbezogene Kosten 309
–, Kabelempfang 311
–, Nachzügler 510
–, objektbezogene Kosten 311
–, Verbrauchskosten 310
–, Vertragsanpassung 675
Betriebskostenabrechnung
–, Änderung des Kostenverteilungsschlüssels 672
–, Abrechnungsvereinbarung 676
–, Umlageschlüssel 671
–, vermietetes Wohnungseigentum 671
Betriebskostenumlage bei Vermietung
–, Änderung der Kostenverteilung 672
–, unbillige Benachteiligung 674
billiges Ermessen 509

Dokumentation
–, Abstimmung über Erhaltungsmaßnahme 161
–, Abstimmungsergebnisse 531
–, Bedenkenhinweis 116
–, Ein-Personen-Beschluss 140
–, namentliche Abstimmung bei baulicher Veränderung 507

## Stichwortregister

–, namentliche Abstimmung bei Erhaltungsmaßnahme 161
Doppelhausanlage 97
Duldungsklage 556
Duldungspflicht
–, Ankündigung erforderlich 635
–, Ankündigung nicht erforderlich 635
–, Ankündigung unterlassen 634
–, bauliche Maßnahme 639
–, Einwirkung unerheblich 635
–, Gewerbemieter 632
–, Härteeinwand 634
–, Mieter 631
–, Nießbraucher 632
–, Umfang 633
–, Voraussetzungen 634
–, Wohnungseigentümer 278, 281

**E-Mobilität**
–, Kapazitätsproblem 487
–, Lademöglichkeit 483
–, Lademöglichkeit für Mieter 655
–, Mess- und Steuereinrichtung 488, 655
–, Wallbox 483
Ehegattenvollmacht 386
Eigenart der Wohnanlage 498
Eigenmacht des Mieters 657
Eigentümerliste
–, Vereinbarungsklage 569
–, Vorlage im gerichtlichen Verfahren 568
Eigentümerversammlung 357
–, bauliche Veränderung 521
–, Berater 380
–, Beschlussersetzungsklage 359
–, Beschlussfähigkeit 329
–, Einberufung durch Eigentümer 358
–, Einberufungsberechtigte 357
–, elektronische Versammlung 374
–, Entscheidung über Umlaufbeschluss 336
–, Fristberechnung 370
–, Ladungsfrist 369
–, Minderheitenquorum 363
–, Stimmrechtsvollmacht 384
–, Substraktionsverfahren 512

–, Teilnahme eines Rechtsanwalts 380
–, Teilnahme eines Sonderfachmanns 383
–, Textform der Einberufung 364
–, Versammlungsniederschrift 339
–, Vertretung 385
–, verwalterlose Gemeinschaft 360
–, virtuelle Versammlung 374
–, Zweitversammlung 329
Eigentümerwechsel
–, Erwerberhaftung im Grundbuch 627
–, negative Abrechnungsspitze 409
–, Sonderumlage 436
Eigentumserwerb 134
Ein-Personen-Beschluss 138
–, Niederschrift 140
Ein-Personen-Gemeinschaft 131
–, Entstehung 137
–, Erstverwalterbestellung 138
Einbruchschutz
–, Alarmanlage 491
–, bauliche Veränderung 489
–, Fenstergitter 490
–, Gestattungsanspruch 478
–, Mieter 656
–, Türspion 492
–, Videoüberwachung 490
Einsichtsrecht 163
–, Beschluss-Sammlung 347
–, Verwaltungsunterlage 159
Eintragungsbewilligung
–, Erwerberhaftung 42
elektrisch betriebenes Fahrzeug
–, Lademöglichkeit 483
–, privilegierte Fahrzeuge 483
elektronische Eigentümerversammlung 374
energetische Modernisierung 475
Entziehung des Wohnungseigentums
–, Anspruchsberechtigte 616
–, Mehrheitsbeschluss 620
–, Miteigentum 619
–, Vermietung an früheren Eigentümer 684
–, Zahlungsverzug 616
–, Zwangsversteigerung 616

## Stichwortregister

Erhaltung
-, Änderung der Kostenverteilung 314
Erhaltungsmaßnahme 289, 466
-, Ankündigung 634
-, Ankündigung erforderlich 635
-, Ankündigung nicht erforderlich 635
-, Ankündigung unterlassen 634
-, Ankündigungsform 636
-, Ankündigungsfrist 635
-, Ankündigungspflicht gegenüber Mieter 633
-, Budgetbegrenzung 151
-, Definition 634
-, Dokumentation der Abstimmung 161
-, Dringlichkeit 635
-, Duldungspflicht des Mieters 631, 633
-, Duldungspflicht des Wohnungseigentümers 281
-, Einwirkung unerheblich 635
-, Haftung der Gemeinschaft 168
-, Mitteilung über Beginn und Dauer 637
-, Musterschreiben des Vermieters 638
-, ordnungsmäßige Verwaltung 466
Erhaltungsrücklage 289, 393, 525
-, Anteile 166
-, Beschlussmuster 424
-, Teilauflösung 526
-, Vermögensbericht 423
Erlaubnisvorbehalt
-, Vermieter 656
Ersatzzustellungsvertreter 45
erstmalige Herstellung 319
Erstverwalter
-, Abberufung 138
-, Bestellung 138
Erwerb von Wohnungseigentum
-, Ein-Personen-Gemeinschaft 137
-, Übergabe 137
-, Vormerkung 137
-, werdender Eigentümer 134
Erwerberhaftung
-, Altvereinbarung 627
-, Beschluss 627
-, Eintragungsantrag 130
-, Grundbucheintragung 42, 122, 627

-, Vereinbarung 626
Fahrstuhl
-, s. Aufzug 482
Fensteraustausch 517
Fenstergitter 490
Feststellungsklage 556
Feuchtigkeitsschaden
-, Ursachenermittlung 220
Finanzierung
-, bauliche Veränderung 525
-, Kreditaufnahme 528
-, Sonderumlage 527
Fördermittelberatung 522
Fortbildungspflicht
-, s. Weiterbildungspflicht 188

Gartenfläche
-, Sondereigentum 97
Gartenhaus
-, Sondereigentum 103
Gebäude
-, Gemeinschaftseigentum 93
-, wesentliche Bestandteile 102
Gegensprechanlage 476
Gemeinschaft der Wohnungseigentümer 141
-, Ankündigung Erhaltungsmaßnahme 633
-, Anspruch auf ordnungsmäßige Verwaltung 155
-, Außenhaftung 175
-, Ausübungsbefugnis 45
-, Ausübungskompetenz 143
-, Begriff 25
-, Beseitigung baulicher Veränderung 157
-, Ein-Personen-Gemeinschaft 131
-, Entstehung 131, 134
-, Gemeinschaftsvermögen 164
-, gerichtliches Verfahren 549
-, Haftung 146, 168
-, Individualanspruch einzelner Eigentümer 155
-, Lastschriftverfahren 449
-, Schadensersatzanspruch gegen Verwalter 226

## Stichwortregister

–, Unterlassungsanspruch 159
–, Verbandsprozess 568
–, Verbindlichkeiten 167
–, Vergemeinschaftung 157
–, Vermietungszustimmung 681
–, Vertragsautonomie 25
–, Vertreter 44
–, Vertretung 149, 152
–, verwalterlose Gemeinschaft 152
–, Verwaltung des Gemeinschaftseigentums 141
–, Verwaltungsorgane 142
–, werdende Gemeinschaft 131
–, Zahlungsverkehr 447
Gemeinschaftseigentum
–, Einnahmen aus Vermietung 305
–, Gebäude 93
–, Instandhaltungspflicht des Sondereigentümers 284
–, Kostenverteilung 305
–, Nutzung 305
–, öffentlich-rechtliche Vorgaben 319
–, ordnungsmäßige Verwaltung 289
–, Rettungsweg 319
–, Verwaltung 141, 287
Gemeinschaftsordnung
–, Altvereinbarung 32
–, Vertragsautonomie 25
–, Widerspruch zu Gesetz 32
Gemeinschaftsvermögen 164
–, Bestandteile 164
–, Forderungen 426
–, Insolvenz 629
–, sonstige Vermögensgegenstände 427
–, Verbindlichkeiten 427
gerichtliches Verfahren
–, Anfechtungsklage 587
–, ausgeschiedener Verwalter 552
–, Bekanntmachungspflicht des Verwalters 567
–, Benennung des Verwalters als Zustellungsvertreter 565
–, Berufung 604
–, Berufung durch Verwalter 566
–, Beschlussersetzungsklage 599
–, Beschlussklagen 556, 561, 563
–, Duldungsklage 556

–, Eigentümerliste 568
–, Falschbezeichnung der beklagten WEG 564
–, Feststellungsklage 556
–, Gemeinschaft der Wohnungseigentümer 549
–, Gerichtsstand 543
–, Hausgeldklage 550
–, Hinweispflicht 596
–, Hinweispflicht des Gerichts 594
–, Individualanspruch des Wohnungseigentümers 546, 550, 552
–, Informationspflicht 560
–, juristische Person 543
–, Nebenintervention 570
–, Nichtigkeitsklage 590
–, Nichtzulassungsbeschwerde 612
–, Passivlegitimation 563
–, Prozesskostenhilfe 556
–, Prozessverbindung 569
–, Prozessvergleich 566
–, Rechtsanwaltsbeauftragung 565
–, Rechtsanwaltsgebühren 581
–, Rechtskrafterstreckung 559, 579
–, Rechtsmittel 604
–, Revision 611
–, Streitgegenstand 596
–, Streitgegenstandslehre 597
–, Streithelfer 570
–, Streitverkündung 580
–, Streitwert 584
–, Streitwertberechnung 585
–, Übergangszeit 41
–, unzulässige bauliche Veränderung 546
–, Verbandsprozess 541, 567
–, Vereinbarungsklage 569, 603
–, Verfahrenskosten 581
–, Verfahrenskostenbelastung des Verwalters 262
–, Verfassungsbeschwerde 612
–, Vergleichsabschluss durch Verwalter 566
–, Vertretung bei Insichgeschäft 560
–, Vertretung durch Verwalter 565
–, Verwalter 551, 560
–, verwalterlose Gemeinschaft 568

# Stichwortregister

–, Wiedereinsetzung in den vorigen Stand 606
–, Zuständigkeit 541
–, Zustellungsvertreter 560
–, zweckbestimmungswidrige Nutzung 546
Geschäftsraummieter
–, Anspruch auf bauliche Veränderung 652
Gestattungsbeschluss
–, Beschlussmuster 534
Gestattungsmaßnahme
–, bauliche Veränderung 470
–, Beschluss 267, 270, 478
–, Beschlussanfechtung 480
–, Kosten 505
–, Nachzügler 508
–, privilegierte Maßnahme 477
–, Sondereigentum 266
–, unzulässige 498
Gewerbeerlaubnis 181
Gewerberaummieter 632
–, Anspruch auf bauliche Veränderung 652
Glasfaseranschluss 492
–, Gestattungsanspruch 478
Grundbuch
–, Erwerberhaftung 627
–, Veräußerungszustimmung 624
Grundbucheintragung
–, Altbeschluss 42, 120
–, Drittberechtigter 118
–, Eintragungsantrag einer Beschlussersetzung 129
–, Eintragungsantrag einer Erwerberhaftung 130
–, Eintragungsantrag eines Altbeschlusses 128
–, Eintragungsbewilligung 117
–, Eintragungsverfahren 120
–, Erwerberhaftung 42, 122
–, gesetzliche Öffnungsklausel 109
–, Grundpfandrechtsgläubiger 118
–, Öffnungsklausel-Beschluss 42, 107, 117
–, Prüfungsreihenfolge 126
–, Übergangsfrist 120

–, vereinbarte Öffnungsklausel 110
–, Verwalterpflichten 123
Grundpfandrechtsgläubiger 118

Haftung
–, Änderungen 167
–, Außenhaftung der Wohnungseigentümer 175
–, bauliche Veränderung 177
–, Gemeinschaft der Wohnungseigentümer 168
–, Haftungsbeschränkung 177
–, Kommunalabgabe 146
–, Liquiditätsengpass 176
–, Mitverschulden 172
–, Notgeschäftsführung 219
–, obstruktives Verhalten 176
–, Streitverkündung 173
–, Verletzung der Verkehrssicherungspflicht 174
–, Vertrag mit Schutzwirkung zugunsten Dritter 170
–, Verwalter 169
–, Verwaltungsbeirat 459
Haftung des Erwerbers
–, s. Erwerberhaftung 626
Haftungshinweis 300
Härteeinwand des Mieters 640
Hausgeld
–, Aufrechnung 451
–, Rückstand 402
–, Verfallsregelung 439
–, Verzug 43
–, Vorfälligkeitsregelung 439
–, Zurückbehaltungsrecht 451
Hausgeldfälligkeit 433
Hausgeldklage 550
Hausgeldrückstand
–, Erwerberhaftung 626
Hausordnung
–, Aufstellung 289
–, Unterlassungsanspruch 281
–, Verwalter 213
Heizkosten 403
Hinweispflicht des Gerichts 594

# Stichwortregister

Individualanspruch des Wohnungseigentümers
—, Beseitigung baulicher Veränderung 157
—, Einsicht in Verwaltungsunterlagen 159
—, gerichtliches Verfahren 546
—, Gestattung baulicher Veränderung 477
—, privilegierte Maßnahmen 478
—, Unterlassung zweckbestimmungswidriger Nutzung 275
—, Verwaltungsmaßnahmen 155
Informationspflicht 560
Insichgeschäft 44, 560
Insolvenzverfahren 629
Instandhaltungs-/Instandsetzungsmaßnahme
—, s. Erhaltungsmaßnahme 466
Instandhaltungsrücklage
—, s. Erhaltungsrücklage 525
Interessenabwägung des Vermieters 657
isoliertes Sondereigentum 98

Jahresabrechnung 400
—, Abrechnungsspitze 401
—, Abrechnungswerk 402
—, Eigentümerwechsel 409
—, Einnahmen-/Ausgabenrechnung 403
—, Fälligkeit einer Nachzahlung 436
—, Fälligkeit eines Guthabens 437
—, fehlerhafte Abrechnung 410
—, Hausgeldrückstand 402
—, Heizkosten 403
—, Inhalt 402
—, Nachschuss 406
—, nicht verbrauchtes Heizöl 403
—, Teilanfechtung 589
—, Vermögensbericht 421
—, Vermögensstatus 403
—, Verrechnung eines Guthabens 437
—, Verwalterwechsel 419

Kinderspielplatz 477
Kommunalabgaben 146
Kopfstimmrecht 329
Kosten-Nutzen-Analyse 517

Kostenamortisation 473, 516
—, bauliche Veränderung 506
—, Einsparung von Primärenergie 476
—, energetische Modernisierung 475
—, Erhöhung des Gebrauchswerts 477
—, Kosten-Nutzen-Analyse 517
—, Modernisierungsmaßnahme 467
—, privilegierte Maßnahme 477-478
—, Reduzierung des Wasserverbrauchs 476
—, Verbesserung der Wohnverhältnisse 477
—, Zeitraum 473
Kostenverteilung
—, Änderung 307
—, Änderung bei baulichen Veränderungen 519
—, bauliche Veränderung 504-505, 531
—, Generalklausel 305
—, Kostenamortisation 516
—, Luxusmaßnahme 510
—, modernisierende Erhaltung 473
—, Nachzügler 532
—, namentliche Abstimmung 507
—, unverhältnismäßige Kosten 510
—, Verteilungsschlüssel 306
Kostenverteilungsänderung
—, s. Änderung der Kostenverteilung 307
Kostenverteilungsschlüssel 306
Kostenvoranschlag 523
Kreditaufnahme
—, Baumaßnahme 528
—, Haftungsfreistellung 300
—, Haftungshinweis 300
—, kurzfristige 296
—, langfristige Kreditaufnahme 298
—, Liquiditätsengpass 297
—, ordnungsmäßige Verwaltung 296
kurzfristige Vermietung an Feriengäste 690

Lademöglichkeit
—, Anspruch 483
—, bauliche Veränderung 483
—, Gebrauchsrecht des Wohnungseigentümers 483

## Stichwortregister

–, Gestattungsanspruch 478
–, Kapazitätsproblem 487
–, Kostenbeteiligung bei Mitgebrauch 486
–, Mess- und Steuereinrichtung 488, 655
–, Mieter 655
–, Mitgebrauch 486
–, Nachzügler 486
–, privilegierte Fahrzeuge 483
–, Turnussystem 487
–, Wallbox 483
Ladungsfrist 369
Lastschriftverfahren
–, Sonderhonorar des Verwalters 449
–, Teilnahmepflicht 449
Liquiditätsengpass 176, 297
Liquiditätsrücklage 295, 393
Luxusmaßnahme 510

Markierung von Garagenstellplatz 104
Mehraufwandspauschale 449
Mehrheitsbeschluss 327
–, bauliche Veränderung 267
–, qualifizierte Mehrheit 329
–, Umlaufbeschluss 333
–, vereinbarte Mehrheit 329
Mess- und Steuereinrichtung für E-Mobilität 488, 655
Messstellenbetreiber 488
Mietausfallschaden 283
Mieter
–, Ankündigung erforderlich 635
–, Ankündigung Erhaltungsmaßnahme 633
–, Ankündigung nicht erforderlich 635
–, Ankündigung unterlassen 634
–, Ankündigungsform 636
–, Ankündigungsfrist 635
–, Anspruch auf bauliche Veränderung 651
–, Barrierefreiheit 653
–, Behinderung 654
–, Duldung baulicher Veränderung 639
–, Duldung Modernisierungsmaßnahme 639
–, Duldungspflicht 631

–, Duldungsumfang 633
–, Eigenmacht 657
–, Einbruchschutz 656
–, Einwirkung unerheblich 635
–, Erhaltungsmaßnahme durch Sondereigentümer 633
–, Härteeinwand 640
–, Installation einer Wallbox 655
–, Interessenabwägung 657
–, Lademöglichkeit 655
–, Mitgebrauch 653
–, Mitteilung über Beginn und Dauer 637
–, Modernisierungsankündigung 640
–, Sicherheitsleistung 660, 669
–, Voraussetzungen der Duldungspflicht 634
Mieterhöhung 644
Mietvertrag
–, Gebrauchsregelungen 686
Mietverwaltung
–, Verwaltervertrag 248
Minderheitenquorum 363
Mittelverwendungsnachweis 431
Mitverschulden 172
modernisierende Erhaltung
–, Kostenamortisation 473
modernisierende Instandsetzung 467
Modernisierung
–, Ankündigung an Mieter 640, 644
–, Ankündigungsfrist Mieter 641
–, Fensteraustausch 517
–, Härteeinwand des Mieters 640
–, Mieterhöhung 644
Modernisierungsmaßnahme 467
–, Alarmanlage 476
–, Duldungspflicht des Mieters 639
–, energetische Modernisierung 475
–, Erhöhung des Gebrauchswerts 476
–, Kostenamortisation 474
–, Kostenverteilung 474
–, Maßnahmenkatalog 475
–, Mehrheitsbeschluss 474
–, Mehrheitsquorum 473
–, Verbesserung der Wohnverhältnisse 477

## Stichwortregister

Nachteil 501
Nachteilsabwendung
–, Notgeschäftsführung 217
Nachzügler
–, Änderung der Kostenverteilung 510
–, Ausgleichszahlung 509
–, Gestattung 509
–, Kostenbeteiligung 508
–, Kostenverteilung 532
Nebenintervention 570
–, Berufungsverfahren 576
–, Mehrvertretung 571
–, Rechtsanwaltskosten 574
–, Streithelfer 574
Nichtigkeitsklage
–, Abgrenzung zur Anfechtungsklage 594
–, Frist 590
Nichtzulassungsbeschwerde 612
Nießbraucher
–, Duldungspflicht 632
Notgeschäftsführung 217
–, Eilbedürftigkeit 219
–, Haftung des Verwalters 219
–, Schaden im Sondereigentum 220
–, Verwalterpflichten 218
Notmaßnahme 161

objektbezogene Kosten 311
Objektprinzip 329
öffentlich-rechtliche Vorgaben 319
öffentliche Beglaubigung der Niederschrift 120
Öffnungsklausel
–, allgemeine 113
–, Belastungsverbot 114
–, Beschlussfassung 110
–, gesetzliche 109
–, Grundbucheintragung 42, 107
–, konkrete 112
–, Mehrheitsbeschluss 329
–, spezifizierte 112
–, Veräußerungszustimmung 626
–, vereinbarte 110
ordnungsmäßige Verwaltung 287
–, Änderung der Kostenverteilung 312
–, Anspruch 155

–, Bestellung eines zertifizierten Verwalters 290
–, Erhaltungsmaßnahme 466
–, Kreditaufnahme 296
–, Maßnahme untergeordneter Bedeutung 213
–, Nachteilsabwendung 217
–, Regelbeispiele 289
–, weitere Rücklagen 295

Parteiwechsel
–, Falschbezeichnung der Beklagten WEG 564
Passivlegitimation 563
Pedelec 483
Pflichten des Verwalters
–, Beschränkung der Vertretungsmacht 224
–, Beschränkung durch Beschluss 221
–, Eigentümerversammlung 220
–, Erweiterung durch Beschluss 223
–, Maßnahme untergeordneter Bedeutung 213
–, Nachteilsabwendung 217
–, Notgeschäftsführung 218
–, Verwaltervertrag 213
privilegierte Maßnahme 477
–, Anspruch auf angemessene bauliche Veränderung 479
–, Barrierefreiheit 481
–, Eigentümerversammlung 480
–, Einbruchschutz 489
–, Kostenamortisation 478
–, Lademöglichkeit 483
Protokoll der Eigentümerversammlung
–, s. Versammlungsniederschrift 339
Prozesskostenhilfe 556
Prozessverbindung 569

qualifizierte Mehrheit
–, Substraktionsmethode bei Abstimmung 512
qualifizierter Mehrheitsbeschluss
–, Kosten baulicher Veränderung 506, 510

Ratenzahlung 441

## Stichwortregister

### Seite 846

Raumfiktion
–, Stellplatz 95
Realteilung 97
Rechnungslegung 430
Rechtsanwalt
–, Beauftragung 565
–, Gebühren 581
–, Mehrvertretung 570
–, Nebenintervention 574
Rechtskrafterstreckung 559, 579
Reihenhausanlage 97
Revision 611
Rücklage
–, Beschlussmuster 425

Sachkundenachweis 180
Sammelüberweisung 451
Schadensersatz
–, Abzug Neu für Alt 283
–, Ausschluss 284
–, Beschädigung des Sondereigentums 283
–, Klage gegen Verwalter 553
–, Mietausfallschaden 283
–, Sonderopfergrenze 285
Schadensersatzanspruch
–, Verwalter 226
Schlüsselverlust 686
schriftliches Verfahren
–, s. Umlaufbeschluss 331
Selbstkontrahierungsverbot 44
Sicherheitsleistung
–, Anlageform 669
–, Mieter 660
–, Ratenzahlung 661
Sondereigentum 93
–, Außenfläche 97
–, Aufopferungsanspruch 282
–, Aufteilungsplan 104
–, Balkon 101
–, bauliche Veränderung 265-266
–, Betretungsrecht 278
–, Doppelhausanlage 97
–, Gartenfläche 97
–, Gartenhaus 103
–, isoliertes 98
–, konstruktive Gebäudeteile 98

–, Nutzung und Gebrauch 265
–, Raumfiktion 95
–, Reihenhausanlage 97
–, Schadensersatz wegen Beschädigung 283
–, Sonderopfer 285
–, Stellplatz 95
–, Terrasse 97
–, Umwandlung eines Sondernutzungsrechts 106
–, Vermietung 277
–, Versorgungssperre 444
–, Verwaltervertrag 248
–, Wasserschaden 220
–, wesentliche Bestandteile 102
–, wirtschaftliche Hauptsache 99
Sondereigentumsrecht 293
Sonderhonorar 441
Sondernutzungsrecht
–, Begründung 104
–, Gartenfläche 97
–, Stellplatz 95
–, Terrasse 97
–, Umwandlung in Sondereigentum 106
Sonderopfergrenze 285
Sonderumlage
–, bauliche Veränderung 527
–, Fälligkeit 435
–, Liquiditätsengpass 176
–, Vermögensbericht 426
Stellplatz
–, Aufteilungsplan 104
–, Markierung 104
–, Raumfiktion 95
–, Veräußerbarkeit 96
Stimmrechtsprinzip 329
Stimmrechtsvollmacht
–, Ehegatten 386
–, Schriftform vereinbart 387
–, Textform 384
–, vereinbarte Schriftform vs. Textform 387
Streitgegenstandslehre 597
Streitgenossenschaft
–, Berufungsverfahren 611
Streithelfer 570
Streitverkündung 580

## Stichwortregister

### Seite 847

–, Verwalter als Dritter 581
Streitwert
–, Berechnung 585
–, gerichtliches Verfahren 584
Streitwertberechnung 585
Stundungsvereinbarung 441
Substraktionsverfahren 512

tageweise Vermietung 690
Teilanfechtung 589
Teilungserklärung
–, Altvereinbarung 32
Telekommunikationsnetz 492
–, Gestattungsanspruch 478
Terrasse
–, Sondereigentum 97
Textform
–, Stimmrechtsvollmacht 384
–, Umlaufbeschluss 332
Tiefgaragenstellplatz
–, Markierung 104
Treppenhaus
–, Aufzug 482
Treppenlift
–, Einbau 482
–, Kosten 505
–, Kostenverteilung 531
–, Mieter 653
Türspion 492

Umgestaltung der Wohnanlage
–, bauliche Veränderung 498
–, Mietrecht 500
Umlaufbeschluss
–, bauliche Veränderung 480
–, Beschluss-Sammlung 338, 351
–, einfache Mehrheit 333
–, fehlerhafte Verkündung 338
–, Ladungsschreiben 336
–, Mehrheitsbeschluss im Einzelfall 333
–, Textform 332
–, Verkündung 336
Umzugskostenpauschale 43
unbarer Zahlungsverkehr 447
Unterlassungsanspruch
–, Mieter 688

–, störende Feriengäste 690
–, Vermieter 689
–, zweckbestimmungswidrige Nutzung 159, 275
unverhältnismäßige Kosten 510

Veräußerungszustimmung
–, Aufhebung 621
–, Grundbuch 624
–, Grundbucheintragung 110, 625
–, vereinbarte Öffnungsklausel 626
–, Weigerung des Verwalters 623
Verbandsprozess 567
–, Beschlussklage 541
–, Passivlegitimation 563
Vereinbarung
–, Änderungen durch WEMoG 37
–, Auslegung 34
–, Vertragsautonomie 25
–, Widerspruch zu Gesetz 32
Vereinbarungsklage 603
–, Eigentümerliste 569
Verfahrenskostenbelastung des Verwalters 262
Verfassungsbeschwerde 612
Vergemeinschaftung
–, Beschluss 157
–, Beseitigungsanspruch 157
Vergleichsangebot
–, Einholung 523
Verjährung
–, Schadensersatzanspruch gegen Mieter 685
Verkehrssicherungspflicht
–, Haftung 174
Vermieter
–, Ankündigung bauliche Maßnahme 642
–, Ankündigung einer Modernisierung 644
–, Ankündigung erforderlich 635
–, Ankündigung Erhaltungsmaßnahme 638
–, Erlaubnisvorbehalt 656
–, Interessenabwägung 657
vermietete Eigentumswohnung
–, Asylbewerber 682

## Stichwortregister

–, Betriebskostenabrechnung 671
–, Bindung des Mieters an Hausordnung 687
–, Bindung des Mieters an Hundehaltungsverbot 687
–, Durchsetzung der Hausordnung 687
–, Feriengäste 682
–, Gebrauchsregelungen im Mietvertrag 686
–, Großfamilie 681
–, kurzfristige Vermietung an Feriengäste 690
–, Mitteilung eines Mieterwechsels 683
–, Prostitution 681
–, Schlüsselverlust durch Mieter 686
–, Überbelegung 682
–, Umlageschlüssel 671
–, Unterlassungsanspruch gegen Mieter 688
–, Unterlassungsanspruch gegen Vermieter 689
–, Versorgungssperre 444
–, Vertragsanpassung 675
–, Zustimmung 681
–, zweckbestimmungswidrige Nutzung durch Mieter 689
vermietetes Sondereigentum
–, s. vermietete Eigentumswohnung 277
Vermietungsbefugnis
–, Einschränkung 681
Vermietungsbeschränkung 683
–, Vertragsstrafe 31
Vermietungszustimmung
–, Aufhebung 682
–, Vereinbarung 681
Vermögensbericht 421
–, Bekanntgabe 429
–, Erhaltungsrücklage 423
–, Frist 423
–, Gemeinschaftsvermögen 426
–, Inhalt 423
–, Muster 428
–, Verhältnis zur Jahresabrechnung 421
–, Verhältnis zur Rechnungslegung 430
–, Verwalter 421
–, weitere Rücklagen 425

Vermögensstatus 403
Versammlungsniederschrift 339
–, Dokumentation der Abstimmung 161
–, Ein-Personen-Beschluss 140
–, Haftungshinweis 300
–, Muster 341
–, unverzügliche Erstellung 339
Versorgungssperre 444
–, Betretungsrecht 444
–, Voraussetzungen 444
Verteilnetzbetreiber 488
Vertrag mit Schutzwirkung zugunsten Dritter 170
Vertragsautonomie 25
Vertragsstrafe 31, 43
–, Hausgeldvorfälligkeit 439
–, Vermietungsbeschränkung 683
Vertretung
–, Eigentümerversammlung 384
–, Gemeinschaft der Wohnungseigentümer 44
–, gerichtliches Verfahren 560
–, Verwalter 149
–, Wohnungseigentümer 152
Vertretungsmacht
–, Kreditaufnahme 296
Vertretungsmacht des Verwalters
–, Beschränkung 224
Verwalter
–, Abberufung 208
–, Abrechnungserstellung nach Verwalterwechsel 419
–, Abschluss eines Vergleichs 566
–, Anfechtungsklage 587
–, Anfechtungsrecht 211
–, Ankündigung Erhaltungsmaßnahme 633
–, Aufgabe 213
–, bauliche Veränderung 521
–, Bedenkenhinweis 116
–, Bekanntmachung eines Rechtsstreits 567
–, Beleidigung eines Eigentümers 552
–, Beschränkung 221
–, Beschränkung der Vertretungsmacht 224
–, Bestellung 206

848

## Stichwortregister

–, Ermächtigungsbeschluss 441
–, Erstverwalter 138
–, Fördermittelberatung 522
–, Fortbildungspflicht 188
–, gerichtliche Vertretung der Gemeinschaft 565
–, gerichtliches Verfahren 551, 560
–, Haftung 169
–, Haftung bei Notgeschäftsführung 219
–, Insichgeschäft 44
–, Klage auf Schadensersatz 553
–, Kreditaufnahme 296
–, Mittelverwendungsnachweis 431
–, Notgeschäftsführung 217
–, Organstellung 143
–, Rechnungslegung 430
–, Rechtsanwaltsbeauftragung 565
–, s. auch Pflichten des Verwalters 213
–, Sachkundenachweis 180
–, Schadensersatz 226
–, Sonderhonorar 441, 449
–, Stellung 162, 179
–, Streitverkündung 581
–, Überwachung durch Verwaltungsbeirat 458
–, Verfahrenskostenbelastung 262
–, Vergütungsanspruch nach Abberufung 209
–, Vermietungszustimmung 681
–, Vermögensbericht 421
–, Vertretungsmacht 149
–, Zertifizierung 180-181
–, Zustellungsvertreter 560
Verwalterhonorar 209
–, Höhe 228
–, Pauschalhonorar 229
–, Sonderhonorar 230
Verwaltervertrag
–, Allgemeine Geschäftsbedingung 228
–, Aufgaben des Verwalters 213
–, Erstverwalter 139
–, Honorar 228
–, Inhalt 227, 231
–, Koppelung an Bestellungszeitraum 210

–, Muster Sondereigentumsverwaltung 248
–, Mustervertrag 232
–, Trennungstheorie 209
–, Vertragstypologie 225
Verwalterwechsel 419
Verwaltungsbeirat
–, Anzahl der Mitglieder 453
–, Aufgabe 456
–, Entlastung 462
–, Haftungsbeschränkung 459
–, Haftungsvoraussetzungen 459
–, Nichteigentümer 455
–, Person 453
–, Überwachung des Verwalters 458
–, unentgeltliche Tätigkeit 460
–, virtuelle Versammlung 456
–, Vorsitzender 456
Verwaltungskosten 312, 393
Verwaltungsunterlagen
–, Einsicht 163
–, Einsichtnahme 159
Verwaltungsvermögen
–, Anteile 166
–, Verbindlichkeiten 167
Verzug
–, höherer Zinssatz 43
–, Vertragsstrafe 31
Verzugsfolge 31
Videoüberwachung 490
virtuelle Eigentümerversammlung
–, Nichtöffentlichkeit 378
–, technische Störung 384
–, Teilnahme 374
–, Teilnehmerrechte 375
Vollmacht 384
Vormerkung 137

**Wallbox** 483, 655
Wasserrohrbruch
–, Notgeschäftsführung 220
Weiterbildungspflicht
–, Arbeitgeberwechsel 191
–, Archivierung 191
–, Archivierung der Nachweise 200
–, Aufbewahrungsfrist für Nachweise 200

## Stichwortregister

–, Ausbildungsabbruch 193
–, Ausnahmen 193
–, Befreiung 189
–, Befreiung während Ausbildung 192
–, betriebsinterne Maßnahme 196
–, Betroffene 188
–, Blended Learning 195
–, Bußgeld 204
–, Delegation auf Mitarbeiter 189
–, Elternzeit 193
–, freier Mitarbeiter 193
–, geeignete Datenträger für Nachweise 200
–, Immobilienfachwirte 192
–, Immobilienkaufleute 192
–, Inhalte 199
–, Kontrolle 200
–, Lernerfolgskontrolle 195
–, makelnder Verwalter 192
–, Mehrstunden 191
–, Minijob 193
–, Mitarbeiter 189
–, Nachweis 200
–, Nachweispflicht für ausgeschiedene Mitarbeiter 191
–, Neueinstellung von Mitarbeitern 190
–, Online-Seminar 195
–, Präsenzseminar 195
–, Regelbeispiele 194
–, Selbststudium 195
–, Teilzeitkraft 193
–, Umfang 191
–, Webinar 195
–, Zeitraum 190
–, Zeitstunden 191
–, Zertifizierung 188, 194
weitere Rücklagen 295
werdende Wohnungseigentümergemeinschaft 131
werdender Eigentümer 132
Wertprinzip 329
wesentliche Vermögensgegenstände 427
Wiederaufbau 630
Wiederbestellung des Verwalters 206
–, zertifizierter Verwalter 186
Wiedereinsetzung in den vorigen Stand 606

Wirtschaftsplan 390
–, Baurücklage 394
–, Beschlussgegenstand 390
–, Betriebs- und Verwaltungskosten 393
–, Erhaltungsrücklage 393
–, Fälligkeit des Hausgelds 433
–, Fortgeltung 397, 434
–, Liquiditätsrücklage 393
–, Muster 395
–, Rücklage für gerichtliche Verfahren 394
–, Teilanfechtung 589
Wohnungseigentum
–, Entstehung 131
–, Entziehung 615
Wohnungseigentümer
–, Aufopferungsanspruch 282
–, Beseitigungsanspruch 157
–, Duldungspflicht 278, 281
–, Einsicht in Verwaltungsunterlagen 159
–, Erwerb 134
–, gerichtliches Verfahren 550
–, Gestattung baulicher Veränderung 493
–, Haftung 175
–, Individualanspruch 148, 155, 275, 546, 550
–, Instandhaltungspflicht 284
–, Pflicht 273
–, Schadensersatzanspruch 283, 285
–, Schadensersatzanspruch gegen Verwalter 226
–, Unterlassungspflicht 274, 281
–, Vertretung 152
–, werdender Eigentümer 132
Wohnungsgrundbuch
–, Anlegung 134
–, Schließung 628

Zahlungsverkehr 447
Zahlungsverzug
–, Hausgeldvorfälligkeit 439
–, Versorgungssperre 444
–, Zwangsversteigerung 618
zertifizierter Verwalter 180

## Stichwortregister

–, Anspruch auf Bestellung 291
–, Ausnahmen 293
–, Eigentümerverwalter 293
–, ordnungsmäßige Verwaltung 290
–, s. Zertifizierung 181
–, Sondereigentumsrecht 293
Zertifizierung
–, Alte-Hasen-Regelung 183
–, Branchenneuling 186
–, Fiktion 185
–, Fristen 184
–, Gewerbeerlaubnis 181
–, Personenkreis 182
–, Prüfungsinhalte 184
–, Wiederbestellung des Verwalters 186

Zurückbehaltungsrecht 451
Zustellungsvertreter 560
Zustimmung zu Veräußerung
–, s. Veräußerungszustimmung 621
Zustimmung zur Veräußerung
–, s. Veräußerungszustimmung 110
Zwangsversteigerung
–, bevorrechtigte Forderungen 616
–, Haftung für Hausgeldrückstand 626
–, Zahlungsverzug 618
zweckbestimmungswidrige Nutzung
–, Unterlassungsanspruch 159, 275
zweckbestimmungswidrige Nutzung durch Mieter 689
Zweitversammlung 329

851

# Stichwortregister
## Seite 852

# Notizseiten

Notizseiten

**Seite 854**

Notizseiten

**Notizseiten**

**Seite 856**

Notizseiten

## Notizseiten
**Seite 858**

# Notizseiten

**Notizseiten**
**Seite 860**

Notizseiten

**Notizseiten**
**Seite 862**

Notizseiten

**Seite 863**

 Exklusiv für Buchkäufer!

Ihre Arbeitshilfen zum Download:
 ▶ http://mybook.haufe.de/
▶ Buchcode: OBW-2284